D1721381

GÜTERSLOHER
VERLAGSHAUS

Gütersloher Verlagshaus. Dem Leben vertrauen

Hans-Martin Barth

Dogmatik

Evangelischer Glaube im Kontext der Weltreligionen

3., aktualisierte und ergänzte Auflage

Bibliographische Information der Deutschen Nationalbibliothek
Die Deutsche Nationalbibliothek verzeichnet diese Publikation in der Deutschen
Nationalbibliographie; detaillierte bibliographische Daten sind im Internet
über http://dnb.d-nb.de abrufbar.

FSC
Mix
Produktgruppe aus vorbildlich
bewirtschafteten Wäldern und
anderen kontrollierten Herkünften

Zert.-Nr. SGS-COC-1940
www.fsc.org
© 1996 Forest Stewardship Council

Verlagsgruppe Random House
FSC-DEU-0100
Das für dieses Buch verwendete
FSC-zertifizierte Papier *EOS*
liefert Salzer, St. Pölten.

3., aktualisierte und ergänzte Auflage, 2008
Copyright © 2001 by Chr. Kaiser/Gütersloher Verlagshaus, Gütersloh,
in der Verlagsgruppe Random House GmbH, München

Umschlaggestaltung: Init GmbH, Bielefeld
Satz: SatzWeise, Föhren
Druck und Einband: GGP Media GmbH, Pößneck
Printed in Germany
ISBN 978-3-579-08030-7
www.gtvh.de

Für Irene, Clara und Andreas

Vorwort zur 3. Auflage

Bereits ein Jahr nach dem Erscheinen der vorliegenden Dogmatik war eine zweite Auflage notwendig geworden, nach weiteren fünf Jahren verfasse ich nun das Vorwort zur dritten. Das Buch wurde ungewöhnlich freundlich aufgenommen – »fulminantes Werk« (Udo Tworuschka), ein »bewundernswerter Entwurf« (Gerd Theißen), »im Rahmen der deutschsprachigen religionstheologischen Debatte ein Grenzen sprengendes und neue Horizonte eröffnendes Werk« (Reinhold Bernhardt). Es hat, wie mir zugetragen wird, Freunde gefunden auch außerhalb Deutschlands, u. a. in Ägypten und Japan, in Italien, in Brasilien. Sein ökumenischer Charakter wird von einem griechisch-orthodoxen Kollegen gelobt, und ein spanischer Dominikaner bedauert, daß leider das Geld für eine Übersetzung ins Spanische fehle. Es lag nicht nur auf dem Schreibtisch von Studierenden, sondern mit dem lebensbejahenden Orange seines Einbands zum Beispiel auch auf dem Nachttisch an einem Klinikbett. Es gab Lesegruppen, die sich über Monate hin mit ihm beschäftigten. Auf zahlreichen Pfarrkonventen und im Zusammenhang mit interreligiösen Tagungen wurde es diskutiert; es diente als Urlaubslektüre und es erwies sich als hilfreich im Religionsunterricht. In großer Dankbarkeit nehme ich dieses vielfältige positive Echo zur Kenntnis.

Natürlich ergaben sich auch mancherlei Einwände und kritische Rückfragen. Noch vor der Veröffentlichung des Manuskripts hatte ich mir selbst eine Rezension geschrieben, in der ich festhielt, was mir vertiefungsbedürftig schien und von welcher Seite ich Widerspruch zu erwarten hätte. Da es sich, soweit ich sehe, tatsächlich um den weltweit ersten Versuch handelt, eine dogmatische Gesamtdarstellung des christlichen Glaubens im Kontext der Weltreligionen zu verantworten, wurde der Ansatz stärker wahrgenommen als die theologischen Einzelaussagen, die jedoch ebenfalls nicht selten neue Akzente setzen. Eine Gastvorlesung an der Theologischen Fakultät der Universität Basel (inzwischen publiziert: Nichtchristliche Religionen im Kontext christlicher Dogmatik? Probleme und Perspektiven, in: ThZ 63 /2007, 79-96) gab mir Gelegenheit, auf Anfragen in Stellungnahmen und Rezensionen zu reagieren.

Angesichts der seit dem 11. September 2001 verstärkt einsetzenden interreligiösen Debatten wurde von den Lesern und Leserinnen nicht immer erfaßt, daß es mir in erster Linie nicht um einen Beitrag zum Dialog, sondern um ein tieferes Verstehen des christlichen Glaubens und damit um einen neuen Stil binnenchristlichen theologischen Nachdenkens geht. Wenn meine Dogmatik darüber hinaus im Dialog der Religionen nützlich sein kann, freue ich mich. Dabei stellt sich natürlich besonders die Problematik der Themen- und Material-Auswahl. Eine Amerikanerin mit jüdischem Hintergrund zum Beispiel, mit der ich im Flugzeug über mein Projekt ins Gespräch gekommen war, meinte, der Hauptunterschied zwischen den Religionen liege doch wohl in den unterschiedlichen Speise- und Fastenvorschriften. Verblüfft fragte ich mich: Was enthält meine Dogmatik über die Speisegebote der Religionen – nahezu nichts! Ich hatte mich natürlich weitgehend an klassischen literarischen Selbstzeugnissen der Religionen und an relevanter Sekundärliteratur orientiert. Einen lebendigen Eindruck von der derzeitigen inneren Verfassung und dem äußeren Zustand der Weltreligionen vermitteln der von Peter Antes herausgegebene Sammelband »Die Religionen der Gegenwart« (München 1996) und der von Hans Joas und Klaus Wiegandt edierte Tagungsbericht »Säkularisierung und die Weltreligionen« (Frankfurt a. M. 2007).

Immer wieder stellt sich die Frage, ob die Objektivität gewahrt bleibt, wenn ein christlicher Theologe sich mit nichtchristlichen Religionen befaßt. Impliziert die von mir entschlossen eingenommene christliche Perspektive nicht doch einen Superioritätsanspruch des Christentums? Wer das christliche Glaubensbekenntnis teilt, wird nach meiner Überzeugung keinen anderen Weg sehen, als das in der religionstheologischen Debatte entwickelte Modell des Inklusivismus zu vertreten. Dies bedeutet aber keineswegs eine Vereinnahmung nichtchristlicher Religionen. Es ist Sache des dreieinen Gottes, auf welch verborgene Weise auch immer sein Wirken in nichtchristlichen Religionen sich vollzieht. Im Sinne eines gegenseitigen Inklusivismus sind sie ihrerseits eingeladen, ihre eigene Sicht darzulegen und mit ihren Partnerreligionen – eben auch mit dem Christentum! – ins Gespräch zu bringen.

Ein Grundproblem religiöser Aussagen in jedweder Religion ist dabei das der Sprachebene. Mein Versuch, zwischen Alpha- und Omega-Glauben, zwischen artikuliertem und nicht mehr artikulierbarem Glauben zu unterscheiden, sucht dem Rechnung zu tragen. Gerade hinsichtlich der Trinitätslehre wird diese Fragestellung virulent: Gibt es im Blick auf den dreieinen Gott eine Glaubensbewußtheit, die sich nicht in den Bahnen des altkirchlichen Dogmas artikuliert? Religiöses Bekenntnis, das um die Unauslotbarkeit des Glaubens weiß, wird einerseits vor dem absoluten »Geheimnis, das wir Gott nennen« (Karl Rahner), Halt machen und andererseits doch sich immer wieder um neue und verbesserte Ausdrucksmöglichkeiten bemühen. Worin besteht dabei die konstitutive Rolle der Kirche? Eine Antwort auf diese Frage wird vor allem von römisch-katholischer Seite angemahnt, während nach evangelischer Auffassung die Relativierung der Ekklesiologie auf ihren Glaubensgrund hin einen wichtigen Beitrag zum Dialog mit den Weltreligionen darstellt. Sollte aber über den Dialog hinaus nicht stärker von Mission im eigentlichen Sinn die Rede sein? Wenn Mission heute nicht als Strategie zur Mitgliedergewinnung zu verstehen ist, sondern als Rechenschaft von Hoffnung und als Bezeugung einer Wahrheitsgewißheit, dann darf eine interreligiös orientierte Dogmatik wohl selbst als »missionarisches« Zeugnis verstanden werden.

Ich bedaure, daß mir die von Ninian Smart und seinem orthodoxen Kollegen Steven Konstantine 1991 publizierte »Christian Systematic Theology in a World Context« erst nach Abschluß meiner Bemühungen um die vorliegende

Dogmatik in die Hände kam. Es ist ein wunderbares Buch, seelsorglich, friedfertig, unprätentiös, erfüllt von einem trinitarisch orientierten Geist umfassender Liebe. Schade, daß es nicht ins Deutsche übersetzt wurde! Es beschreibt christliche Grundüberzeugungen und setzt sie, oft eher assoziativ, zu Auffassungen nichtchristlicher Religionen in Beziehung, wobei Hinduismus und Buddhismus stärker in Anspruch genommen werden als Judentum und Islam. Es ist jedoch nicht – und will nicht sein – ein Dogmatik-Lehrbuch, sondern vielmehr eine Vision – »the Vision of Love«.

Zur Überraschung vieler sind Religion an sich wie auch einzelne Religionen wieder zu einem öffentlichen Thema geworden. Die Glaubenskongregation des Vatikans hat mit der Erklärung »Dominus Iesus«, die Evangelische Kirche in Deutschland mit den theologischen Leitlinien »Christlicher Glaube und nichtchristliche Religionen« auf die neue Situation reagiert. Der Zentralausschuß des Weltrats der Kirchen hat 2002 erneut »Richtlinien« für den Dialog und die Beziehungen mit Angehörigen anderer Religionen vorgelegt. In Marburg haben in der Zwischenzeit zwei weitere Rudolf Otto-Symposien stattgefunden, bei denen ich mitwirken konnte: »Religiöse Minderheiten. Potentiale für Konflikt und Frieden« (2002) und »Innerer Friede und die Überwindung von Gewalt. Religiöse Traditionen auf dem Prüfstand« (2005). Beide sind publiziert (Barth/Elsas 2003; 2007). Das Symposion 2008 wird sich dem heiklen Problem von Religionsfreiheit und Glaubensverbreitung widmen.

Die absehbare religiöse und kirchliche Entwicklung in Mitteleuropa legt es nahe, von Menschen, die beruflich, ehrenamtlich oder ohne offizielle Funktion den christlichen Glauben vertreten wollen, Sprachfähigkeit zu erwarten. Sie müssen in der Lage sein, über ihre Überzeugung Auskunft zu geben und sie ihren Gesprächspartnern wenigstens gedanklich nachvollziehbar zu machen. Zugleich sollten sie den christlichen Glauben in den Dialog der Weltanschauungen und religiösen Strömungen einbringen. Dazu bedarf es theologischer und insbesondere auch religionstheologischer Kompetenz. In diesem Sinn wäre es wünschenswert, daß sich dogmatische Ausbildung und Reflexion nicht auf herkömmliche binnentheologische Diskussionsfelder beschränkt, sondern auf die globale Weite religiöser Erfahrungen und Traditionen einläßt. Jürgen Habermas hat kürzlich an »das Unabgegoltene in den religiösen Menschheitsüberlieferungen« erinnert. Wer sich mit religiösen Erfahrungen und Einsichten beschäftigt, wird »Unabgegoltenes« sowohl in einer ihm fremden wie auch in seiner eigenen Tradition entdecken können.

Die erfreuliche Preisgestaltung durch das Gütersloher Verlagshaus möge Studierende dazu einladen, sich eine Dogmatik auch dann zuzulegen, wenn diese mehr enthält, als sie zunächst für ihre Prüfung zu brauchen meinen. Der Examensstoff ist im übrigen, dem Lehrbuch-Charakter des Werks entsprechend, komprimiert und transparent präsentiert. Ohne weiteres ist es ja möglich, sich die interreligiösen Probleme, mit denen die Praxis zweifellos konfrontieren wird, erst in einem zweiten Schritt anzueignen.

Die für die dritte Auflage (vgl. Vorwort zur 1. und 2. Auflage unten S. 823-826) nötigen Veränderungen sind so behutsam vorgenommen, daß die drei Auflagen des vorliegenden Werks nebeneinander benutzt werden können. Wer genau hinsieht, wird aber an verschiedenen Stellen Modifikationen, Ergänzungen oder Präzisierungen entdecken. Seit dem erstmaligen Erscheinen des Werks ist unendlich viel Literatur nicht nur zu traditionellen theologischen Themen, sondern insbesondere über nichtchristliche Religionen und den interreligiösen Dialog erschienen. Auch hat sich die Religionsgeschichte im eigentlichen Sinn durch Beiträge zur Entstehung und zum Gestaltwandel von Religionen neu bemerkbar gemacht (Karl-Heinz Ohlig 2002, Karen Armstrong 2006, Peter Antes 2006). Eine gute, mich entlastende Übersicht gibt der ausführliche Literaturbericht»Theologie der Religionen« von Reinhold Bernhardt (in: ThR 72 /2007, 1-35; 127-149). Literaturhinweise, die mir für Leser und Leserinnen des vorliegenden Buchs besonders wichtig erscheinen, sind in einem Literaturnachtrag beigefügt.

Allen, die sich in Rezensionen, Stellungnahmen oder auch persönlich zu meiner Dogmatik geäußert haben, möchte ich danken. Allen, die sich weiterhin oder erstmalig mit dem christlichen Glauben im Kontext der Weltreligionen befassen, wünsche ich von Herzen die Erfahrung, die sich für Glaubende bei diesem Unternehmen nahezu von selbst einstellt: daß ihnen Gott dabei größer wird – Deus semper maior!

Marburg, im Advent 2007 *Hans-Martin Barth*

Inhalt

Hans-Martin Barth

Hans-Martin Barth

        Hans-Martin Barth

Hans-Martin Barth

                                                   Hans-Martin Barth

Hans-Martin Barth

Hans-Martin Barth

Hans-Martin Barth

Hans-Martin Barth

Hans-Martin Barth

                                               Hans-Martin Barth

1 Vorklärungen

(1) Die interreligiöse Fragestellung und die traditionelle Dogmatik

(a) Die traditionelle Dogmatik

Die traditionelle Dogmatik dreht sich um sich selbst. Sie versucht, die innere Stringenz des christlichen Glaubens aufzuzeigen, indem sie Begründungszusammenhänge aufweist. Sie kann dies eher analytisch versuchen und nach logischer Konsistenz fragen; dies geschieht meist in Themadogmatiken (vgl. F. Schleiermacher, P. Tillich); sie wird sich dann stärker als »systematische« Theologie begreifen und primär in der Philosophie ihren Gesprächspartner suchen.

Sie kann aber auch hermeneutisch vorgehen und ihre Legitimität durch Rückverweis auf die Quellen und deren Wirkungsgeschichte verdeutlichen wollen; dann wird sie eher die Lokalmethode bzw. einen heilsgeschichtlichen Aufriß bevorzugen (vgl. H. G. Pöhlmann, W. Joest, Repetitorien). Sie wird sich besonders der Tradition der Kirche verpflichtet wissen und um die Auslegung der einzelnen Aussagen des Glaubensbekenntnisses bemühen.[1]

Selbstverständlich gibt es vielerlei Mischtypen. Gemeinsam ist den traditionellen Dogmatiken jedoch, daß sie vorrangig am System der christlichen Lehre selbst interessiert sind und dieses analysieren in Auseinandersetzung mit seiner Geschichte und der Geschichte seiner Bestreitungen. Dies gilt auch für die römisch-katholische Dogmatik, der es freilich vor allem um die Erläuterung des positiven Dogmas geht.[2]

Es gilt aber vor allem für die evangelische Dogmatik, der ja die Auseinandersetzung mit der altkirchlichen und mittelalterlichen Theologie von Anfang an mit in die Wiege gelegt ist. Sie arbeitet daher stark mit Abgrenzungen: »So nicht!« Sie erscheint daher im ökumenischen Kontext gelegentlich als Spielverderberin.

Römisch-katholische wie evangelische Dogmatik sehen sich infolge ihrer geistesgeschichtlichen Entwicklung dazu herausgefordert, sich mit dem jeweils sie umgebenden Weltbild auseinanderzusetzen, ob sich dies nun eher (natur)wissenschaftlich oder stärker philosophisch artikuliert.

Einen Spezialfall stellt das ostkirchliche dogmatische Denken dar, das sich erst in der Begegnung mit dem Westen auf das Genus »Dogmatik« eingelassen hat und sozusagen nur notgedrungen mit Abgrenzungen arbeitet.[3]

---

1. Zur Gegenüberstellung von analytischem und hermeneutischem Ansatz siehe G. Sauter, A. Stock, Arbeitsweisen systematischer Theologie, M / Mainz 1976, Abschnitt 1.2; J. Zehner, Arbeitsbuch Systematische Theologie. Eine Methodenhilfe für Studium und Praxis, Gü 1998, 13-26; Lit. ebd. 26.
2. Vgl. L. Ott, Grundriß der Dogmatik, Fr ⁸1970, 3 f., sowie G. L. Müller ³1998, 35, 36.
3. Vgl. D. Staniloae, Orthodoxe Dogmatik, Z/Gü 1985, 73 ff.

(b) Ökumenische Dogmatik

Einen neuen Schritt in der Entwicklung dogmatischen Denkens, der freilich erst von wenigen Dogmatikern vollzogen ist, ergibt sich aus dem Bewußtsein, daß christlicher Glaube nur im Kontext der gesamten Christenheit erfaßt und sachgemäß reflektiert werden kann. Es gilt zu entdecken, daß nicht das eigene System im Zentrum steht, während die anderen allenfalls an der Peripherie auftauchen und als Marginalien vernachlässigt werden können. Edmund Schlink hat dies als kopernikanische Wende bezeichnet: Nicht ein einzelnes dogmatisches System steht im Mittelpunkt dogmatischen Nachdenkens, sondern alle haben um den einen Mittelpunkt zu kreisen, auf den sie sich ohne Ausnahme beziehen: Jesus Christus. Damit werden sie relativiert – in bezug auf den Mittelpunkt und in bezug aufeinander.[4] Schlinks eigene Durchführung diese Ansatzes kommt dann freilich über die herkömmlichen Dogmatiken kaum hinaus.[5]

In einer ökumenischen Dogmatik müßte freilich nicht nur die konfessionelle Vielfalt, sondern ebenso die regional und kulturell unterschiedliche Ausprägung des Verständnisses des christlichen Glaubens präsentiert und reflektiert werden.

(c) Der Kontext der Religionen

Inzwischen hat sich die Situation noch weiter zugespitzt: Es kann nicht mehr nur darum gehen, endlich auch zur Kenntnis zu nehmen, was in der weltweiten Christenheit gedacht wird. Sozusagen auf den Leib gerückt sind der Christenheit zudem die nichtchristlichen Religionen. Dies trifft nicht nur hinsichtlich der faktischen Konvivenz zu, die unweigerlich zu Verschmelzungsphänomenen führt (sofern nicht im Gegenzug Fundamentalismen entstehen). In Europa ist dabei vor allem an die Begegnung von Christentum und Islam zu denken; aber auch Buddhismus und (Neo-)Hinduismus beginnen, eine wachsende Rolle zu spielen.[6] In der sogenannten »Dritten Welt« sind die jeweiligen Kollusionsbedingungen regional bedingt und bis zu einem gewissen Grade bereits in der Ausbildung eigener »Theologien« wirksam.[7]

Eine neue Situation ist auch dadurch gegeben, daß nichtchristliche Religionen – nach dem Vorbild des Christentums? – ihrerseits Mission treiben und sich dabei »theologisch« artikulieren. Die Übersetzungsarbeit in europäische

---

4. E. Schlink, Ökumenische Dogmatik, Gö ¹1983, 696.
5. Vgl. aber J. Feiner, L. Vischer (Hg.), Neues Glaubensbuch. Der gemeinsame christliche Glaube, Fr ¹³1975; H. Schütte, Glaube im ökumenischen Verständnis, Pb/F 1993, sowie W. Bienert (Hg.), Wir glauben – wir bekennen – wir erwarten. Eine Einführung in das Gespräch über das Ökumenische Glaubensbekenntnis von 381, Eichstätt 1997 (Lit.!).
6. Vgl. R. Hummel, Religiöser Pluralismus oder christliches Abendland? Herausforderung an Kirche und Gesellschaft, Da 1994.
7. Vgl. E. Fahlbusch, U. Dehn, Art. Theologie in der Dritten Welt, in: EKL³ 4, 755-765.

Sprachen läuft auf vollen Touren. Selbst der Taschenbuchmarkt ist von diesem Trend erfaßt. Die Anhänger und Anhängerinnen verschiedener Religionen bekommen Interesse aneinander, wenn auch teilweise aus dubioser Motivation. Damit liegen Voraussetzungen vor, die die Situation dogmatischen Nachdenkens in doppelter Weise neu bestimmen:

Zum einen muß die Dogmatik mit der somit entstandenen Verunsicherung umgehen und Argumentationsangebote liefern, die erkennen lassen, wodurch der christliche Glaube sich von anderen Ansätzen unterscheidet und worin sie über diese ggf. hinausführt (oder auch hinter ihnen zurückbleibt), mit einem Wort: wieso und in welcher Gestalt die Denk- und Lebensperspektive des Christentums (nach wie vor) zum Nachvollzug einlädt.

Zum anderen ist mit der neuen Situation die Chance gegeben, daß in der Begegnung mit anderen Religionen der christliche Glaube sich selbst noch tiefer als bisher erfaßt. Diese Aussicht war – neben den damit verbundenen Gefahren – in der Geschichte bisher immer mit vergleichbaren Öffnungs- oder auch Konfrontationsvorgängen verbunden: Es galt für die Begegnung des Christentums mit der hellenistischen Welt z. Zt. der Alten Kirche, für die Begegnung mit der klassischen antiken Philosophie z. Zt. der Scholastik, für die Auseinandersetzung mit dem Humanismus z. Zt. der Reformation, nicht zuletzt auch für die Begegnung mit Aufklärung und Säkularisation. Für die Begegnung mit den nichtchristlichen Religionen ist durchaus Ähnliches zu erwarten – an Gefahren und an neuem Aufbruch. Hier ist das theologische Nachdenken gefordert, und das nicht nur im Blick auf das eigene System, sondern auch hinsichtlich des Verhaltens der Kirchen
– zu Integrations- und Migrationsproblemen,
– zur Frage von Evangelisation und Mission,
– zu Aufgaben gemeinsamer Weltverantwortung und
– hinsichtlich der Glaubensexistenz der einzelnen Christen und Christinnen.

(2) Zur Zielsetzung einer interreligiös sensiblen christlichen Dogmatik

(a) Abgrenzungen

Worin können die Ziele einer interreligiös interessierten oder gar auf den interreligiösen Dialog ausgerichteten christlichen Dogmatik liegen? Zunächst ist festzuhalten, worin sie, wenn es denn um dezidiert dogmatisches Denken auf dem Grund christlicher Glaubensüberzeugung gehen soll, nicht liegen werden:

1. Religionsgeschichtlicher Vergleich?

Es geht nicht um einen religionsgeschichtlichen Vergleich, aus dem dann mit schöner Eindeutigkeit das Christentum als überlegen hervorgehen könnte. Dies ist schon aus methodologischen Gründen nicht möglich, da im Bereich der Religionen gar nicht so eindeutig ist, was überhaupt miteinander verglichen werden kann.[8]

a. Schon Begriff[9] und Phänomen von Religion als solche sind ja strittig. Ist der Ur-Buddhismus eine Religion oder eine Philosophie, der Zen-Buddhismus eine Religion, eine Philosophie oder eine psychische Technik? Inwieweit sind hinduistische Traditionen als Philosophie, Mythologie oder beides anzusprechen? Ganz zu schweigen von Details!

b. Ein Vergleich kommt sodann auch deswegen nicht in Frage, weil die Maßstäbe dafür fehlen. Wonach soll man vergleichen? Ernst Troeltsch hatte bei seiner Theorie des Absolutheitsanspruchs des Christentums[10] im Anschluß an Hegel zunächst an das Grundschema einer stufenweisen Höherentwicklung gedacht, diesen Gedanken später aber wieder fallen lassen: Die historischen Entwicklungen innerhalb der Religionsgeschichte sind so eindeutig nicht, neben Differenzierung gibt es Konzentration – welches von beiden steht höher? Neben der Tendenz zu Ritualisierung und Materialisierung steht die zu Spiritualisierung, neben sakramental-mystischen Ausformungen von Religion stehen solche mit prophetisch-ethischem Zuschnitt. Es gibt ein Auf und Ab in der Entwicklung auch einzelner Religionen, man denke z. B. an die drei- bis viertausendjährige Geschichte hinduistischer Überlieferungen, den Einbruch des Buddhismus und das anschließende Comeback vedischen Gedankenguts. Vor allem fehlen die Bewertungsgrundlagen dafür, was als »hoch« und was als »niedrig« angesehen werden kann. Der Begriff »primitiv« ist denn auch in der Religionswissenschaft nicht negativ besetzt, sondern eher als Bezeichnung von Ursprünglichkeit zu verstehen.

c. Die »soteriologische Effizienz« wurde von John Hick als Vergleichsmaßstab vorgeschlagen.[11] Schon die Terminologie verrät, daß er dabei von einer angelsächsisch-pragmatischen Haltung ausgeht. »Soteriologische Effizienz« meint natürlich auch nach Hick mehr als die Antwort auf die Frage »Was macht glücklicher?« Trotzdem sind gegen seinen Vorschlag zwei Einwände geltend zu machen:

Zum einen: Woraus bestimmt sich die inhaltliche Füllung von »soteria« / »Heil«? Geht es um irdisches oder um transzendentes Heil? Wie wären die Akzentsetzungen im Blick auf irdisches bzw. transzendentes Heil zu beurteilen? Wie würde ein islamischer Terrorist, der bereit ist, sich als Märtyrer mit einer Auto-

---

8. Vgl. U. Tworuschka, Methodische Zugänge zu den Weltreligionen, F/M 1982 (bes. Kap. 5).
9. Vgl. die methodologisch problematische Arbeit von B. Schmitz, »Religion« und seine Entsprechungen im interkulturellen Bereich, Marburg 1996 (bes. 194-199) sowie H.-M. Haußig, Der Religionsbegriff in den Religionen, F 1999.
10. E. Troeltsch, Die Absolutheit des Christentums und die Religionsgeschichte, Tü ³1929.
11. Vgl. J. Hick 1996, 322 ff.

bombe in die Luft zu sprengen, über das Stichwort »soteriologische Effizienz« urteilen? Vor allem – was ist zu einer Religion zu sagen, die – wie bestimmte Traditionen im Buddhismus – nach »Heil« gar nicht mehr fragt, sondern das Heil darin erblickt, daß man nach Heil eben gar nicht mehr zu fragen hat?

Zum anderen: Wird bei der Frage nach soteriologischer Effizienz Religion nicht in völlig unsachgemäßer Weise funktionalisiert? In einem tiefsten Sinne gehört doch einer Religion niemand deswegen an, weil sie dies oder jenes zu bieten hat, sondern weil ihm das Heilige in ihr unabweisbar begegnet ist, weil ihn das nicht mehr losläßt, sondern ihn fasziniert oder gar überwältigt hat.

Was ein religiöses Bekenntnis anrichtet oder ausrichtet, wird zusammen mit anderen Gesichtspunkten durchaus seine Bedeutung haben, aber als solches kann es kein zureichendes Kriterium für die Bewertung von Religionen darstellen.

d. Schließlich könnte man an die ethische Leistungsfähigkeit einer Religion denken. Doch auch hier muß man sich vor unsachgemäßen Urteilen hüten. »Wie ist die Stellung der Frau?« So lautet heute – jedenfalls im öffentlichen Bewußtsein – ein Leitmotiv religionsvergleichender Fragestellung. Das indische Kastensystem wurde oft als unmenschlich und daher ethisch etwa dem Christentum unterlegen angeprangert. Bei näherem Zusehen zeigt sich, daß es im Rahmen einer als kosmisch verstandenen Ordnung sein eigenes religiöses Pathos hat. In der Begegnung mit nichtchristlich geprägten Kulturen schwindet die Selbstverständlichkeit mancher moderner westlicher ethischer Urteile: Der westlich geprägte Besucher Calcuttas wundert sich über die mangelnde soziale Aktivität der indischen Frommen angesichts des zum Himmel schreienden Elends in der Stadt, während der indische Fromme nicht verstehen kann, wie sich die Christen und Christinnen in Europa mit der Zahl von jährlich Tausenden von Verkehrsopfern problemlos abfinden können. Das jeweilige Ethos gehört gewiß in die Betrachtung der verschiedenen Religionen hinein, aber als Kriterium ist es für sich allein jedenfalls nicht tauglich.

e. Der Weg des Religionsvergleichs soll in der Dogmatik schließlich auch deswegen nicht beschritten werden, weil sie nicht auf den Aufweis der christlichen Wahrheit abzielt, sondern von ihr ausgeht. Die Dogmatik wird sich zwar auch im Verhältnis zu den nichtchristlichen Religionen bemühen, die Plausibilität des christlichen Glaubens zu erfassen und darzulegen, aber sie wird sich nicht davon abhängig machen, ob dieser Versuch als gelungen akzeptiert wird.

2. Welteinheitsreligion?

Es geht ferner nicht um einen Beitrag zu einer kommenden »Welteinheitsreligion«[12], um eine »Synthese der Religionen«.[13] Mindestens die folgenden zwei

---

12. P. Gerlitz, Kommt die Welteinheitsreligion?, H 1969.
13. Fr. Heiler, RdM, 549 ff.

Gründe sprechen dagegen, die sich aus pragmatischen und aus grundsätzlichen Erwägungen ergeben:

a. Pragmatisch gesehen, sind Versuche der Synthese, deren es durchaus einige gibt, durchweg gescheitert. Dafür finden sich eindrucksvolle Beispiele. Der Mogulfürst Akbar (1542-1605) hatte ein Gottesdiensthaus eingerichtet, in dem wöchentlich zwischen Vertretern verschiedener Religionen Dialoge abgehalten wurden. Er versuchte eine Einheitsreligion zu schaffen, die sich »göttliche Religion« *(din-i ilahi)* nannte. Er wurde ermordet.

Die Bahai-Bewegung versteht sich als eine alle Religionen umfassende Religion. Zahllose ihrer Anhänger haben ihre Überzeugung mit dem Tod bezahlt – bis in die Gegenwart hinein.[14]

In Indien hat sich eine »Gottesgemeinde des neuen Bundes« gebildet, in deren Kult zoroastrische, konfuzianische, buddhistische, muslimische und christliche Texte gelesen wurden. Insbesondere hinduistische und neohinduistische Traditionen scheinen sich derartigen Anliegen leicht zu öffnen. Das Ergebnis ist freilich oft, daß die Anhänger der neuen Gruppe von keiner der Stammreligionen, aus denen sie kommen, anerkannt werden.[15] Trotz mancher Gemeinsamkeiten scheinen die in der Menschheit auftretenden Religionen insgesamt jedenfalls nicht völlig harmonisierbar, wie man sich an Extrem-Phänomenen wie Kannibalismus und Menschenopfern in einigen Religionen leicht klarmachen kann. Eine Vereinigung der Systeme hat keinen Sinn. Nur Gott – sozusagen – besitzt eine derartige Gesamtsicht, »und, jedenfalls vorerst, gestattet er uns, daß wir uns alle zu erneuern versuchen durch die Mühe, uns einander zuzumuten.« Sich zu versöhnen, heißt, sich dafür zu öffnen, daß wir uns voneinander in Frage stellen lassen.[16] In der Postmoderne-Diskussion wird darüber hinaus behauptet, daß eine derartige Einheitskonzeption, auch anthropologisch gesehen, gar nicht als wünschenswert erscheinen könne. Die Menschheit benötige, so beispielsweise Odo Marquard, einen »Polytheismus der Werte«.[17]

b. Aus christlicher Sicht ist eine Welteinheitsreligion schließlich auch deswegen nicht denkbar, weil diese entweder elementare Aussagen des christlichen Bekenntnisses einebnen oder gar tilgen müßte oder aber Grundüberzeugungen, wie sie in nichtchristlichen Religionen vertreten werden, verdrängen oder auslöschen würde. Weder das eine noch das andere kann Ziel christlichen Denkens oder Verhaltens sein. Im einzelnen sind folgende Gesichtspunkte hinsichtlich der Frage zu bedenken, wie denn eine solche Synthese erreichbar wäre:

– Als klassische Möglichkeit gilt der Synkretismus, also die Vermischung verschiedener religiöser Anschauungen und Praxen miteinander. Gottheiten werden miteinander identifiziert, Zeus wird zu Jupiter, Artemis zu Diana

14. Fr. Heiler, RdM 550.
15. Vgl. Fr. Heiler, RdM 256 ff.
16. S. Rostagno, Religione e religioni, in: Centro Culturale Elvetico Valdese »Albert Schweitzer«, Pluralismo religioso, Triest 1999, 35-45; Zitat: 43 (übersetzt).
17. O. Marquard, Lob des Polytheismus. Über Monomythie und Polymythie, in: ders., Abschied vom Prinzipiellen, St 1981, 91-116.

usw. Unnötig zu sagen, daß dies für das Christentum auch nicht entfernt in Frage kommen kann. Undenkbar wäre für die christliche (wie auch für die islamische) Sicht die Identifikation des dreieinen Gottes mit Allah, ganz zu schweigen von den Problemen, die sich bei Identifikationsversuchen des Gottes Jesu Christi mit Shiva oder Vishnu ergäben. Der Ur-Buddhismus schließlich kennt gar keine Götter (im Sinn der westlichen Religionen), die sich für eine synkretistische Verschmelzung anböten.

– Im Rahmen von Kompromißverfahren sucht man sich mit Relativierung oder Reduktion zu behelfen. Im religiösen Bereich würde dies bedeuten, daß jede Religion der anderen gegenüber bestimmte Grundüberzeugungen aufgeben müßte. Wie sollte das Christentum dem Islam gegenüber auf das trinitarische Bekenntnis, dem Ur-Buddhismus gegenüber auf den Gottesglauben überhaupt verzichten?

– Auch die Absolutsetzung einer leitenden Position, der sich die anderen unterzuordnen hätten, kommt nicht in Frage – nicht einmal unter der Voraussetzung, daß das Christentum die Leitposition abgeben könnte, da gerade Wahrheit nicht nach Diktat, sondern nur in Freiheit angenommen werden kann.

– Ein gewisser Spielraum ergibt sich aus christlicher Warte unter zwei Gesichtspunkten: Die Suche nach einer »Hierarchie der Wahrheiten« könnte den Blick dafür schärfen, welche Aussagen in den verschiedenen Religionen von minderem Gewicht sind und deshalb keine Streitpunkte darstellen müssen. Sodann weiß christliche Theologie um den »eschatologischen Vorbehalt«: »... wir sind schon Gottes Kinder; es ist aber noch nicht offenbar geworden, was wir sein werden.« Erst im Eschaton werden wir »ihn sehen, wie er ist« (I Joh 3,2).

3. Pluralitätskonforme Apologetik?

Es wird einer christlichen Dogmatik ferner nicht darum gehen, auf die von den nichtchristlichen Religionen vorgetragenen Konzeptionen jeweils »eine christliche Antwort« zu geben.[18] Christlicher Glaube muß sich nicht nur befragen, sondern auch erst einmal in Frage stellen lassen, bevor er zu einer Antwort ausholt. Zudem ist ja nicht auszuschließen, daß auch der christliche Glaube selbst Fragen stellt, auf die in nichtchristlichen Religionen durchaus eine diskutable Antwort gegeben werden kann. Das wäre also genau gegenläufig zu dem von Hans Küng vorgeführten Vorgehen. Ferner könnte es sein, daß in der Begegnung von zwei Religionen Fragen auftauchen, die sie beide über ihre bisherigen Erkenntnisse hinausführen oder vor denen sie beide – jedenfalls vorläufig – kapitulieren müssen. Das schließt natürlich nicht aus, daß konkrete Schritte zu einem konstruktiven Miteinander der Religionen unbedingt sinnvoll und

---

18. So z. B. Hans Küng jeweils in Replik auf die entsprechende religionswissenschaftliche Darstellung, in: Küng 1984.

unterstützenswert sind, wie es sie ja auch innerhalb des Christentums immer wieder gegeben hat – mit dogmatischer oder ethischer Ausrichtung. Dafür einige Beispiele:

a. Nikolaus von Cues hat, veranlaßt durch die Eroberung Konstantinopels durch die Türken 1453 und disponiert dazu durch seine Philosophie der »coincidentia oppositorum«, in seiner Schrift »De pace fidei« einen Dialog zwischen dem »Wort Gottes« und Vertretern verschiedener Religionen und Nationen vorgeführt. Darin wird einerseits eine prinzipielle Gemeinsamkeit der Religionen, aber auch das Recht unterschiedlicher religiöser Ausformungen dieser Gemeinsamkeit behauptet. Cusanus präsentiert in seiner Schrift ein fiktives Gespäch im Himmel, zu dem Gott selbst einlädt, um zwischen Religionen Frieden zu stiften.[19] Die Schrift des Cusanus hat sich freilich auf die Verbesserung des Verhältnisses der Religionen (oder – später – auch nur der Konfessionen) zueinander nicht nennenswert ausgewirkt. Vielleicht steht ihr dies noch bevor. Wir haben es hier mit einem eher philosophisch angelegten Versuch zu tun, mit der Pluralität der Religionen klarzukommen.

In der Gegenwart wird dieser Versuch vornehmlich durch die sogen. »Pluralistische Theologie der Religionen« unternommen.[20] Sie ist in sich vielfältig und befindet sich in gewisser Weise noch im Werden. Für sie mögen die Namen John Hick und Paul F. Knitter stehen. Es scheint sich abzuzeichnen, daß die hier vorgetragene »christliche Antwort« einen Verzicht auf bestimmte vertraute Aussagen der christlichen Dogmatik impliziert, weswegen von römisch-katholischer und evangelikaler Seite bereits erhebliche Bedenken gegen sie angemeldet worden sind. Auf ihre Thesen wird im folgenden an entsprechender Stelle einzugehen sein.

b. Ein bemerkenswertes Beispiel in ethischer Hinsicht, dem jedoch eine durchschlagende Wirkung versagt blieb, stellt die Gründung des Religiösen Menschheitsbundes durch Rudolf Otto im Jahr 1921 dar. Der Marburger Theologe und Religionsphilosoph war der Überzeugung, die einzelnen religiösen Menschen wie die Religionen insgesamt hätten eine gemeinsame kulturelle Aufgabe. Es ging ihm darum, »ein Menschheits-Gewissen zu schaffen, diesem Gewissen Geltung zu verschaffen und die Gewissensfesten in aller Welt zu vereinen«; gemeinsam sollten sie den Kampf gegen die »Superstition« aufnehmen und sich zugleich effektiv gegen die Irreligiosität einsetzen. Beim Kampf gegen den Alkoholismus schien ihm »die Mithilfe der östlichen Religionen, des Islam

---

19. Nikolaus von Cues, De pace fidei / Der Friede im Glauben. Deutsche Übersetzung von R. Haubst (= Nikolaus von Cues: Textauswahl in deutscher Übersetzung Nr. 1), hg. vom Institut für Cusanus-Forschung Trier, Trier ²1988.

20. Vgl. J. Hick 1996, P. F. Knitter 1988, P. F. Knitter 1997; H.-M. Barth, Christlicher Glaube im Kontext nichtchristlicher Religionen, in: H.-G. Schwandt (Hg.), Pluralistische Theologie der Religionen. Eine kritische Sichtung, F 1998, 97-115, sowie ders., Rez. P. F. Knitter, Horizonte der Befreiung, in: MdKI 48 (1997) 76 f.; und ders., Das Christentum und die Religionen. Kritische Stellungnahme zu einer »Arbeitshilfe« der Internationalen Theologenkommission der römisch-katholischen Kirche, in: US 53 (1998) 109-114.

und des Buddhismus höchst willkommen«. Er dachte an einen religiösen Menschheitsbund »neben politischem Völkerbund«. Die »Inwendig-Brennenden« aus allen Religionen sollten sich sammeln und ihrem gemeinsamen Willen in Gestalt »eines religiös-ethischen ›Parlaments‹« Ausdruck verleihen.[21] Rudolf Otto war letztlich durch seine eigene mystisch geprägte Frömmigkeit zu seinem Vorgehen inspiriert.

c. Ein Weltparlament der Religionen hatte freilich bereits 1893 in Chicago im Zusammenhang mit der dortigen Weltausstellung getagt. Daran knüpfte dann, ein Jahrhundert später, 1993, die von Hans Küng vorbereitete »Erklärung zum Weltethos« an.[22] Ihr war die Veröffentlichung von Hans Küngs viel diskutiertem programmatischem Buch »Projekt Weltethos« vorausgegangen, in dem er auf den unauflöslichen Zusammenhang zwischen religiösem und sozialem Frieden und dem Überleben der Menschheit hinweist. Der dadurch ausgelöste Prozeß ist noch im Gange; er tendiert nicht zu einer Harmonisierung oder gar zu einer Synthese der Religionen, sondern zur Schaffung eines »parlamentarisch« geordneten Bezugssystems der Religionen untereinander. Die Zielsetzung ist sicher zu begrüßen; aber viele Probleme bleiben dabei offen, vor allem das der Machtverhältnisse, sowohl qualitativ als auch quantitativ.[23] Kritiker wittern hier einen christlich oder gar römisch-katholisch motivierten ethischen Imperialismus.

Während beim Kusaner die Philosophie und bei Rudolf Otto die Mystik im Vordergrund stand, geht es in Küngs Projekt primär um das Ethos und in der »Pluralistischen Theologie« eher um religionsphilosophische Erwägungen. Bei keinem der genannten Ansätze besteht das Anliegen darin, das spezifische Profil des christlichen Glaubens und seiner Grund-Aussagen durch Konfrontation mit anderen Religionen herauszuarbeiten.[24]

---

21. Die Zitate werden nachgewiesen in H.-M. Barth, Die Bedeutung Rudolf Ottos für den ökumenischen und interreligiösen Dialog, in: ders., Chr. Elsas (Hg.), Bild und Bildlosigkeit. Beiträge zum interreligiösen Dialog, H 1994, 14 f., 18.
22. H. Küng, K.-J. Kuschel, Erklärung zum Weltethos. Die Deklaration des Parlaments der Weltreligionen, M 1993.
23. Zur Kritik an H. Küng vgl. J. Fuchs, Weltethos oder säkularer Humanismus?, in: StZ 211 (1993) 147-154, ferner Fr. Wolfinger, Ein gemeinsames Weltethos?, in: Th. Hausmanninger (Hg.), Christliche Sozialethik zwischen Moderne und Postmoderne, Pb 1993, 171-185, sowie M. Welker, Auf der theologischen Suche nach einem »Weltethos« in einer Zeit kurzlebiger moralischer Märkte. Küng, Tracy und die Bedeutung der neuen Biblischen Theologie in: EvTh 55 (1995) 438-456. Vgl. auch W. Lütterfelds, Th. Mohrs (Hg.), Eine Welt – eine Moral? Eine kontroverse Debatte, Da 1997.
24. Vgl. J. Figl, Die Mitte der Religionen. Idee und Praxis universalreligiöser Bewegungen, Da 1993.

(b) Zielvorstellungen und Leitgedanken

Die Zielsetzung einer interreligiös ausgerichteten Dogmatik wird zunächst bescheiden formuliert werden müssen. Es geht ja um ein ganz neues Genus dogmatischer Arbeit, für dessen sorgfältige Durchführung eine Vielzahl von Vorarbeiten und Detailuntersuchungen nötig ist. Die interreligiöse Situation fordert jedoch, daß christliche Theologie nicht allzulange auf ihren Beitrag warten läßt; außerdem können grundsätzliche dogmatische Erwägungen auch zu Detailuntersuchungen motivieren. Der vorliegenden Dogmatik geht es im Blick auf das Verhältnis zu nichtchristlichen Religionen um vier Aspekte.

1. Neue Selbstwahrnehmung des Christentums

Zunächst kommt es darauf an, daß christlicher Glaube sich innerhalb des religiösen bzw. interreligiösen Kontextes, in dem er heute begegnet, selbst wahrnimmt. Ökumenisch aufgeschlossene Theologen und Theologinnen haben diesen Kontext möglicherweise deutlicher vor Augen. In Canberra 1991 hat der Beitrag der koreanischen Theologin Chung Hyun Kyung für Aufregung gesorgt. Sie hatte die »Geister« angerufen:

»Komm, Ruach Hagars, einer Ägypterin, einer schwarzen Magd, die von Abraham und Sarah, unseren Vorfahren im Glauben, ausgebeutet und verlassen wurde …

Komm, Ruach der Urvölker der Erde, die dem Völkermord in der Kolonialzeit und in der Epoche der großen christlichen Heidenmission zum Opfer fielen …

Komm, Ruach der Juden, die im Holocaust in den Gaskammern ermordet wurden.

Komm, Ruach von Mahatma Gandhi, Steve Biko …

Komm, Ruach von Erde, Luft und Wasser, von menschlicher Geldgier vergewaltigt, gefoltert und ausgebeutet.

Komm, Ruach des Befreiers, unseres Bruders Jesus, der am Kreuz gefoltert und getötet wurde.«[25]

Handelt es sich hier noch um ein christliches Gebet – oder müssen christliche Gebete künftig so ähnlich wie diese universale Anrufung aussehen? Jedenfalls ist hier ein neues Problembewußtsein im Entstehen.

Um Inkulturation bemühte Theologinnen und Theologen widmen dem Problem längst ihre Aufmerksamkeit. Deutsche Kirchtürme zwischen Dattelhainen Südindiens werden mehr und mehr auch als ein dogmatisches Problem empfunden.[26]

Doch auch innerhalb traditionell vom Christentum geprägter Regionen der Erde erscheint der christliche Glaube heute im Kontext nichtchristlicher Reli-

---

25. Zitiert nach H.-M. Barth, Spiritualität, Gö 1993, 144 f.
26. Vgl. Th. Sundermeier, N. Klaes (Hg.), Theologiegeschichte der 3. Welt, M/Gü 1991 ff.

gionen. Mit der Auflösung kulturell und sozial geschlossener Räume (»cuius regio – eius religio«!) stellt sich den Christen und Christinnen selbst die Frage neu, wieso sie denn – abgesehen von ihrer Geburt beispielsweise in Europa und ihrer ggf. damit zusammenhängenden Kindertaufe – sich zu Jesus Christus bekennen sollen oder wollen – angesichts des Gewebes interreligiöser Angebote, das sie umgibt. In diesem Sinne spricht Peter L. Berger vom »Zwang zur Häresie«, zur Hairesis, zur Auswahl, dem sich kein aufmerksamer Zeitgenosse entziehen könne.[27] Es wird höchste Zeit, daß auch die christliche Dogmatik diese Situation zu reflektieren beginnt. Dabei zeigt sich eine doppelte Aufgabe:

a. Christlicher Glaube will nicht nur gegenüber der säkularen Welt und der von ihr übernommenen Religionskritik à la Feuerbach, Marx und Sigmund Freud verantwortet werden. Sie muß sich vielmehr auch gegenüber klassischen Religionen und ggf. neureligiösen Strömungen profilieren und ausweisen. Angesichts des immer offensichtlicher werdenden Scheiterns eines bloß technisch-rationalen Zugriffs auf die Welt wird die Auseinandersetzung mit den Religionen möglicherweise in den nächsten Jahrzehnten dringender als die Nachhutgefechte mit dem Erbe der europäischen Aufklärung. Diese Aufgabe könnte zu einer – ohnehin nötigen – neuen Profilierung des christlichen Glaubens führen.

b. Schade wäre es freilich, wenn apologetische Gesichtspunkte verhinderten, diese Situation auch als Chance für eine Erweiterung und Vertiefung christlicher Einsichten zu erkennen und zu nutzen. Gewisse – zwischen den christlichen Konfessionen kontroverse – Argumentationsmuster beispielsweise scheinen festgelegt, geraten aber unter Veränderung der bisherigen Fragestellung unter eine neue Perspektive. Der Kontext der »größeren Ökumene« beginnt bereits heute, manche Engführung der innerchristlichen Ökumene zu relativieren und damit zu entlasten. Das Problem der unterschiedlichen sprachlichen Voraussetzungen, der Syntax, nach deren Gesetzen auch Religionen ihre Aussagen formulieren, wird als relevant entdeckt. Was Thomas von Aquin nach dem Muster des lateinischen Denkens in Sätzen formuliert hat, die nach dem Schema »Subjekt – Prädikat – Objekt« aufgebaut sind, läßt sich beispielsweise in der Sprache der Hopi, die über dieses Muster nicht verfügt, gar nicht adäquat wiedergeben.[28] Solche Differenzen gilt es ernstzunehmen. Das Erbe aristotelischen Denkens, innerhalb dessen abendländische Theologie sich artikuliert hat, tritt zurück, wenn es im Rahmen eines »linguistischen Relativitätsprinzips«[29] als einer unter mehreren logischen und sprachlichen Zugängen zu phi-

---

27. P. L. Berger, Der Zwang zur Häresie. Religion in der pluralistischen Gesellschaft, Fr 1992. Man sehe sich daraufhin das »Verzeichnis der Religionsbenennungen« an, das vom Statistischen Bundesamt Wiesbaden herausgegeben wird!

28. Vergleichbare Schwierigkeiten existieren aber bereits innerhalb der innerchristlichen Ökumene: Im Griechischen gibt es kein exaktes Äquivalent für »Rechtfertigung« / »iustificatio«.

29. Vgl. B. L. Whorf, Sprache, Denken, Wirklichkeit. Beiträge zu Metalinguistik und Sprachphilosophie, RH 1963, sowie H. Fischer, Glaubensaussage und Sprachstruktur, H 1972, bes. 219-247.

losophischen und theologischen Fragen zu stehen kommt. Damit tut sich eine Chance auf, die – historisch gesehen – nur mit der Begegnung des Christentums eben mit diesem aristotelischen Denken selbst verglichen werden kann. Die zugleich damit auftauchenden Risiken für eine sachgemäße Artikulation des christlichen Glaubens sollen freilich nicht verschwiegen werden.

2. Neue Wahrnehmung nichtchristlicher Religionen

Diese Chance kann dann genutzt werden, wenn die außerchristlichen Religionen wirklich ernstgenommen und nicht nur als Objekte von religionsphilosophischer Reflexion oder praktischer Missionstätigkeit betrachtet werden. Es gilt, ihre Gläubigen als selbständige Subjekte und echte Partner in den Blick und zu Gehör zu bekommen. Dies müßte sich eigentlich von selbst verstehen – gesellschaftlich als ein Gebot der Konvivenz, aus christlicher Perspektive als Gebot der Nächstenliebe. Das II. Vatikanische Konzil hat mit seiner Erklärung über die Religionsfreiheit dazu eine Reihe wichtiger Hinweise gegeben. In der Erklärung »Dignitatis Humanae« heißt es:

»Das Vatikanische Konzil erklärt, daß die menschliche Person das Recht auf religiöse Freiheit hat. Diese Freiheit besteht darin, daß alle Menschen frei sein müssen von jedem Zwang sowohl von Seiten einzelner wie gesellschaftlicher Gruppen, wie jeglicher menschlichen Gewalt, so daß in religiösen Dingen niemand gezwungen wird, gegen sein Gewissen zu handeln ...« (DHum 2). »Denn die Verwirklichung und Ausübung der Religion besteht ihrem Wesen nach vor allem in inneren, willentlichen und freien Akten, durch die sich der Mensch unmittelbar auf Gott hinordnet ...« (DHum 3). Religiösen Gemeinschaften steht daher »... rechtens die Freiheit zu, daß sie sich gemäß ihren eigenen Normen leiten, der Gottheit in öffentlichem Kult Ehre erweisen, ihren Gliedern in der Betätigung ihres religiösen Lebens beistehen ...« (DHum 4). Diesen wichtigen Ausführungen geht freilich die Überzeugung voraus: Die »einzig wahre Religion ist ... verwirklicht in der katholischen, apostolischen Kirche, die von Jesus dem Herrn den Auftrag erhalten hat, sie unter allen Menschen zu verbreiten ... Alle Menschen sind ihrerseits verpflichtet, die Wahrheit, besonders in dem, was Gott und seine Kirche angeht, zu suchen und die anerkannte Wahrheit aufzunehmen und zu bewahren« (DHum 1). Daraus ergibt sich leider der Verdacht, mit der so intensiv angemahnten Religionsfreiheit könnte insbesondere die Freiheit für die Aktivitäten der römisch-katholischen Kirche gemeint sein. Im Blick auf römisch-katholisch dominierte Gesellschaften könnte der Konzilstext nahezu zynisch wirken. Als Neuansatz muß er gleichwohl ernstgenommen werden.[30] Doch reicht es theologisch nicht aus, die Authentizität

---

30. Vgl. auch: Enzyklika Redemptoris Missio Seiner Heiligkeit Papst Johannes Paul II. über die fortdauernde Gültigkeit des missionarischen Auftrages (1990; = Verlautbarungen des Apostolischen Stuhls 100), Bonn 1990; Päpstlicher Rat für den Interreligiösen Dialog / Kongregation für die Evangelisierung der Völker, Dialog und Verkündigung. Überlegungen

nichtchristlicher Religiosität anzuerkennen. Die eigentliche, dogmatisch relevante Frage besteht darin, ob auf dem Wege z. B. über die nichtchristlichen Religionen der dreieine Gott selbst der Christenheit etwas sagen will.

Nun hat die Dogmatik auch in ihrer herkömmlichen Form sich durchaus mit den »Religionen« beschäftigt, meist im Zusammenhang der Frage nach der Offenbarung. Dabei passierte jedoch zweierlei:

Zum einen wurden die Religionen pauschal verhandelt; es ging um »die Heiden« in ihrer Gesamtheit. Hier reproduzierte sich die aus dem Alten Testament vertraute Gegenüberstellung von »erwähltem Volk« und »gojim«. Nicht einmal so riesige Unterschiede wie der zwischen theistischen und nichttheistischen Religionen kamen ernsthaft in den Blick. Einzig die Wahrnehmung des Judentums gewann – aus naheliegenden Gründen – ein deutlicheres Profil. Allerdings ist daran zu erinnern, daß das II. Vatikanische Konzil in seiner »Erklärung über das Verhältnis der Kirche zu den nichtchristlichen Religionen« (Nostra Aetate) sich um eine in Ansätzen heilsgeschichtlich verstandene Differenzierung bemüht hat. Nach der allgemeinen »Anerkenntnis einer höchsten Gottheit«, nach Hinduismus und Buddhismus werden in je eigenen Abschnitten der Islam und, davon abgesetzt, das Judentum gewürdigt: »… So erforschen im Hinduismus die Menschen das göttliche Geheimnis und bringen es in einem unerschöpflichen Reichtum von Mythen und in tiefdringenden philosophischen Versuchen zum Ausdruck … In den verschiedenen Formen des Buddhismus wird das radikale Ungenügen der veränderlichen Welt anerkannt und ein Weg gelehrt, auf dem die Menschen mit frommem und vertrauendem Sinn entweder den Zustand vollkommener Befreiung zu erreichen oder … zur höchsten Erleuchtung zu gelangen vermögen …« (NA 2). »Mit Hochachtung betrachtet die Kirche auch die Muslim, die den alleinigen Gott anbeten … Sie mühen sich, auch seinen verborgenen Ratschlüssen sich mit ganzer Seele zu unterwerfen …« (NA 3). Schließlich wird der besonderen Bedeutung des »Stammes Abrahams« gedacht (NA 4). Nicht völlig eindeutig ist es, worauf Bezug genommen wird, wenn das Konzil formuliert: »Die katholische Kirche lehnt nichts von alledem ab, was in diesen Religionen wahr und heilig ist« (NA 2).[31] Doch auf die katholische Dogmatik hat dieser Ansatz bislang m. W. keine nennenswerten Auswirkungen gehabt. Künftig wird die differenzierte dogmatische Wahrnehmung *einzelner* Religionen wichtig sein – insbesondere die des Islam als einer nachchristlichen Religion.

Zum anderen aber wurde oft *über* die Religionen verhandelt und nicht *mit* ihren Vertretern und Vertreterinnen; man meinte, über sie sprechen zu können, ohne wirklich auf sie selbst hören zu müssen. Das galt bis vor kurzem sogar im

---

und Orientierungen zum Interreligiösen Dialog und zur Verkündigung des Evangeliums Jesu Christi (1991, = Verlautbarungen des Apostolischen Stuhls 102), Bonn 1991; Internationale Theologenkommission, Das Christentum und die Religionen (1996) (= Arbeitshilfen 136; Hg.: Sekretariat der Deutschen Bischofskonferenz), Bonn 1996.

31. Vgl. aber G. Greshake, Der dreieine Gott, Fr ²1997, 499-522.

Blick auf das Judentum. Auch hier reproduzierte sich ein dogmatisches (Vor-) Urteil: Was nichtchristliche Religionen zu sagen hatten, war, sofern es überhaupt je Relevanz beanspruchen durfte, durch die »besondere Offenbarung« überholt. Dieser doppelte Fehlansatz der bisherigen Dogmatik muß korrigiert werden. Es braucht »eine Theologie, die die Fremden nicht nur als Objekte, sondern mehr noch als Subjekte der Theologie behandelt.«[32] Diese Behauptung ist freilich strittig, da sie ein bestimmtes Verständnis von Offenbarung oder jedenfalls vom Welthandeln Gottes voraussetzt, das seinerseits begründet werden muß (siehe unten 3.2 und 3.3).

3. Vertiefte Einsicht in die Grundaussagen des christlichen Glaubens

Im Zuge einer solchen Kurskorrektur wird es – jedenfalls in einem ersten Schritt – eher selten um die globale Auseinandersetzung mit religiösen Gesamtsystemen gehen können. Dies ergibt sich aus verschiedenen methodologischen Problemen (siehe unten S. 52-56).[33] Mir scheint es stattdessen sinnvoll und aussichtsreich, durchaus bei den Grundaussagen der christlichen Dogmatik einzusetzen, sie aber im Kontext von Basisinformationen aus anderen Religionen zu durchdenken. Das heißt: Einzelne dogmatische Aussagen werden auf interreligiöse Anschlußmöglichkeiten hin überprüft. Das christliche Credo muß heute im Kontext der Weltreligionen interpretiert und entfaltet werden. Der Glaube an den allmächtigen Gott, den Schöpfer des Himmels und der Erde, wird sich seiner selbst bewußt zwischen Koran-Aussagen über das Wirken Allahs und der Auffassung, ein solcher Glaube sei völlig irrelevant, wie sie im Buddhismus vorausgesetzt wird. Das Bekenntnis zu Jesus Christus als dem Retter von Sünde und Tod wird sich neu artikulieren im Gegenüber zu Buddha, zu Bodhisattvas der buddhistischen und zu Avataras der hinduistischen Traditionen. Die christliche Auferstehungshoffnung muß sich bewähren und zugleich neu erfassen zwischen Reinkarnationsvorstellungen und dem in manchen Ausprägungen des Buddhismus vollzogenen programmatischen Verzicht auf konkrete Hoffnung. Dies berührt sich mit einem religionsphänomenologischen Ansatz, der, wenngleich umstritten, hier nicht gänzlich zu umgehen ist. Wenn

---

32. H. Waldenfels in: LR 558.
33. H. v. Glasenapp [4]1994, 457, bietet eine vergleichende »Übersicht über Lehre und Brauchtum« der fünf von ihm behandelten Religionen, die jedoch für die dogmatische Reflexion irrelevant bleibt. Um einen umfassenden Ansatz bemühen sich die Autoren in H. Küng 1984. Daneben gibt es natürlich Versuche, einzelne Religionen in ihrer Gesamtheit mit dem christlichen Glauben in Beziehung zu setzen: Zum Judentum vgl. das Œuvre von Fr.-M. Marquardt sowie C. Thoma, Die theologischen Beziehungen zwischen Christentum und Judentum, Da [2]1989; zum Islam vgl. J. Bouman 1980 und R. Leuze 1994; zum Hinduismus vgl. M. v. Brück [2]1987; zum Buddhismus vgl. H. Waldenfels, Faszination des Buddhismus. Zum christlich-buddhistischen Dialog, Mz 1982, sowie M. v. Brück, Wh. Lai 1997. Zum Ganzen H. Waldenfels 1994.

das von mir vorgeschlagene Verfahren gelingt, sollte es möglich werden, die klassischen Aussagen des christlichen Glaubens

– schärfer zu profilieren,
– durch Relativierung oder Erweiterung ihre Relevanz klarer einzuschätzen,
– von Aporien zu befreien, die sich aus der innerchristlichen Diskussion ergeben haben,
– im interreligiösen Kontext kommunikabel zu machen.

Dies läßt sich zunächst im Blick auf die traditionellen Themen der Prolegomena einer Dogmatik versuchen, also im Blick auf das Verständnis von »Glaube«, »Offenbarung« und »Wort Gottes«. Damit wird nach Abschluß dieses einleitenden Kapitels sogleich zu beginnen sein. Es ist dann natürlich auch im Blick auf die weiteren Hauptthemen der Dogmatik zu erproben.

4. Erweiterte Gesprächsfähigkeit

Mit alledem dürfte der Glaube gesprächsfähiger werden im Blick auf diejenigen,
– die ihn teilen (also innerhalb der Kirche / der Kirchen),
– die in nichtchristlichen religiösen Traditionen leben,
– die Religion für gefährlich oder überflüssig halten.

Die Christenheit wird auf diese Weise, ohne ihre Identität zu verlieren, eine Theologie der religiösen Pluralität gewinnen, die auf die ökumenische Situation unmittelbare Auswirkungen haben und im Rahmen der Diskussion um die Postmoderne Verständnis finden dürfte. Sie könnte zugleich damit ihren Platz in der Welt neu bestimmen, ohne sich zwischen der Scylla evangeliumsferner Resignation und der Charybdis eines evangeliumsfremden Absolutheitsanspruchs aufzureiben.

(3) Methodologische Probleme

Natürlich sind die methodologischen Probleme auch bei dem von mir geplanten Vorgehen erheblich, und zwar in mindestens dreierlei Hinsicht.

(a) Der Stoff der traditionellen christlichen Dogmatik

1. Dafür, daß man mit dem Stoff der christlichen Dogmatik viele Bände füllen kann, gibt es zahlreiche Beispiele. Einige der in den letzten Jahren erschienenen deutschsprachigen Dogmatiken blieben nicht unter drei Bänden.[34] Man wird

---

34. G. Ebeling 1979; W. Pannenberg 1988-1993; Fr. Mildenberger, Biblische Dogmatik, St 1991-1993.

die interreligiöse Fragestellung vermutlich nicht additiv dem bereits vorhandenen Volumen zufügen können, sondern insgesamt reduzieren müssen. Material, das am ehesten für die interreligiöse Diskussion entbehrlich ist, wird gelegentlich die Theologiegeschichte sein. Deutlicher als bei der herkömmlichen Dogmatik bleibt die freilich zu begründende Auswahl von Essentials der Verantwortung des Autors anheimgestellt. Der Zwang zu Reduktion und Konzentration dürfte sich aber insgesamt als hilfreich erweisen.

2. Die innere Differenziertheit christlicher Dogmatik, wie sie sich insbesondere in konfessionsspezifischen Wahrnehmungen und kontroverstheologischen Diskussionsgängen zeigt, kann bei dem gewählten Ansatz nur andeutungsweise nachvollzogen werden. Klassische Dogmatik hat oft auch viel Energie aufgewandt für die Frage, an welcher Stelle des Systems die einzelnen Themenbereiche zu verhandeln und wie sie miteinander zu vernetzen sind. Eine interreligiös interessierte Dogmatik wird sich mit elementarer Architektur zufriedengeben und schlicht die für das Gespräch mit den Weltreligionen wichtigsten Fragestellungen aneinanderreihen. Ausgangspunkt ist dabei die Frage nach dem Verständnis des Glaubens, nach seinem Wesen, seinen Entstehungs- und Vermittlungsbedingungen. Die weiteren Themen lassen sich in der dem Theologen geläufigen Weise anordnen, wobei sich übergreifende Zusammenhänge ohnehin sozusagen unterwegs immer wieder zeigen werden. Die im folgenden vorzutragenden Überlegungen wollen vor dem Hintergrund reformatorischer Einsichten, gegenwärtiger evangelischer Theologie und der subjektiven Glaubenserfahrung des Autors verstanden bzw. hinterfragt werden. Neben der vielen Primär- und Sekundärliteratur, die zu erörtern sein wird, sollte ein christlicher Theologe schließlich auch mit dem nicht hinterm Berg halten, was er von Gott »weiß«.

(b) Die Unübersichtlichkeit der religiösen Kontexte

1. Will man den religiösen Kontext, innerhalb dessen christliche Dogmatik heute gedacht werden muß, in seiner Gesamtheit erfassen, so müßte auch die gegenwärtige säkulare Welt mit ihren zahlreichen »Weltanschauungen« berücksichtigt werden. Ich halte es für eine Schwäche der Religionswissenschaft, daß sie bisher kaum in der Lage war, auch die Entwicklung von Agnostizismus, Atheismus und Transzendenzverlust in die Religionsgeschichte der Menschheit einzuzeichnen. Trotzdem sehe ich keine Möglichkeiten, im folgenden den christlichen Glauben im Kontext nichtchristlicher Religionen und zugleich im Kontext nichtchristlicher Weltanschauungen zu thematisieren. Es mag sich auch aus methodischen Gründen empfehlen, nicht bereits im ersten Zugriff beide Perspektiven zusammenzunehmen.[35]

---

35. Einen – nur partiell überzeugenden – Versuch unternimmt H. Waldenfels, Kontextuelle Fundamentaltheologie, Pb ²1988 (Neudruck 1994). Vgl. aber unten S. 807 ff.

Vorklärungen

2. Zu dem im weitesten Sinn ins Auge zu fassenden Kontext gehört die gesamte Religionsgeschichte, also einschließlich längst vergangener »toter« Religionen und jüngster neoreligiöser Tendenzen. Für die Verhandlung von beidem sprächen wichtige Gründe: Gerade aus den inzwischen erloschenen Religionen Assyriens und Ägyptens, aus Gnosis und hellenistischen Mysterienkulten hat die biblische Tradition unübersehbar viele Impulse empfangen. Neoreligiöse Bewegungen ihrerseits übernehmen nicht selten Anregungen aus erloschenen Religionen ebenso wie aus christlichem Traditionsgut.

Aus pragmatischen Gründen konzentriere ich mich im folgenden jedoch auf diejenigen lebenden Weltreligionen, die dem Christentum in nächster Zeit die wichtigsten Gesprächspartner sein dürften: Judentum und Islam stehen zum Christentum in einem religionsgeschichtlich gesehen besonderen und theologisch eigens zu würdigenden Verhältnis. Gesichtspunkte aus Altem Testament und Judentum tauchen daher in der folgenden Darstellung jeweils sowohl bei der Selbstreflexion des christlichen Glaubens als auch bei der Besprechung spezifisch jüdischer Einsichten und Erfahrungen auf. Einerseits gehören beide Traditionen zusammen; andererseits stellt das nachbiblische Judentum dem Christentum gegenüber eben doch eine eigene Religion dar. Aufgrund gemeinsamer Traditionen sind aber auch Judentum, Christentum und Islam in einer besonderen Weise miteinander verflochten und aufeinander verwiesen. Die Asien prägenden Religionen Hinduismus und Buddhismus stellen gemeinsam und je für sich die große Alternative zu den drei aus der Wüste geborenen »monotheistischen« Religionen – Judentum, Christentum und Islam – dar. Wenn ich die traditionalen Religionen nicht eigens thematisiere, so liegt das u. a. daran, daß sie sich nicht im selben Maße selbst theologisch artikulieren, wie dies bei den von mir als Dialogpartner gewählten Religionen der Fall ist. Unbefriedigt läßt mich, daß ich auf chinesische Religion in der Regel nicht eingehe. Ich hielt sie zu Beginn meiner Studien nicht in gleicher Weise für relevant und sehe mich nicht in der Lage, sie nachträglich einzubeziehen.[36]

Die damit vorgenommene Auswahl bezieht sich also einerseits auf die qualitative und quantitative Repräsentanz der Religionen innerhalb der Weltbevölkerung heute. Sie orientiert sich andererseits daran, inwieweit Religionen erschlossen sind bzw. sich selbst in einer den westlichen Christen und Christinnen verständlichen Weise artikuliert haben und artikulieren. Schließlich ist es für christliche Theologen und Theologinnen von besonderem Interesse, ihre eigene Tradition mit Religionen zu vergleichen, die dem Christentum entweder

36. Vgl. z. B. H. v. Glasenapp ⁴1994, 142-216; H. Küng, J. Ching, Christentum und chinesische Religion, M 1988; P. Antes 1996, 212-238. Die von mir vorgenommene Auswahl läßt sich unter dem von A. Michaels 1998, 19, vorgetragenen Gesichtspunkten rechtfertigen: »Setzt man Alter, Zahl der Anhänger und Kriterien einer Hochkultur (z. B. Schrifttum, einheitliche Sprache, dominierende Schichten, beruflichen Priesterstand) voraus, dann gibt es unter den noch lebenden, praktizierten Religionen drei große Gruppierungen: die abrahamitisch-monotheistischen Religionen, Judentum, Christentum und Islam, den Buddhismus und die Hindu-Religionen.«

besonders nahe stehen – wie Judentum und Islam – oder aber extrem fern – wie Buddhismus und die hinduistischen Traditionen.

Die Auswahlkriterien sind problematisch, aber das Risiko solcher Problematik muß eingegangen werden, wenn man sich überhaupt in das Beziehungsgeflecht der Religionen reflektierend hineinbegeben will.

3. Hier sei eine Anmerkung zur Religionsstatistik gestattet, die – bei aller Problematik – doch auch etwas von der faktischen Bedeutung der jeweiligen Gesprächspartner zu erkennen gibt. Daß dieser quantitative neben den qualitativen Gesichtspunkten gleichwohl zurückzutreten hat, zeigt u. a. der Blick auf das Judentum. Zudem gibt es keine verläßlichen Zahlen.

Die verschiedenen Gruppen zählen unterschiedlich (bestimmte protestantische Gruppen nur die Erwachsenen); manche Religionen verfügen über gar kein System bzw. haben kein Bedürfnis, ihre Mitglieder zu zählen. Der Unterschied zwischen formaler Zugehörigkeit und tatsächlicher Praxis ist erheblich, wie man nicht zuletzt aus der Statistik der christlichen Kirchen weiß. Insgesamt wird man sagen müssen: Je höher die Zahlen sind, desto ungenauer sind sie. Wer überhaupt das Bedürfnis zu zählen hat, kennt im übrigen die Tendenz »aufzurunden«.

Nach Berechnungen von David B. Barrett und Todd M. Johnson läßt sich jedoch festhalten: Zur Zeit (d. h. im Jahr 2000)[37] machen die Christen zusammen ziemlich genau ein Drittel der Weltbevölkerung aus (ca. 1,999 Milliarden, davon knapp über eine Milliarde Katholiken, 342 Millionen Protestanten, ca. 80 Millionen Anglikaner und 215 Millionen Orthodoxe). Der Islam zählt 1,2 Milliarden Anhänger (davon Schia: ca 10 %), die hinduistischen Religionen 811 Millionen und die Buddhisten 360 Millionen. Alle diese Zahlen sind mit äußerster Vorsicht zu genießen. Angesichts des rasanten Wachstums der Weltbevölkerung werden sie auch rasch überholt sein, wobei sich eine gewisse Stagnation im Blick auf den Anteil des Christentums an der Weltbevölkerung und eine steigende Tendenz im Blick auf Islam und Hinduismus auch ohne konkretes Zahlenmaterial erkennen läßt. Über die religiöse Situation in China mit seinen über eine Milliarde Einwohnern gibt es kein brauchbares Zahlenmaterial. Eine zahlenmäßige Erfassung der »Nichtreligiösen«, die sich als Gegenrechnung verwenden ließe, ist ohnehin ausgeschlossen (obwohl es auch dazu Versuche gibt).

(c) Umstrittene Vergleichbarkeit

1. Die Frage nach der Vergleichbarkeit religiöser Phänomene wurde vor allem im Zusammenhang mit der Methode der Religionsphänomenologie diskutiert. G. van der Leeuw hat den ersten eindrucksvollen Versuch unternommen, die Verwandtschaft von bestimmten Phänomenen in allen oder doch vielen Reli-

---

37. Idea Spektrum 6/2000, 14; vgl. LR 556; TRE hat keinen Artikel und nicht einmal ein Stichwort im Register Bd. 1-27 zu »Religionsstatistik«.

gionen herauszuarbeiten. Daß sein Ansatz inzwischen berechtigte Kritik erfahren hat, wird seine Bemühungen nicht grundsätzlich in Frage stellen.[38] Er hat zudem nicht wenige Nachfolger gehabt, die in Einzelarbeiten oder Gesamtdarstellungen seine Anregungen weitergeführt und präzisiert haben.[39]

Gegen dieses Vorgehen machte man mit einem gewissen Recht geltend, daß die betreffenden Phänomene doch jeweils in ganz unterschiedlichen Bezugssystemen stünden, aus denen man sie, will man sie nicht verzeichnen, nicht herauslösen dürfe. Dagegen wiederum verweist Mircea Eliade auf die Jungsche Konzeption der Archetypen, die zeitunabhängig den religiösen Vorstellungen zugrundelägen – ein Gedanke, der mich nicht restlos überzeugt.[40] Mir ist bewußt, daß es mißlich ist, einzelne religiöse Aussagen oder Phänomene aus dem Gesamtkontext einer Religion herauszulösen und sie mit assoziativ vermittelten christlichen Überzeugungen zusammenzubringen. In einer multireligiösen Situation passiert aber – gegen alle religionswissenschaftliche Einsicht – genau das. Faktisch steht im öffentlichen Bewußtsein, wie es durch die Medien, aber auch durch die Migration und somit durch konkrete Anschauung geprägt wird, im heutigen Europa das Bekenntnis zum dreieinen Gott neben dem zu Allah, die Praxis des christlichen Gebets neben der von Yoga oder Zen-Meditation. In der Wahrnehmung des religionswissenschaftlich unverbildeten Betrachters berühren sich (oder schließen sich aus) z.B. bestimmte Jenseitsvorstellungen oder Schöpfungsmythologien, auch wenn sie aus unterschiedlichen Religionen stammen. Ich halte es daher für legitim, ausgehend von den Grundaussagen des christlichen Glaubens nach außerchristlichen Entsprechungen oder Alternativen zu fragen, auch wenn dann erst zu klären ist, ob es sich um eine wirkliche oder nur eine scheinbare Entsprechung handelt.

2. Wie ist mit der Tatsache umzugehen, daß die Religionen, deren Phänomene und Aussagen mit dem christlichen Glauben in Beziehung gesetzt werden sollen, eine im einzelnen natürlich nicht nachzuzeichnende Geschichte hinter sich haben? Die hinduistischen Traditionen umspannen, grob gerechnet, vier Jahrtausende, das Judentum steht dem nur um fünfhundert bis achthundert Jahre nach. Der Buddhismus ist um ein halbes Jahrtausend älter als das Christentum. In diesen immensen Zeiträumen haben sich Religionen natürlich verändert, differenziert, reformiert. In allen Religionen gibt es »Konfessionen«, unterschiedliche Glaubensrichtungen, Flügelkämpfe. Für eine heutige Begegnung mit dem Christentum sollen diejenigen Elemente als relevant eingebracht werden, die in der Gegenwart der jeweiligen Religion als bestimmend gelten können. So werden in der Darstellung gelegentlich uralte, ehrwürdige Texte neben modernen Interpretationen stehen müssen.

---

38. G. van der Leeuw ⁴1977.
39. Vgl. auch Fr. Heiler, EWR; G. Mensching, Die Religion. Erscheinungsformen, Strukturtypen und Lebensgesetze, St 1959; K. Goldammer, Die Formenwelt des Religiösen, St 1960; G. Widengren 1969.
40. Vgl. zum Ganzen z.B. R. Schaeffler, Art. Religionsphänomenologie, in: LR 546f.

3. Ein weiteres nicht zu unterschätzendes Problem besteht darin, daß sich die meisten Religionen jedenfalls bislang nicht auf dem intellektuellen Niveau westlicher Prägung reflektiert und artikuliert haben wie das Christentum. Man kann also nicht einfach »Theologien« miteinander in Beziehung setzen. Ulrich Mann hat daher dem Wunsch Ausdruck verliehen, die nichtchristlichen Religionen möchten in ähnlicher Weise Theologien entwickeln wie das Christentum; das werde die Kommunikationsmöglichkeiten fördern.[41]

Wo dies möglich ist, wäre es sicher zu begrüßen. Aber manchen Religionen widerspricht es von ihrem Selbstverständnis her, sich verbal zu artikulieren und zu fixieren. In dieser Hinsicht gibt es ja bereits innerhalb des Christentums erhebliche Unterschiede: Die Ostkirchen stehen dem kritischen theologischen Wort mit grundsätzlicher Reserve gegenüber. Für sie sind Bild und liturgischer Vollzug wichtiger. Wo jedoch in einer Religion Selbstreflexion und Selbstdarstellung fehlen, sind Theologen und Theologinnen in besonderem Maß auf die Hilfe der Religionswissenschaft angewiesen.

4. Bei dem vorliegenden Projekt kann es schließlich von Belang sein, daß im Blick auf die Begegnung von zwei oder mehr Religionen ja nicht alles mit allem in Beziehung gesetzt oder verglichen werden soll. Als klare Ausgangspunkte dienen vielmehr, wie beschrieben, nach Kapiteln geordnet, die Hauptaussagen der christlichen Dogmatik, die jeweils im Sinne eines allgemein akzeptierten Kompendienwissens vorweg skizziert werden sollen. Dies wird jeweils im Abschnitt A eines Kapitels unternommen. Daß ich die »communis opinio« daraufhin zuspitzen werde, wie ich selbst sie rezipiere und mich zu vertreten getraue, betrachte ich als Selbstverständlichkeit. Zu einem solchermaßen aufbereiteten Hauptthema der Dogmatik soll dann – in der genannten Vierfach-Perspektive von Judentum, Islam, Hinduismus und Buddhismus – der jeweils entsprechende oder kontrastierende Kontext gesucht und geprüft werden (Abschnitt B). Eine anschließende Reflexion (Abschnitt C) wird zu erheben suchen, was die Konfrontation mit diesem Kontext für ein vertieftes Verständnis des christlichen Glaubens in bezug auf das verhandelte Thema erbringen konnte oder doch könnte. Eine keineswegs als Zusammenfassung gemeinte knappe Thesenreihe (Abschnitt D) soll schließlich auf einige wichtige Gesichtspunkte des jeweiligen Kapitels aufmerksam machen.

(d) Zum Forschungsstand

Der Versuch, den christlichen Glauben im Kontext nichtchristlicher Religionen darzustellen und dabei einzelne seiner zentralen Aussagen durchzuprüfen, wurde bislang noch nicht unternommen. Was es an Vorarbeiten gibt, ist folgendes:

1. In den biblischen Schriften enthaltene religionsgeschichtliche Materialien

---

41. U. Mann 1970, 46 f.

wurden seit ihrer ersten Wahrnehmung zur Zeit der Aufklärung und dann vor allem im »Bibel-Babel-Streit« sorgsam untersucht.[42] Seither gibt es dazu eine kaum zu überblickende Fülle von Literatur. Die sogenannte Religionsgeschichtliche Schule hat um die Wende vom 19. zum 20. Jahrhundert diesem Problembereich hohe Aufmerksamkeit gewidmet und in Ernst Troeltsch ihren »Dogmatiker« gefunden. Seine Erwägungen zum Absolutheitsanspruch des Christentums sind aus diesem Ansatz erwachsen. Troeltsch setzt sich jedoch kaum mit einzelnen Aussagen nichtchristlicher Religionen auseinander, und er geht auch nicht von Einzelthemen der christlichen Dogmatik aus.[43]

2. Das Verhältnis zwischen nichtchristlichen Religionen und dem christlichen Glauben wird bislang besonders unter folgenden Fragestellungen verhandelt:

a. Inkulturation und Theologien der Dritten Welt: Stärker als die Religion steht hier die Kultur im Vordergrund, nämlich soziale Gegebenheiten, die Sprache, kulturelle Traditionen. Vornehmlich im indischen Christentum wird die Frage nach Inkulturation intensiv verhandelt.[44]

b. Kontextuelle Theologie: Hier geht es häufig primär um gesellschaftliche und politische Kontexte; die lateinamerikanische Befreiungstheologie oder die koreanische Minjung-Theologie gelten insofern als typische kontextuelle Theologien.[45]

c. Absolutheitsanspruch des Christentums? Hier liegt der Schwerpunkt der Debatte auf der allgemeinen religionsphilosophischen Fragestellung und nicht auf der Auseinandersetzung mit einzelnen Religionen. Dies könnte sich freilich in naher Zukunft ändern.[46]

d. Interreligiöser Dialog? Er ist vielfältig: Diana L. Eck, langjährige Vorsitzende der ÖRK-Untereinheit »Dialog mit Menschen mit verschiedenen Religionen«, unterscheidet zwischen folgenden Ebenen:

- Konferenzdialog,
- institutioneller Dialog,
- theologischer Dialog,
- Dialog in der Gemeinschaft / Dialog des Lebens,

42. Vgl. z. B. W. Beyerlin (Hg.), Religionsgeschichtliches Textbuch zum Alten Testament, Gö 1975.
43. Vgl. R. Bernhardt 1990, 128-149.
44. Vgl. S. J. Samartha, The Search for New Hermeneutics in Asian Christian Theology, Bangalore 1987; R. O. Costa (Hg.), One Faith, Many Cultures. Inculturation, Indigenization and Contextualization, Maryknoll, NY 1988.
45. Zum Problem vgl. Fr. Hauschildt (Hg.), Text und Kontext in Theologie und Kirche, Hannover 1989, sowie H.-M. Barth, Christliche Dogmatik – weder Beziehungskiste noch erratischer Block. Über den Kontextbezug dogmatischer Arbeit, in: H. Deuser, G. Schmalenberg (Hg.), Christlicher Glaube und religiöse Bildung, Gießen 1995, 121-134.
46. R. Bernhardt 1990; ders. 1994; W. Greive 1991; J. Doré 1997; K. Hilpert 1995; K.-J. Kuschel 1994; E. F. Knitter 1988, 1997; U. Mann 1970.

- spiritueller Dialog,
- der innere Dialog.[47]

Unter »innerem Dialog« versteht sie das »Gespräch«, das sich innerhalb eines nachdenkenden Subjekts vollzieht.

Nur in den ersten dreien der genannten Dialog-Ebenen werden gelegentlich auch einzelne analog erscheinende Glaubensaussagen verschiedener Religionen miteinander in Beziehung gesetzt. Ansonsten kommt die Selbstwahrnehmung christlichen Denkens hier eher als Nebenprodukt zu stehen.

e. Die Frage nach »Offenbarung«: Sie wird herkömmlicherweise im Rahmen von Dogmatiken gestellt, die meist bei dieser Gelegenheit keineswegs einzelne Religionen in den Blick nehmen, sondern das Verhältnis von »allgemeiner« und »besonderer« Offenbarung verhandeln. Ausnahmen bestätigen die Regel.

3. Gelegentlich werden in Dogmatiken einzelne Aussage-Komplexe aus nichtchristlichen Religionen gestreift, so z. B. »Bhakti« und »Jodo Shinshu« bei Karl Barth[48] oder die Reinkarnationslehre bei Wolfhart Pannenberg.[49] Leider gibt es bislang keine Zusammenstellung oder Würdigung der Aussagen über nichtchristliche Religionen, die in den Dogmatiken des 19. und 20. Jahrhunderts gelegentlich auftauchen.

4. Die Zahl von monographischen Arbeiten, in denen zu zwischen den Religionen kontroversen Einzelthemen Stellung genommen wird, ist im Steigen begriffen. Auf sie wird bei Bedarf im Text oder in den Anmerkungen verwiesen. Leider gibt es auch über sie noch keine zuverlässige Gesamtbibliographie.[50]

(4) Zum theologischen Ansatz des vorliegenden Projekts

Der theologische Ansatz der vorliegenden Untersuchung kann hier nur angedeutet werden, denn er steht selbst zur Diskussion und soll sich anhand des einzuschlagenden Weges erst noch bewähren. Dies heißt aber, daß von vornherein auch einige der zu erwartenden Probleme ins Auge gefaßt werden müssen.

---

47. D. L. Eck, Interreligiöser Dialog – was ist damit gemeint? Ein Überblick über die verschiedenen Formen des interreligiösen Dialogs, in: US 43 (1988) 189-200. Zur Dialog-Problematik insgesamt vgl. H. Ott, Apologetik des Glaubens. Grundprobleme einer dialogischen Fundamentaltheologie, Da 1994, sowie G. Sauter, Art. Dialogik. II. Theologisch, in: TRE 8,703-709, und: Ökumenischer Rat der Kirchen, Leitlinien zum Dialog mit Menschen verschiedener Religionen und Ideologien, in: Arbeitstexte Nr. 19, VI/79. Evangelische Zentralstelle für Weltanschauungsfragen, Stuttgart. Weitere Literatur in R. Hummel 1994, 215 Anm. 1; s. auch G. Rosenstein 1991.
48. KD I/2, 372-377.
49. W. Pannenberg, ST 3, 608-610.
50. Hilfreich ist jedoch die bibliografische Arbeit der Interreligiösen Arbeitsstelle INTR°A (Dr. Reinhard Kirste, Am Hardtkopf 17, 58769 Nachrodt).

(a) Der Ausgangspunkt im christlichen Bekenntnis

Evangelischer Glaube soll mit den Weltreligionen ins Gespräch kommen. Ausgangspunkt ist daher das christliche Bekenntnis, wie es evangelischer Glaube versteht. Es geht dezidiert nicht etwa um eine »interreligiöse Dogmatik«, sondern um christliche, näherhin: evangelische Dogmatik im Kontext nichtchristlicher Religionen. Das Bekenntnis zu Gottes Selbsterschließung in Jesus Christus, mithin zum dreieinen Gott, steht mit dem vorliegenden Projekt in keiner Weise zur Disposition. Im Gegenteil: Gerade dieses Bekenntnis, wie ich es verstehe, veranlaßt mich, den Blick auf die Menschen zu lenken, die in nichtchristlichen Traditionen leben, und somit auch auf deren religiöse Traditionen selbst. Das ergibt sich nicht nur aus dem Gebot der Nächstenliebe oder aus einer allgemeinen Respektierung der Menschenwürde und der religiösen Gestalt, in der sich diese artikuliert. Es folgt auch aus dem theologischen Gehalt des christlichen Bekenntnisses selbst, und zwar aus folgenden Gründen:

1. Wenn, wie das christliche Bekenntnis formuliert, Gott in Jesus Christus Mensch geworden ist, dann heißt das, daß sich Gott nicht nur zu einem einzelnen Volk, etwa dem der Juden, oder nur zu einer einzigen Religion – etwa derjenigen der Christen – in Beziehung gesetzt hat. Die besondere Stellung Israels oder der christlichen Kirche soll damit in ihrer Bedeutung nicht reduziert werden. Im Gegenteil, auch sie ist aufgrund des Inkarnationsglaubens erst noch zu entdecken und voll zu würdigen. Aus der Geschichte, auf die sich der Mensch werdende Gott einläßt, ist kein Mensch, welcher Religion auch immer er angehören mag, ausgeschlossen; folglich steht auch die Welt der Religionen zur Inkarnation in einer spezifischen Beziehung. »An der Krippe, in welche die Verkündigung Jesus legt, hat nicht nur das Alte Testament gearbeitet, sondern auch außerbiblische Religion.«[51] Noch umfassender argumentiert das Johannes-Evangelium: Das »Wort ward Fleisch« (Joh 1,14). Zu dem Bereich des »Fleisches«, auf das das »Wort« bezogen ist und der damit eine Neuqualifizierung erfährt, gehört gewiß auch die Welt der Religionen. Die Welt mag es nicht erfaßt haben, aber: »Er kam in sein Eigentum.« Er war »in der Welt«, die »durch ihn gemacht wurde« – »das wahre Licht, das alle Menschen erleuchtet« (vgl. Joh 1,11.10.9).[52] Auf diese letzteren Aussagen bezieht sich in der neueren Diskus-

---

51. P. Althaus [8]1969, 47.
52. Jürgen Fangmeier berichtet – interessant genug! -: »Als ich im September 1968 das letzte Mal bei Karl Barth sein konnte, sprach er davon, womit er sich beschäftigen würde, wenn er noch Jahre theologischen Schaffens vor sich hätte. Und er nannte nach dem römischen Katholizismus die Ostkirchen und dann die nichtchristlichen Religionen; aber, fügte er hinzu, ganz anders als man in der Regel darangehe: nicht so, daß das Allgemeine die Basis sei, auf der sich dann vielleicht Jesus Christus als der Gipfel höchster erheben soll, sondern so, daß Jesus Christus der Grund sei, von dem her mit den Religionen vielleicht ein noch ganz neues Gespräch zu eröffnen wäre.« Zitiert nach Karl Barth, Gesamtausgabe V. Briefe 1961-1968, Z [2]1979, 505, Anm. 2. Was Karl Barth hier im Sinne eines christozentrischen Ausgangspunktes für das Gespräch mit den Religionen andeutet, schwebt mir im folgenden als trinitarisch begründete Möglichkeit und Aufgabe vor.

sion besonders Jacques Dupuis, indem er darauf hinweist, daß das »Wort« nicht in der Gestalt des historischen Jesus aufgehe, sondern auch als solches in der Welt der Religionen gewirkt habe und weiterhin wirke.[53] Dupuis reduziert damit jedoch die Bedeutung der Inkarnation für den Bereich der Religionen, der ja erst aufgrund der Selbsterschließung Gottes in Jesus Christus in seiner relativen Relevanz für den Glauben erkennbar wird. Damit sind freilich bereits Implikationen eines trinitarischen Ansatzes angesprochen.

2. Niemand möge sich durch die Trinitätslehre schrecken lassen. Ich denke nicht, daß man sie in all ihrer Komplexität verstanden haben und teilen muß, bevor man sie als eine auch die Welt der Religionen übergreifende Perspektive ins Spiel bringen kann. Es geht mir um die schlichte Feststellung, daß die Christenheit Gott begreift als Schöpfer, als Erlöser und Vollender. Wie sich Schöpfer, Erlöser und Vollender zueinander verhalten, mag vorerst dahingestellt bleiben (vgl. unten 4.2). Schaffen, Erlösen und Vollenden Gottes lassen sich nach christlicher Auffassung zwar unterscheiden, nicht aber voneinander trennen. Beides ist, wie sich zeigen wird, auch im Blick auf die nichtchristlichen Religionen relevant. Bereits bei den innerchristlichen ökumenischen Dialogen hat sich erwiesen, in wie hohem Maße gerade das trinitarische Bekenntnis sich eignet, festgefahrene Fragestellungen aufzubrechen und in einen weiteren Horizont einzustellen.[54] Da es geläufige Alternativen transzendiert, ist zu erwarten, daß unter trinitarischer Perspektive auch außerchristliche religiöse Ansätze in einem neuen Licht erscheinen können. Diese Erwartung dient mir als Arbeitshypothese. Sie beruht auf der Überzeugung, daß sich die Grundaussagen des christlichen Glaubens im Bekenntnis zum dreieinen Gott zusammenfassen lassen. Dies wird bei der Darstellung der christlichen Gotteslehre selbst zu erläutern und in der Diskussion der einzelnen Themen der christlichen Dogmatik zu bewähren sein. Einzelne interessante Vorarbeiten dazu existieren bereits.[55]

Das trinitarische Bekenntnis impliziert einen dreifaltigen Bezug Gottes zu allen Menschen: Als der Schöpfer begründet er ihre Existenz, als der Erlöser gibt

---

53. J. Dupuis, Verso una teologia cristiana del pluralismo religioso, Brescia ²1998, z.B. 285, 328-331, 398-406.
54. Vgl. z.B. Das Herrenmahl II-V, in: H. Meyer u.a. (Hg.), Dokumente wachsender Übereinstimmung. Sämtliche Berichte und Konsenstexte interkonfessioneller Gespräche auf Weltebene 1931-1982, Pb/F 1983, 274-283, sowie: Taufe, Eucharistie und Amt. Konvergenzerklärungen der Kommission für Glauben und Kirchenverfassung des Ökumenischen Rates der Kirchen, B II, in: ebd. 558-564.
55. M. v. Brück ²1987; eine eigenwillige religionsphilosophisch orientierte und anthropologisch ausgerichtete Interpretation der Trinitätslehre legt R. Panikkar vor: Trinität. Über das Zentrum menschlicher Erfahrung, M 1993. Vgl. ferner A. Amato (Hg.), Trinità in contesto, Roma 1994; R. Corless, P. F. Knitter (Hg.), Buddhist Emptiness and Christian Trinity, New York/Mahwah 1990; G. D'Costa, Toward a Trinitarian Theology of Religions, in: C. Cornille, V. Neckebrouck (Hg.), A Universal Faith? Peoples, Cultures, Religions and the Christ, Louvain 1992, 139-154; Pan-Chiu Lai, Towards a Trinitarian Theology of Religions. A Study of Paul Tillich's Thought, Kampen 1994; K. J. Vanhoozer (Hg.), The Trinity in a Pluralistic Age, Grand Rapids Michigan 1997.

er sich für sie alle dahin – und an ihnen allen arbeitet er auf eine ihm entsprechende Weise durch den Heiligen Geist.[56] Die Heilsökonomie des dreieinen Gottes ist noch nicht zu Erfüllung und Vollendung gelangt. Sie ist vielmehr in voller Aktion. Schöpfung und Erhaltung der Welt sind in vollem Gang. Das Evangelium von Jesus Christus wird verkündigt, aber ja keineswegs allenthalben angenommen. Der Geist wirkt offensichtlich, wo es zum Glauben kommt, aber gewiß auch im Verborgenen, wo Sehnsucht nach Wahrheit und Liebe sich zeigt. Das trinitarische Bekenntnis erlaubt zu verbinden und zu differenzieren: Einerseits ist deutlich, daß der Glaube an die Botschaft von Jesus Christus nicht von allen Menschen geteilt wird; andere Vorstellungen vom Heil und dessen Vermittlung stehen für sie im Vordergrund. Andererseits gilt für Christen die Überzeugung: Alle Menschen, welcher Religion oder Weltanschauung sie auch angehören oder zuneigen, leben in Gottes universalem Heilsplan, selbst wenn sie diesen nicht oder nur partiell kennen. Die Religionen können aus dem Welt- und Heilshandeln Gottes nicht ausgenommen werden. Es ist auch theologisch unzureichend, hinter den Religionen nur Gottes »Welthandeln« anzunehmen.[57] Gottes Werke »ad extra« sind voneinander zwar zu unterscheiden, nicht aber zu trennen. Der schaffende ist zugleich der Erlösung und Vollendung wirkende Gott. Auf welch unterschiedliche Weisen er sein Ziel mit der Welt und den Menschen erreicht, bleibt sein – allenfalls im Eschaton offenbar werdendes – Geheimnis.

3. Es geht daher nicht an, die nichtchristlichen Religionen im Sinne von Karl Barths Verdikt[58] einfach auf das sündige, selbstsüchtige und selbstmächtige Verlangen des Menschen nach einer ihm behagenden Beziehung zum Göttlichen zurückzuführen. Gewiß macht sich die auf das Ego bezogene sündige Grundverfaßtheit des Menschen auch im Bereich von Religiosität und Religionen entstellend bemerkbar. Aber dies gilt ebenso für den Bereich des Christentums. Auch hier gibt es das selbstsüchtige Gebet, die herrische Verteidigung der »rechten Lehre« und die lieblose Routine. Wenn aus dem Herrschaftsbereich des dreieinen Gottes schlechterdings nichts ausgenommen werden darf, dann muß sein Walten auch hinter den möglicherweise uns fremd oder gar bizarr erscheinenden Vorstellungen und Ausdrucksformen nichtchristlicher Religionen angenommen und gesucht werden. Nicht nur in den vorchristlichen, sondern auch in den heute lebendigen nichtchristlichen Religionen ist »der auf sein volles Offenbarwerden in Jesus Christus zugehende Gott am Wirken«. Auch in ihnen kommt es zu »Berührungen durch seine Wirklichkeit«.[59] Es reicht freilich nicht, diese Sicht dann doch wieder in dem Sinn einzuschränken, daß man behauptet, der Christus-Glaube dürfe jedoch seinerseits nicht »im Rahmen son-

---

56. H.-M. Barth, Koexistenz der Religionen – Ende des christlichen Missionsauftrags?, in: Dialog der Religionen 3 (1993) 165-179.
57. Vgl. C. H. Ratschow 1979, 122 f.; Religionen, Religiosität und christlicher Glaube, Gü 1991, 125 ff.
58. K. Barth, KD I/2, § 17.
59. Mit und gegen W. Joest, Dogmatik Bd. 1, Gö 1984, 30 f.

stiger Religionsgestalten« verstanden werden.[60] Gewiß muß er Kriterium bleiben, aber er kann auch als Kriterium gerade im Kontext anderer Religionen tiefer erfaßt werden.

4. Insofern muß die Providenz Gottes als eigener Gesichtspunkt bedacht werden. Im Koran findet sich die Notiz:»Wenn dein Herr wollte, würden die, die auf der Erde sind, alle zusammen gläubig (= nämlich Muslime) werden« (Sure 10,99). Dies gilt gewiß im übertragenen Sinne auch für das Christentum. Wenn der christliche Glaube bislang die nichtchristlichen Religionen nicht einfach überflüssig gemacht und ersetzt hat, hängt das für Christen und Christinnen in irgendeiner Weise auch mit dem »Wollen« des »Herrn«, ihres Gottes, zusammen. Nicht nur die Geschichte Israels, sondern auch die Geschichte der Religionen gehört in die Heilsgeschichte hinein (was für die Religionen freilich auch Krisis bedeutet – nicht weniger als für Israel und schließlich auch die Christenheit selbst). Die besondere Beziehung zwischen Israel und der Kirche kann freilich nicht verdecken, daß das nachbiblische Judentum sich als nichtchristliche Religion präsentiert. Ein Problem ganz eigener Art stellt die Tatsache dar, daß Jahrhunderte »nach Christi Geburt« der Islam entstehen konnte, heute der mächtigste Konkurrent der Christenheit! Was bedeutet in dieser Hinsicht, auf den christlichen Glauben übertragen, Sure 10,99?

5. Schließlich hat die Berührung mit außerchristlicher Spiritualität auf Menschen, denen sie zuteil wird, spirituelle und nach Reflexion rufende Auswirkungen. Dies ist das selbstverständliche Ergebnis von Konvivenz und Kollusion, ob es den Theologen und »Dogmatikern« der betroffenen Religionen gefällt oder nicht. Sorgsame Prüfung ist hier angesagt: »Prüft aber alles, und das Gute behaltet« (I Thess 5,21)! Die mit dem neuen Jahrhundert heraufziehende, für alle Religionen neue weltgeschichtliche Situation, die zu unabsehbaren Transformationen zu führen verspricht, könnte durchaus zu einer Erneuerung des Christentums beitragen. Christen und Christinnen werden sie jedenfalls der Providenz Gottes anheimstellen und darauf achten, daß sie nicht Chancen und Aufgaben, die Gott ihnen zuspielt, durch Trägheit des Denkens und Handelns versäumen.

(b) Latenter christlicher Absolutheitsanspruch?

Mein Versuch, die Grundaussagen des christlichen Glaubens im Licht und unter den kritischen Anfragen nichtchristlicher Religionen zu durchdenken, diese selbst aber dann einer trinitarischen Perspektive auszusetzen, wird sich theologisch mit zwei Einwänden auseinanderzusetzen haben: Muß das Christentum nicht auf seinem Absolutheitsanspruch bestehen? Verbirgt sich dieser aber, wenn er bei dem vorliegenden Projekt nicht radikal vertreten zu werden scheint, möglicherweise in einer verkappten, vielleicht sogar unlauteren Gestalt?

---

60. Gegen W. Joest ebd. 33.

1. Vor allem biblische Aussagen scheinen zu fordern, daß christlicher Glaube einen Absolutheitsanspruch erhebt. Der im Alten Testament sich niederschlagende Kampf gegen fremde und falsche Götter will freilich einerseits unter historischen Gesichtspunkten, andererseits vom Neuen Testament her verstanden werden. Am Ende einer Entwicklung, die vom Henotheismus zum Monotheismus führt, entdeckt Israel, daß sein Gott der Herr über alle Völker, die ganze Menschheit und die gesamte Schöpfung ist. Das Alte Testament erfaßt die Transzendenz Gottes zunehmend klarer. Gottes Souveränität erstreckt sich auch auf die Heidenvölker, auch sie sind in seiner Hand. Auch mit ihnen hat Gott seine Geschichte, die – so die entsprechenden Visionen – in die Völkerwallfahrt zum Zion münden wird. Negative Urteile über die Religionen, die Israel umgeben, sind in erster Linie als Warnungen an die Israeliten selbst zu verstehen, keinesfalls von ihrem Gott abzufallen. Die Ausschließlichkeitsforderung des Alten Testaments wendet sich an die Glaubenden selbst, nach innen!

Im Neuen Testament wird die universale Perspektive auch für Jesus Christus geltend gemacht: Obwohl von den Menschen vielerlei Götter angerufen werden, »haben wir doch nur *einen* Gott, den Vater, von dem alle Dinge sind und wir durch ihn, und einen Herrn, Jesus Christus, durch den alle Dinge sind und wir durch ihn« (I Kor 8,5 f.). Die Gewißheit, daß der Gott Jesu Christi der Gott aller Menschen ist, verbindet sich für Glaubende mit dem Impuls, ihnen diesen Gott auch »nahezubringen« und sie auf das Heil aufmerksam zu machen, das sich ihnen in ihm erschließt. Der Begriff »Absolutheitsanspruch« ist gewiß nicht geeignet, diesen Tatbestand zutreffend zu beschreiben. Wenn dem Johannes-Evangelium gewiß ist, daß niemand »zum Vater« kommt außer durch Jesus Christus (Joh 14,6), und wenn die Apostelgeschichte keinen anderen Namen kennt, in dem uns die Seligkeit verheißen ist, als Jesus Christus (Act 4,12), so ist dies als unmittelbare Einladung zu verstehen, sich ihm glaubend anzuvertrauen – nicht als objektivierbares Urteil über den soteriologischen Status nichtchristlicher Religionen. Selbst wo sich das Neue Testament in dieser Richtung ausdrückt, dient dies nicht der Abwertung nichtchristlicher Religionen, sondern steht im Zusammenhang entweder der Einladung zum Glauben oder der Dankbarkeit für die neue Existenz. Im übrigen sind die verschiedenen und z. T. einander widersprechenden biblischen Aussagen zu diesem Problem nicht von einzelnen Bibelstellen, sondern vom Verständnis der Sendung Jesu Christi her und damit zugleich unter einer trinitarischen Perspektive zu würdigen.

2. Verbirgt sich in der Aufnahme dieses Ansatzes, vor allem aber in der Anwendung des trinitarischen Bekenntnisses als Integrationsperspektive nicht doch – etwa im Sinn »repressiver Toleranz« – ein latenter Absolutheitsanspruch? Können sich nichtchristliche Leser und Leserinnen durch ihn verletzt fühlen? Christliche Dogmatik wird von der in ihr bezeugten und reflektierten Wahrheitsgewißheit nicht abgehen. Auch die nichtchristlichen Religionen haben im übrigen ihren jeweiligen Wahrheitsanspruch. Als Ausgangspunkt für das interreligiöse Gespräch ist das Stehen zur eigenen Überzeugung gewiß fruchtbarer als kompromißfreudige Relativierung. Doch soll im folgenden ja

auch nicht primär ein Beitrag zum interreligiösen Gespräch vorgetragen werden, sondern christliche, näherhin: evangelische Dogmatik. Nichtchristliche Gesprächspartner sind ihrerseits eingeladen, ihr Selbstverständnis ebenfalls in Reaktion zu anderen Religionen zu entwickeln und in den Dialog einzubringen.

3. In der bisherigen Diskussion begegnen zwei Grund-Modelle, die christliche Wahrheitsgewißheit zu vertreten: Das exklusivistische Modell insistiert mit Hinweis auf biblische Aussagen (vgl. Joh 14,6; Act 4,12) auf der alle anderen Heilsangebote abweisenden Einzigartigkeit und Ausschließlichkeit des christlichen Weges. Dem steht – ebenfalls unter Hinweis auf die Bibel (vgl. Act 10,34f.; 17,16ff.) – die inklusivistische Vereinnahmung anderer religiöser Optionen gegenüber. Der trinitarische Glaube kann in der Tat ebensowenig wie die Konfrontation das inklusive Denken vermeiden, wenn Gott als alle und alles umgreifend, tragend und bestimmend gedacht wird. Im Sinne eines interreligiösen Dialogs kann es nur um gegenseitigen Inklusivismus gehen.[61] Scharf davon zu unterscheiden ist daher eine inklusivistische Vereinnahmung nichtchristlicher Religionen und ihrer Bekenner durch kirchliche Ansprüche. Nicht die christliche Kirche hat Ansprüche zu erheben; sie hat sich vielmehr selbst dem von ihr bezeugten Anspruch Gottes zu beugen. Sie tut dies, indem sie
– bußfertig auf ihre eigene z.T. betrübliche Geschichte und gegenwärtige Wirklichkeit blickt,
– zuversichtlich die Selbstoffenbarung des von ihr bezeugten Gottes mit dem Kommen seines Reiches erhofft und alle bis dahin zu wagenden Aussagen unter eschatologischem Vorbehalt sieht, und indem sie
– in kritischer Solidarität mit den Anhängern und Anhängerinnen nichtchristlicher Religionen und Weltanschauungen für alle Menschen die Führung durch die Zeiten von dem Gott erbittet, an den sie glaubt.

(5) Thesen

1. Die traditionelle evangelische Dogmatik muß zu einer ökumenischen Dogmatik und darüber hinaus zu einer Dogmatik im Kontext der Religionen weiterentwickelt werden.

2. Dabei geht es weder um den religionsgeschichtlichen Vergleich noch um den Versuch, eine – etwa christlich dominierte – »Welteinheitsreligion« zu propagieren, noch auch um apologetische Selbstverteidigung des Christentums.

3. Die Christenheit hat im Kontext der Weltreligionen sich selbst neu wahrzunehmen und ihren Platz zu bestimmen.

---

61. Vgl. R. Bernhardt, Ende des Dialogs? Die Begegnung der Religionen und ihre theologische Reflexion, Z 2005, 206-218.

4. Sie wird sich zwar dessen bewußt bleiben, daß der christliche Glaube die Alternative von Religion und Religionslosigkeit transzendiert, gleichwohl aber ihre Partner-Religionen nicht als bloße Objekte ihres Denkens oder Handelns einschätzen, sondern sie als eigene Subjekte erkennen und würdigen.

5. Der damit favorisierte Ansatz kann die Christenheit gesprächsfähiger machen, ihren Glauben einerseits bereichern, andererseits schärfer profilieren und ihm im interreligiösen Kontext insgesamt eine stärkere Kommunikabilität verleihen.

6. Theologischer Ausgangspunkt ist dabei der die Mitte christlichen Lebens und Bekennens ausmachende trinitarische Glaube: Gott begründet als der Schöpfer die Existenz aller Menschen, als Erlöser gibt er sich für sie alle dahin, und an ihnen allen arbeitet er auf eine ihm entsprechende Weise durch den Heiligen Geist.

7. Der trinitarische Ansatz darf nicht als verkappter Absolutheitsanspruch des Christentums mißverstanden werden. Er dient nicht der Vereinnahmung nicht-christlicher Traditionen durch die Christenheit. Er erweist sich für Christen und Christinnen aber insofern als unumgänglich, als sie davon ausgehen, daß Gott sich den Glaubenden als der dreieine erschließt und vergegenwärtigt. Der Selbsterschließung des dreieinen Gottes haben sich auch Christen und Christinnen selbstkritisch und bußfertig immer neu zu stellen.

2 Glaube

A   Glaube nach christlichem Verständnis

Wenn man sich klar machen möchte, was es mit dem Glauben nach christlichem Verständnis auf sich hat, fallen einem vielleicht zuallererst Menschen ein: Man denkt nicht an »den Glauben«, sondern an »Glaubende«. Ich habe – wie wohl jeder Glaubende – meine privaten Zeugen für den Glauben. Eine todkranke Frau sagte mir, der ich etwas ratlos vor ihrem Krankenbett stand: »Die Leiden dieser Zeit sind nicht wert der Herrlichkeit, die an uns offenbart werden soll« (vgl. Röm 8,18). Mein Freund Peter Walss hatte sich gegen die atomare Aufrüstung, gegen Schweizer Banken, gegen die türkische Kurdenpolitik und gegen alles, was ihm an Ungerechtigkeit in den Blick kam, engagiert. Von Krebs gezeichnet, dichtete er in Anlehnung an den 23. Psalm: »... deine guten Kühe lecken mich gesund.«[1] Ich habe ebenso auch meine privaten Anfechter: eine ferne Verwandte, die einem nationalsozialistisch gefärbten Pantheismus huldigte, einen mir befreundeten Physiker, der sich als Naturwissenschaftler ein individuelles Grab verbat, eine Frau aus meinem Bekanntenkreis, die schlicht feststellt: Ich habe dieses Vertrauen nicht. Schließlich denke ich auch an den derzeitigen Imam im benachbarten Stadtallendorf, an eine Rede des Dalai Lama und sein tiefgründiges Lachen am Ende seiner Ausführungen. »Glaube« – was ist das eigentlich?

Man kann bei dem Versuch, diese Frage zu beantworten, sehr unterschiedlich einsetzen:
- religionsphilosophisch, wobei die Sprachanalyse einen wichtigen Aspekt darstellen würde und das Verhältnis von Glauben und Vernunft[2] im Vordergrund stünde;
- philologisch über die Begrifflichkeit; man würde dann die hebräischen und griechischen Äquivalente prüfen[3], vielleicht auch den Gebrauch in modernen europäischen Sprachen untersuchen[4];
- exegetisch auf dem Wege nicht nur über die Verwendung der Begriffe in der biblischen Tradition, sondern auch im Blick auf Beispielgeschichten und grundsätzliche Aussagen;

---

1. P. Walss, Gebete auf dem Rücken liegend, hg. von S. Kramer-Friedrich, Z 1993, 26.
2. Vgl. z. B. R. Swinburne, Faith and Reason, Oxford 1981.
3. Das hebräische Äquivalent läßt die »ursprüngliche, konkret-physische Bedeutung ›feststehen, stillhalten‹ (vom Schlachtroß)« und noch häufiger »die psychologische Bedeutung ›Vertrauen haben, zuversichtlich sein‹, im profanen Bereich« und in der »Kultsprache« erkennen; H. Wildenberger, Art. ʾmn fest, sicher, in: THAT I, 188. Das griechische Äquivalent bedeutet im profanen Gebrauch: »›Einer Botschaft und/oder deren Überbringer Glauben schenken‹«; G. Barth, in: EWNT III, 218.
4. Der deutsche Begriff hat die Grundbedeutung »›sich etwas lieb, vertraut machen‹; über ›Gutheißen‹ wird die endgültige Bedeutung erreicht.« So Fr. Kluge, Etymologisches Wörterbuch der deutschen Sprache, B 1975, 260. Zum englischen Sprachgebrauch vgl. z. B. W. Cantwell Smith, Faith and Belief, Princeton N. J. 1979.

– theologiegeschichtlich, wobei besonders Augustin und Luther zu untersuchen wären;

– systematisch-theologisch: Neben Monographien wären dann theologische Lehrbücher[5] beizuziehen, wobei allerdings auffällt, daß der Glaube dort gar nicht so weitläufig diskutiert wird, wie man dies erwarten sollte – und auch meist nicht in den Prolegomena, sondern im Kontext der Rechtfertigungslehre, wo das »sola fide« nach reformatorischer Auffassung seinen eigentlichen Platz hat. Aufschlußreich sind oft die Erklärungen des Anfangs des Apostolikums: »Ich glaube ...«.[6]

Oder man beginnt einfach mit der umgangssprachlichen Verwendung des Begriffs »Glaube«!

(1) Glaube und Skepsis

(a) Das Wagnis der Skepsis

1. Man hört oft, »glauben« heiße: »nicht so genau wissen.«[7] Das ist spöttisch und religionskritisch gemeint – aber in einer bestimmten Hinsicht trifft es den Sachverhalt exakt. Glauben heißt in der Tat: nicht so tun, als wüßte man genau. Glauben heißt: zugeben, ja, damit rechnen, daß man es nicht so genau weiß. Es heißt folglich auch: die vorfindliche Wirklichkeit und das vermeintliche Wissen über sie in Frage stellen, sie nicht in letzter Instanz und mit einem letzten Anspruch gelten lassen. Glaube macht skeptisch! »Skepsis« geht von der Annahme aus, daß Menschen sich täuschen können und daß unhinterfragbares Wissen ihnen letztlich nicht zur Verfügung steht. Der christliche Glaube wagt Skepsis.[8]

Er wagt sie, weil er ein Vertrauen darstellt, das sich durch die vordergründige Wahrnehmung von Fakten nicht erschüttern läßt und Gutes erwartet auch angesichts von offensichtlich Bösem. Solches Vertrauen äußert sich in Gelassenheit und in einem Gefühl der Geborgenheit oder in Lebensschwung und Tatendrang. Wie kann sich der Glaube davor schützen, von der Skepsis, die er provoziert, zugleich unterminiert und zerstört zu werden?

5. Vgl. z.B. W. Härle 1995, Abschnitt 2.2, und H. G. Pöhlmann [5]1990, Kap. IV.
6. Z. B. J. M. Lochman, Das Glaubensbekenntnis, Gü 1982, 24-33.
7. Im Unterschied zu Glauben im christlichen Sinne (»Faith«) sei philosophischer Glaube (»Belief«) »eine wahrscheinlichkeitstheoretisch faßbare und entscheidungslogisch präzisierbare propositionale Einstellung relativ zu je bestimmten Alternativen, von denen eine für wahrscheinlicher gehalten wird als die andere(n).« I. U. Dalferth, Art. Glaube 3. Systematisch-theologisch, in: EKL[3], 199. Damit sind jedoch nicht zugleich sämtliche Konnotationen der umgangssprachlichen Verwendung des Begriffs erfaßt.
8. Zur Geschichte und zu den unterschiedlichen Bedeutungen des Begriffs »Skepsis« vgl. A. A. Long/M. Albrecht, Art. Skepsis; Skeptizismus, in: HWP 9, 938-974.

Skepsis wirkt sich in unterschiedlichen Hinsichten aus. Sie hat für den Glaubenden eine positive Funktion: Er wird einerseits kritisch gegenüber dem, was klar zutage zu liegen scheint. Das Vertrauen trägt die Skepsis, läßt sie gewähren. Der Fundamentalist hat dieses Vertrauen nicht; er ist nur gegenüber dem, was seinem Glauben widerspricht, skeptisch, ja, er lehnt es ab. Für den Glaubenden aber bekommt die Skepsis, die er sich leisten kann, eine potentiell bereichernde und im Endeffekt stabilisierende Funktion. So kann Glaube wachsen und sich vertiefen. Diese Glaubenshaltung macht das Gespräch zwischen Glaubenden unterschiedlicher Auffassungen und den Dialog mit Anhängern und Anhängerinnen anderer Religionen möglich, interessant und ertragreich.

Die Skepsis wird sich aber auch auf den Glauben selbst richten. Sie rüttelt dann an seinen Fundamenten, die entweder wanken und stürzen – oder aber sich nicht erschüttern lassen. Auch dabei ist eine positive Funktion der Skepsis für den Glauben zu erkennen, die offenbar ohne ihre negative, destruktive, den Glauben einer bestimmten Ausformung um seine Existenz bedrohende Seite nicht zu haben ist. Der Glaube selbst löst die Skepsis aus. Er lockert die Verbindung nicht nur zur sogenannten Wirklichkeit, sondern auch zur Wirklichkeit seiner selbst. Er »traut« – jedenfalls im Blick auf bestimmte Inhalte – »sich selbst nicht über den Weg«. Wo findet er Halt?

2. Paul Tillich hat behauptet, der Zweifler sei gerechtfertigt, weil der Zweifel ja ohnehin immer der Suche nach der Wahrheit diene. Der Akt des Zweifelns selbst wird damit zum philosophisch legitimierten »Halt«: Halt wäre dann nicht von außen zu erwarten, durch etwas, das seinerseits nicht mehr bezweifelt werden kann, sondern Halt wäre im Vollzug des ehrlichen Zweifelns selbst, sozusagen von innen her, gegeben.

Tillich findet: »Die Situation des Zweifelns, selbst des Zweifelns an Gott, braucht uns nicht von Gott zu trennen. In jedem tiefen Zweifel liegt ein Glaube, nämlich der Glaube an die Wahrheit als solche, sogar dann, wenn die einzige Wahrheit, die wir ausdrücken können, unser Mangel an Wahrheit ist. Aber wird dies in seiner Tiefe und als etwas, das uns unbedingt angeht, erlebt, dann ist das Göttliche gegenwärtig; und der, der in solch einer Haltung zweifelt, wird in seinem Denken ›gerechtfertigt‹.«[9] Tillich formuliert damit eine philosophische Rechtfertigung des Zweifels, die er theologisch interpretiert und die sich durchaus psychologisch bewähren kann. Aber Skepsis und Zweifel sind nicht immer auf der Suche nach der Wahrheit, sondern manchmal auch auf der Flucht vor ihr. Skepsis und Zweifel können auch Ausdruck dafür sein, daß ich die Wahrheit verdränge und sie anzuerkennen mich weigere. Dies macht die positiven Funktionen, die sie haben können, jedoch nicht zunichte.

---

9. P. Tillich, GW VII,14; vgl. ferner GW VIII, 85-100, sowie GW VIII, 111-196.

(b) Die asymmetrische Verwiesenheit von Glaube und Skepsis aufeinander

Der Skepsis zulassende Glaube stellt eine Grundhaltung dar, die es einerseits verhindert, daß ich mir durch angebliche Argumente oder wissenschaftliche Erkenntnisse oder auch durch konkrete Lebensumstände allzu rasch imponieren lasse, und die mich andererseits vor einer Selbstimmunisierung meines Glaubens bewahrt. Christlicher Glaube ist nicht Fundamentalismus!

Wie ist ein Glaube zu beschreiben, der, weil er sie um seiner selbst willen braucht, solche Skepsis auslöst und am Leben erhält, ohne doch deren destruktiven Tendenzen zum Opfer zu fallen und sich aufzulösen? Glaube fordert Skepsis, impliziert in bestimmter Hinsicht Skepsis sogar sich selbst gegenüber. Skepsis ihrerseits stellt Glauben in Frage, setzt aber – nun in anderer Hinsicht – Grundannahmen voraus, die religiösen Überzeugungen entsprechen können. Wie kommen Glaube und Skepsis miteinander zurecht?

1. Die Skepsis kann sich kritisch auf Fundamente, Inhalte und Konsequenzen eines Glaubens beziehen. Sie stellt nicht nur eine kritische Haltung dar, sondern geht ihrerseits von bestimmten Grundannahmen aus – beispielsweise davon, daß das Fragen dem Antworten vorzuziehen sei, daß Verneinen ebenso sachgemäß sein könne wie Bejahen, daß sich in jedem Fall die Devise empfehle: »Kopf gut schütteln vor Gebrauch« (Erich Kästner). Auch die Skepsis ist vom Sinn ihres Verhaltens überzeugt. Wodurch wären ihre Grundannahmen legitimiert?

Sie ahnt, daß sie ohne bestimmte Voraussetzungen, die phänomenologisch einem religiösen Glauben gleichen können, zu blankem Zynismus oder stumpfem Dahinvegetieren führt – ebenso, wie der Glaube ohne jegliche Skepsis zu toter oder gar tötender Ideologie werden kann. Beides läßt sich anthropologisch ausweisen. Es gibt genügend Beispiele dafür, daß weder ein blinder Fanatismus noch ein alles relativierender Agnostizismus dem Menschen gut tun oder gar entsprechen.

Christlicher Glaube weiß sich durch seinen Bezugspunkt bestimmt und definiert: durch den dreieinen Gott. Gott ist dabei nicht einfach als »Objekt« des Glaubens, sondern zugleich als dessen »Subjekt« gedacht. Gott steht dem Glaubenden gegenüber und ist doch zugleich in diesem selbst gegenwärtig und wirksam. Inwieweit es in nichtchristlichen Religionen vergleichbare Vorstellungen gibt, wird zu prüfen sein. Auffallend sind jedoch im Bereich des Christentums die Folgen dieses Ansatzes: Wenn Glaube Zweifel und Skepsis impliziert, hat Gott als »Objekt« und »Subjekt« des Glaubens auch mit diesen zu tun. Sie können dann als »Anfechtung« verstanden werden, die den Glauben zu vertiefen und zu korrigieren, zu bereichern und zu bewähren vermag.

Paul Tillich ist für das von ihm so genannte »protestantische Prinzip« eingetreten: Das Christentum, insbesondere in seiner protestantischen Ausprägung, sei die einzige Religion, die sich selbst immer wieder in Frage stelle. In der Tat, im Islam hört man kaum von einer Aufforderung zu Selbstkritik und Skepsis sich selbst gegenüber. Stammesreligionen kennen, soweit sie sich vornehmlich in Riten ausleben, gar nicht die Möglichkeit einer Diastase zwischen Glauben und Skepsis. Für Hindus hat die Skepsis keine positive Funktion. Der Buddhist allerdings hinterfragt und durchstößt gedanklich alles. Er »tötet« sogar »Buddha«, wenn er ihn trifft. Er tut dies, um in das letztlich Unhinterfragbare, in die ewige Stille jenseits von Frage und Antwort einzutreten. Dies berührt sich mit der im Christentum zu beobachtenden Spannung von Glaube und Skepsis. Aber das Ziel der Buddhisten, wenn man denn von »Ziel« sprechen darf, liegt jenseits von Glaube und Skepsis. Auch der klassische Marxismus kannte und erlaubte keine Skepsis. Im real existierenden Sozialismus hatte man vielmehr ein feines Gespür für die subversive Kraft eines Glaubens, der der Wirklichkeit gegenüber skeptisch war und skeptisch machte. In nichtchristlichen Religionen und Weltanschauungen gibt es wenig Raum für eine legitime oder gar fruchtbare Skepsis. Allenfalls der Buddhismus macht hier eine gewisse Ausnahme. Er steht darin der Mystik nahe, die sich als dem Sagbaren gegenüber skeptisch gibt. Sie kann sich dabei mit philosophischen und sprachanalytischen Ansätzen berühren. »Wovon man nicht sprechen kann, darüber muß man schweigen«[10]. Doch damit verstummt die Skepsis, sie stellt nicht mehr konkret in Frage, verliert ihre Funktion und löst sich damit selbst auf.

Der christliche Glaube kann – jedenfalls unter den Bedingungen der europäischen Aufklärung, die er selbst mit heraufgeführt hat – ohne die selbstkritische Infragestellung seiner selbst und insofern ohne »Skepsis« auch sich selbst gegenüber nicht er selbst sein. Trotzdem ist das Verhältnis zwischen christlichem Glauben und Skepsis asymmetrisch. Die Skepsis dient dem Glauben, indem sie ihn angreift und tendenziell zerstört. Der Glaube »dient« der Skepsis, sofern er sich ihr als Ausgangspunkt und Objekt ihrer tendenziellen Zerstörung zur Verfügung stellt. Skepsis provoziert den Glauben zu Wachstum, indem sie ihn hinterfragt und ihm damit Entfaltungsmöglichkeiten verschafft. Nicht einem »skeptischen Glauben« wird damit das Wort geredet, sondern einem Glauben, der Skepsis zuläßt, weil er sie selbst hervorruft, einem Glauben mit Spielraum, der sich nicht zwingen läßt, sondern fragen darf und zugleich nicht über alles Bescheid wissen muß.

2. Einschlägige biblische Aussagen scheinen einer positiven Würdigung von Zweifel und Skepsis zu widersprechen. Verhängnisvoll hat sich die äußerst problematische Übersetzung der Kardinalstelle zum Problem des Zweifelns in der Luther-Bibel ausgewirkt. Nach Hebr 11,1, so heißt es dort, ist der Glaube »eine feste Zuversicht auf das, was man hofft, und ein Nichtzweifeln an dem, was man (ergänze: *noch*) nicht sieht«. Doch zunächst steht hier nicht: So muß der Glaube sein! Sondern es wird auf die »Wirklichkeit« des Glaubens verwiesen, die in dem liegt, worauf er sich bezieht. Er hat seine »substantia«/»hypostasis« und damit zugleich seinen »Nachweis« (»argumentum«/»elenchos«), gleichsam sei-

---

10. L. Wittgenstein, Tractatus logico-philosophicus, edition suhrkamp 12, 1963, 115.

ne »Garantie«, aus dem, was kommen wird und was durch die Verkündigung den Glaubenden vorweg vermittelt wird.[11] Der Glaube »ist« nicht, sondern er »empfängt«; Glaube »ist« darin, daß er »empfängt«. Empfangen kann aber gerade der, der nicht schon »hat«, sondern der an bestimmten Dingen zweifelt oder insgesamt skeptisch ist.

Der »ungläubige Thomas« zweifelt, ein Skeptiker im Blick auf die Auferstehungsbotschaft (Joh 20,24 ff.). Der Auferstandene wendet sich ihm in einzigartiger Weise zu: »Reiche deine Hand her«, und Thomas reagiert auch auf eine einzigartige Weise: »Mein Herr und Gott!« Thomas hätte – um im Duktus der Geschichte zu bleiben – ohne seinen Zweifel die ihm gewährte Glaubenserfahrung nicht gemacht. Das soll sicher nicht heißen, der Zweifel sei von sich aus der sichere Weg zur Glaubenserfahrung; dem will ja wohl die anschließende Feststellung dienen, daß »selig« sei, wer glaube, ohne zu »sehen«. Trotzdem: Es gibt offenbar Wege des Zweifels, die, wenn Gott es so will, durch besondere Erfahrungen und Gottesbegegnungen gesegnet werden.

Hat aber – nach dem Bericht der Genesis – nicht gerade mit Zweifel und Skepsis alles Unglück angefangen: »Ja, sollte Gott gesagt haben?« (Gen 3,1)? Die biblische Eva läßt sich durch die Schlange durchaus in die richtige Richtung führen: Sie vergegenwärtigt sich noch einmal, was Gott gesagt hat. Der »Sündenfall« wird nicht durch den Zweifel ausgelöst, sondern durch das dann eintretende Nichtzweifeln an dem, was die Schlange behauptet: »Ihr werdet keineswegs des Todes sterben, sondern … ihr werdet sein wie Gott« (Gen 3,4 f.). Dieser Behauptung begegnen Eva und Adam nicht mit Skepsis. Der Sündenfall erfolgt, so gesehen, gerade nicht aufgrund von Zweifeln und Skepsis, sondern durch ein Nichtzweifeln, ein Nichthinterfragen, ein blindes Akzeptieren einer fremden Botschaft. Zweifel kann sich negativ, aber eben auch positiv auswirken.

In einer Situation, die durch blindes Akzeptieren von Vorgegebenheiten charakterisiert ist, kann die skeptische Frage »Sollte …?« gerade Fixierungen durchbrechen, festlegende Erwartungen und Befürchtungen transzendieren. In einer Situation persönlicher Frustration und gesellschaftlicher Stumpfheit ist dies eine Frage, die weiterführt: »Sollte (ein) Gott gesagt haben …?«

Trotzdem gibt es in der Heiligen Schrift offensichtlich auch die Warnung vor dem Zweifel: Die Christen sollten sich nicht »von einem jeden Wind einer Lehre bewegen und umhertreiben lassen durch trügerisches Spiel der Menschen, mit dem sie uns arglistig verführen« (Eph 4,14b). Dies ist freilich ein Appell zur »Mündigkeit« (vgl. Eph 4,13.14a), die sich gerade nicht in einem blinden Akzeptieren von Vorgegebenem realisieren wird. Der Jakobusbrief schärft seinen Adressaten ein, wer zweifle, der gleiche einer vom Wind hin- und hergetriebenen Meereswoge; er sei unbeständig in all seinem Tun, und dies widerspreche insbesondere der vertrauensvollen Haltung des Gebets (Jak 1,5-8). Es sind aber auch gerade die »Meereswogen« des Zweifels, die den Zweifelnden ins Gebet treiben. Abraham wird wiederholt als Beispiel eines nicht zweifelnden Glauben-

---

11. Vgl. E. Gräßer, Der Glaube im Hebräerbrief, Marburg 1965, zur Stelle!

den angesprochen (vgl. Röm 4,20). Die Genesis freilich schildert Abraham als einen Glaubenden, der von Gott selbst zum Zweifeln herausgefordert – nämlich »versucht« – wird (Gen 22,1). Hierin spricht sich doch offenkundig mindestens die Vermutung aus, daß hinter der Entstehung von Zweifel und Skepsis gerade der Gott stehen kann, dem Zweifel und Skepsis gelten! Daß Zweifel, Unsicherheit, Enttäuschung und Skepsis selbst im Gebet Raum finden können, zeigen schließlich die Psalmen. Es wäre auch zu prüfen, inwieweit die Rhetorik des Paulus mit ihren ständigen Zwischenfragen, die der Autor an sich und seine Adressaten stellt, Ausdruck eines bestimmten Umgangs mit theologisch vorantreibendem Zweifel ist. Die in den Evangelien begegnenden Logien Jesu, die sich an die »Kleingläubigen« wenden, sind ja offensichtlich als Einladung zu einem »großen Glauben« gemeint. Der »große« Glaube besteht aber nicht im Ausschluß von Zweifel und Skepsis, sondern gerade in deren Einschluß, wie ihn der Aufschrei eines Verzweifelten zu erkennen gibt: »Herr, ich glaube, hilf meinem Unglauben!« (Mk 9,24). Offenbar ist Glaube gerade nicht einfach das Gegenteil von Zweifel bzw. Skepsis, sondern ein Sich-Verlassen (im eigentlichen Sinn des Wortes), das seinerseits Vertrauen und Skepsis, Glauben und Unglauben umgreift. Christlicher Glaube ist prinzipiell »angefochtener Glaube«.[12] Der Mensch, der zwischen Frage und Antwort, zwischen Vertrauen und Skepsis, zwischen Glaube und Zweifel hin- und hergerissen ist, wird in solchem Sich-Verlassen gelassen und »einfältig«.

Paul Tillich hat am Ende seiner Erörterungen über den »Mut zum Sein« die Behauptung aufgestellt, es gebe einen »absoluten Glauben«, der sich auf den Gott beziehe, der »erscheint, wenn Gott in der Angst des Zweifels untergegangen ist.«[13] Dies ist wohl richtig und, soweit psychologisch faßbar, auch empirisch bewährt. Aber ich denke, man muß insofern über Tillich hinausgehen, als es sich hier nicht nur um den »Ausnahmefall« handelt, wie er durch die »Angst des Zweifels« gegeben ist. Mir scheint, je radikaler der Glaube im Sinne des Sich-Verlassens wird, desto skeptischer wird er im Blick auf seine artikulierbaren Inhalte. Gerade der radikal Glaubende kann, wie ich bei einem tief im Glauben verwurzelten Verwandten wahrgenommen habe, sagen: Ich würde ja lachen, wenn sich im Himmel herausstellen sollte, daß »wir den falschen Glauben haben«. Der radikale Glaube entsteht in der Auseinandersetzung mit artikulierbaren Glaubensinhalten. Aber je reifer er wird, desto skeptischer wird er auch wiederum diesen artikulierbaren Inhalten gegenüber. Er braucht sie, um sie aber dann doch schließlich hinter sich lassen zu können. Und er kann sie doch nicht hinter sich lassen, wenn er sich nicht selbst verlieren möchte. Das »Floß« aus der berühmten buddhistischen Parabel (siehe unten S. 196) läßt der Christ erst hinter sich, wenn er wirklich am anderen Ufer – nämlich jenseits der Todesgrenze – angekommen ist. Vorerst braucht er das Floß noch, freilich in

12. C. H. Ratschow, Der angefochtene Glaube, Gü ²1960.
13. P. Tillich, GW XI, 139.

dem Wissen, daß es sich nur um ein Floß handelt, brüchig und nur für die Wasser des irdischen Lebens gemacht. Aber immerhin!

(c) Die Struktur christlichen Glaubens

Aus dem Gesagten und Bedachten ergibt sich ein vorläufiger Einblick in die Struktur des Glaubens nach christlichem Verständnis:

1. Dem an artikulierbaren Inhalten orientierten Glauben – ich nenne ihn »Alpha-Glauben« – *wider*sprechen Skepsis (als Gesamthaltung) und Zweifel (auf Einzelaussagen bezogen) nur dann, wenn es verboten erscheint, diese Inhalte skeptisch zu hinterfragen. Sie *ent*sprechen den Inhalten jedoch, sofern sie diese durch Infragestellung präzisieren und schließlich auf ein radikales Sich-Ausliefern hin transzendieren. In Wahrnehmung dieses Sachverhalts schreibt Paul Tillich am Ende seiner Ausführungen über »Mut zum Sein«: »Glaube ist schwer zu bestimmen. Fast jedes Wort, durch das der Glaube beschrieben worden ist – und das gilt auch für unsere Darstellung –, birgt Möglichkeiten neuer Mißverständnisse in sich. Das kann nicht anders sein, da der Glaube kein Phänomen neben anderen ist, sondern das innerste Anliegen im personhaften Leben des Menschen und darum offenbar und verborgen zugleich. Er ist Religion und zugleich mehr als Religion; er ist allgegenwärtig und konkret; er ist wandelbar und bleibt doch stets der gleiche. Glaube ist unlösbar mit dem Wesen des Menschen verknüpft und darum notwendig und universal. Er ist unbedingtes Ergriffensein, und so kann er weder durch Wissenschaft noch durch Philosophie widerlegt werden. Er ist möglich, ja notwendig auch in unserer Zeit. Er kann auch nicht durch abergläubische oder autoritäre Entstellung seines Sinnes innerhalb oder außerhalb der Kirchen, der Sekten oder weltanschaulicher Bewegungen entwertet werden. Der Glaube rechtfertigt sich selbst und verteidigt sein Recht gegen alle, die ihn angreifen, da sie ihn nur im Namen eines anderen Glaubens angreifen können. Es ist der Triumph der Dynamik des Glaubens, daß jede Verneinung des Glaubens selbst Ausdruck von Glauben ist.«[14]

2. Einem als radikales Sich-Verlassen verstandenen Glauben – ich nenne ihn »Omega-Glauben« – *wider*sprechen Skepsis und Zweifel, sofern sie in Desorientierung, Verzweiflung und letztlich zu Nihilismus oder Suizid führen wollen; sie *ent*sprechen ihm aber, sofern der als radikales Sich-Verlassen verstandene Glaube selbst die Klärung und Relativierung, ja sogar das Durchbrechen und Verlassen artikulierbarer Glaubensinhalte nach sich ziehen kann.

3. Skepsis und Zweifel beziehen sich auf den »Alpha-Glauben« und verweisen

---

14. P. Tillich, GW VIII,196.

damit auf den »Omega-Glauben«. Die empirische Existenz von Glaubenden bewegt sich somit zum einen in der Spannung zwischen Alpha-Glaube und Skepsis/Zweifel und zum andern in der Spannung zwischen Omega- und Alpha-Glaube. Die Frage, wie man überhaupt in die beschriebenen Spannungsfelder hineingerät bzw. sich in ihnen entdeckt und in ihnen gegen die Bedrohung durch eine nihilistisch-suizidale Verzweiflung bewahrt bleibt, erfordert einen eigenen Untersuchungsgang (siehe unten 3.1). Zuvor gilt es, die Binnenstruktur des Alpha-Glaubens zu erhellen und die Legitimität der Differenzierung zwischen Alpha- und Omega-Glauben zu überprüfen.

(2) »Glaube an« und »Glaube, daß«

1. Bei der Reflexion, was denn den christlichen Glauben strukturell konstituiere, traten im Lauf der Geschichte des Christentums drei Momente in den Vordergrund: Um glauben zu können, muß man zuallererst wissen, worum es geht. Man braucht Information über den Inhalt: »notitia« – »Kenntnis«. Zu dieser Information gilt es nun aber auch, Stellung zu beziehen; dies bedeutet im positiven Fall: »assensus« – »Zustimmung«. Für ein lebendiges Glaubensverhältnis reicht jedoch die formale Zustimmung nicht aus; zu ihr muß »fiducia« – »Vertrauen« treten. Glaube ist einerseits auf Inhalte bezogen, andererseits gerade darin ein Verhalten zu diesen Inhalten. Die theologische Tradition unterscheidet deshalb innerhalb des Alpha-Glaubens zwischen einem »Glauben an« und einem »Glauben, daß« (»fides, qua creditur«/»fides, quae creditur«).[15]

2. Der »Glaube, daß« wäre – so betrachtet – ein »Für-wahr-Halten« von bestimmten Aussagen und Inhalten, während der »Glaube an« die existentielle Beziehung und Ausrichtung bezeichnen könnte, die der Glaube mit sich bringt; durch die »fides, qua« ließe sich besonders die vertrauensvolle personale Beziehung zu Gott verstehen, die einen lebendigen, aber von »Dogmen« und Lehrmeinungen eher unabhängigen Glauben ausmacht. Ich habe mit der entschiedenen Betonung der »fides, qua« lange sympathisiert, weil mir die lebendige Gottesbeziehung wichtiger erscheint als eine bloße »fides, quae creditur«, ein an Lehraussagen und Dogmen orientierter kalter Buchstaben-Glaube, der dann durch »Werke« immer noch erst ergänzt werden muß (»fides caritate formata«) und gegen den ja auch die Reformation angetreten war. Mir fällt allerdings auf, daß sich heute die Fronten in diesem Bereich eher umgekehrt haben: Protestanten erwecken oft den Eindruck, es komme darauf an, »das Richtige« zu glauben, vor allem z. B. im Blick auf die Rechtfertigungslehre, während das römisch-katholische Glaubensverständnis offenbar stärker durch Zugehörigkeitsgefühle zu

15. Vgl. K. Barth, KD I/1, 248.

Kirche, zur Gemeinschaft der Heiligen und schließlich zu Gott selbst geprägt zu sein scheint.

(a) Die Fragwürdigkeit der Unterscheidung

Die Unterscheidung zwischen »Glaube an« und »Glaube, daß« ist jedoch insofern fragwürdig, als sie nicht deutlich macht, daß »Glaube an« immer »Glauben, daß« einschließt und umgekehrt. Sie hat allenfalls ein relatives Recht; sie kann nicht dazu herangezogen werden, die beiden Glaubensverständnissse gegeneinander auszuspielen. Schon vom biblischen Sprachgebrauch her läßt sie sich so nicht verifizieren. Der »Glaube an« impliziert den »Glauben, daß«, und der »Glaube, daß« hat sein inneres Ziel im »Glauben an«.[16] Eine Differenzierung macht nur darin Sinn, daß sie unterschiedliche Momente desselben Vorgangs betont: Glaube kann eher auf eine konkrete, dann auch sachlich zu beschreibende Erwartung bezogen sein oder stärker personal im Sinn eines vertrauenden Erwartens verstanden werden. Sprachanalytisch gesehen, hat der Begriff »Glauben« eine Struktur, die sich mit der von »Hoffen« oder »Lieben« vergleichen läßt: Ich hoffe auf etwas/ich hoffe! Ich liebe jemanden oder etwas/ich liebe, bin von Liebe erfüllt.[17] Nach biblischem Verständnis gibt es kein personal gedachtes Vertrauen, das nicht zugleich als Erwartung von »etwas« begriffen wäre. Wenn der Psalmist sagt: »Dennoch bleibe ich stets an dir« (Ps 73,23) oder: »Deine Güte ist besser als Leben« (Ps 63,4), so ist dies kein Bekenntnis im Sinne des oben genannten Omega-Glaubens, sondern eine bestimmte Artikulationsweise des Alpha-Glaubens. Das »Du« bleibt klar adressiert; es bezieht sich auf den Gott Israels, von dem das Bekenntnis konkrete Aussagen macht. In diesem Sinne hat Luther korrekt gehandelt, wenn er das Bekenntnis: »Ich glaube *an* Gott, den Vater, den Allmächtigen, den Schöpfer des Himmels und der Erde« ohne Bedenken auslegt durch die Erklärung: »Ich glaube, *daß* mich Gott geschaffen hat …« Sein Protest gegen die reine »fides historica« hatte sich gegen die Ideologisierung des Christentums gerichtet, dem »Glaube« nur noch als allgemeine weltanschauliche Vorgabe ohne Konsequenzen galt.

Bei dem Versuch zu begründen, daß der reine »Daß-Glaube« nicht zur Seligkeit ausreiche, hat man gelegentlich auf eine Stelle im Jakobus-Brief (2,19) hingewiesen, derzufolge selbst die Dämonen glauben, und zwar zitternd, »daß nur einer Gott« sei, aber deswegen noch lange nicht ins Reich Gottes eingehen. Doch das ist sozusagen allenfalls eine Möglichkeit für die Dämonen: Wer im Ernst glaubt, *daß* Gott ihn geschaffen, erlöst und zur Vollendung berufen hat, der wird eben damit auch *an* den schaffenden, erlösenden und vollendenden

---

16. Vgl. K. Barth, KD IV/1, 273; 827 f.
17. Vgl. die interessante Studie von Gabriel Marcel, Entwurf einer Phänomenologie und einer Metaphysik der Hoffnung, in: ders., Philosophie der Hoffnung, Nachwort von Fr. Heer, M 1957, 30-76, bes. 34 ff.

Gott glauben und sich zu ihm in Beziehung wissen. Ein »Glaube an« ohne »Glauben, daß« würde sich verflüchtigen oder bliebe von vornherein leer; ein »Glaube, daß« ohne »Glauben an« würde fixieren und bliebe überhaupt tot – wenn es denn »Glauben an« und »Glauben, daß« für sich allein überhaupt gäbe. Der »Glaube an« transzendiert den »Glauben, daß«, während der »Glaube, daß« den »Glauben an« innerhalb der Immanenz verankert.

(b) Das relative Recht der Unterscheidung

Ein relatives Recht für die Unterscheidung zwischen »Glauben an« und »Glauben, daß« bleibt gleichwohl erkennbar. Es besteht innerhalb des christlichen Verständnisses darin, daß sie erlaubt, zwei prinzipielle Relationsmöglichkeiten des Glaubens gegeneinander abzuheben und dann auch wieder einander zuzuordnen, nämlich erstens die Beziehung zum lebendigen Gott selbst und zweitens die Beziehung zu all demjenigen, was im Blick auf Gott geglaubt, gedacht, erwartet oder befürchtet wurde und wird.

Von der zweiten Relationsmöglichkeit her wird heute oft die erste in Frage gestellt, statt daß von der ersten her die zweite eine mögliche Korrektur erführe. »Glaube« wird so sehr als »Daß-Glaube« verstanden, daß andere Verständnisse gar nicht in den Blick kommen. Es fällt schwer zu glauben, »daß« Gott die Welt geschaffen, in Jesus Christus sich offenbart, durch den Heiligen Geist sie retten will. Der Glaube »an« Gott scheint sich damit von selbst zu erledigen. Unter dem Druck eines säkularen Begriffs von Objektivität scheint der Glaube seine Objektivierbarkeit zu verlieren. In der Tat wäre er mißverstanden, wollte er nur »objektive« Tatsachen im Sinne dieses säkularen Verständnisses zur Geltung bringen. Der Glaube beharrt statt dessen auf der »Trans-Objektivität« seiner Aussagen. Es dürfte eine der wesentlichen Aufgaben gegenwärtiger und künftiger Theologie sein, den Unterschied zwischen positivistisch verstandener Objektivität und der Trans-Objektivität von Glaubens-Aussagen deutlich zu machen. »Glaube an« und »Glaube, daß« verweisen mithilfe von Aussagen, die im Rahmen von vorausgesetzter Objektivierbarkeit als pseudo-objektiv erscheinen, auf ihren trans-objektiven Grund.

(c) Der trans-objektive Grund des Glaubens

Ich »glaube« nicht im Sinne einer objektiven, empirisch nachprüfbaren oder auch nur logisch plausibel zu machenden Aussage, daß »Gott die Welt geschaffen hat«, daß »Jesus Christus von den Toten auferweckt wurde«, daß »der Heilige Geist die Kirche sammelt und leitet«. Ich mache aber mit diesen – säkular gesehen – pseudo-objektiven Formulierungen trans-objektive Aussagen, die meine Sicht und die damit verbundenen Erwartungen artikulieren: Ich glaube im Blick auf den Kosmos, dem ich auf eine spezifische Weise zugehöre, daß er nicht ohne Plan und Sinn entstanden ist und daß ich diesem Plan und Sinn entsprechen soll; im Blick auf den Tod, daß er nicht Zerfall und Vernichtung bedeutet, sondern daß ich ihm erwartungsvoll entgegengehen kann; im Blick auf die Gemeinschaft der Glaubenden, daß sie hinsichtlich ihres Bestands und ihrer Sendung für die ganze Menschheit nicht verzagt zu sein braucht, sondern tapfer und zuversichtlich sich der Zukunft anvertrauen darf. Nur von ihrem trans-objektiven Grund her lassen sich die Begriffe »Glaube an« und »Glaube, daß« sachgemäß erfassen.

Das hier aufbrechende Problem besteht natürlich darin, wie das Verhältnis zwischen den unter positivistischem Blickwinkel als pseudo-objektiv erscheinenden Aussageformen und deren trans-objektiven Inhalten sachgemäß ermittelt werden kann. Die klassische Theologie hat es mithilfe der Rede von Analogien, Symbolen und Metaphern versucht; auch der Vergleich mit der Differenz von analogem und digitalem Vorgehen mag dabei hilfreich sein. Es wird jedenfalls nicht einfach mithilfe der Maßstäbe von »Objektivität« möglich sein, sondern durch Klärung der Beziehung zwischen (empirisch scheinbar) objektiven Gegebenheiten und dem trans-objektiven »Objekt« des Glaubens, die für den Nichtglaubenden hypothetisch, für den Glaubenden Ausgangspunkt seines Glaubens ist. Es ist das Problem derer, die rational ihres Glaubens sich vergewissern oder von ihm sprechen wollen. Voraus geht dem freilich die Frage, wie denn solcher Glaube – und damit die Notwendigkeit, von ihm zu reden und sich seiner rational zu vergewissern – überhaupt entsteht (siehe unten 3.1, 3.2).

Die Problematik der noch immer sehr geläufigen Unterscheidung zwischen »Glaube, daß« und »Glaube an« läßt sich auch dadurch zeigen, daß man sie in den alltäglichen weiteren Sprachgebrauch einfügt, also mit Wendungen konfrontiert wie z. B.:

- »Ich glaube an dich«, an deine Fähigkeiten, deine Sendung!
- »Ich glaube an die Liebe«, an ihre Kraft, an ihre Selbstevidenz.

Dabei zeigt sich: Glaube im Sinne des Alpha-Verständnisses fordert sein Objekt, ist ohne dieses sein Objekt gar nicht kommunikabel. Ich glaube »an die Liebe«, »an meine Frau«, glaube, »daß mich Gott geschaffen hat« – jedesmal füllt sich der Inhalt des Glaubens, unabhängig davon, ob es sich um »Daß-« oder »An-Glauben« handelt, erst von der jeweiligen Bezugs-Instanz her. Glaube ist Beziehung, und die verschiedenen Weisen des Umgangs mit dem Glaubensbegriff deuten unterschiedliche Beziehungsverhältnisse an. Dies gilt sowohl hinsichtlich der unterschiedlichen »Objekte« als auch hinsichtlich der unterschiedlichen »Modi«. So erklärt es sich, daß, sofern wir im Alpha-Bereich bleiben, weder in den nichtchristlichen Religionen noch auch in der säkularen Welt ein Begriff von »Glauben« zu erwarten ist, der dem christlichen Glaubensbegriff voll entsprechen würde.

(3) Glaube als Beziehungsgeschehen

(a) Beziehung zu Gott

Nach christlichem Verständnis impliziert der Begriff »Glaube« sein trans-objektives »Objekt«, ohne das er nicht zureichend bestimmt werden kann. Was Glaube ist, kann von dessen empirischem Subjekt, dem Menschen, her nicht zureichend erfaßt werden. Christlicher Glaube hat letztlich keine andere Legitimation als die, die er in sich selbst findet – nämlich im Bezug zu seinem trans-objektiven »Objekt«, den Menschen von sich aus weder herstellen noch im Sinne einer psychologisch greifbaren Haltung bewahren und ausleben können. Der Glaubende erfährt sich als mit dem Glauben beschenkt. Er bekennt: »Ich glaube, daß ich nicht aus eigener Vernunft noch Kraft an Jesus Christus, meinen Herrn, glauben oder zu ihm kommen kann, sondern der Heilige Geist ...« vermittelt mir das (M. Luther). Glaube stellt letztlich nicht eine bestimmte psychische Funktion dar, so sehr er sich psychologisch oder soziologisch auswirken wird. Ganz sicher ist der Glaube auch als Übernahme einer bestimmten Sicht Jesu Christi, bestimmter Grundaussagen über seine Person und sein Werk nicht zureichend verstanden: Glaube ist vielmehr wesentlich – im Glauben formuliert – ein »zu ihm (sc. Jesus Christus) Kommen« – und eben dies ist menschlicher Kapazität grundsätzlich entzogen. Die Auffassung der Alten Kirche faßt Petrus Lombardus mit der Wendung zusammen, Glaube an Gott bedeute, in ihn »einzugehen« und ihm gleichsam körperlich »anzuhängen« – Gott zugeeignet, ihm inkorporiert, einverleibt werden.[18] Für die griechischen Kirchenväter ist Glaube wesentlich Beziehung, Teilhabe, Sein in Gott.[19] Christlicher Glaube steht immer im Kontext von Hoffnung und Liebe (I Kor 13), und er ist grundsätzlich bezogen auf den dreieinen Gott, ohne den weder seine Voraussetzungen noch sein »Gegenstand« noch seine Lebendigkeit beschrieben werden können. Er ist ermöglicht durch die schöpfungsmäßigen Voraussetzungen, durch das Zeugnis vom Leben, Sterben und Auferstehen Jesu Christi und durch das je und je aktuelle Wirken des Heiligen Geistes. Er richtet sich auf diesen seinen Ermöglichungsgrund, er weiß sich hervorgerufen und lebendig erhalten durch das ineinandergreifende dreifaltige Walten des dreieinen Gottes. Der Glaube äußert sich im Menschen, aber er kommt nicht vom Menschen, sondern von Gott.

Versucht man, »Glauben« nicht primär phänomenologisch und anthropologisch, sondern wirklich theologisch, also von seinem Selbstverständnis her zu

---

18. »... credendo in eum ire, credendo ei adhaerere et eius membris incorporari.« Zitiert nach E. Luthardt, Compendium der Dogmatik, L [12]1929, 296.
19. D. Staniloae, Orthodoxe Dogmatik II, Z 1990, 280 ff., führt dies leider unsachgemäß mit polemischen Seitenhieben gegen den Protestantismus aus. Die Gesamtanlage seiner Soteriologie mit der Zuspitzung auf Vergöttlichung zeigt, daß Staniloae Gefahr läuft, den Glauben unterzubestimmen.

erfassen, so wird man sagen können: Glaube ist die – von Gott geschenkte – Gottesbeziehung des Menschen. Dies meint aber nicht nur die Brücke zu Gott, ein Medium, ein Verbindungsglied. Im Glauben ist vielmehr Gott selbst präsent; der Glaube ist der »Platz« Gottes im Menschen.[20] Als eine Beziehung, die sich aber als geschenkte, sich ihrer selbst erst gewiß werdende Beziehung erfaßt, schließt sie das Bewußtsein des Menschen ein, wie sie sich ja überhaupt auf den gesamten Menschen bezieht, aber auf das Bewußtsein nicht zu begrenzen ist. Der Begriff »Glaube« bringt als solcher die ihm implizite Objektbeziehung nicht zureichend zum Ausdruck und bedarf daher einer kritischen Verwendung.

(b) Gott in Beziehung

Würde man den Glauben nur phänomenologisch-anthropologisch bestimmen wollen, so müßte man hier zweifellos auf Defizite und Grenzen hinweisen. Von daher legte sich beispielsweise die Frage nahe, inwieweit ein geistig Behinderter, ein von der Alzheimer-Krankheit befallener Mensch oder auch ein Kind »glauben« und die darin verheißene Gottesbeziehung leben kann. Eben diese naheliegende Überlegung zeigt das Ungenügen einer nur anthropologischen und die Notwendigkeit einer theologischen Bestimmung des Glaubens. Zu fragen ist nämlich nach den Möglichkeiten Gottes, Beziehung aufzunehmen und mit Leben zu erfüllen. Aus dem christlichen Verständnis des Glaubens an den dreieinen Gott ergibt sich, daß Gott zu allem von ihm Geschaffenen in einer schöpferischen, aber jeweils spezifischen Beziehung steht. Gott hat seine eigene Beziehung zum Stein und zur Blume, zur Katze und zum Fisch, zur Sonne und zu den Zellen samt ihren Lebensprozessen. Gott hat eine eigene und spezifische Beziehung zu meinem Bewußtsein und zu den Zellen meines Körpers und zu mir als Person. In der Alten Kirche hat man aus dieser Ahnung heraus diskutiert, ob Tiere beten können; Tertullian hat vermutet, die Vögel bildeten beim Flug den Oranten-Gestus nach.[21] Die Predigt des Franz von Assisi für die Vögel und die seines Schülers Antonius für die Fische setzt ebenfalls diese Grundbeziehung zwischen Gott und seiner Schöpfung voraus. »Die Hähn' und Vögel mancherlei / die loben Gott mit ihrem G'schrei!« Die Überzeugung, daß die Schöpfung allein durch ihr Dasein Gott lobe, hat eine lange Tradition im Denken des Christentums (vgl. Ps 19,1-7). Schließlich gerät sogar Luthers Rede vom »Kinderglauben« unter dieser Perspektive unter ein neues Licht (siehe unten S. 614 f.): Wenn Gott der gesamten Schöpfung die Beziehung zu sich gewährt, ja ihren Bestand dadurch überhaupt ermöglicht, wie soll er dann nicht auch dem zu taufenden, aber noch in jeder Hinsicht unmündigen Kind eine

---

20. S. Rostagno, Fides. Da un punto di vista teologico, in: Filosofia e teologia 1997, 461-475; Zitat: 469.
21. Fr. Heiler, Das Gebet, M/Basel ⁵1969, 618.

ihm selbst wie dem Kind angemessene Glaubensbeziehung vermitteln können! Gott hat eine spezifische Beziehung zu jedem Menschen, auch soweit dieser nicht im Bewußtsein lebt – oder wenn dieser aufgrund seines Lebensalters oder einer Behinderung eben nicht, noch nicht oder nicht mehr mit einem funktionierenden rationalen Bewußtsein ausgestattet sein sollte. Gottes Zuwendung – und die christliche Theologie sagt dafür beispielsweise: sein Wort und Sakrament – umgreift dies alles!

Freilich – kann man dann noch von »Glauben« sprechen? Jedenfalls wird es sich nicht im Vollsinne um den in »Daß« und »An« sich artikulierenden Alpha-Glauben handeln. Dies macht einmal mehr deutlich, daß die Reichweite eines entsprechend isolierten Glaubensbegriffs begrenzt ist. Hält man an der Grundstruktur des Alpha-Glaubens fest, so wird man zugeben müssen, daß Babies oder geistig radikal behinderte Menschen im Sinne dieses Begriffs, der ja nun einmal Bewußtsein und Rationalität voraussetzt, nicht »glauben« – ohne daß sie freilich deswegen in ihrer Gottesbeziehung auch nur im geringsten beeinträchtigt wären. Es ist folglich nicht dieser »Glaube allein«, der selig macht, sondern es ist die gnädig gewährte Gottesbeziehung, die sich ganzheitlich zwar auch auf Rationalität und Bewußtsein bezieht, soweit diese entwickelt oder in einer jeweiligen Lebensphase funktionstüchtig sind, aber darin nicht aufgeht. Inwieweit ein Mensch aufgrund seines Bewußtseins und seiner Rationalität den Alpha-Glauben verweigern und damit seine Gottesbeziehung beeinträchtigen kann, ist eine eigene Frage (siehe unten S. 538-541, 543-545).

(c) Die Ganzheitlichkeit des Glaubens

Mit dem bisher Gesagten ist freilich der Glaubensbegriff trotz aller Einschränkungen noch immer viel zu stark auf Bewußtsein und Rationalität bezogen. Christlicher Glaube ist doch zugleich Liebe und Hoffnung – oder es handelt sich nicht um christlichen Glauben! Was meint Paulus, wenn er sagt, die Liebe sei »die größte unter ihnen« (I Kor 13,13)? Was haben gerade evangelische Ausleger dazu zu sagen?[22] Der Begriff »Glaube« als solcher bringt nicht nur die Bezogenheit auf sein trans-objektives »Objekt«, sondern auch seine Verwobenheit mit den für ihn konstitutiven Elementen von »Liebe« und »Hoffnung« nicht zureichend zum Ausdruck.

Die Reformation hat gegen die »fides caritate formata« polemisiert, gegen einen Glauben, der erst durch die Liebe konstituiert wird. Aus der Frontstellung gegen eine veräußerlichte, ja gotteslästerliche Frömmigkeitspraxis läßt sich erklären, wie Luther zu dem für heutiges Empfinden schrecklichen Ausruf kommt: »Verflucht sei die caritas!«[23] Luther will festhalten, daß nicht die Liebe

---

22. Vgl. M. Luther, WA 17/II, 161-172; J. Calvin, Auslegung der Heiligen Schrift, hg. von O. Weber, XVI: Römerbrief und Korintherbriefe, Neukirchen 1960, 435 f.
23. WA 40/II,47,26.

als Tat erst den Glauben zu dem macht, was er ist, so daß es eben dann letztlich gar nicht auf den Glauben als solchen ankäme. Daß die Liebe dem Glauben folgen muß, ja von selbst folgt, war ihm eine Selbstverständlichkeit. Aber die Liebe bleibt im Glaubensakt unterbestimmt, wenn sie nur als vorausgesetzte oder auch als nachfolgende Tat in den Blick kommt. Im Glauben selbst sind Liebe und Hoffnung lebendig. Die Reduktion des Glaubens auf den Alpha-, ja innerhalb des Alpha-Glaubens auf den Daß-Glauben, wie sie heute weithin begegnet, hängt sicher damit zusammen, daß nicht mehr deutlich ist, wie untrennbar nach christlichem Verständnis Glaube, Liebe und Hoffnung zusammengehören. »Fides caritate viva« – »Glaube, der als Liebe lebt«, könnte eine neue Bekenntnisformel, nunmehr gegen den landläufigen Protestantismus, lauten: Glaube, der in der Liebe zu Gott und den Menschen und der ganzen Schöpfung sich selbst gewinnt! Oder: »Fides spe viva« – »Glaube, der in Hoffnung handelt«, der in Hoffnung auf Gott und damit auch im Zutrauen zu menschlichem Handeln und geschöpflichen Zusammenhängen sein Profil zeigt! In einem heute abhanden gekommenen Sprachgebrauch sagte man, das Credo werde nicht nur als Bekenntnis gesprochen (»bekannt«), sondern »gebetet« – und das hat sehr wohl etwas mit Liebe zu tun. Der Gesichtspunkt der »Erwartung« ist beispielsweise in den altkirchlichen Bekenntnissen ganz selbstverständlich präsent: »Expecto ... vitam futuri saeculi – ich erwarte ... das Leben der zukünftigen Welt« (Nizäno-Konstantinopolitanum). Glauben heißt, etwas von Gott erwarten (G. Ebeling)!

Man kann einen volleren, sachgemäßen Glaubensbegriff für sich dadurch entdecken, daß man die entsprechenden Wendungen der altkirchlichen Bekenntnisse sozusagen für den Privatgebrauch verändert: »Ich liebe Gott, den Vater ... ich vertraue Jesus Christus ... ich hoffe auf den Heiligen Geist ...«.

Mit all diesen Überlegungen zeigt sich, daß der christliche Glaubensbegriff in hohem Maße explikationsbedürftig ist. Was ergibt sich durch den Blick auf nichtchristliche Religionen?

B Außerchristliche Entsprechungen

Der Begriff »Glaube« nimmt in religionswissenschaftlichen Nachschlagewerken oder auch in Phänomenologien der Religion nur vergleichsweise geringen Raum ein.[1] Man wird also ohnehin nicht nach terminologischen Entsprechungen allein zu suchen haben, sondern nach vergleichbaren Phänomenen; gerade die terminologische Entsprechung kann irreleiten! Dabei stellt sich die Frage, ob der christliche Glaube überhaupt ein »Phänomen« ist, das mit anderen Phänomenen verglichen werden kann.

Am ehesten scheinen sich Entsprechungen in den abrahamitischen Religionen nahezulegen, am wenigsten in den Formen asiatischer Religiosität, die nicht mit einem (personalen) Objekt eines »Glaubens« rechnen.

(1) Judentum

Selbst im Judentum hat Glaube »keine zentrale Bedeutung«.[2] Dem christlichen Leser der Hebräischen Bibel fallen auf Anhieb verschiedene alttestamentliche Aussagen zum Thema »Glaube« ein: »Abraham glaubte dem Herrn, und das rechnete er ihm zur Gerechtigkeit« (Gen 15,6) – »Glaubt ihr nicht, so bleibt ihr nicht« (Jes 7,9) – »Der Gerechte aber wird durch seinen Glauben leben« (Hab 2,4): Solche Sätze stehen aber keineswegs in der Mitte jüdischen Selbstverständnisses.

(a) Undogmatischer Glaube

Das Judentum kennt keinen systematisierbaren »Gegenstand« des Glaubens, mithin auch kein Glaubenssystem oder eine »Dogmatik«. Schalom Ben-Chorin findet, das Judentum habe »Dogmen«, aber eben »keine Dogmatik«.[3] Ähnlich konnte schon Martin Buber sagen: »Ich habe kein System, ich habe nur eine Botschaft.«[4] Formal zeigt sich dies bereits daran, daß ein Aufruf zum Hören das eigentliche Glaubensbekenntnis des Judentums darstellt, das Sch^{e}ma: »Höre, Israel, der Herr ist unser Gott, der Herr allein. Und du sollst den Herrn,

---

1. G. van der Leeuw [4]1977, § 81 (609-613); van der Leeuw [2]1961, § 35; Widengren 1969, 188-208; Heiler, EWR 545 f. (innerhalb seiner Besprechung der »Grundformen des religiösen Erlebnisses« widmet er dem Glauben nicht einmal eine volle Seite!).
2. LRG 365.
3. Sch. Ben-Chorin 1975, 17.
4. Sch. Ben-Chorin 1975, 22.

deinen Gott, liebhaben von ganzem Herzen, von ganzer Seele und mit all deiner Kraft« (Dtn 6,4 f.). Gelegentlich wird auch auf das Trishagion Jes 6,3 verwiesen, einen doxologischen Ausruf: »Heilig, heilig, heilig, ist der Herr Zebaoth, alle Lande sind seiner Ehre voll!« Einen Ansatz zur Systematisierung der jüdischen Glaubensaussagen hat Ex 34,6 f. gegeben, eine Aufzählung von Eigenschaften Jahwes: »Jahwe, Jahwe, barmherziger und gnädiger Gott, langmütig und reich an Treue und Wahrhaftigkeit, der Tausenden Treue hält, indem er Schuld und Auflehnung und Sünde vergibt, der aber doch nicht völlig ungestraft läßt, indem er Väterschuld heimsucht an Kindern und Enkeln, an der dritten und vierten Generation« (Übersetzung Martin Noth). Diese Aufzählung hat zur Zeit der Scholastik den großen jüdischen Gelehrten Maimonides dazu veranlaßt, dreizehn Glaubensartikel zusammenzustellen und auszulegen, woraus dann eine Art populärer Katechismus geworden ist.[5] Derartige Systematisierungen wurden aber immer als dem Judentum letztlich fremd verstanden. Martin Buber meinte wohl aus diesem Grundgefühl heraus, im Blick auf Judentum und Christentum zwei verschiedene »Glaubensweisen« zu beobachten: »'emuna« sei das dem jüdischen Glauben entsprechende Vertrauen, während »pistis« den für das Christentum typischen »Glauben, daß« darstelle; Jesus sei ein Vertreter der »'emuna« gewesen, Paulus dagegen Repräsentant der »pistis«. Der jüdische Glaubensbegriff würde nach dieser Interpretation das Vertrauen zu jemandem beinhalten, der christliche Begriff das Anerkennen eines Sachverhalts. Nach Buber findet man sich in dem von ihm angesprochenen Vertrauen schon vor, wie sich der einzelne Israelit aus der Zusammengehörigkeit seines Volkes heraus begreift, während man zur Anerkennung eines Sachverhalts erst bekehrt werden müsse; dementsprechend begreife sich die Kirche als Gemeinschaft von einzelnen Bekehrten.[6] Diese Gegenüberstellung überzeugt freilich weder Juden noch Christen. Aber auch Buber selbst gibt zu, daß es zahlreiche Überschneidungszonen zwischen den beiden »Glaubensweisen« gibt. Deutlich bleibt die Abneigung des Juden Buber gegenüber einem an systematisierbaren Inhalten orientierten Glaubensbegriff.

(b) Am Ethos ausgerichteter Glaube

Dem Judentum geht es weniger um die Dogmatik als um das Ethos, weniger um den Glauben als um die Tat: »Die Tora ist keine Lehre vom Glauben, sondern die Weisung zum Tun.«[7] Im Talmud heißt es: »Wessen Taten mehr sind als seine Weisheit, dessen Weisheit hat Bestand; wessen Weisheit aber mehr ist als seine Taten, dessen Weisheit hat keinen Bestand« (M. Abot III,0). »Jeder, dessen Weisheit größer ist als seine Taten, womit ist der zu vergleichen? Mit einem

---

5. Sch. Ben-Chorin 1975, 27 ff.
6. M. Buber, Zwei Glaubensweisen, in: Werke I, 1962, 651-782.
7. LRG 366.

Baum, der viele Zweige, aber wenig Wurzeln hat; es kommt ein Wind und entwurzelt ihn und wirft ihn um ...« (ebd. III,18). Daher gilt: »Mehr als du lernst, tue!« (ebd. VI,5). Zwar wird von Rabbi Hillel der Spruch überliefert: »Ein Unwissender ist nicht fromm« (ebd. II,5), aber die Grundlinie bleibt klar: Das religiöse Ideal diskreditiert sich selbst, wenn es nicht zur Tat wird. Leo Baeck unterstreicht, daß das Judentum nicht in einen gefühligen Glauben ausweicht: Die Religion soll »nicht nur *erlebt*, sondern *gelebt* werden«.[8] Er behauptet:»Die fromme Tat gibt dem Bekenntnis sein tragendes Fundament ... Wir können nur an das glauben, was wir tun ... In der (sc. frommen) Tat offenbart sich Gott dem Leben«.[9] Leo Baeck findet für die Option des Judentums gute Argumente: Die Gedanken Gottes seien unergründlich, die Gebote aber klar und eindeutig;[10] der Auslegungsmöglichkeiten der Bibel oder des Talmud gebe es viele, worum es beim Tun gehe, sei aber jedermann verständlich;[11] eine sittliche Tat könne gefordert werden, nicht aber die Einsicht in eine bestimmte Lehre.[12] Von dieser Hochschätzung des Ethos her erklärt sich vielleicht die enge Verbindung, die gerade das deutsche Judentum mit dem Kantschen Denken eingehen konnte.

Christen haben sich oft über die Gesetzlichkeit frommer Juden erhaben gefühlt oder gar lustig gemacht. Diese Gesetzlichkeit kann auch tatsächlich groteske Züge annehmen. Aber sie ist letztlich doch getragen und bestimmt vom Wissen um den richtigen Weg, um das, »was geboten ist«. Sogar unter den Schrecken der nationalsozialistischen Konzentrationslager haben Juden versucht, den Mizwot entsprechend zu leben – und beispielsweise Speisevorschriften wenigstens teilweise einzuhalten.[13]

»Glaube« erhält unter dieser Perspektive einen anderen Zuschnitt, als dies der Christ erwartet. Im Talmud wird Glaube, wie er christlichem Verständnis entspräche, faktisch nicht thematisiert. In den von Martin Buber gesammelten Erzählungen der Chassidim[14] sucht man vergebens nach klassischen Texten zum Thema»Glaube«, und doch belegen sie irgendwie alle zusammen das chassidisch-jüdische Glaubensverständnis.

Als Beispiel möge der Hinweis auf Levi Jizchak von Berditschew genügen, der von sich sagt: »Ich verstehe dich nicht zu fragen, Herr der Welt, und wenn ich's verstünde, ich brächte es doch nicht fertig. Wie könnte ich mich unterfangen, dich zu fragen, warum alles so geschieht, wie es geschieht, warum wir aus einem Exil ins andere getrieben werden, warum unsere Widersacher uns so peinigen dürfen!... Nicht darum bitte ich dich, daß du mir die Geheimnisse deines Weges enthüllst – ich könnte sie nicht ertragen. Aber das eröffne du mir, tiefer,

8. L. Baeck ³1985, 52.
9. L. Baeck ³1985, 53.
10. L. Baeck ³1985, 33.
11. L. Baeck ³1985, 54.
12. L. Baeck ³1985, 49.
13. W. Weinberg, Gott in Bergen-Belsen, in: R. Walter (Hg.), Leben ist mehr, Fr 1995, 169-175.
14. M. Buber, Die Erzählungen der Chassidim, Z 1949.

klarer, was dies hier, das jetzt eben geschieht, mir meint, was es von mir fordert, was du, Herr der Welt, mir damit ansagst. Ach, nicht warum ich leide, will ich wissen, nur ob ich dir zu Willen leide.«[15] Der Rabbi beläßt es bei dem undurchdringlichen Geheimnis, dessen Eröffnung er ohnehin nicht ertrüge. Es geht ihm nicht um die theoretische Klärung, sondern um die Gewißheit, ob er dem Willen seines Gottes entspricht.

(c) Bekenntnis und Martyrium

Das Stehen zu der Grundüberzeugung Israels, daß Gott einer ist, und das Wissen darum, daß es auf das Tun ankommt, finden zueinander im Martyrium. Klassisches Beispiel ist das Martyrium R. Akibas (gest. 135), der – so wird erzählt – unter Folterungen das Wort »einer« – »echad« – so lange ausdehnte, bis er die Seele ausgehaucht hatte: »In der Stunde, da sie Rabbi Akiwa zur Hinrichtung hinausführten, war es Zeit, das *Höre Israel* zu bekennen. Als sie sein Fleisch mit Kämmen aus Eisen kämmten, nahm er das Joch der Herrschaft des Himmels auf sich. Seine Schüler sagten zu ihm: Unser Meister! Bis hierher (sc. reicht das Gebot)? Er sagte zu ihnen: Alle Tage meines Lebens habe ich mich über diesen Vers gegrämt: *Mit deiner ganzen Seele* – sogar, wenn er deinen Odem wegnimmt. Ich sagte mir: Wann wird es mir zuteil werden, daß ich es erfüllen kann? Und jetzt, da es mir zuteil wird, soll ich es nicht erfüllen? Er dehnte das *Einer* solange, bis sein Odem bei *Einer* ausging …«[16]

Wer das Martyrium auf sich nimmt, heiligt den Namen Gottes. Wer das Sch^{e}ma bekennt, beugt sich unter die Herrschaft des Himmels. Zum jüdischen Glaubensbewußtsein gehört das Wissen um ein mögliches Martyrium. Es ist sozusagen ein Wissen darum, daß den Glaubenden auch das Martyrium nicht umbringen wird – oder eine letzte Gelassenheit, die sich nicht erschüttern läßt, wenn man eben doch das Jahrtausende während Leiden des Volkes Israel auch selbst teilen muß. Wahrscheinlich hängt auch der spezifische jüdische Humor mit diesem Glaubensverständnis zusammen.

Aus der beschriebenen Sicht der Dinge kann sich eine scharfe Polemik gegen das christliche Glaubensverständnis entwickeln, wie sie bei Leo Baeck hin und wieder begegnen. Er kritisiert: Wenn alles vom rechten Glauben abhänge, müsse man seinen Inhalt natürlich auch fixieren.[17] »Die Religion der Wissenden und die der Unwissenden sollten im Dogma eins werden«.[18] Jude und Judentum hätten sich »nie im Frieden des Dogmas ausruhen können noch wollen«.[19] Das dem Glauben wirklich entsprechende Bekenntnis sei die Tat, nicht ein verbales Repetieren: »Dem Protestantismus eigentümlich ist bisweilen das sogenannte ›Zeug-

---

15. Ebd. 342 f.; vgl. auch ebd. 133 f., 262, 308, 388.
16. Der babylonische Talmud. Ausgewählt, übersetzt und erklärt von R. Mayer, M 1965, 385.
17. L. Baeck ^{3}1985, 5.
18. L. Baeck ^{3}1985, 6 f.
19. L. Baeck ^{3}1985, 8.

nisablegen‹, worunter dann nicht jener alte Weg zum Martyrium verstanden ist, sondern nur noch der gefahrlose Brustton der Überzeugung, mit dem vom sicheren Platze aus die satzreichen Erklärungen hinausgesandt werden ...«[20]

(d) Kabbala

Spezifisch, aber für das Judentum insgesamt doch weniger charakteristisch, ist der Glaubensbegriff der Kabbala ausgerichtet. Klassische jüdische Tradition, gnostische Spekulation und mystisches Erleben scheinen sich miteinander zu vermischen. Die Kabbala stellt ein höchst differenziertes und kompliziertes System dar.[21] Teilweise wurde sie beerbt durch die Chassidim, von denen ekstatische Phänomene berichtet werden, wie sie ähnlich auch in anderen Religionen begegnen.[22] Glaube heißt für die Kabbala wohl in erster Linie radikale Ehrfurcht und mystische Hingabe an die alles durchwaltende und doch dem Geschöpf Raum gebende Einheit Gottes.

Will man zusammenfassend beschreiben, was für das Judentum Glaube bedeutet, so darf man sich nicht nur am Begriff festmachen: Glaube ist für den praktizierenden Juden »Wandeln – Halacha – in Gottesfurcht«. Die »Halacha«, als Sammlung dessen, was im Judentum »gang und gäbe« ist, stellt einen Raum dar, in dem man leben und sich bewegen kann, einen Rahmen, innerhalb dessen das Gelingen des Lebens verheißen ist. Was abgesehen von Tora und Halacha Gottes Wille ist, mag dahingestellt bleiben; genug, daß Gott – gepriesen sei ER – als letzte und einzige Autorität geachtet und respektiert wird.

(2) Islam

Der Islam kennt mehrere Begriffe und auch Verhaltensweisen, die dem »Glauben« entsprechen.

(a) »iman« – vertrauensvolles Annehmen

Terminologisch kommt dem jüdisch-christlichen Glaubensbegriff am nächsten das Wort ›iman‹; es bezeichnet den vertrauenden Glauben und wird im Koran

20. L. Baeck ³1985, 51; vgl. ferner G. Fohrer, Glaube und Leben im Judentum, Heidelberg ²1985, bes. 159 ff.; Pn. Navè Levinson, Einführung in die rabbinische Theologie, Da ²1987, bes. 23 ff.
21. Zur Einführung vgl. R. Goetschel, Art. Kabbala I, in: TRE 17, 487 ff.
22. Vgl. z. B. M. Buber, Die Erzählungen der Chassidim, Z 1949, 119, 286, 332 f. sowie G. Scholem, Die jüdische Mystik in ihren Hauptströmungen (1941), Z 1957 u. ö.

häufig verwendet. Als Beispiel genüge ein Text aus Sure 3 (84 ff.), der mit geringen Variationen auch an anderen Stellen des Korans auftaucht: »Sprich: Wir glauben an Gott und an das, was auf uns herabgesandt wurde, und an das, was herabgesandt wurde auf Abraham, Ismael, Isaak, Jakob und die Stämme, und an das, was Mose und Jesus und den Propheten von ihrem Herrn zugekommen ist. Wir machen bei keinem von ihnen einen Unterschied. Und wir sind Ihm ergeben. Wer eine andere Religion als den Islam sucht, von dem wird es nicht angenommen werden. Und im Jenseits gehört er zu den Verlierern.« Glaube wird hier offensichtlich verstanden als gläubige Annahme eines bestimmten Sachverhalts, als Bedingung der rechten Leitung durch Allah und als Voraussetzung, der ewigen Strafe zu entgehen. Dem Glauben muß das Handeln folgen (nach Sure 3,92 das »Spenden«).

(b) »islam« – hingebungsvolle Unterwerfung

Der Sache nach entspricht dem christlich verstandenen Begriff »Glauben« doch wohl noch mehr als »iman« der Begriff »islam«, nämlich die völlige Hingabe, das sich Gott Anheimstellen, die Ergebung in seinen Willen, die zugleich Frieden und Heil in Allah beinhaltet. Durch fromme Anekdoten kann dies illustriert werden: Ein Derwisch fiel einst in den Tigris; auf die Frage, ob man ihn retten solle, verneinte er. Auf die Frage hin, ob er denn sterben wolle, antwortete er ebenfalls: Nein! Erklärend fügte er die Frage hinzu: »Was habe ich mit dem (sc. meinem eigenen) Wollen zu tun?«[23] Von hier aus wird auch verständlich, daß »kismet« (die von Allah kommende »Zuteilung«) nicht als blindes Schicksal aufgefaßt wird, das man resignativ hinzunehmen hat, sondern als göttliche Fügung, der man voller Vertrauen begegnet. Der Begriff »Islam« stellt – in Kategorien unserer Grammatik ausgedrückt – einen Infinitiv dar; Muslime finden es sachgemäß, daß der Islam nicht wie das Christentum oder der Buddhismus nach einem Stifter und auch nicht wie Judentum oder Hinduismus nach einer bestimmten ethnischen Gruppe benannt wird, sondern nach der in ihm obwaltenden Gottesbeziehung.[24] Islam ist also der hingebungsvolle Gehorsam gegenüber dem einen Gott, verwirklicht in der gewissenhaften Beachtung der »fünf Pfeiler« des Islam – Glaubensbekenntnis, Ritualgebet, Fasten, Mildtätigkeit und Pilgerfahrt.[25] Nicht Orthodoxie, sondern Orthopraxie kennzeichnet den Islam primär. Die formale Erfüllung des Gesetzes bekommt hier deutlich ein eigenes Gewicht und gibt dem Glaubensbewußtsein eine spezifische Ausrichtung. Daß der Gehorsam dabei eine wichtige Rolle spielt, ist auch daran abzulesen, daß der »Gläubige« als »Diener« (»abd«) bezeichnet werden kann. Bei diesem »Dienst« geht es um die Ergebung in den allwaltenden Gotteswillen,

23. A. Schimmel ²1992, 175 f.
24. H. Zirker 1993, 243.
25. Vgl. z. B. M. S. Abdullah 1992, 32 ff.

der auch die außermenschliche Natur bestimmt: »›Islam‹ ist also eine umfassende Idee, die den Menschen und das Universum um ihn herum einschließt; ›Islam‹ liegt in der Natur der Dinge.«[26] Wird Islam in solch umfassendem Verständnis begriffen, so wird es jedenfalls rational nachvollziehbar, daß der Abfall vom Islam als das schlimmste aller Verbrechen gilt, das mit dem Tod bestraft werden muß.[27] Zum Christentum übergetretene Muslime im Sudan konnten noch Anfang 1995 nur mit Mühe vor der bereits verhängten Todesstrafe bewahrt werden. Die Verfolgung von Salman Rushdie muß im selben Kontext gesehen werden.

(c) »ihsan« – Gutes tun

Nach einer bestimmten Tradition bilden »*islam*« (hingebungsvoller Gehorsam gegenüber Allah), »*iman*« (vertrauensvolles Annehmen der Botschaft der Propheten, insbesondere Muhammads) und »*ihsan*« (vor Allah Gutes tun) zusammen das, was die wahre Religion ausmacht. Diese Begriffe können als Klimax verstanden werden: »ihsan« wäre dann die intensivste Gottesbeziehung, wie sie vor allem den Sufi-Meistern vorschwebt. Nach einem Hadith hat Muhammad festgestellt: »Ihsan heißt Gott anzubeten, als ob du ihn sähest, und wenn du ihn nicht siehst, so sieht dich doch Gott immer.«[28]

In der theologischen Diskussion verschiedener islamischer Schulrichtungen hat die Frage nach dem Verhältnis von »Glaube« und »Werken« eine gewisse Rolle gespielt.[29] Dabei wurde der Glaube offenbar als Substanz aufgefaßt, die nach Auffassung der Sunna durch negatives Handeln nicht wirklich beeinträchtigt, nach Meinung der Mu'taziliten jedoch sehr wohl gemindert bzw. durch positives Handeln gemehrt werden konnte.

(d) »shahada« – das Glaubensbekenntnis

Das explizite Glaubensbekenntnis der Muslime hat eine dreifache Funktion. Es wird im Rahmen des Pflichtgebets täglich mehrfach wiederholt; es dient infolgedessen als Einheitsband des weltweiten Islam, und es fungiert, vor Zeugen gesprochen, zugleich als Konversionsformel. Es begegnet in zwei Grundformen: »Ich bezeuge, es gibt keinen Gott außer Gott; und ich bezeuge, Muhammad ist der Gesandte Gottes.« Das Glaubensbekenntnis ist somit das schlichte und elementare Bekenntnis zu dem einen Gott. Es kann aber auch polemisch entfaltet werden, wie dies in Sure 112 der Fall ist: »Sprich: Er ist Gott, ein Einziger, Gott,

---

26. S. H. Nasr 1993, 32.
27. Sure 4,88 f. wird die Todesstrafe bereits für die Heuchler gefordert.
28. S. H. Nasr 1993, 162.
29. IL 304. Die Mu'tazila ist eine rational ausgerichtete Schule vorwiegend des 9. Jh.s.

der Undurchdringliche. Er hat nicht gezeugt, und Er ist nicht gezeugt worden, und niemand ist Ihm ebenbürtig.«[30] Das polemische Moment kann gegen den Polytheismus, speziell aber auch gegen eine – mißverstandene – christliche Trinitätslehre gerichtet sein (vgl. Sure 4,171: »sagt nicht: Drei!«), worauf im Rahmen der Diskussion der Gotteslehre zurückzukommen sein wird (siehe unten 4.2). Das Bekenntnis hat schon durch seine sprachliche Gestalt einen aggressiven Akzent: Im Urtext beginnt es mit einer Negation! Glaube ist nach muslimischem Verständnis von vornherein bezogen auf den exklusiv einen Gott, den Schöpfer, den Erhalter und Richter. Die Mystik des Islam hat diesen Ansatz freilich so radikal vertieft, daß er sich in gewisser Weise aufzulösen schien. Allah ist in so radikaler Weise der Eine, daß nichts neben ihm existieren kann. Was existiert, ist daher eins mit ihm – ein Grenzgedanke, der in der Mystik der Sufis begegnen konnte.

Daneben gibt es ein islamisches Glaubensbekenntnis, das aus mehreren Koranstellen entwickelt ist und folgende Elemente enthält: den Glauben 1. an »Gott, 2. an seine Engel, 3. an seine Bücher, 4. an seine Gesandten, 5. an die Wiederauferstehung nach dem Tod und an den Jüngsten Tag und 6. an die göttliche Vorherbestimmung«.[31]

Das 20. Jahrhundert hat gelegentlich neue inoffizielle Glaubensbekenntnisse hervorgebracht, die ein in Auseinandersetzung mit dem Christentum und mit der westlichen Welt sich veränderndes Glaubensverständnis zu erkennen geben. Als Beispiel diene das von Hasan al-Banna (1906-1948) geschaffene »Glaubensbekenntnis der Muslim-Brüder« (1928), das allerdings streng auf diese Gemeinschaft bezogen ist:

> »Ich glaube, daß alle Dinge auf Gott zurückgehen; daß unser Meister Muhammad, Gottes Segen ruhe auf ihm, der letzte der Propheten ist und zu allen Menschen gesandt wurde; daß der Qur'an das Buch Gottes ist; daß der Islam ein allgemeines Gesetz darstellt für die Ordnung dieser Welt und der jenseitigen. Ich gelobe, einen Teil des edlen Qur'an auswendig zu lernen, mich an die läuternde Sunna zu halten, das Leben des Propheten und seiner edlen Gefährten zu studieren.
> Ich glaube, daß Tugend, Aufrichtigkeit und Wissen zu den Grundlagen des Islam gehören. Ich verpflichte mich, aufrichtig zu sein, die Ritualvorschriften zu erfüllen, mich von den verbotenen Handlungen fernzuhalten, tugendhaft, wohlgesittet zu sein, schlechte Gebräuche aufzugeben ...
> Ich glaube, daß ein Muslim arbeiten und Geld verdienen soll, daß ein jeder Bedürftige und Notleidende ein Recht auf das Geld hat, das er verdient; ich verpflichte mich, zu arbeiten und für die Zukunft zu sparen, Almosensteuer zu entrichten und einen Teil meines Einkommens für gute Werke auszugeben ...

30. R. Paret übersetzt: »Sag, Er ist Gott, ein Einziger, Gott durch und durch (er selbst) (?) (w. der Kompakte) (oder: der Nothelfer (?), w. der, an den man sich (mit seinen Nöten und Sorgen) wendet, genauer: den man angeht?)« Der Koran. Übersetzung von R. Paret, St ⁵1989, 439.
31. Nach M. S. Abdullah 1992, 32.

Ich glaube, daß der Muslim für seine Familie verantwortlich ist, daß es zu seinen Pflichten gehört, ihre Gesundheit zu erhalten, ihren Glauben und ihre guten Sitten. Ich verpflichte mich, alles mir Mögliche in diesem Sinne zu tun, den Mitgliedern meiner Familie die islamische Lehre einzupflanzen, meine Kinder nicht in eine beliebige Schule zu senden ...

Ich glaube, daß ein Muslim die Pflicht hat, den Ruhm des Islam neu zu beleben, indem er die Renaissance der (sc. islamischen) Völker fördert und die islamische Gesetzgebung wiederherstellt. Ich glaube, daß die Fahne des Islam die Menschheit beherrschen sollte ...

Ich gelobe, mich an diesen Grundausrichtungen festzuhalten, loyal zu bleiben gegenüber einem jeden, der für sie wirkt, ein Soldat in ihrem Dienste zu sein und nötigenfalls für sie zu sterben.«[32]

Trotz eines relativ klaren Konzepts von »Glaube« im Zusammenhang von Glaubensbekenntnissen wird man nicht mit A. Th. Khoury sagen können, der Islam sei – im Gegensatz zum Judentum (als der Religion der Hoffnung) und zum Christentum (als der Religion der Liebe) – »als die Religion des Glaubens zu bezeichnen.«[33] Jedenfalls wäre der Begriff des Glaubens dann nicht im christlichen Sinne verstanden.

(e) Sufismus

Der Sufismus strebt in seinem Verständnis der Beziehung zwischen Gott und den Gläubigen über das in Worten Erfaßbare hinaus. Die himmlische Reise Muhammads von Mekka nach Jerusalem und durch die sieben Himmel zur Gegenwart Gottes ist das anschauliche Bild jener mystischen Reise, die der Sufi ersehnt. Die Lehre »ist am Anfang wie die Karte eines Berges, den man ersteigen will. Am Ende ist sie die intime Kenntnis des Berges, die man durch die aktuelle Erfahrung des Ersteigens gemacht hat.«[34] Von Muhammad selbst wird erzählt, er habe nichts gesehen, »ohne Gott davor, darin und danach zu sehen.«[35] Diese Art von Religiosität kann bis zur Aufgabe der Persönlichkeit führen; Gott wird dann »die einzige Realität, der allein Seiende; das nicht Göttliche steht ihm gegenüber wie der Schein dem Sein«.[36] Sie kann sich aber auch in Identifikationsvorstellungen äußern wie etwa bei Al-Halladsch (hingerichtet – gekreuzigt? – 922): »Oh Leute, rettet mich vor Gott, denn Er hat mich mir selbst entrissen und gibt mich mir nicht zurück ...«[37] Auch Bilder der Brautmystik

---

32. Nach R. Walter (Hg.), Leben ist mehr, Fr 1995, 296 f.
33. IL 303.
34. S. H. Nasr 1993, 166.
35. S. H. Nasr 1993, 172.
36. R. Gramlich, Mystische Dimensionen des islamischen Monotheismus, in: Glauben an den einen Gott, Fr 1975, 197; zitiert in LRG 381.
37. Al-Halladsch; »Oh Leute, rettet mich vor Gott«. Worte verzehrender Gottessehnsucht. Ausgewählt, übersetzt und eingeleitet von A. Schimmel, Fr 1985, 82.

begegnen in diesem Zusammenhang. Bei den Sufis, freilich erst bei ihnen, sei »die Liebe das erste Wort für das Verhältnis zu Gott geworden.«[38] Damit gerät der Muslim freilich an die Grenze islamischer Rechtgläubigkeit, wenn er diese nicht sogar überschreitet:

> »Du schufst den Menschen für den Schmerz der Liebe –
> für den Gehorsam hast Du Deine Engel!«[39]

Ein »Glaubensverständnis«, für das Selbstverpflichtung und Engagement für die Sache des Islam (bis hin zu »*dschihad*«) konstitutiv ist, scheint sich neuerdings herauszubilden. Es ist charakteristisch für Bruderschaften und fundamentalistische Gruppen.

Versucht man, die verschiedenen Aspekte des islamischen Glaubensverständnisses auf einen Nenner zu bringen, so wird man sagen müssen: Die zentrale Bezeichnung für die Gottesbeziehung des Muslim ist nicht »Glaube«, sondern »Islam« – »Hingabe« und »Unterwerfung«. Für die Mehrheit der Muslime dürfte dabei der formale und auch rechtliche Gesichtspunkt der Unterwerfung im Vordergrund stehen – eindrücklich illustriert durch den Gestus des Sich-Verbeugens und -Niederwerfens beim Pflichtgebet. »Glaube« im Sinne eines »Daß-Glaubens«, »daß« nämlich Gott einer und Muhammad sein Gesandter ist, wird dabei vorausgesetzt.

Für die Mystiker liegt der Akzent zweifellos auf der »Hingabe«, wobei der als vordergründig empfundene »Glaube, daß« mehr und mehr zurücktreten kann. In der Geschichte des Sufismus hat dies bekanntlich immer wieder zu Konflikten geführt.

(3) Hinduistische Traditionen

Ob etwas in den hinduistischen Religionen dem »Glauben« im christlichen Sinne entspricht und worin dies bestehen könnte, ist sehr schwer zu erfassen. Der »Hinduismus« stellt ja kein geschlossenes Religionssystem dar, sondern ein Bündel von Traditionen, die bis in das dritte vorchristliche Jahrtausend zurückreichen und sich in einer dschungelartigen Geschichte in einer Vielzahl von Bewegungen, Sekten und Einzelgestalten ausdifferenziert haben. Friedrich Heiler erinnert, um dies zu veranschaulichen, an den indischen Feigenbaum, der sich dadurch vermehrt, daß er von seinen Ästen Luftwurzeln

---

38. T. Andrae, Islamische Mystik, St ²1980, 139; er meint sogar, es gebe »keine Religion, auf die Schleiermachers berühmte Definition: ›Religion ist das Gefühl einer absoluten Abhängigkeit‹ besser paßte als auf den Islam«, ebd. 131. Vgl. ferner A. Schimmel ²1992.
39. Zitiert nach A. Schimmel ²1992, 532.

herabsendet, die sich in die Erde eingraben und von dort aus neue Stämme ausbilden.[40]

Auch die schriftlichen Zeugnisse, auf die man beim Versuch, die hinduistische Religiosität zu erfassen, angewiesen ist, sind äußerst unübersichtlich; es seien wenigstens einige wichtige Textcorpora genannt:[41]

*   Der Rigveda, zwischen dem 12. und 8. Jh. v. Chr. literarisch niedergelegt nach einer gewiß langen mündlichen Tradition, enthält vornehmlich Texte, die für den gültigen Vollzug von Opfern relevant waren (»rig« = in Versen gesammelt, »veda« = Wissen).
*   Die Upanishaden, nach 800 v. Chr. entstanden, lehnen sich wie Schlingpflanzen[42] an bestimmte Teile der Veden an; sie gelten als Abschluß der »Offenbarung« und sind von hohem philosophischem und spirituellem Niveau. Nicht mehr der äußere Vollzug von Opfern und Riten steht im Vordergrund, sondern die Lehre von Atman und Brahman und das Wissen um die heilige Silbe »om« (»upani« = nahebei, »sad« = sitzen: zu Füßen des Weisen).
*   Die Bhagavad Gita (»Lied des Erhabenen«), wohl nach dem 2. Jh. v. Chr. gedichtet, bildet einen Teil des Mahabharata, eines umfänglichen Heldenepos: Arjuna wird von Krishna über das rechte Verhalten unterwiesen.

Es kann im folgenden also nur darum gehen, die wichtigsten strukturellen Elemente des hinduistischen Verständnisses der Beziehung zum Göttlichen zu erfassen. Die Suche nach terminologischen Äquivalenten führt nur begrenzt weiter; gleichwohl ist es interessant, daß der Sanskrit-Begriff »shraddha« (zoroastrisch: »zrazda«, buddhistisch: »saddha«) sprachgeschichtlich dem lateinischen »credo« entspricht. Sprachgeschichtliche Zusammenhänge mit indoeuropäischem Gemeingut sind gerade auf religiösem Gebiet bedeutsam.

(a) Heiliges Wissen

Von der vedischen Zeit an wird das Verhältnis des Menschen zum Göttlichen wohl wesentlich als ein bestimmtes »Wissen« (indo-europäischer Wortbestand!) verstanden. Dabei ging es zunächst um das Wissen von bestimmten Ordnungen, denen sich der Mensch einzufügen hat, und von bestimmten Opferriten, die dieser Einfügung dienen sollten. »Glaube« wäre in diesem Zusammenhang zu verstehen als Zutrauen zu übergreifenden Ordnungen und zur Sachgemäßheit bestimmter Opfertechniken. Möglicherweise handelt es sich dabei um eine kulturgeschichtliche Stufe, auf der der Mensch noch nicht in der Lage war, zwischen sich selbst und dem Göttlichen zu differenzieren. Das Opfer

---

40. Fr. Heiler, RdM 232. Vgl. zum Ganzen: J. Gonda I ²1978, H. v. Glasenapp ⁴1994, 13-73, Michaels 1998, und R. C. Zaehner 1964.
41. Vgl. R. A. Mall 1997, 9-11, 17 f., 73-91, sowie A. Michaels 1998, 65-81 (gute differenzierte Übersicht: 67 f.) und C.-A. Keller, Heilige Schriften des Hinduismus, in: U. Tworuschka (Hg.), Heilige Schriften. Eine Einführung, Da 2000, 144-166. Die Datierungen schwanken.
42. LÖW 417.

war in gewisser Weise ein »Selbstläufer«, noch nicht verstanden als ein Beziehungsgeschehen zwischen Menschen und Göttern.

Das Anliegen der Upanischaden ist darüber hinausgehend die Vermittlung von »*vidya, Vision, Weisheit*«. Es geht in ihnen darum, die Unwissenheit *(»avidya«)* oder Unbewußtheit durch Wissen *(»vidya«)* oder Bewußtheit zu ersetzen. Bewußtheit darf nicht zu rasch rational aufgefaßt werden, obwohl sie natürlich auch Rationalität einschließt. In der Bhagavad Gita lobt Krishna:

> »Die ihr Denken in mir verankert haben,
> die mich mit unablässig geeintem Bewußtsein anbeten
> und in höchstem Maße mit Glauben erfüllt sind, die gelten.«[43]

Der Glaube wird nicht im Denken verankert, sondern das Denken im Glauben! In diesem Sinne kann in einer Upanishad gesagt werden: »Nur wer Glauben hat, hat Denken«.[44] Solch kontemplativem, gläubigem Denken kann schließlich die Identität von Denkendem und Gedachtem bewußt werden: »*Tat tvam asi*« – das bist du! Das Absolute ist wesenseins mit dir. Das Gegenüber von Gläubigem und Göttlichem wird damit im Sinne einer umfassenden Integration transzendiert, die sich in der Rezitation des »OM« Ausdruck verschaffen kann. Der Übende wird dessen inne, daß es eine tiefe »Übereinstimmung zwischen der inneren Natur des Menschen *(atman)* und der Wahrheit der äußeren Wirklichkeit *(brahman)*« gibt.[45] In der Katha-Upanishad wird verkündet: »Das Wort, das alle Vedas offenbaren, der Inbegriff aller geistigen Bemühungen, was brahman-Schüler begehren, wenn sie in Keuschheit leben, dieses Wort verkünde ich dir in Kürze: es ist OM. Diese Silbe ist wahrlich brahman, diese Silbe ist das Höchste. Wer diese Silbe erkannt hat, der erlangt, was immer er wünscht. Das ist die beste Grundlage, das ist die höchste Grundlage, wer diese Grundlage erkannt hat, lebt selig in der brahman-Welt.«[46] OM gilt als Zusammenklang von A + U + M: »Die drei Laute A + U + M schließen alle Möglichkeiten des Klanges ein, alle Worte, alle Bedeutungen, das ganze Spektrum der Klangvibrationen. Denn A + U sind der erste und der letzte Vokal im Sanskrit-Alphabet, wobei der Diphthong A + U zu O wird. Sie sind wie Alpha und Omega. Der Nasal M, der weiterklingt, bezeichnet das Immerwährende und steht für die Gesamtheit aller Laute. OM ist das Wort schlechthin, das Wort, das alle Worte in sich birgt.«[47] OM kann zugleich als ein aus drei Elementen und einem Punkt bestehenden bildhaften Symbol verstanden werden, das die Zusammengehörigkeit von Körperlichkeit, Geistigkeit und Unbewußtheit (Wachen, Träumen, Tiefschlaf) in ihrer Ausrichtung auf das Absolute zum Ausdruck bringt.[48] Auch im Buddhismus und Jainismus wird diese Silbe übernommen.

---

43. BG 273.
44. Nachweis bei G. Widengren 1969, 201.
45. S. Radhakrishnan 1959, 125.
46. So der Kommentar in BG 367; Nachweis dort.
47. Kommentar in BG 367 f.
48. Eine Abbildung findet sich in LÖW 271.

Die vollkommene Meditation des OM vollzieht sich im Yoga (der Begriff ist sprachgeschichtlich verwandt mit lat. »iugum«, »Joch«). Das im Westen vor allem bekannte Hatha-Yoga, das in Körperübungen und -haltungen vollzogen wird, dient dabei nur als Stufe der Vorbereitung. Mit Hilfe eines Systems von Körperhaltungen, Atemtechniken und Meditationsweisen wird die Ratio zum Schweigen gebracht: Die Maitri Upanischad (6,25) führt aus: »Weil man auf diese Weise den Atem, die Silbe Aum (OM) und diese ganze Welt in ihrer Vielfalt verbindet (harmonisiert) oder weil sie verbunden sind, wird dies Yoga genannt.«[49] Der Yogi gilt weniger als Asket denn als Mystiker. Von Interesse ist es, daß sich die solcher Art erlangte Bewußtheit theistisch oder nichttheistisch artikulieren kann. Als das höchste Ziel nichttheistisch orientierter Bewußtheit gilt das überbewußte »samadhi«, in dem das Objektbewußtsein verschwindet: »Der innere Mensch ... bleibt allein in der Erfahrung der Absolutheit ...«.[50] Was dem christlichen Verständnis des »Glaubens« als Gottesbeziehung entspricht, ist hier das absolute »Wissen«, »absolute Bewußtheit«.

(b) Glaubensweisen als Heilswege

Das Verhältnis des hinduistischen Gläubigen zum Göttlichen kann sich aber auch im Sinne von drei Heilswegen ausdrücken. Als die drei Heilswege gelten der »Weg der Werke« (»karma-marga«), der »Weg der intuitiven Erkenntnis« (»jnana-marga«) und der »Weg der gläubigen Hingabe« (»bhakti-marga«). »Glaube« kann in diesem Kontext eine eher intellektuelle oder eine eher ethische Ausrichtung gewinnen. In seiner eher intellektuellen Ausformung ist Glaube dann »die Reflexion dieses Lichtes, das vom Höchsten Selbst ausgeht, im ... rationalen Verstand.« Weisheit oder Erkenntnis wird derjenige empfangen, der sich über die Ebene des rationalen Verstehens zu erheben vermag und somit zur Wahrheit erwacht.[51] Die eher ethische Ausrichtung dagegen kann sich darin äußern, daß das Handeln zu einer bestimmten Weise der Gottesbeziehung wird. In der Bhagavad Gita empfiehlt Krishna, indem er auf einen weiteren Heilsweg hinweist:

> »Wenn du selbst zu ausdauernder Übung nicht fähig bist,
> so sei dein höchster Wert, für mich zu handeln.
> Auch dadurch, daß du um meinetwillen handelst,
> wirst du Vollkommenheit erlangen.
> Wenn du selbst dazu nicht fähig bist,
> dann verlaß dich auf meine Yoga-Kraft,
> entsage der Frucht allen Handelns
> und handle sodann mit Selbstzucht.

---

49. Nachweis in LdR 710; weitere Kurzinformation ebd. 710-12.
50. A. Thannippara, in: LdR 712.
51. Kommentar in BG 357.

Denn Erkenntnis ist besser als Übung,
der Erkenntnis aber ist Meditation vorzuziehen.
Besser als Meditation ist Entsagung der Frucht des Handelns.
Durch Entsagung erwächst sogleich Frieden.«[52]

Die drei Heilswege stehen nicht alternativ nebeneinander, sondern durchdringen sich gegenseitig, wobei der dritte, nämlich »*bhakti*« – jedenfalls in den theistischen Systemen – oft als der wesentlichste verstanden wird.

(c) »bhakti«

In der bhakti-Frömmigkeit wird im allgemeinen die größte Nähe zum christlichen Glaubensverständnis vermutet. »Bhakti« (von sanskrit »*bhaj*« = teilhaben, teilgeben; vgl. griech. »phagein« = essen, arab. »bakschisch«) meint verehrungsvolle, liebende Hingabe. Sie setzt ein theistisches Grundkonzept voraus, sofern sie sich an eine Erlösergottheit wendet, die dann als »Herr« (»*Ishvara*«) angerufen wird. Die Verehrung mag sich aber ebenso auf ein apersonal gedachtes Göttliches richten. Auch ein Hund kann als »bhakta«, als »treu und ergeben«, bezeichnet werden.[53] Die Emotionalität spielt eine wesentliche Rolle; durch die bhakti-Frömmigkeit, wie sie insbesondere durch die Bhagavad Gita vermittelt wurde, entstand eine »leidenschaftliche Religion der selbstvergessenen Hingabe an Gott«.[54] Die Gita verkündet:

»Bei Ihm allein suche Zuflucht
mit deinem ganzen Sein, Nachkomme des Bharata!
Durch Seine Gnade wirst du zu höchstem Frieden
als deinem ewigen Wohnort gelangen« (18,62).
»Richte dein Denken auf mich, liebe mich mit Hingabe,
opfere mir, verehre mich!
So sollst du zu mir kommen –
ich verspreche es dir wahrhaftig, denn du bist mir lieb.
Laß alle Pflichten hinter dir,
nimm Zuflucht bei mir allein.
Von allem Bösen werde ich dich erlösen,
sei nicht betrübt!« (18,65f.).
»Wer Brahman geworden ist, ein ruhig-klares Selbst hat,
trauert um nichts und begehrt nichts.
Gleichgesinnt gegenüber allen Wesen
erreicht er die höchste liebende Hingabe an mich.
Durch liebende Hingabe an mich erkennt er,
wie groß und wer ich in Wirklichkeit bin.

52. BG 278f.
53. R. C. Zaehner 1964, 132; vgl. Hegels Spott über Schleiermacher!
54. R. C. Zaehner 1964, 142.

Wer mich dann in Wirklichkeit erkannt hat,
geht im Nu in mich ein« (18,54 f.).[55]

Diese emotional gefärbte Frömmigkeit konnte sich an personal gedachte Gottheiten wie Krishna oder das unpersönlich gedachte »*brahman*« wenden. Sie vermochte sich auch in vielen zwischenmenschlichen Beziehungen, insbesondere auch durch sexuelle Bilder zu artikulieren. Von daher sind die auf den westlichen Leser oft anzüglich wirkenden erotischen Darstellungen an Tempeln oder die Erzählungen von Krishna und seinen Hirtenmädchen *(»gopis«)* zu verstehen.

In einem Spätstadium (Ramanuja, 1055-1137) wurde das Verhältnis von »bhakti« und Erlösung zum Problem. Inwieweit war der Mensch an der dem »bhakta« verheißenen Erlösung beteiligt? Zwei Antworten bildeten sich heraus, die in gewisser Weise den Konfessionstypen von Katholizismus und Protestantismus entsprechen: Die Anhänger des sog. Affenwegs nahmen Bezug auf das Phänomen, daß ein Affe, der sich von einem anderen tragen läßt, sich dabei selber aktiv festhält, und forderten solche Aktivität im übertragenen Sinn auch für den »bhakta«. Die Anhänger des sog. Katzenwegs orientierten sich am Beispiel der Katze, die ihre Jungen im Maul trägt, ohne daß das getragene Junge von sich aus irgend etwas dazu beitragen könnte, und lehrten so in gewisser Weise die »sola fides« (siehe unten S. 558).

Eine besondere Ausformung erhielt die bhakti-Frömmigkeit in der Anrufung des göttlichen Namens *(»japa«)*, zu der es ja ebenfalls in vielen Religionen Parallelen gibt (»*namu amida butsu*«, »*dhikr*«, »Jesusgebet«).[56]

Die wichtigsten Elemente dessen, was in den hinduistischen Traditionen in etwa dem christlichen Glaubensverständnis entspricht, sind also die folgenden: »Glaube« ist einerseits heiliges Wissen, das freilich die Ebene diskursiver Kognition in der Meditation transzendiert, andererseits heiliges Tun, das sich sowohl kultisch wie auch ethisch äußert. Schließlich ist Glaube auch Hingabe, die sowohl personal als auch apersonal verstanden werden kann.

(4) Buddhismus

Will man herausbekommen, was »Glauben« für Buddhisten bedeuten könnte, so steht man zunächst vor der Schwierigkeit, daß sich der Buddhismus in mehreren, in gewisser Weise einander widersprechenden Bewegungen entfaltet hat: Während der Mahayana-Buddhismus eine göttliche Verehrung Buddhas und

---

55. BG 393 f., 390 f.
56. W. Eidlitz, Die indische Gottesliebe, Olten 1955; A. Hohenberger, Ramanuja. Ein Philosoph indischer Gottesmystik, Bonn 1960; M. Thiel-Horstmann, Nächtliches Wachen. Eine Form indischen Gottesdienstes, Bonn 1985.

zugleich ein ganzes Pantheon kennt, erscheint der Hinayana-Buddhismus als eine »atheistische Religion« (H. v. Glasenapp) oder als eine »Philosophie zur Erlösung« (H. W. Schumann).[57] Eine ganz eigene Welt stellt der tibetische Buddhismus dar.

Es versteht sich von selbst, daß diese so unterschiedlichen Ansätze ein auch jeweils spezifisches Verständnis dessen haben, was dem christlichen Verständnis von »Glauben« entsprechen könnte. Immerhin kennt schon der frühe Buddhismus das Glaubensbekenntnis der »dreifachen Zufluchtnahme« (»trisharana«):

»Ich nehme den Buddha als meine Zuflucht.
Ich nehme den Dharma als meine Zuflucht.
Ich nehme den Samgha als meine Zuflucht.«

Mit dieser Formel bekennt sich ein Buddhist zu seiner Überzeugung; sie spielt in seiner täglichen Meditation und in den offiziellen Liturgien eine Rolle; sie hat auch eine Funktion beim Eintritt in die buddhistische Gemeinschaft. »Zuflucht nehmen« will wohl verstanden werden als ein »sich retten«: »Nehmt den dharma als eure Insel ... Nehmt den dharma als eure Zuflucht, und sucht keine andere Hilfe«.[58] Sie kann aber nun doch unterschiedlich akzentuiert und gelebt werden. Die Formel läßt es ja offen, ob sie personal-theistisch oder apersonal und a-theistisch interpretiert werden will. Sie kann auch als Verehrung der »Drei Kleinodien« oder »Juwelen« (»triratna«) verstanden und gelebt werden. Der Dalai Lama kommentiert: »Um solch ein einsgerichtetes Vertrauen haben zu können und wirklich zu spüren, daß man sein spirituelles Wohlergehen den Drei Juwelen anvertraut, muß man diesen Zufluchtsobjekten gegenüber eine Empfindung der Nähe und der Verbundenheit entwickeln.«[59] Die dreifache Zuflucht wird als dreifache »Kostbarkeit« geschätzt und gefeiert.

(a) Mentale Haltung

Formal steht der dem indo-europäischen Sprachraum entlehnte Begriff »shraddha« (Pali: »saddha«) für »glauben«. Der so bezeichnete »Glaube« ist aber keineswegs das Ziel buddhistischer Religiosität, sondern vielmehr nur der Ausgangspunkt, der erste Schritt auf einem Weg, der sich dann stringent von selbst ergibt. Es handelt sich um »das Überwältigtwerden von der geistigen Kraft Buddhas und das ahnende Erfassen seiner Lehre, also die Antizipation der späteren vollen Heilserkenntnis.«[60] Ziel ist ja das Erwachen, letztlich das Nirvana oder jedenfalls dessen Antizipation im »samadhi«. Dieses wird nicht

---

57. H. v. Glasenapp, Der Buddhismus – eine atheistische Religion, M 1966. Zum Ganzen vgl. H. W. Schumann 1963, H.-J. Greschat 1980, H. Waldenfels 1982, D. T. Suzuki 1988, D. T. Suzuki 1990, R. Panikkar 1992, H. Dumoulin 1995 sowie LdR 76-97 und LÖW 55-60.
58. Dhammapada II; zit. nach LdR 78.
59. Dalai Lama, Das Herz aller Religionen ist eins, 1999 (Goldmann TB), 129 f.
60. Fr. Heiler, RdM 176.

durch »Glauben« erreicht, sondern durch »Achtsamkeit« und durch planmäßig
geübte Versenkung (»Erwägung« von Vergänglichkeit, Ausscheidungs- und Ver-
wesungsprozeß usw., durch Ausstrahlen von Mitgefühl und Mitfreude auf alle
Wesen, durch abstrakte Versenkung hin zur »Sphäre des Nichts« usw.).[61] Der
Glaube ist, so verstanden, wohl in gewisser Weise Vertrauen, aber doch nur die
erste von fünf »Fähigkeiten«, die aufeinander aufbauen: Ihm folgen die Aus-
dauer, die Wachsamkeit, die Konzentration und schließlich die Weisheit, die
zur Aufhebung des Leidens führt. In einem Text heißt es: »Ich sage nicht, daß
die Errungenschaft des Wissens sofort kommt, sondern, daß sie durch eine
schrittweise Ausbildung, eine schrittweise Ausübung, eine schrittweise Art des
Vorgehens kommt. Wie kommt das? Einer, der Glauben hat, nähert sich und
hört zu; er hört vom Dhamma und prüft die Bedeutung dessen, was er gelehrt
hat, und es gefällt ihm; Wachsamkeit und Eifer entstehen in ihm; alles abwä-
gend, strebt er vorwärts; entschlossen wird er sich der höchsten Wahrheit selbst
bewußt und sieht sie in allen ihren Einzelheiten mit Hilfe der Weisheit.«[62] Glaube ist also auch in dieser frühen Phase nicht einfach nur Fürwahrhalten und
Zurkenntnisnehmen, sondern durchaus emotionales Affiziertsein. In einem anderen Text heißt es, der Glaube gehe der vollen Erkenntnis voraus, wie dem
Sonnenaufgang die Morgenröte; Glaube wäre dann nur »Morgenröte der Erkenntnis«.[63] Der vom Glauben Affizierte empfindet Trauer über seine derzeitigen Lebensverhältnisse und Sehnsucht nach einem neuen, authentischen
Leben, nach Anschluß an die Gemeinschaft der Buddha-Anhänger und -An-
hängerinnen und nach der von ihnen praktizierten Freiheit. So erreicht man
»einen Punkt, wo wir uns in das Leben hineinwagen müssen, das uns durch
den Glauben zugänglich geworden ist.« Denn, so fragt D. T. Suzuki: »Wozu soll
es gut sein, über so etwas Bescheid zu wissen, anstatt es selbst zu sein?«[64]

Auf den Glauben folgt bzw. zu ihm gehört schließlich auch ein bestimmtes
Ethos, das von Mitgefühl und Liebe getragen ist. Friedrich Heiler nennt den
folgenden Text ein »Hohes Lied der Liebe«, das sich durchaus mit I Kor 13
berühre:

»Wie aller Wert des Sternenscheines nicht den Wert eines 16tels des Mond-
scheins hat, sondern der Mondschein ihn in sich aufnimmt und leuchtet und
glänzt und strahlt, so haben auch alle Mittel, um sich religiöses Verdienst zu
erwerben, nicht den Wert eines 16tels der Liebe, der Erlösung des Herzens; die

---

61. Fr. Heiler, RdM 178 f.
62. E. Conze 1957, 50. Dalai Lama, Das Herz aller Religionen ist eins. Die Lehre Jesu aus
    buddhistischer Sicht, 1999 (Goldmann TB), 183: »Das tibetische Wort für Glauben ist Dä-
    Pa. Vielleicht liegt seine Bedeutung noch mehr in Zuversicht oder Vertrauen. In der
    buddhistischen Überlieferung sprechen wir von drei verschiedenen Arten des Glaubens.
    Die erste Glaubensart hat die Form von Bewunderung, die Sie für eine bestimmte Person
    oder eine bestimmte Seinsweise haben. Die zweite ist Glaubensbestrebung. Hierbei ist ein
    gewisses Nachahmen im Spiel; Sie streben an, jene Seinsweise zu erreichen. Die dritte Art
    ist der Glauben aus Überzeugung.«
63. H. Beckh, Buddhismus (Buddha und seine Lehre) II: Die Lehre, B 1916, 24.
64. D. T. Suzuki 1990, 47, 50.

Liebe nimmt sie in sich auf und leuchtet und glänzt und strahlt. Und wie im letzten Monat der Regenzeit, im Herbst, der Himmel klar und wolkenlos ist, die Sonne sich über den Himmel erhebt und, alles den Luftraum füllende Dunkel hinwegscheuchend, leuchtet, glänzt und strahlt, so übertrifft auch die Liebe alle anderen verdienstlichen Werke.«[65]

Millionen von Menschen wiederholen täglich den als »buddhistisches Vaterunser« bezeichneten Segensspruch: »Was immer es für Lebewesen gibt, alle ohne Ausnahme, seien sie beweglich oder unbeweglich, seien sie lang oder groß oder mittelgroß oder kurz, fein oder grob, seien sie sichtbar oder unsichtbar, seien sie fern oder nah, schon geboren oder erst nach Geburt strebend – alle Wesen seien beglückten Herzens.«[66] Für Thich Nhat Hanh bedeutet Glaube »das Vertrauen in die eigene Fähigkeit und diejenige anderer, für die tiefste Liebe und das tiefste Verständnis wach zu werden.«[67]

Zielpunkt des Glaubens ist freilich auch nicht die Liebe, sondern die Befreiung von allem »Anhaften«, wie sie beispielsweise im »Dhammapadam« geschildert wird:

»Wem Nichts mehr gilt Vergangenheit
Nichts Zukunft und Nichts Gegenwart
den Nichts Begehrer, Nichts Wünscher,
den heiss' ich einen Heiligen.«[68]

(b) Kognitive Gehalte

Trotz der genannten Einschränkungen gibt es jedenfalls im Mahayana-Buddhismus auch die explizite Bestimmung von Glaubensinhalten. Ein Text des Mönchs Shantideva (7./8. Jahrhundert n. Chr.) formuliert:

»Was ist der Glaube? Er besteht in dem Glauben an vier Dharmas. Welche vier? Man schließt sich der richtigen Ansicht an, die eine Seelenwanderung in der Welt von Geburt-und-Tod voraussetzt; man setzt sein Vertrauen auf das Reifen des Karma und weiß, daß man die Frucht von allem Karma, das man je getan hat, ernten wird; selbst um das eigene Leben zu retten, tut man keine böse Tat. Man findet die Lebensweise eines Bodhisattva richtig und sehnt sich nicht nach anderen Methoden, nachdem man diese Zucht auf sich genommen hat. Man glaubt an die Lehren, die durch das wahre, klare und tiefe Wissen um die bedingte Zusammen-Erzeugung charakterisiert sind durch solche Ausdrücke wie die Selbstlosigkeit, Abwesenheit eines Wesens, Abwesenheit einer Seele, Abwe-

65. Itivuttaka 27 nach Fr. Heiler, RdM 176.
66. Sutta-Nipata 146 nach Fr. Heiler, RdM 176 f.; vgl. die Übersetzung Nyanaponikas, Sutta-nipata. Frühbuddhistische Lehr-Dichtung, Konstanz 1955, 58 f. (zitiert in Dumoulin 1998, 128 f.).
67. Thich Nhat Hanh, Lebendiger Buddha, Lebendiger Christus, 1996, 36.
68. Nr. 421; so nach der poetischen Übersetzung von Karl Eugen Neumann (1893).

senheit einer Person und durch die Leere, das Zeichenlose und das Wunschlose. Man folgt keiner der falschen Lehren und glaubt an alle Eigenschaften (Dharmas) eines Buddha, an seine Kräfte, Gründe zum Selbstvertrauen und alles übrige; und wenn man in seinem Glauben alle Zweifel hinter sich gelassen hat, bewirkt man in sich die Eigenschaften eines Buddha. Dies wird als die Tugend des Glaubens bezeichnet.«[69]

Damit ist dann zugleich der Verehrung von Buddhas und Bodhisattvas im Sinne von Gottheiten, wie sie auch in anderen Religionen begegnen, Tür und Tor geöffnet.

(c) Die Anrufung Amidas

Ihre eindrücklichste Gestalt hat diese Verehrung wohl in der Anrufung Amidas gefunden. Nach der Überlieferung war Amida ursprünglich ein Mönch, der sich vorgenommen hatte, alle leidenden Wesen zu erlösen. Nach Erlangung der Buddhaschaft wollte er jedoch nicht die vollkommene Erleuchtung annehmen, sondern gelobte, allen, die ihn anrufen würden, den Zugang zum »Reinen Land« zu vermitteln. Die entsprechende Anrufungsformel lautet: »Namu Amida Butsu« – »Verehrung sei dem Buddha des unermeßlichen Lichtglanzes«. Seine Anhänger und Anhängerinnen, sofern sie der Schule Honens folgen, wiederholen diese Anrufungsformel unendlich oft; seine Verdienste, so stellen sie sich vor, gehen auf diese Weise auf sie über. Hier konnte sich einerseits religiöse Devotion entwickeln, andererseits aber auch der Ansatz des klassischen Buddhismus reproduzieren: Die Formel gewinnt, unendlich oft wiederholt und in einer für den Kontext oft fremden sprachlichen Gestalt, »ein eigenes Sein«; für den sie Meditierenden gibt es schließlich »weder Ich noch Buddha, es gibt nur die Formel. Sein Zustand gleicht in nichts der Ekstase, er empfindet vielmehr eine heitere Stille und Leere, denn er hat die Einspitzigkeit des Geistes erreicht, ein Ziel meditierender Buddhisten.«[70] Shinran, Schüler Honens, ging noch einen Schritt weiter: Für ihn war auch die unablässige Namens-Anrufung unnötig – allein der durch Amidas lichtvolle Allwirksamkeit geweckte Glaube zählte. Als die Jesuiten-Missionare in Japan auf die Anhänger der Jodo Shinshu, der Schule des »Reinen Landes«, trafen, vermuteten sie, das Luthertum habe hier bereits Fuß gefaßt.[71]

---

69. E. Conze 1957, 150.
70. H.-J. Greschat 1980, 106; D. T. Suzuki 1990, stellt die Grundlinien dieses Ansatzes dar; der Untertitel ist falsch – es geht gerade nicht um Zen-Buddhismus! Vgl. ferner Suzuki 1988, 144 ff. Zur Jodo-Shinshu vgl. unten S. 562.
71. Fr. Heiler, RdM 221. Vgl. Chr. Langer-Kaneko, Das Reine Land. Zur Begegnung von Amida-Buddhismus und Christentum, Leiden 1986, Cl. Wilhelm, Shinrans Vorstellung von der Rettung der Menschheit. Eine Untersuchung seiner Hauptwerke, Wi 1996, sowie P. Schmidt-Leukel 1992, 605-654.

(d) Zen

»Zen« bezeichnet zunächst nur eine bestimmte Meditationsmethode: »Versenkung« im »Sitzen« (»Zazen«). Sie ist häufig beschrieben worden; im deutschen Sprachraum wurde besonders Pater Hugo M. Enomiya-Lassalle ihr Vermittler.[72] Durch Schweigemeditation, Koan-Übung und Austausch mit dem Zen-Meister wird der Zen-Praktizierende, wenn es denn gelingt, zur Erleuchtung (»*satori*«) geführt: »Die Zen-Erleuchtung ist eine begriffliche Kategorien übersteigende, befreiende, ganzheitliche Selbsterfahrung, die von den Erfahrenden je nach ihrer Weltanschauung verschieden ausgelegt wird. Zen-Jünger deuten ihre Erfahrung im Sinne der mahayanistischen Alleinsmetaphysik des kosmischen Buddha-Leibes ... oder der im Kosmos wie im Selbst wesenden Buddha-Natur.«[73] Die damit sich vollziehende Selbsterfahrung ist also nicht auf ein Objekt bezogen, weder einem »Glauben an« noch einem »Glauben, daß« vergleichbar. Im Gegenteil – es geht um die Loslösung aus aller Bezogenheit.

Im Buddhismus hat »Glaube« also durchaus eine klar umrissene Bedeutung: Er besteht darin, sich von der Ausstrahlungskraft der Gestalt und von der Lehre des Buddha erfassen zu lassen. Darin liegt aber zugleich seine innere Grenze. Denn Zielpunkt buddhistischer Spiritualität ist nicht der Glaube und auch nicht die diesem folgende Liebe, sondern die Befreiung von jeglichem »Anhaften«. Dieses kann im Amida-Buddhismus durch die meditative Anrufung Amidas, im Zen-Buddhismus etwa durch Schweigemeditation unter Führung eines Meisters erreicht werden.

---

72. H. M. Enomiya-Lassalle, Zen – Weg zur Erleuchtung. Einführung und Einleitung, Fr 1987; ders., Zen-Buddhismus, Köln ²1972, ders., Zen-Meditation für Christen, Weilheim ²1971; vgl. ferner H. Dumoulin, Geschichte des Zen-Buddhismus, 2 Bde., Bern 1985; Katsuki Sekida, Zen-Training. Das große Buch über Praxis, Methoden, Hintergründe, Fr 1993.
73. H. Dumoulin, in: LdR 717.

C Der christliche Glaubensbegriff im Kontext nichtchristlicher Glaubensverständnisse

Die Durchsicht nichtchristlicher Verständnisse dessen, was im Christentum dem Glauben entsprechen mag, läßt, wie schon im Rahmen der Vorklärungen angedeutet, eine dreifache Bezugsmöglichkeit erkennen. Zum einen gibt es offenkundige Gemeinsamkeiten, zum zweiten Unterschiede, die sich im Sinne komplementärer Ergänzung verstehen lassen, zum dritten schließlich spezifische Elemente, die sich einer Zuordnung zu widersetzen scheinen.

(1) Strukturelle Gemeinsamkeiten

Den verschiedenen Glaubensverständnissen scheinen folgende strukturelle Elemente gemeinsam zu sein:

a. Alle angesprochenen Glaubensverständnisse beziehen sich in irgendeiner Weise auf Inhalte, haben also – jedenfalls auch – Alpha-Gestalt. Glaube bezieht sich auf bestimmte Gottheiten oder doch bestimmte Einsichten oder beides. Dies gibt den Religionen – mehr oder weniger stark ausgeprägt – einen intellektuellen Charakter. Er kann sich äußern durch den Bezug auf einen bestimmten Mythos, der als »Offenbarung« (und eben nicht als »Mythos«!) verstanden wird, oder auf, wenn auch höchst subjektiv interpretierte, historische Erfahrungen, wie dies besonders im Islam ausgeprägt ist. Er kann sich auch in einem hohen Abstraktionsgrad äußern wie in der hinduistischen oder buddhistischen Philosophie. Unterschiede ergeben sich dann erst in der Wertung der kognitiven Implikate. An das Christentum ergeht von hier aus die Anfrage, ob es die kognitiven Implikate seines eigenen Ansatzes zu denen anderer Religionen sachgemäß in Beziehung setzen kann.

b. In den angesprochenen Religionen geht es immer auch um die Konsequenzen für das Verhalten: Mythos und Ethos stehen in Beziehung zueinander. Auf eine direkte Weise wird das Ethos im Ritus auf den Mythos bezogen; zuallererst ist das Verhalten zu den Göttern gefragt. Es äußert sich in Kult und Askese; die Spielarten reichen vom Speisen und Bekleiden der Götterfiguren in hinduistischen Tempeln bis zur Askese der Zen-Klöster, vom rituellen Gebet der Muslime bis zum jüdischen Sabbatgebot. Zum Ethos gehören dann aber natürlich auch die Konsequenzen, die sich aus dem Mythos für das Verhältnis der Gläubigen zu ihren Glaubensgeschwistern, ihren Mitmenschen und zu ihrer Umwelt ergeben. Die Distinktion von Ansatz und Konsequenzen wird in vielen Religionen theoretisch nicht mit derselben Schärfe vollzogen wie im Christentum und speziell im Protestantismus, der aus gutem Grund auf eine präzise Zuordnung von »Glaube« und »Werken« Wert legt (siehe unten 8.1).

c. In den angesprochenen Religionen zeigt sich über Mythos und Ethos hinaus – ebenfalls mehr oder weniger stark ausgeprägt – das Wissen um ein Omega, das in seiner jeweiligen Alpha-Gestalt nicht aufgeht. Jede Religion scheint neben ihrer kognitiven und ihrer ethischen Seite auch ein mystisches Element zu besitzen, das sie deutlicher oder weniger deutlich durchdringt: Der Jude kann sich der Kabbala verschreiben, der Muslim kann zum Sufi oder Derwisch werden, ein Hindu-Gläubiger hat viele Wege, sich der All-Einheit auszuliefern; für den »bhakta« oder den »jodo-shinshu«-Anhänger gibt es einen nahtlosen Übergang von der Anrufung der Gottheit zu deren mystischer Vergegenwärtigung; Buddhisten zielen von vornherein auf die Transzendierung ihrer religiösen Vorstellungswelt. Zwar wird nirgends ein sozusagen reines, nicht von Alpha-Elementen gefärbtes Omega erreicht. Überall aber scheint sich die Tendenz zu einem Omega zu zeigen. Oftmals diskreditieren Alpha-Apologeten und Omega-Orientierte einander gegenseitig. Für das Christentum entsteht hier die Frage, wie sich in ihm Alpha und Omega einander zuordnen.

d. Wie sind die beobachteten strukturellen Gemeinsamkeiten der angesprochenen Religionen, an denen ja eben auch das Christentum teilhat, aus christlicher Sicht zu würdigen?

1. Viele Christen (und Theologen) ignorieren die religiösen Kontexte des Christentums: Mögen andere es sehen, wie sie wollen – wir sehen es so. Die herkömmlichen Dogmatiken fragen nicht danach, was »Glaube« für Muslime, Hindus oder Buddhisten sein könnte. Oder man minimalisiert das Problem, indem man es für theologisch irrelevant erklärt: Wenn Gott sich in Jesus Christus offenbart hat, habe ich allenfalls aus missionarischem Interesse die Glaubenssprache des Partners zu erlernen, nämlich um ihn bekehren zu können. Diese Sichtweisen scheinen mir menschlich und theologisch unzureichend, wenn, wovon ich als Christ ausgehe, das dreifaltige Wirken Gottes sich auch auf Nichtchristen bezieht.

2. Auch der Versuch einer anthropologischen Erklärung führt sofort zur theologischen Frage weiter. Ich kann behaupten: Die beobachteten Gemeinsamkeiten lassen sich religionspsychologisch erklären; sie wollen im Sinne eines ganzheitlichen Menschenbildes verstanden und aufeinander bezogen werden; im übrigen entspricht die Dialektik von Gemeinsamkeiten und Besonderheiten einem auch sonst in der Menschheit, ja auch in der außermenschlichen Natur zu beobachtenden Sachverhalt. Aber ich muß als Christ, wenn ich meinen eigenen Glauben ernst nehme, auch religionspsychologisch zu beschreibende Gegebenheiten mit der Schöpfung und dem Schöpfer in Beziehung bringen können und wollen.

3. Sucht man nach klassischen theologischen Argumentationsmodellen, so begegnet man rasch der Rede von der »allgemeinen Offenbarung« (siehe unten 3.2), die sich freilich nach zwei Seiten hin entfalten läßt: Entweder werden dann die angesprochenen Gemeinsamkeiten als Resultate einer »allgemeinen« Offenbarung verstanden, auf die positiv aufgebaut werden kann (die »katholische« Lösung), oder man betont die Korrektur, die im Blick auf diese Resultate gerade seitens der besonderen Offenbarung Gottes in Jesus Christus nötig wird (die »protestantische« Option). Das theoretisch konzedierte Handeln Gottes in den nichtchristlichen Religionen wird dabei jedoch in keinem der beiden genannten Fälle wirklich ernstgenommen. Will man es aber, was ich für unumgänglich halte und wofür ich plädiere, wirklich theologisch würdigen, so muß man bereit sein zu fragen, was Gott mit seinem außerhalb des Christentums ergangenen und ergehenden Walten der Christenheit zu sagen haben könnte. Vom trinitarischen Glauben ausgehend, kommt man nicht umhin, diese Frage zu stellen.

(2) Komplementäre Entsprechungen zum christlichen Glaubensverständnis?

Neben den Gemeinsamkeiten sind offensichtlich auch erhebliche Unterschiede zu beobachten. Handelt es sich dabei um kontradiktorisch einander widersprechende Aussagen oder um kompatible oder gar komplementäre Ergänzungen? Inwieweit läßt sich der christliche Glaubensbegriff durch die Aufnahme nichtchristlicher Elemente erweitern, vertiefen?

(a) Christliches und muslimisches Glaubensverständnis

Am leichtesten scheint sich das muslimische Glaubensverständnis mit dem christlichen verbinden zu lassen. Glaube wäre dann in erster Linie als die Haltung radikaler Hingabe an Gottes Gebot und Willen aufzufassen. Es ist ja, wie sich leicht zeigen läßt, eine Karikatur, die im Islam vertretene Glaubenshaltung nur als ein resignatives Sich-Ausliefern an ein übermächtiges Schicksal (»kismet«) zu verstehen. Vielmehr geht es dem Muslim darum, an der Grenze dessen, was er selber gestalten und leisten kann, der Rechtleitung durch Gott gewiß zu sein, im übrigen sich aber gerade um die Verwirklichung des Willens Gottes nach Kräften zu bemühen. Bei Goethe klingt eher das resignative Moment mit, wenn er behauptet:

»Wenn ›Islam‹ Gott ergeben heißt,
Im Islam leben und sterben wir alle.«[1]

Nach muslimischem Selbstverständnis geht es aber sowohl um den passiven als auch um den aktiven Aspekt der Bitte: »Dein Wille geschehe!« Ich vermute, daß es dem Muslim etwas bedeuten könnte, sein Verständnis von ›Islam‹ mit der Situation des Beters in Gethsemane in Verbindung zu bringen. Ich halte es aber auch im Sinne des christlichen Glaubensverständnisses für weiterführend, sich Jesu Bitte im Sinne eines radikalen ›Islam‹ zu vergegenwärtigen; damit würde ein Element unterstrichen, das ihm ohnehin eigen ist.

Nach muslimischer Auffassung bedarf die Hingabe einer äußeren Gestalt, wie sie sich z. B. im Pflichtgebet und hier wieder besonders in der Geste des Niederfallens zum Ausdruck bringt. Das Christentum hat oft die Freiheit von äußeren Formen spiritueller Praxis betont und dabei vergessen, daß auch christlicher Glaube – in aller Freiheit – nach Gestaltwerdung sucht.

Eine deutliche Grenze zwischen muslimischem und christlichem Glaubensverständnis wird freilich sichtbar, wo es um die vom Muslim geforderte gesellschaftlich-politische Durchsetzung des von ihm dezisionistisch interpretierten Gotteswillens geht. In der Diktion der klassischen Theologie gesprochen, stehen hier Fragen der Zweireiche- bzw. Zweiregimenten-Lehre an, die ja auch innerhalb des Christentums durchaus umstritten ist.[2] Im Blick auf die künftige Entwicklung wird dabei die Problematik der Menschenrechte eine Rolle spielen: Wie sind Gottes Wille und Menschenrechte aufeinander zu beziehen?[3]

Ich konstatiere im Blick auf das Glaubensverständnis zwischen Christentum und Islam, weil es beiden wesentlich auch um radikalen Gehorsam geht, strukturell einerseits eine gewisse Gemeinsamkeit, andererseits einen Bereich, nämlich den des konkreten Ethos und speziell den der Menschenrechte, in dem eine größere Nähe erst noch gesucht und vielleicht auch gefunden werden könnte.

(b) Christliches und jüdisches Glaubensverständnis

Zum Judentum scheinen mir, was das Glaubensverständnis angeht, in gewisser Weise größere Spannungen zu bestehen als zum Islam, wenn für jüdisches Denken die Behauptung Leo Baecks repräsentativ sein sollte: »Wir können nur an das glauben, was wir tun«; in der menschlichen »Tat« offenbare sich Gott dem Leben (siehe oben S. 87). Der christliche Glaube achtet das Tun gewiß nicht

---

1. K. Mommsen, Goethe und die arabische Welt, F ²1989, 281, vgl. 249 ff.
2. Vgl. N. Hasselmann (Hg.), Gottes Wirken in seiner Zeit. Zur Diskussion um die Zwei-Reiche-lehre, 2 Bde., H 1980.
3. Vgl. U. Spuler-Stegemann, Muslime in Deutschland, Fr 1998, unter dem Stichwort »Menschenrechte«; Chr. Elsas, Menschenrechte für Fremde. Religionswissenschaftliche Überlegungen zur interkulturellen Begegnung am Beispiel Islam, in: EvTh 53 (1993) 38-55, sowie aus islamischer Perspektive M. Arkoun, Der Islam, Hd 1999, 206-223.

gering, aber er will doch über die Begrenztheit menschlichen Tuns und Lassens gerade hinausführen. Gleichwohl liegt auch hier ein Moment, dessen Beachtung christliches Glaubensverständnis vertiefen könnte. Der klassische jüdische Vorwurf gegen das Christentum besteht in der Feststellung, es rede zwar vom Messias, aber faktisch habe sich nichts geändert; die Welt sei unerlöst wie eh und je. Dieser Vorwurf ist insofern berechtigt, als Christen und Christinnen den Glauben weithin als religiöse Abstützung ihrer Existenz, nicht aber als eschatologische Erneuerung ihres eigenen Lebens und des Lebens überhaupt begreifen. Die paulinische Feststellung: »... das Alte ist vergangen, siehe, Neues ist geworden!« (II Kor 5,17) wird von ihnen oft weder theoretisch noch praktisch nachvollzogen. Dem entspricht eine Schieflage im Verhältnis von »Hören«, »Glauben«, »Denken« auf der einen Seite und »Tun«, »Handeln« und »Verwirklichen« auf der anderen Seite, die durch die panische Angst der Protestanten vor »Werken« und »Werkgerechtigkeit« noch unterstrichen wird. Vom jüdischen Glaubensverständnis ließe sich lernen, daß »Hören« und innere Vergewisserung gerade im Tun, im Vollzug, im Handeln zustande kommen können. Das Handeln ist dann eine Form des Hörens!

(c) Christliches Glaubensverständnis und hinduistische Frömmigkeit

Wie steht es mit dem, was über hinduistisches Glaubensverständnis zu sagen war? Im Blick auf die »bhakti«-Frömmigkeit scheint es ohnehin eine große Nähe zu geben. Wenn ich überlege, was ich als Christ von hinduistischer Glaubenshaltung lernen könnte, dann sind es vor allem zwei Dinge, die mir in den Sinn kommen: das Moment der Bewußtheit und das der Wesensverwandlung.

Auch das Christentum arbeitet ja zweifellos viel mit dem Bewußtsein, das dann aber oft reduziert ist auf seine rationalen Fähigkeiten. Es geht dabei mehr um Bewußtsein als um Bewußtheit. Beim Lesen hinduistischer Texte dagegen begegnet mir eine Bewußtheit, die den gesamten mentalen Bereich erfüllt, die neben dem Denken auch den Willen, Stimmungen, Wünsche und Triebe umfaßt.

»Der Mensch besteht aus Glauben.
Wie sein Glaube ist, so ist er.«[4]

Es geht um ein umfassendes Gewahrwerden, das nicht nur »kognitiver Akt« ist, sondern vielmehr »eine Veränderung der Grunderfahrung des Menschen, die alle Aspekte des Menschlichen überformt.«[5] Die christliche, insbesondere die evangelische Theologie hat immer wieder gegen den Glauben als psychologisch nachvollziehbare Haltung (»habitus«) polemisiert – mit Recht, sofern Glaube

---

4. BG 17,3; vgl. M. v. Brück ²1987, 103 f.
5. M. v. Brück ²1987, 273.

nicht in seinen psychischen Auswirkungen aufgeht, aber mit Unrecht, sofern Glaube sich doch auf den gesamten Menschen mit allem, was an und in ihm ist, bezieht. Dies berührt sich mit dem zweiten Punkt. Hinduistische Religiosität findet ihre Befriedigung nicht im Bescheidwissen, sondern in der Verwandlung. Was nützt es, über die Erlösung Bescheid zu wissen, ohne Erlöster, ohne Erlösung zu sein?[6] Es geht nicht darum, »Glauben zu *haben* und zu gebrauchen«, sondern »*im* Glauben zu sein«.[7] Das Sein im Glauben führt zu Verwandlung; eine neue Identität wird geboren. Michael von Brück verweist in einer Fußnote auf die verblüffende Tatsache, daß nach Luther der im Glauben Lebende sagen kann: »Ich bin Christus«; die entsprechende vedantische Formel lautet: »*aham brahmasmi*« – »ich bin brahman«.[8] Die hinduistische Sicht würde somit etwas unterstreichen, das im christlichen Glauben durchaus angelegt ist, aber meist unterentwickelt bleibt.

(d) Christliches Glaubensverständnis und buddhistische Spiritualität

Buddhistische Spiritualität wird heute wohl als die stärkste Herausforderung des christlichen Glaubensbegriffs verstanden, weil sie die klarste Alternative darzustellen scheint. Zur Debatte steht nicht, ob Glaube sich auf Allah, den hinduistischen Ishvara oder auf den Gott Jesu Christi bezieht, sondern ob letztlich nicht eine ungegenständlich zu denkende Beziehung des Menschen zum Umgreifenden die wahrhaft angemessene ist. Zugleich vermittelt sich dieser Ansatz in Gestalt einer Meditationspraxis, die gerade von ernsthaften Christen oft als befreiend und weiterführend erfahren wird.[9] Glaube kann sich frei machen von der Flut der Worte, von langatmigen Dogmatiken und langweiligen Predigten, von der Last unverständlicher dogmatischer Theorien und überfordernder ethischer Ansprüche. Ich darf dem Unendlichen gegenüber sein, der ich bin, ich muß nichts tun, nicht einmal »beten«. Ich darf verzichten auf Begriffe (»*munen*«), auf Gedanken *(»muso«)*, ich darf mein Selbst vergessen (»*muga'*«), ich darf mich dem Offenen überlassen *(»ku«)*, ja dem »Nichts« vertrauen.[10] Auf dem Grabstein des griechischen Dichters Nikos Kazantzakis, der sich stark von buddhistischem Gedankengut inspirieren ließ (und deswegen von der griechisch-orthodoxen Kirche exkommuniziert wurde) steht – als eine Art Abbreviatur buddhistischer Grundhaltung – der Satz: »Ich hoffe nichts, ich fürchte nichts, ich bin frei.« Schweigend entdeckt der Meditierende »das Nicht-begrei-

---

6. Diese – von mir paraphrasierte – Frage formuliert zwar der Buddhist D. T. Suzuki, 1990, 50, könnte aber genauso von einem Hindu gestellt werden.
7. M. v. Brück ²1987, 301.
8. M. v. Brück ²1987, 172, Anm. 112; M. Luther, WA 40/1, 285,5.
9. Vgl. H. Waldenfels 1982. Entsprechende Literatur – leider auch H. Waldenfels – steht oft unter der Leitfrage, wie weit sich Christen dieser Meditationspraxis öffnen dürfen.
10. Terminologie des japanischen Zen; vgl. H. Waldenfels 1982, 126 ff.

fen als Weg zur Erfahrung des Ergriffen-werdens«.[11] In der (römisch-katholischen) apologetischen Literatur werden dem Buddhismus, insbesondere der Zen-Meditation, oft therapeutische Möglichkeiten zugesprochen – eine Sicht, die von Buddhisten verständlicherweise als unzureichend empfunden wird. In der Tat führt jedoch nicht nur das Schweigen zum heilsamen Wort bzw. seiner Rezeption, sondern auch das Wort in ein heilsames Schweigen, Sich-Öffnen, Sich-Ausliefern, in das Frei-Sein von der konkreten Vorstellungswelt des Alpha-Glaubens.

(3) Integrales Glaubensverständnis?

(a) Dem christlichen Glauben inhärentes Identitätsbewußtsein

Wie ist im Sinne des christlichen Glaubens mit den offensichtlichen Differenzen und den angedeuteten komplementären Entsprechungen umzugehen? Zunächst ergibt sich aus der Begegnung mit außerchristlichen Glaubensverständnissen natürlich keineswegs ein Anforderungsprofil von Eigenschaften, wie christlicher Glaube beschaffen sein müßte, wohl aber eine Palette von Möglichkeiten, wie er sein könnte, welche Dimensionen menschlicher Existenz von ihm noch deutlicher erfaßt und durchdrungen werden könnten. Es gilt also durchaus, etwa vorhandene, aber vernachlässigte Elemente des christlichen Glaubensverständnisses wiederzuentdecken und ggf. zu verstärken und Erweiterndes einzubeziehen. Außer Betracht bleibe in diesem Zusammenhang, was die nichtchristlichen Religionen voneinander lernen könnten (was vermutlich ebenfalls nicht wenig wäre). Angesprochen sei immerhin die Frage, worin ihnen die Beachtung des christlichen Glaubensverständnisses zur Erweiterung ihres jeweiligen Selbstverständnisses dienlich sein dürfte.

Sodann ist aber auch auf die Grenzen zu verweisen, die sich bei dem vorgeschlagenen Vorgehen zeigen. Christlicher Glaube würde, wenn er eines der in den nichtchristlichen Religionen gebotenen Glaubensverständnisse für das Ganze nähme, sich selbst verlieren. Weder im radikal sich ausliefernden Gehorsam, wie der Islam ihn nahelegt, noch in der vom Judentum geforderten Glaubenstat noch in der partizipatorischen Wesensverwandlung der hinduistischen Sicht noch auch in der gegenstandslosen Weite der Meditation, wie sie Buddhisten entspricht, geht – an seinem Selbstverständnis gemessen – christlicher Glaube auf. Er weiß sich durch den dreieinen Gott begründet, vermittelt und auf diesen bezogen. Das macht das ihm inhärente Identitätsbewußtsein aus.

---

11. H. Waldenfels 1982, 133; Waldenfels verweist auf die schöne, an K. Barth gemahnende Formulierung von W. Kasper: »Der Glaube ist gleichsam die Hohlform für das Da-sein der Herrschaft Gottes.« Ebd. 130.

(b) Scheinbare Nähe als offensichtliche Distanz?

Als besonders einander nahestehend wurden immer wieder christlicher Glaube und bhakti-Frömmigkeit interpretiert. R. C. Zaehner findet: »In gewissen Bezügen läßt sich die *bhakti*-Bewegung mit der protestantischen Reformation in Europa vergleichen: der Mittelpunkt des Interesses verschiebt sich vom hierarchischen Opferakt und der Hierarchie, die dabei dem Laien Mittlerdienste leistet, hin zu einer unmittelbaren und persönlichen Beziehung zwischen dem Anbetenden und seinem Gott. Als natürliche Folge davon wurde die Sprache der Liturgie, die nur die Priester verstanden, durch die Landessprache ersetzt, die in der Landessprache gesungene Hymne ergänzte und ersetzte allmählich die priesterlichen Liturgien.« Auch zur »»Begeisterung'«, wie sie in bestimmten Sekten am Rande der reformatorischen Bewegung aufgetaucht seien, gebe es Parallelen.[12] Zaehner muß freilich sogleich Einschränkungen machen: Schon im Bereich des Ethos gingen die Wege dann weit auseinander.

So wird man bei näherem Zusehen dann doch auch immer wieder erhebliche Differenzen feststellen. Karl Barth, der sich zugegebenermaßen für die Religionen nicht sehr interessierte, hat – mit dem ihm eigenen Gespür für das Wesentliche – sich gerade mit der »Bhakti-« und noch stärker mit der »Jodo Shinshu«-Frömmigkeit auseinandergesetzt. Im Blick auf letztere listet er angesichts der verblüffenden Gemeinsamkeiten folgende Differenzen auf: (1) Ausgangspunkt für die Jodo-Bewegung sei die Frage nach einem leichteren Weg zum Heil; sodann (2) wisse man dort nichts von Gottes Heiligkeit und Zorn, des weiteren (3) fehle der Kampf um Gottes Ehre; allzusehr stehe (4) die Sehnsucht nach Erlösung als menschliches Wunschziel im Mittelpunkt. Doch nennt Karl Barth diese Elemente mit dem Ziel zu zeigen, daß gerade nicht in ihnen der entscheidende Unterschied liege: Nein, das Vorhandensein einer so nahen Parallele zum christlichen Glaubens- und Gnadenverständnis sei eine »geradezu providentielle Fügung«, weil der Vergleich »das mit relativ größter Dringlichkeit deutlich macht, daß zwischen Wahrheit und Lüge in den Religionen nur Eines entscheidet. Dieses Eine ist *der Name Jesus Christus.*«[13] Das klingt unangenehm, ja unerträglich triumphalistisch. Doch muß man genauer zusehen, wie Karl Barth das meint: Die »christlich-protestantische Gnadenreligion« sei nicht deswegen die wahre Religion, weil sie Gnadenreligion sei. Vielmehr zeige sich an diesem Beispiel, daß es nicht die christliche Religion als solche sein könne, »der die Wahrheit an sich zu eigen ist«.[14] Auch das Christentum wird also damit relativiert! Der Unterschied zwischen der christlichen und der nichtchristlichen Religion lasse sich allein in dem »Ereignis« nachweisen, daß es Jesus Christus »ge-

12. R. C. Zaehner 1964, 146 f.
13. KD I/2, 376.
14. KD I/2, 175. Vgl. Sh. Bando, Jesus Christus und Amida. Zu Karl Barths Verständnis des Buddhismus vom Reinen Land, in: S. Yagi u. U. Luz (Hg.), Gott in Japan, M 1973, 72-93, sowie H.-M. Barth, Die »Andere Kraft«, in: ders.; M. Pye (Hg.), Jodo Shinshu und Evangelische Theologie, H 2000, 194-205.

fällt«, sich zu dem Dienst seiner Kirche »zu bekennen und also im Bekenntnis und Zeugnis der Kirche sein eigener Bekenner und Zeuge zu sein.«[15] Eine Ungereimtheit bleibt freilich insofern, als der Name Jesus Christus ja eben nicht außerhalb der »christlichen Religion« vergegenwärtigt wird: Die »Heiden« mögen durchaus Strukturen einer Gnadenreligion kennen und sogar in ihnen leben, »ohne darum weniger Heiden, arme, gänzlich verlorene Heiden zu sein.«[16]

(c) Scheinbare Distanz und zu entdeckende Nähe

Ich möchte gern Karl Barths positive Einsicht festhalten, ohne die von ihm gesehenen negativen Implikationen zu übernehmen. Was fehlt den nichtchristlichen Entsprechungen zu dem, was im Christentum »Glaube« heißt? Offenbar eben dies, worauf christlicher Glaube in spezifischer, also in Alpha-Weise, sich bezieht. Bei einem Besuch in Japan war ich außerordentlich beeindruckt von der buddhistischen Spiritualität, die mir dort begegnete, von den Tempeln, Pagoden, Klöstern und einem »Garten des Nichts«. An einem Abend saß ich einem japanischen Christen bei Reiswein auf der Matte gegenüber und fragte etwas ratlos, was denn all dieser ausgeprägten Religiosität im Vergleich zum Christentum fehle. Da lachte mein Gesprächspartner und schlug sich mit der flachen Hand auf den Oberschenkel: Jesus fehlt! Im Prinzip überzeugt mich diese Antwort, wenn sie mich auch nicht zufriedenstellt. Das kontingente Ereignis des Lebens, Leidens und Sterbens Jesu, das das Bekenntnis zum auferstandenen Christus nach sich zog, ist in der Tat der zentrale Bezugspunkt für den christlichen »Glauben«. Nur von ihm her ist zu erfassen, was »Glaube« nach christlichem Verständnis meint. Das heißt aber zugleich: Glaube läßt sich ohne das Objekt, auf das er sich bezieht, nicht zureichend verstehen; der Begriff des Glaubens kann formal – beispielsweise als »Glaube, daß« oder als »Glaube an« – nicht zureichend bestimmt werden. In der Behauptung, der Muslim glaube an Allah, während ein Hindu an Shiva oder ein Christ an Jesus Christus glaube, ist der Begriff »Glaube« unzureichend gekennzeichnet, weil er, wie sich bei näherem Zusehen zeigt, dabei mindestens partiell äquivok gebraucht wird. Luthers Grundformel »... die zwei gehören zuhauf (zusammen), Glaube und Gott«[17] ist insofern präzise, als sie deutlich macht, daß sich mit seiner Adresse auch ein jeweiliger »Glaube« verändert. Weil Glaube von seinem Objekt her – theologisch: von seinem Subjekt her! – bestimmt wird, kann er gerade nicht (in einem positivistischen Sinn) »objektiv« beschrieben werden: Sein Objekt sprengt – jedenfalls nach seinem Selbstverständnis – die Reichweite »objektiven« Beschreibens und Definierens. Das Indefinite läßt sich nicht definieren,

---

15. KD I/2, 377.
16. KD I/2, 376; vgl. den gesamten Abschnitt KD I/2, 372-377, sowie M. v. Brück 1997, 193-197, sowie Chr. Langer-Kaneko, Das Reine Land, Leiden 1986, 124-130.
17. BSLK 560, 21 f. (Textfassung: H. G. Pöhlmann).

das Indefinite ist indefinibel! Das Objekt des Glaubens – nach christlicher Überzeugung in Wahrheit sein Subjekt, nämlich der dreieine Gott – hält gerade durch seine Nichtobjektivierbarkeit den Glauben dafür offen, sich nicht in einer fixierten Alpha-Gestalt abzuschließen – gegen andere Alpha-Glaubensverständnisse oder gegen Omega.

»Glaube« läßt sich aber in einem psychologischen Sinne sehr wohl subjektiv beschreiben, d. h. im Blick auf das, was er für das glaubende Subjekt bedeutet und austrägt. Man könnte sich bei der Suche nach einem Verständnis des Glaubens im christlichen Sinne und seiner außerchristlichen Entsprechungen natürlich auf die jeweiligen Auswirkungen für das menschliche Subjekt beziehen. John Hick hat vorgeschlagen, nach der »soteriologischen Effizienz« der verschiedenen (nachaxialen) Religionen zu fragen; allen gehe es schließlich in irgendeiner Weise um »Heil« bzw. »Erlösung«. Ein Problem dabei bleibt, daß »Heil« bzw. »Erlösung« jeweils im Zusammenhang der jeweiligen Bezugsinstanz und damit sehr unterschiedlich aufgefaßt wird. Glaube nach christlichem Verständnis – wie auch nach dem Selbstverständnis anderer Religionen – würde sich zudem gegen jede Funktionalisierung verwahren. Zweifellos hat er seine Auswirkungen – psychologisch, sozial, politisch –, aber er geht in diesen Funktionen keineswegs auf.

Doch unter diesem Vorbehalt kann nun noch einmal auf Karl Barth zurückverwiesen werden. Karl Barth wertet das Vorhandensein eines dem christlichen Ansatz sehr nahe verstandenen Glaubensverständnisses als »providentielle Fügung« zugunsten der »christlichen Religion« bzw. der Klarheit ihrer dogmatischen Reflexion. Er bedenkt nicht, daß die von ihm gepriesene Providenz die des dreieinen Gottes ist, die sich ja wohl auch auf die von ihm apostrophierten armen Heiden beziehen dürfte. Der Alpha-Glaube weiß den dreieinen Gott auch dort am Werk, wo dieser zwar nicht in einer entsprechenden Alpha-Sprache benannt, aber doch im Omega-Bereich geahnt wird.

(4) Alpha- und Omega-Glaube

(a) Omega-Glaube

1. Nach Ausweis menschlicher Erfahrung und einiger Andeutungen der Heiligen Schrift gibt es ein Vertrauen, das lebendig ist, ohne über seinen Grund Rechenschaft geben zu können, eine Liebe, die nicht einzelnem zugewandt ist, und eine Hoffnung, die sich als unbegründete Zuversicht verwirklicht. Paul Tillich hat mit seiner Rede vom »absoluten Glauben« in diese Richtung gewiesen, aber dabei nur die Situation der Anfechtung in den Blick genommen: Gerade wenn alle Stricke reißen, weiß ich mich dennoch unbegreiflicherweise gehalten. Gerade wenn ich auf jeden Halt verzichte, erfahre ich den Halt; gerade wenn ich jede

rationale oder sonst plausible Absicherung und somit in gewisser Weise »mich« verlasse, werde ich dessen gewahr, daß ich mich verlassen darf. Dann erfüllt mich absoluter Glaube. Ich kann aber offenbar auch in der Liebe alle einzelnen Objekte und eben auch mich verlassen; dann erfüllt mich wohl das, was Buddhisten unter »Barmherzigkeit« verstehen. Ebenso kann ich in der Hoffnung meine konkreten Belange vergessen und auch insofern mich selbst verlassen; ich erhoffe dann nicht mehr etwas, sondern »ich hoffe«. Die christliche Tradition spricht mit einem gewissen Pathos vom »Hoffen wider alle Hoffnung«.[18] Aber sie setzt sehr rasch und mit pseudologischen Argumenten dann als Begründung solchen Hoffens »ihren« Gott – im Sinne des Alpha-Glaubens – ein. Bei Luther begegnen erstaunliche Formulierungen darüber, daß der Mensch im Glauben auf das bloße Nichts reduziert werde[19], aber er selbst und vor allem seine Interpreten sind schnell dabei, dieses Nichts mit dem Hinweis auf die Angebote des Alpha-Glaubens wieder auszufüllen. In wohl allen Religionen werden mithilfe von Alpha-Aussagen auch Omega-Andeutungen gemacht.

2. Auch in der Heiligen Schrift sind Aussagen zu finden, die über den profilierten Alpha-Glauben hinausweisen: »Der Wind bläst, wo er will, und du hörst sein Sausen wohl; aber du weißt nicht, woher er kommt, und wohin er fährt. So ist es bei jedem, der aus dem Geist geboren ist« (Joh 3,8). Man kann diesen Satz sofort durch die ihn umgebenden Alpha-Aussagen relativieren. Aber man könnte auch versuchen, ihn als solchen zu hören. Ebenso scheint mir Paulus den Omega-Glauben zu streifen: »O welche eine Tiefe des Reichtums, beides, der Weisheit und der Erkenntnis Gottes ...« (Röm 11,33). Fällt sich der Apostel mit I Kor 2,10 sozusagen selbst ins Wort: »Uns aber hat es Gott offenbart durch seinen Geist; denn der Geist erforscht alle Dinge, auch die Tiefen der Gottheit«? Die Sendung des Paulus und des frühen Christentums überhaupt bezog sich zweifellos auf den Alpha-Glauben. Aber die »Mystik des Apostels Paulus« (A. Schweitzer)[20] mit ihrem Wissen um ein »Sein in Christus« drängt durchaus über den Alpha-Glauben hinaus (vgl. auch II Kor 12,2-4!). Ebenso enthält die hoffnungsvolle Rede vom »Reich Gottes«, wie sie bei den Synoptikern begegnet, ein den Alpha-Bereich transzendierendes Moment. Auffallend ist darüber hinaus, daß das johanneische Schrifttum über die konkrete Liebe hinaus ein »Sein/ Bleiben in der Liebe« kennt, das zwar konkret begründet ist und konkrete Auswirkungen hat und doch in konkreter Begründung bzw. Auswirkung offenbar nicht aufgeht. Schließlich denke ich, daß das alttestamentliche Bilderverbot im Sinne eines Verbots der Begrenzung auf den Alpha-Bereich zu verstehen ist. Die Bilder, die der »Glaube, daß« oder auch der »Glaube an« anbietet, sind einer-

---

18. Vgl. Röm 4,18.
19. »... ut isto modo humiliati (et) in nihilum redacti, salui fiant ...«, M. Luther, StA 3, 206,9.
20. A. Schweitzer, Die Mystik des Apostels Paulus. Mit einer Einführung von W. G. Kümmel, Tü 1981.

seits hilfreich und in gewisser Weise unverzichtbar, andererseits aber doch uneigentlich und unzureichend, eben nur Bilder. Es wäre verhängnisvoll, dies zu vergessen.

(b) Die Beziehung zwischen Alpha- und Omega-Glauben

1. In gewisser Weise ist es plausibel, wenn Paul Tillich gerade im Blick auf äußerste Konfliktsituationen vom »absoluten Glauben« spricht, in denen der dem Bewußtsein zuhandene Alpha-Glaube nicht mehr zu tragen scheint. Gerade etwa die Situation des Sterbens kann zum Verlust – oder zur Hingabe – des Alpha-Glaubens führen. Sollte man in diesem Zusammenhang überhaupt noch von »Glauben« sprechen können, so ginge es dabei um einen Glauben, der zu verstehen wäre als Verzichten auf alles und auf ein Hingeben von allem, auch von Halt, wie ihn der Alpha-Glaube vermittelt haben mag. Solche Situationen stellen sich aber nicht nur angesichts des physischen Todes ein, wenn sie dort auch auf spezifische Weise herausfordernd sein werden. In ihnen stößt der Alpha-Glaube einen Menschen in den Omega-Glauben hinein, ohne ihn noch weiter begleiten zu können. Was wird aus unserem Glauben, wenn wir zu schwach, zu müde oder zu sehr von Schmerzen geplagt sind, als daß wir ihn noch »denken« könnten? Gott, der den »artikulierten« (Alpha-) Glauben schenkt, vermag seine Nähe gewiss in einer Weise zu vermitteln, die keines Nachdenkens, ja nicht einmal des Bewusstseins mehr bedarf. In den Omega-Glauben wird der Alpha-Glaube eingeschmolzen, ohne als solcher noch erkennbar zu sein. Nun kommt es zum »vollkommenen Gottesdienst«, wie ihn das Sterben ermöglicht.[21] Alpha und Omega finden einander. Der »Christus incarnatus« erweist sich als der »Christus rediturus«. Aber was weiß ein Lebender vom Sterben! Nur denke ich, daß es solchen Zusammenschluß von Alpha und Omega schon bei manchem »Sterben« vor dem Sterben gibt. »Ich glaube; hilf meinem Unglauben!« (Mk 9,24). Der Alpha-Glaube ist immer unterwegs zum Omega-Glauben – und das heißt: zu seiner Auflösung und Erfüllung.

2. Alpha- und Omega-Glaube sind insofern grundsätzlich aufeinander verwiesen, als Alpha-Glaube sein Omega sucht und Omega-Glaube des Alpha-Glaubens bedarf, um wenigstens begrenzt artikulierbar zu werden.[22] Der Alpha-Glaube ermutigt den Glaubenden, sich zu verlassen – im doppelten Sinn des

---

21. »Das Sterben ermöglicht den vollkommenen Gottesdienst.« P. Althaus [8]1969, 413.
22. Darauf, daß auch artikulierter (Alpha-) Glaube sich nur metaphorisch und in indirekter Rede ausdrücken kann, verweist nachdrücklich D. Ritschl in: Ders., M. Hailer, Diesseits und jenseits der Worte. Grundkurs christliche Theologie, N-V 2007, 34: »Biblische, jüdische, christliche Sprache ist – weil wir sie ständig benutzen, merken wir es oft nicht mehr – uneigentliche, metaphorische Sprache.« Man benutzte Metaphern, »weil man das, was man sagen wollte, *anders nicht sagen konnte*!«Vgl. ebd. 370, 372-375. Leider ist Ritschl nicht an der Tatsache interessiert, daß es sich bei Glaubensaussagen nichtchristlicher Religionen nicht anders verhält.

Wortes. Der Omega-Glaube wiederum sucht sich im Alpha-Glauben zu vergegenwärtigen und wenigstens im Sinn des Apophatismus Artikulationsmöglichkeiten zu finden. Blank und ohne das Medium des Alpha-Glaubens kann er sich nicht zur Darstellung bringen, da Alpha und Omega aufeinander bezogen sind. Daß Omega auf Alpha bezogen und durch Alpha qualifiziert bleibt, läßt sich mit Alpha-Mitteln nicht verifizieren. Die Alpha-Sprache kann nur verweisen. Das Fehlen einer solchen Verifikationsmöglichkeit aber entspricht dem Charakter des liebenden und hoffenden gänzlichen Sich-Verlassens, wie es den Omega-Glauben ausmacht. Der Glaubende wird des christlichen Glaubens gewiß im Bekenntnis zu Gott (»Glaube an«) und zu Gottes Handeln (»Glaube, daß«). Dieser Glaube zielt auf ein radikales Sich-Verlassen eines Menschen in Hoffnung und Liebe. Solcher Glaube erkennt sich als das, was er ist, indem er es wagt, in seiner Gestalt verwundbar zu bleiben und sich preiszugeben.

(c) Die Bedeutung der Distinktion zwischen Alpha- und Omega-Glauben für die interreligiöse Begegnung

1. Die Distinktion zwischen Alpha- und Omega-Glauben ist für die Begegnung zwischen den Religionen von erheblicher Bedeutung. Omega-Glaube meint mehr als eine allgemeine Religiosität, die sich eben in unterschiedlichen Alpha-Gestalten ausdrückte. Religiosität und religiöse Intensität würden nach christlichem Verständnis vielmehr im Rahmen eines Alpha-Glaubens dem entsprechen, was die dogmatische Tradition als »fides, qua creditur«, als Glaubens-Haltung, bezeichnet. Omega-Glaube weist über eine solche an der »fides, quae creditur« – an einem Glaubensinhalt – orientierte Glaubenshaltung hinaus.

Omega-Glaube ist aber auch nicht der »absolute Glaube« im Tillichschen Sinne, der jede Konkretion hinter sich gelassen hat. Er kommt vielmehr vom Alpha-Glauben her, trägt seine spezifische Einfärbung, ist vom Verlust oder der Hingabe eines spezifischen Alpha-Glaubens gezeichnet. Der Omega-Glaube verwirklicht sich als ein Vertrauen, das gerade aus diesem – christlichen – Alpha-Glauben erwächst, ja ihm entwächst, wenn sich Glaube in seiner radikalen Hingabe nicht mehr auf seine Alpha-Begrenzungen beschränken läßt. Im Blick auf den Omega-Glauben ist der Alpha-Glaube nicht beliebig austauschbar.[23]

2. Was bedeutet dies für die Begegnung des christlichen Glaubens mit nichtchristlichen Religionen? Der Omega-Glaube ist nicht zu verwechseln mit einer religionsneutralen Mystik, auf die sich die Frommen aller Religionen einigen könnten. Jede Mystik ist gefärbt durch den Boden, aus dem sie sich nährt.[24] Sie ist von diesem Boden nicht ablösbar.

23. Vgl. H.-M. Barth, Alpha- und Omega-Glaube: Glaubensbewusstheit. Ein Beitrag zum christlich-buddhistischen Dialog, in: P. Neuner, P. Lüning (Hg.), Theologie im Dialog. FS für Harald Wagner, Münster 2004, 7-19.
24. R. Otto, West-östliche Mystik, Gü 1979, 194f.

3. Worin wird das Wissen um die Distinktion zwischen Alpha- und Omega-Glauben für die Begegnung mit anderen Religionen hilfreich?

1) Als Christ gehe ich von der Alpha-Gestalt meines Glaubens aus, in dem Wissen, daß sie begrenzt ist, sich wandeln kann und daß ihr ein Omega entspricht, auf das ich zugehe, über das ich jedoch nicht verfüge.

2) Aufgrund der Alpha-Gestalt meines Glaubens und der Ahnung ihres Omega öffne ich mich den Alpha-Aussagen fremder Religionen, lerne von ihnen, wo mir dies möglich, und grenze mich von ihnen ab, wo mir dies nötig erscheint.

3) Auch in den fremden Religionen begegnet mir die Ahnung eines Omega, das freilich deren eigenem Alpha entspricht und daher nicht schlichtweg mit dem meinem christlichen Glauben entsprechenden Omega identifiziert werden kann.

4) Da sich die in beiden Fällen intendierte Omega-Dimension des Glaubens der Begrifflichkeit entzieht, kann sich eine zwischen ihnen vermutete Beziehung nicht als solche ausweisen.

5) Somit ergeben sich zwei Relationsmöglichkeiten:

a) Die Beziehungen zwischen den Alpha-Gestalten der verschiedenen Religionen werden geklärt und fruchtbar gemacht; dies kann auf der Ebene des interreligiösen Dialogs geleistet werden.

b) Die Übergangszone zwischen Alpha- und Omega-Dimension eines Glaubensverständnisses wird untersucht; dies kann im Bereich spiritueller Kollusion versucht werden.

6) Christen und Christinnen werden dazu insofern besonders herausgefordert sein, als ihnen dazu spezifische Möglichkeiten anvertraut sind:

a) Sie sind bezogen auf das Alpha des Bekenntnisses zum dreieinen Gott und auf das Omega der eschatischen bildlosen Selbstvergegenwärtigung des dreieinen Gottes.

b) Sie bleiben der bildlosen eschatischen Selbstvergegenwärtigung Gottes gewiß, auch wenn deren Alpha-Gestalt sich verändert oder – im Extremfall – schwindet.

c) Sie sind daher in besonderer Weise frei, sich auf spirituelle Kollusion einzulassen.

d) Wo es dagegen zu spiritueller Konfrontation kommt, vermögen sie dies liebevoll zu ertragen und als Gelegenheit für ihr eigenes Glaubenszeugnis aufzufassen. Sie wissen darum, daß Gott auch unter Formen, die ihrer Überzeugung widersprechen, auf verborgene Weise sich vergegenwärtigen kann.

7) Die Übergangszone zwischen Alpha- und Omega-Glauben, in der spirituelle Kollusion oder Konfrontation sich vollzieht, liegt aus christlicher Sicht dort, wo die Begrenztheit der Alpha-Rede auf beiden Seiten in den Blick kommt und anerkannt wird. Jedenfalls werden Christen und Christinnen widersprechende Alpha-Rede einer ihnen fremden Religion hören und auf sie antworten im Respekt vor dem Geheimnis des ihnen verborgenen, aber von ihnen vorausgesetzten umfassenden heilvollen Wirkens Gottes. Sie werden zu entdecken ver-

suchen, wo auf beiden Seiten die Ahnung der Omega-Dimension in Trost und Zuversicht aufleuchtet. Schließlich liegt diese für die Begegnung von Religionen fruchtbare Zone dort, wo die befreienden und ermutigenden Auswirkungen von Alpha-und Omega-Glauben spürbar werden, und das heißt für den Bereich des christlichen Glaubens, aber nicht nur für ihn: in der Liebe.

D Thesen

1. Christlicher Glaube ist das aus Gottes Selbsterschließung erwachsende, den Menschen ganzheitlich erfassende Vertrauen, das sich in – anfechtbaren und immer wieder angefochtenen – Worten artikulieren kann und wird (»Alpha-Glaube«), darin aber nicht aufgeht (»Omega-Glaube«).

2. Christlicher Glaube erkennt strukturelle Gemeinsamkeiten mit nichtchristlichen Glaubensverständnissen:

Sie bestehen in der weltanschaulich-religiösen Ausrichtung auf Inhalte (Alpha-Glaube), in der Forderung von Konsequenzen des Glaubens und in der Ahnung eines Unaussprechlichen (Omega-Glaube).

Sie ignorieren oder als nur anthropologisch bzw. psychologisch relevante Gegebenheit interpretieren zu wollen, widerspräche dem christlichen Glauben, sofern dieser auch anthropologische Daten schöpfungstheologisch deutet.

3. Daneben gibt es komplementäre inhaltliche Entsprechungen:

Juden betonen die von ihrem Glauben geforderte Tat, Christen dagegen den Glauben, dem die Tat folgen werde. Christen könnten das Handeln als Weise des Hörens entdecken, Juden das Hören als Grund des Handelns hervorheben.

Muslime betonen die Aufgabe, dem Willen Gottes aktiv zu entsprechen, während in der Geschichte des christlichen Glaubens oft die passive Seite, den Willen Gottes hinzunehmen und zu erleiden, im Vordergrund stand. Beide Seiten könnten dementsprechend voneinander lernen.

Hindus streben nach einem Bewußtsein des Absoluten, ja nach absoluter Bewußtheit. Christen dagegen wollen die irdischen Konkretionen göttlichen Wirkens erfassen. Dies dürfte ihnen tiefer gelingen, wenn sie sich der Suche nach dem Absoluten öffnen, während sich für Hindus möglicherweise der Blick für das historisch Konkrete schärfen könnte.

In den meisten Richtungen des Buddhismus gilt Glaube nur als erster Schritt auf dem durch vielerlei Riten, Praxen und Stufen gekennzeichneten Weg zum – unverfügbar bleibenden – »Erwachen«. Buddhisten könnten stärker das bereits in dem so verstandenen Glauben enthaltene Licht bedenken. Christen könnten in der Begegnung mit ihnen stärker auf die Wachstums- und Erkenntnismöglichkeiten des Glaubens aufmerksam werden.

4. Das spezifische Profil des christlichen Glaubens, das an den strukturellen Gemeinsamkeiten mit nichtchristlichen Religionen und den komplementären Entsprechungen zu ihnen phänomenologisch nicht zureichend abgelesen werden kann, ergibt sich aus der Beziehung der Glaubenden zu dem in Jesus Christus durch den Heiligen Geist sich erschließenden dreieinen Gott. Dies impliziert im Alpha-Bereich die Überzeugung, daß sich Gottes Providenz auch auf nichtchristliche Religionen und deren Anhängerschaft bezieht. Es impliziert ebenso die Achtung des Bilderverbots, das sich aus dem trinitarischen Bekenntnis ergibt, und somit der Omega-Dimension, von der auch der Alpha-Bereich jeder Religion durchdrungen sein kann.

5. Das Wissen um die Unterscheidbarkeit von Alpha-Bereich und Omega-Dimension im christlichen Glauben wie in den nichtchristlichen Religionen verschafft dem interreligiösen Dialog spezifische Möglichkeiten und Aufgaben.

3 Die Begründung des Glaubens

3.1 Das Erwachen des Glaubens

A Die Entstehung des Glaubens nach christlichem Verständnis

Wie »kommt es« zum Glauben? Schon die Wortwahl ist schwierig: Soll man von »Entstehung« des Glaubens sprechen, obwohl dieser Begriff die Vorstellung eines aufgrund von einzelnen Faktoren sich vollziehenden Prozesses nahelegt? Das »Entstandene« erscheint dann als abgeschlossen. Gerade nach christlichem Selbstverständnis aber ist Glaube niemals abgeschlossen. Er ist in gewisser Weise immer im Entstehen, obgleich in der Theologie oft vollmundig von »dem Glauben« als einer gleichsam hypostatischen Größe gesprochen wird. Geht man psychologisch, religionspsychologisch oder religionsphänomenologisch vor, wird sich die Vorstellung eines »Entstehens« aufgrund von Faktoren als brauchbar erweisen. Will man aber theologisch urteilen, so ergibt sich das Problem, daß man von »Faktoren« sprechen muß, die das Konzept eines phänomenologisch verstandenen Faktors sprengen. Wählt man den von daher geeigneteren Begriff des »Erwachens«, lassen sich unter diesem Bild wiederum die einzelnen »Faktoren« nicht gut ins Spiel bringen. Also müssen wohl – im Bewußtsein ihrer jeweiligen Grenzen – beide Begriffe Verwendung finden.

Wie entsteht – in seiner Alpha-Gestalt und in seinem Omega-Gehalt – der Glaube an den dreieinen Gott? Im Sinne des Selbstverständnisses des christlichen Glaubens entsteht er dadurch, daß der Schöpfer die schöpfungsmäßigen Voraussetzungen bereitstellt, daß es zu einer Begegnung mit der Gestalt Jesu Christi kommt und daß der Heilige Geist die schöpfungsmäßigen Vorgegebenheiten, die ein bestimmter Mensch mitbringt, auf die Gestalt Jesu Christi in der Weise zu beziehen vermag, so daß sich für diesen Menschen relevante Orientierung und letzter Halt ergibt.

Wie vollzieht sich das? Es vollzieht sich durch existentielle Begegnung. Für die jüdisch-christliche Tradition sind Hören und Reden, Ruf und Antwort die entscheidenden Momente von Kommunikation. Der Glaube der Jünger Jesu entstand dadurch, daß sie seinen Ruf in die Nachfolge hörten und ihm Folge leisteten. Es war ein Glaube, der keineswegs ein für allemal gegeben war, sondern Zweifeln, Schwankungen und Mißverständnissen ausgesetzt blieb und daher immer neu in den Prozeß seiner Genese hineingeholt werden mußte. Glaube – das war die Erfahrung der zweiten Generation – entsteht durch das Hören des Zeugnisses von Jesus Christus (Röm 10,17), durch die Stimme der Zeugen (vgl. Act 1,8; Joh 17,20; Lk 10,16) und durch den Versuch, diesem Zeugnis und dieser Stimme zu entsprechen (vgl. Joh 7,17). Die sakramentale Vermittlung ist dabei kein zusätzlicher Erschließungsvorgang, der über das Wort hinausführte, sondern Ausdruck der Ganzheitlichkeit des Rufs und seiner Rezeption (siehe unten S. 579 ff.). Glaube wird »geweckt« (vgl. Jes 50,4); dem Nicht-Glaubenden gilt der Ruf: »Wach auf, der du schläfst, und steh auf von den Toten, so wird dich Christus erleuchten« (Eph 5,14).

Die Entstehung des Glaubens kann einerseits anthropologisch und andererseits theologisch reflektiert werden:

1. Im Blick auf die anthropologischen Voraussetzungen wären psychosomatische und soziokulturelle Implikationen zu diskutieren, so z. B. psychische Konstitutionsbedingungen, Sozialisationsfaktoren, biographische Entwicklungen. Religionsphilosophische Reflexionen könnten einbezogen werden, insbesondere auch Gesichtspunkte der Religionspsychologie.[1] Religionsgeschichtliche und religionsphänomenologische Einsichten zur Entstehung von Religion überhaupt und zu Rezeptionsvorgängen in nichtchristlichen Religionen wären zu bedenken.

a. Es ist offensichtlich, daß es für die Entstehung des Glaubens unterschiedliche psychische Konstitutionsbedingungen gibt, die auch einen somatischen Hintergrund haben dürften. Legt man das von Fritz Riemann[2] vorgeschlagene Typenmodell zugrunde, so zeigt sich, daß »zwanghafte« Menschen in anderer Weise zu glauben motiviert sind als »depressive«, »schizoide« anders als »hysterisch« gestimmte.

b. Im Laufe eines Lebens verändern sich die Zugangsweisen zum Glauben. Man braucht die Thesen von James Fowler[3] nicht im einzelnen zu übernehmen, aber der Blick in die Biographie-Forschung zeigt deutlich, daß ein junger Mensch sich aus anderen Gründen zum Glauben veranlaßt sehen wird als ein alter. Die biologische Entwicklung und die für eine Biographie wichtigen Ereignisse wirken auf dem Weg von einem synthetisch-konventionellen zu einem individuell reflektierten und später wohl auch zu einem universalisierenden Glauben zusammen. Geschlechtsspezifische Unterschiede stellen dabei noch einmal ein eigenes Thema dar.[4]

c. Auf die Rolle gesellschaftlicher Verhältnisse hat besonders die Religionskritik immer wieder hingewiesen. Karl Marx hat die Religion interpretiert als »Seufzer der bedrängten Kreatur« als »Opium des Volks«.[5] Ist der leidende Mensch

---

1. Vgl. A. Vergote, Religionspsychologie, Olten 1970.
2. Fr. Riemann, Grundformen der Angst, ⁶1971.
3. J. Fowler, Stufen des Glaubens. Die Psychologie der menschlichen Entwicklung und die Suche nach Sinn, Gü 1991.
4. Vgl. Chr. Mulack, Art. Frauen, in: E. Gössman u. a. (Hg.), Wörterbuch der Religionspsychologie, Gü 1993, 98-110 (Lit.!).
5. Karl Marx/Friedrich Engels. Studienausgabe in 4 Bänden. Hg. von I. Fetscher, Bd. I, 17.

leichter auf »Glauben« hin ansprechbar als der glückliche, der kranke leichter als der gesunde (vgl. Mk 2,17!)? Ich bezweifle das, muß aber zugeben, daß hier jedenfalls unterschiedliche Voraussetzungen für die Entstehung von Glauben vorliegen.

2. Im Blick auf die theologische Begründung sieht das traditionelle dogmatische System die Erläuterung folgender Themen vor: Gottes Offenbarung als Grund des Glaubens, die Heilige Schrift als authentisches Zeugnis von Gottes Offenbarung und damit als Quelle und Norm von Theologie, ferner die in den christlichen Konfessionen kontrovers verstandene Bedeutung von Dogma und Bekenntnis.

Die herkömmliche Theologie[6] versucht, sich zuerst Rechenschaft über ihr Selbstverständnis und ihre Methodologie zu geben, dann ihren Ausgangspunkt und ihre Basis zu beschreiben und schließlich Kriterien dafür zu entwickeln, wie von dieser Basis aus vorzugehen ist. Doch diese Beschreibung des »Fundaments« ist selbst eine Glaubensaussage; die Berufung auf Offenbarung und Heilige Schrift nützt nur demjenigen, der die genannten Autoritäten seinerseits bereits als Autoritäten anerkennt.[7] Woher aber kommt dieser »anerkennde Glaube«? Darüber muß zuerst gesprochen werden. Er kommt – nach christlichem Selbstverständnis – aus dem »Hören«. Er entsteht im Wechselspiel von Hören und Reden, von Reden und Hören, in einem »Wort-Antwort-Prozeß«[8]. Wort führt zu Antwort, die ihrerseits wieder Wort wird und neue Antwort auslöst. Das Wort des einen ruft die Antwort des anderen hervor, die als neues Wort erneut Antworten provoziert. Wort wird Antwort, Antwort wird Wort. Christlicher Glaube versteht dies nicht als einen allgemeinen Kommunikationsvorgang mit den bekannten Möglichkeiten und Gefährdungen, sondern als die Wirkungsweise des Wortes Gottes unter den Menschen, die es annehmen. Wodurch ist dieser Prozeß ausgelöst? Urform des bewußten Hörens von Gott ist das Hören auf Gott, nicht die bloße Rezeption von Information, sondern das existentielle Angesprochensein, wie es sich einerseits in der Verkündigung, andererseits im Gebet vollzieht. Urform christlichen Redens von Gott und somit der Antwort auf das Gehörte ist einerseits das Gebet, andererseits das Bekenntnis und das Zeugnis gegenüber anderen. Die Urformen des Redens von Gott und des Hörens und Antwortens auf ihn, die einander entsprechen, sind in den Liturgien der christlichen Kirchen bewahrt. Insofern ist auch das Sakrament Teil des Wortgeschehens zwischen Gott und Mensch. Aus der Liturgie des gemeinsamen Hörens und Redens, des kontemplativen und des lobpreisenden Betens wie des Bekennens und Bezeugens erwachsen die Möglichkeiten

---

6. Vgl. H. G. Pöhlmann ⁵1990, Kap. I-III.
7. Glaube bedeutet »zunächst schlicht den Akt der Anerkennung der den Menschen angehenden Wirklichkeit Gottes in Gestalt bestimmter, aus Gottes Offenbarung gewonnener Erkenntnisse.« K. Barth, Credo, M ²1935, 5 f.
8. Vgl. H.-M. Barth, Theorie des Redens von Gott, Gö 1972.

objektivierenden Redens davon, was »Gott« »den Menschen« zu sagen hat. Insofern gründet alle Theologie in der Liturgie. Mit Recht wird daher persönlich authentisches Reden von Gott und zu Gott von einer merkwürdigen Scheu begleitet, die im einzelnen psychologische Gründe haben mag, aber auch theologisch gerechtfertigt ist.

(1) Die Scheu, von Gott zu reden und zu hören

Gerade Glaubenden ist bewußt, daß sie nicht angemessen von Gott reden können und daß alles, was sie von Gott sagen oder auch hören, nur uneigentliche Rede von Gott ist.

Natürlich ist es – äußerlich betrachtet – nicht unmöglich, von Gott zu reden. Das Wort »Gott« ist – noch immer – selbstverständlicher Bestandteil wohl aller Sprachen, wenn dabei auch sehr Unterschiedliches gemeint wird. Ausgehend vom christlichen Glauben könnte ich auch sagen: In gewisser Weise reden Menschen immer von Gott, wenn sie von ihren tiefsten Hoffnungen und Ängsten sprechen, selbst wenn der Begriff »Gott« dabei gar nicht auftaucht. Offensichtlich redet natürlich nicht jeder Mensch jederzeit ausdrücklich von dem Gott Jesu Christi. Wenn es der Gott Jesu Christi ist, der alle Wirklichkeit bestimmt und trägt, dann ist aber von ihm die Rede, auch wenn es den von ihm Redenden nicht bewußt wird.

Das Pathos der Behauptung des frühen Karl Barth, daß wir von Gott reden »sollen«, es aber nicht »können«, ist mir fremd.[9] Die Frage scheint mir nicht, ob wir von Gott sprechen oder nicht, sondern wie wir von ihm sprechen und ob wir das sachgemäß tun. Nur in diesem Sinn wird Karl Barths Anliegen verständlich: »Sachgemäß«, in einer ihm wirklich entsprechenden Weise können wir nicht von Gott reden, und auch das bloße Schweigen scheint mir keineswegs sachgemäß. Zugleich gibt es offensichtlich unterschiedliche Varianten und Grade (aber auch vermeidbare Weisen) von Unsachgemäßheit. Zu den vermeidbaren Weisen der Unsachgemäßheit würde gehören,
– daß ich »über« Gott spreche im Sinne der von Bultmann in seinem berühmten Aufsatz »Welchen Sinn hat es, von Gott zu reden?«[10] angeprangerten objektivierenden Weise,
– daß ich allein und in einer lediglich auf mich bezogenen, subjektivierenden Weise spreche, wie man sie dem Liberalismus (und völlig unbegründet seitens der römisch-katholischen Theologie fälschlicherweise auch Luther) vorgeworfen hat,

---

9. K. Barth, Das Wort Gottes und die Theologie, M 1924, 158.
10. R. Bultmann, GuV I, 26-37.

– daß ich von Gott rede (oder schweige), ohne mein Handeln damit in Zusammenhang zu bringen,
– daß ich rede, ohne aufmerksam zu hören, wobei allerdings nicht nur an das Wort der Bibel oder der Kirche zu denken ist.

Daß viele Menschen eine Scheu haben, von Gott zu »hören« und zu »reden«, könnte mit einer Ahnung von dieser vierfachen Unsachgemäßheit zu tun haben. Möglicherweise scheuen sie ein unangemessenes, vollmundiges Objektivieren, ein rein subjektives, ich-bezogenes und dezisionistisches Reden, fixierte und fixierende dogmatische Vorgaben sowie schließlich auch die gegebenenfalls aus dem Hören sich ergebende ethische Verpflichtung.

(2) Urform christlich verstandenen Redens von Gott: per Du

Im Blick auf Gott kann nach christlichem Verständnis beides angebracht sein: einerseits zu schweigen, andererseits »per Du«, »per ich« und »per wir« zu sprechen.

Wenn Gott als die alles und somit auch den Menschen tragende, bestimmende und zum Ziel bringende Wirklichkeit verstanden werden darf, muß die objektivierende Rede über ihn eine unsachgemäße, ja lästerliche Form der Distanzierung darstellen. Sachgemäße Rede von Gott, soweit von »Sachgemäßheit« hier überhaupt sinnvoll gesprochen werden kann, ist dann aber die Rede *zu* Gott, die in irgendeiner Weise aus der Beziehung zu ihm kommende und in Beziehung mit ihm erwachsende Rede: das Gebet.[11] In objektivierender Distanz kann ich über die »Rede zu Gott« reden, mit religionswissenschaftlicher Akribie ein religiöses Phänomen beschreiben. Als Theologe werde ich dies zwar ebenfalls versuchen, aber zugleich mir dessen bewußt sein, daß eben diese Ebene aufgebrochen wird durch das, was auf ihr erscheint.

Beten muß sich nicht explizit »per Du« äußern; es gibt sicherlich viele Weisen des Gewahrseins der schöpferischen, bestimmenden und ins Ziel bringenden Beziehung Gottes zu allem Seienden. Rudolf Otto hat in diesem Zusammenhang von »religiösen Urlauten« gesprochen, wie sie in vielen Religionen begegnen[12], von Lauten des Erschrocken-Seins, des Staunens, des überwältigten Stöhnens. Ekstatische Ausrufe und Stöhnlaute, wie sie in den Gottesdiensten etwa nordamerikanischer schwarzer Christen selbstverständlich sind, mögen dies illustrieren. Sofern der Mensch nicht nur in seinem Bewußtsein, sondern

---

11. Dies betont auf spezifische Weise G. Ebeling 1979 I, §§ 8-10.
12. R. Otto, Urlaute und Urtermini des sensus numinis, in: ders., Das Gefühl des Überweltlichen, M 1932, 203 ff. Fr. Heiler, EWR 307, nennt das »hu« in »Allah hu«, das hebräische »has« und die weitverbreitete »heilige Silbe Om«.

auch in der Lebendigkeit seiner Zellen und Gewebe, »im Bauch«, lebt, steht er zu seinem Gott – seinem Schöpfer! – auch in Beziehungen, die sich nicht auf seine ihm bewußte Personalität begrenzen lassen.

Die christliche Tradition hat aber immer besonders darauf insistiert, daß der Glaubende die Beziehung zu Gott wesentlich »per Du« erfahren und aussprechen darf. Wenn Gott alles bestimmt, trägt und erfüllt, dann kann die Personalität des Menschen gewiß davon nicht ausgeschlossen werden. Auch für vor- und außerchristliche Religionen mag dies insofern selbstverständlich sein, als der ganzheitlich verstandene Mensch im Rahmen von kultischen oder magischen Praktiken zu Gottheiten oder göttlichen Mächten Beziehung aufzunehmen versucht. Insofern ist die in irgendeiner Weise Beziehung aufnehmende, auf Beziehung antwortende Reaktion auch außerhalb des Christentums Urform des »Redens von Gott«. Christlicher Glaube aber ist zu dieser Urform eines expliziten »per Du« in besonderer Weise dadurch herausgefordert, daß er sich aufgrund des personal konzipierten alttestamentlichen Gottesbegriffs und dann vor allem im Blick auf die personale Gottesbeziehung Jesu zum »Vater« dazu ermächtigt und gewiesen weiß.

Nun kann man gegen den Ansatz aller Rede von Gott in der Gottesbeziehung einwenden, es lasse sich ja zum Beispiel – und durchaus sinnvoll – von Liebe reden, auch ohne daß man verliebt ist. Zwar rede der Liebende anders von seiner Liebe als der nur über sie Reflektierende, aber es bekomme gerade dem Liebenden vielleicht sehr, wenn er etwas Abstand gewinne und über seine Liebe auch in einiger distanzierter Reflexion nachdenke. Das ist sicher richtig – aber gerade diese Distanz gibt es im Blick auf Gott nicht: Gott ist zu nahe. Er ist von außen und von innen her dem Redenden gegenwärtig, dessen Rede daher um so sachgemäßer sein wird, je klarer er das Bewußtsein um die Gegenwärtigkeit Gottes in sein Reden einbezieht. Innerhalb des Christentums scheint mir die ostkirchliche Orthodoxie dieser Tatsache am meisten zu entsprechen. Sie kennt zwar bis zu einem gewissen Grade auch die reflektierende Theologie, aber die Urform christlicher Rede von Gott ist für sie die Liturgie, der Lobpreis, der aufsteigt zu Gott. Die Reformation hat die Urform christlichen Redens von Gott im Bekenntnis, im Zeugnis und in der wirkmächtigen Predigt gesehen – vor dem »Du« Gottes, der sich »per Du« an jeden einzelnen Menschen wendet.

Welchen Sinn hat, so gesehen, dann überhaupt theologische Reflexion, die sich nicht als Gebet artikuliert? Sie hat einen sekundären und nur begrenzten Stellenwert – begrenzt auf die Reichweite eines rationalen Bewußtseins, das sich zu sich selbst und seinen eingeschränkten Möglichkeiten bekennt. In diesem Rahmen kann es der Klärung und Vergewisserung dienen, Differenzierungen vornehmen und Mißverständnisse abweisen. Zu dem von Gott angesprochenen »Du« gehört auch die Ratio – als ein konstitutives Element unter anderen, das nicht isoliert werden darf, wenn an der Ganzheitlichkeit des von Gott redenden und auf ihn hörenden Menschen festgehalten werden soll.

(3) Urform christlich verstandenen Hörens auf Gott: Hier bin ich!

Der Urform christlichen Redens von Gott »per Du« entspricht diejenige christlichen Hörens auf Gott: »Hier bin ich«. Die dogmatische Tradition sagt, daß ich auf »Gottes Wort« zu hören habe, wenn ich sachgemäß von Gott reden möchte. Sie schärft mir Kriterien ein, worauf ich hören soll und worauf nicht; auf anderes als auf Gottes Wort zu hören, gilt dann als »gefährlich«. Gefährlich für wen? Offenbar für den, der mir die Kriterien einschärft – für eine bestimmte Kirche, für Repräsentanten einer bestimmten theologischen Tradition. »Mein Sohn, wenn dich die bösen Buben locken, so folge nicht!« (Prov 1,10).

Worauf höre ich aber – empirisch gesehen – tatsächlich, wenn ich auf Gott höre und dann auch von ihm rede?

Zunächst wohl einfach auf die Stimmen, die mir von Kindheit an vertraut sind – »Elternbotschaften«, im Sinne der Transaktionsanalyse internalisierte Axiome normgebender Instanzen, Stimmen des nährenden oder strafenden Eltern-Ichs, wohl auch Stimmen des begehrenden, fordernden Kindheits-Ichs.[13] Diese Stimmen mögen sich ausdifferenziert oder im Zuge der Herausbildung des Erwachsenen-Ichs geordnet haben. Die Autorität der Heiligen Schrift ist, soweit sie überhaupt als relevant wahrgenommen wird, eine im Rahmen der genannten Autoritäten vermittelte Autorität. Daß sie dann doch als eine Autorität erfahren werden kann, die über den Anspruch der Autoritäten, die sie vermittelt haben, hinausgeht, ist eine andere Frage. Jedenfalls aber wird die Stimme, auf die ich höre, wenn ich zu Gott oder von Gott rede, immer auch im Kontext dieser Stimmen bleiben und nie isoliert zu hören sein. »Rein« und »voll« trifft mich diese Stimme gerade nicht in isolierender Konzentration zum Beispiel auf ein Bibelwort, sondern in offener, integrierender, das Bibelwort in seinem und meinem Kontext wahrnehmender Rezeption (siehe unten 8.2.2).

Zur Urform des Hörens gehört sodann, daß ich auf »mich« höre in dem Bemühen zu erkennen, wie »ich« reagiere auf die Stimmen, die mir begegnen – in Gestalt der Elternbotschaften, der Herausforderungen durch Mitmenschen und Ereignisse, auch in Gestalt eines konkreten Zeugnisses wie der Heiligen Schrift. Insofern kommt der Glaube »aus dem Hören« (Röm 10,17). Dies ist die Keimzelle des christlichen Glaubens. Ich in meiner durch Konstitution und Sozialisation geformten bzw. sich formenden Identität begegne der fremden und mich zugleich »an-gehenden« Botschaft von Jesus als dem Christus. Wenn ich mich ihr tatsächlich nicht entziehe, kann ich das mit Gründen nur unzureichend erklären; die Hinweise auf Konstitution oder Sozialisation reichen nicht

---

13. Vgl. L. Schlegel, Die Transaktionale Analyse nach Eric Berne und seinen Schülern, M 1979, sowie M. James, L. Savary, Befreites Leben. Transaktionsanalyse und religiöse Erfahrung, M 1977.

aus. Die christliche Tradition redet daher vom unverfügbaren Wirken des Heiligen Geistes. Darin, daß sich in dieser »Erklärung« die trinitarische Grundstruktur christlichen Denkens spiegelt, läßt sich, jedenfalls systemimmanent, eine Bestätigung für ihre Stimmigkeit erkennen.

Zur Urform des »Hörens« gehört also nach christlichem Verständnis offensichtlich das Subjekt, das hier individuell und personal verstanden wird. Im Hören gewinnt das Subjekt geradezu seine Identität. Innerhalb des Christentums hat besonders der Protestantismus sich zum Anwalt dieses Ansatzes gemacht. Im Angerufen-Werden erkenne ich als den Angerufenen mich selbst – im Gegenüber zu Ruf und Rufendem. Im Angerufen-Sein erfasse ich, daß ich da bin und wozu ich da bin. Der Protestantismus votiert daher für Intensität und Extensität der Verkündigung und für eine Kultur des Hörens.

Indem er aber den Hör-Akt nur mehr auf die biblische Botschaft und meist nur wenig auf deren Kontext, nämlich die Stimmen der »Eltern«, des »Kindes«, der Konstitution und der Sozialisation zu beziehen versteht, ist er verarmt. Der Grundsatz »Identitätsfindung durch das Wort« ist unaufhebbar. Aber er ist, will er sich nicht selbst verlieren, zu ergänzen durch ein »Hören«, das auch transpersonale Momente einbezieht, wie sie z. B. in Hinduismus und Buddhismus artikuliert werden. Auch die Relativierung des Ich, wie sie sich angesichts der in den Stammesreligionen vertretenen Auffassung oder auch angesichts säkularen Desinteresses nahelegt, gehört in den hier notwendigen Lernprozeß.

Mit diesen Behauptungen scheint eine Grundthese der Reformation verraten: die »Heilige Schrift allein!« Aber die »Heilige Schrift allein« gibt es nicht, das zeigen bereits die in ihr enthaltenen vielfältigen Übernahmen aus anderen Religionen; das zeigt ebenso ihre überreiche Wirkungs- und Rezeptionsgeschichte. Die Heilige Schrift kann auch deswegen »allein« nicht gehört werden, weil allzuviele Stimmen in uns zu Gehör kommen, längst ehe wir der »Heiligen Schrift« begegnet sind, und weil wir sie immer gleichzeitig und in Auseinandersetzung mit anderen Stimmen hören. Die »Heilige Schrift allein« – das ist eine Kampfformel, die diese Auseinandersetzung nicht etwa abblockt, sondern geradezu einschärft. Schon in der Reformation konnte die Heilige Schrift nicht nur als Traditionen ausschließendes, sondern auch als Traditionen einschließendes Kriterium geltend gemacht werden; man erinnere sich Luthers Argumentation für die Beibehaltung der Kindertaufe, für die sich ja in der biblischen Tradition keine klaren Belege finden lassen (siehe unten S. 614 f.)!

Es kann also nicht darum gehen, auf eine Auswahl bestimmter Stimmen zu hören und andere nicht an sich heranzulassen. Die Urform christlich verstandenen Hörens besteht vielmehr darin, das Zeugnis von dem Gott Jesu Christi in Auseinandersetzung mit allen jeweils hörbaren Stimmen aufzunehmen und dabei sich selbst zu bejahen mit dem Bekenntnis: »Hier bin ich!« Es ist christliche, ja schon im Alten Testament dokumentierte Erfahrung, daß dieses Bekenntnis weiterführt zu der Bitte: »Rede, denn dein Knecht hört!« (I Sam 3,10).

B Antwortversuche nichtchristlicher Religionen

In vielen nichtchristlichen Religionen gibt man sich keine Rechenschaft darüber, wie denn die speziell in ihnen lebendige Beziehung zum Göttlichen entstehen mag. Die Antworten, die sich dem Beobachter nahelegen, überschneiden sich jedoch so stark, daß man sie leichter nach Typen darstellen kann als durch die Charakterisierung der einzelnen religiösen Ansätze.

(1) Die Rolle der Sozialisation

Es ist ein spezifisch jüdisch-christliches Erbe – durch den Protestantismus dann noch einmal pointiert –, den Glauben als eine Beziehung des einzelnen zu Gott zu verstehen. Für das Empfinden vieler nichtchristlicher Religionen steht jedoch die Gemeinschaft im Vordergrund; in sie wird man hineingeboren. Das gilt natürlich für die Stammesreligionen; sofern es im Christentum ähnlich ist, droht auch der christliche Glaube – vordergründig gesehen – zu einer Art Stammesreligion zu werden. Es gilt aber ebenso beispielsweise für die hinduistischen Traditionen. Mich beeindruckt, daß es dort weder Religionsunterricht noch eine geordnete Verkündigung gibt, keine Instanz, die sich um die Verbreitung und Erhaltung religiöser Inhalte kümmert – und doch lebt die hinduistische Religiosität seit Jahrtausenden in immer neu sich regenerierender Vitalität. Aber auch im Buddhismus, im Islam und im Judentum und natürlich ebenso im Christentum spielt die Sozialisation eine selbstverständliche Rolle, die aus der Frage nach der Entstehung von Glauben nicht wegzudenken ist. Im Islam wird das Kind eines muslimischen Vaters automatisch als Muslim bzw. Muslima betrachtet; es ist dementsprechend mit der islamischen Religion vertraut zu machen. Der Erwachsene kann sie nur unter Androhung schwerster Strafen verlassen; in manchen islamisch geprägten Regionen riskiert er sein Leben. Im Christentum werden unmündige Kinder getauft – die darauf folgende Sozialisation ist unter den gegenwärtigen Bedingungen höchst problematisch und jedenfalls ambivalent.

(2) Religiöse Praxis

Mit der religiösen Sozialisation ist in der Regel die Einübung in eine bestimmte religiöse Praxis verbunden: die Teilnahme an Riten und Festen, insbesondere an Initiationen. Dazu kommen asketische Erfahrungen.

a. Die Einübung in Riten, Bräuche und Praktiken realisiert sich im gemeinsamen oder individuellen Vollzug, setzt aber oft eine Initiation voraus.

b. Zur Vorbereitung der Initiation werden die Initianden mit der Tradition, die sie sich aneignen sollen, vertraut gemacht. Die Initiation selbst stellt ggf. einen psychosomatischen Schock dar, der die Initianden mit sich selbst und dem Göttlichen konfrontiert. Oft ist die Initiation mit der Beschneidung verbunden: »Sie stellt eine echte Weihe zum Leben dar. Der Ritus um lebensspendende Organe will die jungen Menschen Gott als Quelle und den Ahnen als Vermittlern des Lebens weihen.«[14] Daß diese Interpretation nach heutigem Verständnis – gerade im Blick auf Frauen – mit elementaren Menschenrechten kollidiert, soll hier nicht weiter verfolgt werden.

c. Die Askese hat eigene Möglichkeiten, eine Gottesbeziehung auf eine bestimmte Weise zu erfassen oder zu gestalten. Der Verzicht auf Nahrungsmittel (oder auch auf Rauschmittel) dient als ein das Leben begleitendes Memento, das auf die tatsächlich gegebene Möglichkeit von Unabhängigkeit und Autonomie aufmerksam machen kann. Verzicht auf Gemeinschaft verweist einen Menschen auf sich selbst, auf die Triebe und Strebungen, die in ihm sind. Sexuelle Askese konfrontiert mit der eigenen Unruhe und Sehnsucht, die dann religiös gestillt werden soll.

(3) Missionarische Verkündigung

Das Wort wird besonders in Judentum, Christentum und Islam als wesentliches Medium für die Vermittlung des Glaubens verstanden. Dabei zeigen sich jedoch charakteristische Unterschiede.

a. Im Judentum ist es das Wort, das die Erinnerung an Gottes Geschichtshandeln, nämlich das »Gedenken«[15], ermöglicht. Die Präsenz des Wortes lädt dazu ein, es meditativ zu reflektieren (vgl. Ps 1, Ps 119) oder durch Rezitation und Interpretation zu vergegenwärtigen: »... die Mühe ... um die Tora schafft Nutzen«[16]. Jede Generation soll die Geltung des Wortes Gottes für sich neu entdecken: »Von Geschlecht zu Geschlecht ist jedermann verpflichtet, sich so anzusehen, als ob er selbst aus Ägypten gezogen wäre; denn es heißt (Ex 13,8): Erzähle

---

14. A. Quack, Art. Beschneidung, in: LR 50 f.; vgl. auch H. Wißmann, Art. Beschneidung, in: TRE 5, 714-716.
15. Vgl. W. Schottroff, Art. zkr Gedenken, in: THAT I, 507-518.
16. Zitiert nach LRG 1143.

deinem Sohn ...«[17] Trotz einiger Versuche missionarischer Expansion[18] hat sich die Verkündigung im Judentum weitgehend auf die Weitergabe der Tradition innerhalb des eigenen Volkszusammenhangs konzentriert.[19]

b. Im Islam ist es weniger die Erinnerung an Geschehenes als die Geltung der göttlichen Offenbarung und Rechtleitung, die bei der Koran-Rezitation gewürdigt wird. Hier kann man der Gegenwärtigkeit und Macht Allahs unmittelbar innewerden. Der auf arabisch vorgetragenen Koran-Rezitation wird eine heilsame Wirkung auch auf diejenigen zugeschrieben, die den Wortlaut nicht zu verstehen vermögen. Daneben gibt es im Islam die Erwartung, daß das islamische Glaubensbekenntnis – in seinem Wortlaut und in umschreibender Auslegung – Ungläubige zum Glauben führen kann. Die religiöse Unterweisung der Kinder – etwa in Koran-Schulen – spielt daher eine wichtige Rolle. Mission durch das Wort (und das Beispiel) ist hier eine jedem Gläubigen aufgetragene Selbstverständlichkeit.

(4) Eigene Einsicht

Im Buddhismus kommt der Lehrverkündigung eher die Funktion einer Initialzündung zu. Das Wort – etwa des Zen-Meisters (Koan!) – kann auf dem Buddhaweg begleiten, jedoch nur ein Stück weit. Was im eigentlichen Sinne die Beziehung zum Umgreifenden schafft (die zugleich als Nicht-Beziehung verstanden wird), ist die im Buddha-Anhänger Platz greifende Einsicht in die Vier Edlen Wahrheiten, wie sie Buddha gelehrt hat – in die Wahrheit 1. vom Leiden, 2. von der Entstehung des Leidens, 3. von der Aufhebung des Leidens, 4. vom Weg, der zur Aufhebung des Leidens führt. Der Zugang zu diesen Wahrheiten kann durch die kontemplative Betrachtung von Vergänglichkeitsprozessen gefunden werden, wie sie sich an Leichen vollziehen, oder an Exkrementen anschaulich werden.[20] Lehre wie Kontemplation zielen auf die eigene Einsicht des Menschen.

17. Zitiert nach LRG 1142.
18. Von Leo Baeck ³1985, 77 ff., wird die Mission des Judentums positiv gewürdigt.
19. LRG 700 ff.
20. Fr. Heiler, RdM 178 ff.

C Das Erwachen christlichen Glaubens unter interreligiöser Perspektive

Macht man sich klar, wie nach Auffassung und Praxis nichtchristlicher Religionen eine lebendige Beziehung zum Göttlichen entsteht, so fällt im Vergleich zum Christentum vor allem zweierlei auf: Bewußte Beziehung zu »Gott«/zum »Göttlichen« entsteht innerhalb von Gemeinschaft und durch ganzheitliche Vermittlung. Im Christentum, im Protestantismus zumal, sind diese beiden Gesichtspunkte oft vernachlässigt worden.

(1) Auf Gott hören und von ihm reden – in Gemeinschaft

In fast allen nichtchristlichen Religionen gilt in irgendeiner Form Gemeinschaft als Voraussetzung für das Erwachen von Glauben. Daran muß sich vor allem die evangelische Dogmatik wieder erinnern lassen.

Niemand kann »allein«, von anderen Menschen isoliert, auf Gott hören. Immer sind andere präsent – Menschen, die solche Versuche, auf Gott zu hören, abwegig finden, andere, die gern etwas von Gott zu hören bekämen, und wieder andere, die meinen, von Gott etwas vernommen zu haben und von ihm reden zu können. Christlicher Glaube braucht keiner dieser Gruppen auszuweichen. In seinem Entstehungsprozeß wirken Pro- und Contra-Stimmen zusammen. Wenn zum Glauben nach christlichem Verständnis die Skepsis gehört, die ihn hinterfragt, und die Anfechtung, die ihn der Bewährung aussetzt, kann das nicht anders sein. Gleichwohl ist für sein Erwachen das Zeugnis von Glaubenden und damit auch ihre Gemeinschaft konstitutiv.

a. Die Primärgruppe, Mutter und Vater, haben hier eine spezifische Funktion, natürlich auch non-verbal, und zwar positiv ebenso wie negativ.[21] Der erwachsene Glaubende (oder Nicht-Glaubende) wird sich, wenn er »hören« will, damit auseinanderzusetzen haben.

b. Die Gemeinde, die Kirche, die eigene Konfession kann hier fruchtbar werden, wenn sie Erfahrungen und nicht nur Theorien vermittelt, wenn sie ein Forum darstellt, in dem Erfahrungen ausgetauscht, Zweifel angesprochen, unterschiedliche Hör-Resultate zueinander in Relation gesetzt werden. Dieses Anliegen bestimmt den Ansatz der reformatorischen Idee des allgemeinen, gegenseitigen

---

21. »Psychologisch gesehen ist die ›Geburt des Gottesglaubens‹ in der Kindheit erstens ein *zwischenmenschliches* Geschehen.« K. E. Nipkow, Erwachsen werden ohne Gott? Gotteserfahrung im Lebenslauf, M 1987, 22; vgl. 22 ff.

und gemeinsamen Priestertums der Glaubenden.[22] Ein Christ wird dem anderen zum Zeugen, zum Priester, zum Propheten. Auch der theologische Gegner, der mein Verständnis des Glaubens »verheerend« findet, muß einbezogen werden. Zu hören wäre aber ebenso auf die unterschiedlichen Wahrnehmungen und Optionen der Weltchristenheit, im Blick nicht nur auf die unterschiedlichen konfessionellen Standpunkte, sondern auch auf regional bedingte politische, kulturelle, wirtschaftliche Faktoren. Deswegen ist das ökumenische Gespräch für die Entstehung eines sich nicht selbst reduzierenden Glaubens unverzichtbar.

Eine Gruppe, eine Gemeinde oder eine Kirche kann aber nur dann Glauben wecken oder zum Wachstum von Glauben beitragen, wenn in ihr wirklich von Gott – nach christlichem Verständnis von dem dreieinen Gott – geredet wird, wie er sich in der Heiligen Schrift bezeugt. Es ist die Erfahrung der Reformation, daß dies keineswegs selbstverständlich ist. Auch eine Kirche kann sich in manchen ihrer Aussagen verirren. Es muß immer wieder neu nach der »sachgemäßen« Rede von Gott gefragt werden. Um sich dessen zu vergewissern, daß es in ihr um authentisches christliches Bekenntnis geht, hat eine Gemeinde – ebenso wie eine einzelne Kirche oder die gesamte Christenheit – keine anderen Hilfsmittel als den Dialog selbst und das biblische Zeugnis, auf das er sich bezieht und dessen Verständnis er immer tiefer zu erfassen versucht.

c. Man muß jedoch noch weiter ausgreifen: Auch die Anhänger und Anhängerinnen nichtchristlicher Religionen und Weltanschauungen gehören zu »uns«, die »wir« – jeder auf seine Weise – auf »Gott« hören und von ihm reden wollen. Mich beeindruckt, in wie hohem Maße Israel auf Religionen in seinem Umfeld gehört und Gottesbotschaften an sich selbst entdeckt und dann übernommen hat, die beispielsweise in Ägypten oder im alten Babylon vernommen wurden, wenn diese dann auch modifiziert oder »entmythologisiert« wurden.[23] Schon in Anbetracht dieser Tatsache scheint mir auch heute der interreligiöse Dialog unumgänglich.

d. In diesem grenzüberschreitenden Dialog müssen schließlich auch diejenigen beachtet werden, die sich mit Mißverständnissen des Glaubens herumschlagen oder behaupten, von einem Gott nichts erfahren zu haben oder nichts erfahren zu können. Die Religionskritik in allen ihren Schattierungen, ob sie eher intellektuell an theoretischen Erwägungen oder stärker existentiell an der Theodizee-Frage sich festmacht, ist in den Hör-Vorgang einzubeziehen, wenn sich der Glaube nicht auf eine bestimmte Stufe, auf eine bestimmte Alpha-Gestalt,

---

22. Vgl. H.-M. Barth, Einander Priester sein. Allgemeines Priestertum in ökumenischer Perspektive, Gö 1990, 39-46.
23. N. P. Levinson, Synkretismus im Judentum und in der Hebräischen Bibel, in: W. Greive, R. Niemann (Hg.), Neu glauben?, Gü 1990, 23-33.

festlegen lassen und gegen seine weitere Entfaltung immun machen will. Letztlich sehe ich die gesamte Schöpfung in dieses große Hören auf Gott und das Reden von ihm einbezogen (vgl. Ps 29,8; 46,7). Es geht darum, die große Solidargemeinschaft derer ernst zu nehmen, zu denen Gott redet, und die ihn nicht oder doch nur unzureichend verstehen.

(2) Hören mit Haut und Haaren

In den meisten nichtchristlichen Religionen ist die theologische Reflexion nicht so stark oder jedenfalls nicht so isoliert entwickelt wie im Christentum. Das rationale Vermögen ist eingebettet in ein ganzheitliches Menschenverständnis. Auch an dieser Stelle haben die christlichen Kirchen zu lernen. Was von Gott zu hören ist, wendet sich gewiß auch an das kognitive Vermögen des Menschen: Er ist aufgefordert, all seinen Verstand zusammenzunehmen und dem nachzudenken, was er da zu denken bekommt. Aber was er dabei vernimmt, will tiefer reichen als nur in den Bereich des Rationalen oder auch eines nicht auf Rationalität begrenzten mentalen Bewußtseins. Deswegen äußert sich Gottesrede nicht nur im spontanen oder geschulten Umgang mit der Heiligen Schrift, sondern auch in kontingenten Ereignissen, Symbolen und Sakramenten.

Gottes Wort sucht und schafft Beziehung. Es ist das Wort eines Liebenden, der sich auch durch Zeichen, durch die Geste, durch stumme Gegenwärtigkeit vermittelt. Teresa von Avila sah sich in ihrer Begegnung mit Gott Ohnmachtserfahrungen ausgeliefert. Verstummen und Schweigen können zu einer Weise des Hörens werden. Mit einem großen Gespür sowohl für das Anliegen als auch für die Defizite des evangelischen Gottesdienstes hat Rudolf Otto vorgeschlagen, das Schweigen als sakramentalen Höhepunkt in ihm einzuführen.[24] Nichts Differenziertes, Konkretes zu hören, kann für den Mystiker das eigentliche »Hören« bedeuten. Francisco de Ossuna belehrt seine Leser darüber, daß das in der Meditation geübte »Nichtsdenken ein Allesdenken ist, denn wir denken so ganz ohne Gedankenablauf an den, der alles ist ...«[25]

Aber auch das Handeln, das dann das Gehörte wieder auf eine spezifische Weise zu Bewußtsein zu bringen vermag, kann als Weise des Hörens neu entdeckt werden. Handeln folgt nicht nur auf das Hören, sondern ist seinerseits

---

24. R. Otto, Sakramentales Schweigen, in: ders., Sünde und Urschuld und andere Aufsätze zur Theologie, M 1932, 185 ff. Vgl. zum ganzen E. Lorenz, Wort im Schweigen. Vom Wesen christlicher Kontemplation, Fr 1993.

25. Francisco de Osuna, Versenkung. Ausgewählt, übersetzt und eingeleitet von E. Lorenz, Fr 1982, 67; vgl. L. Rinser, Gratwanderung. Briefe der Freundschaft an Karl Rahner, München 1994, 41: »*Alles* ist wahr, was *ist*, und man weiß alles, d.h. man weiß nichts, und das ist dasselbe. Das Zusammenfallen aller Gegensätze in Gott ist mir plötzlich existentiell ›greifbar‹ geworden ...«; ähnlich passim.

selbst eine Weise des Hörens. Ein Weg erschließt sich nur, wenn man ihn geht. So ist das auch mit dem Weg des Glaubens. Wenn jemand den Willen Gottes tut, sagt der johanneische Jesus, »wird er innewerden, ob diese Lehre von Gott ist« (Joh 7,17), ob sie wahr ist und trägt und zum Heil führt.

(3) Hören in eigener Verantwortung

Die Behauptung des Paulus, der Glaube komme aus der Verkündigung bzw. aus dem Hören auf sie (Röm 10,17), kann den Leitsatz und Ausgangspunkt allen christlichen theologischen Nachdenkens abgeben. Aber es ist natürlich zu fragen, ob nicht jeder religiöse »Glaube« und auch jede säkulare Weltanschauung sich formal, wenn nicht auf dieselbe, so doch auf eine vergleichbare Weise herausbildet. Freilich fallen Unterschiede sogleich ins Auge: Strukturell verhältnismäßig nahe steht dem Modell von Röm 10,17 der Jude, der durch aktive Aneignung des Überlieferten und durch schöpferisches Erinnern seine Glaubensperspektive gewinnt. Dem Muslim vermittelt sich seine religiöse Überzeugung wesentlich durch das rituelle Gebet und die Koran-Lektüre, ohne daß er dabei aufgefordert wäre, sich ein eigenes Urteil zu bilden. Anhänger einer Stammesreligion übernehmen ihre religiöse Haltung durch rituelle, kultische oder magische Partizipation; am »Ich« des Einzelnen sind sie dabei kaum interessiert. Der Hindu nimmt sich inmitten eines Netzes von Interdependenzen wahr, in die hinein er sein ja nur scheinbar gegebenes »Ich« auflösen darf. Eine besondere Würdigung verdient in diesem Zusammenhang der Impuls, der vom Buddhismus ausgeht, nämlich die eigene Einsicht ernst zu nehmen. Glaube kommt nur zu sich selbst, wenn er nicht als heteronomes Geschehen, ausgelöst durch Sozialisation oder gar Autosuggestion, zu stehen kommt, sondern als in eigener Entscheidung bejahte Einsicht. Für buddhistisches Verständnis jedoch setzt sich die Einsicht als evident schließlich so sehr von selbst durch, daß für eine bewußt vollzogene eigene Entscheidung gar kein Raum mehr bleibt. Entscheidung ist nur hinsichtlich der anfänglichen Berührung mit der Lehre Buddhas gefragt. Buddhisten suchen Erleuchtung durch eine methodisch herstellbare Identifikation mit »allem« und »nichts«, mit dem Jenseits von »allem« und »nichts«, die sie freilich als gnadenhaft erleben.

Für christliches Verständnis bleibt die Aufgabe des eigenen Nachvollzugs der Entscheidung lebenslang, und sie wird durch konkrete »Anfechtung« immer wieder herausgefordert. Gerade so aber wächst und vertieft sich der Glaube. Zweifel und Anfechtung gewinnen gerade so eine wichtige Funktion. Säkulare Zeitgenossen sind oft dadurch geprägt, daß sie eine aktive Auseinandersetzung mit einer Glaubenstradition gar nicht erst führen; ihre Haltung ergibt sich dann aufgrund von Einflüssen, über die sie sich nicht eigens Rechenschaft geben. Christen und Christinnen, wenn sie denn ein wacher Glaube erfüllt, sehen sich in die eigene Verantwortung gestellt – auch im Blick auf eine Erweiterung und Schärfung ihrer Glaubenserkenntnis, ihres Alpha-Glaubens. Nur so gewinnt der Omega-Glaube an Tiefe und Tragfähigkeit.

Zweierlei bleibt am Ende dieser Überlegungen zu beachten. Zum einen: Auch bei Einbeziehung aller denkbaren Faktoren, die bei der Entstehung von Glauben zusammenwirken mögen, bleibt das Erwachen des Glaubens selbst unverfügbar. Die christliche Tradition redet daher in diesem Zusammenhang vom »Heiligen Geist«. Diese Unverfügbarkeit ist freilich auch im Blick auf die nichtchristlichen Religionen in Rechnung zu stellen!

Zum anderen: Obwohl es – unverfügbar – zu Bekehrungs- und Konversionserlebnissen kommt, ist eine Gottesbeziehung in der Regel durch die Sozialisation vermittelt – und folglich mitbedingt durch die Region, in der ein Mensch seine Sozialisation erfahren hat. Bei zunehmender Mobilität mag sich das ändern. Zunächst aber, so banal diese Feststellung erscheint, ist dies der Ausgangspunkt. Die Vertreter nahezu jeder Religion gehen davon aus, daß sie selbst es sind, die die letztgültige Wahrheit vertreten – und haben ihre Überzeugung doch oft »nur« auf dem Weg über ihre Sozialisation gewonnen. Wie ist im Sinne christlicher Theologie mit dieser Tatsache umzugehen? Alle berufen sich in irgendeiner Weise auf etwas, das ihre Sicht begründet, auf Erfahrungen, die Menschen vor ihnen oder sie selbst gemacht haben, auf »Offenbarung«. Wie sind diese unterschiedlichen Auffassungen von »Offenbarung« in Relation zum christlichen Glauben zu verstehen und zu würdigen?

D Thesen

1. Christlicher Glaube erwächst aus dem Hören (Röm 10,17) und wird dadurch in einen Wort-Antwortprozeß geführt.

2. In anthropologischer Hinsicht sind dabei psychische Konstitutionsbedingungen und biographisch bedingte Veränderungen sowie soziale Faktoren von Belang.

3. Die Urform christlichen Hörens auf Gott verwirklicht sich im antwortenden »Hier bin ich!«, die Urform christlichen Redens von Gott im anrufenden »per Du« des Gebets.

4. Christlicher Glaube entsteht, indem die Verkündigung der Gestalt und Botschaft Jesu Christi in der Weise auf – wenngleich durch die Sünde depravierte – schöpfungsmäßig gegebene Voraussetzungen trifft, daß sich einem Menschen in dieser Botschaft relevante Orientierung und letzter Halt ereignishaft vermitteln.

5. Nichtchristliche Religionen können die christliche Theologie daran erinnern, daß sich Glaube immer innerhalb einer Gemeinschaft herausbildet und daß dies ein ganzheitliches, auf eigene Erfahrung zielendes Geschehen darstellt. Vom christlichen Glauben können sie ihrerseits sich dazu anregen lassen, nach der religiösen Funktion konkreter historischer Ereignisse und ihrer Wirkungsgeschichte zu fragen und dabei das Moment der eigenen Verantwortung des Menschen für seinen Glaubensweg stärker zu betonen.

3.2 Offenbarung

A Christliches Offenbarungsverständnis: Der Hörvorgang als Offenbarungsgeschehen

Die herkömmliche Theologie[1] versteht »Offenbarung« primär als einen abgeschlossenen Vorgang, auf den sich der Glaube rezipierend bezieht. Dies erklärt sich wohl besonders aus apologetischen Gründen. Dem Alpha-Glauben wird damit eine (scheinbar) zuverlässige Basis angeboten, die als von ihm unabhängig erscheint. Tatsächlich aber sind Offenbarung und der sie empfangende Glaube voneinander zwar theologisch zu unterscheiden, phänomenologisch dagegen nicht voneinander zu trennen. Offenbarung und Glaube gehören insofern auf dieselbe Seite, nämlich die des rezipierenden Menschen. Offenbarung als solche, ohne daß Menschen sie glaubend annehmen oder in anderer Weise zu ihr Stellung nehmen, gibt es nicht. Der Glaube selbst ist »Offenbarungs-Empfang«; anders als durch solches Empfangen von Offenbarung entsteht kein Glaube. Die »Objektivierung« von Offenbarung gegenüber dem »subjektiven« Glauben will nur darauf hinweisen, daß die empfangene Botschaft transsubjektive Gültigkeit beanspruchen darf. Diese Behauptung aber läßt sich ihrerseits nicht anders vermitteln als auf dem Weg über die subjektive Rezeption derer, die ihr entsprechen. Dabei genügt es auch nicht, Offenbarung als Botschaft zu verstehen, da es nach christlichem und teilweise ebenso nach außerchristlichem Verständnis beim Empfang des Wortes zugleich um die Vergegenwärtigung dessen geht, der da spricht. Das oben skizzierte herkömmliche Offenbarungsverständnis gilt nicht einmal für den Koran, der ihm noch am nächsten zu stehen scheint. Hält man daran fest, so wird die eigentliche Pointe des christlichen Offenbarungsverständnisses auch dadurch verfehlt, daß dies zu einer einseitigen Betonung des Vergangenheits-Aspekts und zu einer Vernachlässigung des Gegenwarts- und des Zukunfts-Aspekts von Offenbarung führt. Der Begriff der »Offenbarung« muß also entweder anders gefüllt – oder aufgegeben werden.

---

1. Vgl. H. G. Pöhlmann [5]1990, Kap. II.

(1) Fehlschaltungen

(a) Die verfehlte Isolierung einzelner Elemente des Offenbarungsgeschehens

Die klassische Lehre von der Offenbarung – bis hin zu K. Barth – arbeitet mit einem vergleichsweise einfachen Denkmodell, das sie letztlich aristotelischen Denkkategorien und der durch diese geprägten Grammatik verdankt. Sie geht aus von einem Autor von Offenbarung (Subjekt), einem Inhalt (Objekt) und einem Vorgang (Prädikat), der sich in einer bestimmten Weise (Modus) an einen jeweiligen Adressaten (Dativ-Objekt) wendet und in diesem bestimmte Konsequenzen auszulösen vermag.[2] Ein bestimmtes Grundschema zwischenmenschlicher Kommunikation wird dabei für die Kommunikation zwischen Gott und den Menschen vorausgesetzt – es gilt sozusagen für alles, was »mit der Post« oder per Internet kommt. Dieses Denkmodell, das dem landläufigen Offenbarungsverständnis zugrundeliegt, ist aus folgenden Gründen unbefriedigend:

1. Schon zur unterschiedlichen Qualifizierung von »Rechnung« und »Liebesbrief« reicht es nicht aus. Der Liebesbrief unterscheidet sich nicht nur hinsichtlich seines Inhalts von der Rechnung, sondern er setzt auch ein spezifisches Verhältnis zwischen Absender und Empfänger voraus, das sich durch den Vollzug der Kommunikation selbst neu gestaltet. Das klassische Modell müßte also mindestens unter Einbeziehung der für die Offenbarung charakteristischen Faktoren erweitert werden.

2. Abgesehen davon läßt es sich in nicht-aristotelisch geprägte Sprachen nur begrenzt übertragen; dies gilt insbesondere im Blick auf asiatische Sprachen oder z.B. indianische Dialekte.[3] Die Möglichkeit, Autor, Botschaft, Medium, Adressaten und Vollzug gegeneinander abzusetzen und isoliert zu bedenken, ist im Alten Testament / der Hebräischen Bibel erkennbar, wird aber auch transzendiert. Neben dem »Offenbarungsempfang« in Visionen und Auditionen stehen Theophanien in unterschiedlichsten Zusammenhängen und geschichtliche Ereignisse, die als »Offenbarung« gedeutet werden.[4] Schließlich ist nach biblischer Auffassung der Mensch, dem ein Wort Gottes gilt, selbst als durch das schöpferische Wort Gottes begründet anzusehen. Offenbarung ist allemal mehr als Mitteilung von kognitiven Inhalten an zu informierende Adressaten.

---

2. So z.B. LR 471 f. und W. Härle 1995, Kap. 3.1.
3. Vgl. H. Fischer, Glaubensaussage und Sprachstruktur, H 1972, 219-229.
4. Zur Vielgestaltigkeit des biblischen Verständnisses von Offenbarung vgl. NHThG 3 (1985) 275-280.

3. Hinzu kommt, daß sich der Offenbarungsbegriff schon innerhalb der biblischen Tradition und der ihr folgenden Theologiegeschichte erheblich gewandelt hat.[5] »Offenbarung« ist ein durch und durch kulturhistorisch und kontextuell bedingter Begriff. Es erscheint mir daher auch nicht sachgemäß, nun eben das neueste Modell von Kommunikation ausfindig zu machen und dann den Offenbarungsbegriff von daher zu konzipieren.

4. Schließlich entscheidet eine apriorische Bestimmung dessen, was Offenbarung sei und wie sie funktionieren kann, in gewisser Weise darüber, wie Autor, Adressaten, Botschaft, Medium und Vollzug zu verstehen sind. In der klassischen Offenbarungslehre legt sich die Vorstellung eines theistisch gedachten Autors, der in anthropomorph gedachter Weise anthropomorph gedachte Botschaften an den Menschen sendet, fast unabweisbar nahe. Dies ist selbst bei Tillichs Verständnis von Offenbarung der Fall, der ja seinerseits dem theistischen Denken kritisch gegenübersteht. Wenn er sagt, »in der Offenbarung« erscheine »das Mysterium, das uns unbedingt angeht«, wobei sorgsam zwischen einem subjektiven und einem objektiven Geschehen zu unterscheiden sei, so schimmert auch im nichttheistischen Vokabular das theistische Grundschema durch.[6] Es wird allerdings deutlich transzendiert: Dem objektiven Geschehen des »Wunders« entspricht die subjektive Aufnahme durch »Ekstase«. Bereits das trinitarische Bekenntnis der Christenheit zeigt jedoch an, daß das theistische Verstehensmodell im Blick auf das Verständnis von Offenbarung nicht zureichend sein kann.

(b) Die verfehlte Differenzierung zwischen »allgemeiner« und »besonderer« Offenbarung

Die dogmatische Tradition unterscheidet zwischen einer »allgemeinen« Offenbarung, durch die sich Gott von jeher allen Menschen bezeuge, und der besonderen Selbstoffenbarung Gottes in Jesus Christus. Diese gängige, wenngleich nicht unumstrittene Unterscheidung zwischen allgemeiner und besonderer, natürlicher und übernatürlicher oder zwischen Ur- und Heils-Offenbarung sucht der Tatsache Rechnung zu tragen, daß sich das Bekenntnis zu Jesus Christus nicht im luftleeren Raum entwickelt. Es hat sich vielmehr auseinanderzusetzen mit Menschen, die völlig anders als das Christentum oder auch überhaupt nicht explizit von »Gott« reden. Auch ihnen wird damit die Möglichkeit zuerkannt, relevanter Offenbarung begegnet zu sein.

Unterscheidet man zwischen einer allgemeinen und einer besonderen Offenbarung, so kann man das Verhältnis zwischen beiden unterschiedlich bestimmen:

---

5. Zur Geschichte des Offenbarungsverständnisses vgl. J. Schmitz, Offenbarung, Dü 1988, 45-81.
6. P. Tillich, ST I, 134 f.

Die Begründung des Glaubens

1. Die scholastische Theologie denkt im Sinne eines Überbietungsmodells: Gnade hebt die Natur nicht auf, sondern vollendet sie (gratia non tollit, sed perficit naturam).

2. Die Reformation unterscheidet im Sinne soteriologischer Relevanz: Die allgemeine Offenbarung führt als solche nicht zum Heil.[7]

3. Die dialektische Theologie geht von der Gebrochenheit der menschlichen Situation durch die Sünde aus und hat dann allenfalls von der besonderen Offenbarung Gottes in Jesus Christus aus die Möglichkeit, von »Lichtern« zu sprechen, die sich im Nachhinein als legitime und zuverlässige Lichtquellen erweisen.[8]

Doch ist die Unterscheidung zwischen allgemeiner und besonderer Offenbarung bereits als solche unzureichend, wenn nicht unhaltbar, und zwar aus folgenden Gründen:

1. Offensichtlich setzt sie das eben diskutierte Modell eines anthropomorph gedachten und auf Theismus hinauslaufenden Offenbarungsverständnisses voraus. Eine Gottheit gibt von sich Allgemeines und Besonderes zu erkennen. Wenn das theistische Modell aber vom Ansatz des christlichen Glaubens her selbst hinterfragt werden muß, ist es gewiß auch für die Bestimmung des Verhältnisses zwischen Allgemeinem und Besonderem nicht hilfreich.

2. Die Zusammenfassung aller dem christlichen Glauben gegenüberstehenden besonderen religiösen Überzeugungen im Sinne eines gemeinsamen Allgemeinen gegenüber einem Besonderen macht keinen Sinn. Zum einen werden alle »Offenbarungen« von ihren Anhängern als besondere gewertet; so gesehen, würden viele besondere Offenbarungen einander gegenüberstehen. Worin läge aber das Gemeinsame der »allgemeinen Offenbarung«? Der Gottesglaube kann es nicht sein, wenn man sowohl Stammesreligionen als auch Hinduismus als auch Buddhismus einbeziehen möchte. Zum anderen aber: Welche Beziehung zur »allgemeinen Offenbarung« hätte die implizite oder explizite Ablehnung eines Gottesglaubens – wie im Theravada-Buddhismus – oder gar jedweder Religion – wie im neuzeitlichen Atheismus? Spricht man dann von sündhafter Depravation oder Manipulation der allgemeinen Offenbarung, so macht der Begriff keinen Sinn mehr, denn das auch allgemein Gelten-Sollende wäre dann von vornherein vom Besonderen her bestimmt. Ein Zusatzproblem bestünde darin, ob es innerhalb der allgemeinen Offenbarung Stufen von Depravation

---

7. M. Luther, WA 19, 206 f.: »Die Vernunft weiß, daß Gott ist. Aber wer oder welcher es sei, der da recht Gott heißt, das weiß sie nicht … Die Vernunft spielt Blindekuh mit Gott …«.
8. K. Barth, KD I/2, § 17, sowie KD IV/3,1, 173 f.

oder Grade der Manipulation gibt, und welche Relevanz wiederum diese Unterschiede zwischen den verschiedenen Depravationsgraden haben können.

Die Vorstellung von einer allgemeinen Offenbarung, der eine besondere gegenüberstünde, muß aufgegeben werden. Das »Allgemeine«, auf das auch der christliche Glaube – wie jede Religion und jede säkulare Weltanschauung – sich bezieht, ist im Anthropologischen zu suchen, nicht in irgendwelchen »Offenbarungs-Inhalten«. Die allgemeine Voraussetzung für die Rezeption einer wie auch immer zu bestimmenden Offenbarung ist die Fähigkeit des Menschen, über das Vorfindliche hinaus zu denken, zu fragen, zu wünschen, somit zu transzendieren und zu projizieren. Feuerbachs konstruktiver Beitrag zur Religionskritik besteht darin, daß er eben diese Transzendierens- und Projektionsfähigkeit des Menschen gegenüber ihren je und je gestalteten Inhalten herausgearbeitet hat. H. Pleßner und dann W. Pannenberg haben diesen Ansatz philosophisch bzw. theologisch aufzunehmen versucht, ohne sich freilich auf Feuerbach zu beziehen.

(2) Offenbarung als Schlüsselerlebnis

Nach Offenbarung fragt nicht, wer entweder in einer selbstverständlichen traditionalen oder mystischen Religiosität lebt – und wer einem scheinbar ebenso selbstverständlichem Agnostizismus huldigt. Sowohl religionspsychologisch als auch religionsphänomenologisch gibt es offenbar ganz bestimmte Voraussetzungen für die Wahrnehmung von »Offenbarung«: Wer die Welt als hell erlebt – oder wer davon ausgeht, daß weitere Erhellung nicht zu erwarten ist, wird sich gar nicht erst nach Offenbarung umsehen und jedenfalls etwaigen Berichten von »Offenbarung« skeptisch gegenüberstehen.

Auch er wird freilich nicht ausschließen können, daß er Erfahrungen macht, die sein weiteres Leben und seine Sicht der Dinge in besonderer Weise bestimmen. Sowohl religiöse als auch agnostische Voraussetzungen können die Basis dafür abgeben, daß es zu Gipfelerlebnissen (»peak experiences«, A. Maslow) kommt, welche die bisherigen psychischen und kognitiven, ja vielleicht sogar physischen Gegebenheiten vertiefen oder auch umstürzen. Ian T. Ramsey hat vorgeschlagen, von Erschließungssituationen (»disclosure«) zu sprechen, die ihrerseits Klärung und Engagement (»discernment« und »commitment«) implizieren.[9] Wenn Offenbarung damit zutreffend beschrieben ist, setzt dies keineswegs das oben kritisierte theistische Denkschema voraus. Vielmehr geht es zunächst einzig darum, daß ein unverfügbares Erleben sich insofern Geltung verschafft, als es den Kontext, in dem es stattfindet, zu werten und ggf. neu zu

---

9. I. T. Ramsey, Religious Language, London 1957.

Die Begründung des Glaubens

ordnen erlaubt oder zwingt, und daß sich daraus für den einzelnen oder für die Gemeinschaft, in der er steht, Konsequenzen ergeben. Als allgemeine »Erschließung« eines Sachverhalts wäre Offenbarung unterbestimmt. Religionsphänomenologisch verstanden, ist Offenbarung ein Schlüsselerlebnis, das (1) einen Menschen dazu führt, sein Leben und dessen Kontext zu deuten und zu gestalten, das (2) sich bewahrheitet und vertieft und das (3) sich transsubjektiv vermittelt, also Gemeinschaft stiftet.

1. Es wird also immer darum gehen, daß aufgrund eines solchen Schlüsselerlebnisses bisheriges Erleben und Deuten kritisch gewürdigt wird: Entweder kommt es zu Bestätigung oder zu Ablehnung zuvor bestehender Einstellungen. In einem möglicherweise langwierigen Prozeß stellt sich heraus, inwieweit vorliegende Materialien bzw. Deutemuster integriert werden können oder ob sie abgestoßen werden müssen. Der vielfach gescholtene Synkretismus erweist sich dabei keineswegs als Depravationserscheinung der Religionsgeschichte, sondern als ein sie konstituierender Faktor. Es gibt keine Ausdrucksform von Religion in der Geschichte der Menschheit, die nicht auch synkretistische Züge aufwiese. Offen ist mir die Frage, inwieweit gerade beim Erschlaffen der spirituellen Kraft einer Religion synkretistische Tendenzen um sich greifen können. Ich bin geneigt, auch dies in den Offenbarungsprozeß einzubeziehen. Transformation impliziert immer auch Deformation.

2. Ein Schlüsselerlebnis kann, gerade sofern es zu einem für Weiteres relevanten Vorgang wird, nicht isoliert werden; es hat ja seine Bedeutung gerade in den Relationen, innerhalb derer es zu stehen kommt. Daher muß immer mit einem prozessualen Charakter von Offenbarung gerechnet werden. Der Stein fällt ins Wasser – die Wasseroberfläche verändert sich; es wäre eine unsachgemäße Reduktion und letztlich sinnlos, den Stein analysieren zu wollen, sofern er nicht ins Wasser fiele. Inhalt und Rezeption von Offenbarung sind nicht voneinander zu trennen; unabhängig von ihrer Rezeption kann vom Inhalt der Offenbarung nicht sachgemäß gesprochen werden. Das subjektive Moment, das zugleich Verunsicherung und jedenfalls Relativierung bedeuten könnte, wurde gerade in den Religionen, die sich auf Offenbarung berufen, empfunden. Deswegen versuchte man, die Objektivität des Offenbarten zu begründen z. B. durch die Vorstellung einer himmlischen Urschrift oder einer Verbalinspiration. Doch auch derartige Schutzbehauptungen lassen sich ja wieder nur durch Offenbarungsempfang begründen – ein circulus, der immer zu einer petitio principii führt. Die Legitimität einer Offenbarung weist sich nur durch die orientierende und tragende Kraft aus, die sie entfaltet; daher muß Offenbarung prinzipiell auf der Ebene menschlicher Existenz nachvollziehbar sein.

3. Das Schlüsselerlebnis kann als solches nicht hergestellt werden, aber von ihm muß, sofern es stattgefunden hat, vermittelbar sein, worin es bestanden hat und inwiefern es orientiert und trägt. Die Wellen, die der ins Wasser fallende Stein

ausgelöst hat, müssen mich erreichen, wenn nun auch ich von Offenbarung sprechen soll, obwohl ich das Erlebnis nicht in einem direkten Sinn selbst gehabt habe. Insofern besteht zwischen einem Menschen, der sich auf ein eigenes Schlüsselerlebnis beruft, und mir, der ich es für mich gelten lasse, nur ein gradueller Unterschied. Christlich gesprochen, wäre, so gesehen, auch der »Glaube« selbst eine Art des Offenbarungsempfangs und nicht nur Berufung auf »fremde« Offenbarung.

Ebendies aber, daß es zu transsubjektiver Vermittlung kommt, gehört, religionsphänomenologisch gesehen, zum Wesen von Offenbarung: Ein Schlüsselerlebnis, in dem sich Letztgültiges meldet und vergegenwärtigt, kann in seiner Relevanz nicht auf den einzelnen begrenzt sein, dem es zuteil wird. Für die damit sich neu konstituierende Gruppe von Menschen, die sich freilich auch innerhalb einer schon bestehenden Sippe oder eines Stammes bilden kann, stellen sich damit die Probleme von Integration bzw. Abstoßung von Hergebrachtem oder als fremd Begegnendem nicht anders als für den einzelnen.

Bemerkenswert scheint mir, daß die hier skizzierten Beobachtungen strukturell keineswegs nur auf die im klassischen Sinn religiöse Welt, sondern ebenso auf säkulare Weltanschauungen zutreffen. Für nicht wenige Menschen war (ist) der Marxismus eine »Offenbarung«, die innerhalb von dessen eigenen Kategorien freilich als wissenschaftliche Erkenntnis zu stehen kommt. Basissätze wie der, daß das Sein das Bewußtsein konstituiert, waren in der Lage, vorgefundene Voraussetzungen zu analysieren und bis zu einem gewissen Grade zu transformieren; sie waren offenbar für einzelne Menschen nachvollziehbar und haben zugleich gemeinschaftsbildend gewirkt. Im Blick auf die Ideologie des Nationalsozialismus ließen sich leider ähnliche Überlegungen anstellen – womit deutlich ist, daß die religionsphänomenologisch zu beobachtende Struktur von Offenbarung über den dabei implizierten Wahrheitsanspruch noch gar nichts Gültiges zum Ausdruck bringen kann. Allenfalls zur Unterscheidung zwischen unverfügbarem Schlüsselerleben und seiner politischen Ausbeutung könnte damit ein Beitrag geleistet sein: Offenbarung selbst und ein ihr entsprechender Glaube lassen sich weder durch Manipulation noch durch Zwang vermitteln. Weder Wesen noch Legitimität von Offenbarung lassen sich durch formale Strukturen eines abstrakten Begriffs von Offenbarung zureichend erfassen. Interpretiert man Offenbarung anthropologisch als Schlüsselerleben und Erschließungserlebnis, so ist damit lediglich zum Ausdruck gebracht, wie Offenbarung gedacht werden kann.

Wie sieht das nun in der christlichen Tradition aus?

(3) Schlüsselerlebnisse in der jüdisch-christlichen Tradition

Ohne Frage gibt es Schlüsselerlebnisse mit den beschriebenen Folgen und Funktionen auch in der jüdisch-christlichen Tradition: Man denke an das Exodus-Geschehen, die Sinai-Erfahrung, den brennenden Dornbusch, an kultische Theophanien, wie sie aus den Psalmen oder von der Berufung Jesajas her zu erschließen sind, den »Offenbarungs-Empfang« von Propheten in Vision und Audition, an die Erfahrung der »Vollmacht« Jesu, die wie auch immer zu verstehende Begegnung mit dem Auferstandenen, das Erleben des Geistwirkens.

(a) Strukturelle Merkmale

Folgende strukturelle Merkmale solchen Schlüsselerlebens lassen sich beobachten:

1. Der Vorgang wird in der jüdisch-christlichen Tradition eindeutig in Kategorien des konkreten Erlebens beschrieben. Wer einer Offenbarung teilhaftig wird, bekommt etwas zu »hören« oder zu »sehen«; das Schlüsselerleben kann politisch-gesellschaftlich aufgefaßt werden, so die Befreiung aus der Knechtschaft in Ägypten; es läßt sich nicht auf ein inneres Geschehen reduzieren – Jesus von Nazareth wurde gekreuzigt »sub Pontio Pilato«. Es kann aber auch spirituell wahrgenommen werden: Den Emmaus-Jüngern »brannte« das Herz, und die Hörer und Hörerinnen der Pfingstpredigt des Petrus erlebten einen »Stich« im Herzen, die »compunctatio« (Act 2,37).

2. Im Blick auf den Adressaten ist in der jüdisch-christlichen Tradition das Grundmuster die »Offenbarung« an den einzelnen, von dem aus sie für eine Gesamtheit relevant wird. Ohne nähere Vorankündigung setzt Gen 12,1 ein mit der Feststellung: »Und der Herr sprach zu Abram ...«; Jahwe erscheint ihm (Gen 12,7), wie er später Isaak oder Jakob und schließlich dem Mose erscheint. Erst von solchem vor einzelnen Menschen vollzogenem Erscheinen her wird dann auch sein Erscheinen vor dem Volk Israel – etwa in Wolke und Feuersäule – verständlich und als solches identifizierbar. Im Neuen Testament ist dieses Grundmuster beibehalten: Gottes Selbsterschließung in Jesus Christus wird zunächst von einzelnen Menschen als solche erfaßt – einzelne Jünger werden in die Nachfolge gerufen. Petrus ragt als einzelner aus der Gruppe der Jünger heraus, die dann aber ihrerseits alsbald zu Repräsentanten des Gottesvolkes werden. Selbst bei der Ostererfahrung, die ja gewisse Züge eines kollektiven Erlebens hat, sind einzelne Glaubende die Protagonisten. Der Weg der

Offenbarung geht vom Individuum zur Gemeinschaft, wobei allerdings die einzelnen jeweils als Repräsentanten der Gemeinschaft verstanden werden.

3. Die Reaktionen auf das Schlüsselerleben werden am Individuum sichtbar, führen dann aber auch zu Gestaltungsimpulsen für die Gemeinschaft. Die Erschütterung durch das Erlebte führt zu Buße, Glauben und Erkennen, Bekennen, Lobpreis und konkretem Handeln.

(b) Deutungsansätze

Das vordergründig nach Vorgang, Beteiligten und Reaktion beschreibbare Schlüsselerleben wird im Christentum unter folgenden Gesichtspunkten als Offenbarung gedeutet:

1. Kein Mensch kann sich solche Schlüsselerlebnisse, die als Weisen der Selbsterschließung Gottes zu stehen kommen, selbst beschaffen oder sie auch nur in ihrem wahren Gewicht erkennen. Nicht »Fleisch und Blut« vermögen zu »offenbaren« (Mt 16,17), sondern der »Vater im Himmel«. »... niemand kennt den Sohn als nur der Vater; und niemand kennt den Vater als nur der Sohn und wem es der Sohn offenbaren will« (Mt 11,27). Niemand kann Jesus als »Herrn« erkennen, dem es nicht der Heilige Geist erschließt (I Kor 12,3). Vernunft und Wille des Menschen kommen dabei nur sekundär in Betracht; das »Erkennen« folgt dem »Glauben« (Joh 6,69); der Wille hat sich in Anspruch nehmen zu lassen (»Willst du gesund werden?« Joh 5,6), aber es kommt ihm keine eigene Kraft zu; denn es liegt eben nicht an »jemandes Wollen oder Laufen« (Röm 9,16).

2. Menschen, denen ein derartiges Schlüsselerlebnis zuteil wird, erfassen dabei sich selbst auf eine neue Weise. Jesaja reagiert auf die Thronvision mit dem entsetzten Aufschrei: »Weh mir, ich vergehe!« (Jes 6,5). Petrus, fassungslos über den so unerwartet erfolgreichen Fischzug, bittet: »Herr, geh weg von mir! Ich bin ein sündiger Mensch« (Lk 5,8).

3. Bei alledem bleibt das Schlüsselerleben selbst ein nicht restlos aufschließbares Geheimnis. Es erschließt das Geheimnis nicht so, daß es nun nicht mehr Geheimnis wäre. Denn wer Gott sieht, muß sterben. Erst am Ende der Tage werden wir »ihn sehen, wie er ist« (I Joh 3,2). Offenbarung im Sinne christlich-jüdischer Tradition zielt auf »mehr«: Offenbarung ist nicht mit ihrem Vollzug abgegolten: Der Jude erwartet den verheißenen Messias, der Christ den eschatischen Advent des Reiches Gottes.

4. In der Gestalt Jesu treten die verschiedenen Strukturmomente und theologischen Deutungen christlich verstandener Offenbarung zusammen: Ihm wider-

fährt Offenbarung (die Taufperikope läßt sich als Schilderung einer »peak experience« verstehen). Jesus wird Träger der Gott vergegenwärtigenden Botschaft und gerät schließlich in diese selbst hinein, wird ihr zentraler Inhalt – doch so, daß seine endgültig und universal sich erschließende Relevanz, wenn auch proleptisch erfahrbar, doch erst als noch ausstehend erwartet wird.

(c) Schlüsselerlebnis als Offenbarung

Wie wird gleichsam privates Schlüsselerleben zu »Offenbarung«? Wie bereits diskutiert, kann die Rede von »Offenbarung« sinnvoll nur von denjenigen gebraucht werden, die Offenbarung als solche anerkennen. Für den Glaubenden bezeichnet Offenbarung etwas, das er sich als relevant gelten lassen muß und will.

Immer wieder hat solches Schlüsselerleben Orientierung vermittelt und Engagement ausgelöst, Gemeinschaft gestiftet oder bestärkt. Im »Gedenken« wurde das unter Umständen vor Zeiten ganz anderen Menschen zuteil gewordene Schlüsselerleben je und je vergegenwärtigt. In der wirkmächtigen Verkündigung und in der Feier der Sakramente hat sich das mit der Gestalt Jesu verbundene Schlüsselerleben der ersten Jünger und Jüngerinnen immer neu als erschließend, ordnend, stabilisierend, motivierend und gemeinschaftsbildend erwiesen.

Dies läßt sich bis zu einem gewissen Grad auch religionsphänomenologisch nachvollziehen; Vergleichbares gilt – unter anderen Bedingungen und mit anderen Konsequenzen – auch von jeder außerhalb des christlichen Glaubens behaupteten »Offenbarung«. Die Wahrheitsfrage läßt sich anhand von religionsphänomenologischen Ähnlichkeiten oder Besonderheiten nicht entscheiden.

B Außerchristliche Offenbarungsverständnisse

Begriff und Theorie der »Offenbarung« haben selbst innerhalb der Geschichte des Christentums nicht immer den gleichen Stellenwert gehabt. Ins Zentrum des Interesses rückten sie immer dann, wenn der christliche Glaube sich weltanschaulich in der Defensive befand. Das war besonders der Fall z. Zt. der Scholastik, z. Zt. der beginnenden Aufklärung sowie im 20. Jahrhundert.[10] Das Christentum konnte sich dann als »Offenbarungsreligion« verstehen und auf die Offenbarung beziehen, die Gott ihm gleichsam zur Verfügung gestellt hatte. Von außerhalb des Glaubens in Frage gestellte Ansprüche schienen sich damit

10. Vgl. J. Schmitz, Offenbarung, Dü 1988, 50-60.

mindestens gegenüber von innen kommenden Fragestellungen begründen zu lassen.

Angesichts dieser unterschiedlichen Bewertung des Offenbarungsbegriffs, selbst innerhalb des Christentums, nimmt es nicht wunder, daß dieser im Bereich der nichtchristlichen Religionen ohnehin einen völlig unterschiedlichen Stellenwert besitzt. Während die traditionalen Stammesreligionen ganz selbstverständlich davon leben, daß göttliche Mächte sich zeigen, ohne daß dafür ein Offenbarungsbegriff bemüht werden muß, verfügt der Islam – im Gefolge von Judentum und Christentum – über ein ganz dezidiertes Verständnis von Offenbarung. Die hinduistische Welt wiederum kennt Offenbarungen, ohne daß sich damit Exklusivitätsansprüche verbinden müßten. Der Buddhismus redet lieber von Erleuchtung als von Offenbarung und kommt damit in die Nähe von »Aufklärung«.

Wie verhalten sich alle diese verschiedenen Offenbarungsverständnisse zueinander? Selbst die Vermutung van der Leeuws scheint zu pauschal, es gebe Religion einerseits als »Erweiterung, Erhöhung und Vertiefung des Lebens bis zu seiner äußersten Grenze und darüber hinaus«, andererseits als »Einbruch von etwas Anderem in dieses Leben«, somit »eine horizontale und eine vertikale Linie«, »Religiosität« und »Offenbarung«[11]. Friedrich Heiler hat wohl in ähnliche Richtung gedacht, wenn er zwischen »mystischer« und »prophetischer« Frömmigkeit unterscheidet.[12] Aber diese Unterscheidung ist einerseits zu allgemein, andererseits nicht weit genug, die Vielfalt der hier zu bedenkenden Phänomene zu erfassen. Im Blick auf das jeweilige Verständnis, wie eine bestimmte Religion zu ihrem »Wissen« gelangt, lassen sich grob mindestens die folgenden Typen unterscheiden:

(1) Kosmische Sensibilität

Von einem sich gleichsam selbst einfindenden Wissen um höhere Mächtigkeiten gehen traditionale Religionen aus, ohne sich darüber im einzelnen Rechenschaft zu geben. Auch Naturgesetze können in diesem Sinn als Offenbarungen des übergreifend Waltenden und Ordnenden verstanden werden. Auch Religionen, die sich im Lauf der Zeit anders profilierten, konnten sich etwas von dieser kosmischen Sensibilität bewahren. Konfuzius »kennt keine andere Selbstoffenbarung Gottes als die große kosmische Gesetzmäßigkeit: ›die vier Jahreszeiten gehen ihren Gang. Alle Kreaturen werden hervorgebracht, redet etwa der Himmel?‹«[13]

11. G. van der Leeuw ²1961, 11.
12. Fr. Heiler, EWR 339.
13. Fr. Heiler, RdM 74.

(2) Von der Ahnung zum Wort

Die hinduistische Religiosität hat im Zug ihrer Entwicklung ein differenziertes Modell von Offenbarung ausgearbeitet. Am Anfang steht die *shruti*, das »Hören« (im Gegenatz zu *smriti*, dem »Erinnern«). Zu ihr gehören beispielsweise die Veden, deren »ewiger, heiliger Klang« von den *rishis*, den inspirierten Sehern und Dichtern, gehört wurde. Eine differenzierte Offenbarungsvorstellung[14] unterscheidet zwischen verschiedenen Gestalten des »Wortes« *(vac)*: Das höchste Wort ist das »unmanifestierte *brahman*, die implizite und damit transzendente Kraft des Absoluten.« Das »erscheinende« Wort ist »die Dimension der Offenbarung«. Sie ist »Selbstmitteilung des Absoluten«, zugeordnet der Vorstellung eines persönlichen Gottes *(ishvara)*. Drittens gibt es eine »geistige Vermittlung und Vorstellung der Offenbarung«, die mit der individuellen Erkenntnis in Zusammenhang gesehen wird. Eine vierte Form der Offenbarung stellt das »sinnlich hörbare Wort« dar, das »auf kosmischer Ebene der Vielfalt der Erscheinungen« entspricht. Wenn sich die Einheit der Wirklichkeit offenbart, führt dies zu *ananda*, vollkommener Seligkeit.[15] Diese Erfahrung kann freilich nicht eigentlich kognitiv vermittelt werden. Die in den heiligen Schriften gefaßte *shruti* ist »die Erfahrung anderer, die für den eigenen Erfahrungsweg als Anleitung, Vergewisserung und Korrektiv dient ... Wer die Erfahrung dann aber selbst gemacht hat, bedarf der Autorität der Schrift nicht mehr ... Die advaitische Erfahrung als solche ... ist selbstevident.«[16] Der von ihr überwältigte Gläubige kann gleichwohl personal reagieren: »... dich allein will ich das unmittelbare *brahman* nennen. Dich will ich Gerechtigkeit nennen. Dich will ich Wahrheit nennen. Möge Er mich beschützen, möge Er den spirituellen Meister beschützen – OM, Friede, Friede, Friede.«[17]

(3) Selbstevidenz

Eine ähnliche Dynamik zeigt das Offenbarungsverständnis des Buddhismus. Den Anhängern des Hinayana-Buddhismus erscheint die Lehre Buddhas *(dharma)* als selbstevident. Jeder kann sie im eigenen Nachvollzug als die Wahrheit erkennen. Der Mahayana-Buddhismus dagegen sieht in diesem Prozeß die Kraft des Buddha selbst am Werk. Sie führt alle Wesen des Universums zur Buddhaschaft: »Der Buddha lehrt alle fühlenden Wesen durch seine religiösen

14. M. v. Brück ²1987, 43.
15. M. v. Brück ²1987, 52.
16. M. v. Brück ²1987, 97.
17. M. v. Brück ²1987, 102f.

Lehren, deren Zahl unendlich ist wie die Atome … Er mag bisweilen die Gestalt eines Schülers annehmen, bisweilen die eines Priesters, bisweilen die eines Asketen … Er mag sein Erlösungswerk verschieden beginnen, bisweilen mittels seines Namens, bisweilen mittels seiner Erinnerung, bisweilen mittels der Stimme, bisweilen mittels der vollkommenen Erleuchtung. Wann immer und wo immer die Bedingungen für sein Erscheinen reif sind, wird er nie fehlen, sich selber den fühlenden Wesen zu zeigen und Beweise seiner Größe und seines Glanzes zu geben«.[18] Die Erleuchtung, die sich von innen her einstellt, wenn auch vielleicht durch äußere Umstände angestoßen, ist für Buddhisten Inbegriff dessen, was an Wahrheit offenbar werden kann.

(4) Kognition

Wo die kognitiven Elemente der Offenbarung unterstrichen werden sollen, wird an eine Offenbarungsvermittlung durch Boten gedacht. Dies ist insbesondere in der alttestamentlich-jüdischen Tradition und dann wieder im Islam der Fall. Obwohl sich das islamische Offenbarungsverständnis natürlich engstens mit der Wertung des Koran verbindet, ist doch darauf hinzuweisen, daß der Islam durchaus eine eigene differenzierte Offenbarungslehre kennt.[19] Die Offenbarung kann durch einen Engel überbracht werden, oft aber durch eigene Boten: Immer wieder erweckte Allah »Gesandte als Freudenboten und Warner« (Sure 4,165). Deswegen sollen die Muslime sagen: »Wir glauben an Gott und an das, was zu uns herabgesandt wurde, und an das, was herabgesandt wurde zu Abraham, Ismael, Isaak, Jakob und den Stämmen,und an das, was Mose und Jesus zugekommen ist, und an das, was den (anderen) Propheten von ihrem Herrn zugekommen ist. Wir machen bei keinem von ihnen einen Unterschied. Und wir sind Ihm ergeben.«[20] Authentizität und Legitimität dieser Offenbarungen, also auch der Botschaft Jesu, wird allerdings an den Aussagen des Koran bemessen: Was an biblischen Berichten nicht der koranischen Darstellung entspricht, gilt als Verfälschung durch Juden bzw. Christen.[21]

---

18. Saddharma-pundarika, nach Fr. Heiler, RdM 188.
19. L. Hagemann, Art. Offenbarung, in: IL 3, 598-604.
20. Sure 2, 136.
21. Vgl. R. Wielandt, Offenbarung und Geschichte im Denken moderner Muslime, Wi 1971.

Die Begründung des Glaubens

(5) Mischformen

Überblickt man die verschiedenen Offenbarungsverständnisse, die in der Welt der Religionen begegnen, so zeigt sich, daß es einerseits um die Vermittlung transrationaler, ganzheitlicher Erkenntnis, andererseits um konkrete, kognitiv zu fassende Inhalte geht. In gewisser Weise stellt eine Mischform zwischen beidem das hinduistische Denken dar, in welchem das eine wie das andere betont werden kann. Dies findet seinen charakteristischen Ausdruck in der Gestalt des *avatara*, der folgendermaßen beschrieben wird: »... eine Inkarnation göttlichen Bewußtseins auf Erden. Ein *Avatara* wird nicht aus karmischen Konsequenzen geboren wie die gewöhnlichen Menschen, sondern aus freier Entscheidung, und er ist sich während des ganzen Lebens seiner göttlichen Mission bewußt. Er kommt, um neue Wege der religiösen Verwirklichung zu finden und sie seinem Zeitalter anzupassen, und er ist in der Lage, seine göttliche Erkenntnis seinen Mitmenschen durch Berührung, Blick oder Schweigen zu übermitteln. Da er frei von allen Bindungen des Ego ist, befindet er sich jenseits der Dualität.«[22] Es geht bei den vorgetragenen Beobachtungen, wohlgemerkt, noch nicht um die Inhalte, sondern zunächst nur um die unterschiedlichen Weisen, wie »Offenbarung« sich vollzieht und rezipiert wird.

C Trinitarisches Offenbarungsverständnis als integratives Modell

(1) Trinitarisches Offenbarungsverständnis

Das klassische christliche Offenbarungsverständnis besagt, daß Gott sich in Jesus Christus offenbart hat und dies durch den Heiligen Geist den Glaubenden erschließt. Innerchristlich geurteilt, entstehen dabei die Fragen, ob die Offenbarung als abgeschlossen oder unabgeschlossen zu gelten hat, ob sie als exklusiv oder als inklusiv zu verstehen ist und wie sie sich folglich zur Welt der Religionen, zur Vernunft und zur Geschichte verhält.

Bei dieser Problemkonstellation geht man von einer Isolierung und Differenzierung einzelner Elemente des Offenbarungsgeschehens aus, die als unangemessen bzw. verfehlt zu bezeichnen ist (siehe oben S. 141 ff.). Nimmt die Christenheit ihre eigene Rede vom Wirken des Heiligen Geistes einerseits, vom

---

22. LÖW 29.

Wirken des Schöpfers andererseits ernst, so kann sie das Offenbarungsgeschehen nicht als ein abgeschlossenes Faktum betrachten.[23] Offenbarung ist dann nicht etwas, auf das man sozusagen beliebig zurückgreifen könnte. Offenbarung vollzieht sich vielmehr im Zusammenwirken »des Vaters, des Sohnes und des Heiligen Geistes«: Schöpfungsbedingte Rezeptions- und Kommunikationsfaktoren, geschichtliches Zeugnis von Jesus als dem Christus und aktuelles Ergriffensein durch den Geist, der mir innerhalb meiner schöpfungsbedingten Konstitution das geschichtliche Zeugnis relevant macht, müssen zusammenwirken, damit es zu »Offenbarung« kommt. Offenbarung meint nicht irgendein Depositum, das von einer bestimmten Instanz zu verwalten und von bestimmten Adressaten zu rezipieren wäre. Es heißt vielmehr, daß das zu Offenbarende einem Menschen oder einer Gruppe von Menschen als in einem letzten Sinn tragend und orientierend gültig wird.

Damit ist klar: Abgesehen vom Glauben über »Offenbarung« zu sprechen, macht keinen Sinn – außer man möchte damit bestimmte Ansprüche zur Geltung bringen. Dies gilt sowohl religionsphänomenologisch als auch theologisch. Van der Leeuw schreibt lapidar: »Vor der Offenbarung macht die Phänomenologie halt. Es kann wunderlich erscheinen, daß dasjenige, was sich ›offenbart‹, sich nicht ›zeigt‹. Aber das ist nicht so staunenswert, wie es scheint. Das ›Sich-Zeigen‹ des Phänomens muß ja wesentlich Anderes sein als das Sich-Zeigen Gottes, um das es sich in der Offenbarung handelt ... Nur das Phänomen zeigt sich meinem Verständnis; die Offenbarung aber kann ich wesensmäßig nicht verstehen« – sofern, müßte man wohl ergänzen, sie mir nicht selbst zuteil wurde.[24] Entsprechend gilt theologisch: Nur phänomenologisch als solche verstandene »Offenbarung« wäre – mit der reformatorischen Tradition gesprochen – gewiß nicht Evangelium, sondern Gesetz: Das mußt du glauben! Dieses Mißverständnis scheint mir für viele Menschen den Zugang zum Glauben zu verbauen. Es konnte sich einschleichen, weil Glaube zunehmend als ein kognitives Geschehen verstanden wurde, das sich auf eine Offenbarung be-

---

23. R. Leuze 1994 entwickelt eine völlig andere Konzeption der Unabgeschlossenheit der Offenbarung: »Da die Geschichte mit dem Auftreten Jesu von Nazareth nicht in das Reich Gottes eingemündet ist, sondern einen anderen Fortgang genommen hat, darf ein offenbarendes Handeln Gottes in dieser weiterlaufenden Geschichte nicht a priori ausgeschlossen werden« (ebd. 47). Leuze fühlt sich daher legitimiert, von einer »Offenbarungsgeschichte« zu sprechen, »die in den im Alten Testament berichteten Kundgaben Gottes ihren Anfang nimmt, in Jesus Christus ihre Fortsetzung findet und in der Offenbarung Gottes an Mohammed ihren Abschluß erreicht« (ebd. 48). Es gehe dabei um die »Selbstkundgabe des ›monotheistischen Gottes‹« (ebd.). Nur im Blick auf die »monotheistischen Religionen« könne man von »einem einheitlichen Subjekt der Offenbarung reden« (ebd. Anm. 11). Bei diesem Ansatz wird somit Offenbarung doch als abgeschlossen betrachtet (nur eben mit Mohammed), zwischen alttestamentlichem und islamischem Monotheismus-Verständnis nicht zureichend differenziert, das Monotheismus-Problem außerhalb der abrahamitischen Religionen ignoriert und das trinitarische Bekenntnis der Christenheit nicht ernstgenommen.
24. G. van der Leeuw [3]1970, 640.

Die Begründung des Glaubens

zog, die ihrerseits nicht an den Glaubenden selbst ergangen war. Aus einem durch Offenbarung inspirierten Glauben wurde Glaube an eine heteronome Offenbarung, die mit dem Lebenskontext dessen, der an sie glauben wollte und sollte, zunächst gar nichts zu tun hatte. Zum Glauben kommt es aber nicht anders als dadurch, daß sich ein Mensch mit allen durch die Schöpfung ihm mitgegebenen Möglichkeiten und Grenzen vertrauend, liebend und hoffend dem öffnet, was ihm im geschichtlichen Zeugnis von Jesus als dem Christus begegnet, so daß er dadurch inspiriert, getröstet und in Bewegung gesetzt wird. Offenbarung ist insofern nicht abgeschlossen, sondern gelangt vielmehr darin zum Ziel, daß ich mich von ihr erfassen und bewegen lasse. Die Offenbarung, auf die sich die Verfechter eines vom Menschen unabhängigen Offenbarungsgeschehens beziehen mögen, hat sich ja nicht anders vollzogen: Geschöpfliche Wirklichkeit wurde in einem spezifischen Kontext so angerührt, daß unerwartete Einsichten und Lebenskräfte ans Licht traten. Auch was Jesus an Offenbarung widerfuhr, so daß er als der Christus für andere zur Offenbarung werden konnte, vollzog sich – phänomenologisch gesehen – nicht anders. Das Zeugnis derer, denen Jesus als der Christus zur Offenbarung wurde, gehört zu der geschichtlichen Wirklichkeit, die auch für mein Einbezogen-Sein in das Offenbarungsgeschehen konstitutiv ist. Aber dieses Zeugnis ist nicht »die Offenbarung«, die ich, soll ich zum Glauben kommen, eben akzeptieren muß. Offenbarung ist phänomenologisch, sofern man an diesem Begriff festhalten will, nichts anderes als gedeutetes Erleben, dessen Relevanz behauptet und ggf. von Menschen erkannt und akzeptiert wird.

(2) Trinitarisches Denken als formales Integrationsangebot

Im Vergleich zwischen den christlichen und außerchristlichen Offenbarungsverständnissen ist nun zu beobachten: Das trinitarische Modell enthält Momente, die in ihrer Naturwüchsigkeit dem Verständnis der traditionalen Stammesreligionen entsprechen, sodann geschichtliche Implikationen, wie sie im Islam am deutlichsten zum Ausdruck kommen, und schließlich pneumatologisches Gut, das im Buddhismus eine eher rationale, in ekstatischen Phänomenen eine eher emotionale Entsprechung hat. Strukturell gesehen, finden die Elemente von »Offenbarung«, wie sie außerhalb des Christentums genannt werden, in einem Modell zueinander, in dem diese mithilfe der Formeln »durch« und »in« zueinander in Beziehung gesetzt werden können: *durch* konkrete Geschichte, wie sie vor allem dem Islam hinsichtlich der Geschichtlichkeit des Offenbarungsempfangs wichtig ist, *in* konkreter aktueller Erfahrung, wie sie von nahezu allen Religionen beschrieben wird. Was sich in den nichtchristlichen Religionen auf verschiedene Elemente zu verteilen scheint, erweist sich nach dem Verständnis des Christentums als zusammengehörig: Schöpfung, Geschichte und aktuelle, beides transzendierende, Relevanz schaffende Erfahrung.

Man kann versuchen, die Gegenprobe zu machen, und überlegen, welches nichtchristliche Offenbarungsverständnis etwa von dem trinitarischen Modell prinzipiell ausgeschlossen wird. Die traditionalen und die hinduistischen Religionen weisen den exklusiven Boten jüdisch-christlicher oder muslimischer Provenienz ab. Der Islam wiederum bringt dem selbstverständlichen religiösen Wissen der traditionalen Religionen kaum und dem Gedanken einer wie auch immer gedachten Inkarnation überhaupt kein Verständnis entgegen; für die buddhistische Erleuchtung kann er sich allenfalls auf dem Umweg über eine oft als häretisch eingestufte Mystik öffnen. Der Buddhismus seinerseits kann weder den Boten jüdisch-christlich-muslimischer Prägung noch den Inkarnationsgedanken integrieren. Demgegenüber bietet das christliche Denken – rein phänomenologisch-strukturell betrachtet – ein erstaunlich weites Integrationsmodell: Gott, der sich damit zugleich als Schöpfer und Vollender der Welt zu erkennen gibt, offenbart sich *durch* einen konkreten historischen Vorgang, nämlich die Präsenz des historischen Jesus von Nazareth, *in* einem unverfügbaren spirituellen Akt.

Freilich: Wie sind innerhalb des Christentums selbst die Begriffe »durch« und »in« näherhin aufeinander und auf das ihnen zugeordnete Subjekt zu beziehen? Sind sie austauschbar – Gott offenbart sich in Jesus Christus durch den Heiligen Geist; der Glaubende aber betet im Heiligen Geist durch Jesus Christus zum Vater? Offenbar sollen mithilfe von »durch« und »in« zwei Weisen von Vermittlung einander zugeordnet und in ihrer Verwiesenheit aufeinander zur Darstellung gebracht werden: einerseits ein eher historisch und andererseits ein eher psychologisch beschreibbares Medium. Dies ist gegenüber einem isolierten und alternativen Insistieren auf Historischem *oder* Psychologischem *oder bloß* Naturwüchsigem doch wohl ein Fortschritt, sofern es einer Religion denn um Ganzheitlichkeit geht.

Aus der Sicht des christlichen Glaubens wird dabei zweierlei festgehalten werden müssen:

1. Schöpfung, Geschichte und Geistwirken werden im christlichen Denken als solche, aber auch in ihrer Zusammengehörigkeit auf eine spezifische Weise wahrgenommen und damit profiliert. Die strukturelle Formalisierung darf über die inhaltlichen Differenzen zu nichtchristlichen Religionen nicht hinwegtäuschen: Es ist der dreieine Gott, der sich dreifaltig offenbart.

2. Durch die Wahrnehmung von Struktur-Elementen christlich verstandener Offenbarung in nichtchristlichen Religionen kann der christliche Glaube veranlaßt sein, eben solche Elemente ernstzunehmen und im Rahmen des eigenen Ansatzes stärker zu entfalten, Relationen zu prüfen und Zuordnungen vorzuschlagen, die einer Integration dienlich sind.

Damit stellt sich theologisch die Frage nach der Wahrheit und der dogmatischen Würdigung dessen, was außerhalb des Christentums als Offenbarung begegnet. Religionsphänomenologisch gilt es, dem Problem des Verhältnisses von Singularität bzw. Exklusivität christlich verstandenen Offenbarungsgeschehens und den synkretistischen Prozessen nachzugehen, innerhalb derer es stattfindet. Wie steht es angesichts außerchristlicher Wahrheitsansprüche um die Wahrheitsgewißheit des christlichen Glaubens?

D Thesen

1. Unter »Offenbarung« ist im Sinne des christlichen Glaubens die für Menschen heilvolle Selbsterschließung des in Schöpfung, Erlösung und Vollendung sich verwirklichenden dreieinen Gottes zu verstehen.

2. Sie wäre unterbestimmt, wollte man in ihr nur ein auf Kognition mit gewissen Folgen reduziertes Kommunikationsgeschehen sehen; sie wäre falsch bestimmt, wollte man eine »besondere« von einer »allgemeinen« Offenbarung nicht nur unterscheiden, sondern separieren.

3. Voraussetzung für die Rezeption der heilvollen Selbsterschließung Gottes auf seiten der Menschen ist nicht eine »allgemeine« Offenbarung, sondern die spezifische, dem Menschen von seinem Schöpfer mitgegebene Ausstattung, wie sie sich insbesondere in dessen Transzendierensfähigkeit zeigt. Mit der Tatsache, daß sie durch die Sünde beschädigt ist, weiß der dreieine Gott umzugehen.

4. Gottes heilvolle Selbsterschließung vollzieht sich als Schlüsselerleben, das einen Menschen inmitten der ihn umgebenden Alltags-Welt und unter den ihn bestimmenden Bedingungen ergreifen und auf dem Weg über Wort und Lebenszeugnis erfassen, ihn »anstecken« kann.

5. Sie führt Menschen dazu, daß sie sich und ihre Welt neu zu deuten vermögen, sich in ihrer Welt neu, nämlich als zuversichtliche, orientierte und verantwortungsbewußte Menschen zu verhalten beginnen und ihrerseits bezeugen, was ihnen an Offenbarung zuteil geworden ist.

6. Der trinitarische Glaube bietet ein Modell, Struktur-Elemente, die in den Offenbarungsverständnissen nichtchristlicher Religionen isoliert auftreten, zusammenzudenken: Heilvolle Selbsterschließung Gottes vollzieht sich für ihn im Zusammenspiel von Schöpfung, Geschichte und Geistes-Wirken.

3.3 Wahrheitsgewißheit angesichts einer Vielzahl von Wahrheitsansprüchen

A Wahrheitsgewißheit nach christlichem Verständnis

Christliche Wahrheitsgewißheit gründet sich auf einen Erfahrungszusammenhang – auf den Zusammenhang von eigener Lebenserfahrung, Erfahrung der ersten Glaubenden und der vielen, die ihnen gefolgt sind, und von Erwartung weiterführender Erfahrung in der lebendigen Begegnung mit Jesus Christus. Sie gewinnt sich nicht durch Rückgriff auf ein Paket von Informationen, »Offenbarung« genannt. Zeugnisse von Offenbarung wurden nie anders gewonnen als in derartigen Erfahrungszusammenhängen. Christliche Wahrheitsgewißheit kann sich daher im Blick auf ihre Inhalte nie absolut setzen. Es gibt sie nur im Kontext jeweiliger Reaktionen und Relationen.

(1) Ausschließende Wahrheit?

In der Bibel gibt es nicht wenige Stellen, die einen exklusiven Wahrheitsanspruch geltend zu machen scheinen. Dies ist offensichtlich im Alten Testament der Fall, beginnend mit dem I. Dekalog-Gebot:»Ich bin der Herr, dein Gott … Du sollst keine anderen Götter haben neben mir« (Ex 20,2; Dtn 5,6). Der Prophet Elia wird als Anwalt eines unerbittlichen Jahwe-Glaubens gekennzeichnet, der aus Treue zu seinem Glauben das eigene Leben riskiert, aber auch erbarmungslos gegen die Repräsentanten einer fremden Religion vorgeht (vgl. I Reg 18). Deuterojesaja schildert die Überlegenheit Jahwes gegenüber den Götzen mit Ironie, ja Sarkasmus: Bildhauer und Goldschmied stellen die Kultfigur her, aber – der Götze wackelt (vgl. Jes 40,19 f.; 41,7). In derartigen Aussagen zeichnet sich der Weg Israels vom Henotheismus zum Monotheismus ab: Nachdem man Jahwe zunächst als Gott des eigenen Volkes erfaßt hat, ohne die Bedeutung anderer Götter für die Nachbarvölker auszuschließen, wird klar: Jahwe ist der eine Gott, neben dem es keine anderen Götter gibt. Die Götzen sind leerer »Windhauch«, man kann sie gleichsam wie Luft behandeln; sie sind »Nichtse« (vgl. Jer 10,3). Religionsgeschichtlich gesehen, ist es ein Weg religiöser Selbstfindung, der hier nachgezeichnet wird. Theologisch wichtig ist dabei, daß der Sinn solcher Aussagen nicht in der Diskreditierung fremder Religionen liegt, sondern in dem Appell an Israel, seinen Gott nicht zu verlassen und ihm allein zu vertrauen.

Im Neuen Testament wird diese Linie aufgegriffen, wenn Paulus argumentiert, es gebe zwar »viele Götter und viele Herren«, die Verehrung finden, aber eben doch »nur *einen* Gott, den Vater, von dem alle Dinge sind und wir zu ihm, und *einen* Herrn, Jesus Christus, durch den alle Dinge sind und wir durch ihn« (I Kor 8,5 f.). Ihn, Jesus Christus, hat Gott »erhöht und hat ihm den Namen gegeben, der über alle Namen ist, daß in dem Namen Jesu sich beugen sollen aller derer Knie, die im Himmel und auf Erden und unter der Erde sind und alle Zungen bekennen sollen, daß Jesus Christus der Herr ist, zur Ehre Gottes des Vaters« (Phil 2,9-11). In der Apostelgeschichte wird dies auf die Formel gebracht, es sei in keinem anderen »das Heil«, auch »kein anderer Name unter dem Himmel den Menschen gegeben, durch den wir sollen selig werden« (Act 4,12). Das Johannes-Evangelium schließlich läßt Jesus sagen: »Ich bin der Weg, die Wahrheit und das Leben; niemand kommt zum Vater denn durch mich« (Joh 14,6). Deswegen weiß sich die frühe Christengemeinde zur Mission berufen: »Wer da glaubt und getauft wird, der wird selig werden; wer aber nicht glaubt, der wird verdammt werden« (Mk 16,16). Auch die Funktion dieser Aussagen ist klar erkennbar: Es sind einerseits Bekenntnisse, gewonnen aus der lebendigen Begegnung der Jünger mit ihrem Herrn (vgl. Joh 6,68); Liebe und Dankbarkeit ihm gegenüber schwingen in ihnen mit. Es sind Aussagen, die innerhalb der Gemeinde verdeutlichen sollen, wie essentiell es für Glaubende ist, in der heilvollen Beziehung zu Jesus Christus zu bleiben, und es sind schließlich Aussagen, die getragen werden von der Gewißheit, daß das künftige eschatische Heil von niemandem anderen als von ihm zu erwarten ist. Unter dieser Voraussetzung gehen die Jünger »hin in alle Welt« und predigen das Evangelium »aller Kreatur« (Mk 16,15; vgl. Mt 28,19 f.). Es ist nicht statthaft, die genannten Bibelstellen in einem biblizistisch-fundamentalistischen Sinne als Belege für die Ausschließlichkeit der Wahrheit des christlichen Glaubens zu benutzen. Sie wollen in ihrer durchaus unterschiedlichen Funktion gewürdigt und schließlich in den Gesamtduktus der biblischen Botschaft einbezogen werden: Gott, der als der Schöpfer allen Menschen nahe ist, wendet sich in Jesus Christus ihnen zu und sucht sie durch das Wirken des Heiligen Geistes dafür zu gewinnen, daß sie erkennen, wer sie sind: Geschöpfe, die von Gottes Liebe leben und denen ewiges Heil verheißen ist. Diese Botschaft, die sich formal ausschließend artikulieren kann, ist von einer auf »Einschluß« zielenden Dynamik erfüllt. Sie will ja gerade nicht ausgrenzen und aussperren, sondern in ihrer eschatologisch alle Menschen, ja den ganzen Kosmos betreffenden Inklusivität erfaßt werden. Verständlich machen kann sie sich dadurch, daß sie sich auf die durch den Schöpfer geschaffenen Voraussetzungen bezieht: Er ist ja der Gott, der die Menschen »ernährt« und »mit Freude erfüllt« (Act 14,17), wenn sie ihn auch als »unbekannten Gott« verehren (vgl. Act 17,16-34). Zu ihm als »dem lebendigen Gott« sich zu bekehren sind sie eingeladen (Act 14,15). Diese Einladung kann nur verstanden werden, indem sie sich zu den Menschen, denen sie gilt in Relation setzt – zu ihren verschiedenen Weisen, sich auszudrücken, zu ihren Traditionen, ihren bisherigen Einsichten und Erfahrungen, die ohne den Schöpfer, dem sie zu verdanken sind, nicht hätten entstehen können.

(2) Die Unumgänglichkeit synkretistischer Prozesse

Das Bekenntnis zur Offenbarung Gottes in der Geschichte Israels und in der Person Jesu Christi hat sich artikuliert durch Aufnahme und durch Ausschluß vorgefundenen religionsgeschichtlichen Materials. Es wird sich vermutlich auch künftig in Integration und Abweisung kontextuell gegebener religiöser und weltanschaulicher Vorstellungen bewähren und vertiefen.

In wie hohem Maße bei der Herausbildung der jüdisch-christlichen Tradition »Synkretismus« im Spiel war, zeigt sich überwältigend in zahllosen Zusammenhängen. Es beginnt mit den vertrautesten Elementen der Terminologie: »Israel« nennt sich nicht nach seinem Gott »Jahwe«, sondern nach dem längst vor ihm gebräuchlichen altorientalischen Begriff für »Gott«, nämlich »El«. Das Trishagion in Jes 6 (das Rudolf Otto so sehr erschüttert hatte!) geht vermutlich auf kanaanäisches Kultgut zurück.[1] »Jesus Christus« führt in seinem Namen »Christus« eine Vorstellung, die sich bis in den altorientalischen Königskult hinein zurückverfolgen läßt. Die Übernahmen aus vorisraelitischer, kanaanäischer Mythologie, aus Ugarit, Babylon, Ägypten im Alten Testament sind Legion; man denke nur an die biblischen Schöpfungsberichte oder man lese die Psalmen.[2] All dieses Material steht auch im Hintergrund des Neuen Testaments; dazu kommen Einflüsse aus der vom dualistischen Denken des Zoroastrismus mitbestimmten Apokalyptik, nicht zu sprechen von Gnosis, hellenistischen Mysterienkulten oder Stoa. In gewisser Weise kann man das gesamte christliche Glaubensbekenntnis auf seine religionsgeschichtlichen Wurzeln und Parallelen hin durchprüfen und dann mit dem Apostel fragen: »Was hast du, das du nicht empfangen hast«? (I Kor 4,7). Das einzige, das unbestritten als Eigenes bleibt, ist die Gestalt Jesu von Nazareth und das Schlüsselerleben, das als historisch kontingente Person eben er und kein anderer ausgelöst hat. Von diesem Schlüsselerleben her hat sich den Glaubenden die religionsgeschichtliche Welt geordnet, im Pro und im Contra, beginnend mit den Traditionen des Alten Testaments, die teils aufgenommen, teils abgewiesen wurden, darüber hinaus aber auch im Blick auf Phänomene, Spekulationen und Bewegungen einer jeweiligen Zeit. Ein analoger Vorgang läßt sich schon im Blick auf die Schlüsselerfahrungen des Alten Testaments beobachten: Baal als der Gott des

---

1. THAT I, 142, 782; II, 590 ff., 598.
2. Vgl. W. Beyerlin, Religionsgeschichtliches Textbuch zum Alten Testament, Gö 1975.

Wetters, der Natur und der Fruchtbarkeit wurde integriert[3], der Stier- und Fruchtbarkeitskult wurden abgewiesen.[4] Ohne ihre synkretistischen Elemente ist die jüdisch-christliche Tradition also überhaupt nicht zu denken. Generationen von Exegeten haben sich bemüht, die jeweiligen Abhängigkeiten und Übernahmen sichtbar zu machen, wobei die Abgrenzungs- und Umschmelzungsleistung der jeweils siegreichen Traditionsträger in den Vordergrund gerückt wurde. Stillschweigende Voraussetzung dabei war offenbar, daß dieser Prozeß nunmehr abgeschlossen sei und daß man daher die historischen Vorgänge in Ruhe analysieren könne. Das Christentum galt als das in diesem Kontext nicht mehr zu hinterfragende Endergebnis der Entwicklung, im Blick auf das nun allenfalls noch nachträgliche Reinigungsaufgaben bestanden – etwa hinsichtlich einer unstatthaften Hellenisierung oder einer unangemessenen Latinisierung bzw. Germanisierung.

Versucht man aber, den christlichen Glauben im Kontext der Situation wahrzunehmen, in der er sich – religionsgeschichtlich und weltanschaulich gesehen – heute befindet, dann zeigt sich, daß sich die Aufgabe von Integration und Abgrenzung ganz neu stellt. Früher hat man beispielsweise eifrig diskutiert, inwieweit das Gebot der Nächsten- und der Feindesliebe für die Botschaft Jesu charakteristisch oder bereits im Alten Testament enthalten ist. Heute ist es, um nur ein Beispiel zu nennen, viel aufregender, etwa die buddhistische Parallele zum neutestamentlichen Liebesgebot zu studieren, die sich nicht nur ausdrücklich auf den Feind, sondern – in Gestalt des umfassenden Mitgefühls – auch auf die außermenschliche Kreatur bezieht.[5]

(3) Die interreligiöse Herausforderung

Die christliche Theologie steht damit vor der Aufgabe, neu zu klären, was aus den jeweiligen Kontexten übernommen und integriert werden kann und was dagegen abgewiesen werden muß. Nicht selten wird sich damit eine Bereicherung und Vertiefung bisheriger Einsichten verbinden: Während der Buddhismus die außermenschliche Kreatur in den Blick nimmt, konnte der Marxismus die soziale, strukturelle Bedeutung von »Liebe« herausarbeiten.

Mit der Öffnung für einen neuen Prozeß von Integration und von Ausschließung ist zweifellos einerseits die Gefahr verbunden, die Intention des christlichen Schlüsselerlebnisses zu verfälschen und seine soteriologische Kraft zu be-

---

3. Vgl. z.B. die Auslegung von Ps 19 A bei H.-J. Kraus, Psalmen, 1. Teilband, N-V ⁵1978, 297 ff.
4. Vgl. Ex 32,1 ff.
5. LB 1, 184 f.; der Text der Metta-Meditation ebd. 2,538; vgl. G. Schmid, Zwischen Wahn und Sinn. Halten die Weltreligionen, was sie versprechen?, Solothurn 1995, 201-214.

einträchtigen, andererseits aber die Chance gegeben, ihm neue Horizonte zu erschließen und ihn in einer bislang unausgeloteten Tiefe zu erfassen.

Leben ist offenbar wesentlich Begegnung, Aufnahme von Lebensförderndem und Abstoßung von Lebenshinderndem. Vereinigung und Vermischung, mithin »Synkretismus«, gehören wesentlich zum Prozeß des Lebens; nichts, was lebendig wäre, macht hier eine Ausnahme. Das gilt auch für den Lebensprozeß von Religionen. Die Religionswissenschaft hat bislang zu wenig geklärt, wieso denn eine Religion überhaupt untergehen, oder – bescheidener gefragt (mit P. Tillich) – unter welchen Bedingungen ein Symbol sterben kann. Ein wesentlicher Faktor dürfte dann gegeben sein, wenn synkretistische Prozesse nicht mehr stattfinden. Eine überkommene Religion hat dann nicht mehr die Kraft, neue, ihr fremde Elemente aufzunehmen – oder eine neue Generation hat nicht mehr die Fähigkeit, eine überkommene Religion wenigstens in einzelnen Elementen sich anzueignen. Der christliche Glaube verfügte immer wieder über die Energie, Elemente der Antike, die auf dem Weg der frühen Apologetik, dann der Scholastik, schließlich der Renaissance auf ihn einstürmten, bis zu einem gewissen Grade zu integrieren und zu absorbieren. Selbst die Impulse von Aufklärung, Religionskritik und Marxismus vermochte er schöpferisch zu nutzen. In einer groß angelegten ökumenischen Selbstbesinnung konnten die verschiedenen christlichen Kirchen voneinander lernen und trotz bleibender Unterschiede einander in ihrer fundamentalen Gemeinsamkeit wahrnehmen.

Die am Beginn des 21. Jahrhunderts sich abzeichnende religiöse und theologische Herausforderung besteht in der Konfrontation der Weltreligionen. Formal ergibt sie sich aus dem um sich greifenden globalen Bewußtsein von selbst; theologisch ist sie – jedenfalls für Christen und Christinnen – unumgänglich aufgrund ihres Glaubens an den einen Gott.

Auch nichtchristliche Religionen entdecken aufgrund ihrer Voraussetzungen zunehmend diese Aufgabe, so vor allem der Islam und der Buddhismus, unter anderen Vorzeichen auch die Religionen Indiens. Der Marxismus befindet sich augenblicklich im Stadium eines Moratoriums; aber auch andere säkulare Versuche der Lebensbewältigung zeigen eine universalistische Tendenz.

(4) Die Wahrheitsgewißheit des Glaubens

Christliche Wahrheitsgewißheit sieht sich letztlich weder durch unumstößliche Information noch durch selbstevidente Plausibilität begründet. Sie stützt sich weder ausschließlich auf Erfahrung noch vorrangig auf das Urteil der Vernunft. Sie lebt aus der Begegnung mit dem Gott Jesu Christi, wie er sich in der Geschichte Israels und der Kirche bezeugt hat und im Zeugnis und Glauben der Christen und Christinnen vergegenwärtigt. Da es sich um eine lebendige Begegnung handelt, kann sich christliche Wahrheitsgewißheit zwar nicht in ihrem

Omega-Bezug, wohl aber in ihren Alpha-Gehalten durchaus wandeln. Unaufgebbarer Schnittpunkt zwischen Omega- und Alpha-Glauben bleibt allein Jesus von Nazareth, der Christus. Christliche Wahrheitsgewißheit ist flexibel in der Dynamik eines lebendigen Prozesses, der sich dem universalen Wirken des dreieinen Gottes verdankt und dem sowohl einzelne Gläubige als auch deren Gemeinschaften und Kirchen unter jeweiligen kontextuellen Bedingungen zu entsprechen versuchen. Sie ist offen für neue Einsichten, vertiefende Erkenntnisse, grundstürzende Erfahrungen – gerade weil sie aus der Begegnung mit dem alles durchwirkenden dreieinen Gott erwächst.

Wahrheit im Sinn des christlichen Glaubens ist nicht zu verwechseln mit mathematischer oder philosophischer »Wahrheit«. Die Wahrheit, derer der Glaubende gewiß wird, besteht darin, daß Gott sein »Licht« und seine »Wahrheit« sendet (Ps 43,3), daß sie »waltet über uns in Ewigkeit« (Ps 117,2); in ihr kann man »wandeln« (Ps 26,3). Für das Johannes-Evangelium ist Jesus selbst »die Wahrheit« (Joh 14,6); wer »aus der Wahrheit« ist, der hört seine Stimme (Joh 18,37). Christliche Wahrheitsgewißheit erwächst aus der Begegnung: »Komm und sieh!« (Joh 1,46). Die Jünger fragen Jesus: »Herr, wohin sollen wir gehen? Du hast Worte des ewigen Lebens; und wir haben geglaubt und erkannt: Du bist der Heilige Gottes« (Joh 6,68 f.). Dem entsprechend gilt: Wer den Willen dessen tut, der Jesus gesandt hat, der wird »innewerden, ob diese Lehre von Gott ist« (Joh 7,17). Christliche Wahrheitsgewißheit erwächst aus der Nachfolge, die ihrerseits im Ruf Jesu begründet ist und in die Praxis des Glaubens mündet. Trotzdem findet sie ihren Grund nicht einfach in Erfahrung; im Gegenteil, sie führt über Erfahrung hinaus. Sie löst von den bisherigen Erfahrungsmustern und -welten. Sie »raubt uns uns selbst und konstituiert uns außerhalb von uns selbst«.[6] Der Glaubende traut nicht seiner Erfahrung, sondern er wird darin der ihn tragenden Wahrheit gewiß, daß er mit Jesus Christus und dem Zeugnis von ihm immer neue Erfahrungen macht. Darin meldet sich nicht die Absolutheit eines Anspruchs, ein »Absolutheitsanspruch«, sondern die Absolutheit einer immer neuen Erfahrung.

B Das Wahrheitsbewußtsein außerchristlicher Religionen und Weltanschauungen

In der öffentlichen Diskussion hat sich der Begriff »Absolutheitsanspruch«[7] zwar weithin mit dem Christentum verbunden. Das darf aber nicht darüber

---

6. »... rapit nos a nobis et ponit nos extra nos«; M. Luther, WA 40/1, 589,1 ff.
7. Vgl. R. Bernhardt 1990, der in der Darstellung übersichtlich und informativ ist, in seinem

hinwegtäuschen, daß auch nichtchristliche Religionen auf je ihre Weise durchaus einen Absolutheitsanspruch erheben:

(1) Hinduismus

Die hinduistischen Religionen scheinen dies am allerwenigsten zu tun; ihre Integrationskraft scheint seit Jahrtausenden unbegrenzt. Ein Absolutheitsanspruch gilt ihnen schlichtweg als »Einengung des Bewußtseinshorizontes«.[8] Im Mahabharata, einem der großen hinduistischen Heldenepen, wird als selbstverständlich behauptet: »Was es hier nicht gibt, das gibt es gar nicht.«[9] Auch damit melden sich freilich – in sublimer Form – Wahrheitsanspruch und Überlegenheitsbewußtsein an. Ein gewisser Absolutheitsanspruch innerhalb des hinduistischen Systems zeigt sich auch in dessen hierarchischen Abstufungen: Das Rad des *samsara* erfaßt zwar alle Menschen, Hindus wie Nicht-Hindus – aber schon die Angehörigen des vierten Standes, die Shudras, ebenso wie die Kastenlosen sind nach verbreiteter Ansicht nicht berechtigt, den Vedanta zu studieren. Die Brahmanen gelten als die höchsten Vertreter des Menschengeschlechts, während die Nicht-Hindus nach orthodoxer Auffassung auf einer Stufe unterhalb der Hindus stehen. Eine Weise, die Überlegenheit des Hinduismus gegenüber anderen Religionen zum Ausdruck zu bringen, besteht in seiner Plazierung »im interreligiösen Weltkontext«. Er versteht sich als alle Religionen umgreifend, denn er »erstreckt sich ... von den Chiffren der Pflanzenwelt über die Tier-, Menschen- und Götterwelt bis hin zu den Chiffren des einen Gottes und sogar darüber hinaus bis hin zur Überwindung aller Chiffren in der Nicht-Zweiheitslehre des Advaita-Vedanta von Shamkara«. [10]

(2) Buddhismus

Buddhisten wissen um die Vorläufigkeit jedweder Lehre, einschließlich der »Lehre« Buddhas. Das Floß, das einem bei der Überquerung des Flusses gute Dienste getan haben mag, ist, hat man das andere Ufer erst erreicht, auf dem

---

Lösungsversuch (226 ff.) jedoch für mich unbefriedigend bleibt. Siehe auch R. Bernhardt 1994 sowie W. Greive 1991.
8. H. v. Stietencron in: Küng 1984, 223.
9. H. v. Glasenapp ⁴1994, 70.
10. R. A. Mall 1997, 145.

Die Begründung des Glaubens

weiteren Weg über Land nur lästig – man muß es aufgeben.[11] Es kommt darauf an, selbst die Erleuchtung zu gewinnen, und jeder Mensch ist dazu geboren, seine Buddha-Natur zu entdecken und Buddha zu werden. Dieser Anspruch wird nicht militant vorgetragen; er hat das sozusagen nicht nötig – er wird sich eines Tages von selbst durchgesetzt haben. Er ergibt sich im übrigen – wie der des Christentums – logisch: »Aus der Absolutheit unübersteigbarer Transzendenz folgt notwendig die Autonomie der auf sie bezogenen Erkenntnis. Die Unüberbietbarkeit des ›Objekts‹ dieser Erkenntnis bedingt die Unüberbietbarkeit dieser Erkenntnis selbst.«[12]

(3) Islam

Für den Muslim ist ohnehin klar, daß es keinen Gott gibt außer Allah, und daß Muhammad sein Prophet ist. Aufgrund des Traditionszusammenhangs mit Juden und Christen teilt er die Welt nicht einfach auf in Muslime und Götzendiener, sondern weiß sich verbunden mit den »Schriftbesitzern«; wünschenswert bleibt freilich, daß auch sie sich bekehren. »Sie sagen: ›Es werden das Paradies nur die betreten, die Juden oder Christen sind.‹ Das sind ihre Wünsche. Sprich: Bringt her euren Beweis, so ihr die Wahrheit sagt. Nein, wer sich völlig Gott hingibt und dabei rechtschaffen ist, der hat seinen Lohn bei seinem Herrn« (Sure 2, 111 f., vgl. 112 f.). Im Sinne des Koran ist »Gott« hier Eigenname – »Allah«. Ein Muslim, der sich einer anderen Religion zuwendet, soll der Sharia, dem kanonischen islamischen Gesetz, zufolge mit dem Tode bestraft werden. Jeder Mensch wird, auch wenn er es nicht weiß, als »Muslim« geboren. Mit Strenge muß daher ggf. gegen Ungläubige vorgegangen werden: »... tötet die Polytheisten, wo immer ihr sie findet ...« (Sure 9,5; vgl. 2,190 ff.). Als Grundregel für das Verhältnis zu Nichtmuslimen wird heute oft auf Sure 2,256 verwiesen: »Es gibt keinen Zwang in der Religion«. Die Aussagen des Koran bleiben freilich widersprüchlich.

(4) Judentum

Auch im Alten Testament / der Hebräischen Bibel begegnen höchst unterschiedliche Voten. Elia kämpft mit brutalen Mitteln um die Reinerhaltung des

---

11. Die Lehre vom Floß (Majjhima-nikaya 22), in: Reden des Buddha. Aus dem Pali-Kanon übers. von I.-L. Gunsser, St 1957 (1996), 49 ff.
12. P. Schmidt-Leukel 1992, 368.

Jahwe-Glaubens (I Reg 18,1 ff.), während Tritojesaja die Heidenvölker friedlich zum Zion ziehen sieht (Jes 63,1 ff.). Für das Judentum scheint sich ein »Absolutheitsanspruch« nahezulegen, sofern es sich auf die Erwählung Israels und das I. Dekalog-Gebot beruft. Tatsächlich gab es die Auffassung: »Siehe, alle Völker gehen ihrem Untergang entgegen, weil sie Irrtümern dienen; wir aber vertrauen auf das Wort des Herrn, unseres Gottes, für immer und ewig« (Übersetzung von Mi 4,5 im aramäischen Targum). Daneben steht jedoch die hohe Achtung, die dem Kanaaniter Melchisedek entgegengebracht wurde, so daß er als »Urgestalt der Ökumene« (J. J. Petuchowski) apostrophiert werden konnte. In der rabbinischen Literatur begegnet sowohl die Meinung, daß die Frommen aus den nichtjüdischen Völkern Anteil an der kommenden Welt haben werden, wie auch das entgegengesetzte Urteil. Die Unterschiedlichkeit der Voten bis zur Gegenwart mag mit den jeweiligen Verfolgungssituationen zusammenhängen. Franz Rosenzweig hat – unter Rückgriff auf Maimonides – die These vertreten, das Christentum sei das Instrument, die Nichtjuden zum Glauben an den einen Gott zu führen; das Christentum käme dann als Ausführungsorgan des jüdischen Absolutheitsanspruchs zu stehen. Von geringen Ausnahmen abgesehen, gibt es bis heute keine eigene jüdische Missionstätigkeit. Insgesamt wird man sagen können: Die Wahrheitsgewißheit ist im Judentum – zwar durchaus universal orientiert – eher nach innen als nach außen gerichtet.[13]

Für unterschiedliche Formen eines offenen oder verdeckten »Absolutheitsanspruchs« bietet die Religionsgeschichte zahlreiche weitere Beispiele. Offenbar hat eine Religion, wenn sie sich erst einmal als universales Angebot an die Menschheit begriffen hat, durchaus implizit oder explizit den Anspruch, als letztlich allein und für alle Menschen wahr und lebensentscheidend zu gelten.

C Christliche Wahrheitsgewißheit

(1) Optionen

Wie sieht es in dieser Situation, die auf Konkurrenz und Auseinandersetzung oder auf Begegnung, Kommunikation, Interaktion und gegenseitige Integration drängt, mit dem Wahrheitsanspruch des christlichen Glaubens aus?

Formal gesehen, scheinen vier fundamentale Optionen einander gegenüberzustehen:

a. Die säkulare Option geht davon aus, daß die verschiedenen Absolutheits-

---

13. LJCB 9-13; G. Mayer 1994, 251-255.

ansprüche der Religionen sich gegenseitig aufheben, und setzt sich damit selbst absolut. Dagegen kann man natürlich fragen, inwiefern der Behauptung, es könne keinen Absolutheitsanspruch geben, der Status von Absolutheit zugesprochen werden kann. Insbesondere der Marxismus war der Überzeugung, der Wahrheitsanspruch von Religionen erledige sich von selbst. Diese Behauptung läßt sich jedenfalls mittelfristig empirisch ebensowenig beweisen wie widerlegen; ihr relatives Recht liegt möglicherweise darin, daß sich Religion künftig weniger in Mythologien und entsprechenden Riten als in säkularen Vorgängen von Sinnstiftung, von individueller und gemeinschaftlicher menschlicher Selbstverwirklichung Ausdruck verschaffen könnte.[14] Das Christentum hätte dabei möglicherweise spezifische Chancen.

b. Die zweite Option unterstellt die Religionen (und nicht im religiösen Gewand sich darbietende Weltanschauungen) einer gemeinsamen ethischen Aufgabe. »Kein Überleben ohne ein Weltethos – Kein Weltfriede ohne Religionsfriede – Kein Religionsfriede ohne Religionsdialog«.[15] Einzelaktionen wie das Pariser Kolloquium 1989 oder die Konferenz des Weltparlaments der Religionen in Chicago 1993[16] arbeiten in dieser Richtung. Das Desiderat ist dringend, aber für die religiöse Weltsituation leider nicht repräsentativ, wie ein Blick auf die jeweiligen Konfliktherde der Welt zeigt: Wenn sie nicht direkt religiöser Natur sind, haben sie oft mindestens religiöse oder pseudoreligiöse Implikationen. Zudem ist man sich ja keineswegs darin einig, was »Weltfriede« eigentlich bedeutet. Eine »pax islamica« hat einen anderen Zuschnitt als die zunächst sympathische, letztlich aber doch wohl als repressiv einzustufende Toleranz des Buddhismus oder des Hinduismus. Auch das Christentum konnte sich bislang nicht als weltfriedens-stiftend ausweisen.

c. Eine dritte Option geht davon aus, daß sich die verschiedenen Religionen, so unterschiedlich sie sich auch präsentieren mögen, auf einen letztendlich identischen gemeinsamen Grund beziehen. Alle »Versuche einer Synthese der Religionen und einer neuen Menschheitsreligion«[17] bauen auf ihr auf. Das hinduistische Elefanten-Gleichnis gehört hierher: In einer Schar von Blinden, von denen jeder einen Elefanten an einer anderen Stelle berührt, meint am Ende jeder, gerade er wisse, wie man sich einen Elefanten vorzustellen habe. »Das Wahre ist das Eine – die Weisen benennen es verschieden«, heißt es im Rigveda (I,164,46). In der volkstümlich-westlichen Variante lautet dieser Ansatz: ›Wir haben alle den selben Gott‹. Auch als Christ glaube ich, daß wir Menschen, welchen Religionen wir auch zugehören, alle den selben Gott haben, nämlich den »einen Gott, den Vater, von dem alle Dinge sind und wir zu ihm; und einen

14. H.-M. Barth, Theologie der Säkularisation heute: Post-säkulare Theologie, in: NZSTh 39 (1997) 27-41.

15. H. Küng 1992; H. Küng, K.-J. Kuschel 1993; H. Küng 1995.

16. H. Küng, K. J. Kuschel (Hg.), Weltfrieden durch Religionsfrieden, M 1993; vgl. jedoch auch H.-W. Gensichen, Weltreligionen und Weltfriede, Gö 1985, 7 ff., 143 ff.

17. Vgl. Fr. Heiler, RdM 549 ff.; P. Gerlitz, Kommt die neue Welteinheitsreligion?, H 1969; J. Figl, Die Mitte der Religionen. Idee und Praxis universalreligiöser Bewegungen, Da 1993.

Herrn, Jesus Christus, durch den alle Dinge sind und wir durch ihn« (I Kor 8,6). Der Hindu dagegen meint mit dem ›selben‹ Gott das »Eine«, und es ist keineswegs ausgemacht, daß wir darunter beide den »selben« Gott verstehen. Diese dritte Option wird von den Anhängern der verschiedenen Religionen (und Weltanschauungen) in der ihnen entsprechenden Weise interpretiert und somit in ihrer relativierenden Tendenz keineswegs einfach übernommen. Auch aus religionswissenschaftlicher Sicht ist sie nur differenziert vertretbar, da selbst die Mystik den weltanschaulichen Hintergrund der Religion, in der sie lebt oder von der sie herkommt, nie gänzlich abstreifen kann. Anthropologisch gesehen, läßt sich allenfalls sagen, daß Menschen in unterschiedlichen religiösen Kontexten offenbar ähnliche Fragen stellen – die Antworten jedoch bleiben verschieden.

d. Die vierte Option gilt als politisch inopportun und als dem Wesen der Religion, insbesondere der christlichen, widersprechend, ist aber wahrscheinlich die am ehesten realistische: Die Auseinandersetzung um die Wahrheit muß zwischen den verschiedenen Religionen und Weltanschauungen geführt und ausgetragen werden, auch wenn dies für alle Beteiligten mit Schmerzen verbunden sein wird. Es scheint mir ein prophetisches Wort zu sein, wenn Rudolf Otto schon 1913 behauptet: »Ein Riesenringen bereitet sich vor … Das wird der höchste, feierlichste Moment der Geschichte der Menschheit werden, wenn … die Religionen der Menschen gegeneinander aufstehen werden, und wenn, nach den Vor- und Scheingefechten um die mythologischen und dogmatischen Krusten und Hüllen, um die historischen Zufälligkeiten und gegenseitigen Unzulänglichkeiten zuletzt einmal der Kampf den hohen Stil erreichen wird, wo Jeder ohne Hülle sagen muß, was er Tiefstes, was er Echtes hat, und ob er etwas hat.«[18]

Es wird darauf ankommen, daß dieses Ringen im Geist der Toleranz und im Bewußtsein um die gemeinsame Aufgabe eines Überlebens-Weltethos' geführt wird, und daß es sich in einer Weise artikuliert, in der religiöse und säkulare Sinn-Behauptung einander verständlich bleiben. Das Christentum ist angesichts des zu erwartenden Ringens der Religionen in beiden Hinsichten auf besondere Weise gefordert: Im Blick auf das Kreuz Jesu und aufgrund der daraus erwachsenden Botschaft von der Liebe weiß es darum, daß sein Leben findet, wer es »verliert um seinetwillen« (vgl. Mt 16,25); aufgrund seiner spezifischen Geschichte im Abendland ist es aber auch für eine fruchtbare Begegnung mit säkularen Optionen besser gerüstet als jede andere Religion.

In welcher Relation steht die Wahrheit, derer der christliche Glaube gewiß ist, zu den Wahrheitsansprüchen nichtchristlicher Religionen? Sie wird sich nicht wie der Hinduismus als das große Sammelbecken empfehlen, in dem alle nur

---

18. R. Otto, Ist eine Universalreligion wünschenswert und möglich? Und wenn, wie kann man sie erreichen?, in: ChW 27 (1913) 1237-1243 (Zitat: 1239). Das Problem wird – wenn auch nachgeordnet – ebenfalls wahrgenommen von S. P. Huntington, Kampf der Kulturen, M ²1998.

Die Begründung des Glaubens

denkbaren religiösen Ideen und Praxen Aufnahme finden können. Der trinitarische Glaube ist vielmehr insofern als umfassende Integrationsperspektive zu verstehen, als er Alternativen zu transzendieren und einander scheinbar widersprechende Ansätze in eine beziehungsreiche Ordnung eigener Art zu überführen vermag. Wie der Buddhismus, so täuscht sich auch die christliche Wahrheitsgewißheit nicht darüber hinweg, daß alle irdischen Artikulationen von Wahrheit vergänglich sind und daß der Alpha-Glaube weder subjektiv noch objektiv Bestand hat. Sie bindet sich daher nicht an zeitbedingte Bekenntnisformulierungen – und geht doch davon aus, daß der Omega-Glaube nicht abseits von jeglicher Alpha-Gestalt wachsen und Wirklichkeit werden kann. Klar scheint mir auch, daß christliche Wahrheitsgewißheit nicht in derselben Weise, wie der Islam das tut, sich dezisionistisch und in abgrenzender Weise auf »Offenbarung« berufen kann. Der Rekurs auf »Offenbarung« meldet einen Geltungsanspruch an, dem ich selbst mich beuge, der sich aber nicht appellativ durchsetzen läßt: Sonst würde aus dem Angebot des Evangeliums eine Aufforderung zur Unterwerfung. Der formale Hinweis auf Offenbarung als solcher begründet aus der Sicht eines andersgläubigen Partners keinen Wahrheitsanspruch, wenn dieser sich ebenfalls auf »Offenbarung« bezieht. Nur im Blick auf die innerchristliche Wahrheitsgewißheit kann mit »Offenbarung« argumentiert werden. Schlüsselerlebnisse, wie sie den christlichen Glauben begründen, stellen nicht einfach Kriterien bereit, mit deren Hilfe andere Optionen be- oder gar verurteilt werden könnten. Macht man sich klar, wieviele außerbiblische Elemente zur Entstehung der Heiligen Schrift beigetragen haben und wie differenziert die Bibel über die Welt der Religionen spricht, so wird man beim Rekurs auf Offenbarung jeden vollmundigen und triumphalistischen Ton vermeiden. Auch die Barmer Theologische Erklärung, die in einer schwierigen Situation zweifellos eine wichtige Orientierungsfunktion für den deutschen Protestantismus hatte, läßt sich dann nicht hermeneutisch unreflektiert als Maßstab zur Bewertung der in den nichtchristlichen Religionen begegnenden Erfahrungen und Einsichten verwenden. Wohl dürfen und müssen Christen bekennen: »Jesus Christus, wie er uns in der Heiligen Schrift bezeugt wird, ist das eine Wort Gottes, das wir zu hören, dem wir im Leben und im Sterben zu vertrauen und zu gehorchen haben.« Dann aber ist zu präzisieren und zu korrigieren: Die Kirche darf »als Quelle ihrer Verkündigung« zwar nicht »außer und neben diesem einen Wort Gottes«, wohl aber *unter* diesem einen Wort Gottes »auch noch andere Ereignisse und Mächte, Gestalten und Wahrheiten als Gottes Offenbarung anerkennen«.[19] In gewisser Weise hat der späte Karl Barth selbst mit seiner »Lichterlehre« diesem Anliegen Rechnung getragen.[20] Wichtig scheint mir schließlich, durchaus in Erinnerung an die alttestamentlich-jüdische Tradition, daß sich der Absolutheitsanspruch Gottes zuallererst an

---

19. Die Theologische Erklärung der Bekenntnissynode von Barmen I.
20. K. Barth, KD IV/3, 1, 173 f.

die Glaubenden selbst wendet, »nach innen«, bevor er als das universale Angebot für alle Menschen geltend gemacht werden kann.

Wie aber läßt sich die Wahrheit des christlichen Glaubens inmitten eines zu erwartenden Ringens der Weltreligionen und globalen Weltanschauungen festhalten, bezeugen und zur Geltung bringen, wenn es keine objektivierbaren eindeutigen, messerscharfen Kriterien gibt, die – auch angesichts des bevorstehenden synkretistischen Drucks – mindestens eine klare Abgrenzung erlauben?

(2) Bewährungsinstanzen

Christlicher Glaube verfügt nicht über Kriterien, anhand derer er Nicht-Glaubenden oder Anders-Glaubenden die Wahrheit seiner Alpha-Aussagen jederzeit als gültig ausweisen könnte. Weder Dogmen noch Bekenntnisaussagen noch auch Aussagen der Heiligen Schrift dürfen in diesem Sinn mißverstanden bzw. mißbraucht werden. Aber der Glaubende kennt Instanzen, im Blick auf die er sich immer neu dessen versichern kann und muß, daß sein Glaube in der Alpha-Artikulation vom Omega herkommt und auf das Omega zugeht. Indem er sich an diese Instanzen wendet, klärt und bewährt sich sein Wahrheitsbewußtsein – nicht als sein Absolutheitsanspruch, sondern als seine Beziehung zum Absoluten. Was als »Absolutheitsanspruch« erscheinen konnte, erweist sich damit zugleich als Einladung und universales Angebot.

Die Wahrheitsgewißheit des christlichen Glaubens ergibt sich aus jenen »Schlüsselerlebnissen«, die in der Heiligen Schrift bezeugt werden und die die christliche Gemeinde begründen. Sie bewährt sich im Medium von Axiomen, die diesen »Schlüsselerlebnissen« entsprechen und auch von Nichtglaubenden als lebensförderlich anerkannt und erlebt werden.

Damit sind drei Instanzen angesprochen:

1. Der Bezug zur Heiligen Schrift, die in ihrer Gesamtaussage, aber auch in der Vielfalt ihrer Aussagemöglichkeiten ernstgenommen sein will, bleibt fundamental (siehe unten 3.4). Offenbarung wird als Schlüsselerleben begriffen, das prinzipiell im Glauben nachvollziehbar ist, ja in Wort und Sakrament zum Nachvollzug einlädt und damit Gemeinde begründet – übrigens auf religionsphänomenologisch einzigartige Weise (siehe unten 7.2, 7.3).

2. »Offenbarung impliziert Kirche«[21]. Die Wahrheitsgewißheit des christlichen Glaubens ist nicht durch theoretische Rechtfertigung eines theologischen Systems zu begründen und zu bewähren, sondern dadurch, wie die christliche(n) Kirche(n) mit diesem System umgehen, es hinterfragen, es mit Leben erfüllen, es für Innovationen öffnen und vor Depravationen schützen – theoretisch und praktisch, kollektiv und im individuellen Verhalten ihrer Mitglie-

---

21. J. Schmitz, Offenbarung, Dü 1988, 137.

der. Je intensiver das Verhältnis eines einzelnen bzw. einer Gemeinschaft zu dem begründenden und belebenden Schlüsselerleben ist, desto einladender und herausfordernder wird christlicher Glaube wirken.

3. An die Stelle von Kriterien treten auf der Basis der Heiligen Schrift und in der Gemeinschaft der Glaubenden – theoretisch und praktisch nachvollzogene – Axiome. Axiome, wie sie sich aus dem den christlichen Glauben begründenden Schlüsselerleben ergeben, sind z. B.:

– Gnade vor Recht,
– Freiheit vor knechtender Abhängigkeit,
– Liebe vor Haß,
– Heil vor Unheil,
– Leben vor Tod,
– Beziehung vor Beziehungslosigkeit,
– Verantwortung vor Verantwortungslosigkeit …

Die Wahrheitsgewißheit des christlichen Glaubens wird sich dadurch vertiefen und erweitern, daß der Begründungszusammenhang der genannten Axiome mit dem christlichen Schlüsselerleben in der Begegnung mit außerchristlichen Optionen verdeutlicht und daß er durch diese Begegnung zugleich in neue Kontexte hinein entfaltet wird. Daß dies ohne Abgrenzung nicht abgehen wird, ist klar. Zugleich eröffnet sich damit aber eine Möglichkeit, Gemeinsamkeiten zwischen unterschiedlichen Religionen und Weltanschauungen zu entdecken, Mißverständnisse aufzuklären und konkret Brücken zu schlagen. Der christliche Glaube wird dabei – für Glaubende – in seiner universalen Reichweite noch deutlicher erkennbar.

Dies ist nach einer doppelten Hinsicht zu entfalten: im Blick auf die nichtchristlichen Religionen und Weltanschauungen sowie im Blick auf das Selbstverständnis des Glaubens.

1. Im Blick auf das Verständnis nichtchristlicher Religionen und Weltanschauungen heißt das zunächst, daß keine von ihnen in Bausch und Bogen abgelehnt werden darf. Das gilt, so schwer es mir auch fällt, dies zuzugeben, sowohl für eine Religion mit kannibalistischen Zügen als auch für eine Weltanschauung wie den Nationalsozialismus. In jeder Religion (und Weltanschauung) äußert sich Suche nach Sinn und Heil, wird um Deutung und Gestaltung des Lebens gerungen. Schon diese Suche und solches Ringen sind im Glauben als Angebote Gottes zu verstehen: Sie verdanken sich dem Schöpfer, der zugleich auf die Erlösung und Vollendung seiner Schöpfung bedacht ist.

Die klassische Theologie erhebt dagegen Einspruch mit der Behauptung, daß es sich aber bei den hier gegebenen Antworten und Lösungsversuchen um den selbstmächtigen Griff des Menschen nach Gott und somit schlechthin um Sünde handle (K. Barth). Oder man stellt fest, daß die hier vorliegenden Elemente einer »natürlichen Offenbarung« durch die »übernatürliche« bzw. die »Heils-Offenbarung« zu ergänzen bzw. zu korrigieren seien (P. Althaus). Eine dritte Reaktionsvariante besteht darin, daß man den Faktor Zeit bzw. Geschichte zur Geltung bringt: Im Sinne einer universalen Vorbereitungsperiode für die letztgültige Offenbarung (P. Tillich) oder eines »legitimen Heilsweges« (K. Rahner) haben nichtchristliche Religionen und Weltanschauungen so lange einen heilsgeschichtlichen Sinn, bis eben der Anschluß an die Christus-Offenbarung gefunden ist.[22]

Auf einen weiterführenden Weg weist m. E. Paul Tillich hin mit seiner Rede vom »protestantischen Prinzip«, dem »göttlichen und menschlichen Protest gegen jeden Anspruch, der für eine bedingte Wirklichkeit erhoben wird«.[23] Es ist ein Protest, der auch innerhalb des Christentums gegenüber bestimmten innerchristlichen Interpretationen erhoben werden muß. Die Begründung dieses jede Religion und jede Weltanschauung relativierenden Protests liegt – bei Tillich selbst wohl nicht deutlich genug zum Ausdruck gebracht – in der Christologie: Der christliche Glaube bietet mit dem trinitarischen Konzept seines Denkens nicht nur den weitesten Spielraum für die Integration außerchristlichen Gedanken- und Gefühlsguts, sondern mit seiner Verankerung im Kreuzesgeschehen zugleich die elementarste Möglichkeit der Selbstrücknahme von religiösen Aussagen. Diese Selbstrücknahme erfolgt nicht dadurch, daß der Glaube sich relativiert oder gar einfach aus dem Verkehr zieht, sondern darin, daß er sich selbst (ebenso wie die ihn reflektierende Theologie) als Passionsgeschehen begreift. Wahrer Glaube wird sich vorsätzlich und bewußt verwunden und angreifen, ja bis zur Unkenntlichkeit verunstalten lassen. Indem er sich dem Prozeß von Leiden und Sterben aussetzt – indem er sich verschlingen läßt, aber als der verschlungene gegenwärtig bleibt, indem er einen Menschen inmitten scheinbarer Gottverlassenheit zu dem Ruf drängt: Gott, warum hast Du mich verlassen? – inmitten dieses Prozesses erweist sich der Glaube als lebendig, den Tod transzendierend, der letzten universalen Wahrheit entsprechend und durch alle scheinbaren Mutationen und Verfremdungen hindurchtragend. Die Frage nach dem Verhältnis zwischen christlichem Glauben und nichtchristlichen Religionen / Weltanschauungen ist durch den Rückgriff und die Wertung von wie auch immer gearteter »Offenbarung« allenfalls binnentheologisch und theoretisch zu lösen. Sie entscheidet sich aber im Vollzug der Geschichte, innerhalb derer sich der christliche Glaube von seinen Prämissen her als zugleich verletzbar und integrationsfähig erweisen darf.

2. Dabei ist im Blick auf das Selbstverständnis des christlichen Glaubens offensichtlich: Offenbarung liegt für ihn nicht abrufbar in der Vergangenheit, vollzieht sich aber auch nicht in einem zur Zukunft hin offenen beliebigen Prozeß. Sie läßt sich nicht an einem exklusiven Ereignis exklusiv festmachen, ist aber auch nicht auf jedes beliebige Ereignis zu beziehen. Die Wahrheit, auf die christlicher Glaube in seiner Alpha-Sprache sich beruft und die den Omega-Glauben inmitten seiner Alpha-Möglichkeiten trägt, ist weder eine bloße Sache

---

22. Vgl. C. H. Ratschow 1979, 33 ff., 103 ff.
23. P. Tillich, GW VII, 86. Vgl. jedoch Pan-Chiu Lai, Towards a Trinitarian Theology of Religions: a Study of Paul Tillich's Thought, Kampen 1994, bes. 147 ff., der Tillichs trinitarisches Denken in diesem Zusammenhang fruchtbar machen will.

der Vergangenheit (also einer hermeneutisch orientierten Dogmatik) noch auch eine Angelegenheit von zeitloser Abstraktheit (also einer philosophisch-analytisch ausgerichteten Systematischen Theologie). Nicht weniger als in der Vergangenheit liegt die Offenbarung, wie der christliche Glaube sie versteht, in der Zukunft, und weil sie sowohl von der Vergangenheit als auch von der Zukunft her auf den Menschen zukommt, begegnet sie auch in dessen jeweiliger Gegenwart. Nicht weniger als auf ein vermitteltes Schlüsselerlebnis bezieht sie sich auf unmittelbares Schlüsselerleben; ohne den ihr entsprechenden »Glauben« von »Offenbarung« zu reden, kann allenfalls religionsphänomenologisch, nie aber theologisch Sinn machen. Vermitteltes und unmittelbares Schlüsselerleben begegnen einander aber immer im Umfeld anderer Zeugnisse und Ereignisse, die als Schlüsselerlebnisse interpretiert wurden oder werden. Je tiefer und je umfassender der Glaube sich über sein Schlüsselerleben und darüber hinaus sowohl über dessen Begründung als auch über dessen Kontexte klar wird, desto sachgemäßer erfaßt er die ihn begründende »Offenbarung«. Glauben und Offenbarung gibt es mithin gar nicht anders als im Zustand und im Prozeß gegenseitigen aufeinander Bezogen-Seins, mithin einer »Vermischung«, bei der die beiden Elemente dennoch nicht einfach ineinander aufgehen. Nur, wenn es zu einer existentiellen »Vermischung« zwischen meinem Leben samt den aus psychologischen oder soziologischen Gründen mich bestimmenden Gegebenheiten mit der von Jesus Christus ausgehenden Botschaft kommt, kommt es auch zum Glauben in seiner Alpha-Gestalt und seinem Omega-Gehalt. Gerade inmitten dieses keineswegs irritationslosen »Vermischungsprozesses« scheint das schlechthin »Unvermischte« / »Unvermischbare« und zugleich »Ungetrennte« / »Untrennbare« auf. Die alten Formeln von Chalcedon gewinnen angesichts des Synkretismus-Vorwurfs noch einmal neue Aktualität. Es liegt an der Christologie bzw. am trinitarischen Bekenntnis, daß sich Offenbarung nach christlichem Bekenntnis nicht auf isolierte Einzelereignisse – besonders etwa der Vergangenheit – reduzieren läßt.

Der christliche Glaube gewinnt damit für die Begegnung mit nichtchristlichen Religionen und Weltanschauungen Freiheit und Spielraum. Er ist nicht im Sinne des Koran festgelegt auf ein unumstößliches Gesetz, nicht im Sinne des klassischen Buddhismus auf eine nicht zu überbietende Wahrheit; er bleibt aber auch nicht im Sinne traditionaler Religionen oder der Religionen Indiens einem naturwüchsigen freien Spiel von Kräften überlassen. Dies gilt es nun im Blick auf die Autorität der Heiligen Schrift und das ihr entsprechende Bekenntnis zu verifizieren. Christlicher Glaube ist kommunikationsfähig, weil kommunikationsbedürftig, wenn er die ihn begründende und ihm verheißene Wahrheit zum Leuchten bringen soll. Er geht davon aus, daß Gott sich »sub contrario« offenbart, nämlich im Leiden und im gewaltsamen Tod dessen, durch den Offenbarung zum Ereignis wurde und wird. Das Wissen darum nimmt den Christen und Christinnen die Furcht, ihr Glaube könnte in der Begegnung mit nichtchristlichen Religionen untergehen. Möglicherweise wird sich seine traditionelle bzw. derzeitige kirchliche und theologische Gestalt verändern und teilweise sogar verlieren. Aber gerade in seiner Verletzbarkeit wird sich christlicher Glaube als lebendig und gültig erweisen. Nicht alle Religionen widersetzen sich dem die Evolution und gerade auch die Geschichte der Menschheit begleitenden Selektionsdruck – gewiss aber der am Kreuz Jesu Christi orientierte christliche Glaube.

D Thesen

1. Christliche Wahrheitsgewißheit ist begründet durch Schlüsselerlebnisse, die sich durch die Begegnung von Menschen mit dem Zeugnis von Jesus als dem Christus unverfügbar ereignen. Daran ist die trinitarische Struktur des christlichen Offenbarungsverständnisses erkennbar: Offenbarung vollzieht sich auf der Basis schöpfungsmäßig gegebener Voraussetzungen durch die Begegnung mit der Wirkungsgeschichte Jesu als des Christus im Heiligen Geist.

2. Für die Gültigkeit christlicher Wahrheitsgewißheit gibt es daher keine Kriterien, die außerhalb dieses Vorgangs zu gewinnen wären.

3. Auch Judentum und Islam, Buddhismus und Hinduismus sind auf je verschiedene Weise durch universale Wahrheitsansprüche gekennzeichnet, die sich letztlich nur aus der Mitte der jeweiligen Religion begründen lassen.

4. Die Wahrheitsgewißheit des christlichen Glaubens läßt sich gegenüber nichtchristlichen Religionen nicht durch den Rekurs auf eine objektiv vorgegebene »Offenbarung« verteidigen, aber im Blick auf ihre Bewährungsinstanzen vertreten, nämlich im Blick auf das Zeugnis der Heiligen Schrift, die Gemeinschaft der Glaubenden und die dem christlichen Ansatz entsprechenden ethischen Axiome.

5. In dem Wissen, daß keinem Bedingten die Autorität des Unbedingten zuerkannt werden darf, hinterfragt die Wahrheitsgewißheit des christlichen Glaubens kritisch und ikonoklastisch jede Artikulation und jede Gestaltwerdung von Überzeugungen sowohl im außer- als auch im innerchristlichen Bereich.

6. Da die Wahrheitsgewißheit des christlichen Glaubens aus der Begegnung mit dem Gekreuzigten und Auferstandenen lebt, gewinnt sie an Plausibilität durch die Überzeugung, daß die Gestaltwerdung gerade der Wahrheit verwundbar ist, die Wahrheit selbst aber ihre Kraft in der Schwäche entfaltet wird.

7. Christliche Wahrheitsgewißheit zeichnet sich dadurch aus, daß sie offen ist für die Begegnung mit anderen Wahrheitsgewißheiten, auf ihre eigene Durchsetzung verzichten kann (vgl. Phil 2,6 ff.) – und in beidem sich immer neu findet.

3.4 Die Vermittlung von Wahrheitsgewißheit

A Die Relevanz der Heiligen Schrift nach christlichem Verständnis

Konstitutiv für die Vermittlung christlichen Glaubens und somit christlicher Wahrheitsgewißheit ist die Heilige Schrift, und zwar sowohl hinsichtlich der kognitiven als auch der existentiellen Seite. Luther wird nicht müde, die Kraft des Wortes Gottes zu rühmen, das sowohl den einzelnen Glaubenden gewinne, entlaste und mobilisiere als auch in der Kirche sich durchsetze: Während er mit seinen Freunden Wittenbergisch Bier getrunken habe, habe Gottes Wort allenthalben seine Wirkung entfaltet.[1] Zugleich hat die Heilige Schrift die Funktion, Irrlehre als solche zu identifizieren; dieser Gesichtspunkt wird der zweiten Generation der Reformation besonders wichtig: Die Schrift ist »regula« und »norma«; alle Lehre ist an ihr zu messen.[2] Die lutherische Orthodoxie spricht von einer doppelten Autorität, die ihr zukomme: »auctoritas causativa« und »auctoritas normativa«: Sie »verursacht« den Glauben und »normiert« seinen Inhalt bzw. die diesen reflektierende Theologie. Dieses Urteil über die Heilige Schrift entspreche deren eigenem Selbstverständnis: Gottes Wort kann nicht erfolglos bleiben; es kehrt nicht wirkungslos zu seinem Urheber zurück (vgl. Jes 55,10 f.). Es ist vielmehr wie Feuer und wie ein »Hammer, der Felsen zerschmeißt« (Jer 23,29).

Die hier vorgetragenen vollmundigen Aussagen entsprechen nur zum Teil heutiger Erfahrung. Will man die Reformation nicht mißverstehen, so muß man freilich beachten, daß sie von »Gottes Wort« spricht und nicht synonym damit von der Heiligen Schrift, dem Bibel-Buch, obwohl mitunter nicht scharf zwischen beidem differenziert wird. Nicht die Bibel selbst ist Basis des Glaubens, sondern das Wort Gottes, das sie bezeugt. Weil und insofern sie aber Gottes Wort bezeugt, kann sie wiederum auch mit dem Wort Gottes identifiziert werden. Klarer wird das Gemeinte, wenn man formuliert: In der Heiligen Schrift begegnet Gottes Wort; wer sich mit ihr befaßt, kommt mit dem Wort und dem Geist Gottes in Berührung; so vermittelt sich christliche Wahrheitsgewißheit. Als Medium muß die Bibel ernstgenommen werden; das Medium darf aber nicht mit der Sache selbst verwechselt werden. Trotz dieser Präzisierung bleibt der Einspruch gegenwärtiger Erfahrung:

Die Heilige Schrift erscheint nicht als solche attraktiv. Es bedarf oft erheb-

1. WA 10/3, 18, 10 ff.
2. BSLK 767,1 ff.

licher Vorkenntnisse und einiger Anstrengungen, diese Vorkenntnisse zu erwerben, will man das in ihr Gemeinte überhaupt verstehen. Die wissenschaftliche historisch-kritische Exegese erweckt zudem den Eindruck, nur noch die Fachleute könnten biblische Texte sachgemäß lesen und erklären.

Aber auch der gutwillige und einigermaßen vorgebildete Leser hat mit der Bibel Schwierigkeiten. Sie enthält Aussagen, die unerträglich sind – für unvoreingenommene Leser (Ps 137,9: »Wohl dem, der deine jungen Kinder nimmt und sie am Felsen zerschmettert!«) ebenso wie für Glaubende (I Tim 2,15: Die Frau wird »selig werden dadurch, daß sie Kinder zur Welt bringt«, die im Glauben und in der Liebe »bleiben«). Es geht ja gar nicht nur um Widersprüche!

Frauen schließlich erleben die Bibel in besonderem Maße als ein »garstiges Buch« (Catharina Halkes). Wenn es sogar praktizierenden Christen und Christinnen schwer fällt, eine tägliche Bibellese durchzuhalten, so liegt das jedenfalls auch bis zu einem gewissen Grade an der Bibel selbst!

Trotz alledem ist es offensichtlich, daß für die Vermittlung christlicher Wahrheitsgewißheit die Bibel eine zentrale Rolle spielt. Wie das biblische Wort, der biblische Wortlaut selbst, dabei zum Einsatz zu bringen ist, wird in den verschiedenen christlichen Konfessionen unterschiedlich gesehen, aber der Sache nach ist die Heilige Schrift natürlich für jede christliche Kirche konstitutiv.[3] Wenn Glaube in seiner Alpha-Gestalt sich nicht abseits des menschlichen Bewußtseins verwirklichen kann, bedarf es dazu in irgendeiner Form des Rückbezugs auf das ihn begründende Wort und der Kommunikation durch das Wort.

Keine Religion kommt daher ohne das Wort aus, wenn es auch in den verschiedenen Religionen höchst unterschiedliche Funktionen zugewiesen erhält. So hat sogar die Entstehung der Schrift religiöse Wurzeln – am deutlichsten zu ersehen an den »Hiero-glyphen«, aber auch an den »Runen«.[4] Offen ist die Frage, was für die auf Wort und Schrift sich gründende Religion die PC-Welt und ein ggf. zu erwartendes »nachliterarisches Zeitalter« bedeuten können. Solange es jedoch zu christlichem Glauben und damit zu christlicher Wahrheitsgewißheit kommen soll, ist ein Verzicht auf das Medium der Heiligen Schrift nicht denkbar. Wie ist aber – unter welchen Bedingungen auch immer – die konstitutive Rolle gerade der Bibel, wie ist die Kampfformel der Reformation »sola scriptura!« zu begründen?

---

3. Vgl. H.-M. Barth, Spiritualität, Gö 1993, 112-124, sowie H. Kirchner, Wort Gottes, Schrift und Tradition, Gö 1998.
4. Vgl. Fr. Kluge, Etymologisches Wörterbuch der deutschen Sprache, B ²¹1975, 614 f. (Rune), 107 (Buchstabe).

Die Begründung des Glaubens

(1) Begründungsversuche für die Relevanz der Heiligen Schrift

Innerhalb der evangelischen Tradition hat man zwischen äußeren und inneren Argumenten (»kriteria«) für die Geltung der Heiligen Schrift unterschieden[5]; römisch-katholische (und ähnlich orthodoxe) Theologie hat besonders auf die Legitimation der Bibel durch die Kirche Wert gelegt.

(a) Formale Kriterien

Als »äußere« Kriterien wurden in der altprotestantischen Orthodoxie u. a. genannt
– das Alter der Texte,
– die Einfachheit des Stils,
– die Wahrheitsliebe der Verfasser,
– das Zeugnis der Kirche,
– das Lebenszeugnis der Märtyrer,
– die erfolgreiche Verbreitung der christlichen Lehre.
Diese Auflistung klingt einfältig, ist aber doch auch unter dem heutigen Kenntnisstand ernstzunehmen:
– Die frühesten Texte des Alten Testaments reichen vermutlich bis ans Ende des 2. vorchristlichen Jahrtausends zurück und bezeugen damit immerhin eine hohe Kontinuität des Ansatzes, auf den sich der christliche Glaube bezieht. Von besonderem Interesse ist dabei die hervorragende Qualität der Überlieferung.
– Das literarische Niveau nicht weniger biblischer Texte bleibt keineswegs hinter den großen Zeugnissen der Weltliteratur zurück.
– Die »Verfasser« – einzelne oder Gruppen – sind jedenfalls in der Hinsicht zu würdigen, daß sie eine bestimmte Glaubenserfahrung, die sie selber gemacht hatten und weitergeben wollten, ihrem Vermögen entsprechend zu Papier gebracht haben; das sollte gerade nicht als Parteilichkeit, sondern als sachgemäße Quelle einer religiösen Erfahrung und Überzeugung verstanden werden.
– Das Zeugnis der Kirche besteht darin, daß sie den Kanon als eine Selbstverpflichtung übernommen hat, daß die Lesung aus den heiligen Schriften von Anfang an zum christlichen Gottesdienst gehört hat und daß die Bibel Grundlage der Verkündigung und des Gebetslebens wurde.

---

5. Vgl. H. Schmid, Die Dogmatik der evangelisch-lutherischen Kirche. Dargestellt und aus den Quellen belegt. Neu hg. und durchgesehen von H. G. Pöhlmann, Gü [9]1979, 48 f., 52; es begegnen jedoch unterschiedliche Einteilungen.

– Zur Rezeptionsgeschichte der Heiligen Schrift gehört es, daß Menschen zum Zeugnis für das, was in ihr bezeugt ist, Leid auf sich genommen haben – das Leid der Galeeren, so die Hugenotten, das Leid der Auswanderung, so die Salzburger Exulanten, ja den Tod – im 20. Jahrhundert den Tod in KZ oder Gulag.

– Auch die weltweite Verbreitung der Bibel ist ein nicht zu übersehendes Zeugnis für ihre Wirkungsgeschichte.

(b) Inhaltliche Kriterien

1. Als »innere« Argumente galten den alten Dogmatikern u. a.
– die Tiefe der in der Heiligen Schrift überlieferten Glaubensgeheimnisse,
– die Majestät des in ihr sich bezeugenden Gottes.
Hier ist natürlich die von außen herangetragene Wertung überdeutlich; aber Gesichtspunkte für die Hochschätzung der Heiligen Schrift ergeben sich auch daraus:
– Als religiöse Texte, ja als bewegende Dokumente menschlichen Selbstverständnisses, können viele Partien der Bibel auch unter religionsphänomenologischen Gesichtspunkten gewürdigt werden.
– Religiös sensible Menschen werden nicht leugnen, daß im biblischen Zeugnis ein »mysterium« als »fascinans et tremendum« begegnen kann.
Natürlich lassen sich hier sofort Gegenrechnungen aufmachen; aber Christen brauchen die genannten Gesichtspunkte deswegen nicht gering zu achten und sozusagen einfach zu verschenken.

2. Das Hauptargument war für manche Dogmatiker der altprotestantischen Orthodoxie freilich etwas anderes, nämlich das »testimonium spiritus sanctum internum«, die in der Heiligen Schrift begegnende Kraft, einen Menschen zu treffen, zu packen, zu überwältigen und mit dem heiligen Gott in Beziehung zu bringen. Eine ausgeklügelte Lehre von der Inspiration konnte sich mit dieser Lehre verbinden, die dann in der neueren Diskussion eine Umkehrung erfuhr: Die Inspirationslehre ist als metaphysische Theorie der Entstehung des Bibelbuches zwar nicht haltbar; sie erweist ihre Wahrheit jedoch darin, daß die Bibel zu inspirieren und zum Glauben zu führen vermag.

3. In der römisch-katholischen und in der ostkirchlich-orthodoxen Tradition gilt die Autorität der Heiligen Schrift als abgesichert durch die Autorität der Kirche. Schließlich sei die Bibel im Schoß und durch die Approbation der Kirche überhaupt erst zustande gekommen. Im Vermittlungsprozeß des christlichen Glaubens spielt sie nach dieser Auffassung eine zwar unverzichtbare, aber keineswegs exklusive Rolle. Liturgische Gesten und Regelungen bringen ihre Hochschätzung zum Ausdruck.

Die Reformation hat versucht, die Autorität der Heiligen Schrift kritisch gegen Tradition und Praxis der von ihr vorgefundenen Kirche geltend zu machen. Die Kirche hat in der Heiligen Schrift ihre Basis und damit zugleich ihre Norm!

Katholische und orthodoxe Tradition besitzen aufgrund ihres Ansatzes, die Bibel nicht als ausschließliche oberste Instanz in Glaubensfragen anzuerkennen, kein wirklich kritisches Korrektiv für die Orientierung in Glaubens- und Lebensfragen. Entweder wird dann von einem bestimmten Selbstverständnis der Kirche – so im orthodoxen Bereich – oder von einem eigens dazu geschaffenen Lehramt her – so die römische Lösung – über die Auslegung von Aussagen der Hl. Schrift entschieden.

Evangelische Theologie, die mit Recht dies immer wieder beanstandet hat, hat über ihrer Polemik freilich oft vergessen, daß gleichwohl die Bezeugung der Ausstrahlungskraft der Bibel innerhalb der Gemeinde zu den Argumenten zählt, die man zugunsten der Bibel tatsächlich ins Spiel bringen kann.[6] Die Bibel hat sicher in Einzelfällen zunächst auch ohne den Kontext einer Kirche Menschen für den Glauben gewonnen. Doch in der Regel bedarf es des Kontextes der Gemeinde, die von der Bibel und mit ihr lebt, wenn biblische Aussagen verstanden und nachvollzogen werden sollen. Die Praxis evangelikaler Missionen, die sich auf das Verteilen von Bibeln oder »Bibelteilen« konzentriert, erscheint von daher mindestens als fragwürdig.

(c) Gegenwärtige Positionen

In der Diskussion des 20. Jahrhunderts hat sich das Problem der Geltung der Heiligen Schrift vor allem auf die Frage konzentriert, wie denn die Bibel als »Wort Gottes« gedacht werden könne. Dazu wurden und werden vornehmlich folgende Antworten diskutiert:
– Evangelikale Gruppen halten an dem klassischen voraufklärerischen Offenbarungs- und Inspirationsmodell fest.
– Pneumatologisch orientierte Frömmigkeit und Theologie legt dar: Durch das biblische Zeugnis wirkt der Heilige Geist; insofern bezeugt die Bibel sich selbst. Charismatiker können freilich betonen: Der Geist ist es, der lebendig macht, nicht der Buchstabe!
– Christologisch läßt sich mit Hilfe des Hinweises darauf argumentieren, daß Christus selbst als das Wort Gottes verstanden werden könne und müsse; die Bibel ist dann nur Zeugnis für das Wort Gottes oder aber eine bestimmte Gestalt des Wortes Gottes. In diesem Sinne unterscheidet K. Barth zwischen dem »geoffenbarten«, dem »geschriebenen« und dem »verkündigten« Wort Gottes.[7] Keine von diesen Gestalten darf den anderen gegenüber isoliert werden. In den drei Gestalten gemeinsam begegnet das eine Wort Gottes. Gerade unter dieser Voraussetzung erweist sich die Heilige Schrift selbst als Gottes Wort.

6. Vgl. z. B. H. G. Pöhlmann ⁵1990, 66.
7. KD I/1, 124 f.

(2) Einwände gegen die Relevanz der Heiligen Schrift

a. Die Bestreitung der Historizität des in der Bibel Berichteten dürfte wohl keinen relevanten Einwand mehr darstellen, seit trotz aller Differenzen im einzelnen der historisch authentische Bestand weitgehend geklärt und das Genus der Texte genauer erfaßt ist: Nach deren Selbstverständnis geht es ja in vielen Fällen eben gar nicht um Historizität (eine ohnehin erst mit der Aufklärung gewonnene Kategorie), sondern um Zeugnis und Verkündigung, um »Kerygma«.

b. Der Verweis darauf, daß es sich bei dem überlieferten Material um »Mythologie« handelt, die von einem modernen Menschen nicht ernstgenommen werden dürfe, hat seine größte Bedeutung ebenfalls längst gehabt.[8] »Mythologie« ist für denjenigen kein diskreditierendes Schimpfwort, der sich klar macht,
– wie sehr sich gerade mythologisches Material dazu eignet, rational nicht voll Erfaßbares gleichwohl sprachlich zum Ausdruck zu bringen,
– wie tief es mit archetypischen Elementen verbunden und im Unterbewußtsein vieler Menschen (Träume!) gegenwärtig ist[9],
– wie souverän sowohl das Alte als auch das Neue Testament mythologisches Material aus der Umwelt einerseits nutzen, andererseits uminterpretieren,
– wie mythologische Sprache dazu verwendet werden kann, auch historische Fakten in ihrer Bedeutsamkeit zu markieren und zu profilieren.

c. Auf die Interpretationsbedürftigkeit – nicht so sehr im philologischen wie im religiösen Sinn – der Heiligen Schrift wurde vor allem von den nicht-reformatorischen Kirchen immer wieder hingewiesen. Die Diskussion um die Frage, worin das »hermeneutische Prinzip« für die Auslegung der Heiligen Schrift bestehen könne, hat sich als durchaus fruchtbar erwiesen, wenn sie auch nicht zu übereinstimmenden Auffassungen führen konnte. Eine »werkimmanente Interpretation« des Bibelbuches eröffnet die Erkenntnis: Es gibt eine »Mitte« der Schrift, nämlich Gottes Initiative zur Rettung des sündigen Menschen, wie sie in Gottes Schöpferhandeln bereits angelegt ist und in der Sendung Jesu Christi und in der Gabe des Heiligen Geistes kulminiert. Luthers immer wieder wiederholte Formel »was Christum treibet« ist – gewiß auch in seinem Sinne – erweiterungsfähig und -bedürftig: Sie muß im trinitarischen Horizont verstanden werden. Damit ist zugleich eine Perspektive für die Frage nach der Einheit der beiden Testamente gegeben.

d. Ein zwischen den Konfessionen immer wieder auftauchendes Problem stellt die Frage nach der Geltung der Tradition dar: Nach Auffassung der Reformation verdirbt sie unter bestimmten Umständen den Glauben, wie er durch

---

8. Vgl. Chr. Elsas, Art. Mythos, Mythologie, in: EKL³ 3, 586-592 (Lit.!).
9. Aufschlußreich ist dazu die Debatte um E. Drewermann, Tiefenpsychologie und Exegese I, Olten ⁴1987, II Olten ²1986; vgl. H.-M. Barth, Gottes Wort ist dreifaltig. Ein Beitrag zur Auseinandersetzung mit der »archetypischen Hermeneutik« Eugen Drewermanns, in: ThLZ 113 (1988), 251-254.

die Heilige Schrift selbst vermittelt werden soll; die Tradition überwuchert das Ursprüngliche; Interessen von Auslegenden und mit der Schrift Umgehenden überlagern deren eigentliche Botschaft. Daher »sola scriptura«! Dabei ist allerdings im Auge zu behalten, wogegen sich dieser Exklusivitätsanspruch wendet. Er wendet sich nicht gegen die Tradition als solche; auch die evangelischen Kirchen stecken voller Tradition, angefangen bei den Bekenntnisschriften. Luther selbst hat durch die Bibel nicht ohne weiteres abgedeckte Traditionen wie z. B. die Kindertaufe ganz selbstverständlich übernommen und theologisch verteidigt. Die Frage ist also die, um welche Traditionen es sich handelt – ob es um Traditionen geht, die im Gefolge des ursprünglichen Zeugnisses liegen oder um solche, die sich verfremdend auswirken.

e. Ein Einwand, der theologisch kaum artikuliert wird, liegt schließlich darin, daß sich christlicher Glaube nicht in der Weise und in dem Maße über die Heilige Schrift vermittelt, wie das insbesondere die reformatorischen Kirchen behaupten. Inwieweit ist die protestantische Rede von der »Selbstmächtigkeit des Wortes« Ideologie? Dazu kommt, daß das Vorhandensein von heiligen Schriften außerhalb des Christentums eigene Fragen aufwirft, vielleicht aber auch zur Lösung von innerhalb der christlichen Theologie offengebliebenen Fragen beitragen kann.

B   Außerchristliche heilige Schriften

Der Religionswissenschaftler Joachim Wach hat den Christen empfohlen, nichtchristliche Bibeln zu lesen. Friedrich Heiler spricht unbekümmert von »Bibeln der Menschheit« oder »Menschheitsbibeln«[10] und versteht darunter das kanonische Schrifttum der Religionen. Ob und inwieweit es sachgemäß ist, die Bibel mit heiligen Schriften heute lebender Religionen in bezug zu setzen, ist zu prüfen.[11]

---

10. Fr. Heiler, EWR 343 f.
11. Vgl. zum Ganzen Fr. Heiler, EWR 339-364; LR 256-273; G. van der Leeuw ⁴1977, §§ 58-62; U. Tworuschka, Methodische Zugänge zu den Weltreligionen. Einführung für Unterricht und Studium, F 1982, 154-198 (darin z. B. Exemplarische Interpretation von Sure 1, Merkmale buddhistischer Hermeneutik usw.); U. Tworuschka (Hg.), Heilige Schriften. Eine Einführung, Da 2000; G. Mensching, Das heilige Wort. Eine religionsphänomenologische Untersuchung, Bonn 1937; J. Leipoldt, S. Morenz, Heilige Schriften. Betrachtungen zur Religionsgeschichte der antiken Mittelmeerwelt, L 1953; G. Lanczkowski, Heilige Schriften. Inhalt, Textgestalt und Überlieferung, St 1956; R. Flasche, Sacra scriptura in den Religionen, in: C. H. Ratschow (Hg.), Sola Scriptura, Marburg 1977, 38-47.

(1) Der Bestand

Religionsgeschichtlich und religionswissenschaftlich wird man sagen müssen, daß die Verschriftlichung einen tiefen Einschnitt in der Entwicklung der Religionen der Menschheit bedeutet hat. Das ursprünglich mündlich gebrauchte und tradierte Wort verliert gewisse Eigenschaften, gewinnt aber andererseits neue hinzu. Zunächst war offenbar das Wort als solches als mächtig erfahren worden; Zungenrede, Zauber und magische Praktiken geben davon Zeugnis.[12] Durch das so verstandene Wort war auch das Schweigen religiös qualifiziert.[13] Das Niederschreiben von Worten war von daher eine religiöse Handlung. Doch mit dem Vorhandensein schriftlich fixierter religiöser Texte änderte sich die Situation insgesamt.

(a) Heilige und kanonische Texte

In den meisten Religionen der Menschheit gibt es eine Vielzahl von religiösen Texten. Nach einer Einteilung von Alfred Bertholet unterscheidet man
- magische Schriften (z. B. Teile der tibetischen Tantra-Literatur),
- Hymnen (z. B. Rigveda),
- Bußpsalmen,
- Meisterlehre (z. B. Evangelien, Koran),
- systematisierende Literatur (z. B. teilweise Upanishaden),
- Gesetzessammlungen,
- rituelle Schriften,
- Mythos und Sage,
- Orakelbücher.[14]

Diese Einteilung ist wie die meisten Klassifizierungen problematisch; immerhin macht sie die Vielfalt und zugleich die unterschiedliche Funktion heiliger Schriften deutlich. Von besonderem Interesse ist das Genus des von G. Mensching so benannten »Meisterwortes«, da sich Autorität des »Boten« und der »Botschaft« in vielen Religionen berühren, nirgends offenbar aber eine so enge Verbindung eingehen wie in der urchristlichen Logoschristologie. Eine eigene Diskussion, die allerdings nicht hier geführt werden soll, verdient die Erzählform des Mythos.[15]

Mit der schriftlichen Fixierung religiöser Aussagen verbindet sich positiv eine größere Verläßlichkeit, derer man zunächst offenbar besonders im rituellen und magischen Bereich bedurfte. Die Frage historischer Zuverlässigkeit ist meist

---

12. Fr. Heiler, EWR 266 f.
13. G. Mensching, Das heilige Schweigen, Gießen 1926.
14. Nach G. Mensching, Das heilige Wort, Bonn 1937, 78 f.
15. Vgl. Fr. Beißer, Art. Mythos V. Systematisch-theologisch, in: TRE 23, 650-661.

völlig irrelevant. Als negativ ist freilich festzustellen, daß die Texte sich nunmehr verselbständigten und auf Interpretation und Verlebendigung angewiesen waren. Sodann stellte sich das Problem der unterschiedlichen Geltung. Aus dem religiösen Schrifttum mußte ausgewählt werden, was Priorität beanspruchen durfte.

Damit war die Frage nach der Normativität aufgeworfen. Formelle Kanonisierungsprozesse gab es, wenngleich in unterschiedlicher Durchführung, im Buddhismus, im Islam, in den hinduistischen Religionen, im Jainismus, im Mazdaismus und im Taoismus. Im einzelnen liegen die Dinge jedoch sehr kompliziert. Die Hinayana-Schriften werden von den Mahayana-Buddhisten weitgehend anerkannt, die Mahayana-Schriften jedoch nur teilweise von den Hinayana-Buddhisten. Ethnisch oder regional bedingte Sammlungen zeigen nicht nur qualitativ, sondern auch quantitativ erhebliche Unterschiede. Damit steht zugleich zur Debatte, was unter »kanonischer Geltung« verstanden werden soll. Die Grenze zwischen heiligen und kanonischen Schriften ist in vielen Religionen fließend. Die relativ scharfe Abgrenzung kanonischen Gutes von der übrigen Tradition ist offenbar eine Besonderheit jüdischen, christlichen und islamischen Denkens. Die Möglichkeit einer Diastase zwischen ursprünglichem Gut und verfälschenden Zutaten kam dem Protestantismus so scharf wie keiner anderen Religionsgemeinschaft zu Bewußtsein.

(b) Die Aussagekraft der für heilige Schriften verwendeten Begriffe

Wie die heiligen Schriften in den einzelnen Religionen verstanden werden, wird oft schon an der gewählten Begrifflichkeit deutlich. Dazu einige Beispiele:
– Die Bezeichnung »Bibel« ist wenig prätentiös, da sie einfach die in ihr versammelten Bücher (*ta biblia*) meint. Der Begriff »Buch« bzw. »Bücher« kommt auch anderweitig in der Welt der Religionen vor, wenn kanonische Schriften als solche bezeichnet werden (vgl. *avesta* = Text, Grundtext; das heilige Buch des Parsismus).
– Die hebräische Bezeichnung für die Hebräische Bibel ist üblicherweise *Tanach* (*Tora, Nevi'im, Ketuvim* – Gesetz, Propheten, Schriften).
– Die Begriffe (Altes bzw. Neues) »Testament« entsprechen ebenfalls hebräischem Sprachgebrauch (*sefer ha-berit* = Buch des Bundes; vgl. Exodus 24,7).
– »Koran« ist das »Gelesene«, der Vortrag, die Rezitation; ein unter Muslimen häufig für ihn gebrauchter Begriff lautet: *al-furqan*, die Unterscheidungsnorm, Orientierung und »Rechtleitung«; schließlich gilt der Koran als *umm-al-kitab*, die »Mutter aller Bücher«.[16]
– Der Begriff *veda* bezeichnet das in den Veden enthaltene »heilige Wissen«.

16. S. H. Nasr 1993, 58. Zum Ganzen vgl. T. Nagel ²1991. Nach H. Zirker 2000, 45, 49: »Mutter der Schrift«.

– Dazu kommen »*Aranyakas*« (die »zum Wald gehörigen« Bücher der Geheimlehren; Lektüre der Einsiedler) und die Upanishaden (*upa* = nahe bei, *ni* = nieder, *shad* = sitzen: nahe bei einem spirituellen Lehrer sitzen, von ihm geheime Lehre empfangen).

– *Sutras* (= Leitfaden oder »Perlenschnur«, auf der die Wahrheiten aufgereiht sind, Orientierungsbuch) sind offiziell oft von nachgeordneter Autorität, faktisch aber von größerer Wirksamkeit als die offiziell als Offenbarungstexte geltenden Dokumente.

– In manchen Religionen scheinen einzelne Worte bzw. Silben für die religiöse Praxis gewichtiger zu sein als große Schriftcorpora, so das *Mantra* (»heiliger« oder »beschützender Spruch«); das meistgebrauchte Mantra heißt »*om*«.

– Das *Koan* spielt in der Zen-Praxis eine wichtige Rolle als nicht logisch auflösbares Rätselwort, an dem man seine Verstandestätigkeit abarbeiten kann, bis man schlagartig deren Begrenztheit und Irrelevanz erfaßt.

Geht man die verschiedenen Begriffe durch, so zeigt sich, daß sich mit den heiligen Texten von vornherein unterschiedliche Vorstellungen und Erwartungen verbinden. Heilige Texte sind also kostbar (»Perlenschnur«); sie leiten das religiöse Leben und machen es konsistent (»Leit-faden«, chinesisch *ching* = Kettfaden). Sie vermitteln heiliges Wissen (*veda*) und sie bieten Schutz (*mantra*). Das biblische Verständnis steuert den Gedanken bei, daß heiliger Text eine Urkunde göttlicher Zusage bietet (Testament; »Bund«). Im Extremfall kann ein bestimmtes Wort dazu dienen, die Kategorie des kognitiv verstandenen Wortes zu transzendieren (*Koan*).

Im folgenden soll die Funktion der in Judentum, Islam, Hinduismus und Buddhismus gebräuchlichen kanonischen Schriften beschrieben und die dafür gegebene Begründung erörtert werden; aus Funktion und Begründung ergibt sich ein bestimmter Umgang mit den heiligen Schriften (liturgisch, hermeneutisch, normativ hinsichtlich des Bekenntnisses und des Ethos). Manchmal explizit, oft aber jedenfalls implizit läßt sich aus dem jeweiligen Ansatz auch Kritik am christlichen Verständnis der Bibel ableiten.

(2) Weisung – Aufschluß – Erinnerung: der jüdische Kanon

Die Ausbildung des jüdischen Kanons dürfte einerseits auf äußere, andererseits auf innere Faktoren zurückzuführen sein. Zu den äußeren Faktoren gehört die Diaspora-Situation: Die Notwendigkeit, eine griechische Übersetzung der heiligen Schriften zu erstellen, stellte das Judentum zugleich vor die Frage, welche Schriften denn als verbindlich gelten sollten. Ein letzter Anstoß dafür, eine klare Lösung zu gewinnen, könnte in der Zerstörung Jerusalems gelegen haben. Nun wollte man sich wenigstens eines klaren geistigen Grundes vergewissern; die

Synode von Jamnia sollte wohl diesem Ziel dienen. Aber auch die inneren Faktoren haben eine wichtige Rolle gespielt: Angesichts des Anwachsens apokrypher und pseudepigraphischer Literatur mußten die Prioritäten festgestellt werden; vor allem bedurfte es klarer Anweisungen für den gottesdienstlichen Gebrauch. Trotzdem wurde ein einheitliches Ergebnis bekanntlich nicht gefunden; der Unterschied zwischen dem hebräischen Kanon und dem der Septuaginta reproduziert sich noch heute in den unterschiedlichen Kanon-Auffassungen der christlichen Konfessionen. Die reformatorischen Kirchen beziehen sich auf den engeren, hebräischen Kanon, während Katholizismus und Orthodoxie den weiten, auch Spätschriften umfassenden Kanon der Septuaginta vorziehen.

(a) Spirituelle Funktion und theologische Begründung

1. Die theologische Funktion des Kanons heiliger Schriften im Judentum stellte kein Problem dar, das man des langen und breiten diskutiert hätte. Das zeigt sich auch daran, daß man nicht eigentlich einen Begriff für den Kanon gefunden hat, sondern einfach seine verschiedenen Teile nebeneinander nennt: die *Tora* dient der Weisung, die *Ketuvim* der historischen und zugleich religiösen Erinnerung (und Vergewisserung). Die Botschaft der Propheten – *Nevi'im* – schärft die ethische Weisung im Kontext historischer Erinnerung ein. Es ist verständlich, daß von daher »Tora« – »Weisung« – zugleich zum umfassenden Begriff für die Bezeichnung der kanonischen Schriften werden konnte.

2. Auch nach einer theologischen Begründung für die Relevanz der kanonischen Schriften wurde nicht systematisch gefragt. Verschiedene Vorstellungen stehen nebeneinander: der Herr redet – sein Wort wird vernommen; »so spricht der Herr …«; ja er selbst schreibt bzw. läßt schreiben (die Sinai-Gebote). Jahwe gibt seinen Geist – ein Gedanke, der freilich für die Verschriftlichung der Texte kaum ins Spiel gebracht wurde. Nach alten orientalischen Vorstellungen schrieb die Gottheit selber den heiligen Text oder gab ihn zum Niederschreiben vor, während man sich im westlichen, griechisch-hellenistisch geprägten Raum einen heiligen Text eher als durch die Gottheit inspiriert dachte.[17]

Daneben finden sich Theorien, die nur von einzelnen oder von bestimmten Gruppen vertreten worden sein dürften. So heißt es in der Mischna Avot: »Am Vorabend des (ersten) Sabbats in der Dämmerung schuf Gott … die Schrift und den Text (oder den Griffel?) und die (Bundes)tafeln.«[18] Auch die Vorstellung einer Präexistenz des Gesetzes ist anzutreffen; sie berührt sich mit der Personifikation der Weisheit, wie sie z.B. in Sirach 24 begegnet. Eine bündige, in sich konsistente Begründung der Autorität des jüdischen Kanons ergibt sich aus

---

17. J. Leipoldt, S. Morenz, Heilige Schriften, L 1953, 29 ff., 32 f.; die Formel »es steht geschrieben« stammt aus dem Rechtsleben und findet sich erstmals im 5. Jahrhundert v. Chr.; ebd. 37 f.
18. Ebd. 25.

alledem nicht; sie entsprach aber auch nicht dem Bedürfnis des hebräischen Glaubenden.

(b) Hermeneutik

Weit wichtiger ist ihm der sachgemäße Umgang mit den heiligen Schriften. Im Blick auf die Praxis von Frömmigkeit und Liturgie stechen besonders das Murmeln über dem Gesetz »Tag und Nacht« (Ps 1,2) und die feierliche Tora-Verlesung ins Auge. Bei ihr darf kein Fehler unterlaufen; daher verfolgt man die Zeilen mit der »Hand«, einer Art Griffel, der an seinem vorderen Ende eine kleine stilisierte Hand mit ausgestrecktem Zeigefinger aufweist. Die Tora-Rollen selbst werden bekleidet und bekrönt; sie haben ihren Platz im heiligen Schrein – also an dem Platz, an dem in anderen Religionen sich das Götterbild befinden mag.

Von besonderem Interesse ist es, wie man im Judentum hermeneutisch mit den heiligen Schriften umging und umgeht. G. Scholem gebraucht dafür die treffende Formel »Spontaneität in der Rezeptivität«.[19] Man weiß sich ganz abhängig von dem geheiligten Gotteswort, gerade deswegen aber in der Aneignung auch ganz frei. So ist die Feststellung überliefert: »Manchmal ist die Aufhebung eines Tora-Gesetzes die wahre Befestigung der Tora«.[20] Die rhetorische Frage Jer 23,29: »Ist mein Wort nicht wie ein Feuer …?« wird dahingehend ausgelegt, daß die verschiedenen Interpretationen des Gotteswortes als die einzelnen Funken dieses Feuers verstanden werden.[21] Jede Zeit, kommentiert Leo Baeck, erwarb auf diese Weise »ihre eigene Bibel«.[22] Die heilige Schrift sei im Judentum »das Beständigste und das zum weitesten Hinausführende«.[23] Nach Maimonides sind »die Tore der Erklärung … nicht geschlossen«.[24] Deshalb könne man sagen, das »Wort von ›dem neuen Himmel und der neuen Erde‹« sei in der unablässigen Interpretationsgeschichte der alten Texte immer wieder wahr geworden.[25] Das Judentum habe auf diese Weise »sich immer wieder entdeckt«.

So sehr man die genannte »Spontaneität in der Rezeptivität« bewundern mag, wird man doch zu fragen haben, ob für jüdisches Bewußtsein der Talmud und die Weise, wie in ihm kanonisches Gedankengut vermittelt wird, größeres Gewicht erhalten haben als der Tanach selbst. Gewiß sind die Grundlagen des

---

19. LR 268.
20. Zitiert nach LR 268.
21. LR 268. Nach kabbalistischer Auffassung heißt das – so G. Scholem [6]1996, 229: »… das Gotteswort sendet zu jedem Menschen einen anderen Lichtstrahl, der ausschließlich ihm gehört.«
22. L. Baeck [3]1985, 19.
23. Ebd. 19.
24. Ebd. 22.
25. Ebd. 24.

jüdischen Ethos in der hebräischen Bibel gelegt; für den praktizierenden Juden dürften jedoch die durch den Talmud vermittelten Bestimmungen und Regelungen ebenfalls von sehr großer Bedeutung sein. Von orthodoxen Juden wird die Hebräische Bibel »sozusagen durch die Brille des Talmuds gelesen.«[26]

(c) Das Verhältnis zu außerhalb des Judentums als kanonisch geltender Literatur

1. Aus der Überzeugung heraus, von Gott angeredet zu sein, beurteilt der praktizierende Jude die nichtjüdischen Religionen: »Die Götzen der Heiden sind Silber und Gold, gemacht von Menschenhänden. Sie haben Mäuler und reden nicht; sie haben Augen und sehen nicht; sie haben Ohren und hören nicht; auch ist kein Odem in ihrem Munde« (Ps 135,15-17). Daß auch in anderen Religionen auf die Stimme von Gottheiten gehört wird, wird nur am Rande bemerkt (vgl. Jona-Buch!). Israel sieht sich in fruchtbarer Spannung zu »allen Völkern«, weil das Heil, das allen Völkern gelten soll, dasjenige ist, das Gott seinem Volk Israel verheißen hat. Deswegen wird der Kanon der hebräischen heiligen Texte ins Griechische übersetzt. Den siebzig Völkern, aus denen die Menschheit besteht, soll die Septuaginta zur Verfügung stehen. So ist die Septuaginta auf diese Weise eher zu einer »Diaspora-Bibel« als zur »Missionsbibel« geworden.[27]

2. Von der Hebräischen Bibel aus gesehen ergibt sich natürlich eine besondere Spannung zum Neuen Testament bzw. zum biblischen Kanon, wie ihn die Christenheit auffaßt. Sie läßt sich an drei Einwänden zeigen:
- Die Christenheit erkennt den Kanon alttestamentlicher Schriften formal an und usurpiert ihn damit zugleich, was sich nicht zuletzt an der Terminologie zeigt: aus der »Hebräischen Bibel« wird das »Alte Testament«. Grundgedanken der Hebräischen Bibel werden damit verfremdet, z. B. durch eine »christologische Auslegung«, oder diskreditiert, z. B. im Sinne der dem Alten Testament reserviert gegenüberstehenden Theologien Schleiermachers oder gar Harnacks.
- Die Hebräische Bibel gerät damit in mancher Hinsicht aufs Abstellgleis, sie wird zum »alten«, nämlich »überholten« Buch. Die offene, noch uneingelöste Erwartung des Messias und seines Reiches wird ausgeschaltet.
- Verfremdende, auch antijüdische Züge sind bereits im Neuen Testament selbst enthalten; da dieses jedoch nur von der hebräischen Tradition her verstanden werden kann, sind jüdische Ausleger gelegentlich besser als christliche in der Lage, es sachgemäß zu interpretieren.[28]

---

26. J. J. Petuchowski in LJCB 395.
27. Gegen ebd. 79.
28. Dieser Auffassung war besonders P. Lapide. Vgl. P. Lapide, Er predigte in ihren Synagogen. Jüdische Evangelienauslegung, Gü ⁷1998; ders., Er wandelte nicht auf dem Meer. Ein jüdischer Theologe liest die Evangelien, Gü ⁴1996; ders., Warum kommt er nicht? Jüdische Evangelienauslegung, Gü ²1994.

(3) Offenbarung und Rechtleitung: der Koran[29]

Umfang und Gestalt des Korans sind eindeutig festgelegt. Unmittelbar nach dem Tod Muhammads (632) ließ der erste Kalif Abu Bakr die vorhandenen Dokumente sammeln. Dabei zeigten sich Differenzen in den Lesarten. Daraufhin setzte Khalif Uthman (644-656) eine Arbeitsgruppe ein, die den noch heute gültigen offiziellen Text erarbeitete. Alle anderen Koran-Abschriften wurden vernichtet.

(a) Spirituelle Funktion und theologische Begründung

1. Die geistliche Funktion des Korans ist völlig eindeutig festgelegt. Der Koran ist für die Gläubigen »eine Rechtleitung und eine Heilung« (Sure 41, 44). Der »Geist der Heiligkeit« hat den Koran »herabgesandt«, um die zu bestärken, die glauben, »und als Rechtleitung und Frohbotschaft für die Gottergebenen« (Sure 16, 102). An ihm ist »kein Zweifel möglich, es ist eine Rechtleitung für die Gottesfürchtigen« (Sure 2, 2). Der Koran ist zugleich »nichts als eine Ermahnung für die Weltenbewohner« (Sure 68, 52). Er dient als »Bestätigung dessen, was vor ihm vorhanden war«, nämlich der Tora und des Evangeliums (Sure 3, 3). Aufgrund dieser umfassenden Funktion wird der Koran zu der »Welt, in der ein Muslim lebt«[30], und zur »Mutter aller Bücher«. Wenn ein Mensch etwa die Verse der Eröffnungssure *(surat al-fatiha)* rezitiert, »steht er in seinem Urzustand vor Gott und betet im Namen aller Geschöpfe und für alle Geschöpfe.«[31]

2. Ebenso eindeutig wie die Beschreibung der Funktion des Korans ist die theologische Begründung. Der Koran gilt als Wort für Wort von Gott dem Propheten Muhammad diktiert, als von Gott »herabgesandt«, wobei der Engel Gabriel Mittlerdienste leistete. Nicht Muhammad spricht im Koran, sondern Gott selbst. Muhammad konnte nach islamischer Überlieferung weder lesen noch schreiben; er ist ganz und gar passiver Empfänger der Offenbarung. Der Koran enthält, was auf der »wohl verwahrten Tafel« steht. Der schiitische Theologe Seyyed Hossein Nasr erläutert die Situation folgendermaßen: Gott schrieb gleichsam »den ewigen Koran mit der Feder (…), die die universelle Vernunft symbolisiert, auf die wohl verwahrte Tafel (…), die das Symbol des substantiellen, materiellen und passiven Pols der kosmischen Manifestation darstellt.« Vor Erschaffung der Welt schrieb Gott »die innere Realität aller Dinge auf die wohl verwahrte Tafel … Die Feder symbolisiert das Wort, den Logos, den Intellekt, und die Tafel die universelle Substanz, so daß man auch aus dieser Sicht sagen

---

29. Vgl. T. Nagel ²1991, bes. VI. Anhang »Der Koran über den Koran«, sowie H. Zirker 1999.
30. S. H. Nasr 1993, 47.
31. S. H. Nasr 1993, 75; eine gute Einführung in die Fatiha bietet U. Tworuschka, Methodische Zugänge zu den Weltreligionen, F 1982, 181 ff.

kann, daß ›alle Dinge durch das Wort entstanden‹«.[32] Die Herabkunft des Korans selbst gilt als Wunder:

»Im Namen Gottes, des Erbarmers, des Barmherzigen. Wir haben ihn in der
Nacht der Bestimmung hinabgesandt. Woher sollst du wissen, was die Nacht
der Bestimmung ist? Die Nacht der Bestimmung ist besser als tausend Monate.
Die Engel und der Geist kommen in ihr mit der Erlaubnis ihres Herrn herab in
jedem Anliegen. Voller Frieden ist sie bis zum Aufgang der Morgenröte (Sure
97, 1-5).[33]

Die Nacht der Herabkunft des Korans wird also in gewisser Weise in Analogie zur Nacht der Christgeburt verstanden; U. Tworuschka gibt der Wiedergabe
der einschlägigen Passage die Überschrift »Islamische Weihnacht«.[34]

3. Daran zeigt sich, daß dem Koran auf christlicher Seite nicht etwa die Bibel,
sondern die Gestalt Jesu Christi entspricht. S. H. Nasr bringt dies auf folgende
Weise zum Ausdruck: »Das Wort Gottes ist im Islam der Koran; im Christentum ist es Christus. Die Empfängerin der göttlichen Botschaft ist im Christentum die Jungfrau Maria; im Islam ist es die Seele des Propheten.« Dem Gedanken der Parthenogenese entspricht auf islamischer Seite die Vorstellung, der
Prophet habe weder schreiben noch lesen können: »Beides symbolisiert einen
tiefen Aspekt dieses Mysteriums der Offenbarung«, das die völlige Rezeptivität
des Menschen voraussetze. »Die Gestalt des Korans ist die arabische Sprache,
die im religiösen Sinne ebenso zum Koran gehört wie der Leib Christi zu Christus gehört.«[35] Das Erscheinen des Korans ist ein Wunder, ja, jeder Vers – aya –
gilt als Wunderzeichen Allahs, das Vorhandensein des Korans als »Dauerwun-
der« (H. Stieglecker). Dies um so mehr, als Gottes Worte unerschöpflich sind:
»Wenn das, was es auf der Erde an Bäumen gibt, Schreibrohre wären und das
Meer (als Tinte) bereits einmal leer gemacht wäre und noch sieben weitere Mee-
re dazu erhielte, würden die Worte Gottes nicht zu Ende gehen« (Sure 31,27).

4. Angesichts der Betonung der ausschließlichen Einzigkeit Allahs hat sich
hier jedoch für den Islam ein interessantes Problem ergeben: Wie ist das Verhältnis von Allah und seinem himmlischen Wort näher zu bestimmen? Kann
neben Allah sein ewiges Wort überhaupt gedacht werden bzw. muß nicht vorausgesetzt werden, daß dieses Wort eben doch von Allah geschaffen wurde, daß
die himmlische Urschrift des Korans also nicht als unerschaffenes Wort Gottes

---

32. S. H. Nasr 1993, 63.
33. Vgl. die schöne Übersetzung bei T. Nagel ²1991, 329 f.
34. U. Tworuschka, Methodische Zugänge zu den Weltreligionen, F 1982, 167; er weist darauf
    hin, wie H. Frick die heiligen Nächte dreier Religionen miteinander in Beziehung gebracht
    habe: »Die heilige Nacht des Christentums ist die Weihnacht, in der Gott in einem Stall
    Mensch wurde. Im Islam entließ Gott im heiligen Monat Ramadan aus Gnade und Barm-
    herzigkeit ein Buch, den Koran, der von dem göttlichen Gesandten Muhammad empfan-
    gen und den Menschen zur ›Rechtleitung‹ übermittelt wurde. Im Buddhismus schließlich
    ist es die ›Nacht der Erwachung‹, in der Siddharta Gautama bodhi (Erwachung) erlangt
    und zum Buddha wird. Der Vergleich macht deutlich: Im Christentum ist die sinngebende
    Mitte eine Person, im Islam ein Buch und im Buddhismus eine Erkenntnis.« Ebd. 166.
35. S. H. Nasr 1993, 50 f.

gelten kann? Diese Sicht haben im 3. Jahrhundert islamischer Zählung die Mu'taziliten vertreten, was einen heftigen Streit auslöste. Aus christlicher Sicht ist dabei nicht nur interessant, daß es sich hier in gewisser Weise um eine Parallele zu den christologischen Streitigkeiten der Alten Kirche handelt[36], sondern daß sich hier auch die Frage stellt, ob bzw. wie ein exklusiver Monotheismus überhaupt sinnvoll gedacht werden kann.

(b) Hermeneutische Probleme

Aus der theologischen Höchstqualifikation des Korans ergeben sich die wesentlichen Gesichtspunkte für den Umgang mit ihm. Den Koran zu übersetzen, gilt, streng genommen, als illegitim. Seine Offenbarung in der arabischen Sprache ist von prinzipieller Bedeutung. Lange Zeit hat einzig die Ahmadiyya-Mission Übersetzungen des Korans verantwortet; inzwischen gibt es eine offiziell anerkannte Übersetzung ins Deutsche,[37] doch werden dafür pragmatische und nicht theologische Gesichtspunkte geltend gemacht. Der Unterschied zu anderen Überlieferungen, etwa den auf Muhammad zurückgeführten kommentierenden Sammlungen von Sprüchen, den sogenannten »Hadithen«, wird deutlich markiert. Umgang mit dem Koran, sei es durch Rezitation, sei es durch kalligraphische Abschrift oder künstlerische Gestaltung, ist immer ein spiritueller Vorgang. Der fromme Muslim fühlt sich im Koran zu Hause, geborgen; es gab offenbar Gläubige, »die ihr ganzes Leben nur mit dem Sprechen des Korans zubrachten.«[38] Allein die physische Präsenz des Korans wird als wohltuend und segenskräftig empfunden. Eine bestimmte Einteilung der Suren ergibt, fügt man die jeweiligen Anfangsbuchstaben aneinander, die Bezeichnung für die entsprechende Weise der Surenrezitation: »mein Mund in Sehnsucht«.[39] Wilfred Cantwell Smith hat die Koranrezitation mit der Stellung der Eucharistie im Christentum verglichen.[40] In bestimmten Zusammenhängen hat der den Koran lesende bzw. hörende Muslim das Gehörte unmittelbar nachzuvollziehen, beispielsweise sich niederzuwerfen. Auffallend ist es, daß gleichwohl die Beschäftigung mit dem Koran nicht zu den fünf Pfeilern des Islam gehört, sofern man sie nicht mit dem Glaubensbekenntnis bzw. dem rituellen Gebet in Verbindung sieht.

Daß die hermeneutischen Möglichkeiten angesichts dieser Sachlage begrenzt sind, versteht sich von selbst. Historisch-kritische Exegese kommt natürlich nicht in Frage. Der aus Algerien stammende Religionsphilosoph Mohammed

---

36. G. Mensching, Das heilige Wort, Bonn 1937, 73 f.
37. Es handelt sich um: Der Koran. Übersetzung von A. Th. Khoury. Unter Mitwirkung von M. S. Abdullah. Mit einem Geleitwort von I. Khan, Gü ²1992.
38. S. H. Nasr 1993, 62. Vgl. H.-M. Barth, »Nimm und lies«! Die spirituelle Bedeutung von Bibel und Koran, in: ders./Chr. Elsas (Hg.), Hermeneutik in Islam und Christentum, H 1997, 9-23.
39. U. Tworuschka, Methodische Zugänge zu den Weltreligionen, M 1982, 167.
40. Ebd. 168, Anm. 31.

Arkoun schlägt vor, stärker philosophisch zu arbeiten und für den Koran eine spezifische Hermeneutik zu entwickeln, die das geschlossene offizielle Korpus in seiner Stellung zwischen »Koranischem Diskurs« und interpretierendem Material berücksichtigt.[41] Seine Anregungen sind jedoch in keiner Weise repräsentativ. Dem westlichen Islam-Wissenschaftler ins Auge springende literarische Abhängigkeiten werden ignoriert.[42] Der Koran gilt als leicht verständlich; er selbst enthält »die Erklärung der Schrift«.[43] Die auf den Khalifen Ali und damit auf die blutsmäßige Abstammung von Muhammad sich berufenden Schiiten kennen immerhin folgende Unterscheidungen: »Die buchstäbliche Äußerung ist für die einfachen Menschen (...), die Anspielung für die Gebildeten (...), die verborgene Bedeutung für die Freunde Gottes (oder Heiligen) (...), und die spirituellen Wahrheiten sind für die Propheten (...).«[44] Grundsätzlich aber darf man dem Koran nicht zu nahe treten: »Der Koran ist wie eine Braut, die dir nicht ihr Gesicht zeigt, solange du ihr nicht den Schleier wegziehst. Daß du den Koran untersuchst und doch nicht Glück und Erfüllung erreichst, ist, weil du am Schleier gezogen hast; da hat er euch zurückgewiesen und dich überlistet, so daß sich die Braut häßlich gezeigt hat, d. h.: ›Ich bin nicht dieses hübsche Liebchen‹ Der Koran ist fähig, sich in jeder Form zu zeigen, die er will. Wenn du jedoch den Schleier nicht wegziehst und nur sein Wohlgefallen suchst, hinter ihm herläufst, sein Feld bewässerst und ihm von Ferne dienst, dann zeigt er dir sein Gesicht, ohne daß du den Schleier wegziehst.« So urteilt der persische Mystiker Dschelaladdin Rumi.[45] Der Koran selbst formuliert folgendermaßen: »... übereile dich nicht mit dem Koran, bevor er dir zu Ende offenbart worden ist. Und sprich: Mein Herr, gib mir mehr Wissen« (Sure 20, 114).

(c) Das Verhältnis zu außerhalb des Islams als kanonisch geltender Literatur

Im Bewußtsein, das authentische Wort Gottes zu besitzen, unterscheidet der Islam zwischen Religionen, die immerhin über ein heiliges Buch verfügen, und den »Ungläubigen«. Die »Schriftbesitzer« – im Wesentlichen also Juden und Christen – haben jedoch die ihnen ursprünglich zuteil gewordene Offenbarung

---

41. M. Arkoun, Der Islam. Annäherung an eine Religion. Vorwort von G. Rotter, Hd 1999, 73-85; aufschlußreich ist die Grafik (80).
42. Vgl. Th. Nöldeke, Geschichte des Qorans. Bearbeitet von Fr. Schwally. 1. Teil: Über den Ursprung des Qorans. L, Nachdruck Hildesheim 1970; ferner IL 239-241 sowie: Der Koran. Übersetzung von R. Paret, St. ⁵1989, und: Der Koran. Kommentar und Konkordanz von R. Paret. Mit einem Nachtrag zur Taschenbuchausgabe, St ⁴1989. Von Interesse ist auch M. S. Abdullah, Der Koran. Gottes Wort im Leben der Gemeinde, in: Der Koran. Übersetzung von A. Th. Khoury. Unter Mitwirkung von M. S. Abdullah. Mit einem Geleitwort von I. Khan, Gü²1992, XVII-XXXVII. Vgl. ferner H. Zirker 1999.
43. So erklärt H. Zirker 1993, 299, Sure 10,37.
44. S. H. Nasr 1993, 71.
45. Nach S. H. Nasr 1993, 69 (Übersetzung: A. Schimmel).

verfälscht; aus dem Koran dagegen sei zu entnehmen, was allein an diesen nun überholten Büchern als Offenbarung gelten könne. Der Muslim findet es deswegen auch durchaus überflüssig, sich mit der Hebräischen Bibel oder dem Neuen Testament zu beschäftigen, da er ja selbst über die gleichsam »verbesserte und korrigierte Neuauflage« verfügt. Hans Zirker macht darauf aufmerksam, daß Nikolaus von Kues analog argumentiert hat, nur mit umgekehrter Stoßrichtung: Was am Koran dem Alten und Neuen Testament entspreche, das dürfe Gültigkeit beanspruchen![46] Zahlreiche scheinbare Parallelen machen die Koran-Lektüre für Christen schwierig; Zirker zählt eine Reihe von »Tücken christlicher Koran-Lektüre« auf, z. B. im Blick auf das Messiasverständnis oder die Äußerungen über die Gestalt Jesu.[47] Über das Verhältnis zu als kanonisch geltenden Texten etwa in Hinduismus oder Buddhismus wird in der Regel nicht nachgedacht. Es ist aus dem generellen Urteil des Islam über die Fremdreligionen (soweit es nicht um »Schriftbesitzer« geht) zu erschließen.

(4) Wissen und Hingabe: hinduistische heilige Schriften

Im Blick auf die hinduistischen Traditionen ist das Problem der heiligen Schriften äußerst unübersichtlich. Drei bzw. vier Veden (Rigveda, Samaveda, Yajurveda, später auch Atharvaveda) errangen in der vedischen Religion vermutlich noch innerhalb des ersten vorchristlichen Jahrtausends kanonische Geltung (der Rigveda wohl bereits an dessen Beginn). Die Vishnu-Anhänger berufen sich dagegen auf Krishna-bezogene Texte (z. B. die wohl nach dem 2. vorchristlichen Jahrhundert entstandene Bhagavadgita), auf Rama behandelnde Texte (z. B. Ramayana, 2. Jahrhundert v. Chr. bis 2. Jahrhundert n. Chr.) und auf eine Reihe von besonderen Offenbarungsschriften. Über jeweils eigene heilige Schriften verfügen die Anhänger des Shivaismus, des Shaktismus und des Advaita-Vedanta.[48]

(a) Funktion und Legitimation heiliger Texte

Angesichts dieser Ausgangslage ist die Funktion der heiligen Schriften im hinduistischen Zusammenhang, auch wenn sie kanonische Geltung erlangt haben, keineswegs scharf umrissen. Sie werden eher als Grundtexte verstanden, als ein Gewebe von Erfahrungen und Reflexionen, in das sich der Gläubige meditativ selbst hineinverweben lassen kann. Er wird damit zu wahrer Erkenntnis geführt, die ihrerseits aber nicht rein kognitiv aufgefaßt werden darf. Es geht

---

46. H. Zirker 1993, 127.
47. ebd. 126 ff.
48. Kurzinformation in: LR 258-262.

um eine Veränderung des Bewußtseins und damit der Gesamthaltung des Menschen. Diese Bewußtseinsveränderung kann sich in nichttheistischen Systemen als Wahrnehmung der Nicht-Dualität *(advaita)* realisieren, in theistischen Systemen wie in der Bhakti-Frömmigkeit in personal verstandener Hingabe an die Gottheit.

Die theologische Begründung der Autorität heiliger Schriften kann unterschiedliche Wege gehen. Die Formel »es ist gehört« *(shruti)* entspricht in gewisser Weise der christlichen Wendung: »Es steht geschrieben«; die Offenbarung kann aber auch als »geschaut« aufgefaßt werden. Daneben steht die Vorstellung einer Emanation heiliger Worte aus der Gottheit, oder die einer »Aushauchung«: »… gleichwie, wenn man ein Feuer mit feuchtem Holze anlegt, die Rauchwolken sich rings umher verbreiten, ebenso fürwahr ist aus diesem großen Wesen *(= brahman)* ausgehaucht worden der Rigveda …«[49] Das zu offenbarende Wort wird als präexistent und unzerstörbar gedacht. Diese Überzeugung kann sich in mythologische Vorstellungen einkleiden: Der Rigveda erzählt von der himmlischen Rede, die »als himmlische Kuh gefeiert wird, deren metrisch gegliedertes Gebrüll der Donner ist und deren Milch als Regen das Gedeihen fördert.«[50] Grundüberzeugung dabei ist immer, daß dem Wort *(vac;* vgl. lat. *vox),* das dann auch personal gedacht werden kann, schöpferische Macht innewohnt: »Er sprach aus: ›Bhuh‹ (Erde)! Dies wurde die Erde; ›Bhuvah‹ (Luftraum)! das wurde dieser Luftraum; ›svah‹ (Himmel)! das wurde jener Himmel.«[51] Wie sich diese schöpferische Kraft nun gerade den Offenbarungsschriften überträgt, wird nicht näher reflektiert, sondern allenfalls mythologisch beschrieben. Ein Beispiel: »… aus Feuer, Wind und dem Sonnengott molk er (= der präexistente Veda) das dreifache von Ewigkeit bestehende heilige Wort, das da heißt: Rigveda, Yajurveda, Samaveda.«[52] Eine heilige Schrift, selbst wenn sie als kanonische gilt, wird nicht anderweitigen religiösen Erfahrungen der Glaubenden polemisch gegenübergestellt; sie hat in der Regel keine ergänzende, klärende oder gar korrigierende Funktion, sondern will im Kontext von Ritus, Askese und Reflexion wahrgenommen werden. In diesem Kontext allerdings befähigt sie Menschen dazu, die Welt der Täuschung zu durchstoßen und wahre Erkenntnis zu vermitteln bzw. wahre Hingabe auszulösen.

(b) Spiritueller Umgang mit heiligen Texten

1. Der Umgang mit den heiligen Schriften kann von daher nicht primär ein kognitiver sein. Das Wort in seinem Lautbestand erlangt Geltung, der Inhalt tritt dabei zurück; logische oder historisch-kritische Vergewisserung erscheint

---

49. Nachweis bei G. Mensching, Das heilige Wort, Bonn 1937, 75.
50. Nachweis ebd. 72.
51. Satapatha-Brahmana 11,1,6,3; G. Mensching, Das heilige Wort, 16.
52. G. Mensching, Das heilige Wort, 74; Nachweis dort.

als abwegig. Besonders deutlich zeigt sich dies am »Mantra«, dessen Laute nicht verändert werden dürfen. Meditativer Umgang mit Lautgebilden und Formeln kann in ein kontemplatives Studium des Veda überleiten, z. B. mit der Bitte: »Dieses wünschenswerte Licht des Gottes Savitar möchten wir empfangen, der unsere Gedanken anregen soll.«[53] Nicht so sehr das verkündigte oder gar erforschte wie vielmehr das gebrauchte heilige Wort ist von Belang: Die Meditationssilbe »om« kann als Bogen bezeichnet werden, der die Seele als Pfeil zu *brahman* auf den Weg schickt.[54] Nicht ein bündiges Bekenntnis wird den heiligen Schriften entnommen wie das Sch^ema der Juden oder die Shahada der Muslime, sondern das zu meditierende heilige Mantra. Über der Meditation kann die heilige Schrift selbst überflüssig werden; so heißt es in der Bhagavadgita: »So viel ein Brunnen wert ist, wenn Wasser überall sprudelt, so viel Wert haben alle Vedas für einen Brahmanen, der weise ist.«[55]

2. Hindus gehen mit ihren kanonischen Schriften sehr eklektisch um, insbesondere Vertreter des Neo-Hinduismus. Von daher wird es verständlich, daß es sogar zu Annäherungen zwischen hinduistischem und islamischem Gedankengut kommen konnte; man denke an den islamisch beeinflußten Bettelasketen Kabir (1440-1518) oder an Nanak (1469-1538), den Gründer der Sikhs.[56] Neben der Vermischung von religiösem Gedankengut unterschiedlicher Provenienz steht aber auch die Kritik heiliger Schriften. Dann kann es etwa heißen, man solle sich von der eigenen Überlegung tragen lassen und den Fuß »in den Steigbügel der Gemütsruhe setzen. Kabir sagt: ›gute Reiter sind jene, welche sich dem Veda und dem Koran fernhalten.‹«[57] Natürlich gab es Berührungen auch mit dem Christentum. Ramakrishna (1836-1886) hatte, wie berichtet wird, Visionen Krishnas, Muhammads und Christi. Sein Schüler Swami Vivekananda (1862-1902) machte den Versuch, die Überlegenheit seines hinduistischen Glaubens und die Gleichberechtigung aller Religionen zugleich zu behaupten. Der Brahmane Ram Mohan Rei (Roy, 1772-1833) hoffte, vom Christentum her den Upanishaden neue Erkenntnisse abgewinnen zu können, und gründete eine eigene »Gemeinde der Gottesgläubigen« (Brahma-Samaj). Ein bengalischer Hindu meinte, in Jesus den Vollender der indischen Religion zu entdecken, und ließ in den Gottesdiensten seiner »Gottesgemeinde des Neuen Bundes« hinduistische, buddhistische, zoroastrische, konfuzianische, muslimische und christliche Texte zu Wort kommen.[58] Mahatma Gandhi stellt das

---

53. G. Mensching, Das heilige Wort, 113, Nachweis dort. Andere Übersetzung bei A. Michaels, 1998, 109: »Wir konzentrieren uns auf dieses strahlende Licht von Gott Savitr (die Sonne). Möge sie unseren Geist anregen.« Dieser – »*Gayatri*« genannte – Vers gilt gleichsam als »Kondensation des Veda« und wird von praktizierenden Hindus im täglichen Morgenritual wiederholt; A. Michaels ebd.
54. G. Mensching, Das heilige Wort, 112, Nachweis dort.
55. BG 2,46.
56. Vgl. Fr. Heiler, RdM 255 f.
57. R. C. Zaehner 1964, 148.
58. Fr. Heiler, RdM 257.

eindrücklichste Beispiel eines Hindu dar, der die Autorität der Bergpredigt anerkennt und lebt und gleichwohl Hindu bleibt. Die somit sich ergebende hinduistische Kritik am christlichen Schriftverständnis besteht im wesentlichen in dessen Ausschließlichkeitsanspruch.

(5) Lehre und mehr als Lehre: buddhistische heilige Schriften

Im Buddhismus gibt es infolge von dessen lehrmäßiger und regionaler Differenziertheit eine Fülle von heiligen Schriften, die sich auch auf mehrere Kanones verteilt. Es liegen Texte in Pali, Sanskrit, Chinesisch, Tibetisch, Japanisch, Koreanisch und in zentralasiatischen Sprachen vor. Der umfangreichste Kanon ist der chinesische mit ca. 100.000 Druckseiten; das Material ist zu einem großen Teil noch nicht in westliche Sprachen übersetzt. Das Quantum erklärt sich allerdings bis zu einem gewissen Grad durch die Abfolge von zahllosen Wiederholungen.

Nach der Tradition soll eine erste Sammlung von Reden des Buddha schon gleich nach dessen Tod auf einem ersten »Konzil« zusammengestellt worden sein. Der sogenannte Pali-Kanon stellt eine frühe schriftliche Fixierung wohl aus dem ersten Jahrhundert v. Chr. dar. Eine endgültige Fixierung des Kanons erfolgte wohl im 5. Jahrhundert n. Chr. Man unterscheidet drei Abteilungen (»Körbe«, Pali: *tipitaka*, Sanskrit: *tripikata*), nämlich Ordensregeln, Lehrreden des Buddha und die Systematisierung der Lehren des Buddha.

Der Mahayana-Buddhismus beruft sich auf verschiedene Sutren, die wohl bis ins 2. Jahrhundert v. Chr. zurückgehen (Diamant-Sutra, Herz-Sutra, Lotos-Sutra u. a.).[59]

(a) Die spirituelle Relevanz/Irrelevanz heiliger Texte

Die Funktion der buddhistischen heiligen Schriften ist so vielfältig wie das Material. Neben den Lehrreden Buddhas spielt dessen Kultlegende eine wichtige Rolle. Sie ist übrigens in Gestalt der Legende von Barlaam und Joasaph (Verballhornung von »Bodhisattva«) in den christlichen Heiligen-Kalender eingedrungen.[60] Die umfänglichen Texte stehen für den westlichen Beobachter in einer merkwürdigen Spannung zu dem im Buddhismus empfohlenen Schweigen. Im 2. Jahrhundert n. Chr. hatte der südindische Philosoph Nagarjuna sei-

---

59. Vgl. Th. Oberlies, Heilige Schriften des Buddhismus, in: U. Tworuschka 2000, 167-196. Kurzer Überblick in: LR 263-265. Die Datierungen schwanken.
60. Fr. Heiler, EWR 293.

nen Anhängern die Bedeutung der »Leere« (shunyata) klarzumachen versucht. Der Gründer des Zen, Bodhidharma, soll den – appellativ gemeinten – Spruch hinterlassen haben:

»Eine besondere Überlieferung außerhalb der Schriften,
unabhängig von Wort und Schriftzeichen:
Unmittelbar des Menschen Herz zeigen –
die eigene Natur schauen und Buddha werden.«[61]

Im Buddhismus will Lehre, wie Hans Waldenfels glücklich formuliert, »nur Einladung zum Absprung sein.« Dieser Absprung kann mit Hilfe der Mantra-Meditation versucht werden (z. B. »om mani padme hum« – »om, Juwel im Lotos, hum«). Im tibetischen Buddhismus kann die Wirkung der heiligen Silbe »om« als auf das Wohl der ganzen Welt bezogen gedacht werden; hier mischen sich gelegentlich magische Vorstellungen ein. Der »Absprung« kann aber auch durch bestimmte Techniken des Zen provoziert werden: Der Zen-Meister gibt dem Übenden ein Rätselwort vor (»Koan«), das sich mit Hilfe des intellektuellen Vermögens nicht entschlüsseln läßt und auf diese Weise an die Grenzen der Rationalität führt. Dem selben Zweck dient das »Mondo«, ein für den Außenstehenden grotesk wirkender Dialog zwischen Zen-Meister und Schüler; eindrucksvolle Beispiele sind überliefert im sogenannten Mumonkan.[62] Die großen Sammlungen heiliger Texte sind offenbar aus Ehrerbietung gegenüber dem Buddha oder relevanten Meistern des Buddha-Weges zusammengestellt worden; sie dienen zugleich Missionszwecken. Nach der Überlieferung sandte Buddha seine Jünger mit folgenden Worten aus: »Ziehet aus, ihr Jünger, wandert zum Heil für viele Menschen, zum Glück für viele Menschen, aus Mitleid mit der Welt, zum Segen, zum Heil, zum Glück der Götter und Menschen. Gehet nicht zu zweien denselben Weg. Predigt, ihr Jünger, die Lehre, die am Anfang herrlich ist, die in der Mitte herrlich ist, deren Ende herrlich ist. Im Geist und im Buchstaben verkündet den ganzen und vollen, reinen Wandel der Heiligkeit. Es sind Wesen, die sind rein vom Staub des Irdischen, aber wenn sie die Lehre nicht hören, gehen sie zugrunde; sie werden Erkenner der Lehre sein.«[63] Hat ein Mensch jedoch die Lehre Buddhas existentiell erfaßt, so soll er Buddha vergessen (»töten«); nach dem bereits zitierten Gleichnis würde das Floß, das zur Überquerung des Flusses nützlich war, bei der anschließenden Fortsetzung des Weges über Land nur eine Belastung darstellen.

Die theologische Begründung für die Autorität heiliger Schriften im Buddhismus ist verblüffend einfach. Es muß nicht mit dem Gedanken göttlicher Offenbarung oder Autorisierung gearbeitet werden. Die Lehre wird demjenigen, der »erwacht«, als selbstevident erscheinen. Sie gilt als unbedingt plausibel und insofern als »ewig«, was nach buddhistischer Wahrnehmung nichts

---

61. H. Waldenfels 1982, 76.
62. Z. Shibayama, Zu den Quellen des Zen. Das Standardwerk der Zen-Literatur, Bern 1988.
63. Zit. nach Fr. Heiler, RdM 170. Vgl. unten S. 384f. (dort andere Übersetzung).

Die Begründung des Glaubens

mit Zeitbegriffen, sondern mit Gültigkeit zu tun hat. Daß aber einem Menschen diese Plausibilität aufleuchtet, kann wiederum als Wunder bezeichnet werden.[64]

(b) Der spirituelle Umgang mit heiligen Texten

Aus dem Gesagten ergibt sich für den Umgang von Buddhisten mit dem heiligen Wort dreierlei:

1. Das heilige Wort kann gelesen, studiert, diskutiert und interpretiert werden, wobei es bestimmte hermeneutische Grundüberzeugungen gibt: Einzelaussagen müssen mit den zentralen Lehren (z. B. »den vier edlen Wahrheiten« oder der »zwölffachen Ursachenkette«) in Verbindung gebracht werden.[65] Der Sinn des Gelesenen oder Gehörten wird sich aber nur demjenigen erschließen, der innerlich dazu bereit ist.

2. Im Sinne von Koan und Mondo können Worte den Raum des Rationalen zu transzendieren Anlaß geben. Es kommt ja darauf an, wach zu werden für die Wirklichkeit. Zen will zum »Wu-Erlebnis« führen. *Wu* bedeutet: »aufwecken zur Tatsache«.[66] Ein Zen-Meister teilt seinem Schüler mit:

> »Bis zum ›Aufstrahlen‹ des Lichtes, das Buddhas und Patriarchen lehren und preisen,
> Bedarfst du noch eines kräftigen Hammerschlags
> Auf deinen Hinterkopf.«[67]

3. Selbstverständlich können heilige Texte auch liturgisch eingesetzt werden, wobei Rezitation und Meditation eine wichtige Rolle spielen. In bestimmten Ausformungen des Mahayana-Buddhismus gilt »das bloße Drehen der auf einem drehbaren Ständer aufgestellten heiligen Schriften als besonders verdienstlich«[68]; im chinesischen Buddhismus wurde das Drehen des Bücherkastens als Schriftstudium interpretiert.[69] Darin drückt sich eine bewußt vollzogene Vernachlässigung aus, da die Meditation als weit über der Beschäftigung mit heiligen Schriften stehend gewertet wird.

Buddhisten haben keine prinzipiellen Schwierigkeiten, auch der Gestalt Jesu die Buddha-Natur zuzuerkennen. Was sie jedoch wie auch die Hindus an dem christlichen Schriftverständnis kritisieren, ist die Ausschließlichkeit, mit der dieses zur Geltung gebracht wird. Mögen die heiligen Schriften des Christentums zum Erwachen eines Menschen auch durchaus ihren Beitrag leisten, so

---

64. G. Mensching, Das heilige Wort, Bonn 1937, 59 f.
65. Vgl. dazu U. Tworuschka, Methodische Zugänge zu den Weltreligionen, F 1982, 187 ff.
66. Garma C. C. Chang, Was ist Zen-»Erleuchtung«?, in: Lesebuch Buddhismus, Braunschweig 1994, 5.
67. Ebd. 9.
68. Fr. Heiler, EWR 354 f.
69. G. van der Leeuw ³1970, § 64, 2.

sollten sie doch nach buddhistischer Auffassung nicht auf die Person Jesu fixieren und den »Erwachten« nicht bei schriftlichen Texten festhalten.

Was ergibt sich aus alledem für das christliche Verständnis der Bibel, des Buches, das für Christen »die Heilige Schrift« ist?

C Gottes Wort ist dreifaltig – Reformulierung des »sola scriptura«-Prinzips

(1) Das besondere Profil der Heiligen Schrift

Die Heilige Schrift der Christen ist nie »allein«, sondern sie steht – unter anderem! – im Kontext vieler heiliger Schriften. Ohne die Schrift, deren Entstehung ihrerseits religiöse Wurzeln hat, und ohne außerchristliche heilige Schriften, die ja z. T. erheblich älter sind als die Bibel der Christen, gäbe es auch die Heilige Schrift der Christen nicht. Providentiell gesehen, muß also die Ausbildung »heiligen« Schreibens und Lesens, Redens und Hörens mit dem Walten des Gottes zu tun haben, der sich in den biblischen Schriften bezeugt. Gerade innerhalb dieses Kontextes muß sich aber auch erweisen, wieso die Christenheit die Bedeutung der Bibel so stark hervorhebt und warum insbesondere der Protestantismus auf der exklusiven Autorität der biblischen Bücher als »Heiliger Schrift« besteht – und was diese Autorität beinhaltet.

(a) Die Konfrontation mit der Hebräischen Bibel

Die Heilige Schrift der Christen ist, auch soweit es das Alte Testament betrifft, nicht mit der Hebräischen Bibel der Juden gleichzusetzen. Es stellt ein Problem eigener Qualität dar, daß ja die Bibel, auf deren alleinige Autorität sich die (evangelische) Christenheit bezieht, nicht »allein« von Christen und Christinnen verehrt und gelesen wird. Innerhalb der christlichen Theologie wurde und wird zwar viel über das Verhältnis von Altem und Neuem Testament diskutiert.[70] Das Verhältnis von Altem Testament und Hebräischer Bibel wird dagegen kaum thematisiert. Immerhin ist schon die langsam ins Bewußtsein tretende terminologische Trennung ein Fortschritt, der nicht dadurch verschenkt

---

70. H. Reventlow, Hauptprobleme der Biblischen Theologie im 20. Jahrhundert, Da 1983; M. Oeming, Gesamtbiblische Theologien der Gegenwart. Das Verhältnis von Altem Testament und Neuem Testament in der hermeneutischen Diskussion, St 1985.

werden sollte, daß nun auch die Christen ihr Altes Testament nur als Hebräische Bibel bezeichnen.[71] Es macht einen Unterschied, ob man die entsprechenden Texte als »Hebräische Bibel« oder als »Altes Testament« liest. Worin besteht er? Die Bezeichnung »Altes« Testament klingt heute despektierlich: »alt« ist, was als überholt gilt. Ursprünglich ist diese Bezeichnung nicht so gemeint: Sie entspricht vielmehr der Gegenüberstellung von Altem und Neuem Bund, und die Würde des Alten Testaments besteht, so gesehen darin, daß es den Alten Bund, ohne den der Neue nicht zu denken und zu verstehen ist, dokumentiert. Der »Schriftbeweis« und das »Reflexionszitat« – beides gibt es so ja in anderen Religionen nicht – sind Ausdruck der hohen Autorität des Alten Testaments, die die junge Christenheit hinsichtlich der Begründung neutestamentlicher Aussagen dem hebräischen Kanon zugebilligt hat. Freilich: Das Alte Testament wird gelesen auf Jesus Christus hin – und deswegen in gewisser Weise von Jesus Christus her. Damit ergibt sich für das spezifische Profil der Heiligen Schrift gegenüber der Hebräischen Bibel – abgesehen von den formalen Unterschieden – mindestens dreierlei:

1. Die Heilige Schrift wird im Unterschied zur Hebräischen Bibel als eine »Weisung« verstanden, die über den Bereich des Verhaltens und seiner Implikationen kategorial hinausgeht: Sie weist auf Gottes Selbstvergegenwärtigung in Jesus Christus durch den Heiligen Geist hin, ja sie dient nach der Erfahrung der Christenheit sogar als das prominente Medium eben dieser Selbstvergegenwärtigung des dreieinen Gottes.

2. Die Selbstvergegenwärtigung Gottes verwirklicht sich gleichwohl nicht allein auf dem Weg über die Heilige Schrift, sondern durch »Wort« und »Sakrament« – so die lutherische Option, durch die Institution Kirche – so die römisch-katholische Version, darüber hinaus insbesondere auch durch die Liturgie und durch die ungebundene Wirksamkeit des göttlichen Geistes – so der Akzent in der ostkirchlichen Tradition. Das Buch im Tora-Schrein, so essentiell es in seinen Aussagen für den christlichen Glauben auch ist, genügt allein nicht! Der Unterschied besteht also nicht nur darin, daß sich eben die Juden auf die Hebräische Bibel, die Christen aber darüber hinaus auch auf das Neue Testament beziehen. Der jeweilige Kanon hat einen jedenfalls teilweise unterschiedlichen Stellenwert.

3. Dieser Unterschied ist wesentlich durch das Zeugnis des Neuen Testaments begründet: Die Erwartung des Alten Testaments ist erfüllt; ein schlechthin Neues hat begonnen (vgl. II Kor 5,17). Die Erwartung Israels wird nun zur Erinnerung; die Zukunft des Reiches Gottes greift in der Gegenwart Platz; nicht nur auf die Zukunft des Kommenden ist nun zu blicken, sondern von der »Zukunft des Gekommenen« (W. Kreck) ist auszugehen.

Von daher stellt sich für die aus außereuropäischen Kulturkreisen stammenden Christen und Christinnen die Frage, welche Relevanz das Alte Testament denn für sie besitzt. Muß ein japanischer Theologe Hebräisch lernen und altte-

---

71. Vgl. E. Zenger, Das Erste Testament. Die jüdische Bibel und die Christen, Dü ²1992.

stamentliche Exegese treiben, um den christlichen Glauben sachgemäß erfassen zu können? Ich glaube: ja! Denn das Neue Testament läßt sich ohne den Hintergrund des Alten nicht zureichend erfassen.

Der Weg der Selbsterschließung, den der im Neuen Testament bezeugte Gott Jesu Christi gewählt hat, hat auch demjenigen Glaubenden etwas zu sagen, der sich zunächst in einem Lebensraum abseits von diesem Weg befand.

Damit aber ergibt sich das Problem, wie denn dieser Standort »außerhalb«, also im Bereich der »Heiden«, theologisch gewürdigt werden soll. Auch er muß ja als providentiell bedingt verstanden werden. Der Noah-Bund umgreift den Abraham- und den Sinai-Bund! Über das Alte Testament hinaus kommt christlicher Glaube ja immer auch von »Ur-Testamenten« her, die ebenfalls ernstgenommen werden wollen, wenn denn Gottes Bundeswille auch hinter religiösen Entwicklungen außerhalb von Judentum und Christentum steht. Faktisch gilt dies natürlich genauso für die europäische Christenheit, nur daß man sich dessen hier weitgehend nicht mehr bewußt ist: Die heutige Gestalt des Christentums ist ja ohne die Rezeption vorchristlicher Impulse – aus dem Hellenismus oder auch aus dem germanischen Bereich – gar nicht zu denken. Es kann daher doch gar nicht anders sein, als daß beispielsweise der kaum mehr als ein Jahrhundert alten Christenheit in Japan oder Korea der buddhistische Hintergrund noch anzumerken ist. Ich halte es für ein Hoffnungszeichen, wenn asiatische Christen dessen immer stärker gewahr werden, dazu stehen und ihre insofern spezifische Situation geistlich und theologisch zu bearbeiten versuchen. Sollten die außerchristlichen heiligen Schriften vielleicht ebenso auf Jesus Christus hin – und damit von ihm her – lesbar sein, wie den Christen dies im Blick auf das Alte Testament vertraut ist? Ich vermute: ja! Wenn der Gott Jesu Christi providentiell auch hinter der Abfassung, Bewahrung und Verehrung außerchristlicher heiliger Schriften steht, muß von dieser Möglichkeit ausgegangen werden. Der Unterschied zwischen Ur- und Altem Testament bleibt gleichwohl: Das Ur-Testament kann das Alte Testament nicht ersetzen.

Trotz all der genannten Differenzen gibt es auch Elemente des jüdischen Verständnisses von heiliger Schrift, die den christlichen Umgang mit der Heiligen Schrift beleben und vertiefen. Ich nenne wenigstens die folgenden vier:

1. Die Hebräische Bibel ist ein erdhaftes Buch, das sich an Menschen von Leib und Blut und auch deren leibliche Bedürfnisse wendet. Hier geht es nicht nur um »Innerlichkeit«, sondern um konkrete menschliche Existenz in all ihren Anliegen, Interessen und auch Verstrickungen. Was hier an Lebenslust, aber auch an Brutalität und an Rachegedanken, an Verrat und Enttäuschung zum Ausdruck gebracht wird, ermahnt christliche Leser und Leserinnen dazu, ihre Bibel nicht nur als geistiges Instrument oder als ideelle Größe zu verstehen, sondern in einer ganzheitlichen Weise auf ihren Alltag zu beziehen.

2. Die Ernsthaftigkeit des Ethos, wie sie etwa eine jüdische Schrift-Interpretation von Leo Baeck vermittelt, weist Christen und Christinnen aller Konfessionen darauf hin, daß es im christlichen Glauben wirklich auch um das »Tun des Gerechten« (D. Bonhoeffer) geht und daß es verfehlt wäre, sich im Blick auf

das »Evangelium« von vornherein mildernde Umstände zuzubilligen – mit der Ausflucht, es sei ja doch nicht möglich, »das Gesetz zu erfüllen«. Gerade in der Begegnung mit dem Pathos jüdischen Verständnisses der ethischen Forderung kann der Sinn der Distinktion von »Gesetz und Evangelium« neu entdeckt werden.

3. Praktizierende Juden empfinden angesichts des Ernstes der ethischen Forderung eine tiefe Freude darüber, daß ihnen »die Tora« gegeben ist. Sie leben nicht unter der belastenden Vorstellung des Paulus, das Gesetz sei eine tödliche Bedrohung für den Menschen, sondern sie sind dankbar für die Weisung, für den klaren Kurs, der ihr Leben bestimmen darf. Ein eigenes Fest bringt dies sinnenfällig zum Ausdruck: Simchat Tora, das Fest der Gesetzesfreude. Die heiligen Tora-Rollen werden aus dem Schrein geholt und in heiteren Umzügen durch die Synagoge getragen, Kinder schwenken ihre Fähnchen, alte Männer tanzen, die Torarolle im Arm, und man singt:

»Jauchzen wir und freuen wir uns mit dieser Thora,
denn sie ist uns Kraft und Licht!
Ein Baum des Lebens ist die Thora,
Leben für alle, denn in dir ist die Quelle des Lebens ...«.[72]

Man stelle sich einen ähnlich lustbetonten Umgang mit dem Bibelbuch im christlichen Gottesdienst vor! Ein Ansatz in dieser Richtung könnte ja schon darin liegen, daß ich ein auch physisches Verhältnis zu der von mir verwendeten Bibelausgabe gewinne, ihrem Schriftbild gern begegne, ihren Einband streichle ... Der liturgische Umgang mit dem Bibelbuch, wie er im Katholizismus oder in der Orthodoxie gepflegt wird, kann hier durchaus Anregungen geben.

4. Das Wichtigste aber, das Christen vom Umgang der Juden mit ihrem Kanon lernen können, scheint mir die Erwartung zu sein, die sich im Judentum mit den biblischen Aussagen verbindet. Was in diesem Buch zu lesen steht, ist wesentlich Ankündigung, ist daher noch ausstehend, unabgegolten: Der Messias wird kommen. Unter dem Eindruck, den Gestalt und Wirken Jesu hinterlassen haben und angesichts des ja noch immer bestehenden Faktums der Parusieverzögerung ist für Christen diese Zukunftsperspektive weithin verblaßt. Jüdisches Verständnis der Hebräischen Bibel könnte den Christen helfen, diese Perspektive von Verheißung, Ansage und Erwartung wiederzugewinnen.[73]

(b) Die Konfrontation mit dem Koran

Die Heilige Schrift der Christen ist kein »Koran«. Auch hier interessieren nicht die Unterschiede im Blick auf literarisches Genus oder auch einzelne Inhalte,

---

72. Nach L. Hirsch, Jüdische Glaubenswelt, Gü 1962, 182.
73. Dieser Ansatz ist aufgegriffen z. B. bei J. Moltmann, Der Weg Jesu Christi. Christologie in messianischen Dimensionen, M 1989.

sondern die durchaus andere religiöse Bedeutung und die daraus resultierenden Unterschiede im Umgang mit dem heiligen Buch. Ich empfinde es als befreiend und inspirierend, die Bibel nicht so verstehen zu müssen, wie Muslime den Koran verstehen. Trotzdem meine ich, auch von ihnen lernen zu können.

1. Zunächst die Unterschiede – ich nenne wenigstens die folgenden drei:

a. Der Koran wird gelesen, rezitiert, im Sprechgesang vorgetragen, die Bibel wird »gepredigt«. Natürlich hat im christlichen Gottesdienst auch die Lesung von Anfang an ihren festen Platz, aber ihre Botschaft ist doch wesentlich nicht Mitteilung einer Offenbarung, sondern schöpferisches Kerygma. Nicht Anweisung oder Warnung vor dem Endgericht stehen im Vordergrund, sondern Heilsverkündigung. Die »Predigt« beim Freitagsgebet hat einen völlig anderen Charakter als die christliche Predigt;[74] sie thematisiert moralische oder politische Probleme, aber sie legt nicht in erster Linie Koran-Passagen aus; sie versucht in der Regel nicht, den Koran zu aktualisieren und seine Inhalte zu vermitteln. Das hat er einerseits nicht nötig, da er ja selbst als das unüberbietbar aktuelle und gegenwärtige Gotteswort verstanden wird, und das ist andererseits nicht möglich, weil sein Inhalt durch eine Paraphrase ohnehin nie verdeutlicht, sondern nur verwässert werden kann: Der Wortlaut muß daher zur Geltung gebracht werden. Deswegen ist »Homiletik« im christlichen Sinne für den Islam eigentlich nicht denkbar. Dieses Verständnis hat durchaus sein eigenes Pathos! Aber es impliziert eine Immunisierung der Inhalte, und es verschenkt die schöpferische Kraft des Wortes. Dies hängt freilich mit einem Zweiten zusammen:

b. Der Koran gilt als die göttliche Offenbarung selbst, die Bibel aber wird von den Christen verstanden als Zeugnis von Gottes Offenbarungshandeln, das sich in der Verkündigung vermittelt. Dieses Zeugnis ist relevant, es muß sorgsam gehört, aber gerade deswegen auf seine Inhalte hin nach allen Regeln der Kunst untersucht werden. Die Zeugen sollen vernommen werden, jedes ihrer Worte hat sein Gewicht. Es ist Gott selbst, der durch die Zeugen spricht, aber es sind irdische Zeugen, durch die er spricht, damit auch diejenigen, die das Zeugnis hören, ihrerseits zu Zeugen werden. Deswegen darf das Wort der Zeugen nicht unhinterfragt stehen bleiben! Jedes Wort muß vielmehr um und um gewendet werden, damit es in seiner spezifischen Aussage erfaßt und gewürdigt werden kann. Dazu bedarf es einer ausgearbeiteten Hermeneutik, wie sie dem Koran-Verständnis des Islam gerade widersprechen würde. Dies bedeutet aber bei aller Verantwortung gegenüber dem Zeugnis zugleich eine große Freiheit gegenüber dem Wortlaut; von einer sklavischen Bindung an den Text kann keine Rede sein. Christlichen Fundamentalisten könnte gerade im Vergleich mit dem Koran das spezifische Genus der Heiligen Schrift nach christlichem Verständnis aufgehen! Ich muß mich nicht ängstlich an Worte klammern, sondern ich darf mich anwehen und bewegen lassen von dem Geist, den sie vermitteln. Dies kann sich u. U. sogar gegen den überlieferten Wortlaut richten; Luther räumt

---

74. IL 1, 258.

dem Glaubenden die Freiheit ein, ggf. »neue Dekaloge« aufzustellen.[75] Schleiermacher, diese Freiheit auf die Spitze treibend, behauptet, nicht derjenige habe »Religion, der an eine heilige Schrift glaubt, sondern der, welcher keiner bedarf und wohl selbst eine machen könnte.«[76]

c. Der Koran wird so sehr mit Gottes direktem Wort identifiziert, daß das Arabische als Gottes eigene Sprache zu stehen kommt: Der Koran gilt als unübersetzbar, und auch die Muslime nicht-arabischer Zunge sind gehalten, wenigstens einige Suren auf arabisch zu beherrschen und dem arabischen Koran-Vortrag zu lauschen, selbst wenn sie dem Inhalt des Vorgetragenen schon aus sprachlichen Gründen nicht folgen können. Auch das Christentum kennt »heilige Sprachen«, die sorgsam studiert sein wollen, wenn das Wort der Zeugen erfaßt werden soll. Die Verwendung bestimmter Sprachen gehört nach christlichem Verständnis in das Offenbarungshandeln Gottes hinein. Aus diesen Überlegungen heraus haben die Theologen der altprotestantischen Orthodoxie erwogen, ob nicht auch der Bibel-Übersetzung Luthers eine besondere Dignität zukomme.[77] Aber die sorgsame Prüfung des ursprünglichen Textes dient gerade nicht dazu, diesen Text nun zu fixieren, sondern umgekehrt: ihn zu übersetzen und seinen Inhalt zu vermitteln. Die Bibel ist so zu dem bislang einzigen in fast alle Sprachen und Dialekte der Menschheit übersetzten Buch geworden. Gottes Wort will gerade nicht gegen alle anderen menschlichen Worte abgeschottet sein, sondern eindringen, sich inkarnieren und auf diese Weise richtend und rettend begegnen.

2. Inwiefern läßt sich nun trotz dieser gravierenden Differenzen vom islamischen Koran-Verständnis im Blick auf das Verhältnis des Christen zu seiner Heiligen Schrift etwas lernen? Ich denke zum einen an die Treue gegenüber dem Wortlaut und zum andern an den liebevollen und ganzheitlichen Umgang mit den Texten.

a. Während der Christ – jedenfalls der europäisch geprägte Christ nach der Aufklärung – sehr rasch bei der Frage ist, was denn ein bestimmtes Bibelwort ihm zu sagen und ob es ihm etwas zu sagen hat, versucht der Muslim, ein Wort des Korans zunächst einmal einfach stehen zu lassen, es aufzunehmen, es sich auswirken zu lassen – durch seinen Klang, sein Satzgefüge, sein Sein, wie es ist. Er überläßt sich dem Wort wie einem Sakrament, das das Seine schon ausrichten wird, auch wenn seine Wirkungsweise im einzelnen nicht aufgehellt oder gar geklärt werden kann; es ist genug, daß es wirkt. Das Christentum, speziell das reformatorische, kannte einmal eine ähnliche Weise, mit dem Bibelwort umzugehen, mit dem einzelnen »Spruch« oder mit dem gesungenen Gotteswort. Im ausgehenden Mittelalter sprach man vom »Wiederkäuen« eines Wor-

---

75. WA 39/1, 47, 25-36.

76. Fr. Schleiermacher, Über die Religion. Reden an die Gebildeten unter ihren Verächtern, hg. von R. Otto, Gü ⁶1967, 92 f.

77. Vgl. J. Gerhard, Loci theologici, editio altera, cui praefatus est Fr. Frank, Bd. I, L 1885, 234 ff. (Loc I, sectio VI: »De Germanica Lutheri versione«).

tes.[78] Es ist natürlich auch die Aufklärung, die zwischen einem modernen, »nach-aufklärerischen« Christentum und einem »vor-aufgeklärten« Islam steht. Aber mit einer kulturgeschichtlichen Standortbestimmung allein ist das Problem selbst noch nicht sachgemäß angegangen. In der Begegnung mit dem kultischen Umgang, den der Koran im Islam erfährt, könnte das Christentum über manche Engführung eines auf kognitives Verständnis reduzierten Umgangs mit der Bibel hinausgeführt werden.

b. Auch die Liebe, die der praktizierende Muslim zu seinem »edlen Koran« empfindet, beeindruckt. Sie drückt sich unter anderem aus in der Kalligraphie. Die Kunst des Buchdrucks und das PC-Zeitalter haben diese Seite des Umgangs mit dem Koran natürlich beeinträchtigt. Aber das ursprüngliche Empfinden des Muslim seinem Koran gegenüber ist doch noch immer nachzuempfinden. Antonio Munoz Molina, der die Kultur des mittelalterlichen Cordoba beschreibt, schildert den Sachverhalt so: »Ein frommer Muslim fertigt selbst eine Abschrift des Korans an und führt dieses mit seiner Hand geschriebene Exemplar immer mit sich. Der Akt des Schreibens ist dem der Erschaffung ähnlich, weil die Welt letztlich das Ergebnis der göttlichen Schrift ist. ›Durch die Feder erhält das Leben die Befehle Gottes‹, sagt ein sufistischer Meister. ›Von ihm erhält die Lampe der Feder ihr Licht. Die Feder ist eine Zypresse im Garten der Erkenntnis, der Schatten ihrer Gestalt breitet sich im Staub aus.‹ Worte schreibt man auf Pergament oder Papier, man formt sie aus Gips, haut sie in Stein, ritzt sie in Ton: ›Die Kalligraphie ist die Geometrie des Geistes.‹«[79] Die schöne Gestalt der Schrift selbst wird zum Medium des Gotteswortes. Ich habe schon gelegentlich die Muslime darum beneidet, wie kunstvoll sich allein der Name Allah schreiben läßt, mit dem Alif am Anfang, das zugleich die Eins und das Symbol aller Einheit darstellt, und mit dem Aushauchlaut am Ende, das der Mystiker mit dem Ausatmen verbindet und in dem er sich bergen kann.[80] In den mittelalterlichen Bibelhandschriften, von den Mönchen angefertigt und mit kostbaren Initialen versehen, ist von einem ähnlichen Zugang zum Bibeltext noch etwas zu spüren.

3. Zwischen Islam und Christentum (und Judentum) steht eine Reihe von hermeneutischen Problemen an:[81]

a. Welche hermeneutischen Prinzipien aus Vergangenheit und Gegenwart können helfen, Bibel und Koran sachgemäß zu erschließen? Wie steht es im Blick auf den Koran mit der Notwendigkeit, im Blick auf die Bibel mit der Begrenztheit historisch-kritischer Exegese? Welche Rolle kommt in beiden Fällen der Mystik bzw. einer existentialen Interpretation zu?

b. Wie steht es um das Verhältnis von Urtext und Übersetzung, mithin auch um die Funktion und Legitimität von Übersetzungen?

---

78. Vgl. M. Nicol, Meditation bei Luther, Gö 1984 (»ruminatio«: 55-60).
79. A. M. Molina, Stadt der Kalifen. Historische Streifzüge durch Cordoba, RH 1994, 154.
80. A. Schimmel ²1995, 193.
81. H.-M. Barth, Chr. Elsas (Hg.), Hermeneutik in Islam und Christentum, H 1997.

Die Begründung des Glaubens

c. Welche wechselseitigen Erschließungsmöglichkeiten zwischen Altem und Neuem Testament einerseits und dem Koran andererseits gibt es? Inwiefern könnte es Sinn machen, Bibel- und Koran-Ausgaben mit wechselseitigen Verweisen aufeinander bereitzustellen?

d. Wie stellt sich in beiden Traditionen das Verhältnis von »Schrift« und »Tradition« dar? Was folgt aus der jeweiligen Verhältnisbestimmung für den aktuellen Umgang mit den Texten – im Sinne von (ich gebrauche die im Christentum üblich gewordenen Bezeichnungen) Homiletik, Katechetik, Liturgik und Poimenik? Die Bearbeitung der hier aufgeworfenen Fragen könnte nicht nur den Islam und das Judentum, sondern auch die Christen und Christinnen ihrem Umgang mit der Heiligen Schrift bereichern.

(c) Die Konfrontation mit hinduistischen heiligen Texten

Während sich das Schriftverständnis der drei »Buchreligionen« Judentum, Christentum und Islam trotz aller Unterschiede noch einigermaßen sinnvoll vergleichen läßt, betreten wir im Blick auf die östlichen Religionen ein völlig anderes Gebiet. Die »große geistige Wasserscheide in der Religionsgeschichte der Menschheit«, die Helmuth von Glasenapp am Hindukusch ausmacht[82], tritt damit erneut deutlich zutage. Zwar gibt es, wie wir gesehen haben, auch im (Fernen) Osten heilige Schriften, zahlreicher sogar als im Westen; die Veden machen etwa das Sechsfache, der chinesische buddhistische Kanon in noch weit höherem Maße ein Vielfaches des biblischen Kanons aus. Aber die heiligen Schriften haben dort eine andere religiöse Bedeutung und einen anderen theologischen Stellenwert.

Wenn wir auch hier die Konfrontation mit dem christlichen Schriftverständnis suchen, ist in Analogie zu den bisher angesprochenen Relationen zunächst zu sagen: Die Veden sind offensichtlich etwas völlig anderes als die Heilige Schrift. Wodurch unterscheidet sich das christliche Schriftverständnis vom hinduistischen Verständnis der Veden?

1. Zwei Aspekte machen zunächst die Differenz deutlich:

a. Die Veden künden von einem heiligen Verwobensein von allem mit allem. Sie nehmen dieses Verwobensein aus unterschiedlicher Warte in den Blick: Sie sind gedichtet aus der Warte des Opferers, der durch sachgemäße Ausübung des Kults die vedische Wahrheit bestärken und damit die Konsistenz der Welt bekräftigen will, der damit zugleich für sein eigenes Geschick inmitten all dieser Vorgänge Nutzen zieht (so vor allem im ältesten Teil des Rigveda). Oder sie formulieren aus der Warte dessen, der in abstrakter Reflexion sich vergegenwärtigen will, welche Kräfte die Welt im Innersten zusammenhalten und durchwalten (so vor allem die philosophischen Passagen des Atharvaveda bzw. die Upanishaden, die – die Veden abschließend – die Basis des Vedanta abgeben;

---

82. H. v. Glasenapp ⁴1994, 10.

dieser bringt seinerseits die philosophische Essenz der Mythen zum Ausdruck). Es geht also letztlich um kosmologische oder – westlich formuliert – ontologische Aussagen, die dem Menschen helfen, sich sachgemäß dem Reich des Seins einzuordnen und dieses damit zugleich zu stärken. Der rituelle Umgang mit den heiligen Schriften dient somit nicht nur den Menschen, sondern ebenso den Göttern, die freilich nicht im klassischen Sinn theistisch gedacht werden. Der Inhalt des heiligen Wissens bezieht sich auf den Grund des Seins und weniger auf dessen einzelne Ausformungen; vor allem die Geschichte, das historisch Belangvolle oder gar Einmalige, tritt damit in den Hintergrund; ja es gibt eigentlich gar keine Möglichkeit, geschichtliche Differenziertheit überhaupt als solche zu erfassen und zu würdigen.

Komplementär dazu urteilt das Zeugnis der Heiligen Schrift, das ja gerade das geschichtliche Handeln Gottes zum Ausdruck bringen will und auch die »Urgeschichte«, die sich in geschichtlichen Kategorien nicht zum Ausdruck bringen läßt, noch als Quasi-Geschichte darstellt: Vom ersten Blatt der Bibel an fährt sozusagen der Zug der Zeit unaufhaltsam auf das Eschaton zu, in Schwung gehalten durch das Handeln Gottes an seinen Menschen, an seinem Volk, in Jesus Christus, seinem »Sohn«, geboren, als »Quirinius Statthalter in Syrien war« (Lk 2,1), und gekreuzigt »unter Pontius Pilatus«. Die biblische Perspektive zeigt sich dabei in der Lage, vom geschichtlichen Denken aus auch die Schöpfung einzuholen, während die hinduistische Vision kaum eine Möglichkeit hat, historisch Einmaliges dem Gewebe von kosmologischen Zusammenhängen gegenüberzustellen.

b. Das Gewebe kosmologischer Zusammenhänge kann denn auch nicht durchstoßen, sondern nur durchschaut werden – in seiner Nichtigkeit. Alle Welt ist *maya* – Täuschung, Illusion. Als solche Illusion ist *maya* freilich existent, Basis für Denken und Fühlen. Wird sie aber nicht als Illusion erkannt, so führt sie den Menschen in die Verstrickungen des Wesenskreislaufs immer tiefer hinein. Alles kommt also auf die rechte Erkenntnis an, westlich gesprochen: auf Gnosis. Es kann dann gerade nicht darum gehen, innerhalb der Welt der Phänomene oder der Geschichte Verantwortung zu übernehmen, gestaltend einzugreifen. Die heiligen Schriften helfen vielmehr dem Menschen, die rechte Erkenntnis zu gewinnen und sich auf diese Weise aus den schicksalhaften Weltzusammenhängen zu befreien. Ganz anders urteilt die Heilige Schrift: »... füllet die Erde und machet sie euch untertan und herrschet ... Siehe da, ich habe euch gegeben ...« (Gen 1,28)! »Es ist dir gesagt, Mensch, was gut ist und was der Herr von dir fordert, nämlich Gottes Wort halten und Liebe üben und demütig sein vor deinem Gott« (Mi 6,8). Das Doppelgebot der Liebe gilt dir, und das ist nur zu erfüllen, wenn du dich einbringst, statt vor deiner Verantwortung zu fliehen. Gegenüber hinduistischer Spiritualität muß der biblische Ansatz mindestens als erster Schritt und Aufruf zu Säkularisation und Irreligiosität erscheinen. »Siehe, ich sende euch ...« (Mt 10,16). Das biblische Gotteswort will dem Menschen in seine Welt hinein-, die Veden wollen ihm hinaushelfen, und zwar beide sowohl durch den Inhalt als auch durch das jeweilige Verständnis von heiliger Schrift und den entsprechenden Umgang mit ihr. Die Veden wollen zum Verstehen führen, die Bibel zum Gehorsam des Glaubens (Röm 1,5).

2. Die hier bestehenden grundsätzlichen Unterschiede dürfen also gewiß nicht eingeebnet werden. Andererseits muß man sich aber doch vor falschen Alternativen hüten.

a. »Erkennen« und »gehorchen« dürfen ebenso wenig gegeneinander ausgespielt werden wie Geschichte und Kosmologie. Der ganz auf Jahwes Eingreifen bezogene Glaube Israels fand Wege, das göttliche Walten in der Natur, wie es in den umliegenden Religionen begriffen und gefeiert wurde, schließlich zu integrieren. Neben das Bekenntnis zu Jahwes Befreiungshandeln gesellte sich schließlich die Einsicht der Weisheit. Der unter Pontius Pilatus gekreuzigte Jesus von Nazareth wurde alsbald in seiner kosmischen Relevanz besungen (vgl. Phil 2,6-11; Kol 1,15-20).

b. Zweifellos insistiert das biblische Zeugnis auf historischen Fakten, enthält aber daneben auch mythologisches Material, das in archetypischen Grundkonstellationen menschlicher Existenz begründet sein dürfte. Das Proprium des biblischen Zeugnisses besteht darin, daß und wie es geschichtliche Erfahrung mithilfe von fremden mythologischen Stoffen deutet und auswertet. Das mythologische Material, das der Alte Orient bereitstellte, ist bereits erprobt und innerhalb gewisser Grenzen akzeptiert. Die Begegnung mit der Mythologie heute lebendiger Religionen gibt dementsprechend dem Christentum Gelegenheit, neue Deutungs- und Auswertungsversuche des biblischen Zeugnisses zu wagen und zu nutzen.

c. In der durch und durch religiös geprägten Umwelt des Alten Orients und des Hellenismus nimmt es nicht wunder, daß die entmythologisierende Kraft der biblischen Botschaft zunächst als die stärkere Herausforderung empfunden wurde und sich als die weiterführende religiöse Kraft durchsetzte. Inwieweit die europäische Aufklärung als legitime Frucht dieses Ansatzes verstanden werden darf, wie das vor allem Friedrich Gogarten zu sehen versuchte, ist umstritten. Inzwischen aber hat im Christentum und in der auch nur mittelbar von ihm geprägten Welt die Konzentration auf das historisch positiv Feststellbare, auf das kognitiv zu verstehende Wort und die daraus resultierende Aktion sich radikal durchgesetzt. Dies bestimmt auch das Verständnis der Heiligen Schrift mit, so daß heute die Begegnung beispielsweise mit Texten aus der hinduistischen Tradition sich gerade fruchtbar und korrigierend auswirken könnte. Die Heilige Schrift und der Kosmos müssen als zusammengehörig entdeckt werden. So schwierig ist das gar nicht. Wer auf dem Gipfel eines Zwei- oder Zweieinhalbtausenders die Senfkornbibel aus der Tasche zieht und den 90. Psalm aufschlägt, weiß das. Ein Windhauch mag in den Dünndruckblättern spielen, gesandt von dem, dessen Geist sich nicht nur durch Druckerschwärze vermittelt.

(d) Die Konfrontation mit dem buddhistischen *tripitaka* (»Dreikorb«)

Die buddhistische Tradition kennt zum einen den in unterschiedlichen Varianten überlieferten Pali-Kanon, der unmittelbar nach dem Tod Buddhas auf einem ersten »Konzil« zusammengestellt worden sein soll, zum anderen die ausufernde Sammlung des chinesischen Kanons. Der Zen-Buddhismus geht mit heiligen Schriften bzw. Worten ohnehin auf seine eigene Weise um. Die Verbindlichkeit heiliger Texte scheint also insgesamt trotz des Hinweises auf ein »Konzil« nicht eindeutig geklärt. Bei näherem Zusehen zeigt sich, daß dies dem Selbstverständnis des Buddhismus entsprechend auch unnötig ist. Was ergibt sich aus der Feststellung, daß die Heilige Schrift auch von der Gattung her etwas ganz anderes als der buddhistische »Dreikorb« (oder eine entsprechende Sammlung) ist? Drei Unterschiede zum christlichen Schriftverständnis springen ins Auge:

1. Die Heilige Schrift wendet sich nicht, wie der erste der drei »Körbe« bzw. so, wie es dem radikalen Buddhismus entspricht, nur an den inneren Kreis, an die »Mönche« (und Nonnen). In ihrem Zentrum stehen nicht Regeln, wie die fromme Gemeinschaft zu gestalten sei. Sie enthält nicht, wie der zweite »Korb«, im wesentlichen Lehrreden und auch nicht, wie der dritte »Korb«, psychologische und philosophische Reflexionen. Sie ist vielmehr Zeugnis von Erfahrungen, die auf einem bestimmten Lebensweg, nämlich in der Gemeinschaft des Volkes Israel und in der Nachfolge Jesu, gemacht wurden.

Hier entstehen freilich gerade durch den Vergleich zwei Probleme: Zum einen kennt der Buddhismus eine Buddha-Legende, die den historischen Buddha zu einer überirdischen Gestalt macht; diesen Weg hat der Mahayana-Buddhismus beschritten. Der religionsgeschichtliche Vergleich hat zu der Vermutung provoziert, der Gestalt Jesu könnten sich ähnliche Vergöttlichungstendenzen bemächtigt haben.[83] Zum anderen hebt auch die buddhistische Tradition auf Erfahrung ab, weniger jedoch auf eine Erfahrung, die andere oder früher Praktizierende gemacht haben, als auf Erfahrung, die jeder, der dem Buddha-Weg folgt, selbst machen soll und kann.

2. Damit ergibt sich aber mindestens partiell eine andere Funktion heiliger Schrift als im Christentum: Während der Christ immer tiefer in die Heilige Schrift hineingeführt wird, will buddhistische heilige Schrift über sich selbst hinaus führen: Sie dient nur dem »Absprung«; der »Erwachte« bedarf ihrer nicht mehr. Nun hat es ähnliche Tendenzen auch im Christentum immer wieder gegeben: »Der Buchstabe tötet, aber der Geist macht lebendig« (II Kor 3,6) – die »magna charta« aller, die sich von dem konkreten biblischen Zeugnis dispensieren woll(t)en. Angelus Silesius dichtete:

---

83. Siehe unten S. 405 ff.!

»Die Schrift ist Schrift, sonst nichts, ich suche Wesenheit,
Und daß Gott in mir spricht das Wort der Ewigkeit.«[84]

So wahr es ein Zerrbild ist, den Buchstaben ohne den Geist und die Schrift ohne das ewige Wort sehen zu wollen, so sehr gilt doch nach christlicher Überzeugung: Das ewige Wort vermittelt sich durch das biblische Wort, die »Wesenheit« nicht anders als durch die »Schrift«. Dies wird zu begründen sein:
– anthropologisch durch Verweis auf die – auch durch die Sünde – begrenzte Kapazität des Menschen,
– theologisch durch Verweis auf die kontingente Selbsterschließung Gottes in der Geschichte Israels und in der Gestalt Jesu Christi.[85]
3. Damit zeigt sich ein dritter wichtiger Differenzpunkt, nämlich das unterschiedliche Verständnis von Plausibilität. Der Buddhist kann der heiligen Schriften schließlich prinzipiell entraten, weil ihm die Lehre Buddhas, läßt er sich erst einmal ernsthaft auf sie ein, selbst evident sein wird. Der Erwachte bedarf des Geweckt-Werdens nicht mehr! Auch für den Christen gibt es eine innere Plausibilität, die sich, durch das Zeugnis vermittelt, tatsächlich immer wieder einstellen kann. Aber es ist die Plausibilität eines Glaubens, der nie verfügbar wird, sondern dem Menschen immer wieder »geschenkt« werden muß (vgl. Mk 9,24). Die Heilige Schrift in ihrer Kraft, Wahrheitsgewißheit zu vermitteln, wird daher nie überflüssig.
Für christliche Wahrnehmung gilt somit beides – und beides radikalisiert sich durch die Begegnung mit außerchristlichen heiligen Schriften: Die Heilige Schrift will innerhalb aller ihrer Kontexte gehört und verstanden werden – und sie wird gerade damit alle ihre Kontexte transzendieren.

(2) Die Kontexte der Heiligen Schrift

Die Heilige Schrift vermittelt ihr Zeugnis, anthropologisch gesehen, innerhalb eines vielfältigen Kontextes sozialer und politischer, weltanschaulicher, kulturgeschichtlicher und auch psychischer Gegebenheiten. Sie spricht Menschen an, die auf eine je spezifische Weise sich selbst und ihrer Mitwelt begegnen, die durch die Erfahrung von schöpferischen Möglichkeiten, aber auch von radikaler Begrenztheit geprägt sind und die von sich aus keine Leidenschaft entwickeln, sich durch Gottes Wort in Frage stellen zu lassen.

84. Angelus Silesius zitiert nach Fr. Heiler, RdM, 28.
85. Siehe unten 5 A!

(a) Das biblische Zeugnis im Kontext der Begegnung des Menschen mit sich selbst und mit seiner Welt

Die Heilige Schrift steht insofern nicht »allein«, als sie immer im Kontext menschlicher Selbst- und Welterfahrung vernommen wird und, wenn sie denn vernommen wird, zugleich in diesem Bereich Auswirkungen freisetzt.

1. »Selbsterfahrung mit der Bibel« ist ein Stichwort, das infolge der Popularisierung der Psychologie in die Debatte geriet.[86] Unter Einbringung psychologischer Erkenntnisse wurden hier Erfahrungen thematisiert, die in der Frömmigkeitsgeschichte schon immer eine gewisse Rolle gespielt haben. Luther hatte es so formuliert: Die Seele findet in Gottes Wort »Genüge, Speise, Freude, Frieden, Licht, Kunst, Gerechtigkeit, Wahrheit, Weisheit, Freiheit und alles Gut überschwänglich.«[87] Der Choraldichter betet: »Dein Wort bewegt des Herzens Grund, dein Wort macht Leib und Seel gesund, dein Wort ist's, das mein Herz erfreut, dein Wort gibt Trost und Seligkeit.«[88] Doch durch den Kontext der nichtchristlichen Religionen kommen nun neue Erfahrungsmöglichkeiten mit dem Wort bzw. mit heiliger Schrift hinzu, die auch im Blick auf das biblische Zeugnis erprobt werden können. Am interessantesten finde ich dabei die Zen-Praxis des Umgangs mit dem Koan: Eine Aussage wird begriffen als ein Anstoß für das Bewußtsein, die rationale Ebene zu verlassen und die »Lösung« auf einer metarationalen Ebene zu erwarten. Die Heilige Schrift wäre auf »Sprüche« hin durchzuprüfen, die gerade diesen Charakter haben.[89] Bei näherem Zusehen könnten sich viele biblische Aussagen als »Koans« entpuppen, die nur im lebenslangen Umgang mit ihnen sich auf einer metarationalen Ebene zu erschließen beginnen.

Der Umgang mit einem biblischen Koan könnte seinen Platz auch im Rahmen eines Mondo, eines geistlichen oder theologischen Dialogs, haben, bei dem die Lösung nicht auf rationaler Ebene gesucht wird.[90] Die Praxis der Wüstenväter oder der Athos-Mönche, aber auch die protestantische Tradition, »Sprüche« für Menschen in besonderen Situationen zu wählen und sie ihnen gleichsam anzuvertrauen, weist in eine ähnliche Richtung.

2. Welterfahrung als Kontext biblischer Botschaft wird im herkömmlichen Christentum meistens auf den gesellschaftlichen und politischen Bereich bezogen. Eindrucksvollstes Beispiel dazu war in den vergangenen Jahrzehnten die Befreiungstheologie; man lese dazu nach, wie die »Bauern von Solentiname« mit dem biblischen Wort umgegangen sind.[91] Unterentwickelt dagegen ist der

---

86. H. Barth, T. Schramm, Selbsterfahrung mit der Bibel. Ein Schlüssel zum Lesen und Verstehen, M/Gö 1977.

87. WA 7,22 ff.; Text geglättet.

88. Johann Olearius, EG 197,2.

89. Beispiel: »Deine Augen sahen mich, als ich noch nicht bereitet war« (Ps 139,16); Urtext: »wie ich bereitet wurde«(?).

90. LÖW 191 f. (Koan), LÖW 246 (Mondo).

91. E. Cardenal, Das Evangelium der Bauern von Solentiname, Bd. 1, Gü ³1980, Bd. 2-4, Gü ²1980.

kosmologische Kontext. Durch einen neuen Umgang mit konkreten Symbolen sowohl in der Homiletik als auch in der Didaktik zeichnet sich jedoch eine Wandlung ab. Die hinduistischen Traditionen würden hier gerade die Erfahrung des Vernetzt-Seins von allem mit allem ins Spiel bringen können. Zusammenhänge zwischen physikalischem Denken und Mystik, wie sie Fr. Capra aufzuzeigen versucht, beruhen auf solchen Einsichten.[92] Meditationsformen, die den Körper und die Natur einbeziehen, würden das Hören des biblischen Zeugnisses in einen erweiternden und inspirierenden Kontext einstellen. Die bewußte Wahrnehmung der Atmung oder auch nur der Eindruck eines Waldlaufs vor oder nach der klassischen »Bibelarbeit« könnten das »Hören« zum Positiven verändern. Gerade im bewußten Hören auf das Wort Gottes muß und werde ich »mich spüren.« Bibliodrama-Erfahrungen unterstreichen dies auf ihre Weise.

(b) Das biblische Zeugnis im Kontext der Erfahrung von Erleiden und Gestalten

1. Von leidenden Menschen und in Zeiten ungewöhnlicher Herausforderungen – während des Dreißigjährigen Krieges oder unter dem Nazi-Terror – wurde die biblische Botschaft offenbar besonders intensiv aufgenommen. Dazu lassen sich natürlich psychologische und religionskritische Gesichtspunkte beibringen. Doch steht außer Frage, daß Israel gerade durch die Auseinandersetzung mit historischen Katastrophen wie der Zerstörung Jerusalems und dem babylonischen Exil die Relevanz des Wortes Gottes erfaßt hat. Das Judentum ist wohl diejenige Religion, die wie keine andere Gottes Wort im Leiden und durch Leiden begreifen mußte. In unserem Jahrhundert stehen die Erfahrungen des Holocaust dafür als grausamer Beleg. Trotz des Mißbrauchs, der in der Geschichte des Christentums gelegentlich mit diesem Argument getrieben wurde, sind Leid, Enttäuschung, Konflikte und lebenshemmende Erfahrungen als Kontext eines weiterführenden Verständnisses der biblischen Botschaft neu ernst zu nehmen. Dies gilt nicht nur für den individuellen Bereich. So wäre in der gegenwärtigen Lage zum Beispiel zu fragen: Wie höre ich die Heilige Schrift angesichts von regionalen Katastrophen und globalen Bedrohungen, von unübersichtlichen technologischen Entwicklungen und kulturellen Verschmelzungsprozessen, aber auch angesichts der Tatsache, daß die ökumenische Bewegung nicht recht vorankommt, daß so viele Menschen die Kirchen verlassen, daß eine allgemeine Brutalisierung der Gesellschaft Platz zu greifen scheint?

2. Aber auch das Handeln muß als erschließender und vertiefender Kontext des Hörens neu entdeckt werden. Darauf könnte die Begegnung mit dem Islam aufmerksam machen. Es würde dabei einmal um den Vollzug religiöser Praxis

---

92. Fr. Capra, Das Tao der Physik, M 1984; ders., Moderne Physik und östliche Mystik, in: R. N. Walsh, Fr. Vaughan (Hg.), Psychologie in der Wende, Bern 1980, 67-77.

gehen: Geordnete religiöse Praxis – fünfmaliges »Aussteigen« und rituelles Beten täglich – verändert den Rezeptionsvorgang. Sodann würde der Wille zu konkreter religiöser Gestaltung auch gesellschaftlicher Bereiche zu eigenen Erfahrungen führen (Demonstration, Medien). Als Handelnder spüre ich mich, nehme ich meine Welt neu wahr; das gilt auch für den Bereich des Glaubens. Wenn jemand den Willen dessen tun will, der Jesus Christus gesandt hat, der »wird innewerden, ob diese Lehre von Gott ist« (Joh 7,17). Es wäre aber neben dem »Tun« auch das gezielte »Lassen« als Erfahrung mit der biblischen Botschaft zu begreifen.

(c) Hören des Gottesworts als Grenzerfahrung

Die christlichen Kirchen haben zwar immer wieder versucht, auf Gottes Wort zu hören und es sachgemäß auszurichten, zugleich aber auch spezifische Methoden entwickelt, sich gegen den damit laut werdenden Anspruch zu immunisieren. Die Methode der orthodoxen Kirchen besteht wohl in einem extensiven und damit inflationären liturgischen Gebrauch biblischer Worte und Wendungen, die nicht zugleich systematisch oder homiletisch reflektiert werden. Die römisch-katholische Kirche hat sich in Gestalt des Lehramts ein Instrument geschaffen, das direkt auf sie zukommende Gotteswort sich vom Leibe zu halten, und der Protestantismus hat durch eine Überbetonung des kognitiven Verstehens vor allem seit der Aufklärung zu einer Intellektualisierung des biblischen Zeugnisses beigetragen, das dann den Weg zum Herzen der Menschen oft kaum noch zu finden vermag. Die nichtchristlichen Religionen weisen aber ausnahmslos darauf hin, daß das Vernehmen des göttlichen Wortes eine Grenzerfahrung darstellt, die nur in großer Demut und Ehrfurcht, ja nur mit Furcht und Zittern gemacht werden kann. Die religionsphänomenologischen Belege dazu müssen an dieser Stelle nicht noch einmal eigens aufgerufen werden. Das Wissen um eine letzte mystische Dimension – eine »Omega-Ahnung« – begegnet vielleicht außerhalb der christlichen Kirchen häufiger als in diesen selbst. Glauben heißt leben im Grenzbereich möglicher Erfahrungen mit dem Gotteswort.

(3) Die Transzendierung der Kontexte durch die Heilige Schrift

Die Kontexte, innerhalb derer der Text der Heiligen Schrift wahrgenommen wird, können sowohl für den Rezeptionsvorgang als auch für die Wahrnehmung des Gehalts von Bedeutung sein. Auch wenn es einem darum geht, den Text allein, unverkürzt und unverfälscht zu erfassen, muß man sich klar machen, daß es den Text nie ohne den Kontext gegeben hat, daß man an einen bestimmten Kontext des Textes möglicherweise nur gewöhnt ist. Man muß also, wenn es einem um den Inhalt eines bestimmten Textes geht, nach eben diesem Text in seinem ursprünglichen Kontext fragen, um den gemeinten Inhalt angesichts der Differenz der Kontexte zu erfassen. Es reicht daher nicht aus, den Text im vertrauten Kontext zu belassen und ihn so einem neuen Kontext zu konfrontieren. Es ist vielmehr zu prüfen, inwieweit der Text mit einem ursprünglichen Kontext verwoben ist, um ihn sachgemäß einem neuen Kontext aussetzen zu können. Den Text der Heiligen Schrift hat es »allein« nie gegeben: Er hat im Kontext altorientalischer Religionen und hellenistischer Philosophie gestanden und davon auch profitiert. Entsprechendes ist im Blick auf die gegenwärtig lebenden Weltreligionen wahrzunehmen und zu nutzen. Dabei wird sich heute Ähnliches zeigen, wie es für die Entstehungssituation zu beobachten war: Die Heilige Schrift transzendiert ihre Kontexte! Dies gilt sowohl für den Rezeptionsvorgang als auch für die Inhalte. Diese Behauptung ist nun im Blick auf die gegenwärtige Kontext-Situation zu bedenken.

(a) Die Unverfügbarkeit der Rezeption

In allen Religionen geht es, wenn es auch anders benannt werden mag, um die Vermittlung von Wahrheits- und Heilsgewißheit. Diese Vermittlung erfolgt auf Wegen, die einander berühren, aber doch auch deutlich unterschiedliches Gepräge zeigen.

1. Juden werden in die Wahrheit, die für sie gilt, hineingeboren; ihr Volk ist das von Gott erwählte. Natürlich gibt es auch die Konversion zum Judentum, die aufgrund von missionarischer Verkündigung oder kontingenter Begegnung erfolgt; aber der typische und charakteristische Weg, die Wahrheitsgewißheit des Judentums vermittelt zu bekommen, ist dies nicht. Juden erfassen ihren Glauben auf dem Weg über die Sozialisation; die »Väter« sollen den »Söhnen« die wichtigsten Traditionen vermitteln (Dtn 6,20 ff.).

Im Christentum scheint dies ähnlich zu laufen bzw. gelaufen zu sein – mit dem Unterschied, daß nicht die natürliche Geburt, sondern die Taufe einen Menschen in diesen Traditions- und Vermittlungszusammenhang hineingeholt hat. In der Tat wird die religiöse Sozialisation für die Vermittlung einer Religion immer eine wichtige Rolle spielen. Trotzdem ist gerade Christen klar, daß sich Glaube, wenn dieser doch ein lebendiges Gottesverhältnis darstellt, nicht einfach »übernehmen«, geschweige denn »vererben« läßt. Die biblische Botschaft kann verkündet, aber nicht ohne weiteres »vermittelt« werden. Sie transzendiert alle Vermittlungsversuche, so eben auch den via Sozialisation, dadurch, daß ihre Rezeption unverfügbar bleibt – vorbehalten einzig dem Wirken des Heiligen Geistes, »ubi et quando visum est Deo« (CA V).

2. Im Islam vermittelt sich Wahrheitsgewißheit zumeist ebenfalls auf dem Weg über Sozialisation, die hier jedoch, noch weit stärker als im Judentum, in

ritueller Praxis besteht. Eine bestimmte Praxis hat wohl immer auch eine bestimmte Erschließungsfunktion. Sie kann freilich ebenso zu Verdrängung und Immunisierung führen. Im Islam kommt in diesem Zusammenhang erschwerend hinzu, daß es Muslimen unter Androhung der Todesstrafe untersagt ist, ihre Religion zu verlassen.

Nun wird die Erschließungsfunktion, die mit einer geordneten »praxis pietatis« gegeben wäre, gewiß im gegenwärtigen Christentum sträflich vernachlässigt. Trotzdem ist festzuhalten: Die biblische Botschaft transzendiert die Möglichkeiten einer frommen Praxis und erst recht eines durch die Sozialisation auferlegten Zwangs. Sie bleibt unverfügbar.

3. Die hinduistischen Traditionen vermitteln sich offenbar ungewöhnlich stark durch eine bestimmte Atmosphäre, an der der einzelne Mensch partizipiert, wie jedes Lebewesen teilhat an der Umwelt, in der es lebt und atmet. Sozialisation, Ritus, Lehre – alles spielt ineinander und hilft dem einzelnen Gläubigen, die spezifische Gestalt seiner Religiosität auszuformen, wie sie eben auch seinem Stand, seiner Kaste, seinen materiellen und geistigen Möglichkeiten entspricht.

Innerhalb des Christentums vor allem römisch-katholischer Ausprägung galt etwas Ähnliches lange Zeit als Modell: Das katholische Milieu eines Landes, einer Gesellschaft, sollte dazu beitragen, katholische Überzeugung zu vermitteln und zu festigen. Es ist unbestritten, daß das Milieu für die Übertragung von Weltanschauungen eine nicht zu unterschätzende Rolle spielt. Es läßt sich so sicher auch eine bestimmte Gefühlswelt aufbauen. Offen bleibt die Frage, inwieweit es hier zu einem lebendigen Gottesverhältnis kommt, das über die Übernahme einer bestimmten Weltsicht und damit verbundener Gefühle hinausführt. Die biblische Botschaft transzendiert dieses Gewebe, fordert den einzelnen Menschen in dessen individueller Personalität heraus und entzieht sich zugleich dessen freiem Zugriff.

4. Die buddhistische Praxis schließlich setzt auf die Selbstevidenz ihres Ansatzes, wenn man sich nur radikal an ihn ausliefert, sei es im Sinne persönlicher Hingabe, wie sie in der »Schule des Reinen Landes« geübt wird, sei es im Sinne der Askese, wie sie im Zen erprobt wird.

Die Frömmigkeitsgeschichte des Christentums kennt sowohl den Weg der Hingabe als auch den leidenschaftlicher Askese, wenngleich sich beide zur Zeit keiner besonders großen Anhängerschaft zu erfreuen scheinen. Aber gerade die hier gemachten Erfahrungen verdeutlichen, daß sich christliche Wahrheitsgewißheit weder durch Devotion noch durch Askese »erringen« läßt. Sie wird »geschenkt«.

Es zeigt sich, daß keiner der formalen Vermittlungswege von Wahrheitsgewißheit, wie sie in den nichtchristlichen Religionen begegnen, dem Christentum wirklich fremd ist oder ihm diametral widersprechen würde. Alle können sie auch im Christentum beschritten, ausgebaut, genutzt werden. Alle werden sie aber auch von der biblischen Botschaft transzendiert, deren Rezeption unverfügbar bleibt, weil ihr Inhalt trotz aller Nähe dem Menschen offenbar – fremd ist.

(b) Die Fremdheit der christlichen Botschaft

Je nachdem, von welcher Warte aus man ihn betrachtet, wird der christliche Glaube mit seinen verschiedenen Aussagen in unterschiedlicher Weise Gefühle der Sympathie oder auch Aversionen auslösen. Daß die biblische Botschaft von allen großen religiösen Traditionen der Menschheit als mehr oder weniger fremd empfunden wird, läßt sich natürlich leicht aufzeigen.[93]

1. Den Juden bleibt fremd, wie man behaupten kann, der Messias sei gekommen, obwohl doch, wie ihnen überdeutlich scheint,»alles beim alten« geblieben ist. »Die Welt ist nicht erlöst …«[94] Es ist ihnen fremd, das Reich Gottes in Zeichen erkennen zu sollen, die sich fast ausschließlich auf die innere Welt beziehen – Vergebung der Sünde, innere Erneuerung: »Für Christen ist Spiritualität Aufschwung nach oben oder ein Weg nach innen«.[95] Unnachvollziehbar erscheint das Inkarnationsdenken: Gott ist einer[96], und Jesus ist »einer von vielen jüdischen Gottesknechten«.[97]

2. Muslimen ist der trinitarische Glaube nicht nur fremd, sondern ein Greuel: »O ihr Leute des Buches, übertreibt nicht in eurer Religion und sagt über Gott nur die Wahrheit … Und sagt nicht: Drei … Gott ist doch ein einziger Gott …« (Sure 4,171). Das Evangelium erscheint ihnen als durch die Christen verfälscht; Jesus müsse doch als »Menschensohn« begriffen werden.[98] »Gesetz« und »Evangelium« in ihrer spezifischen Spannung zueinander sind dem Islam unbekannt.

3. Den Hindus ist das Insistieren auf konkreter Geschichte fremd. Wieso ausschließliche Autorität diesem Jesus von Nazareth zusprechen, der doch als ein »Avatar«, als eine unter vielen Inkarnationen des Göttlichen verstanden werden kann?[99] »Wir sehen nicht den Einzelnen, sondern das Ganze.«[100] Daraus folgt: »Wir Hindus verstehen Jesus und seinen Gottesgedanken besser als ihr Christen.«[101] Im übrigen ist stellvertretendes Leiden für Hindus ein Widerspruch in sich selbst.

4. Für Buddhisten ist speziell das Wort vom Kreuz anstößig – »ein aggressives Symbol«[102]. Blutrünstig! Was für ein gewinnendes Bild ist dem gegenüber die Vorstellung eines Erwachens oder Erleuchtet-Werdens!

5. Fast allen nichtchristlichen Religionen ist das Sündenbewußtsein des Christentums fremd. Fast alle finden das Weltverhältnis der Christen – Bejahung

---

93. Vgl. H.- J. Loth ³1986, der die im folgenden zitierten kritischen Stimmen zusammengetragen hat..
94. Ebd. 122 ff.
95. Ebd. 150 ff.
96. Ebd. 64 ff.
97. Ebd. 41 ff.
98. Ebd. 68 ff.
99. Ebd. 105 ff.
100. Ebd. 254 ff.
101. Ebd. 30 ff.
102. Ebd. 35 ff.

von Emanzipation und Säkularisation – unsachgemäß und einer wirklichen Religion unwürdig.

Christlicher Glaube wird auf all diese Fremdheit in ihren verschiedenen Schattierungen reagieren und sich bemühen müssen, auf eine jeweils spezifische Weise darauf einzugehen; im weiteren Gang der hier vorgetragenen Überlegungen soll dies ja versucht werden. Ausgangspunkt für Christen und Christinnen ist freilich immer die Überzeugung, daß der Mensch die rettende Botschaft sich nicht selber sagen kann, und daß er, wäre er dazu in der Lage, es gar nicht wollte. Kein Mensch kann wollen, daß Gott Gott ist![103] Kein Mensch kann folglich hören wollen, was Gott zu sagen hat. Diese Einsicht ist freilich nicht durch ein pessimistisches Vorurteil begründet, sondern durch Gottes Reden und Handeln selbst, wie es – nach christlicher Auffassung – in der Heiligen Schrift bezeugt wird. Eben dieses Zeugnis aber will im Kontext menschlicher Erfahrung – und damit auch menschlicher Religiosität – gehört werden.

(4) Die Heilige Schrift als Medium der Selbstvergegenwärtigung des dreieinen Gottes

(a) Schöpfung, Geschichte und göttlicher Geist als Konstitutiva der Heiligen Schrift

Im christlichen Verständnis der Heiligen Schrift verbinden sich drei Elemente mit einander, die in den außerchristlichen Religionen, sofern sie überhaupt getrennt wahrgenommen werden, nebeneinanderstehen: Die aktuelle Wirksamkeit des göttlichen Geistes, das Zeugnis der Schöpfung und das der Geschichte. Die Religionen östlich der »religiösen Wasserscheide« am Hindukush (H. v. Glasenapp) betonen das Moment des universalen kosmischen Zusammenhangs, also das, was christliche Theologie als »Schöpfung« bezeichnet. Das Moment der Geschichte, des geschichtlich Einmaligen, kommt dabei nicht in den Blick – so in den großen nichttheistischen Systemen des Hinduismus oder im Theravada- bzw. Hinayana-Buddhismus, oder es wird von kosmologischen Interdependenzen aufgesogen, so in der Krishna-Verehrung oder im Mahayana-Buddhismus. Der Geist als Instanz der Vermittlung zwischen Schöpfung und Geschichte, ja zwischen einer gefallenen Schöpfung und einer rettenden Geschichte, hat dabei keinen Platz, ist überflüssig und wird daher, sofern über ihn überhaupt reflektiert wird, eher als kosmologisch begründete mentale Kraft begriffen. Die Religionen westlich des Hindukush, also neben Christentum und Judentum insbesondere der Islam, betonen dagegen das Moment der Geschich-

---

103. M. Luther: »No(n) potest homo naturaliter velle deum esse deu(m)«, StA Bd 1, 166, 22.

Die Begründung des Glaubens

te, von dem aus dann auch die Schöpfung spirituell begriffen wird. Das Pathos muslimischer Frömmigkeit liegt trotz einer Reihe von Aussagen über das Verhältnis zwischen Allah und seiner Schöpfung nicht in diesem Bereich, sondern auf dem Feld der Geschichte – des einzelnen und der gesamten Gemeinschaft –, auf dem Wege zum Endgericht. Das Christentum hat sich vor allem im Zuge der neuen Selbstwahrnehmung des Menschen durch die Aufklärung auf eine die Geschichte überbetonende Linie bringen lassen; die Schöpfung wurde vernachlässigt und in gewisser Weise erst im Rahmen der allerjüngsten Ökologie-Debatte wiederentdeckt. Das Wirken des Geistes wurde vor allem in der reformatorischen Tradition klar mit der Geschichte und der Vermittlung des in der Heiligen Schrift bezeugten Gotteswortes verbunden. Ein Geistwirken in der Schöpfung, wie es vom Alten Testament her formulierbar gewesen wäre, wurde lange Zeit kaum bedacht[104], ja als suspekt empfunden. Pneumatologie und pneumatische Erfahrung wurden so nicht selten bevorzugte Themen von Sondergruppen, die ihrerseits die Verbindung zum Schöpfungs- und Erlösungshandeln Gottes kaum zu sehen vermochten. Diese Beobachtungen dürfen aber nicht den Blick auf die Tatsache behindern, daß der christliche Glaube in seinem Bekenntnis zum dreieinen Gott eine vorzügliche Hilfe anzubieten hat, die beiden Welten diesseits und jenseits des Hindukusch zu integrieren und miteinander zu versöhnen. Dies wird gerade im Blick auf das Verständnis der Heiligen Schrift deutlich. Sowohl für das Zustandekommen der biblischen Botschaft als auch für ihre je aktuelle Rezeption sind alle drei Faktoren konstitutiv: Schöpfungsmäßige Voraussetzungen, kontingente geschichtliche Faktoren und das beide verbindende Wirken des göttlichen Geistes. Damit stellt sich die Frage nach der »alleinigen« Geltung der Heiligen Schrift auf eine spezifische Weise.

(b) Die Heilige Schrift im Kontext der Kirche

Von der Autorität der Heiligen Schrift kann folglich nicht sinnvoll gesprochen werden ohne den Blick auf ihre Bedeutung für die Entstehung des Glaubens einzelner Menschen und die damit sich ergebende Gemeinschaft der Glaubenden. Die Heilige Schrift kann gerade auch deswegen nicht »allein« sein, wenn »Gottes Wort ... nicht ohne Gottes Volk« bleibt.[105] Dies macht eine Besonderheit des Verständnisses der Heiligen Schrift gegenüber außerchristlichen heiligen Schriften aus, wobei sich hier allerdings innerhalb des Christentums unterschiedliche Optionen zeigen:

1. Die römisch-katholische Lesart geht davon aus, daß Schrift und Kirche nicht gegeneinander ausgespielt werden dürfen; ostkirchliche orthodoxe Theologie hat nicht einmal ein Verständnis dafür, daß man diese beiden Größen

---

104. Vgl. aber P. Althaus ⁸1969, 344 ff., sowie besonders M. Welker, Gottes Geist. Theologie des heiligen Geistes, N-V ²1993.
105. M. Luther, WA 11,408,13.

einander gegenüberstellen könnte. Die Kirche wird in beiden Traditionen als die übergeifende Instanz verstanden, die für Entstehung, Bewahrung und sachgemäße Auslegung der Schrift zuständig ist.

2. Diese Zuständigkeit wird von den evangelischen Theologien nicht rundweg bestritten. Die Frage ist nur, in welcher Weise sie sachgemäß operationalisiert werden kann. Wenn der dreieine Gott sich wesentlich durch das Wirken des Geistes vermittelt, der in der – durch Gottes schöpferisches, erlösendes und vollendendes Handeln zustande gekommenen – Heiligen Schrift bezeugt ist, dann hat die Kirche hier gerade keinen Spielraum zur Aufstellung eigener, selbstmächtiger Behauptungen (in der Theologie der Reformation »traditiones humanae« genannt). Dann gilt für sie in der Tat die »Heilige Schrift allein« – als »einzige Regel und Richtschnur, nach der in gleicher Weise alle Lehren und Lehrer (in der Kirche) gerichtet und beurteilt werden sollen«.[106] Dann muß das biblische Zeugnis, so sehr es auf den drei genannten Faktoren beruht und auch nur in deren Zusammenspiel sachgemäß aufgenommen werden kann, doch immer wieder kritisch gegen mögliche Verfremdungen – unsachgemäße Zuordnungen (oder auch Isolierungen) von Schöpfung, Geschichte und Geistwirken – ins Spiel gebracht werden. Die Art und Weise, wie dies geschieht, kann dann aber nicht über eine von außen kommende Instanz abgewickelt werden, sondern muß sich aus der Sache selbst ergeben. Kritisch müssen diejenigen das Zeugnis der Heiligen Schrift zur Geltung zu bringen versuchen, die ihrerseits sich unter dem Zeugnis des sich selbst vergegenwärtigenden Gottes begreifen. Sie tun dies, indem sie ihre Einsichten in Zustimmung und Widerspruch, in »assertio«, und »damnatio« einander gewähren und zumuten. An dieser Stelle greift für evangelisches Verständnis die Berufung der Glaubenden zum allgemeinen, gegenseitigen und gemeinsamen Priestertum und das daraus abgeleitete synodale Prinzip der Kirche. Dies ist, wenn ich recht sehe, in der Welt der Religionen ohne eine direkte Parallele.

3. Eine weitere Differenz zwischen christlichem und nichtchristlichem Verständnis von heiliger Schrift und göttlicher Botschaft hat hier ihren Ort, nämlich der unterschiedliche Stellenwert und Stil von »Theologie«. Das synodale Prinzip ersetzt ja nicht, sondern erfordert eine möglichst hohe Kompetenz derer, die es verwirklichen. Solche Kompetenz kann in dezidierter Lebens- und Glaubenserfahrung (»Älteste«), in offizieller Beauftragung durch die Kirche (zum »Amt« Ordinierte) oder auch in theoretischer Schulung (»Theologen«) liegen. Während es zu »Ältesten« und »Amtsträgern« in anderen Religionen Parallelen gibt, hat sich aus dem Gegebensein heiliger Schriften in keiner nichtchristlichen Religion eine der christlichen vergleichbare Theologie entwickelt. In den östlichen Religionen kommt es zwar durchaus zu dem Versuch zu abstrahieren, zu reflektieren und zu systematisieren, m. W. jedoch kaum zu Kritik religiöser Theorien und Praxen aufgrund von Aussagen heiliger Schriften.

Der Islam kennt eine der jüdischen und christlichen Theologie vergleichbare

106. UG 775.

Schriftgelehrsamkeit, die den Analogieschluß *(»qiyas«)* anwendet und auf die Übereinstimmung der islamischen Gemeinschaft – mindestens der »Ulama« (Theologenschaft) – hinarbeitet *(»idschma«)*.[107] Aber er verfügt – jedenfalls bislang – nicht über ein gemeinsames hermeneutisches Prinzip, nach dem die Auslegung den Koran gegen Fehlentwicklungen schützen könnte. Er geht davon aus, daß seine Gemeinschaft, wie der Prophet es erwartet habe, »nie in einem Irrtum übereinstimmen« werde.[108] Was dies freilich für die Probleme zwischen Sunna und Schia konkret bedeutet, steht dahin. Den Muslim interessiert weniger, wie der Koran auszulegen ist – die einzig wahre Kenntnis seines Inhalts hat ohnehin allein Allah. Der Muslim will wissen, was für die weltliche Ordnung aus der göttlichen Offenbarung folgt. Der muslimische »Theologe« ist daher in erster Linie Rechtsgelehrter. Der Einfluß des Christentums und die Notwendigkeiten der säkularen Welt könnten hier jedoch in absehbarer Zeit zu Veränderungen führen. So gibt es in der Türkei heute eine – staatlich finanzierte – islamische »Theologische Fakultät« (an der christliche Gastdozenten regelmäßig zu Vorlesungen über das Christentum eingeladen werden).[109] Das Judentum schließlich sammelt lieber Lebenserfahrungen, als daß es systematisch-theologische Konzeptionen entwickelt. Ihm geht es nicht spekulativ um die rechte Lehre. Anekdoten wie die folgende machen das deutlich: Ein Rabbi sieht am Eingang eines Grabes den Propheten Elia stehen. Er nutzt die Gelegenheit und fragt: »Wann wird der Messias kommen?« Darauf Elia: »Frag' ihn doch selber!« Bereitwillig erläutert aber dann der Prophet, wo der Messias wohnt – nämlich bei kranken und elenden Menschen.[110] Nicht die klugen Theologen schützen die Tora vor etwaiger Verfälschung, sondern: »Wie bei der Nuß die Schale die Frucht bewahrt, so bewahren die Unwissenden in Israel die Worte der Tora«[111] – nämlich dadurch, daß sie ihr entsprechend zu leben versuchen, auch ohne sie bis ins letzte zu verstehen. Christliche Theologie dagegen bezieht sich in der Tat nur nachgeordnet auf Fragen der Lebensgestaltung, des Rechts oder auf »Weisheit«, weil ihre erste Aufgabe darin besteht, dem Verständnis der in der Heiligen Schrift bezeugten Selbsterschließung Gottes nachzudenken und auf diese Weise zum Prozeß je aktueller neuer Selbsterschließung Gottes beizutragen.[112]

107. M. S. Abdullah 1992, 31 f.
108. Ebd. 32.
109. Vgl. T. Nagel 1994, 239-259, sowie U. Spuler-Stegemann 1998, 235-249.
110. LRG 1040.
111. LRG 1040 f.
112. U. Mann 1970 weist darauf hin, daß im Christentum die Christologie »die Wurzel der Theologie als Wissenschaft« sei, 45. Er fordert, daß im Interesse von Selbstwahrnehmung einer Religion und von Verständigung der Religionen miteinander alle Religionen eine wissenschaftliche Theologie ausbilden sollten, und erwartet, die christliche Theologie werde »im Kreis aller künftigen Theologien« dieselbe Stellung innehaben wie die griechische Philosophie »im Kreis aller anderen Philosophien« (47).

(c) »Sola scriptura«

Die Formel »allein die Heilige Schrift« erweist sich somit als interpretations- und präzisionsbedürftig. Als reformatorische Kampfformel soll sie im Blick sowohl auf die kausative als auch auf die normative Kraft der Heiligen Schrift Entwicklungen und Instanzen abwehren und ausschließen, die – sei es kognitv oder existentiell – zu einer defizitären oder unsachgemäßen Ausprägung des Glaubens führen. Dieses Anliegen ist natürlich nicht nur berechtigt, sondern für den einzelnen Glaubenden wie für die Gemeinschaft der Glaubenden essentiell. Gerade deswegen aber ist zu bedenken, worauf sich diese Formel bezieht und worauf nicht: Sie dient der Entstehung wahren Glaubens – in kognitiver und existentieller Hinsicht. Wer sie verteidigt und anzuwenden versucht, weiß sich darin dem unverfügbaren Geschehen der Selbsterschließung Gottes verpflichtet. Gerade die Selbsterschließung des dreieinen Gottes vollzieht sich aber nicht auf dem Wege über die exklusive Fixierung auf einen Text, sondern im Zusammenwirken von schöpferischem, geschichtlich eingreifendem und aktuell inspirierendem göttlichem Handeln. So muß die Heilige Schrift zwar gegen Manipulation und Verfremdung jeglicher Art geschützt, darf aber keinesfalls von Gottes aktuellem dreifaltigen Handeln isoliert werden. Auch die Entstehung außerchristlicher heiliger Schriften ist ohne das Handeln des dreieinen Gottes nicht denkbar; sie müssen daher gerade im Interesse einer vollen Anwendung des »sola scriptura«-Prinzips zur Erklärung der Heiligen Schrift herangezogen werden. Der hermeneutische Zirkel, der innerhalb der Heiligen Schrift zwischen deren Mitte – Jesus Christus – und deren einzelnen Aussagen zur Anwendung gelangt, ist – mutatis mutandis – auch auf das Verhältnis von Heiliger Schrift und heiligen Schriften auszuweiten. Die der ganzen Menschheit geltende Selbsterschließung des dreieinen Gottes, wie sie in der Heiligen Schrift bezeugt ist, kann dadurch – je nach kultur- und religionsgeschichtlichem Standort des zu verstehen Suchenden – tiefer und umfassender verstanden werden. Sie muß aber zugleich gegen Mißverständnisse, Verwechslungen oder Manipulationen geschützt werden. Ein zirkuläres hermeneutisches Vorgehen, das sowohl die Heilige Schrift als auch andere heilige Schriften und Traditionen einbezieht, kann beiden Anliegen gerecht werden, solange die Zirkelspitze sowohl in kognitiver als auch in existentieller Hinsicht klar an Gottes Selbsterschließung in Jesus Christus einsetzt.

(d) Nachbemerkung: Die Heilige Schrift im Kontext säkularer Interpretationen menschlichen Selbstverständnisses

Der geschilderte Sachverhalt gilt prinzipiell nicht nur für heilige Schriften oder religiöse Texte, sondern für alle Dokumente, welche menschliches Selbstverständnis und entsprechende Weltanschauung betreffen. Dies kann im Rahmen der Grenzen, die sich die vorliegende Arbeit gesetzt hat, nicht weiter entfaltet werden. Doch läßt sich hier wenigstens als These festhalten, daß der trinitarische Glaube der Christenheit als die große Integrationsperspektive entdeckt und genutzt werden kann, die das Christentum dann auch noch einmal über den Bereich des Religiösen und das Genus Religion hinaus erweitert, ohne es aber einseitig der säkularen Welt zuzuordnen und zu überlassen. Dem entspricht dann auch eine eigene, nämlich trinitarisch strukturierte Hermeneutik, ein »tertium genus« hermeutischen Vorgehens neben säkular-kognitiver Analyse von Information und religiös-intuitiver Erfassung religiöser Zeugnisse. Auf dem Weg der Menschheit in die Zukunft kann sich die Christenheit entdecken als »tertium genus«, das sowohl religiöse als auch areligiöse Selbstwahrnehmung und Weltanschauung des Menschen zu integrieren und dem großen Integrator zuzuweisen vermag, der sein wird »alles in allem« (I Kor 15,28; vgl. Röm 11,36; Kol 1; Eph 1).

D Thesen

1.   Kausative wie normative Autorität der Heiligen Schrift läßt sich zwar binnentheologisch durch Kriterien ausweisen, nicht aber durch von außen beigebrachte Argumente begründen; zu erfahren ist sie jedoch im Kontext gewagter christlicher Existenz und in der Gemeinschaft der Glaubenden.

2.   Die Begegnung mit außerchristlichen kanonischen und heiligen Schriften schärft die Wahrnehmung des spezifischen Profils der Heiligen Schrift und macht zugleich auf Gemeinsamkeiten aufmerksam.

3.   In Analogie dazu, wie für Christen das Alte Testament vom Neuen Testament her zu interpretieren ist, sind außerchristliche heilige Schriften von Jesus Christus her und auf ihn hin zu lesen. Dies gilt auch für den Koran als nachchristliches Buch, das im übrigen vielerlei Elemente biblischer Aussagen aufnimmt, interpretiert und in einen neuen Kontext stellt.

4.   Die Hebräische Bibel ist als heilige Schrift des Judentums zu respektieren und nicht mit dem (christlich gelesenen) Alten Testament in eins zu setzen. Sie verweist durch die mit ihr sich verbindende Haltung der Erwartung darauf, daß auch die christlich verstandene Bibel ein nicht lediglich rückwärts gewandtes oder nur auf die Gegenwart bezogenes Buch ist, sondern ein Dokument der Verheißung von Zukunft.

5.   Während der Koran nach muslimischer Auffassung unmittelbar mit dem Wort Gottes identifiziert wird, ist die Heilige Schrift nach christlichem Ver-

ständnis Zeugnis von dem in der Geschichte Israels und in Jesus Christus ergangenen Wort Gottes. Dies verschafft Christen und Christinnen bei ihrem Umgang mit der Heiligen Schrift Freiheit gegenüber dem Wortlaut und verpflichtet sie zugleich zu sorgsamer Exegese und reflektierter Hermeneutik.

6. Hinduistische heilige Texte artikulieren ein Gewebe von Erfahrungen und Reflexionen, in das der Gläubige durch Meditation und Ritual sich hineinverweben zu lassen eingeladen ist. Dies hilft ihm, sein irdisches Leben zu ordnen und ihm gegenüber Distanz zu gewinnen. Biblische Texte dagegen vermitteln eine Perspektive, die einerseits zur Welt Distanz schafft, andererseits zu konkretem Handeln und Gestalten in ihr motiviert.

7. Buddhistische heilige Texte dienen einer vielfältigen Praxis auf dem Weg zum »Erwachen« und zur Integration des »Erwacht-Seins« in den Alltag, während die Bibel immer neu mit Gottes Anspruch und Verheißung, mit »Gesetz« und »Evangelium« konfrontiert.

8. Das biblische Zeugnis erschließt sich im Kontext der Begegnung des Menschen mit sich selbst und seiner Welt (zu der auch nichtchristliche Religionen und Weltanschauungen gehören) sowie in der Spannung von Erleiden und Gestalten – als transzendierende Grenzerfahrung.

9. Es transzendiert die jeweiligen Kontexte durch die Fremdheit seiner Botschaft und die Unverfügbarkeit seiner Rezeption.

10. Im Medium der Heiligen Schrift vergegenwärtigt sich Gott dreifaltig, indem er Menschen in der kontingenten Gestalt ihrer Geschöpflichkeit anrührt, durch die Begegnung mit Jesus Christus anspricht und durch das Wirken des Heiligen Geistes dahin führt, daß sie auf dieses Angerührt- und Angesprochen-Sein reagieren und ihm Folge leisten.

11. Die Heilige Schrift wirkt dabei insofern nicht »allein«, als ihr Wirken im trinitarischen Zusammenhang gesehen werden muß. »Allein« auf die Heilige Schrift sich zu beziehen, ist aber insofern unerläßlich, als sich der trinitarische Zusammenhang nur von ihr her erschließt und gegen Mißdeutungen schützen läßt.

Die Begründung des Glaubens

4 Gott

4.1 Gotteserkenntnis

A Gotteserkenntnis nach klassischem christlichem Verständnis

Die klassische christliche Dogmatik fragt nach den Voraussetzungen, Bedingungen und Möglichkeiten, von Gott zu reden. Sie spricht von unterschiedlichen Weisen der »Gotteserkenntnis«. Wie wird Gott erkannt?

Eine Fragestellung impliziert jedoch immer schon bis zu einem gewissen Grade die Antwort. In der christlichen Frage nach »Gotteserkenntnis« sind mindestens zwei problematische Vorentscheidungen enthalten:

1. Das, wonach gefragt wird, muß als existierend vorausgesetzt werden, sonst hat die Frage keinen Sinn. Vorausgesetzt wird also die Existenz eines »Gottes«, d. h. (auch wenn zunächst nähere Bestimmungen fehlen) jedenfalls wohl nicht die Existenz mehrerer Götter und ebensowenig die eines abstrakten göttlichen Prinzips. Auch an eine »Göttin« z. B. ist offenbar nicht gedacht. Wie wäre aber diese Vorentscheidung ihrerseits zu begründen?

2. Es wird nach der »Erkennbarkeit« Gottes gefragt, mithin vorausgesetzt, daß Gott vorrangig auf dem Weg über den Intellekt wahrgenommen wird. Jedenfalls wird der Erfassung Gottes durch das rationale Bewußtsein besondere Bedeutung zugesprochen und nicht primär etwa auf Erfahrung abgehoben. Auch dies ist eine ihrerseits begründungsbedürftige Vorentscheidung.

In den herkömmlichen Antworten auf die Frage nach »Gotteserkenntnis« reproduzieren sich ebendiese Vorentscheidungen. Dies wiederum spiegelt sich in der religionskritischen Reaktion auf die gegebenen Antworten. Psychologisch oder soziologisch gefärbte Religionskritik weist auf psychische oder gesellschaftliche Konstellationen hin, welche die Entstehung eines Gottesglaubens oder das Festhalten an ihm erklären sollen. Beim Gottesglauben könnte es sich um die Projektion menschlicher Wünsche handeln – so die Auskunft Ludwig Feuerbachs – oder um eine Illusion, durch deren Hilfe es Menschen leichter wird, die Wirklichkeit zu ertragen – so eine Vermutung Sigmund Freuds, der die Religion aber auch als Zwangsneurose zu deuten versucht. Schließlich könnte Gottesglaube aber auch Ausdruck gesellschaftlichen Elends (Karl Marx) oder verbrecherisch verabreichtes Opium für das Volk sein (Lenin).[1]

Rational engagierte Religionskritik macht erkenntnistheoretische Argumente geltend: Gottes Existenz läßt sich nicht verifizieren; bei einem etwaigen Verifi-

---

1. W. Huth, Glaube, Ideologie und Wahn. Das Ich zwischen Realität und Illusion, M 1984; H. Gollwitzer, Die marxistische Religionskritik und der christliche Glaube, M ²1967.

kationsversuch gerät man in das von Hans Albert beschriebene »Münchhausen-Trilemma«[2]; es bleiben einem dann Dezisionismus oder Flucht ins Engagement.[3] Die Berufung auf »Offenbarung« kommt nicht in Frage, da sie als Einfallstor für jedweden Aberglauben dienen kann. Schließlich: »Wovon man nicht sprechen kann, darüber muß man schweigen.«[4]

Es gilt daher, offener zu formulieren und nicht nur danach zu fragen, wie es zu (christlicher) Gotteserkenntnis kommt, sondern die Frage weiter zu fassen: Wie und wodurch könnte es zu einer »Gotteswahrnehmung« kommen? Anders ausgedrückt: Was etwa veranlaßt dazu, an »Gott« zu glauben? Darin impliziert ist die Möglichkeit, es könnte auch »nichts« geben, das an Gott zu glauben veranlaßt, oder gar Gründe, dezidiert nicht »an Gott« zu »glauben«. Die Antworten auf die so weit gestellte Frage sind, geht man nicht von dogmatischen Vorentscheidungen aus, begrenzt und ernüchternd.

Man kann argumentieren: Es gibt das Wort »Gott«. Dieses Wort hat eine zwar vielfältige, aber doch immer auch spezifische Funktion. Offensichtlich dient es von einer bestimmten Phase der Menschheitsentwicklung an in einigen Regionen der Welt den Menschen dazu, ihr Leben zu bewältigen. Die Etymologie des deutschen Wortes »Gott« ist nicht restlos geklärt. Luther hatte einst treuherzig vermutet, es hänge mit »gut« zusammen; er konnte sich Gott letztlich nicht anders als gut vorstellen.[5] Wahrscheinlich aber steckt in dem Begriff »Gott« die indogermanische Wurzel ›ghu‹, was »Götter anrufen« bedeutet. Das verbliebene »tt« würde einem Partizip perfekt passiv entsprechen (wie in »kalt«, »alt«). Gott wäre somit verstanden als »das angerufene Wesen«.[6] Geht man vom hebräischen »el« aus, so gelangt man zu anderen Interpretationen; im Alten Orient assoziierte man mit »Gott« offensichtlich eher »Stärke« und »Macht«. Der indogermanische Sprachkreis interpretiert Gott als ein Leuchten, Aufblitzen (»theos«, »deus«, »deva«). Ein formal erster Anlaß, von »Gott« zu reden, bestünde also schlicht darin, daß die meisten Sprachen, wenn auch bei unterschiedlichen Interpretationen, über diesen Begriff verfügen und ihn sozusagen zur Erprobung bereithalten.

Sprachanalytisch gesehen, gilt der Begriff »Gott« in der Regel, sofern er nicht im Zusammenhang einer Anrufung steht, als Prädikator, d.h. er dient einer Zuschreibung: »So ist doch auch das Wiedersehen ein Gott« (Euripides). Selbst Thomas von Aquin kann formulieren: »... und dies nennen wir Gott« (»... et hoc dicimus deum«).[7] Nun insistiert eine am biblischen Zeugnis orientierte

2. H. Albert, Traktat über kritische Vernunft, Tü ²1979, 11-15.
3. W. W. Bartley, The Retreat to Commitment, New York 1961 (deutsch 1962: »Flucht ins Engagement«).
4. L. Wittgenstein, Tractatus logico-philosophicus. Logisch-philosophische Abhandlung (1922), letzter Satz.
5. UG 600f.
6. So nach Fr. Kluge, Etymologisches Wörterbuch der deutschen Sprache, B ²¹1975, 265; vgl. Fr. Heiler, EWR 468. Der Begriff wäre also ursprünglich ein Neutrum!
7. STh I 2, 3.

Theologie entschieden darauf, daß in der Heiligen Schrift der Begriff »Gott« keineswegs prädikativ verwendet wird, ja daß in der prädikativen Verwendung in gewisser Weise das große Mißverständnis, der eigentliche Mißbrauch des »Namens« Gottes besteht. Durch eine Prädikation läßt sich niemals, jedenfalls nicht erschöpfend, aussagen, wer Gott ist. Gott ist nicht »dies« oder »das«. Er ist auch nicht beispielsweise »der Sinn des Lebens«. Bei der biblischen Behauptung: »Gott ist die Liebe« (I Joh 4,16) wird keineswegs der Liebe göttliche Qualität zugesprochen (analog zu dem griechischen Gott »Eros«), sondern deutlich gemacht, daß von Gott aus zu bestimmen ist, worin allein wahrhaft Liebe besteht: Gott ist Subjekt, nicht Prädikat!

Religionswissenschaftler können dieser Problembeschreibung im Prinzip zustimmen. G. van der Leeuw stellt in seinen einleitenden Darlegungen zu unserem Problem fest, es gelte zu »bedenken, daß ›Gott‹ in der Religion wohl das grammatikalische Objekt, aber das logische Subjekt ist. Der Mensch übt seine Religion aus, aber er tut dies nur auf Grund seiner Berührung mit etwas anderem oder jemand anders. Diese Berührung ist primär.«[8] Wie und aufgrund wovon kommt solche »Berührung« zustande? Wie wird Gott schließlich als »die alles bestimmende Wirklichkeit« erkannt?[9]

Im Rahmen christlichen theologischen Nachdenkens ist der Hinweis auf »Offenbarung« hier sicher unerläßlich, wird aber der spezifischen Fragestellung nicht gerecht. Vielmehr ist genauer zu klären, inwiefern denn »Gott« es ist, von dem behauptet wird, daß er sich offenbare, und nach welchen Kriterien diese hypothetisch angenommene Selbstoffenbarung »Gottes« als solche von Menschen wahrgenommen werden kann. Die christliche Tradition gibt dazu vornehmlich zwei Antworten:
– Gott bezeugt sich dem Glaubenden durch die Geschichte und Gegenwärtigkeit seiner Selbsterschließung.
– Gott bezeugt sich dem Denkenden im Sinne eines Selbsterweises durch die Vernunft.
In der Tradition christlichen Denkens begegnen dementsprechend drei in komplementärem Verhältnis zueinander stehende Grundmodelle, die Frage nach einer etwaigen »Gotteserkenntnis« zu beantworten:

1. Der Weg vom »Glauben« zum »Erkennen«: Schon für die Jünger Jesu war der Glaube dem Erkennen vorausgegangen; »… wir haben geglaubt und erkannt …« (Joh 6,69). Die entsprechenden Formeln aus der Tradition lauten: »fides quaerens intellectum« – der (bereits vorausgesetzte) Glaube sucht das Verstehen, oder, noch radikaler: »credo, ut intelligam« – um zu verstehen, glaube ich. Evangelische Theologie steht im allgemeinen diesem Ansatz nahe. Sie geht aus von dem Zeugnis der Heiligen Schrift und der Wirkung, die diese unter Menschen hat. Bei diesem Modell kann freilich die Spannung zwischen

---

8. G. van der Leeuw ²1961, 15.
9. R. Bultmann, GuV I, 26; W. Pannenberg, Wissenschaftstheorie und Theologie (1973), F 1977, 304.

Glaube und Vernunft zu Ungunsten des Erkennens aufgelöst werden: Dann droht ein religiöser Fundamentalismus, der sich um denkerische Verantwortung nicht mehr kümmert, und sagen kann: »credo, quia absurdum« – ich glaube, weil es absurd ist.

2. Der Weg vom »Erkennen« zum »Glauben«: Das Erkennen findet im Glauben seine Erfüllung. Fundamentaltheologisch können sozusagen »demonstratio religiosa«, »christiana« und »catholica« organisch aufeinander aufbauen. Diesen Ansatz bevorzugt die römisch-katholische Theologie. Wird hier die Spannung zu Ungunsten des Glaubens aufgelöst, so ergibt sich freilich ein Rationalismus, der jedenfalls prinzipiell keines besonderen göttlichen Offenbarungshandelns bedarf bzw. durch dieses nur ergänzt wird.

3. Ostkirchliche Theologie redet einer Gotteserkenntnis das Wort, die um ihr fundamentales Nichtwissen weiß: Gott wohnt »in einem Licht, zu dem niemand kommen kann« (I Tim 6,16). Ostkirchliche Theologie ist apophatisch, auf das in Worten nicht zu erfassende Geheimnis Gottes ausgerichtet. Wie gleichwohl ihre kataphatischen, also positiv feststellenden Elemente zu artikulieren und zu begründen sind, stellt ihr eigentliches Problem dar. Es wird freilich weniger theoretisch als auf dem Weg über die Wirklichkeit der Kirche gelöst.

(1) Der Weg vom Glauben zum Erkennen

Wenn Gott für den Menschen nicht Objekt, sondern Subjekt der Erkenntnis ist, existiert eine Möglichkeit von Gotteserkenntnis einzig unter der Voraussetzung, daß Gott selbst sich zu erkennen gibt. Dann aber geht dem Erkennen das Anerkennen voraus. Nach biblischer Auffassung vollzieht sich solche Selbsterschließung Gottes durch einen Doppelschritt: Ein bestimmtes Erleben von Menschen wird auf eine bestimmte Weise gedeutet. Das Volk Israel erlebt die Befreiung aus der Sklaverei, aber auch die Zerstörung Jerusalems und die Zerstreuung; es nimmt dieses Geschick nicht blind hin, sondern bemüht sich, es theologisch zu deuten oder sich deuten zu lassen. Die Jünger Jesu erleben den Weg Jesu mit und machen dabei Erfahrungen; aber erst im Lauf eines langen Aneignungsprozesses wird ihnen bewußt, wer Jesus eigentlich ist. Die Verkündigung der großen Taten Gottes bezeugt sich denen, die sie anerkennen und sich auf sie einlassen, als wahr, gültig und tragend, und zwar in einem nicht nur rationalen, sondern in einem ganzheitlichen Sinne. Dies kann Menschen dazu inspirieren, Gotteserfahrungen in Worte zu fassen und auf diese Weise wieder anderen Menschen zugänglich und nachvollziehbar zu machen. Der Bereich des Emotionalen ist dabei nicht weniger wichtig als der des Rationalen, wobei die Schwerpunkte allerdings von Epoche zu Epoche, von Mensch zu Mensch und auch innerhalb eines Menschenlebens unterschiedlich gesetzt werden können. Der Pietismus hat die Seite des Gefühls betont:

»Ach mein Herr Jesu, dein Nahesein/
bringt großen Frieden ins Herz hinein/
und dein Gnadenanblick macht uns so selig/
daß Leib und Seele darüber fröhlich/
und dankbar wird.«[10]

Das Moment des Erkennens muß, wenn es als dem Glauben folgend aufgefaßt wird, keineswegs ausgeschaltet werden. Gotteserkenntnis bezieht die Gefühle mit ein, ohne sich ihnen auszuliefern und in ihnen stecken zu bleiben. Glaube transzendiert das Gefühl nicht weniger als die Vernunft. Die Vernunft bringt einem zu Bewußtsein, was man »meint«; das Gefühl zeigt an, wie »es scheint«; der Glaube sagt, wie »es ist« (frei nach Tersteegen). Der Glaube führt auf diese Weise von Erfahrung zu Erfahrung und von Erkenntnis zu Erkenntnis. Es kommt zu Erkenntnissen über Erkenntnisse und zu Erfahrungen mit Erfahrungen.[11]

(2) Der Weg vom Erkennen zum Glauben

Das Gegenmodell geht davon aus, daß Gott den Menschen wesentlich als »animal rationale« geschaffen hat. Es schließt daraus, daß sich Gott dem rationalen Vermögen des Menschen unmittelbar bezeugt. Evangelische Theologie hat immer wieder darauf hingewiesen, daß in diesem Ansatz die Gefahr einer Selbstüberschätzung der rationalen Kapazität des Menschen, ja eine Anmaßung des sündigen Menschen liegen könnte. Sie ist dem rationalen Klärungs- und auch Vergewisserungsbedürfnis des Menschen dabei oft nicht gerecht geworden. Römisch-katholische Theologie hat sich dieser Aufgabe entschlossener gestellt und die Angebote philosophischer Konzeptionen zu nutzen versucht.

(a) Drei Wege

Die christliche Tradition kennt – in Aufnahme vorchristlichen Gedankenguts – drei prominente Wege, zu Gotteserkenntnis zu gelangen:
1. Die »via negationis« geht davon aus, daß Gott größer ist als alles, was Menschen mit ihren Sinnen erfassen oder mithilfe ihres Verstandes sich vorstellen und bedenken können. Positiv kann von Gott immer nur gesagt werden, was er nicht ist. Für die Rede von Gott werden Adjektiva mit der Vorsilbe »un-« bestimmend. Gott wird erkannt als der Unerkennbare. Dem christlichen Glauben wird diese Auskunft jedoch nicht genügen. Selbst in der ostkirchlichen

---

10. EKG (Ausgabe für die Evangelisch-Lutherische Kirche in Bayern) 485,1.
11. H.-M. Barth, Erfahrung, die der Glaube bringt, in: WuPKG 69 (1980) 567-579.

Theologie, die stark von diesem Ansatz geprägt ist, wird dem apophatischen Denken die ihm korrespondierende kataphatische, in Liturgie und Ikone sich aussprechende Theologie gegenübergestellt.

2. Der Weg kausaler Argumentation (»via causalitatis«), der aufgrund der Schöpfung auf einen Schöpfer schließt, stammt schon aus vorchristlicher Zeit und ist unendlich oft wiederholt worden. Viele der sogen. Gottesbeweise modifizierten ihn, indem sie vom Vorhandenensein des Kosmos, aus seiner Beschaffenheit, aus der Kontingenz oder aufgrund physikalischer Einzelbeobachtungen auf einen Verursacher schlossen. Dies wurde keineswegs nur in einem kurzschlüssig-mechanistischen Sinn versucht. Vielmehr ging es durchaus darum zu ergründen, was »die Welt im Innersten zusammenhält.« Auch eine vorausgesetzte oder vermeintlich beobachtete Teleologie konnte dabei eine Rolle spielen und von der Ratio zu intuitivem Staunen und mystischer Schau weiterführen. Von allen »Gottesbeweisen«, die vom Kausalitäts-Argument ausgehen, könnten diejenigen der Physikotheologen des 18. Jahrhunderts insofern in gewisser Weise einleuchten, als sie nicht nur mit logischer Stringenz, sondern besonders mit der Unmittelbarkeit des Staunens arbeiten. Sie wollen zu einer überwältigenden Erfahrung dessen führen, daß etwas ist und nicht vielmehr nicht ist, daß ich »... bin, bin! Und daß ich dich, schön menschlich Antlitz, habe« (Matthias Claudius). Wenn Tillich die Erfahrung, daß ich eben auch nicht sein könnte, als »ontologischen Schock« bezeichnete[12], so ließe sich die Gegenerfahrung vielleicht als existentielle Seinserfahrung interpretieren, die als unverfügbares Erschließungsereignis auf Gotteserfahrung verweist.

3. Schließlich forderten die bei der Wahrnehmung des Seienden in quantitativer und qualitativer Hinsicht sich zeigenden Differenzen zu der Vermutung heraus, daß es ein Höchstes, ja Absolutes geben müsse (»via eminentiae«). Unter der Voraussetzung einer Hierarchie von Seins-Stufen hat Anselm von Canterbury das ontologische Argument entwickelt, dem in diesem Zusammenhang ein besonderes Gewicht zukommt: Gott gilt ihm als dasjenige, im Vergleich zu dem Größeres nicht gedacht werden kann – »aliquid quo nihil maius cogitari possit«.[13] Versteht man die Wirklichkeit als ein abgestuftes System von Seinsgraden, dann muß es eine unüberbietbar höchste Stufe geben. Zu ihr muß wiederum das Sein selbst gehören, da sie ja andernfalls nicht unüberbietbar wäre.

Es ist hier nicht unsere Aufgabe, die Gottesbeweise, die um eine Reihe von weiteren Spielarten und Argumentationsfiguren ergänzt werden könnten, im einzelnen zu diskutieren.[14] Ihre Beweiskraft endet spätestens an den Grenzen von Raum und Zeit; auch das ontologische Argument sticht nur unter ganz bestimmten Denkvoraussetzungen.

---

12. P. Tillich, ST I, 137.
13. Proslogion, cap. II: Text bei H. G. Hubbeling, Einführung in die Religionsphilosophie, Gö 1981, 78 ff.
14. Vgl. Qu. Huonder, Die Gottesbeweise, St. 1968; N. Hoerster, Glaube und Vernunft, M 1978, 17 ff.; H. G. Hubbeling, Einführung in die Religionsphilosophie, Gö 1981, 77-98.

(b) Recht und Grenze rationaler Glaubensvergewisserung

Die römisch-katholische Theologie, auf den Spuren scholastischen Denkens, hat sich lehrmäßig auf die rationale Erkennbarkeit Gottes festgelegt: »Wer sagt, der eine und wahre Gott, unser Schöpfer und Herr, könne nicht durch das, was gemacht ist, mit dem natürlichen Licht der menschlichen Vernunft sicher erkannt werden: der sei mit dem Anathema belegt.«[15] Diese Zuspitzung lag zunächst nicht im Sinn denkerischer Vergewisserung des Glaubens. Anselm trug seine Argumentation im Rahmen eines Gebetes vor; sie wird gleichsam im Gespräch mit Gott entwickelt. Die Gottesbeweise sind ursprünglich nicht als mathematische Demonstrationen gemeint (wie später beispielsweise bei Descartes), sondern als »Wege«, die den denkenden und nachfragenden Menschen zur Gewißheit um Gottes Existenz führen sollen. Trotzdem wurden sie schließlich als schlüssige Beweise verstanden – und (weithin) abgelehnt.[16] Man kann sich durchaus fragen, was denn mit einem derartigen »Aufweis« der Existenz und des Wesens Gottes eigentlich gewonnen sein soll. Dem Nichtglaubenden wird er kaum mehr als ein Achselzucken – »na und?« – entlocken. Die dem Versuch des Beweisens der Existenz Gottes zugrundeliegende Denkfigur scheint dem menschlichen Erleben entnommen: Ich nehme etwas als gegeben / jemanden als vorhanden wahr und wage es dann, mich auf dieses bzw. diesen zu verlassen (frei nach Hebr 11,6: »… wer zu Gott kommen will, der muß glauben, daß er ist …«). Für den »Sprung ins Wasser« mag das gelten; schon im Blick auf zwischenmenschliche Beziehungen läßt sich das Vertrauen nicht mehr in sinnvolle logische Schritte aufteilen.

Die Argumentationsversuche der Gottesbeweise können sich denkenden und nachfragenden Menschen nahelegen, auch wenn sie nicht notwendig zum Glauben an Gott – an den Gott Jesu Christi! – führen. Sie stellen Reaktionen auf die Herausforderungen dar, die dem Menschen mit sich selbst und seinem Transzendierensvermögen gegeben – und mit Feuerbachs oder Freuds Projektionsverdacht keineswegs erledigt sind. Das Denken wird ohne die Rede von Gott nicht weniger problematisch. »Gott« ist mindestens als Leerstelle wichtig; sie offen zu halten, ist eine der Aufgaben des Streits um die Gottesbeweise. Der Glaubende wird sie nicht als Wege verstehen, auf denen er sich aufgrund eigener Initiative und Kapazität Gott annähern kann, aber doch als Wege, auf denen möglicherweise Gott ihm nahekommen will. Was auch im Glauben von Gott zu sagen ist, wird ja gewiß zu tun haben mit der Frage nach dem Woher und dem Geheimnis der Welt (»via causalitatis«), nach Sinn und unendlicher Erfüllung (»via eminentiae«) und mit der Ahnung eines je Größeren und schlechthin Umgreifenden (»via negationis«).

---

15. DH 3026, vgl. 3004.
16. Vgl. H.-M. Barth, Atheismus und Orthodoxie. Analysen und Modelle christlicher Apologetik im 17. Jahrhundert, Gö 1971.

(3) Die Unerkennbarkeit Gottes

Durch die gesamte Geschichte der Christenheit zieht sich ein Wissen um die Unerkennbarkeit Gottes. Besonders die apophatische ostkirchliche Theologie hat sich dieses Anliegen zu eigen gemacht, es freilich auch auf spezifische Weise wieder entschärft. Die heute vielfach beklagte oder auch als selbstverständlich vorausgesetzte Abwesenheit von Gotteserfahrung und Gotteserkenntnis könnte im Rahmen einer christlichen »theologia negativa« durchaus positiv aufgenommen werden. Christliche Theologen haben den auf sie gerichteten Erwartungsdruck, sie müßten doch über Gott Auskunft geben können, oft nicht ertragen. Sie haben dann geredet, wo sie besser geschwiegen oder doch zugegeben hätten, daß sie nichts zu sagen haben. Vielleicht ist die bewußte Erfahrung der Abwesenheit Gottes individuell und global heute das Einfallstor einer neuen und noch nicht absehbaren Gotteswahrnehmung. Freilich – wie kommt es zu bewußter Erfahrung der Abwesenheit Gottes?

Von Interesse ist es, wie herkömmliche christliche Theologie mit dem Phänomen der Nichterkennbarkeit Gottes umgeht (soweit sie es nicht im oben geschilderten Sinne entschärft). Sie argumentiert entweder theologisch oder anthropologisch:

Theologisch kann sie geltend machen, daß Gott zu groß ist, als daß er sich von menschlichem Erkennen erfassen ließe: Ein begriffener Gott wäre kein Gott (G. Tersteegen). Dem Alten Testament ist es eine Selbstverständlichkeit: Wer Gott »sieht«, muß sterben (vgl. Ex 33,20). Gott zu »schauen«, bleibt den Vollendeten, dem Eschaton vorbehalten. Wir werden »ihn sehen, wie er ist« (I Joh 3,2). Bei dieser Art von Argumentation konnten die Anliegen und Einsichten vorchristlicher Mystik voll aufgenommen werden. Die so verstandene »absconsio« Gottes bleibt dann freilich eher ein intellektuelles oder auch ästhetisches Problem. In diesem Sinne wird man Nikolaus von Kues verstehen müssen.[17]

Anthropologisch konnte man nicht nur auf die begrenzte Fassungskraft menschlicher Ratio, sondern insbesondere auch auf deren Verderbtheit durch die Sünde verweisen. Dem Menschen ist Gott nicht erkennbar, weil dieser Gott gar nicht erkennen will. Kein Mensch kann wollen, daß Gott Gott ist (Martin Luther[18]); »... die Finsternis hat's nicht ergriffen« (Joh 1,5) – und kann es von sich aus auch nicht ergreifen. Damit aber kompliziert und potenziert sich das Problem: Woher kommt dieses schicksalhafte Unvermögen, diese unwillkürlich-willkürliche Weigerung, Gott zu erkennen und anzuerkennen? Muß dieser Tatbestand nicht doch in irgendeiner Weise mit dem Willen Gottes selbst zu tun haben? Die Unerkennbarkeit Gottes radikalisiert sich über das Intellektuelle hinaus – ins Existentielle hinein. Das Theodizee-Problem erweist sich als

---

17. Vgl. R. Weier, Das Thema vom verborgenen Gott von Nikolaus von Kues zu Martin Luther, Ms 1967.
18. WA 1,225.

unausweichlich und droht zu dem Zirkelschluß zu führen: Gott könnte nicht entschuldigt werden, wenn er denn existierte – und andererseits: Wenn keine Möglichkeit einer Entschuldigung für Gott in Sicht ist, kann wohl auch kein Gott existieren. Hier wird die »absconsio« Gottes zum existentiellen Problem. In diesem Sinne muß Luthers Rede vom »verborgenen Gott« (»deus absconditus«) verstanden werden. Gott kann, wenn überhaupt, nur durch Gott erkannt werden.

B Außerchristliche Zugänge

Blickt man auf die nichtchristlichen Religionen, so nimmt es wunder, mit welcher Intensität innerhalb des Christentums rationale Bemühungen zum Erweis der Existenz und des Wesens Gottes unternommen wurden. Wie kommt es, daß man diese Mühe in eigentlich allen nichtchristlichen Religionen für überflüssig hielt? Einmal liegt es natürlich daran, daß man dort oft nicht univok von »Gott« spricht; zum anderen hängt es mit der Hochschätzung menschlicher Rationalität im Christentum zusammen. Sicher aber spielt hier auch ein vorchristliches Erbe aus der griechischen Philosophie eine – verhängnisvolle? – Rolle. Wie stellt sich das Problem, das im Christentum als das der »Gotteserkenntnis« bezeichnet wird, in nichtchristlichen Religionen dar?

(a) Terminologische Probleme

Die Schwierigkeiten beginnen bereits mit der Terminologie. Wie soll die Überschrift des hier zu entfaltenden Kapitels lauten? Von »Gotteserkenntnis« zu reden, wäre offensichtlich eine unsachgemäße Einengung, da der Begriff »Gott« im Blick auf viele Religionen entweder unzutreffend oder mindestens mißverständlich wäre. Daß er im Deutschen eine Anleihe aus vorchristlicher Zeit darstellt und erst nachträglich christlich gefüllt wurde, war bereits zu bedenken. Udo Tworuschka hat darauf hingewiesen, wie sehr der christlich geprägte Sprachgebrauch im Deutschen festlegt: Der Plural »Götter« hat deutlich negative Konnotationen, gar nicht zu reden von den »Götzen«. Nun ist aber im Blick auf nichtchristliche Religionen tatsächlich und ohne Vorurteil von »Göttern« zu sprechen. Nur impliziert auch dies kaum lösbare Probleme. Der griechische Begriff ›theos‹ (wie der lateinische ›deus‹) hängt mit dem Sanskritwort ›deva‹ zusammen, das aber mindestens teilweise etwas anderes meint als ›theos‹ oder ›deus‹ und in deren Folge dann »Gott«.[19] Im hinduistischen Bereich bezeichnet

19. U. Tworuschka 1982, 124.

es einerseits das allumfassende *brahman*, von dem kein Plural gebildet werden kann, andererseits eine Mehrzahl als sterblich gedachter »Götter«. Nach buddhistischer Auffassung ist unter ›*deva*‹ ein Himmelswesen zu verstehen, das aber seinerseits dem Kreislauf der Wiedergeburten unterworfen bleibt.[20] Hindus wenden sich an einen personal gedachten *ishvara* (»Herrn«), in dem sich für sie das *brahman* vergegenwärtigt, wobei ›*deva*‹ wiederum einen Aspekt bzw. eine Wirkungsweise des *ishvara* bzw. *brahman* darstellt. Viele moderne intellektuelle Hindus betrachten ohnehin *brahman* als die einzige göttliche Realität. Es ist also abwegig, ›*deva*‹ mit ›Gott‹ zu übersetzen und zu behaupten, die hinduistischen Religionen kennten Millionen von »Göttern«.[21]

Damit erscheint als zweites terminologisches Problem die geläufige Unterscheidung zwischen Monotheismus und Polytheismus, das offensichtlich unter der Fragestellung nach der jeweiligen Anzahl von Gottheiten nicht zureichend erfaßt werden kann. Monotheismus und Polytheismus seien, meint W. Wundt, »leere Zahlenschemata, nach denen sich der Wert einer Religion ebensowenig bemessen läßt wie etwa der Wert einer Ehe nach der Zahl der Kinder, die ihr entsprossen sind.«[22] Der »Polytheismus«, den es als abgrenzbares Phänomen so gar nicht gibt, präsentiert keineswegs eine Mehrzahl von monotheistisch gedachten Göttern. Er stellt vielmehr ein offenes System von göttlichen Wesen und Kräften dar. G. Mensching vermutet, »daß hier die Ahnung einer festen Ordnung der numinosen Wirklichkeit aufleuchtet«[23], der dann auf Seiten der Menschen ein bestimmtes Gefüge von Beziehungen zum Göttlichen entspräche. Udo Tworuschka weist auf Analogien zur Beziehungsproblematik in der Verhaltensforschung hin; feministische Theologie sieht in der Vielzahl von Gottheiten die Möglichkeit, als männlich gedachte Götter zu neutralisieren.[24]

Will man das christliche Verständnis von Gotteserkenntnis außerchristlichen Entsprechungen konfrontieren, so zeigt sich, daß dies mithilfe eines vorweg festgelegten Gottesbegriffs nicht möglich ist. Ja, darüber hinaus wird deutlich, daß der christliche Gottesbegriff nur die reflektierte Extrapolation eines bestimmten Gottesnamens darstellt: Das Wort »Gott« im dezidiert christlichen Sprachgebrauch ist nicht ein (Gattungs-) Begriff, sondern ein Name.

20. LÖW 90 f.
21. U. Tworuschka 1982, 124 f.; dort wird das Problem noch im Blick auf shintoistische »Götter« (= geistige Kräfte) und afrikanische Göttergestalten vorgestellt.
22. Ohne Nachweis zitiert bei G. van der Leeuw ²1961, 94.
23. Zitiert nach U. Tworuschka 1982, 133.
24. Ebd. (Lit!). Tworuschka macht außerdem darauf aufmerksam, wie sich die metaphorische Rede von Götzen und Vergötzung etwa bei J. Moltmann negativ auf die Wahrnehmung außerchristlicher Religiosität auswirke.

(b) Gott – Götter – Göttliches? Die religionsgeschichtliche Ausgangslage

Mit den terminologischen Problemen verbindet sich die Frage nach dem »Werden des Gottesglaubens«.[25] Schon diese Formulierung impliziert jedoch erneut eine Vorentscheidung: Sie suggeriert, der »Gottesglaube« sei im Rahmen eines evolutionistischen Prozesses entstanden. Ausgehend von irgendwelchen primitiven Formen habe sich die Religiosität schließlich erhoben zur reinen Form des Glaubens an den einen Gott, wie er insbesondere im Christentum begegne. Im folgenden soll die verwickelte Sachlage wenigstens kurz skizziert werden.[26]

Auch unter Religionswissenschaftlern gibt es die Ansicht, daß am Anfang der Entwicklung Erfahrungen liegen, die mit dem zu tun haben, was G. van der Leeuw »Berührung mit etwas anderem oder jemand anders« nennt.[27] Für die Bezeichnung dieses »Anderen« haben sich zwei Grundkonzepte herausgebildet, die freilich miteinander zusammenhängen:

1. Es geht um die Erfahrung von »Macht«. Diese Macht kann animistisch oder dynamistisch gedacht werden: Entweder man stellt sie sich vor als wirksam inmitten der umgebenden Welt, in Pflanzen, Tieren usw., oder aber als einwirkend auf die umgebende Welt. Gegebenenfalls kann diese Macht mit Hilfe von Magie genutzt oder in Gestalt von Fetischen repräsentiert werden. Im Rückgriff auf einen melanesischen Ausdruck bezeichnet man diese Macht als »mana«. Der Begriff »Fetisch« geht zurück auf das portugiesische »feitiço«[28] und bezeichnet ein »künstliches« Zaubermittel, einen mit Macht geladenen oder zur Ausübung von Macht geeigneten Gegenstand. Er bezieht sich ursprünglich auf Gebräuche eines afrikanischen Stammes. Allgemein gesagt, gilt wohl: Religion fängt »in der Tat bei dem Staunen an. Beim Staunen über das Nicht-Alltägliche, besonders Mächtige, Seltene oder außergewöhnlich Große.«[29] Mit dem Staunen beginnt freilich in gewisser Weise auch die Philosophie!

2. Das »Heilige« charakterisiert die erfahrene »Macht« näher als transzendent. Schon Nathan Söderblom hat, noch vor Rudolf Otto, die zentrale Bedeu-

---

25. N. Söderblom, Das Werden des Gottesglaubens, L 1916 (Nachdruck 1966).
26. Vgl. R. Pettazzoni, Dio. Formazione e sviluppo del monoteismo nella storia delle religioni I: L'essere celeste nelle credenze dei popoli primitivi, Rom 1922; W. Schmidt, Der Ursprung der Gottesidee, 12 Bde., Ms 1912-1955; N. Söderblom, Das Werden des Gottesglaubens, L 1916 (Nachdruck 1966); ders., Der lebendige Gott im Zeugnis der Religionsgeschichte, hg. von Fr. Heiler, M ²1966; Fr. Stolz, Einführung in den biblischen Monotheismus, Da 1996 (Kap. 1-3: allgemeine theoretische Grundlagen); H. von Stietencron (Hg.), Der Name Gottes, Dü 1975; G. Widengren, Hochgottglaube im alten Iran, Uppsala / L 1938; ders., Evolutionistische Theorien auf dem Gebiet der vergleichenden Religionswissenschaft, in: G. Lanczkowski (Hg.), Selbstverständnis und Wesen der Religionswissenschaften, Da 1974, 87-113.
27. G. van der Leeuw ²1961, 15. Die Kategorie des »Heiligen« ist heute freilich in hohem Maße umstritten.
28. LR 176 f.
29. G. van der Leeuw, ²1961, 16.

tung dieser Kategorie erkannt: »Holiness is the great word in religion, it is even more essential than the notion of God.«[30] Diese Einsicht wurde dann von Rudolf Otto religionsphilosophisch vertieft und auf eigenwillige Weise präzisiert, die hier nicht weiterzuverfolgen ist.[31]

Man darf sich die weitere Entwicklung aber nicht so vorstellen, als ob sich im Lauf der Zeit eine auf diese Anfänge aufbauende organische Entwicklung hin zum Monotheismus angeschlossen hätte.

(c) Theorien zur Entstehung des Monotheismus

In der Religionswissenschaft stehen, abgesehen von feministischen Ansätzen, zwei Theorien zur Entstehung des Monotheismus einander diametral gegenüber. In beiden Konzeptionen werden Vorurteile sichtbar.

1. Die These, der Monotheismus habe sich weitgehend im Gefolge des Polytheismus formiert, steht unter dem Einfluß des organischen Entwicklungsdenkens des 19. Jahrhunderts. Sie kann für sich geltend machen, daß es in der Tat das Phänomen der Personifikation göttlicher Mächte gibt. In manchen Religionen – wie im alten Israel – ist tatsächlich zu beobachten, daß Henotheismus bzw. Monolatrie einem konsequenten Monotheismus vorausgehen. Auch die politische Funktion eines Ein-Gott-Glaubens läßt sich nachweisen; man denke nur an die religiösen Reformen Echnatons. Vertreter dieses Ansatzes weisen darauf hin, daß sich eine Vereinheitlichung des Gottesbegriffs aus drei Gründen nahegelegt haben dürfte: Erstens aufgrund zunehmender theologischer Reflexion, zweitens unter dem Eindruck mystischen Erlebens und drittens angesichts des Anspruchs prophetischer Botschaften.[32] R. Pettazzoni vertritt die Meinung, der Monotheismus löse den Polytheismus ab, freilich nicht im Zuge einer organischen Entwicklung, sondern als Protest und als radikaler Bruch mit der Verehrung einer Vielfalt von Göttern. Nach diesem Schema, das sich freilich nur im Blick auf bestimmte Zusammenhänge verifizieren läßt, käme der theistisch gedachte Gott als »Spätling in der Religionsgeschichte« zu stehen.[33] Diese These, die ich eine Zeitlang geteilt habe, würde die Möglichkeit eröffnen, den Gottesbegriff als zu einem bestimmten Zeitpunkt entstanden und folglich zu einem anderen Zeitpunkt ggf. als entbehrlich zu verstehen.

2. Die Behauptung, der Polytheismus sei aus dem Monotheismus entstanden, läßt sich freilich religionsgeschichtlich ebenfalls – begrenzt – belegen. Mit Vehemenz vertreten hat sie Pater Wilhelm Schmidt SVD mit seiner These vom »Urmonotheismus«, dem ein Abfall in Polytheismus und andere Depravatio-

30. Zitiert nach TRE 13,602.
31. R. Otto, Das Heilige. Über das Irrationale in der Idee des Göttlichen und sein Verhältnis zum Rationalen, 1917, Nachdruck München 1991; Lit.: TRE 25,563.
32. Z.B. Fr. Heiler, EWR 60 f.
33. G. van der Leeuw ³1970, 103.

nen gefolgt sei. Hier ist das fundamentaltheologische Interesse des katholischen Theologen spürbar. In der Tat gibt es in manchen Religionen bereits sehr früh die Vorstellung von einem göttlichen Wesen, das freilich als »deus otiosus« im Hintergrund bleibt und erst durch polytheistische Göttergestalten Funktion gewinnt oder seine Funktion an diese abgibt. Auch Spaltungs- und Diffusionsprozesse sind denkbar. Geo Widengren hat herausgearbeitet, daß in vielen Fällen die Vorstellung eines »Himmelsgottes« am Anfang der religiösen Entwicklung steht und somit die Urform des Glaubens an einen »Hochgott« darstellt.[34] Dieser Ansatz stützt die These von Pater Wilhelm Schmidt jedoch nur partiell, da er sich nicht im Blick auf alle Religionen verifizieren läßt und da auch die aus einem ursprünglichen Hochgott-Glauben sich ergebenden Konsequenzen höchst unterschiedlich bewertet werden können: Polytheismus wäre entweder als Depravation aufzufassen oder aber als eine hochgradige Differenzierungsleistung zu würdigen.

3. Da sich eine einlinige Entwicklung nicht feststellen läßt, wird man mit Interdependenzen zu rechnen haben. Einerseits gab es vermutlich in polytheistischer Religiosität immer wieder Tendenzen zur Vereinheitlichung, andererseits bei der Vorstellung einer einzigen Gottheit das Bedürfnis, deren Funktionen zu differenzieren und deutlicher zu erfassen. Spaltungs- und Wiedervereinigungsprozesse stehen einander gegenüber.[35] Tendenzen, eine von fern und nur abstrakt wahrgenommene Macht zu personifizieren und ihr eine anthropomorphe Gestalt zu geben, stehen dem Bedürfnis gegenüber, vermenschlichte Gottheiten auch wieder als abstrakte transzendente Mächte zu erfassen. Zudem läßt sich das unvermittelte Einbrechen prophetischer Botschaften mit religionswissenschaftlichen Mitteln allein nicht zureichend aufhellen.

Man wird jedoch dreierlei festhalten können:

– Bestimmte Gottesbilder und erst recht ihnen entsprechende Gottesbegriffe korrespondieren bestimmten Möglichkeiten der Selbstwahrnehmung des Menschen. Menschen einer bestimmten kulturgeschichtlichen Stufe, die sich selbst nicht als personal wahrnehmen konnten, waren gewiß auch nicht in der Lage, an personal gedachte Gottheiten zu glauben.

– Polytheismus, aus der Sicht des Christentums oft als Inbegriff von »Heidentum« verstanden, stellt, religionswissenschaftlich gesehen, in gewisser Weise eine höher entwickelte Stufe dar als die Vorstellung einer monotheistisch gedachten Gottheit, die nur als blinde Schicksalsmacht oder als anstoßgebend für die Entstehung der Welt gedacht wird. Polytheismus setzt ein gewisses Differenzierungs- und Zuordnungsvermögen voraus, das Monotheismus nicht in jedem Fall erfordert. Die ungeschlechtlich, eingeschlechtlich oder zweigeschlechtlich gedachte göttliche Macht kann nun ausdifferenziert werden, wobei in patriarchalen Systemen oft die Triade (Vater, Mutter, Kind), in

---

34. G. Widengren 1969, 47 ff.
35. Vgl. Fr. Heiler, EWR 460.

matriarchalen Gesellschaften die Dyade (Mann, Frau bzw. Mutter, Sohn) entsteht.[36]
– Noch nicht einbezogen ist in diese Skizze die Frage nach der »Göttin«. Der Begriff »Gotteserkenntnis« legt ja auch in der Weise fest, daß er als Ergebnis des Erkenntnisprozesses nicht die Wahrnehmung einer »Göttin« erwartet. In vielen Religionen stehen jedoch Vater- und Muttergottheiten einander gegenüber (oft in Entsprechung zu »Himmel« und »Erde«). Der Monotheismus scheint eher der Vorstellung eines übergeschlechtlich bzw. männlich gedachten Gottes zu entsprechen, während der Polytheismus neben männlichen eben auch weiblich gedachte Gottheiten in seinem System unterbringen kann.[37]
Die Religionen lassen sich somit nicht anhand der in ihnen vertretenen Gottesvorstellungen bzw. -begriffe typisieren. Man kann nicht sagen, die hinduistischen Religionen seien polytheistisch, der Buddhismus a-theistisch, der Islam monotheistisch; das Christentum ist hier ohnehin schwer einzuordnen. Besonders Geo Widengren weist darauf hin, daß »die Haupttypen des Gottesglaubens ... quer durch die historisch gegebenen Religionen hindurchgehen.«[38] In allen Religionen gibt es mindestens ansatzweise polytheistische, monotheistische und a-theistische Tendenzen – von allem etwas. Goethe hat dies übrigens im Blick auf das Christentum seiner Zeit intuitiv erfaßt, wenn er behauptet: »Wir sind naturforschend Pantheisten, dichtend Polytheisten, sittlich Monotheisten.«[39] Wie sieht es nun im Blick auf die Erkenntnis Gottes/der Götter/Göttinnen/einer Gottheit/eines göttlichen Prinzips in den wichtigsten heute lebenden Religionen aus?

(1) Gotteserkenntnis nach jüdischem Verständnis

Es muß nicht eigens betont werden, daß Gotteserkenntnis für jüdisches Empfinden zunächst keine rationale Angelegenheit sein kann. Gott ist für den jüdischen Glaubenden kein abstraktes Prinzip, sondern unauswechselbarer, durch nichts vertretbarer Eigenname. Gott, der sich durch seinen Namen vergegenwärtigt, wird nicht durch rationale Schlußfolgerung ermittelt oder auch nur

---

36. So nach A. Th. Khoury, in: A. Th. Khoury, P. Hünermann (Hg.), Wer ist Gott? Die Antwort der Weltreligionen, Fr 1983, 12.
37. Vgl. Fr. Heiler, EWR 464 ff.; G. Widengren 1969, 52, 83 ff.; LR 392 ff.; ferner H. Pissarek-Hudelist u. a., Art. Gott/Göttin, in: E. Gössmann u. a. (Hg.), Wörterbuch der Feministischen Theologie, Gü 1991, 158-173, sowie E. Neumann, Die große Mutter, Fr ⁵1981, und U. Winter, Frau und Göttin, Gö 1983.
38. G. Widengren 1969, 46; er macht dies kritisch gegen van der Leeuw geltend.
39. Zitiert nach St. Wehowsky (Hg.), Die Welt der Religionen. Ein Lesebuch, M 1991, 89; genauer Fundort dort ermittelbar.

bestätigt. Er begegnet kontingent (vgl. Ex 3,4ff.). Charakteristisch ist die bei Ezechiel berichtete Episode: Älteste waren vor dem Propheten erschienen, »den Herrn zu befragen«. Der Prophet aber soll ihnen mitteilen: »So spricht Gott der Herr: Seid ihr gekommen, mich zu befragen? So wahr ich lebe: ich will mich nicht von euch befragen lassen, spricht Gott der Herr …« (Ez 20,3-4). Pinchas Lapide übersetzt: »Ich will Mich nicht von euch erforschen lassen, spricht Gott, der Herr«, und folgert, von diesem Ansatz her könne es im Judentum nicht eigentlich »Theologie« geben: »Das bloße Wort hat schon einen fast lästerlichen Klang für jüdische Ohren.«[40] Erkenntnis Gottes, führt Leo Baeck aus, sei für die Propheten »nicht das Ergebnis einer Verstandeserwägung.« Denn: »einen Gottesbeweis zu geben, würde ihnen ein Zeichen völligen Unglaubens, eine Bekundung der Gottesverlorenheit und Gottverlassenheit gewesen sein. Das Dasein Gottes und das göttliche Walten erst darzutun, liegt ihnen so fern, wie wenn sie sich selber, ihr eigenes Lebensbewußtsein durch Gründe erst hätten beweisen sollen.«[41]

Zwei Voraussetzungen sind damit von vornherein gegeben:

1. Wenn es überhaupt zur Erkenntnis des Gottes Israels kommt, so im Zusammenhang einer Erwählung durch diesen Gott. Man kann sich nicht dazu entschließen, die Frage einer Gotteserkenntnis in Angriff zu nehmen oder nicht. Der jüdische Glaubende sieht sich der Wirklichkeit Gottes konfrontiert, und erst im Nachhinein mag er darüber reflektieren, was ihm da widerfahren ist.

2. Die Wirklichkeit des Gottes Israels ist damit für den Menschen nie voll objektivierbar, weil sich der Mensch selber als Objekt dieser Wirklichkeit und nicht primär als Subjekt der Frage nach Gott versteht. Das heißt aber: Der Mensch kann die Wirklichkeit Gottes nie voll erfassen, er kann Gott nicht »sehen«. Würde er Gott sehen, so müßte er sterben, d.h. seine irdischen Daseinsbedingungen aufgeben. Die Erzählung von Mose, der Gott sehen möchte, ihm schließlich aber wenigstens nachschauen darf, gibt dem sinnenfällig Ausdruck (Ex 33,18-23; vgl. I Reg 19,8-13).

Gleichwohl gibt es vier Bereiche, in denen sich nach jüdischem Verständnis Gotteserkenntnis – oder besser: Gotteswahrnehmung – zuträgt:
– die geschichtliche Erfahrung;
– das gelebte Ethos;
– das Leiden;
– den Sonderweg der Kabbala.

40. A. Th. Khoury, P. Hünermann (Hg.), Wer ist Gott? Die Antwort der Weltreligionen, Fr 1983, 54.
41. L. Baeck ³1985, 29.

(a) Die geschichtliche Erfahrung

Gotteserkenntnis ist für Juden untrennbar mit Erfahrung von Geschichte, insbesondere mit der Erfahrung von Befreiung und Landgabe verbunden. Rabbi Juda Halevi, der im Spanien des 12. Jahrhunderts gewirkt hat, läßt in seinen Dialogen über das Judentum einen König sich bei einem Juden erkundigen, was dieser denn glaube. »Er antwortet: Ich glaube an den Gott Abrahams, Isaaks und Israels, der die Kinder Israels mit Zeichen und Wundern aus Ägypten führte, sie in der Wüste ernährte und ihnen das Land gab, nachdem Er sie in wunderbarer Weise durch das Meer und über den Jordan geführt hatte; der Mose mit Seiner Tora sandte und nach ihm Tausende von Propheten, die Sein Gesetz bestätigten ... Unser Glaube ist in der Tora enthalten. Der König beanstandet: Hättest du nicht besser sagen sollen, daß du an den Schöpfer der Welt glaubst, der ihr Leiter und Herrscher ist, und an Ihn, der dich schuf und erhält, und weitere Eigenschaften, die jedem Gläubigen als Beweis dienen? Der Rabbi antwortet: Du sprichst von einer Religion, die auf Vermutung, Denken und System fußt, aber viele Zweifel ermöglicht.«[42] Der philosophisch begründete Gottesbegriff weckt in gläubigen Juden gerade Zweifel, während die Begegnung mit dem befreienden und sein hilfreiches Gesetz gebenden Gott demgegenüber eine zuverlässige Grundlage darstellt. Dieser Ansatz war und ist im gläubigen Judentum offenbar allgemeine Meinung; man verzichtet auf ein System, eine »Dogmatik«. Ein jüdischer Autor – so berichtet die Legende – läßt den Philosophen Aristoteles an seinen Schüler, Alexander den Großen, einen Brief richten, in dem Aristoteles über seine Bekehrung berichtet: »Gelobt sei der Herr, der die Blinden erleuchtet und den Irrenden den Weg weist ... Ich trieb die Lehre vom Wesen aller Dinge und wähnte alles mit dem Verstande zu erfassen; ohne Zahl sind die Bücher, die ich darüber geschrieben habe ... Aber nun traf ich, da ich alt wurde, mit einem Weisen, einem Sohne Judas, zusammen, und der lenkte mich mit starker Hand und wies mich auf die Schrift, das Erbteil seines Volkes vom Berge Sinai ... Ich aber, ein Tor und Nichtswissender, ahnte bislang nicht, daß die Mehrzahl der Dinge da liegt, wo man mit dem Verstande nicht mehr hinreicht. Wie ich mich aber besann und meine Kraft zusammennahm, um das Gesetz der Juden zu erforschen, sah ich, daß es auf festen Grundlagen ruht, nicht wie die Philosophie, die vielgeehrte ...«.[43] In bestimmten geschichtlichen Situationen begegnen jüdische Gläubige ihrem Gott. Die kollektive Erfahrung ist dabei wichtiger als die individuelle, sie trägt, bestimmt und korrigiert ggf. die Erfahrung des einzelnen. Schalom Ben-Chorin hat einen glücklichen Begriff gewählt, wenn er dieses Festgemachtsein von Gottesoffenbarungen an bestimmten Situationen als »paradigmatische Transparenz« erklärt: »Unter paradigmatischer Transparenz ist eine beispielhafte Durchsichtigkeit zu verstehen.

---

42. So nach P. Navè Levinson ²1987, 23.
43. E. bin Gorion (Hg.), Der Born Judas. Legenden, Märchen und Erzählungen. Gesammelt von Micha Josef bin Gorion, Wi 1959, 131-133.

In bestimmten Situationen, Typen, Ereignissen, die an sich einen einmaligen Vorgang oder eine individuell umzirkte Person betreffen, wird zugleich ein sich immer wiederholender Vorgang, ein immer wieder erscheinender Typus in dauernder Gültigkeit dargestellt.«[44] Solche paradigmatische Transparenz kann in der Vergangenheit gesucht, aber auch in der Zukunft erwartet werden. Sucht man sie in der Vergangenheit, so kommt es darauf an, paradigmatische Situationen, in denen sich Gottesbegegnung ereignete, zu erinnern. Daraus folgt das sorgfältige Studium der Schrift und das dankbare Feiern der entsprechenden Feste. Die Botschaft der Propheten macht deutlich, daß derartige paradigmatische Situationen auch in der Zukunft erwartet werden. Der Prophet ist nicht Hellseher, sondern derjenige, der dazu auffordert, mit neuer und schließlich endgültiger Gottesbegegnung zu rechnen. Die Messias-Erwartung des Judentums gehört in diesen Zusammenhang.

Mit der Erinnerung an die Tora und mit der Rezeption der prophetischen Botschaft verbindet sich nun zugleich der zweite Bereich, in welchem dem frommen Juden Gottesbegegnung widerfährt: das Ethos.

(b) Das gelebte Ethos

Schon in der Hebräischen Bibel werden Gotteserkenntnis und Ethos eng miteinander verbunden. Den Gott Israels zu kennen, heißt: um Gottes Gerechtigkeit wissen. »Wer sich rühmen will, der rühme sich dessen, daß er klug sei und mich kenne, daß ich der Herr bin, der Barmherzigkeit, Recht und Gerechtigkeit übt auf Erden; denn solches gefällt mir, spricht der Herr« (Jer 9,23). Gott »recht erkennen« heißt: dem Elenden und Armen zum Recht verhelfen (Jer 22,16). Hosea klagt – drei elementare Dinge zusammenfassend –, es sei »keine Treue, keine Liebe und keine Erkenntnis Gottes im Lande« (Hos 4,1). Gotteserkenntnis ergibt sich also aus einer entsprechenden Praxis. Diese kann hier von einer inneren Haltung oder stärker von der faktischen Tat her verstanden werden. Die Chassidim, denen insbesondere Martin Buber ein Denkmal gesetzt hat, begegnen ihrem Gott in vier Grundhaltungen, nämlich in der »Inbrunst«, im »Dienst«, in der »Intention« und in der »Demut«.[45] Eher pragmatisch wird das Problem bei Leo Baeck aufgefaßt. »Die Erkenntnis Gottes belehrt über das, was der Mensch sein soll; das Göttliche sagt, was menschlich ist ... Was Gott zu uns spricht, ist das Gute, das um unseres Lebens willen von uns gefordert ist ... Gott finden, das ist: Gutes tun. Übe, was Gott Dir gebietet, dann weißt Du, wer er ist.«[46] Der »Grund für die Einsicht ist die rechte Tat, in ihr wird die Erkenntnis gegeben; der gerade Lebensweg führt zum geraden Denken ... So gibt es nur

---

44. Sch. Ben-Chorin 1975, 163.
45. M. Buber, Die Legende des Baalschem, Z 1955; vgl. auch E. Wiesel, Geschichten gegen die Melancholie. Die Weisheit der chassidischen Meister, Fr 1984; hier wird noch das chassidische Schweigen hinzugefügt.
46. L. Baeck [3]1985, 31.

eine Vernunft und nur *eine* Gottesnähe: die, welche durch die rechte Tat erworben wird.«[47] Das rechte Tun scheint selbstevident. In dieser Selbstevidenz des rechten Tuns bezeugt sich der Gott Israels.

(c) Das Leiden

In Israel wurde das Leiden nicht als ein Weg zur Gotteserkenntnis begrüßt – etwa im Sinne des berühmten Wortes von Aischylos: »Leid ist Lehre, ewig steht dies Wort.« Trotzdem hat Israel gerade im Zerbrechen bestimmter Hoffnungen gelernt, seinen Gott deutlicher zu erfassen. Für die Zeit der Hebräischen Bibel ist dies mit Sicherheit von der Erfahrung der Zerstörung Jerusalems und des Babylonischen Exils zu sagen. Leidvolle Erfahrungen haben einerseits zur Verinnerlichung, andererseits zur Universalisierung des Gottesglaubens Israels geführt. Für den individuellen Bereich eines solchen Erkenntnisprozesses ist an die Gestalt Jeremias zu erinnern. Gott wurde immer wieder als derjenige erkannt, der sich nicht erkennen läßt, der sein »Angesicht verbirgt«; man denke an die Psalmen oder an Hiob.

Die große Herausforderung für Israel – und die Christen! – ist in diesem Zusammenhang der Holocaust. Das unermeßliche Leid von Millionen jüdischer Menschen sprengt jede Kategorisierung und läßt jede theologische oder philosophische Instrumentalisierung als aberwitzig erscheinen.[48]

Sollte man aus Auschwitz irgendetwas anderes über Gott »erkennen« können, als daß er tot, oder wenn nicht tot, ein Satan ist? Ist jüdischer Gottesglaube – und Gottesglaube überhaupt – durch Auschwitz ad absurdum geführt[49], oder würde man durch die radikale Absage an jedweden Gottesglauben dem Holocaust erst nachträglich noch seinen radikalsten Triumph bereiten?[50] Daß sich das Wissen um Gott besonders im Leiden bewährt, behaupteten bereits die mittelalterlichen Vertreter der jüdischen Kabbala – gerade im deutschen Bereich![51]

47. Ebd. 32 f.
48. J.-Chr. Kaiser, M. Greschat, Der Holocaust und die Protestanten. Analysen einer Verstrickung, F 1988; E. Kogon, J. B. Metz (Hg.), Gott nach Auschwitz. Dimensionen des Massenmordes am jüdischen Volk, Fr 1979; H. J. Zimmels, The Echo of the Nazi Holocaust in Rabbinic Literature, New York 1987. Die TRE hat weder über Auschwitz noch über den Holocaust einen eigenen Artikel!
49. R. L. Rubenstein, After Auschwitz. Radical Theology and Contemporary Judaism, Indianapolis [10]1978.
50. So E. Borowitz; Weitere Lit. in: EKL³ 2,881.
51. TRE 17,490,38 ff.

(d) Der Sonderweg der Kabbala

Entstehungs-, Verlaufs- und Wirkungsgeschichte der Kabbala stellen ein verwickeltes Problem dar.[52] Im Blick auf die Gotteserkenntnis geht es hier insbesondere um die Frage, inwieweit neuplatonische oder auch arabisch-muslimische Einflüsse auf die Kabbala eingewirkt haben. Das primäre Anliegen der Kabbala ist auch nicht die Gotteserkenntnis, die ja vorausgesetzt wird, sondern die Aufhellung des geheimnisvollen Zusammenhangs zwischen den Aussagen der Tora und den vom Menschen zu beobachtenden Phänomenen. Einheit und Dynamik der Gotteswirklichkeit bzw. des Weltganzen sind die zentralen Themen. Bei den von den Vertretern der Kabbala angenommenen Entsprechungen zwischen irdischen Phänomenen und himmlischer Wirklichkeit kann es dann in einem abstrahierenden Rückschlußverfahren aber doch zu einem Prozeß kommen, der als »Gotteserkenntnis« zu bezeichnen wäre. So heißt es beispielsweise im Sefer Jetzira, einem frühen Werk der Kabbala, durch den »herrlichen Gleichklang der Schöpfung mit ihrem Schöpfer« habe Gott sich Abraham offenbart.[53] Die Kabbala nimmt eine Stufenordnung des Seins an, die vom Unendlichen, dem »En Sof«, bis zur materiellen Welt und deren destruktiven Kräften reicht.[54] Demjenigen, der sich auf diesen Ansatz einläßt, vermittelt sich eine ganz bestimmte Art mystischer Gotteserkenntnis. Inwieweit sie mit den Grundaussagen der Hebräischen Bibel zu tun hat oder im heutigen Judentum vertreten wird, soll hier nicht weiter diskutiert werden.

(2) Gotteserkenntnis nach islamischem Verständnis

Dem Islam geht es dezidiert um die rechte Gotteserkenntnis, und zwar von vornherein polemisch zugespitzt: In der arabischen Form der Shahada, des islamischen Bekenntnisses, wird dies deutlicher als in der deutschen Übersetzung. Das islamische Bekenntnis beginnt mit einer Negation: »La ilaha …« – »nicht gibt es einen Gott außer Gott«. Der Islam versteht sich als Vorkämpfer für die wahre Gotteserkenntnis und gegen die Abirrungen der Polytheisten. Dies läßt sich aus der Entstehungssituation des Islam leicht erklären. Tragisch ist es, daß der Islam dann auch den christlichen Glauben in Folge von dessen trinitari-

---

52. R. Goetschel, Art. Kabbala I. Judentum, in: TRE 17,487-500; Gerschom Scholem, Zur Kabbala und ihrer Symbolik, Fr 1973; ders., Von der mystischen Gestalt der Gottheit, Fr 1973; ders., Die jüdische Mystik in ihren Hauptströmungen, F⁶1996.
53. Friede allen Welten. Jüdische Lebensweisheit. Aus dem Zohar, dem »Buch des Glanzes«, ausgewählt und übertragen von H. Gstrein, Wien 1984, 47.
54. Tabelle des kabbalistischen Zehnerschlüssels/Sefirot, ebd. 25. Vgl. G. Scholem, Die jüdische Mystik in ihren Hauptströmungen, F⁶1996.

schem Bekenntnis in die Nähe polytheistischer Verirrung rücken zu sollen meinte.

Wenn auch das ganze Pathos des Islam in dem Bekenntnis zu dem einen, wahren Gott liegt, bleibt dem muslimischen Gläubigen doch immer gegenwärtig, daß Gott selbst sich der Erkennbarkeit mit Hilfe irdischer Augen grundsätzlich entzieht. »Die Blicke erreichen Ihn nicht, Er aber erreicht die Blicke. Und Er ist der Feinfühlige, der Kenntnis von allem hat.«[55] Die Tradition legt dem Propheten den Ausspruch in den Mund: »Wie das Auge, das in die Sonne schaut, durch Finsternis an der Beobachtung gehindert wird, so der Verstand beim Versuch, in die Natur Gottes einzudringen.« Muhammad habe den Gläubigen empfohlen: »Denkt an Gottes Gaben, nicht an seine Natur, denn dazu habt ihr die Fähigkeit nicht.«[56]

Trotzdem kennt der Islam prinzipiell vier Wege innerhalb der genannten Grenzen, zu Gotteserkenntnis zu gelangen:
- die Rezeption des von Gott »herabgesandten« Wissens;
- die Aufmerksamkeit gegenüber den »Zeichen«;
- den Einsatz des Verstandes;
- den Sonderweg der Sufis.

(a) Die Rezeption »herabgesandten« Wissens

Ausgangspunkt für jegliche Gotteserkenntnis ist im Islam immer die Annahme der Botschaft des Propheten bzw. der Propheten, die ihm vorausgegangen waren. »Wir glauben an Gott und an das, was zu uns herabgesandt wurde, und an das, was herabgesandt wurde zu Abraham, Ismael, Isaak, Jakob und den Stämmen, und an das, was Mose und Jesus zugekommen ist, und an das, was den (anderen) Propheten von ihrem Herrn zugekommen ist« (Sure 2,136). Die Botschaft Muhammads wird nicht als neue Erkenntnis gewertet, sondern als Wiederherstellung eines Wissens um Gott, das bereits den ersten Menschen gegeben war. Alle Propheten haben »nur darüber aufzuklären, was schon von der Schöpfung her als Richtung des Lebens aufgegeben ist, eigentlich immer bekannt sein müßte und befolgt werden sollte, aber dauernd schuldhaft mißachtet, verdrängt und vergessen wird.«[57] Insofern kann man im Islam von »Uroffenbarung« sprechen.[58] Die durch Nachlässigkeit oder bewußte Abirrung verzeichnete Uroffenbarung wird durch den Koran wiederhergestellt.

---

55. Sure 6,103; Khoury übersetzt: »Die Sehkraft erreicht ihn nicht«, in: A. Th. Khoury, P. Hünermann, Wer ist Gott?, Fr 1983, 89.
56. Nach Khoury ebd.; eine interessante Parallele zu Melanchthons Feststellung: »Hoc est Christum cognoscere …, eius beneficia cognoscere.«
57. H. Zirker 1993, 85.
58. Vgl. M. S. Abdullah 1992, 15 f.

(b) Aufmerksamkeit gegenüber den »Zeichen«

Der Koran gliedert sich in Suren und Verse. Es ist interessant, daß die einzelnen Verse mit dem selben Begriff bezeichnet werden, den man für die »Wunder« der Schöpfung verwendet: *ayat*. Im Koran selbst jedoch wird darauf verwiesen, daß sich Gott nicht nur über die Botschaft des Propheten, sondern auch mit Hilfe zahlreicher »Zeichen« in der Schöpfung erkennen läßt:

»In der Erschaffung der Himmel und der Erde; im Aufeinanderfolgen von Nacht und Tag; in den Schiffen, die auf dem Meer fahren mit dem, was den Menschen nützt ..., (in alledem) sind Zeichen für Leute, die verständig sind« (Sure 2,164). Oft wird auf das Walten Gottes in der Schöpfung verwiesen: »Gott ist es, der die Körner und die Kerne spaltet. So bringt Er das Lebendige aus dem Toten hervor ... Das ist Gott – wie leicht laßt ihr euch doch abwenden!« (Sure 6,95). »Er ist es, der die Sterne gemacht hat, damit ihr durch sie die gute Richtung in den Finsternissen des Festlandes und des Meeres findet ... Er ist es, der vom Himmel Wasser herabkommen läßt ...« (Sure 6,97.99). Nicht nur die Schöpfung, sondern ebenso was der Mensch aus ihr erarbeitet, gilt als »Zeichen« Allahs. Aber auch die Menschen selbst dürfen sich und einander als »Zeichen« Allahs entdecken: »... Gott hat euch aus euch selbst Gattinnen gemacht, und von euren Gattinnen Söhne und Enkel gemacht. Und Er hat euch (einiges) von den köstlichen Dingen beschert ...« (Sure 16,72). »... Er hat Liebe und Barmherzigkeit zwischen euch gemacht. Darin sind Zeichen für Leute, die nachdenken« (Sure 30,21). »Und zu seinen Zeichen gehört euer Schlaf ...« (Sure 30,23). Insgesamt finde ich es rührend, in wie vielen Zusammenhängen Muhammad »Zeichen« Gottes entdeckt. Auffallend ist jedoch, daß diese Zeichen offenbar an bestimmte Verstehensvoraussetzungen gebunden sind. Es sind Zeichen »für Leute, die Bescheid wissen« (Sure 6,97), »die begreifen« (Sure 6,98), die glauben« (Sure 6,99), die nachdenken, wissen, zuhören und verstehen (Sure 30,21-24). Die ganze »Welt ist *lesbar*«.[59] Aber die mit Hilfe der in der Schöpfung gegebenen Zeichen erreichbare Gotteserkenntnis bleibt deutlich der eigentlichen Offenbarung, wie sie im Koran vorliegt, nachgeordnet. Es gibt prinzipiell zwei Möglichkeiten, die im Koran und in der Schöpfung vermittelte Gotteserkenntnis tiefer zu erfassen, nämlich den Verstand zu bemühen oder den Bereich der diskursiven Intelligenz zu verlassen und den Weg der Sufis einzuschlagen.

(c) Die Kapazität des Verstandes

Ein auf Muhammad zurückgeführter Ausspruch lautet: »Die Religion ist Vernunft«. Ebenso wird als Ausspruch Muhammads überliefert: »Die Religion eines Menschen kommt erst zur Vollendung, wenn sein Verstand voll entwickelt

59. H. Zirker 1993, 78.

ist.«[60] Der Koran selbst empfiehlt, die in der Schöpfung gegebenen Zeichen mit Hilfe der Vernunft zu erschließen (Sure 3,190 f.). Er legt darüber hinaus generell den Gebrauch der Vernunft nahe (Sure 17,36). Es hat im Lauf der Geschichte des Islam auch immer wieder Bewegungen gegeben, die sich besonders auf die Gabe der Vernunft bezogen; man denke etwa an die Mu'taziliten, eine stark rationalistisch orientierte islamische Richtung des 10. Jahrhunderts, die sich allerdings mit ihren Anliegen nicht durchsetzen konnten.

Neuerdings wird wieder stärker auf die »Vernünftigkeit« des Islam verwiesen; es gehe dabei freilich weniger um einen rationalistisch aufgefaßten Verstand als um »kontemplative Intelligenz, die sich von solcher Gehirnakrobatik unterscheidet wie der erhabene Flug eines Adlers vom Herumspielen eines Affen.«[61] Insofern könne der Islam als »eine Art *Gnosis (ma'rifa)*« verstanden werden; er führe »zu jener wesentlichen Erkenntnis, die unser Sein integriert, die uns erkennen läßt, was wir sind, und sein läßt, was wir erkennen«.[62] Was die säkularen Naturwissenschaften heute im Sinne von Naturgesetzen erklären, erkennt der gläubige Muslim als »Zeichen« des Schöpfers, die den Glauben an diesen gerade nicht überflüssig machen, sondern bestätigen. Die Natur hat sich nach den vom Schöpfer ihr vorgegebenen Normen zu richten, ebenso wie der Mensch:»›Islam‹ ist also eine umfassende Idee, die den Menschen und das Universum um ihn herum einschließt; ›Islam‹ liegt in der Natur der Dinge.«[63] Diese sich rational gebende Auffassung kann auch als mystische Haltung interpretiert und gelebt werden.

(d) Der Pfad der Sufis

»Gottes ist der Osten und der Westen. Wohin ihr euch auch wenden möget, dort ist das Antlitz Gottes« (Sure 2,115). »Gott ist das Licht der Himmel und der Erde. Sein Licht ist einer Nische vergleichbar, in der eine Lampe ist. Die Lampe ist in einem Glas. Das Glas ist, als wäre es ein funkelnder Stern ...« – so lautet der sogenannte »Lichtvers« (Sure 24,35). »... wem Gott kein Licht verschafft, für den gibt es kein Licht« (Sure 24,40). Diese Koran-Sprüche formulieren Grundaussagen islamischer Mystik. Gott ist allenthalben gegenwärtig und kann deshalb auch allüberall wahrgenommen und erkannt werden; andererseits aber ist Gott selbst es, der diese Wahrnehmung und solches Erkennen ermöglicht. Es gibt ein anfängliches und im wahrsten Sinn des Wortes nur oberflächliches Wissen, das sich für denjenigen, der den Pfad der Sufis gewählt hat, aber ständig erweitert und vertieft. Das Anfangswissen erhält man durch die Übernahme der Lehre. »Die Doktrin ist am Anfang wie die Karte eines Berges,

---

60. LRG 875.
61. S. H. Nasr 1993, 21.
62. Nasr 1993, 22.
63. Nasr 1993, 32.

den man ersteigen will. Am Ende ist sie die intime Kenntnis des Berges, die man durch die aktuelle Erfahrung des Ersteigens gemacht hat.«[64] Schon seit dem 9. Jahrhundert unterscheidet man auch terminologisch zwischen dem »diskursiven Wissen« *(ilm)* und der »intuitiven Gotteserkenntnis« *(ma'rifa)*.[65] Alles kann dem Mystiker zum Medium der Gottesbegegnung und Gotteserkenntnis werden.

> »Keinen Tropfen Wasser trink' ich dürstend,
> Ohne daß Dein Bild im Glas ich fände.«[66]

Es hat Sufis gegeben, die schon beim Aussprechen des Namens Allah in Ekstase gerieten, oder wenn sie die Stimme eines Vogels hörten oder auf das Rauschen des Windes achteten. Dies konnte groteske Formen annehmen: Von einem Mystiker wird berichtet, er habe auf das Blöken eines Schafes reagiert mit dem Ausruf: »*labbaika* – hier bin ich Dir zu Diensten«.[67] Wichtig ist dem Sufi die Grunderfahrung, daß Gott nur durch Gott selbst erkannt werden kann. Allah selbst vermittelt sich dem, den er liebt: »Wenn Ich einen Diener liebe, dann werde Ich sein Ohr, daß er durch Mich hört; Ich werde sein Auge, daß er durch Mich sieht, und seine Zunge, daß er durch Mich spricht, und seine Hand, daß er durch Mich nimmt.«[68] Der große Sufi-Meister des 13. Jahrhunderts, Ibn'Arabi, formuliert: »Durch Sich selbst sieht Er Sich selbst ...«[69]. Dieser intime Zusammenhang zwischen Erkennen und Erkanntwerden reproduziert sich im Verständnis des Gebets.

> »›O Gott!‹ rief einer viele Nächte lang,
> Und süß ward ihm sein Mund von diesem Klang.
> ›Viel rufst du wohl!‹ sprach Satan voller Spott:
> ›Wo bleibt die Antwort »hier bin Ich«« von Gott?
> Nein, keine Antwort kommt vom Thron herab!...«

Dem verzagten Beter wird jedoch Antwort von Allah:

> »Dein Ruf ›O Gott‹ ist Mein Ruf ›Ich bin hier!‹
> Dein Schmerz und Flehn ist Botschaft doch von Mir,
> Und all dein Streben, um Mich zu erreichen,
> Daß Ich zu Mir dich ziehe, ist's ein Zeichen!
> Dein Liebesschmerz ist Meine Huld für dich –
> Im Ruf ›O Gott!‹ sind hundert ›Hier bin Ich!‹«[70]

---

64. S. H. Nasr 1993, 166.
65. A. Schimmel ²1992, 72.
66. Al-Halladsch; A. Schimmel ebd. 110.
67. A. Schimmel ebd. 401.
68. Zitiert nach A. Schimmel ebd. 73.
69. Zitiert nach A. Schimmel ebd. 380.
70. Zitiert nach A. Schimmel ebd. 236 f.

Der Sufi lebt eine Gotteserkenntnis, die den Bereich des Rationalen transzendiert. »Wer Ihn kennt, beschreibt Ihn nicht, und wer Ihn beschreibt, kennt Ihn nicht.«[71]

(3) Erkenntnis nach hinduistischem Verständnis

In den hinduistischen Traditionen geht es um »*veda*«, »Wissen«, nicht um »Gotteserkenntnis« im Sinne von Judentum, Christentum oder Islam. Die Beziehung zu christlich verstandener Gotteserkenntnis herzustellen, fällt hier schon methodologisch besonders schwer – aus mindestens drei Gründen:

1. Es geht nicht um die Erkenntnis »Gottes«, sondern, entsprechend der jeweiligen Tradition, um Gottheiten, göttliche Wesen, deren Zahl man mit 300 Millionen angegeben hat.[72] Wesentlich ist dabei freilich das eine Göttliche, das sich in einer Vielzahl von Gottheiten manifestiert.

2. Es geht nicht um Erkenntnis in einem auf die Ratio begrenzten Sinn: »Die Aussagen der Vernunft und Logik sind kraftlos (auf Zeit und Raum beschränkt) und dringen nicht in die ewige Wirklichkeit ein.«[73] Für den westlichen Leser gut verständlich formuliert S. Radhakrishnan, welche Art von Erkenntnis gemeint ist: »Geistiges Erkennen muß zusammengehen mit einer Teilhaberschaft des wissenden Subjekts an der geistigen Realität, einer Berührung (haptus), mit einem Schmecken (gustus) des Wissens-Objekts. Wir sehen, fühlen und schmecken die Wahrheit. Dies ist das unmittelbare Bewußtsein des Seins selbst. Es ist Erfahrung durch Partizipation, durch Erneuerung des Selbst.«[74]

3. Das hinduistische Denken weigert sich, der Objektivation und damit der Definition Priorität einzuräumen. Noch einmal sei Radhakrishnan zitiert: »In Indien stellt jede Definition nur einen Gesichtspunkt unter vielen, einen *darsana*, dar, und es gibt viele solcher Möglichkeiten, das gleiche Erlebnis zu definieren. Die verschiedenen *darsanas* sind verschiedene Gesichtspunkte, die nicht notwendigerweise unvereinbar miteinander sind. Sie sind Wegweiser zur geistigen Verwirklichung.«[75] Das heißt, daß dem rationalen Zugriff eine begrenzte Bedeutung durchaus zukommt, universale Bedeutung aber versagt werden muß. Dies zeigt sich beispielsweise am Phänomen des »Gottesbeweises«, der etwa bei Shankara (9. Jahrhundert n. Chr.) eine gewisse Rolle spielen kann, sich

---

71. Al-Halladsch, »O Leute, rettet mich vor Gott«. Worte verzehrender Gottessehnsucht. Ausgewählt, übersetzt und eingeleitet von A. Schimmel, Fr 1985, 50.
72. A. Th. Khoury, P. Hünermann (Hg.), Wer ist Gott?, Fr 1983, 27; vgl. dazu kritisch U. Tworuschka 1982, 124.
73. Dashaka-Mulam 1, zitiert nach W. Eidlitz, Der Glaube und die heiligen Schriften der Inder, Olten 1957, 13.
74. S. Radhakrishnan 1959, 91 f.
75. Ebd. 130.

aber nur auf den *saguna*-Aspekt, also den durch Qualitäten bestimmten Aspekt des Absoluten bezieht.[76]

Versucht man, unter Vernachlässigung der zahllosen Einzelgesichtspunkte einen Überblick über hinduistisches Verständnis von »Erkenntnis« zu gewinnen, so legen sich drei Schwerpunkte nahe:

- Erkenntnis des Absoluten,
- Erkenntnis als das Absolute,
- Wege zur Erkenntnis.

(a) Erkenntnis des Absoluten

Für die Anfänge der vedischen Religion wird man davon ausgehen können, daß die Erfahrung von Mächten, die als unerklärlich, kontingent und schicksalsbestimmend wahrgenommen wurden, zu dem Bedürfnis geführt hat, diesen Mächten Namen zu geben. »Die Erfahrung: ›hier manifestiert sich Macht‹, das Gefühl der Anwesenheit des Numinosen, Mysteriösen oder Besonderen führten dazu, diesen Mächten oder übermenschlichen und unbegreiflichen Phänomenen Namen und Gestalt, d. h. Individualität, zuzuerkennen.«[77] Nach Jan Gonda ist »weiter zu beachten, daß die Existenz eines Namens genügte, um ein numinoses Gefühl sich zu einer Gottheit verdichten zu lassen; denn ein Name deutet auf individuelle Existenz.«[78] Nach seiner Ansicht war »das schon in den ältesten Quellen hervortretende *brahman* immer der Name einer ganz fundamentalen, tragenden Kraft …, die als unbeweglich, fest, stützend gedacht wurde.«[79] Das Gegenüber von polytheistischer Vielgestaltigkeit und der monistischen Annahme eines einzigen universalen göttlichen Prinzips wäre damit dem hinduistischen Denken von Anfang an eingestiftet. Die Götter wären, so gesehen, »allesamt nur ein Sonderfall des Brahman, sozusagen seine uns zugewandte Seite.«[80] Dreierlei finde ich dabei bezeichnend:

1. In den Anfängen der vedischen Religion steht im Zentrum offenbar nicht die Annahme von Gottheiten, sondern das Funktionieren des Opfers *(rta)*, das ohne spezifische Reflexion auf den Opfernden oder den Adressaten des Opfers als reines Opus operatum vollzogen wird.[81]

2. In bestimmten Phasen der Entwicklung hinduistischer Religiosität spielen unter allen natürlichen Kräften besonders Erotik und Sexualität eine prominente Rolle. Der Gott Shiva wird seit dem Mahabharata im Symbol des Lin-

76. M. von Brück ²1987, 45.
77. J. Gonda ²1978, 26.
78. Ebd. 28.
79. Ebd. 32.
80. A. Th. Khoury, P. Hünermann (Hg.), Wer ist Gott?, Fr 1983, 40.
81. J. C. Heesterman, Die Interiorisierung des Opfers und der Aufstieg des Selbst *(atman)*, in: A. Bsteh (Hg.), Der Hinduismus als Anfrage an christliche Theologie und Philosophie, Mödling 1997, 289-327.

ga, einer phallisch gestalteten Steinsäule, verehrt. Unter dem Symbol der Yoni, der weiblichen Entsprechung dazu, wird der Göttin Shakti als Trägerin des Geheimnisses des Kosmos gehuldigt. Die Spiritualität des Kamasutra und die entsprechenden Skulpturen an Tempeln gehören in diesen Bereich. Auch die erotischen Erzählungen über die Spiele Krishnas mit seinen Gopis sind hier zu nennen. Alle denkbaren Gestalten von Liebe zum Göttlichen und Erkenntnis des Göttlichen werden damit aufeinander bezogen.

3. Einzelne Gottheiten können in besonderem Maße als Vermittler von »Gotteserkenntnis« zu stehen kommen. In der Bhagavad-Gita ist Krishna einerseits Offenbarer, andererseits selbst Erscheinung des Göttlichen. Als Offenbarer des Göttlichen verkündet er seinem Gesprächspartner Arjuna:

> »Der Herr wohnt in der Herzgegend
> aller Wesen, Arjuna.
> Durch Seine Schöpferkraft läßt Er die Wesen
> umherwirbeln, als wären sie an einem Rad befestigt.
> Bei Ihm allein suche Zuflucht
> mit deinem ganzen Sein, Nachkomme des Bharata!
> Durch Seine Gnade wirst du zu höchstem Frieden
> als deinem ewigen Wohnort gelangen.
> Somit habe ich dir die Weisheit erläutert,
> die geheimer ist als das Geheimnis.
> Bedenke alles als Ganzes,
> beim Anblick, wie du willst!«[82]

Andererseits gilt Krishna selbst als Avatara, also als »Herabkunft« Vishnus. In der Bhagavad-Gita offenbart er seinem Gesprächspartner Arjuna seine kosmische Gestalt:

> »Schau, Pritha-Sohn, meine Gestalten
> hundertfach und tausendfach ...
> Hier schaue jetzt das ganze Universum, Dickhaariger,
> mit allem, was lebt und nicht lebt,
> an einem Punkt, in meinem Leib konzentriert –
> und was auch sonst noch du zu sehen wünschst.«[83]

Die Avataras sind Vermittler und zugleich Vergegenwärtigungen des Göttlichen (vgl. unten 5 B (3)). Wird freilich wirklich das Absolute als solches erkannt, so verändert sich zugleich der Vorgang des Erkennens. Die Erkenntnis des Absoluten wird selbst zum Absoluten.

---

82. BG 18, 61-63.
83. BG 11, 5.7.

Gott

(b) Die Erkenntnis als Absolutes

Ob es sich nun um kultische oder mythologische Formen der Suche nach dem Absoluten oder um philosophische Bemühungen handelt, immer zielten sie auf die Gewahrwerdung des letzten Einen, des *brahman*.
Ziel des hinduistischen Gläubigen ist es, von der Unwissenheit zum Wissen, von *avidya* zu *vidya* zu gelangen, und zwar zu *para-vidya* oder *brahma-vidya*, zu absoluter Erkenntnis, die man nicht aus zweiter Hand, sondern aus unmittelbarer eigener Erfahrung hat – wie man beispielsweise eine Stadt nicht nur aus Beschreibungen, sondern als ihr Bewohner kennt. Die darin gegebene Selbstoffenbarung des Absoluten ist selbstevident. In ihr vollzieht sich ein »*Gewahrwerden* dessen, was den Menschen schon immer umfängt ..., ... dessen, was in Wirklichkeit ist.«[84] Das Selbst und die Gottheit erkennen sich ineinander.

> »Aufgrund meiner Barmherzigkeit für sie
> lasse ich, der ich in ihrem eigenen Selbst wohne,
> mit dem strahlenden Licht der Erkenntnis
> ihre aus Unwissenheit entstandene Dunkelheit
> verschwinden.«[85]

Atman, das Selbst, wird als identisch mit *brahman*, dem höchsten Absoluten, erkannt. In der Handgebärde, bei der Daumen und Zeigefinger einander berühren, während die übrigen Finger gestreckt bleiben, kommt dies symbolisch zum Ausdruck: »Der Zeigefinger symbolisiert die individuelle Seele, der Daumen die kosmische Seele. Die Vereinigung der beiden ist das Symbol für wahre Erkenntnis.«[86] Nun kann der Erleuchtete das *tat tvam asi* sich und allem gelten lassen. »Das bist du« – *brahman* nämlich ist die absolute Wirklichkeit, die in absoluter Erkenntnis sich spiegelt. Negativ wird dies in den Upanishaden ausgedrückt durch *neti, neti* – »nicht dies, nicht das« ist *brahman*, die letzte Wirklichkeit; jegliche Dualität ist überwunden.
Damit versteht sich von selbst, daß es »Gotteserkenntnis« im Sinne einer Erkenntnis des Objektes durch das Subjekt nicht geben kann. Radhakrishnan schreibt: »Wahrheit ist nicht die bloße Spiegelung der Wirklichkeit durch die Sinne und den Verstand. Sie ist ein schöpferisches Geheimnis, das von der Seele in ihrem Innersten erfahren wird. Es handelt sich nicht darum, daß das Subjekt das Objekt erkennt, es gehört die Erkenntnis dazu, daß Subjekt und Objekt in einem tieferen Sinne eins sind, als irgendeine physikalische Analogie erklären könnte.«[87] Aus den Upanishaden führt er an: »Wenn ein Mensch eine andere Gottheit anbetet und glaubt, daß die Gottheit ein Ding und er ein anderes ist,

---

84. M. von Brück ²1987, 273.
85. BG Kap. 10, 11 (234). A. Michaels macht für die Hindu-Religionen einen »›identifikatorischen Habitus‹« geltend und gibt seinem Schlußkapitel die Überschrift: »Das Heil der Identifikationen«. A. Michaels 1998, 19 ff., 357 ff.
86. LÖW 170.
87. S. Radhakrishnan 1959, 93 f.

so weiß er nichts.« Denn: »Er, der in allen Wesen wohnt und innerhalb aller Wesen, den alle Wesen nicht kennen, dessen Körper alle Wesen sind, er ist dein Selbst, der Herrscher im Innern, der Unsterbliche.«[88]

In dieser allein rational nicht zu vermittelnden Erkenntnis liegt zugleich die Befreiung, *moksha*. Nun ist das Selbst frei von den Umgarnungen und Bindungen durch *maya*, die die Wirklichkeit bedingende, aber zugleich verschleiernde Macht der Illusion. Nun ist »zerschnitten der Knoten des Herzens«.[89] Nun enthüllt sich dem Bhakta *sat-cit-ananda* – Sein-Erkenntnis-Wonne, eine Formel, die besonders im Advaita-Vedanta reflektiert wurde: Sein, Bewußtsein und Seligsein gehören zusammen.[90] Der Prozeß des Erkennens führt nicht nur zu »Erkenntnis« im rationalen Sinn, sondern zu einer diese integrierenden »Bewußtheit«.

(c) Wege zu Erkenntnis und Bewußtheit

Die in der hinduistischen Spiritualität genannten Wege zur Erkenntnis des Absoluten bzw. zu absoluter Erkenntnis scheinen aus westlicher Sicht oft einander zu widersprechen. Auf der einen Seite wird höchste Konzentration mit entsprechenden Techniken empfohlen, auf der anderen Seite muß man nur, so Radhakrishnan, dem göttlichen Samen, der in uns ist, »die Möglichkeit geben, aufzugehen.«[91] Im Yoga finden diese beiden Ansätze zueinander. »Yoga strebt die Reintegration des Selbst an. Es ist eine Art von Zusammenholen, Einsammeln, ein konzentriertes Beziehen des Selbst auf das Selbst, in welchem die Kräfte des Selbst zu voller Entwicklung gebracht werden.«[92] Yoga, sprachgeschichtlich (wie bereits erwähnt) mit lateinisch »iugum«, deutsch »Joch« verwandt, meint das Anspannen, Anschirren an Gott. Dabei denkt man nicht in erster Linie an eine Technik (wie beispielsweise das aus Körperübungen bestehende Hatha-Yoga), sondern eher an die Realisierung spiritueller Potenzen. Der Weg des Erkennens *(jnana marga)* steht dabei neben dem Weg der Werke *(karma marga)* und dem Weg der Frömmigkeit *(bhakti marga);* diese Wege können ineinander übergehen. Die mentale Seite dabei wird oft in einem Dreischritt beschrieben: Der Yogi hat zunächst auf die Offenbarung zu hören, er wird sie dann durch rationale Reflexion zu erfassen versuchen und ihr schließlich auf dem Weg über Kontemplation die Möglichkeit verschaffen, sich in seinem Alltag verwandelnd und gestaltend durchzusetzen. Der gesamte Vorgang steht unter der Erwartung, wie sie Patanjali (2. Jh. v. Chr.) formuliert hat: »Yoga ist das Zur-Ruhe-bringen des Flusses des Geistes *(citta).*« Michael von Brück, der diese Formulierung als Basissatz zitiert, interpretiert: »*Citta* ist nicht nur der Intellekt oder der Strom

---

88. Ebd. 95; die Zitate sind leider nicht ausgewiesen.
89. Bhagavatam 1,2,21; nach W. Eidlitz, Die indische Gottesliebe, Olten 1955, 126.
90. Vgl. M. von Brück ²1987, 46 ff.
91. S. Radhakrishnan 1959, 140.
92. S. Radhakrishnan, ebd. 141.

der Gedanken, sondern bezeichnet den Grund für alle psychisch-mental-geistigen Aktivitäten, schließt also Herz und Verstand ein … Das Bewußtsein wird verglichen mit einem See, dessen Oberfläche durch die Gedankenströme gekräuselt ist. Wenn vollkommene Ruhe eingetreten ist, erscheint das Bewußtsein in reiner Klarheit: man kann auf den Grund sehen, in dem sich das Wesen des Bewußtseins als nicht-zwei mit Gott *(atman-brahman)* offenbart. Diese Stille ist vollkommene Aufnahmefähigkeit.«[93] Radhakrishnan, auf den westlichen Leser eingestellt, erläutert: »Kontemplation ist unsere Freiheit innerhalb der bewußten Erkenntnis unserer Bindung an das Universum … Im Zustand … der transzendentalen Bewußtheit begegnen wir dem bedingungslosen Sein mit unserem ganzen Wesen … Beweise beruhigen, aber Erfahrung gibt Gewißheit.«[94] Es handelt sich also einerseits immer um einen Prozeß, der aus bestimmten Stufen besteht und den man auch durch gewisse technische Hilfsmittel unterstützen kann, dessen zum Ziel-Kommen andererseits aber doch als unverfügbare Gnade erlebt wird.[95]

Zu den Hilfen, die in der hinduistischen Spiritualität auf dem Weg geistiger Erkenntnis angeboten werden, gehört schließlich auch die Begegnung mit dem Guru (Sanskrit: »schwer«, »gewichtig«, im übertragenen Sinn »Lehrer«). Nach hinduistischer Auffassung sind vier Guru-Stufen zu unterscheiden: Die Eltern, die die körperlichen Voraussetzungen einer geistigen Erkenntnis schaffen, die weltlichen Lehrer, die der geistigen und beruflichen Ausbildung dienen, die spirituellen Meister und schließlich der kosmische Guru, der mit dem Avatara identifiziert wird. Man muß sich nicht notwendig einem irdischen Guru anvertrauen, aber es empfiehlt sich. In einer fremden Stadt kann man auf eigene Faust die gesuchte Adresse ermitteln oder aber einen Einheimischen fragen; zu fragen kürzt das Verfahren ab. Schließlich mag sich in dem Suchenden selbst ein »innerer Guru« bemerkbar machen und entfalten.[96]

(4) Erkenntnis nach buddhistischem Verständnis: Erwachen

Der Begriff »Gotteserkenntnis« macht im Kontext buddhistischen Denkens noch weniger Sinn als im Zusammenhang hinduistischer Religiosität. Aus der Sicht westlichen theistischen Denkens hat man den Buddhismus gern als a-thei-

---

93. M. von Brück ²1987, 281.
94. S. Radhakrishnan 1959, 142.
95. Vgl. Sri Aurobindo, Der integrale Yoga, H 1957: Drei Grundfunktionen im integralen Yoga: »Sich überantworten«, »Sich öffnendes Vertrauen«, »Beiseite treten und Gott wirken lassen«, 62 ff.
96. Zur Funktion des Guru: W. Eidlitz, Der Glaube und die heiligen Schriften der Inder, Olten 1957, 140-150; dort einige Quellen-Texte.

stische Religion gekennzeichnet (H. von Glasenapp); doch ist dies insofern nicht zutreffend, als der Buddhismus durchaus Gottheiten kennt, die er aber dem Kreislauf des Werdens und Vergehens zugeordnet sieht. Er kennt Götter und Geister, die regional unterschiedliche Gestalten haben. Sie sind auch selbst noch der Erlösung bedürftig und auf die Lehre des Buddha angewiesen. Sie sind gleichsam »himmlische Buddhisten«, auch wenn sie »den irdischen Buddhismus schützen und schirmen« (wie z. B. die wilden Gestalten, die den Klosterbereich gegen böse Geister verteidigen). »Hier fällt der Glaube an die Existenz der Götter nur zum Teil mit dem Vertrauen auf ihre rettende Hilfe zusammen.«[97] Was die eigentliche Erkenntnis ausmacht, muß also noch jenseits der Welt der Götter liegen. Dies erscheint konsequent gedacht, wenn die Gottheiten personifizierte bedrohende oder heilende immanente Kräfte darstellen. Das Absolute ist dann nicht nur jenseits solcher göttlichen Mächte, die innerhalb des Bereichs des Seienden auftreten, zu denken, sondern unabhängig vom Bereich des Seienden. Raimon Panikkar weist darauf hin, daß Buddhisten den Begriff des »Seins« nicht im westlichen Sinn kennen und verwenden; »Sein« sei für sie viel mehr die Grundkategorie des Werdens und Vergehens. »Für den Buddhismus ist ›Sein‹ ein Verbum, kein Substantiv. Die Dinge *sind*, in dem sie seiend sind, aber es gibt kein *esse* (Sein), das sie trägt und zu sein veranlaßt.«[98] Daher kenne der Buddhismus auch nicht die Verkettung von »Gott« und »Sein«, wie sie in der abendländischen Philosophie und Theologie vorliege und einerseits eine erhebliche denkerische Leistung, andererseits aber doch eine gedankliche Einengung darstelle: Gott und das Sein geraten in Konkurrenz zueinander; die Schere einer Entwicklung zu einem »weltlosen Gott« oder einer »gottlosen Welt« tut sich auf.[99] Die Erkenntnis des Absoluten muß daher jenseits der (scheinbaren) Diastase von Sein und Nichtsein gesucht werden.

(a) Bodhi

Die Einsicht, die der Buddhist sucht, wird als *bodhi* (japanisch: *satori* oder *kensho*) bezeichnet und in den westlichen Sprachen oft als »Erleuchtung« interpretiert. Da der Begriff »Erleuchtung« vordergründig Lichtphänomene impliziert, jedenfalls aber das Passivum »erleuchtet werden« einzuschließen scheint, ist die Übersetzung »Erwachen« vorzuziehen, der jenseits der Distinktion aktiv/passiv steht. Es geht dabei um einen existentiellen und keineswegs auf das rationale Vermögen zu beschränkenden Vorgang. Insofern gehören nach buddhistischem Verständnis »Glaube« und »Erkenntnis« zusammen; der einer bestimmten Tradition vertrauende »Glaube« kann der erste Schritt auf dem Weg zum »Erwachen« sein (siehe oben S. 100 ff.). Hans-Jürgen Greschat führt unter Bezugnah-

---

97. H.-J. Greschat 1980, 178; vgl. 175-178.
98. R. Panikkar 1992, 164.
99. Vgl. H. Thielicke, Der Evangelische Glaube I, Tü 1968, § 16.

me auf Mahayana-Buddhisten aus, sie verstünden »unter Weisheit das Erkennen des Unerkennbaren. Nicht ist Weisheit Erfassen eines Objektes, sie ist nicht-erfassendes Erfahren des nicht-objektiven Absoluten.« Für Mahayana-Buddhisten gehe es hier um »das Erwachen ihres wahren Selbst. Sie vergleichen ihre Erlösung mit einem Küken, das aus dem Ei schlüpft. Das Küken im Ei gleicht dem Menschen, der die Welt für wirklich hält, so wie sie ihm begegnet. Es zerbricht die Schale und befreit sich zum Leben, so wie das wahre Selbst sich zum wahren Sein befreit. Denn das Absolute ist nicht irgendein jenseitiges Objekt, es ist das Erwachen, die Selbstbefreiung des Absoluten, das in jedem Wesen steckt«.[100] Gott ist nicht »irgendetwas«: Diese Aussage, wenn sie als Urteil über Gott, der jede Definition ausschließt, betrachtet wird, muß nach S. Hisamatsu »als das höchste von allen möglichen Urteilen über Gott angesehen werden.«[101] Hans Waldenfels, der diese Bestimmung wiederholt aufgreift, erläutert, es gehe darum, den englischen Begriff des »Nichts« mitzuhören: Gott ist »nothing«, »no-thing«.[102]

Sehr plausibel wird der Sachverhalt von Raimon Panikkar erläutert, wenn er feststellt: »... in gleicher Weise, wie der Theist dem Fetischisten vorwirft, er bedenke nicht, daß Gott das Idol unendlich transzendiert, so wirft der Buddha dem Theisten vor, daß er nicht bedenke, daß ›Gott‹ immer noch unendlich weit von dem entfernt ist, was der Theist anzubeten oder zumindest zu benennen meint.«[103] So gesehen, ist Gott nicht dasjenige, über das hinaus »nichts Größeres werden kann«, sondern »das, welches größer ist, als was gedacht werden kann« bzw. »das, welches nicht gedacht werden kann.«[104] Der gemeinte Sachverhalt wird wohl vom Hinayana-Buddhismus eher negativ als Bestreitung aller positiven Aussagen über die letzte Wirklichkeit (als Absolutes Nichts), vom Mahayana-Buddhismus eher positiv (als »Sehen der wahren Natur«, japanisch *kensho*) wahrgenommen. Der »Erwachte« kann die »Soheit« *(tathata)* erkennen. Er sieht, »wie es wirklich ist«: Die höchste ist »jene Weisheit, durch die ein edler Schüler versteht, wie es wirklich ist, daß dieses gesund ist, jenes ungesund, daß dieses tadelnswert ist, jenes tadellos, daß dieses niedrig ist, jenes hervorragend ...«, so ein nichtkanonisches Werk des Theravada-Buddhismus.[105] Die Wahrheit ist nicht ein Prädikat von etwas, sondern dieses Etwas selbst. Nach der Legende hat der Buddha, nach der Natur der Wahrheit gefragt, schweigend eine Blume emporgehalten. Niemand außer seinem Schüler Kashyapa, heißt es, habe den Buddha verstanden; Kashyapa aber habe gelächelt, woraufhin ihn Buddha für erleuchtet erklärt habe.[106]

100. H.-J. Greschat 1980, 109.
101. S. Hisamatsu, Die Fülle des Nichts. Vom Wesen des Zen. Eine systematische Erläuterung, Pfullingen 1975, nach H. Waldenfels 1982, 37.
102. Ebd. 54.
103. R. Panikkar 1992, 147.
104. »... id quod cogitari nequit«; Panikkar 1992, 311, Anm. 122, in Aufnahme von Anselm, Proslogion II.
105. Nach E. Conze, F 1957, 62.
106. LR 153.

(b) Der Weg der Versenkung

Im Verfolg dieses Ansatzes wurden in der buddhistischen Welt zahlreiche und zum Teil auch einander konkurrierende oder gar widersprechende Methoden der Meditation entwickelt.[107] Zwei sprachliche Beobachtungen seien vorweg genannt. Die Sanskrit-Begriffe für Meditation verweisen auf den inneren Vorgang: *bhavana* meint »Geistesentfaltung«, »zum Sein bringen«. *Samadhi* bedeutet »fest zusammengefügt sein«, »gesammelt sein«; noch der deutsche Begriff »Sammlung« (ebenso wie »samt« oder lateinisch »simul«) hängt mit diesem Sanskrit-Begriff zusammen.

Immer werden verschiedene Stufen und Grade beschrieben, manchmal minutiös ausdifferenziert. Der Weg führt vom bewußten Wahrnehmen dessen, was ist, über die bewußte Konzentration, in der das Bewußtsein »einspitzig« wird, zu einem gesammelten und von äußeren Eindrücken unabhängigen Verweilen. Die »Achtsamkeit« (pali: *sati*) entfaltet sich in vier Stufen:
- Der Meditierende wird seines Atmens – und dann auch der anderen in ihm und mit ihm stattfindenden körperlichen Vorgänge – bewußt;
- er macht sich bis in Details hinein deutlich, daß seine körperliche Existenz auf dem Zusammenspiel von vergänglichen und zum Teil ekelerregenden Substanzen beruht; dies kann die bewußte Betrachtung von Leichen und Verwesung einschließen;
- er distanziert sich von aufsteigenden Gefühlen der Lust oder der Unlust;
- er konzentriert sich auf die vier edlen Wahrheiten, wie sie der Buddha verkündet hat: die Wahrheit vom Leiden, von der Entstehung des Leidens, von der Aufhebung des Leidens und vom Weg, der zur Aufhebung des Leidens führt.

Auf diesem Wege erkennt er, daß es ein Ich nicht gibt; Ich und Welt werden gleichsam in ihrer Haltlosigkeit durchschaut. Die Sinne des noch nicht »erwachten« Menschen sind gleichsam gebunden, gefesselt. Aber der Meditierende versteht »das Auge und die Gestalten und die Fessel, die in Abhängigkeit von beiden entsteht; und er versteht das Entstehen einer noch nicht entstandenen Fessel, das Abschütteln einer entstandenen Fessel, das zukünftige Nicht-Entstehen einer abgeschüttelten Fessel. Auf gleiche Weise versteht er Ohr und Töne; Nase und Gerüche; Zunge und Geschmack; Körper und tastbare Gegenstände; Geist und Geistesverfassungen und die entsprechende Fessel.«[108] Dieses Verstehen richtet sich nun auf den Vorgang des Verstehens selbst: Der natürliche Gedanke wird erfaßt als ständig verunreinigt durch sein Objekt, mit dem er sich befaßt (ein Zaubertrug, eine Strömung ohne Halt, ein zerstiebender Blitz, ein kraftaussaugender Kobold, eine am Schmutz interessierte Schmeißfliege usw.): Ist denn aber der Gedanke »ein Ding und das Objekt ein anderes? Nein, was das

---

107. Zum Folgenden: H.-J. Greschat 1980, 119-132; H. Dumoulin 1995, 66-78; weitere Literaturhinweise LR 401.
108. Text bei E. Conze 1957, 57.

Objekt ist, genau das ist der Gedanke. Wenn das Objekt ein Ding wäre und der Gedanke ein anderes, dann gäbe es einen doppelten Gedankenzustand. So ist das Objekt nichts als Gedanke. Kann dann der Gedanke den Gedanken betrachten? Nein, der Gedanke kann den Gedanken nicht betrachten. Wie eine Schwertklinge sich nicht selbst schneiden kann, wie eine Fingerspitze sich nicht selbst berühren kann, so kann ein Gedanke sich nicht selbst sehen ... Er reicht weit, ist körperlos, wechselt leicht, wird von den Sinnesobjekten aufgeregt, hat die sechs Sinnesfelder zu seinem Gebiet und wird mit einem Ding nach dem andern verbunden. Die Stetigkeit des Gedankens, seine Ausrichtung nach einem Punkte, seine Unbeweglichkeit, seine Unabgelenktheit, seine einpünktige Ruhe, seine Nicht-Zerstreutheit, das wird hingegen Wachsamkeit mit Bezug auf den Gedanken genannt.« In dieser Wachsamkeit erkennt man, daß der Gedanke in seiner Einspitzigkeit dem Bereich dessen zugehört, was weder ist noch nicht ist.[109]

Zu den empfohlenen Meditationstechniken kann es gehören, schlicht das Auf und Ab der Bauchdecke zu beobachten, wie es sich beim Atemvorgang vollzieht (Burma). Andere Meditationslehrer empfehlen, jeweils beobachtete Vorgänge im Geist zu benennen. Ich bin zerstreut:»Wandern, wandern«; mich stört ein Geräusch:»Hören, hören«; ich empfinde einen Schmerz:»schmerzen, schmerzen«.[110] Im Originalton eines buddhistischen Textes heißt das: »Wie lebt ein Mönch, der den Körper im Körper betrachtet? ... Wachsam atmet er ein, wachsam atmet er aus. Ob er nun mit einem langen oder kurzen Atem einatmet, er versteht, daß er mit einem langen oder kurzen Atem einatmet ... Er ist wie ein geschickter Drechsler oder Drechslergehilfe, der, wenn er eine lange Drehung oder eine kurze Drehung macht, genau versteht, was er tut.«[111]

Nur formal scheinen die Ziele der Versenkung auseinanderzutreten, wenn im Zen das ungegenständlich aufgefaßte *satori*, in der»Schule des Reinen Landes« dagegen die Hingabe an den personal aufgefaßten»Amida« als erstrebenswert erscheint. Immer geht es um das Aufgeben des vordergründigen Ich und seiner Weltverflochtenheit:»Im selben Augenblick, in dem du Anhaften aus dir verbannst, erkennst du in dir das Leuchten von Buddha-Dhamma, du entdeckst oder entdeckst aufs Neue, was der große Buddha entdeckt und gelehrt hat ... es gibt nichts mehr, was deine erhabene Ruhe im geringsten noch stören könnte. Geblieben ist nur eines: Ein unbeweglicher und unbewegter Zustand, in dem es weder Geburt und Alter noch Leiden und Tod gibt. Es ist ein Zustand nie endenden strahlenden Lächelns ohne Lächler.«[112]

109. Text bei E. Conze, 1957 132 f.
110. H.-J. Greschat 1980, 124.
111. Text bei E. Conze 1957, 54 f. Beispiel innerbuddhistischer Polemik: Lama Anagarika Govinda, Die Grundlagen der Achtsamkeit, Teilabdruck in: Lesebuch Buddhismus, Braunschweig 1994, 35 ff.
112. Buddhadasa, zitiert bei H.-J. Greschat 1980, 121.

»Wonach könnte noch verlangen,
Wem das Erlöschen sich zeigt?
Hier ist das Lotosland,
Dieser Leib ist Buddha.«[113]

C Ganzheitlich-trinitarische Gottesbegegnung

Versucht man, einen Überblick darüber zu gewinnen, was die Religionen über die Begegnung mit dem Absoluten zu sagen haben, so ist man zunächst von der äußeren Vielfalt und dem inneren Reichtum der hier zu hörenden Antworten überrascht. Es scheint nahezu nichts zu geben, das nicht zum Medium von Gottesbegegnung werden könnte – einschließlich des wie auch immer zu definierenden Nichts. Dreierlei ist zu beobachten:
- Offenbar gibt es in allen Religionen eine Tendenz, Gottesbegegnung als ganzheitliche Erfahrung aufzufassen.
- Offenbar entsprechen einander »Gotteserwartung« und »Gotteswahrnehmung« – und umgekehrt.
- Offenbar gibt es hinsichtlich der Gotteserwartung / Gotteswahrnehmung prinzipielle Differenzen zwischen der hinduistischen und buddhistischen Religiosität einerseits und den westlichen Religionen – Judentum, Christentum, Islam – andererseits, und dann noch einmal innerhalb dieser zwischen Judentum, Islam und dem christlichen Glauben.

(1) Die Ganzheitlichkeit der Gottesbegegnung

(a) Die Relativierung westlich-christlicher Zugänge

Angesichts der in den nichtchristlichen Religionen zutage tretenden Ganzheitlichkeit der Gottesbegegnung relativieren sich die Zugänge zur Gotteserkenntnis, wie sie von der traditionellen christlichen Theologie gesehen und empfohlen werden. Man denke nur an die Mühe, die sich die christliche Theologie und eine ihr sekundierende (oder auch widersprechende) Philosophie um das Problem des »Gottesbeweises« gemacht haben. Es ist offensichtlich eine Vereinseitigung und zugleich eine unsachgemäße Reduktion, »Gott« primär als ein Ob-

---

113. Chorgesang des Meisters Hakuin (1685-1768), der nach H. Waldenfels 1982, 83, noch immer rezitiert wird.

jekt des Denkens, als ein Problem der Ratio, abschätzig formuliert: als Denksportaufgabe zu begreifen.[114] Die Denkleistung der abendländischen Theologie soll gewiß nicht gering geachtet werden, aber es ist nötig, sich bewußt zu machen, daß sie, global betrachtet, einen partikularen Ansatz darstellt und daß sie in ihrer Einseitigkeit auf einen Holzweg geführt hat. Der Versuch, Gott primär rational zu erfassen oder gar seine Existenz zu »beweisen«, hat in gewisser Weise der These vom Tod Gottes und dem Atheismus die Bahn bereitet. Bemühungen, nach erfolgtem »Beweis« zu klären, wie sich denn Glaube und Vernunft oder Glaube und Erfahrung zueinander verhalten, konnte den nötigen Ausgleich nicht schaffen. So wurde die »Sache mit Gott« schließlich zu einem nicht endenden »Gespräch über Gott« – so die charakteristischen Titel zweier von Heinz Zahrnt vorgelegter Publikationen; schließlich folgten dann noch »Mutmaßungen über Gott«.[115] Die Geschichte der Theologie löst sich auf in eine Geschichte von einander folgenden oder widersprechenden Meinungen über Gott, ein Selbstläufer, der schließlich nur noch Historiker, Ästheten und formale Logiker zu interessieren droht. Der Kandidat/die Kandidatin der Theologie aber hat darüber Auskunft zu geben, welcher Theologe mit welchen Argumenten was wann wozu sagt. Für die wahrhaftige, existentielle, erschütternde oder befreiende Gottesbegegnung bleibt all dies weitestgehend ohne Belang – im Blick sowohl auf den dozierenden Theologen als auch auf die kleiner werdende Schar seiner Zuhörer und Zuhörerinnen.

Dabei war diese Einseitigkeit, wie sie heute den zeitgenössischen Protestantismus kennzeichnet, keineswegs immer in der Christenheit vorherrschend. Luther beispielsweise, der darum wußte, daß man Gott nicht vorrangig auf der Ebene der Vernunft begegnen kann, hat vielleicht gerade deswegen keine eigene »Dogmatik« geschrieben, sondern – neben vielem anderen – Katechismen, deren Aussagen sich beten und in der Meditation auskosten ließen.[116] Melanchthon, der mit seinen »Loci communes«[117] die reformatorische Urdogmatik vorgelegt hat, ging von biblischen Grundaussagen aus, eben den »loci«, die in ihrer soteriologischen Relevanz erklärt werden sollten. Selbst Calvin, der eine ausgewachsene »Dogmatik« verfaßt hat, verstand diese nicht primär als einen Theorie-Beitrag, sondern als »institutio christianismi«, als Unterricht und Einweisung. Auf dem Weg über sprachliche Beobachtungen hat man allmählich erfaßt, daß das hebräische Äquivalent für »erkennen« sexuelle Implikationen einschloß und folglich nicht auf Kopfarbeit beschränkt war.

Der rationale Zugriff ist weiterführend, wenn man genau weiß, wonach man

---

114. Charakteristischer Titel: Claude Bruaire, Die Aufgabe, Gott zu denken, Fr 1973.
115. H. Zahrnt, Die Sache mit Gott. Die protestantische Theologie im 20. Jahrhundert, M 1966; ders. (Hg.), Gespräch über Gott. Die protestantische Theologie im 20. Jahrhundert. Ein Textbuch, M 1968; ders., Mutmaßungen über Gott. Die theologische Summe meines Lebens, M 1994.
116. M. Nicol, Meditation bei Luther, Gö 1984, 150 ff.
117. Ph. Melanchthon, Loci communes 1521. Lateinisch-Deutsch. Übersetzt von H. G. Pöhlmann, Gü 1993.

zu suchen und zu »greifen« hat. Ist diese Voraussetzung aber nicht gegeben, dann kann er auch ablenken oder gar Erkenntnis verunmöglichen. Gehe ich von einer Definition aus, werde ich auch nur das Definierte finden (wenn ich Glück habe). Habe ich mir von einem Menschen, den ich am Bahnhof abholen soll, ohne ihn noch zu kennen, ein völlig »klares«, festgelegtes Bild gemacht, werde ich möglicherweise gerade deswegen an ihm vorbeilaufen; vielleicht habe ich Glück – und er spricht mich an. Schon für das zwischenmenschliche Erkennen gilt: Je weniger ich den anderen festlege, desto offener ist die Situation für eine echte Begegnung.

(b) Defizite gegenwärtiger christlicher Gotteswahrnehmung

Unter den Defiziten gegenwärtiger christlicher Gotteswahrnehmung gibt es solche, von denen einem in der Begegnung mit nichtchristlichen Religionen klar wird, daß sie für das Christentum keineswegs unumgänglich sind. Manche dieser Defizite haben sich nur eingeschlichen, weil bestimmte Zugänge einfach nicht mehr begangen und genutzt wurden. Wenn das Judentum beispielsweise ein gelebtes Ethos als Weg empfiehlt, durch den sich Gottes Wesen und Existenz erschließen, so muß man sagen: Dem Christentum war dieser Weg durchaus bekannt, vielleicht in einer radikaleren Weise als dem Judentum. Sich auf das einzulassen, was sein soll und was »gut« ist, kann auch dem Christen etwas von dem »guten Gott« verdeutlichen, der Gutes für die Menschen und die ganze Schöpfung will und – nach christlicher Erwartung – durchsetzen wird. »Wenn jemand dessen Willen tun will«, der Jesus gesandt hat, der »wird innewerden«, ob Jesu Lehre »von Gott ist« (Joh 7,17). Mit einem feinen Gespür für den Sachverhalt übersetzt Luther den griechischen Begriff (›gnosetai‹, lat. ›cognoscet‹) gerade nicht, wie es nahe gelegen hätte, mit dem rationalistisch mißverständlichen Begriff »erkennen«. Solches »Innewerden« transzendiert die Ebene der Rationalität.[118] Die Bergpredigt erscheint selbst Nichtchristen bzw. Vertretern nichtchristlicher Religionen selbstevident und plausibel, weil sie sich nicht auf bloße Worte beschränkt, sondern zu einem ganzheitlichen Leben einlädt.[119] Nun kann man den Christen und insbesondere den Protestanten wohl nicht vorwerfen, daß sie nichts »tun« – diakonisch und gesellschaftspolitisch. Auffallend aber ist, daß sie sich auf Praxis kaum mit der Erwartung einlassen, in ihr könnte ihnen wirklich »Gott« begegnen.

Ähnliches gilt beispielsweise im Blick auf die im Islam geforderte Hingabe an Gottes Führung. Daß man sich einem höheren Walten überlassen muß, kann

---

118. Es ist interessant, anhand der Konkordanz zu überprüfen, an welchen Stellen der Begriff »innewerden« in der Luther-Bibel Verwendung findet.
119. Man braucht dabei nicht nur an Gandhi zu denken; vgl. neuerdings z. B.: Swami Prabhavananda, Die Bergpredigt im Lichte des Vedanta, M 1994; Dalai Lama, Das Herz aller Religionen ist eins. Die Lehre Jesu aus buddhistischer Sicht (1996), 1999 (Goldmann TB), 86-116.

einerseits resignative Einsicht, andererseits aber eine mit Zuversicht verbundene Lebenshaltung sein, die unter Christen und Christinnen durchaus anzutreffen ist. Weniger verbreitet ist die Erwartung, daß in diesem Walten des »Schicksals«, in der eigenen Biographie, in Glück und Unglück, aber auch in großen, übergreifenden Zusammenhängen der Geschichte oder gar der Evolution wirklich »Gott« einem entgegentreten will. Die »Zeichen« Gottes, die in der Welt und im eigenen Lebenslauf stecken, zu entschlüsseln und womöglich zu lesen, erscheint eher als überflüssig, jedenfalls als riskant und wenig verläßlich.

Neben diesen aus der christlichen Frömmigkeitsgeschichte vertrauten Ansätzen gibt es Elemente, die aus der Sicht von Christen oft als regelrechte Abwege gewertet werden. Dies wird besonders im Vergleich mit (ost)asiatischer Religiosität deutlich.

In Relation zur hinduistischen Religiosität fallen natürlich zunächst Erotik und Sexualität auf, die hier ganz unbefangen als Medien der Begegnung mit dem Göttlichen aufgefaßt werden. Im christlichen Kontext galten allenfalls die bewußte sexuelle Enthaltsamkeit, Virginität und Zölibat, als Hilfen auf dem Weg zu Gotteserfahrung; vorchristliches Erbe ist auch dies. Geschlechtliche Enthaltsamkeit kann im übrigen auch im Buddhismus (und Jainismus) einen hohen spirituellen Wert darstellen. Daß aber Erotik und Sexualität selbst mit Gotteserfahrung zu tun haben können, ist dem Christentum, zumal dem protestantischen, aufs Ganze gesehen, eher fremd. Der erste lutherische Missionar im südindischen Tranquebar, Bartholomäus Ziegenbalg, mißverstand die entsprechenden Darstellungen an Tempeln gründlich als Ausdruck unsittlicher Libertinage; die prüden Briten als Kolonialmacht zeigten ebenfalls kein Verständnis. Im Westen wurde schließlich mit Reproduktionen von Krishna und seinen Gopis oder dem Kamasutra allerlei Schindluder getrieben.[120] Erst langsam, und zwar über säkulare psychologische Untersuchungen, spricht sich herum, daß Religiosität und Sexualität miteinander zu tun haben.[121] Es gibt immerhin die These, daß für den säkularen Menschen die nicht mehr plausible Religion durch die Sexualität vertreten werde; einer der Tod-Gottes-Theologen der späten 60er Jahre meinte allen Ernstes, der sexuelle Akt könne nun, nach dem Tode Gottes, als das eigentliche Sakrament wiederentdeckt werden.[122] Daß diese Spur nicht gänzlich abwegig erscheinen muß, zeigen neuere theologische Äußerungen zum Thema.[123] Mir scheint klar, daß im Sinne einer ganzheitlichen Gottes-

---

120. Vgl. J. Gillies, Transzendenter Sex, M ⁵1978; G. Feuerstein, Gott und die Erotik. Spirituelle Dimensionen der Sexualität, M 1993, dort: »Mit Krishna im Ehebett: Die hinduistische Ausprägung der Brautmystik«, 218 ff. – vgl. aber dazu und dagegen die Legende vom Crucifixus im Ehebett der Hl. Elisabeth! Ernster zu nehmen, aber ebenfalls kritisch zu lesen: J. Stevens, Lust und Erleuchtung. Sexualität im Buddhismus, Braunschweig 1993.
121. Z.B. Fr. Alberoni, Erotik. Weibliche Erotik, männliche Erotik – was ist das?, M ³1991, passim.
122. William Hamilton, The New Essence of Christianity, NY 1966, 152 ff.
123. Fr. Tanner, Eros und Religion. Sexualität und Spiritualität, Altstätten 1988; W. Müller, Ekstase. Sexualität und Spiritualität, M 1992; Manfred Josuttis, Gottesliebe und Lebenslust. Beziehungsstörungen zwischen Religion und Sexualität, Gü 1994.

begegnung die Integration der Sexualität auch für den christlichen Glauben selbstverständlich sein müßte.

Wenn die psychosomatische Konstitution des Menschen nicht in ihrer spirituellen Dimension erfaßt wird, so hängt dies vermutlich damit zusammen, daß das bloße Dasein nicht wirklich auf seine mögliche Tiefe hin befragt und wahrgenommen wird. Es fehlen dazu auch die Techniken und technischen Hilfsmittel, die in Asien in einem jahrtausendelangen Prozeß ausgebildet wurden und zur Zeit dabei sind, westlich geprägte Menschen – freilich weitgehend unabhängig vom Christentum – zu beeindrucken. Es begänne mit dem Schweigen und dem auch körperlichen Stillhalten; man vergegenwärtige sich nur einmal, was westliche christliche Gottesdienste dazu anzubieten haben. Immerhin gibt es inzwischen respektable Versuche, dieses Defizit auszugleichen, und entsprechende Literatur (meist aus katholischer Feder).[124]

Dabei wird gern an entsprechende Repräsentanten und Repräsentantinnen in der christlichen Tradition (wie Teresa von Avila, Johannes vom Kreuz oder Gerhard Tersteegen) angeknüpft, die Frage nach der »Gotteserkenntnis« aber meistens gerade nicht gestellt. Für westliches Empfinden liegt sie auf einer anderen Ebene, die freilich, wie man meint, rationale »Defizite« außerchristlicher Konzepte von ganzheitlicher Gottesbegegnung deutlich werden lassen kann.

(c) Defizite im Blick auf die Ganzheitlichkeit außerchristlicher Gotteswahrnehmung

Aus westlich geprägter christlicher Sicht gibt es jedoch Defizite hinsichtlich einer Ganzheitlichkeit von Gotteswahrnehmung auch in den nichtchristlichen Religionen.

Im Blick auf das Judentum ist zu fragen, ob seine Aussagen über Gott nicht doch eine stärkere rationale Durchdringung und Systematisierung zulassen oder gar fordern würden, als dies de facto angeboten wird. Warum muß man immer bei einzelnen rabbinischen Aussprüchen oder chassidischen Geschichten stehen bleiben? Verlangt nicht ganzheitliche Wahrnehmung auch die Systematisierung, die dann ihrerseits Relation und Abgrenzung herzustellen ermöglicht?

Im Blick auf den Islam ist zu bedenken, wie denn der Hiatus zwischen ritu-

---

124. H. M. Enomiya-Lassalle, Kraft aus dem Schweigen, Z 1977; ders., Zen-Meditation für Christen (1968), Sonderausgabe 1995; O. Haendler, Meditation als Lebenspraxis, Gö 1977; W. Jäger, Kontemplation. Gottesbegegnung heute. Der Weg in die Erfahrung nach Meister Eckehart und der ›Wolke des Nichtwissens‹, Salzburg 1982; Th. Merton, Weisheit der Stille. Die Geistigkeit des Zen und ihre Bedeutung für die moderne christliche Welt, M 1975; Beda Müller (Hg.), Komm in mir wohnen. Erfahrungen mit Meditation, Ostfildern 1993 (darin: H.-M. Barth, Meditation mit der Bibel: 72-78); D. Steindl-Rast, Die Achtsamkeit des Herzens. Ein Leben in Kontemplation, M 1988; ders., Fülle und Nichts. Wiedergeburt christlicher Mystik, M 1985; J. Sudbrack, Was heißt christlich meditieren? Wege zu sich selbst und zu Gottes Du, Fr 1986.

ellem Vollzug und Mystik zu schließen ist. Drohen die beiden Ansätze nicht im Islam selbst auseinanderzufallen oder mindestens einander gegenseitig zu diskriminieren? Bleibt der Ritus nicht reichlich vordergründig-oberflächlich (oder eben politisch-fundamentalistisch), je mehr ihm die mystische Komponente fehlt? Wird nicht die Mystik unberechenbar und willkürlich, wenn sie sich nicht in die Tradition einbindet oder jedenfalls nicht weiß, warum sie das nicht tut?

Noch stärkere Anfragen ergeben sich im Blick auf die (ost)asiatische Religiosität. Widersprechen sowohl hinduistisches als auch buddhistisches Denken schon insofern einem Ansatz ganzheitlicher Gotteswahrnehmung, als sie die vorfindliche, diesseitige Welt als einen Bereich verstehen, dem ein minderer Seinsrang zukommt – *maya*, Schein, Illusion? Steckt dahinter trotz aller gegenteiligen Beteuerungen nicht letztlich eine dualistische Weltsicht, wie sie dem westlichen Betrachter von der Gnosis her bekannt ist? Wird nicht im Sinne einer universalen Ganzheitlichkeit dem konkreten einzelnen Phänomen die Möglichkeit, der Gotteswahrnehmung zu dienen, letztlich prinzipiell genommen? Ist *advaita*, prinzipielle »Nicht-Zweiheit«, nicht erkauft durch die prinzipielle Unfähigkeit, die vorfindliche Realität als solche ernstzunehmen, und damit auch durch einen im Blick auf diese Realität zu konstatierenden dualistischen Doketismus? Alles, was aus westlich geprägter christlicher Sicht über kontingente Geschichte gesagt werden muß, ist auf dem Boden asiatischer Religiosität dann gar nicht aussagbar! Über geschichtliche Fakten vermittelte Gotteserkenntnis kann es, so gesehen, nicht geben; auch ihr potentieller »Empfänger« ist nicht in seiner historischen Einmaligkeit von Belang – »Gotteserkenntnis« wird zu einer contradictio in adiecto! Ganz zu schweigen von den Konsequenzen, die dieser Ansatz im Blick auf das Selbstverständnis des Menschen, im Blick auf seine Verantwortung für sich, seine Mitmenschen und seine Umwelt hat!

Kritik und Antikritik, die die Religionen einander vorzutragen haben, sind natürlich nicht an »Ganzheitlichkeit« als einem Letzt-Kriterium objektiv zu messen. Ich denke jedoch, es läßt sich zeigen, daß »Ganzheitlichkeit« – eben auch in der Frage der Gotteswahrnehmung – dem trinitarischen Glauben entspricht (siehe unten 4.2 C).

(2) Die Korrespondenz zwischen Gotteserwartung und Gotteswahrnehmung

Führt man sich Kritik und Antikritik der Religionen im Blick auf die Frage nach einer Gotteswahrnehmung vor Augen, so wird jedenfalls deutlich: Gotteswahrnehmung und Gotteserwartung entsprechen einander. Man ist dabei nicht notwendig bei Feuerbach und seinem Projektionsverdacht gegen alle Religion. Wahrnehmung vollzieht sich nun einmal nicht anders als im Kontext bestimm-

ter Erwartungen, die dann durch die Wahrnehmung selbst wieder korrigiert
werden können. Doch legen sich hier drei Fragen nahe:
– Woher kommen die Unterschiede in der Ausgangssituation für das erschlie-
ßende Zusammenspiel von Gotteserwartung und Gotteswahrnehmung?
– Wie wird im Rahmen dieses Erschließungsspiels unsachgemäße Erwartung /
Wahrnehmung erkennbar und als solche identifizierbar?
– Inwiefern sind Faktoren denkbar oder gar denknotwendig, die das Erschlie-
ßungsspiel transzendieren / sprengen?

(a) Unterschiedliche Grundgegebenheiten

Daß – grob gesehen mit der durch von Glasenapp am Hindukush ausgemachten
»Wasserscheide« zwischen den Religionen der Welt – unterschiedliche Grundgegebenheiten vorliegen, läßt sich nicht bestreiten. Die Frage, woher sie rühren,
läßt sich vermutlich nicht beantworten. Auffällig ist mir, in wie starkem Maße
sich christliches Denken fast von Anfang an ins Schlepptau der vorchristlichen
antiken Philosophie hat nehmen lassen. Harnacks These, das Dogma der Alten
Kirche sei ein Werk des griechischen Geistes auf dem Boden des Evangeliums,
wird im einzelnen zu korrigieren sein. Aber es ist ganz offensichtlich, daß der
christliche Glaube eine andere kirchliche Gestalt und vor allem eine andere
theologische Ausformung gewonnen hätte, wenn er sich, statt nach Westen nach
Osten hin hätte entfalten können. Will man diese historische Tatsache mit dem
Hinweis auf Gottes Providenz begründen, so wird man nicht umhin können,
auch die gegenwärtige und künftig zu erwartende Begegnung des Christentums
mit dem Osten ebenfalls als providentiell heraufgeführt zu verstehen.

Wichtiger als die Frage nach dem Woher der skizzierten fundamentalen Unterschiede ist ohnehin die ihrer Bewertung. Lassen sie sich im Sinne des Aufein-
ander-Angewiesen-Seins der beiden Gehirn-Hälften interpretieren als zwei
Grundfunktionen menschlicher Spiritualität, die einander brauchen, ergänzen,
inspirieren? Gehört ihr Vorhandensein und eben damit auch der Unterschied
zwischen beiden zu den Konstitutionsbedingungen der Menschheit, wie die unterschiedlichen Funktionsweisen der beiden Hälften des menschlichen Gehirns
zu den Konstitutionsbedingungen des einzelnen Menschen gehören? Unter
einer holistischen Betrachtungsweise erscheint mir dieser Gedanke nicht abwegig.

(b) Verfehlte Gotteserkenntnis?

Angesichts der verschiedenen erkenntnistheoretischen Modelle stellt sich die
Frage, was sie zur Problematik einer falschen, verfehlten, unsachgemäßen Gotteserkenntnis zu sagen haben. Hier gehen die Optionen wiederum – »am Hindukush« – erheblich auseinander.

Östliche Religiosität kennt eigentlich keine grundsätzlich inadäquate »Gotteserkenntnis«; wenn auch nur in Ansätzen – in irgendeiner Weise wird sich das
Göttliche immer bekanntmachen. Es gibt Umwege und Irrwege, aber es gibt kein
grundsätzliches Scheitern: Irgendwann, wenn auch in unermeßlichen Zeiträumen und mit vielen durch die »Seelenwanderung« (siehe unten S. 755 ff., 762 f.)
bedingten Stationen, kommt jedes Wesen ans Ziel. Was den Menschen aufhalten
könnte, ist eine verkehrte, einseitige oder ungünstige Wahl; dem Buddhisten
wird es als der kürzere Weg erscheinen, sich nicht an Muhammad, sondern an
Buddha zu orientieren; ein Hindu wird Krishna den Vorzug gegenüber Christus
geben; aber auch wer falsch gewählt hat, wird irgendwann auf den richtigen Weg
gelangen. Erheblicher ist es schon, ob jemand dem Schein der *maya* verhaftet
bleibt oder gar schlechtes Karma ansammelt. Es wird sein Erkennen beeinträchtigen, aber einen weiteren positiven Erkenntnisweg niemals ausschließen.

Anders urteilt hier der Westen. Zwar hindert auch hier die Ego-Verhaftetheit
an der Erkenntnis Gottes – das gilt für Judentum und Islam nicht weniger als
für das Christentum. Solche Ego-Verhaftetheit kann sich im Bereich der Ethik
reproduzieren, aber auch im Bereich des Erkennens selbst, etwa in der Tran-
szendierens-Weigerung des säkularen Menschen. Judentum, Christentum und
Islam kennen aber darüber hinaus die grundsätzliche Möglichkeit verfehlter
Gotteserkenntnis, nämlich dann, wenn die Verehrung von Götzen und Idolen
an die Stelle der Liebe zu dem wahren Gott tritt. Menschen können vom wahren Glauben abfallen, sich an Stelle der wahren Quelle löchrige Brunnen graben
(vgl. Jer 2,13), die Weisheit der Welt derjenigen des Kreuzes vorziehen (I Kor
1,18-25), sich vom Satan dazu verführen lassen, »Eitles«, »das Falsche«, zu glauben (Sure 29,52; 27,24). Mit der Annahme einer »religio falsa« verbindet sich
dann das Problem der Verantwortlichkeit für die entsprechende Entscheidung
bzw. »Erkenntnis« und die Frage nach dem ewigen Heil bzw. Unheil (siehe unten S. 796 f.).

Das trinitarische Bekenntnis bietet, wie zu erläutern sein wird, Möglichkeiten, die am Hindukusch sich als scheinbar unausweichlich zeigende Alternative
zu überwinden.

(c) Enttäuschte oder gesprengte Gotteserwartung?

Wenn Gotteserwartung und Gotteswahrnehmung einander entsprechen, entsteht die Frage, wie weit sich Wahrnehmung und Erwartung voneinander entfernen können. Welche Möglichkeiten sind der Wahrnehmung gegeben, über
die Erwartung hinauszugehen – welche Möglichkeiten sind der Wahrnehmung
zuzumuten, hinter der Erwartung zurückzubleiben?

Bei aller Anerkennung des Zusammenhangs zwischen Erwartung und Wahrnehmung existiert in allen Religionen ein Wissen darum, daß die Erwartung,
auch methodisch geübt, die Wahrnehmung nicht gleichsam automatisch nach
sich zieht: Der mystische Moment ist unverfügbar. Besonders drastisch führen

dies die Zen-Meister vor Augen: der Einbruch des *satori* kann durch einen belanglosen Laut oder eine zufällige Berührung ausgelöst, nicht aber herbeigeführt werden. Dem westlichen Betrachter mag dazu Jakob Böhmes Widerfahrnis angesichts des Schimmers eines Zinngefäßes einfallen: »Wens trifft, den trifft's ...«.[125] Unter heutigen anthropologischen Fragestellungen ist freilich zu erwägen, inwieweit der »mystische Knall« physiologisch, jedenfalls aber psychologisch bedingt sein kann.[126] Bestimmte physische oder psychische Dispositionen einzelner Menschen könnten durchaus auch für andere Menschen und Gruppen – im Extremfall für die gesamte Menschheit – Erschließungsfunktion bekommen. Inwieweit aber vermögen derartige extreme Gotteswahrnehmungen (falls es sich um solche handelt) die Gotteserwartungen anderer Menschen zu öffnen oder gar aufzusprengen?

Unter den zahllosen Herausforderungen, welche eine Gotteserwartung erfahren kann, greife ich zwei heraus: das Leid und die Irrelevanz Gottes.

Das Leiden wird im Osten nicht als Argument gegen das Göttliche verstanden. Für den Hindu ist es Ergebnis eines früheren Lebens, Frucht des schlechten Karma, wie das der Wesenskreislauf mit sich bringt, bis die Erleuchtung erreicht ist. Eine »Theodizee-Frage« gibt es bei diesem Ansatz nicht, im Gegenteil – das Göttliche gehört ganz und unstreitig auf die Seite des Hilfreichen und Erlösungsträchtigen. Im Westen dagegen kann dieses Konzept nicht anders denn als entsetzlich aufgefaßt werden: Wie soll es helfen, den Holocaust oder auch offensichtlich unverdiente Einzelschicksale zu erklären, in der Sprache des Judentums: »das Leiden des Gerechten«? Der Hinweis auf die Vorgänger-Generation überzeugt nicht. Für Christen ist Jesus selbst Inbegriff dessen, der – hinduistisch gesprochen – ohne jegliche Belastung durch ein schlechtes Karma – gelitten und die dann einzig mögliche Frage formuliert hat: »Mein Gott, mein Gott, warum hast du mich verlassen?« (Ps 22,2; Mt 27,46). Vielleicht wird bei einem künftigen weiteren Zusammenwachsen der Menschheit gerade die Frage nach dem Leiden auch im Osten die Frage nach Gott neu stellen.

Eher umgekehrt liegen die Dinge im Blick auf die scheinbare Irrelevanz Gottes im alltäglichen Leben. Im Westen löst sie keine Fragen (mehr) aus. Die Abwesenheit des Göttlichen ist eine Selbstverständlichkeit (geworden). Im Osten dagegen gehört das Schweigen wesentlich dem Göttlichen zu. Buddha schweigt. Im Schweigen öffnen sich dem Meditierenden neue spirituelle Dimensionen. Hierin liegt, meint Raimon Panikkar, die »Antwort des Buddha für unsere Zeit«.[127] Der »Atheismus« der säkularen Gesellschaft könne als positive Kraft

---

125. Zitiert bei G. Wehr, Jakob Böhme mit Selbstzeugnissen und Bilddokumenten dargestellt, RH 1991, 34. Vgl. ebd. 23.
126. Andeutungen bei K. Sekida, Zen-Training, Fr 1993, 239-243, 253; H.-J. Fraas, Art. Berufung/Bekehrung, in: Fr. Dunde (Hg.), Wörterbuch der Religionspsychologie, Gü 1993, 27-35, sowie W. Huth, Glaube, Ideologie und Wahn. Das Ich zwischen Realität und Illusion, M 1984.
127. R. Panikkar 1992; die erste Fassung dieses Buches erschien im Zusammenhang der nordamerikanischen Tod-Gottes-Theologie.

entdeckt werden, die, weit über die theistische Engführung hinausweisend, zu einer neuen Ebene von »Gotteswahrnehmung« führt. Der »Atheimus«, als religiöses Phänomen erfaßt, werde den Menschen »aus den Klauen der Transzendenz ebenso wie vom Treibsand der Immanenz« erretten. Er sei das notwendige »Korrektiv des Theismus«.[128] Panikkar verrät an dieser Stelle nicht, wie er sich das Verhältnis seiner Vision zur christlichen Tradition vorstellt. Aber er macht deutlich, daß für den westlichen Menschen gerade die enttäuschte Gotteserwartung Ansatz zu neuer Gotteswahrnehmung werden könnte.

(3) Die Grunddifferenz als Chance zur Integration

Versucht man, die im Blick auf die Gotteswahrnehmung zwischen den Religionen bestehenden Grunddifferenzen zu klären, so zeigt sich dreierlei:
– Die Grunddifferenzen sind in Relation zum christlichen Glauben abgestuft: Fundamentale Differenzen bestehen zwischen dem (Fernen) Osten und dem Westen, graduelle Differenzen innerhalb der Religionen des Westens.
– Der Ansatz des Christentums, nämlich das Angebot differenzierender und zugleich integrierender Gotteswahrnehmung, könnte Bedeutung auch innerhalb der nichtchristlichen Religionen erlangen.
– Alle Religionen kennen im Blick auf die Gotteswahrnehmung den Unterschied zwischen Alpha und Omega, zwischen Artikulation und Geheimnis.

(a) Abgestufte Grunddifferenzen

Generalisierend läßt sich sagen: Das Göttliche wird in Hinduismus und Buddhismus nicht als handelnd, als in das weltliche Geschehen eingreifend verstanden. Natürlich gibt es Helfermächte und -gestalten, die dem einzelnen in seinen Nöten beistehen. Aber dies betrifft nicht das Weltgeschehen als ganzes. Selbst wo ein Schöpfer angenommen wird, hat dieser kaum nennenswerte Funktionen; er bleibt im Hintergrund oder zieht sich in diesen zurück – dem Gott des Deismus vergleichbar, ein ›deus otiosus‹. Der Gegensatz zum »Handeln« ist dort aber auch nicht das »Sein«, denn das Sein wird als Seinsvollzug des Seienden und nicht als ein hinter dem Seienden stehendes oder dieses begründendes Sein verstanden.[129] Das Göttliche muß jenseits von Sein und Nicht-Sein gedacht werden. Was an den Göttern sichtbar, anrufbar, verehrbar ist, ist jeweils nur die Repräsentation des Göttlichen (in der Sprache des *advaita*: der *saguna*-Aspekt). Die Avataras der hinduistischen Religionen oder die Bodhi-

---

128. Ebd. 153.
129. Vgl. R. Panikkar 1992, 113-120, 164 f.

sattvas des Buddhismus, die phänomenologisch theistischen Gottheiten vergleichbar erscheinen, haben nicht primär die Aufgabe in das Alltagsgeschehen, »einzugreifen«, sondern vielmehr, den in *maya* befangenen Menschen auf das Eigentliche zu verweisen und ihm gleichsam zur rechten Ontologie zu verhelfen. Geschichtliche Einmaligkeit kommt ihnen so wenig zu wie dem einzelnen Menschen kontingente Verantwortlichkeit.

Die westlichen Religionen sehen das anders. Im Islam ist Allah der Schöpfer, der Richter und der Rechtleitende – von fern her, aber wirksam. In die Geschichte hat er immer neu eingegriffen durch die Sendung von Propheten, vor allem schließlich Muhammads und die Gabe des Koran. Damit gab er sich in einem kontingenten Akt zu erkennen.

Das Judentum sieht seine Gotteserkenntnis durch die Gabe der Tora begründet; im übrigen begegnen auch hier die Vorstellungen von Schöpfung und Gericht. Doch wenn H. von Glasenapp behauptet, der Gott Israels unterscheide sich in vieler Hinsicht wenig »von den Göttern anderer alter Völker«, außer daß eben erotische Vorstellungen außen vor zu bleiben hätten[130], so muß er sich alsbald korrigieren: Der Gott Israels erwählt sein Volk, begibt sich in ein – anthropomorph interpretiertes – Verhältnis zu seinem Volk, sagt sich den Seinen für alle Zukunft zu. Was im Vergleich zu dem universalen religiösen Denken Asiens als Einschränkung und als »provinziell« erscheinen mag, kann durchaus als Profilierung des Gottesbegriffs mit erheblichen anthropologischen Implikationen verstanden werden.

Das Christentum geht auf diesem Weg noch einen Schritt weiter und behauptet: Gott lenkt nicht nur die Welt von fern her, er sendet nicht nur sein Gesetz, er sagt auch nicht nur sein Geleit und sich selbst den Seinen zu, sondern – er wird Mensch, er tritt in die ontische Situation des Menschen ein. Er ist in Jesus Christus anders gegenwärtig als unter der doketischen Gestalt eines Avatar, einer göttlichen »Herabkunft«, anders als mit der Mission eines *rasul*, eines Propheten – der ›logos‹ wird ›sarx‹ (Joh 1,14; vgl. unten 5 A,C). Innerhalb der Schöpfung kommt es damit zu ontischen Veränderungen. »Ist jemand in Christus, so ist er eine neue Kreatur; das Alte ist vergangen, siehe, Neues ist geworden« (II Kor 5,17). Damit sind auch Leiden und scheinbare Irrelevanz Gottes neu qualifiziert: Sie verlieren nicht ihr Gewicht, aber sie erhalten eine neue Funktion: Statt den Menschen zu beherrschen oder zu frustrieren, werden sie ermächtigt, gegen alle Gotteserwartung zu Wegen der Gotteswahrnehmung zu werden. Das Wort vom Kreuz – plausibel weder für den, der rationale, noch für den, der empirische Plausibilität sucht – erweist sich als Gottes Kraft und Gottes Weisheit (I Kor 1,18-25).

---

130. H. von Glasenapp, Glaube und Ritus der Hochreligionen in vergleichender Übersicht, F 1960, 59.

(b) Gotteswahrnehmung als differenzierende und integrierende Erkenntnis

Differenzierung und Integration stellen als solche keine eindeutig positiven Kriterien dar. Differenzierung kann in bestimmten Hinsichten ebenso unsachgemäß sein wie Integration in anderen Hinsichten verfehlt. Mit Hilfe dieser beiden Kriterien ergibt sich keineswegs, welches nun die »leistungsfähigste« Konzeption von »Gotteserkenntnis« – welches die »beste Religion« – ist. Rein phänomenologisch läßt sich jedoch zeigen, daß in der Tat gerade die christliche Sicht von »Gotteswahrnehmung« – trotz der oben genannten Defizite – eine ungemein starke Kapazität sowohl zu Differenzierung als auch zu Integration aufweist. Sie stellt in ihrem trinitarischen Ansatz eine Möglichkeit bereit, innerhalb des Glaubens an den Schöpfer zugleich den in dieser Schöpfung ontisch präsenten Gott zu denken, und zwar eben nicht nur als allgemeine, pantheistisch oder panentheistisch verstandene Kraft! Damit gewinnt sie die Möglichkeit, gegenüber der Schöpfung die Geschichte als eigene Kategorie der Gotteswahrnehmung ernstzunehmen, und dies nicht nur im Blick auf die Vergangenheit, sondern vor allem im Blick auf die Zukunft. Durch die Differenzierung von Schöpfung und Geschichte wird Eschatologie möglich, und zwar eine Eschatologie, die nicht allein eine Variante der Protologie darstellt, sondern kategorial Neues ansagt. Daß damit Glaube, Liebe und Hoffnung, gelebt in der Verantwortung des einen für den anderen, ein vom einzelnen Glaubenden individuell zu gestaltendes Profil gewinnen, und daß dies für das Selbstverständnis der Gemeinschaft der Glaubenden erhebliche Bedeutung haben muß, versteht sich von selbst. Zugleich ist aber daran zu erinnern, daß der Schöpfer und der inmitten der Schöpfung als historischer Mensch präsente Logos nicht theistisch gedacht werden müssen, ja streng genommen theistisch gar nicht gedacht werden können. Die innere Notwendigkeit trinitarischen Denkens deutet sich hier an. Nicht nur im Blick auf Gott, sondern auch im Blick auf das Sein muß differenziert gedacht werden. Hier ergeben sich durchaus Berührungspunkte mit dem fernöstlichen Denken: Wird Gott als die Fülle des Seins begriffen, wie es die westliche Tradition im Gefolge des Neuplatonismus versucht hat, so bleibt der irdischen Wirklichkeit nur ein minderes Sein, was sich im Blick auf die Schöpfung und vor allem die Christologie aber verbietet. Dann aber muß die Gegenüberlegung versucht werden: Gott ist frei vom Sein (Meister Eckharts »puritas essendi«!) – oder Gott muß jenseits von Sein und Nicht-Sein gedacht werden.[131]

---

131. Darauf zielt mein Vorschlag einer »metatheistischen Theologie, die zugleich »met-atheistisch« und »meta-theistisch« wäre; vgl. H.-M. Barth, Atheismus und Orthodoxie. Analysen und Modelle christlicher Apologetik im 17. Jahrhundert, Gö 1971, 318 ff., sowie ders., Theorie des Redens von Gott, Gö 1972.

(c) Die Unverfügbarkeit aller Gotteswahrnehmung

Schließlich fällt auf, daß die hier näher betrachteten Religionen Gotteswahrnehmung in den Kategorien sowohl des Alpha- als auch des Omega-Glaubens kennen. In den östlichen Religionen sind die Alpha-Aussagen mehr oder weniger direkt auf die Omega-Kategorie bezogen, aber auch der Islam hat sein Sufitum, das Judentum seine Kabbala, und auch das Christentum kennt die Mystik. Die christliche Theologie hat sich immer wieder gegen die Unverfügbarkeit der Gotteswahrnehmung versündigt, die katholische in Gestalt der auf den entsprechenden Aussagen des I. Vatikanums aufbauenden »praeambula fidei«, die evangelische in ihren rationalistischen Entgleisungen. Die Kirche hat ihre Alpha-Aussagen mit Recht verkündigt, aber sie ist oft damit umgegangen, als handelte es sich um die Omega-Ebene. Sie hat damit – entgegen ihrer erklärten Absicht – Gotteswahrnehmung verhindert und Agnostizismus und Atheismus provoziert. Ihre Chance besteht heute darin, sich der Unverfügbarkeit der Gotteswahrnehmung wieder neu zu stellen. Vielleicht – »quando visum est Deo« – wird Gott sich wahrnehmen lassen im Erwarten des Nicht-zu-Erwartenden.

D Thesen

1. Der der christlichen Dogmatik geläufige Begriff »Gotteserkenntnis« ist, da er dem ganzheitlichen Charakter der Gottesbegegnung nicht gerecht wird und deren rationale Implikationen isoliert und überbetont, durch »Gotteswahrnehmung« zu ersetzen.

2. Zur Gotteswahrnehmung gehören auf seiten der Menschen deren psychosomatische (einschließlich der Sexualität!) und soziokulturelle Voraussetzungen.

3. Nichtchristliche Religionen erinnern den christlichen Glauben daran, daß Gotteswahrnehmung ein ganzheitliches und daher nicht nur auf Rationalität und Bewußtsein bezogenes Geschehen darstellt.

4. Umgekehrt können sich nichtchristliche Religionen durch die Begegnung mit dem christlichen Glauben darauf aufmerksam machen lassen, daß ihr Verständnis von »Gotteswahrnehmung« im Sinne eines ganzheitlichen Geschehens auch der rationalen Durchdringung bedarf.

5. Wenn östliche Religiosität eher die metarationale, westliche dagegen eher die rationale Seite von »Gotteswahrnehmung« betont, könnte dies den beiden Hemisphären des menschlichen Gehirns entsprechen und auf Balance drängen.

6. Gotteserwartung und Gotteswahrnehmung entsprechen einander; der de-

pressive Mensch sucht bei Gott primär Geborgenheit, der schizoide Freiheit, der zwanghafte klare Orientierung, der hysterische Aktionsmöglichkeiten. Gotteswahrnehmung in Jesus Christus wird vorgegebene Gotteserwartung aufgreifen und transzendieren.

7. Durch Leid oder religiöse Frustration enttäuschte Gotteserwartung kann zum Ansatzpunkt unerwarteter neuer Gotteswahrnehmung werden.

8. Das trinitarische Bekenntnis ist in der Lage, unterschiedliche und ggf. einander widersprechende Gotteserwartungen und -wahrnehmungen verschiedener Religionen aufzunehmen, miteinander zu verbinden und so infolge von Einseitigkeiten eingetretene Defizite von Gotteswahrnehmung zu beseitigen.

4.2 Die Wirklichkeit des dreieinen Gottes

Christliche Gotteslehre ist prinzipiell Trinitätslehre.[1] Die Trinitätslehre darf nicht als eine Spezialisierung, als zusätzliche Profilierung, als nachträgliche dogmatische Extrapolation des christlichen Gottesglaubens verstanden werden, etwas, das nur »Fachleute« wissen müßten. Die Fachleute sind vielmehr daran schuld, daß dieser Eindruck entstehen konnte. Vor allem in der Auseinandersetzung mit anderen Religionen, besonders mit dem Atheismus der Neuzeit, hatten viele von ihnen den Eindruck, einen nicht prinzipiell trinitarisch gedachten Gott leichter gegen Angriffe verteidigen zu können.[2] Dies war ein Weg, der apologetisch in die Sackgasse, theologisch in die Irre führte.

Christlicher Gottesglaube ist von vornherein Glaube an den dreieinen Gott. Wenn der Christ von Gott spricht, tut er dies nur dann sachgemäß, wenn er zugleich an den Schöpfer, an Jesus Christus und den Heiligen Geist zu denken versucht – in dem Wissen, daß dieser dreieine Gott zugleich der Gott ist, von dem man sich kein Bild machen darf. Von Gott »und« Christus zu reden, macht keinen Sinn – weder im Blick auf Gott noch im Blick auf Christus; denn auch von Christus zu reden hat, wenn es um das Bekenntnis des Glaubens geht, nur Sinn, wenn zugleich an Gott, den »Vater«, und den Heiligen Geist gedacht wird. Das Entsprechende gilt von der Rede vom »Heiligen Geist«. Die Begründung für diese Behauptung wird bei der Entfaltung des trinitarischen Bekenntnisses zu liefern sein.

Terminologisch ist festzuhalten, daß der Begriff »der dreieine Gott« dem gebräuchlichen »der dreieinige« (oder der »dreifaltige«) vorzuziehen ist, da er nicht vorgaukelt, die »Dreieinigkeit« sei irgendwie vorstellbar oder psychologisch nachvollziehbar – drei seien sich »einig«. Daß es im Deutschen den Begriff »dreieinig« gibt, ist eine Sache der Gewohnheit; nicht nur im Arabischen

---

1. Die Literatur zur Trinitätslehre ist Legion. Als Einführung in die trinitätstheologische Terminologie ist hilfreich die Übersicht in: W. Beinert (Hg.), Lexikon der Katholischen Dogmatik, Fr 1987, 521-523. Als Hinführung zu den dogmengeschichtlichen Problemen seien genannt: Fr. Courth, Trinität. In der Schrift und Patristik, Fr 1988 (= Handbuch der Dogmengeschichte Bd. II, Faszikel 1a); W. A. Bienert, Dogmengeschichte (= Grundkurs Theologie 5,1), St 1997. Einen guten Überblick über den aktuellen Diskussionsstand am Ende des 20. Jh.s gibt: W. Breuning (Hg.), Trinität. Aktuelle Perspektiven der Theologie, Fr 1984 (= QD 101). Unter den monographischen Versuchen seien hervorgehoben: L. Boff, Der dreieinige Gott. Gott befreit sein Volk, Dü 1987; ders., Kleine Trinitätslehre, Dü 1990; Br. Forte, Trinität als Geschichte. Der lebendige Gott – Gott der Lebenden, Mz 1989; R. W. Jenson, The triune Identity, Philadelphia 1982; J. Moltmann, Trinität und Reich Gottes, M 1980; ders., In der Geschichte des dreieinigen Gottes. Beiträge zur trinitarischen Theologie, M 1991; daneben gibt es eigenwillige, aus dem Rahmen der Schultheologie fallende Ansätze: R. Panikkar, Trinität. Über das Zentrum menschlicher Erfahrung, M 1993.
2. Vgl. H.-M. Barth, Atheismus und Orthodoxie. Analysen und Modelle christlicher Apologetik im 17. Jahrhundert, Gö 1971.

(worauf bei der Auseinandersetzung mit dem Islam gelegentlich besonders hingewiesen wird) gibt es diesen Begriff nicht – es gibt ihn in keiner Sprache von Hause aus (griechisch »trias« = Dreiheit, lat. »trinitas« = Dreizahl – ein Kunstwort, das vermutlich auf Tertullian zurückgeht und das auch das profane Lateinische nicht kennt). Der dreieine Gott »geht« in keinem Denken »auf«, das muß auch sprachlich zum Ausdruck kommen. Der Begriff »dreieinig« betont die Einheit des dreieinen Gottes, scheint sich also für das Gespräch sowohl mit monotheistischen als auch mit polytheistischen Religionen nahezulegen. Er bringt das spezifische Profil des trinitarischen Bekenntnisses aber gerade nicht zum Ausdruck. Selbst der Begriff »dreifaltig« ist dem Begriff »dreieinig« noch vorzuziehen, da er im Sinne der ökonomischen Trinitätslehre das »dreifaltige« Heilshandeln Gottes anspricht. Dann spricht man aber besser von dem »dreifaltig handelnden« als vom »dreifaltigen« Gott. Grundsätzlich verdient die Rede vom »dreieinen Gott« den Vorzug.

A Der dreieine Gott nach christlicher Auffassung

(1) Die Selbstverständlichkeit trinitarischen Denkens in der Christenheit

(a) Der Grund trinitarischen Denkens in der Christologie

Das trinitarische Bekenntnis wurzelt in der Christologie. Ohne Christologie wäre es zu einem trinitarischen Bekenntnis nicht gekommen. Theologen, denen das trinitarische Denken fern liegt, weisen gern darauf hin, daß davon ja nichts in der Heiligen Schrift stehe. In der Tat kann man dann formal nur auf die triadischen Formeln verweisen (z. B. II Kor 13,13; Mt 28,19). Trotzdem ist ohne weiteres einsichtig zu machen, daß die Nachfrage, wer denn Jesus sei, den Ansatz- und Ursprungspunkt des trinitarischen Bekenntnisses darstellt. Er ist »Christus, des lebendigen Gottes Sohn« (Mt 16,16); er und der Vater sind »eins« (Joh 10,30). Selbst wenn man bei der ursprünglichen Fassung des Petrus-Bekenntnisses (Mk 8,29) einsetzt: »Du bist der Christus«, der Messias, ergibt sich die Frage nach dem Woher und nach der Legitimation Jesu. Fleisch und Blut sind nicht klug genug, die Zusammengehörigkeit Gottes mit Jesus Christus, Jesu Christi mit Gott zu erfassen – es muß »offenbart« werden, durch Gott selbst, durch den Heiligen Geist (Joh 14,26; 16,13 f.); niemand kann Jesus »den Herrn« nennen, d. h. mit dem Gott des Alten Testaments identifizieren, »außer durch den heiligen Geist« (I Kor 12,3 f.). Nur im Zuge trinitarischen

Denkens konnte die Begegnung mit Jesus, dem Christus, als das erfaßt werden, was sie war. Aus der Begegnung mit Jesus als dem Christus erwuchs das trinitarische Bekenntnis mit innerer Notwendigkeit.

Die Pneumatologie scheint dabei nicht im selben Maß konstitutiv wie das Gegenüber von »Vater« und »Sohn«. In der Christenheit herrscht daher auch gerade darüber bis heute Streit. Damit ergibt sich eine Ungleichgewichtigkeit in der Trinitätslehre – es fehlt sozusagen die letzte Ausgewogenheit zwischen den drei trinitarischen Momenten / Personen. Diese jeden Systematiker störende Beobachtung in dem ihn sonst so ansprechenden Dreiersystem – siehe Hegel – darf ruhig noch einmal als spezifische Herausforderung des dreieinen Gottes begriffen werden. Jedenfalls bleibt klar: Das trinitarische Bekenntnis ist keine unbegründete nachträgliche Spekulation, keine abstrakte Systematisierung, keine überflüssige Spitzfindigkeit. Vielmehr ergibt es sich folgerichtig und notwendig aus der Begegnung mit Jesus, sofern dieser als mehr gelten darf denn als irgendeine wichtige historische Persönlichkeit, nämlich als »der Christus«. Ich halte es daher nicht für sachgemäß, die Trinitätslehre in der Dogmatik anhangsweise zu behandeln, wie das seit Schleiermacher gelegentlich geschieht.[3] Die Trinitätslehre ist freilich zugleich ein bleibender Hinweis auf die Unverfügbarkeit und die logische wie psychologische Unnachvollziehbarkeit des Glaubens. Gottes Trinität ist nicht etwas, was man »verstehen« muß, sondern etwas, das man verstehen muß als etwas, das man nicht verstehen kann.

(b) Der Glaube Israels als Kontext trinitarischen Denkens

Das Bekenntnis zu Jesus als dem Christus hat sich nicht vor dem Hintergrund eines abstrakten philosophischen Gottesbegriffs entfaltet, sondern sehr konkret im Kontext des Glaubens Israels, ohne den Gestalt und Botschaft Jesu ja auch gar nicht verständlich wären. Der Gottesglaube Israels zeichnet sich aber vor seiner Begegnung mit der Gestalt Jesu durch folgende Charakteristika aus:
– Gott wird begriffen als der in der Geschichte Handelnde; die ersten Bekenntnisse zu ihm sind aus dem Lobpreis im Zusammenhang mit geschichtlichen Erfahrungen entstanden.[4]
– Erst von daher erschließt sich Gott seinem Volk als der, dem die Schöpfung sich verdankt.
– Das Handeln Gottes ist bezogen auf sein Volk; Israels Gott ist – anders als vergleichbare »Stammesgötter« – nicht einfach der von einem bestimmten Stamm verehrte / zu verehrende Gott, sondern der seinen Stamm in der Geschichte konstituierende und durch die Geschichte führende Gott.

---

3. Vgl. P. Althaus [8]1969; interessant ist die Plazierung der Trinitätslehre bei W. Joest, Dogmatik, Bd. 1, Gö 1984, Bd. 2, Gö 1986, die dann von W. Härle 1995 im Prinzip übernommen wird.
4. Vgl. Dtn 26,5-9, sowie dazu G. von Rad, Theologie des Alten Testaments, Bd. I, M 1958, 128, 170, sowie Ex 15 und Jdc 5.

– Er wird nicht nur verstanden als eine Gottheit, die ihren Verehrern Gutes tut, sondern er führt sein Volk – verdienter- oder rätselhafterweise – durch Katastrophen und bewährt sich gerade darin als der, der er ist.

– Im Zusammenhang mit den Katastrophen entdeckt Israel, daß sein Gott zugleich der universale Gott ist, der nicht nur die Geschichte der Völker lenkt, sondern von dem zukünftiges Handeln zu erwarten ist.

Von daher gesehen ist es eine starke Vereinfachung, wenn in der üblichen Abbreviatur der Trinitätslehre die erste Person der Trinität immer als »der Vater« bzw. »der Schöpfer« angesprochen wird. Die erste Person der Trinität ist der Gott Israels![5] Nach der Diktion der Alten Kirche sind die trinitarischen Personen zwar zu unterscheiden, aber nicht voneinander zu trennen. Der Gott Israels ist, auch wenn das Judentum dies vehement bestreitet, der dreieine Gott.

(c) Die Selbsterschließung des dreieinen Gottes als kontingentes Widerfahrnis

Die Selbsterschließung des dreieinen Gottes vollzieht sich als kontingentes Widerfahrnis: Das Wort wird gehört, die Verkündigung kommt an, der Funke springt über – oder nicht. Man kann sich den Funken weder selbst besorgen noch kann man ihn an einen anderen Menschen so weitergeben, daß »es zündet«. Diese Erfahrung bringt die Christenheit von Anfang an in Zusammenhang mit dem unverfügbaren Handeln des Gottesgeistes, der »weht, wo er will« (Joh 3,8); diese Wendung wird in der Confessio Augustana aufgenommen durch die Wendung »ubi et quando visum est Deo« (CA V): »Wo« und »Wann« sind offen und allein Gottes Sache. Die Frage nach der Prädestination hat sich in der Christentumsgeschichte immer wieder an diese Erfahrung angeschlossen. Es ist daher eine Verkürzung, wenn der Heilige Geist immer nur in seiner positiven, erschließenden Funktion bedacht und gefeiert wird. Gerade die Pneumatologie bringt ein Unruhe-Element in die christliche Gotteslehre, die mit alledem noch rätselhafter und unverständlicher wird.

Mit der Frage nach der Entstehung des Glaubens an den in Jesus Christus sich erschließenden Gott Israels und aller Welt steht auch die Gemeinschaft der Glaubenden zur Debatte. Der Geist ist ausgegossen in die »Herzen« der Gläubigen. Ihnen werden »Charismen« – Geistesgaben – zuteil, durch deren Einsatz sich die gegenseitige Erbauung der Gemeinde vollzieht. »Gotteslehre« und »Kirche« gehören von daher näher zusammen, als dies der Protestantismus in der Regel wahrhaben will, wenngleich andererseits der Katholizismus auf dem Weg über die Christologie und die Orthodoxie auf dem Weg über die Pneumatologie oft in der Gefahr stehen, eine unsachgemäße Selbst-Identifikation ihrer Kirche (Konfession) mit »Christus« vorzunehmen.

5. Vgl. Fr.-W. Marquardt, Das christliche Bekenntnis zu Jesus, dem Juden. Eine Christologie, Bd. 1, Gü ²1993; Bd. 2, Gü 1991.

(d) Die systematisch-theologische Notwendigkeit trinitarischen Denkens

Die Christenheit hatte somit auch gar keine andere Wahl, als sich auf das trinitarische Denken einzulassen. Wollte sie überhaupt ihren Glauben reflektierend erfassen, so mußte sie sich folgenden Aufgaben stellen:

1. Es galt, die biblischen Aussagen über Gott, über Jesus Christus und über den Heiligen Geist einander zuzuordnen. Gott wird in der Heiligen Schrift bezeugt als der Gott Israels, als der Schöpfer, als der Vater Jesu Christi, als der Spender seines Heiligen Geistes. Jesus Christus wird geglaubt als der Sohn des Vaters, als von Gott gesandt, als vom Geist erfüllt, als das Wort, das im Anfang bei Gott war, als Herr und als Gott. Der Heilige Geist wird wahrgenommen als vom Vater ausgehend und vom Sohn gesandt, als schöpferisch, als Geist des Herrn. Alle diese Aussagen mußten einander vermittelt werden, wozu es in der Heiligen Schrift bereits Ansätze gab: Neben binitarischen Formeln, die den Vater und den Sohn einander zuordnen (vgl. z.B. Röm 1,7; Phil 1,2), stehen triadische Wendungen, die, ohne die damit angedeuteten Beziehungen näher zu bestimmen, Vater, Sohn und Heiligen Geist nebeneinander nennen (vgl. Mt 28,19; II Kor 13,13). Die Alte Kirche mußte auf diesen Bahnen weiterdenken.

2. Es galt, das Verhältnis des christlichen Glaubens zum Monotheismus zu klären. Diese Aufgabe stellte sich zunächst vor dem Hintergrund des Bekenntnisses zu dem einen Gott, wie es im Alten Testament vorlag und dem Judentum zur Zeit des Neuen Testaments große Attraktivität verlieh. Jüdische Märtyrer waren mit dem Sch^{e}ma auf den Lippen in den Tod gegangen: »Höre, Israel! Der Ewige ist unser Gott; der Ewige ist Einer« (Dtn 6,4).[6] Das I. Dekalog-Gebot war schließlich auch für Jesus eine selbstverständliche Grundlage seines Glaubens gewesen: »Du sollst keine anderen Götter haben neben mir!« (Dtn 5,7; vgl. Mt 4,10 par.; Mk 10,18). Das Problem zeigte sich aber auch vor dem Hintergrund philosophischer Spekulationen über das »Eine«. Wie konnte der Monotheismus durchgehalten werden angesichts der Erfahrungen, welche die junge Christenheit mit Jesus als dem Christus und mit dem Wirken des Gottesgeistes gemacht hatte?

3. Die damit beschriebenen Faktoren führten zu der Einsicht, daß sich christlicher Glaube gar nicht anders als trinitarisch formulieren läßt. Er geht aus von dem Bekenntnis zu Jesus als dem Christus, das sich seinerseits durch das Wirken des Gottesgeistes begründet weiß und den Glauben an den Gott Israels, den Schöpfer des Himmels und der Erde, zur Voraussetzung hat.

---

6. Textfassung nach A. Hertzberg 1996, 90. Übersetzung Buber/Rosenzweig: »Höre Jisrael: ER unser Gott, Er Einer!« Die fünf Bücher der Weisung. Verdeutscht von M. Buber gemeinsam mit Fr. Rosenzweig, Köln 1954, 494.

(2) Die Grundaussagen des trinitarischen Bekenntnisses

(a) Vorchristliche philosophische Voraussetzungen

Die Entstehung des trinitarischen Bekenntnisses läßt sich nicht verstehen ohne den Hintergrund der antiken Philosophie. Hatte Plato als »ousia« das nur dem Denken zugängliche wahre Sein eines Dings bestimmt und hatte Aristoteles mithilfe dieses Begriffs das eigentlich Seiende identifiziert, so diente für Plotin der Begriff der »hypostasis« zur Bezeichnung einer jeweiligen Realisationsstufe der von ihm vorausgesetzten Emanation. Die Stoa schließlich steuerte die Vorstellung vom Logos, der das All durchwaltenden Weltvernunft, bei – einen Gedanken, der von Philo im Sinne des Schöpferwortes, des »logos«, interpretiert wurde. Damit sind wenigstens einige Elemente aus der philosophischen Tradition angedeutet, in die hinein und mit deren Hilfe die junge Christenheit ihren Glauben an den dreieinen Gott zu artikulieren versuchte.

(b) Terminologische Probleme

Als folgenreich erwies sich die Gegenüberstellung von »ousia« (lateinisch »substantia«) und »hypostasis« (lateinisch »persona«), obwohl diese Begriffe (wenigstens im griechischen Sprachgebrauch) zunächst synonym verwendet werden konnten. Durch sie wurde es möglich, gegenüber der »ousia« als dem einen und gleichen »Wesen«/»Sein« Gottes nun die einzelne »hypostasis« als die durch besondere Kennzeichen charakterisierte selbständige Existenz der trinitarischen Person hervorzuheben. Gott wurde als »strukturierte Einheit« und »Bewegung« denkbar[7], die sich gleichwohl nicht im Sinne einer neuplatonisch verstandenen, sich selbst regelnden Emanation, sondern in Freiheit und durch gleichsam willentlich bewirkte Vorgänge verwirklicht.

Die damit gewählte Terminologie ist freilich aus vielerlei Gründen kritikbedürftig. Zum einen stellt sie gegenüber dem biblischen Denken eine Verfremdung dar. Damit liegt ein erster großer Versuch von »Inkulturation« vor, der unumgänglich war, aber hinsichtlich seiner Legitimität immer neu überprüft werden mußte. Es handelt sich um in der Bibel nicht begegnende Begriffe. Luther gesteht, er wolle die Sache festhalten, aber den Begriff »homoousios« hasse er.[8]

Zum andern ist die Terminologie des trinitarischen Dogmas auch philosophisch nicht überzeugend, da sie für die Bedürfnisse des trinitarischen Denkens zwar nicht eigens geschaffen, aber doch zugespitzt und auf spezifische Weise gefüllt wurde. Antike Metaphysik wurde damit zugleich aufgenommen und

---

7. H. Vorgrimler, Gotteslehre I, Graz 1989, 23.
8. »... odit anima mea«; WA 8,117,33.

aufgebrochen.[9] Die so gefundenen Kunstbegriffe erklären nichts. Sie versuchen zu beschreiben, was sich nicht erklären läßt.

Schließlich stiftet diese Terminologie angesichts des heutigen Sprachgebrauchs von »Person« und »Wesen« Verwirrung: Mit »Wesen« meint sie ja gerade nicht die spezifische Natur eines bestimmten Objekts und mit »Person« nicht das, was heute unter »Person« und »Persönlichkeit« assoziiert wird. Gleichwohl wird die sprachliche Gestalt des altkirchlichen Trinitäts-Dogmas immer den Ausgangspunkt trinitarischer Reflexionen bilden oder mindestens in sie einbezogen werden.

(c) Die klassische Gestalt des trinitarischen Bekenntnisses

Die Väter von Nicäa (325) bekennen sich zu dem »einen Gott« und zu dem »einen Herrn Jesus Christus ... Gott von Gott, Licht vom Licht, wahrer Gott vom wahren Gott, gezeugt, nicht geschaffen, eines Wesens mit dem Vater ...« und zu dem »Heiligen Geist«, der dann in Konstantinopel (381) näher bestimmt wurde.[10] Die Wendung »eines Wesens« (»homoousion ...«, »unius substantiae«) diente zunächst der Abwehr des arianischen Mißverständnisses: Der Logos ist nicht subordinatianisch, also nicht Gott untergeordnet (aber auch nicht sabellianisch-modalistisch, nämlich in der Weise eines »Modus« der Gottheit) zu denken. Sie wird schließlich zum Kriterium von Rechtgläubigkeit überhaupt. Die Ergänzungen von Konstantinopel entfalten, inwiefern auch dem Heiligen Geist die Gottheit zuzuerkennen ist: Ihm kommen die Gottesprädikate »Herr« und »Lebensspender« zu, und zwar in eigener Dignität. Der Heilige Geist hat durch die Propheten gesprochen und ist seinerseits nicht vom »Sohn« abhängig.[11] Die lutherische Reformation hat das Bekenntnis von Nicäa übernommen, aber auch auf charakteristische Weise modifiziert: Die Confessio Augustana umgeht den Begriff »substantia« und akzeptiert den Begriff »essentia divina«, läßt diesen aber bestimmt sein durch trinitarische und soteriologische Aussagen: Es geht um den dreieinen Gott, »von unermeßlicher Macht, Weisheit und Güte ...« (CA I).[12] Damit kommt wieder in den Blick, was beim Versuch rationaler Durchdringung leicht in Vergessenheit geraten konnte: Die Trinitätslehre ist in ihrem Ursprung keine theologische Theorie, sondern Bekenntnis, lobpreisendes Nachvollziehen der großen Taten Gottes. Sie hat ihren Ort nicht

9. Die aristotelische Distinktion von Substanz und Akzidens wurde aufgebrochen durch den Verweis auf die Hypostasen, die in den Kategorien Substanz / Akzidens nicht unterzubringen waren und denen damit »sozusagen ein überkategoriales Sein« zuzuschreiben war. Vgl. W. A. Bienert, Dogmengeschichte, St 1997, 196 f.

10. Textfassung UG 37; vgl. DH Nr. 150.

11. Der Zusatz »und vom Sohn« (»filioque«) gerät erst mit Karl dem Großen ins westliche Bekenntnis und löst bis heute den Protest der Ostkirchen aus; vgl. D. Ritschl, Zur Geschichte der Kontroverse um das Filioque und ihrer theologischen Implikationen, in: ders., Konzepte, M 1986, 15-39.

12. Textfassung: UG 58.

in der Ontologie, sondern in der Soteriologie, von der aus sich dann ontologische Erwägungen ergeben können.

(d) Der Ertrag der altkirchlichen Trinitätslehre

1. Die Trinitätslehre ist aus der Wahrnehmung des Heilshandelns Gottes erwachsen, seiner »oikonomia«, seines Wirtschaftens mit der Welt. Das heilsökonomische Denken steht an ihrem Ursprung. Man will zum Ausdruck bringen: Schöpfung, Erlösung und Vollendung stehen in einem einzigen großen Heilszusammenhang, wie er in Jesus Christus offenbar wurde. Sie stellen sich als voneinander unterscheidbare göttliche Aktionen dar, aber sie gehören zusammen. Luther hat dieses Anliegen – vor allem in seinen Katechismen – so sehr betont, daß man ihn einer Tendenz zum Tritheismus verdächtigt hat. Doch in der göttlichen Ökonomie schlägt das Herz der Trinitätslehre, wie dies das ikonographische Motiv des »Gnadenstuhls«[13] zum Ausdruck bringt: Gott der Vater gibt den gekreuzigten Sohn dahin; das Symbol der Taube verweist auf die Präsenz des Geistes. Gleichwohl hat sich schon früh die Frage nahegelegt, wie sich angesichts des heilsökonomischen Handelns die Einheit des dreieinen Gottes darstelle. Von der heilsökonomisch verstandenen war die »immanente« Trinität zu unterscheiden, wenngleich natürlich nicht zu trennen. Wie sich beides zueinander verhielt, sollte die Trinitätstheologen aller Generationen beschäftigen. Vorerst wurde mit Augustin festgehalten: Das Wirken der Trinität »nach außen« ist unteilbar (»opera trinitatis ad extra sunt indivisa«). Damit war das heilsökonomische Anliegen der altkirchlichen Trinitätslehre noch einmal unterstrichen.

2. In der Formel »mia ousia – treis hypostaseis«/»una substantia – tres personae«/»ein Wesen/Sein – drei Wesenheiten« hat die altkirchliche Trinitätslehre ihren Niederschlag gefunden. Sie will zweierlei sagen:

Zwischen Jesus, dem Christus (dem »logos«), Gott dem Vater und Gott dem Heiligen Geist gibt es keine seinsmäßige Abstufung. Hinsichtlich der »ousia« – der »substantia«/»essentia« – Gottes darf zwischen ihnen nicht differenziert werden. Jede der trinitarischen Personen ist Gott, wie die andere Gott ist. Der auf Erden gegenwärtige Jesus Christus muß ganz in seiner Gottheit ernst genommen werden – ebenso wie der in seiner Gemeinde gegenwärtige und wirksame Heilige Geist.

Unterschieden werden muß aber hinsichtlich des je eigenen Profils der trinitarischen Personen. »Hypostasis«/»persona« meint das Profilgebende der trinitarischen Personen, das, was ihr je Eigenes ausmacht.[14]

3. Innerhalb des einen Seins des einen Gottes gibt es eine ewige Ordnung, in

---

13. Abbildung bei G. Greshake, Der dreieine Gott, Fr ²1997, Tafel III; Würdigung ebd. 550 f.
14. Informativ ist die »Übersicht über die trinitätstheologische Terminologie« in: W. Beinert (Hg.), Lexikon der katholischen Dogmatik, Fr 1987, 521 ff.

der die drei Personen zueinander in Beziehung stehen: Der Vater zeugt ewig den Sohn, aus dem Vater und dem Sohn geht der Heilige Geist hervor – so die westliche Lesart; vom Vater wird der Sohn gezeugt, und vom Vater geht auch der Geist hervor – so die östliche Lesart. Die drei göttlichen Personen stehen in einer ewigen, lebendigen und Leben schaffenden Beziehung zueinander, durchdringen sich gegenseitig, ohne ineinander aufzugehen. Der ostkirchlichen Tradition ist es wichtig zu sagen: Am Anfang steht die Beziehung. Die Beziehung ist die Keimzelle allen Lebens. Ehe denn die Welt geschaffen war, war die Beziehung – zwischen Gott und Gott. Augustin sieht das Wesen des dreieinen Gottes veranschaulicht durch das psychologisch nachvollziehbare Wesen von Liebe. Gott ist derjenige, der von Ewigkeit her liebt (»amans«), geliebt wird (»quod amatur«), die Liebe ist (»amor«). Am Anfang und von Ewigkeit her ist die Liebe, die, will sie sich verwirklichen, eines Subjekts und eines Objekts und einer Beziehung zwischen Subjekt und Objekt bedarf.

(3) Mißverständnisse und Gefahren des trinitarischen Denkens

(a) Spekulation

Das trinitarische Denken hat spekulative Geister immer in besonderem Maße angezogen – innerhalb und außerhalb der Theologie; man denke nur an Hegel. Es eignet sich in geradezu fantastischer Weise, fantastische Konstruktionen mit subtilen Querverbindungen und Differenzierungen zu entwerfen; wer sich darauf ernsthaft einläßt, wird rasch den Sog dahin verspüren. Dies verleiht aber dem trinitarischen Denken leicht den Hauch von bodenloser Willkür oder von seelenloser Rationalität. Trinitarisches Denken verselbständigt sich dann. Die sich dadurch nahelegende Gefahr der Ontologisierung macht die Trinitätslehre leicht zu einem metaphysischen Programm oder auch zu einer gesetzlichen Lehraussage: »Wer daher selig werden will, muß diese Meinung von der Dreieinigkeit haben.«[15] Die Trinität wird nicht mehr im Gegenüber zum Bilderverbot gesehen. Die Trinitätslehre gehört aber, wie gerade die rationalen Bemühungen um sie zeigen, nicht in den Himmel, sondern auf die Erde! Sie beschreibt nicht, wie Gott ist, sondern wie er sich uns gezeigt hat, und zeigt ihrerseits, wie wir ihn daher bekennen und anrufen dürfen. Die Trinitätslehre steht, wie alle Lehre, diesseits der eschatologischen Grenze.

---

15. UG 46.

(b) Das tritheistische und das modalistische Mißverständnis

In der Geschichte christlichen Denkens wurden zwei Gefahren bzw. Mißverständnisse als prinzipielle sichtbar: der Tritheismus bzw. der ihm innewohnende Subordinatianismus und der Modalismus bzw. der ihm innewohnende Monismus. Entweder man überbetont die Differenziertheit der trinitarischen Personen und vernachlässigt die Einheit Gottes und gelangt so zu einem Tritheismus bzw. einem Subordinatianismus – oder man überbetont die Einheit Gottes und vernachlässigt die Differenziertheit der trinitarischen Personen und erkauft dies durch Modalismus bzw. Monismus.

1. Die tritheistische Gefahr war theoretisch die geringere, weil das Bekenntnis zu dem einen Gott von der Hebräischen Bibel her den Christen als Selbstverständlichkeit galt und weil die Überwindung des Polytheismus philosophisch einen geistesgeschichtlichen Standard darstellte, hinter den kein Theologe zurückfallen wollte. Tatsächlich aber scheint es beispielsweise in der vorislamischen arabischen Welt Christen gegeben zu haben, die Gott, den Vater, den Sohn und den Heiligen Geist, als drei Götter verehrten und so Muhammad zu seiner radikalen Betonung der Einheit und Einzigkeit Gottes herausforderten.[16] Faktisch dürfte das Glaubensbewußtsein vieler Christen so organisiert sein, daß man sich zwar nicht mehrere Götter vorstellt (obwohl die immer wieder begegnende Wendung »Gott und/oder Christus« verräterisch klingt), aber doch mehrere abgestufte göttliche Autoritäten: Gott der Vater gilt als die oberste, Jesus als eine nachgeordnete und der Heilige Geist als eine drittrangige oder gar zu vernachlässigende göttliche Autorität.

2. Die zweite Möglichkeit, der Spannung des trinitarischen Bekenntnisses auszuweichen, die eher von den Theologen gewählt wird, ist der Modalismus: Man stellt sich Gott den Vater, den Sohn und den Heiligen Geist als Modi, als Erscheinungsweisen des einen Gottes vor. Immer handelt es sich um den einen und selben Gott, aber in drei – heilsgeschichtlich notwendigen und verständlichen – Gestalten. Karl Barths Rede von den Seinsweisen Gottes ist keineswegs frei von diesem modalistischen Touch.

(4) Gegenwärtige Reformulierungsversuche

(a) Der Kampf um die Plazierung der Trinitätslehre

1. Gehört die Trinitätslehre an den Anfang oder ans Ende der Dogmatik? Stellt sie den Urgrund aller christlichen Theologie dar oder ist sie nur eine »Hilfs-

---

16. Vgl. H. Zirker 1993, 186 f.

linie«?[17] Schleiermacher hatte sie nicht als »unmittelbare Aussage über das christliche Selbstbewußtsein«, sondern als »Verknüpfung mehrerer solcher« verstanden[18] und daher an das Ende seines Systems gesetzt. Noch bei Tillich führt sie ein eher peripheres Dasein; ihm geht es darum zu vermeiden, daß sie zu einem Hindernis für den Glauben wird. Deswegen votiert er – freilich eher am Rande – für eine »Neuerschließung des trinitarischen Symbolismus«.[19]

2. Den großen Gegenentwurf dazu liefert Karl Barth, der die Trinitätslehre bereits in den Prolegomena entfaltet und dann seine gesamte Kirchliche Dogmatik trinitarisch konzipiert. Für ihn ist Gott »in unzerstörbarer Einheit, aber auch in unzerstörter Verschiedenheit der Offenbarer, die Offenbarung und das Offenbarsein.«[20] Gott, ganz von seinem sich selbst offenbarenden Wirken her und damit heilsökonomisch verstanden, wird zugleich begriffen als der eine »in den drei Seinsweisen des Vaters, des Sohnes und des Heiligen Geistes«, dem das dreimalige »Anderssein« in diesen Seinsweisen zugesprochen werden muß.[21] Obwohl Karl Barth im Detail vielerlei Anregungen für das Verständnis der Trinitätslehre beigesteuert hat, führte dies jedoch nicht eigentlich zu einer Reformulierung.

3. Unerwartetes Gewicht erhielt die Trinitätslehre in den ökumenischen Dialogen. In den orthodoxen Kirchen ohnehin immer stark präsent, wurde sie auch in der römisch-katholischen Theologie (u. a. vor allem durch Karl Rahner) neu aktualisiert. Angesichts der großen kontroverstheologischen Themen – Taufe, Herrenmahl / Eucharistie, Amt – erwies sie sich als fruchtbarer Ausgangspunkt und integrierende Gesamtperspektive. Die ökumenische Relevanz der Trinitätslehre hatte sich bereits in der »Basisformel« des Ökumenischen Rats der Kirchen niedergeschlagen, der sich versteht als »eine Gemeinschaft von Kirchen, die den Herrn Jesus Christus gemäß der Heiligen Schrift als Gott und Heiland bekennen und damit gemeinsam zu erfüllen trachten, wozu sie berufen sind, zur Ehre Gottes des Vaters, des Sohnes und des Heiligen Geistes«.[22]

(b) Gott als Geheimnis der Welt

Bei seinem Versuch, die »Theologie des Gekreuzigten im Streit zwischen Theismus und Atheismus« zu begründen, gerät E. Jüngel notwendig in die trinitarische Reflexion. Der gekreuzigte Jesus Christus selbst ist »vestigium trinitatis«.[23] »Der Tod Jesu Christi, der zwischen Gott und Gott zu unterscheiden zwang, ist

17. Vgl. P. Althaus [8]1969, 700.
18. Fr. Schleiermacher, GL § 170.
19. P. Tillich, ST III, 333-343.
20. K. Barth, KD I/1, 311.
21. K. Barth, KD I/1, 395 f.
22. R. Frieling, Der Weg des ökumenischen Gedankens. Eine Ökumenekunde, Gö 1992, 73.
23. E. Jüngel, Gott als Geheimnis der Welt, Tü 1977, 470 ff.

erst dann verstanden, wenn aufgrund der Auferstehung Jesu Christi erfahrbar wird, daß die in diesem Tod in eine so große Unterschiedenheit, wie sie größer nicht gedacht werden kann, auseinandertretenden Seinsweisen des Vaters und des Sohnes sich als so unterschiedene noch einmal aufeinander beziehen: *im Heiligen Geist.* Der Heilige Geist ist neben Vater und Sohn eine dritte göttliche Relation, nämlich die Relation zwischen den Relationen des Vaters und des Sohnes, also die Relation der Relationen und insofern eine ewig neue Beziehung Gottes auf Gott.«[24] Nun läßt sich in geradezu scholastischer Manier sagen: »Gott kommt von Gott« – »Gott kommt zu Gott« – »Gott kommt als Gott«.[25] Die in dieser Konzeption zutage tretenden spekulativen und tautologische Elemente mögen etwas Abweisendes haben. Der Gewinn ihres Ansatzes liegt jedoch in der entschlossenen Verankerung der Trinitätslehre im Kreuzesgeschehen.

(c) Gottes Sein als Beziehung

1. In Auseinandersetzung mit einem autoritären, zur Apathie führenden (mono-)theistischen Gottesbegriff und wohl auch unter dem Eindruck der Begegnung mit ostkirchlich-orthodoxem Denken hat J. Moltmann den Aspekt der Beziehung ins Zentrum seines trinitarischen Denkens gestellt. Er möchte eine »soziale Trinitätslehre« entwickeln. Er versteht die Heilige Schrift als »Zeugnis von der menschen- und weltoffenen Geschichte der *Gemeinschaftsbeziehungen der Trinität.*«[26] Hilfreich ist ihm dabei der altkirchliche Begriff der Perichorese, der gegenseitigen Durchdringung der göttlichen Personen. Er interpretiert ihn durch den modernen Begriff der »Sozialität« und entdeckt in der Trinitätslehre »Denkmittel«, die dazu beitragen, »in der menschlichen Gemeinschaft Personalität und Sozialität auszugleichen, ohne die eine der anderen zu opfern.«[27]

2. Leonardo Boff hat diesen Ansatz in den Kontext der Befreiungstheologie übertragen. Am »Anfang« stehe »nicht die Einsamkeit des Einen, sondern die Gemeinschaft der drei göttlichen Personen.«[28] Gott ist »unendliches Kommunizieren«.[29] So verstanden wird die Trinitätslehre zur Kritik und Inspiration der Gesellschaft und der Kirche; denn die aus ihr gewonnenen Leitbegriffe für menschliches Zusammenleben sind Teilhabe, Gleichheit und Gemeinschaft. Neuerdings wurde dieser emanzipatorisch gemeinte Vorstoß zu einer ekklesiologisch orientierten und dem römischen Zentralismus kaum widersprechenden »communialen Trinitätstheologie« abgewandelt.[30]

24. Ebd. 513.
25. Ebd. 522 ff.
26. J. Moltmann, Trinität und Reich Gottes. Zur Gotteslehre, M 1980, 35.
27. Ebd. 215 f.
28. Der dreieinige Gott, Dü 1987, 22.
29. Ebd. 151.
30. G. Greshake, Der dreieine Gott, Fr 1997; vgl. meine Rezension in: MdKi 49 (1998) 58.

(d) Impulse aus der Diskussion des 20. Jahrhunderts

Die Diskussion um die Trinitätslehre, wie sie im 20. Jahrhundert erneut aufgeflammt ist, hat, wenngleich sie noch nicht als abgeschlossen gelten kann, zu verschiedenen wichtigen Einsichten geführt.

1. Zunächst wurde erneut klar, daß die Rede von dem Gott, an den Christen und Christinnen glauben, nie einlinig sein kann, sondern immer ein mindestens dreifaches Wort erfordert. Damit ist zugleich ihr Geheimnis-Charakter gewahrt: In gewisser Weise kann sie als Entsprechung zum Bilderverbot verstanden werden. Niemand kann und darf sich vom dreieinen Gott ein »Bild« machen.[31] Diese Einsicht macht eine trinitarische Theologie offen für das Gespräch mit anderen Religionen.

2. Sodann zeigte sich erneut, daß die Heilsziele von Schöpfung, Erlösung und Vollendung, die sich mit einer heilsökonomisch konzipierten Trinitätslehre verbinden, nie getrennt voneinander in Betracht kommen können. Als der Schöpfer ist Gott zugleich der Erlöser und der Vollender. Die Schöpfung ist getragen von dem, der für ihre Widersprüche einsteht und trotz dieser Widersprüche sein Ziel mit der Schöpfung erreichen wird. Als Erlöser ist Gott zugleich der, dessen Kreativität sich die Schöpfung verdankt und durch dessen Ohnmacht und Leiden der Schöpfer im Wirken des Heiligen Geistes sein Ziel verwirklichen wird. Als Vollender bringt Gott sein schaffendes und erlösendes Wirken zum Ziel. Diese Einsicht fordert ein neues Gespräch mit den Naturwissenschaften heraus.[32]

3. Der ganz auf das Heil seiner Schöpfung bezogene Gott ist gleichwohl von dieser nicht abhängig: Das will die Unterscheidung von »heilsökonomisch« verstandener und »immanenter« Trinität sagen. Gott ist nicht nur in seinen Außenbeziehungen, sondern auch in sich Liebe. Nur als in sich differenziert kann Gott als liebender und lebendiger Gott gedacht werden. Er verwirklicht sich in der Beziehung zu sich selbst, die – unter herkömmlichen abendländischen Denkvoraussetzungen – nach dem Grundschema von Subjekt, Objekt und Prädikat gedeutet werden kann. Bei allem Wissen um die Relativität solcher Vorstellungen wird die Selbstunterscheidung Gottes gleichwohl ontologisch gedacht. Dadurch sollte deutlich werden, daß sich in Gott nicht nur verschiedene Handlungsweisen und auch nicht nur verschiedene Seinsweisen eines mit sich identischen Subjekts gegenüberstehen, sondern »Personen«: Anders wäre das fundamentale Beziehungsgeschehen innerhalb des dreieinen Gottes nicht formulierbar gewesen. Die Diskussion des 20. Jahrhunderts hat die Problematik des Person-Begriffs herausgearbeitet und den Akzent entschlossen auf die Relevanz des innertrinitarischen Beziehungsgeschehens für die Menschen und den ganzen Kosmos gelegt. Die Trinitätslehre formuliert trotz ihres ontologischen

---

31. Entsprechende künstlerische Versuche wurden in der römisch-katholischen Kirche lehramtlich verboten!
32. Vgl. z. B. H.-P. Dürr u. a., Gott, der Mensch und die Wissenschaft, Augsburg 1997.

Gehabes nicht, wie Gott – abgesehen von menschlichem Erkennen – in sich selbst »ist«, sondern wie Menschen, die ihn als Schöpfer, Erlöser und Vollender bekennen dürfen, zu verstehen versuchen und unter jeweiligen bestimmten Denkvoraussetzungen verstehen mußten oder auch heute müssen. Die Trinitätslehre ist von ihrer soteriologischen Pointe her zu lesen.

4. Die Lehre von Gottes Wesen, Eigenschaften und Existenz ist trinitarisch überholt. Aus der Sicht des christlichen Glaubens ist es methodisch unzulässig, zuerst nach der Möglichkeit der Existenz (eines) Gottes zu fragen, dann sein Wesen und seine Eigenschaften zu bestimmen und schließlich von Gottes trinitarischer Selbstentfaltung zu sprechen. Versuche, Gott zu definieren als »die Alles bestimmende Wirklichkeit« (W. Pannenberg)[33], als das, »was uns unbedingt angeht« (P. Tillich)[34], als das »Woher meines ›Ich soll‹ und meines ›Ich darf‹« (H. Braun)[35] oder als das »Geheimnis«, das wir Gott nennen (K. Rahner)[36], geben zwar einer Suchbewegung des Menschen Ausdruck, sind im Sinne des christlichen Glaubens aber erst vom trinitarischen Bekenntnis her verständlich. Die Lehre von den »Eigenschaften« Gottes, von Karl Barth als »Vollkommenheiten« und von Dorothee Sölle als »Möglichkeiten Gottes« interpretiert, verheddert sich in einem Gewirr von Widersprüchen, wenn sie anthropomorph konzipiert und nicht vom trinitarischen Bekenntnis her entfaltet und begrenzt wird. Von ihm aus bekommt auch der Begriff der »Existenz« (Gottes) seinen ihm zukommenden Platz: Der dreieine Gott läßt sich nicht durch einen vom menschlichen Denken konzipierten Existenz-Begriff fassen. Es wäre lächerlich, wollte der Mensch mithilfe der ihm eigenen Möglichkeiten die kategoriale Differenz zu seinem Schöpfer, Erlöser und Vollender ermessen oder gar überspringen. Er kann allenfalls altklug festhalten: »Gott existiert« als »singuläre Existenz«.[37]

(5) Eigentümlichkeiten des trinitarischen Denkens

Man könnte versucht sein, nach der spezifischen Leistungsfähigkeit des trinitarischen Gottesbegriffs zu fragen. Aber in Glaubensdingen ist die Frage nach »Leistungsfähigkeit« unangebracht, da der Glaube damit funktionalisiert würde. Das trinitarische Bekenntnis gilt, nicht weil es etwas leistet, das andere Bekenntnisse nicht zu leisten vermögen, sondern weil es den Weg einer Erfahrung nachzeichnet: die Erfahrung der schlechthinnigen Autorität Jesu als des Christus vor dem Hintergrund der Erfahrungen des Gottes der Geschichte

33. W. Pannenberg, Wissenschaftstheorie und Theologie, F 1977, 304.
34. P. Tillich, ST I, 19-22.
35. H. Braun, Gesammelte Studien zum Neuen Testament und seiner Umwelt, Tü 1967, 297 f.
36. K. Rahner, Grundkurs des Glaubens, Fr ⁸1976, 54 ff. 125 f.
37. I. U. Dalferth, Existenz Gottes und christlicher Glaube, M 1984, 96 ff.

und der Schöpfung in der Erfahrung der Gegenwart des Gottesgeistes. Worin liegt die Botschaft des trinitarischen Zeugnisses?

(a) Die Integration einseitiger Gottesvorstellungen

Ich kann mir die Geborgenheit, die der – monotheistische – Glaube an einen Gott wie den der Psalmen oder auch des Koran anbietet, vorstellen. Ich kann vielleicht sogar die – polytheistische – Vorstellung, von »guten Mächten wunderbar geborgen« zu sein, nachvollziehen. Das Bekenntnis zum dreieinen Gott gestattet beide »Gottesbilder«; ich darf Gott als »Vater« ansprechen und im Sinne des Bonhoeffer-Gedichts um »gute Mächte« wissen, in dem Bewußtsein freilich, daß es sich in beiden Fällen um Bilder handelt: Gott ist größer; er läßt sich weder in mono- noch in polytheistischer Perspektive erfassen. Das trinitarische Bekenntnis transzendiert die Alternative von Poly- und Monotheismus. Der christliche Glaube ist keine »polytheistische«, aber auch keine »monotheistische Religion«.

Ich kann auch die Geborgenheit nachvollziehen, die von der Vorstellung einer allwaltenden gütigen Göttin ausgeht, die mütterlich tröstet (Jes 66,13). Die Madonna »vom guten Rat«, vor deren Statue man Stille und Einkehr findet, spricht mich an. Es macht mir keine Schwierigkeiten, neben das »Unser Vater« ein »unsere Mutter« zu setzen. Aber Gott ist größer; er geht in den Bildern von Vater und Mutter nicht auf – niemals! Das trinitarische Bekenntnis transzendiert selbstverständlich auch sexistische Einschränkungen jeder Art.

Natürlich denke ich Gott, wenn ich bete, irgendwie als seiend, weil ansprechbar, als handelnd, in irgendeiner Weise mir Leben und Zukunft gewährend, aber ich weiß doch, daß er nicht »ist« – er ist größer als alles, was ich mir als seiend vorstellen kann. Das trinitarische Bekenntnis transzendiert die Alternative von Theismus und Nicht-Theismus. Dies mögen lauter Akte des Denkens und somit Probleme von Denkenden sein; aber auch unter solchem Denken weitet sich der Glaube.

(b) Eschatologischer Gehalt

Das trinitarische Bekenntnis lebt aus dem Bekenntnis zu Jesus als dem Christus, dem ewigen Logos. Trinitarischer Glaube rechnet mit dem Kommen des Reiches Gottes. Die in Jesus Christus ergangene Verheißung wird sich universal durchsetzen – Schöpfung und Erlösung stehen in der Dynamik der bereits begonnenen Vollendung. Das trinitarische Bekenntnis ermöglicht mir, Jesus von Nazareth ganz in seiner göttlichen und damit auch heute und künftig aktuellen Autorität anzuerkennen – und doch zu wissen: Damit ist noch nicht alles gesagt, was über Gott gesagt werden darf und muß. Zugleich darf ich mich durch Gestalt, Botschaft und Geschick dieses Jesus von Nazareth – heute an dem Tag, an dem ich dies niederschreibe oder lese – in meiner gegenwärtigen Verfaßtheit und ganz persönlich angesprochen wissen – und ahnen: Der in der Gestalt Jesu mich ansprechende Gott ist heute unter all den über sechs Milliarden Bewohnern unserer Erde in deren ganz persönlicher Situation ebenfalls am Werk. Mehr noch: daß er es ist, der in allen Lebensprozessen, Wachstumsvorgängen, in allem Geschehen in Zellen und Atomen wirkt, selbst in dem, was mir schlechterdings unverständlich und bedrohlich ist. Was in meinem Körper geschieht und was sich auf einem viele hundert Lichtjahre entfernten Stern tut, gehört zusammen und darf im Vertrauen auf das akzeptiert werden, das in Jesus, dem ewigen Logos, sich zeigt. Intimstes und Entferntestes, Vergangenheit, Gegenwart und noch ausstehende Zukunft finden im Glauben an den dreieinen Gott zusammen.

(c) Offenheit des Systems

Das trinitarische Denken hat zwar in der Dogmenbildung der Alten Kirche einen repräsentativen Ausdruck gefunden, aber es hat sich gerade darin keineswegs als abgeschlossenes System, sondern vielmehr als ständiger Motor der Frage nach Gott erwiesen. Es stellt nicht die Lösung der Gottesfrage bereit, sondern die essentiellen Elemente, die bei der Suche einer christlichen Antwort auf die Frage nach Gott unverzichtbar sind, nämlich
– die Einheit Gottes,
– die Differenziertheit Gottes im Blick auf sein heilsökonomisches Handeln in der Schöpfung, in Jesus Christus, im Wirken des Heiligen Geistes,
– die Spannung von Selbsterschließung und Verborgenheit Gottes.
Der trinitarische Gottesbegriff erweist sich damit als ungemein offen. Der Glaube an den dreieinen Gott bringt mich auf den Weg, führt in die Weite, ins Offene, in dem ich dennoch mich nicht verliere. Er führt auch in die Tiefe, in die Verletzbarkeit, zur Unmöglichkeit, das Böse religiös zu verdrängen, andererseits in den Widerstand gegen das Böse und in die Verantwortung für das eigene Leben und dessen Umfeld. Der Glaube an den dreieinen Gott – so bezeugen es Menschen, die in großem Leid oder in tätiger Verantwortung sich diesem Gott anvertraut haben – bewährt sich gerade darin.

Die Christenheit bietet damit ein differenziertes (und wenn man will: kompliziertes) Bekenntnis zu ihrem Gott, das die nichtchristlichen Religionen sozusagen von allen Seiten her zum Widerspruch herausfordert. Gerade darin könnte aber auch die Integrationskraft und -chance trinitarischen Denkens liegen. Darauf wird zurückzukommen sein, wenn wir das Zeugnis nichtchristlicher Religionen bedacht haben werden.

(d) Trinitarisch orientierte Spiritualität

Die Trinitätslehre ist aus dem lebendigen Glauben an den dreieinen Gott erwachsen und insofern ein Ergebnis von Spiritualität. Sie kann aber auch ihrerseits Spiritualität inspirieren und befruchten.

1. Sie vermag der ethischen Orientierung zu dienen. Jede ethische Problem-Konstellation hat mit Voraussetzungen zu tun, die vom Glauben an Gott als den Schöpfer her zu bedenken sind. Jede Situation, in die Menschen geraten können, ist aber auch dadurch qualifiziert, daß Jesus von Nazareth auf dieser Erde gelebt und gewirkt hat, daß er, der Gekreuzigte und Auferstandene, als der lebendige Christus sich erweisen kann. Sie ist zudem durch das Wirken des Geistes und die Präsenz der Kirche in eine besondere, auf Vollendung und Gelingen zielende Dynamik einbezogen. Das Bedenken einer Problem-Konstellation unter dieser dreifachen Perspektive kann als »trinitarische Faustregel« wahrgenommen und eingeübt werden, die spezifische Gesichtspunkte erschließt und unerwartete Handlungsmöglichkeiten eröffnet.

2. Die Trinitätslehre hat ihren ursprünglichen Ort in der Doxologie, im Lobpreis des dreieinen Gottes und seines dreifaltigen Wirkens. In den Liturgien vieler Kirchen spielt das »Gloria Patri« auch heute eine herausragende Rolle: »Ehre sei dem Vater und dem Sohn und dem Heiligen Geist, wie es war im Anfang jetzt und immerdar und von Ewigkeit zu Ewigkeit!«[38] Diese Wendung ist unergründlich. Ehre dem Vater und dem Sohn und dem Heiligen Geist – Ehre dem Vater durch den Sohn im Heiligen Geist: Wie soll man sich das vorstellen? Was heißt »Gott ehren«, was heißt »im Anfang«, was heißt »von Ewigkeit zu Ewigkeit«, und wie dieses Ehren »jetzt«?[39] Das »Gloria Patri« ist ein mystischer Gesang. Nur unter dem Wirken des dreieinen Gottes selbst kann es so gesungen werden, wie es gemeint ist. Gerhard Tersteegen bittet daher in einem der von ihm gedichteten Choräle: »Gott Vater, Sohn und Heilger Geist, o Segensbrunn, der ewig fließt: durchfließ Herz, Sinn und Wandel wohl, mach uns deins Lobs und Segens voll!«[40]

3. Das trinitarisch interpretierte und als Segensgeste vollzogene Kreuzeszeichen gilt als Inbegriff des christlichen Glaubens. Mögen sich hier in bestimmten Zeiten auch gelegentlich Aberglaube und magische Mißverständnisse eingeschlichen haben: Als Symbol verstanden, sagt es die Bitte um Schutz vor allem Argen und das Bekenntnis zur souveränen Überlegenheit Gottes über alles Böse an. Nach altem christlichem Brauch dürfen sich Glaubende durch den Akt der Selbstbekreuzung einbezogen wissen in das schöpferische, erlösende und vollendende Wirken des dreieinen Gottes. Luther hat in seinem Kleinen Katechis-

---

38. Ökumenische Fassung: »Ehre sei dem Vater und dem Sohn und dem Heiligen Geist, wie im Anfang, so auch jetzt und allezeit und in Ewigkeit. Amen« (EG 177.3).
39. L. Boff versucht, einen Teil seiner Trinitätslehre anhand des »Gloria Patri« zu entfalten, in: ders., Der dreieinige Gott, Dü 180 ff.
40. EG 140,6; das gesamte Lied ist trinitarisch angelegt.

mus diesen Brauch empfohlen: »Des Morgens, wenn du aufstehst, kannst du dich segnen mit dem Zeichen des heiligen Kreuzes und sagen: Das walte Gott Vater, Sohn und Heiliger Geist! Amen.«[41] Die eigene und alle Wirklichkeit wird auf diese Weise dem Prozeß der Selbstverwirklichung Gottes zugeordnet und anvertraut.

B Außerchristliche Gottesvorstellungen

(1) Judentum

Christen sind in der Regel der Meinung, sie wüßten über den jüdischen Gottesglauben Bescheid, da sie vom Alten Testament ausgehen, das sie freilich vom Neuen Testament her lesen und verstehen. Bei näherem Zusehen ergeben sich trotz vieler Gemeinsamkeiten gewichtige Unterschiede.

(a) »Unser Gott und Gott unserer Väter«

Das Judentum ist nicht an einem abstrakten Gottesbegriff interessiert. Juden wollen von ihrem Gott erzählen! Die ersten fünf Glaubensartikel im Glaubensbekenntnis des Maimonides wirken spröde.[42] Wahrscheinlich in Anlehnung an das christliche Glaubensbekenntnis, aber für das Judentum ganz untypisch spricht der erste Glaubensartikel des Maimonides von Gott, dem Schöpfer. Mindestens das Bekenntnis zur Einzigkeit Gottes hätte Maimonides an den Anfang stellen sollen, kritisieren manche jüdische Autoren. Aber auch damit hätte er nicht voll getroffen; das jüdische Gottesbekenntnis hat seinen Ursprung im Lobpreis des geschichtlichen Handelns Jahwes. Das Judentum hat auch nie eine Lehre von den »Eigenschaften« Gottes ausgearbeitet. Die »dreizehn Eigenschaften«, wie sie aus Ex 34,6 f. erschlossen werden, sind weniger als Beschreibung denn als Lobpreis der Barmherzigkeit Gottes gemeint: »Ewiger, Ewiger Gott, barmherzig und gnädig, langmütig und reich an Liebe und Treue, er bewahrt die Liebe bis ins tausendste Geschlecht, er vergibt Schuld und Fehl und Sünde und läßt nicht ganz ungestraft.«[43] Wichtig für Israel ist, daß es nicht undurch-

---

41. Textfassung EG 815.
42. Besonders spröde wirkt ihre Auslegung bei G. Fohrer, Glaube und Leben im Judentum, Hd ²1985, 159 ff.
43. Zitiert nach L. Baeck ³1985, 121.

schaubaren Gestirn-Gottheiten und Schicksalsmächten ausgeliefert ist.[44] Im Blick auf den Schöpfungsgedanken will es sich nicht in irgendwelchen Mythologien verstricken; Leo Baeck macht darauf aufmerksam, daß das Judentum »als einzige unter den Religionen keine eigentliche *Mythologie* geschaffen« habe und daß ihm »schon das Wort Göttin ein Unbekanntes« sei.[45]

Der Schöpfungsglaube, wie er sich in der Hebräischen Bibel niedergeschlagen hat, hat sich erst aus der Erfahrung des Geschichtshandelns Jahwes entwickelt. Trotzdem hat natürlich auch der Schöpfungsglaube für das jüdische Gottesverständnis einen hohen Stellenwert, wobei in der praktischen Frömmigkeit das gegenwärtige Schöpfungswirken Gottes stärker im Vordergrund steht als die Schöpfung »im Anfang«. Im Abendgebet heißt es: »Gepriesen bist du, Ewiger, unser Gott, König der Welt, der durch sein Wort die Abende werden läßt ...«; im Morgengebet: »Gepriesen bist du, Ewiger, unser Gott, der das Licht formt und die Finsternis erschafft, den Frieden macht und alles erschafft ... und in seiner Güte täglich die Werke der Schöpfung erneuert ...«.[46] Selbstverständlich gelten Himmel und Erde als von Gott erschaffen; seinen Händen werden sie anvertraut. Eine fromme Erzählung behauptet: »Gott schuf den Himmel und die Erde, und es waren ihm beide gleich lieb. Aber die Himmel sangen und rühmten die Ehre Gottes, und die Erde war betrübt und weinte und sprach vor dem Herrn: O Herr der Welt! Die Himmel weilen in Deiner Nähe und ergötzen sich an dem Glanz Deiner Herrlichkeit ... Da sprach der Herr: Es soll Dir nicht bange sein, Du Erde, dereinst wirst auch Du unter den Singenden sein ...«[47]

Schöpfung und Heilsgeschichte, Geschichte des Gottesvolkes, werden intensiv zusammengesehen. Dies zeigt sich einerseits an der Sabbatfeier, in der allwöchentlich der Schöpfung und der Offenbarung Gottes in der Geschichte Israels und in der Gabe des Gesetzes gedacht wird. Es wird andererseits deutlich daran, daß die Zählung der Jahre, die die Geschichte der Menschheit ausmachen, nach jüdischem Brauch mit der Erschaffung der Welt beginnt. Darauf macht besonders Ben-Chorin aufmerksam: »Die Römer zählten von der Gründung Roms an, der Islam von der Flucht des Propheten Mohammed von Mekka nach Medina ..., und das Christentum zählt von der Geburt Jesu an, wobei hier bekanntlich ein Rechenfehler unterlaufen ist.«[48]

Im eigentlichen Sinne aber bestimmt sich Gott als Gott der Bundesschlüsse, als Gott Abrahams, Isaaks und Jakobs, wobei der Noah-Bund noch über die Geschichte Israels hinausgreift. Im 18-Bitten-Gebet wird er angerufen als »unser Gott und Gott unserer Väter«.

---

44. Pn. Navè Levinson ³1993, 24.
45. L. Baeck ³1985, 92, 94.
46. Pn. Navè Levinson ³1993, 27; dort Nachweis der Zitate.
47. Zitiert nach G. und Th. Sartory (Hg.), Weisung in Freude. Aus der jüdischen Überlieferung, Fr 1978, 35 f.
48. Sch. Ben-Chorin 1975, 115. Zum Ganzen vgl. unten 7.1 B (1).

(b) Gottes Name

In der Hebräischen Bibel begegnen bekanntlich verschiedene Gottesnamen, die hier nicht im einzelnen aufgezählt werden müssen.[49] Zu Spekulationen hat es immer wieder geführt, daß »Elohim« einen Plural darstellt (was in der Geschichte der Christenheit gelegentlich im Sinne ihres trinitarischen Glaubens interpretiert wurde) und daß »Elohim« neben »Jahwe« auftritt. Man hat sich manchmal dadurch geholfen, daß man »Elohim« als den Richtenden, »Jahwe« als den sich erbarmenden Gott verstand. Oft wurden Gottesnamen auch durch Volksetymologien erschlossen, so z. B. »Schaddai«: Gott sagt bei der Schöpfung zur Erde: *dai!* (genug!) – und er kann auch zum Leid der Menschen sagen: *dai* – genug![50]

Umschreibungen dienen oft dazu, den Unbeschreibbaren zu benennen: Das Wortfeld »*rachamim*« / »*rechem*« – Barmherzigkeit, Mutterschoß – ist hier anzuführen, sodann Gottes Schechina, auf die noch eigens einzugehen sein wird.[51] Eine besonders tiefsinnige Umschreibung des Gottesnamens stellt der Begriff »Ort« dar: »Gott ist der Ort der Welt, nicht die Welt ist der Ort Gottes, so daß Gott also als der absolute Ort, der Ort kat exochen gesehen wird.«[52] Aber auch der Begriff »Name« kann den eigentlichen »Namen« Gottes ersetzen; die Bitte um die Heiligung des Gottesnamens begegnet sowohl im 18-Bitten-Gebet als auch im Vaterunser. Durch den Gebrauch des sogen. »passivum divinum« wird Gottes Name, der als solcher gar nicht auftaucht, durch das entsprechende Verbum implizit umschrieben.

Die Umschreibungen des Gottesnamens wurden notwendig, da der Respekt vor der Wirklichkeit Gottes, die in ihm sich vergegenwärtigte, es verbot, das Tetragramm auszusprechen (oder auch ein Schriftstück zu vernichten, auf dem es ausgeschrieben war). Schon zur Zeit des zweiten Tempels begann man, das Aussprechen des Tetragramms auf wenige liturgische Momente zu begrenzen; die Lesung als *Adonaj* – »Herr, mein Herr«, also ein Beziehungsbegriff! – trat an seine Stelle. Bis heute ist nicht bekannt, wie der hebräische Gottesname ursprünglich ausgesprochen wurde; die Vokalisierung E-O-A, die zu »Jehowa« geführt hat, ist eine Sache mittelalterlicher Gelehrsamkeit, die Lesung als »Jahwe« eine neuzeitliche Festlegung. Auch die Übersetzung des Tetragramms in andere Sprachen stellte eine Schwierigkeit dar: Möglicherweise von Calvin beeinflußt (»l'Eternel«) hat die erste jüdische Übersetzung der Hebräischen Bibel ins Deutsche (Moses Mendelssohn 1780 ff.) Adonai/Jahwe wiedergegeben mit: »Der Ewige«. Damit wurde das von der Septuaginta und der Vulgata her naheliegende und auch von Luther übernommene »HErr« vermieden. Obwohl die Etymologie des Tetragramms umstritten ist[53], wird es im allgemeinen im Sinne

49. Vgl. Pn. Navè Levinson ³1993, 28-32.
50. Ebd. 31.
51. Ebd. 42; siehe unten S. 294!
52. Sch. Ben-Chorin 1975, 34.
53. Pn. Navè Levinson ³1993, 29, bringt das Tetragramm mit dem Wortstamm *hawa* zusam-

von Ex 3,14 gedeutet. Franz Rosenzweig sieht in ihm »das Gegenwärtigsein, das Für-euch- und Bei-euch-Dasein und -Daseinwerden« zum Ausdruck gebracht.[54]

(c) Die Einzigkeit Gottes

Es ist hier nicht der Ort, den Weg des jüdischen Glaubens vom Henotheismus zum Monotheismus zu verfolgen. Das Bekenntnis zur Einzigkeit Gottes macht zusammen mit dem Wissen um das Erwählt- und Geführt-Sein durch Gott den Kern des jüdischen Gottesglaubens aus. In der Übersetzung von Buber-Rosenzweig lautet das Urbekenntnis, das Sch^{e}ma: »Höre Jisrael: ER unser Gott, ER Einer!«[55] Für dieses Bekenntnis sind zahllose jüdische Märtyrer in den Tod gegangen; von Rabbi Akiba wird berichtet, er habe nach schrecklichen Folterungen durch die Römer das Wort »*echad* – einer« solange ausgedehnt, bis ihm darüber der Lebenshauch ausgegangen sei.[56] Leo Baeck übersetzt das Tetragramm schlicht mit den Worten »Er, der ist«.[57] Mit der Gewißheit um die Existenz dessen, »der ist«, verbindet sich das Wissen um seine Identität: »Gott allein kann sagen: ich.«[58]

Beim Bekenntnis zur Einzigkeit Gottes geht es nach jüdischem Verständnis nicht nur um ein Zahlenproblem. Man kann das Eins-Sein Gottes (gleichsam nach innen) und seine Einzigkeit (gleichsam gegenüber der Außenwelt) mystisch interpretieren. Auf eine unorthodoxe Weise wurde dies von der Kabbala versucht.[59] Man kann aber auch an die damit gegebenen ethischen Implikationen denken. Dies geschieht besonders in der Interpretation von Leo Baeck: »Dadurch, daß die *sittliche Einheit* im Menschen zum Bewußtsein kam, wurde hier die *Einheit Gottes* erfaßt.«[60] Dem monotheistischen Glauben entspricht eine monotheistische Ethik – und umgekehrt. Der Mensch als Gottes Geschöpf und Ebenbild soll dem Schöpfer ähnlich werden: »So wie Gott gütig genannt wird, so werde auch du gütig, wie Gott barmherzig ist, so werde auch du barmherzig, wie Gott heilig ist, so werde auch du heilig …«.[61]

Das Bekenntnis zur Einzigkeit Gottes kann aber auch eine polemische Spitze

---

men; es ginge demnach um »Erfahrungen von Menschen«, die »von Gotteserscheinungen wie von Stürmen hingeworfen wurden«.

54. Nach LRG 404.
55. Zitiert nach Sch. Ben-Chorin 1975, 58.
56. Nach LRG 397.
57. Nach Sch. Ben-Chorin 1975, 67.
58. Rabbi Aaron von Karlin nach E. Wiesel, Geschichten gegen die Melancholie. Die Weisheit der chassidischen Meister, Fr 1984, 19.
59. »… eine konsequente Lehre über die Einheit Gottes und über die Neuverwirklichung dieser Einheit«; LJCB 195.
60. Sch. Ben-Chorin 1975, 102.
61. Zitiert nach LRG 399.

gegen das Christentum enthalten.[62] In diesem Zusammenhang wird die überraschend breite Diskussion um die Körperlosigkeit Gottes zu verstehen sein, welche den Inkarnationsgedanken ausschließen soll.

Für das Selbstverständnis des Judentums ist freilich wichtiger, daß damit jeglicher Dualismus abgewiesen wird. Gott gibt sich zu erkennen als derjenige, »der ich das Licht mache und schaffe die Finsternis, der ich Frieden gebe und schaffe Unheil. Ich bin der Herr, der dies alles tut« (Jes 45,7). Neben dem einzigen Gott kann es der »Satan« nur zu einer bescheidenen Nebenrolle bringen – wie im Hiob-Buch. Pnina Navè Levinson weist darauf hin, »daß die intensive Beschäftigung mit dem Teufel, der ewigwährenden Hölle und Verdammnis« im Judentum eine Randerscheinung geblieben sei, »während sie im Christentum eine solch übermächtige Rolle gespielt hat.«[63]

Trotzdem blieb natürlich die Frage nach dem Woher des Bösen – wenn »Satan« für die Entstehung nicht in Frage kam und wenn es auch auf Gott nicht unmittelbar zurückgeführt werden sollte. Die Kabbala entwickelte die Vorstellung, Gott habe sich gleichsam in sich selbst zurückgenommen, einen essentiellen Selbstverzicht geleistet – im Sinne einer »Konzentration«, so daß auf diese Weise überhaupt die Welt erst entstehen konnte. In dem so entstandenen Leer-Raum *(»zimzum«)* vermochte sich dann auch das Böse anzusiedeln. Dieser Gedanke wird beispielsweise aufgegriffen von Hans Jonas in einem Beitrag »Der Gottesbegriff nach Auschwitz. Eine jüdische Stimme.«[64] Für Jonas ist diese Selbstrücknahme Gottes angesichts des Holocaust »total«, und das bedingt neue Elemente im Gottesbegriff: Gott ist »leidender«, »werdender«, sich »sorgender« (= bekümmerter) Gott. So eindrucksvoll diese auch von persönlichem Leid geprägten Überlegungen sind, stellt sich doch die Frage, ob das im Sinne des jüdischen Glaubens nicht doch auf das Ende einer sinnvollen Rede von Gott hinausläuft.

Das Theodizee-Problem ist die offene Wunde des jüdischen Gottesglaubens. Wie ist angesichts des Leids die Ergebung in die Liebe Gottes möglich? Leo Baeck, der als 70jähriger in das KZ Theresienstadt eingeliefert wurde, hatte Jahrzehnte zuvor geschrieben: Ein Wort, das sich der »Ergebung in die Liebe Gottes« immer wieder »entringt«, ist das Wort ›warum?‹, eines jener eigenen Worte der Bibel, aber auch ihr Warum bleibt immer ein Wort des Gebetes.« Er zitiert aus dem talmudischen Schrifttum: »Der Mensch preise gegenüber seinem Leiden Gott so, wie er angesichts seines Glückes ihn preist.« Rabbi Akiba habe den Spruch geprägt: »Was Gott tut, ist zum Guten getan.«[65] Der gläubige Jude reagiert auf die Herausforderung durch das Leid seinem Gott gegenüber im Sinne des Hiob-Buches mit der Feststellung: »Auch wenn du mich an dir

62. Ben-Chorin betont: »... nicht gegen Jesus von Nazareth«! Ders. 1975, 122 f.; vgl. 80, 82, 97.
63. Pn. Navè Levinson ³1993, 35.
64. In O. Hofius (Hg.), Reflexion finsterer Zeit. Zwei Vorträge von Fritz Stern, Hans Jonas, Tü 1984, 61-94.
65. L. Baeck ³1985, 125 f.

beirren willst, soll es dir nicht gelingen.«[66] Er weiß, daß Gott den Erniedrigten nahe ist. Warum hat der Ewige aus dem Dornbusch mit Mose gesprochen? »Wie dieser Dornbusch niedriger als alle Bäume ist, so stiegen die Israeliten auf die tiefste Stufe hinab, und der Heilige, gepriesen sei er, stieg mit ihnen hinab und erlöste sie«.[67] Schalom Ben-Chorin berichtet, observante Juden hätten noch in den Konzentrationslagern ihr tägliches Morgengebet gesprochen: »Heil uns, wie gut ist unser Teil und wie köstlich unser Los und wie schön unser Erbe, Heil uns, daß wir morgens und abends zweimal am Tage bekennen dürfen: Höre Israel, der Herr unser Gott, der Herr ist Einer! Gesegnet sei der Name der Ehre seines Reiches ewiglich.«[68] Das Bilderverbot erhält hier seinen tiefsten und ergreifendsten Sinn.

(d) Die Schechina

Mag sein, daß Schalom Ben-Chorin recht hat mit seiner Feststellung: »Das Licht des Monotheismus wirft einen Schatten, den man Abstraktheit nennen könnte.«[69] Das Judentum hat sich damit jedenfalls nicht abgefunden. Davon geben nicht nur die zahlreichen Anthropomorphismen in der Hebräischen Bibel Zeugnis, sondern insbesondere die Vorstellung der Schechina. Ausgehend von Ex 25,8 – »Sie sollen mir ein Heiligtum machen, daß ich unter ihnen wohne« – wurde diese Vorstellung von der »Einwohnung« Gottes nach der Zerstörung des herodianischen Tempels entwickelt. Die Schechina stellt sozusagen die Israel bzw. der gesamten Welt zugewandte Seite des bildlos zu verehrenden Gottes dar. Nicht zufällig handelt es sich um eine Feminin-Bildung. Die Schechina kann stark anthropomorph dargestellt werden: Sie hat ein Antlitz, Füße, Flügel; sie weint über die Hochmütigen[70]; sie begleitet Israel in die Gefangenschaft – »Gott selbst ist heimatlos geworden wie sein Volk«.[71] Sie stellt sich ein, wo zehn Juden sich mit der Tora beschäftigen, ja, wo drei, wo zwei, wo nur einer mit der Tora befaßt ist.[72] In jiddischen Gebeten wird sie manchmal »die liebe, heilige Schechina« genannt. In der Kabbala macht man sich eifrig um die Schechina Gedanken; für manche Kabbalisten wird sie zur untersten, der Erde am nächsten stehenden Sefira bzw. zum Wurzelwerk des Sefirot-Baums.[73]

---

66. Pn. Navè Levinson ³1993, 25.
67. LRG 406, dort Nachweis.
68. Sch. Ben-Chorin 1975, 137.
69. Ebd. 126.
70. Pn. Navè Levinson ³1993, 45.
71. LRG 410.
72. Pn. Navè Levinson ³1993, 44.
73. LJCB 354. Vgl. G. Scholem ⁶1996, 249 ff.

(e) Die Beziehung des Glaubenden zu Gott

Die Gottesvorstellungen des Judentums spiegeln sich in seinem Gebetsverständnis. Das Gebet ist eine ernsthafte Sache, die man keineswegs auf die leichte Schulter nehmen kann – der Beter weiß sich dem Ewigen gegenüber: »Die früheren Frommen pflegten eine Stunde zu warten, ehe sie beteten, um ihr Herz zum Allgegenwärtigen zu wenden.«[74] Wer im Gebet sich sammelt und eins wird, nähert sich dem einen und einzigen Gott. Er mag im Gebet sich mit einem trotzigen Warum gegen Gott auflehnen, aber er fällt aus der Beziehung zu Gott damit nicht heraus, wie es die Psalmen eindrücklich vor Augen führen. Der Beter mag sich aber auch in einer fast erotisch zu nennenden Weise zu Gott hingezogen fühlen; er kann seine Gottesbeziehung dann in der Sprache des Hohenliedes zum Ausdruck bringen. Nach Rabbi Akkiba hat die ganze Welt gleichsam »nur für den Tag« bestanden, »an welchem ihr das Hohelied gegeben wurde.«[75] Das Gebet ist ein ganzheitlicher Akt; das körperliche Sich-Wiegen im Gebet entspricht dieser Ganzheitlichkeit. Von Rabbi Schlomo wird berichtet, er sei gestorben, ohne sein Gebet zu unterbrechen.[76] Rabbi Levi Jizchak von Berditschew (1740-1809) dichtete:

»Herr der Welt, Herr der Welt, Herr der Welt!
Herr der Welt,
Ich will Dir ein Dudele singen:
Du, Du, Du …
Wo kann ich ja Dich finden,
und wo kann ich nicht Dich finden!
Du, Du, Du …
Denn wo ich geh – Du,
Und wo ich steh – Du,
Bloß Du, nur Du,
aber Du, wieder Du,
Du, Du, Du! Ist's einem gut – Du,
Behüte, schlimm – auch Du,
Du, Du, Du …
Osten Du, Westen Du, Norden Du, Süden Du,
Du, Du, Du! Himmel Du, Erde Du,
Oben Du, Unten Du,
Du, Du, Du: Wie ich kehr mich, wie ich wend mich –
Du …!«[77]

---

74. Zitiert nach Sch. Ben-Chorin 1975, 136.
75. Zitiert nach Pn. Navè Levinson ³1993, 47.
76. E. Wiesel, Geschichten gegen die Melancholie. Die Weisheit der chassidischen Meister, Fr 1984, 27.
77. Zitiert nach G. und Th. Sartory (Hg.), Weisung in Freude. Aus der jüdischen Überlieferung, Fr 1978, 32.

(2) Der islamische Gottesbegriff[78]

(a) »Allah« – Gott

Der Gottesname »Allah« ist vorislamischer Herkunft. Sein Zusammenhang mit dem semitischen Begriff »El« ist offensichtlich; auch syrische Christen haben in vorislamischer Zeit einen ähnlichen Begriff verwendet. Im vorislamischen Arabien dürfte sich mit ihm die Vorstellung einer unpersönlichen Schicksalsmacht, zugleich aber eine monotheistische Tendenz verbunden haben. Die von Muslimen heute häufig gebrauchte Redewendung »Insch'Allah« konnte als vorislamisch nachgewiesen werden.[79] Umgekehrt lassen sich Spuren eines vormonotheistischen Henotheismus auch im Koran erkennen (vgl. Sure 35,13 f.; 39,38).

Allah heißt, übersetzt, nichts anderes als schlicht »Der Gott« (»al-ilah«). Der bestimmte Artikel gehört freilich als konstituierend zum Gottesnamen: Es geht um den Gott schlechthin, neben dem es keine anderen Götter gibt. Andere, freilich umstrittenere etymologische Ableitungen verstehen den Begriff als Eigennamen und bringen ihn mit »Kraft« in Zusammenhang. Für M. Arkoun ist »Allah« »natürlich der Eigenname, den Gott sich im Arabischen gibt.«[80] Der Name selbst spielt freilich – im Gegensatz zum jüdischen Verständnis – keine Rolle. Kein Name kann die Wirklichkeit Gottes fassen! Ihn auf einen Namen zu fixieren, würde bedeuten, ihn einzuengen und gleichsam in ein Gefängnis einzusperren.[81] Gott ist schlechthin unverfügbar. Deswegen gilt das Bilderverbot, wenn dieses auch im Koran nicht explizit formuliert ist. Die Unendlichkeit der Ornamente in der islamischen Kunst repräsentieren die Unfaßbarkeit Allahs. »So führt für Gott keine Gleichnisse an. Gott weiß, ihr aber wißt nicht Bescheid« (Sure 16,74). Bilder, die im Koran für Allah gebraucht werden, müssen allegorisch gedeutet werden. Annemarie Schimmel weist auf die Meinung hin, »die koranische Offenbarung habe nur Gottes Gesetz mitgeteilt, nicht aber Gott

---

78. Vgl. zum Ganzen M. S. Abdullah 1992, 33-42; T. Andrae 1980, 109-127; J. Bouman 1980, 61-95; 260-264; A. Th. Khoury, Gebete des Islams, Mz 1981; IL 73-91; H. Zirker 1993, 161-240. Abdullah bietet eine für christliche Leser sehr anziehend wirkende Darstellung des islamischen Gottesbegriffs, minimalisiert jedoch das Gewicht schwierigerer Themen wie »Gericht« oder »Heiliger Krieg«. Bouman konzentriert seine gesamte Darstellung auf das islamische Bekenntnis zum »einzigen Gott«. Zum Vergleich werden jeweils Altes und Neues Testament herangezogen. Altes und Neues Testament und Koran werden im Sinn des Aufbaus einer Fuge miteinander verknüpft: Judentum als Dux, Neues Testament als Comes in der Dominante, Koran als Comes in der Subdominante; ebd. 266 f. Zirker interpretiert die islamische Gotteslehre vom Gebet her und bemüht sich, herkömmliche Mißverständnisse auszuräumen.
79. »… wenn Gott will«; vgl. G. Widengren 1969, 80. Vgl. auch Jak 4,15.
80. M. Arkoun 1999, 126. Vgl. M. S. Abdullah 1992, 40.
81. LRG 425.

selbst offenbart.«[82] Gott selbst bleibt über jegliche Beschreibung und Benennung erhaben.

Mit der Frage nach dem Namen Gottes verbindet sich das Problem, wie im Deutschen von »Allah« zu reden ist. Die arabischen Christen nennen den Gott Jesu Christi von jeher »Allah«; viele deutschsprachige Christen würden aber zögern, von »Allah« ohne weiteres als von »Gott« zu sprechen. Hans Zirker setzt sich vehement dafür ein, auch im Deutschen für Allah den Begriff »Gott« zu verwenden, damit auf diese Weise falsche Konfrontationen abgebaut werden können.[83] Dabei zeigt sich jedenfalls, daß es im Blick weder auf den Islam noch auf das Christentum genügt, ohne weitere Erläuterung von »Gott« zu sprechen. Die Reduktion des Bekenntnisses zum dreieinen Gott auf den Begriff »Gott« hat auch dem Christentum selbst geschadet. Im Dialog zwischen Christentum und Islam ist, wo aus gemeinsamer Perspektive formuliert werden kann, der Begriff »Gott« verwendbar; wo jedoch die Differenzen zur Sprache kommen sollen, muß im Interesse der Klarheit auch terminologisch unterschieden werden. Wo hier die Grenzlinie verläuft, wird freilich im Dialog selbst zu klären sein.

(b) »La ilaha illa Llah« – kein Gott außer Gott

1. Das Grundbekenntnis des Islam ist auf Gott (und dessen Propheten Muhammad) konzentriert. So einfach es klingt, so schwer ist es doch zu übersetzen. Die landläufige deutsche Übersetzung »es gibt keinen Gott außer Allah« stellt das aggressive und bedrohliche Moment dieses Bekenntnisses in den Vordergrund, ist aber unsachgemäß. Muhammad S. Abdullah übersetzt: »Ich bezeuge, daß keine Gottheit ist außer Gott ...«.[84] Auch in dieser Übersetzung klingt noch die Konfrontation mit; doch erläutert Abdullah, man könne die Lehre von der Einheit Gottes in den folgenden »einzigen dogmatischen Satz kleiden: ›Niemand ist anbetungswürdig, und es gibt keinen Gegenstand der Liebe und des Verlangens außer Gott‹«.[85] Genau genommen handelt es sich jedoch wohl um eine Tautologie, die zum Ausdruck bringen soll, daß der eine Gott durch keinen anderen Namen als eben den seinen genannt und durch nichts anderes als durch sich selbst definiert werden kann.[86] Damit wird zum Ausdruck gebracht, daß es »nur eine absolute Realität gibt, daß nur Gott absolut ist und daß alles relativ ist, was von Ihm verschieden ist.«[87] Als Schriftbegründung wird oft die 112. Sure genannt:

---

82. A. Schimmel, in: Fr. Heiler, RdM 520.
83. H. Zirker 1993, 222f.
84. M. S. Abdullah 1992, 33.
85. Ebd. 33.
86. Vgl. LR 225; man vergleiche das barthianische »Gott ist Gott«!
87. S. H. Nasr 1993, 18.

»Sprich: Er ist Gott, ein Einziger, Gott, der Undurchdringliche. Er hat nicht gezeugt, und Er ist nicht gezeugt worden, und niemand ist Ihm ebenbürtig.«[88] Ich finde sehr plausibel, wie Abdullah die Gotteslehre des Islam an der den Koran eröffnenden Sure, der sogen. Fatiha, entfaltet. Sie lautet (Sure 1,1-7): »Im Namen Gottes, des Erbarmers, des Barmherzigen. Lob sei Gott, dem Herrn der Welten, dem Erbarmer, dem Barmherzigen, der Verfügungsgewalt besitzt über den Tag des Gerichtes! Dir dienen wir, und Dich bitten wir um Hilfe. Führe uns den geraden Weg, den Weg derer, die Du begnadet hast, die nicht dem Zorn verfallen sind und nicht irregehen.«[89]

»Herr der Welten« sei eine ungeschickte Übersetzung. Der im Arabischen hier stehende Begriff »rabb« bedeute: »der seine Sache derart hegt, pflegt und lenkt, daß sie durch ihn von Stufe zu Stufe höher entwickelt wird – bis zur Vollkommenheit.«[90] Die Bezeichnung »der Herr« komme der Bedeutung des arabischen Begriffs nur unzureichend nahe. Auch die Wendung »der Erbarmer, der Barmherzige« bedarf der Erläuterung: »Die beiden Attribute ›rahman‹ und ›rahim‹ entstammen gemeinsam der Wurzel ›rahama‹ mit der Bedeutung: Er zeigt Gnade, er war freundlich und gütig, er vergab und verzieh. ›Rahman‹ bedeutet also, daß der Liebe in der göttlichen Natur Priorität zukommt, daß Gott seine Gunst und seine Gnade sogar Dingen gewährt, die noch nichts getan haben, um sie zu verdienen.« »Rahman« sei eine »Form der Intensität«, die Form »rahim« spreche »von der wiederholten Handlung: Gott ist immer wieder barmherzig, wenn diese Eigenschaft angerufen wird. Im Unterschied zur ersten Form stellt die zweite jene Barmherzigkeit Gottes dar, die wir durch unsere eigenen Anstrengungen auf uns lenken. Als ›rahman‹ stellt uns Gott die Schätze der Natur zur Verfügung, als ›rahim‹ erhört er unsere Gebete und segnet unsere Arbeit.« »Der Herrscher des Gerichtstages«, das vierte Hauptattribut Gottes nach islamischem Verständnis, kennzeichne ihn als »souveränen Herrscher«, dessen »Barmherzigkeit keine Grenzen kennt.«[91]

Ein weiterer Text, in dem sich die islamische Gotteslehre verdichtet, ist der sogenannte »Thronvers«, Sure 2,255: »Gott, es gibt keinen Gott außer Ihm, dem Lebendigen, dem Beständigen. Nicht überkommt Ihn Schlummer und nicht Schlaf. Ihm gehört, was in den Himmeln und was auf der Erde ist. Wer ist es, der bei Ihm Fürsprache einlegen kann, es sei denn mit seiner Erlaubnis? Er weiß, was vor ihnen und was hinter ihnen liegt, während sie nichts von seinem Wissen erfassen, außer was Er will. Sein Thron umfaßt die Himmel und die Erde, und es fällt Ihm nicht schwer, sie zu bewahren. Er ist der Erhabene, der Majestätische.«

88. Vgl. die Anm. zur Stelle in der Koran-Übersetzung von Khoury, Gü ²1992, sowie die komplizierte Übersetzung von Paret, ⁵1989, und den dazugehörigen Kommentar von Paret (⁴1989).
89. Übersetzung Khoury, Gü ²1992. Vgl. Der Koran. Arabisch-Deutsch. Übersetzung und wissenschaftlicher Kommentar von A. Th. Khoury, Bd. 1, Gü 1990, 144 ff.
90. M. S. Abdullah 1992, 40.
91. Ebd. 40 f.

Der Begriff für Thron kann zugleich als »Lehrstuhl« (cathedra) übersetzt werden; dann bezieht er sich, wie bereits einer der Gefährten Muhammads interpretiert, auf das Wissen, also die Allwissenheit Gottes. Gott wird als der schlechthin Überlegene verstanden. »Allahu akbar« meint nicht nur »Gott ist groß«, sondern »größer« – nämlich als alles; man hat dies als einen »unendlichen Komparativ« bezeichnet. Gottes ist der Orient, Gottes ist der Okzident. »Wohin ihr euch auch wenden möget, dort ist das Antlitz Gottes« (Sure 2,115). Gleichzeitig ist Gott dem Menschen näher als seine Halsschlagader (Sure 50,16). Er ist der schlechthin Freie, er rettet, wen er will, und er bestraft, wen er will (Sure 3,129). Gott ist der große Schachspieler, in dessen souveränem Spiel der Bauer sich in einen König verwandeln kann – ein im Iran häufig gebrauchtes Bild.[92]

Der mystisch ausgerichtete Islam konnte neben dem »Thronvers« vor allem den sogenannten »Lichtvers« zum Ausgangspunkt nehmen: »Gott ist das Licht der Himmel und der Erde. Sein Licht ist einer Nische vergleichbar, in der eine Lampe ist ... – Licht über Licht. Gott führt zu seinem Licht, wen Er will, und Gott führt den Menschen die Gleichnisse an. Und Gott weiß über alle Dinge Bescheid« (Sure 24,35). Ein indischer Mystiker des 18. Jhs. antwortet gleichsam auf den Lichtvers mit den Zeilen: »O Gott, setze Licht in mein Herz und Licht in meine Seele, Licht auf meine Zunge, Licht in meine Augen und Licht in meine Ohren; setze Licht zu meiner Rechten, Licht zu meiner Linken, Licht hinter mir und Licht vor mir, Licht über mir und Licht unter mir; setze Licht in meine Nerven und Licht in mein Fleisch, Licht in mein Blut, Licht in mein Haar, und Licht in meine Haut! Gib mir Licht, stärke mein Licht, mach' mich zu Licht!«[93]

Im Bekenntnis zur Einheit *(tawhid)* Gottes treffen sich Mystiker und Orthodoxe. Der Mystiker freilich ist geneigt, die Shahada, das islamische Glaubensbekenntnis, in dem Sinne zu interpretieren, daß es außer Gott nicht nur keine anderen Götter, sondern im Grunde überhaupt nichts geben kann: »Alles ist Er«.[94]

2. Das Bekenntnis zur Einheit Gottes ist in auffallender Weise von Anfang an polemisch formuliert. Die Shahada beginnt mit einer Negation: »*La ... nicht ...!*« Schon in der 112. Sure, einer der frühesten Offenbarungen an Muhammad, wird polemisch darauf hingewiesen, daß Gott weder »zeugt« noch »gezeugt wird«. Diese und ähnliche Abgrenzungen wenden sich ursprünglich nicht gegen das Christentum, sondern gegen den vorislamischen Polytheismus.[95] Das Bekenntnis zur Einheit Gottes schließt jede Form von Dualismus aus: Iblis, der Teufel, bleibt klar Gott untergeordnet.[96] Es wendet sich sodann

---

92. So nach A. Schimmel ²1992, 404.
93. Zitiert nach A. Schimmel ²1992, 306.
94. Ebd. 400.
95. Vgl. Sure 53,19 ff., sowie die Anmerkung zur Stelle in der Übersetzung von M. Henning; ferner W. M. Watt, A. T. Welch, Der Islam I, St 1980, 41-46, 89.
96. H. von Glasenapp 1994, 374, ist freilich überzeugt, der Prophet hege »an der Existenz des Teufels ebensowenig Zweifel wie Martin Luther.«

gegen jeglichen Polytheismus, wobei freilich der trinitarische Glaube ebenfalls als Form des Polytheismus zu stehen kommt und entschieden abgelehnt wird:

»O ihr Leute des Buches, übertreibt nicht in eurer Religion und sagt über Gott nur die Wahrheit. Christus Jesus, der Sohn Marias, ist doch nur der Gesandte Gottes und sein Wort, das Er zu Maria hinüberbrachte, und ein Geist von Ihm ... So glaubt an Gott und seine Gesandten. Und sagt nicht: Drei« (d. h. »drei Götter«, Sure 4,171). Muslime weisen heute gelegentlich darauf hin, daß die Trinitätslehre ja nicht einmal in der Heiligen Schrift der Christen genügend begründet sei.

3. Auch der Islam mußte sich mit Tendenzen auseinandersetzen, die einem radikalen Verständnis von Einheit widersprachen. Zeugnis davon gibt seine ausführliche Engel-Lehre, die hier nicht im einzelnen darzustellen ist.[97] Dazu kommt eine unübersehbare Fülle von Geistwesen *(dshinn)*. So erscheint Gott als »ein General unter unzähligen Scharen von Engeln und Geistern, die fortlaufend seine Befehle ausführen.«[98] Auch von Heiligen- und sogar Reliquienkult (Haare Muhammads in Jerusalem und Delhi!) müßte in diesem Zusammenhang geredet werden.

Eine Tendenz zur Beeinträchtigung des Glaubens an Gottes Einheit und Einzigkeit hat auch zeitweise und vor allem im Volks-Islam die Verehrung des Propheten innegehabt. Muhammad konnte als »Vollkommener Mensch« verstanden und als »Ziel und Zweck der Schöpfung« erklärt werden.[99] Heiler zitiert ein Gedicht auf den Geburtstag des Propheten (aus dem 15. Jahrhundert), in dem es heißt:

»... Als die Zeit vollendet ward,
daß zur Welt kam dieser Menschen Bester zart, ...
Alle Stäubchen in der Welt – mit Freudenschrei
riefen sie zusammen all: Willkommen sei!
...
Du bist jener Fürst, der sämtlichen Propheten,
Licht der Heiligen, Hoffnung aller, die da beten.
...
O Freund Gottes, laß uns Hilfe angedeihen,
Deine Huld erquick mein letztes Stündelein!«[100]

Muhammad kommt als Fürsprecher im Jüngsten Gericht zu stehen; als der »Hochgelobte« in Sure 61,6 wird er – möglicherweise infolge einer irrtümlichen Lesung des griechischen Wortes »paraklytos« als »parakletos«[101] – mit der Verheißung des Parakleten (Joh 14,26) in Verbindung gebracht. Nach H. von Gla-

---

97. Vgl. A. Schimmel, in: Fr. Heiler, RdM 528 f.; H. von Glasenapp 1994, 392; J. Bouman 1980, 174-176, 248-250.
98. Unausgewiesenes Zitat in LRG 427.
99. Fr. Heiler 1991, 508.
100. Ebd. RdM 518.
101. H. Zirker 1993, 122.

senapp konnte Muhammad mit dem Urlicht des Thronverses gleichgesetzt werden[102]; von ihm werde der Ausspruch überliefert:»Ich war schon Prophet, als Adam noch zwischen dem Wasser und dem Lehm war«.[103]

G. Widengren macht darauf aufmerksam, daß Muhammads Ehrentitel – *rasul-Allah*, »Gesandter Gottes« – in der Gnosis »die spezielle Bezeichnung für die Erlösergestalt ist« und von daher in größte Nähe zu Allah gerät.[104]

Der Koran selbst gelangte schon im frühen Islam in Konkurrenz zu Allah. Durfte er als das ungeschaffene Wort Gottes verstanden werden oder mußte er angesichts der Einzigkeit Gottes als eine geschaffene Wesenheit gelten? Diese letztere Meinung vertraten die Mu'taziliten des 9. Jahrhunderts. Man verständigte sich schließlich darauf, daß der Koran in seiner himmlischen Urgestalt unerschaffen, in seiner irdischen geschriebenen oder gelesenen Präsentation jedoch geschaffen sei. Da dem Koran die Funktion zukommt, Gottes Gesetz zu vergegenwärtigen (»Inlibration«) und da er damit in eine gewisse Parallele zum christlichen Inkarnationsgedanken rückt, ist dieses Problem von erheblicher Bedeutung.

(c) Der Schöpfer

Die Aussagen des Koran zur Schöpfung gleichen in vieler Hinsicht denen der Genesis.[105] Johan Bouman weist darauf hin, daß die Schöpfung im Koran häufiger thematisiert wird als in der Bibel: Sie sei nach islamischem Verständnis Gottes »›Urheilstat‹ für die Menschen«.[106] Zu bedenken ist jedoch, daß sie im Koran einen anderen Stellenwert hat als in der Bibel. Sie wird zwar immer wieder einmal erwähnt, aber sie steht nicht am Anfang eines heilsgeschichtlichen Dramas, wie dies vom Aufbau der biblischen Schriften her erscheint – die Heilsgeschichte als ein Weg von der Genesis zur Apokalypse. Die Schöpfung wird auch nicht von der Geschichte her erschlossen oder auf sie hin reflektiert. Wichtig ist dem Muslim am Schöpfungsgedanken vor allem die schlechthinnige Überlegenheit des Schöpfers: »Er ist der Schöpfer der Himmel und der Erde. Wenn Er eine Sache beschlossen hat, sagt Er zu ihr nur: Sei!, und sie ist« (Sure 2,117; vgl. Röm 4,17b!). Dieselbe Überlegenheit zeigt sich am Ende der Tage: Die »ganze Erde wird am Tag der Auferstehung in seiner Hand gehalten, und auch die Himmel werden zusammengefaltet sein in seiner Rechten. Preis ihm! Und erhaben ist er über dem, was sie (Ihm) beigesellen« (Sure 39,67).

Auch für den Islam stellte sich die Frage, wie er seinen Schöpfungsglauben mit der Wahrnehmung der Natur verbinden wollte. Die Lösung ist verblüffend

---

102. H. von Glasenapp 1994, 391.
103. Ebd. 394.
104. G. Widengren 1969, 505; vgl. 500-505.
105. Die wichtigsten Koranstellen sind zusammengestellt in: A. Th. Khoury, P. Hünermann 1983, 74f.
106. J. Bouman 1980, 69.

einfach und eröffnet zudem gewisse Möglichkeiten für die Rezeption der modernen Naturwissenschaften. Schöpfung wird nämlich zwar einerseits als Geschehen am Anfang verstanden. Andererseits aber liegt die Pointe des muslimischen Schöpfungsglaubens darin, daß die schöpferische Aktivität Gottes hinter jedem Einzelvorgang der Natur angenommen wird. Nicht die Natur ist es, die bestimmte Funktionen ausübt oder bestimmte Ziele erreicht, sondern Gott selbst. Es scheint zwar so, als ob das Licht leuchte, das Brot sättige, das Feuer brenne usw. – in Wirklichkeit aber ist es Gott selbst, der dies tut. Dies beinhaltet, daß Konsistenz und Kontinuität in der Schöpfung auf Gottes »Gewohnheit« zurückgehen, daß Gott selbst aber diese »Gewohnheiten« jederzeit durchbrechen kann. Von einem persischen Muslim wird erzählt, er habe beweisen wollen, daß Brandwunden nur durch jeweils neue Befehle Gottes ausgelöst werden können: In Ekstase habe er einen brennenden Scheiterhaufen durchschritten und am Ende tatsächlich nur eine Brandwunde aufgewiesen.[107] Diese Auffassung entspricht in gewisser Weise dem in der Antike vertretenen Atomismus. »Gott – es gibt keinen Gott außer Ihm, dem Lebendigen, dem Aus-sich-selbst-Seienden und Allerhaltenden« (Sure 3,2).[108]

(d) Der Richter

1. Muhammad fühlte sich offensichtlich besonders durch ein nahe bevorstehendes Endgericht bedroht und bedrängt. Man hat angenommen, dieses Bewußtsein könnte ihm durch das Christentum vermittelt worden sein, da die vorislamischen Religionen Arabiens für diesen Gedanken eigentlich keinen Boden abgaben.[109] Sure 101 beschreibt die »pochende Stunde«: »An dem Tag, da die Menschen gleich verstreuten Motten sind und die Berge gleich bunter zerflockter Wolle, dann wird der, dessen Waage schwer ist, im angenehmen Leben sein; doch der, dessen Waage leicht ist – seine Mutter wird der Höllenschlund sein. Und was macht dich wissen, was er ist? Ein glühend Feuer!«[110] Dann werden die Menschen ihre Werke schauen: »Wer nun Gutes im Gewicht eines Stäubchens tut, wird es sehen. Und wer Böses im Gewicht eines Stäubchens getan, wird es sehen« (Sure 99,7). Hölle und Paradies werden beispielsweise in der 88. Sure beschrieben. Im Blick auf die Hölle wird man mit Friedrich Heiler sagen können: »In der Schilderung der Höllenstrafen erreicht der Koran nicht die ausschweifende Phantasie christlicher Apokalyptiker; erst spätere Volksfrömmigkeit konnte sich nicht genugtun in der Darstellung jeder Art von Stra-

---

107. Nach A. Schimmel, in: Fr. Heiler 1991, RdM 528.
108. Übersetzung M. S. Abdullah 1992, 36 (dort zitiert als 3,3). Zu Seinsspekulationen der Ismailiya und der Sufi vgl. z. B. S. H. Nasr 1993, 205 f.
109. Vgl. z. B. H. von Glasenapp 1994, 374.
110. Übersetzung Henning; dort gezählt als Sure 101,3-8; die Überschrift von Sure 100 gibt Khoury mit »die Katastrophe« wieder. Umstritten ist vor allem die Übersetzung von »Mutter«; vgl. den Kommentar von Paret zur Stelle.

fen …«[111] Es ist wohl doch zu einseitig, wenn als die »religiöse Grundstimmung des Islam« das »Beben vor dem allmächtigen Richter« beschrieben wird.[112] Es ist im Koran zwar unendlich oft vom Gericht und von Vergeltung die Rede; doch ist nicht zu übersehen, daß es dabei um die Souveränität der Gerechtigkeit Gottes geht. Nach Auffassung der Mu'taziliten sollten selbst die Tiere »im Jenseits für erlittenes Unrecht entschädigt werden«![113]

Schließlich ist nicht zu vergessen, daß jede Sure (außer der 9.) beginnt mit: »Im Namen Allahs, des Erbarmers, des Barmherzigen!« In diesem Zusammenhang ist zu erinnern an die »Schönsten Namen Gottes«, 99 an der Zahl, der hundertste gilt als unbekannt. Dieser Namen kann der fromme Muslim mit Hilfe seiner Gebetsschnur gedenken. Auch »der Richter« und »der Gerechte« gehören zu den schönen Namen Gottes! Daneben wird er gepriesen als

> »der Feinfühlige und Kluge, der Kundige, der Milde, der Großartige …
> das Licht, der Rechtleitende,
> der ohnegleichen Schaffende,
> der Bleibende, der alles Erbende,
> der, der auf den rechten Weg bringt,
> der Geduldige.«[114]

Zudem ist im Koran durchaus auch von Liebe und Vergebung ausdrücklich die Rede: »Wenn ihr Gott liebt, dann folgt mir, so wird Gott euch lieben und euch eure Sünden vergeben. Und Gott ist voller Vergebung und barmherzig« (Sure 3,31). Nicht eindeutig klar wird freilich, wo die Grenzen des Verzeihens liegen: »Mit meiner Pein treffe ich, wen Ich will. Und meine Barmherzigkeit umfaßt alle Dinge …« (Sure 7,156). Dagegen steht freilich Sure 4,116: »Gott vergibt nicht, daß Ihm (etwas) beigesellt wird, und Er vergibt, was darunter liegt, wem er will …«. Dies würde besagen, daß den Polytheisten nicht vergeben werden kann, und ebensowenig den Christen, da sie ja nach islamischer Auffassung Jesus Christus dem einen Gott »beigesellen«.

2. Das Problem der Prädestination soll später besprochen werden.[115] Eine Anmerkung zum Vorwurf des Fatalismus gegenüber dem Islam ist aber schon an dieser Stelle sinnvoll. Gewiß will sich der fromme Muslim dem Walten des allmächtigen Gottes ausliefern, doch stellt es ein Mißverständnis dar, dies als Fatalismus zu bezeichnen. Die Geschichte der Ausbreitung des Islam bereits zeigt, daß die Muslime der ersten Jahrhunderte keineswegs von Fatalismus erfüllt gewesen sein können. Wenn sich der Muslim in sein Schicksal ergibt, dann heißt dies vielmehr, daß er sich auch in extremen Belastungen der Recht-

---

111. A. Schimmel, in: Fr. Heiler, RdM 500.
112. Gegen T. Andrae 1980, 125. »Fromm ist der, welcher fürchtet.« Ebd. 119.
113. Fr. Heiler, RdM 527.
114. Text bei A.-Th. Khoury, Gebete des Islams, Mz 1981, 42 f. Vgl. ferner R. Walter (Hg.), Die hundert Namen Gottes. Tore zum letzten Geheimnis, Fr 1985, eine assoziative christliche Auslegung einiger dieser Namen.
115. Vgl. unten S. 537 ff.

leitung seines Gottes überläßt. »Die Hingabe in den Willen, der in der Schöpfung schaltet und waltet, ist kein Fatalismus … Der Gläubige gestaltet sein Leben in dem Gedanken, daß er in ein großes Ganzes hineingestellt ist.«[116]

Johan Bouman faßt zusammen, indem er feststellt, der »Mensch des Islams« kenne »einen heiligen Schauer vor der Größe Allahs, er steht, oder besser, er wirft sich nieder vor dem Allmächtigen, zu dem er in letzter Instanz keinen Zugang hat, wohl aber das ergebene Vertrauen, daß dieser ganz Andere und Numinose sein Heil bewirken wird und kann, ohne den Weg Allahs zu durchgründen.«[117] Der Glaube des Muslim an seinen Gott reproduziert sich in der alltäglichen Praxis: »Weil er sich bewußt ist, daß letztlich alles in Gottes Hand steht, beginnt er jede Tätigkeit in Seinem Namen – ›bismillah!‹ –, stellt Ihm den Erfolg anheim – ›inscha' allah!‹ (wenn Gott will) – und schreibt Ihm jeden Erfolg zu – ›mascha' allah!‹ (was Gott will/wollte). Dabei fühlt er sich in der Vorsehung Gottes, zu dem allemal seine Heimkehr ist (10:4), geborgen.«[118]

(3) Hinduistische Gottes- und Göttervorstellungen[119]

Die Geschichte der religiösen Vorstellungen der Hindus ist äußerst komplex und kaum durchschaubar. Friedrich Heiler vergleicht sie, wie oben bereits geschildert, mit dem indischen Feigenbaum, der von seinen Ästen her Luftwurzeln zum Erdboden sendet; auf diese Weise bilden sich neue Stämme, die das vorhandene Astwerk stützen und erweitern, so daß ein unentwirrbares Geflecht von alten Zweigen und ganz frischen Trieben entsteht.[120] Die Schwierigkeit liegt nicht nur im hohen Alter der ersten Anfänge hinduistischer Traditionen und in der darauf folgenden wechselnden und regional ausdifferenzierten Geschichte. Man erinnere sich in diesem Zusammenhang an die vier wichtigsten Phasen: die Zeit der noch nicht schriftlich fixierten Veden (1700-1200 v.Chr.), die Entstehung der Upanishaden (wohl ab ca. 800 v.Chr.), die Entstehung des Mahabharata (Bhagavadgita!) und des Ramayana (ab dem 2. Jh. v.Chr., schließlich das Auftreten der großen philosophischen Systeme: Shankara (um 600 n.Chr.), Ramanuja (um 1100 n.Chr.), Madhva (um 1250 n.Chr.). Daß in der genannten Literatur oft höchst unterschiedliche Fundstellen angegeben werden, hängt damit zusammen, daß man die hinduistischen Gottes- und Göttervorstellungen

---

116. S. Balić, Ruf vom Minarett. Weltislam heute – Renaissance oder Rückfall? Eine Selbstdarstellung, H ³1984, zitiert nach J. Lähnemann 1986, 77.
117. J. Bouman 1980, 263.
118. M. Hofmann 1992, 85.
119. Zum Ganzen vgl. M. von Brück 1987, besonders 30-117; J. Gonda ²1978, 48-103, 214-278; Fr. Heiler, RdM 141-152, 233-241; A. Michaels 1998, 222-250 (übersichtliche Tabelle ebd. 67 f.). Die Datierungen schwanken.
120. Fr. Heiler, RdM 232.

im Grunde nicht in einem Kapitel abhandeln kann. Damit stellt sich die Frage nach einer verantwortlichen Auswahl. Man bedenke, welch unterschiedliche Ergebnisse zu erzielen wären, je nachdem, ob man die christliche Gotteslehre an Thomas von Aquin, an Lourdes oder an der nordamerikanischen Tod-Gottes-Theologie entfalten würde! Daß es im Glauben der Hindus keine einheitliche Wirkungsgeschichte eines bestimmten Konzeptes gibt, hängt freilich mit ebendiesem Konzept selbst zusammen. Paul Schwarzenau nimmt ein Zitat von Thomas Mann zur Beschreibung des antiken Ich-Bewußtseins zum Vergleich: »Es stand gleichsam nach hinten offen und nahm vom Gewesenen Vieles mit auf, was es gegenwärtig wiederholte, und was mit ihm ›wieder da‹ war.«[121] So kommt es, daß in der indischen Religionsgeschichte aus der Gestalt des einen Gottes sozusagen die Gestalt eines anderen »hervortreten« kann.[122]

(a) Vedische Gottheiten

Die vedischen Gottheiten sind zunächst Naturgötter: *Dyaus*, oft als Vater *(pitar)* bezeichnet, der Himmelsgott, gibt seine Verwandtschaft mit »Zeus Pater« unschwer zu erkennen. Der Gott des Feuers, Agni (vgl. Ignis), gilt als Gott des Feuers in jedwedem Zusammenhang: irdisches Feuer wie Herdfeuer oder Waldbrand, himmlisches Feuer – Blitz oder Sonne –, aber auch das erleuchtende Feuer des Denkens kann gemeint sein. Agni wird so zum inspirierenden Licht der Dichter und der heiligen Texte. Die Vielfalt von Deutungsmöglichkeiten im Blick auf eine einzige Gottheit, wie sie das hinduistische Denken charakterisiert, zeigt sich schon in vedischer Zeit. Indra hat offensichtlich in der vedischen Religiosität eine bevorzugte Stellung innegehabt; er begegnet als Fürst und Kämpfer, in ihm repräsentieren sich die Kräfte der Natur, Blitz und Donner ebenso wie die männliche Potenz.

> »Der Gott, der höchste an Einsicht, der eben geboren, die Götter an Macht übertraf ... er, ihr Leute, ist Indra.
> Der die schwankende Erde festigte, der die unruhigen Berge zur Ruhe brachte ...
> durch den hier alle Dinge unstet geworden sind ...
> der Schreckenerregende, nach dem sie fragen ›wo ist er?‹, von dem sie auch sagen ›er ist gar nicht‹ ... er, ihr Leute, ist Indra.«[123]

Aber dieser mächtige Indra kann dann auch wiederum mit Varuna (vgl. griechisch ›Uranos‹) identifiziert werden: »Ich, Varuna, bin Indra ...« (Rigveda IV,42,3).[124] Von Anfang an fällt auf, daß der Übergang zwischen den einzelnen Gottheiten fließend ist, daß der Status von Gottheiten jenseits von Sein und

---

121. Thomas Mann nach P. Schwarzenau 1993, 161.
122. Eine glückliche Formulierung bei P. Schwarzenau 1993, 167.
123. Rigveda II 12,1-5,13, nach M. Eliade ²1994, Bd. 4, 41.
124. Nach M. Eliade ²1994, Bd. 4, 42.

Nichtsein vermutet wird und daß eine in Erscheinung tretende Gottheit doch auch wieder als geboren und damit als einer übergreifenden Macht unterworfen gilt. So begegnet denn auch bereits in den Veden der Ausdruck »*brahman*«, neutrisch, »der Name einer ganz fundamentalen, tragenden Kraft ..., die als unbeweglich, fest, stützend gedacht wurde.«[125] Sie wurde später identifiziert mit dem als Schöpfergott verstandenen »Brahma«, mit dem sie aber nicht verwechselt werden darf.[126]

(b) Schöpfungsvorstellungen

Schon der Begriff »Schöpfungsvorstellungen« ist, streng genommen, nicht hinduistisch gedacht. Eine »Schöpfung«, wie sie etwa in der Genesis geschildert wird, kennt das hinduistische Denken nicht; sie würde ja ein klares Gegenüber von Schöpfer und Geschöpf voraussetzen.

Die hinduistischen Weltentstehungs-Vorstellungen begegnen in unterschiedlichstem mythologischem Gewand. Es sind jedoch zwei Grundmuster, die immer wieder abgewandelt werden: Emanation und Opfer.

Weltentstehung wird begriffen als aus sich selbst heraus sich vollziehende Entfaltung von Unentfaltetem. Dieser Gedanke kann sich einkleiden in die merkwürdige Vorstellung vom »Weltei«:

»Er ..., der Ewige, der alle Dinge in sich enthält und unbegreiflich ist, der trat von selbst in die Erscheinung.
Er, der die verschiedensten Geschöpfe aus sich hervorzubringen wünscht, schuf mit seinem Denken zuerst die Wasser, in die er Keimkräfte sandte.
Daraus entstand ein goldenes Ei, an Glanz der Sonne gleich. In diesem ließ er sich selbst als Brahman gebären, der Schöpfer der ganzen Welt ...
Aus dieser unvorstellbaren, ewigen Grundursache, die zugleich wirklich wie auch unwirklich ist, wurde der persönliche Geist erzeugt, berühmt in dieser Welt als Brahman.
Der Göttliche wohnte in diesem Ei ein Jahr lang; dann teilte er es durch seine Denkkraft in zwei Hälften ...
Aus sich selbst ließ er die Denkkraft hervorgehen, die zugleich wirklich wie auch unwirklich ist, und aus der Denkkraft das Ich-Bewußtsein ...«[127]

Was hier mit »Denken« übersetzt ist, meint im Sanskrit die Kraft meditativer und asketischer Konzentration, durch die schöpferische »Hitze« entsteht *(tapas)*. Es ist zugleich die Hitze der Zeugung und die Bruthitze. »Der Gott-Schöpfer erwärmt sich selbst und bringt so das All hervor: durch innere Glut, indem er die Emanation (das Hervortreten der Welt aus Gott) als seinen

---

125. J. Gonda ²1978, 32.
126. Da in der Literatur die Schreibweise der Namen gerade bei dieser wichtigen Unterscheidung durcheinandergeht, schließe ich mich i. a. der Sprachregelung von LÖW an.
127. Gesetzbuch des Manu I,5-14, nach M. Eliade ²1994, Bd. 4, 93 f.

Schweiß hervortreten läßt oder indem er das kosmische Ei bebrütet.«[128] In der konzentrativen Anspannung des Meditierenden reproduziert sich in gewisser Weise das uranfängliche Weltentstehungsgeschehen. Wichtig an dieser Vorstellung ist, daß also der Schöpfer selbst nicht den Anfang der Weltentstehung setzt, sondern in deren Abfolge entsteht.

Diese Vorstellungswelt begegnet in den unterschiedlichsten mythologischen Ausgestaltungen. Nach Darstellung des Ramayana läßt Vishnu, der hier als der höchste und schlechthin transzendente Gott erscheint, Brahma, »den Schöpfer der phänomenalen Welt, aus einem Lotos, der die Vegetationskraft repräsentiert, und aus seinem Nabel, dem Zentrum der Schöpfung, emporsprießt, geboren werden und trägt ihm das Schöpfungswerk auf.«[129] Eine andere Bildwelt: »Wie die Spinne die Fäden entläßt, wie die Gewächse auf der Erde entstehen, wie die Funken aus der Flamme hervorstieben, so entsteht hier alles – man beachte das Präsens! – aus dem Unvergänglichen.«[130] Auch die »Selbstbegattung einer mann-weiblichen Schöpfergottheit« kann als Bild für den Anfang der Weltentstehung verstanden werden[131]: »Als Prajapati die Geschöpfe zu schaffen wünschte, fand er kein zweites Wesen zur Paarung. Darum nahm er jene (zweigeschlechtliche) Gestalt an, vereinte sich mittels seines Daumens mit sich selbst und schuf so die Geschöpfe« (Kathaka-Upanishad). Die Schöpfermacht Gottes wird aber in manchen Traditionen wiederum ihrerseits personifiziert gedacht als die Göttin Shakti. Schließlich kann die Schöpfung auch auf das schöpferische Wort Brahmas zurückgeführt werden: »Er spricht: Bhuh (Erde), das wurde diese Erde; *Bhuvah* (Luftraum), das wurde dieser Luftraum; *Svah* (Himmel), das wurde dieser Himmel.«[132] Friedrich Heiler trägt freilich zu einem Mißverständnis bei, wenn er diesen Satz zu Genesis 1,3 in Beziehung setzt und behauptet, das Schöpfungswort sei dann hypostasiert worden (im Sinne von Logos).[133] In den hinduistischen Texten ist es vielmehr so, daß Brahma die Personifizierung der unpersönlichen Kraft Brahman ist und daß Brahma, der Schöpfer, sich selbst dieser unpersönlichen Kraft verdankt. Er kann in anderen Zusammenhängen dann aber auch wieder mit Prajapati identifiziert oder als »der durch sich selbst Entstandene« bezeichnet werden.[134] Die Weltentstehung wird als ein intransitiver Prozeß verstanden; sie läßt sich nicht als ein Geschehen zwischen einem aktiven Schöpfer und einer passiven Schöpfung auffassen. Die als Schöpfergottheiten zu stehen kommenden Kräfte gehören selbst in diesen

---

128. H. Zimmer, zitiert nach P. Schwarzenau 1993, 28.
129. So die Darstellung bei J. Gonda ²1978, 263 f.
130. Ebd. 186.
131. Zitiert bei Fr. Heiler, EWR 472.
132. Zitiert nach Fr. Heiler, EWR 333.
133. Ebd. 333: »Das johanneische ›Alles ist durch den Logos gemacht‹ ist vorweggenommen in dem gleichen vedischen Priesterbuch (I 8,8,4 ff.), wo es heißt: ›Von der Rede *(Vac)* leben alle Götter, ... die Tiere und Menschen ... Die Rede ist das Unvergängliche, sie ist die Erstgeburt des Gesetzes *(rta)*, die Mutter der Veden, der Nabel der Unsterblichkeit.«
134. J. Gonda ²1978, 263.

Prozeß hinein, der mit dem Ende eines bestimmten Weltzeitalters zur Ruhe kommt und nach unendlichen Zeiträumen von Neuem sich zu entfalten beginnt.

Ebenfalls bereits im Rigveda, freilich mit unterschiedlicher Rezeptionsgeschichte, begegnet die Vorstellung, die Weltentstehung entspreche einer kosmischen Opferhandlung. Purusha, der kosmische Urmensch, der später mit Brahma identifiziert werden konnte, läßt sich im Opferritus auseinandernehmen, wodurch die verschiedenen Teile des Kosmos entstehen:

»Als sie den Purusha nun auseinanderteilten
wie legten sie dabei die Teile aus?
Was ward sein Mund? Was wurden seine Arme?
Wie wurden Lenden, Füße da benannt?
Zu den Brahmanen ward Sein Mund.
Aus Seinen Armen ward die Kriegerkaste.
Das Handelsvolk entstand aus Seinen Lenden.
Die Knechte aus dem Fuß entsprossen sind …«[135]

In der Bhagavadgita wird dieser Gedanke aufgenommen. *Brahman* selbst wird nun als das Opfer bezeichnet, »als der Opfernde, als das, was geopfert wird, und als der Akt des Opferns.«[136] Der katholische Interpret Bede Griffiths sieht sich hier an das römisch-katholische Verständnis des Opfers Christi in der Eucharistie erinnert.

(c) Brahma – Vishnu – Shiva

Spätestens seit der Mitte des 1. vorchristlichen Jahrtausends werden die unpersönlichen Gott-Kräfte zu persönlichen Gottheiten, die unter dem Namen »Herr« *(ishvara)* angerufen werden können. Der Schöpfergott Brahma, der im Rigveda noch nicht genannt wird, verliert dabei, weil allzu abstrakt, an Bedeutung. Vishnu, dessen Name im Rigveda durchaus bekannt ist, erhält ein neues Profil, und Shiva, den der Rigveda noch nicht kennt, tritt ins Bewußtsein.

Vishnu, besonders in der Ganges-Ebene verehrt, wird verstanden als der Erhalter der Welt und Freund der Menschen. Er ist hilfsbereit und greift in mancherlei Gestalten hilfreich in das Weltgeschehen ein – als Fisch, als Eber, als Mann-Löwe (Mann mit Löwenkopf) oder als Zwerg. Wenn der Dharma gefährdet ist, vergegenwärtigt er sich den Menschen als Avatar (»Herabkunft«), wie er dies insbesondere in der Gestalt Krishnas oder Ramas getan hat. Anders als zu philosophisch abstrakt gedachten Gottheiten kann man zu den Avataras persönliche Beziehung aufnehmen; sie stellen zugleich Ideale auf der Suche nach Ordnung und Erlösung dar. Vishnu wird meistens in der Gestalt dieser

---

135. Rigveda X,90.
136. BG 194.

Gott

Avataras verehrt: Krishna scheint eine historische Gestalt zu sein; nach indischer Tradition hätte er Ende des vierten vorchristlichen Jahrtausends gelebt.[137] Um ihn ranken sich zahlreiche Legenden, die man zur Gestalt Jesu in Beziehung gesetzt hat.[138] In der Bhagavadgita offenbart er sich und sein Geheimnis dem Arjuna.

Rama gilt als der ideale Mann (Sita, seine Gattin, als die ideale Frau). Er ist liebevoll in der Ehe, tüchtig im Kampf, ausdauernd im Leiden. Sein Leben wird im Ramayana geschildert.

Shiva, besonders im Himalaya geschätzt, ist demgegenüber ein aggressiv gedachter Gott. Er ist der »Herr«, der auch das Böse, Krankheit und Tod sendet. Er kann mit dem alles vernichtenden Gott der Zeit, Kala, identifiziert werden. Aber er richtet seine Aggressivität auch gegen die Dämonen. Seine zerstörende Kraft wird als zugleich erlösend aufgefaßt. Er ist damit zugleich ein Gott, der den Tod überwindet und dem die schöpferischen Kräfte von Zeugung und Geburt zugehören. Deshalb wird ihm unter der Gestalt des phallusartigen Lingam und dessen weiblicher Entsprechung, der Yoni, gehuldigt.[139] Shiva – wie auch sein Verehrer – bewegt sich zwischen den Extremen. Einerseits repräsentiert er die Kraft der Sexualität, andererseits gilt er als der radikale Asket. Das »Verlangen, die von ihm eingeflößte Angst und das von ihm ausgehende Grauen zu erleben, sowie der Wunsch, die Natur zu überwinden«, haben ihm Tausende von Asketen zugeführt.[140] Er tanzt auf einem zertretenen Dämon den kosmischen Tanz des Weltprozesses von Schöpfung, Erhaltung und Zerstörung. Seine Gefährtin ist Shakti, die göttliche Kraft, die aber zugleich wieder mit ihm selbst identifiziert werden kann. Er repräsentiert und versöhnt in gewisser Weise zugleich alle Gegensätze.

Shiva und Vishnu schließen einander gegenseitig nicht aus, wenn es auch gelegentlich zu einer gewissen Polemik zwischen Shivaiten und Vishnuiten kam. Die beiden Götter repräsentieren zwei Pole hinduistischer Religiosität. Zusammen mit Brahma wurden sie scholastisch zusammengefaßt zu einer Art »Dreieinigkeit« *(trimurti)*, die aber für die faktische Religionsausübung keinerlei Bedeutung erlangte. Jeden von ihnen konnte man als Ishvara anrufen. Weder in den heiligen Schriften der Hindus noch im Volksglauben ist ein Bedürfnis zu erkennen, das Verhältnis der Götter zueinander klar zu bestimmen. Dies gilt natürlich auch für die Göttinnen – Durga, die »Unergründliche«, Shakti, die göttliche »Kraft«, und Kali, die »Schwarze«, Gemahlinnen des Shiva.

---

137. Vgl. H. von Stietencron in: H. Küng 1984, 277.
138. Vgl. unten S. 380 f.
139. Fr. Heiler verweist auf den religionsphänomenologischen Kontext und behauptet: »Ein Rest der antiken phallischen Zeremonien hat sich bei der römischen Taufwasserweihe erhalten, bei welcher die Osterkerze in das Taufwasser gestoßen wird. In den begleitenden Gebeten kommt deutlich zum Ausdruck, daß dieser Zeugungsakt das Wasser gebärfähig machen soll.« EWR 103.
140. J. Gonda ²1978, 258.

(d) Das eine Absolute und die vielen Devas

Die indische Religiosität kennt eine Vielzahl von Devas (Sanskrit: »Leuchtende«), die jedoch nur begrenzt mit den »Göttern« beispielsweise der orientalischen Religionsgeschichte verglichen werden können. Die Devas sind sterbliche Wesen, sie sind geschaffen und müssen eines Tages wieder abtreten. Schon ein einziger Deva wie beispielsweise Agni kann, wie erwähnt, unter vielen Gestalten auftreten. Vishnu hat die Möglichkeit, in Form seiner unterschiedlichen Avataras Verehrung zu empfangen. Brahma konnte mit Prajapati, Indra mit Vishnu identifiziert werden. In Rigveda I,164,46 heißt es:

»Man nennt Ihn Indra, Varuna und Mitra,
Agni, den schönbeschwingten Himmelsvogel.
Viele Namen geben die Seher Ihm, der *einer* ist …«.

Hinzu kommen die volkstümlichen Gottheiten, die oft auf dem Wege über eine mythologische Genealogie mit den klassischen Göttern verbunden werden: Ganesha, der elefantenköpfige Gott, beseitigt alle äußeren und vor allem auch die spirituellen Hemmnisse; Hanumat, der affengestaltige Gott, empfiehlt sich durch seine Schläue.[141] Das Mahabharata kennt 33.333 göttliche Wesen, die südindischen Schivaiten nennen 1.100.000 Götter und Dämonen. Aber schon im Rigveda heißt es im Blick auf den Uranfang:

»Nicht war Nichtseiendes, Nichtseiendes war damals …
Von ihm verschieden war sonst nichts vorhanden …
Die Götter sind ja selber später als dieses,
Und sind selber durch das Auseinander geschaffen worden« (RV X 129).[142]

Es ist daher höchst mißverständlich, im Blick auf den Hinduismus von einer Vielzahl von »Göttern« zu sprechen. Indische Religiosität ist getragen von dem Wissen um das Absolute, das dann auch personalisiert als Ishvara angerufen werden darf. Udo Tworuschka hält fest: »Brahman ist nicht pluralisierbar. … Für den intellektuellen Hindu ist einzig und allein Brahman real.« Er schlägt vor, »*deva*« nicht mit »Gott«, sondern eher mit »Himmlischer« o. ä. zu übersetzen.[143] Mit Hilfe des – unter Umständen polemisch gebrauchten – Begriffs »Polytheismus« wird man der indischen Religiosität nicht gerecht. Der Polytheismus selbst kann, wie wir gesehen haben, neu bewertet werden – unter kulturellen Gesichtspunkten: als Fähigkeit der Differenzierung, als Möglichkeit, unterschiedliche Erfahrungen zu benennen, als Modell, Grundkräfte (wie männ-

---

141. Eine Beschreibung der einzelnen Gottheiten und ihrer Legenden (mit Darstellung) gibt z. B. V. Ions, Indische Mythologie, Wi 1967, 13-23, 42-112. Eine schematische Darstellung findet sich bei H. von Glasenapp 1943, 148 f. – nach dem Schema: Name, Funktion, Köpfe, Hautfarbe, Arme mit Attributen, sitzt auf, verheiratet mit …!
142. Nach Fr. Heiler, RdM 144 f.
143. U. Tworuschka 1982, 124.

lich/weiblich) differenziert gelten zu lassen.[144] Raimon Panikkar hält fest, Polytheismus bedeute jedenfalls »nicht eine Mehrzahl dessen, den der Monotheismus als Einzigen anerkennt.«[145] Alex Michaels urteilt, die »Positionen ›Es gibt nur einen Gott‹ und ›Alle Götter sind eins‹« seien in den Hindu-Religionen »nicht so weit voneinander entfernt«, wie man häufig meine. Der – von ihm so gezeichnete – »oszillierende und poröse Äquitheismus« zeige sich in ihnen allen.[146]

(e) Systematisierungen

Eine gewisse Systematisierung der hinduistischen Götterwelt hat sich einerseits pragmatisch, andererseits auf philosophischer Ebene vollzogen.

Die pragmatische Seite dieses Prozesses faßt Heinrich von Stietencron folgendermaßen zusammen: Schließlich »hat jede der großen Hindu-Religionen diese drei großen Götter in ihrer Funktion als Weltschöpfer (Brahma), Welterhalter (Vishnu) und Weltzerstörer (Shiva) integriert. Diese Göttertrias wird wiederum nur als funktionale Differenzierung der höchsten Gottheit – sei diese nun Vishnu, Shiva oder die Große Göttin – gesehen, welche alle diese Formen überragt und umgreift. Die höchste Gottheit selbst hat viele Namen und wird darüber hinaus von den Shivaiten als ›Herr‹ (ishvara), von den Vishnuiten als ›Erhabener‹ (bhagavan) und von den Shaktas als ›Göttin‹ (devi) angerufen.«[147] Die formale Bezeichnung dieser Trias als »trimurti« hat kein großes Gewicht. Es ist auch mißverständlich, hier von »Dreieinigkeit«[148] oder »Dreifaltigkeit«[149] zu sprechen, da es gerade nicht um Dreieinigkeit, sondern um die Erscheinung des Einen in drei Erscheinungsweisen geht. Die Macht des Göttlichen differenziert sich unendlich und ist doch letztlich eine einzige Wirklichkeit.

Wichtiger ist in diesem Zusammenhang die philosophische Ebene. Mit Recht weist Heinrich von Stietencron darauf hin, daß es sich bei der Konzeption des *brahman* als des Absoluten um »die abstrakteste Vorstellung des Göttlichen, die je konzipiert worden ist«, handelt.[150] Er verweist auf die schöne Stelle in der Chandogya Upanishad 6,12,3, in der erzählt wird, wie ein Vater seinen Sohn eine Feige holen und öffnen läßt. Auch einer der in ihr enthaltenen Samen wird geöffnet und geteilt, bis man keine Einzelheit mehr sieht; nun belehrt der Vater den

144. Vgl. die Aufwertung des Polytheismus unter postmodernem Vorzeichen (O. Marquard) oder durch feministische Ansätze; vgl. Carsten Colpe, Art. Polytheismus, in: EKL ³, 1265 f. (Lit.). Vgl. oben S. 236 ff.

145. R. Panikkar, Die vielen Götter und der Eine Herr. Beiträge zum ökumenischen Gespräch der Weltreligionen, Weilheim 1963, 44.

146. A. Michaels 1998, 233.

147. H. von Stietencron in: H. Küng 1984, 272.

148. H. von Glasenapp 1943, 151.

149. R. C. Zaehner 1964, 92.

150. H. von Stietencron in: H. Küng 1984, 280.

Sohn: »Aus dieser Winzigkeit, die man nicht wahrnehmen kann, ist jener große Feigenbaum entstanden. Diese Winzigkeit ist das Selbst des Universums. Das ist die Wahrheit, das ist das (individuelle) Selbst, das bist Du, Shvetaketu.« Das Geheimnis des Lebens ist allenthalben dasselbe. Es durchwaltet den Makrokosmos wie den Mikrokosmos. Der einzelne Mensch darf es in sich selbst entdecken und sich selbst darüber vergessen; *brahman* ist *atman*. Von allem darf ich sagen: *tat tvam asi* – ›Das bist Du‹ und zugleich ›*brahmasmi* – ich bin *brahman*‹.

In der späteren Vedantalehre wurde das Brahman weiter expliziert: Es ist »Seiendes« *(sat)*, Bewußtsein *(cit)* und Glückseligkeit *(ananda)*.[151]

(4) Buddhistische Reflexion des Absoluten[152]

Der Buddhismus galt, wie bereits dargetan, lange Zeit als »a-theistische« Religion. Man hat die Frage gestellt, ob er nicht eher als Philosophie denn als Religion zu verstehen sei. Bestimmt man jedoch die Heilsfrage als konstitutiv für das Wesen von Religion – im Gegensatz zu Philosophie –, dann muß der Buddhismus eindeutig zu den Religionen gerechnet werden. Das Problem, das sich mit dem – im Buddhismus so nicht gegebenen – Begriff »Gott« zeigt, läßt sich daher nur einigermaßen schwer zur Darstellung bringen. Hinzu kommt, daß man gerade im Blick auf die Gottesfrage klar zwischen dem Theravada-Buddhismus, der dem ursprünglichen Buddhismus entspricht, und dem Mahayana-Buddhismus unterscheiden muß, der mit seiner Universalität und Anpassungsfähigkeit gleichsam die ›katholische‹ Linie des Buddhismus darstellt. Davon ist noch einmal der im 6./7. Jh. n. Chr. entstandene Vajrayana-Buddhismus abzuheben.

Man muß die Frage nach Gott bzw. dem Absoluten im Buddhismus mindestens in den folgenden drei Hinsichten stellen:
– im Blick auf die durchaus anerkannten »Devas«,
– im Blick auf die für das Absolute verwendeten Begriffe Nirvana, Shunyata, Dharma,
– im Blick auf die im Mahayana eine wichtige Rolle spielenden Bodhisattvas.

151. H. von Stietencron in: H. Küng 1984, 281; M. von Brück 1986, 46-52. Von Brück faßt mit den Worten eines indischen Autors zusammen: »Für den Vedanta ist das Absolute die innere Essenz oder Realität von allem, und als solches ist es immanent und transzendent zugleich. Das Absolute ist weder eine Realität neben anderen noch eine bloße Synthese von empirischen Erscheinungen, noch ist es ein leeres Nichts; es ist das Reale selbst von allem.« Ebd. 53.
152. Zum Ganzen vgl. H. Bechert in: H. Küng 1984, 419-434 und 508-519; M. von Brück 1997, 412-461; H. von Glasenapp, Buddhismus und Gottesidee, Wi 1954; H.-J. Greschat 1980; S. Hisamatsu, Die Fülle des Nichts. Vom Wesen des Zen. Eine systematische Erläuterung, Pfullingen 1975; H. Küng in: ders. 1984, 526-559; K. Nishitani, Was ist Religion?, F 1982; P. Schmidt-Leukel, 1992, 426-448; H. Waldenfels, Absolutes Nichts, Fr ³1980; H. Waldenfels 1982.

(a) Die »Devas«

Im Buddhismus werden »Götter« keineswegs abgelehnt, aber sie haben einen völlig anderen Stellenwert, als ihn der westliche Christ im Zusammenhang mit dem Begriff »Gott« assoziiert. *Devas* stellen überirdische Mächte dar, die den Menschen im Alltag durchaus helfen können, ihrerseits aber in den Kreis der Wiedergeburten eingeschlossen sind. Der Bereich der *devas* ist einer der sechs Bereiche, in den hinein eine Wiederverkörperung erfolgen kann. Wenn das Karma der Götter aufgebraucht ist, kehren sie wieder zurück; ihre Göttlichkeit erlischt. Aber auch solange es sich um »Götter« handelt, können sie niemanden zum Nirvana führen, dem sie ja selbst noch nicht angehören. Hans-Jürgen Greschat bringt ein Zitat aus einem Interview von 1959 bei, in dem es heißt: »Als Buddhisten glauben wir natürlich an die Götter. Jeder Zweifel ist ausgeschlossen, es gibt sie wirklich. Und wir machen sie uns geneigt, das heißt, wir opfern ihnen Speisen, ganz ebenso, wie ich Ihnen etwas zu essen oder eine Tasse Tee anbiete, wenn ich möchte, daß Sie etwas für mich tun. Mit Religion aber haben die Götter auch nicht das mindeste zu schaffen, d. h., sie haben nichts zu tun mit der Erlösung vom Leiden und von der Wiedergeburt. Diese Erlösung kommt allein durch Buddha, Dhamma, Sangha.«[153]

Buddha hat die Vorstellung von *devas* aus seinem indischen Umfeld übernommen und – ebenfalls in gewisser Analogie zum hinduistischen Denken – transzendiert. Sie haben im eigentlichen Sinne mit der Religion und ihren erlösenden Kräften und Praktiken gar nichts zu tun.[154] Buddhistische Laien dürfen sich ohne weiteres an Götter wenden; den Mönchen ist es nur deshalb untersagt, weil sie sich ja aus dem weltlichen Leben, zu dem die Götter gehören, zurückgezogen haben. Buddha hat offenbar auch die sozial relevante Kraft von Riten und Opfern anerkannt. Letztlich aber ist »die sogenannte Götterwelt nichts anderes als eine etwas höhere Form der Existenz, die auch wir selbst im Prinzip erreichen können.«[155] Die Götter selbst sind auf die Lehre Buddhas angewiesen; kein Wunder, daß sie sich bei seinem Tod trauernd um ihn versammeln.[156]

Erstaunlich ist es, daß man dem Buddha bereits den entscheidenden Einwand gegen das theistische Denken in den Mund gelegt hat, nämlich den Hinweis auf das Theodizee-Problem. Nach einer Überlieferung diskutiert der Buddha mit Priestern und Asketen, die sich zu einer Schöpfung durch Gott bekennen. Kritisch fragt er an: »Demnach also, Verehrte, würden die Menschen

---

153. H.-J. Greschat 1980, 176.
154. H. Bechert in: H. Küng 1984, 422.
155. Ebd. 1984, 434.
156. In anderem Zusammenhang sagt Buddha zu einem seiner Schüler: »Ananda, die Götter aller zehn Welten haben sich fast alle hier zusammengeschart, um den Tathagata (Buddha) zu sehen. Rings um den Sala-Wald der Malla ... ist auf zwölf Meilen im Umkreis kein Fleckchen so klein wie der Strich mit der Spitze eines Pferdehaares zu finden, das nicht von großmächtigen Gottheiten bedeckt wäre ...« – alle wollen sie den Tathagata sehen! Zitiert in A. Th. Khoury, P. Hünermann 1983, 45.

infolge von Gottes Schöpfung zu Mördern, Dieben, Gewalttätern, Lügnern, Zuträgern, Habgierigen usw.«[157] Dies erscheint ihm absurd.

Es gibt zudem »Ansichten, über die der Erhabene keine Erklärung gegeben, die er liegengelassen und abgewiesen hat«, womit schon manch einer nicht zufrieden war.[158] Zu diesen »Ansichten« gehört dezidiert auch die Frage, ob die Welt ewig oder nicht ewig (und folglich geschaffen) sei. Der Gedanke an eine Schöpfung kann geradezu als Versuchung interpretiert werden: Mara, der Böse, versuchte einst die Nonne Vajira mit der Überlegung:

>»Wer hat erschaffen dies Wesen?
>Des Wesens Schöpfer, kennst du ihn?
>Woher das Wesen kommt, weißt du's?
>Ist dir bekannt, wo es vergeht?«

Aber Vajira erkennt den Versucher:

>»>Wesen< – was soll dies Wort, Mara?
>In Irrwahn du befangen bist!
>Gestaltungsmassen nur sind es;
>Nirgends ein Wesen findet man.
>Denn wie man des Gefährts Teile,
>Wenn sie vereint sind, Wagen nennt,
>also gibt auch den fünf Gruppen (ergänze: der Elemente des leiblich-geistigen Daseins)
>Den Namen >Wesen< diese Welt.«[159]

Es gibt keine »Schöpfung«, sondern nur die »Kette der Gegebenheiten des Daseins«.[160] Das Licht zieht weiter, wenn man eine Kerze an einer anderen entzündet; es bleibt, wenn auch von unterschiedlichen Kerzen getragen, dasselbe Licht ...

Es gibt viele Fragen, die einen auf dem Weg zur Erlösung nicht weiterbringen. Dem Alten, der hatte wissen wollen, ob die Welt ewig oder nicht ewig ist, wird geantwortet: »Es ist ..., wie wenn ein Mann von einem Pfeil getroffen wäre, einem vergifteten, stark mit Gift bestrichenen, und seine Freunde und Genossen, seine Angehörigen und Blutsverwandten einen Arzt, einen Chirurgen riefen. Wenn jener nun sagte: >Ich werde mir den Pfeil solange nicht herausziehen lassen, als ich den Mann nicht kenne, der (auf) mich geschossen hat ...,< welches sein Name und sein Geschlecht ist ... ob er er lang oder kurz oder mittelgroß ist ... ob er schwarz oder braun ist oder gelbe Hautfarbe hat ... als ich die Sehne nicht kenne, mit der ich (an)geschossen bin ... als ich den Schaft nicht kenne, mit dem ich geschossen bin ... usw. Ehe der Mann das in Erfahrung gebracht hätte ..., würde er sterben.«[161] Irgendwelche unnötige Antwor-

---

157. Anguttaranikaya III,174, nach H. Bechert in: H. Küng 1984, 433.
158. Die Reden des Buddha, 1993, 162 f.
159. Ebd. 180.
160. Milindapanha 40; nach H. Bechert in: H. Küng 1984, 430.
161. Die Reden des Buddha 1993, 164 f.

ten würden ihrerseits aber nur Streit auslösen. In diesem Zusammenhang steht das berühmte Elefantengleichnis, demzufolge ein König Blindgeborene einen Elefanten betasten und sich dann die jeweiligen Erfahrungen berichten läßt.[162] Man soll nicht an bestimmten Aussagen einer Lehre, die ja doch immer nur Teilwahrheiten bieten können, haften:

>Mit gehässigem Wort streiten Leute,
die nur ein Bruchstück schauen.«[163]

Nach Raimon Panikkar, der das Schweigen des Buddha positiv wertet und für die religiöse Krise des Westens fruchtbar machen möchte, »teilt uns der Buddha einen Schimmer seiner Erkenntnis mit, daß es letztlich >nichts< über Gott zu sagen gibt, eben weil Gott dieses Nichts >ist«.[164] Die Botschaft des Buddha will nach dieser Interpretation »von der Frage nach Gott >ablenken< und unser Augenmerk statt dessen auf das unmittelbare Problem des Leidens und seiner Aufhebung richten.«[165] Gott wird dazu – im Gegensatz zu Anselm von Canterbury – gedacht als »id quod cogitari nequit«.[166]

(b) Das Absolute: Nirvana – Shunyata – Dharma

»Nicht Gott oder die Götter stehen im Zentrum der Buddhabotschaft, sondern der in den kosmischen Kreislauf verwobene Mensch.«[167] Es geht ihm nicht um die Gottesfrage, sondern um das Heil und die Erlösung der Menschen. Trotzdem ist die Gottesfrage damit keineswegs erledigt. Edward Conze weist mit Recht darauf hin, daß man erst einmal klären müsse, wie man den Gottesbegriff selbst gebraucht. Einen allmächtigen und persönlichen Gott kennt der klassische Buddhismus nicht; nach einem solchen zu fragen, wäre »Zeitverschwendung«.[168] Wenn wir im Zusammenhang des Gottesbegriffs jedoch »die Eigenschaften der Gottheit, wie sie die mystische Tradition der christlichen Lehre versteht, mit denen des Nirwana vergleichen, so finden wir inhaltlich kaum einen Unterschied.«[169] Thich Nhat Hanh ist überzeugt: Wenn Menschen im Glauben »weiter fortschreiten«, werde Gott »ohne jedes Bild, jenseits jeder befriedigenden geistigen Vorstellung gegenwärtig. Man gelangt an einen Punkt, an dem kein Begriff, den man sich von Gott machte, diesen noch repräsentieren

162. Text: ebd. 167f.
163. Ebd. 168; 168f. schöner Text zur Glossierung theologischer Streitereien.
164. R. Panikkar 1992, 249.
165. Ebd. 237f.
166. Ebd. 311, Anmerkung 122.
167. H. W. Schumann [2]1994, 10.
168. E. Conze [9]1990, 35; nur unter dem Einfluß des Islam wurde in Nordwest-Indien um 1000 n. Chr. die Vorstellung eines allmächtigen und allwissenden Buddha, des Adibuddha, entwickelt; ebd. 39.
169. Ebd. 36; Conze äußert sich des öfteren in dieser Richtung; er vergleicht mit Dionysius Areopagita und Meister Eckhart, z. B. ebd. 104.

kann.«[170] Man wird also gewiß nicht undifferenziert sagen können, der Buddhismus wisse nicht um »Gott«.

Die Interpreten suchen denn auch nach geeigneten Begriffen, das buddhistische Verständnis im Blick auf die letzte Wirklichkeit zum Ausdruck zu bringen. Edward Conze und Hans Wolfgang Schumann wählen den Begriff des »Absoluten«; in seinen späteren Veröffentlichungen zieht Conze offenbar den des »Unbedingten« vor. Heinrich Dumoulin spricht von »Transzendenzerfahrung« und fordert dazu auf, »das Motiv der Transzendenz in den buddhistischen negativen Aussagen aufzuweisen«.[171] Es gibt offensichtlich »Parallelbegriffe für das Absolute, die analoge Funktionen wie der (sc. christliche) Gottesbegriff erfüllen«.[172] Dies kann offenbar auch von Buddhisten so empfunden werden – allerdings unter der Voraussetzung, daß seitens des Christentums keine anthropomorphen Vorstellungen unterstellt werden.[173] Unter dem Druck der Entwicklung des 20. Jhs. waren Buddhisten selbst herausgefordert, nach solchen Parallelbegriffen zu suchen: In die Verfassung Indonesiens sollte ein entsprechender Passus aufgenommen werden; man entschied sich für den Begriff »Nirvana«, hätte aber – nach Heinz Bechert[174] auch an »Shunyata« oder »Dharma« denken können.

1. »Nirvana« ist der erste hier zu nennende Begriff. Nach Hans Wolfgang Schumann dürfte im Sinn des Hinayana freilich nicht einmal dieser Begriff als Äquivalent für das Absolute verstanden werden. Im Hinayana werde ja »die Nichtexistenz eines Absoluten hinter den Erscheinungen postuliert«. Erst im Mahayana komme es zu der Kehre, derzufolge das Absolute untrennbar und unentmischbar in den Erscheinungen selbst gegenwärtig sei; Samsara und Nirvana werden dann letztlich als identisch gedacht. Während Hinayana-Buddhisten in der Leerheit die Nichtexistenz des Absoluten erkennen, vermittelt die Leerheit den Mahayana-Gläubigen die Erfahrung des Absoluten.[175]

Es ist hier nicht der Ort, einen Streit hinsichtlich der Interpretation des Nirvana zu entscheiden; möglicherweise handelt es sich doch nur um eine Frage der Terminologie. Im heutigen Buddhismus dürfte Nirvana durchaus als das

---

170. Th. Nhat Hanh 1996, 195.
171. H. Dumoulin 1978, 57, vgl. 55-66. H. Dumoulin 1995, 30, möchte »nicht ausschließen, daß der Weg der Selbsterfahrung im Buddhismus, von Gottes Gnade getragen, durch die transzendierende Kraft der Negation bis zu der das eigene Selbst überschreitenden, absoluten Tiefe führen kann.«
172. H. Küng in: ders. 1984, 551.
173. H. Küng, ebd. 52, verweist auf den Thai-Mönch Buddhadasa, Christianity and Buddhism, 1967. Der Dalai Lama formuliert vorsichtig: Wenn wir Gott »als letztendlichen Seinsgrund« verstehen, »dann wird es möglich, Parallelen zu gewissen Elementen im buddhistischen Denken und in der buddhistischen Praxis zu ziehen«; Dalai Lama, Das Herz aller Religionen ist eins. Die Lehre Jesu aus buddhistischer Sicht, 1999 (Goldmann TB), 127.
174. H. Bechert in: H. Küng 1984, 433.
175. H. W. Schumann 1976, 209; vgl. 69, 125 f. Das mit dem Tod eintretende »Nibbana« ist nichts als das »Vollständige Erlöschen« und somit als solches »kein Absolutes«; ebd. 104.

Absolute verstanden werden; schon aus dem klassischen buddhistischen Schrifttum wurde die folgende Liste von Synonyma (durch den buddhistischen Gelehrten H. Nakamura) zusammengestellt:

>Hafen der Zuflucht, kühle Höhle, Insel inmitten der Fluten, Glücksort, Emanzipation, Befreiung, Sicherheit, das Höchste, das Transzendentale, das Ungeschaffene, die Stille, Heim des Behagens, Ruhe, Ende des Leidens, Heilmittel aller Übel, das Unerschütterte, Ambrosia, das Unsterbliche, das Unmaterielle, das Unvergängliche, das Bleibende, die andere Küste, das Nie-Endende, Seligkeit der Anstrengung, die höchste Freude, das Unsagbare, die Losschälung, die heilige Stadt u. a.«.[176]

Buddha selbst, so berichtet ein alter Text, habe seine Mönche folgendermaßen belehrt:

>Es gibt, ihr Mönche, eine Stätte, wo nicht Erde ist, nicht Wasser, nicht Feuer, nicht Luft, nicht die Stufe der Raumunendlichkeit, nicht die Stufe der Erkenntnisunendlichkeit, nicht die Stufe der Nichtirgendetwasheit, nicht die Stufe von weder Vorstellen noch Nichtvorstellen, nicht diese Welt noch jene Welt, beide Mond und Sonne. Das nenne ich, ihr Mönche, nicht Kommen noch Gehen noch Stehen noch Sterben noch Geburt. Ohne Grundlage, ohne Fortgang, ohne Halt ist es. Das ist des Leidens Ende.«[177]

Selbst Buddha ist, von dieser »Stätte« aus gesehen, nie gewesen. Nagarjuna, der buddhistische Philosoph des 2./3. nachchristlichen Jahrhunderts, formuliert: »Alle Wahrnehmung hört auf, die Vielfalt kommt zur Ruhe, und es herrscht Friede. Nirgends ist irgendwann von Buddha irgendeine Lehre verkündet worden.«[178]

2. Shunyata, »Leerheit«, darf als weiteres Äquivalent für das Absolute angesehen werden. Das Mahayana-Verständnis der Leerheit wird folgendermaßen beschrieben: »Sie ist unentstanden, unabhängig von Bedingungen, unwandelbar, unvergänglich, umfassend und in allem, kein Nichtseiendes, das ohne Wirkung, und kein Daseiendes, das zerstörbar wäre. Sie als affirmativen Begriff zu verstehen ist falsch: Auch die Lehre ist leer …« Der Weise erkennt »die Leerheit als die Einzige Wirklichkeit in allen Erscheinungen. Zugleich erlebt er sie als mit der Soheit der Welt und der Buddhaheit der Buddhas identisch: In der Leerheit als dem monistischen Numen durchschaut er die Wesen und Buddhas als essentiell eins und erlöst.«[179] Nagarjuna hat die Lehre von der Leere dialektisch weitergedacht: »Lehre bedeutet ihm die Identität von Ja und Nein. In seinem Denksystem gilt die vornehme Kunst, mit der einen Hand zu lösen, was die andere geknüpft hat, als die Quintessenz eines fruchtbaren Lebens.«[180] Es geht ihm um

---

176. Nach H. Dumoulin 1978, 60.
177. Die Reden des Buddha 1993, 304.
178. Nach H. Küng in: ders. 1984, 543.
179. H. W. Schumann 1976, 158.
180. E. Conze ⁹1990, 124.

die Mitte zwischen Dasein und Nicht-Dasein, zwischen dem »Es ist« und dem »Es ist nicht«. Die so verstandene Leere darf aber nicht ihrerseits hypostasiert und als »das Absolute« verstanden werden; mag in ihr das Absolute begegnen – die Frage nach dem Absoluten erübrigt sich angesichts des Absoluten. Es versteht sich also von selbst, daß die so verstandene »Leerheit« durch und durch positiv aufgefaßt wird. Um dies zu illustrieren, erinnert Hans Küng zum Vergleich an die Doppeldeutigkeit des deutschen Begriffs »Scheinen« (»alles nur Schein« / »der Sonne warmer Schein«).[181] Näher an den Sachverhalt heran führt vielleicht der Vergleich mit einem Schmerz, der nachläßt und schließlich aufhört, oder mit dem Ton eines Gongs, der verklingt und schließlich in der Stille aufgehoben ist. Man kann den Sachverhalt aber auch unter einem scheinbar entgegengesetzten Bild zu fassen versuchen, nämlich im Bild des »Erwachens«: »Denn das Absolute ist nicht irgendein jenseitiges Objekt, es ist das Erwachen, die Selbstbefreiung des Absoluten, das in jedem Wesen steckt« – das Küken im Ei zerbricht die Schale![182]

3. »Dharma« ist der dritte Begriff, der als Äquivalent für das Absolute infrage kommt. Dharma (Sanskrit: »tragen, halten«) gilt als umfassender Begriff für die kosmische Ordnung, das »Umgreifende«. Buddha ist ins Nirvana eingegangen; an seiner historischen Gestalt liegt nichts. Er kann aber mit seiner Lehre identifiziert werden: »Wer den Buddha sieht, sieht seine Lehre, wer seine Lehre sieht, sieht den Buddha.«[183] So ergibt sich die Lehre von seinem »Lehre-Leib« (Dharmakaya). Dharmakaya kann – bezogen auf die Welt der Erscheinungen – bedeuten: Essenz der Wirklichkeit, Soheit, Soheit des Seienden, bezogen auf das Wesen der Buddhas: Buddhaschaft, Buddhanatur, Seinsmitte des Vollendeten. »Die zur Erleuchtung, zur Transzendenten Weisheit Gelangten ... erleben im Dharmakaya die essentielle Identität und Einheit, nicht nur der Buddhas miteinander, sondern auch der Buddhas mit den Wesen der Welt. Es ist diese Auffassung, die das Mahayana monistisch macht.«[184] Von hier aus ergibt sich freilich eine Linie, die dann bis zur kultischen Verehrung des Buddha führen kann.

(c) Buddha – Bodhisattvas

Schon relativ früh hat eingesetzt, was man heute als »Buddhologie« bezeichnet. Buddha wird mit seiner Lehre identifiziert und als gleich ursprünglich und gleich ewig empfunden. Das Lotos-Sutra enthält ein eigenes Kapitel über die Offenbarung des (ewigen) Lebens des Tathagata.[185] Ein bekehrter Asket preist den Buddha mit den Worten:

181. H. Küng in: ders. 1984, 545 f.
182. H.-J. Greschat 1980, 109.
183. Nach ebd. 84.
184. H. W. Schumann 1976, 137.
185. Das dreifache Lotos Sutra, Wien 1989, 273 ff.

»Hochgeborener, dir sei Ehre,
Ehre, höchster der Männer, dir!
An Hoheit kommt dir gleich Niemand
Hienieden und im Götterreich.
Der Buddha bist du, Meister;
Maras Bezwinger, Weiser du:
Von Wollen frei, am Ziel bist du,
Führst zum Ziel der Geschöpfe Schar.
Hinaus über das Weltdasein
Schreitest du, tilgst, was uns verderbt.
Freiheitsgewohnt, ein Leu bist du,
Von Furcht und Schrecken unberührt ...
Dessen Sieg allunbesiegbar ist,
Dem obzusiegen Keinem ist gegeben:
Buddha, Ihn, der Unendlichkeit Durchschreiter,
Den Spurlosen, wie mögt ihr ihn erspüren? ...
... Tag und Nacht ohn Aufhören
Strahlt der Buddha mit seinem Glanz.«[186]

Aus diesem Geist sind die Buddha-Skulpturen Asiens hervorgegangen, in riesigen Ausmaßen und in unendlicher Wiederholung. In diesem Zusammenhang ist auch an die im 4. Jahrhundert nach Chr. entstandene sogen. Dreikörperlehre zu erinnern. Ihrzufolge muß ein Buddha nicht nur als historische Gestalt mit entsprechender Ausstrahlung *(Nirmanakaya)*, sondern auch als Manifestation ewiger Wahrheit *(Dharmakaya)* und als deren gegenwärtige Ausstrahlungskraft *(Sambhogakaya)* verstanden werden. Auch der Dalai Lama empfindet, daß einem angesichts dieser Auffassung die christliche Trinitätslehre in den Sinn kommen kann. Doch warnt er davor, »den Bogen« zu überspannen.[187]

Eine Gestalt, in der das Absolute dem Irdischen nahekommt, ist im Mahayana schließlich der Bodhisattva. Unter Bodhisattvas versteht man in diesem Zusammenhang »Erleuchtungswesen« an der »Grenzlinie der Wirklichkeit«: Obwohl sie für sich selbst die Erlösung von allem Irdischen erlangt haben, treten sie, ohne noch den Phänomenen des Samsara anzuhaften, doch nicht in den Frieden des Nirvana ein. Nur auf diese Weise können sie nämlich den Menschen helfen, Erlösung zu finden. Sie sind nicht mehr an die Naturgesetze gebunden und können eingreifen, wo immer ihre Hilfe erbeten wird. Es gibt irdische Bodhisattvas, Menschen, die von Mitleid und Barmherzigkeit erfüllt sind und sich vornehmen, zur Erlösung der Welt beizutragen; sie eröffnen ihren Bodhisattva-Weg durch das Gelübde: »Ich werde Bodhi erlangen und alle Wesen erlösen!«[188] Es gibt aber auch transzendente Bodhisattvas, welche die

186. Die Reden des Buddha 1993, 141 f.
187. Dalai Lama, Das Herz aller Religionen ist eins, 1999 (Goldmann TB), 127 f. Vgl. M. von Brück 1997, 462-464.
188. Nach H.-J. Greschat 1980, 102. Der Bodhisattva-Pfad wird beschrieben bei H. Dumoulin 1995, 182 ff.; vgl. auch ebd. 60.

Buddhaschaft erlangt haben und nun anderen Menschen zu helfen vermögen, Buddha zu werden. Sie können selbst als Buddhas bezeichnet werden; in der Jodo Shinshu helfen sie den Menschen, ins Reine Land zu gelangen und dort zu wahrer Buddhaschaft heranzureifen. Hans-Jürgen Greschat nennt sie »Heilande«.[189]

Der erste, im Jahr 1391 unserer Zeitrechnung geborene Dalai Lama (der Titel wurde ihm erst später verliehen) wird im tibetischen Buddhismus angerufen unter der Formel »*Om mani padme hum*« – »Om. Juwel im Lotos! hum.« Er gilt als Inkarnation des Bodhisattva Avalokiteshvara; die Anrufung wird zum »Wohle aller Lebewesen« vollzogen. Die heilige Meditationssilbe »om« fungiert dabei weniger als »Wort« denn als Symbol spiritueller Kraft.[190] Mit »Juwel im Lotos« ist das Absolute oder dessen Repräsentation im Zusammenhang der Bodhisattva-Vergegenwärtigung gemeint. Bodhisattvas können, wenn ihre unendliche Hilfsbereitschaft gezeigt werden soll, als vielarmige und mehrköpfige Figuren dargestellt werden. Besondere Beliebtheit hat in Japan Kannon (chinesisch: Kuan-Yin) als Bodhisattva erlangt. In gewisser Weise übt sie dort eine ähnliche Funktion aus wie die im Sinne katholischer Volksreligiosität verstandene »Mutter Gottes«.

Hinayana- und Mahayana-Traditionen haben zueinandergefunden in der Verehrung des Amida Buddha: In der Schule des Reinen Landes verehrt man ihn, indem man die magische Formel »*Namu Amida Butsu*« in unendlicher Abfolge wiederholt. Sie bedeutet nichts als »Verehrung dem Buddha Amitabha«, der als Inbegriff des Erbarmens gilt. Nach der Interpretation von Daisetz Suzuki finden Ich-Kraft und die »Andere Kraft«, die im Gegensatz zueinander stehen, durch die Meditation zueinander, und zwar so, daß die Ich-Kraft der Anderen Kraft hingegeben und eine Geburt im Reinen Land möglich wird. In der Praxis »bedeutet das Aussprechen von *Namu Amida Butsu* vollkommenes Vergessen, es bedeutet, sich nicht bewußt zu sein, *Namu Amida Butsu* zu sagen.«[191] Die Differenzierung zwischen Subjekt und Objekt verschwindet im Bewußtsein; das Wesen des Rufenden wird von Amida gleichsam davongetragen: »Ich dachte, das *nembutsu*, das ich aufsagte, sei mein eigen. Aber das war es nicht. Es war Amidas Ruf.«[192] Alles überläßt man Amida; wenn man seine Aufmerksamkeit gänzlich darauf ausrichtet, »so bekommt der sinnlose Sinn einen Sinn, der seine eigene Bedeutung aufhebt.«[193] Über dem scheinbaren Anruf einer Gottheit transzendiert das Bewußtsein sich selbst in eine Überbewußtheit hinein, die in allen buddhistischen Richtungen angestrebt wird.

189. Ebd. 98-102; E. Conze ⁹1990, 118-122.
190. Vgl. LÖW 271.
191. D. T. Suzuki 1990, 26 f.
192. Aus dem Erfahrungsbericht einer Amida-Anhängerin nach D. T. Suzuki 1990, 89.
193. So Shinran (1173-1262), der Gründer der Jodo Shinshu, nach D. T. Suzuki 1990, 59.

C Die Integrationskraft trinitarischen Denkens

Nach unserer wenigstens umrißhaften Begegnung mit nichtchristlichen Gottesauffassungen und -vorstellungen kann es nicht darum gehen zu zeigen, wo diese miteinander und mit dem christlichen vereinbar oder unvereinbar sind. Es geht unter der Perspektive christlicher Dogmatik nicht um den abstrakten Vergleich, sondern um die Frage, in welchen Punkten nichtchristliche Wahrnehmungen den christlichen Glauben vertiefen können, im Gegenüber zu welchen Auffassungen er aber auch ein noch klareres Profil erhält. Dabei wird insgesamt die Integrationskraft des trinitarischen Denkens zu erproben sein.

An folgenden sechs Themenbereichen ist die Problematik zu entfalten:
– apophatischer und kataphatischer Ansatz,
– Verständnis von »Sein« und »Nicht-sein«,
– personales und a-personales Denken,
– Verständnis von Transzendenz und Immanenz,
– exklusives und inklusives Verständnis von Einheit,
– formale Struktur und essentieller Gehalt trinitarischen Denkens.

Als entscheidendes Problem wird sich dabei immer wieder die »religiöse Wasserscheide« am Hindukusch (H. von Glasenapp), die Auseinandersetzung zwischen »Jerusalem und Benares« (Peter L. Berger) zeigen. Ich werde daher gelegentlich mit den – freilich unbefriedigenden – Sammelbegriffen »Religionen Süd- und Ostasiens« und »Religionen des Westens« arbeiten müssen.

(1) Apophatisches und kataphatisches Denken

In allen Religionen ist man sich dessen bewußt, daß das, was sich über das Absolute sagen läßt, hinter dem Absoluten selbst notwendig zurückbleibt. Dies mag zugleich einen wichtigen Unterschied zwischen Religion und Ideologie ausmachen: Der Ideologe insbesondere fundamentalistischer Prägung meint mindestens innerhalb der Möglichkeiten jeweiliger Weltwahrnehmung zu wissen, was letztlich wahr und gut ist, und er meint, es durchsetzen zu müssen. Auch in den Religionen traten und treten immer wieder Ideologen und ideologisierte Menschen auf. Der wirklich religiöse Mensch aber weiß um die Grenzen seiner Einsicht.

(a) Apophatisches Bewußtsein in den östlichen Religionen

Die Religionen Asiens sind durch ein ausgeprägtes apophatisches Bewußtsein gekennzeichnet.

Der Hindu ist zwar von einer Vielzahl von *devas* und entsprechenden Bildern und Skulpturen umgeben, aber er weiß, daß es sich bei ihnen allen doch nur um Manifestationen des Absoluten handelt, ja, je nach Schule, daß er sich selbst als Manifestation des Absoluten begreifen darf. Wer auch immer sich noch im Kreislauf der Wiedergeburten befindet, hat keinen unmittelbaren Zugang zum Absoluten; erst wenn er ihn verlassen hat, wird die Gleichung »*brahmasmi*« – »ich bin *brahman*« aufgehen. Dabei handelt es sich zugleich um eine »Gleichung«, die primär nicht kognitiv, sondern seinsmäßig aufgefaßt werden darf. Der Weg des Glaubenden führt nicht zu einer immer größeren Klarheit des Kataphatischen – im Gegenteil: Das Kataphatische muß durchstoßen und abgeschüttelt werden; es stellt ja nichts als Begrenzung des Unendlichen dar.

Dies gilt entsprechend auch für den Buddhismus. Das Absolute zeigt sich in der »Leere«. Buddha schweigt. Nur Fragen nach der Erlösung beantwortet er, nicht dagegen solche, die sich auf eine abstrakte Metaphysik beziehen. Auch seine Lehre darf aber nicht in einem kataphatischen Sinn festgehalten werden. Sie dient nur als Hilfsmittel, als Vehikel. Ein Floß ist hilfreich, wenn man den Fluß überqueren will. Will man dann, am anderen Ufer angekommen, weiterkommen, wird man sich das Floß doch nicht auf die Schultern laden. Das Floß kataphatischer Wahrheiten hat dann ausgedient. Wer die Erleuchtung erlangt, ist über die Welt der Worte hinausgewachsen.

(b) Apophatisches Denken in den Religionen des Westens

Den Religionen des Westens ist die Notwendigkeit des Apophatischen keineswegs unbekannt.

Das Judentum trägt ihm Rechnung durch das Bilderverbot und durch einen tiefen Respekt vor dem Namen Gottes, den man schließlich nicht mehr auszusprechen wagte, so daß heute unbekannt ist, wie er ursprünglich ausgesprochen wurde. Die Mystik der Kabbala versucht auf verschlungenen Wegen, das Geheimnis gelten zu lassen und ihm doch nachzusinnen. Das Judentum beugt sich insofern in einem noch tieferen Sinn vor dem unaussprechlichen Geheimnis seines Gottes, als es alles Widrige im Leben des Einzelnen – siehe Hiob – und alle Katastrophen seiner Geschichte – von der ersten Eroberung Jerusalems bis zum Holocaust – auf seinen Gott zurückführt. Soviel der Himmel höher ist als die Erde, sind seine Wege höher als unsere Wege und seine Gedanken höher als unsere Gedanken (Jes 55,9).

Aber das Judentum verzichtet nicht auf die kataphatische Rede von Gott: Es hat seine Geschichte mit ihm, und es kennt seine Gebote. Insofern kennt es doch seinen »Namen«. Es weiß sich von ihm beim eigenen »Namen« gerufen, von ihm erwählt und geleitet.

Im Islam scheint das kataphatische Moment besonders klar festgehalten: Gott hat den Koran geschenkt, der als so eindeutig und sakrosankt gilt, daß man ihn eigentlich gar nicht übersetzen darf. Aber im Koran offenbart Gott streng genommen nicht »sich«, sondern nur seinen »Willen«. Man kennt 99 schöne Namen Gottes, aber der letzte Name Gottes bleibt Geheimnis. Man weiß, daß Gott groß ist. Aber eigentlich ist Gott noch »größer«, »akbar« – im Blick auf ihn gilt der »unendliche Komparativ«. Gott ist größer als alles, was jeweils als groß wahrgenommen oder gedacht werden kann. In der Mystik der Sufis schlägt sich eine Ahnung davon nieder.

(c) Apophatisches und kataphatisches Denken im Christentum

Der christliche Glaube steht hier eindeutig im Kontext der Religionen des Westens. Vor allem hat er sich im Lauf seiner Geschichte immer stärker als kataphatisches Denken profiliert, vor allem wiederum im »Westen«, nämlich in der abendländischen Kirche und ihren Aufspaltungen in »Konfessionen«, deren Identität ja gerade am expliziten Bekenntnis sich festmachte. Die Ostkirchen haben das apophatische Moment von Anfang an und bis heute stärker bewahrt. Der Protestantismus, unter dem Einfluß der Aufklärung, kennt fast nur noch das kataphatische Moment, das vor allem von analytisch orientierten Theologen bis zum Non plus ultra vorangetrieben wurde.[194] Aber auch »Offenbarungspositivismus«, wie man ihn vor allem K. Barth und seinen Schülern vorgeworfen hat, kann sich kataphatisch auswirken.

Im Blick auf das kataphatische Reden von Gott hat das Christentum gewiß auch das Judentum mit seiner prophetischen Rede – »so spricht der Herr« – beerbt. Die Analytiker finden: Gott selbst spricht sozusagen kataphatisch. Und worüber er nicht redet, davon soll man schweigen. Rede von Gott ist entweder kognitiv verständlich oder inhaltslos. »Assertio« und »damnatio« stehen einander gnadenlos gegenüber. Der ursprüngliche, die Möglichkeiten des Kataphatischen transzendierende Ansatz bekenntnishafter Rede im christlichen Glauben droht darüber in den Hintergrund zu geraten. Er liegt in der kontingenten Begegnung von Menschen mit der Gestalt Jesu, die das Bekenntnis zu Jesus als dem Christus ausgelöst hat. Diese Begegnung samt den Reaktionen, die sie ausgelöst hat, ist ein historisches Ereignis, enthält aber als solches sowohl kataphatisch Beschreibbares als auch nur apophatisch Erfaßbares. Das Wort ward Fleisch (Joh 1,4). Jesus von Nazareth, zu bekennen als der ewige Sohn Gottes, starb einen Verbrechertod nach römischem Recht. Er, in dem die Glau-

---

194. Vgl. z. B. R. P. Scharlemann, The Being of God. Theology, and the Experience of Truth, New York 1981; I. U. Dalferth, Existenz Gottes und christlicher Glaube. Skizzen zu einer eschatologischen Ontologie, M 1984.

benden der Fülle der Gottheit begegnet waren, hat sich selbst »entblößt, Sklavendasein angenommen …, erniedrigte sich selbst, gehorsam bis zum Tode, ja zum Tode am Kreuz« (Phil 2,6 ff.).[195] Dies hat kataphatische Rede notwendig gemacht, aber auch dazu verführt, das apophatische Moment zurücktreten zu lassen. Die Botschaft von Auferweckung und Erhöhung dieses Jesus von Nazareth wurde nun durchaus kataphatisch beschrieben. Die Wendungen »gekreuzigt unter Pontius Pilatus – auferstanden vom Tode« wurden zu zwei Aussagen auf derselben Ebene – und daran leidet die Christenheit bis heute. Es gelang nur unzureichend, den Kreuzestod Jesu als den Umschlag des Apophatischen ins Kataphatische und zugleich des Kataphatischen ins Apophatische zu interpretieren.

Die Erinnerung daran, daß Gott in einem Licht wohnt, zu dem niemand vordringen kann (I Tim 6,16), blieb zwar erhalten. Die Undurchschaubarkeit Gottes wurde besonders an der Frage nach der Vorherbestimmung schmerzlich bewußt. Aber Gott als Geheimnis wurde doch nicht eigentlich zur Erfahrung oder gar zum theologischen Thema. Der Begriff »Geheimnis« taucht denn auch nur selten – und in nachgeordneter Bedeutung – im Neuen Testament auf. Nur die Mystiker, Traditionen des Neuplatonismus aufnehmend, hielten das Wissen um das Geheimnis wach, standen aber immer mehr oder weniger am Rande der »offiziellen« Christenheit.

Die Ausbildung der Trinitätslehre leistete sozusagen nebenher, was man als eigentliche Aufgabe gar nicht wahrgenommen hatte: Der Glaube an den dreieinen Gott ließ sich mit den vorhandenen Mitteln kataphatischen Redens nur als Widerspruch, als »contradictio in adiecto«, zum Ausdruck bringen. Die östliche Christenheit hat in ihrem doxologischen liturgischen Gut wenigstens etwas von dem apophatischen Moment des trinitarischen Glaubens bewahrt, während in der westlichen die »Trinität« mehr oder weniger unter der Liste der kataphatisch zu beschreibenden Glaubenswahrheiten verbucht (bzw. dann auch ggf. abgelehnt) wurde.

Damit wird deutlich, an welcher Stelle die Begegnung mit dem apophatischen Bewußtsein nichtchristlicher Religionen dem christlichen Glauben heute weiterhelfen kann. Christlicher Glaube könnte im Zuge solcher Begegnung sich neu inspiriert sehen, den Widerspruch zwischen kataphatischer und apophatischer Rede zu akzeptieren und auszuhalten. Das heißt: Es gälte festzuhalten an dem, was die Begegnung mit Jesus als dem Christus ausgelöst hat und immer wieder neu auszulösen vermag – und zugleich zuzugeben: Jede Vorstellung, die ich mir vom »Auferstandenen«, vom »dreieinen Gott«, von »Gott« mache, ist »falsch«. Dies würde zuallererst eine größere Bescheidenheit bei der Formulierung theologischer Aussagen erfordern. Es könnte sodann das Bekenntnis zu Jesus Christus von den Zwängen kataphatischer Artikulation (Konsistenz, Verifikation etc.) befreien. Es könnte ferner dem apophatischen Lobpreis Raum

---

195. Übersetzung U. Wilckens.

geben – weil es zu einem Lobpreis führen würde, der »höher ist als alle Vernunft« (vgl. Phil 4,7).

Es würde schließlich dazu einladen, sich von dem bleibenden Geheimnis, das in Jesus als dem Christus sich vergegenwärtigte, immer tiefer erfassen zu lassen. Ein bekannter buddhistischer Spruch lautet: Triffst du Buddha unterwegs, so töte ihn! »... Und sollen wir unsern Christus umbringen, wenn wir ihm begegnen würden?« Diese verblüffende Überlegung finde ich in den Tagebüchern von Luise Rinser. Sie fährt fort: Niemand sei entsetzt über dieses Wort. »Man muß nur die falschen Vorstellungen töten. Hat nicht Jesus selbst gesagt, man müsse durch ihn hindurch ›den Vater‹ sehen?«[196] Christen sind oft zu bequem, die Vorstellung, die sie sich von »Christus« gemacht haben, immer wieder zu töten und auf seine immer neu sich vergegenwärtigende Lebendigkeit zu warten. Die Herausforderung durch das apophatische Bewußtsein nichtchristlicher Religionen könnte sie dazu bringen, ihrem Gott neu zu begegnen und dabei verschüttete Erfahrungen christlicher Mystik wiederzuentdecken.

(2) »Sein« und »Nicht-Sein«

Alle Religionen bestimmen, sofern es in ihnen zu differenzierender Reflexion kommt, in irgendeiner Weise das Verhältnis zwischen dem Seienden und dem Absoluten. Im Gefolge der griechischen Philosophie hat sich das Christentum über lange Zeiträume hinweg der Ontologie entweder des Plato oder des Aristoteles verpflichtet gefühlt.

(a) Der ontologische Ansatz in den Religionen des Westens

Nach Plato ist das Absolute die Idee, das Sein als solches, an dem das Seiende teilhat. Nach Aristoteles ist das einzeln Seiende begründet durch ein erstes Seiendes, identifiziert als »ens in se« und als »actus purus«: Nur aufgrund des »ersten Bewegenden« kann die Welt erklärt werden. Aufs Ganze gesehen, hat auch in der Theologie, begünstigt durch die »Mechanisierung des Weltbilds« in der Aufklärung, der aristotelische Realismus über den platonischen Idealismus gesiegt, wenn dieser auch beispielsweise bei Tillich noch einmal eine eindrucksvolle Reanimation erfahren hat. Der Positivismus hat zu einer weiteren Verengung des Seinsbegriffs geführt. In einer Welt, in der nur noch das Sinnenfällige als existent anerkannt wurde, konnte man von einer »Existenz Gottes« nicht mehr sprechen. Die Theologie behalf sich, soweit sie sich nicht dezidiert auf den Atheismus einließ, mit der These, daß die Aussage »Gott existiert« als »singulärer Existenzsatz«

196. Luise Rinser, Wir Heimatlosen. 1989 bis 1992, F 1995, 85.

und als »eschatologische Behauptung« festzuhalten sei[197], und berief sich auf ihre eigenen Prinzipien. Nun konnte man in feierlichen Tautologien von Gott sprechen: »Gott kommt von Gott«, »Gott kommt zu Gott«, »Gott kommt als Gott« – Gott als »Geheimnis der Welt«.[198] Daß Gott nicht im Sinne dessen, was phänomenologisch als »seiend« gelten kann, als »seiend« vorgestellt werden darf, hat sich jedenfalls herumgesprochen. Ein Blick auf die nichtchristlichen Religionen belehrt darüber, in wie hohem Maße die Verhältnisbestimmung von Gott und Sein von unterschiedlichen Seinsbegriffen abhängig ist.

Die Religionen des Westens sind in diesem Punkt alle von der Auseinandersetzung mit der griechischen Philosophie geprägt. Sowohl im Judentum als auch im Islam ist der Seinsbegriff ganz selbstverständlich positiv gefüllt.

Die Religion Israels und des Judentums hat von Haus aus kein Interesse an einer spekulativen Ontologie. Für die kopulative Verwendung von »ist / ist nicht« verfügt sie nicht einmal über ein Wort. Wird jedoch der Begriff »hajah« für »Sein« verwendet, so ist die Beziehung impliziert. Gott selbst »ist« in Relation, er ist der, der er für sein Volk sein wird (Ex 3,14). Er ist der »Immanuel«; was er abgesehen davon sein könnte, wird allenfalls in der Philosophie, etwa von Philo von Alexandrien, reflektiert oder in der Kabbala spekulativ entfaltet.

Noch spröder verhält sich der Islam an dieser Stelle. Als Weltenschöpfer und Weltenrichter steht Allah dem Seienden gegenüber, nicht nur jederzeit in der Lage, in das Seiende einzugreifen, sondern allein durch sein ständiges Eingreifen den Bestand des Seienden erhaltend.

(b) »Sein« als Depravation in den Religionen Asiens

In den Religionen Ostasiens betritt man ein völlig anderes Gelände. Hier ist das Seiende zwar ebenfalls abgeleitet vom Absoluten, aber ebendies gilt als Depravation. Sein impliziert Begrenzung. Deswegen kann das Absolute auch nicht eigentlich als Sein oder gar als Seiendes bezeichnet werden.

In den hinduistischen Traditionen ist alles individuell Seiende dem Kreis des Samsara unterworfen. Was der Mensch als seine Welt wahrzunehmen meint, ist *maya*, der – zwar ebenfalls auf *brahman* zurückzuführende – Schleier, der den Menschen in der Unwissenheit festhält oder ihn in diese noch tiefer hineinführt, wenn er nicht das Absolute zu verwirklichen strebt. Das Absolute muß also jenseits des Seins und Nichtseins von Phänomenen gesucht werden.

Ähnlich wird im Buddhismus geurteilt. Auch hier weiß man um die Illusion der *maya* und das Rad der Wiedergeburten. *Maya* muß auf die es bedingende Wirklichkeit hin durchschaut werden. Dann zeigt sich, daß das Relative und das Absolute eins sind, daß Samsara und Nirvana identisch sind, nämlich »leer«.

---

197. I. U. Dalferth, Existenz Gottes und christlicher Glaube. Skizzen zu einer eschatologischen Ontologie, M 1984, § 47, § 191.
198. E. Jüngel, Gott als Geheimnis der Welt, Tü 1977, 514 ff.

Gott

Diese Grundauffassung ermöglicht eine differenzierte Dialektik im Blick auf das Sein bzw. Nicht-Sein. Raimon Panikkar skizziert sie anhand des Beispiels: A ist nicht B. An A und B selbst rüttle buddhistische Ontologie nicht, aber die Aussage »ist nicht« sei erläuterungsbedürftig. »A ist nicht B« könne bedeuten:
– A ist nicht-B, oder
– A ist-nicht B,
wobei dann wiederum zu erklären wäre, was »ist-nicht« bedeuten kann.[199] Die Intention dabei ist, den Satz von der Widerspruchsfreiheit zu transzendieren. »Sein« und »Nicht-Sein« stellen keine unhinterfragbare Alternative dar.[200]

(c) Die Relativierung der traditionellen westlichen Ontologie im christlichen Glauben

Christliche Theologie muß nun gewiß nicht ihre Ontologie einfach umstellen. Aber die Begegnung mit anderen Konzeptionen kann ihr doch deutlich machen, daß nicht die Ontologie die Theologie bestimmen darf, sondern daß die Rede von Gott eine daraus zu gewinnende Ontologie impliziert, soweit eine solche überhaupt unverzichtbar ist. Rede von Gott lebt nicht von einer bestimmten Ontologie, sondern sie relativiert vorfindliche Ontologien.

Christlicher Gottesglaube wird mit der hebräischen Auffassung von Sein betonen, daß Gottes Sein relationales Sein ist, mit der muslimischen, daß Gottes Sein dem Sein der Welt kategorial überlegen ist, mit der hinduistischen, daß Gott allem Geschaffenen gegenwärtig ist, und mit der buddhistischen, daß Gott nicht »etwas« (no-thing!) ist.[201]

Ebendies kann sie aber trinitarisch begründen: Der dreieine Gott ist als Schöpfer, Erlöser und Vollender dem Seienden kategorial überlegen, relational zugewandt, innerlich gegenwärtig, und er ist in dieser dreifaltigen Selbstbestimmung gewiß nicht »etwas«, sondern jenseits von dem, was etwas oder nichts sein könnte.

199. R. Panikkar 1992, 111-120 wird dies weiter entfaltet. 2 und 2 = 22!
200. Vgl. auch die Dialektik des Nagarjuna in vier Schritten: »daß es in Wirklichkeit so ist; daß es anders ist; daß es sowohl so und anders ist; daß es weder so noch anders ist.« H. Küng in: ders. 1984, 542.
201. H. Waldenfels 1982, 54; vgl. S. Hisamatsu, zitiert ebd. 37. Vgl. die materialreiche Untersuchung von A. Münch, Dimensionen der Leere. Gott als Nichts und Nichts als Gott im christlich-buddhistischen Dialog, Ms 1998.

(3) Personalität und A-personalität

Die Geschichte des Person-Begriffs von seiner Verwendung im antiken Theater bis zu seiner Bedeutung in der Existenzphilosophie im 20. Jahrhundert ist lang und unübersichtlich.[202] Wichtig ist dabei zunächst einmal, sich klarzumachen, daß der Person-Begriff, mit dem man heute so selbstverständlich umgeht, überhaupt eine solch komplizierte Geschichte hat. Hinzu kommt in der modernen Alltagssprache seine Unschärfe gegenüber »Persönlichkeit«; »Person« wird weithin von »Persönlichkeit« her verstanden. In den Religionen ist am personalen Denken wichtig, inwiefern die Gottheit personal verstanden werden darf, d. h. hier insbesondere, ob sie als redend und hörend, als gebietend und reagierend aufgefaßt werden darf. Dabei zeigt sich, daß hinsichtlich des personalen Denkens eine Interdependenz zwischen Theologie und Anthropologie besteht. Im Gefolge solcher Interdependenz und der Geschichte ihres Verständnisses hat sich ein abstrakter Begriff von Personalität allererst herausgebildet.

(a) A-personales Denken in Asien

In die Religionen Asiens scheint der moderne Begriff von Personalität erst durch das abendländisch-christliche Denken eingetragen worden zu sein. An den japanischen oder chinesischen Rollbildern z. B. kann man sich vergegenwärtigen, daß der Mensch hier nicht als Person beherrschend im Vordergrund steht. Er ist vielmehr in eine umfassende Natur integriert; manchmal entdeckt man ihn kaum. Der Begriff des Absoluten transzendiert den der Personalität.

Für urbuddhistisches Denken ist »Personalität« ohnehin kein Thema. Der Mensch ist ja aufgefordert, sein vordergründiges Ich-Bewußtsein, das Leid empfindet und durch Anhaften gekennzeichnet ist, abzulegen. Die Erleuchtung läßt sich in personalen Kategorien nicht fassen. Im Nirvana gibt es keine »Person«. Wenn Buddha im Mahayana unter einem Namen wie »Amida« angerufen wird, dann wird er dabei gerade nicht personal verstanden. Nicht ein personales Eingreifen einer theistisch gedachten Gottheit kann die Antwort sein, sondern die allmähliche Wahrnehmung des Reinen Landes im eigenen Inneren. Die tausend hilfsbereiten Arme des Bodhisattva Avalokiteshvara werden zwar im Blick auch auf konkrete Hilfe, nicht aber im Sinne persönlicher Zuwendung einer Gottheit verstanden.

Ähnliches ist hinsichtlich der hinduistischen Religiosität zu konstatieren. Die *devas* können wohl anthropomorph als helfende Geister und Kräfte gedacht werden, aber sie gehören ja noch in den Wesenskreislauf hinein und sind keineswegs selbst *brahman*. Brahman selbst aber überbietet weit alle personalistischen Begrenzungen – er ist *atman* in jedwedem Menschen. Personalität bedeu-

---

202. Vgl. HWP 7,269-338; EKL³ 3,1131-1134.

Gott

tet Einschränkung. Ein personal gedachter Gott wäre von einem personal gedachten Menschen sozusagen viel zu weit entfernt. Ein im Sinn des Alten Testaments eifersüchtiger Gott ist im hinduistischen Kontext nicht vorstellbar; allenfalls als untergeordneter dämonischer *Asura* könnte er gedacht werden. Stattdessen darf der Hindu-Gläubige um sich blicken und in sich hineinhören und sagen: »*tat tvam asi*« – »das bist du«; »*brahmasmi*« – »ich bin *brahman*«. Auf diese Weise wird er seine eigene Personalität gerade transzendieren.

Auch in den hinduistischen Religionen gibt es den »Ishvara«, den »Herrn des Universums«, den man anrufen und verehren kann. Er ist eine Konzession an das menschliche Denken und Fühlen, die der Hindu-Gläubige als solche gelten läßt und zugleich durchschaut.

(b) Personalität im Westen

Eine radikal anders geprägte Auffassung begegnet gerade zu dieser Frage in den Religionen des Westens.

Die Religion Israels und des Judentums kennt natürlich ursprünglich ebenfalls keineswegs den modernen Personbegriff, aber sie geht aus von der Erfahrung eines Gottes, der redet und hört, der sieht und reagiert. »Der das Ohr gepflanzt hat, sollte der nicht hören? Der das Auge gemacht hat, sollte der nicht sehen?« (Ps 94,9). Gott schließt einen Bund mit seinem Volk, er gebietet und ruft in die Verantwortung. Nicht von ungefähr waren es jüdische Philosophen, die den Bedeutungsgehalt von »Ich und Du« im 20. Jahrhundert neu artikuliert haben.[203] Gerade unter dem Einfluß hebräisch-jüdischen Denkens ist der Personbegriff zu dem geworden, was er (jedenfalls im abendländischen Kontext) heute darstellt – auch abgesehen von der Theologie.

Dieses Profil von Personalität wurde im Islam nur formal übernommen. Natürlich kann Allah angerufen werden, seine »Rechtleitung« wird erwartet. Doch eine dynamische Auseinandersetzung zwischen Gott und seinem Volk oder auch einzelnen – man denke an Jeremia! –, wie Israel und das Judentum sie kennt, gibt es im Islam nicht. Allah ist der Schöpfer und Richter, nicht aber der »Vater«. Sucht man Geborgenheit, so begibt man sich wohl eher auf mystische Bahnen, auf denen man aber gerade nicht einem personal gedachten Gott begegnet. Der Muslim begreift weder seinen Gott noch auch sich selbst im westlichen Sinn als »Person«. Dies mag sich in den Auseinandersetzungen um die Menschenrechte reproduzieren.

---

203. M. Buber, Das dialogische Prinzip, Hd ⁴1979. Vgl. die einschlägigen Arbeiten von E. Lévinas! Dazu: W. N. Krewani, E. Lévinas, Denker des Anderen, Fr 1992.

(c) Problemanzeige: »persona« in christlicher Tradition

Im christlichen Glauben ist die Frage nach der Personalität Gottes verwickelter, als es zunächst den Anschein hat. Im Zuge des theistischen Denkens hat sich die Vorstellung von Gottes Personalität als selbstverständlich durchgesetzt. Der Pietismus nährte sie durch seine Jesus-Frömmigkeit; die großen Entwürfe von »Persönlichkeit« im Denken des 19. Jahrhunderts taten ein Übriges.

In der Geschichte des christlichen Dogmas spielt der Personbegriff freilich eine andere Rolle. Der für das trinitarische Bekenntnis wesentliche Begriff der »Person« darf nicht modern mißverstanden werden: Dort bedeutet er – noch im antiken Sinn – die »Rolle«, später das »Profilgebende« der trinitarischen »Personen« – »Vater«, »Sohn« und »Heiliger Geist«. Die Einheit der göttlichen »Personalität« (im modernen Sinn), im Blick auf die Anrufbarkeit Gottes, wurde durch die komplizierte, später wieder aufgegebene Formel gewährleistet: »... dem Vater durch den Sohn im Heiligen Geist«. Der Eine Gott konnte angerufen werden als »Vater«, als »Sohn« und als »Heiliger Geist«. Der »Geist« konnte aber wiederum auch als dasjenige im Menschen aufgefaßt werden, was überhaupt die Anrufung auslöst. Gott hat den Geist seines Sohnes in unsre Herzen gesandt, »der da ruft: Abba, lieber Vater!« (Gal 4,6).[204]

Mit alledem wird klar, daß das christliche Denken die anthropomorphe Vorstellung der Personalität Gottes transzendiert. Auch der trinitarische Glaube enthält a-personale – oder besser: transpersonale Elemente. Schon die Rede vom »Heiligen Geist« weist darauf hin, aber auch das Bekenntnis zum »dreieinen« Gott als solches, das ja die Vorstellung von anthropomorph gedachter Personalität sprengt. Gegen die theistische Engführung hatte bereits Tillich energisch protestiert: »Der übliche Theismus hat Gott zu einer himmlischen, ganz vollkommenen Person gemacht, die über Welt und Menschheit thront. Der Protest des Atheismus gegen eine solche höchste Person ist berechtigt. Es gibt keine Anzeichen für ihr Dasein, noch kann sie jemanden unbedingt angehen.«[205] Personaler und apersonaler Gottesglaube transzendieren sich nach Tillich gegenseitig – was aber soll das heißen? Es gilt, »Gottes Personsein von der begrenzenden Individualität zu befreien« (Piet Schoonenberg). Bei dem Versuch, die Grenzen der Personalität zu sprengen und zu öffnen, wird es freilich darauf ankommen, daß nicht einer »Unterpersonalität« des Göttlichen das Wort geredet wird; davor hat übrigens bereits Rudolf Steiner gewarnt. Fernöstliches und westliches Denken haben wohl im Blick auf die Personalität des Absoluten voneinander zu lernen. Für das christliche Bewußtsein kommt es darauf an, die a-personalen Momente des Gottesglaubens so einzubeziehen, daß sie die Legitimität der personalen Gottesbeziehung nicht beeinträchtigen und mit den personalen Momenten doch einem transpersonalen Gottesbegriff integriert

---

204. Auf dieser Basis ergibt sich die christliche Lehre vom Gebet. Vgl. H.-M. Barth, Wohin – woher mein Ruf? Zur Theologie des Bittgebets, M 1981.
205. P. Tillich, ST I, 283.

und zugeordnet bleiben. Die Möglichkeiten trinitarischen Denkens scheinen mir an dieser Stelle noch nicht ausgeschöpft.

(4) Transzendenz und Immanenz

Alle Religionen gehen in irgendeiner Weise – wie unklar auch immer diese Begriffe sein mögen – von einem Gegenüber von Transzendenz und Immanenz aus. Sie nehmen auch alle an, daß sich Transzendenz in irgendeiner Weise der Immanenz vermittelt und vergegenwärtigt. In der Art und Weise, wie man sich dies vorstellt, gibt es gewaltige Unterschiede. Der Unterschied zwischen süd- und ostasiatischen Religionen und denen des Westens wird hier wiederum besonders augenfällig.

(a) Transzendenz nach östlicher Auffassung

Für die (fern)östlichen Religionen stellt der transzendente Bereich das »Eigentliche« dar, demgegenüber die Immanenz zurückzutreten und schließlich sich aufzulösen hat.

Die hinduistischen Traditionen verstehen, wenngleich die Volksreligiosität hier andere Prioritäten setzen kann, *brahman* als die allgegenwärtige Schöpfungsmacht, die freilich inmitten der immanenten Welt durch Meditation wahrgenommen oder durch Askese erfaßt sein will. Transzendenz wird also nicht irgendwie »außerhalb« – »extra nos« – vermutet, sondern sie ist gegenwärtig, berührbar-berührend; im Inneren des Menschen west sie an und braucht dort nur entdeckt zu werden. Ihre Manifestationen sind die Götter der *trimurti* (oder andere), denen man sich verehrungsvoll nähern kann. Hilfreich werden die Avataras, Krishna als Avatar Vishnus zumal, die einen darin unterstützen, die rechte spirituelle Haltung zu finden und zu verwirklichen.

Im ursprünglichen Buddhismus vergegenwärtigt sich das Absolute im Abklingen der Unwissenheit, das sich in der Meditation einstellen kann. Eine transzendente Gottheit würde bei diesem Vorgang nur stören. Aber im Mahayana gibt es dann doch spirituell helfende und stützende Kräfte: die Bodhisattvas.

(b) Das Gegenüber von Transzendenz und Immanenz nach westlicher Auffassung

Die Religionen des Westens sehen das anders. Für ihr Verständnis stehen Transzendenz und Immanenz einander gegenüber wie Ruf und Antwort.

Die Religion Israels und des Judentums erkennt in Gott den schlechthin weltüberlegenen Schöpfer, der Himmel und Erde gemacht hat, aber nicht in den Mächten von Himmel und Erde selbst anwesend ist. Er nimmt Himmel und Erde vielmehr in seinen Dienst! Er erwählt sich in souveräner Entscheidung sein Volk, er sendet seine Propheten, er wird den Messias senden. In der Hebräischen Bibel gibt es allenfalls Spuren von Spiritualisierung. Erst das Judentum in der Kabbala und später im Chassidismus ahnt eine vielleicht auch mystische Nähe seines Gottes.

Ähnlich der Islam: Allah ist ein schlechthin transzendenter Gott, der durch souveräne Lenkung der Geschicke und auf dem Weg über die Propheten und dann natürlich den Koran die Verbindung mit den Menschen aufrecht erhält. Der muslimischen Mystik ist es gelungen, diese unermeßliche Transzendenz zugleich in eine unüberbietbare Nähe umzudenken und »umzufühlen«.

(c) Der christliche Ansatz: Transzendenz in »Konfrontation« und in »Innerlichkeit«

Der christliche Glaube findet im trinitarischen Bekenntnis eine Möglichkeit, die scheinbar radikale Alternative zwischen West und Ost aufzugreifen, zu vertiefen und zu transzendieren. Gott begegnet in »Konfrontation« und in »Innerlichkeit«.[206] Das schließt sich nach trinitarischem Verständnis ja keineswegs aus. Der Gott »extra nos« begegnet »in nobis«. Er tritt »von außen« an einen Menschen heran, in Gestalt seines Schicksals und im Medium der Verkündigung, aber er ist auch in ihm gegenwärtig als diejenige Macht, die ihn Schicksal und Verkündigung verstehen und auf einander beziehen läßt. Der glaubende Mensch ahnt, daß er »zwischen Gott und Gott« lebt.

Doch das trinitarische Bekenntnis erlaubt eine weitere Präzisierung. Es geht ja aus von der Menschwerdung Gottes in Jesus Christus, die als Erscheinung eines Avatars oder eines Bodhisattvas unterbestimmt wäre. Der Logos wird Fleisch: Das ist eine Behauptung, die sich nicht nur auf das Bewußtsein bezieht. Das Fleisch, die Konstitutionsbedingungen des Irdischen und damit auch die Geschichte der Menschheit, werden dadurch neu qualifiziert – als Orte der Anwesenheit des ewigen Gottes. Einbegriffen ist dabei das Leid, das menschliche Geschichte verursacht hat. Das Leid ist weder gerechte oder ungerechte Strafe noch unerbittliche Konsequenz eines schlechten Karma. Der christliche Glaube äußert sich nicht dazu, was es in einem metaphysischen Sinne »ist«. Aber er sagt: Im Leid, im Tod, in der Hölle – ist Gott.

---

206. So wird die Alternative von P. L. Berger formuliert: Der Zwang zur Häresie. Religion in der pluralistischen Gesellschaft, Fr 1992, 172 ff.

(5) Inklusives und exklusives Verständnis der Einheit Gottes

Das Christentum wird mit großer Selbstverständlichkeit als »monotheistische Religion« betrachtet. Doch sind die traditionellen Begriffe »Monotheismus« und »Polytheismus« keineswegs so eindeutig, wie sie glauben machen. Die religionswissenschaftliche Diskussion zeigt, wie schwierig es ist, »zwischen monotheistischen, trinitarischen und polytheistischen Vorstellungen zu unterscheiden.«[207]

(a) Polytheismus als tendenzieller Monotheismus

Im Blick auf die Religionen Asiens wird der Begriff »Polytheismus« zu problematisieren sein. Nicht überall, wo es ein »Pantheon« gibt, ist »Polytheismus« zu diagnostizieren. Formal polytheistische Religionen können einer inklusiven Einheit des Göttlichen das Wort reden.

Alle Kenner der hinduistischen Traditionen beteuern, daß es sich bei diesen trotz der Vielzahl der in ihnen anzutreffenden *devas* keineswegs um Polytheismus handle. In all diesen zahllosen göttlichen Wesen werde ja letztlich das Eine, *brahman*, repräsentiert und verehrt. Das *advaita*-Denken Shankaras (9. Jh. n. Chr.) verweigert jegliche Dualität. Die Entwicklung der neohinduistischen Religiosität führt diese Linie fort: Radhakrishnan oder Aurobindo rechnen ganz selbstverständlich nur mit dem Einen Absoluten; das Absolute ist nicht pluralisierbar.

Prinzipiell nicht anders steht es im Buddhismus. Mag der Mahayana-Buddhismus von außen als polytheistische Religion erscheinen können, seinem inneren Wesen nach bezieht er sich auf das Eine – Shunyata, Nirvana, Dharma. Er transzendiert die Distinktion zwischen dem Einen und dem Vielen und kann dabei doch nur bei dem das Viele und das Eine Umgreifenden ankommen, das zugleich jenseits von Sein und Nichtsein liegt.

(b) Polytheistische Tendenzen im Monotheismus

Die Religionen des Westens geben sich bewußt monotheistisch. Sie kämpfen für eine exklusive Einheit und Einzigkeit Gottes. Aber hier ist nun umgekehrt die

---

207. U. Berner, Trinitarische Gottesvorstellungen. Zum Problem religionsgeschichtlicher Vergleiche, in: Göttinger Miszellen 55 (1985), 21-26. Er schlägt seinerseits vor, zwischen mono- und polytheletischen Vorstellungen zu unterscheiden, die ja beide sowohl in mono- wie auch in polytheistischen Systemen auftauchen können.

Frage zu stellen, ob sich in ihnen trotz des monotheistischen Pathos nicht auch polytheistische Spuren finden.

In der Religion Israels und des Judentums ist der Weg zum Henotheismus und von dort weiter zum Monotheismus immerhin noch zu erkennen. Aber auch gegenläufige Entwicklungen deuten sich an: Die »Weisheit« läuft immerhin Gefahr, zu einer eigenen Hypostase zu werden. Die Schechina kann dazu einladen, daß man sie als freundliche Doppelgängerin des fernen monotheistischen Jahwe – wenn nicht denkt, so doch empfindet.

Am dramatischsten präsentiert der Islam seinen Eifer um die Einheit und Einzigkeit Gottes: »... nicht gibt es einen Gott außer Allah.« Aber schon wenige Jahrhunderte nach seiner Entstehung mußte die Frage diskutiert werden, ob denn der Koran – das ewige Gotteswort – nicht gleichewig neben Allah stehe. Die rationalistisch argumentierenden Mu'taziliten meinten, damit die Einheit und Einzigkeit Allahs gewahrt werden könne, müsse der Koran als erschaffene Größe sozusagen zurückgestuft werden. Aber auch aus der Volksfrömmigkeit regte sich Widerstand: Im Islam gibt es eine Unzahl von Engeln und bösen Geistern *(dshinn)*. Muhammad selbst konnte in die Nähe göttlicher Verehrung geraten; jedenfalls wurde und wird er als Fürbittender beim letzten Gericht verstanden.

(c) Der trinitarische Glaube

Dem Christentum wird sowohl vom Judentum als auch vom Islam vorgeworfen, es halte den monotheistischen Glauben nicht durch. Dem Judentum ist unerklärlich, wie man von einem »Sohn Gottes« sprechen kann. Der Islam klagt den christlichen Glauben des *shirk*, der »Beigesellung« an. Hinduistische Religiosität hat keine Schwierigkeiten, Jesus als eine Manifestation des *brahman* zu verstehen, kann aber nicht nachvollziehen, wieso einzig allein dieser Jesus und mithin der Gott Jesu Christi exklusive Geltung beanspruchen soll. Dem Buddhismus schließlich mag Jesus als Erleuchteter gelten; unverständlich bleibt ihm, wieso an seiner historischen Gestalt (und deren metaphysischer Interpretation) so viel liegen soll, wenn es doch einzig auf die Erleuchtung selbst ankommt. Die Religionen des Westens vermögen die Inklusivität des christlichen Gottesglaubens nicht einzusehen, während die Religionen Süd- und Ostasiens seine Exklusivität nicht akzeptieren können.

Der christliche Glaube versteht Gottes Einheit und Einzigkeit freilich sowohl inklusivistisch als auch exklusivistisch. Er bezieht sich nicht auf abstrakte Einheit, etwa die der Zahl 1, die in der islamischen Theologie und Mystik eine so große Rolle spielt, sondern auf eine dynamische Einheit, die in der Beziehung von Unterschiedenem ewig sich selbst gewinnt. Diese Einheit wird aber auch exklusiv aufgefaßt: Neben dem solchermaßen einen Gott gibt es keinen anderen; was neben ihm als göttlich behauptet oder verehrt wird, kann nur ein »Götze«, ein »Nichts« sein.

(6) Trinitarisches Denken als Grundstruktur religiösen Bewußtseins

Alle Religionen sind darauf angewiesen, zwischen dem einen Absoluten und seinen Manifestationen zu unterscheiden. Damit legt sich die Frage nahe, ob trinitarisches Denken nicht die Grundstruktur religiösen Bewußtseins darstellen könnte. Auf der Suche nach den »vestigia trinitatis« ging man sogar noch weiter. Wolfgang Philipp hat in einem umfangreichen Werk alle denkbaren Ternare und Triaden versammelt.[208] Einige Beispiele: Die Pronomina »ich – du – er/sie/es«, aber auch die Distinktion zwischen Maskulinum, Femininum und Neutrum weisen triadische Struktur auf. Die Liebe erfordert sie: »amans – quod amatur – amor« (Augustin). Die Zusammengehörigkeit von These, Antithese und Synthese weist in dieselbe Richtung. »Aller guten Dinge« scheinen »drei« zu sein.

Über der Suche nach ontologischen Wurzeln trinitarischen Denkens hat man die religionsphänomenologischen Parallelen zwar bemerkt, aber nicht eigens gewürdigt. Friedrich Heiler bringt eine Menge religionsgeschichtliches Material bei: Es gibt Götter-Triaden in Sumer, im Alten Ägypten und natürlich im hinduistischen Bereich, metaphysische Triaden, anthropologische (Leib, Geist, Seele), kosmologische (Himmel, Erde, Hölle/Unterwelt), ethische (Glaube, Hoffnung, Liebe) und sogar liturgische Triaden (im Christentum Weihnachten, Ostern, Pfingsten). Heiler ist davon überzeugt, das christliche Trinitätsdogma stelle ein »Urphänomen« dar, »insofern es auf den gerade im Vorderen Orient wirksamen Drang zu einer triadischen Ordnung der göttlichen Kräfte zurückgeht.«[209] Nun überzeugen die beigebrachten Beispiele nicht immer. Daß der Hang zur Triade, wie er offenbar bei den Gnostikern besonders ausgeprägt war, auf die Entstehung des trinitarischen Dogmas Einfluß ausgeübt hat, läßt sich wohl nicht bestreiten.[210] Daß es sich ihm verdankt, wird man aber keinesfalls behaupten können. Im Gegensatz zu allen anderen Erscheinungsformen triadischen Denkens entsteht es nicht aus einem natürlichen Bedürfnis heraus, zwischen dem Vielen und dem Einen eine Ordnung herzustellen, sondern aus der Begegnung der Wirkungsgeschichte des historischen Jesus mit dem alttestamentlichen Glauben. Das dürfte sich auch rein religionswissenschaftlich eindeutig klarstellen lassen. Versuche, das trinitarische Denken für den interreligiösen Dialog fruchtbar werden zu lassen, verweisen auf verblüffende Parallelen, können mich dann

---

208. W. Philipp, Die Absolutheit des Christentums und die Summe der Anthropologie, Hd 1959, 373-396.
209. Fr. Heiler, EWR 164.
210. P. Gerlitz, Außerchristliche Einflüsse auf die Entwicklung des christlichen Trinitätsdogmas, Leiden 1963.

Gott

aber doch nicht wirklich überzeugen. Michael von Brück stellt Advaita und Trinität einander gegenüber: Advaita lasse zwischen dem Absoluten und dem Relativen weder Identität noch Verschiedenheit zu, sondern bestehe auf »Nicht-Dualität«. Ähnlich aber vermittle die Trinitätslehre zwischen dem Absoluten und Relativen. Hier wie dort gebe es eine ganzheitliche, auf die Einheit des Absoluten bezogene, und eine relationale, auf die Relationen des Absoluten bezogene Betrachtungsweise, also den Bezug zum Absoluten und zu dessen Selbstunterscheidung. Auf diese Weise könne Relationalität und Eigendynamik des Absoluten zusammengedacht werden; die im Sinne des Advaita verstandene Einheit Gottes muß nicht einseitig entweder tritheistisch den Relationen oder modalistisch der Dynamis Gottes geopfert werden. Die trinitarischen Personen können als Dimensionen gedacht werden: »Die trinitarische Dimension des *Vaters* ist die Erfahrung des Ursprungs, die Dimension des *Sohnes* ist die Erfahrung der Wirklichkeit des Seins, die Dimension des *Geistes* ist die Erfahrung der Erneuerung des Seins im kreativen Akt. Die drei Dimensionen lassen Gott *über* allem ..., *durch* alles ... und *in* allem ... erscheinen.«[211]

Die von Michael von Brück vorgenommenen Identifikationen lassen sich hinsichtlich ihrer Legitimität durch den Nichtfachmann kaum überprüfen.[212] Schwierig erscheint mir die Übernahme einer bestimmten Ontologie, die das trinitarische Bekenntnis zu erläutern helfen soll, aber ihrerseits nicht aus dem trinitarischen Glauben entwickelt ist. So kommt es doch zu erstaunlich modalistischen Formulierungen.[213] Die Brücke zwischen dem Absoluten und dem Relativen wird in der christlichen Theologie vorrangig in der Christologie bedacht, dann freilich auch trinitarisch formuliert. Schließlich stellt sich die Frage, was mit der Reduktion auf die formale Struktur des Denkens gewonnen ist, wenn diese dann materialiter doch ganz anders gefüllt wird, wie natürlich auch von Brück zugibt. Das deutlichste Unterscheidungsmerkmal in der gesamten Problematik ergibt sich wohl doch aus dem Blick auf den historischen Jesus und die Bekenntnisgeschichte, die er ausgelöst hat. Trotzdem bleibt die Beobachtung einer gewissen Parallelität von Strukturen insbesondere in der Dialog-Situation wichtig.

Einen anderen Versuch, die Trinität als »Schnittpunkt« darzustellen, »in dem die echten spirituellen Dimensionen aller Religionen sich begegnen«, hat Raimon Panikkar unternommen.[214] Panikkar geht, in Aufnahme der buddhistischen Shunyata-Erfahrung, von der Kenosis aus: Gott der Vater entäußert sich; er »*ist nicht*«[215]; er ist nur, sofern er im Sohn »ist«; er kann nicht ohne den Sohn gedacht werden. Atheisten werden in diesem Zusammenhang positiv gewür-

---

211. M. von Brück 1986, 213-247; Zitat: 224; interessante Schemata, in denen Vater, Sohn und Geist auf *sat, cit* und *ananda* bzw. Glaube, Hoffnung, Liebe bezogen werden: 245, 387.
212. Vgl. R. Hummel, Rez. von Brück, in: EvKomm 20 (1987) 540.
213. Die genannten Dimensionen »lassen Gott ... *erscheinen*«, M. von Brück 1986, 224, Hervorhebung von mir; des öfteren ist die Rede von »Aspekten« Gottes.
214. R. Panikkar 1993; Zitat: 70.
215. Ebd. 74.

digt: »Sie legen Zeugnis von der Wahrheit ab, daß niemand den Vater je gesehen hat, weil es letztlich *nichts* zu sehen gibt.«[216] »Der *Vater* hat kein Sein. Der Sohn *ist* sein Sein. Die Quelle des Seins ist nicht das Sein.«[217] Aber auch der Sohn entäußert sich, verläßt die irdische Wirklichkeit, um dem Erscheinen des Geistes Raum zu schaffen; durch die Bindung an den »Heiland«, an »seine Menschlichkeit und seine Geschichtlichkeit, blockieren wir die Ankunft des Geistes.«[218] Dieser stellt die Fülle der Gottheit dar – und zugleich die kreative Ermöglichung neuer, d. h. ewiger Selbstentäußerung des Vaters. Vater und Sohn sind weder zwei noch eins: Der Geist »eint und unterscheidet sie gleichzeitig.«[219] Der Mensch, auf dem Weg zu der Erkenntnis, daß *atman* gleich *brahman* ist, »befindet sich sozusagen unter dem Bogen, der sich vom transzendenten Gott zur immanenten Göttlichkeit spannt.«[220] Aus alledem folgert Panikkar schließlich einen »Kosmotheandrismus«, in dem Gott, Mensch und Welt zueinander finden.

Panikkar gibt deutlicher als Michael von Brück zu erkennen, wo sich seine Sicht mit den klassischen Auffassungen des Christentums reibt. Wiederum stellt die in dieser Konzeption letztlich gegebene Irrelevanz Jesu von Nazareth das Hauptproblem dar. Panikkar setzt keine Identifikation voraus zwischen Jesus von Nazareth und dem, was er – im Sinne eines neohinduistischen Christusbewußtseins – unter »Christus« versteht. Jesus habe eine »ontische Beziehung« zum Absoluten, im Alten Testament »Weisheit« oder bei Johannes »Logos« genannt.[221] Damit ist nach christlichem Verständnis Jesus als der Christus jedoch unterbestimmt. Panikkar sieht denn auch den Christen »über das sogenannte Christentum und die institutionalisierte Amtskirche« hinausgewiesen.[222] Die Auswertung trinitarischen Denkens in der Begegnung mit den nichtchristlichen Religionen ist also trotz interessanter Ansätze bislang noch nicht überzeugend gelungen. Unbefriedigend ist auch, daß sie sich weitgehend auf die Begegnung mit östlichen Religionen konzentriert und beschränkt. Ich sehe denn auch die Chancen weniger auf dem Feld der Ontologie liegen als im Bereich der formalen Struktur trinitarischen Denkens.

Trinitarisches Denken macht bewußt, daß für die Beziehung von Absolutem und Relativem drei Momente konstitutiv sind: Das Absolute selbst, das Absolute in der Gestalt des Relativen, und die Inspiration, das Absolute in der Gestalt des Relativen als das Absolute zu identifizieren. Im Blick auf das christliche Bekenntnis heißt das: Gott, der Absolute, der »Vater«, gibt sich unter den Bedingungen der Relativität zu erkennen als der »Sohn«, eine Erkenntnis, die nur gewonnen werden kann durch das Wirken, welches das Absolute mit dem Re-

---

216. Ebd. 107.
217. Ebd. 76.
218. Ebd. 87.
219. Ebd. 92.
220. Ebd. 93.
221. Ebd. 83.
222. Ebd. 86.

lativen zu identifizieren vermag – den »Geist.« Mit der klassischen Formel: Gott der Vater kann nur erkannt werden durch den Sohn im Heiligen Geist. Anthropologisch gewendet: Wenn es zum Glauben an den dreieinen Gott kommen soll, braucht es dazu die durch Gott den Vater, den Schöpfer, geschaffenen Voraussetzungen, die Gestalt und Botschaft Jesu Christi und deren Vergegenwärtigung, und schließlich die Kraft, Gestalt und Botschaft Jesu Christi samt deren Vergegenwärtigung auf den Schöpfer zu beziehen, ja mit dem Schöpfungswort zu identifizieren.

Diese Grundstruktur scheint mir aber für jede Religion zu gelten. Es wird belegt durch das Bedürfnis zur Binnendifferenzierung zwischen Gott, der Schechina und dem Geist im Judentum, zwischen Allah, dem Koran und Muhammad im Islam, zwischen *brahman* und dessen Manifestationen in den *devas* und ggf. den Avataras in den hinduistischen Religionen oder zwischen Nirvana und den Bodhisattvas im Mahayana-Buddhismus. Aus der Sicht christlicher Dogmatik erweist sich das trinitarische Bekenntnis als die Bereitstellung eines differenziert ausgearbeiteten Struktur-Modells für das Verständnis der Begegnung zwischen dem Absoluten und dem Relativen, wo immer sie stattfindet. Gewonnen ist es freilich nicht durch phänomenologische Beobachtung oder metaphysische Spekulation, sondern aus dem Versuch heraus, Jesus als den Christus, Jesus Christus als den wahren Gott anzuerkennen und zu reflektieren.

Die Funktion des solchermaßen strukturierten trinitarischen Denkens liegt im Christentum freilich nicht in einer ontologischen Beschreibung dessen, wie Gottes Sein gedacht werden muß. Dazu hat menschliche Vernunft keine Kompetenz. Gerade die Begegnung mit nichtchristlichen Religionen kann Christen und Christinnen darauf nachdrücklich aufmerksam machen. Zahlen – »eins« oder »drei« oder »tausend« – machen im Blick auf Gott keinen Sinn. Ihre jeweilige Gültigkeit ergibt sich allein aus dem – relativen – Rezeptionsvermögen des Menschen. Was der trinitarische Glaube jedoch aus der Sicht des empfangenden Menschen zum Ausdruck bringen will, ist dies: Gott wendet sich uns und der gesamten Schöpfung dreifaltig zu, er ist ihr dreifaltig verbunden. Zu Gottes Identität gehört der Mensch, gehört die Menschheit, die ganze Schöpfung, gehöre auch ich. Er ist der »Vater« – nicht ohne seine Töchter und Söhne, der »Schöpfer« nicht ohne seine Geschöpfe. Er ist der »Sohn« nicht ohne seine Schwestern und Brüder, das »Wort« nicht ohne diejenigen, die es hören. Er ist der »Geist« nicht ohne diejenigen, die er inspiriert, und nicht ohne dasjenige, was er vorantreibt und erfüllt. Die Lehre von der immanenten Trinität verweist in symbolischer Rede auf das Geheimnis, daß der Vater trotzdem nicht von seinen Söhnen und Töchtern, daß der Sohn nicht von seinen Brüdern und Schwestern und daß der Geist nicht von irdischen Gegebenheiten abhängig ist: Gott ist in trinitarischen Personen sich selbst Vater, Sohn und Geist. Gott ist in lebendiger Beziehung zu dem, was er schafft, erlöst und vollendet; er ist Beziehung aber auch in sich selbst. Er ist der eine, alles umfassende Gott, der aber zugleich alle menschlichen Vorstellungen von »eins« und »alles« transzendiert.

Hinter den theologischen Erwägungen über Proprietäten, Relationen und einen ewigen perichoretischen Prozeß in Gott steht die Überzeugung, daß der drei-eine, in Jesus Christus und durch den Heiligen Geist sich vergegenwärtigende Gott sich nicht in exklusivem Autismus verwirklicht, sondern sein Eins-Sein in ewig lebendiger Beziehung zu sich selbst gewinnt. Doch dies sind Grenzaus-sagen, die nicht als Beschreibungen mißverstanden werden dürfen, sondern in ihrer Intention begriffen werden müssen. Sie wollen in einem dialektischen Sprachspiel artikulieren, daß Gott ohne die Menschen und die gesamte Schöpfung seine Identität nicht verlieren würde und daß seine Identität doch gerade darin besteht, Gott der Menschen und der gesamten Schöpfung zu sein.

D Thesen

1. Das Bekenntnis zum dreieinen Gott wurzelt in der Begegnung mit Jesus, dem Christus, die es für den christlichen Glauben unverzichtbar macht.

2. In seiner altkirchlichen Gestalt stellt es eine beträchtliche Inkulturationslei-stung des Christentums dar, die aber in jeweils veränderte soziokulturelle Situa-tionen hinein erneuert werden muß.

3. Die Grundaussage des trinitarischen Bekenntnisses lautet: Der dreieine Gott verwirklicht sich mit dem Ziel, als Schöpfer, Erlöser und Vollender heil-volle Beziehung zu gewähren; dies will die Rede von »heilsökonomisch« ver-standener Trinität zum Ausdruck bringen. Welche Beziehungsverhältnisse zwi-schen Gott dem Vater, Jesus Christus und dem Heiligen Geist statthaben, möchte die Rede von »immanent« gedachter Trinität formulieren, entzieht sich aber dem Zugriff spekulativen theologischen Nachdenkens.

4. Trinitarischer Glaube und Gehorsam gegenüber dem alttestamentlichen Bilderverbot entsprechen einander.

5. Das trinitarische Bekenntnis ist nicht als ontologische Aussage, sondern von seiner alle vorgefaßte Ontologie relativierenden soteriologischen Botschaft her zu lesen.

6. Der Aussage-Gehalt des trinitarischen Bekenntnisses transzendiert jede sei-ner Gestalten, die ihrerseits notwendig der Immanenz verhaftet bleiben.

7. Trinitarisches Denken erweist seine Integrationskraft darin, daß es nahelegt und ermöglicht, die Alternative von apophatischer (verneinender) und kata-phatischer (behauptender) theologischer Aussage doxologisch zu überwinden.

8. Indem es auf die begrenzende Funktion vorgegebener Ontologien hin- und über die Alternative von Sein und Nichtsein hinausweist, kann es Einsichten und Anliegen sowohl westlicher als auch östlicher Religionen aufnehmen.

9. Die unterschiedlichen Auffassungen von Personalität bzw. A-personalität des Göttlichen in nichtchristlichen Religionen fordern den christlichen Glauben und die ihn reflektierende Theologie dazu heraus, den in ihr verwendeten Begriff von Personalität zu überdenken und einen transpersonalen Gottesbegriff zu entwickeln, in dem sich personale und a-personale Momente ergänzen und gegenseitig durchdringen.

10. Unter trinitarischer Perspektive sind Transzendenz und Immanenz sowohl in ihrer kategorialen Differenz als auch in ihrer kategorialen Zusammengehörigkeit zu bedenken.

11. Die Einheit Gottes muß sowohl exklusivistisch als auch inklusivistisch gedacht werden: exklusivistisch, sofern neben dem einen Gott kein anderer Gott stehen kann, inklusivistisch insofern, als Gott durch die in ihm statthabenden Beziehungen seine Einheit gewinnt und lebt.

12. Trinitarische Spiritualität kann sich in ethischer Orientierung, in liturgischer Praxis und im persönlichen Glaubensvollzug äußern.

13. Trinitarisches Denken, obgleich genuin aus der christologischen Aufgabe erwachsen, entspricht der triadischen Grundstruktur religiösen Bewußtseins und eignet sich insofern als Basis für den Dialog mit nichtchristlichen Religionen.

5 Jesus Christus

A Jesus als der Christus: Das Selbstverständnis des christlichen Glaubens

Von Jesus Christus hat das Christentum seinen Namen. Von ihm weiß sich der Glaubende angerührt. Das Bekenntnis zu Jesus als dem Christus ist das Herzstück des christlichen Glaubens. Gerade die Christologie weckt daher höchste Erwartungen – und löst doch möglicherweise gerade deswegen Enttäuschung aus. Christologie kann sich leider nicht als die Lösung offener theologischer Fragen präsentieren. Sie stellt vielmehr selbst Fragen: »Ihr aber, wer sagt ihr, daß ich sei?« (Mk 8,29).

Was heute zum Doppelnamen verblaßt ist, war ursprünglich Akklamation: Jesus ist der Christus! Einer historischen Gestalt wurde und wird damit transhistorische Bedeutung zuerkannt. Damit stellt sich der bekennenden und ihr Bekenntnis reflektierenden Gemeinde die christologische Aufgabe. Mit ihr sind mindestens die folgenden fünf Fragen aufgeworfen: (1) Wie gewinnt man Zugang zum christologischen Bekenntnis? (2) Wie ordnen sich seine verschiedenen Implikationen einander zu, wie also ist »Christologie« aufzubauen? (3) Was ist von der »Person« Jesu Christi, mithin von der Autorität Jesu als des Christus zu sagen? (4) Worin besteht das »Werk«, mithin die Relevanz Jesu als des Christus? (5) Wie wird Jesus als der Christus in der weltweiten gegenwärtigen Christenheit verstanden?[1]

(1) Zugänge

Christologie will Jesus als den Christus erfassen, nicht nur »Jesus von Nazareth«. Sie will also mehr als »Jesulogie«, mehr als Reflexion über den historischen Jesus sein. Welche Zugänge bieten sich in diesem Zusammenhang an? Es lassen sich vier verschiedene Ansätze unterscheiden:

---

1. Zum Ganzen vgl. J. Becker, Jesus von Nazaret, B 1995; I. U. Dalferth, Der auferweckte Gekreuzigte, Tü 1994; H. Dembowski, Einführung in die Christologie, Da 1976; M. Hengel, Der Sohn Gottes, Tü ²1977; U. Link-Wieczorek, Inkarnation oder Inspiration? Christologische Grundfragen in der Diskussion mit britischer anglikanischer Theologie, Gö 1998; Fr.-W. Marquardt, Das christliche Bekenntnis zu Jesus, dem Juden. Eine Christologie, Bd. 1, M 1990, Bd. 2, M 1991; J. Moltmann, Der Weg Jesu Christi. Christologie in messianischen Dimensionen, M 1989; K. H. Neufeld, Fundamentaltheologie I. Jesus: Grund des Glaubens, St 1992; W. Pannenberg, Grundzüge der Christologie, Gü 1964; C. H. Ratschow, Jesus Christus (HST 5), Gü 1982; E. Schillebeeckx, Jesus. Die Geschichte von einem Lebenden, Fr ⁷1980; G. Theißen, A. Merz, Der historische Jesus. Ein Lehrbuch, Gö ²1997.

(a) Christologie »von außen«

1. Historisch: Man kann zu erfragen versuchen, wer Jesus von Nazareth war – in Analogie zu anderen historischen Gestalten wie Sokrates, Cäsar, Napoleon: Wann und wo hat Jesus gelebt, was hat er gewollt, was hat er geleistet?

Man wird auch bei dieser Fragestellung durchaus fündig. Nach Tacitus[2] wurde Christus unter Pontius Pilatus hingerichtet (»supplicio affectus«). Nach Sueton[3] stifteten Juden Unruhe – »aufgehetzt von Chrestos« (»impulsore Chresto«). Plinius der Jüngere berichtet an Kaiser Trajan, daß Christen »Christus als ihrem Gott« (»Christo quasi deo«) Hymnen singen. Hier ist der Hoheitstitel Christus also bereits stärker bekannt als Jesu »bürgerlicher Name«. Man kann sich in rabbinischen Quellen umsehen, wo man dem Namen »Jesus« begegnet, oder bei Josephus, bei dem von »Jesus, der Christus genannt wird,« die Rede ist. Schließlich wird man bei einem historischen Ansatz auch die kanonischen und außerkanonischen christlichen Quellen nicht übergehen dürfen.[4] Die Quellen, auch sofern sie im einzelnen umstritten sind, geben Jesus von Nazareth als historischen, aber außergewöhnlichen Menschen zu erkennen. Offensichtlich besaß er eine spezifische, auf Religiöses sich beziehende Attraktivität, an der sich die Geister schieden und mit der in irgendeiner Weise sein gewaltsamer Tod zusammengehangen haben muß.

2. Religionsgeschichtlich: Man könnte daher versuchen, Jesus von Nazareth zu würdigen im Vergleich mit den großen Gestalten der Religionsgeschichte, mit Buddha, Muhammad oder anderen »homines religiosi«. Dieser Versuch ist in der Tat verschiedentlich unternommen worden.[5] In diesem Fall stellt sich die Frage, ob Jesus zu verstehen ist als Stifter einer Religion, als Reformer oder als eine singuläre religiöse Erscheinung. Dabei wäre insbesondere das Verhältnis Jesu zum Judentum zu erforschen; käme er in diesem Zusammenhang als Gründer eines jüdischen Sonderwegs zu stehen?[6]

Sowohl der historische Ansatz als auch die religionsgeschichtliche Einordnung enthalten Elemente, die von einer reflektierten Christologie aufzunehmen sind. Eine »Christologie« im eigentlichen Sinne ist jedoch auf diese Weise – »von außen«, von außerhalb des Glaubens – nicht zu gewinnen.

(b) Christologie »von oben«

Immer wieder waren christliche Theologen versucht, Christologie »von oben«, sozusagen von der Warte Gottes aus, zu entwerfen.

---

2. Annalen XV, 44,3.
3. Vita Claudii 25,4.
4. G. Theißen, A. Merz, Der historische Jesus, Gö ²1997, §§ 2-4.
5. K. Jaspers, Die maßgebenden Menschen (1964), Sokrates, Buddha, Konfuzius, Jesus, M ⁹1986.
6. Vgl. unten S. 392 ff.

1. Beispiel: Zur Zeit der Alten Kirche legte sich dies aus zwei Gründen nahe. Autorität und Relevanz Jesu von Nazareth mußten vom alttestamentlichen Gottesglauben her verstanden werden. Die Leitfrage hieß dann: Welche Bedeutung muß Jesus zugeschrieben werden, wenn er im Auftrag und in der Vollmacht des Gottes Israels handelte, lehrte und litt? Aber auch in der nichtjüdischen Welt war die Vorstellung, daß es Gottheiten gab, eine allgemeine Voraussetzung, zu der man die Verkündigung von Jesus als dem Christus in Beziehung setzen mußte. Die Antwort auf beide Frageperspektiven lautete: Christen glauben »an Jesus Christus, Gottes eingeborenen Sohn«. Christus wird von Gott her wahrgenommen. Das Problem besteht vor dem alttestamentlichen Hintergrund darin, wie die Sendung des Menschen Jesus durch den Gott Israels sachgemäß zum Ausdruck gebracht werden kann. Die Kategorie des »Propheten« reichte nicht mehr aus; die mit dem Messiasbegriff zur Verfügung stehenden Vorgaben waren strittig. Vor dem hellenistischen Hintergrund, der für die Vorstellung von göttlichen Menschen offen war, galt es zu klären, wie die als leidensunfähig gedachte Gottheit wirklicher, für Schmerz und Leid anfälliger Mensch werden konnte. Beide Fragehinsichten fanden eine formelhafte Antwort in der Trinitätslehre: Jesus Christus ist »hypostasis« der einen »ousia«, eine der drei »personalen« Seinsweisen des einen »Wesens« Gottes, »Gott von Gott, Licht von Licht, wahrer Gott vom wahren Gott« (Nicaea 325).[7] Als Folgeproblem war dann zu klären, wie sich innerhalb der einen »hypostasis« zwei »physeis«, in der einen »personalen« Existenz zwei »Naturen«, nämlich die göttliche und die menschliche, denken lassen (Chalcedon 451).[8]

2. Beispiel: Für die Gegenwart mag der christologische Ansatz Karl Barths als Beispiel dienen. Barth wählt als Grundperspektive für die Entfaltung der Christologie »die freie Tat der Treue Gottes, in der er die verlorene Sache des Menschen ... in Jesus Christus zu seiner eigenen Sache macht, zu ihrem Ziel führt und eben damit seine eigene Ehre in der Welt behauptet und anzeigt«.[9] Damit ergibt sich, daß Jesus Christus »(1) der wahre, nämlich der sich selbst erniedrigende und so der versöhnende Gott, aber (2) auch der wahre, nämlich der von Gott erhöhte und so versöhnte Mensch«, und »in der Einheit beider (3) der Bürge und Zeuge unserer Versöhnung ist.«[10] Daraus läßt sich eine eindrucksvolle geschlossene Christologie ableiten, aber man muß zuvor den gewählten Ausgangspunkt teilen. Das fällt in der Situation nach der Aufklärung schwer; denn unter Verlust eines vorausgesetzten Gottesglaubens lautet die Frage nicht mehr, wie denn Gott Mensch sein kann, sondern: Wie sollte ein Mensch mehr als Mensch – etwa »Gott« – sein können?

Der Ansatz einer Christologie »von oben« hat es schwer zu erklären, woher er denn seine christologischen Erkenntnisse nimmt. Es haftet ihm sowohl in sei-

---

7. UG 38 (Nr. 2).
8. Vgl. W. A. Bienert, Dogmengeschichte, St 1997, 205-225.
9. KD IV/1, § 57.
10. KD IV/1, § 58.

ner altkirchlichen wie in seiner modernen Fassung eine doketische Tendenz an. Die Alte Kirche konnte sie mit Mühe gerade noch unterbinden. In der Moderne aber verschärft sich dieser Einwand angesichts der Frage nach dem historischen Jesus. Karl Barth geht ihr nicht mit Leidenschaft nach.

(c) Christologie »von unten«

Sie entsteht als Kritik der Christologie »von oben«: Wie sollte ich vom Standpunkt Gottes ausgehen können? Ich kann mich nicht außerhalb der Geschichte stellen (Karl Barths Versuchung), auch nicht an deren Ende (Wolfhart Pannenbergs Versuchung). Ich stehe innerhalb der Geschichte und habe keine andere Möglichkeit, als von hier aus zu urteilen. Folglich muß ich mich auf das historische Zeugnis einlassen, das als solches ernstgenommen sein will. Es ist dann einzusetzen beim historischen Jesus und seinem Selbstverständnis, soweit es historisch rekonstruierbar ist. Damit sind freilich auch schon die Grenzen dieses Ansatzes genannt. Zudem zeigt sich bei dem Versuch, »unten«, in der konkreten Geschichte einzusetzen, daß auch dies nicht ohne eine Leitperspektive möglich ist. Herbert Braun vermag die historischen Zeugnisse nicht zu lesen ohne den Horizont seiner nachtheistischen Fragestellung; Wolfhart Pannenberg deutet Geschichte aufgrund einer Geschichtsschau, die ihrerseits vielerlei Vorentscheidungen enthält. Gleichwohl dürfte der Ansatz von »unten« in die richtige Richtung weisen, da er auf die Wirkungsgeschichte Jesu von Nazareth aufmerksam macht.

(d) Christologie »von innen«

Eine Christologie »von innen« sucht den Ausgangspunkt christologischer Reflexion innerhalb der Wirkungsgeschichte, die der historische Jesus ausgelöst hat. Wie auch immer die Zeugnisse von Jesu Leben, Lehren und Leiden und die Berichte von seiner Auferweckung zu verstehen sein mögen: Greifbar ist ihre Wirkungsgeschichte. Jesus erwies sich für die an ihn Glaubenden als relevant in einer Weise, die die Weltgeschichte verändert hat. Von dieser Wirkungsgeschichte wurden und werden Menschen erfaßt – es entsteht »Kirche«. Die Menschen, die sich von der Wirkungsgeschichte Jesu anstecken und packen lassen, erwarten zugleich, daß diese Wirkungsgeschichte noch nicht an ihr Ende gelangt ist, sondern daß deren völlige Erfüllung noch aussteht; daraus erwächst eine universale Hoffnung. Wer als Glaubender von der bereits vollzogenen und heute sich vollziehenden Wirkungsgeschichte Jesu ausgeht, sieht sich ermutigt, mit dem vollendenden Handeln Gottes in Jesus Christus zu rechnen, und von hier aus auch Jesus Christus und den Glauben an ihn zu verstehen: Was Christologie bedenkt, ist unabgeschlossen, noch im Gange. In der Sprache der Tradition und damit dieser Wirkungsgeschichte selbst gesagt: Solange Jesus Christus noch nicht »wiedergekommen« ist, »zu richten die Lebenden und die Toten«, ist die Christologie offen! Christologie kann ohne ihre ekklesiologischen, pneumatologischen und eschatologischen Implikationen nicht sachgemäß betrieben werden. Sie führt somit zum trinitarischen Bekenntnis und läßt sich ohne dieses auch nicht zureichend artikulieren. Im übrigen war dies auch der historische Weg, den das Bekenntnis zu Jesus als dem Christus genommen hat. Der christologische Ansatz »von innen« wird somit ohne gewisse Elemente der Ansätze »von außen«, »von oben« und »von unten « nicht auskommen, sie aber auf eine spezifische Weise nutzen.

(2) Zum Aufbau der Christologie

Der Glaube an Jesus Christus bildet den Ursprung und die Mitte christlichen Glaubens überhaupt. Die Christologie gilt daher als Schlüssel zur christlichen Theologie. Über dieser Schlüsselfunktion wird oft vergessen, daß sie zugleich das tiefste und vor dem Eschaton nicht zu entschlüsselnde Geheimnis des Glaubens darstellt. Jede Generation hat sich neu um christologische »Lösungen« bemüht. Daher der viele dogmen- und theologiegeschichtliche Schutt gerade in der Christologie!

1. Das Grundschema der altprotestantischen Dogmatik hat sich im evangelischen Bereich als Hilfe zu einer elementaren Orientierung bewährt. Man handelt von der Person (»de persona Christi«) und vom Werk Jesu Christi (»de officio« bzw. »de munere Christi«). Bei der Reflexion über die Person Jesu Christi geht es darum, inwiefern er wahrer Gott (»natura divina«), inwiefern er wahrer Mensch (»natura humana«) ist und wie sich die beiden »Naturen« zusammendenken lassen (»unio naturarum«). Das Werk Christi wird verstanden als ein prophetisches, priesterliches und königliches (»officium propheticum«, »officium sacerdotale«, »officium regium«).[11] Mit diesem Schema sind Grundentscheidungen gefallen, die freilich immer wieder hinterfragt werden müssen. Ein elementares Problem stellt dabei das Verhältnis von Person und Werk Jesu Christi dar.

2. Das Verhältnis von Christologie und Soteriologie wird in der altprotestantischen Orthodoxie nach dem aristotelischen Grundsatz entschieden, demzufolge das »Sein« die Voraussetzung für das »Handeln« darstelle (»agere sequitur esse«). Daher geht die klassische Dogmatik von der Person Christi aus und fragt erst danach nach dem Werk Christi. Schon in der Reformation wurde unter soteriologischem Interesse der Akzent allerdings anders gesetzt. Melanchthon behauptet in der Erstauflage seiner Loci, Christus zu erkennen, heiße nicht, seine Naturen oder den Modus seiner Inkarnation, sondern seine Wohltaten zu erfassen.[12] Er macht damit darauf aufmerksam, daß jedenfalls erkennt-

---

11. Dieses Grundschema wird in vielen weiteren Distinktionen erläutert und durch die Lehre von den »Ständen« (»de statibus Christi«) ergänzt; vgl. H. Schmid, Die Dogmatik der evangelisch-lutherischen Kirche, Gö 1979, §§ 32-38.

12. »... hoc est Christum cognoscere beneficia eius cognoscere, non ... eius naturas, modos incarnationis contueri« (Melanchthons Werke in Auswahl, hg. von R. Stupperich, Bd. II/1,

nistheoretisch die Soteriologie der Christologie vorausgeht; an Jesu Werken ist zu erkennen, was es um seine Person ist.

Man hat dagegen eingewandt, es komme bei diesem Ansatz zu einer unstatthaften Funktionalisierung der Soteriologie: Wenn man auch noetisch vom Werk Christi ausgehen dürfe, gelte es doch daran festzuhalten, daß ontologisch der Person Christi die Priorität zukomme und von dieser aus auf Christi Werk zu schließen sei. Doch wird man sich bewußt machen müssen, daß die Trennung von Christologie und Soteriologie ganz bestimmten Denkgewohnheiten entspricht. Sie wird dem »Gegenstand« nicht gerecht: Die begründende Funktion dessen, was begründet, ist nur im Vorgang des Begründet-Werdens, das »extra nos« nur im »pro nobis« zu fassen. Die Rede vom »extra nos« bleibt trotzdem sinnvoll, weil durch sie auf die Unverfügbarkeit des »pro nobis« hingewiesen wird. Schon anthropologisch gesehen, gilt: Kein Mensch geht auf in dem, was er tut! Es gilt, das »pro nobis« zu transzendieren auf das Geheimnis hin, das Gott in Jesus Christus selbst ist.

3. In Jesus Christus erschließt sich Gott, aber eben in Jesus Christus, der identifiziert werden darf mit dem Geheimnis, das Gott selbst ist, und deswegen in positiven Aussagen nicht zureichend erfaßt werden kann. Der Theologia negativa entspricht daher notwendig eine »Christologia negativa«. Die Christologie ist nicht einfach die Auflösung der Theologia negativa: Sie stellt keineswegs die triumphalistische Antwort auf die mit der Gottesfrage gestellten Probleme dar. Die »absconsio Christi« läßt sich nicht logisch aufklären, aber sie bedarf solcher Aufklärung auch nicht. Was es um die Person Jesu Christi ist, darf letztlich Geheimnis bleiben, wenn das Heil, das sie vermittelt, offenbar wird.

(3) Die Person Jesu Christi – die Autorität Jesu als des Christus

Das Geheimnis der Person Jesu Christi wurde von Anfang an darin gesehen, daß sich in ihr – auf eine das Nachdenken herausfordernde, aber es nie befriedigende Weise – Gottes radikale Selbstvergegenwärtigung einerseits und uneingeschränktes Menschsein andererseits miteinander verbanden. Unter den ontologischen Denkvoraussetzungen, wie sie die hellenistische Welt bereitstellte, mußten Gottheit und Menschheit Jesu Christi substanzontologisch aufeinander bezogen werden. Dies führte zu der im biblischen Zeugnis so nicht gedeckten Rede von den »Naturen Christi« und der sog. »Zweinaturen-Christologie«. Die in Chalcedon dogmatisierte Lehre wurde mit gewissen Modifikationen als alt-

---

Gü 1952, 7); Melanchthon hat sich in späteren Auflagen davon distanziert und sich sehnlich gewünscht, wenigstens im Eschaton mehr Durchblick zu gewinnen.

kirchliches Gemeingut von der Reformation übernommen, spätestens mit der Aufklärung aber in Frage gestellt. Damit ergibt sich das Problem, wie heute mit der Zweinaturen-Christologie umzugehen ist.

(a) Der Ertrag der altkirchlichen und der reformatorischen Christologie

1. Die altkirchliche Christologie findet ihre erste gesamtkirchlich manifeste Gestalt im trinitarischen Dogma der Konzilien von Nicaea (325) und Konstantinopel (381): Christus ist »aus dem Vater geboren vor aller Zeit: Gott von Gott, Licht vom Licht, wahrer Gott vom wahren Gott, gezeugt, nicht geschaffen, wesenseins mit dem Vater«.[13] Subordinatianische Tendenzen, wie sie vor allem von Arius vertreten worden waren, waren damit abgewehrt: In Jesus Christus begegnete der Welt nicht weniger als Gott selbst. Unklar war dabei jedoch geblieben, wie man sich dies näherhin denken sollte. Einerseits galt es ja, unter allen Umständen das volle Menschsein Jesu festzuhalten, was zu einer klaren Unterscheidung, tendenziell zur Trennung zwischen Gottheit und Menschheit in der Person Jesu führte (antiochenische Linie). Andererseits mußte unter allen Umständen die wahre Gottheit Jesu herausgestellt werden, was eine Überbetonung der Einheit oder gar die Vermischung der beiden Naturen zur Folge haben konnte (alexandrinische Linie). Das Konzil von Chalcedon suchte die Lösung, die beiden Anliegen gerecht wurde, aber auch die Gefahrenmomente beider Seiten abwehren sollte, in der Formel: Jesus Christus ist »wahrhaft Gott und wahrhaft Mensch ... der einziggeborene Sohn und Herr, der in zwei Naturen unvermischt, unveränderlich, ungetrennt und unteilbar erkannt wird, wobei ... die Eigentümlichkeit jeder der beiden Naturen gewahrt bleibt und sich in *einer* Person und *einer* Hypostase vereinigt.«[14] Damit waren die Stichworte und Formeln gefunden, die, wenngleich nicht unumstritten, die Folgezeit bestimmen sollten: Jesus Christus »*eine* Person« in »zwei Naturen«.

2. Die Reformation hat die christologischen Entscheidungen der Alten Kirche als selbstverständliche Voraussetzung übernommen, der Christologie insgesamt aber eine neue Stellung zugewiesen. Die Confessio Augustana bekennt, daß »Gott, der Sohn, Mensch geworden ist, geboren aus der reinen Jungfrau Maria, und daß die zwei Naturen, die göttliche und die menschliche, also in einer Person untrennbar vereinigt, ein Christus sind, der wahrer Gott und wahrer Mensch ist«. Die Fortsetzung des Textes bzw. die gesamte Satzkonstruktion gibt jedoch zu erkennen, daß nicht hier das zentrale Anliegen der Reformatoren liegt. Es wird – unter Aufnahme von Wendungen, die dem Apostolikum entsprechen – darauf verwiesen, welche Funktion der solchermaßen bezeugte Jesus Christus habe, nämlich: »daß er ein Opfer nicht allein für die Erbsünde, son-

---

13. UG 38 (Nr. 2).
14. DH Nr. 301 f.

dern auch für alle anderen Sünden war«. Seine Herrschaft im Himmel dient dazu, daß er die Glaubenden »durch den Heiligen Geist heilige, reinige, stärke und tröste« und sie gegen Sünde und Teufel beschütze.[15] Der Akzent wird dabei deutlich von der ontologischen zur soteriologischen Fragestellung hin verschoben. Entsprechend hatte bereits Luthers Kleiner Katechismus formuliert: »Ich glaube, daß Jesus Christus, wahrhaftiger Gott vom Vater in Ewigkeit geboren und auch wahrhaftiger Mensch von der Jungfrau Maria geboren, sei mein Herr, der mich ... erlöst hat ..., auf daß ich sein eigen sei ...«[16] Die ontologische Aussage wird zur Apposition, die soteriologische Aussage erhält das eigentliche Gewicht.[17]

3. Sowohl in der Alten Kirche als auch in der Reformation ging es vorrangig um die Soteriologie. Bei den Auseinandersetzungen mit Arius und seinen Gesinnungsverwandten handelt es sich keineswegs um den höchst überflüssigen Streit um ein bloßes Jota (»homoousios« / »homoiousios«). Man wußte: »Wenn die Menschwerdung Phantasie ist, Phantasie ist dann auch unser Heil!« Die Reformation hat die christologischen Aussagen noch einmal auf die Soteriologie hin zugespitzt; die Rechtfertigungsbotschaft ist ihr Fluchtpunkt. Aber ontologische Probleme holen dann doch auch die Theologie der Reformation ein.

Dem soteriologischen Anliegen der Alten Kirche hatten Abgrenzungsversuche gedient – einerseits gegen die alexandrinische (monophysitische) Position (»unvermischt«, »unveränderlich«), andererseits gegen antiochenische (nestorianische) Bestrebungen (»ungetrennt«, »unteilbar«). Das Geheimnis wurde gewahrt durch die Artikulation des Paradoxons und durch die Verwendung des »alpha-privativum«. Es wurde kein eigener positiver Entwurf vorgelegt. Die chalcedonensische Christologie bekennt sich zu dem Ungenügen jeder als umfassend verstandenen positiven christologischen Formel. Das christologische Problem wird nicht gelöst, sondern offen gehalten. Wer Jesus Christus ist, kann nicht abschließend und erschöpfend in Worte gefaßt werden.

Damit zeigt sich aber zugleich die Problematik des Erreichten: Aus dem Geheimnis drohte ein logisches Paradox zu werden; aus dem lebendigen Jesus Christus eine (wie die altprotestantische Orthodoxie formulieren konnte) »zusammengesetzte Person« (»persona synthetos«)! Zudem erwies sich der verwendete Begriff von »Natur« als völlig inadäquat: Im Blick auf Gott ist er unzutreffend, weil das Wesen Gottes nicht in einem allgemeinen Begriff von »Natur« zu fassen ist; im Blick auf das Verhältnis von Gott und Mensch ist er ungenügend, weil er eine Art gemeinsamen Nenner zwischen Gott und Mensch abgeben würde, was aber weder dem Wesen Gottes noch dem des Menschen gerecht würde. Schließlich wäre sogar im Blick auf den Menschen selbst zu fra-

---

15. CA III; UG 61.
16. UG 544.
17. Sehr deutlich wird die Soteriologie auch in den christologischen Aussagen des Heidelberger Katechismus unterstrichen. Der Heidelberger Katechismus. Hg. von O. Weber, Gü ⁴1990, 26 ff.

gen, worin eigentlich seine »Natur« bestehen soll. Ganzheitlich-personales Denken erlaubt keine Isolierung der menschlichen »Natur« gegenüber der »Person«.

Die Christologie der Alten Kirche ist gescheitert – und gerade deswegen richtungweisend, nämlich zurückverweisend auf das Zeugnis des Neuen Testaments – und vorausweisend in offene Erfahrungszusammenhänge, letztlich ins Eschaton!

4. Ist eine Reinterpretation der Zwei-Naturen-Christologie denkbar? Wenn ja, wäre sie immer abhängig von jeweiligen philosophischen und theologischen Voraussetzungen. Die hellenistische Philosophie steht als brauchbarer Rahmen nicht mehr zur Verfügung.

Man kann, von Chalcedon belehrt, festhalten: Über das Paradoxon kommt man in der Christologie nicht hinaus; hält man es fest, so urteilt man in Wahrheit christologisch sachgemäß. Es gibt keine Synthese; in der Christologie sind nur antithetische Aussagen möglich.[18] Dies ist freilich nicht Reinterpretation, sondern Kapitulation vor der Zweinaturen-Christologie.

Man kann versuchen, dialektisch vorzugehen: Gottes Gottheit und wahres Menschsein erfüllen sich ineinander; Gott ist darin Gott, daß er sich in Jesus Christus als wahrer Mensch vergegenwärtigt – der Mensch Jesus Christus dagegen ist darin »wahrer Gott«, daß er das vollkommene Menschsein verwirklicht.[19] Diese Antwort arbeitet freilich damit, daß sie die Fragestellung verschiebt: Es geht ihr nun nicht mehr um den wirklichen, sondern um den »wahren« Menschen. Nunmehr wäre ja zu klären, wie in der Person Jesu die Relation zwischen dem »wahren« und dem »wirklichen« Menschen gedacht werden kann.

Die Frage nach den beiden Naturen Jesu Christi läßt sich auch dahingehend verändern, daß man sie von vornherein soteriologisch aufnimmt und dem Werk der Versöhnung zuordnet, wie dies Karl Barth versucht. Das Wesen des Menschen muß dann empirisch-anthropologisch gar nicht näher bedacht, sondern theologisch verstanden werden. Jesus Christus ist, so gesehen, einerseits »der Herr als Knecht«, andererseits »der Knecht als Herr«.[20] In ihm »bekommt und hat jede seiner beiden Naturen, ohne als solche aufgehoben oder verändert zu werden, eine *Bestimmung:* Es bekommt die göttliche durch und in ihm ihre Bestimmung zur menschlichen *hin*, und es bekommt die menschliche durch und in ihm ihre Bestimmung von der göttlichen *her*. Es nimmt und hat der Sohn Gottes an dem von ihm angenommenen menschlichen Wesen *Anteil*: so

---

18. Vgl. P. Althaus [8]1969, 445 f.: »Die Ewigkeit in der Zeit – wir können dieses Geheimnis im Glauben ergreifen. Aber wir können es nicht begreifen. Wir müssen die beiden Sätze zusammen sagen, aber wir können sie nicht zusammendenken ...« Theologie kann von Jesus Christus »positiv reden nur in *Antinomien* ... Was die Christologie darüber hinaus sagen kann, aber auch sagen muß, sind *Negationen* ...«.

19. Vgl. W. Härle 1995, 345: »Weil Jesus Christus wesenseins mit Gott ist, darum ist er wahrhaft und im vollen Sinne des Wortes Mensch.«

20. KD IV/1,148; vgl. Leitsatz zu § 59.

nämlich, daß er diesem an seinem göttlichen Wesen Anteil *gibt*. Und es nimmt und hat das von ihm angenommene menschliche Wesen Anteil an seinem göttlichen: so nämlich, daß es diesen von ihm, dem Sohne Gottes, *empfängt*.«[21] Die soteriologische Grundrichtung ist erkennbar und nachvollziehbar. Die klassische Zweinaturenchristologie ist hier in den Dienst genommen, aber nicht als solche plausibel gemacht oder weiter entwickelt.

Schließlich kann man versuchen, eine neue Terminologie zu wählen, wie dies Paul Tillich mit seinem Vorschlag macht, zwischen »Essenz« und »Existenz« zu unterscheiden. Für ihn ergibt sich: Jesus wird erkannt als Träger des »Neuen Seins«: »Das Neue Sein ist neu, insofern es die unverzerrte Manifestation des essentiellen Seins unter den Bedingungen der Existenz ist ... Es ist in der Existenz und überwindet die Entfremdung der Existenz.« Es hat »die Qualität des Neuen Seins jenseits der Spaltung zwischen essentiellem und existentiellem Sein«.[22] Auch hier ist das soteriologische Anliegen deutlich; die damit vorgetragene Reinterpretation der Zweinaturenlehre ist freilich durch eine philosophische Spekulation erkauft, die viele erst zu überprüfende Vorentscheidungen enthält und bereits eine Generation nach ihrer Entstehung der Plausibilität ermangelt.

Damit ergibt sich: Die Zweinaturenchristologie muß in ihrem Anliegen, kann aber nicht in ihrer Form aufrechterhalten werden. Der Begriff der »Natur« ist nicht geeignet, das Geheimnis der Person Jesu zutreffend zu umschreiben. Bei seiner Übernahme in die Theologie war ihm die Aufgabe zugedacht, deutlich zu machen, daß Jesus Christus ganz auf die Seite Gottes und ganz auf die Seite der Menschen gehört, ohne daß das eine durch das andere beeinträchtigt wird. Gerade dies läßt sich aber mit Hilfe des Naturbegriffs, der seinerseits unsachgemäß ist und darüberhinaus nur Verwirrung stiftet, nicht zum Ausdruck bringen.

Ausgehend von der Wirkungsgeschichte Jesu wird man sagen können: Das Geheimnis seiner Person bestand und besteht nicht in seiner »Natur«, sondern in seiner Vollmacht, seine Identität in seiner Autorität. Die Frage nach seiner Identität verwandelt sich in die nach seiner Autorität. Jesus brachte und bringt Menschen dazu, ihn als den Christus zu begreifen, in anderen Worten: seine universale Relevanz zu bekennen. Er übt eine Autorität aus, die als die Autorität Gottes erfahren wurde und wird. Deswegen wird im folgenden Abschnitt über die Autorität Jesu als des Christus nachzudenken sein.

(b) Die Autorität Jesu als des Christus

Eine »außernormale Ausstrahlungs- und Irritationsmacht«[23] motivierte offenbar die ersten Glaubenden, sich auf die Botschaft und das Geschick Jesu ein-

---

21. KD IV/2,75 f.
22. P. Tillich, ST II, 130, 132.
23. G. Theißen, A. Merz, Der historische Jesus, Gö ²1997, 486.

zulassen und sich zu ihm zu bekennen. Die »Urchristologie« ist zusammenge-faßt in dem Bekenntnis: Jesus – der »Herr« (Phil 2,11), wobei zu bedenken bleibt, daß der hier verwendete Begriff »kyrios« in der Septuaginta das Äquiva-lent für den alttestamentlichen Gottesnamen darstellt. Das Bekenntnis: Jesus – »der Christus« (vgl. Mk 8,29) ist demgegenüber rasch verblaßt; der Funktions-titel »Christus / Messias« wurde zum Eigennamen. Jedenfalls aber schlug eine Erfahrung der ersten Glaubenden um zu einem Bekenntnis, prinzipiell unab-hängig vom »Selbstbewußtsein« des historischen Jesus. Kreuz und »Erhöhung« haben für die Sicht der Jünger die Autorität Jesu Christi noch einmal profiliert und schließlich ins Kosmische erweitert.[24]

1. Die Erfahrung der Autorität Jesu als des Christus

Jesu Autorität ist zugleich erfahrene und erwartete Autorität. Die Erfahrungen mit der Autorität des irdischen Jesus verstärkten sich durch die Botschaft von Kreuz und Auferstehung dahingehend, daß sie als eschatologische begriffen wurde. Die Autorität, die bereits im irdischen Jesus begegnete, war die der Lie-be, des Glaubens und der Hoffnung.

a. Die Autorität des irdischen Jesus

Die Autorität des irdischen Jesus wurde offenbar zunächst dynamisch verstan-den, als »auctoritas« im ursprünglichen Sinn des Wortes. Die ersten Glauben-den haben ihn erlebt als den, der mit Vollmacht sagen kann: »Siehe, das Reich Gottes ist mitten unter euch« (Lk 17,21). Er bekennt sich zu seiner Autorität: »Ich aber sage euch: Liebt eure Feinde ...« (Mt 5,44). Er lehrt »mit Vollmacht« (Mt 7,29). Die Jünger reagieren darauf mit dem Bekenntnis: »Herr, wohin sol-len wir gehen? Du hast Worte des ewigen Lebens; und wir haben geglaubt und erkannt: Du bist der Heilige Gottes« (Joh 6,68). Seine Autorität wird als ent-lastend wahrgenommen: Jesus macht nicht Druck, sondern er löst, befähigt da-zu, mit Druck umzugehen: »... deine Sünden sind dir vergeben« (Mk 2,5) – »geh hin und sündige hinfort nicht mehr!« (Joh 8,11). Als heilende Autorität bezieht sie sich auf den ganzen Menschen, wird als ganzheitliche erfahren: »... nimm dein Bett und geh heim!« (Mk 2,11). Sie kann im Glauben in Anspruch genommen werden: »... dir geschehe, wie du geglaubt hast« (Mt 8,13). Jesu Autorität ist die des sich Solidarisierenden und Dienenden. Mit der Gleichnis-handlung der Fußwaschung (Joh 13,1 ff.) verdeutlicht er sein Verständnis von Autorität. Die Herrscher herrschen – »so soll es nicht sein unter euch ...« (Mt 20,26). »Denn auch der Menschensohn ist nicht gekommen, daß er sich dienen lasse, sondern daß er diene und sein Leben gebe als Lösegeld für viele« (Mk 10, 45). Daß Jesu Autorität in alledem auch Kommunikation stiftet, wird besonders an seinem Mahlverhalten empfunden; es reproduziert sich in den Abendmahls-feiern der Gemeinde. Schließlich zeigt sich seine Autorität darin, daß er Men-

---

24. Vgl. ebd. § 16.

schen in seine Nachfolge ruft und sie dazu bringt, daß sie widrige Umstände, die sich daraus ergeben, nicht scheuen: »Siehe, ich sende euch wie Schafe mitten unter die Wölfe« (Mt 10, 16). Der Streit, ob der historische Jesus explizit oder implizit um sich als den Christus gewußt habe, oder ob christologische Aussagen durch den historischen Jesus evoziert worden sein könnten, mag dabei auf sich beruhen; gut denkbar wäre ja auch eine gewisse Interdependenz zwischen verschiedenen Faktoren. Basis christologischer Aussagen bleibt die Tatsache, daß sich mit Jesu Botschaft und Geschick bestimmte Erfahrungen verbunden haben, die dann auch nach klarer Artikulation verlangten.

b. Die Autorität des Erhöhten

Nach der Kreuzigung wird Jesu Autorität als entgrenzte erfahren; die Berichte von Jesu Auferstehung und Himmelfahrt geben dieser Erfahrung Ausdruck. Nun wissen sich die Jünger gesandt »in alle Welt«, dazu berufen, das Evangelium »aller Kreatur« zu predigen (Mk 16,15). Sie werden seine Zeugen sein »bis an das Ende der Erde« (Act 1,8).

Nun kommt auch Jesu gemeinschaftsstiftende Autorität voll zum Tragen: Wo »zwei oder drei« versammelt sind in seinem Namen, da ist er »mitten unter ihnen« (Mt 18, 20). Denen, die gemeinsam das Herrenmahl feiern, ist der gesegnete Kelch »die Gemeinschaft des Blutes Christi« (I Kor 10,16). In der Gemeinde, dem Leib Christi mit seinen vielen Gliedern, verwirklicht sich die Autorität des Erhöhten – in der Berufung zu gegenseitigem Dienst und in der Zurüstung durch Charismen (I Kor 12,1 ff.). Wo sein Geist ist, da ist Freiheit (II Kor 3,17), insbesondere Freiheit vom Gesetz und Freiheit gegenüber dem Tod. In ihm wird der Mensch zur neuen Kreatur (II Kor 5,17). Von ihm gilt: »Siehe, ich mache alles neu!« (Apk 21,5).

c. Die Autorität des Erwarteten

Die Autorität des Erhöhten wird damit zu der des Erwarteten, der kommen wird »zu richten die Lebenden und die Toten«. Sie wird sich universal durchsetzen. Dies bedeutet einerseits Rechtsprechung über das Destruktive, das nicht das letzte Wort behalten wird, andererseits die universale Erneuerung, von der Urgemeinde in Bälde ersehnt, von ihr und den folgenden Generationen als bereits in die jeweilige Gegenwart hineinwirkende Kraft erfahren. Mit ihm, dem Erwarteten, kommt die Gottesherrschaft; er selbst ist die Gottesherrschaft, die »Gegenwart des Reiches Gottes ›in Person‹«.[25]

Zusammenfassend läßt sich also sagen: Die Autorität Jesu als des Christus wurde wahrgenommen in der Begegnung mit dem irdischen Jesus, wahrgenommen und erwartet im Zusammensein und im Dienst der jeweiligen Gemeinde, erwartet und erhofft im Blick auf das Eschaton. Die in der Tradition gelegentlich vertretene Lehre vom »dreifachen Advent« Christi versucht, dies

---

25. H.-J. Kraus, Reich Gottes: Reich der Freiheit, NV 1975, 17, unter Berufung auf Origenes, Nachweis ebd. 6.

auf eine schlichte Weise zum Ausdruck zu bringen: Gott kommt zu den Menschen und zu seiner Welt in Jesus Christus erstens in dessen irdischem Leben, Leiden und Sterben, zweitens in Wort und Sakrament sowie drittens am Ende der Tage.

Das »Problem«, wie sich in Jesus Christus göttliche und menschliche Natur zueinander verhalten, ist damit abgelöst von der Frage, wie ein Mensch die Autorität Gottes beanspruchen und ausüben kann. In dieser Gestalt begegnet die christologische Fragestellung verschiedentlich im Neuen Testament selbst (vgl. Mk 2,7; Joh 19,7). Das substanzontologische Denken, das der Alten Kirche unvermeidlich schien, ist auf ein Denken in Relationen zurückgeführt, wie es dem biblischen Zeugnis entspricht, aber auch heute an Boden gewinnt. Jesus Christus hat seine Autorität von dem Gott, auf den er sich beruft, vom »Vater«. Sie erstreckt sich auf die Menschen, die durch ihn in ein gelingendes Lebensverhältnis zu Gott finden sollen, auf »Gottes Kinder«, Gottes Söhne und Töchter, ja letztlich auf die gesamte Schöpfung. Das Problem der Tradition, wie sich »Person« und »Werk« Christi zueinander verhalten, wird aufgenommen als Frage nach dem Verhältnis von Autorität und Relevanz Jesu Christi. Autorität und Relevanz erweisen sich als zwei Seiten derselben Sache: In seiner Autorität zeigt sich die Relevanz, in seiner Relevanz verwirklicht sich die Autorität Jesu Christi.

2. Das Bekenntnis zur Autorität Jesu als des Christus

Für das Bekenntnis zu Jesus als dem Christus hat den ersten Glaubenden als Artikulationshilfe zweifellos das Alte Testament gedient. In alttestamentlichem Denken vorgefundene Begriffe bzw. Vorstellungen – wie die Messiaserwartungen oder die Gottesknechtslieder – wurden von der frühen christlichen Gemeinde aufgenommen, zugleich aber gebrochen und neu gefüllt. In ihrem neuen Verständnis hatten sie dann auch wiederum Rückwirkungen auf das christliche Verständnis des Alten Testaments. Aber dazu traten natürlich Denkmuster aus dem Diaspora-Judentum und aus der hellenistischen Umwelt. So erklärt es sich, daß sich das Bekenntnis zu Jesus Christus bereits innerhalb des neutestamentlichen Zeugnisses in vielfacher Gestalt äußert:

a. Christologische Hoheitstitel
Die christologischen Hoheitstitel sind, unabhängig davon, in welchem Verhältnis der historische Jesus zu ihnen gestanden haben mag, Ausdruck der Autorität, als die man Jesus Christus wahrnahm. Als »Menschensohn« bezeichnet, wird Jesus zur entscheidenden Gestalt der Endzeit – oder zum Inbegriff wahren Menschseins. Als »Sohn Gottes« gibt er, ohne daß biologische Assoziationen damit verbunden sein mußten, die Intensität seiner Beziehung zu dem Vater zu erkennen, der ihn gesandt hat. Der Titel »Davidssohn« stellt ihn hinein in die Heilsgeschichte Israels. Mit dem Titel »Herr« wird ihm im Grunde der alttestamentliche Gottesname übertragen. Die Messiasvorstellungen, durch die sein Auftrag gekennzeichnet werden kann, sind offenbar zu disparat und auch

zu wenig adäquat, als daß sie auf Dauer geeignet gewesen wären, der Autorität Jesu Ausdruck zu verleihen. Der Titel »Logos« greift ins Kosmische aus: Was die Welt im Innersten zusammenhält, ist in Jesus Christus Fleisch geworden. Die Hoheitstitel sind ganz offensichtlich keine ontologischen Beschreibungen der Person Jesu, sondern Akklamationen und Prädikationen für den, dessen unwiderstehlich gewinnende Autorität die Glaubenden erfahren hatten. Nicht anders verhält es sich mit den Hoheitstaten Jesu. Sie bezeugen auf ihre Weise die Autorität Jesu. Die Art, wie sie geschildert werden, weist die Berichte als Bekenntnisaussagen aus, ohne daß zunächst nach historischen Sachverhalten gefragt werden muß. Wenn die neutestamentliche Forschung auch zunehmend damit rechnet, daß vom historischen Jesus charismatische Kräfte ausgegangen sein werden, bleibt doch die Bekenntnisintention, die den entsprechenden Texten abzuspüren ist, erhalten. Jesus hat die Autorität der Sündenvergebung, der vollmächtigen Predigt. Er hat die Vollmacht, »Wunder« zu tun.

b. Jungfrauengeburt

Auch die Überlieferung von der »Jungfrauengeburt« muß als Versuch eines Bekenntnisses zur Autorität Jesu verstanden werden. Zunächst schien nur wichtig, daß Jesus wirklich und wahrhaftig ein Mensch von Fleisch und Blut war. Paulus nennt nicht einmal den Namen Marias oder er findet ihn nicht erwähnenswert. Er stellt lediglich fest, Gott habe, als die Zeit erfüllt war, seinen Sohn gesandt, »geboren von einer Frau und unter das Gesetz getan« (Gal 4,4). Daß Jesus von einer Frau geboren wurde, bedeutet, daß er unter die Bedingungen menschlichen, durch das Gesetz bestimmten Lebens gestellt war. Auch Johannes berichtet nichts von einer »Jungfrauengeburt«; man könnte sogar erwägen, ob der Prolog (vgl. Joh 1,1-3) die Vorstellung von einer »Jungfrauengeburt« ausschließen soll.

Die klassische Belegstelle bei Matthäus (Mt 1,23) bezieht sich auf die Erwartung des Jesaja, eine »Jungfrau« sei schwanger und werde einen Sohn gebären, mit dem Gott sein werde (Jes 7,14). Der hier verwendete hebräische Begriff meint aber das heiratsfähige Mädchen bzw. die junge Frau; erst die griechische Übersetzung (»parthenos«) hat zu der Verengung auf »Jungfrau« geführt. Im übrigen ist bereits an der genannten Stelle die Pointe nicht die Jungfrau bzw. junge Frau, sondern der Immanuel! So bleiben besonders die einschlägigen Aussagen des Lukas-Evangeliums zu beachten, die biologische Assoziationen nahelegen könnten (Lk 1,34 ff.). Exegetisch ist jedoch geltend zu machen: Der hier auftauchende Begriff des »Überschattens« soll nicht biologistische Assoziationen auslösen, sondern steht mit der alttestamentlichen Vorstellung von der »Wolke« als einem Zeichen der Offenbarung Jahwes in Zusammenhang.[26]

Auch der religionsgeschichtliche und psychologische Kontext ist problematisch: Der Topos einer Geburt ohne Beteiligung eines irdischen Vaters erscheint

---

26. Vgl. z.B. Ex 16,10; 40,34. Zudem schließt das Genus von »ruach« und »dynamis« biologische Assoziationen aus.

in der Religionsgeschichte öfter (vgl. Buddha!). Gerade zum Judentum aber paßt er überhaupt nicht! Daß er in weiten Teilen der Christenheit große Bedeutung gewonnen hat, könnte mit der archetypischen Kraft dieser Vorstellung zusammenhängen: sie unterstreicht die Urbeziehung von Mutter und Kind; die Josephsrolle für den Vater bleibt am Rande des Geschehens. Feministische Theologie kann die Erzählung von der Jungfrauengeburt als Ausschaltung männlicher Potenz interpretieren; männliche Herrschaft sei im neuen Äon nicht gefragt.[27] Maria wird gelegentlich nahezu als Inkarnation des Geistes verstanden. Sie gerät damit in äußerste Nähe zur Trinität.[28]

Evangelische Auslegung der einschlägigen Bibelstellen war oft bemüht, die exegetische Haltlosigkeit römisch-katholischer mariologischer Schlußfolgerungen herauszuarbeiten oder doch die Bedeutungslosigkeit der »Jungfrauengeburt« angesichts ihrer geringen Bezeugung im Neuen Testament darzutun, statt diesen Topos schlicht als – freilich problematischen – Versuch eines Bekenntnisses zur Autorität Jesu zu würdigen. Die Problematik besteht nicht in der Aussage als solcher, sondern in der Ambivalenz ihrer Auslegungsmöglichkeiten: Soll durch die Vorstellung der Jungfrauengeburt zum Ausdruck gebracht werden, daß Jesus von Nazareth, weil wirklich von einer Frau geboren, sozusagen ein »echter« Mensch war? Gerade dies läßt sich mit Hilfe der Vorstellung von der Jungfrauengeburt ja nicht verdeutlichen! Soll gezeigt werden, daß Jesus ein ganz besonderer, alle Vorstellungen von irdischer Geburt sprengender Mensch und deswegen eben mehr als Mensch ist? Die konstitutive Einbeziehung einer Frau würde aber wiederum auch diese Überlegung stören.

Die antichristliche Polemik zur Zeit der Alten Kirche versuchte, den »Vater« Jesu ausfindig zu machen, einen gewissen Pantera. Was als Verleumdung gemeint war, könnte theologisch in eine interessante Richtung weisen: Warum sollte nicht Jesus von Nazareth ein uneheliches Kind, Maria eine alleinerziehende Mutter gewesen sein? Gerade dies könnte dem »Stil« Gottes entsprechen! Der Stammbaum Jesu (nach Matthäus) schließt ja sogar die »Hure Rahab« ein, nach damaligen Vorstellungen sicher eine Provokation! Immer wieder wird der Gott des Alten Testaments gepriesen als der, der sich um das Leid der in Israel geschmähten »unfruchtbaren Frau« kümmert. Dem Stil Gottes entspricht es, daß er das Unscheinbare und Verachtete erwählt – das wenig eindrucksvolle Volk Israel! Kreuz und uneheliche Geburt könnten einander entsprechen.

Weder die These, Jesus sei ein uneheliches Kind, noch auch die, sein Vater sei eben Joseph gewesen, wird also dem Passus von der Jungfrauengeburt gerecht. Er will als Bekenntnis zur Autorität Jesu verstanden sein: Jesus Christus ist mehr und anders als jeder andere auf Erden geborene Mensch. Seine Herkunft ist ein Geheimnis wie seine Zukunft; die uns vertrauten Rahmenbedingungen

---

27. Chr. Mulack, Maria. Die geheime Göttin im Christentum, St 1985. Vgl. ferner L. Boff, Das mütterliche Antlitz Gottes, Dü 1985.
28. W. Beinert, A. Petri (Hg.), Handbuch der Marienkunde, Rb 1984; L. Boff, Ave Maria. Das Weibliche und der Heilige Geist, Dü 1982.

irdischer Existenz, geboren werden und sterben, reichen zur Beschreibung seiner Identität nicht aus. Seine Autorität sprengt unsere durch Geburt und Tod eingegrenzte Vorstellungswelt.

c. Auferweckung

Die neutestamentlichen Zeugnisse von der Auferweckung Jesu gründen auf Erfahrungen, wie auch immer diese zu deuten sein mögen. Offensichtlich wollen sie jedoch primär nicht diese Erfahrungen beschreiben, sondern das Bekenntnis zum Auferstandenen artikulieren. Sie wollen den Gehalt und die Bedeutung einer für die Glaubenden umwerfenden Erfahrung zum Ausdruck bringen. Ostern entgrenzt die Autorität Jesu Christi, dessen Souveränität selbst über das »Reich des Todes« damit erkennbar wird.[29]

Exegetisch gesehen, ist zwischen Formeltradition (z. B. Gal 1,1; Röm 10,9), die sehr nahe an das Todesdatum Jesu heranreicht, und Erzähltradition zu unterscheiden. Innerhalb dieser wiederum stehen einander zwei Traditionsströme gegenüber: Erscheinungsberichte und Erzählungen vom leeren Grab. Die Erscheinungsberichte kulminieren in der Sendung derer, denen die Erscheinung zuteil wird. Es geht in ihnen nicht um ein apokalyptisches Wetterleuchten, um das Auftauchen eines Lichts, das wieder verschwindet wie eine Sternschnuppe. Vielmehr wird deutlich: Begegnung mit dem Auferstandenen impliziert Auftrag und Sendung. Insofern stellen die Auferstehungsberichte ein Interpretament für die Tatsache dar, daß die Jünger »sehen«: Die Autorität Jesu ist mit der Kreuzigung nicht erloschen, sondern: »Die Sache Jesu geht weiter« (W. Marxsen). Das Kreuz wurde vielmehr nun erst in seiner Bedeutung für die Überwindung des Todes und der Sünde als der destruktiven Kraft, die das Todesschicksal des Menschen bedingt, erkennbar. In diesem Sinne konnte Rudolf Bultmann das neutestamentliche Auferstehungszeugnis als Ausdruck der Bedeutsamkeit des Kreuzes würdigen. Als ein die Naturgesetze durchbrechendes Mirakel kommt es für ihn nicht in Frage. Jesus ist ins Kerygma hinein auferstanden. In ihm erweist sich fortan die Autorität des Auferstandenen.

In den Erzählungen vom leeren Grab, dem zweiten Traditionsstrang, liegt der Akzent offensichtlich anders. Sie bekommen ihre Funktion erst von den Erscheinungsberichten her, können oder sollen diese vielleicht apologetisch stützen oder nur deren Konsequenz an einem für das menschliche Urteil wichtigen Punkt sichtbar machen.

Beide Traditionen sind möglicherweise eine Zeit lang unabhängig voneinander umgelaufen. Durch eine voneinander unabhängige doppelte Bezeugung wäre insofern die Faktizität des Ostergeschehens auch im historischen Sinne

---

29. Guter Überblick bei G. Theißen, A. Merz, Der historische Jesus, Gö 1997, § 15; vgl. im einzelnen: H. Grass, Ostergeschehen und Osterberichte, Gö ²1962; P. Lapide, Auferstehung. Ein jüdisches Glaubenserlebnis, St/M ⁴1983; G. Lüdemann, Die Auferstehung Jesu. Historie, Erfahrungen, Theologie, St 1994; W. Marxsen, Die Auferstehung Jesu von Nazareth, Gü 1968; U. Wilckens, Auferstehung, St 1970.

unterstrichen. Gegenüber historischen Zweifeln läßt sich einwenden, daß es nicht statthaft ist, von vornherein festzulegen, was innerhalb der vom Menschen bislang erlebten und reflektierten Geschichte passiert sein kann und was nicht. Wenn die Geschichte erst von ihrem Ende her wirklich zu erfassen ist, dieses Ende aber noch aussteht, gilt es vielmehr, »Neues« in der Geschichte prinzipiell zuzulassen. Die Erscheinungsberichte bzw. die Berichte vom leeren Grab können insofern verstanden werden als Bestätigung des Vollmachtsanspruchs des irdischen Jesus, der damit in einem apokalyptischen Rahmen gedeutet wird: Sie zeigen dann im Sinn einer Prolepse, eines Vorgriffs, worauf die Geschichte zuläuft (W. Pannenberg).

Ohne eine derartige Konzeption von Geschichte vorauszusetzen, kann man die Historizität der Auferweckung Jesu aber auch aus theologischen Gründen fordern: Es geht dann um den Versuch aufzuweisen, daß es sich beim Auferweckungszeugnis keineswegs nur um eine schöne Idee oder auch um den zufälligen Auslöser für die Entstehung einer religiösen Bewegung handelt. Hier herrscht die Sorge, die Leugnung der Historizität der Auferstehung werde unweigerlich zu einer ethizistischen Verflachung der christlichen Botschaft führen. Daß die Auferweckung Jesu kein historisches Faktum im üblichen Sinne, sondern ein Ereignis ganz eigener Qualität und Würde ist, läßt sich dabei gleichwohl festhalten (W. Künneth).

Daß das Auferweckungszeugnis auf subjektiv authentischen Erfahrungen beruht, steht jedenfalls hinsichtlich der Erscheinungsberichte außer Frage.[30] Inwiefern es darüber hinaus um einen möglicherweise objektivierbaren Vorgang geht, ist umstritten. Die Lösung des Problems kann nicht darin bestehen, daß man behauptet, die Frage sei falsch gestellt. Eine notwendige Relativierung der Problematik zeigt sich vielmehr an einer ganz anderen Stelle.

Der jüdische Exeget Pinchas Lapide gibt zur Frage der Historizität der Auferstehung einen bedenkenswerten Kommentar: Die Historizität dieses Ereignisses sei für den Juden eigentlich kein Problem, ja er könne sich eine Auferweckung, die sich nicht auch auf den Leib des Verstorbenen beziehe, gar nicht vorstellen. Selbst ein Nachweis der Auferstehung im Sinne eines historischen Faktums aber sei keineswegs ein Argument für die Messianität Jesu![31] Für das christliche Verständnis folgt daraus, daß das Ostergeschehen nicht isoliert bedacht werden darf. Es bekommt sein Gewicht erst im Zusammenhang damit, was über den vorösterlichen, aber auch über den gegenwärtigen und den wiederkommenden Jesus Christus zu bekennen ist.

Aus dem bisher Gesagten ergibt sich:

1. Die Behauptung der Faktizität des leeren Grabes hat begrenzte Reichweite; sie führt zu Achselzucken, wie man beispielsweise an der Interpretation von Lapide sehen kann.

2. Die Bestreitung der Faktizität des leeren Grabes überschreitet die Kom-

---

30. Sorgfältige Analyse bei G. Theißen, A. Merz, Der historische Jesus, Gö ²1997, § 15.
31. P. Lapide, Auferstehung. Ein jüdisches Glaubenserlebnis, St/M ⁴1983.

petenz des Historikers. Historisch gesehen, sind Zeugnisse ernst zu nehmen, auch wenn sie den Rahmen des Gewohnten sprengen. Erkenntnistheoretisch betrachtet, darf schlechthin Neues nicht durch Fixierung auf bisher Erfahrenes ausgeschlossen werden. Theologisch geurteilt, dürfen Gottes Möglichkeiten nicht durch das, was Menschen für möglich oder für nicht möglich halten, begrenzt werden.

3. Ziel der Auferstehungsbotschaft ist offensichtlich das Bekenntnis nicht zu einem bestimmten Vorgang, genannt »Auferstehung/Auferweckung«, sondern zum Auferstandenen und zu seiner Autorität – als der Autorität des Gekreuzigten, dessen Sache weitergeht, der im Kerygma begegnet und der in der Gemeinde sich vergegenwärtigt.

4. Der somatische Bereich kann von dem Souveränitätsbereich Jesu als des Christus nicht ausgeschlossen werden: Das hebräische Denken verbietet die Reduktion auf »Spirituelles«, »Bewußtsein« usw. Eine moderne psychosomatisch orientierte Anthropologie tut dies ebenfalls. Das Auferstehungszeugnis will zum Ausdruck bringen: Unter der Autorität Jesu als des Christus hat sich im Bereich der Leichname etwas geändert! Wie dies ontologisch zu fassen ist, bleibt offen. Es muß jedoch keineswegs als historisches oder quasihistorisches Ereignis gedacht werden. Als eschatologisches Ereignis verstanden, wäre die Auferweckung des Leibes sowohl im Blick auf den historischen Jesus als auch im Blick auf die an ihn Glaubenden etwas, das – auch aus irdischer Perspektive – gilt, weil es sich im Eschaton realisieren wird. Der Faktor einer »dazwischen« liegenden irdischen Zeit wäre dabei, weil nur für den irdischen Betrachter bedeutsam, letztlich irrelevant.

5. Die Auferweckung Jesu darf von der christlichen Hoffnung auf die »Auferstehung der Toten« her interpretiert werden: Die Psyche des Menschen erlischt, sein Körper verwest. Trotzdem geht der Glaubende davon aus, daß dem, was er heute als seine psychosomatische Identität erlebt, Zukunft und Leben verheißen ist. Verwesung ist kein Argument gegen das Leben für denjenigen, der sein Verwesen dem lebendigen und Leben schaffenden Gott anvertrauen darf.

6. Die biblische Tradition unterscheidet zwischen Auferstehung und Auferweckung:

»Auferweckung« soll die Tat Gottes an Jesus zum Ausdruck bringen, zugleich seine das Leben rettende, dem Tod überlegene Kraft. »Auferstehung« hat den Auferstehenden zum Subjekt und betont die in ihm liegende Kraft des neuen Lebens. Damit wird angedeutet, daß das Auferstehungs-/Auferweckungsereignis nicht isoliert als christologisches Problem verstanden werden darf, sondern in ein letztlich trinitarisches Denken eingebunden werden muß.

7. In der Auferweckung Jesu verwirklicht sich der dreieine Gott, indem er als Schöpfer gegen den Tod das Leben durchsetzt, als Erlöser gegen die Sünde, die Jesus Christus auf sich nimmt, Gerechtigkeit und Frieden erkämpft, und indem er als Vollender gegen die von Tod und Sünde beherrschte Welt befreites und befreiendes Leben ermöglicht.

d. Der Erhöhte

Die Autorität des »zur Rechten Gottes« Erhöhten wird noch in den späten Schriften des Neuen Testaments als schlechthin unbegrenzt beschrieben. Für sie ist eine Einschränkung auf der Zeitlinie – sowohl in Richtung auf die Zukunft als auch in Richtung auf die Vergangenheit – undenkbar. Sie kann ihren Beginn nicht erst von einem bestimmten Zeitpunkt an gehabt haben; dies wird durch den Gedanken der »Präexistenz« zum Ausdruck gebracht (Joh 1,1 f.; vgl. Joh 8,58; Kol 1,15 ff.). Bereits die Vorstellung, »Gottes Sohn« sei »gekommen« bzw. »gesandt«, impliziert den Präexistenzgedanken. Die Autorität Jesu Christi gilt zu jeder Zeit: »Jesus Christus gestern und heute und derselbe auch in Ewigkeit« (Hebr 13,8). Zugleich sprengt seine Autorität jeden zeitlichen Rahmen. Am Ende aller Zeit wird der »Menschensohn« kommen »mit großer Kraft und Herrlichkeit« (Mk 13,26; vgl. I Thess 4,15-17). Seine Autorität erfaßt den gesamten »Raum«; in seinem Namen sollen sich beugen »aller derer Knie, die im Himmel und auf Erden und unter der Erde sind« (Phil 2,10). Wo seine Autorität anerkannt wird, wird »dem Vater« Ehre erwiesen. Im Zeugnis der Johannes-Offenbarung werden die Ehre Gottes und die Autoriät Jesu Christi nahezu ununterscheidbar.

(4) Das Werk Jesu Christi – die Relevanz Jesu als des Christus

Werk und Person Jesu entsprechen einander: Die Person realisiert sich in ihrem Werk, das Werk offenbart die Person, ohne daß die Person im Werk aufginge. In Analogie dazu läßt sich sagen: Die Autorität Jesu als des Christus kommt in ihrer Relevanz zum Tragen, während die Relevanz Jesu als des Christus Ausdruck seiner Autorität ist, ohne daß seine Autorität durch seine Relevanz zureichend beschrieben werden könnte. Die Soteriologie reflektiert die Relevanz Jesu Christi »für das Leben der Welt« (Joh 6,51), wobei in erster Linie an das Heil der Menschen gedacht wird. Sie fragt nicht nach der menschlichen Leistung, dem »Lebenswerk« Jesu von Nazareth, sondern nach dem »Heilswerk«: Worin und für wen / für welche Bereiche ist Jesus durch sein Leben und Lehren, durch seinen Lebensstil und durch sein Leiden, durch sein Sterben und als Auferstandener / Wiederkommender relevant?

Die Tradition antwortete hier mit dem Verweis auf das »dreifache Amt« (»munus triplex«, »officium triplex«): Jesus ist »König, Priester und Prophet«. »Amt« meint in diesem Zusammenhang einerseits die von Gott ihm anvertraute Aufgabe, andererseits die für die Menschen damit vollzogene Funktion.

(a) Die Problematik der Lehre vom »dreifachen Amt«

Die Formel vom dreifachen Amt, deren Entstehung in die Reformationszeit zurückreicht und deren Systematisierung vor allem in der reformierten Orthodoxie vollzogen wurde, bot sich als Organisationsprinzip der Soteriologie an, löste aber oft auch Kritik aus.

1. Sie scheint geeignet, verschiedene neutestamentliche Aussagen über den Sinn der Sendung Jesu zusammenzufassen:
– Was hat er gelehrt / gewollt (als »Prophet«)?
– Wozu diente sein schwieriger Lebensweg mit der Kreuzigung am Ende (als »Priester«)?
– Welche Funktion hat er als der auferstandene und wiederkommende Herr (als »König«)?
Kritisch ist hier freilich sogleich einzuwenden, daß das schlichte Schema den differenzierten Aussagen des Neuen Testaments keinesfalls gerecht wird. Zudem: Jesu »Wirken« droht zum »Werk« zu gerinnen!

2. Das Schema scheint einen problemlosen Anschluß der Christologie an das Alte Testament zu vermitteln: Die wesentlichen Funktionen bzw. Ämter, in denen sich das Gottesverhältnis Israels gestaltet hat, werden auf Jesus Christus konzentriert, von ihm erfüllt und damit überholt. Nun braucht es keine Priester, Propheten oder Könige Israels mehr!

Hier liegt zweifellos ein völlig unhistorisches Verständnis des Alten Testamentes vor, das sich ja weit differenzierter äußert und das zudem die Gewichte anders verteilt. Nach der Zeit der »Richter« (vgl. Jdc 2-21) steht der König im Mittelpunkt. Im Lauf der Geschichte des Glaubens Israels verschiebt sich die Bedeutung der verschiedenen Funktionen von König, Priester und Prophet; es wird auch von Auseinandersetzungen zwischen diesen drei Instanzen berichtet. Im übrigen ist bei dieser Begründung des »dreifachen Amts« eine polemische antijüdische Tendenz kaum zu übersehen.

3. Die Lehre vom dreifachen Amt Christi ist gelegentlich ekklesiologisch genutzt worden. Wenn Jesus König, Priester und Prophet ist, muß das Konsequenzen für das Selbstverständnis der ihm Nachfolgenden, der an ihn Glaubenden haben. Sie werden sich dann diese Ämter nicht selbst anmaßen und doch in der Nachfolge entsprechende Funktionen zu übernehmen haben. Sie leben als »freie Herren über alle Dinge« (als »Könige«) und zugleich »als dienstbare Knechte aller Dinge und jedermann untertan« ihre »priesterliche« Funktion, die ihnen nahelegt, einander sogar zum Christus zu werden (vgl. I Petr 2,9). Sie sind als »Propheten« Zeugen für das Evangelium. Gerade diese ekklesiologischen Konsequenzen wurden aus der Lehre vom dreifachen Amt Christi aber nur selten berücksichtigt. So wichtig sie im Ansatz sind, so wenig eignen sie sich doch zu einer zeitgemäßen Profilierung christlichen bzw. kirchlichen Lebensstils. Das liegt natürlich nicht zuletzt daran, daß die Berufsbilder des

Königs, des Priesters und des Propheten sich inzwischen völlig verändert haben bzw. nicht mehr vorhanden sind.[32]

4. Die soziokulturellen Voraussetzungen für das Verständnis der drei »Ämter« sind nicht mehr gegeben. Deswegen müssen die Begriffe übersetzt werden. Unter dem Begriff »Prophet« wird erfragt: Was hat Jesus der Menschheit zu sagen? Die Bezeichnung »Priester« will deutlich machen: Was tragen Leben und Sterben Jesu für die Menschheit aus? Der Titel »König« impliziert die Frage: Was hat die Menschheit von Jesus zu erwarten?

(b) Das prophetische Amt Jesu Christi: Was hat Jesus der Menschheit zu sagen?

Das prophetische Amt gilt in der Christenheit als das geringste unter den Ämtern Christi; als »Lehrer« wurde Jesus der Aufklärung wichtig; in der Gegenwart mag der Guru oder der geistliche »Meister« eine gewisse Rolle spielen. Im übrigen aber ist der Titel in den Islam abgewandert. Innerhalb des Christentums verkürzte sich das Verständnis des Prophetischen auf »Vorhersage«.

1. Der Inhalt der Botschaft Jesu wurde von den ersten Glaubenden nicht als das Entscheidende wahrgenommen. Zu nahe stand er dem alttestamentlich-jüdischen Denken, wodurch sich ja auch für das Judentum erhebliche Möglichkeiten ergeben, ihn wieder zu integrieren. Das Doppelgebot der Liebe findet sich, wenn auch auf zwei verschiedene Stellen verteilt, bekanntlich auch in der Hebräischen Bibel (Dtn 6,5; Lev 19,18). Als das Herausfordernde an Jesu Botschaft wurde offenbar empfunden, wie er die alte Tradition präsentiert hat, und vor allem, wie er sie gelebt hat. Ebensowenig neu war der Ruf zur Buße, wie gerade im Vergleich mit Johannes dem Täufer deutlich wird. Auch in diesem Zusammenhang wurde als das Wesentliche an Jesu Auftreten nicht der Inhalt seines Aufrufs verstanden, sondern die Art und Weise, wie er die Nähe des Himmelreichs artikuliert und in seiner Person vergegenwärtigt hat.

Sucht man die Verkündigung des historischen Jesus zusammenzufassen, so wird man sagen können: »Die nahende Gottesherrschaft als gegenwärtiger Heilsbeginn für das verlorene Israel« macht das Zentrum seiner Botschaft aus.[33] Dies läßt sich mit alttestamentlichem Erbe in Verbindung bringen, aber auch in seiner spezifischen Füllung und Zuspitzung vorführen. Trotzdem erklärt es die Wirkung der Botschaft Jesu nicht.

2. Eine Würdigung der Verkündigung Jesu ist daher schwieriger, als man erwarten sollte. Inhaltlich scheint seine Botschaft weithin wenig originell. Sie ist

---

32. Vgl. aber H.-M. Barth, Einander Priester sein. Allgemeines Priestertum in ökumenischer Perspektive, Gö 1990, sowie Kl.-P. Voß, Der Gedanke des allgemeinen Priester- und Prophetentums. Seine gemeindetheologische Aktualisierung in der Reformationszeit, Wu 1990.

33. J. Becker, Jesus von Nazaret, B 1996, 100.

freilich integrativ, d. h. sie vermag das ethische Wissen des Alten Testaments aufzunehmen und auf den Punkt zu bringen. Sie wirkt zudem korrektiv, sofern sie dem ethischen Denken und Verhalten einen eindeutigen Ort gibt: Der Mensch steht im Mittelpunkt. »Der Sabbat ist um des Menschen willen gemacht und nicht der Mensch um des Sabbats willen« (Mk 2,27)!

Sie gewinnt an Relevanz, indem sie innerhalb eines jeweiligen gesellschaftlichen Kontextes Profil gibt bzw. inmitten von Wertewandel Profil hält. In einer christlich geprägten Umwelt scheint die Botschaft Jesu überhaupt nichts Besonderes darzustellen. Je mehr sich eine Gesellschaft jedoch von ihren christlichen Wurzeln trennt, desto deutlicher tritt auch das Profil der ethischen Botschaft Jesu wieder hervor. Das wachsende Interesse an der Bergpredigt könnte ein Anzeichen dafür sein.

Das Gewicht der Botschaft Jesu begründet sich also nur bis zu einem gewissen Grade durch ihren Gehalt, nämlich die Plausibilität der »Liebe«. Wirkungsgeschichtlich wesentlicher aber war, daß Jesus schließlich selbst in seine eigene Botschaft hineingeriet: Der Bote selbst wurde zur Botschaft, der Verkünder zum Verkündigten. Jesus wird zum Zeugen seiner Botschaft – nicht nur durch Worte, sondern ebenso durch sein Verhalten, seinen Lebensstil: Beides zusammen führte ihn zum Tod am Kreuz, zu seinem »priesterlichen Amt«.

(c) Das priesterliche Amt – Was tragen Leben und Sterben Jesu für die Menschheit aus?

Das Kreuz ist zum Symbol und zur Abbreviatur dessen geworden, was Jesus als der Christus der Menschheit bedeutet. Gerade für die frühe Gemeinde war jedoch keineswegs von Anfang an klar ersichtlich, welchen Sinn das Kreuzesgeschick Jesu eigentlich haben sollte. Das zeigt sich etwa an der Emmaus-Geschichte oder an der Tatsache, daß es im Neuen Testament einzelne Bekenntnisformeln gibt, die das Kreuz übergehen.[34] Offenbar mußte man sich an mögliche Antworten erst herantasten, wobei die Erinnerung an den alttestamentlichen Gottesknecht (Jes 53) eine wichtige Rolle gespielt haben dürfte.

Neues Testament wie auch die spätere Dogmen- und Theologiegeschichte bieten ein höchst differenziertes Bild; offensichtlich hat es immer neuer Anläufe bedurft, das Leben und insbesondere das Sterben Jesu zu verstehen. Als Hauptproblem erwies sich die Frage, wie sich das Leiden und Sterben Jesu mit dem Willen Gottes vertragen sollte, der ihn doch gesandt hatte und in dessen Auftrag er gewirkt hatte. Wenn er nicht nur als jüdischer Märtyrer und Zeuge, sondern als »Sohn Gottes« verstanden werden sollte – wie verhielt sich dann der »Vater« zum »Sohn«, wie konnte dann an der Einheit Gottes festgehalten werden?

Gustaf Aulén hat den Versuch gemacht, die verschiedenen Lösungsversuche

---

34. Vgl. I Tim 3,16: »... offenbart im Fleisch ... aufgenommen in Herrlichkeit.«

zu systematisieren, und vorgeschlagen, zwischen drei soteriologischen Grundmodellen zu unterscheiden. Das von ihm empfohlene Schema vereinfacht den komplizierten Befund, hat aber gleichwohl eine gewisse Plausibilität.[35]

1. Das Kreuz als Ausdruck der Liebe Gottes – der »liberale« Typus

Dieser Ansatz bietet keine Komplikationen beim Verständnis der Liebe Gottes: Gott verändert sich nicht, sondern zeigt sich nur in seinem wahren Wesen. Hier kommt es nicht zu einer innergöttlichen Spannung zwischen Liebe und Zorn Gottes; hier ist auch nicht an einen Dualismus zwischen Gott und widergöttlichen Mächten zu denken. Das Kreuz Christi wird zum unüberbietbaren Ausdruck und Inbegriff der Liebe Gottes. Als »magna charta« dieses Ansatzes dient Joh 3,16: »... also hat Gott die Welt geliebt, daß er seinen eingeborenen Sohn gab, damit alle, die an ihn glauben, nicht verloren werden, sondern das ewige Leben haben.«

Auch hier melden sich freilich Fragen: Wieso muß sich die Liebe Gottes gerade im Tod Jesu zum Ausdruck bringen? Ist das nicht ein Ausdruck von Liebe, der eher abstößt, sogar als »pervers« interpretiert werden kann? Der buddhistische Denker Suzuki empfindet den Crucifixus als schrecklichen Anblick, das Trinken von Blut als widerwärtig. Er zieht die »Erleuchtung« des Buddha der Kreuzigung Christi vor.[36] Feministische Theologien fordern, das Kreuz nicht nur als Inbegriff von Grausamkeit wahrzunehmen, sondern es neu zu entdecken als lebensfreundliches, das Leben förderndes Symbol – als Baum des Lebens.

Wenngleich das Neue Testament dazu mehr zu sagen hat, läßt sich doch festhalten: Das Kreuz verweist auf den tiefen Zusammenhang von Liebe und Tod, die beiden Grundkräfte menschlichen Lebens. Liebe kann im Sterben ihren intensivsten Ausdruck finden. Sterben wird dann zum Inbegriff des äußersten Einsatzes radikaler Liebe. Liebe und Tod – und insofern auch das Kreuz – bedürfen keiner Erklärung. Die Frage, warum die Kreuzigung Jesu Ausdruck der Liebe Gottes sein soll, bleibt freilich unbeantwortet.

2. Das Kreuzesgeschehen als Akt der Erlösung von den Mächten – der »klassische« Typus

Als Ausgangspunkt für diesen soteriologischen Ansatz dient die Gewißheit: »Dazu ist erschienen der Sohn Gottes, daß er die Werke des Teufels zerstöre« (I Joh 3,8). Auch hier muß nicht mit einer Spannung innerhalb des Gottesbildes gerechnet werden. Die Passion Christi wird als aktives Geschehen erfaßt; sie stellt den Triumph über alles Widergöttliche, einschließlich der Unterwelt, dar.

---

35. G. Aulén, Die drei Haupttypen des christlichen Versöhnungsgedankens, in: ZSTh 8 (1931) 501-538.
36. Vgl. unten S. 398 f.!

Dem Gekreuzigten gebührt die Königskrone, wie sie ihm etwa die romanische Kunst zuspricht. Jesus wird als Befreier verstanden; »Jesus ist kommen, nun springen die Bande« (EG 66,2). Die Alte Kirche hat diesen Typus bevorzugt; in der Ostkirche gilt noch heute die Hadesfahrt Christi als Erlösungssymbol (und als Auferstehungsdarstellung). Luther hat in seinen Osterpredigten oft gerade diese Motivwelt aufgenommen: Christus ringt mit den Tyrannen; Gott gebraucht eine List; er bietet den Menschen Jesus dem Teufel an, der die List nicht durchschaut, den Köder schluckt und sich plötzlich an dem Angelhaken der Gottheit Christi zappeln sieht. Oder: Der Teufel, der die Gottheit des Menschen Jesus nicht erkennt, vergreift sich an ihm, schluckt ihn wie eine Pille, ohne zu ahnen, was das in seinem Bauch für ein Rumoren auslösen wird ...[37] Auch den Befreiungstheologien liegt dieser Typus von Soteriologie besonders nahe.

Freilich: Wie soll sich dieses Argumentationsmuster darstellen lassen, ohne daß man in krause Mythologie gerät? Selbst wenn man säkular von Mächten und Mechanismen der Entfremdung ausgeht, von denen der Tod Jesu erlöst, bleibt die Frage, wie das denn zugehen soll, zumal ein dualistisches Denken hier kein befriedigendes Modell abgeben kann.

Ein Wahrheitsmoment wird jedoch auch bei diesem Ansatz erkennbar. Es geht in der Kreuzigung Jesu nicht nur um Leiden und Sterben, sondern um die Überwindung von Leid und Tod, um Befreiung von Angst und Fesseln jeglicher Art. Die Osterliturgie der orthodoxen Kirchen singt in triumphaler Gewißheit, Jesus Christus habe »durch den Tod den Tod überwunden«. Martin Luther hat in seinem Osterlied dasselbe in urtümlicher Sprache zum Ausdruck gebracht: »Es war ein wunderlicher Krieg, da Tod und Leben 'rungen; das Leben behielt den Sieg, es hat den Tod verschlungen. Die Schrift hat verkündet das, wie ein Tod den andern fraß, ein Spott aus dem Tod ist worden« (EG 101,4). Der altkirchlich-klassische Typus der Soteriologie hält im Bewußtsein, daß das Kreuz Jesu nicht ohne die Osterbotschaft verstanden werden kann. Im Tod Jesu geht es um das Leben! Allerdings bleiben daneben auch jene zahlreichen Aussagen des Neuen Testaments erklärungsbedürftig, die auf einen dritten Typus von Soteriologie verweisen.

3. Das Kreuzesgeschehen als Akt der Versöhnung mit Gott – der »lateinische« Typus

Versteht man die Versöhnung zwischen Gott und den Menschen im Sinne einer rational einsichtigen Abrechnung, so entspricht dies eher dem »lateinischen« Denken. Die neutestamentlichen Wendungen, die von »Gottes Zorn« und von »Versöhnung« reden, scheinen dieses Verständnis zu stützen. Vor allem kultische und juridische Bilder sind hier zu berücksichtigen. Aus dem kultischen Bereich kommt die Opfervorstellung: Jesus wird verstanden als »Gottes Lamm,

---

37. Vgl. H.-M. Barth, Der Teufel und Jesus Christus in der Theologie Martin Luthers, Gö 1967, 74-82.

das der Welt Sünde trägt« (Joh 1,29), als der Hohepriester, der sich selbst zum Opfer bringt (Hebr 7,23-28; 9,11-15), als »Sühne« (Röm 3,25). Sein Leib ist »für euch gegeben«, der Kelch ist »der neue Bund« in seinem »Blut« (I Kor 11,24 f.). Juridisch betrachtet, wird Jesu Tod verstanden als »Lösegeld« (Mk 10,45), als Erlösung vom »Fluch des Gesetzes«(Gal 3,13). Aber das Neue Testament kennt noch weitere Bilder: Christus hat »unsere Sünde selbst hinaufgetragen« … »an seinem Leibe auf das Holz« (I Petr 2,24); er ist der gute Hirte, der sein Leben läßt für die Schafe (Joh 10,11). Im Hintergrund steht häufig die Erinnerung an Jes 53,4 f.: »Fürwahr, er trug unsere Krankheit und lud auf sich unsre Schmerzen … Die Strafe liegt auf ihm, auf daß wir Frieden hätten, und durch seine Wunden sind wir geheilt.« Alle diese vielfältigen Bilder lassen sich nicht auf eine Linie bringen; jedes von ihnen nimmt den Ertrag des Leidens und Sterbens Jesu in einer anderen Schattierung wahr.[38]

Anselm von Canterbury hat diese vielfältigen Aussagen in seiner Satisfaktionslehre zu einem geschlossenen Argumentationssystem zusammengefaßt: Warum wurde Gott Mensch? Weil das Opfer notwendig wurde! Warum dies? Weil die Heiligkeit, die dem Wesen Gottes entspricht, durch die Sünde des Menschen angetastet war. Die Genugtuung mußte seitens des schuldig gewordenen Menschen geleistet werden. Das war ihm aber unmöglich: Selbst wenn er sich fortan der Sünde hätte enthalten können, hätte er nur getan, wozu er ohnehin verpflichtet war. Gott selber mußte folglich für die Wiederherstellung seiner Ehre sorgen. Die metaphysisch notwendige Genugtuung (»satisfactio«) konnte mithin nur der »Gottmensch« erbringen.[39] Wenngleich nicht mit demselben rationalen Interesse und der entsprechenden logischen Schärfe, nahm auch die reformatorische Bekenntnistradition diese Gedankenführung auf.[40] In der Theologie der Gegenwart wurde sie vehement kritisiert: Hier werde einem brutalen, blutrünstigen Gott das Wort geredet!

Die Kritik an einer anselmisch gefaßten Versöhnungslehre speist sich aus mehreren Quellen. Der religionsgeschichtliche Hintergrund ist deutlich: Schuld wird durch Opfer bewältigt. Die theistischen Rahmenbedingungen sind mit Händen zu greifen: Ein theistischer Willkürgott erscheint als Schlächter seines Sohnes. Bemüht man eine psychologische Perspektive, so ergibt sich das Bild eines wild gewordenen Vaters, der sich seinen Zorn besänftigen läßt oder in einem masochistischen Akt der Selbstüberwindung auf eine gegebene Situation eingeht. Ein bestimmtes Selbstverständnis des Menschen ist vorausgesetzt: Der Mensch kann die Verantwortung für sich selbst nicht übernehmen, er braucht einen »Stellvertreter«. Damit hängt schließlich der hier vorausgesetzte Begriff von »Sünde« zusammen: Der Mensch befindet sich von Geburt an in einer perversen Situation, die er von sich aus nicht ändern kann.

Ist das genannte Denkmodell mit alledem aber wirklich erledigt? Man muß

---

38. Vgl. G. Barth, Der Tod Jesu Christi im Verständnis des Neuen Testaments, N-V 1992.
39. »… necesse est, ut eam faciat deus homo …«
40. CA III: »ut reconciliaret nobis patrem et hostia esset …«

eine Reihe von Gegenüberlegungen anstellen. Zunächst zum Verständnis von »Sünde«.[41] »Sünde« ist als transmoralische und überindividuelle Wirklichkeit ernstzunehmen. Der Glaube mutet diese realistische Sicht der Dinge zu. Veränderung an den Grundbedingungen des alten Äons wäre in der Tat notwendig, wenn denn eigene Entfremdung und fremde Ausbeutung für den Menschen ein Ende haben sollten.

Sodann: Das Bedürfnis des Menschen nach Autonomie ist anzuerkennen, stellt aber keinen Gegensatz zur Stellvertretung dar. Auch der autonome Mensch kommt nicht umhin, sich in manchen Phasen oder Bereichen seines Lebens vertreten zu lassen und die Vertretung für andere zu übernehmen. Problematisch wird der Stellvertretungsgedanke erst dann, wenn es sich um einseitige oder statische, nicht mehr zu verändernde Vertretungsverhältnisse handelt.

Ferner: Das »Opfer« gehört gewiß religionsgeschichtlich einer frühen Stufe der Menschheit zu, ist aber als anthropologische Wirklichkeit keineswegs überholt. Für andere Opfer zu bringen und von den Opfern anderer zu leben, gehört offenbar zum Lebensgesetz auf dieser Erde. Es gilt, Zeit oder Kraft zu opfern. »Opfer« wird im christlichen Glauben zum Inbegriff dessen, was Leben ermöglicht – geleistet nicht vom Menschen, sondern von dem, der das Leben schenkt. Der von der Religionsgeschichte und auch von der alttestamentlichen Frömmigkeit bereitgestellte Opferbegriff wird damit revolutioniert: »Bei diesem neuen Opfer wirkt nicht der Mensch auf Gott ein, damit er von seinem Zorn lasse; vielmehr handelt Gott, damit der Mensch von seiner Feindseligkeit gegen Gott und seinen Nächsten abläßt. Nicht Gott, sondern der Mensch soll durch dieses Opfer verwandelt werden«.[42] Was mit dem neuen Opfergedanken christologisch ins Spiel gebracht wird, ist die Möglichkeit, einerseits Opfer frei und dankbar in Anspruch zu nehmen, andererseits über dem spontan für andere geleisteten Opfer das selbstgewählte Opfern zu »opfern« und zu vergessen.

Schließlich: Die theistischen Rahmenbedingungen dieses Denkens können in gewisser Weise trinitarisch neutralisiert werden: Gott wird dann begriffen als der, der dem Leiden nicht einfach gegenübersteht, sondern inmitten des Leidens gegenwärtig ist. Die Spannungen im Gottesbegriff lösen sich damit nicht einfach auf. Der Versuch, die Spannung zwischen dem »Vater«, der seinen »Sohn« opfert, und dem »Sohn«, der sich dem »Vater« aufopfert, dadurch zu lösen, daß man im Kreuz »den theologischen Prozeß zwischen Gott und Gott« erkennt und diesen trinitarisch interpretiert, vermag als solcher kaum zu überzeugen.[43] Der trinitarische Ansatz bringt zum Ausdruck, daß in Gott die Spannung zwischen verzehrender Heiligkeit und unüberbietbarem Mitleiden zum

---

41. Siehe unten S. 489 ff.
42. G. Theißen, A. Merz, Der historische Jesus, Gö ²1997, 410.
43. J. Moltmann, Der gekreuzigte Gott. Das Kreuz Christi als Grund und Kritik christlicher Theologie, M 1972, 145; vgl. 230: »Der Sohn erleidet das Sterben, der Vater erleidet den Tod des Sohnes. ... Der Vaterlosigkeit des Sohnes entspricht die Sohneslosigkeit des Vaters, und wenn sich Gott als Vater Jesu Christi konstituiert hat, dann erleidet er im Tod des Sohnes auch den Tod seines Vaterseins.«

Austrag gebracht wird durch unendliche ewige Liebe, die im Leiden und Sterben Jesu Christi sich manifestiert und im Wirken des Heiligen Geistes sich vermittelt. Die unerträgliche Vorstellung, ein beleidigter Gott fordere unerbittlich Rache gegenüber einem Menschen, der ohne subjektives Verschulden in eine tragische Situation geraten ist, kann dann nicht länger aufrecht erhalten werden. Gott selbst »war in Christus und versöhnte die Welt mit sich selber«, weswegen nunmehr gilt: »Laßt euch versöhnen mit Gott!« (II Kor 5,19 f.).

Insgesamt wird man zugeben müssen, daß die Kreuzestheologie insbesondere im Gefolge Anselms zu einer Verengung geführt hat, und zwar im Blick sowohl auf den Gottesbegriff als auch auf das Verständnis des Menschen. Die Frage nach dem »Werk« bzw. der »Relevanz« Jesu Christi ist nicht aus sich selbst zu beantworten. Gerade sie gehört in das trinitarische Bekenntnis hinein.

Als »Lösungsrichtung« ergibt sich somit: Für das Verständnis dessen, was das Leiden und Sterben Jesu Christi für die Menschheit erbracht hat, müssen die vielfältigen Aussagen und Bilder des Neuen Testaments berücksichtigt werden. Sie ergänzen und interpretieren sich gegenseitig. Sie verweisen aber auch darauf, daß das Kreuzesgeschehen unverständlich bleiben muß, solange es nicht im Kontext des Glaubens an den dreieinen Gott begriffen wird.

Dann aber erweist sich zugleich, daß die Aulén'schen Typen zusammengehören:

– Als der Schöpfer will Gott, daß die Welt sei, und als der sie Liebende will er ihr lebenschaffend gegenwärtig sein. Dem »liberalen« Typus ist das selbstverständlich.

– Als Erlöser will er, daß die Menschheit und der einzelne Mensch sich nicht in Entfremdung von ihm selbst zerstören. Deswegen gilt sein Widerstand dem Lebensfeindlichen: der Sünde, den »Mächten«, dem was zu »Zorn« Gottes und Vernichtung führen müßte. Das ist das Anliegen des »klassischen« Typs der Versöhnungslehre.

– Als Versöhner will Gott in Jesus Christus, daß die Menschheit und der einzelne Mensch in einer gelingenden Beziehung zum Grund und Ziel allen Lebens, in einem lebensvollen Verhältnis zu ihm selber stehe. Nichts soll sich mehr störend zwischen Gott und den Menschen stellen dürfen. Das ist es, worum es dem »lateinischen« Typus der Versöhnungslehre geht.

– Als der Vollender will Gott, daß sein schöpferisches Handeln durch Erlösung und Versöhnung zum Ziel gelange.

Diese trinitarischen Grundaussagen sind nun auf die Christologie im engeren Sinn zu beziehen: In Jesus Christus verwirklicht Gott seinen Willen zu Versöhnung und Erlösung, indem er selbst die Konsequenzen von Schuld und Destruktivität auf sich nimmt. Er tut dies unter den Bedingungen von Schuld und Destruktivität: Jesus stellt sich in den sündigen Gesamtzusammenhang der Menschheit hinein, ohne ihm von sich aus zu entsprechen und ihn damit von sich aus zu verstärken. Das versöhnende und erlösende Handeln Gottes in Jesus Christus ist nicht zu trennen vom Wirken des Heiligen Geistes, unter dessen Hilfe es ja auch allein in Anspruch genommen werden kann.

Es geht nicht darum, an irgendeine Versöhnungstheorie zu »glauben«. Es geht vielmehr darum, sich auf Jesus Christus zu beziehen als den, in dem Gott selbst versöhnend und erlösend sich verwirklicht. Das priesterliche Amt Christi zielt deswegen nicht auf die Annahme einer bestimmten Theorie, sondern auf ein »Sein«: das Sein »in Christus« (II Kor 5,17). Es gilt, Christus »anzuziehen« (Röm 13,14), mit ihm zu sterben und auferweckt zu werden (Röm 6,3 f.). Es geht darum, daß der Glaubende in Jesus Christus frei und lebendig werde (Erlösung) und die Basis eines neuen Lebens gewinne und in Anspruch nehme (Versöhnung).

Fluchtpunkte der Lehre vom priesterlichen Amt Christi sind daher die Taufe als das Sakrament der Identität und das Abendmahl als das Sakrament der Sozialität.[44]

(d) Das königliche Amt Christi – Was hat die Menschheit von Jesus als dem Christus zu erwarten?

Zu den großen Einwänden gegen eine mögliche Relevanz Jesu als des Christus gehört, daß sich durch sein Wirken, Leiden und Sterben nichts geändert habe. Ohne mit diesem Einwand direkt konfrontiert zu sein, hat die Tradition eine mögliche Antwort bereitgestellt, indem sie vom »königlichen« Amt Jesu Christi redete. Der ursprünglich politische Begriff, der nach dem Bericht des Neuen Testaments auch im Prozeß Jesu eine erhebliche Rolle spielte, hat Mißverständnisse, aber auch Impulse ausgelöst. Inwiefern kann von einer »Herrschaft« Jesu als des Christus gesprochen werden?

Die Tradition unterscheidet zwischen einer dreifachen Herrschaft Jesu Christi: Sie kann in der Ausübung von konkreter Macht bestehen (»regnum potentiae«), wie sie das Walten des Schöpfers kennzeichnet. Sie kann sich aber auch als die Macht der Gnade verwirklichen, wie sie in der Verkündigung des Wortes Gottes und in der Feier der Sakramente zur Geltung kommt (»regnum gratiae«). Schließlich wird sie erwartet am Ende der Tage, wenn sich die schon in der Gegenwart verborgen wirksame universale Relevanz Jesu Christi in allen Bereichen manifest durchsetzen wird (»regnum gloriae«).[45]

Damit ist ein Dreifaches gemeint. Zunächst: Auch das Geschehen in Natur und Geschichte gehört hinein in das versöhnende und erlösende Handeln Gottes in Jesus Christus. Auch die übergreifende Macht, die in der Gestalt des persönlichen Schicksals begegnet, ist gesteuert von der Zuversicht weckenden Liebe, die in Jesus Christus anschaubar geworden ist. Sodann: Die heilvolle Herrschaft Jesu Christi wirkt sich aus in der Sammlung der Gemeinde und in der tagtäglichen Erneuerung der einzelnen Glaubenden. Wo immer es zur Gewißheit der Vergebung, zu Trost und Hoffnung, zu einem von Liebe getragenen

---

44. Siehe unten 8.2.3; 8.2.4!
45. Siehe unten S. 740 f.

Handeln kommt, da ist Jesu gnädige Herrschaft am Werk. Schließlich: Sie wird sich durchsetzen. Sie ist »nicht von dieser Welt«, aber sie bezieht sich auf diese Welt und greift zugleich weit über sie hinaus. Sie ist nicht begrenzt auf die Daten eines Menschenlebens und nicht abhängig vom weiteren Gang der Evolution. »Seines Reiches wird kein Ende sein«, wie das Bekenntnis von Nicaea-Konstantinopel formuliert. Diese Erwartung strahlt in die jeweilige Gegenwart aus und impliziert Konsequenzen, wie sie die 2. These der Barmer Erklärung sachgemäß zum Ausdruck gebracht hat: Jesus Christus ist »Gottes kräftiger Anspruch auf unser ganzes Leben; durch ihn widerfährt uns frohe Befreiung aus den gottlosen Bindungen dieser Welt zu freiem, dankbarem Dienst an seinen Geschöpfen.« Es gibt keine »Bereiche unseres Lebens, in denen wir nicht Jesus Christus, sondern anderen Herren zu eigen wären«.[46]

(5) Neuere christologische Entwürfe

Christologische Bemühungen kreisen seit der Aufklärung vor allem um zwei Probleme: Zum einen: Wie ist mit der Frage nach dem »historischen Jesus« umzugehen? Zum anderen: Wie können Autorität und Relevanz Jesu als des Christus sachgemäß, d. h. in Treue zu den frühchristlichen Zeugnissen, aber auch unter den Denkvoraussetzungen der Neuzeit, zum Ausdruck gebracht werden?

(a) Die Frage nach dem historischen Jesus

Der »historische Jesus« ist selbst ein historisches Problem[47], das erst seit der Aufklärung existiert, da es von ganz bestimmten Voraussetzungen des Verständnisses von »Historizität« abhängt. Sie bestehen zum einen in der Entdeckung der Differenz zwischen historischer Wirklichkeit und Überlieferung, zum anderen in der Wahrnehmung der Geschichte als einer umfassenden Denkkategorie und schließlich in der Reduktion der Wahrheit auf positivistisch verstandene Wirklichkeit. Dieses reduzierte Verständnis von Wahrheit begann mit der Aufklärung und hat möglicherweise mit der Postmoderne sein Ende. Solange mit ihm gearbeitet wird, ist auch das Bekenntnis zur Autorität und Relevanz Jesu Christi von ihm betroffen.

Nur sofern sie zu den Voraussetzungen christlichen Glaubens gehören, können Daten über den historischen Jesus in einer Dogmatik Platz finden. Jesu Geburt fiel aller Wahrscheinlichkeit nach in die letzten Regierungsjahre Herodes des Großen (6/4 v. Chr.). Als Geburtsort kommt eher Nazareth als Bethle-

---

46. Die Theologische Erklärung der Bekenntnissynode von Barmen 1934, II (EG 810).
47. G. Theißen, A. Merz, Der historische Jesus, Gö ²1997, § 1.

hem in Frage, da Jesus bei Markus dezidiert als »der Nazarener« bezeichnet wird und da der Bezug auf Bethlehem im Zusammenhang eines Weissagungsbeweises (Mi 5,1) stehen könnte. Als Todesdatum kommt am ehesten (nach Darstellung der Synoptiker) der 15. Nisan des Jahres 34 oder nach Johannes der 14. Nisan vermutlich des Jahres 30 in Frage. Die Dauer der öffentlichen Wirksamkeit Jesu läßt sich nicht genau feststellen; sie betrug wohl zwei bis drei Jahre (Johannes nennt drei Passahfeste), möglicherweise auch weniger (die chronologischen Angaben der Synoptiker ergeben keinen klaren zeitlichen Rahmen). Unter den von Jesus überlieferten Aussagen haben die Gleichnisse, möglicherweise auch hebräische Reminiszenzen (z. B. »abba«), größte historische Wahrscheinlichkeit. Bestimmte überlieferte Verhaltensmuster Jesu (z. B. gegenüber deklassierten und marginalisierten Menschen) dürfen als historisch zutreffend angenommen werden (z. B. sein Mahlverhalten). Charismatische Heilungen können nicht ausgeschlossen werden. Ein besonderes Problem stellt das Selbstbewußtsein des historischen Jesus dar (Menschensohn-Titel, Messias-Frage, Johannes-Taufe).[48] Was ist mit diesen Daten dogmatisch anzufangen? Inwiefern sind sie für den Entwurf einer Christologie wichtig?

In der bisherigen Debatte gibt es vier Grundmuster des Verhältnisses zwischen historischem Jesus und dem Glauben an Jesus als den Christus:

1. Historische Defizite erschüttern den Glauben: Deswegen sucht man nach historischer Absicherung und vergewissert sich am liebsten durch eine »Biographie«. Wenn dies nicht zu erreichen ist, dann versucht man es wenigstens mit einzelnen »verba ipsissima« (Joachim Jeremias) oder mit »jesuanischem Urgestein« (Ethelbert Stauffer).

2. Historische Defizite können dem Glauben nichts anhaben: Für den Glauben geht es nicht um Historizität, sondern um »Geschichte« (Martin Kähler). Die formgeschichtliche Forschung arbeitet die geschichtliche Wahrheit des Christuszeugnisses heraus, ohne diese auf konkrete historische Daten gründen zu müssen.

3. Historische Vergewisserung widerspricht dem Wesen des Glaubens: So hat Rudolf Bultmann geurteilt; das »Daß« genügt. Christus »nach dem Fleisch« ist für die Glaubenden uninteressant, wie bereits für Paulus (vgl. II Kor 5,16).

4. Historische Vergewisserung bewahrt den Glauben davor, sich in z. B. gnostische Spekulationen aufzulösen. So hat Ernst Käsemann argumentiert: Nur dieses Motiv macht ihm verständlich, daß nach den Briefen des Paulus überhaupt noch Evangelien abgefaßt wurden.

Was ergibt sich damit nach dem derzeitigen Stand der Debatte? Die Frage nach dem historischen Jesus ist sowohl aus historischen als auch aus theologischen Gründen sachgemäß. Die Quellen sprechen trotz aller Skepsis, die im einzelnen angebracht sein mag, eine zu deutliche Sprache, als daß man sie übergehen dürfte. Tatsächlich liefe das Bekenntnis zu Jesus als dem Christus Gefahr, sich zu einem allgemeinen Gedankengut zu verflüchtigen, wenn es nicht Anhalt

---

48. Vgl. ebd. § 7, § 14, sowie J. Becker, Jesus von Nazareth, B 1996.

an der konkreten Geschichte hätte. Autorität und Relevanz Jesu Christi wären dann nicht mehr personal zu artikulieren. Daß ein Absicherungsbedürfnis dem Wesen des Glaubens widerspricht, sei konzediert. Es diskreditiert aber nicht von vornherein den Bezugspunkt des Glaubens, der nach urchristlichem Verständnis in der Identifikation Gottes mit der Gestalt und dem Geschick Jesu von Nazareth besteht.

Der historische Jesus kann zudem nicht sachgemäß gewürdigt werden ohne die Bewegung, die er ausgelöst hat. Offenbar hat Jesus das Bekenntnis zu sich freigesetzt, Nachfolge gefunden. Seine Botschaft war derart, daß er selbst in seine eigene Botschaft hineingeriet. Eine Begrenzung auf die Verkündigung ohne den Verkündiger erwies sich als nicht realisierbar.

Historischer Befund, Bekenntnis und jeweils aktuelle Erfahrung sind auf einander zu beziehen und insofern aneinander zu bewähren. Das bloße Festhalten an einem historischen Befund wäre doch nur begrenzt relevant oder letztlich belanglos. Das Bestehen allein auf dem Bekenntnis ohne Berücksichtigung des historischen Sachverhalts könnte zu Ideologisierung führen. Die Berufung allein auf Erfahrung schließlich müßte willkürlich wirken und würde letztlich unidentifizierbar werden.

Wenn Jesu Autorität die des Auferstandenen und Erhöhten ist, ist es sachgemäß, wenn zwischen dem historischen Befund und dem mit Hilfe jeweiliger Erfahrung neu zu artikulierenden Bekenntnis eine Differenz bleibt. Christologie artikuliert sich je neu aus dem Zusammenspiel von historischer Quelle, bereits gegebenem Bekenntnis und neuer Erfahrung innerhalb des jeweiligen soziokulturellen Kontextes. Darin besteht die Legitimität einer Vielzahl von Christologien und immer neuen christologischen Entwürfen.

(b) Christologische Denkmodelle

Christologie hat sich immer in spezifischen Kontexten artikuliert. In der Neuzeit waren dies vor allem vier: die europäische Aufklärung, deren Folgeerscheinungen wie z. B. das positivistische Denken und das naturwissenschaftliche Weltbild, das Verständnis der Geschichte sowie die jeweilige gesellschaftliche und politische Situation, und schließlich – im Zuge zunehmender Globalisierung – die Weltreligionen.

1. Christologische Modelle, die sich mit der Aufklärung auseinandersetzen, konnten zunächst auf einen Argumentationstyp zurückgreifen, der sich Schleiermacher verdankt. Die Zweinaturenchristologie wird verabschiedet: Der Erlöser ist »allen Menschen gleich, vermöge der Selbigkeit der menschlichen Natur, von allen aber unterschieden durch die stete Kräftigkeit seines Gottesbewußtseins, welche ein eigentliches Sein Gottes in ihm war«.[49] Die Soteriologie wird

---

49. Fr. Schleiermacher, GL § 94. Vgl. zum Folgenden den guten Überblick bei H. Dembowski, Einführung in die Christologie. Mit einem Beitrag von W. Breuning, Da 1976, 154-178.

über das »Urbildliche« im Erlöser zum Zuge gebracht.[50] Bei Wilhelm Herrmann kann man dann lesen: »Wer die Tatsache des persönlichen Lebens Jesu auf sich wirken ließ und dadurch zu dem Vertrauen auf ihn erweckt wurde, kann sich dem Gedanken einer Macht über alle Dinge, die mit Jesus ist, nicht entziehen. Von dieser Macht fühlt er sich selbst in dem, was er an Jesus erlebt, ergriffen.«[51] Im Kontext der Philosophie der ersten Hälfte des 20. Jahrhunderts wird Rudolf Bultmann auf der Basis des »Daß« des Gekommenseins Jesu und unter dem Eindruck des »im Kerygma« präsenten Christus zur existentialen Interpretation der Christusbotschaft geführt, die den Glaubenden ein neues Selbstverständnis eröffnet und sie dazu motiviert, das Kreuz »als das eigene« zu übernehmen. Schließlich Paul Tillich: »Das Neue Sein in Jesus als dem Christus erfahren heißt, die Macht in ihm erfahren, die die existentielle Entfremdung in ihm selbst und in jedem, der an ihm teilhat, überwindet.«[52]

2. Der genannte Ansatz lief in den meisten seiner Varianten Gefahr, Autorität und Relevanz Jesu Christi auf das menschliche Bewußtsein oder auf die Innerlichkeit zu begrenzen, wenn von dort aus auch die ethische Konsequenz eingefordert werden konnte. Bei Tillich deutete sich die kosmische Bedeutung Jesu als des Trägers des Neuen Seins wenigstens abstrakt an. Unter dem Eindruck seiner anthropologischen und naturwissenschaftlichen Studien entwarf Teilhard de Chardin eine Christologie, in welcher der »Christus-Universalis als das (organische) Zentrum des ganzen Universums«, als die treibende Kraft der Evolution (»Christus-Evolutor«) und als ihr letztes Ziel (»Omega«) verstanden wird. Nach Kol 1,17 ist er derjenige, in dem »alles besteht« (»in quo omnia constant«). Die nordamerikanische Prozeß-Theologie hat das Anliegen Teilhards spekulativ fortgeführt.

3. Durfte aber die konkrete Geschichte aus dem Blick geraten? W. Pannenberg versucht, sie zum Rahmen seiner Christologie zu machen, allerdings ebenfalls mit stark spekulativen Zügen. Er versteht den Vollmachtsanspruch des irdischen Jesus als proleptisch und erst durch die Auferweckung bestätigt, während diese ihrerseits eine Antizipation des Endes der Geschichte darstelle: Erst von ihrem Ende her lasse sich ja die Geschichte beurteilen. Obwohl dieses messianische Moment des Uneingelöstseins der auf Jesus als den Christus gerichteten Erwartungen auch für Jürgen Moltmann eine Rolle spielt, möchte er doch die Christologie für unmittelbares befreiendes Handeln im Raum des Gesellschaftlich-Politischen fruchtbar machen. Nun kommt – vor allem im Kontext Lateinamerikas – »Jesus Christus, der Befreier«, in den Blick (Leonardo Boff). Sofern sich feministische Theologien als Befreiungstheologien verstehen, würdigen sie Jesus Christus in seiner Funktion für die Emanzipation der Frauen (und Männer). Er ist der integrierte Mann, ein Mensch in lebendiger Bezie-

50. Ebd. § 93.
51. W. Herrmann, Der Verkehr des Christen mit Gott, St [5.6]1908, 85.
52. P. Tillich ST II, 136.

hung, in dem die göttliche Weisheit Gestalt gewinnt. Manche außerchristliche Motive können sich hier anschließen.

4. Der Kontext der Weltreligionen macht sich besonders in denjenigen Ländern bemerkbar, in denen Kirche und Theologie dazu herausgefordert sind. So blieb die Samurai-Tradition nicht ohne Einfluß auf die von K. Kitamori entworfene Christologie »des Schmerzes Gottes«. In Indien stellte sich die Frage nach dem kosmischen Christus (J. Sittler) und nach dem Verhältnis von *bhakti*, *jnana* und Christusteilhabe (A. J. Appasamy). Vielerorts wird im Zusammenhang des Inkulturationsproblems diskutiert, inwieweit Altes Testament und Geschichte Israels für das Verständnis des christlichen Glaubens und Jesu Christi selbst konstitutiv seien. Umgekehrt hat eine neue Begegnung mit dem Judentum respektable neue christologische Entwürfe hervorgebracht (Fr. W. Marquardt, J. Moltmann).[53]

B Außerchristliche Mittlergestalten

(1) Vermittlergestalten nach jüdischer Auffassung

Das Judentum kennt keinen »Mittler«, der in irgendeiner Weise dem »Mittler« Jesus Christus vergleichbar wäre; eine solche Vorstellung ist im Judentum programmatisch ausgeschlossen. Auch der von den Juden erwartete Messias kann in diesem Zusammenhang nicht angeführt werden. Zum einen ist er eine Gestalt der Zukunft. Zum andern wird er nicht als Mittler begriffen: »Die Vertreter des Judentums betonten stets, daß nicht der Messias erlöst, sondern Gott; daß der Messias ein gerechter, aber irdischer König, Gesetzgeber und Richter ist, der ein ebenso begrenztes Leben hat wie andere Menschen«.[54] Der Messias ist keine himmlische, sondern eine irdische Gestalt mit einem höchst diesseitigen Auftrag. Wenn er endlich erscheinen wird, wird dies ein Zeichen des endgültigen Durchgreifens Gottes sein, angesichts dessen der Messias auch selbst wieder in den Hintergrund treten wird. So heißt es in einem Hymnus der Sabbat-Litur-

---

53. Vgl. F.-W. Marquardt, Das christliche Bekenntnis zu Jesus, dem Juden, Bd. I, M 1990, Bd. II, M 1991. Vgl. im übrigen A. Schilson, W. Kasper, Christologie im Präsens, Fr 1974, zur anglikanischen Debatte Ulrike Link-Wieczorek, Inkarnation oder Inspiration? Christologische Grundfragen in der Diskussion mit britischer anglikanischer Theologie, Gö 1998, und zum Problem einer Christologie nach dem Holocaust J. Manemann, J. B. Metz (Hg.), Christologie nach Auschwitz. Stellungnahmen im Anschluß an Thesen von T. R. Peters, Ms 1998.

54. Pn. Navè Levinson [3]1993, 87.

gie: »Nichts ist neben dir, unser Erlöser, in den Tagen des Gesalbten, und keiner ist dir ähnlich, unser Befreier, wenn du die Toten belebst«.[55]

Auch Mose und die Propheten können nicht in die Rolle von Mittlern gebracht werden. Die Propheten vermitteln zwar das Wort Jahwes, aber sie tun dies in einem gänzlich instrumental-medialen Sinn, ohne jegliches Eigengewicht. Dasselbe gilt für Mose, der als Werkzeug Jahwes verstanden wird, darüber hinaus aber kein Eigeninteresse verdient. Erst in der apokalyptischen Tradition, aber auch beschränkt auf diese, wird Mose zum Offenbarungsträger mit eigener Dignität.[56] Im Gegenzug zu antijüdischer Polemik kam es dann allerdings auch zu Vorstellungen, die »Mose mittels Messianisierung und Divinisierung bis in schwindelerregende Höhen tragen«.[57] So konnte Mose nach Philos Darstellung sogar als »Gott« bezeichnet und per du angeredet werden. Es ist aufgefallen, daß der Name »Mose« zur Zeit des Judentums der ersten nachchristlichen Jahrhunderte nie als Vorname benutzt wurde. Offenbar wurde er tabuisiert und dem »Mose redivivus« vorbehalten.[58] Im gegenwärtigen Judentum allerdings scheint Mose wieder ganz auf seine biblische Rolle reduziert.

(2) Der Auftrag Muhammads nach islamischer Auffassung

Um Mißverständnissen vorzubeugen, formuliert Muhammad S. Abdullah lapidar: Muhammad »ist kein Christus«; er steht »für den Islam in keinerlei Konkurrenz zu Jesus.« Nach der Tradition habe er selbst sich zu diesem Problem folgendermaßen geäußert: »Überschreitet nicht die Grenzen, indem ihr mich rühmt, wie die Christen es tun, wenn sie Jesus, den Sohn der Maria, rühmen und ihn Gottes Sohn nennen. Ich bin ein Diener des Herrn. Also nennt mich so und Gesandter«.[59] Aus diesem Grunde wollen Muslime auch keinesfalls als »Mohammedaner« bezeichnet werden. Wer war Muhammad und worin besteht seine religiöse Rolle?

(a) Die historischen Daten

Muhammad ist um 570 n. Chr. in Mekka geboren. Vater und Mutter starben früh; er wuchs bei seinem Großvater, dann seinem Onkel auf, hatte bald Herden zu hüten und Karawanen zu begleiten. Verheiratet mit der Witwe Khadidja, deren Karawanenführer er ursprünglich war, hatte er mehrere Kinder, von de-

55. Zitiert ebd. 84.
56. Vgl. die »Assumptio Mosis«; TRE 23,347 ff.
57. TRE 23,354.
58. TRE 23,355.
59. M. S. Abdullah, Islam, Gü 1992, 26; das Zitat ist nicht ausgewiesen.

nen nur Fatimah am Leben blieb. Als Frau des Kalifen Ali und damit als Stammesmutter der Nachkommen Muhammads gewann sie im Schiismus besondere Bedeutung. In einer Höhle nahe Mekka erlebte Muhammad in einer Schlafvision seine Berufung zum Propheten, im Alter von 40 Jahren (610 n. Chr.). Der Engel Gabriel, mit einer beschriebenen Stoffrolle in der Hand, befiehlt ihm zu lesen:»Lies im Namen deines Herrn, der erschuf, der erschuf den Menschen aus einem Blutgerinnsel. Lies, denn dein Herr ist der Allgütige, der den Menschen lehrte durch die Feder, den Menschen lehrte, was er nicht wußte« (Sure 96,2-6; Übersetzung M. S. Abdullah). In der »Heiligen Nacht« des Islam erfolgte Muhammads Berufung:»Wahrlich, wir sandten den Koran hernieder in der Nacht des Schicksals. Und was lehrt dich wissen, was die Nacht des Schicksals ist? Die Nacht des Schicksals ist besser als tausend Monde. In ihr steigen die Engel herab und der Geist nach dem Gebot des Herrn – mit jeder Sache. Friede währt bis zum Anbruch der Morgenröte« (Sure 97, Übersetzung M. S. Abdullah). »Lies« meint wohl ursprünglich:»Trag vor, rezitiere!« Trotz anfänglicher Zweifel beginnt Muhammad zu predigen und vor dem nahen Gericht Gottes zu warnen. Er stößt auf den Widerstand der Polytheisten, deren religiöser Mittelpunkt die Ka'ba war. Als sich der Widerstand verstärkt, entschließt sich Muhammad, nach Medina auszuwandern: Die Hidjra vollzog sich 622, in dem Jahr, mit dem die islamische Zeitrechnung beginnt. In Medina entwickelte sich Muhammad zum Staatsmann und zum politischen Führer. Nun grenzt er sich auch gegen Juden und Christen, die »Leute des Buches«, ab, indem er sich direkt auf Abraham bezieht, der zusammen mit Ismael die Ka'ba als zentrales Heiligtum zur Verehrung des einen Gottes eingerichtet habe. Nach wechselndem Kriegsglück kehrt er im Jahr 630 in das besiegte Mekka zurück und reinigt die Ka'ba von allen polytheistischen Zutaten. Zuvor war es im Gefolge kriegerischer Auseinandersetzungen dazu gekommen, daß die Männer eines jüdischen Stammes getötet, die Frauen und Kinder in die Sklaverei verkauft wurden. Die Radikalität nimmt zu; nun heißt es:»Die Juden sagen: ›Uzayr ist Gottes Sohn! Und die Christen sagen: Christus ist Gottes Sohn.‹ Das ist ihre Rede aus ihrem eigenen Munde. Damit reden sie wie die, die vorher ungläubig waren. Gott bekämpfe sie! Wie leicht lassen sie sich abwenden!« (Sure 9,30).[60] Am 8. Juni 632 stirbt Muhammad.[61]

60. »Und es sprechen die Juden: ›Esra ist Allahs Sohn.‹ Und es sprechen die Nazarener: ›Der Messias ist Allahs Sohn.‹ Solches ist das Wort ihres Mundes. Sie führen ähnliche Reden wie die Ungläubigen von zuvor. Allah, schlag sie tot! Wie sind sie verstandeslos!'« So die Übersetzung in: Der Koran. Aus dem Arabischen übersetzt von M. Henning. Einleitung von E. Werner und K. Rudolph. Textdurchsicht, Anmerkungen, Register von K. Rudolph, Wi o. J., 188. Vgl. R. Paret, Mohammed und der Koran, St 1985.
61. Vgl. R. Paret, Mohammed und der Koran, St 1985; A. Schimmel, Und Mohammad ist Sein Prophet. Die Verehrung des Propheten in der islamischen Frömmigkeit, Dü 1981; weitere Lit. IL 566.

(b) Der Anspruch

Muhammad versteht sich als Prophet, der eine Botschaft auszurichten hat: Auf diese kommt es an, nicht auf ihn. »Ich sage euch nicht, ich hätte die Vorratskammern Gottes, und ich kenne auch nicht das Unsichtbare. Und ich sage euch nicht, ich sei ein Engel. Ich folge nur dem, was mir offenbart wird«.[62] Da der Koran als Abschrift einer im Himmel aufbewahrten Urschrift gilt, erscheint Muhammad einerseits als bloßes Medium ohne jede eigene Bedeutung, andererseits aber als der autorisierte Botschafter Allahs, der deswegen in der Shahada zwar in nachgeordneter Funktion, aber doch untrennbar zusammen mit Allah genannt wird. Sein Auftrag gilt allen Menschen: »Sprich: O Menschen, ich bin an euch alle der Gesandte Gottes«.[63] In ihm findet die Geschichte der Propheten, in die auch 'Isa – Jesus – hineingehört, Höhepunkt und Abschluß: Er ist »das Siegel der Propheten« (Sure 33,40). Als der Gesandte Gottes wird er einerseits zum Vorbild der Glaubenden, von dem lange Listen von Tugenden erstellt werden können, andererseits zu einer autoritativen Instanz: »Wer dem Gesandten gehorcht, gehorcht Gott« (4,80; vgl. 24,56). In einem Hadith heißt es: »Meine gesamte Gemeinschaft wird in das Paradies eingehen, nur der nicht, der sich weigert. Sie sagten: O Gesandter Gottes, und wer ist der, der sich weigert? Er sagte: Wer mir gehorcht, geht ins Paradies ein. Und wer gegen mich ungehorsam ist, der weigert sich«.[64] Schließlich heben den Propheten besondere Gnadenerweise Allahs hervor: die Himmelsreise[65], die als Raumvision oder Entrückung interpretiert wird, sowie die in der Tradition eine Rolle spielende Vorstellung von der Fürsprache Muhammads im Gericht. So läßt die Überlieferung Muhammad sagen: »Ich bin der Herrscher der Kinder Adams am Tag der Auferstehung und der erste, über dem sich das Grab spaltet, der erste, der Fürsprache einlegt, und der erste, dessen Fürsprache erhört wird.« Oder: »Ich bin der erste, der die Türklinke des Paradieses bewegen wird, so wird Gott mir öffnen und mich da hineingehen lassen, während mit mir die Armen der Gläubigen sich befinden.« Oder: »Ich bin der Herrscher der Menschen am Tag der Auferstehung ...«[66] Erzählungen über die wunderbaren Phänomene bei Muhammads Geburt oder auch Wundererzählungen weisen in dieselbe Richtung. Im »Bezeugungsgebet« kann Muhammad sogar mit einem liturgischen Du angesprochen werden: »Der Friede sei über dir, o Prophet, und die Barmherzigkeit Gottes und seine Segnungen.« Der Koran selbst empfiehlt, den Segen über dem Propheten zu sprechen und ihn zu grüßen »mit gehörigem Gruß«.[67] Der kategoriale Unterschied zwischen Allah und seinem Propheten wird durchweg ge-

---

62. Sure 6,50; vgl. 11,12; 25,10.
63. 7,158.
64. IL 554, 555.
65. Sure 17; vgl. Der Koran. Aus dem Arabischen übersetzt von M. Henning, Wi o.J., 260, Anm. 2.
66. Zitiert nach IL 558.
67. Sure 33,56.

wahrt; trotzdem ist beachtenswert, daß auch Muhammad von Divinisierungstendenzen nicht verschont blieb. Seine Funktion ist klar eingegrenzt, aber aufgrund dieser klar eingegrenzten Funktion erhält er auch seine hervorgehobene Bedeutung. Das Medium der Vermittlung zwischen Gott und Mensch ist jedoch eben nicht der Prophet, sondern der Koran selbst, den der Prophet seinerseits zu übermitteln hat. Hinsichtlich der Offenbarungs- und Mittlerfunktion ist also der Koran nicht mit der Bibel zu vergleichen, sondern mit Jesus Christus, und Muhammad nicht mit Jesus Christus, sondern mit den (inspirierten) Autoren der Heiligen Schrift.

(3) Rama und Krishna als paradigmatische Avataras

Während sich dem Judentum und dem Islam der Gedanke an eine Inkarnation von den Prämissen her verbot, ist er dem hinduistischen Denken geradezu selbstverständlich. Als Voraussetzungen dienen dabei »allgemeine Grundzüge der nicht-dualistischen Erfahrung«, die M. von Brück in folgenden Punkten sieht:
»1. Die intuitive Vision des Einen als der inneren Wirklichkeit von allem, 2. das Bewußtsein einer Transformation in die göttliche Sphäre, 3. das Gefühl vollkommenen Friedens ... und Seligkeit ..., 4. die Transrationalität und darum auch die paradoxe Form der Aussage und 5. die Selbstevidenz.«[68] Aus der Vision des Einen ergibt sich die Vorstellung der Durchlässigkeit einander scheinbar gegenüber stehender Dimensionen; der Transformation von Göttlichem in Irdisches entspricht die Erwartung einer letztendlichen Transformation des Irdischen ins Göttliche. Daß die auf das Irdische begrenzte Rationalität solches Transformationsgeschehen letztlich nicht voll erfassen kann, ist ebenso selbstevident wie die Tatsache, daß das mit solcher Transformation verbundene Gefühl von Seligkeit meditativ erfahrbar ist. Der Begriff »Inkarnation« darf aber in diesem Zusammenhang nur in einem uneigentlichen, nicht durch das Christentum geprägten Sinn gebraucht werden.

(a) Avatara

Der Begriff »Avatara« oder »Avatar« (Sanskrit; Wurzel tr = überqueren, vgl. trans, und ava = herab) meint die »Herabkunft« einer Gottheit oder – apersonal – göttlichen Bewußtseins. Die Avatara-Vorstellung begegnet noch nicht in den Veden, scheint sich aber vom 5. Jahrhundert v. Chr. an zunehmend durchzusetzen. Die Zahl der möglichen Avataras liegt nicht fest; doch zählt

68. M. v. Brück ²1987, 254.

man im hinduistischen Denken im allgemeinen zehn, wobei als siebter Avatara Rama, als achter Krishna, als neunter Buddha und als zehnter Kalki gilt. Kalki, der den Tod, alle Dunkelheit und alle Gegensätze überwinden wird, ist ein zu erwartender, noch ausstehender Avatara. Hinter dieser Abfolge steht die Vorstellung, daß es einen unendlich sich wiederholenden Ablauf von Weltzeitaltern gibt, an deren Ende jeweils die Depravation steht, so daß der Dharma, die rechte Ordnung, wiederhergestellt werden muß. Dem dient die Herabkunft eines Avatars.[69]

(b) Rama und Krishna als Avataras Vishnus

Die Vorstellung von den Avataras ist mit dem Kult des Gottes Vishnu verbunden. Vishnu habe sich, so heißt es, als Schwan, Fisch, Schildkröte, Eber, Mensch-Löwe und Zwerg inkarniert, was der moderne Hinduismus mit der Evolutionstheorie zusammenbringt (Wasser – Fisch, Entstehung der Kontinente – Schildkröte, Entwicklung der Säugetiere – Eber, Aufstieg des Menschen aus dem Tierreich – Entstehung des Menschen, Löwenmensch, Zwerg[70]). Die Avatara-Vorstellung ist so verbreitet, daß sich heute auch einzelne Gurus als Avataras Vishnus verstehen.

Die wichtigsten Avataras der indischen Religiosität sind Rama und Krishna. Rama, dessen Mythos im Ramayana beschrieben wird, religionsgeschichtlich gesehen vermutlich ein divinisierter Heros, wird als Gott verehrt. Seine Geschichte wurde im modernen Indien verfilmt und als Fernsehserie mit zahlreichen Folgen ausgestrahlt.[71] Ihm galten die letzten Worte Gandhis: »Ram, ram …«. Noch weiter verbreitet ist allerdings die Verehrung Krishnas, die in zahllosen literarischen und vor allem auch bildlichen Darstellungen ihr Echo gefunden hat. Religionsgeschichtlich gesehen, handelt es sich ursprünglich vermutlich entweder um eine Hirtengottheit oder aber um eine historische Gestalt, die divinisiert und möglicherweise mit dieser Hirtengottheit identifiziert wurde. Seine im Lauf der Jahrhunderte angewachsene Mythologie ist kompliziert. Mit der Vorgeschichte seiner Geburt verbindet sich ein Kindermord. Krishna, der schon als Kleinkind die erstaunlichsten Zeugnisse von Frömmigkeit ablegt, wird gerettet und wächst unter den Hirten auf. Als Heranwachsender vollbringt er Wunder und vernichtet Dämonen. In der Volksfrömmigkeit sind besonders bekannt geworden seine anzüglichen Spiele mit den Hirtinnen, denen er Käse und Butter, aber auch die Kleider stiehlt. Durch sein Flötenspiel bricht er ihre Herzen und sein erotischer Tanz betört alle. Schließlich aber wird er zu einem mustergültigen Gatten und einem weisen Fürsten und schaltet alle

---

69. BG 4,7.
70. Vgl. B. Griffiths zu BG 4,7 f.
71. L. B. van den Bosch, Die Bildwelt des neueren Hinduismus. Das Ramayana zwischen Tradition und Innovation, in: H.-M. Barth, Chr. Elsas (Hg.), Bild und Bildlosigkeit. Beiträge zum interreligiösen Dialog, H 1994, 125 ff.

Dämonen aus, die sich ihm in den Weg stellen. Eines Tages meditiert er in Yoga-Haltung mit nach oben gekehrter rechter Ferse. Ein Jäger, der vorbeikommt, verwechselt seinen Fuß mit einem Tier und trifft den Gott an der einzigen Stelle, an der er verwundbar ist. Dieser vergibt ihm jedoch großzügig. Nach seinem Tod ist der Jammer groß; seine Leiche wird dem Scheiterhaufen übergeben, seine Hauptfrauen werfen sich in die Flammen.[72] Das Moment des Erotischen, das den Krishna-Kult charakterisiert (und bei den ersten Missionaren, so etwa bei Bartholomäus Ziegenbalg Entrüstung hervorgerufen hat), wird in der indischen Religiosität mystisch gedeutet und als Interpretation wahrer »Bhakti«, wahrer Hingabe, interpretiert. Die Differenzen zum christlichen Inkarnationsdenken liegen auf der Hand. Doch wird hier eine Verbindung hergestellt, die dem christlichen Denken gänzlich ferngeblieben ist, nämlich die zwischen Inkarnation einerseits und Erotik und Sexualität andererseits.

(c) Das Avatara-Verständnis der Bhagavadgita

Die Bhagavadgita sieht ihren Helden Arjuna verzweifelt in seinem Kampfwagen sitzen – zwischen zwei Schlachtreihen, wobei er auf beiden Seiten ihm nahestehende Menschen erkennt. Arjuna ist hin- und hergerissen, sich selbst entfremdet. In dieser Situation erweist sich Krishna als Wagenlenker, der die wichtigste Belehrung erteilt. »Die Bildersprache ist klar: der Wagen ist der Körper, Arjuna die Seele und der Wagenlenker repräsentiert den Geist, der den Wagen lenkt.«[73] Krishna präsentiert sich als die Rettung; auf ihn gilt es sich zu konzentrieren:

»Ein Yogi, der immerzu sich selbst so eint
und seine Gedanken gezügelt hat,
gelangt zum Frieden, dem höchsten Nirvana,
das mir innewohnt.«[74]
»Befreit von Begierden, Ängsten und Zorn,
in mich versunken und gestützt auf mich,
gereinigt durch die Glut der Erkenntnis,
haben viele meine Seinsweise erlangt.
Wie sie zu mir Zuflucht nehmen,
so gebe ich ihnen Anteil an mir …«[75]
»Zur Ruhe gekommen und frei von Furcht,
fest gegründet im Gelübde der Enthaltsamkeit,
das Denken unter Kontrolle und das Bewußtsein auf mich gerichtet,
vollkommen geeint soll er sitzen, mich als höchstes Ziel!«[76]

---

72. Vgl. z. B. Veronica Ions, Indische Mythologie, Wi 1967, 68-76.
73. BG, B. Griffiths, Einleitung, 24.
74. BG 6,15.
75. BG 4,10 f.
76. BG 6,14.

Dazu werden dann einzelne Meditationsanweisungen erteilt.[77]

Der hilfreiche Avatara entsteht frei von karmischen Bedingungen und kann deswegen auch über den Kreislauf des Samsara hinausführen:

>»Obgleich ich ungeboren bin,
weil mein Selbst unzerstörbar ist,
obwohl ich der Herr der Wesen bin,
verfüge ich doch über meine eigene Natur
und entstehe so durch meine Schöpfermacht stets neu.«[78]

Der Avatara ist somit eine Erscheinung des Göttlichen, die aber nicht wirklich Mensch geworden ist; er ist ja gerade frei von allem, was das spezifisch Menschliche – nämlich die Verstrickung in Leid und Schuld – ausmacht. Gerade so freilich kann er dem in Leid und Schuld verstrickten Menschen helfen. Die Nähe zu gnostischen Spekulationen und auch entsprechenden Christologien ist deutlich. Für indisches Denken macht es offenbar keinen grundsätzlichen Unterschied, ob eine historische Persönlichkeit wie Jesus von Nazareth oder eine mythologische Gestalt als Avatara verstanden wird; Christus, Krishna oder Buddha können austauschbar werden. In diesem Sinne formuliert S. Radhakrishnan:»Unter Gott-Menschen verstehen wir Menschen wie Gautama und Jesus Christus. Schon ihre Namen drücken eine doppelte Wesenheit aus; sie sind Manifestationen des Geistes in einem menschlichen Medium, welches von dieser Manifestation kündet.«[79] Es kommt auf die Idee der Inkarnation an, nicht auf ihre geschichtliche Relevanz:»Das göttliche Prinzip steigt hinab in eine Manifestation, um das gestörte Gleichgewicht wieder herzustellen. Es besteht sowohl im Osten als im Westen die Neigung, Gott-Menschen als Inkarnationen des Höchsten anzusehen. Rama, Buddha und Jesus sind alle als besondere Manifestationen des Göttlichen behandelt worden.«[80] Das Spezifische jeweiliger Inkarnationen liegt in deren jeweiligem kontingenten Kontext. Sie vollziehen sich,»bis die ganze Welt eine einzige göttliche Inkarnation sein wird. Im Herzen der Wirklichkeit ist überfließende Liebe.«[81] Aufgrund der Erscheinung der Avataras ist der Mensch dazu aufgefordert, in sich das Christus-/Krishna-/Buddha-Wesen zu realisieren, das ohnehin letztlich seinem Menschsein zugrundeliegt, bis er schließlich»sich selbst in das Höchste Wesen umgestaltet«, so Sri Aurobindo.[82]

77. BG 6,12 f.
78. BG 4,6.
79. S. Radhakrishnan, Erneuerung des Glaubens aus dem Geist, Westberlin 1959, 147.
80. S. Radhakrishnan ebd. 149.
81. S. Radhakrishnan ebd. 153.
82. Zitiert nach H.-J. Loth, St ³1986, 106.

(4) Die Bedeutung Buddhas nach buddhistischem Verständnis

Die Auffassungen von der Rolle des historischen Siddhartha Buddha hat sich im Lauf der Geschichte erheblich gewandelt und wird auch heute im Hinayana-Buddhismus anders wahrgenommen als im Mahayana-Buddhismus. Für westliches Verständnis kommt erschwerend hinzu, daß »Buddha« ja nicht nur Name eines historischen Menschen ist, sondern zugleich Bezeichnung eines Wesens, das zur Erlösung aus dem Kreislauf der Existenzen gelangt ist. Der historische Buddha gilt weder als der erste noch als der letzte Buddha. Es wird eine unterschiedliche Zahl von ihm vorausgehenden Buddhas genannt; erwartet wird mindestens ein weiterer Buddha, nämlich Maitreya, »der Liebende«, der als künftiger Buddha besonders im tibetischen Buddhismus verehrt wird.

(a) Der historische Buddha

In der religiösen und auch in der religionswissenschaftlichen Literatur begegnet der historische Buddha unter verschiedenen Namen. Der Begriff »Buddha« bezieht sich auf das Erwachtsein bzw. Erleuchtetsein; gelegentlich begegnet auch die Bezeichnung Tathagata, der »so Dahingelangte, so Gekommene«.[83] Als sein historischer Name gilt »Siddhartha Gautama«, wobei allerdings »Siddhartha« bereits religiös gedeutet werden kann: »der sein Ziel erreicht hat«.[84] Er stammt aus dem Geschlecht der Shakya, weswegen er auch als Buddha Shakyamuni bezeichnet wird. Das Geburtsjahr des historischen Buddha ist umstritten. Nach buddhistischem Selbstverständnis wäre er im Jahr 544/543 v. Chr. geboren und im Alter von 80 Jahren, also 484/483 v. Chr. gestorben. Die westlichen Religionswissenschaftler setzen die Lebenszeit des Buddha jedoch von ca. 450-370 v. Chr. an.[85] Fest steht, daß der historische Buddha in glänzenden Verhältnissen aufwuchs, zunächst heiratete, im Alter von 29 Jahren sich in die Hauslosigkeit begab, vermutlich in Zusammenhang mit einer Reformbewegung, die sich gegen die Vorherrschaft eines inzwischen erstarrten Brahmanismus wandte – der Bewegung der Samanas. Sechs Jahre lang habe er bis zum Exzeß Askese getrieben: »Schließlich waren, so heißt es, seine Glieder wie dürre Lianen, sein Gesäß wie ein Ochsenhuf und sein Rückgrat wie eine Kugelschnur, seine Rippen wie Sparren einer eingefallenen Hütte und seine eingesunkenen Augen wie die Widerspiegelung von Sternen in einem tiefen Brunnen.«[86] Als er auf diesem Weg nicht mehr vorwärtskam, gab er ihn auf und wandte sich wieder weltlichen

---

83. LÖW 387.
84. H.- J. Greschat 1980, 13.
85. M. v. Brück 1997, 45.
86. H. W. Schumann ²1994, 19.

Freuden zu, ohne diesen jedoch zu verfallen. In der Erinnerung an Glücksmomente seiner Kindheit durchfuhr ihn, als er beim heutigen Bodh Gaya unter einem Baum saß, die Gewißheit: »Unerschütterlich ist meine Erlösung; dies ist die letzte Geburt, nicht mehr gibt es nun (für mich) ein Wiederdasein.«[87] Die Gewißheit, die ihn erfaßt hatte, basierte auf den Edlen Vier Wahrheiten, nämlich in der Erkenntnis, daß alles Leben Leiden ist, wodurch das Leiden entsteht, wie es beendet werden kann und welcher Weg zu seiner Beendigung führt. Nur für eine Weile behielt er sein Wissen für sich, bis er doch in der Nähe von Benares zu predigen begann und auf diese Weise das »Rad der Lehre« in Bewegung setzte.

Neben der Ausstrahlung, die der historische Buddha als Persönlichkeit gehabt haben dürfte, war es vielleicht besonders der Vorschlag eines »mittleren Weges« – zwischen radikaler Askese und radikaler Diesseitsbezogenheit –, was viele Menschen für seine Lehre aufgeschlossen machte. Hans Wolfgang Schumann nennt neben seiner Schlagfertigkeit und seiner Fähigkeit, plausible Gleichnisse zu finden, die einleuchtenden logischen Verfahren, nach denen er seine Lehre vortrug: die schlichte Gegenüberstellung, die überzeugende Steigerung, die allmähliche Eingrenzung und die Konditionalableitung; es handelt sich dabei allerdings eher um rhetorische als um logische Verfahren.[88]

Für die ersten Schüler bzw. Mönche war der historische Buddha nichts anderes als ein Lehrer. Als man mit seinem Tod rechnete und eine gewisse Ängstlichkeit sich breit machte, wie es denn weitergehen sollte, habe der Buddha geraten, »… seid selbst eure Insel, selbst eure Zuflucht; habt die Lehre als Insel, die Lehre als Zuflucht, habt keine andere Zuflucht! …« Später habe er präzisiert: »Es mag sein, Ananda, daß bei einigen von euch die Meinung aufkommt: ›Das Wort des Meisters ist erstorben, wir haben keinen Lehrer mehr!‹ – so, Ananda, dürft ihr es nicht ansehen. Die Wahrheit und die Ordensregeln, die ich dargelegt und für euch alle erlassen habe, die sollen nach meinem Tode euer Lehrer sein!«[89] Diese Auskunft spricht nicht etwa für eine besondere Bescheidenheit des Buddha, sondern gibt seine Grundauffassung wieder. Als seine letzten Worte gelten: »Die Persönlichkeitsbestandteile (…) unterliegen dem Gesetz des Vergehens; bemüht euch angestrengt!«[90] Was der Buddha über das individuelle Menschsein ganz grundsätzlich gelehrt hat, sollte natürlich auch im Blick auf ihn selbst gelten. Im Hinayana-Buddhismus hat der historische Buddha denn auch keine andere Mittlerfunktion als die, das Rad der Lehre angestoßen zu haben.

Da es dem historischen Buddha keineswegs auf seine Person, sondern einzig auf seine Lehre ankam, ist durchaus damit zu rechnen, daß er eine Art Missionsauftrag erlassen hat, der wie folgt überliefert ist: »Geht auf die Wander-

---

87. Zitat ausgewiesen ebd. 20.
88. Ebd. 33 f.
89. Zitate ausgewiesen ebd. 51; vgl. M. v. Brück 1997, 75.
90. Zitiert ebd. 52; vgl. M. v. Brück 1997, 79.

schaft, Mönche, zum Heile der Vielen, zum Segen der Vielen, aus Mitleid für die Welt, zum Nutzen, zum Heil, zum Segen für Götter und Menschen. Geht nicht zu zweit zusammen! Zeigt, Mönche, die Lehre, die im Anfang gut ist, in der Mitte gut ist, im Ende gut ist, im Geiste (wie) im Wort. Legt zutage einen voll erfüllten, reinen Tugendwandel! Es gibt Wesen, die mit nur wenig Staub auf den Augen geboren sind; wenn sie nicht von der Lehre hören, werden sie verderben. Sie werden die Lehre verstehen.«[91] Die Mönche sollen wohl deswegen nicht zu zweit gehen, um niemanden zu bedrängen; die Lehre als solche soll einleuchten. Es wird überliefert, der Buddha habe mehrfach davor gewarnt, sich übereilt zu seiner Lehre zu bekennen.

(b) Die Buddha-Überlieferung

Unmittelbar nach dem Tod Buddhas haben sich seine inzwischen regional bereits weit verbreiteten Anhänger um Reliquien bemüht, die in sog. Stupas aufbewahrt wurden; ein Zahn des Buddha wird in einem Tempel auf Sri Lanka, Haare werden in einer Pagode in Burma verehrt. Bald haben sich auch Legenden der Gestalt des Buddha bemächtigt: »Der Seher Asita besucht das Buddha-Kind«[92] – in gewisser Weise eine Paralle zum Nunc dimittis des greisen Simeon (Lk 2,29-32). Nach seiner Erleuchtung wird der Buddha durch Mara in Versuchung geführt[93] – in gewisser Weise eine Parallele zur Versuchung Jesu (Mt 4,1-11). Eine der Töchter Maras, die den Buddha verführen wollte, muß schließlich bekennen:

»Viel Volk wird der hauslose Durstbezwinger
Zum Ziele leiten aus dem Reich des Todes.«[94]

Zu den bekanntesten Buddha-Legenden gehört die Erzählung von der vierfachen Ausfahrt, die allerdings ursprünglich mit einer früheren religiösen Gestalt Indiens in Verbindung und dann auf den historischen Buddha übertragen worden war: Der verwöhnte Prinz hält es in seinem wohlbehüteten Dasein nicht länger aus, läßt sich aus dem Gelände des königlichen Palastes hinausfahren und begegnet alsbald einem Greis. Er erlernt dadurch, daß er auch selbst dem Alter unterworfen ist. Bei der nächsten Ausfahrt begegnet ihm ein schwer kranker Mann, bei der dritten Ausfahrt eine Menschenmenge, die sich um einen Toten versammelt hat. Nun begreift er, daß Alter, Krankheit und Tod allen Wesen beschieden sind, solange sie nicht aus dem Kreislauf des Lebens erlöst wurden. Bei der vierten Ausfahrt läßt er sich angesichts eines kahlköpfigen Asketen erklären, was ein Weltentsagender ist: »Weltentsagend, Herr, nennt man jeman-

---

91. Zitat nachgewiesen bei H. W. Schumann ²1994, 25 (vgl. oben S. 196).
92. Die Reden des Buddha 58 f.
93. Die Reden des Buddha 75.
94. Die Reden des Buddha 88.

den, bei dem es heißt: Gut ist es, der Wahrheit nachwandeln; gut ist es, in Frieden wandeln; gut ist es, recht tun; gut ist es, Verdienstliches tun; gut ist es, niemandem Schaden tun; gut ist es, aller Wesen sich erbarmen.«[95] Historisches und Legendäres mischen sich. Die Legenden geben gewiß auch etwas von der Ausstrahlung des historischen Buddha wieder. Seine Botschaft wird später zu erörtern sein.

(c) Der transzendente Buddha

Schon bei den Bemühungen um seine Reliquien hat sich gezeigt, daß es die Anhänger Buddhas nicht bei der Relevanz seiner Lehre allein würden belassen können. Die Legendenbildung spricht eine deutliche Sprache. Im Mahayana-Buddhismus wurde schließlich eine Art Buddhologie entwickelt, die versuchte, das Buddha-Wesen als universales Prinzip und als den historischen Buddha zusammenzudenken. Nun wird der Buddha zu einer Gottheit, die Götter und Menschen retten kann:

»Alle Wesen werde ich erfrischen, deren Glieder verdorren … Die durch das Leid dahinwelken, die will ich ins Glück führen; ihnen werde ich die Wünsche (erfüllen) und Ruhe (…) geben.

Höret mich, ihr Scharen von Göttern und Menschen, kommet herbei, um mich zu sehen! Der Vollendete bin ich, der Erhabene, der Höchste; zur Rettung (der Wesen) bin ich hier in der Welt geboren.«[96]

Schließlich entwickelte sich die sog. »Drei-Leiber-Lehre«: der »Leib der Wahrheit« (Dharmakaya) ist das allen Buddhas gemeinsame Buddha-Wesen, die absolute Wirklichkeit. Die himmlischen Buddhas bzw. ihre guten Taten und Erleuchtungen bilden den »Leib der Wonne« (Sambhogakaya). Sie wachen über den paradiesischen Zwischenbereichen, in denen der Gläubige sich auf die endgültige Erlösung vorbereiten kann. Eines dieser Zwischenparadiese ist das Reine Land, dessen Garant, der Buddha Amitabha (japanisch: Amida) durch die unendlich wiederholte Anrufung seines Namens verehrt werden kann. Schließlich gibt es die irdischen Buddhas, in einem irdischen Leib sich verkörpernde Buddha-Wesen, unter denen vorrangig der historische Siddhartha Gautama genannt werden muß (Nirmanakaya). Die drei »Leiber« bilden auch wiederum eine Einheit – wie ärztliches Wissen, die Ausbildung dazu und schließlich seine Anwendung. Der historische Buddha ist damit in ein transzendentales Gefüge einbezogen.[97] Die allumfassende Buddhanatur ist gleichsam der Raum, aus der irdische Buddhas hervortreten können.

---

95. Die Reden des Buddha 66.
96. Zitat nachgewiesen bei H. W. Schumann ²1994, 150. Zum Beginn des Zitats vgl. Mt 11,28!
97. Zur Drei-Leiber-Lehre vgl. ebd. 153 ff., sowie ders., Mahayana-Buddhismus. Die zweite Drehung des Dharma-Rades, M 1990, 124 ff. »… es war unvermeidlich, daß irgendwann in der Geschichte des Buddhismus die Überlieferung vom historischen Buddha, die Auffassung vom überirdisch-transzendenten Buddha und die philosophische Idee von der

(d) Bodhisattvas

Während es im ursprünglichen Buddhismus als Ziel gilt, ein Heiliger zu werden (Arhat, chinesisch: Lohan), der »ausgelernt hat« und unmittelbar nach seinem Tod ins Nirvana eingehen wird[98], gilt im Mahayana-Buddhismus der Bodhisattva als Ideal. Es handelt sich dabei um ein Wesen, das die Erleuchtung *(bodhi)* erreicht hat, eben dies jedoch in den Dienst der Erlösung anderer Wesen stellt. Der Bodhisattva ist von unendlichem Mitleid erfüllt: »Ich nehme die Last des Leidens auf mich ... Ich bin entschlossen, in jedem einzelnen Elendszustand ungezählte Zehnmillionen von Weltzeitaltern zu verweilen. Es ist ja fürwahr besser, daß ich allein mit Leiden (beschwert) sei, als daß alle diese Wesen in Elendswelten gerieten.«[99] Der Bodhisattva spricht: »Welches Leid es auch immer (gibt) in der Welt, dieses möge in *mir* zur Reife kommen.«[100] Er würde es auf sich nehmen, daß er um der Erlösung eines anderen Wesens willen »hunderttausend Weltzeitalter in der Hölle gekocht würde«.[101] Bodhisattvas sind also überirdische Wesen, die sich aber dem Menschen in menschlicher Gestalt nähern können, um sie zu retten. Sie können sogar zu Hetären werden, »um die Männer an sich zu ziehen. Nachdem sie sie mit dem Haken der Begierde herangelockt haben, errichten sie (in ihnen) das Buddhawissen.«[102] So eindrucksvoll ihre Leidensbereitschaft geschildert wird, so unklar bleibt doch, inwiefern es sich bei ihnen um ein echtes, dem Leiden der Menschen vergleichbares Leiden handelt. Als Gestalten, die das Mitleid verkörpern, nehmen sie oft weibliche Züge an (vgl. japanisch: Kwannon, ggf. dargestellt mit tausend zur Hilfe bereiten Armen). Das Mahayana vertritt das Ideal des irdischen Bodhisattvas, der sich um die Erlangung der Buddhaschaft bemüht und durch sein Verhalten anderen Menschen dazu verhilft. Insbesondere die Mönche des Mahayana-Buddhismus legen das Gelöbnis ab, Bodhisattvas werden zu wollen.

absoluten Buddhaheit harmonisiert werden mußten. ... Das Dreileiber-System unterstellt die innere Identität der drei Buddha-Aspekte ...«; H. W. Schumann ebd. 123.
98. LÖW 20f.
99. Zitat nachgewiesen bei H. W. Schumann ²1994, 161.
100. Zitat nachgewiesen ebd. 162.
101. Zitat nachgewiesen ebd. 163.
102. Zitat nachgewiesen ebd. 164.

(5) Die soteriologische Funktion außerchristlicher Mittlergestalten

(a) Was heißt »Vermittlung«?

Für die christliche Theologie ist es undenkbar, von der »Person« Jesu Christi zu sprechen, ohne sein »Werk« zu bedenken. Christologie ist ohne Soteriologie nicht sie selbst; in gewisser Weise erschließt die Soteriologie ihrerseits die Christologie. Damit zeigt sich ein entscheidender Unterschied zwischen dem Christentum und den nichtchristlichen Religionen. Herausragende Gestalten in nichtchristlichen Religionen, seien es Götter oder Menschen, haben nicht in erster Linie die Aufgabe, im Sinne des christlichen Glaubens zwischen Gott und den Menschen zu vermitteln, d. h. den Menschen zu Versöhnung und Erlösung zu verhelfen. »Versöhnung« ist weithin kein eigenes Thema; in entsprechenden Nachschlagewerken hat man unter den Begriffen »Schuldaufhebung« oder »Böses« nachzusuchen. Beim Erlösungsgeschehen selbst, das natürlich auch ganz unterschiedlich aufgefaßt wird, haben die »Mittlergestalten« weithin nur eine nebengeordnete Bedeutung. Die jeweilige Religion als ganze gilt als »Weg« bzw. als »Heilsweg«, innerhalb dessen die Mittlergestalten meist keine konstitutive Funktion haben. Unter den religionsphänomenologisch zu analysierenden »Gestalten« führt van der Leeuw daher auch keineswegs den »Erlöser« auf, sondern den »Stifter« (eine ebenfalls höchst problematische Kategorie), den »Reformator« (z. B. Buddha als Reformator hinduistischer Traditionen), den »Lehrer« (hier kann ebenfalls Buddha als Paradigma gelten), schließlich den Philosophen und Theologen und das »Beispiel«.[103] Der »Mittler« spielt außerhalb des Christentums allenfalls in manchen Traditionen der klassischen Antike sowie insbesondere in der Gnosis eine Rolle. Hier ist die einzige Stelle, an der es im Bereich der Religionen eine Parallele zum christlichen Verständnis gibt: Der »erlöste Erlöser« (R. Reitzenstein)[104] befreit diejenigen, die sich ihm anvertrauen aus den Banden der Materie und führt sie zum Licht. Das religionsgeschichtliche Verhältnis zwischen Christentum und Gnosis stellt ein eigenes, heiß diskutiertes Problem dar, das aber für die Auseinandersetzung des Christentums mit den heute lebenden Religionen allenfalls im Blick auf mögliche Analogien von Interesse sein kann.

---

103. G. van der Leeuw ³1970, § 103-105.
104. Vgl. Fr. Heiler EWR 501.

(b) Ansätze einer soteriologischen Funktion außerchristlicher Heilsgestalten

Ein eigenartiges und für den christlichen Glauben natürlich relevantes Bild gibt das Judentum ab. Der Glaube an den einen Gott, der Israel erwählt hat und erlösen wird, erlaubt den Gedanken einer zwischen Gott und die Menschen tretenden Heilsgestalt eigentlich nicht. Gott selbst ist es ja, der die Erlösung schafft. Da die Erlösung von den Zeiten des Alten Israel an aber immer sehr stark diesseits-bezogen gedacht und mit gesellschaftlich-politischen Erwartungen verbunden war, konnte sich die Vorstellung eines künftigen Heilsbringers ausbilden, der im Auftrag Gottes das Eschaton herbeiführen würde. Die Messias-Vorstellungen sind äußerst unterschiedlich. Der Messias, soweit man mit dem Erscheinen eines einzigen Messias rechnet, hat eine heilsgeschichtliche Aufgabe im Auftrag Gottes; es kommt ihm aber keine von ihm ausgehende soteriologische Funktion zu.

Auch für den Islam würde die Gestalt eines »Erlösers« die Einzigkeit Allahs infrage stellen. Allah vergibt, wem er will – ohne daß irgendein Vermittler nötig wäre. Er kann die Reue über begangene Verfehlungen akzeptieren. »Euer Herr weiß besser, was in eurem Inneren ist. Wenn ihr rechtschaffen seid, so ist Er für die, die immer wieder umkehren, voller Vergebung« (Sure 17,25). Im übrigen beginnen alle Suren außer der 9.: »Im Namen Allahs, des Erbarmers, des Barmherzigen!« Daß Muhammad in gewissen Kreisen als Fürbitter beim letzten Gericht gedacht wird, stellt eine Nebenentwicklung dar.

In den hinduistischen Traditionen kann eine Erlösergestalt schon deswegen nicht von tragender Bedeutung werden, weil das Absolute als unpersönlich aufgefaßt wird. Die Erlösung besteht in der Erkenntnis der Einheit von *brahman* und *atman*, wie sie sich umfassend erst am Ende des Geburtenkreislaufs als Befreiung *(moksha)* einstellen wird. Der Heilsweg verläuft über den Kult, die guten Werke, das Erkennen, und schließlich über die liebende Hingabe *(bhakti)*; eigene Heilswege bieten der Yoga oder tantristische Riten und Übungen an. Einzig im Zusammenhang der *bhakti* kommt es zu Ansätzen soteriologischer Erwartungen, die insbesondere auf Krishna gerichtet sind. Erlösend wirkt dabei weniger der Gott Krishna seinerseits als die Verehrung, die ihm seitens der ihn Verehrenden entgegengebracht wird – in Gestalt von Anrufung seines Namens, der Liebe zu ihm oder der Verehrung seines Bildes.[105]

Der Buddhismus ist im Blick auf eine soteriologische Rolle Buddhas im Lauf seiner Geschichte unterschiedliche Wege gegangen. Für die Urbuddhisten stand eine Mittlerrolle Buddhas schon deswegen außer Betracht, weil es ihnen ja um den Durchbruch zum Nirvana ging und nicht um die Vereinigung von Göttlichem mit dem Menschlichen. Auf diesem Weg, der zur Befreiung von Lebensgier und so vom Leiden führen sollte, gab es zunächst keinen Helfer, sondern

---

105. A. Th. Khoury, Heil und Heilswege im Hinduismus, in: ders., P. Hünerman (Hg.), Was ist Erlösung? Die Antwort der Weltreligionen, Fr 1985, 11-51.

eben nur den »Weg«. Die Rolle Buddhas konnte einzig darin bestehen, daß er einem den Anstoß gab, sich auf den Weg zu machen. Der historische Buddha war deswegen auch keineswegs als Einzelerscheinung von Belang; es gab viele Buddhas, die seinem Weg folgten. Aus dieser Sicht konnte sich dann aber im Zusammenhang des Mahayana-Buddhismus die Vorstellung einzelner Heilsgestalten durchaus entwickeln: Der Bodhisattva, seinerseits bereits zur Vollendung gelangt, begibt sich – doketisch – in die materielle Welt hinein, um den in ihr befangenen Menschen zu helfen. Amida Buddha läßt sich anrufen, um den ihn Verehrenden den Zugang zum »Reinen Land« zu verschaffen. Maitreya wird als künftiger hilfreicher Buddha erwartet.

Romano Guardini hat den historischen Buddha und dessen ursprüngliche Würdigung im Urbuddhismus vor Augen, wenn er schreibt: »Einen Einzigen gibt es, der den Gedanken eingeben könnte, ihn in die Nähe Jesu zu rücken: Buddha. Dieser Mann bildet ein großes Geheimnis. Er steht in einer erschreckenden, fast übermenschlichen Freiheit; zugleich hat er dabei eine Güte, mächtig wie eine Weltkraft. Vielleicht wird Buddha der letzte sein, mit dem das Christentum sich auseinanderzusetzen hat ...«[106] Ein einziger habe »ernsthaft versucht, Hand ans Sein selbst zu legen: Buddha: Er hat mehr gewollt, als nur besser zu werden, oder von der Welt ausgehend, den Frieden zu finden. Er hat das Unfaßliche unternommen, im Dasein stehend das Dasein als solches aus den Angeln zu heben ...«[107] Damit ist nun freilich eine soteriologische Funktion bezeichnet, die aber doch eher in den Bereich des machtvollen Lehrens als in den Zusammenhang der Selbsthingabe Jesu Christi gehört.

(c) Die Unterschiedlichkeit der Erlösungsziele

Die Unterschiedlichkeit der Erlösungsvorstellungen in den Religionen entspricht der Unterschiedlichkeit der jeweiligen Erlösungsziele. Den Religionen des Westens geht es um die Bewältigung des irdischen Lebens unter der Perspektive einer endzeitlichen umfassenden Erlösung. Den Religionen des Ostens dagegen geht es um eine Erlösung aus der Verstrickung in die Materie, somit um die Befreiung aus den irdischen Lebenszusammenhängen. Hier steht die Befreiung von einem Schicksal im Vordergrund, das einen unter die irdischen Daseinsbedingungen knechtet, und die im Gedanken des Wesenskreislaufs, dessen schließliche Beendigung man erhofft, stärksten Ausdruck findet. In den Religionen des Westens dagegen weiß man sich einem Gott konfrontiert, der Rechenschaft fordert. Mit den beiden Sichtweisen verbinden sich unterschiedliche Vorstellungen von »Sünde«: Im Osten kennt man nur das unpersönliche Karma, das nach unerbittlichem Gesetz sich fortzeugt. Nach westlichem Verständ-

---

106. R. Guardini, zitiert nach H. Waldenfels, Kontextuelle Fundamentaltheologie, Pb ²1988, 227.
107. Zitiert ebd.

nis dagegen beeinträchtigt »Sünde« die Beziehung zu Gott. Dabei geht es keineswegs nur um moralische Vergehen. Im Judentum wird Sünde als Auflehnung und Untreue gegenüber dem Gott Israels verstanden; im Islam gibt es eine ganze Reihe von Vergehen gegen Allah, beginnend bei Götzendienst und »Beigesellung« (Siehe unten S. 513). Von einer »Erbsünde«, also einem Urwiderstand des Menschen gegen Gott, und damit zugleich gegen den Mitmenschen und gegen sich selbst, ist allerdings nirgends die Rede. Versöhnung, wie sie der Christ in Jesus Christus vergegenwärtigt sieht, erscheint als überflüssig.

Der asiatische Mensch hat eine ausgesprochene Abneigung gegen das christliche Sündenbewußtsein: »Für Ramakrishna ist das Sündengefühl die tiefste Stufe der Religion ... Sein Schüler Vivekananda verstieg sich sogar zu dem Satz, es sei eine Sünde, einen Menschen einen Sünder zu heißen.«[108]

C Integrale Christologie

Soll Christologie im Kontext nichtchristlicher Religionen bedacht werden, so wird sie sich mit Vermittlungs- und Erlösungsvorstellungen eben dieser Religionen auseinanderzusetzen haben.[109] Dabei ergeben sich Herausforderungen an die herkömmliche Christologie seitens außerchristlicher Vorstellungen, aber auch Anfragen seitens des christlichen Glaubens an die jeweiligen Religionen. In der Rückschau zeigt sich, daß religiöse Strömungen des Hellenismus und des Vorderen Orients zur Zeit des Neuen Testaments ganz selbstverständlich Anschauungen und Vorstellungsmuster bereitgestellt haben, innerhalb derer und mit Hilfe derer die junge Christenheit zum Ausdruck zu bringen versuchte, wer Jesus Christus für sie war. Daß es dabei einerseits Gefahren – wie die Gnosis – gab, andererseits legitime und zukunftsträchtige Möglichkeiten – wie den Logos-Begriff –, ist offensichtlich. Im Blick auf die heutige religiöse Weltsituation gilt es, über den vertrauten Rahmen des Hellenismus und des Vorderen Orients hinauszublicken und die von den Weltreligionen bereitgestellten Denkmuster daraufhin zu überprüfen, inwieweit sie für eine Erweiterung und Vertiefung des christologischen Bekenntnisses tauglich sein können. Auch dabei dürften sich wiederum Gefahren einerseits, fruchtbare Möglichkeiten andererseits zeigen. Christologie wird sich dabei profilieren und zugleich als integral erweisen. Sie wird auch nicht übersehen und übergehen, wie Jesus in außerchristlichen religiösen Perspektiven zu stehen kommt und was etwa daran zu lernen ist.

---

108. G. F. Vicedom, Jesus Christus und die Religionen der Welt, Wu 1966, 116 f. – leider ohne Angabe des Fundorts.
109. Vgl. H. Waldenfels, Der Gekreuzigte und die Weltreligionen, Z 1983.

(1) Jesus in außerchristlicher Perspektive

Während das Judentum und der Islam die Gestalt Jesu aus naheliegenden Gründen von vornherein im Blick haben, gewinnt sie im Bereich der (ost)asiatischen Religionen erst allmählich an Aufmerksamkeit.

(a) Jesus von Nazareth in jüdischer Sicht

Im Lauf der leidvollen Geschichte des Verhältnisses zwischen Judentum und Christentum kam es gerade im Blick auf die Gestalt Jesu zu Mißverständnissen und polemischen Unterstellungen. In den jüdischen Quellen der ersten nachchristlichen Jahrhunderte gilt Jesus als Bastard (Sohn des Pantera; vgl. die Polemik des Kelsos[110]), als Zauberer und Verführer, der sich über die Tradition seines Volkes erhaben gefühlt und lustig gemacht habe. Ihren Gipfel erreicht diese Art der Darstellung in den Toledot Jeschu (9./10. Jh.), die in ihrer satirischen Darstellungsweise Auswirkungen bis ins 19. Jahrhundert hatten. Mit der Wende zum 20. Jahrhundert beginnt jedoch eine ganz neue Phase, in der das Judentum sich bemüht, die Gestalt Jesu innerhalb des jüdischen Kontextes zu würdigen und Jesus gleichsam ins Judentum »heimzuholen«.[111] Seither steht das jüdische Jesusbild in der Spannung zwischen »Heimholung« und Abgrenzung.

1. Die »Heimholung Jesu ins Judentum« (S. Ben-Chorin) legte sich nahe, wenn man das neutestamentliche Jesus-Bild innerhalb des jüdischen Kontextes zu interpretieren versuchte. Dabei ergab sich, daß Jesus nur zu verstehen ist als Jude in seiner jüdischen Umwelt, der ganz aus der religiösen Tradition seines Volkes lebte und diese offensichtlich auch praktizierte. Man kann ihm so eine »hohe jüdische Gebetsspiritualität« bescheinigen und vermuten, er habe das Judentum »in seinem besten und zentralen Gehalt durch sein Leben und seine Verkündigung zum Leuchten bringen« wollen.[112] Schon J. Klausner findet trotz mancher Einschränkungen, Jesus sei »für das jüdische Volk *ein Lehrer hoher Sittlichkeit und ein Gleichnisredner ersten Ranges*«.[113] Am eindrucksvollsten hat seine innere Nähe zur Gestalt Jesu Martin Buber artikuliert: »Jesus habe ich von Jugend auf als meinen großen Bruder empfunden. Daß die Christenheit ihn als Gott und Erlöser angesehen hat und ansieht, ist mir immer als eine Tatsache von höchstem Ernst erschienen, die ich um seinet- und um meinetwillen zu begreifen suchen muß ... Gewisser als je ist es mir, daß ihm ein großer Platz

---

110. LR 322.
111. Vgl. P. Lapide, Der Rabbi von Nazareth. Wandlungen des jüdischen Jesusbildes, Trier 1974; ders., Ist das nicht Josephs Sohn? Jesus im heutigen Judentum, St/M 1976.
112. LJCB 177.
113. J. Klausner, Jesus von Nazareth, ³1952, 572 f.; LRG 530 f.

in der Glaubensgeschichte Israels zukommt und daß dieser Platz durch keine der üblichen Kategorien umschrieben werden kann.«[114]
Ganz in diesem Geist hat Schalom Ben-Chorin sein Buch »Bruder Jesus«[115] geschrieben. Er geht in gewisser Weise noch einen Schritt weiter, wenn er trotz der Ablehnung der Auferstehungsbotschaft im Sinn einer existentiellen Beziehung »auch von einer aktuellen Präsenz (Mt 28,20) sprechen« kann.[116] Im deutschen Sprachraum sind besonders die Arbeiten von Pinchas Lapide zu konsultieren. Eine offene Frage besteht darin, inwieweit sich das vom Holocaust geschlagene Israel in der Gestalt des Gekreuzigten wiederfinden kann.[117]
2. Klare Abgrenzungstendenzen stehen neben dem Versuch der »Heimholung«: Manche jüdische Autoren machen für den Bruch zwischen Judentum und Christentum erst Paulus oder auch Johannes verantwortlich. Paulus habe seine Tendenz zum »Ditheismus« schließlich selbst bemerkt und durch universalisierende Formeln zu verhindern versucht;[118] Johannes habe in einer Mischung von jüdischer und außerchristlicher Hypostasenspekulation die Grenze des Erlaubten überschritten; einen Menschen als »mein Herr und mein Gott!« anzureden, sei eine heidnische Blasphemie.[119] Die Polemik des Judentums wendet sich also nicht so sehr gegen die Gestalt Jesu selbst wie gegen das, was die Christen – aus jüdischer Sicht – aus Jesus gemacht haben. In diesem Sinne begegnen vor allem fünf Einwände:
– Die Christologie stellt eine Herausforderung des Monotheismus dar. Die Unmittelbarkeit der Beziehung zwischen Israel bzw. dem einzelnen Israeliten und seinem Gott, wie sie Ex 3,14 zum Ausdruck kommt, darf nicht gefährdet werden. Dabei geht es weniger um einen abstrakten Monotheismus, der theoretisch verteidigt werden soll, als um das Gottesverhältnis des einzelnen, das nicht beeinträchtigt werden darf.
– Eng damit zusammen hängt der Gedanke, daß die Inkarnation – ohnehin eine dem Judentum völlig fremde Vorstellung – das Bilderverbot aufheben und für Gott eine Einschränkung darstellen würde.
– Hinsichtlich einer »Auferstehung« Jesu werden unterschiedliche Bedenken vorgebracht. Auf der einen Seite kennt das Judentum keine Auferstehung eines einzelnen im Zusammenhang der irdischen Geschichte; andererseits würde die Interpretation der Auferstehung als »Entrückung« Jesu gerade nicht zu christologischen Aussagen führen, wie der christliche Glaube sie versucht.[120]
– Das große Argument des Judentums gegen den messianischen Anspruch Jesu

---

114. M. Buber, Zwei Glaubensweisen, hier zitiert nach H.-J. Kuschel (Hg.), Die Theologie des 20. Jahrhunderts, M 1986, 206.
115. M 1967.
116. LR 323; D. Flusser, Jesus, H 1968.
117. Vgl. zum Ganzen TRE 17, 68-71.
118. M. Buber nach H.-J. Kuschel 1986, 212.
119. M. Buber nach H.-J. Kuschel 1986, 207 f.
120. Vgl. P. Lapide, Auferstehung. Ein jüdisches Glaubenserlebnis, St/M ⁴1983.

besteht immer wieder darin, daß sich doch seit dem Auftreten Jesu auf der Welt nichts Wesentliches geändert habe, jedenfalls die messianischen Verheißungen in keiner Weise eingelöst worden seien. Jesu Wirken und Lehren habe keinen durchschlagenden politischen Erfolg gebracht.

– Fremd ist dem Judentum in diesem Zusammenhang auch eine »Gesinnungsethik«, wie sie bei manchen christlichen Interpreten für Jesus behauptet wurde.

Stärker innerhalb der christlichen als innerhalb der jüdischen Theologie hat sich wohl der Gedanke Franz Rosenzweigs als wirksam erwiesen, den er im Rahmen eines heilsgeschichtlichen Denkens entwickelt hat: »Was Christus und seine Kirche in der Welt bedeuten, darüber sind wir einig: es kommt niemand zum Vater denn durch ihn. Es *kommt* niemand zum Vater – anders aber, wenn einer nicht mehr zum Vater zu kommen braucht, weil er schon bei ihm *ist*. Und dies ist nun der Fall des Volkes Israel (nicht des einzelnen Juden)«.[121]

(b) Das islamische Jesusbild

Auch das islamische Jesusbild[122] bewegt sich zwischen positiver Würdigung und Abgrenzung. Dabei muß man sich allerdings klar machen, daß Jesus ganz selbstverständlich zum muslimischen Glaubensgut gehört, daß »'Isa« dem Muslim von seiner Koran-Lektüre her vertraut ist. Die Gestalt Jesu ist praktizierenden Muslimen daher viel stärker bewußt, als etwa den Christen und Christinnen die Gestalt Muhammads. Diese Tatsache freilich ist ambivalent: Vom koranischen Jesus-Bild ausgehend, hat der Muslim kein Interesse, sich etwa für das Neue Testament zu interessieren, das ihm als verfälscht und durch den Koran richtiggestellt bzw. überholt erscheint.

1. Die wichtigsten Elemente des koranischen Jesusbildes.[123]

Die Geburt Jesu wird als Jungfrauengeburt verstanden: Sure 19,16-34.[124] Der hier vorliegende Text ist offensichtlich von christlicher apokrypher Literatur abhängig.[125] In Vers 29 wird Maria als Schwester Aarons bezeichnet; es liegt also eine Verwechslung mit Miriam, Ex 15,20 f., vor. Aus der Vorstellung der Jungfrauengeburt werden keinerlei christologische Folgerungen gezogen; nur selten wird die Stelle überhaupt theologisch interpretiert – etwa als Ausdruck des un-

---

121. Briefe, 1935, 73; zitiert LRG 531.
122. Vgl. TRE, 17,74 f.; IL 416-420.
123. H. Räisänen, Das koranische Jesusbild. Ein Beitrag zur Theologie des Korans, Helsinki 1971.
124. Vgl. Sure 3,45-51.
125. Vgl. H. Busse, Die theologischen Beziehungen des Islams zu Judentum und Christentum, Da ²1991, 117-121.

mittelbaren Schöpfungswillens Gottes oder als Hinweis auf das Wirken seines Geistes.[126]

Die Vorstellung von einer Kreuzigung Jesu wird im Koran angesprochen, aber dezidiert abgelehnt: Sure 4,156 f. Diese Passage steht im Kontext antijüdischer Polemik und ist schwer zu interpretieren: Man geht davon aus, daß entweder ein Doppelgänger Jesu (R. Paret) oder aber daß nur der Leib Jesu gekreuzigt worden sei, nicht dagegen »der Geist-Messias«.[127] Auch eine Auferstehung Jesu kommt infolgedessen nicht in Frage; Allah habe Jesus zu sich erhöht (Sure 4,157), wie auch immer dies näherhin zu verstehen sein mag.

Obwohl auch von Wundern Jesu im Koran berichtet wird, liegt der Hauptakzent auf der Botschaft Jesu. Jesus wird als Prophet, sogar als Wort Gottes (Sure 19,29 f.,4,171) und als »Messias« verstanden (Sure 4,157), wobei allerdings die Messias-Vorstellung selbst unklar bleibt. Jesus erscheint als treuer Muslim, der die Welt zum Islam bekehren möchte und dies nach Auffassung der Volksfrömmigkeit vor dem Weltuntergang auch tun wird. Nach koranischer Vorstellung wird er gegen die ungläubigen Juden am Jüngsten Tag als Zeuge auftreten (4,157). Die Messias-Vorstellung berührt sich mit der des Mahdi, einer in den verschiedenen Spielarten des Islam unterschiedlich aufgefaßten endzeitlichen Gestalt, die den Islam wieder herstellen soll.

Trotz der positiven Würdigung der Gestalt Jesu im Koran bleibt kein Zweifel daran, daß Jesus radikal auf die Seite der Menschen gehört; er kann als Knecht ('abd) und Gesandter (rasul) verstanden werden, aber darauf begrenzt sich denn auch seine Funktion. Der Koran warnt: »O ihr Leute des Buches, übertreibt nicht in eurer Religion und sagt über Gott nur die Wahrheit. Christus Jesus, der Sohn Marias, ist doch nur der Gesandte Gottes und sein Wort, das Er zu Maria hinüberbrachte, und ein Geist von Ihm. So glaubt an Gott und seine Gesandten. Und sagt nicht: Drei« (d. h. drei Götter). »Hört auf, das ist besser für euch. Gott ist doch ein einziger Gott ... erhaben ist Er darüber, daß Er ein Kind habe ...«[128] Moderne Interpreten des Islam warnen davor, die Aussagen des Korans über Jesus überzubewerten.

2. Die Interpretation der Gestalt Jesu im gegenwärtigen Islam

Während für den durchschnittlichen Muslim die Gestalt Jesu keine wichtige Rolle zu spielen scheint – er gehört in die Geschichte der Propheten hinein, und in diesem Zusammenhang werden auch Legenden von ihm erzählt –, gibt es doch einzelne Interpretationen, die sich begrenzt mit der christlich verstandenen Christologie berühren können. Den Sufis gilt Jesus als Inbegriff von Frömmigkeit, den Schiiten als Beispiel eines Asketen, an dessen Geschick zu-

---

126. LRG 545.
127. LR 324; nach C. Schedel. Vgl. H. Busse, Die theologischen Beziehungen des Islams zu Judentum und Christentum, Da ²1991, 135-140.
128. Sure 4,171.

gleich deutlich wird, wie Allah mit seinen Freunden umgeht.[129] Nach Mahmoud M. Ayoub ist Jesus »im Islam wie in den Evangelien der Botschafter von Vergebung und Liebe«.[130] In dem von der islamischen Mystik her zu verstehenden Begriff einer »göttlichen Manifestation« – so meint er – »konvergieren islamische und christliche Jesusbilder in vielen Punkten.«[131] Er folgert sogar, daß »Muslime und Christen viel von dem Menschen Jesus, wie der Islam ihn zeigt, und von Christus dem Herrn, wie das Christentum ihn versteht, lernen können, ja müssen.«[132] Doch scheint mir Ayoub hier ebenso sehr eine marginale Auffassung zu vertreten wie andere islamische Autoren, die Jesus beispielsweise als Sozialreformer oder Revolutionär interpretieren.[133]

Fr.-W. Marquardt findet, bei einzelnen muslimischen Autoren begegne ein »Jesus der Vernunft, ein Jesus des Gewissens, ein Jesus einer antiautoritären und ethisch konzentrierenden Liebe, der Jesus einer subversiven Kraft gegen Traditionsherrschaft von Religion und gesellschaftlicher Macht«.[134] Angesichts der Reislamisierungstendenzen der Gegenwart dürften sie allerdings nur wenig Gewicht haben.

(c) Jesus im hinduistischen Denken

Obwohl es seit der Entstehung der Thomaskirche im 4. Jh. zahlreiche Berührungen zwischen Christentum und Hinduismus gegeben hat, wird Jesus erst im Neo-Hinduismus, also seit dem 19. Jh., zum Thema. Dabei muß man sich vergegenwärtigen, daß die hinduistische Religiosität sowohl ahistorisch als auch apersonal ausgerichtet ist. An der Gestalt Jesu kann also allenfalls die mit seinem Namen verbundene Lehre oder die mit seinem Namen gegebene spirituelle Kraft von Interesse sein. Mahatma Gandhi hat bekannt: »Jesus nimmt in meinem Herzen den Platz eines großen Menschheitslehrers ein ... Ich sage den Hindus, daß ihr Leben unvollkommen sein wird, wenn sie nicht auch ehrfürchtig die Lehre Jesu studieren.«[135] Gandhi hat sich bekanntlich besonders durch die Bergpredigt angesprochen gefühlt. »Suchet zuerst das Reich Gottes und seine Gerechtigkeit, und alles andere wird euch dazu gegeben werden« (Mt 6,33). Dieser Satz habe ihn besonders beeindruckt; wer in seinem Geist handle, brauche aber dann auch »nicht einmal zu wissen, welchen Platz Jesus oder irgendein anderer Lehrer in eurem oder meinem Herzen einnimmt.«[136] So konnte Gan-

---

129. M. Ayoub, vgl. H.-J. Kuschel (Hg.), Die Theologie des 20. Jahrhunderts, M 1986, 215 f.
130. Zitiert ebd. 215.
131. Zitiert ebd. 217.
132. Zitiert ebd. 217.
133. Nachweise TRE 17, 72.
134. Fr.-W. Marquardt, Das christliche Bekenntnis von Jesus, dem Juden. Eine Christologie, Bd. 1, Gü ²1993, 15, Anm. 12.
135. Zitiert nach H.-J. Kuschel (Hg.), Die Theologie des 20. Jahrhunderts, M 1986, 228.
136. Zitiert ebd. 229.

dhi an anderer Stelle sagen: »Der historische Jesus hat mich nie beschäftigt«.[137] Sri Aurobindo, der Begründer des »Integralen Yoga«, findet, die Kontroversen um den historischen Jesus gälten »dem spirituell gesinnten Inder eigentlich nur als Zeitvergeudung.« Solange »wir durch die spirituelle Erfahrung den inneren Christus kennen, im Lichte seiner Lehre ein emporgehobenes Leben führen und durch diese Versöhnung des Menschen mit Gott (wofür die Kreuzigung das Symbol ist) vom Joch des natürlichen Gesetzes befreit werden«, können uns die historischen Details gleichgültig sein.[138] Für hinduistisches Denken ist aber auch letztlich die ethische Botschaft Jesu nicht von besonderer Relevanz, obwohl beispielsweise S. Radhakrishnan durchaus ein ethisches Jesusbild zeichnen konnte (sogar unter Einbeziehung historisch-kritischer Forschung).[139] Viel wichtiger ist dem hinduistischen Gläubigen das Christus-Wesen, das ihm an der Gestalt Jesu deutlich werden soll. Swami Abhedananda beschreibt es so: »Unter dem Wort Christus verstehen sie (sc. die Hindus) jenen höchsten Zustand des Gottesbewußtseins, wo alle Dualität verschwindet, jeder Gedanke des Getrenntseins für immer aufhört und wo der gewaltige Einbruch des göttlichen Wesens des universalen Gottes alle Barrieren und Grenzen unseres menschlichen Bewußtseins niederbricht und uns unser ewiges Einssein mit dem himmlischen Vater auf der spirituellen Ebene erkennen läßt.«[140] Jesus als der Christus wird verstanden als »Avatar«, als »Herabstieg« der Gottheit, wie ihn Aurobindo folgendermaßen beschrieben hat: »Der *Avatar* kommt als eine Manifestation der göttlichen Natur in der menschlichen Natur. Er soll für die Menschen das *Christus*-Wesen, das *Krishna*-Wesen, das *Buddha*-Wesen offenbar machen, damit die menschliche Natur dadurch ihr Prinzip, ihr Denken, Fühlen, Handeln und Sein nach den Grundlinien jenes *Christus*-Wesens, *Krishna*-Wesens, *Buddha*-Wesens umformt und sich selbst in das Höchste Wesen umgestaltet. … Dieses Hcrniederkommen soll ein *Dhamma* geben, eine Religion (aber nicht nur einen Dogmenglauben, sondern eine Methode für das innere und äußere Leben), einen Weg, eine Ordnung und ein Gesetz der Selbst-Gestaltung, wodurch der Mensch zu seinem göttlichen Wesen emporwachsen kann.«[141] Zwischen Krishna, Buddha und Christus wird also nicht mehr unterschieden. Sie kennzeichnen nur verschiedene Konkretionen des Weges, der zur Vergöttlichung des Menschen führt. Nach einem Spruch der Bhagavadgita (IV,7 f.) ist ein Avatar immer dann zu erwarten, »wenn die Weltordnung niedergeht und Unordnung zunimmt«.[142] Als Avatar steht der Christus jenseits aller Dualität und kann so im Sinne des *advaita* (der »Nicht-Zweiheit«) interpretiert werden; dies versucht Swami Vivekananda. Nimmt man eher die irdische Seite der Er-

---

137. Zitiert nach TRE 17,73.
138. H.-J. Loth, Christentum im Spiegel der Weltreligionen, St ³1986, 105.
139. Vgl. TRE 17, 73.
140. Swami Abhedananda, Why a Hindu accepts Christ and rejects Churchianity, Kalkutta ¹¹1965, zitiert nach H.-J. Loth, St ³1986, 94.
141. Zitiert nach H.-J. Loth, St ³1986, 106.
142. BG 98.

scheinung des Christus in den Blick, so kann Jesus auch als der perfekte Yogin gelten, der den Weg zum inneren Frieden weist. Ramakrishna berichtete von Visionen sowohl Krishnas wie Christi; von ihnen her schloß er auf eine letzte Identität aller Religionen.[143]

(d) Jesus im buddhistischen Denken

Auch Buddhisten können die Gestalt Jesu durchaus würdigen. So sagt der Dalai Lama zu Beginn seiner Harvard-Vorlesungen: »Bei der Betrachtung des Lebensweges historischer Religionsstifter wie Buddha oder Jesus Christus ist es für mich von großer Bedeutung, wie sehr dieser von Einfachheit und Hingabe an den praktischen Nutzen für andere gekennzeichnet ist. Ihr Verhalten ist in höchster Weise beispielhaft für die Bereitschaft, ohne Rücksicht auf eigene Beschwernisse freiwillig Leid anzunehmen, wenn es darum geht, das Wohl anderer Wesen zu verwirklichen … Als Menschen, die verschiedenen Glaubensrichtungen folgen, dürfen wir nicht vergessen, diese wesentliche Übereinstimmung zu beachten.«[144] Beim John-Main-Seminar 1994 bekennt er, nach seiner Sicht sei Jesus »entweder ein voll erleuchtetes Wesen oder ein Bodhisattva von sehr hoher spiritueller Verwirklichung.«[145] Thich Nhat Hanhs Buch »Lebendiger Buddha, lebendiger Christus«[146] ist von einem tiefen Respekt gegenüber Jesus gekennzeichnet. Doch kommt es für Buddhisten ja letztlich immer auf die eigene Einsicht und folglich weder auf Buddha noch auf Jesus oder einen anderen religiösen Führer an. Buddhisten fühlen sich zudem oft abgestoßen vom Bild des Gekreuzigten, das der Vorstellung des lächelnd meditierenden Buddha so sehr widerspricht: »Immer wenn ich ein Bild des gekreuzigten Christus sehe, muß ich an die tiefe Kluft denken, die zwischen Christentum und Buddhismus liegt … Im Buddhismus wird nur die Erleuchtung gebraucht, keine Kreuzigung, keine Auferstehung … Christus hängt hilflos, voller Traurigkeit, an dem senkrecht aufragenden Kreuz. Für das östliche Empfinden ist der Anblick fast unerträglich.«[147] In der Verbindung mit der Gestalt Mariens kann Jesus aber auch gelegentlich freundlichere Züge annehmen. Fruchtbar ist der Versuch von Keiji Nishitani, im Gedanken der Selbst-Entäußerung (Phil 2,5-11) eine Brücke zwischen Christentum und buddhistischem Denken zu entdecken.[148]

143. Fr. Heiler, RdM 258. Vgl. zum Ganzen S. J. Samartha, Hindus vor dem universalen Christus, St 1970; R. Panikkar, Christus, der Unbekannte im Hinduismus, Mz 1986.
144. Dalai Lama, Einführung in den Buddhismus. Die Harvard-Vorlesungen, Fr 1993, 12.
145. Dalai Lama, Das Herz aller Religionen ist eins. Die Lehre Jesu aus buddhistischer Sicht. Einführung und christlicher Kontext von L. Freeman OSB, 1999 (Goldmann Taschenbuchausgabe), 143.
146. Th. Nhat Hanh 1996.
147. D. T. Suzuki, zitiert nach H.-J. Kuschel, Die Theologie des 20. Jahrhunderts, M 1986, 219, 222, 223.
148. K. Nishitani, Was ist Religion?, F ²1986, 116 ff.

Schön faßt Fr.-W. Marquardt zusammen: Unter Buddhisten erscheint Jesus »als ein Jesus der Zurückhaltung, der Selbstzurücknahme, der Selbstentäußerung vor dem Wesentlichen ... «[149]

(e) Die Relevanz der außerchristlichen Jesusbilder für die Christologie

Es zeigt sich, daß offenbar jede Religion von ihren Prämissen her etwas von der Ausstrahlung Jesu rezipieren kann, daß in diesen Prämissen aber auch zugleich die Rezeptionsgrenzen gegeben sind.

Das Judentum macht deutlich, daß Jesus in die alttestamentlich-jüdische Tradition hineingehört und ohne diesen Kontext nicht verstanden werden kann. Jesus darf, soll er als der erfaßt werden, der er ist, vom Judentum nicht getrennt werden. Zugleich aber geht seine Relevanz nach christlicher Auffassung über das hinaus, was das Judentum tolerieren kann.

An der koranisch-islamischen Jesus-Auffassung wird deutlich, daß Jesus aus der Geschichte der Selbstmitteilungen Gottes nicht herausgenommen werden darf. Der urchristliche Begriff des »Propheten« ist ganz in den Islam abgewandert. Damit ist das prophetische Moment, das mit dem Auftreten Jesu verbunden war und über die Zeitgeschichte des Neuen Testaments hinaus von Belang sein dürfte, aus dem christlichen Glauben nahezu völlig verschwunden.[150]

Die neo-hinduistischen Jesusbilder legen ganz den Akzent auf das Verständnis dessen, was »Christus« heißt: Sie interpretieren diesen Titel nicht von seiner historischen Genese her, sondern kosmologisch. Sie berühren sich dabei mit Aussagen des johanneischen Schrifttums sowie insbesondere des Epheser- und des Kolosserbriefs. Die indische Christologie hat diese Anregungen auf ihre Weise aufgenommen.[151]

Buddhistische Ansätze, Jesus zu verstehen, verweisen auf die Problematik einer einseitigen Betonung des Kreuzigungsgeschehens sowie auf die Tatsache, daß auch nach christlicher Überzeugung die eigene Einsicht nicht durch eine autoritäre Christologie ersetzt werden kann. Es kommt darauf an, daß »Christi Geist« in den Menschen »wohnt« und »Zeugnis gibt unserm Geist« (Röm 8,9.16).

In der Einseitigkeit der Rezeption bestimmter Momente des Christusgeschehens werden eben diese Momente in den nichtchristlichen Religionen gegebenenfalls stärker betont und wahrgenommen als in der Christenheit selbst. Keine Religion ist offenbar in der Lage, das »Phänomen« Jesus Christus voll zu erfas-

---

149. Fr.-W. Marquardt, Das christliche Bekenntnis zu Jesus, dem Juden. Eine Christologie, Bd. 1, Gü ²1993, 43.
150. Vgl. jedoch das »munus propheticum« Christi!
151. Vgl. D. Ritschl, Art. Christologie in der Dritten Welt, in: EKL³ 1, 732-735.

sen – auch das Christentum nicht! In der Begegnung mit außerchristlichen Vermittler-Auffassungen könnte es sich öffnen für
- die Integration von inklusiver und exklusiver Repräsentanz Gottes,
- für die Interdependenz von Medium und Inhalt seiner Botschaft,
- für die Integration von Kosmologie und Geschichte
- sowie von Autorität und Einsicht.

(2) Inklusive und exklusive Repräsentanz Gottes

Das Judentum sieht sich seinem Gott so sehr verbunden, daß »Vermittlung« sich erübrigt. Einzelne Gestalten aus der Geschichte des Volkes Gottes können freilich als Repräsentanten Israels vor Gott oder auch als Repräsentanten Gottes für Israel verstanden werden. Gott läßt sich »vertreten« durch seinen »Knecht« oder den »Messias«. Der Gedanke, daß einzelne Menschen – aufgrund ihres Amtes oder ihrer charismatischen Berufung – das Volk vor Gott vertreten können, ist im Lauf der Geschichte Israels und des Judentums zurückgetreten.

Die direkte Identifikation Jesu Christi – als »vere Deus« und »vere homo« – mit Gott selbst hat im Christentum das Repräsentationsmodell in den Hintergrund gedrängt. Gerade vom jüdischen Denken her könnte es aber neu erschlossen werden: Jesus von Nazareth repräsentiert einerseits die Menschheit vor Gott, andererseits Gott für die Menschheit. Dabei ist wichtig, daß es ein ganz bestimmter historischer Mensch ist, durch den Gott sich den Menschen präsentiert, und von dessen Botschaft, Lebensstil und Geschick aus somit auf den unsichtbaren Gott geschlossen und sozusagen geblickt werden darf. Dies wiederum impliziert die umgekehrte Blickrichtung: In diesem konkreten, historischen Menschen wird deutlich, daß und auf welche Weise Gott, symbolisch gesprochen, die Menschen im Auge hat. Die Repräsentanz Gottes in Jesus Christus wird damit einerseits exklusiv gedacht, sofern sie alle sonstigen möglichen Weisen von Repräsentanz Gottes kategorial übersteigt. Sie ist aber andererseits aus demselben Grunde als inklusiv zu verstehen, sofern sie alle mögliche gegenseitige Repräsentation von Gott und Mensch in sich einschließt.

(3) Interdependenz von Medium und Inhalt der Botschaft

Der Islam insistiert auf der Authentizität der göttlichen Botschaft, die der Prophet empfangen hat. Der Bote tritt ganz hinter seiner Botschaft zurück. Die Botschaft allein zählt, unabhängig – jedenfalls prinzipiell – vom Boten. Allenfalls im Nachhinein kann der Bote durch das Gewicht seiner Botschaft qualifiziert erscheinen.

Im Christentum ist es umgekehrt: Die Botschaft Jesu erscheint – angesichts ihres alttestamentlich-jüdischen Hintergrundes – als wenig originell. Das Entscheidende ist nicht die Botschaft, sondern der Bote, der eben deswegen schließlich in seine Botschaft hineingerät. Der Bote qualifiziert die Botschaft.

Sowohl Christentum als auch Islam müssen sich fragen lassen, inwieweit eine isolierende Distinktion von Bote und Botschaft haltbar sein kann. Kommunikationstheoretisch betrachtet, sind Medium und Message voneinander abhängig. Es liegt gegenseitige Interdependenz vor. Wenn der Islam die Botschaft betont, so ist zu fragen, inwieweit diese ohne den Rekurs auf den historischen Muhammad verstanden werden kann und welche theologische Gewichtung sich durch die jeweilige Antwort für den Propheten ergibt. Das Christentum dagegen wird zu prüfen haben, inwieweit es unter dem Eindruck der Gestalt Jesu Christi das Interesse an seiner Botschaft vernachlässigt hat. Es ist ja immerhin erstaunlich, wie weit die jesuanische Verkündigung der nahen Gottesherrschaft in der Christentumsgeschichte in den Hintergrund treten konnte.

(4) Integration von Kosmologie und Geschichte

(a) Relevanz des Historischen wie des Transhistorischen

Hinduistische Traditionen sind an Fragen der konkreten Geschichte desinteressiert. Was sich im Lauf eines irdischen Lebens konkret vollzieht, erscheint nur vordergründig und oberflächlich als bedeutsam – demjenigen, der den *maya*-Charakter des Seienden nicht durchschaut. Kosmologische Prozesse, sofern sie in der Lage sind, über den Wesenskreislauf des empirisch / historisch Gegebenen hinauszuführen, verdienen die eigentliche Aufmerksamkeit.

Für den christlichen Glauben liegen die Dinge genau umgekehrt. Gott würdigt den Bereich des Empirisch-Historischen gerade dadurch, daß er sich mit einem empirisch-historisch gegebenen Volk verbündet (so die alttestamentliche Tradition) – ja, daß er sich mit einem historischen Menschen, nämlich Jesus von Nazareth, identifiziert (so das Zeugnis des Neuen Testaments). Geschichte erhält dadurch allererst ihr eigentliches Gewicht. Sie hat ihren Grund und ihr Ziel in dem, was Gott bestimmt. Damit kommt die Möglichkeit eines Endes der Geschichte in den Blick, und erst in diesem Zusammenhang werden dann kosmologische Gesichtspunkte relevant: Himmel und Erde werden vergehen, seufzende Kreatur wird erlöst, Gott wird »alles in allem« (vgl. I Kor 15,28). Kosmologische Implikationen stehen daher schon für die Christologie des Neuen Testaments am Rande.

Christologie, die sich von hinduistischem Denken herausfordern läßt, hätte die Aufgabe, ihre kosmologischen Implikationen neu zu bedenken. Epheser- und Kolosserbrief bieten dazu Ansatzpunkte (vgl. Eph 1,18-23; Kol 1,15-20;

2,9 f.; Phil 2,9-11). Nicht von ungefähr hat sich gerade indische Christologie dieser Fragestellung angenommen.

Umgekehrt müßte im Kontext hinduistischer Traditionen bedacht werden, inwieweit es dort Möglichkeiten gibt, gerade aufgrund der kosmologischen Perspektive auch das empirisch-historisch Gegebene stärker zu würdigen. Immerhin ist *maya* nicht nur der leere, trügerische Schein, sondern zugleich das ontische Medium, das die Voraussetzung des kosmologischen Prozesses darstellt.

(b) Inkarnation und das Konzept des »Avatar«

Die Herausforderung, die hinduistisches Denken und Christologie füreinander bedeuten, kommt im Gedanken des »Avatar« am deutlichsten zum Ausdruck. »Avatar« meint die Herabkunft, das Erscheinen eines Gottes oder einer göttlichen Kraft bzw. göttlichen Bewußtseins in Menschengestalt[152] und ist insofern mit der christlichen Inkarnationsvorstellung mindestens begrenzt vergleichbar. Dann stellen sich aber zwei Fragen: 1. Um eine Herabkunft wovon handelt es sich näherhin? 2. Was heißt näherhin Herabkunft in Gestalt eines Menschen?

Die Antwort auf die erste Frage entscheidet sich an ihrem jeweiligen hinduistischen Kontext, der theistisch, nicht-theistisch oder vom *advaita*-Konzept geprägt sein kann.

Geht man vom theistischen Kontext aus – hier ist der Gedanke des Avatar ursprünglich zu Hause – und versucht man von hier aus die Gestalt Jesu Christi zu verstehen, so ergibt sich: Jesus Christus muß als Repräsentant nicht nur der Leben schaffenden und Leben erhaltenden, sondern auch der das Böse vernichtenden Kräfte aufgefaßt werden. Er zerstört die »Werke des Teufels« (I Joh 3,8), indem er bis ins Physische hinein sich selbst zerstören läßt. Gott wird damit erkennbar als diejenige Macht, die wohl auch zerstörend wirkt, dem Zerstörerischen aber dadurch überlegen ist, daß sie sich der Zerstörung aussetzt und diese damit gleichsam sich totlaufen läßt. Von einem theistischen Hintergrund her verstanden, zeichnet sich ein »Avatar« auch dadurch aus, daß er den hilfesuchenden Menschen auf die in ihm selbst liegenden göttlichen Kräfte aufmerksam macht und diese entbindet. Jesus Christus dagegen predigt nicht die Selbstheilung, sondern die Umkehr. Doch Umkehr zu Gott impliziert zugleich die Umkehr des Menschen »zu sich« (vgl. Lk 15,17 – der »verlorene Sohn« ging »in sich«!). Sicher gibt es aber auch eine Konzentration des Menschen auf sich selbst, die eher der »incurvatio in se ipso« als der Buße entspricht. Dies zu bedenken, fordert der Christus-Glaube seine hinduistischen Gesprächspartner auf.

Geht man – wie im Neohinduismus häufig – von einem nicht-theistischen Kontext aus, dann erscheint der Avatar als Vergegenwärtiger kosmischer Kräfte. Diese mögen sich zeigen im Gesetz von Werden und Vergehen, in allseitiger

152. LÖW 29.

Interdependenz oder in einem Evolutionsprozeß, wie ihn Aurobindo vermutet. Seit der Übernahme des Logos-Gedankens hat die Kirche mit diesem Ansatz keine unüberwindlichen Schwierigkeiten, was sich von Ansätzen einer kosmischen Christologie im Epheser- und im Kolosserbrief an bis zu Teilhard de Chardin oder Voten der Prozeßtheologie zeigen läßt. Schwieriger dürfte es für den Hindu sein, die kosmischen Prinzipien, wie er sie auffaßt, gerade in der Gestalt Jesu Christi vergegenwärtigt zu sehen. Liebe, die den Tod auf sich zieht und gerade so überwindet, wäre dann als dasjenige kosmische Prinzip zu erkennen, das hinter dem scheinbaren Werden und Vergehen, der vordergründig beobachtbaren Interdependenz oder einer vermutbaren Evolution als der eigentlich bewegende und zum Ziel bringende Grund aller Dinge waltet.

Die Advaita-Philosophie versteht sich jenseits von theistischem oder nichttheistischem Denken als Einsicht in die Nicht-Dualität des Seins. Jesus Christus könnte von hier aus als ein echter Vertreter von Nicht-Dualität entdeckt werden, als ein Mensch, der um die letzte Einheit alles Seienden wußte und aus ihr lebte, ja für den auch ein Gegensatz zwischen Einheit und Vielheit gar nicht mehr bestand. An den biblischen Texten ist dies nicht zu erhärten. Andererseits fällt auf, daß die Zwei-Naturenlehre in gewisser Weise ein klassisches Beispiel für nicht-dualistisches Denken angesehen werden kann. »Gottheit und Menschheit vereinen sich beide« (EG 66,1), ohne daß sie ineinander aufgehen, und zugleich so, daß sie nun nicht mehr auseinanderdividiert werden können – weder im Blick auf die Person Jesu Christi noch überhaupt. Der auferstandene Gekreuzigte überwindet die größte denkbare Dualität, nämlich die zwischen Leben und Tod. Die Provokation für hinduistisches Denkens liegt hier freilich darin, daß die Nicht-Dualität nach christlichem Verständnis nicht einfach durch Einsicht wahrgenommen, sondern durch ein bestimmtes Ereignis, das zugleich als Prozeß zu stehen kommt, hergestellt werden muß.

Zur zweiten Frage, wie denn »Avatar« als »Herabkunft« und Vergegenwärtigung zu verstehen sein soll:

Die in einem Avatar begegnende göttliche Kraft mag einen Menschen erfüllen, geht aber keine »Inkarnation«, keine »Fleischwerdung« (Joh 1,14) ein. In der Geschichte der Christologie begegnet dieses Denkmodell in der Gnosis und im Doketismus. Der christliche Glaube versteht aber Gottes Zuwendung in Jesus Christus zu den Menschen nicht nur als eine ideelle, auf symbolische Gehalte oder ethische Orientierung begrenzte, sondern ontologisch: Durch sie vollzieht sich eine Änderung im Bereich des Ontischen. Es geht um etwas, das nicht nur im Bewußtsein stattfindet; durch den Gedanken der Inkarnation wird das »Fleisch« ernstgenommen. Hinduistisches Denken sieht sich dadurch herausgefordert; es macht aber den christlichen Gesprächspartner darauf aufmerksam, daß gerade diese ontologische Version des Inkarnationsgedankens nur auf dem Wege über symbolisches Denken erfaßt werden kann.

Nicht nur das »Fleisch«, die Menschheit als solche, sondern auch der »Fleischgewordene«, die historische Gestalt Jesu Christi, wird nach christlicher Auffassung auf diese Weise relevant. Die Inkarnation ist kein zufälliger oder austauschbarer Vorgang, sondern der Inkarnationsgedanke ist gewonnen an einem konkreten, historischen Menschen. Damit bekommen sowohl die Geschichte der Menschen als auch das einzelne innerhalb dieser Geschichte lebende Individuum eine besondere Bedeutung. Jesus Christus, der Gekreuzigte und Auferstandene, ist der neue Mensch, durch den eben damit die gesamte Menschheit und jeder einzelne Mensch neu qualifiziert sind. Damit sind alle Selbstqualifikationen, die es unter den Menschen – berechtigter- oder nicht berechtigterweise – geben mag, relativiert.

Am schwersten ist es für das hinduistische Denken nachzuvollziehen, daß die Inkarnation des Logos in Jesus Christus exklusiv gedacht wird. Für den Hindu-Gläubigen gibt es viele, ja zahllose Avataras, unter denen freilich einige wenige als besonders bedeutend herausragen mögen. Sie stehen nicht in Konkurrenz zueinander. In vielen Menschen begegnen göttliche Kräfte! Der christliche Glaube braucht dies nicht zu bestreiten. Auch die biblische Tradition kennt Geistbegabungen unterschiedlichster Art. Der Glaubende wird dankbar für jeden Menschen sein, von dem Gutes, Heilendes ausgeht. Aber er wird diesem keine selbständige Bedeutung zumessen. Was auch immer an Gutem begegnet, wird für ihn letztlich auf die Liebe Gottes zurückzuführen sein, wie sie sich in Jesus Christus vergegenwärtigt hat. Jesus Christus ist es, der alles Gute trägt und ermöglicht, das von Avataras ausgehen mag. In ihm ist freilich zugleich das Kriterium dafür gesetzt, was denn wirklich für den Menschen »gut« und »heilend« ist. Nur durch das Gefühl des Wohlbefindens läßt sich dies ja beispielsweise nicht einmal im Bereich der Medizin ausweisen! Wie gut oder problematisch auch immer die Kräfte sein mögen, die von einem Menschen ausgehen, er lebt, ob er es weiß oder nicht, von der erlösenden Kraft der Liebe Gottes, die in Jesus Christus wirksam war und ist.

(5) Integration von Autorität und Einsicht

(a) Die Gnade der eigenen Einsicht

Der ursprüngliche Buddhismus spricht Buddha keine besondere Autorität zu. Buddha selbst verweist seine Jünger von sich selbst weg – hin zur Lehre. Jeder Mensch muß seinen Weg aufgrund eigener Einsicht gehen und kann auf diese Weise zur Buddha-Natur gelangen. Äußere Autoritäten mögen allenfalls als Auslöser dienen; nur für die ersten Schritte auf dem Weg können sie von Belang sein.

Im christlichen Glauben liegt alles an der Autorität Jesu Christi, die freilich ihrerseits keinen blinden Gehorsam und kein »sacrificium intellectus« fordert. Vielmehr führt auch sie zur eigenen Einsicht des Glaubenden: »Komm und sieh es!« (Joh 1,46; vgl. 1,39). Die Jünger bekennen: »... wir haben geglaubt und erkannt ...« (Joh 6,69). Die im Blick auf Jesus Christus gewonnene Erkenntnis ist zwar keineswegs autonom, sondern durch den Heiligen Geist unverfügbar und gnadenhaft vermittelt, aber auch sie wird zu einer Einsicht, die nicht anders denn als eigene verstanden werden kann. Verfügbar und methodisch zu erreichen ist im übrigen auch die Erfahrung des Erwachens *(satori)*[153] nicht, sondern Buddhisten erleben sie – christlich gesprochen – als unerwartete und unverdiente »Gnade«.

Traditionelle Christologie hat in der Regel die Autorität Jesu als des Christus betont. Läßt sich christlicher Glaube durch den buddhistischen Ansatz herausfordern, so wird er künftig das Moment der eigenen Einsicht und des eigenen Weges zu betonen haben. Christlicher Glaube gelangt nicht dann zum Ziel, wenn er sich schließlich mit einer von der Tradition, vom Bekenntnis oder von einem Lehramt vorgegebenen Christus-Prädikation identifizieren kann, sondern wenn der Glaubende seine speziell für ihn wichtige, auf seine psychosomatische und soziokulturelle Situation zugeschnittene, für ihn gültige Einsicht in das gewonnen hat, was Jesus als der Christus für ihn, für seinen Weg und für die Menschen, die mit ihm unterwegs sind, bedeuten kann.

(b) »Deifizierung« durch Gott oder die Menschen?

Im Blick auf den Mahayana-Buddhismus zeigt sich eine merkwürdige – scheinbare? – Analogie zwischen Buddhologie und Christologie: In beiden Fällen scheint es so zu sein, daß ein historischer Mensch aufgrund der Wirkung, die er auf seine Anhänger ausgeübt hat, vergöttlicht wurde.[154] Daß es im frühen Christentum eine Tendenz zu mirakulöser Überhöhung der Gestalt Jesu gab, wird insbesondere an den Legenden der Apokryphen deutlich. Im einzelnen ist dazu folgendes zu sagen:

Eine »Deifizierung des historischen Jesus«[155] bildet, falls man überhaupt von einer solchen sprechen kann, keinesfalls den abschließenden Höhepunkt wachsender mirakulöser Übertreibung, sondern das Bekenntnis zu Jesus als dem Christus, dem »Sohn Gottes«, geht dieser voraus! Außerdem hat sich die Entwicklung Buddhas zur Kultgottheit im Lauf von drei bis fünf Jahrhunderten vollzogen, während das Bekenntnis zu Jesus als dem Christus bereits zwei Jahrzehnte nach dessen Tod literarisch nachzuweisen ist; ihm muß eine Periode mündlicher Tradition vorausgegangen sein, so daß man in noch größere Nähe zum historischen Todesdatum Jesu kommt. Kann sich die religionsphänomenologisch verstandene »Deifizierung« einer historischen Gestalt innerhalb von

---

153. LÖW 327.
154. Vgl. G. Mensching, Buddha und Christus – ein Vergleich, St 1978, 214 ff. Der Prozeß der »Apotheose Buddhas« wird im Anschluß an Nakamura Hajime von H. Dumoulin 1995, 144 f., skizziert.
155. G. Mensching ebd. 214.

Jahren oder allenfalls Jahrzehnten vollziehen? Auch die Rahmenbedingungen eines solchen Deifizierungsprozesses müssen bedacht werden; innerhalb östlicher Religiosität konnte sie sich zweifellos rascher nahelegen als im Kontext jüdischen Glaubens, der eine »Deifizierung« geradezu programmatisch ausschloß. Daß ein gehenkter und gescheiterter Mensch »deifiziert« werden sollte, stellt ein weiteres, wenn auch nachgeordnetes Gegenargument dar.

Im Gegenzug stellt sich theologisch die Frage, wie universale Relevanz eines Menschen anders zum Ausdruck gebracht hätte werden können als durch Aussagen, die, religionswissenschaftlich betrachtet, tatsächlich als »Deifizierung« zu stehen kommen können. Dabei bleibt im übrigen als wichtiger Differenzpunkt, daß Buddha offenbar infolge von bestimmten religiösen Bedürfnissen nach und nach zu einer Art Kultgottheit mit unterschiedlichem Aussehen werden konnte, während die Gestalt Jesu Christi von vornherein nicht »vergöttlicht«, sondern auf den Gott Israels bezogen und von ihm her verstanden wurde. Die Trinitätslehre der Alten Kirche stellt, wenn man es so ausdrücken will, eine bewußte Aufnahme der Überzeugung von der »Deifikation Jesu Christi« dar, wobei man davon ausging, daß nicht Menschen Jesus zu Gott, sondern daß »Gott diesen Jesus ... zum Herrn und Christus gemacht hat« (Act 2,36), ja daß er »Gott von Gott, Licht vom Licht, wahrer Gott vom wahren Gott« (Nicaenum) war und ist.

Die Begegnung der Christologie mit der Buddhologie fordert gleichwohl dazu heraus zu unterscheiden, wo in der christlichen Tradition und Frömmigkeit es sich um authentische Auswirkung der Ostererfahrung, und wo es sich um religiösen Wildwuchs handelt.

Der große gemeinsame Nenner zwischen Buddha und Jesus ist zweifellos das Leid und die Befangenheit der Menschen in Sünde und Unwissenheit, wogegen beide kämpfen. Im Blick auf den Hinayana-Buddhismus stellen sich dabei insbesondere drei Probleme: Im Christentum konnte Jesus in einer mit Buddha durchaus vergleichbaren Weise verstanden werden als der nicht Anhaftende, der sich Entäußernde und sich Ausliefernde.[156] Doch dieses Nichtanhaften und Sichentäußern hat für Jesus keine auf ihn selbst bezogene Abzweckung, sondern steht im Dienst der Liebe.[157]

Sodann: Das Nichtanhaften oder besser: die sich hingebende Liebe wird von Jesus nicht nur gelehrt, sondern ermöglicht. In diesem Sinne verstand die Christenheit den Kreuzestod Jesu, der in so deutlichem Gegensatz zum Ausschwingen des Lebens des lächelnden Buddha steht. Buddha sah sich als »Wegweiser«, Jesus wurde als »Weg« (Joh 14,6) begriffen. Das Moment der Erkenntnis fanden die Glaubenden tranzendiert durch personal verstandenes Vertrauen.

156. Vgl. H. Waldenfels, Kontextuelle Fundamentaltheologie, Pb ²1988, 226 f. Im Anschluß an Nishitani Keiji hat H. Waldenfels wiederholt auf das kenotische Moment hingewiesen, das den Buddhismus kennzeichne.
157. F. Weinrich, Die Liebe im Buddhismus und Christentum, 1935.

Jesus Christus

Schließlich geht es um das Verständnis des »Erwacht-Seins«. Auch Jesus konnte die Metapher des Wachens verwenden, und auch in der Urchristenheit spielte sie eine Rolle: »Wach auf, der du schläfst, und steh auf von den Toten, so wird dich Christus erleuchten« (Eph 5,14). Nach urchristlichem Verständnis gehören »Erwacht-Sein« und »Erweckt-Sein« zusammen. Jesus ist nicht nur der zu einem neuen Durchblick erwachte Mensch, sondern zugleich der erweckte elend Gekreuzigte. Sein Erwachen aus dem Tod unter dem Anruf Gottes ist ein exklusives und ganzheitliches Erwachen, Auferweckt-Werden und Auferstehen. Es hat seine Funktion nicht in dem Appell, es ihm gleichzutun, sondern in der Botschaft vom ontischen Einbruch des Lebens in die Welt des Todes.

(6) Erinnerung an Chalcedon

Es ist anachronistisch, heutige christologische Fragestellungen durch die Formeln von Chalcedon beantworten zu wollen. Löst man sich von deren ontologischen Intentionen, so dürfte es gleichwohl sinnvoll sein, sich an sie zu erinnern. Die göttliche und die menschliche Natur Jesu Christi, so hieß es damals, verhielten sich so, daß sie sowohl als miteinander unvermengt (und daher als unveränderlich) als auch als voneinander ungetrennt (und daher unteilbar) gedacht werden dürfen: Jesus Christus gehört ganz und ohne Abstriche sowohl auf die Seite Gottes als auf die Seite des Menschen. Das Göttliche und das Menschliche treten damit aufs schärfste zugleich auseinander und zusammen. Was besagen diese chalcedonensischen Formeln, wenn man sie von der antiken Frage nach »Naturen« löst und in den Horizont dessen einstellt, was in den nichtchristlichen Religionen von Mittlergestalten erwartet wird? Sie können zum Ausdruck bringen, daß Jesus Christus einerseits ganz auf die Seite menschlicher Hoffnungen gehört – als Repräsentant Gottes im Sinne des Judentums und als Prophet im Sinne des Islam, als göttliche Manifestation im Sinne hinduistischer Vorstellungen und als nach buddhistischem Verständnis zur Selbstentäußerung Erwachter. Und sie implizieren zugleich, daß er andererseits in keiner dieser Vorstellungen wirklich aufgeht, weder in einer von ihnen noch in allen zusammen. Er darf mit diesen Vorstellungen nur insofern identifiziert werden, als diese ihrerseits transzendiert werden, und diese Vorstellungen dürfen nur insofern transzendiert werden, als sie zugleich als gültig akzeptiert werden. Eine integrale Christologie ist gerade darin integral, daß sie auf Geschlossenheit verzichtet. Am Ende des 20. Jahrhunderts rückte, forciert durch christologische Debatten im anglikanischen Raum, die Frage ins Bewusstsein, inwiefern die Inkarnationschristologie durch eine an der Taufperikope (M 1,9-11 par.) orientierte Geistchristologie ersetzt oder mindestens ergänzt werden könnte. Die Inspirationschristologie, rational und auch interreligiös leichter vermittelbar[158], wäre dann eher der theologischen Reflexion, die Inkarnationchristologie der Kontemplation und der Doxologie zuzuordnen.[159] Doch weder außerchristliche noch christliche – biblische – Verstehensmuster sind ausreichend geeignet, Jesus Christus als den zu erfassen, der er ist »gestern und heute und derselbe auch in Ewigkeit« (vgl. Hebr 13,8). Schon die ersten Bekenntnisse zu Jesus als dem Christus mußten auf vorchristliche Begriffe und Bilder zurückgreifen, sie ausprobieren, korrigieren, modifizieren, ergänzen, aber eben auch rezipieren. Angesichts der heutigen Begegnung des christlichen Glaubens mit den Weltreligionen ist die Theologie herausgefordert und eingeladen, Jesus Christus neu zu erfassen mithilfe des Vorstellungsmaterials, das sie bieten. Statt der von R. Bernhardt vorgeschlagenen »Deabsolutierung der Christologie«[160] fordert die Situation eine neue Universalisierung der Christologie, einen neuen Versuch, die universale Relevanz Jesu Christi zu artikulieren. Er wird sich nicht mit den herkömmlichen Begriffen und Bildern begnügen, sondern die Möglichkeiten ergreifen, die eine globale Wahrnehmung der Religionen bereithält – ohne freilich zu vergessen, daß Christologie auch dabei sich nur unter eschatologischem Vorbehalt artikulieren kann.

D Thesen

1. Christologie muß insofern offen bleiben, als sie sich nicht nur auf den historischen Jesus und das bisher artikulierte Bekenntnis zu ihm als dem Christus bezieht. Der Glaube betrachtet die von Jesus Christus ausgehende Wirkungsgeschichte als unabgeschlossen und erwartet, daß sich seine Autorität und Relevanz in einer das menschliche Vorstellungsvermögen sprengenden Weise universal durchsetzen wird.

2. Das Geheimnis der Person Jesu Christi ist nicht substanzontologisch nach dem Modell der sogenannten Zweinaturenchristologie, sondern unter der Frage nach der Autorität Jesu als des Christus zu bedenken.

3. Die Erfahrung der Autorität Jesu von Nazareth hat sich im Bekenntnis zu Jesus als dem Christus, nämlich dem Erhöhten und Erwarteten, niedergeschlagen.

---

158. C. Rührup, Christologische Konzeptionen der Pluralistischen Religionstheologie, F 2005, bes. 316 ff.
159. Vgl. U. Link-Wieczorek, Inkarnation oder Inspiration? Christologische Grundfragen in der Diskussion mit britischer anglikanischer Theologie, Gö 1998, bes. 350 ff.
160. R. Bernhardt, Deabsolutierung der Christologie?, in: ders. u. a., Der einzige Weg zum Heil? Fr 1993 (QD 143), 144-202.

4. Das Bekenntnis zur Autorität Jesu als des Christus konnte sich auf sehr unterschiedliche Weise Ausdruck verschaffen – z. B. in Erzählungen von seinem Verhalten, seiner Herkunft, seiner Auferstehung und in Hoheitstiteln.

5. Die Osterbotschaft will nicht zur Übernahme einer Theorie der Auferstehung, sondern zum Glauben an den Auferstandenen, gegenwärtig Wirkenden und in jeder Zukunft zu Erwartenden einladen.

6. Das Geheimnis des Werkes Jesu Christi ist unter der Frage nach der Relevanz Jesu Christi zu bedenken.

7. In Anlehnung an die Lehre vom dreifachen Amt Jesu Christi läßt sich in einer dreifachen Hinsicht fragen: Was hat Jesus der Menschheit zu sagen? Was tragen sein Leben und Sterben für die Menschen aus? Was hat die Menschheit von ihm zu erwarten?

8. Jesus Christus selbst ist die Botschaft vom Reich Gottes.

9. Das Leben, Sterben und Auferstehen Jesu Christi bringt Versöhnung des Menschen mit Gott, mit seinen Mitmenschen und mit sich selbst, sowie Erlösung des Menschen von allem, was das Gelingen seines Lebens bedroht – und ist in beidem Ausdruck und Inbegriff der Liebe Gottes.

10. Das Wirken Jesu Christi vollzieht sich in der Verkündigung seiner Botschaft und seines Lebens, Sterbens und Auferstehens, die sich je und je bewahrheitet und auf ihre Weise universal bewahrheiten wird.

11. Christologie artikuliert sich im Zusammenspiel von historischer Quelle, vorfindlichem Bekenntnis und Erfahrung innerhalb eines jeweiligen Kontextes.

12. Der christliche Glaube sieht durch Jesus als den »Fleisch« gewordenen Logos Schöpfung und Geschichte – alles »Fleisch« – neu qualifiziert. Er darf sich deswegen aber nicht auf den Bereich der ontologisch neu qualifizierten Immanenz begrenzen. Statt dessen muß die Christologie ihre transzendentalen Implikationen erkennen und extrapolieren. Sie führt insofern notwendig zur Trinitätslehre.

13. Die Würdigung Jesu von Nazareth in nichtchristlichen Religionen fordert dazu heraus, vernachlässigte Aspekte der Christologie wiederzuentdecken und zu redintegrieren: den alttestamentlich-jüdischen Hintergrund ohnehin, aber auch das prophetische Element, wie es der Islam nahelegt, die kosmologische Perspektive, die dem (Neo-)Hinduismus selbstverständlich ist, und das Moment der eigenen Einsicht, das von Buddhisten betont wird.

14. Das dem jüdischen Denken entsprechende Modell einer Repräsentanz Gottes darf bei einer Übertragung auf die Christologie nicht durch eine vorschnelle Identifikation Jesu Christi mit Gott verdrängt werden. Jesus Christus vertritt Gott vor den Menschen, und er vertritt die Menschen vor Gott.

15. Medium und Inhalt einer Botschaft stehen in einer gewissen Entsprechung zueinander. Während der Islam den Boten hinter der Botschaft zurücktreten läßt, wird im Christentum der Bote selbst zur Botschaft. Seine historische Botschaft von der Nähe des Reiches Gottes darf darüber nicht in den Hintergrund geraten.

16. Das hinduistische Konzept des Avatar bleibt ebenso wie die Vorstellung eines sich immer neu aktivierenden Buddha-Prinzips hinter dem christlichen Verständnis von Inkarnation zurück. Dies sollte jedoch nicht daran hindern, den Inkarnationsgedanken von seinem theistischen Hintergrund zu lösen und ihn metatheistisch zu artikulieren.

17. Buddhisten bestehen auf der eigenen Einsicht des Menschen und kommen damit dem Bedürfnis des Menschen nach Autonomie und individueller Erfahrung entgegen. Christologie muß sich nicht als heteronomes Konzept präsentieren, wenn es ihr gelingt, rationale und zugleich transrationale Einsicht anzubieten und zu vermitteln.

18. Christlicher Glaube braucht Prozesse und Mechanismen, wie sie in der Religionsgeschichte zu beobachten sind, nicht zu ignorieren. Die Selbstidentifikation Gottes mit Jesus Christus, wie der christliche Glaube sie bekennt, kann von außerhalb des Glaubens nicht anders denn als »Deifizierung« eines Menschen erscheinen.

19. Bei dem Bemühen, im Kontext nichtchristlicher Religionen Jesus als den Christus zu bekennen, können die Formeln von Chalcedon hilfreich sein: Jesus Christus ist »ungetrennt« von menschlichen Hoffnungen auf Botschaften und Repräsentanten Gottes, auf göttliche Manifestationen und letztgültige Einsichten – und steht ihnen doch als die große Herausforderung – »unvermischt« – gegenüber.

6 Heiliger Geist

A Christliche Pneumatologie

Die explizite Lehre vom Heiligen Geist kommt in den Lehrbüchern der Dogmatik oft zu kurz; meist ist ihr nur ein verhältnismäßig knappes Kapitel gewidmet. Karl Barth hat selbstkritisch festgestellt, daß er sich nicht mehr in der Lage sah, seine Pneumatologie zu entfalten. Aber es ist natürlich kein Zufall, daß in seiner breit angelegten Kirchlichen Dogmatik gerade sie fehlt.[1] Erst in jüngster Zeit hat die Pneumatologie erneut und verstärkt Aufmerksamkeit gefunden.[2] Im traditionellen Protestantismus hängt dieses Defizit nicht nur historisch mit der Polemik der Reformatoren gegen die Schwärmer zusammen, sondern auch theologisch mit ihrer überstarken christologischen Konzentration. Die römisch-katholische Pneumatologie droht von der Ekklesiologie und der Lehre von den Gnadenmitteln aufgesogen zu werden. In den Ostkirchen ist das Wissen um den Heiligen Geist eher atmosphärisch und liturgisch präsent. Die Entstehung der Pfingstkirchen und besonderer charismatischer Bewegungen dürfte sich aus einem Kompensationsbedürfnis gegenüber den pneumatologischen Defiziten vor allem der westlichen Christenheit erklären lassen. In den unabhängigen afrikanischen Kirchen werden neue, theologisch noch nicht geklärte Erfahrungen mit dem »Geist« gemacht.

Ich halte es durchaus für möglich, die gesamte Dogmatik unter pneumatologischer Perspektive zu entfalten. Der Heilige Geist wird in allen von ihr vorgetragenen Zusammenhängen angesprochen. Er hat seine Funktion sozusagen von der ersten bis zur letzten Silbe christlicher Lehre. Trotzdem – und in gewissem Sinn gerade deswegen – macht es Sinn, ihn eigens zu thematisieren. Ich gehe dabei nicht so vor, wie es viele Dogmatik-Entwürfe nahelegen, daß ich vorweg entfalte, was zu den einzelnen trinitarischen Personen zu sagen ist, um dann – gleichsam als Zusammenfassung – die Trinitätslehre zu thematisieren. Die Trinitätslehre ergibt sich nicht aus der Betrachtung der einzelnen trinitarischen Personen; es ist umgekehrt: Pneumatologie, wie auch die Christologie und Schöpfungslehre, können erst vom trinitarischen Bekenntnis her sachgemäß erfaßt und entfaltet werden.

Zu den traditionellen Problemen einer Lehre vom Heiligen Geist gehört zunächst die Terminologie. Sodann bereitet es Schwierigkeiten, daß man nicht vom Heiligen Geist »als solchem«, sondern nur von seinen Wirkungen und Wirkungsweisen sprechen kann. Schließlich stellt das Verständnis des Heiligen Geistes als »trinitarischer Person« eine eigene Herausforderung dar.

---

1. Vgl. K. Barth, Nachwort, in: H. Bolli (Hg.), Schleiermacher-Auswahl, M 1968, 311. Paul Tillich legt eine ausufernde Lehre vom »Leben« und dem »Geist« vor (ST III, 21–337), aber sie droht streckenweise das spezifisch christliche Profil zu verlieren.
2. Vgl. K. Koerrenz, Pneumatologie, VuF 41 (1996) 45 ff. (Literaturbericht), sowie bes. B. J. Hilberath, Heiliger Geist – heilender Geist, Mz 1988; ders. Pneumatologie, Dü 1994; J. Moltmann, Der Geist des Lebens. Eine ganzheitliche Pneumatologie, M 1991; M. Welker, Gottes Geist. Theologie des Heiligen Geistes, N-V 1992.

(1) Terminologische Probleme

Der Heilige Geist wird schon in den biblischen Sprachen und dann natürlich in den Übersetzungen der Bibel mit verschiedenen Bezeichnungen benannt, die jeweils eigene Assoziationen nach sich ziehen. Der hebräische Begriff *ruach* bedeutet »Wind« und »Atem«, »beides aber nicht als wesenhaft Vorhandenes, sondern als die im Atem- und Windstoß begegnende Kraft, deren Woher und Wohin rätselhaft bleibt.«[3] An vielen Stellen des Alten Testaments ist zu beobachten, »wie die konkreten Bedeutungen ... in einen nicht mehr sinnlich wahrnehmbaren Bereich vorstießen, ohne allerdings damit weniger real zu sein.«[4] Daß *ruach* in der Regel als Femininum gebraucht wird, betont die feministische Exegese.[5] Dem steht das neutrische griechische Äquivalent gegenüber: *pneuma* meint zwar ebenfalls »Wind«, »Hauch«, »Atem«, spielt aber bereits in der hellenistischen Anthropologie eine Rolle (als höchste Ebene der Trichotomie Leib / Seele / Geist) und wird in der Stoa als eine den Kosmos durchdringende Kraftsubstanz verstanden. Das frühe Christentum bezeichnete mit Hilfe des Begriffs *pneuma* offenbar sehr spezifische und konkrete Erfahrungen. Das lateinische – maskuline – Äquivalent »*spiritus*«, in der profanen Latinität ebenfalls vielfältig besetzt, gab der westlichen Theologie die Möglichkeit, den »Geist« nun formal leicht dem »Vater« und dem »Sohn« anzugleichen. Die Übersetzung in weitere Sprachen brachte jeweils eigene Konnotationen mit sich, wie man sich am französischen »ésprit« und dem deutschen »Geist« klar machen kann; gerade der deutsche Idealismus hat die theologische Rede vom »Geist« einerseits belastet, andererseits inspiriert.[6]

Was besagen diese terminologischen Probleme, die sich in den vielfältigsten Verwendungszusammenhängen der genannten Begriffe innerhalb und außerhalb der Bibel noch einmal reproduzieren? Sie haben mit der zu bezeichnenden »Sache« zu tun: Der Geist läßt sich nicht »definieren«. Seine Gegenwart und sein Wirken begegnen in den unterschiedlichsten Zusammenhängen, lassen sich nicht fassen und fixieren. Der Heilige Geist verweigert sich, unverrückbares konstruktives Element einer Systematischen Theologie zu sein; er will sie vielmehr durchwehen und durchdringen, ohne ein für allemal festgelegt zu werden. Das macht ihn gefährlich für Kirchenleitungen und lästig für Systematiker, aber es erfüllt diejenigen mit Hoffnung, die sich nach neuen Wegen, nach Aufsprengung von Verkrustungen, nach frischer und unverbrauchter Lebendigkeit sehnen.

3. THAT II, 728.
4. Ebd. 742.
5. Hieran lassen sich dann Erwägungen über das »Mutteramt« des Heiligen Geistes anschließen, wie sie bei Zinzendorf vorliegen und für die es Ansätze bereits in der Alten Kirche gibt; vgl. J. Moltmann, Der Geist des Lebens. Eine ganzheitliche Pneumatologie, M 1991, 171 ff.
6. Vgl. Art. Geist, in: HWP 3,154-204.

(2) Wirkungsweisen und Wirkungen des Heiligen Geistes

Die Bibel geht nicht von allgemeinen, vielleicht psychologischen Erwägungen über »Wind« und »Atem«, sondern von sehr konkreten Erfahrungen mit dem Heiligen Geist aus: Der »Geist«, von dem sie spricht, ist der »Geist Gottes«, in neutestamentlicher Diktion insbesondere der »Geist des Herrn«, der Geist Jesu Christi. Diesem Geist sind bestimmte Wirkungen und Wirkungsweisen zuzuschreiben. Die neutestamentliche Gemeinde weiß sich durch ihn begründet und von ihm bestimmt; sie ist beeindruckt von seiner Erfahrbarkeit, von seinen Wirkungen in ihrer Mitte und von den besonderen Gaben des Geistes. Erst von hier aus fällt ihr Blick dann auch auf die Präsenz des Geistes in der Schöpfung. Indem sie den Geist, der schon in der Schöpfung wirksam ist, mit dem Erlösungsgeschehen in Jesus Christus verbunden sieht, erkennt sie ihn als die Kraft, durch die Gott den einzelnen wie die gesamte Schöpfung zur Vollendung führt.

(a) Der zum Glauben an Jesus Christus inspirierende Geist

Die frühe Christenheit hat Erfahrungen, die sich auf die Befreiung einzelner aus der Macht der Sünde oder auch von Krankheiten bezogen und den Rahmen des Gewohnten sprengten, nicht auf anonyme Mächte und Kräfte zurückgeführt, sondern sie als Wirkungen des Geistes Jesu Christi identifiziert. »Der Herr ist der Geist; wo aber der Geist des Herrn ist, da ist Freiheit« (II Kor 3,17): Der erhöhte Jesus Christus vergegenwärtigt sich im Geist, und wo das geschieht, kommt Freiheit auf. Niemand kann ihn »Herrn« nennen, ohne daß es ihm durch den Heiligen Geist ermöglicht wäre (I Kor 12,2). Der Geist macht lebendig in Jesus Christus (vgl. Röm 8,2). Der Geist selbst ist es, der uns dessen vergewissert, daß wir »Gottes Kinder« sind und um Christi willen mit Gott in innigster Gemeinschaft stehen (Röm 8,16 f.). Der Geist »vertritt uns mit unaussprechlichem Seufzen« (Röm 8,26), er ist den Glaubenden ins Herz gesandt und stellt damit selbst die innige Beziehung zu Gott her, die sich im Gebet äußert: »Abba, lieber Vater!« (Gal 4,6). Das Johannes-Evangelium beschreibt den Geist als Anwalt, Fürsprecher oder Beistand (*parakletos*; Joh 14,16 f. und öfter); Luther übersetzt nicht ohne Grund mit »Tröster«. Dem Geist können offenbar ähnliche Funktionen zugesprochen werden wie Jesus selbst. Zugleich lebt die Gemeinde in der Erwartung, daß der Geist sie »in alle Wahrheit« leiten wird (Joh 16,13). Jesus ist »der Weg, die Wahrheit und das Leben« (Joh 14,6) – der Geist wird ihn »verherrlichen« (Joh 16,14).

Aus den verschiedenen biblischen Aussagen ergibt sich keineswegs ein einheitliches und spannungsloses Gesamtbild vom Wirken des Geistes im Blick auf die Gestalt Jesu Christi, im Gegenteil. Einerseits ist Jesus selbst vom Geist erfüllt, ja »empfangen durch den Heiligen Geist«, wie das Apostolikum formuliert, andererseits wird der Geist ihm erst mit der Taufe zuteil; einerseits verleiht er selbst den Heiligen Geist (Joh 20,22 f.), andererseits verheißt er den Seinen, daß der Vater ihnen den Geist senden werde (Joh 14,15), und erst der Pfingstgeist macht die Hörer und Hörerinnen der Predigt des Petrus darauf aufmerksam, wer Jesus ist und in wessen Namen sie sich taufen lassen sollen (vgl. Act 2,1-41). Trotz aller Unschärfen im einzelnen soll offenbar zum Ausdruck gebracht werden: Der Geist vertritt Jesus auf eine zwar nicht sichtbare, aber doch erfahrbare Weise. Zugleich ist er es, der einem Menschen die Augen dafür zu öffnen vermag, daß er zum Glauben an Jesus als den Christus finden kann. Luther hat das humorvoll so ausgedrückt: Der arme Heilige Geist habe immer nur Christus zu predigen, sonst falle ihm nichts ein! G. Ebeling formuliert, im Blick auf den Menschen seien Glaube und Heiliger Geist »nichts anderes als die beiden Aspekte ein und desselben Geschehens ...«[7] Er bezeichnet das Geistgeschehen geradezu als »Vollstreckung des Christusgeschehens«, das »Sein in Christus als Sein im Geist«.[8]

Die Erfahrungen der ersten Gemeinde sind heute so kaum nachvollziehbar. Spricht man vom »Geist Jesu«, so denkt man eher an den »Geist der Bergpredigt«, oder an den Geist der Liebe, wie er in der Gestalt Jesu begegnen mag. Es fällt schwer, diesen Geist auf einer prinzipiell anderen Ebene zu sehen als den »Geist von Helsinki« oder den »Geist Mahatma Gandhis«. Darüber hinausgehende Geisterfahrungen erscheinen angesichts heutigen Wissens um psychische Vorgänge und psychosomatische Mechanismen suspekt. Soll es zum Glauben an Jesus Christus kommen, so ist es aber auch nicht nötig, von der Annahme einer transzendenten Macht des Geistes auszugehen. Auch für die ersten Christen und Christinnen bildete nicht diese Annahme, sondern die Begegnung mit der Botschaft von Jesu Leben, Lehren, Leiden, Sterben und Auferstehen den Ausgangspunkt ihres Glaubens. Das bedeutet, daß sich auch unter heutigen Voraussetzungen ein Mensch in einem zunächst ganz säkularen Sinn vom »Geist Jesu« anstecken lassen und schließlich zu der nüchternen Feststellung gelangen kann: In Jesus von Nazareth ist eine Orientierung und ein Halt geboten wie sonst nirgends – er ist, in einem letztrelevanten und heilvollen Sinn, »der Herr« (vgl. I Kor 12,2). Genau das ist es, was auch die ersten Christen und Christinnen als die Wirkung des Heiligen Geistes erkannt hatten.

(b) Die schöpferische Kraft des Geistes

Die Wahrnehmung der schöpferischen Kraft des Geistes Gottes mag zu Zeiten des Alten Testaments bei der Beobachtung merkwürdiger Phänomene ihren Ausgang genommen haben, für deren Zustandekommen man sich keine andere Erklärung wußte: Charismatische Führer traten auf, Propheten erlebten eksta-

---

7. G. Ebeling, Das Wesen des christlichen Glaubens, Tü 1959, 131.
8. G. Ebeling, Dogmatik des christlichen Glaubens III, Tü 1979, 69 und Überschrift von § 31 A.

tische Berufungen – worin möchte es begründet sein? Im Wirken von Gottes Geist! Wind und Atem sind in ihrem Woher und Wohin nicht zu fassen und haben doch spürbare, erfahrbare Auswirkungen, dem antiken Menschen vielleicht ähnlich plausibel wie dem modernen Menschen unanschauliche Elektrizität oder Atomkraft. Doch auch heute ist der schlichte Vergleich des Geistes Gottes mit dem Wind ja keineswegs unnachvollziehbar. Man sieht den Wind nicht, spürt ihn aber, nimmt wahr, was er bewegt. Er ist nicht zu steuern, weder hinsichtlich der Richtung noch hinsichtlich seiner Intensität. Er scheint immer irgendwie präsent, er verbindet in gewisser Weise alles, was Luft zum Atmen braucht, miteinander. Gott im Wind, als Wind, als Atmosphäre – was für eine wunderbare Vorstellung! Er kann sich mit dem Atem vermischen. Der Atem, mein Atem, dessen Woher ich mir zwar naturwissenschaftlich erklären kann und das ich trotzdem nicht kenne, ist Gottes, des Schöpfers, erster Zeuge in mir; Atemzug um Atemzug legt er sein stetes, meist kaum beachtetes und doch deutliches Zeugnis ab. Ich kann mir den Atem nicht selbst geben, weder Ein noch Aus. Ich kann ein bißchen – wenig! – an ihm herummanipulieren, aber aufs Ganze gesehen, regelt er sich selbst. Künstliche Beatmung oder gewaltsamer Abbruch des Atemvorgangs sind möglich, aber nur, wo es zuvor natürliche Atmung gegeben hat. Irgendwann kam es zu meinem ersten Atemzug. Irgendwann wird es zu meinem letzten Atemzug kommen. Der Psalmist weiß betend von den Lebewesen zu sagen: »Du sendest aus deinen Odem, so werden sie geschaffen, … nimmst du weg ihren Odem, so vergehen sie und werden wieder Staub« (Ps 104,30.29 – umgestellt). Was spricht dagegen, den schöpferischen Geist Gottes auf Selbstoptimierungstendenzen zu beziehen, wie sie offenbar in der Natur zu beobachten sind? Gottes Geist ist das verborgene und doch in allem sich offenbarende und verwirklichende Lebensprinzip, die geheime Triebkraft allen gelingenden Lebens und Sterbens. Der Spiritus Creator ist die Kraft der Schöpfung, die nicht von außen auf sie einwirkt, sondern sich von innen her in ihr auswirkt – in jeder Zelle.[9] Gottes Geist schafft Leben, indem er Sterben zumutet. Gottes Wehen reißt gleichsam die erstorbenen Blätter vom Ast und stürzt die morschen Stämme um, damit Neues entstehen kann.

Wenn der Geist Gottes mit den Lebensprozessen des gesamten Kosmos in schöpferischer Beziehung steht, legt sich die Frage nahe, wie sein Wirken innerhalb der Menschheit zu verstehen ist. Die christliche Tradition bedenkt ihn in erster Linie im Blick auf seine Funktion innerhalb der Kirche. Inwiefern läßt sich behaupten, daß der Heilige Geist auch außerhalb der Kirche wirke? Die ostkirchliche Orthodoxie hat keine Schwierigkeiten, dies zu bejahen. Die Haltung der römisch-katholischen Dogmatik zu dieser Frage hat Karl Rahner paradigmatisch zum Ausdruck gebracht: Transzendenzerfahrung, die Gott anwe-

---

9. Vgl. J. V. Taylor, The Go-Between-God. The Holy Spirit and the Christian Mission, London 1972, 25 f., 31 f. Es ist eine falsche Alternative, wenn E. Jantsch, Die Selbstorganisation des Universums, M 1984, 412, behauptet, Gott sei »zwar nicht der Schöpfer, wohl aber der Geist des Universums.«

send sein läßt, ist immer Erfahrung des Heiligen Geistes, auch wenn dies demjenigen, der sie macht, nicht bewußt wird.[10] Selbst bei Karl Barth finden sich, wenn auch anders begründet, Andeutungen in dieser Richtung. Bei seinen Ausführungen über die Zeit stellt er überraschenderweise fest: »Es ist in aller Verborgenheit schon das Brausen des Heiligen Geistes, von dem wir, wie taub wir dafür sein mögen, einfach damit umgeben sind, daß wir uns mitten in der Bewegung der Zeit befinden oder in und mit unserem Leben, solange wir es haben, auch diese Bewegung mitvollziehen müssen.«[11] Wenn der Glaube durch das Wirken des Geistes allererst zustande kommt, dann ist die geradezu logische Voraussetzung, daß der Geist auch außerhalb der Kirche wirkt! Der alttestamentliche Weise hat keinen Zweifel daran: »Der Geist Gottes hat mich gemacht, und der Odem des Allmächtigen hat mir das Leben gegeben« (Hi 33,4). Gottes Odem, hier mit dem Geist Gottes identifiziert, gilt als das Lebensprinzip; dem Odem Gottes verdanken sich Naturphänomene und Jahreszeiten (vgl. Hi 37,10 ff.).

Die Pointe christlicher Rede vom Geist Gottes besteht freilich nicht in der Auflistung aller möglicher geschöpflicher Phänomene, in denen der Geist am Werk ist und durch die er Menschen anzurühren vermag. Ihre Pointe liegt vielmehr darin, daß sie das Prinzip des Lebens, wie es in jedem Samenkorn und in jeder Zelle des menschlichen Körpers wirkt, mit dem Geist identifiziert, von dem Jesus Christus getragen war und den er auf eine besondere Weise vermittelt. In der Pneumatologie finden Schöpfungslehre und Christologie zueinander.[12] Der Geist, der die Schöpfung erfüllt und trägt, ist kein anderer als der, in dem sich Jesus Christus vergegenwärtigt – der Vollendung entgegen.

(c) Vom Geist Gottes erfüllte Menschen

Das Wirken des Geistes wird in den biblischen Zeugnissen als ganzheitliches Geschehen beschrieben. Es führt zu Konsequenzen, »Früchte« genannt, und es ist innerhalb der Gemeinde durch das Auftreten besonderer Gaben des Geistes gekennzeichnet. Das Wirken des Geistes wurde offenbar in solcher Intensität erlebt, daß der Gedanke einer möglichen unvergebbaren Lästerung des Heiligen Geistes (vgl. Mk 3,29 par.) aufkam.

---

10. Vgl. z. B. K. Rahner, Erfahrung des Heiligen Geistes, in: ders., Schriften zur Theologie 13, Z 1978, 226-251.
11. K. Barth, KD III/2, 635. Man könnte in diesem Zusammenhang auch auf pneumatologische Implikationen seiner »Lichterlehre« verweisen.
12. Es ist wohl ein Problem der Theologie der Pfingstkirchen, daß dies in ihrem überstark auf die Charismen ausgerichteten Ansatz nicht der Fall ist. Vgl. W. J. Hollenweger (Hg.), Die Pfingstkirchen, St 1971.

1. Das Wirken des Geistes als ganzheitliches Geschehen

Es ist aufschlußreich, mit welchen Verben der Geist in den biblischen Schriften verbunden wird und welche Tätigkeiten ihm somit zugeschrieben werden. Der Geist »macht lebendig« (Joh 6,63; Röm 8,2); diese Aussage wurde von der jungen Kirche als grundlegend empfunden; sie ist daher in das Bekenntnis von Nizäa-Konstantinopel eingegangen. Ein Mensch kann »geboren werden« aus Wasser und Geist, man mag dabei konkret an das Taufwasser oder auch symbolisch an das Fruchtwasser denken (vgl. Joh 3,6). Die Taufe führt zur »Erneuerung im Heiligen Geist« (vgl. Tit 3,5). Der Geist leitet (vgl. Ps 143,10), führt, regt zu bestimmten Handlungen an (vgl. Lk 2,27; Mt 4,1!). Er lehrt (Lk 12,12) und vergewissert (vgl. Eph 1,13). Am häufigsten ist in den biblischen Zeugnissen allerdings davon die Rede, daß ein Mensch von Gottes Geist »erfüllt« oder »voll« sei – Elisabeth, Zacharias, Petrus und bereits manche charismatischen Gestalten des Alten Testaments. Der Geist »wohnt« in den Glaubenden (vgl. Röm 8,9; I Kor 6,19) oder – dem Bild des Erfüllt-Seins noch angemessener – er ist »ausgegossen« (vgl. Joel 3,1-5 / Act 2,17 f.; Röm 5,5). Offenbar soll mit all diesen Wendungen gesagt werden, daß die Gabe des Geistes ein ganzheitliches Geschehen ist; ein Mensch wird ganz und gar, mit allen Fasern seines Seins davon ergriffen und durchdrungen.[13] Zugleich schwingt in der Wendung des Erfüllt-Seins etwas mit von dem Glück, das dabei empfunden wird, das freilich einer umfassenderen Dimension angehört als die Befriedigung nur immanenter Wünsche und Sehnsüchte. Der Geist Gottes wendet sich an den Geist des Menschen, wobei auch hier nicht nur an dessen Rationalität gedacht sein wird (Röm 8,16); durch den Geist ist die Liebe Gottes »ausgegossen in unsere Herzen« (Röm 5,5): »Geist« und »Herz« des Menschen werden vom Wirken des Geistes erfaßt. Obwohl der menschliche »Geist« im Neuen Testament mit demselben Begriff bezeichnet werden kann wie der Geist Gottes, steht die kategoriale Verschiedenheit zwischen beiden nie zur Disposition.

Glaubende werden heute zögern, die genannten biblischen Wendungen ohne Weiteres auf sich selbst anzuwenden. Mit Recht! Aber sie können möglicherweise Menschen aus der Geschichte der Kirche oder sogar aus ihrer Umgebung benennen, von denen sie sagen würden: Er/sie war – oder ist, nach allem, was die biblische Tradition dazu sagt, tatsächlich erfüllt von einem guten, von Gottes Geist. Es ist eine Mißachtung des Wirkens des Heiligen Geistes, nach solchen Menschen nicht Ausschau zu halten und nicht für sie dankbar zu sein. Niemand kann sich selbst bescheinigen, daß er »voll des Heiligen Geistes« sei, obwohl er sich das durchaus zusprechen lassen darf (vgl. Eph 1,13). Jedenfalls aber ist die Bitte um den Heiligen Geist angezeigt – und die Erwartung, daß Gott sie auf seine Weise und zu seiner Zeit erfüllen werde (vgl. Lk 11,13).

---

13. Dies betont mit Recht J. Moltmann, Der Geist des Lebens. Eine ganzheitliche Pneumatologie, M 1991.

2. Die Früchte des Geistes

In den Menschen, die er erfüllt, wirkt sich Gottes Geist aus: Sie »leben im Geist« und wollen und sollen daher auch »im Geist wandeln« (vgl. Gal 5,25). Der Geist treibt in den Widerspruch zum »Fleisch«, wobei mit »Fleisch« die gesamte natürliche Haltung und Einstellung des Menschen gemeint ist: Auch sein Denken und Fühlen ist »Fleisch«. Der Geist befreit von den Zwängen des der Sünde verfallenen Lebens, aber er tut es nicht seinerseits durch Zwang. Es kommt wie von selbst zur »Frucht«, nämlich zu »Liebe, Freude, Friede, Geduld, Freundlichkeit, Güte, Treue, Sanftmut, Keuschheit« (Gal 5,22). Paulus scheint dies eher assoziativ aufzuzählen, wenngleich die Liebe nicht von ungefähr an erster Stelle stehen dürfte (vgl. Röm 5,5); die an zweiter Stelle genannte Freude bedarf heute wohl der besonderen Betonung. Die Früchte des Geistes werden aber auch in jeder Epoche der Geschichte anders aussehen. Luther identifiziert gerade Tätigkeiten, die der spätmittelalterlichen Kirche als weltlich und vergleichsweise unwichtig galten, als Wirkungsfelder des Heiligen Geistes: Kinder aufziehen, die Ehefrau lieben, sich der gesellschaftlichen Ordnung einfügen.[14] Heute wird man wiederum anderes betonen müssen, aber unter der Wirkung des Geistes wird jede Christengeneration neue Früchte hervorbringen. Das Leben im Geist führt zu einem Ethos, das an der Botschaft Jesu Christi orientiert ist und unter den Voraussetzungen einer jeweiligen Zeit der Schöpfung dient. Im Neuen Testament ist nicht selten vom Kampf gegen Dämonen und unsaubere Geister die Rede. Das Leben im Geist steht in Auseinandersetzung mit dem alten Äon. In alledem wird sich bewahrheiten, was das ostkirchliche Sprichwort sagt: Das Antlitz des Heiligen Geistes sind die Gesichter der Heiligen. Der Protestant mag hinzufügen: die von Verletzungen und Schrammen gezeichneten und trotzdem leuchtenden Gesichter der Heiligen!

3. Die Gaben des Geistes

Paulus rechnet damit, daß jeder Glaubende »seine eigene Gabe« von Gott hat, »der eine so, der andere so« (I Kor 7,7). Nicht die Tatsache, daß es besondere Geistesgaben in der Gemeinde gibt, ist für ihn strittig, sondern wie sie sich zueinander verhalten, wie sie geistlich zu bewerten sind und welche Gefahren sich auf diesem Gebiet auftun können. In einer etablierten Christenheit, die besondere Geistesgaben kaum noch aus eigener Anschauung kennt, beeilt man sich, »alltägliche Charismen des gelebten Lebens« den »besonderen« gegenüberzustellen[15]; alles kann mir ja »Charisma werden«[16]. Die Talente, die der Schöpfer einem Menschen in die Wiege gelegt hat, werden durch den Geist in den Dienst der Gemeinde gestellt. Dies dürfte der urchristlichen Erfahrung

---

14. M. Luther, WA 40/1, 348,2 ff.
15. J. Moltmann, Der Geist des Lebens. Eine ganzheitliche Pneumatologie, M 1991, 197.
16. E. Käsemann, zitiert ebd. 196.

zwar nicht widersprechen, verschiebt aber doch den Akzent. Paulus meint, wenn er von Charismen spricht, dezidiert spezifische Gaben des Geistes, was besonders an zweien von ihnen deutlich wird: an der Gabe der Krankenheilung und an der Zungenrede. Die Krankenheilung hat in der frühen Gemeinde – von den Heilungen durch Jesus an – offensichtlich eine besondere Rolle gespielt (vgl. auch Jak 5,13). Im Zuge neuer Erkenntnisse psychosomatischer Zusammenhänge beginnt man für sie wieder ein gewisses Verständnis aufzubringen, neutralisiert damit aber zugleich den neutestamentlichen Anspruch, es handle sich hier um Wirkungen des Heiligen Geistes.[17] Ebenso läßt sich die Glossolalie bis zu einem gewissen Grade durch psychosoziale Wirkkräfte erklären, aber auch damit wird die urchristliche Auffassung gerade nicht getroffen. Was will das Neue Testament mit seiner Rede von eher alltäglichen, aber auch von sehr ungewöhnlichen Gaben des Geistes sagen? Doch offenbar dies, daß dem Heiligen Geist im Bereich des Gewöhnlichen wie des Außergewöhnlichen alle Möglichkeiten offenstehen. Das heißt keineswegs, daß gewöhnliche oder auch außergewöhnliche Phänomene mit dem Heiligen Geist zu tun haben müssen. Deswegen gehört die Gabe, »die Geister zu unterscheiden« (I Kor 12,10), selbst zu den vom Geist zu gewährenden Gaben. Paulus nimmt sie für sich in Anspruch, indem er mindestens zwei Kriterien benennt: Die Gaben sollen der Erbauung der Gemeinde dienen, was nach seiner Überzeugung in einer Situation der Unordnung nicht möglich ist, und – er will seinen Adressaten »einen noch besseren Weg zeigen« (I Kor 12,31) – den der Liebe (I Kor 13,1-13). Die Christenheit hat im Lauf ihrer Geschichte noch weitere Gaben entdeckt, die in ihr lebendig wurden. In den Ostkirchen kennt man die »Gabe der Tränen«[18]. Jürgen Moltmann erinnert an das »Charisma des behinderten Lebens«; denn »jede Behinderung ist auch eine Begabung.«[19] Heute legt sich die Frage nahe, ob Frauen und Männern, alten und jungen Menschen möglicherweise spezifische und damit ggf. sehr unterschiedliche Charismen zukommen. Sie werden anhand der von Paulus genannten Kriterien zu entdecken und zu nutzen sein.

(3) Der Heilige Geist als trinitarische Person

Im Blick auf den Heiligen Geist macht bereits die für ihn verwendete Terminologie deutlich, daß er nicht nur im Sinn des modernen Begriffs personal verstanden werden darf. Die Problematik des in der Trinitätslehre verwendeten

---

17. Vgl. B. J. Hilberath, Heiliger Geist – heilender Geist, Mz 1988.
18. Vgl. K. Ware, Der Aufstieg zu Gott. Glaube und geistliches Leben nach ostkirchlicher Überlieferung. Mit einer Einführung von E. Jungclaussen, Fr 1983, 137 f.
19. J. Moltmann, Der Geist des Lebens. Eine ganzheitliche Pneumatologie, M 1991, 205 f.

Personbegriffs hat sich bereits in deren Besprechung gezeigt.[20] Die Entscheidung, in welcher Weise von der Personalität des Heiligen Geistes zu sprechen ist, hängt natürlich von der jeweiligen trinitarischen Konzeption ab. Der westkirchlichen Theologie lag es von Anfang an nahe, von der Einheit des Wesens Gottes auszugehen und damit auch die Einheit des Wirkens der trinitarischen Personen zu betonen. Sie neigte einem eher substanz-ontologischen Denken zu, das die trinitarischen Personen in ihrem Sein zu beschreiben versuchte. Ihre heilsökonomischen Funktionen traten dabei zunächst zurück. Der Heilige Geist kam als das einigende Band zwischen Gott dem Vater und dem Sohn zu stehen. Die ostkirchliche Orthodoxie dagegen fand den Ausgangspunkt ihres trinitarischen Denkens in den heilsökonomischen Funktionen Gottes des Vaters, des Logos und des Heiligen Geistes, wobei sie wußte, daß sie zwischen den heilsökonomisch wirksamen göttlichen Energien und dem für den Menschen unzugänglichen Wesen Gottes zu unterscheiden hatte. Der Heilige Geist bekam damit klarer erkennbar eine eigenständige Funktion zugesprochen, nämlich im Blick auf seine Relationen einerseits im Verhältnis zu Gott dem Vater und zum Logos wie auch andererseits zu den Geschöpfen. Er ist – wie auch Gott der Vater und Gott der Sohn – eher als »Relationsweise« denn als »Seinsweise« verstanden.[21]

Der Heilige Geist ist somit sowohl hinsichtlich seiner Relation zu Gott als dem Schöpfer und zu Gott als dem Erlöser, als auch hinsichtlich seiner Beziehung zur Schöpfung zu bedenken. Dabei haben sich im Lauf der Geschichte der Kirche vor allem zwei Fragenkomplexe als wesentlich herausgestellt: das sogenannte »filioque« und das Problem des heilsökonomischen Werks des Heiligen Geistes.

(a) Filioque

Der Streit um das »Filioque«, der wesentlich zur Entstehung des großen abendländischen Schismas von 1054 beigetragen hat, scheint heute nur ein Thema

---

20. Siehe oben S. 278, 284, 330 f.
21. Sie denkt eher relations-ontologisch, wobei das Gegenüber von substanz- und relationsontologischem Denken ja keinen kontradiktorischen Gegensatz darstellt, sondern nur Tendenzen anzeigen kann. Die ostkirchliche Theologie hat von ihrem Ansatz her die Möglichkeit, die trinitarischen Personen als »relationale Substanzen« zu verstehen. (Vgl. John Zizioulas, Being as Communion. Studies in Personhood and the Church, London 1985, 87 f., nach R. Saarinen, Die moderne Theologie und das pneumatologische Defizit. Eine ökumenische Situationsbestimmung, in: J. Heubach (Hg.), Der Heilige Geist: Ökumenische und reformatorische Untersuchungen, Erlangen 1996, 248. Vgl. Gr. Larentzakis, Die Bedeutung der Pneumatologie für die Ökumene heute, im selben Band 225-244). Dieser nicht sehr glückliche Begriff kann immerhin deutlich machen, daß es der Orthodoxie primär – sowohl innertrinitarisch wie auch heilsökonomisch – um die Relationen der trinitarischen Personen zu tun ist. Obwohl Luther in der westlichen Tradition stand, darf man ihn in dieser Hinsicht ganz nahe bei der Alten Kirche (und damit auch der Orthodoxie) vermuten: Auch für ihn steht die dreifaltige Beziehung Gottes zu den Menschen und zur ganzen Schöpfung im Vordergrund.

ökumenischer Spezialisten zu sein, hat aber bei näherem Zusehen erhebliche dogmatische Implikationen.[22] Geht der Heilige Geist allein vom Vater aus, so erscheint er dem Logos gleichgeordnet; der Vater ist dann, wie die ostkirchliche Orthodoxie sagt, »Quelle der Gottheit«, Jesus Christus und der Geist können gleichsam als die beiden »Hände« Gottes verstanden werden.[23] Damit wird die eigenständige Stellung des Heiligen Geistes neben Jesus Christus, dem Logos, betont. Sagt man jedoch mit dem westlichen Bekenntnis, der Geist gehe »vom Vater und dem Sohn« (»ex patre filioque«) aus, so unterstreicht man, daß auch der Heilige Geist von Jesus Christus, ja vom Kreuzesgeschehen her zu verstehen ist. Der Geist scheint damit allerdings ins zweite Glied zu rücken; er ist nun nur mehr »die innertrinitarisch vermittelnde Seinsweise Gottes«[24], der die Vermittlung des Menschen mit dem dreieinen Gott im Glauben entspricht. Theologisch gesehen, sind beide Anliegen berechtigt. Westliche und östliche Christenheit haben dies einander zu bezeugen. Aus ökumenischen Erwägungen aber sollten die abendländischen Kirchen gleichwohl auf die im 9. Jahrhundert vollzogene Veränderung des Wortlauts des Bekenntnisses von Nizäa-Konstantinopel verzichten.[25]

(b) Der Heilige Geist als Vollender

Obwohl die Werke des dreieinen Gottes nach alter christlicher Überzeugung nicht voneinander getrennt verstanden werden dürfen, sind sie doch – in ihrer Bezogenheit aufeinander – zu unterscheiden. In diesem Sinn hat sich, spätestens mit Luthers Katechismen, die Auffassung durchgesetzt, daß es im I. Artikel des Apostolischen Glaubensbekenntnises um die Schöpfung, im II. Artikel um die Erlösung und im III. Artikel um die Heiligung geht.[26] In der Heiligung liegt das Ziel Gottes mit dem Menschen; in ihr findet der Mensch seine Vollendung. Von daher erscheint es nicht als Verlegenheitslösung, wenn die altkirchlichen Bekenntnisse im III. Artikel Inhalte aufzählen, die lose aneinandergereiht und ohne Zusammenhang mit dem Glauben an den Heiligen Geist zu sein scheinen: Die Gründung der Kirche, die Gemeinschaft der Heiligen, die Vergebung der Sünden, die Auferstehung der Toten und das ewige Leben gehören zu dem, was der Heilige Geist leistet, indem er Menschen zum Glauben an Jesus Christus bringt und dabei erhält. Luther hat dies durch seine Auslegung im Kleinen Katechismus auch sprachlich zusammenzufassen versucht: »... der Heilige Geist hat mich durch das Evangelium berufen ..., gleichwie er die ganze Christenheit auf Erden beruft, sammelt, erleuchtet, heiligt und bei Jesus Chri-

---

22. Vgl. W. A. Bienert, Dogmengeschichte, St 1997, 228-230.
23. K. Ware, Der Aufstieg zu Gott, Fr 1983, 50 f.
24. So W. Härle 1995, 402 ff.
25. Vgl. J. Moltmann, Der Geist des Lebens. Eine ganzheitliche Pneumatologie, M 1991, 320 ff., sowie dazu W. Härle 1995, 403 ff.
26. Vgl. UG 680.

stus erhält im rechten, einigen Glauben; in welcher Christenheit er mir und allen Gläubigen täglich alle Sünden reichlich vergibt und am Jüngsten Tag mich und alle Toten auferwecken wird und mir samt allen Gläubigen in Christus ein ewiges Leben geben wird.«[27] Der Heilige Geist vollendet das Leben des Christenmenschen; insofern handelt es sich bei seinem Werk um ein »eschatisches Geschehen«[28], welches das letzte Ziel des Lebens aufleuchten läßt und bereits die Gegenwart bestimmt.[29] Damit kommt zugleich das Ziel der gesamten Schöpfung in den Blick. Die Erwartung, daß die noch der Vergänglichkeit unterworfene Schöpfung »frei werden« wird »zu der herrlichen Freiheit der Kinder Gottes« (Röm 8,21), steht für Paulus deutlich in einem pneumatologischen Zusammenhang. Martin Luther faßt zusammen: Der Heilige Geist »ist das, womit der Vater durch Christus und in Christus alles wirkt und lebendig macht.«[30]

B Außerchristliche Entsprechungen

Im Blick auf die Pneumatologie stellt sich das Problem, außerchristliche Entsprechungen zu finden, schwieriger dar als in manchen anderen Bereichen. Begriffe zueinander in Beziehung zu setzen, scheint sich schon deswegen zu verbieten, weil die in den jeweiligen Kontexten verwendeten Ausdrücke nicht scharf genug umrissen sind; dies gilt ja bereits für den innerchristlichen Sprachgebrauch. Am ehesten scheint dieses Verfahren noch innerhalb der abrahamitischen Religionen möglich zu sein. In den östlichen Religionen jedoch begegnet dem westlichen Beobachter eine derart fremde religiöse Welt, daß er hier nur tastende Versuche des Verstehens und Vergleichens wagen kann. Gleichwohl wurde der Heilige Geist hin und wieder mit dem taoistischen Begriff »ch'i« in Verbindung gebracht.[31] Wo der Blick auf die Begrifflichkeit nicht weiterführt, könnte man danach fragen, welche Funktionen mit den als äquivalent vermuteten Begriffen verbunden werden. Auch dies erweist sich als schwierig: Bereits hinsichtlich der biblischen Aussagen und ihrer Wirkungsgeschichte zeigt sich ja ein äußerst buntes Bild. Sodann stehen außerhalb des christlichen

---

27. UG 545.
28. So E. Herms, Luthers Auslegung des Dritten Artikels, Tü 1987, 100 ff.; Herms versteht es freilich primär als Offenbarungsgeschehen, das »insofern *vergegenwärtigenden* Charakter« hat, »als es die *Vergegenwärtigung des evidenten Wahrseins der Kreuzesbotschaft* ist.« Ebd. 102. Damit droht das Wirken des Heiligen Geistes freilich auf einen kognitiven intellektuell nachvollziehbaren Vorgang reduziert zu werden.
29. Darum spricht das Neue Testament verschiedentlich von der »Anzahlung« des Geistes; vgl. II Kor 1,22; II Kor 5,1-5; Röm 8,23; Eph 1,14.
30. M. Luther, WA 7,218, 31.
31. Siehe unten S. 431 f.

Denkens so viele und dem biblischen Befund so ähnliche Phänomene gegenüber, daß die Unterscheidbarkeit unmöglich zu werden droht. Aus religionsphänomenologischer Sicht meint Carl A. Keller zu den »Manifestationen des Heiligen Geistes im Neuen Testament« feststellen zu können, »daß alle wesentlichen Elemente … sich im enthusiastischen Erleben aller Völker und Religionen wiederfinden.«[32] Trotz der genannten Schwierigkeiten ergibt sich – bei aller Vorsicht – eine Reihe von interessanten Beobachtungen.

(1) Judentum

Wie bereits angesprochen, gehört das Wissen um den Heiligen Geist konstitutiv zur Botschaft der Hebräischen Bibel; es ist zu prüfen, wie es sich in der nachbiblischen Zeit weiterentwickelt hat. Dabei fällt im Blick auf das Judentum zweierlei besonders auf: das Wissen um die Gegenwart des Geistes und die Verpflichtung gegenüber dem »Geist der Heiligkeit«.

(a) Die Entwicklung der Rede vom Heiligen Geist

Während vom Geist Gottes, seinem »Odem«, schon in den älteren Schichten der Hebräischen Bibel die Rede ist, taucht die Wendung »Heiliger Geist« erst vergleichsweise spät auf (vgl. Ps 51,13; Jes 63,10 f.). Erst damit wird es möglich, von ihm als einer eigenen Größe zu sprechen. In Qumran ist er, ohne daß sich dort ein einheitliches Bild ergäbe, der Geist der Wahrheit, der den Mitgliedern der erwählten Gemeinschaft verliehen wurde. Philo spricht vom »göttlichen Geist«, den er im wesentlichen auf Inspiration und Prophetie bezieht. Für die Rabbinen ist der Heilige Geist vor allem der »Geist der Prophetie«, der einzelnen oder dem ganzen Volk verliehen sein kann. Hier zeigt sich freilich die Schwierigkeit einer sachgemäßen Übersetzung: Es handelt sich nach rabbinischer Auffassung um den »Geist des Heiligtums«, sofern er konkret im Heiligtum, nämlich im Tempel, begegnet. Damit konnte sich die Vorstellung von der Schechina, der Einwohnung Gottes, aber auch der Gedanke vom Aufhören der Wirksamkeit des Heiligen Geistes nach der Zerstörung des Tempels verbinden.[33] Schließlich wurde von bestimmten Gruppen auch die Erwartung des Geistes gehegt, der auf dem Messias ruhen (vgl. Jes 11,2) und der zur Wiedergeburt des Volkes Israel führen werde (vgl. Ez 37). Im Mittelalter wurde der

---

32. Carl A. Keller, Enthusiastisches Transzendenzerleben in den nichtchristlichen Religionen, in: Cl. Heitmann, H. Mühlen (Hg.), Erfahrung und Theologie des Heiligen Geistes, H 1974, 62 f.
33. Vgl. P. Schäfer, Die Vorstellung vom Heiligen Geist in der rabbinischen Theologie, M 1972.

Heilige Geist teils als Gabe an das Volk Israel, teils als individuelles, prinzipiell für den einzelnen erreichbares Charisma diskutiert. Charismatische Erfahrungen etwa in der Kabbala haben nicht zur Vertiefung oder Entfaltung einer Geistlehre geführt, die dort freilich in das spekulative System einbezogen wird. Die theologische Schwierigkeit mag darin bestanden haben, daß der Geist schon nach rabbinischem Verständnis »weder mit Gott subjektsidentisch ist noch auch als Hypostase neben oder unter Gott« aufgefaßt werden darf.[34] Im Judentum der Neuzeit hat sich ein Interesse an der Lehre vom Heiligen Geist oder gar eine eigene pneumatologische Konzeption nicht herausgebildet. Isoliert wirkt der Ansatz von Hermann Cohen, der bei dem Versuch, jüdisches und deutsches philosophisches Denken miteinander zu verbinden, dem »heiligen Geist« in seinem religionsphilosophischen Werk »Religion der Vernunft aus den Quellen des Judentums« ein eigenes Kapitel widmete.[35]

(b) Die Gegenwart Gottes

Sucht man im Judentum nach einer Entsprechung zum christlichen Verständnis des Heiligen Geistes, so trifft man unweigerlich auf die bereits mehrfach genannte Vorstellung der *Schechina*. Der unerforschliche Gott wohnt zugleich der Welt inne, so Martin Buber; er vergegenwärtigt sich als transnaturale und zum Guten aufrufende Kraft in der Gemeinde, im Gottesdienst, so Mordecai Menaham Kaplan[36]; die Wissenschaften vermögen ihn bis zu einem gewissen Grade als die alles erfüllende Vitalität, den Schöpfergeist, zu enthüllen, findet Rab Kook.[37] Jürgen Moltmann bezieht die Lehre von der Schechina ausdrücklich auf die christliche Pneumatologie: Sie mache »den personalen Charakter des Geistes« klar (wobei er offenbar an eine anthropomorph vorgestellte Personalität denkt), lenke die Aufmerksamkeit auf die »Empfindsamkeit« des Gottesgeistes und weise auf die »Kenosis des Geistes« hin.[38] Rabbi Meir lehrte: »Wenn ein Mensch gepeinigt wird, so spricht dabei die Schechina: Ich empfinde diesen Schmerz mit.«[39] Im Talmud heißt es, aus Koh 8,15 (»Darum pries ich die Freude ...«) sei »zu lernen, daß der Geist Gottes (Schechina) nicht dort ruht, wo Trübsinn oder Trägheit ist oder Ausgelassenheit und Leichtfertigkeit oder Geschwätz und unnütze Reden, sondern nur in der freudigen Stimmung einer frommen Handlung.«[40]

34. P. Schäfer, Art. Geist / Heiliger Geist / Geistesgaben II. Judentum, in: TRE 12, 173-178; Zitat: 174.
35. H. Cohen ³1995, 116-130.
36. Nach G. Mayer 1994, 291.
37. Nach G. Mayer 1994, 304.
38. J. Moltmann, Der Geist des Lebens. Eine ganzheitliche Pneumatologie, M 1991, 64.
39. M. Sanhedrin 6,5, nach W. Homolka (Hg.), Die Lehren des Judentums nach den Quellen. Neue und erweiterte Ausgabe, Bd. II, M 1999, 65.
40. Sabbat 30b nach W. Homolka (Hg.), ebd. Bd. I, 122.

(c) Der Geist der Heiligkeit

Die Übersetzung »heiliger Geist« ist nach H. Cohen »überhaupt« falsch. Es müsse heißen »Geist des Heiligtums« oder – was Cohen vorzieht – »der Heiligkeit.« Der Vers Ps 51, 13 sage: »dein Geist der Heiligkeit, noch genauer vielleicht: der Geist deiner Heiligkeit.«[41] Damit gewinnt die ethische Interpretation des Geistes die Oberhand, die sich in der Tat schon bei den Rabbinen findet: Der Geist kann dann geradezu zum Lohn für vollkommenes Verhalten werden. Der heilige Geist beziehe sich, so Cohen, gar nicht so sehr auf Gott wie auf den Menschen; ja er verbinde Gott und den Menschen. Durch den Geist sei jeder Mensch zur Heiligkeit berufen. »Der heilige Geist ist der Geist der sittlichen Handlung und als solcher der Geist des Menschen.«[42] Andererseits ist er aber auch der Geist Gottes; er ist »Attribut« von beiden; er ist »Verbindungsglied« und »Vollzugsglied« der »Korrelation«. Damit ist jede andere Form der Vermittlung, sei sie pantheistisch oder etwa christologisch gedacht, ausgeschlossen. Der zur Heiligkeit auffordernde und aufgeforderte Geist macht den Menschen zum Individuum, konstituiert seine Würde.[43] Mit Cohens Ansatz wird zweifellos ein für das Judentum charakteristischer Zug betont; aber dieses Anliegen ließe sich auch ohne die spezifische Rezeption des Begriffs »heiliger Geist« erfüllen. Insgesamt spielt die Rede von »heiligem Geist« im Judentum eine nur periphere Rolle.

(2) Islam

Koranische und nachkoranische Aussagen über den Geist Gottes, die ebenfalls nicht zu häufig sind, tragen deutliche Spuren der alttestamentlich-jüdisch-christlichen Tradition. Die Rede vom Geist Allahs hat allenfalls für die islamischen Mystiker eine gewisse Bedeutung gefunden.

(a) Geist von Gottes Geist

Allah hat Adam geformt und ihm von seinem Geist »eingeblasen« (Sure 15,29). Auch wenn der Koran Allah von »unserem Geist« oder sogar von dem »Geist der Heiligkeit« (nach manchen Übersetzern vom »heiligen Geist«) sprechen läßt (vgl. Sure 2,87.253), ist es nie »der« – hypostasierbare – Geist Gottes. Es ist Geist von Gottes Geist. Der Mutter Jesu erschien Gottes Geist »im Bildnis eines wohlgestalteten Mannes« (Sure 19,17). Maria und ihr Sohn Jesus konnten

41. H. Cohen ³1995, 121.
42. Ebd. 127.
43. Vgl. ebd. 121 f., 124 ff.

»zu einem Zeichen für die Weltbewohner« werden, denn: »Da bliesen Wir in sie (Maria) von unserem Geist ...« (Sure 21,91). Mit Recht gilt Jesus daher als »ein Geist von Ihm«, Allah (Sure 4,171). Dies ist freilich in einem restriktiven Sinne zur Abwehr überhöhter Vorstellungen gesagt. Jesus selbst habe einen Gesandten angekündigt, der nach ihm kommen werde – »sein Name ist Ahmad«, der »Hochgelobte« (Sure 61,6). Dabei handle es sich freilich nicht um den Parakleten nach Joh 14,26, sondern um Muhammad. Das Johannes-Evangelium habe die Ankündigung Muhammads durch Jesus entstellt. Statt des dem arabischen »Ahmad« entsprechenden »perikleitos« oder »periklytos« schreibe es nämlich »parakletos« – »Beistand«. In der Kombination von Joh 14,26 mit Sure 61,6 meinen Muslime eine Bestätigung der Sendung Muhammands durch Jesus zu erkennen. Muhammad habe durch den »treuen Geist«, der mit dem Engel Gabriel identifiziert wird, den Koran übermittelt bekommen (Sure 26,193 f.). Einen besonderen Akzent gewinnen die koranischen Aussagen über den Geist dadurch, daß sie mit dem Befehl Allahs in Zusammenhang gebracht werden: Geist Gottes ist Geist vom Befehl Allahs (z.B. Sure 17,85). Engel führen die Befehle Gottes aus. Umstritten ist im heutigen Islam die Existenz und Funktion von Geistern (Djinnen), die alle möglichen Formen annehmen und mit den Menschen Beziehungen eingehen können. Religionsgeschichtlich gesehen, leben in ihnen lokale vorislamische Geister fort.

(b) Islamische Mystik

In der islamischen Mystik werden die Begriffe für »Geist« *(ruh, nafs)* kaum bemüht, aber doch Erfahrungen beschrieben, die Religionswissenschaftler im Zusammenhang enthusiastischen Erlebens thematisieren würden. Der Sufi kennt einen »Zustand« *(hal)*, den charismatisch orientierte Christen mit dem Wirken des Heiligen Geistes in Verbindung brächten: Es handelt sich um »etwas, das von Gott in das Menschenherz herabgesandt wird, ohne daß er (der Mensch) im Stande ist, es durch seine eigenen Bemühungen zurückzuweisen, wenn es kommt, oder es anzuziehen, wenn es geht.«[44] Bleibt dieser Zustand, so spricht man von *maqam* (»Station«):

»Der *hal* gleicht der Enthüllung der lieblichen Braut,
Aber der *maqam* ist gleich dem Zustand,
wenn der König allein ist mit seiner Braut.«[45]

Der für »Ekstase« verwendete Begriff bezeichnet das mystische »Finden« *(wajd):*

»Was ist *wajd*? ...
Feuer zu werden, ohne daß die Sonne da ist.«[46]

---

44. Uthman al-Hujwiri (1911) nach A. Schimmel ²1992, 149.
45. Rumi nach ebd. 149.
46. Zitat ausgewiesen ebd. 253.

Solches »Finden« kann erreicht werden durch »Hören« *(sama)*, wie es sich bei andächtiger Koran-Rezitation, aber auch beim Hören auf Musik oder Poesie vollziehen mag. Der Tanz, insbesondere der »Tanzenden Derwische«, stellt eine andere, wenn auch umstrittene Form des »Hörens« dar. Es gilt zu differenzieren: Wer Musik oder Poesie »durch die Wahrheit«, nämlich Gott, hört, ist »in der Wahrheit«; »wer sie aber durch sich selbst *(nafs)* hört, ist im Irrtum.«[47] Auch der Geist eines verstorbenen »Heiligen« kann als lebendig und inspirierend erlebt werden. Dabei kommt es u. a. zu Phänomenen, wie sie wohl den in der Pfingstgeschichte geschilderten vergleichbar sind.[48] Es mag am Widerstand der islamischen Orthodoxie liegen, wenn derartige Erfahrungen und Praxen nicht zu einer vertieften Reflexion über den im Koran freilich sehr viel nüchterner beschriebenen Geist Allahs geführt haben.

(3) Hinduistische Traditionen

Sucht man im Zusammenhang hinduistischer Traditionen nach Entsprechungen zur christlichen Pneumatologie, so trifft man unweigerlich auf die Begriffe *brahman / atman*, *cit* und *prana*, merkt aber sehr rasch, daß es sich im Grunde um kaum Vergleichbares handelt. Natürlich können auch hier wieder Berichte von ekstatischen Erfahrungen beigezogen werden.

(a) *brahman / atman, cit, prana*

Auf den ersten Blick mag der Eindruck entstehen, daß *brahman*, als identisch mit *atman* erkannt, dem christlichen Verständnis vom Heiligen Geist entsprechen könnte: Die alles durchdringende göttliche Wirklichkeit offenbart sich dem Menschen als das höchste Selbst. Dadurch wird auch das menschliche Bewußtsein *(cit)* bestimmt, das damit in seiner Verbindung zum göttlichen Bewußtein erkennbar wird. Versteht man den göttlichen Geist in erster Linie als Urenergie, so wird man auf den Begriff *prana* verwiesen: Er bezeichnet den Lebensatem, der durch Atemübungen des Yogi gestärkt werden kann. Als die allem zugrundeliegende Kraft ist *prana* einerseits mit *brahman* identisch, andererseits Manifestation von *brahman*.[49] Alle das Seiende tragenden und bestimmenden Kräfte sammeln sich im OM-Laut; alle Worte werden, so die Chandogya-Upanishad, »durch den OM-Laut zusamengehalten. Der OM-Laut ist

---

47. Zitat ausgewiesen bei Carl A. Keller, Enthusiastisches Transzendenzerleben in den nichtchristlichen Religionen, in: Cl. Heitmann, H. Mühlen (Hg.), Erfahrung und Theologie des Heiligen Geistes, H 1974, 60.
48. Vgl. ebd. 54 f.
49. Vgl. M. v. Brück, [2]1987, 84-86; H. Le Saux [2]1994, 109 f.

dieses ganze Universum.«[50] Der Erleuchtete erkennt *brahman* inmitten seiner Alltagswelt, ohne dabei besonderer spiritueller Anstrengungen zu bedürfen *(vijnana)*. Im Vedanta wird dies als »Brahman mit offenen Augen sehen« bezeichnet.[51]

(b) Krishna als höchster Geist

Hinduistische Frömmigkeit drückt sich natürlich nicht nur in abstrakten philosophischen Reflexionen aus. Auch einzelne Gottheiten können höchsten Geist und vitale Lebenskraft repräsentieren:

> »Shiva ergreift den Bhakta, daß er nicht mehr entweichen kann.
> Dieser fühlt sein Inneres zerschmelzen, wie Wachs vor dem unwiderstehlichen Feuer schmilzt ...«[52]

Ähnliche hochpoetische Äußerungen lassen sich im Blick auf das »Kommen« Vishnus ins Herz des Gläubigen zitieren. Besonders eindrücklich sind diejenigen Passagen der Bhagavadgita, in denen sich Krishna als höchster, alles durchdringender Geist vorstellt:

> ...»Und wenn ich in die Erde eindringe,
> erhalte ich die Kreaturen mit meiner Kraft.
> Ich lasse alle Pflanzen wachsen
> Und bin als Soma zu Geschmack geworden.«[53]

In den Menschen mit ihren unterschiedlichen emotionalen und rationalen Fähigkeiten vergegenwärtigt sich Krishna als höchster Geist:

> »In aller Herz bin ich eingegangen,
> Gedächtnis, Weisheit und logisches Denken kommen von mir.
> Und ich bin es, der durch alle Vedas erkannt wird ...«[54]

> »Wer mich so, frei von Verblendung,
> als Höchsten Göttlichen Geist erkennt,
> der erkennt alles und hat Anteil an mir ...«[55]

---

50. Zitiert bei H. Le Saux, ²1994, 111.
51. LÖW 432.
52. Zitiert nach Carl A. Keller, Enthusiastisches Transzendenzerleben in den nichtchristlichen Religionen, in: Cl. Heitmann, H. Mühlen, Erfahrung und Theologie des Heiligen Geistes, H 1974, 56.
53. BG 15,13; 333; Soma bezeichnet einen wohl halluzigenen Saft, der in vedischer Zeit einen Teil des Opfers ausmachte.
54. BG 15,15; 334.
55. BG 15,19; 338.

»Die sich übenden Yogis
sehen Ihn als im eigenen Selbst existierend.
Die sich üben und dabei unvollkommen in der Selbstverwirklichung sind,
die Ungeistigen, sehen Ihn nicht.«[56]

Neben der Vorstellung, der Geist durchdringe alles Materielle, gibt es, je nach
Schule, auch dualistische Auffassungen, denen zufolge der Geist sich gegen das
Materielle durchsetzt. Gerade an den zuletzt herangezogenen Texten wird unmittelbar deutlich, wieviel bei dem Versuch, Entsprechungen zu finden, an der
jeweiligen Übersetzung bestimmter Begriffe liegt. Soweit man eine Gesamtten-
denz hinduistischen Denkens ausmachen kann, läßt sich aber wohl sagen: Seine
diesbezüglichen Anschauungen sind derart differenziert und andererseits so
umfassend angelegt, daß von einer eigenen Lehre vom Geist gar nicht gesprochen werden kann.

(4) Buddhismus

Für buddhistisches Verständnis gehört die Rede von »Geist« zur Anthropologie.
Der Geist des Menschen, nicht wirklich zu unterscheiden von seinem Denken
und seinem Bewußtsein, bedarf der Erlösung, kann aber auch selbst zur Erlösung beitragen. Der Mensch soll seinen Geist nutzen, ihn in Achtsamkeit und
Konzentration recht einsetzen. Als transzendente Kraft kann der Geist allenfalls
im Rahmen der Trikaya-Lehre, der Lehre von den drei Körpern Buddhas, verstanden werden: Zwischen dem unanschaulichen Absoluten, dem *dharmahaya*,
und dem Menschen vermittelt der *sambhogakaya*, der »Seligkeitskörper«, dessen man in der Meditation innewerden kann.[57] In gewisser Weise läßt sich auch
die Auffassung des Mahayana von der »Buddhanatur«, die in allen Wesen gegenwärtig sei, als eine Entsprechung zur christlichen Lehre vom Heiligen Geist
verstehen. Der strikt anthropologische Ansatz und Gehalt des buddhistischen
Denkens droht dabei allerdings verschleiert zu werden.

(5) Taoismus

Gelegentlich wird die christliche Rede vom Heiligen Geist mit der im Taoismus
beheimateten Vorstellung in Verbindung gebracht, ein kosmischer Geist, zugleich als Hauch, Atem und Atmosphäre verstanden – *ch'i* –, durchdringe alles

56. BG 15,11; 332.
57. Vgl. M. v. Brück, Wh. Lai 1997, 462 f.

und mache zugleich die Lebenskraft des Menschen aus. Die beiden großen Grundkräfte des Universums, *yin* und *yang*, gelten als ursprünglich im Ur-Ch'i vermischt. Durch ihre Trennung entstanden Himmel und Erde, durch ihre abermalige Vermengung die »Zehntausend Dinge«, nämlich die Gesamtheit alles Seienden. Das bedeutet für den Menschen: Er »ist in Ch'i und Ch'i ist innerhalb des Menschen. Himmel und Erde und die Zehntausend Wesen, alle benötigen sie das Ch'i, um am Leben zu bleiben.«[58] Der konfuzianische Meister Meng-tzu (latinisiert Mencius, gest. 289 v. Chr.) betrachtete Ch'i als eine erfahrbare Kraft, ohne es aber näher beschreiben zu können: Ch'i »ist überaus groß und überaus stark. Wenn man es mit aufrechter Gesinnung nährt und es nicht verletzt, so vermag es alles zwischen Himmel und Erde zu füllen.«[59] Es kann mit »krafthauch« übersetzt werden. Aus dem Einen, dem Tao sind die vielerlei Dinge entstanden:

> »… getragen vom Yin, umfangen vom Yang,
> geeint werden sie durch den allumfassenden krafthauch.«[60]

Der neokonfuzianische Denker Chu Hsi (12. Jh. n. Chr.) stellt *ch'i* als dem materiellen Prinzip *li* als das Formprinzip gegenüber; im Zusammenspiel beider verwirklicht sich *t'ai-ch'i*, das »Große Letzte«.[61] Die koreanische christliche Theologin Chung Hyun Kyung erläutert, dem traditionellen Denken Nordostasiens zufolge sei »KI Atem und Wind des Lebens. KI gedeiht in den harmonischen Verknüpfungen zwischen Himmel, Erde und den Menschen. Wenn irgendeine Spaltung oder Teilung besteht, kann KI (die Lebensenergie) nicht fließen, und dies führt zu Zerstörung oder Krankheit aller Lebewesen.«[62]

Im Menschen sammelt sich nach traditioneller Auffassung das Ch'i im »Ozean des Atems« nahe dem Nabel. Durch Atemübungen kann es gestärkt werden; es kommt darauf an, daß man es »zirkulieren« läßt, ggf. mit Hilfe von Visualisierungen: Man stellt sich beispielsweise vor, daß die durch die beiden Nasenlöcher eingesogene Luft in zwei unabhängigen Linien durch den Körper zieht oder durch einen vorausgehenden Führer in alle Regionen des Körpers gelenkt wird. Die chinesische Medizin hat durch entsprechende Anschauungen und Erfahrungen durchaus profitiert. Der elementare Zusammenhang von Leben und Atem ist offenbar der Ausgangspunkt dieses Ansatzes, der sich dann mit kosmologischen Anschauungen verbinden konnte.

---

58. So der taoistische Philosoph Ko Hung (4. Jh. n. Chr.) nach LÖW 74.
59. Laudse, Daudedsching, L 1978, Einführung, 38.
60. Ebd. Kap. 42; 92.
61. Vgl. H. Küng, J. Ching, Christentum und Chinesische Religion, M 1988, 107 ff.
62. Chung Hyun Kyung, »Komm, Heiliger Geist – erneuere die ganze Schöpfung«. Vortrag … am 8. Februar 1991 auf der Vollversammlung des Ökumenischen Rates der Kirchen in Canberra, Australien, in: dies., Schamanin im Bauch, Christin im Kopf, St 1992, 27.

C Pneumatologie als interreligiöses Integral?

Sucht man in den nichtchristlichen Religionen nach Entsprechungen zur christlichen Rede vom Heiligen Geist, so fallen einem einerseits vielerlei Anklänge, andererseits aber auch erhebliche Differenzen auf. Die Beobachtung vieler in den Religionen einander ähnelnder charismatischer Phänomene läßt nach einer etwa gemeinsamen anthropologischen Basis fragen. In manchen Religionen wird der göttliche Geist eher individuiert, in anderen eher universal gesehen. Aus christlicher Perspektive kommen bei der Begegnung mit nichtchristlichen Religionen einerseits pneumatologische Defizite, andererseits auch Impulse zu einer tieferen Erfassung des Heiligen Geistes in den Blick. Schließlich ist angesichts interreligiöser Wahrnehmungen der theologische Stellenwert der Lehre vom Heiligen Geist noch einmal neu zu würdigen.

(1) Anthropologische Basis

Es ist schon immer aufgefallen, daß typische charismatische Phänomene – Zungenrede, Heilung, Divination, Ekstase – in nichtchristlichen religiösen Bereichen phänomenologisch kaum anders erscheinen als innerhalb des Christentums. Ob sich von daher die Abneigung (wenn nicht Angst) der in Judentum, Christentum und Islam um Rechtgläubigkeit Besorgten erklärt? Von christlichen Theologen wird diese den Religionen offenbar gemeinsame Erlebniswelt selten wirklich positiv gewürdigt. Nur wer eigene Erfahrungen in der Begegnung mit mystisch oder enthusiastisch orientierten Vertretern anderer Religionen hat, mag sich, wenn er sich nicht erschreckt zurückzieht, der Fragestellung, die sich damit verbindet, öffnen. Der Benediktinermönch Henri Le Saux, der als Swami Abhishiktananda die Begegnung zwischen Hinduismus und Christentum sozusagen am eigenen Leibe gelebt hat, hatte keine Schwierigkeiten, pneumatologische Stellen des Neuen Testaments auf entsprechende Aussagen in den Upanishaden zu beziehen. Er beobachtet die Einheitssuche und -erfahrung in Indien und fragt: »Denkt man nicht unwillkürlich: Hier ist der Geist schon am Werk, *subministrans* (Phil 1,19) ... ›Der Geist, der alles erfüllt und alles zerstreut‹, wie die Weisheitsüberlieferung der Bibel sagt (Weish. 8)«?[63] »Den *prana* als Geist im Zusammenhang der einen trinitarischen Wirklichkeit zu denken, wäre hier« – so Michael von Brück – »der entscheidende Ansatzpunkt, die christliche Erfahrung des Geistes mit den asiatischen Lebens- und

---

63. H. Le Saux [2]1994, 47; vgl. 41-48, 66-70, wobei allerdings kritische Anmerkungen nicht völlig fehlen.

Meditationswegen ins Gespräch zu bringen.«[64] Mystische Religiosität kann unterschiedlichste Geisterfahrungen miteinander vereinen. Horst Georg Pöhlmann sieht Parallelen zwischen dem christlichen »sola gratia« und der hinduistischen Bhakti-Mystik. Er findet:»Die Mystik ist eine Brücke der Verständigung zwischen beiden Religionen.« Stimmt das? Pöhlmann selbst stellt einschränkend fest:»Die Brücke verringert freilich nicht den Abstand zwischen beiden Ufern.«[65]

Einerseits stimmt es. Es scheint mit der psychosomatischen Konstitution der Menschen zusammenzuhängen. Physiologisch gesehen, ist die rechte Gehirnhälfte für Einheitserfahrungen zuständig, wie sich aus dem Fehlen solcher Erfahrungen bei Schizophrenen erschließen läßt. Wenn diese Beobachtung zutrifft, gehört Mystik »mit dem Urtrieb der in sich gespaltenen menschlichen Natur zusammen, die Schranken der eigenen Persönlichkeit zu sprengen und in Einheit aufzugehen«.[66] Dieses Bedürfnis kann sich in unterschiedlichen, von der religiösen Umgebung jeweils vorgegebenen Interpretationsmustern artikulieren. Ähnliche psychische Erfahrungen oder auch äußere Sinneseindrücke erhalten dabei eine möglicherweise unterschiedliche Deutung. Wenn die mystische und damit auch die charismatische Erfahrung zum Ganz-Sein des Menschen gehört, müssen sich pneumatologische Konzeptionen, die dies vernachlässigen, auf ein Manko hinweisen lassen. Dies gilt innerhalb des Christentums besonders im Blick auf die reformatorischen Traditionskirchen.

Andererseits existieren die genannten Erfahrungen nie unabhängig von ihrer Interpretation. Bereits Rudolf Otto hatte festgestellt, daß sich Mystik immer »besondert«, weil es Mystik in einem generellen Sinne, »Mystik überhaupt«, gar nicht gebe; immer sei sie »gefärbt« von dem Boden, über dem sie sich »wölbt«.[67] Von daher wird es auch ohne weiteres verständlich, daß in der Rede von göttlichem Geist Religionen einerseits sich berühren, andererseits unterschiedliche Auffassungen entwickeln. Doch ist gerade angesichts der gemeinsamen anthropologischen Basis, die der christliche Glaube ja schöpfungstheologisch deutet, zu fragen, was Religionen in diesem Bereich voneinander lernen können.

(2) Elitärer oder universaler Geist?

Judentum und Islam verstehen die Gabe göttlichen Geistes als Privileg: Er ist den Propheten gegeben; einzelne von ihnen werden mit Namen genannt. Das

---

64. M. v. Brück ²1987, 238.
65. H. G. Pöhlmann 1995, 98.
66. Chr. Elsas, Art. Mystik, in: EKL ³3,571.
67. R. Otto, West-östliche Mystik. Vergleich und Unterscheidung zur Wesensdeutung, Gü 1979 (Taschenbuchausgabe), 161, 175; vgl. 190.

Judentum hat zu bestimmten Zeiten den Geist auch als ein auf das Volk Israel bezogenes Charisma aufgefaßt; erst die Konzeption von H. Cohen weitet den Blick ins Universal-Sittliche. Auch der christliche Glaube denkt bei der Rede vom Heiligen Geist zuerst einmal an den Geist, dem er selbst sich verdankt und aus dessen Wirken die Kirche hervorgegangen ist und ihre Lebendigkeit erhält. Die östlichen Religionen dagegen sehen *brahman, prana, ch'i* als eine nicht nur alle Menschen, sondern alles Seiende durchdringende Kraft; auch die im Mahayana vertretene Auffassung von der »Buddhanatur« aller Menschen, später sogar aller Dinge, kann in diesem Zusammenhang genannt werden. Wiederum weiß auch die jüdisch-christliche Tradition um die universal wirksame Gegenwart des Heiligen Geistes. Sie vereint damit Momente, die in den durch den Hindukusch geschiedenen Religionen tendenziell in Spannung zueinander stehen. Sie verbindet den partikularen und den universalen Ansatz durch eine spezifische Sicht der Dynamik des Geistwirkens. Der Heilige Geist wirkt im einzelnen Glaubenden und in der Kirche, aber er ist nicht darauf begrenzt. Gerade das »innerchristliche« Geistwirken steht ja unter der Verheißung und im Dienst der Erwartung der Ausgießung des Geistes »auf alles Fleisch« (Act 2,17; Joel 3,1). Der eschatologisch sich durchsetzende Geist wird erkannt als der von der Schöpfung her alles Lebendige begründende und alles Leben ermöglichende Geist Gottes.

(3) Defizitäre Pneumatologien

Vergleicht man die verschiedenen Auffassungen von »Geist« in den nichtchristlichen Religionen mit christlicher Pneumatologie, so fallen dieser gegenüber trotz mancher Gemeinsamkeit durchaus erhebliche Unterschiede auf. Ein Problem der jüdischen wie der islamischen Rede von Gottes Geist besteht darin, daß die Zuordnung des Geistes zu Gott unklar bleibt. Die Schechina, sofern man sie überhaupt als Äquivalent zu »Geist« verstehen darf, ist weder mit Jahwe zu identifizieren noch stellt sie eine eigene Hypostase dar. Der Geist vom Geist Allahs wird einerseits als selbständiges Subjekt genannt, ist andererseits aber keineswegs in Konkurrenz zu dem einen Gott zu sehen. Vielleicht sind die hier unaufgearbeiteten Unklarheiten daran schuld, daß die Rede vom Geist in diesen beiden Religionen eher am Rande steht. Eine umgekehrte Problematik ist bei den östlichen Religionen zu beobachten. Hier gestaltet sich die Rede von göttlichem Geist derart umfangreich und ausufernd, daß sie im Grunde jegliches Profil zu verlieren droht. Die hinduistischen Begriffe *brahman / atman* und *prana*, das taoistische Konzept von *ch'i* und schließlich auch die mahayanistische Auffassung von der Buddhanatur saugen konkretere Aussagen über Götter und Menschen geradezu auf; die Gottheiten werden dabei entweder zu Repräsentanten göttlichen Geistes oder sie bleiben selbst auf die Begnadung durch ihn angewiesen. Die Menschen verlieren angesichts der Übermacht und Allgegenwart des das Universum durchflutenden Geistes ihre Individualität, ja ihre Personalität. Dies ist natürlich aus der Perspektive des christlichen Glaubens geurteilt, der sich um eine klare Zuordnung und damit auch Profilierung des Heiligen Geistes bemüht. Hier bewährt sich erneut sein trinitarischer Ansatz. Der Heilige Geist ist als Geist des Schöpfers der gesamten Schöpfung gegenwärtig und motiviert Menschen, nach Erfüllung und Erlösung zu verlangen. Als Geist des Erlösers begegnet er in Jesus Christus, in Wort und im Sakrament und in der dadurch sich sammelnden Kirche. Indem er das menschliche Transzendierensvermögen auf Gestalt, Botschaft und Geschick Jesu Christi zu beziehen vermag, führt er zum Glauben. Der trinitarische Ansatz hat die christliche Theologie freilich nicht davor bewahrt, ihrerseits Defizite zu entwickeln und in Einseitigkeiten abzugleiten – in die Vernachlässigung der Pneumatologie oder in die kompensatorische Überbewertung charismatischer Erfahrungen.

(4) Außerchristliche pneumatologische Impulse

Im Islam ist die Rede von Gottes Geist so peripher, daß von hier keine nennenswerten Impulse im Blick auf christliche Pneumatologie zu erwarten sind. Allenfalls kann die – freilich ebenfalls am Rand stehende – Sufi-Mystik dazu ermuntern, Momente mystischer Erfahrung auch innerhalb des Christentums stärker zu beachten und zuzulassen. Das Judentum spricht vom »Geist der Heiligkeit« und verweist damit auf die ethischen Implikationen der Pneumatologie, die in der christlichen Lehre oftmals nur eine geringe Rolle gespielt haben. Erst in den letzten Jahrzehnten wird der Zusammenhang zwischen Pneumatologie und Spiritualität stärker entdeckt und reflektiert.[68] Von den östlichen Religionen dagegen ist zu lernen, daß göttlicher Geist und Schöpfung zusammengehören. Dem christlichen Glauben ist dieser Gedanke ja keineswegs fremd, aber er hat ihn theologisch zu wenig reflektiert und praktisch kaum umgesetzt. Hinduismus und Buddhismus weisen auf die Bedeutung von Atem und bestimmten Körperhaltungen hin. Die Kultivierung des Atmens und der Geste auch im christlichen Gottesdienst könnte eine sinnvolle Weiterführung dieser Anregungen darstellen. Es gibt eine im Christentum weithin vergessene »Körpersprache« der Geisterfahrung![69] Eros und Sexualität sind als Kräfte zu entdecken, die sich pneumatologisch deuten und vielleicht auch gestalten lassen. Die Chri-

68. Vgl. z.B. H.-M. Barth, Spiritualität, Gö 1993, sowie ders., Die Beziehungen zwischen Spiritualität und Lehre als ökumenisches Problem, in: J. Brosseder, E. Ignestam (Hg.), Die Ambivalenz der Moderne, Uppsala 1999 (= Tro & Tanke 1999: 7-8), 145-155.
69. Vgl. J. Moltmann, Der Geist des Lebens. Eine ganzheitliche Pneumatologie, M 1991, 276ff., der freilich von der Körpersprache der »sozialen Gotteserfahrung« spricht und u.a. auf Handauflegung, Fußwaschung und den »heiligen Kuß« verweist.

stenheit sollte sich die Jahrtausende alten Erfahrungen der östlichen Religionen im Bereich körperlicher Voraussetzungen und Folgen von Erfahrungen mit dem, was sie unter »Geist« verstehen, zunutze machen, sie »prüfen« und »das Gute behalten« (vgl. I Thess 5,21).

(5) Der theologische Stellenwert der Pneumatologie

In Judentum und Islam scheint die Rede von Gottes Geist unterbewertet zu sein, in den östlichen Religionen dagegen beherrschen die entsprechenden Äqivalente das religiöse Denken und Erfahren so sehr, daß vieles andere daneben zurücktreten muß. Innerhalb des Christentums wird die Pneumatologie unterschiedlich gewichtet – relativ stark in der ostkirchlichen Orthodoxie, eher zurückhaltend in den reformatorischen Traditionskirchen, überstark in der Pfingstbewegung. Von den Theologen der Großkirchen wurde, insgesamt gesehen, die Beschäftigung mit dem Heiligen Geist nie übertrieben. Der Protestantismus, der sich aufgrund seiner christologischen Konzentration hier oft desinteressiert gezeigt hat, wurde bereits von der innerchristlichen Ökumene pneumatologisch durchaus angeregt. Er sollte sich durch die Begegnung mit den nichtchristlichen Religionen herausfordern lassen, seine Pneumatologie weiter zu entfalten. Es kann ja nicht darum gehen, »andere Geister an die Stelle des Heiligen Geistes zu setzen«[70], wie die orthodoxe Stellungnahme zu der von der koreanischen Theologin Chung Hyun Kyung in Canberra vorgetragenen »Anrufung«[71] mit Recht unterstreicht. Aber es kommt darauf an, außerchristliche Konzepte von »Geist« daraufhin zu untersuchen, ob der dreieine Gott durch sie der Christenheit eine vertiefte Einsicht in sein Geistwirken schenken könnte. Dies würde dann alle Gebiete betreffen, in denen die evangelische Dogmatik schon immer, wenn auch oft nebenher, vom Heiligen Geist gesprochen hat: Soteriologie, Ekklesiologie, Eschatologie und natürlich auch Schöpfungslehre und Christologie.[72]

---

70. Zitiert nach Chr. Lienemann-Perrin, Mission und interreligiöser Dialog, Gö 1999, 120.
71. Die Rede ist abgedruckt in: Chung Hyun Kyung, Schamanin im Bauch, Christin im Kopf, St 1992, 17-30. Zum Ganzen vgl. auch Chr. Henning, Die evangelische Lehre vom Heiligen Geist und seiner Person. Studien zur Architektur protestantischer Pneumatologie im 20. Jahrhundert, Gü 2000.
72. Einen neuen Impuls bietet die sogen. Geist- bzw. Inspirationschristologie; vgl. oben S. 407!

D Thesen

1. Die in reformatorischer Tradition eng an die Christologie gebundene Pneumatologie muß in ihrer – trinitarisch gefaßten – Eigenständigkeit erkannt und entfaltet werden.

2. Das je und je gegenwärtige, auf Vollendung bezogene Wirken des Geistes läßt sich nicht auf den Binnenraum der Kirche, seine Wirkungsweisen nicht auf den Vollzug von Wort und Sakrament, ja nicht einmal auf den Bereich menschlicher Existenz begrenzen.

3. Das Geistwirken ist ein ganzheitliches, den Menschen nicht nur in seinem Bewußtsein betreffendes Geschehen, das seinerseits ganzheitliche Konsequenzen auslöst.

4. Es kann mit der geistlichen Beanspruchung und Entfaltung vorhandener Talente und Fähigkeiten, aber auch mit dem Erwachen neuer und unerwarteter Geistesgaben verbunden sein.

5. Als trinitarische Person steht der Heilige Geist in je eigener Relation zu Gott dem Schöpfer und dem Erlöser, in deren Gemeinschaft er als der Vollender wirkt. Der Streit um das »filioque« verweist auf eine falsche Alternative.

6. Jüdische und islamische Vorstellungen von Gottes Geist betonen das ethische Moment; es fehlt ihnen jedoch die klare Zuordnung des Geistes zu Gott wie zu den Menschen.

7. Taoistische und gewisse hinduistische Vorstellungen von göttlichem Geist bieten vielerlei Anregungen für das Verständnis von Geistwirken, machen aber eine Rede von Gott oder Gottheiten im Prinzip überflüssig. Hindus wie Buddhisten kennen ein Verständnis von Geist/Bewußtsein, in dem sich anthropologische und auf Transzendenz bezogene Grundüberzeugungen treffen.

8. In vielen Religionen beschriebene Geisterfahrungen verweisen auf eine gemeinsame anthropologische Basis, die sich in mystisch gefärbter Religiosität bekundet, ohne die dabei zutage tretenden Unterschiede aufzuheben.

9. Trinitarisch orientierte Pneumatologie überwindet die Diastase zwischen Auffassungen, die die Vermittlung des Geistes an bestimmte Bedingungen gebunden sehen, und Konzeptionen, die mit einem durch nichts eingeschränkten Wirken des Geistes rechnen, indem sie die innere Dynamik zwischen partikularem und universalem Geistwirken artikuliert.

10. Sie vermeidet sowohl die Verdrängung als auch die isolierte Überbewertung spiritueller Vorgänge, indem sie dem Wirken des Geistes eine klare Verortung innerhalb der Beziehung von Schöpfungslehre und Christologie zuweist.

11. Christliche, insbesondere evangelische Pneumatologie kann aus der Begegnung mit nichtchristlichen Geisterfahrungen und -vorstellungen erwachsende Anregungen aufnehmen, indem sie spirituell vernachlässigte Bereiche wie Atmung, Gestik und Sexualität pneumatologisch einholt und kultiviert.

12. Indem Pneumatologie ein theologisches System in seiner Gesamtheit erkennbar durchdringt und bestimmt, ist sie zugleich in der Lage, dessen Funktion für gelebte Spiritualität aufzuzeigen und ansatzweise zu aktualisieren.

7 Welt und Mensch

7.1 Welt und Schöpfung

A Das christliche Bekenntnis zu Gott als dem Schöpfer

Der theologische Ort christlichen Nachdenkens über die Schöpfung[1] hat sich im Laufe der Zeit verschoben. Er scheint heute die Grundaussage darzustellen, wie sie der »erste« Artikel des Apostolischen Glaubensbekenntnisses vorgibt: »Ich glaube an Gott, den Vater, den Allmächtigen, den Schöpfer des Himmels und der Erde ...« Sowohl im alttestamentlichen als auch im neutestamentlichen Zeugnis hat die Schöpfungslehre jedoch eine durchaus nachgeordnete Stellung. Die Schöpfungsberichte, die heute auf den ersten Seiten der Bibel stehen, sind als nachträgliche Extrapolationen von geschichtlich bedingten Erfahrungen Israels (vgl. z. B. Dtn 26,5-9) zu verstehen. Die Exodus-Erfahrung geht dem Schöpfungsglauben voraus! Entsprechend verhält es sich im Neuen Testament: Das christliche Urbekenntnis gilt vorrangig nicht dem Schöpfer, sondern dem Kyrios Jesus (vgl. Phil 2,11), wobei der Glaube an den Gott Israels natürlich den Hintergrund bildete. Erst später kam die Reihung der Artikel des Glaubens zustande. Vermutlich spricht sich in dieser Reihung ein Erbe der antiken Philosophie aus, die nach der »arché« gefragt hatte, und zwar in einem zeitlichen und in einem prinzipiellen Sinn. Dem christlichen Glauben dagegen ging es zunächst nicht um ein bestimmtes Weltbild, um Auskünfte über die Entstehungsgeschichte der Welt, sondern darum, was »die Welt im Innersten zusammenhält« und was die Menschen retten wird. Hierin lagen natürlich mögliche Berührungspunkte mit dem Ansatz der antiken Philosophie (vgl. Joh 1,1!). Die Theologie setzt daher nicht bei dem Problem ein, wie es mit der Welt begonnen haben könnte, sondern bei Erfahrungen bestimmter Menschen mit ihrem Gott. Startplatz ihres Nachdenkens ist weder das Vorhandensein von »Welt« noch eine gedankliche »tabula rasa«, sondern die geschichtliche Erfahrung Israels und der Kirche. Ihre Leitperspektive ist dabei weniger die Frage nach dem Woher der Welt als die nach dem Wohin und nach den Aufgaben, die sich damit stellen!

---

1. Vgl. zum Ganzen O. Bayer, Schöpfung als Anrede, Tü 1986; Chr. Link, Schöpfung. Schöpfungstheologie in reformatorischer Tradition, Gü 1991 (HST 7/1); ders., Schöpfung. Schöpfungstheologie angesichts der Herausforderungen des 20. Jahrhunderts, Gü 1991 (HST 7/2); J. Moltmann, Gott in der Schöpfung. Ökologische Schöpfungslehre, M ²1985; Cl. Westermann, Schöpfung, St 1983.

(1) Das biblische Schöpfungszeugnis

(a) Der Schöpfer des Himmels und der Erde

Das Bekenntnis zu Gott als dem Schöpfer hat sich insbesondere, aber nicht nur im Alten Testament Ausdruck verschafft:

1. Die jahwistische Schöpfungserzählung (es handelt sich nicht um einen »Bericht«; Gen 2,4b-25) sieht keine Schwierigkeit darin, Jahwe mit anthropomorphen Zügen zu beschreiben: Gott macht den Menschen aus Ackererde und richtet ihm einen Garten ein. Er umgibt ihn mit der Welt, die er braucht. Er führt ihm die Tiere vor, denen der Mensch Namen geben soll: Sie werden für den Menschen ansprechbar, ihm damit auch in gewisser Weise dienstbar und verfügbar; die Beziehung wird geknüpft. Darüber hinaus soll der Mensch aber in einem personalen Beziehungsgefüge leben, in der Beziehung zwischen dem »Mann« und der »Männin«. Sie sind fundamental aufeinander bezogen, wie der Hinweis auf die »Rippe« und der Jubelruf Adams auf eine rührend naive Weise zum Ausdruck bringen. Gott stellt den Menschen aber vor allem in die Beziehung zu sich selbst, seinem Schöpfer, redet ihn an, gibt ihm Anweisungen, stellt ihn zur Rede. Pointe ist hier also das Gottesverhältnis des Menschen, das Verhältnis des Menschengeschöpfs zu seinem Schöpfer und zur Schöpfung. Abgesehen davon kann die »Welt« gar nicht zum Thema werden. Hier begegnet ein einerseits anthropozentrisches, andererseits theozentrisches Schöpfungsverständnis, in dem die Welt als solche kein eigenes Interesse findet. Sie wird nur insofern thematisiert, als sie für die Beziehung zwischen Gott und den Menschen die Voraussetzung bildet. Nur im Rahmen dieser Grundperspektive finden auch einzelne ätiologische Elemente ihren Platz.

2. Die priesterschriftliche Schöpfungserzählung (Gen 1,1-2,4a) ist stärker durch Reflexion gekennzeichnet, wobei die theologische Intention jedoch ebenfalls klar erkennbar bleibt. Das »Sechstagewerk« wird in einer Weise transparent gegliedert, die von ferne an moderne Evolutionstheorien denken läßt. Schon die gewählte Begrifflichkeit unterstreicht die unvergleichliche Schöpfermacht Jahwes; für sein souveränes »Schaffen« wird ein eigenes, im Blick auf menschliches Schaffen nicht gebrauchtes Wort verwendet.[2] Gott selbst qualifiziert das Geschaffene als »gut«, als einsatzbereit und funktionsfähig. Die Gottebenbildlichkeit des Menschen wird formuliert und sogleich auf ihre ethischen Implikationen hin bedacht.[3] Nicht der Mensch jedoch ist die »Krone« der Schöpfung, sondern das Ruhen Gottes am Sabbat. Seine Begehung erscheint damit als in der Schöpfung selbst verankert. Pointe des priesterschriftlichen Berichts ist nicht der Hergang der Schöpfung in seinen verschiedenen Stadien, sondern die den Menschen umgebende Gottesordnung.

2. Vgl. THAT I, 336-339.
3. Siehe unten 8.2 A!

3. Hymnologische und weisheitliche Schöpfungsaussagen haben von vornherein ein anderes Ziel als die Beschreibung: Der Schöpfer soll für sein Werk gelobt und sein Werk selbst soll bewundert werden. »Die Himmel erzählen die Ehre Gottes, und die Feste verkündigt seiner Hände Werk« (Ps 19,1)! Gläubige wenden sich voll Lobpreis im Gebet direkt an ihn: »Du lässest Gras wachsen für das Vieh und Saat zu Nutz den Menschen, daß du Brot aus der Erde hervorbringst, daß der Wein erfreue des Menschen Herz …, du machst neu die Gestalt der Erde« (Ps 104,14 f.30). Gottes erhaltendes Handeln realisiert sich durch seine bleibende Zuwendung zur Schöpfung: Darin besteht die Pointe solcher vom Gebet getragener Aussagen. Daß das »Dichten und Trachten des menschlichen Herzens« von Jugend auf »böse« ist, kann nichts daran ändern, daß nach der Sintflut die tragenden Ordnungen der Schöpfung Bestand haben werden (Gen 8,21 f.). Gelegentlich wird eigens betont, daß es einzig Gottes erhaltende Schöpfermacht ist, die das Chaos daran hindert, die Welt zu vernichten (vgl. Hi 38,8-11). Selbst wenn »das Meer wütete und wallte« und die Welt ins Chaos stürzen sollte, wäre doch Gott der schlechthin Überlegene, auf den sich das Vertrauen der Seinen richtet (vgl. Ps 46,2-4). Sein Ratschluß läßt den Menschen verstummen: »Wo warst du, als ich die Erde gründete? Sage mir's, wenn du so klug bist!« (Hi 38,4).

4. Eine Grenzaussage stellt der Gedanke einer Schöpfung »ex nihilo« dar (II Makk 7,28): »… sieh Himmel und Erde an und alles, was darin ist, und bedenke: dies hat Gott alles aus nichts gemacht, und wir Menschen sind auch so gemacht«. Aus dem Kontext ergibt sich die Funktion dieser Beteuerung: Sie verweist auf die absolut überlegene Schöpfermacht Jahwes, der es bei der Erschaffung weder der Welt noch der Menschen nötig hatte, auf Bestehendes zurückzugreifen. Auch hier geht es also nicht um irgendwelche Spekulationen über das »Nichts«; das »Nichts« war für den Glauben Israels überhaupt kein Thema. Darüber nachzudenken, wie aus »nichts« etwas entstehen solle und ob vielleicht naturwissenschaftliche Erkenntnisse hier weiterführen könnten, muß aus biblischer Sicht völlig abwegig erscheinen. Gemeint ist hier nicht eine Aussage über die Entstehung der Welt, sondern die lobpreisende Feststellung der Überlegenheit des Schöpfers, der ruft »das, was nicht ist, daß es sei« (Röm 4,17; vgl. auch Hebr 11,3). Die Pointe ist hier das durch nichts einzuschränkende Ausmaß der Schöpfermacht Gottes, die dann im Neuen Testament sogleich soteriologisch bestimmt wird.

Ergebnis: Die Frage nach der Schöpfung wird im Alten Testament wahrgenommen als Frage nach dem Selbstverständnis des Menschen inmitten der Schöpfung und – vor allem – im Gegenüber zu Gott. Sie hat ihren Zielpunkt im Lobpreis und in der Ehre des Schöpfers. Die Aussagen über die Schöpfung haben ihren Ort im Dank für die Erhaltung des Lebens, die Bewahrung vor dem Chaos und die schlechthinnige Weltüberlegenheit des Schöpfers, der ein durch nichts eingeschränktes Vertrauen verdient und als der unbedingt Verläßliche erkannt wird. Luther hat – freilich das Neue Testament einbeziehend und soteriologisch interpretierend – diesem Glauben Ausdruck verliehen mit der Wendung: »nihil et omnia sunt unsers Herrgotts materia«.[4]

(b) Schöpfung durch Christus und auf Christus hin

Da die altkirchlichen Glaubensbekenntnisse die Bedeutung der Christologie für das Schöpfungsverständnis nicht formulieren, ist diese auch dem christlichen Bewußtsein weithin entschwunden. Jesus wurde aber von der frühen Gemeinde nicht nur dahingehend verstanden, daß er das Schöpfungszeugnis des Alten Testaments aufnahm. Das Neue Testament stellt die Beziehung zwischen Jesus Christus und der Schöpfung in einer dreifachen Hinsicht her:

1. Jesus bestätigt und lebt das alttestamentliche Schöpfungszeugnis. Dies ist zum Beispiel an der Bergpredigt abzulesen: Gott läßt die Sonne aufgehen über Böse und Gute (Mt 5,45); er kleidet die Lilien und ernährt die Vögel (Mt 6,25-34). Von den Sperlingen ist nicht einer von Gott vergessen (Lk 12,6). Die Schöpfung kann Gleichnisse bereitstellen für das Reich Gottes: Ackerfeld und Feigenbaum, Saatgut und Senfkorn.

2. Mit Jesus bricht aber auch mitten in der vorfindlichen Schöpfung etwas für die Schöpfung Neues an. Die über ihn berichteten Heilungswunder stehen in dieser Perspektive. Seine Auferweckung bedeutet einen Einbruch in die Problemzonen der Schöpfung. Die Vergänglichkeit steht nun unter einem neuen Licht; es wird »gesät verweslich und wird auferstehen unverweslich ... Es wird gesät ein natürlicher Leib und wird auferstehen ein geistlicher Leib. Gibt es einen natürlichen Leib, so gibt es auch einen geistlichen Leib« (I Kor 15,42-44). Die Schöpfung ist einbezogen in die eschatologische Hoffnung der Glaubenden. Sie »wird frei werden von der Knechtschaft der Vergänglichkeit zu der herrlichen Freiheit der Kinder Gottes« (Röm 8,21), die im Kommen Christi und im Wirken des Geistes begründet ist. Daher impliziert die Erwartung der Wiederkunft Christi eine völlig neue Perspektive für die Schöpfung, nämlich »einen neuen Himmel und eine neue Erde« (Apk 21,1).

3. Die Relevanz Jesu als des Christus für die Schöpfung kann, wenn sie für die Zukunft Gültigkeit hat, keine nur nachträgliche sein. Die klassische Dogmatik spricht daher von ihm als dem »Schöpfungsmittler«. Schon in der Schöpfung war und ist jener göttliche Liebeswille am Werk, der in Jesus als dem Christus erkennbar wurde. Er ist der, »durch den alle Dinge sind und wir durch ihn« (I Kor 8,6; vgl. Joh 1,3). »... In ihm ist alles geschaffen, was im Himmel und auf Erden ist, das Sichtbare und das Unsichtbare ... er ist vor allem, und es besteht alles in ihm ... « (Kol 1,15 ff.). Die Übersetzung der Vulgata[5] hat Teilhard de Chardin zum Stichwort seiner Auslegung der Evolutionstheorie ge-

---

4. WA 39/I, 470,1.
5. Die Vulgata übersetzt: »omnia per ipsum et in ipso creata sunt: et ipse est ante omnes et omnia in ipso constant.«

wählt: »… in quo omnia constant«.[6] Christus ist der wahre »Evolutor«. Die Evolution ist kein blinder Vorgang und kein zufälliges Interdependenzgeschehen, sondern zu verstehen von Jesus Christus als dem Liebenden, dem Gekreuzigten, dem Rettenden her! Im Brot und Wein der Abendmahlsgaben finden Schöpfung, Erlösung und Vollendung zueinander.

4. Der Versuch, Schöpfung und Jesus Christus zusammenzusehen, befreit die Schöpfungslehre von der Dominanz der Kausalitätsfrage und verweist sie in die Perspektive der Finalität. In Jesus Christus wird der innere Grund der Schöpfung erkennbar. In Jesu Leben, Leiden, Sterben und Auferstehen bestätigt sich das Prinzip allen irdischen Lebens, das Gesetz des Weizenkorns (vgl. Joh 12,24), das, um Frucht zu bringen, ersterben muß. In ihm zeigt sich aber auch das Ziel der Schöpfung – Freiheit, Vertrauen, Liebe –, und in ihm beginnt die neue Schöpfung – für alle, die sich in ihn integrieren lassen und an seinem Weg partizipieren.

(c) Der schöpferische Geist Gottes

In der klassischen Schöpfungslehre wurde die Christologie vernachlässigt, die Pneumatologie aber fast völlig übergangen. Im biblischen Zeugnis gibt es auch verhältnismäßig wenige direkte Bezugnahmen zwischen der Schöpfung und dem Geist Gottes, obwohl dieser ja gleich zu Beginn der Genesis genannt wird: »… der Geist Gottes schwebte auf dem Wasser« (Gen 1,2).[7] Hierin ist nicht der Schöpfungsakt selbst zu sehen, jedoch ein Bezug zur lebensspendenden Kraft des Geistes hergestellt. Die Grundbedeutung sowohl des im Hebräischen als auch des im Griechischen für ihn stehenden Begriffs macht auf seine Bedeutung für die Schöpfung aufmerksam: Hauch, Wind, belebende Kraft, Geist. Atmen oder nicht atmen heißt für damaliges Verständnis: lebendig oder tot sein. Gottes Geist wird in der Heiligen Schrift doppelt bestimmt: Einerseits ist es der Schöpfer, der dem Menschen den »Odem des Lebens« eingibt, damit dieser zu einem »lebendige(n) Wesen« werde (Gen 2,7; vgl. Ps 104,30).[8] Andererseits ist es der verheißene Geist der Erneuerung, der Jesus von den Toten auferweckt hat (vgl. Röm 8,11), die Beziehung der Menschen zu Gott belebt und bewußt macht (vgl. Joel 3,1-5; Act 2); er kommt schließlich im Neuen Testament als der Geist Christi – »der Geist des Herrn« – zu stehen (vgl. II Kor 3,17; Röm 8,9). Das Bekenntnis von Nizäa-Konstantinopel nennt den Geist »herrschend« (»dominum«) und – im Rückgriff auf Joh 6,63 und II Kor 3,6 – »lebendig machend« (»vivificantem«).

So ist es nur konsequent, daß das Wirken des Geistes Gottes nicht nur in der Protologie, sondern auch in der Eschatologie bedacht werden muß: Der Geist

---

6. Siehe unten S. 726!
7. Cl. Westermann, Schöpfung, St 1983, 48, übersetzt: »… Gottessturm bewegte sich über der Wasseroberfläche.« Vgl. aber J. A. Soggin, Das Buch Genesis. Kommentar, Da 1997, 27-29!
8. Vgl. M. Welker, Gottes Geist. Theologie des Heiligen Geistes, N-V ²1993, besonders 153-173!

löst im Zusammenhang mit dem ängstlichen Harren der Kreatur das Seufzen derer aus, die auf die Erlösung ihrer leiblichen Existenz warten; er ist in der Sehnsucht nach Erlösung und Befreiung präsent (vgl. Röm 8,18-23).

(d) Konsequenzen für das Verständnis des Schöpfungshandelns Gottes

Das biblische Zeugnis ist, wirkungsgeschichtlich gesehen, in mancher Hinsicht überdeckt: durch das philosophische Denken der Antike, durch dessen Rezeption in der Scholastik sowie durch vulgärphilosophische Vorstellungen, die sich seit der Aufklärung festgesetzt haben. Versucht man, es erneut zur Geltung zu bringen, so sind folgende Gesichtspunkte wichtig:

1. Die Rede von der Schöpfung ist nicht einseitig auf »Gott den Vater, den Allmächtigen« zu beziehen. Sie hat das Zeugnis von Jesus als dem Christus und vom Wirken des Heiligen Geistes zu berücksichtigen.

2. Sie hat ihr Ziel nicht in einer Weltentstehungstheorie, sondern sie ermutigt zum Vertrauen gegenüber der schlechthinnigen Weltüberlegenheit und Treue Gottes; die Liebe, wie sie in Jesus Christus begegnet, wird als innerster Grund der Schöpfung erkannt.

3. Sie steht im Zusammenhang der Erwartung einer neuen Schöpfung, die mit dem Vertrauen, der Liebe und der Hoffnung der Glaubenden sich schon heute zu realisieren beginnt und deren universale Durchsetzung die Glaubenden ersehnen.

4. Die Bibel kennt keine ausgearbeitete »Schöpfungslehre«. Aber mit den verschiedenen Gesichtspunkten, die sie geltend macht, kommt eine trinitarisch orientierte Schöpfungsauffassung in den Blick. Dieser Ansatz ist weiterführend, zumal das theistische Denken gerade hinsichtlich des Schöpfungsglaubens viele Mißverständnisse ausgelöst hat.

(2) Trinitarisch orientierte Schöpfungslehre

(a) Schöpfung, Erlösung und Vollendung

1. In der Geschichte des christlichen Glaubens hat es mit der Integration von Schöpfung, Erlösung und Vollendung gelegentlich Probleme gegeben. Eine dualistische und eine monistische Tendenz standen einander gegenüber: Marcion – unter parsistischem und gnostischem Einfluß, aber wohl auch unter dem Eindruck einander widersprechender positiver und negativer Erfahrungen, sah sich außerstande, die Entstehung der Welt auf den Gott Jesu Christi zurückzuführen; sie erschien ihm allzu unvollkommen. Tatsächlich bedeutete im Rah-

men urchristlicher Naherwartung die Vollendung der Schöpfung zugleich ihr Ende: »Es komme die Gnade, es vergehe diese Welt!«[9], ohne daß dabei freilich an eine Entwertung der Schöpfung gedacht werden mußte. Eine entgegengesetzte Strömung verdankte sich dem Neuplatonismus, der auf dem Wege des Emanationsgedankens eine ontologische Verbindung von Gottheit und deren Schöpfung zu erkennen meinte. Dieser Ansatz kam dann besonders in der Mystik zum Tragen.

Der christliche Glaube sucht nun im Blick auf das Verhältnis von Schöpfer und Schöpfung nicht die goldene Mitte zwischen radikaler Distanz und totaler Identifikation. Vielmehr drückt er durch sein Bekenntnis zum Schöpfer dessen souveräne Überlegenheit und durch sein Bekenntnis zum Erlöser dessen unüberbietbare Nähe zur Schöpfung aus. Das Wirken des Heiligen Geistes besteht darin, daß er den Glaubenden beides bewußt macht und so davor bewahrt, die Schöpfung unterzubewerten oder aber sich in ihr zu verlieren. Statt dessen verhilft er ihnen zu der zuversichtlichen Erwartung, daß Gottes erlösende Nähe und überlegene Souveränität sich gegen alles Widerständige, durch das die Schöpfung beeinträchtigt ist, durchsetzen werde.[10]

Die Schöpfung darf, vom trinitarischen Bekenntnis her interpretiert, als eine einzige Gesamtbewegung verstanden werden, in der Erlösung und Vollendung intentional von vornherein mitgesetzt sind. Sie zielt auf die Gemeinschaft mit Gott, die letztendlich durch nichts beeinträchtigt sein, sondern sich vertiefen und erfüllen wird. Gottes Schaffen ist daher immer im Zusammenhang seines erlösenden und vollendenden Handelns zu verstehen. Dementsprechend werden etwa bei Deuterojesaja und in den Psalmen gelegentlich Drachenkampfmotiv und Schilfmeerwunder zusammengesehen. Im Neuen Testament gehören Schöpfung, Auferweckung und Rechtfertigung zusammen.

Der glaubende Mensch versteht daher die ihm wahrnehmbare Welt in einer dreifachen Beziehung zu Gott, in dem er nämlich sie gegründet und geborgen sieht, in dessen befreiendem Handeln er Zuversicht zum eigenen Handeln gewinnt und in dem er die Zukunft der Welt erwartet.

Trinitarisch orientierte Schöpfungslehre wendet sich gegen den platten heilsgeschichtlichen Aufriß: Schöpfung – Fall – Erlösung. Bereits die Schöpfung ist, worauf schon die altprotestantischen Theologen Wert legten, Werk des dreieinen Gottes, der gesamten Trinität.[11] Das Problem der Sünde bzw. eines

---

9. Did 10,6.
10. Nach Karl Barth stehen Schöpfung und Bund in innerer Verwiesenheit zueinander: »Der Bund ist der innere Grund der Schöpfung« – »die Schöpfung ist der äußere Grund dieses Bundes« (KD III/1, 261, 105). Die Pneumatologie spielt – was am Gesamtansatz der KD liegen mag – in diesem Zusammenhang keine Rolle. Auch bleibt zu fragen, ob Schöpfung und Erlösung hier noch in zu großer Distanz zueinander gesehen werden.
11. »... opera ad extra esse indivisa« (M. Chemnitz); H. Schmid, Die Dogmatik der evangelisch-lutherischen Kirche. Dargestellt und aus den Quellen belegt. Neu hg. und durchgesehen von H. G. Pöhlmann, Gü [9]1979, 99, 107 f.

Sündenfalls kann nicht hier verankert werden. Es gehört als ätiologische Fragestellung in die Anthropologie (siehe unten S. 493 ff.).

2. Die somit zu konstatierende Beziehung zwischen dem dreieinen Gott und der Schöpfung wird im biblischen Zeugnis dreifach wahrgenommen: Gott handelt durch das Wort und ist gerade darin der schlechthin Überlegene. »Wenn er spricht, so geschieht's; wenn er gebietet, so steht's da« (Ps 33,9). Seinem Wort darf sich der Glaubende anvertrauen – in seinem eigenen Kampf gegen das Chaos, in seinem Tod. Sodann: Gott sucht die Nähe zu seiner Schöpfung, will ihr nicht nur überlegen, sondern brüderlich-geschwisterlich Partner sein, unter ihren Bedingungen ihr zu sich selbst verhelfen: »... das Wort ward Fleisch und wohnte unter uns« (Joh 1,14). Dies qualifiziert alle »fleischliche« Existenz neu. Von hier aus wollen alle Probleme, die ein Mensch mit seinem »Fleisch«, mit seiner geschöpflichen Existenz haben kann, verstanden sein! Gott schafft die Verbindung zu seiner Schöpfung aber auch durch seinen Geist, seinen »Odem«, den er dem Menschen einhaucht (vgl. Gen 2,7). Das Geheimnis der Verbindung zwischen Gottes Geist und menschlichem Atem, das in anderen Religionen eine elementare Rolle spielt, wird im biblischen Zeugnis wenigstens angedeutet.

Das Weltverhältnis Gottes wird also nicht zureichend bestimmt durch das theistische Denkmodell, demzufolge Gott als übernatürliche, willkürlich handelnde Person der Welt gegenübersteht, und auch nicht durch den Pantheismus, für den Gott und Natur in eins gehen. Der trinitarische Glaube bekennt, daß alles auf Gott bezogen und daß insofern Gott in allem ist, ohne daß »alles« mit »Gott« identifiziert wird.[12] Gott ist zugleich *über* seiner Schöpfung, *für* seine Schöpfung, *in* seiner Schöpfung. Theistisch und mystisch geprägte Denkansätze müssen miteinander vermittelt werden. Martin Luther hat dies im Zusammenhang seiner Abendmahlstheologie versucht: »Nichts ist so klein, Gott ist noch kleiner, nichts ist so groß, Gott ist noch größer, nichts ist so kurz, Gott ist noch kürzer, nichts ist so lang, Gott ist noch länger, nichts ist so breit, Gott ist noch breiter, nichts ist so schmal, Gott ist noch schmäler, und so fort an, ist's ein unaussprechlich Wesen über und außer allem, das man nennen oder denken kann.«[13] Dieser weder durch theistisches noch durch mystisches Denken zu erfassende Gott schenkt sich in Jesus Christus und wird im eucharistischen Gebrauch der Schöpfungsgaben von Brot und Wein als der dreieine präsent.

(b) Providenz und Theodizee

In der klassischen Dogmatik folgt auf die Schöpfungslehre die Lehre von der Vorsehung (»providentia«) Gottes, in der entfaltet wird, wie Gott seine

---

12. Man mag das mit J. Moltmann als Panentheismus bezeichnen; doch handelt es sich hierbei um einen Begriff, der die Überlegenheit Gottes nicht zureichend zum Ausdruck bringt. Vgl. J. Moltmann, Gott in der Schöpfung, M ²1985, 109.
13. StA 4, 102, 12 ff.

Schöpfung erhält (»conservatio«), wie er in allem Geschehen mitwirkt (»concursus«) und dabei alles lenkt und leitet (»gubernatio«). Abgesehen davon, daß die Rede von »Vorsehung« durch ihren Mißbrauch obsolet geworden ist, fügt sie sich ohnehin nicht mehr in das Welt- und Selbstverständnis des aufgeklärten Menschen ein. Selbst wenn sie dahin interpretiert wird, daß die Naturgesetze, die dem Bestehen der Welt zugrunde liegen, als Ausdruck des Waltens Gottes zu stehen kommen, widerstrebt es dem Menschen, sich in seinem Handeln durch eine göttliche Macht bestimmt und begrenzt zu sehen. Dies dürfte sich auch angesichts weitgehend aufgeklärter hirnphysiologischer Mechanismen und Interdependenzen so rasch nicht ändern. Er selbst muß planen, vorausschauen und »sich vorsehen«. Inwiefern es dabei sinnvoll sein kann, an eine Vorsehung Gottes zu glauben, diskutiert er an der Frage nach der Theodizee. Woher kommt das Leid der Welt?

1. In der klassischen philosophischen Fragestellung, wie sie Leibniz formuliert hat, galt das Interesse nicht nur dem physischen, sondern auch dem moralischen Übel, und darüber hinaus wurde nach metaphysischen Gründen für die Existenz des Übels gefragt. Nur in diesem größeren Zusammenhang schienen plausible Antworten möglich: Das »malum morale« ist der Preis dafür, daß der Mensch sich frei, also auch für das Böse, entscheiden kann. Das »malum physicum« aber ist als Konsequenz des »malum morale« in Kauf zu nehmen; es bestraft das Böse und kann zum Guten führen. Das »malum metaphysicum« schließlich besteht in der Endlichkeit der Welt, für die nun einmal nicht die Bedingungen der Unendlichkeit gelten können. Soll überhaupt Welt bestehen, so ist dies nur unter den Bedingungen des »malum metaphysicum« denkbar. Ziel und Voraussetzung für die solchermaßen geführte Theodizee ist der Glaube an den Gott, der, um sich selbst zu entsprechen, die beste aller möglichen Welten geschaffen haben muß.[14] Damit ist zugleich die begrenzte Leistungsfähigkeit dieses Ansatzes deutlich: Er zeigt einerseits, daß die Frage nach dem Leid nur in einem größeren Zusammenhang angegangen werden kann, andererseits, daß dieser Zusammenhang selbst einer Begründung bedarf.

2. In der Heiligen Schrift zeichnet sich eine gewisse Entwicklung der Fragestellung ab. Zunächst kann auf den Tun-Ergehens-Zusammenhang verwiesen werden, wie er z. B. in der Sündenfallsgeschichte zum Ausdruck kommt: Auf die böse Tat folgt die verdiente Strafe. Daß diese Antwort jedenfalls nicht allenthalben überzeugt, macht die Geschichte Hiobs deutlich: Der Gerechte muß leiden! Das Neue Testament schließlich setzt den Zusammenhang zwischen Verhalten und entsprechendem Schicksal prinzipiell außer Kraft. Weder selbst begangene noch von den Eltern verschuldete Verfehlung können als Grund für ein schweres Schicksal gelten, sondern, wenn Gott will, sollen daran »die Werke Gottes offenbar werden« (vgl. Joh 9,3). In Jesus Christus leidet Gott gleichsam selber am Theodizeeproblem. Er hat »seinen eigenen Sohn nicht verschont« (Röm 8,32), und der Sohn bricht am Kreuz in den Schrei aus: »Mein Gott, mein

14. Vgl. W. Härle 1995, 439 ff.

Gott, warum hast du mich verlassen?« (Mk 15,34). Angesichts des Kreuzes wird die Theodizeefrage keineswegs gelöst – sie verstummt.

3. Die christliche Theologie hat sich mit dieser Auskunft nicht zufrieden gegeben. Das Theodizee-Problem bleibt als Herausforderung des Denkens präsent. Der Schöpfer muß den Problemen seiner Schöpfung gewachsen sein! Wenn er die Naturgesetze begründet hat und in ihrer Funktion erhält, muß er sie doch auch durchbrechen können! Die Freiheit, wann und wie und mit welchen Absichten oder Einschränkungen er dies tun möchte, bleibt ihm unbenommen. Unter diesen Prämissen hat die altprotestantische Orthodoxie eine eindrucksvolle Lehre von der Lenkung (»gubernatio«) der Geschöpfe durch Gott entworfen. Im Vordergrund stand dabei freilich nicht die Frage nach dem Leid, das dem Menschen oder auch der außermenschlichen Kreatur widerfahren kann, sondern das Böse, das der Mensch selber verursacht. Die erste Antwort lautete: Gott kann etwas, das seinem Willen widerspricht, ohne dies nun seinerseits zu wollen, zulassen (»permissio«). Gott ist für das Böse nicht verantwortlich zu machen; es geschieht nur mit seiner »Erlaubnis«. Gott kann aber Böses auch dahingehend beeinflussen, daß es nicht die negativen Auswirkungen hat, die man erwarten sollte; er »hindert« es, sein Ziel zu erreichen (»impeditio«). Jederzeit kann Gott dem Guten wie dem Bösen die Richtung geben, die seiner Intention entspricht; es ist für ihn keine Schwierigkeit, aus Bösem Gutes entstehen zu lassen (»directio«). Eine weitere Möglichkeit Gottes besteht freilich auch darin, daß er das Böse stoppt, ihm eine definitive Grenze setzt (»determinatio«).

4. Voraussetzung dieses Denkens ist zum einen, daß als das Böse primär nicht das Leid, sondern die Sünde aufgefaßt wird, zum anderen ein rein theistischer Gottesbegriff: Gott kann, obwohl es ihm um das Heil der Menschen geht, tun und lassen, was er will. Religionskritik, die diesen Gottesbegriff radikal ablehnt, formuliert das Problem um. Könnte man einem Gott verzeihen, wenn er das Leid der Welt zuließe, obwohl er es zu verhindern vermöchte? Ein solcher Gott kann nicht existieren! Der theistische Ansatz schlägt um in Atheismus. Das Theodizee-Problem ist dann zu entlarven als das, was es in Wahrheit ist: das Problem der Anthropodizee. Der Mensch selbst hat die Verantwortung zu übernehmen!

Diese neue Fassung des Theodizee-Problems muß dem christlichen Glauben nicht fremd sein. In der Tat geht es auch ihm darum, Wunsch-Projektionen auf Gott zurückzunehmen. Jesu Schrei ist zu verstehen nicht als das kindliche Rufen nach Mutter oder Vater, die doch eingreifen möchten, sondern als Schrei des Erwachsenwerdens.[15] Ein »deus ex machina« wird nicht erscheinen. Glaubende dürfen die Realität nicht verdrängen und sich ihrer Verantwortung nicht durch den Hinweis auf einen theistisch gedachten Gott entziehen.

Christliche Theologie wird darüber hinaus sich auf den in Jesus Christus leidenden Gott beziehen und dabei Gott selbst als den von Leid Betroffenen wahrnehmen. Der Allmächtige verzichtet auf seine Macht, teilt Schmerz und

---

15. D. Sölle, Leiden, St 1973, 180.

Ohnmacht des Menschen. Dann läßt sich sagen: Der Schmerz der Menschen ist aufgehoben in Gottes Schmerz.[16] Gottes eigene Ohnmacht qualifiziert menschliche Ohnmacht neu.[17]

Doch die Möglichkeiten von Menschen, im Widerstand gegen das Böse tätig zu werden, bleiben begrenzt, und inwiefern Gottes Ohnmacht an menschlicher Ohnmacht etwas verändern könnte, ist nur nachzuvollziehen, wenn auch sie auf verborgene Weise der eschatologischen Vollendung dient.

5. Eine rational befriedigende Lösung für das Problem des Bösen gibt es nicht. Vielleicht kann man sagen, die Auseinandersetzung mit physischem oder psychischem Leid diene der »Reifung« des Menschen, frei nach dem Ausspruch des Aischylos: »Leid ist Lehre, ewig steht dies Wort.« Trotzdem kann dies zynisch wirken; man braucht dabei nicht nur an Auschwitz zu denken.[18]

Der christliche Glaube muß verschiedene Aspekte miteinander in Einklang zu bringen versuchen, auch wenn sie einander zunächst zu widersprechen scheinen. Unaufgebbar ist ihm trotz aller Einwände die Überzeugung: »Gott sitzt im Regimente / und führet alles wohl ...«.[19] Gott läßt sich in Jesus Christus aber auch auf das Leiden ein und teilt die Ohnmacht des Menschen. Schließlich erwartet er von den Seinen, daß sie, erfüllt von der Kraft seines Geistes, das Böse innerhalb und außerhalb ihrer selbst bekämpfen und Leid lindern durch eigene Leidensbereitschaft und durch aktiven Widerstand. Ein trinitarischer Lösungsversuch deutet sich an. Er kann nicht ohne Weiteres rationale oder auch psychologische Plausibilität für sich beanspruchen. Der dreieine Gott ist der verborgene Gott! Im Glauben an ihn radikalisiert sich gegebenenfalls die Theodizee-Problematik. Sie lautet dann nicht mehr abstrakt: »Wie kann Gott das zulassen?«, sondern so, wie der Schrei Jesu: »Mein Gott, mein Gott, warum hast du mich verlassen?«

6. Die Lösungsrichtung kann darin liegen, daß drei Grundaussagen des christlichen Glaubens zusammengedacht werden und in das Bekenntnis zu dem dreieinen Gott überführt werden. Dadurch entsteht zwar keine leistungsfähige Theorie, aber eine existentielle Möglichkeit, mit dem Leid im Glauben umzugehen. Der Glaubende ist eingeladen, Gott als an Sünde und Leid mitleidend zu glauben (christologisches Moment), Gott als den aller Sünde und allem Leiden Überlegenen und ihm Widerstand leistenden zu bekennen (schöpfungstheologisches Moment) und Gott als den zu erfassen, der in Passion und Aktion Sünde und Leid überwindet, der zur Überwindung des Bösen in Passion und Aktion inspiriert und befähigt (pneumatologisches Moment).[20]

16. Vgl. K. Kitamori, Theologie des Schmerzes Gottes, Gö 1972.
17. Dies war der Ansatz von Th. J. Altizer, The Gospel of Christian Atheism, Philadelphia 1966 (deutsch: ... daß Gott tot sei. Versuch eines christlichen Atheismus, Z 1968).
18. Vgl. oben S. 242; F.-W. Marquardt, A. H. Friedlander, Das Schweigen der Christen und die Menschlichkeit Gottes. Gläubige Existenz nach Auschwitz, M 1980. Weitere Literatur: TRE 17, 402f.
19. EG 361,7 (P. Gerhardt).
20. H.-M. Barth, Angesichts des Leidens von Gott reden, in: PTh 75 (1986) 116-131.

(c) Wunder[21]

1. Ein Sonderproblem innerhalb der Schöpfungslehre ist die Frage nach dem »Wunder«. Die Rede von Wundern setzt, theologisch verstanden, immer einen bestimmten Gottesbegriff voraus. »Wunder« ist theologisch nicht zu bestimmen ohne die Instanz, von der es erwartet wird; der Gottesbegriff seinerseits ist somit ein Implikat des Wunderbegriffs.

Der Theismus hat zahlreichen Mißverständnissen Vorschub geleistet, indem er das Wunder als übernatürliche Durchbrechung des durch die Naturgesetze vorgegebenen Kausalzusammenhangs verstand. Daran schlossen sich verschiedene Einwände und Ansätze an, mit dem Problem des Wunders umzugehen:

Die psychologische Deutung argumentierte damit, daß der Glaube Stabilisierung brauche (»das Wunder ist des Glaubens liebstes Kind« – Goethe), oder daß die Rede oder das vermeintliche Erleben von Wundern auf psychische Prozesse oder psychosomatische Zusammenhänge zurückzuführen sein könnte; man denke an das Phänomen von Spontan-Heilungen. Parapsychologische Beobachtungen wurden in die Erörterung einbezogen. Sprachtheoretische Erwägungen verstehen die Rede von Wunderbarem als Ausdruck des Staunens; Prosa und Computer genügen dem Menschen nicht – er braucht auch Lyrik oder Science Fiction als sanfte oder gewaltsame Öffnung seines Horizonts, ohne daß er dies auf übernatürliche Ursachen zurückführen müßte.

2. Auch innerhalb der Theologie wurde versucht, ein supranaturalistisches Verständnis von Wundern zu bekämpfen und auszuschließen. Schleiermacher fand am Wunder nichts »Wunderliches«, sondern hielt es – entspechenden sprachanalytischen Theorien des 20. Jahrhunderts vorgreifend – für den »religiöse(n) Namen für Begebenheit«.[22] Daran ist richtig, daß in der Tat alles zum »Wunder« werden kann. Was aber ist damit zum Ausdruck gebracht, wenn etwas in diesem Sinne als »Wunder« bezeichnet wird? Es ist dann nicht mehr deutlich, daß es mit dem in Jesus Christus gegebenen Heil zusammenhängt und sich auf die eschatologische Vollendung bezieht. Während Schleiermacher alles als »Wunder« verstehen kann, geht Bultmann den umgekehrten Weg und läßt nichts mehr als Wunder gelten. Er versteht Wunder als Mirakel, wie es einem vergangenen Weltbild entsprechen mochte. Man könne nicht das elektrische Licht anknipsen und »gleichzeitig an die Geister- und Wunderwelt des Neuen Testaments glauben«.[23] Bultmann fixiert sich auf ein Weltbild des determinierten Kausalzusammenhangs, das aber seinerseits inzwischen relativiert, wenn nicht überholt ist. Für ihn kann nur noch eines »Wunder« sein – die Offenbarung der Gnade Gottes in Jesus Christus. Diesem Ansatz ist durchaus zuzustimmen, doch muß er entfaltet werden: Zur Offenbarung der Gnade Got-

21. U. Mann, Das Wunderbare, Gü 1979 (HST 17).
22. Fr. Schleiermacher, Über die Religion. Reden an die Gebildeten unter ihren Verächtern (hg. von R. Otto), Gö ⁶1967, 90.
23. KuM I, 136.

tes kommt es inmitten unserer psychosomatischen Zusammenhänge. Das Wunder ergreift nicht nur den Intellekt, sondern den gesamten Menschen, der sein Heil in Jesus Christus erfassen und im Kontext der eschatologischen Gemeinde auf seine Vollendung zugehen darf. Der erste (und auch der dritte) Glaubensartikel wird bei Bultmann vernachlässigt. Während Schleiermacher den Akzent auf den ersten Glaubensartikel legt, bezieht sich Bultmann auf den zweiten; weder der eine noch der andere vermag sein Wunderverständnis trinitarisch zu orientieren.

3. Die biblische Rede von »Wundern« ist tatsächlich nicht frei von Elementen, die dem heutigen Weltbild widersprechen. Gott kann den Zusammenhang der Naturgesetze durchbrechen – Jos 10,12: »Sonne, steh still zu Gibeon«! Psychologische Aspekte tauchen auf; Träume und Deuter von Träumen werden positiv gewertet.[24] Parapsychologische Phänomene wie Telepathie oder »Fernheilung« scheinen nicht zu fehlen (vgl. Lk 7,1-10; Act 10). Der Chorschluß bestimmter Perikopen ist als Ausdruck des Staunens formuliert, ohne daß der Begriff »Wunder« eigens fallen muß.

Deutlich anders ist jedoch die theologische Einordnung: Es gibt kein Schielen auf das Wunder, von dem aus man auf Gottes Existenz oder Handeln schließen müßte; die Zeichenforderung der Pharisäer wird abgelehnt. Der Ansatz ist völlig anders, als es der moderne säkulare Zeitgenosse erwartet. Es wird nicht, ausgehend von der Beobachtung eines merkwürdigen Phänomens, gefragt, was Gott damit zu tun haben mag. Vielmehr wird den Glaubenden bewußt, daß Gott in einem bestimmten Lebenszusammenhang gehandelt hat, und es stellt sich der Lobpreis ein: »Wie wunderbar sind seine Werke!« (Ps 66,3). »Du bist der Gott, der Wunder tut!« (Ps 77,15). Nur Jahwe kann so handeln, wie er es tatsächlich tut. Nicht »Gott« wird durch »Wunder« definiert, sondern »Wunder« bzw. »Wundertaten« werden durch den Gottesglauben als solche erkannt.

Von Interesse ist in diesem Zusammenhang die im Neuen Testament verwendete Terminologie. Wunder sind »Machttaten« Gottes (*»terata«* / *»dynameis«*) oder »Zeichen« (*»semeia«*, so das Johannes-Evangelium). Staunen erregende Gaben (*»charismata«*, vgl. I Kor 12,1 ff.) verweisen auf das Wirken des Geistes. Wunder haben im biblischen Zeugnis eine ganz bestimmte Funktion. Sie dienen – soteriologisch – immer dem Wohl oder Heil von Menschen, die sich in einer körperlichen oder seelischen Not befinden. Oder sie haben – doxologisch – die Aufgabe, Gottes Ehre zu erhöhen. Das soteriologische und das doxologische Moment können zueinander finden: Die Apostelgeschichte berichtet von Zeichen und Wundern, die durch die Apostel geschehen sind und zur Erbauung der Gemeinde beitragen. Wunder sind, so betrachtet, nicht in erster Linie Ereignisse, die sich im Bereich der Schöpfung vollziehen; vielmehr wird die Kirche zum eigentlichen Ort der Wunder!

4. Damit legt sich eine trinitarische Orientierung des Wunderverständnisses nahe, für das dreierlei konstitutiv ist. Zum einen die Offenheit der Erwartung:

---

24. Vgl. Gen 41; Mt 1,20; 2,12 ff.

Gott, der Schöpfer, hat Möglichkeiten, die ich nicht kenne. Sodann die Bezogenheit auf das Heil, das Gott dem Menschen anbieten und sein will: Wunder sind nicht in Entsprechung zu egoistisch gesteuerten Bedürfnissen zu erwarten. Auch ein Geschehen, das in Gegensatz zu den gehegten Erwartungen steht, kann »Wunder« sein; Auferstehung und Kreuz gehören zusammen. Schließlich die Reaktion in Dank und Tat: Das Wunder ist nie ein Ereignis, das ein Mensch unabhängig von sich und ohne Auswirkungen auf sein weiteres Leben konstatieren könnte. Eine objektivierende Interpretation von Glaube und Wunder würde das Wesen sowohl des Glaubens als auch des Wunders verkennen. Wahrnehmungsort des Wunders ist der Glaube, die Kirche – außerhalb davon wird die Stimme Gottes zum unverständlichen »Donner« (vgl. Joh 12,29). Als das paradigmatische Wunder versteht die Kirche daher die Wirkung von Wort und Sakrament (siehe unten S. 582)!

5. Wort und Sakrament werden vom Glauben sozusagen als geordnete Wunder, als Wunder in ihrer reinen Gestalt, wahrgenommen. Es geht dabei gerade nicht um Wortmagie oder gar um Magie überhaupt (im Sinne eines von »hoc est enim corpus meum« abgeleiteten Hokuspokus), sondern um die Begegnung mit dem heilschaffenden Gott. Das Sakrament rührt den Glaubenden in trinitarischer Perspektive an: Als Geschöpf in seiner psychosomatischen Ganzheit erfährt er Stabilisierung und Mobilisierung; als der noch unter den Widersprüchen zeitlicher Existenz Lebende wird er seiner Erlösung gewiß; in der Perspektive eschatologischer Vollendung wird er sein Leben verstehen, ertragen und gestalten. Nun erschließt sich sowohl Alltägliches als auch Auffälliges als Medium der Gottesbegegnung, wird unverfügbares Wort Gottes, gewinnt sakramentale Kraft. Das Urwunder, das in Wort und Sakrament sich verwirklicht, macht sensibel für die Wahrnehmung der Wunder des dreieinen Gottes.

(3) Christlicher Schöpfungsglaube und Anfragen seitens der Naturwissenschaften

Der trinitarische Ansatz reduziert Mißverständnisse, zu denen das theistische Denken geführt hat. Die Geschichte des Verhältnisses von christlichem Schöpfungsglauben und Naturwissenschaften kennt folgende Grundmodelle:

(a) Modelle

1. Konfrontation: Darwin kontra Bibel! Die Konfrontation zwischen Naturwissenschaften und christlichem Schöpfungsglauben ist, wo sie überhaupt noch stattfindet, ein Erbe des 19. Jahrhunderts. Als Beispiel diene der sog. »Kreationismus«: 1963 gründeten fundamentalistisch orientierte Naturwissenschaftler

die »creation-research-society«. Die biblischen Schöpfungsberichte (Gen 1 f.) sollten mit naturwissenschaftlichen Argumenten verteidigt werden wie z. B.: Helium, Produkt des radioaktiven Zerfalls einiger Elemente, sei in der Erdatmosphäre so gering vertreten, daß der Zerfall erst seit etwa 10000 Jahren eingetreten sein könne; oder: die Fußabdrücke von Sauriern aus dem Erdmittelalter seien in Wahrheit von Menschenhand gemeißelt.[25]

Bei derartigen Versuchen liegen nach zwei Seiten hin Mißverständnisse vor. Das biblische Schöpfungszeugnis will, wie wir gesehen haben, keine Weltentstehungstheorie, sondern Bekenntnisaussage sein; zu einer solchen kann aber naturwissenschaftliche Argumentation nie werden. Argumentiert der Theologe im Blick auf eine Glaubensaussage naturwissenschaftlich und der Naturwissenschaftler im Blick auf eine empirische Feststellung theologisch, so überziehen beide ihre Kompetenz. Theologie und Naturwissenschaften können einander Fragen stellen, nicht aber hinreichende Antworten geben.

2. Perspektivische Wahrheit: Naturwissenschaften und christlicher Glaube verhalten sich wie zwei unterschiedliche Perspektiven – ein Gemälde kann aus der Sicht eines Künstlers oder eines Chemikers betrachtet werden. Beide Seiten erkennen ihre jeweilige Nichtzuständigkeit an, sind aber auch nur begrenzt in der Lage, sich zueinander ins Verhältnis zu setzen.

3. Integration der Perspektiven: Sie ist vergleichsweise selten versucht worden. Als Beispiele mögen Karl Heim und Teilhard de Chardin dienen.

Heim setzte sich mit dem naturwissenschaftlichen Weltbild der ersten Hälfte des 20. Jahrhunderts auseinander, das er auf den Bereich des Gegenständlichen und den Raum des Gewordenen begrenzt sah. Für den Glaubenden sei weit wesentlicher der Aspekt des Werdens der Welt (und der Geschichte). Das christliche Weltbild übergreife das naturwissenschaftliche, sofern es einen tieferen Aspekt der Wirklichkeit benenne und damit Hoffnung vermittle.[26] Heims Überlegungen sind an die Naturwissenschaften seiner Zeit gebunden und stellen in gewisser Weise eine Variante des Modells der getrennten Perspektiven dar, die er allerdings einander zuzuordnen versucht.

Teilhard de Chardin[27] möchte eine Zusammenschau von biblischem Schöpfungsglauben und Evolutionsdenken bieten. Verschiedene naturwissenschaftlich beschreibbare Sphären bauen aufeinander auf und geben damit eine zielgerichtete Evolution zu erkennen, die in der Theosphäre, in der Vereinigung von Gott und Welt, gipfelt. Christus, als Evolutor die treibende Kraft und als Punkt Omega Zielpunkt dieser dynamischen Entwicklung, ist für den glaubenden Menschen vorweg in der geschichtlichen Erscheinung Jesu als solcher erkennbar bzw. bekennbar geworden.

Weder Naturwissenschaften noch die Theologie werden bei derartigen Kon-

---

25. Siehe R. Koltermann, Art. Kreationismus, in: H. Gasper u. a. (Hg.), Lexikon der Sekten, Sondergruppen und Weltanschauungen, Fr ⁴1992, 570 ff.
26. Karl Heim, Der evangelische Glaube und das Denken der Gegenwart, IV, Tü 1949.
27. P. Teilhard de Chardin, Der Mensch im Kosmos, M 1959.

zeptionen in ihren jeweiligen Voraussetzungen und Ansätzen ernst genommen. Die Geschichte als ein vom Menschen zu gestaltender Erfahrungsraum droht dabei vernachlässigt zu werden und im Gesamt eines kosmischen Prozesses unterzugehen; insbesondere ist es schwierig, dem Bekenntnis zu Jesus als Christus Rechnung zu tragen, ohne daß damit zugleich naturwissenschaftlich gewonnene Hypothesen in Frage gestellt werden.

4. New Age-Spiritualität: Universale Interdependenz kann als religiöse Grenzerfahrung wahrgenommen werden; das »kosmische Netz« führt gerade wissenschaftlich betrachtet in die Mystik. Naturwissenschaftlich sich begründende Rationalität wird für ihre eigene Relativierung und Überwindung eingesetzt.[28] Der christliche Glaube transzendiert freilich auch ein »Interdependenzwissen«, und zwar nicht durch eine weitere Theorie, sondern sofern er Gott als den dreieinen bekennt. Interdependenz wird ihm nicht letzte Denkkategorie sein können, sondern in einem Zusammenhang stehen, der auf ein Ziel hin verstanden werden darf. Das kosmische Netz ist für die Sicht glaubender Menschen nicht nur zusammengehalten durch ein Beziehungsgefüge, sondern durch Liebe (auch wo Kreuz und Auschwitz dies zu widerlegen scheinen). Es geht dann nicht um eine ewige Gegenwart aller Ungereimtheiten, sondern um Erfüllung und Heil.

5. Prozeßtheologie: Sie arbeitet mit komplizierten, aus dem Denken Alfred N. Whiteheads übernommenen Kategorien, die nur für diejenigen Erklärungswert besitzen können, die sich auf deren Voraussetzungen einlassen.[29] Hier reproduzieren sich Grundprobleme des Verhältnisses von Schöpfung und Heilsgeschichte, wie sie auch bei Teilhard de Chardin oder an der New Age-Option zu beobachten waren.

(b) Aufgaben

Aus der Analyse der bisher praktizierten Modelle der Begegnung von Naturwissenschaften und christlichem Schöpfungsglauben ergibt sich eine Reihe von Aufgaben.

1. Die Theologie darf die Naturwissenschaften nicht vereinnahmen. Sie bedarf selbst keiner naturwissenschaftlichen Abstützung; zudem verbietet es ihr Selbstverständnis, naturwissenschaftliche Erkenntnisse manipulieren oder ideologisieren zu wollen. Sie darf die Naturwissenschaften aber auch nicht aus ihrem Horizont entlassen. Das Verhältnis zwischen christlichem Schöpfungsglauben und Naturwissenschaften muß auf der Ebene der Dogmatik immer neu gesucht werden. Christliche Theologie der Schöpfung versteht sich als An-

28. Vgl. H. Gasper u. a. (Hg.), Lexikon der Sekten, Sondergruppen und Weltanschauungen, Fr ⁴1992, 738 ff.
29. Vgl. M. Welker, Universalität Gottes und Relativität der Welt. Theologische Kosmologie im Dialog mit dem amerikanischen Prozeßdenken nach Whitehead, N-V 1981.

gebot, mit den jeweils dem Stand der Forschung entsprechenden naturwissenschaftlichen Thesen umzugehen. Man kann sich dies an zwei Beispielen klar machen:

Seit den Zeiten der Scholastik hat man sich mit der aus der Antike überkommenen These von der Ewigkeit der Materie auseinandergesetzt. Dabei wurde klar, daß auch die Behauptung eines zeitlichen Beginns der Schöpfung, wie man ihn heute mit der Vorstellung eines »Urknalls« belegen könnte, den Schöpfungsglauben nicht stützen kann: Das Kausalitätsgesetz läßt sich nur innerhalb von Raum und Zeit, also *nach* einem allfälligen »Urknall« in Anwendung bringen. Umgekehrt kann die Vorstellung einer »ewigen Materie« den Schöpfungsglauben nicht wirklich erschüttern, wenn nämlich im Sinne einer überweltlichen »Kausalität« Gottes Walten und Wirken hinter ihr steht.

Heute wird die Frage nach der Sinnhaftigkeit der Evolution diskutiert. Während es Naturwissenschaftler gibt, die Planvolles noch im kleinsten Zufall zu erkennen meinen, behaupten andere, auch beim Spiel des Zufalls, wenn man es sich nur lang genug denke, könne partiell sinnvoll Erscheinendes herauskommen. Die einen stehen dem christlichen Schöpfungsglauben nicht näher als die andern, da der Glaube sich nicht aus empirisch beobachtbarem Sinn ableitetet, sondern seinerseits Sinn stiftet.[30]

Die Naturwissenschaften stellen für eine Theologie der Schöpfung einerseits insofern einen unzuverlässigen Partner dar, als ihre Hypothesen wechseln, andererseits aber auch einen notwendigen Partner, weil es gerade dem trinitarischen Bekenntnis um den Zusammenhang zwischen Natur, Geschichte, Alltag und dem Wirken des Schöpfers geht. Trinitarischer Glaube bedenkt naturwissenschaftliche Theorien unter dem Eindruck der Gestalt und der Botschaft Jesu und in Erwartung seiner universalen Relevanz: der Relevanz einer Liebe, die sich nicht aus der Evolution ableitet, sondern – sofern man am Evolutionsdenken festhalten will – ihrerseits die Evolution allererst in Gang gesetzt hat.

2. Das Verhältnis zwischen christlichem Schöpfungsglauben und Naturwissenschaften muß auf der Ebene der Ethik sich neu formulieren – es gibt dazu mehr als genügend Anlaß: ökologische Probleme, Probleme der Kernenergie, der Gentechnologie usw. Dafür wiederum sind drei Gesichtspunkte geltend zu machen.

Erstens: Das »dominium terrae« (Gen 1,28) muß sachgemäß und teilweise auch neu interpretiert werden. Der Auftrag, zu »herrschen« und die Erde »niederzutreten«, wie man die Trauben in der Kelter niedergetreten hat, war in einer Phase, in der der Mensch sein Überleben der Natur abringen mußte, sinnvoll und weiterführend. Ihn im Kontext moderner westlicher Ausbeutungsstrategien weiterhin in diesem Sinne auszulegen, wäre aber gewiß verhängnisvoll.

---

30. Vgl. J. Guitton, Gr. und I. Bogdanov, Gott und die Wissenschaft. Auf dem Weg zum Meta-Realismus, M 1996, sowie dagegen B. Kanitscheider, Auf der Suche nach dem Sinn, F 1995; zum Ganzen H.-P. Dürr, Kl. M. Meyer-Abich, H.-D. Mutschler, W. Pannenberg, Fr. M. Wuketits, Gott, der Mensch und die Wissenschaft, Augsburg 1997.

Die »Herrschaft über die Erde« muß von der Gottebenbildlichkeit des Menschen her verstanden werden: Der Mensch ist Gottes Mandatar, Gottes Statthalter, Vertreter des Schöpfers auf der Erde und der Erde gegenüber (siehe unten S. 485). Der Mensch kann nicht gleichsam in die ihn umgebende Schöpfung hinein zurückschlüpfen. Die Schöpfung ist so angelegt, daß sie durch den Menschen mitgestaltet werden kann und soll. Der Mensch darf und soll daher seine mit-schöpferische und verantwortliche Stellung dem Haushalt der Schöpfung gegenüber annehmen, aushalten und ausgestalten. Dabei sind nicht nur seine rationalen Fähigkeiten, sondern auch seine emotionalen Kräfte gefordert.

Sodann bedarf der Begriff »Freiheit« in diesem Zusammenhang einer Neufassung. Die Säkularisation konnte sich theologisch legitimieren durch den Hinweis auf säkularisierende Tendenzen in den biblischen Zeugnissen selbst. Freiheit will aber theologisch umfassend – und das heißt trinitarisch – begründet sein und in der Verantwortung der Liebe wahrgenommen werden. Glaubende wissen sich durch »den Sohn« (vgl. Joh 8,36) frei gemacht und zusammen mit der ganzen Schöpfung zur »Freiheit der Kinder Gottes« (vgl. Röm 8,21) berufen.

Schließlich: »Gerechtigkeit«, »Friede« und »Bewahrung der Schöpfung« lauten die Stichworte des konziliaren Prozesses für das Engagement der Christen.[31] Dieses Engagement ist getragen vom Glauben an den Schöpfer, der in Jesus Christus sich erlösend der Welt zugewandt hat und durch den Heiligen Geist sie der Vollendung entgegenführt. Es würde sich übernehmen, wenn es sich selbst zumuten wollte, Frieden und Gerechtigkeit eigenmächtig herzustellen und »die Schöpfung« zu »bewahren«. Es arbeitet aber sachgemäß, wenn es seine Initiativen der dreifaltigen Zuwendung Gottes zu seiner Schöpfung anvertraut.

B Außerchristliche religiöse Vorstellungen von der Entstehung der Welt

Schöpfungsmythologien und Weltentstehungsvorstellungen gab es in irgendeiner Form in vielen Religionen, soweit man sich der »Welt« bewußt wurde. Die entscheidende Trennungslinie läuft auch hier wieder zwischen westlicher und östlicher Religiosität: Während Judentum, Christentum und Islam von einer »Schöpfung« im eigentlichen Sinn sprechen, muß man im Blick auf die asiatischen Religionen eher von »Weltwerdung« sprechen, sofern diese über-

---

31. Vgl. R. Frieling, Der Weg des ökumenischen Gedankens, Gö 1992, 310 ff.; H. Weder (Hg.), Gerechtigkeit, Friede, Bewahrung der Schöpfung, Z 1990.

haupt zum Thema wird. Die Frage nach der Entstehung der Welt setzt ein fragendes Subjekt voraus, das sich einer objektivierbaren Welt gegenübersieht. Sie ist daher von einer spezifischen Selbstwahrnehmung des Menschen abhängig, wie sie insbesondere in der westlichen Religionsgeschichte begegnet. Hier stellen sich dann auch unweigerlich Folgeprobleme ein: Wenn sich dezidiert von Schöpfung bzw. einem »Schöpfer« sprechen läßt, ist zu klären:

- Wie kann der Schöpfer das Negative, das in der Schöpfung begegnet, verantworten?
- Kann der Schöpfer durch »Wunder« in den schöpfungsbedingten Lauf der Dinge eingreifen?
- Gibt es einen bestimmten Auftrag des Schöpfers im Blick auf seine Schöpfung, ein spezifisches Schöpfungs-Ethos?

(1) Judentum

(a) Schöpfung

Die Schöpfungsvorstellungen des Judentums berühren sich natürlich aufs engste mit denen des christlichen Glaubens und müssen hier nicht eigens vorgestellt werden. Über die materiale Ähnlichkeit hinaus ist von Belang, daß es auch strukturelle Gemeinsamkeiten gibt: Die Lehre von der Schöpfung hat keinen selbständigen Platz, sondern ist abgeleitet von der geschichtlichen Erfahrung der Glaubenden. Erst von der existentiellen Begegnung Israels mit seinem Gott her wird auch die Welt als »seiner Hände Werk« (Ps 19,2) erfaßt. Schöpfung und Geschichte gehören zusammen; von daher erklärt sich die merkwürdige Zählung des jüdischen Kalenders nach der Erschaffung der Welt; sie ergab für das am 30. September 2000 begonnene Jahr das jüdische Jahr 5761.[32] Über die Schöpfungstage wurde mannigfach spekuliert (Ps 90,4: tausend Jahre wie ein Tag). Die Kabbala brachte die Schöpfung mit den Zehn Urzahlen (sefirot) und den 22 Buchstaben des hebräischen Alphabets in Zusammenhang. In der Hauptlinie wandte sich das Judentum jedoch gegen derartige Spekulationen. Wichtiger war, daß die Schöpfung und die Geschichte Israels nicht auseinanderdrifteten und daß die Stellung des Menschen in der Schöpfung von daher klar bestimmbar blieb (vgl. Ps 8). Der Glaube an die Erschaffung der Welt durch Gott hat seine eigentliche Pointe in der damit ausgedrückten »Beziehung zwischen Gott und Welt«.[33] Dankbar gedenkt der fromme Jude in seinem Morgen-

---

32. Schalom Ben-Chorin weist auf eine ähnliche Berechnung des Erzbischofs James Ussher hin, derzufolge die Erde am 25. Oktober 4004 vor Christus vormittags 10 Uhr erschaffen wurde; ders. 1975, 115 f.
33. Fr. Rosenzweig, LRG 961.

gebet dessen, »der Tag um Tag das Werk des Anfangs erneuert«.[34] Auf einzelne Wahrnehmungen aus der Wunderwelt der Schöpfung, beim Essen und Trinken, angesichts von Naturschauspielen oder im Blick auf die Gaben von Menschen antwortet er mit einem spezifischen Lobpreis *(beracha)*. Solcher Lobpreis kann sich auch auf die Vorgänge im eigenen Körper beziehen und beispielsweise »nach der Verrichtung der Notdurft« sich einstellen.[35]

(b) Theodizee

Die Frage nach dem Woher des Bösen konnte im Alten Israel zunächst mit Hilfe des Zusammenhangs von »Tun« und »Ergehen« erklärt werden; Leid verwies – innerweltlich oder auch von Gott her – auf eine Ursache, durch die es ausgelöst worden war. Daß gerade der Gerechte viel leiden muß (Hiob; der leidende Gottesknecht), wurde zwar vielfach bedacht und beklagt, entzog sich aber schließlich jeglicher befriedigenden Erklärung. Der Hinweis auf den Satan, vermutlich durch parsistische Einflüsse eingebracht, konnte das Problem nicht lösen, wenn letztlich doch Gott derjenige war, der von sich sagte, daß »ich das Licht mache und schaffe die Finsternis« (Jes 45,7). Die kabbalistische Vorstellung von einer Selbstrücknahme Gottes *(zimzum)*, durch die die Entstehung der Welt und auch des Bösen erst möglich geworden sein könnte, ist nicht für das gesamte Judentum charakteristisch.[36] Messianische Anschauungen, soweit sie sich nicht auf den Bereich des Irdischen bezogen, mögen als Vehikel gedient haben, die Beseitigung des Bösen und ausgleichende Gerechtigkeit wenigstens im Jenseits zu vermuten. Aufs Ganze gesehen bleibt jedoch für den Juden das Theodizee-Problem offen. Er mag das Leid bis zu einem gewissen Grade als einen ihm zugedachten Weg zu Gott verstehen, unter dessen Willen er sich beugt. Mar bar Rabbina fügte an seine Verrichtung des 18-Gebets jeweils eine Bitte an, die mit den Worten endete: »… dem, der mir flucht, schweige meine Seele, meine Seele sei wie Erdstaub für jedermann (= der von jedem zertreten wird)«.[37] Durch den Holocaust hat sich das Theodizeeproblem für Juden ins schlechthin Unermeßliche gesteigert. Entweder kommt es auf diese Weise zu radikalem Atheismus[38], oder aber der Fromme verzichtet auf den Versuch, das Theodizeeproblem zu klären, und lebt und glaubt – mit diesem Verzicht. Gelehrte Rabbinen – so lautet eine jüdische Erzählung – saßen eine ganze Nacht lang zu Gericht über Gott, wie er denn die Shoah habe zulassen können. Sie sprechen ihn

---

34. LRG 961.
35. LRG 1151.
36. G. Scholem, Schöpfung aus Nichts und Selbstverschränkung Gottes, in: Eranus 25, 1956, 87–119; P. Kuhn, Gottes Selbsterniedrigung in der Theologie der Rabbinen, M 1968.
37. b Berachot 17a; zitiert nach LRG 651.
38. Zu R. L. Rubenstein vgl. G. Mayer 1994, 297 ff. Vgl. ferner H. Jonas, Der Gottesbegriff nach Auschwitz. Eine jüdische Stimme, F [7] 1998.

schuldig. Als der Morgen graut, schaut einer von ihnen zum Fenster hinaus und sagt: »Die Sonne geht auf – es ist Zeit zum Gebet.«[39]

(c) Wunder

Wunder werden von frommen Juden nicht in erster Linie als übernatürliche Mirakel oder als prinzipielle Möglichkeiten Gottes verstanden, zu Gunsten des Menschen in den natürlichen Ablauf der Dinge einzugreifen. Das eigentliche Wunder Gottes besteht darin, daß er Israel aus Ägypten befreit hat – oder daß jeden Morgen die Sonne aufgeht. An Parapsychologisches erinnernde Merkwürdigkeiten gelten eher als Magie. Natürlich werden in der Hebräischen Bibel und auch in der rabbinischen Literatur zahllose derartige Dinge berichtet. Sie stehen dort aber immer im Dienst des Lobpreises Jahwes und besitzen keinen eigenen Stellenwert. Wunder sind die staunenerregenden wunderbaren Taten Jahwes, für die er zu preisen ist. Keinesfalls ist die Forderung nach Wundern im Blick auf die Möglichkeiten, die er als Schöpfer doch haben müsse, gegen ihn geltend zu machen.

(2) Islam

(a) Schöpfung

Auch im Islam gibt es Aussagen über die Schöpfung, die Christen wie Juden vertraut klingen müssen: »Euer Herr ist Gott, der die Himmel und die Erde in sechs Tagen erschuf und sich dann auf dem Thron zurechtsetzte. Er läßt die Nacht den Tag überdecken, wobei sie ihn eilig einzuholen sucht. (Er erschuf auch) die Sonne, den Mond und die Sterne, welche durch seinen Befehl dienstbar gemacht wurden. Siehe, Ihm allein steht das Erschaffen und der Befehl zu. Gesegnet sei Gott, der Herr der Welten!« (Sure 7,54 f.).[40] Das Seiende ist von ihm ins Sein gerufen – mit dem Auftrag, ihm dienstbar zu sein. Der Mensch, prominenter Diener Gottes, hat im Rahmen seiner Statthalterschaft Verfügungsgewalt nur innerhalb der Schöpfung, nicht über sie. Trotz der naheliegenden Analogien ergibt sich ein unterschiedlicher Stellenwert des Schöpfungsgedankens im Islam gegenüber Christentum und Judentum schon dadurch, daß die Schöpfung nicht als Anfang einer Heilsgeschichte verstanden wird; der Koran kennt keinen Weg von der Genesis zur Apokalypse. Der Schöpfungsgedanke dient ihm vorrangig dazu, die unvergleichliche Souveränität und

---

39. Nach H. Zahrnt, Mußmaßungen über Gott, M 1994, 125.
40. Vgl. Sure 15,16 ff.; 16,3 ff.; 41,9 ff.; 55,1 ff.

Großartigkeit Allahs zu unterstreichen: »... du kannst an der Schöpfung des Barmherzigen kein Mißverhältnis sehen. Wende deinen Blick zurück: Siehst du irgendeinen Mangel? Dann wende deinen Blick zweimal zurück. Der Blick kehrt zu dir beschämt und ermüdet zurück« (Sure 67,3 f.). Miniaturmaler in Persien und der Türkei suchten von der Makellosigkeit der Schöpfung dadurch Zeugnis zu geben, daß sie in ihre Abbildungen bewußt Fehler oder Entstellendes einbauten. Das Böse wird nicht als ernsthafte Gefährdung der Schöpfung gewertet. Nach Annemarie Schimmel lautet ein oft zitierter arabischer Vers:

»Preis Ihn, vor dessen Werk
sich der Verstand verwirrt!
Preis Ihn, vor dessen Macht
der Weise hilflos wird!«[41]

Von hier aus legt sich nahe, wie das Theodizeeproblem angegangen wird.

(b) Theodizee

Allah ist dem Menschen schlechthin überlegen; der Mensch hat kein Recht zur Nachfrage. »... Gott weiß, ihr aber wißt nicht Bescheid« (Sure 2,216 u. ö.). Ihm gehört der Lobpreis. »Er wird nicht zur Verantwortung gezogen für das, was Er tut; sie aber (sc. die Menschen) werden zur Verantwortung gezogen« (Sure 21,23). Alles kommt darauf an, was Gott will, und ob er etwas will. »Sprich: Alles ist von Gott« – Gutes und Schlechtes (Sure 4,78). Nur am Rande werden erzieherische Motive Allahs für das Böse, das einen treffen mag, genannt.[42] Auch Iblis – so die islamische Bezeichnung für den Teufel – wird nicht zum Träger einer Theodizee-Argumentation; Allah hat die Verteidigung seines Recht-Tuns nicht nötig. Das wissen fromme Muslime. »Prädestiniert zum Lebenskampf ist der Mensch ständigen Ängsten und Leiden ausgesetzt. Aber das Leben bringt auch viel Freude ... ›Gottes Freunde (aber) brauchen keine Angst zu haben, und sie werden nicht traurig sein‹ (Sure 10,62).«[43]

(c) Wunder

Wunder werden im Islam als »Zeichen« Allahs verstanden und von daher von vornherein sozusagen im Kontext der gesamten »Zeichensprache« Allahs interpretiert. Gottes gute Schöpfung und eigentlich alle ihre einzelnen Elemente können als Wunder aufgefaßt werden. Daneben gibt es Wunder, die den Pro-

---

41. A. Schimmel ²1995, 275.
42. Vgl. zum Ganzen H. Zirker, 1993, 204-220; dort Hinweis auf die Theodizee-Legende, Sure 18, 65-82.
43. S. Balić in LRG 653. Die Schia kann im Blick auf den Märtyrertod der Söhne Alis, Hasan und Husain, das Leiden positiv werten.

pheten zur Legitimation und zum Erweis ihrer Macht gedient haben. Muhammad selbst werden keine Wunder zugeschrieben, sofern man nicht seine »Himmelsreise« entsprechend interpretiert. Das eigentliche Wunder ist für fromme Muslime der Koran. Darüber hinaus gibt es freilich manche »Huldwunder«, wunderbare Taten, die zu vollbringen Allah seinen Freunden gestattet. Solche Wunder mögen unerwartet sein, stellen aber für Allah sozusagen nichts Besonderes dar: Die Durchbrechung der Naturgesetze ist für ihn nicht schwerer zu realisieren als ihre Erhaltung. Das scheinbar Abnorme ist nicht wunderbarer als die Normalität. Die in der Schöpfung zu beobachtenden Naturgesetze sind nichts anderes als Allahs Gewohnheit *(sunna)*, die er jederzeit zu ändern vermag.

(3) Hinduistische Traditionen

Von »Schöpfung« kann man im Kontext hinduistischer Traditionen nur in Anführungszeichen sprechen. Hindus denken, in mythologischen Vorstellungen oder philosphischen Reflexionen, eher an einen umfassenden Prozeß von Weltwerdung als an »Schöpfung«. Dieser Prozeß vollzieht sich in unendlich langen Zeiträumen, in verschiedenen Weltzeitaltern, die Millionen von Jahren beanspruchen, so daß die tausend Jahre, von denen der Psalmist spricht (Ps 90,4), daneben nahezu lächerlich wirken.[44] Spätestens seit den Upanishaden des 8. Jahrhunderts stellt man sich die Abfolge der Weltzeitalter als eine unendliche Reihung von Zyklen vor; neben das Bild des Zyklus tritt das der Spirale (auf diese Weise verbindet der neohinduistische Religionsphilosoph Shri Aurobindo den klassischen indischen Ansatz mit dem modernen westlichen Evolutionsdenken). In dieses periodische Geschehen von Weltentstehen und Weltvergehen sind auch die Götter einbezogen. Sie stehen nicht jenseits des Kosmos, sondern sind Teil desselben.

Aus der Vielzahl von Weltentstehungsmythologien und -reflexionen können nur einige Beispiele ausgewählt werden. Schon in frühester Zeit sucht man nach einem Einheitsprinzip für die Entstehung der Welt, ohne dies benennen zu können. So heißt es eindrucksvoll im Rigveda (X 129)[45]:

»Nicht existierte Nichtseiendes, noch auch existierte Seiendes damals – nicht

---

44. Nach üblicher Berechnung dauert ein Brahmatag, innerhalb dessen sich Schöpfung/Entfaltung und Auflösung vollziehen *(»kalpa«)*, »tausend große Weltalter *(»mahayuga«)* entsprechend 12.000 Götterjahren bzw. 4.320.000 Menschenjahren, die sich auf vier Weltzeitalter *(»yuga«)* verteilen... Das Ganze wiederholt sich tausendfach, hundert Brahmajahre oder 311 Billionen und 40 Milliarden Menschenjahre lang. Wenn diese Periode *(»para«)* vorüber ist, geht die Welt unter ...« – und der Kreislauf von Weltentstehen und Weltvergehen beginnt von neuem. A. Michaels 1998, 330f.
45. Zitiert nach RV, 66f.

existierte der Raum, noch auch der Himmel jenseits davon …
Nicht existierte der Tod, also auch nicht das Leben … Es atmete (begann zu atmen) windlos, durch eigene Kraft da ein Einziges …
Finsternis war verborgen durch Finsternis im Anfang. Kennzeichenlose Salzflut war dieses All. Der Keim, der von Leere bedeckt war, wurde geboren (kam zum Leben) als Einziges durch die Macht einer [Brut-]Hitze.
Ein Begehren [nach Entstehung] bildete sich da im Anfang, das als Same des Denkens als erstes existierte …
Woher diese Emanation geworden (›gekeimt‹) ist, ob sie getätigt worden ist [von einem Agens] oder ob nicht – wenn ein Wächter dieser [Welt] ist im höchsten Himmel, der weiß es wohl: oder ob er es nicht weiß?«

Grundelemente einer Kosmogonie werden hier sichtbar: Die Anfänge liegen in einem Bereich jenseits von Sein und Nichtsein, ein Keim wird geboren, ein Begehren meldet sich an. Eine Art Selbstentzündung zum Sein findet statt: »Es atmete (begann zu atmen) windlos«. Der Emanationsgedanke kann auch anders gefaßt werden, etwa dahingehend, daß das ursprünglich selbständige Atman sich in zwei Teile, nämlich Gatten und Gattin, zerfallen läßt und dann weiter ausdifferenziert.[46] Neben den Grundgedanken der Emanation tritt ein aus dem Opfer-Ritus stammendes Bild: Der Urriese Purusha (»Mann«) wird zerstückelt und in einem kosmischen Opfer dargebracht. Die Grundidee dabei ist: »Genauso wie Mund, Denkvermögen, Atem, Nabel usw. die zusammenwirkenden Teile eines lebenden Körpers sind, ebenso sollen Götter, Menschen, Tiere und unbelebte Natur, die aus den Körperteilen des Urriesen und aus den Zutaten des Opfers entstehen, organisch zusammenwirken.«[47]

Auch Erfahrungen aus Askese und Meditation können Material für Weltentstehungsvorstellungen abgeben: Schon im Rigveda wird die Hitze, die beim Brüten bzw. bei der Meditation entsteht, als kreative Kraft verstanden *(tapas)*, wobei nicht notwendig nach der »brütenden« Macht selbst gefragt werden muß.[48] Von hier aus mochten sich dann auch theistische Vorstellungen nahegelegt haben: Prajapati, der mit mehreren Gottheiten identifizierbare »Herr der Geschöpfe«, hat *tapas* geübt; er kann die Welt aber auch durch sein schöpfungsmächtiges Wort oder mit Hilfe seiner göttlichen Genossin Vac (vgl. lat. »vox«) geschaffen haben. Im späteren Hinduismus wird dann Brahma zum eigentlichen Schöpfergott, der aber religiös kaum Bedeutung erlangt. Vielmehr werden nun Vishnu und Shiva Repräsentanten des Schöpfungsprozesses: Shiva als der durch seinen Tanz die Welt Erschaffende und Zerstörende, Vishnu in der Vielgestaltigkeit seiner Erscheinungsweisen, wie sie insbesondere in der Bhagavadgita zum Ausdruck kommt.

»Arjuna sprach:

46. K. Meisig, Die Einheit der Schöpfung – Mensch und Umwelt im Hinduismus, in: A. Th. Khoury, P. Hünermann, 1987, 28-59; hier: 33 f.
47. K. Meisig ebd. 36. Zum Ganzen vgl. oben S. 306-308.
48. J. Gonda ²1978, 183 ff.

Ich sehe all die Götter in deinem Leib, o Gott,
und alle Arten von Wesen zusammengeworfen -
Brahma, den Herrn, auf dem Lotosthron sitzend,
und all die Seher und göttlichen Schlangenwesen.
Ich sehe dich überall: eine unendliche Gestalt,
mit zahllosen Armen, Bäuchen, Mündern, Augen;
kein Ende, keine Mitte, und auch keinen Anfang von Dir
erblicke ich, o All-Herr, Du All-Gestalt!...«[49]

Wichtig ist bei alledem, daß der Kosmos oder auch die unmittelbar umgebende Natur als Raum empfunden werden, in dem göttliche Kräfte walten, dem aber nicht etwa ein schöpferischer, planender und zum Ziel bringender göttlicher Wille gegenübersteht. Die Wertigkeit dieses Raums ist ambivalent – *maya:* Einerseits verbirgt das vordergründig Reale durch seinen Schein-Charakter das alles tragende Eine, ist somit trügerischer Schein. Andererseits gäbe es ohne *maya* eben auch weder Götter noch Menschen noch irgendetwas. Dies wäre schließlich auch wiederum nicht zu bedauern, denn der Bereich der *maya* stellt ja zugleich den Raum dar, in dem die Wiedergeburten erfolgen. Jedenfalls gilt es, auf der Hut zu sein: »Mich *(mam)* wird er *(sa)* im Jenseits essen, dessen Fleisch *(mamsa)* ich im Diesseits esse«.[50] Von hier aus sind dann Tötungsverbot, Gewaltlosigkeit und Vegetarismus zu verstehen. Faßt man die Welt nicht abstrakt als *maya,* so kann man sie in theistischem Zusammenhang auch als *lila,* als göttliches Spiel betrachten. Die Frage, wozu es dienen soll, bleibt offen. Bei allem spekulativen Interesse nach dem Woher des Kosmos gilt die Hauptaufmerksamkeit der Hindu-Gläubigen doch der Frage, wie es gelingen kann, diese unendlichen kosmischen Prozesse zu verlassen.

Ein Theodizeeproblem im westlichen Sinne kann sich unter diesen Voraussetzungen nicht stellen. Es gibt keinen Gott, den man letztlich verantwortlich machen könnte und dessen Gerechtigkeit verteidigt werden müßte. Das Leid, das der einzelne erfährt, ist, ohne daß irgendeine höhere Macht daran beteiligt sein müßte, als Konsequenz des jeweiligen Karma aufgefaßt. Auch hier ist die Frage nicht, woher diese Karma-Belastung letztlich kommen mag, sondern vielmehr, wie man ihrer ledig wird.

Auch die Frage nach Wundern im Sinne westlicher Religiosität erledigt sich von selbst: Der Hindu-Gläubige unterscheidet nicht prinzipiell zwischen natürlichen und übernatürlichen Vorgängen; er ist gar nicht so sehr auf die Vorgänge im vordergründig-empirischen Bereich fixiert, daß er irgendwelche übernatürlichen Vorgänge dagegen abheben möchte oder könnte. Selbstverständlich gibt es zahllose Berichte von Phänomenen, die dem westlichen Betrachter als mirakulös erscheinen – sei es im Blick auf die phantasiereichen Mythologien oder auch Erfahrungen einzelner Frommer. Der Hindugläubige

49. BG 11,15 f.
50. Gesetzbuch des Manu 5.55, zitiert nach K. Meisig in A. Th. Khoury, P. Hünermann 1987, 52.

erlebt jedoch all das im Zusammenhang einer Vielzahl von Faktoren, die seinen Lebensprozeß begleiten und bestimmen.

(4) Buddhismus

Buddhistisches Denken hat die Frage nach einer »Schöpfung« programmatisch ausgeklammert. Ob die Welt ewig ist oder nicht, ob sie endlich ist oder unendlich, gehört zu den Fragen, die »Buddha nicht beantwortet«.[51] Warum beantwortet er sie nicht? »Weil es nicht zweckdienlich ist ..., weil es nicht zu den Grundlagen heiligen Wandels gehört, weil es nicht zur Weltabkehr, nicht zur Leidenschaftslosigkeit, nicht zur Aufhebung, nicht zum Frieden, nicht zur Erkenntnis, nicht zur Erleuchtung, nicht zum Nirwana führt: Darum ist dies von mir nicht erklärt.«[52] Buddhisten fragen nicht danach, wie die Welt entstanden sein mag; was sie interessiert, ist die Daseinsanalyse, und dabei treffen sie auf die Grundfaktoren Leid und Vergänglichkeit, wie dies schon dem historischen Buddha bei seiner Ausfahrt und seiner Konfrontation mit dem Alter, der Krankheit und dem Tod ergangen sein mochte bzw. zugeschrieben wurde. »Nicht die Welt an sich, sondern das Wesen, das an ihr leidet, ist der Gegenstand der buddhistischen Analyse.«[53] Alles ist durch den Kreislauf der Wiedergeburten bestimmt; wodurch dieser in Gang gesetzt worden sein mag, ist unerheblich: »Aus dem Anfanglosen, Mönche, kommt die Wanderung (der Wesen im Wiedergeburtenkreislauf). Kein Anfang läßt sich absehen, von welchem die Wesen, im Nichtwissen *(avijja)* befangen, von der Gier *(tanha)* gefesselt, (im Samsara) umherirren und wandern. Was meint ihr, Mönche, ist mehr: das Wasser in den Großen Meeren oder die Tränen, die ihr vergossen habt, als ihr auf diesem weiten Weg umherirrtet und wandertet und jammertet und weintet, weil euch zuteil wurde, was ihr haßtet, und nicht zuteil wurde, was ihr liebtet?«[54]

Das empirisch Gegebene dient dabei nur als Grundlage für den Vollzug dieses Kreislaufs. Die Natur erscheint als ein Beziehungsgeflecht verschiedener Faktoren, das aber dem Menschen sozusagen dazu dient, von ihm durchschaut und damit überwunden zu werden. Der Leib des Menschen fungiert als Medium, als möglicher Ort der vier »Göttlichen Verweilungszustände«, die durch Meditation erreicht werden können: Grenzenlose Güte *(maitri),* grenzenloses Erbarmen *(karuna),* grenzenlose Mitfreude und grenzenloser Gleichmut.[55]

Diese Geflechte von Faktoren erscheinen den Buddhisten als einem endlosen Wandel unterworfen. Über diesen Wandel gibt es unterschiedliche Vorstellun-

---

51. Die Reden des Buddha 1993, 162 f.
52. Ebd. 165.
53. H. W. Schumann 1963, 30.
54. Zitiert nach H. W. Schumann ²1994, 76.
55. Th. N. Hanh 1995, 52, sowie Art. Brahma-Vihara in LÖW 50 f.

gen. Der Dalai Lama spricht von einem Weltensystem, das aus einer Milliarde Welten, »die im großen und ganzen unserer eigenen ähnlich sind«, besteht, das seinerseits aber wiederum nur eines von einer Milliarde solcher Weltsysteme darstellt. »Innerhalb einer Periode von 80 ›Zwischenzeitaltern‹ finden für eine Milliarde Welten in einem Weltsystem die Phasen der Entstehung, des Bestehens, des Zerfalls und der Leere … statt.«[56] H.-J. Greschat schildert den endlosen Wandel so: »Eines Tages wird auch unsere Welt wieder vergehen … Jahrmillionen wird nichts da sein. Dann wird die Welt neu erstehen: im leeren Raum bildet sich ein gewaltiger Windkreis, Wasser sammelt sich auf ihm und darüber wächst eine neue Erde mit dem Weltenberg Meru in der Mitte, mit Ozeanen und Kontinenten und Inseln. Dort werden Menschen wohnen …, bis ihre Welt abermals untergeht … und so fort ohne Ende.«[57]

Doch diese kosmologisch-kosmogonischen Vorstellungen sind letztlich ohne Belang. Es kommt darauf an, das Vorfindliche, das sich einem ohnehin nur vergegenwärtigt, sofern man seiner gewahr wird, zu durchschauen: Alles scheinbar Wirkliche ist in Wahrheit »leer«.

»Es gibt keine Geburt,
noch gibt es Tod.
Es gibt keinen Anfang,
noch gibt es ein Ende.
Nichts ist gleich sich selbst,
noch ist irgendetwas voneinander verschieden.
Nichts tritt ins Dasein ein,
noch tritt etwas aus dem Dasein heraus.«[58]

Raimon Panikkar interpretiert die Erkenntnis Buddhas folgendermaßen: »Sie war eine Schauung des gesamten Kosmos in einer einheitlichen, intuitiven Erkenntnis, welche die Verkettung aller Dinge, die Vergänglichkeit aller Dinge und die Nichtigkeit des Kosmos offenbarte.« Seine »große Intuition« habe darin bestanden, »daß er die von jedem Fundament getrennte Bedingtheit an sich ›sah‹« und eben damit »die Unvergänglichkeit des Vergänglichen«.[59]

Daß sich das Theodizeeproblem damit von selbst erledigte bzw. gar nicht erst stellen konnte, ist offensichtlich. Woher das Leid kommt, ist klar: Es resultiert, wie die zweite der Vier Edlen Wahrheiten zum Ausdruck bringt, aus dem »Anhaften«.

Was halten Buddhisten von »Wundern«?

In der Welt des Empirischen mag es allerlei merkwürdige Phänomene geben. Das eigentliche »Wunder«, das sich im Wesenskreislauf zeigen kann, ist die Möglichkeit des »Erwachens« und der Überwindung des »Anhaftens«. Die Welt

---

56. Dalai Lama [6]1993, 47f.
57. H.-J. Greschat 1980, 57.
58. Madhyamika-Shastra (Abhandlung über den mittleren Weg), zitiert nach: D. T. Suzuki, 1988, 94.
59. R. Pannikar 1992, 101, 99, umgestellt.

wird in ihrem »Sosein« erfaßt, sie ist nicht mehr, als was sie ist. So gesehen, ist Buddhismus »radikaler Empirismus, radikale Erfahrenswissenschaft«.[60] Basho, ein japanischer Dichter des 18. Jahrhunderts, bringt dies in folgendem Haiku zum Ausdruck:

> »Sieh genau hin,
> dann entdeckst du die Nazuna-Blüte
> unter der Hecke.«[61]

Darüber hinaus bedarf es keiner weiteren Feststellungen oder Reflexionen: Es ist, wie es ist.

C Die Welt als Schöpfung in der integralen Perspektive des trinitarischen Bekenntnisses

Der Prozeß der Globalisierung macht den Gläubigen aller Religionen zunehmend bewußt, daß sie gemeinsam in der einen Welt leben und ihr gegenüber eine gemeinsame Aufgabe haben, nämlich sich für Erhaltung der Schöpfung einzusetzen und für das Überleben der Menschheit angesichts drohender ökologischer Katastrophen zu kämpfen. Dies dürfte sich einerseits unabhängig von den unterschiedlichen Modellen der Welterklärung vollziehen, die sie anbieten, andererseits eben diese Modelle stärker miteinander ins Gespräch bringen und zur Suche nach einem integralen Modell anspornen.

(1) Die Religionen und die Naturwissenschaften

Nie geht es bei den verschiedenen Vorstellungen, die in den Religionen über die Entstehung der Welt gehegt werden, primär um Theorien, die irgendwie naturwissenschaftlichen Erkenntnissen analog wären. Das Judentum ist an der Heilsgeschichte sowie an deren ethischen Implikationen und erst von hier aus an einer Schöpfungslehre interessiert. Dem Islam kommt es auf die Allwirksamkeit Allahs im Allgemeinen und im Einzelnen, in gewöhnlichen und in außergewöhnlich erscheinenden Naturvorgängen an; erst in der Begegnung mit der Neuzeit erwacht die Frage nach dem Verhältnis zwischen koranischen und na-

---

60. D. T. Suzuki 1988, 51.
61. Zitiert nach D. T. Suzuki 1988, 97.

turwissenschaftlichen Aussagen.[62] Die hinduistischen Traditionen wissen den Menschen und alle Einzelphänomene der ihn umgebenden Welt, ja selbst die Gottheiten, eingebettet in universale Prozesse, deren Woher weniger interessiert als die Frage, wie man von ihnen aus in die Freiheit gelangen kann. Buddhistisches Denken transzendiert das Vorgegebene nicht durch Reflexionen über dessen Entstehung, sondern durch das Wissen um dessen Transparenz auf das Nirvana hin und – wohl verstärkt seit der Konfrontation mit dem Westen – durch mitleidendes Handeln. Einzig das Christentum hat es für nötig befunden, sich von Anfang an mit außerchristlichen, zunächst philosophischen, dann naturwissenschaftlichen Weltentstehungstheorien auseinanderzusetzen. Nicht erst die Aufklärung oder der Positivismus des 19. Jahrhunderts, sondern bereits die Begegnung mit der Antike in der Alten Kirche und vor allem im Zeitalter der Scholastik hat dazu herausgefordert. Dabei sind diskutable Konzeptionen entstanden, die darauf abhoben, daß der Schöpfungsglaube, wenn er sich schon nicht durch außerchristliche Theorien stützen oder gar beweisen ließ, wenigstens so formuliert werden mußte, daß er durch sie auch nicht widerlegt werden konnte.

Außerchristliche religiöse Vorstellungen von der Entstehung der Welt erinnern die christliche Theologie daran, daß es bei der Frage nach der Welt als »Schöpfung« in der Tat um eine Glaubensaussage geht, die ihren Grund nicht in der Übereinstimmung mit jeweils aktuellen naturwissenschaftlichen Hypothesen hat. Die christliche Schöpfungslehre bietet keine »Weltformel«; sie lädt vielmehr ein zu Dank und Zuversicht gegenüber dem Schöpfer und zu verantwortlichem Handeln aus diesem Glauben heraus. Sie kann sich dies insbesondere dadurch bewußt machen, daß sie ihr theistisches Denken aufgibt und im Schöpfer den dreieinen Gott erkennt.

Christliche Theologie wird aber umgekehrt – gerade im Zusammenhang des Globalisierungsprozesses, der ja in einem erheblichen Maße säkular gesteuert ist – die Vertreter und Vordenker anderer Religionen dazu auffordern, ihre Visionen ihrerseits zu naturwissenschaftlichen Fragestellungen in Relation zu setzen, wie dies im Islam ansatzweise, im Neohinduismus[63] und im Buddhismus[64] bereits zunehmend geschieht. Christliche Theologie kann ihre Gesprächspartner nur davor warnen, dieselben Fehler zu wiederholen, in die sie in der Auseinandersetzung mit den Naturwissenschaften gelegentlich selbst verfallen war. Es mag verführerisch sein, neohinduistisches und an Evolution ausgerichtetes Denken zu verbinden oder die buddhistische als die eigentlich moderne, dem aufgeklärten areligiösen Menschen entsprechende Weltsicht zu empfehlen. Am Ende solcher apologetischer Unternehmungen steht – jeden-

---

62. U. Spuler-Stegemann, Die hermeneutische Diskussion im türkischen Islam und ihre gesellschaftliche Relevanz, in: H.-M. Barth, Chr. Elsas 1997, bes. 89 ff.
63. Vgl. den Denkansatz von Sri Aurobindo; dazu O. Wolff, Sri Aurobindo, 1994.
64. Vgl. auch Fr. Capra, Das Tao der Physik, M 1984.

falls nach christlicher Erfahrung – oft der Verlust der im eigentlichen Sinn religiösen Substanz.

(2) Trinitarisch orientierte Rezeption außerchristlicher Impulse

Das trinitarische Denken bietet im Blick auf außerchristliche religiöse Vorstellungen von der Entstehung der Welt Möglichkeiten der Rezeption, stellt aber seinerseits auch kritische Anfragen und trägt durch beides zur Vertiefung und Profilierung der christlichen Schöpfungslehre bei.

(a) Integrationsmöglichkeiten

1. Die Dominanz des heilsgeschichtlichen Interesses im Judentum gegenüber einer systematisch angelegten Schöpfungslehre kann die christliche Theologie veranlassen, die Akzente richtig zu setzen und die Frage nach der Schöpfung nicht zu isolieren oder gar zu verabsolutieren. Die Natur will als Schöpfung unter heilsgeschichtlicher Perspektive wahrgenommen, erlebt und erfaßt sein. Eine Naturfrömmigkeit, die einen theistisch gedachten Schöpfer feiert, wird der Schöpfung und dem Schöpfer nicht gerecht. Aber auch ein Ethos, dem die Erhaltung und Pflege der Natur Selbstzweck ist, bleibt hinter seinem eigentlichen Auftrag zurück. In der Schöpfung geht es um mehr als die Schöpfung, nämlich – mit der Hebräischen Bibel gesagt – um den Bund. Der trinitarische Glaube sieht das Verhältnis Gottes zu seiner Schöpfung differenziert und führt damit über die Perspektive des Judentums noch einmal hinaus: Gott steht seiner Schöpfung souverän und überlegen gegenüber; er ist ihr aber als der sie Begründende, Erlösende und Vollendende auch selbst gegenwärtig.

2. Da die Welt für Muslime nicht in erster Linie Gottes gute Schöpfung, sondern Ort der Bewährung ist, hat der Glaube an Allah als den Schöpfer hier auch eine etwas andere Bedeutung als im Christentum. Nicht als der, der die Schöpfung am Anfang begründet, sondern als der, der sie – aufgrund seines freilich jederzeit revidierbaren freien Willens – erhält, kommt Gott in den Blick. Das Gewicht verlagert sich vom Schöpfungs- auf den Erhaltungs- und Vorsehungsglauben. Gott erschafft ja die Welt und den Menschen von Moment zu Moment neu; von seiner Entscheidung hängt alles, was sich in der Schöpfung vollzieht, in jedem Augenblick ab (vgl. Sure 23,12-14). Was die Menschen als »Naturgesetz« zu beobachten meinen, ist in Wahrheit nichts anderes als die bisher aufrecht erhaltene Gewohnheit Allahs. Dieser radikale, religiös getragene Atomismus kann im christlichen Kontext das Moment der »creatio continua« bestärken. Er kann darüber hinaus jedes Abgleiten in ein deistisches Denken,

demzufolge sich die Welt aufgrund von in der Schöpfung eingestifteten Gesetzen und Möglichkeiten selbständig entwickelt, verhindern. Der christliche Glaube sieht freilich die Gewähr für die Erhaltung der Schöpfung nicht in einem theoretischen Handlungsmodell für den Schöpfer, sondern in der Treue Gottes, der sich in Jesus Christus dem Menschen und seiner Welt zuwendet und durch den Heiligen Geist in ihr wirkt. Die Schöpfung »am Anfang« wird damit – anders als im Islam – zum Beginn einer Heilsgeschichte.

3. In den hinduistischen Traditionen ist »Schöpfung«, sofern überhaupt, ein in dem übergreifenden Weltentstehungsprozeß sekundäres Moment: Der Schöpfer selbst entsteht im Zuge des Schöpfungsprozesses, der sich zirkulär von immer neuen Anfangs- zu immer neuen Endphasen erstreckt. Diese aus christlicher Sicht zunächst nicht nachvollziehbare Vorstellung arbeitet gleichwohl mit Elementen, die zu einem trinitarisch orientierten Schöpfungsglauben in Relation gebracht werden können. Der Hinduismus kann den christlichen Glauben dazu inspirieren, die Schöpfung weniger als »Aktion« und dagegen stärker als Prozeß- und Interdependenz-Geschehen aufzufassen. Auch eine Ahnung davon, daß das gegenwärtige Weltzeitalter von wie auch immer vorzustellenden Räumen umgeben sein könnte, ist dem christlichen Glauben nicht schlechthin fremd. In der liturgischen Wendung »von Ewigkeit zu Ewigkeit« reproduziert sich das Bedürfnis, die Ehre des dreieinen Gottes über alle denkbaren Zeiträume hinweg gepriesen zu sehen. In der Formulierung des Bekenntnisses von Nizäa-Konstantinopel, Jesus Christus sei »aus dem Vater geboren vor aller Zeit«, ist eine Letztbegründung der Schöpfung angedeutet, die alle zeitlichen Kategorien sprengt und in der ewigen Beziehung Gottes zu sich selbst besteht. Die theistische Versuchung, der christliches Denken so häufig erlegen ist, muß trinitarisch abgewiesen werden, und dabei kann im Blick auf den Schöpfungsglauben die hinduistische Unterscheidung zwischen einem anthropomorph gedachten Schöpfer und einem apersonal gedachten Schöpfungsprozeß möglicherweise helfen. Daß es zudem Berührungspunkte mit einer das Evolutionsdenken aufnehmenden Prozeßtheologie gibt, liegt auf der Hand. Die unüberbrückbaren Unterschiede sind freilich ebenso deutlich: Über dem Schöpfungsvorgang, ob man sich ihn nun innerhalb eines einzigen oder innerhalb einer Vielzahl von Äonen, als einzelnen Akt oder als unablässigen Prozeß vorstellt, waltet nach christlicher Überzeugung die Liebe Gottes, die in Jesus Christus sichtbar und durch den Heiligen Geist spürbar wird.

4. Die buddhistische Lehre, die auf den Schöpfungsgedanken überhaupt verzichtet, scheint mit dem christlichen Schöpfungsglauben am wenigsten vereinbar. Doch ergeben sich auch hier für das christliche Bekenntnis bemerkenswerte Gesichtspunkte. Buddha hat sich geweigert, auf die Frage nach dem Anfang und dem Woher der Welt zu antworten. Damit ist zum Ausdruck gebracht, daß er diese Frage offen ließ, sie aber als solche auch für irrelevant hielt. In der Tat darf auch für den christlichen Glauben geltend gemacht werden, daß das spekulative Interesse für den Ursprung der Welt als solches nicht weiterführt. Die Lehre vom Entstehen aller Dinge in gegenseitiger Abhängigkeit bietet nun

gleichwohl eine gewisse Antwort. Sie steht aber nicht notwendig im Gegensatz zum christlichen Glauben, wenn nämlich der Schöpfer als nach diesem – dem heutigen Interdependenz-Empfinden entsprechenden – Modell handelnd gedacht wird. Die buddhistische Lehre sieht dies nicht vor. Für sie stellt das von ihr wahrgenommene Interdependenz-Geschehen aber ein Geheimnis dar, das ständig transzendiert sein will – gleichsam ein »Koan« (siehe S. 196), das es durchaus auch für Christen sein könnte. Es erstaunt außerdem, daß Buddhisten gerade bei diesem Ansatz eine besondere Aufmerksamkeit – »Achtsamkeit« – auch für die einzelnen Phänomene der Natur entwickelt haben, die für das Verhältnis von Christen zur Schöpfung nur beispielhaft sein kann. Sie haben für die »Bewahrung der Schöpfung« mehr geleistet als die Christen, die ja gerade von ihrem Schöpfungsverständnis her dafür hätten sensibel sein müssen, sich aber durch ihren Anthropozentrismus den Blick darauf verstellen ließen. Inwieweit es gleichwohl im Buddhismus zu einer Entwertung der Welt der konkreten Einzelphänomene kommt, die ja als Illusion *(»maya«)* durchschaut werden soll und eine Vernachlässigung auch des einzelnen Menschen und seines Schicksals implizieren müßte, ist wohl unterschiedlich zu beurteilen. Der »Engagierte Buddhismus«, wie ihn etwa Thich Nhat Hanh vertritt, geht hier neue Wege.[65] Ein trinitarisch ausgerichtetes Schöpfungsverständnis ist bemüht, dem einzelnen Menschen und letztlich jedem einzelnen Geschöpf seine Würde zuzusprechen.

(b) Das spezifische Profil des trinitarisch orientierten Schöpfungsglaubens im interreligiösen Kontext

1. Der christliche Glaube bietet im Blick auf die Lehre von der Schöpfung mannigfache Integrationsmöglichkeiten. Er kann sich vom Judentum daran erinnern lassen, daß Schöpfung und Heilsgeschichte untrennbar zusammengehören, wird diese aber von Jesus Christus her interpretieren. Gegenüber der vom Islam vertretenen Lehre von der Alleinwirksamkeit Gottes wird er den in Jesus Christus erkennbaren und wirksamen Heilswillen Gottes betonen, der durch den Heiligen Geist die Menschen zu erreichen sucht. Der christliche Glaube wird den in den hinduistischen Traditionen beheimateten Gedanken einer Prozessualität des Schöpfungsvorgangs unter der Voraussetzung aufnehmen, daß sich nicht der Schöpfer gleichsam in der Schöpfung selbst verliert. Gott, der sich in Jesus Christus mit seiner Schöpfung identifiziert und durch den Heiligen Geist sie zu ihrem Ziel bringt, steht ihr zugleich in souveräner kategorialer Überlegenheit gegenüber. Schließlich geht es dem christlichen Glauben wie dem Buddhismus um die Erlösung aus Leid und entfremdeten und entfremdenden Strukturen, aber er wird die Schöpfung selbst gleichwohl nie als »unei-

---

65. Vgl. M. v. Brück, Wh. Lai 1997, 560-568.

gentliche« Welt der Illusion abtun, sondern sie als Ausdruck der Treue des drei-einen Gottes dankbar feiern.

2. Damit ergibt sich im Kontext von Judentum und Islam, Buddhismus und hinduistischen Traditionen ein spezifisches Profil eines trinitarisch orientierten Schöpfungsglaubens. Die Schöpfung wird als Gabe Gottes und als Anlaß zu Freude und Dankbarkeit ernst genommen; trotz aller Entfremdung ist sie nicht nur Quelle von Leid, trotz vielfacher Verblendung der Menschen nicht nur ein Gespinst von Illusionen. Aber sie ist auch noch nicht an ihr eschatisches Ziel gelangt, zur »Freiheit der Kinder Gottes« (Röm 8,21). Christen erwarten »einen neuen Himmel und eine neue Erde« (II Petr 3,13). Die Schöpfung ist qualifiziert durch die Erlösung in Christus und die verheißene Vollendung, in der Gott »alles in allem« sein wird (I Kor 15,28) – nicht aufgrund eines sich selbst steuernden Prozesses mit glücklichem Ausgang, sondern aufgrund der freien und gnädigen Entscheidung Gottes, sich in Jesus Christus ihr zuzuwenden und im Heiligen Geist sie ihrem Ziel zuzuführen. Wie die Geschöpfe alle bestimmte Aufgaben aneinander haben und für einander ausüben, so haben auch die Menschen ihren spezifischen Auftrag und ihre spezifische Verheißung. Sie werden ihr weder gerecht, wenn sie ihre Mitwelt beherrschen und ausbeuten, noch auch dann, wenn sie sich der sie umgebenden Natur einfach zu- oder unterordnen. In Jesus Christus können sie erkennen, daß ihnen eine spezifische Würde zugedacht ist, der sie nicht durch elitäres Bewußtsein oder Verhalten gegenüber der außermenschlichen Kreatur entsprechen werden, sondern durch bewußte Aufmerksamkeit, zu der auch alle naturwissenschaftliche Forschung gehören kann, durch Wahrnehmung und Inanspruchnahme der mit der Schöpfung gegebenen Möglichkeiten und menschlichen Fähigkeiten sowie durch eine sensible Pflege der geschöpflichen Welt.

(c) Konsequenzen für den Umgang mit dem Theodizeeproblem

Auch im Blick auf seinen Umgang mit dem Theodizee-Problem kann der christliche Glaube von der Begegnung mit außerchristlichen religiösen Schöpfungsvorstellungen lernen.

1. Unlösbare Frage?

Das Judentum konnte das Theodizee-Problem religiös nicht lösen. Es hat das ungeheure Leid, das ihm im Lauf der Jahrhunderte angetan wurde, nicht theologisch »bewältigt«, sondern mit einem kaum erklärbaren Glaubensmut hingenommen und ertragen. Viele gläubige Juden haben die Frage, inwiefern Gott für dieses Leid Verantwortung trägt, offen gelassen; andere haben auf Gottes »Schuld« erkannt und sich trotzdem nicht von ihm abgewandt. Das Judentum hat aber jedenfalls dem Theodizee-Problem eine spezifische Wendung gegeben. Es hat nicht nur nach individuellem Leid, sondern nach dem Leid der Gemeinschaft, des Volkes, des Volkes Gottes gefragt. Und es hat seine eigene Rat- und Fassungslosigkeit ausgehalten.

Christen haben in gewisser Weise eine Antwort gefunden: Gott hat seinen eigenen Sohn nicht verschont, sondern »hat ihn für uns alle dahingegeben – wie sollte er uns mit ihm nicht alles schenken?« (Röm 8,32). Der trinitarische Glaube, die Identifikation Gottes mit Jesus als dem Christus und der aus ihr erwachsende Trost durch den Heiligen Geist, kann das Theodizee-Problem mildern. Diese Erfahrung hat, zur Theorie erhoben, manchmal dazu geführt, daß das Leid – nicht nur fremdes, sondern auch eigenes Leid – fromm verdrängt wurde. Der Crucifixus wurde zum Alibi, das im schlimmsten Fall einen daran hindern konnte, gegen fremdes und auch eigenes Leid aufzubegehren und es zu mindern. Das Leid Gottes selbst wurde dann nicht mehr ernst genommen. Vom Judentum ist zu lernen, daß das Leid nicht kaschiert werden darf und daß vorschnelle fromme Antworten Gott und den Menschen nicht gerecht werden.

2. Illegitime Frage?

Muslime sehen das Zentrum ihres Glaubens darin, sich dem Willen Allahs zu überlassen. Es gilt, niederzufallen vor Gott und sich seinem Ratschluß zu beugen. Die Theodizee-Frage ist unter diesen Bedingungen Ausdruck des Unglaubens, des »Nicht-Islams«. Gott hat dem Menschen gegenüber nicht Rede und Antwort zu stehen; ein Mensch wäre vermessen, wenn er dies forderte.

Christlicher Glaube nimmt die Klagepsalmen in Anspruch. Jesus selbst fragt am Kreuz nach dem »Warum«. Klage und Frage sind legitim, wenn sie ins Gebet münden und sich an Gott wenden. Zu einem Ausdruck des Unglaubens werden sie erst, wenn sie sich als Argumente gegen Gottes Güte oder gar gegen Gottes Existenz verstehen. Das Vaterunser kennt die Bitte um die Erlösung »vom Bösen«. Das Böse darf nicht einfach hingenommen, sondern es muß bekämpft werden. Dabei wendet sich der Glaubende nicht nur an Gott, sondern er erhebt Einspruch, widerspricht wie Jesus in Gethsemane, ringt mit Gott wie Jakob am Jabbok.

Der Islam macht Christen darauf aufmerksam, daß in alledem auch echte ungehorsame Auflehnung gegen den Willen Gottes stecken kann, menschlicher, ich-bezogener Wille, der Gottes Willen nicht geschehen lassen will, oder eine frevelhafte Anmaßung, die dem Schöpfer aller Dinge in die Karten schauen möchte, eine Verkennung der Situation des Menschen vor seinem Gott.

3. Überflüssige Frage?

Während das Theodizee-Problem für den Islam eine illegitime Fragestellung ist, ist sie für Hindus überflüssig. Nicht ein Gott oder eine Göttin ist dafür verantwortlich, wie es den Menschen ergeht, sondern sie selbst bzw. die Generationen vor ihnen. Das Karma wirkt selbständig und unerbittlich, ohne daß eine Gottheit tätig werden müßte oder auch könnte. Christen erschrecken vor dem Gedanken an ein solch gnadenloses Gesetz. Sie erinnern sich, daß es schon im Zusammenhang der Dekalog-Gebote heißt, Gott werde die »Missetat der Väter« heimsuchen nur bis in die dritte oder vierte Generation (Ex 20,5). Sie verlassen sich darauf, daß in Jesus Christus alle Strafe und alle negative Auswirkung ihres Fehlverhaltens vor Gott aufgehoben ist. Der Zusammenhang von Tun und Ergehen ist aufgebrochen; ein Gesetz der Vergeltung kommt für den Gott Jesu Christi nicht in Frage.

Die hinduistische Überzeugung, daß das Verhalten eines Menschen Folgen nach sich zieht, unter Umständen sogar für die nächste Generation, macht Christen und Christinnen darauf aufmerksam, daß sie differenzieren müssen. In der Tat ist der Gedanke an ein mechanistisch gedachtes, automatisch wirkendes Gesetz von Ursache und Wirkung im Blick auf das Geschick von Menschen für den christlichen Glauben unerträglich. Gottes Gottheit realisiert sich darin, daß er in Jesus Christus dem Sünder vergibt und durch den Heiligen Geist ihn dieser Vergebung gewiß macht. Dies schließt aber nicht aus, daß sich auf der kreatürlichen Ebene aus einem Fehlverhalten schicksalhafte Folgen für einen Menschen oder vielleicht sogar für seine Nachkommen ergeben können. Die Konsequenz für Christen besteht aber nun gerade nicht darin, diese Tatsache als gegeben hinzunehmen, sondern im Wissen um sie tätig zu werden – im Blick auf eigene und im Blick auf fremde Schuld. Die Vergebung befähigt gerade dazu, in das Gesetz von Ursache und Wirkung, das sich ansonsten natürlich auswirken würde, einzugreifen. Menschen, die einander vergeben, werden nun dazu in die Lage versetzt, das, was zwischen ihnen stand, zu bearbeiten und aus der Welt zu schaffen, sich so zu verändern, daß sie dadurch nun tatsächlich einander, sich selbst oder gar ihre Kinder nicht mehr belasten. Dazu bietet der dreieine Gott, nachdem er die geistliche Basis geschaffen hat, kreatürliche Hilfsmittel auf der kreatürlichen Ebene menschlicher Beziehungen und Handlungsmöglichkeiten an.

4. Unfruchtbare Frage?

Für den Buddhisten stellt sich das Theodizee-Problem ebensowenig wie für den Hindu, weil er keine Gottheit kennt, die er haftbar machen könnte oder wollte. Die Frage nach dem Woher des Bösen verweist den Menschen auf sich selbst, auf seinen unersättlichen Lebensdurst. Wäre er von diesem frei, würde er Leid überhaupt nicht als solches empfinden. Die Frage ist daher nicht nur sinnlos, sondern geradezu irreführend. Sie hält nämlich ab von den Aufgaben, die vor einem liegen, nämlich die Welt als »maya« zu durchschauen und an dem Prozeß der Selbstbefreiung zu arbeiten.

Christen wissen darum, daß zwischen Lebensdurst und Leid ein Zusammenhang bestehen kann. Gleichwohl nehmen sie den Lebensdurst auch als etwas der Schöpfung von Gott Eingepflanztes, geradezu als Konstitutivum von Gottes guter Schöpfung wahr. Der Lebensdurst ist ambivalent; als Durst nach dem wahren Leben soll er gestillt werden durch »das Wasser des Lebens umsonst«

(Apk 22,17). Als Gier nach einem sich selbst absolut setzenden Leben führt er ins Verderben. Die Frage nach dem Woher des Bösen ist ebenfalls ambivalent. Sie kann tatsächlich unfruchtbar und irreführend sein, wenn sie nämlich zur Selbstentschuldigung und zur Beschuldigung anderer benutzt wird. Sie ist aber sehr fruchtbar, wenn sie einen Menschen in die Konfrontation mit seinem Schöpfer und in die Buße führt.

(d) Konsequenzen für das Verständnis des Wunders

Für den Juden ist das Wunder als Machterweis Gottes Anlaß zu Lob und Dank. Der Islam preist das Wunder der Allwirksamkeit Allahs und der Entstehung des Korans. Für den Hindu kann geradezu alles »wunderbar« sein; das Wunder ist universal, sofern gar nicht im westlichen Sinn zwischen Gewöhnlichem und Wunderbarem unterschieden wird. Der Buddhist wiederum erlebt das Erwachen als das wahre Wunder. Aus allen vier Perspektiven lassen sich Beziehungen zur christlichen Auffassung herstellen. Für Christen kann der durch den Heiligen Geist ihm zuteil werdende Glaube, der dem buddhistischen »Erwachen« entsprechen mag, als das eigentliche Wunder gelten, aber auch das Erscheinen dessen, an den er glaubt, die Gestalt und die Botschaft Jesu und das Zeugnis von ihm; dies läßt sich in gewisser Weise mit der Wunder-Konzeption des Islam in Verbindung bringen. Schließlich kann dem Christen ähnlich wie dem Hindu Gewöhnliches und Außergewöhnliches, das er an der Schöpfung oder in seinem Alltag wahrnimmt, zum Wunder werden, in dem ihm Gott begegnet. Auf welche Weise auch immer ihm Wunder widerfährt – es wird ihm – wie seinem jüdischen Partner – als Anstoß zu Lob und Dank dienen. Dem dreieinen Gott stehen unendliche Möglichkeiten zur Verfügung, sich als wunderbar zu erweisen.

(e) Die gefallene Schöpfung im Licht des trinitarischen Glaubens

Der Glaube an den dreieinen Gott als den Schöpfer der Welt mobilisiert zugleich die schöpferischen Kräfte des Menschen: Der Mensch als Gottes Ebenbild ist dazu berufen, seinen spezifischen Status gegenüber seinen Mitgeschöpfen anzunehmen und zu nutzen. Er soll und darf in seinen Grenzen Schöpfung bewahren und zugleich ihre Möglichkeiten zur Entfaltung bringen. Er soll und darf dies tun in der Orientierung an Jesus Christus, nämlich an fürsorgender und zur Hingabe bereiter Liebe, und zugleich unter der Verheißung, daß Gott die Schuld, die er dabei auf sich lädt, vergeben, ihn selbst und die Schöpfung erneuern (Ps 104,30) und einen neuen Himmel und eine neue Erde heraufführen wird, in denen Gerechtigkeit wohnt (II Petr 3,13).

Die christliche Theologie erweckt oft den Eindruck, als müsse man von der Schöpfung in einer gewissen Gespaltenheit reden, denn sie befinde sich ja nicht mehr in dem paradiesischen Zustand der ersten Schöpfungstage. Vielmehr handle es sich um die »gefallene Schöpfung«. Nun wissen alle Religionen, daß die Welt so, wie sie ist, nicht »in Ordnung« ist. Sie verweisen auch alle auf die besondere Rolle, die dabei der Mensch einnimmt. Doch wäre es eine Verzeichnung, wollte man die christliche Rede von der guten Schöpfung dadurch neutralisieren oder ihr damit gar ihren positiven Gehalt nehmen, daß man sie durch eine gleichrangige Rede vom »Fall« sozusagen wieder aufhebt. Ein heilsgeschichtliches Schema, das »Schöpfung« und »Fall« (vgl. unten S. 493 f.) als chronologisch aufgefaßte Stationen mißverstand, konnte diese Fehlinterpretation nahegelegen. Trinitarisch orientierter Schöpfungsglaube jedoch zeichnet sich dadurch aus, daß er die vorfindliche Welt gerade angesichts ihrer Erlösungsbedürftigkeit versteht und gestaltet im Wissen um die schöpferischen Möglichkeiten des Menschen und um die Verheißung von Erlösung und Vollendung. Glaubende lassen sich daher durch das Böse, dem sie begegnen, nicht zu sehr imponieren. Sie lassen sich vielmehr an das göttliche »siehe – sehr gut« (Gen 1,31) erinnern, an die Qualifikation des Anfangs und an die Qualifikation des Endes durch den Schöpfer, der sich in Jesus Christus als der zu erkennen gibt, der für Anfang und Ende einsteht.

D Thesen

1. Schöpfungstheologie ist für den christlichen Glauben konstitutiv, aber nicht Ausgangspunkt seiner Selbstreflexion. Dieser besteht vielmehr im Bekenntnis zu Jesus Christus.

2. Nur wenn Theologie der Schöpfung nicht vom Glauben an Gott als Erlöser und Vollender isoliert wird, lassen sich die vom theistischen Denken produzierten Mißverständnisse vermeiden.

3. Der seiner Schöpfung kategorial überlegene dreieine Gott wirkt zugleich inmitten seiner Schöpfung und für sie.

4. Auch Gottes erlösendes und vollendendes Wirken ist Ausdruck und Ausfluß seiner schöpferischen Dynamik.

5. Die Theodizeefrage wird in einer trinitarisch orientierten Schöpfungstheologie dahingehend beantwortet, daß Gott als allem Leid überlegen, in allem Leid mitleidend und alles Leid überwindend geglaubt wird – was nicht zu einer plausiblen Lösung, aber zu der existentiellen Möglichkeit führt, Leid in der Klage vor Gott zu bringen, es zu ertragen, zu bekämpfen und zu bewältigen.

6. Als Wunder ist im Rahmen einer trinitarisch orientierten Schöpfungslehre ein Geschehen zu verstehen, das in der offenen Erwartung der unbegrenzten Möglichkeiten des Schöpfers und im Blick auf den Heilswillen des Erlösers als Impuls zur Dankbarkeit gegenüber dem Gott erfaßt wird, der dabei ist, die eschatische Vollendung heraufzuführen.

7. Trinitarisch orientierte Schöpfungslehre hat keine Schwierigkeiten, das heilsgeschichtliche Anliegen des jüdischen Schöpfungsglaubens ebenso wie den Gedanken der absoluten Souveränität Gottes, der dem Islam wichtig ist, zu integrieren. Sie kann sich durch Hinduismus und Buddhismus auf die Interdependenz alles Seienden hinweisen und vor einem isolierten anthropozentrischen Schöpfungsverständnis warnen lassen.

8. Vom Judentum können christliche Glaubende lernen, daß Leid nicht (religiös) verdrängt werden darf, vom Islam, daß die Theodizeefrage ein Moment des Unglaubens enthalten kann, von den Hindus, daß es immanente Verkettungen von Leid und Schuld gibt, und vom Buddhismus, daß die Frage nach dem Woher des Leids nur darin fruchtbar wird, daß man sie hinter sich läßt.

9. Wunder sind christlichen Glaubenden wie Juden und Muslimen Anlaß zu Dankbarkeit; Hindus sind kaum daran interessiert, zwischen natürlichen Vorgängen und übernatürlichen Wundern zu unterscheiden; Buddhisten kann alles zum Wunder werden, wenn sich in ihnen das Wunder des »Erwachens« vollzieht.

10. Nichtchristliche Religionen unterstreichen auf ihre Weise die Tatsache, daß sich religiöse Aussagen über das Werden der Welt von entsprechenden naturwissenschaftlichen Hypothesen kategorial unterscheiden.

11. Christlicher Schöpfungsglaube und Naturwissenschaften können einander nicht ersetzen, bleiben aus der Sicht des Glaubens aber auf einander bezogen. Dies zeigt sich besonders im Bereich der Ethik.

12. In Jesus Christus und unter der Verheißung eines neuen Himmels und einer neuen Erde (vgl. Apk 21,1) erkennen Christen und Christinnen ihren Auftrag an der Schöpfung, ohne sich dabei zu überschätzen und ohne zu verzweifeln.

7.2 Mensch und Menschheit

Es ist heute nicht mehr selbstverständlich, von »dem« Menschen zu sprechen. Vielerlei Einwände erheben sich dagegen: Eine idealistische Abstraktion oder ein terminologischer Vorgriff kann dem einzelnen konkreten, lebendigen Menschen niemals gerecht werden. Die Geschlechterpolarität tritt deutlich ins Bewußtsein; schon die maskuline Form der Rede von »dem« Menschen irritiert. Die Differenzierung durch Geburt, kulturelle Prägung, Biographie und spezifische Herausforderungen wird aufmerksam wahrgenommen. So wird die »conditio humana« einerseits aus der Perspektive vieler einzelner Menschen reflektiert, andererseits von allen gemeinsam erlitten, erlebt, gestaltet. Erstmals in der Geschichte der Menschheit bildet sich so etwas wie ein globales Bewußtsein, ein Bewußtsein der gemeinsamen Selbstwahrnehmung der Menschheit aus. Die – in der Anthropologie dann doch unumgängliche – Rede von »dem« Menschen muß daher versuchen, sowohl den einzelnen Menschen als auch die gesamte Menschheit im Blick zu behalten.[1]

Die Frage nach dem Menschen wird von einer Reihe von Einzelwissenschaften bearbeitet und stellt in einem gewissen Sinn das gemeinsame Projekt aller Wissenschaften dar.

1. Aus naturwissenschaftlicher Perspektive fragt die Humanmedizin danach, wie der menschliche Körper funktioniert, und was zu tun ist, wenn er nicht funktioniert. Psychosomatische Zusammenhänge kommen dabei verstärkt in den Blick. Psychologische Anthropologie gewinnt an Bedeutung. Psychologie und neuerdings die Hirnforschung suchen zu ergründen, wie sich Bewußtsein und Selbstbewußtsein des Menschen aufbauen und regeln.

Die Verhaltensforschung klärt, worin das praehominide Erbe des Menschen besteht. Welche spezifischen Verhaltensmöglichkeiten zeichnen den Menschen gegenüber der ihn umgebenden außermenschlichen Natur aus? Welche ethischen Orientierungen aus dem praehominiden Erbe des Menschen sind gegebenenfalls ernstzunehmen, welche dagegen überholt und im Blick auf die weitere Entwicklung kontraproduktiv? Entwicklungsgeschichtlich ist zu untersuchen, woher der Mensch kommt und wohin es mit ihm gehen könnte. Wie gehört er in die Gesamtentwicklung der Natur/des Kosmos hinein?

---

1. Vgl. W. Pannenberg, Anthropologie in theologischer Perspektive, Gö 1983; ders., Was ist der Mensch?, Gö 1962; O. H. Pesch, Frei sein aus Gnade. Theologische Anthropologie, Fr 1983; A. Peters, Der Mensch, Gü 1979 (= HST 8); H. Thielicke, Mensch sein – Mensch werden. Entwurf einer christlichen Anthropologie, M/Z 1976; ferner H.-M. Barth, Wie ein Segel sich entfalten. Selbstverwirklichung und christliche Existenz, M 1978. Von hohem Interesse ist im Blick auf gegenwärtige Entwicklungen Ray Kurzweil, Homo sapiens. Leben im 21. Jahrhundert – Was bleibt vom Menschen? K ²1999. S. auch Th. Waap, Gottebenbildlichkeit und Identität. Zum Verhältnis von theologischer Anthropologie und Humanwissenschaft bei Karl Barth und Wolfhart Pannenberg, Diss. Marburg 2007.

2. Philosophisch stellt sich vor allem die Frage nach der »differentia specifica« des Menschen. Worin besteht sie? Im aufrechten Gang? In der Ausstattung mit einer »Seele«? In der Sprach- und Kommunikationsfähigkeit? Im Reflexions- und Abstraktionsvermögen? Die klassische, philosophische Definition des Menschen, die aus der Antike überkommen ist, lautet: Er ist ein »vernunftbegabtes Lebewesen« (»animal rationale«). Gehört die Religion in irgendeiner Weise zur »differentia specifica« des Menschen? Menschen machen Gedichte, haben Visionen, rufen Gottheiten an, haben Möglichkeiten zur Selbstreflexion, zu Gestaltung und Veränderung: Ist es die Transzendierensfähigkeit, die sie gegenüber allen anderen Lebewesen auszeichnet? Menschen können Verantwortung übernehmen, Schuld auf sich laden, einander vergeben: Ist es die Sozialität, was als Spezifikum des Menschlichen in Erscheinung tritt? Auch die Definition des Menschen als eines »zoon politikon« ist bereits aus der Antike überkommen. Bei allen Definitionsversuchen fällt ins Auge, daß die gefundenen Merkmale vielleicht für sehr viele, kaum aber für alle Menschen zutreffen. Wie ist es mit Menschen, die von Geburt an geistig und körperlich schwerstbehindert sind, von Altersdemenz erfaßt werden oder über Jahre hin im Wachkoma ein äußerst reduziertes Leben fristen?

3. Die christliche Theologie knüpft an die Ergebnisse der naturwissenschaftlichen Anthropologie an und greift Thesen und Hypothesen philosophischer Reflexion über den Menschen auf, aber sie läßt sich eine Definition des Menschlichen nicht vorschreiben. Sie sieht den einzelnen Menschen, und sei er, gemessen an irgendwelchen Definitionen, noch so defizient, im Kontext der Menschheit, die durch den Menschen Jesus von Nazareth qualifiziert ist.

Theologische Anthropologie fragt nach der Stellung des Menschen vor Gott. Diese Frage wird in den verschiedenen Religionen unterschiedlich gestellt, da ja selbst der Gottesbegriff gar nicht überall begegnet. Weiß der Mensch um seine Stellung vor einer letzten Instanz? Darüber diskutiert die theologische mit der philosophischen Anthropologie. Die Antwort lautet in vielen Religionen: Dem Menschen muß die Wahrheit über sich selbst gesagt werden; er kann sie sich nicht selber sagen. Er kann sich nicht selbst zureichend wahrnehmen; das sehende Auge sieht sich selber nicht!

Die Frage, die der Mensch nach sich selbst hat und sich selbst ist, ist mit den Antworten, die er sich selbst gibt und doch nicht aus sich selbst hat, zu vermitteln. Die christliche Theologie versucht das auf ihre spezifische Weise. Sie kann sich damit einbringen in den Streit um den Menschen – als Humanwissenschaft! Die Anthropologie ist das große interdisziplinäre Forschungsprojekt letztlich aller Wissenschaften; gerade hier ist Austausch besonders nötig.[2]

2. Vgl. H.-G. Gadamer, P. Vogler (Hg.), Neue Anthropologie, 7 Bde., St 1972-74.

A Die Würde des Menschen nach christlichem Verständnis

Der christliche Glaube fragt nicht nach dem Wesen, sondern nach der Würde des Menschen, die dabei vorausgesetzt ist. Er weiß diese Würde durch den Schöpfer begründet, durch die Sünde gefährdet, ja verdorben, aber in Jesus Christus wiederhergestellt und zur Vollendung im Eschaton berufen. Die Tradition bringt dies in verschiedenen Denkmodellen zum Ausdruck. Der heilsgeschichtliche Ansatz unterscheidet zwischen vier »Ständen«: dem der Integrität, dem der Verdorbenheit, dem der Gnade und, je nachdem, ob die Gnade aufgenommen wurde, dem der Herrlichkeit bzw. der Verdammnis.[3] Abgesehen von der Frage nach dem ewigen Heil bzw. Unheil für den Menschen verführt dieser Ansatz zu einem temporalen Verständnis, das weder den heutigen Einsichten in die Phylogenese noch denen in die Ontogenese des Menschen entspricht. Die theologische Intention dieses Schemas bestand freilich auch nicht darin, phylo- oder ontogenetische Erkenntnisse zu vermitteln, sondern Existentialien bewußt zu machen, die – mangels besserer Möglichkeiten – auf die Zeitlinie projiziert wurden. Es sollte gezeigt werden, daß der Mensch auf Integrität hin angelegt ist, sich jedoch in einem Zustand der Selbstzerstörung befindet. Die ihm begegnende Gnade ruft ihn dazu auf, seine eigentliche Bestimmung zu ergreifen und nicht etwa auf ewig zu verfehlen.

Als ein zweiter möglicher Leitgedanke christlicher Anthropologie dient die Rede von Gesetz und Evangelium. Hier wird der Mensch nicht in eine Heilsgeschichte eingeordnet, sondern in seiner jeweiligen Gegenwart unter einer doppelten Perspektive gesehen: unter dem Anspruch und dem Zuspruch Gottes. Gebot und Angebot stehen einander gegenüber. Nach lutherischer Tradition verweist den Menschen das Versagen gegenüber dem Gebot Gottes auf Gottes Angebot, das Scheitern am Gesetz auf das Evangelium (vgl. S. 90 ff.). Über den Menschen ist, solange er lebt, immer ein Doppeltes zu befinden: Er steht unter dem Gesetz und unter dem Evangelium. Er gewinnt sein Leben, indem er vom Gesetz zum Evangelium flieht. Vom Gesetz muß er sich sagen lassen, daß er von sich aus nichtswürdig ist; das Evangelium dagegen spricht ihm eine Würde zu, die ihm niemand nehmen kann. Dieses Schema arbeitet so grundsätzlich, daß es mechanistisch-ungeschichtlich wirkt. Zudem steht die Nichtswürdigkeit des Menschen vor Gott so sehr im Vordergrund, daß es oft nicht gelingt, die positive Seite, nämlich die unvergleichliche Würde des Menschen gebührend zum Ausdruck zu bringen. Allerdings lassen sich mit Hilfe der Unterscheidung von Gesetz und Evangelium durchaus auch heute Selbsterfahrungen des Menschen interpretieren.[4]

---

3. »status integritatis, corruptionis, gratiae, gloriae/damnationis«. Vgl. H. G. Pöhlmann [5]1990, 177.
4. Vgl. H.-M. Barth, Art. Gesetz und Evangelium I, in: TRE 13, 126-142, bes. 139 f.

Ein dritter, nämlich der trinitarische Ansatz wird in Luthers Kleinem Katechismus formuliert: Der Glaubende bekennt, »daß mich Gott geschaffen hat, samt allen Kreaturen …, daß Jesus Christus … sei mein Herr, … der Heilige Geist hat mich durch das Evangelium berufen …«[5] Hier wird auf ontologische oder auch heilsgeschichtliche Kategorien verzichtet und voll darauf abgehoben, wie sich der Mensch vor Gott und von Gott her verstehen darf. Ein dabei auftretendes Problem ist freilich möglicherweise das der Individualisierung, der Überbewertung des Subjektiven. Wird der einzelne Glaubende hier vielleicht abgekoppelt von der Gesellschaft, der Umwelt, vielleicht sogar der Kirche? Wie kann von hier aus das Gespräch mit Nichtglaubenden geführt werden?

Die Grundaussage christlicher Anthropologie konzentriert sich in dem Begriff der »Gottebenbildlichkeit«, die unter allen drei genannten Perspektiven diskutiert werden kann. Es geht um ihren Verlust und um die Verheißung und Berufung, sie wieder zu erlangen.

(1) Das biblische Verständnis der Gottebenbildlichkeit

Im biblischen Zeugnis treibt der Mensch nicht Selbstanalyse, sondern er läßt sich sagen, wer er ist – und antwortet staunend: »Was ist der Mensch, daß du seiner gedenkst?« (Ps 8,5). Nicht etwaige Unterschiede zur außermenschlichen Kreatur werden ermittelt; was den Menschen zum Menschen macht, ist vielmehr die spezifische Beziehung, die Gott zu ihm hat.

(a) Gottebenbildlichkeit im Alten Testament

Angesichts der zentralen Stellung, die der Gedanke der Gottebenbildlichkeit in der christlichen Anthropologie hat, erstaunt es, daß er im Alten Testament nur vergleichsweise selten auftaucht. Ausschließlich die Priesterschrift bietet ihn: »Lasset uns Menschen machen, ein Bild, das uns gleich sei … Und Gott schuf den Menschen zu seinem Bilde, zum Bilde Gottes schuf er ihn; und schuf sie als Mann und Weib. Und Gott segnete sie und sprach zu ihnen: Seid fruchtbar und mehret euch, und füllet die Erde und machet sie euch untertan und herrschet über die Fische im Meer und über die Vögel unter dem Himmel und über das Vieh und über alles Getier, das auf Erden kriecht« (Gen 1,26-28). Für die Auslegungsgeschichte wurde wichtig, daß in der Wendung »ein Bild, das uns gleich sei« zwei verschiedene hebräische Begriffe verwendet wurden; der erstere war eher an dem konkreten Bild, etwa einer Skulptur, letzterer eher am abstrakten Gedanken des »Aussehens wie«, der Ähnlichkeit, orientiert.

---

5. UG 542, 544, 545.

Der Mensch als »Bild Gottes«, »Gott ähnlich« – was soll das heißen? Sicherlich ist es nicht physiologisch zu verstehen, obwohl nicht auszuschließen ist, daß dieser Gedanke in seiner Entstehungszeit auch physiologische Assoziationen implizierte. Eine verhängnisvolle Folge bestand ja darin, daß die christliche Kunst (Michelangelo in der Sixtinischen Kapelle!) dann »Gott Vater« durchaus anthropomorph darstellen und daß schließlich Ludwig Feuerbach den Satz Gen 1,27 umdrehen konnte: Der Mensch schuf Gott nach seinem Bilde!

Die Gottebenbildlichkeit ist im Sinne der Priesterschrift sicher auch nicht psychologisch aufzufassen, als ob sie besagte, der Mensch entspreche Gott dadurch, daß ihm Sein, Wissen und Wollen eignen; derartige Überlegungen, die in Augustins Trinitätslehre eine Rolle spielen, haben in tragischer Weise zu einem unbiblischen Theismus beigetragen.

Wie ist die im Alten Testament angesprochene Gottebenbildlichkeilt zu verstehen?

1. Eine merkwürdige Paradoxie besteht darin, daß das Alte Testament einerseits vom Menschen als dem »Bild Gottes« spricht, andererseits aber ein radikales Verbot kennt, sich von Gott ein »Bild« zu machen. Darin liegt ein erster wichtiger Hinweis für die Interpretation der »Gottebenbildlichkeit«: Das Bilderverbot bezieht sich auch auf den Menschen! Weil er Gottes Bild ist, ist sein Geheimnis nicht auszuloten. Durch die Fixierung auf ein bestimmtes Bild kann man einem Menschen nicht gerecht werden. Der einzelne Mensch ist immer mehr als sein Bild; sein Erscheinungsbild ist fotografierbar, aber schon das Foto kann über sich hinausweisen auf das Geheimnis, das einen Menschen trägt und ausmacht.

2. Der Mensch wird in der Priesterschrift verstanden als Repräsentant der Herrschaft Gottes. »Bild« meint im Alten Orient die Statue des Herrschers, die dessen leibhaftige Präsenz vertritt. Der Mensch ist Gottes »Mandatar« (G. von Rad). Im Alten Orient kann der König als Bild Gottes und damit als seine »Vertretung« bezeichnet werden. Im Alten Testament wird diese Bezeichnung ausschließlich für den Menschen gebraucht; er soll Gott auf Erden gleichsam sichtbar machen.[6]

3. Der Mensch wird dabei aber nicht als einzelner bestimmt: Am Anfang steht nicht der einzelne, sondern die Gemeinschaft von Mann und Frau; gemeinsam machen sie das »Bild« Gottes aus. Damit kommt der Mitmensch als konstitutiv für den Menschen ins Spiel. Karl Barth hat das in die schöne Wendung gefaßt: »Ich bin, indem du bist.«[7] Zugleich wird das Verhältnis des Menschen zu seinen Mitgeschöpfen ins Auge gefaßt: Nach Auskunft der Priesterschrift soll er sich die Erde »untertan« machen und »herrschen«. Der hier verwendete Begriff des »Niedertretens« (der Kelter) impliziert beides: die Ernte und die Ausbeute. Wenn der säkulare Mensch seine Mitwelt ausgebeutet hat, so ist dies weniger eine »gnadenlose Folge des Christentums« (C. Améry) als ein

---

6. Vgl. W. H. Schmidt, Alttestamentlicher Glaube in seiner Geschichte, N -V ⁴1982, 202-207.
7. KD III/2, 299.

Vorgehen, das sich – nicht einmal allzu häufig – nachträglich durch den Verweis auf Gen 1,27 f. religiös zu legitimieren versucht hat. Der Mensch soll souverän seiner Mitwelt gegenüberstehen, allerdings in Repräsentanz und im Auftrag des Schöpfers. Dem jahwistischen Schöpfungsbericht zufolge wurde der Mensch in den Garten Eden gesetzt, »daß er ihn bebaute und bewahrte« (Gen 2,15). Fest steht freilich für beide Schöpfungsberichte, daß der Mensch sich auch als der übrigen Schöpfung gegenüber abgehoben versteht: Dies ist die Voraussetzung für eine fruchtbare Beziehung zu ihr und ein verantwortliches Handeln an ihr.

(b) Christus – das Bild des unsichtbaren Gottes

Das Neue Testament greift nicht unmittelbar auf die diesbezüglichen Aussagen der Genesis zurück. Es steht unter dem Eindruck der Gestalt Jesu Christi, in der es den »wahren Menschen« erkennt.

1. In Jesus Christus finden Gottes Bild und wahres Menschsein zueinander. Er ist das »Ebenbild des unsichtbaren Gottes« (Kol 1,15; vgl. II Kor 4,4). Er ist aber auch der Mensch, wie er seiner ursprünglichen Bestimmung entspricht, der neue Adam – »der Mensch« schlechthin. Der »Menschensohn« wird zum eschatologischen Titel und zum Inbegriff wahren Menschseins. Indem Christus mit dem »Menschensohn« identifiziert wird, wird er als der »Maßgebende«, als der Messende, als der Richter der Endzeit erwartet.

2. Jesus Christus repräsentiert die heilbringende Herrschaft Gottes; in ihm ist das Reich Gottes herbeigekommen (Mk 1,15; vgl. Lk 17,20 f.) – die Gottesherrschaft, wie sie den Menschen aufgetragen war! Sie vollzieht sich aber nicht in der Verwirklichung eines Idealmenschen, einer allseitig ausgebildeten Persönlichkeit, eines »uomo universale«, sondern – in Liebe und im Leiden. Die Würde des wahren Menschen realisiert sich in der liebenden Hingabe für andere!

3. Durch die Inkarnation sind die Menschheit und der einzelne Mensch neu qualifiziert. Niemand kann davon absehen, daß auch Jesus als Mensch unter den Menschen gegenwärtig war. Man mag es leugnen, ignorieren oder außerchristlich deuten, es läßt sich aber nicht ungeschehen machen. Menschen können es im Glauben für sich zur Geltung bringen: »Ist jemand in Christus, so ist er eine neue Kreatur« (II Kor 5,17). Damit ergibt sich eine unerwartete Möglichkeit, der ursprünglichen Gottebenbildlichkeit des Menschen zu entsprechen, nämlich »so gesinnt« zu sein, wie es »der Gemeinschaft in Christus Jesus entspricht« (Phil 2,5): Aus dem »Sein wollen wie Gott« (vgl. Gen 3,5) wird nun ein »Sein dürfen«, das sich aus der Gemeinschaft mit Jesus Christus speist und ihr angemessen ist.

(c) Die verheißene Gottebenbildlichkeit

Im Glauben erkennt der Mensch die spezifische von Gott ihm zugesprochene Würde, aufgrund derer er entsprechend zu handeln vermag. Die Kirchen betonen in unterschiedlicher Weise, wie dies konkret werden kann: in Gebet und Liturgie (Orthodoxie), in sakramentaler Gemeinschaft (Katholizismus), in Vergebung und Übernahme von Verantwortung (Reformation). Zugleich wissen sie darum, daß solche Konkretionen im Vorläufigen verbleiben und ihr letztes Ziel erst vor Gottes Thron finden. Christus wird »unseren nichtigen Leib verwandeln«, daß er »gleich werde seinem verherrlichten Leibe« (Phil 3,21). Es ist »noch nicht offenbar geworden, was wir sein werden. Wir wissen aber: wenn es offenbar wird, werden wir ihm gleich sein; denn wir werden ihn sehen, wie er ist« (1 Joh 3,2).

(d) Verlust der Gottebenbildlichkeit?

Die Auslegungsgeschichte des biblischen Begriffs »Gottebenbildlichkeit« hat sich wesentlich (und in unbiblischer Weise!) auf Gen 1 konzentriert. Von daher galt es dann, obwohl die Bibel nie vom Verlust der Gottebenbildlichkeit spricht, diese zu interpretieren in Konfrontation mit dem tatsächlichen Bild, das Menschen abgeben, d. h. in Spannung zu Sündenfall und Sünde. Dem »wahren« stand der »wirkliche« Mensch gegenüber. Dabei ging es wesentlich um die Frage, wie trotz der Sünde an der Gottebenbildlichkeit des Menschen festgehalten werden konnte. Hinsichtlich der Antworten unterscheiden sich die christlichen Konfessionen:
1. Die altkirchliche, später vor allem von der römisch-katholischen Tradition favorisierte Antwort lautet, man müsse zwischen »Bild« (»imago«) und »Ähnlichkeit« (»similitudo«) unterscheiden: Die »imago«, bei Irenäus noch christologisch bestimmt, bei Thomas zudem verstanden als die wesensmäßige Ausstattung des Menschen mit Rationalität und verschiedenen Seelenkräften, sei dem Menschen auch nach dem Fall erhalten geblieben. Die »similitudo« hingegen, die durch die Beziehung zu Gott begründete Gottähnlichkeit, ging verloren. Im 20. Jahrhundert wurde diese Unterscheidung von Emil Brunner aufgenommen und modifiziert: Er differenziert zwischen erhalten gebliebener formaler Gottebenbildlichkeit (Rationalität, Dialogfähigkeit usw.) und materialer, verlorener Gottebenbildlichkeit.
2. Die neuplatonisch bestimmte Sicht der Ostkirche argumentiert: Ohne daß man genauer differenzieren könnte, darf festgehalten werden: Im Menschen glüht ein göttlicher Funke. Dem ostkirchlichen Denken liegt es ohnehin fern, den Menschen sozusagen außerhalb seiner Relation zum Logos und zur erneuernden Kraft des Geistes in den Blick zu nehmen.
3. Die reformatorische Theologie hat zunächst kein Interesse an einer ontologischen Bestimmung der Gottebenbildlichkeit; sie will ja die Bedeutung Jesu Christi herausarbeiten und betont deswegen den Verlust der Gottebenbildlich-

keit. Sie interpretiert den Menschen nicht von irgendwelchen anthropologischen Gegebenheiten, sondern vom Heilswerk Christi her: Von ihm her muß deutlich werden, was es um den Menschen ist. Sie erkennt den Menschen als unfrei, nicht in der Lage, sich selbst geistlich zu helfen und zur Gemeinschaft mit Gott vorzudringen; andernfalls wäre ja das Kreuz überflüssig gewesen. Sie muß aber dann doch differenzieren und tut das, indem sie scharf zwischen den irdischen und den geistlichen Möglichkeiten des Menschen unterscheidet. Vor seinen Mitmenschen kann sich der Mensch rechtfertigen, nicht aber vor Gott. In vordergründigen Fragen hat er einen großen Spielraum, aber sich für Gott und die Gemeinschaft mit ihm zu entscheiden, ist er nicht frei (»servum arbitrium«).[8] Die lutherische Bekenntnistradition beteuert[9]: Der Mensch ist auch nach dem Fall ein vernunftbegabtes Geschöpf (»rationalis creatura«), in äußeren Dingen (»in rebus externis et civilibus«) in der Lage, zwischen Gut und Böse zu unterscheiden und entsprechend zu handeln, ja in einem technischen Sinne auch fähig, Gottes Wort zu hören und zu bedenken (also zu »auditus et meditatio verbi divini«). Aber das nicht wiedergeborene Herz verhalte sich Gott gegenüber wie ein widerständiger Stein (»lapis«), ein ungehobelter Block (»truncus«) oder wie ein ungebändigtes Tier (»fera«). Im Blick auf seine Erleuchtung und die Herrschaft des Geistes über ihn bleibt er radikal auf Gottes Gnade angewiesen. Zu seiner Bekehrung und Selbstbefreiung kann er von sich aus schlechterdings nichts beitragen. Er kann sich nur ausliefern, dem Handeln Gottes überlassen – wie ein Stein, ein Holzblock, ein unverständiges Tier.

4. Wie sind die verschiedenen Antwortmodelle zu beurteilen? Alle neigen sie dazu, ontologische Aussagen über den Menschen zu machen. Die Würde des Menschen ist aber nicht einfach ein Datum, das vielleicht sogar empirisch zu verifizieren wäre. Daß sie unantastbar sei, gilt zwar als eine Einsicht der Aufklärung und der auf sie rekurrierenden Verfassungen und Menschenrechtserklärungen, ist aber tatsächlich nicht ohne weiteres zureichend zu begründen. Worin sie besteht, ist strittig, und – jedenfalls politisch und gesellschaftlich definiert – ist sie, wie Theorie und Praxis zeigen, durchaus »antastbar«.

Die Würde des Menschen, die nach christlicher Auffassung in seiner Gottebenbildlichkeit liegt, hat einen doppelten unzerstörbaren Grund: Sie ist christologisch und eschatologisch bestimmt. Erst von hier aus läßt sie sich auch protologisch artikulieren.

Das heißt: Menschsein ist als Menschwerdung zu begreifen, als Prozeß. Gott arbeitet am Menschen, damit der Mensch seine wahre Würde entdecke: die Würde derer, die Gott geschaffen, durch Jesus Christus erlöst und durch den Heiligen Geist zur ewigen Gemeinschaft mit ihm berufen hat.[10] Der Mensch hat

---

8. Martin Luther, Disputatio de homine, 1536, stellt dem »homo huius vitae« den Menschen gegenüber, sofern er »pura materia ad futurae formae suae vitam« ist. Vgl. G. Ebeling, Luther-Studien, Bd. II, Disputatio de homine, 3. Teil, Tü 1989, 472 ff.
9. BSLK 879,19 ff.
10. J. Moltmann schlägt vor, die Gottebenbildlichkeit als messianische Berufung des Men-

seine Würde nicht aufgrund dessen, was in ihm steckt, sondern in dem, was aus ihm werden soll. Sein Leben steht unter einem guten Stern, dem Stern der Geburt Christi. Deswegen hat er selbst Entfaltungsmöglichkeiten und wird sie auch anderen einräumen. Allen, die dabei sind, in diesem Sinne ihre Würde zu entdecken, wird es dann darum gehen, einander diese Würde zu bezeugen und allenthalben für die Würde zu kämpfen, die Gott dem Menschen zuspricht. Die Ostkirche gibt dem Ausdruck, indem sie in ihrer Liturgie nicht nur die Ikonen beräuchert, sondern auch die Menschen – als lebendige »Ikonen« Gottes. Es gilt, die Menschen als diejenigen zu sehen, die sie in Christus sind und die sie im Eschaton sein werden. Niemand ist festzuschreiben auf das, wie er zur Zeit »ist« oder sich selbst oder anderen erscheint. Jeder Mensch ist von den Möglichkeiten Gottes her zu begreifen und zu würdigen.

(2) Die Tragik des Menschen – die Sünde

Der Mensch, wie er sich selbst wahrnimmt, ist nicht durch strahlende Gottebenbildlichkeit gekennzeichnet. Er befindet sich in einer tragischen Situation. Ist der Begriff »Tragik« sogar noch zu schwach? Paul Tillich hat ihn in die Debatte gebracht, um darauf aufmerksam zu machen, wie sehr für den Menschen Existenz und Entfremdung miteinander verkettet sind: Was zur Existenz kommt, muß sich abgrenzen und behaupten.[11] Die Bibel redet von Sünde. Wäre heute besser von »Schuld« oder »Schuldgefühlen« zu sprechen? Im Bereich der Psychologie und ihrer verschiedenen Therapie-Angebote gäbe es dann viele Anknüpfungspunkte. Aus christlicher Sicht ist der Begriff »Sünde« jedoch unersetzbar. Paulus benennt als zusammenhängendes Syndrom »Sünde«, »Gesetz« und »Tod«. Luther redet von »Sünde, Tod und Teufel« oder von »Teufel, Welt und unserem eigenen Fleisch«. Paulus und Luther werden deshalb eines pessimistischen Menschenbildes verdächtigt und angeklagt. Das Selbstverständnis jedenfalls des heutigen Menschen ist anders. Er kann sich zwar klarmachen, daß er oft nicht mit sich selbst im reinen ist, auch seine Entfremdung gegenüber anderen und gegenüber der Schöpfung ist deutlich erkennbar. Worin aber diese Entfremdung im Letzten liegt, daß er und inwiefern er seiner ursprünglichen Bestimmung nicht entspricht, weiß er nicht von sich selbst. Er mag in manchen Zusammenhängen seine Schuld erkennen und sich schuldig fühlen – die Verfahrenheit seiner Situation vor Gott hat er damit noch nicht erfaßt. Paulus und in dessen Gefolge Luther sehen den Menschen so sehr verstrickt, daß er seine

---

schen zu verstehen; sie bestehe in des Menschen eschatologischer Verherrlichung. Vgl. J. Moltmann, Gott in der Schöpfung, M ²1985, 222 ff.

11. »Verwirklichte Schöpfung und entfremdete Existenz sind materialiter identisch«. P. Tillich, ST II, 52; vgl. 43-52.

Verstrickung von sich aus weder wahrnehmen kann noch lösen will. Sie reden deswegen vom »Gesetz«, um die Sünde als transmoralische Wirklichkeit bestimmen und von daher auch den Tod – nämlich als »der Sünde Sold« (Röm 6,23) – entschleiern zu können.[12]

(a) Erkenntnis der Sünde durch das Gesetz

1. Der Mensch sieht sich Forderungen und Ansprüchen gegenübergestellt, die er teils verinnerlicht hat, teils als von außen auf sich zukommend erlebt. Das läßt sich als eine psychologische Binsenweisheit abtun. Die biblische Tradition spricht von Gottes Gesetz in einem orientierenden und, wenn die Orientierung nicht eingehalten oder bewußt ausgeschlagen wird, auch in einem anklagenden Sinn. Sie präsentiert den Dekalog (Ex 20,1-21; Dtn 5,6-22). Offenbar hat sich hier zu »Geboten« verdichtet, was sich bewährt hat, dem Zusammenleben und der Entfaltung der Menschen dienlich war. Die Verhaltensforschung belegt dies zu einem gewissen Grade.[13] Die Tora wird verstanden als Inbegriff dessen, was gut tut und dem Leben entspricht – auf der Basis der Gottesbeziehung. »Es ist dir gesagt, Mensch, was gut ist und was der Herr von dir fordert, nämlich Gottes Wort halten und Liebe üben und demütig sein vor deinem Gott!« (Mi 6,8).[14] Das Neue Testament präzisiert und verallgemeinert zugleich durch das Doppelgebot der Liebe (Mt 22,37-39; Dtn 5,6 + Lev 19,18), das Gebot der Feindesliebe (Mt 5,44) und die Erzählung vom barmherzigen Samariter (Lk 10,25-37).

In gewisser Weise begegnet das Gesetz Gottes in der Gestalt Jesu. Er ist gekommen, das Gesetz zu »erfüllen« (Mt 5,17), und ist zugleich »des Gesetzes Ende« (Röm 10,4). Seine Existenz wird verstanden als ein Leben aus den Quellen seiner Authentizität. »Meine Speise ist die, daß ich tue den Willen dessen, der mich gesandt hat« (Joh 4,34). Die paulinischen Imperative benennen, freilich auf der Basis des Indikativs des Evangeliums, worin der Wille Gottes besteht.

2. Worin besteht die Funktion des Gesetzes? Während die Tora im Alten Testament durchweg als positiv und hilfreich verstanden wird, gewissermaßen als »Tipp« für das Gelingen des Lebens, arbeitet Paulus das Belastende am Gesetz heraus (vgl. besonders Gal 3; Röm 1-8). Auf das paulinische Gesetzesverständnis beruft sich die Reformation. Luther kennt zwar die für das Zusammenleben der Menschen durchaus wichtige gesellschaftliche Funktion des Gesetzes (»usus

---

12. Vgl. zum Ganzen E. Drewermann, Strukturen des Bösen. Die jahwistische Urgeschichte in exegetischer, psychoanalytischer und philosophischer Sicht, Teile I-III, Pb 1977 ff.; dazu: Chr. Gestrich, Die Wiederkehr des Glanzes in der Welt. Die christliche Lehre von der Sünde und ihrer Vergebung in gegenwärtiger Verantwortung, Tü 1989.
13. Den eindrücklichsten Versuch hat unternommen W. Wickler, Die Biologie der Zehn Gebote, M 1971.
14. Die Einheitsübersetzung formuliert: »... was der Herr von dir erwartet: Nichts anderes als dies: Recht tun, Güte und Treue lieben, in Ehrfurcht den Weg gehen mit deinem Gott.«

politicus«). Theologisch wesentlich ist ihm aber etwas anderes: Der grundsätzliche innere Widerspruch des Menschen gegen das Gesetz macht ihn vor Gott schuldig; die einzelne Übertretung des Gesetzes ist ja nur Ausfluß seiner widergöttlichen Grundeinstellung. Das Gesetz zeigt einem Menschen auf – und ist darin »überführend« (»usus elenchticus«) –, daß er nicht aus der »Quelle« lebt, daß er nicht der ist, der er sein könnte und müßte. Zugleich wird ihm durch das Gesetz deutlich, daß er sich aus dieser Situation nicht selbst befreien kann, ja es im Grunde nicht einmal will. Es steht ihm nicht frei, dem Willen Gottes wirklich zu entsprechen. In dieser Hinsicht besitzt er keinerlei Entscheidungsfreiheit, sondern einen »geknechteten Willen« (»servum arbitrium«); ein gewisser Handlungsspielraum bleibt ihm allein im Blick auf die äußeren Angelegenheiten des Lebens (»res civiles«), nicht jedoch im Blick auf Gottes Anspruch!

3. Das Gesetz, gerade in dieser Radikalität verstanden, dient dem Menschen dazu, sich seiner verzweifelten Situation bewußt zu werden und nach Hilfe Ausschau zu halten, also letztlich der Bereitschaft, das Evangelium anzunehmen. Dem Anspruch Gottes nicht gerecht zu werden, das Gesetz des Lebens nicht zu erfüllen, bedeutet Tod, Scheitern vor Gott. Indem das Gesetz dem Menschen dieses Scheitern bewußt macht, treibt es ihn dem Evangelium in die Arme: »So ist das Gesetz unser Zuchtmeister gewesen auf Christus hin, damit wir durch den Glauben gerecht würden« (Gal 3,24).

Gegen diese Interpretation des Gesetzes, wie sie insbesondere von Luther vorgetragen wurde, hat Karl Barth protestiert: Erst vom Evangelium her könne man Inhalt und Anspruch des Gesetzes erfassen. Evangelium und Gesetz dürften nicht voneinander getrennt werden: »Das eine Wort Gottes ist Evangelium *und* Gesetz: kein Gesetz für sich und unabhängig vom Evangelium, aber auch kein Evangelium ohne Gesetz. Es ist Evangelium nach seinem Inhalt, Gesetz nach seiner Form und Gestalt. Es ist zuerst Evangelium und dann Gesetz.«[15]

Die lutherische Lehre von Gesetz und Evangelium ist mißverstanden, wenn sie mechanistisch aufgefaßt oder wenn eine Lehre vom Gesetz gegenüber der Lehre vom Evangelium isoliert wird. Tatsächlich klärt und verschärft das Evangelium die Wahrnehmung des Gesetzes; gerade damit aber wird das Gesetz wiederum dem Menschen zum Anstoß, sich dem Evangelium zu öffnen. Der Glaubende, auf Erden »gerecht und Sünder zugleich« (»simul iustus et peccator«), bleibt, solange er lebt, sowohl unter dem Anspruch des Gesetzes als auch unter der Verheißung des Evangeliums: das macht die Dynamik seines Lebens aus.

4. Eine Lehre vom Gesetz ist für den christlichen Glauben schon aus anthropologischen Gründen unverzichtbar. In einem vordergründigen Sinn zeigt bereits das Problemfeld von Naturrecht, Menschenrechten und »Grundwerten«, daß für ein gelingendes menschliches Zusammenleben eine gemeinsam akzeptierte Moral wünschenswert ist. Darüber hinaus aber stellt sich für den Men-

---

15. KD II/2, 567; vgl. K. Barth, Evangelium und Gesetz (1935); A. Peters, Gesetz und Evangelium, Gü ²1994.

schen die Frage, wodurch und wozu er sich letztlich gefordert sieht. In diesem Zusammenhang ist das Gesetz auch in seiner reformatorischen Interpretation durchaus verständlich zu machen. »Gesetz« begegnet dem Menschen auf den verschiedensten Ebenen – als die Überlebens-Problematik der Menschheit mit all ihren wirtschaftlichen, politischen und ökologischen Herausforderungen, oder im Bereich des Psychischen als Sprache des Über-Ichs, des Eltern-Ichs, des Ich-Ideals, des Perfektionsdrangs.

Mit alledem bleibt Gottes Gesetz freilich noch unterbestimmt; es genügt weder, Moral zu predigen, noch auch, den allen Normen gegenüber souveränen Menschen zu propagieren. Das Gesetz Gottes bezieht sich auf das »Ganze«, auf Ursprung, Rechtfertigung und Ziel meines Lebens. Es gilt, sich dem Gesetz als dem Anspruch Gottes auszusetzen: »Ich bin der Herr, dein Gott … Du sollst keine anderen Götter haben neben mir« (Ex 20,2 f.). Das erste Dekalog-Gebot könnte dabei zugleich in seiner unüberbietbaren emanzipatorischen Kraft entdeckt werden! Das Gesetz ist hilfreich, sofern es zu Buße, zu Selbstkritik und zu Maßnahmen führt, die den Alltag und seine Gewohnheiten verändern. Es regt dazu an, Inventur zu machen.[16] Es hat eine durch und durch positive Funktion, weil es die Frage nach dem Sinn des Lebens stellt, die Verdrängung von Schuld und Versagen verhindert, »Sünde« als transmoralische Kategorie erkennen läßt und zur Revision des Lebens anleitet. Seine letzte Relevanz jedoch gewinnt es darin, daß es dem Menschen seine wahre Situation vor Augen führt und ihn damit auf jenen Kraftstrom außerhalb seiner eigenen Möglichkeiten aufmerksam macht, der allein ihm Vertrauen und Zuversicht zu seinem Leben schenken kann.

(b) Sünde als transmoralischer Begriff

1. »Sünde« ist ein Begriff, der außer in trivialen Zusammenhängen nur noch im christlichen Gottesdienst oder in theologischen Fachbüchern vorzukommen scheint. Auch in den nichtchristlichen Religionen hat er, wie wir sehen werden, kein echtes Äquivalent.

Im christlichen Sprachgebrauch besitzt er eine spezifische Füllung, die weit über die Assoziationen von Übertretung und Fehlverhalten hinausführt. Die biblischen Texte fragen danach, wie Sünde in Erscheinung tritt. Die dafür in Frage kommenden hebräischen Begriffe lassen erkennen, daß unter »Sünde« das Verfehlen eines Ziels, das Verquersein, die Rebellion oder auch die Torheit verstanden werden kann. »Sünde« meint mehr als moralische Inkorrektheit; mit ihr tritt eine fundamentale Beziehungsstörung in Erscheinung – gegenüber Gott, gegenüber den Mitmenschen und der Mitwelt, ein Zerwürfnis sogar innerhalb eines Menschen.

---

16. Vgl. EG (Ausgabe für die Evangelische Kirche in Kurhessen-Waldeck) Nr. 792-802. Es gilt, den Bußtag, den Beichtgottesdienst und die Beichte neu zu entdecken.

Der biblische Gegenbegriff zu »Sünde« heißt »Gerechtigkeit«. Auch sie wird nicht primär moralisch verstanden. Es geht nicht um Einzeltaten, sondern um die grundsätzliche Verfaßtheit menschlichen Seins und Handelns, um die Gott »gerecht« werdende Haltung.

Die Beziehungsstörung, die die Sünde ausmacht, kann negativ oder positiv gekennzeichnet werden: Die im Gefolge des Neuplatonismus milde Variante spricht von einem Defizit an Gutem (»privatio boni«). Die auf Augustin zurückgehende schärfere Bestimmung benennt die Selbstbezogenheit des Menschen und seinen aktiven Widerspruch gegen Gott (»concupiscentia«, »amor sui«), das Nicht-Wollen, daß Gott Gott sei. Die reformatorische Bekenntnistradition verbindet beide Interpretationen.[17] Für Luther besteht die Sünde wesentlich in der Übertretung des ersten Dekalog-Gebots, nämlich darin, Gott nicht »über alle Dinge zu fürchten, zu lieben und ihm zu vertrauen«.[18] Das Doppelgebot der Liebe wird nicht erfüllt »von ganzem Herzen, von ganzer Seele und von ganzem Gemüt« (vgl. Mt 22,37).

Um den Ernst der Situation zu kennzeichnen, redet die christliche Tradition von »Erb-« oder »Ursünde«. Zunächst mögen sich bei dieser Begrifflichkeit biologische Assoziationen nahelegen; aber es geht hier natürlich nicht um den Chromosomensatz, auch nicht um Sexualität. »Ursünde« (»peccatum originale«) bezeichnet die elementare Beziehungsstörung, wie sie in den Ursprungsbedingungen eines jeden Menschen bereits vorliegt. Zugleich wird durch diesen Begriff auf den destruktiven Gesamtzusammenhang aufmerksam gemacht, dem der einzelne Mensch nicht entkommt; er ist zu verdeutlichen an der Ambivalenz der Aggression, aber auch an globalen Interdependenzen. Die lateinamerikanische Theologie der Befreiung redet daher von »struktureller Sünde«; Jürgen Moltmann hat auf die »Teufelskreise« hingewiesen, wie sie sich in dem Zusammenhang von Armut, Gewalt, Entfremdung, Naturzerstörung und Sinnlosigkeitserfahrung darstellen.[19] Was »Ursünde« meint, läßt sich zwar plausibel nachvollziehen, aber letztlich nicht phänomenologisch erfassen.

2. Wie ist die für den Menschen so tragische Situation entstanden? Schon in dieser Fragestellung meldet sich ein gewisses Entschuldigungsbedürfnis. Der Mensch als Sünder kann sowohl die Frage als auch die Antwort ja nicht unabhängig von der Situation formulieren, die ihn prägt und folglich sein Erkenntnisvermögen bestimmt. Die christliche Tradition hat auf die Frage nach dem Ursprung der Sünde einerseits durch den Mythos vom Sündenfall, andererseits durch den Verweis auf den »Teufel« zu antworten versucht.

a. Der Mythos vom Sündenfall (Gen 3) darf sicher nicht als historischer Vorgang, aber auch nicht als etwas, das der Geschichte vorausliegt, verstanden wer-

---

17. CA II: Die Menschen werden geboren »cum peccato, hoc est, sine metu dei, sine fiducia erga deum et cum concupiscentia ...«
18. UG 538 (Nr. 490).
19. J. Moltmann, Der gekreuzigte Gott, M 1972, 306 ff.

den; von einem Geschehen außerhalb der Geschichte (im weitesten Sinn) kann nicht sinnvoll geredet werden. Man hat verschiedene Interpretationsmöglichkeiten vorgeschlagen. Ist der »Sündenfall« als transhistorisch begründetes Symbol dafür zu verstehen, wie sich das Phylogenetische im Ontogenetischen wiederholt? Dann ginge es nicht um einen »Fall«, sondern um das Zutagetreten einer Situation, die selbst unerklärt bleibt.[20] Läßt sich der Mythos vom Sündenfall interpretieren als tragische Verquickung von Sünde und Freiheit? Nach idealistischer Tradition ist das »Paradies« nur etwas für Tiere; das Menschsein seinerseits erfordert das Verlassen des Paradieses! Ohne den Übergang von der Essenz (der reinen Potentialität) zur Existenz gäbe es keine Realität.[21] Auch diese Interpretation bietet keine Erklärung, sondern nur eine Beschreibung des Befunds; sie ist zudem abhängig von philosophischen Voraussetzungen, die ihrerseits der Begründung bedürfen. Läßt sich das Motiv des »Sündenfalls« durch Rückgriff auf das Denken der Kabbala erklären, demzufolge sich Gott selbst erniedrigt und eingeschränkt hätte, um die Schöpfung und damit notgedrungen auch das Böse zu ermöglichen?[22] Diese Lösung ist schwerlich mit der biblischen Auffassung von Gott als dem Schöpfer zu vereinbaren.

Alle Erklärungsversuche geben eine gewisse Tendenz zu Ontologisierung und zur Entlastung des Menschen zu erkennen. Der Text der Sündenfall-Erzählung selbst läßt die Frage nach dem Ursprung der Sünde offen; der Hinweis auf die »Schlange« führt ja gerade nicht weiter. Dafür ist das Bedürfnis des Menschen zur Selbstentschuldigung schon hier mit Händen zu greifen: Adam verweist auf das »Weib, das du mir zugesellt hast«, das »Weib« gibt ebenfalls die Anschuldigung weiter: »Die Schlange betrog mich …«(Gen 3,12 f.). Soll man dem Sündenfallbericht angesichts seiner geringen Bezeugung im biblischen Schrifttum das Gewicht absprechen, das er im Lauf der christlichen Lehrbildung erhalten hat?[23] Das Problem, wie denn der Ursprung der Sünde zu denken sei, ist damit freilich auch nicht gelöst.

b. Weil der Sündenfall seinerseits erklärungsbedürftig bleibt, konnte ihm die Theorie vom Engelssturz vorangestellt werden (vgl. II Petr 2,4). Hochmut und Neid hätten die Engel verführt und zu Fall gebracht; dem Sündenfall der Menschen ginge demzufolge ein kosmisches Drama voraus. Die Schlange ließ sich so bequem mit dem Teufel identifizieren. Eine gewisse Entlastung des Menschen war damit metaphysisch begründet. Das Problem, wie es angesichts des Waltens eines allmächtigen Schöpfers überhaupt zu einem »Fall« kommen konnte, ist damit nur verschoben, eine wirkliche Lösung keineswegs erreicht. Im Gegenteil: Ein Dualismus zwischen Gott und Satan ist weder logisch befriedigend noch theologisch haltbar. Zudem stünde nunmehr die Aufgabe an, zu

---

20. Paul Althaus [8]1969, 384 f.
21. Vgl. Paul Tillich, ST II, 35-52. »Schöpfung und Fall koinzidieren …« (51 f.).
22. Zur Lehre vom »Zimzum« vgl. G. Scholem, Die jüdische Mystik in ihren Hauptströmungen, Fr [6]1996, 285 ff.
23. Vgl. W. Pannenberg, ST 2, 301 f.

klären, was es mit dem »Teufel« auf sich hat, der ja relativ spät in das biblische Denken eingedrungen ist. Er muß freilich nicht als eine Macht außerhalb des Menschen verstanden werden; bereits Luther konnte ihn mit dem menschlichen Herzen identifizieren.[24]

3. Aus der Tradition ergeben sich somit keine Lösungen, aber doch Kriterien für ein theologisch legitimes Reden vom Ursprung der Sünde:

a. Alle Versuche, die eine gewisse Entlastung des Menschen intendieren, entsprechen bereits der Situation, die erklärt werden soll. Sachgemäßer Ausgangspunkt muß das Sündenbekenntnis des Sünders sein! Woher kommt die Sünde? Sie kommt jedenfalls auch aus mir! »An dir allein habe ich gesündigt …« (Ps 51,6). Der Mensch hat zwar keine andere Wahl, als sich in der Beziehungsstörung zu Gott, den Mitmenschen, der Mitwelt und sich selbst vorzufinden, aber er willigt in diese Situation auch ein und verstärkt sie spontan.

b. Die Verborgenheit Gottes muß bei der Frage nach dem Woher der Sünde gewahrt bleiben: Auch die Sünde ist letztlich als in Gottes Handeln einbezogen zu denken; deswegen kann die biblische Tradition von der Verstockung Pharaos durch Gott reden (vgl. auch Röm 9,14-18) und von Gott sagen, daß er das Licht schaffe und die Finsternis, den Frieden und das Unheil (Jes 45,7). Die mittelalterliche Kunst kennt Dämonen, die in der Funktion von Konsolen die Lasten der Gewölbe einer Kathedrale mittragen müssen. Der Teufel ist Gottes Teufel! Luther geht noch einen Schritt weiter: »Ich muß dem Teufel ein Stündlein die Gottheit gönnen, und unserm Gott die Teufelheit zuschreiben lassen …«[25]

c. Von Sünde und Sündenfall zu reden, ist nur dann sachgemäß, wenn Gnade und Vergebung den Fluchtpunkt darstellen (vgl. Röm 5,18 f.). Sünde ist das, womit Gott sich zu schaffen macht, was zu bewältigen er allein fähig und willens ist! Aus der Sicht des christlichen Glaubens darf die Sünde nur im Status ihrer letzten Wirkungslosigkeit und mit dem Ausblick auf ihre endgültige Vernichtung zur Sprache kommen. Von der Gewißheit dieser Erwartung und vom Vollzug der Absolution her gewinnt die Rede von der Sünde ihren eigentlichen Sinn.[26]

4. Die Bibel sieht einen Zusammenhang zwischen Sünde und Tod (vgl. Gen 2,17). Für heutiges Verständnis aber ist der Tod in erster Linie ein biologisches Phänomen. Das Gesetz von Werden und Vergehen galt längst, bevor sich die Entwicklung zum »homo sapiens« abzeichnete. Auch in der außermenschlichen Kreatur wird gestorben. Die Sprache differenziert allerdings: Das Tier »verendet«, der Mensch »stirbt«. Im Gegensatz zum Tier, das es wohl immerhin ahnen kann, weiß der Mensch, daß er sterben wird. Er reflektiert es, fragt, wa-

---

24. H.-M. Barth, Der Teufel und Jesus Christus in der Theologie Martin Luthers, Gö 1967; vgl. ders. u. a., Der emanzipierte Teufel, M 1974, 109-170; H. Haag, Teufelsglaube, Tü 1974; A. Görres, K. Rahner, Das Böse, Fr 1982.

25. WA 31/1, 250, 35 f.

26. Vgl. die Themaformulierung der bereits genannten hamartiologischen Monographie von Chr. Gestrich: Die Wiederkehr des Glanzes in der Welt, Tü 1989!

rum er sterben muß, und hält Ausschau nach möglichen Zusammenhängen zwischen seiner Lebensführung und seinem Todesschicksal. Er sieht durchaus, daß er für manches – vielleicht vorzeitig – mit dem Tod »bezahlen« muß. Psychosomatische Zusammenhänge werden erkennbar: bestimmte Krankheitsbilder entsprechen einem bestimmten Lebensstil. Dies gilt nach Paulus nicht nur vordergründig: »… der Sünde Sold ist der Tod, die Gabe Gottes aber ist das ewige Leben« (Röm 6,23). Offensichtlich sind natürlich die Zusammenhänge zwischen eigener Lebensführung und dem Tod anderer Menschen. Jeder lebt von Opfern anderer, beansprucht Raum für sein eigenes Leben, der dann anderen eben nicht mehr zur Verfügung steht.

Sünde und Tod müssen daher zusammen bewältigt werden. Die Überwindung des Todes setzt die Vergebung der Sünde voraus. Wer der Vergebung gewiß ist, hat auch zu seinem Tod ein neues Verhältnis.

Sünde und Tod werden in den verschiedenen Konfessionen der Christenheit seit alters unterschiedlich gewichtet. Im Westen herrschte das lateinische Denken vor, das am Recht orientiert war und deswegen die Sünde betonte. Von daher gewannen Beichte und Moral an Bedeutsamkeit, woran die mittelalterliche Kirche als sündenvergebende Instanz dann ihre eigene Bedeutung festmachen konnte. Die Reformation entdeckte vor diesem Hintergrund die Botschaft von der Rechtfertigung des Sünders. Im Osten stand nicht das Recht, sondern das Leben im Vordergrund: Ostern wird dort als Überwindung nicht primär der Sünde, sondern des Todes gefeiert. Christus hat durch seinen Tod den Tod überwunden! Beichtwesen und Ethos haben hier einen anderen Stellenwert als im Westen. Aber für die westliche wie für die östliche Tradition ist klar, daß Jesus Christus der Sieger über beides ist: über Sünde und Tod, und daß der Mensch unter dieser über ihn entscheidenden Perspektive gesehen werden darf. Von hier aus ergeben sich für Christinnen und Christen dann auch die grundlegenden Impulse im Blick auf das Verständnis der Würde des Menschen und, davon abgeleitet, der Menschenrechte.

B Das Selbstverständnis des Menschen in außerchristlichen Religionen

(1) Judentum

Obwohl die Nähe zwischen christlicher und jüdischer Anthropologie auf der Hand zu liegen scheint, zeigen sich bei näherem Zusehen doch erhebliche Differenzen. Gemeinsamer Ausgangspunkt ist natürlich der Bericht in der Genesis, im Talmud folgendermaßen kommentiert: »Ein Liebling (Gottes) ist der Mensch, denn er ist im Bilde geschaffen; eine besondere Liebe ist ihm kundgetan worden, daß er im Bilde erschaffen sei« (M. Abot III,15).[27]

(a) Die Würde des Menschen

Die Würde des Menschen besteht also in seiner Beziehung zu Gott. »Menschsein bedeutet – biblisch und rabbinisch – Hören und Antworten. Sinnvolles Leben ist Antwort auf das Wort Gottes.«[28] Schalom Ben-Chorin empfindet die im Zusammenhang der Bindung (nicht: Opferung) Isaaks erfolgende Reaktion auf Gottes Anruf als charakteristisch für das jüdische Selbstverständnis: »Hineni! – Hier bin ich«.[29] Nicht von ungefähr haben gerade jüdische Religionsphilosophen wie Martin Buber das Dialogische in den Mittelpunkt ihres Nachdenkens über den Menschen gestellt. Der dialogische Ansatz hindert aber nicht daran, auch den einzelnen Menschen in seiner jeweiligen Individualität zu würdigen – im Gegenteil; dies macht neuerdings gerade der philosophische Ansatz von Emmanuel Lévinas deutlich.[30] Ein Prägestock liefere immer die selben Münzen, anders sei es bei der Erschaffung des Menschen nach Gottes Bild; unter den Menschen gleiche keiner dem andern (Mishna Sanhedrin 4,5): »Daher ist auch jeder einzelne verpflichtet zu sagen: Meinetwegen ist die Welt erschaffen worden.«[31] Das Wissen um die Würde des einzelnen erschließt dem Judentum den Zugang zur Frage der Menschenrechte: Sie sind an den Bedürfnissen der Armen, Gefährdeten und Schutzlosen orientiert. In diesem Sinn plädiert Elie Wiesel für eine Ethik, die »der Menschheit Ehre macht und dadurch auch dem Schöpfer«.[32]

(b) Die Verantwortlichkeit des Menschen

Die Gottebenbildlichkeit des Menschen besteht nach jüdischem Verständnis vorrangig im Bereich des Ethischen. »Jenes Gott-›gleichen‹, das unendlich entfernt vom Gleichsein mit Gott ist, ist das Ziel menschlichen Daseins; der Mensch soll es dadurch erreichen, daß er seine Ebenbildlichkeit vollendet.«[33] Deswegen kann Leo Baeck sein Anthropologie-Kapitel geradezu unter die

27. LRG 677.
28. Pn. Navè Levinson, ³1993, 53.
29. Sch. Ben-Chorin 1975, 244 f.
30. Vgl. W. N. Krewani, Emmanuel Lévinas. Denker des Anderen, Fr 1992.
31. Pn. Navè Levinson ³1993, 55.
32. E. Wiesel. Für eine Ethik zur Ehre der Menschheit und des Schöpfers, in: H. Küng (Hg.), Ja zum Weltethos, M 1995, 144 f. (Zitat: 145). Ein weiterer Ansatz ergibt sich von den »noachidischen« Geboten her; vgl. dazu Kl. Müller, Tora für die Völker. Die noachidischen Gebote und Ansätze zu ihrer Rezeption im Christentum, B 1994.
33. LRG 678.

Überschrift stellen: »Der Glaube an den Menschen«.[34] Aus dem Wissen um die ethische Aufgabe ergebe sich eine »heilige Unzufriedenheit«, die in der Umwelt Israels so nicht zu beobachten gewesen sei.[35] Infolge seines ethischen Auftrags trete damit zunächst »in das Leben des Menschen die Ehrfurcht vor sich selber«.[36] Für den antiken Juden äußerte sie sich ganz vordergründig zunächst einmal darin, daß er sich wusch und seinen Körper pflegte. Rabbi Hillel beobachtete, daß man die Statuen in Theatern und öffentlichen Gebäuden reinigte: »Um wieviel mehr habe ich meinen Körper zu baden und zu pflegen, der ich im Ebenbild Gottes erschaffen bin!«[37] Hand in Hand mit der Selbstachtung ging die Verantwortung für den Mitmenschen und auch die außermenschliche Kreatur. Die Tiere teilen mit den Menschen das Leid der Sintflut und die Freude des Regenbogens. Sie sind einbezogen in die Sabbatruhe, und eine Fülle von einzelnen Vorschriften, insbesondere von Speisegeboten und die Vorschriften zur Schlachtung, können als Ausdruck verstanden werden »für das Bemühen, den Menschen als Sachwalter der Schöpfung zu verstehen, der die Kreatur schont und sich selbst Beschränkungen auferlegt.«[38] Das alles heißt keineswegs, daß der Mensch nicht die Gaben der Schöpfung dankbar annehmen soll; im babylonischen Talmud wird darauf hingewiesen, daß der Mensch im Gericht sich für unnötigen Verzicht werde verantworten müssen:[39] Er steht also regelrecht unter der Verantwortung – auch zu genießen!

(c) Die Freiheit des Menschen

Nach jüdischem Verständnis ist der Mensch durch spezifische Möglichkeiten und Grenzen charakterisiert. Dies fand insbesondere in der Lehre von den »zwei Trieben« seinen Ausdruck. Der »böse Trieb«, den Gott ebenso wie den »guten Trieb« in den Menschen gepflanzt hat, wird dabei keineswegs einfach verteufelt. Beide Triebe sind für die Verwirklichung menschlichen Lebens wichtig. Im Gegenüber zum bösen Trieb kann sich der gute bewähren. Mit beiden Trieben soll der Mensch Gott dienen. Obwohl man natürlich auch im Judentum weiß, daß der Mensch versuchbar ist, spricht man ihm grundsätzlich die Freiheit zu, sich gegen das Böse zu entscheiden. Der Mensch steht vor der Wahl (vgl. Jos 24,14 f.); ihm ist aufgetragen, über die Sünde zu »herrschen« (Gen 4,7). Pointiert konnte man sagen: »Alles ist in der Hand des Himmels, nur nicht die Gottesfurcht« (Berachoth 33b)[40] – sie muß vom Menschen selbst geleistet wer-

---

34. L. Baeck ³1985, 164 ff.
35. Ebd. ³1985, 171.
36. Ebd. ³1985, 170.
37. Pn. Navè Levinson ³1993, 56.
38. Ebd. ³1993, 118, vgl. ebd., 113-119.
39. Ebd. ³1993, 58.
40. Sch. Ben-Chorin, 1975, 243.

den. Ben-Chorin kommentiert: »Gerade den Zugang zu Gott können wir uns in der Freiheit der Entscheidung des Glaubens selbst erschließen.«[41]

Wie sich die dem Menschen zugesprochene Freiheit zu Gottes Vorherwissen und Vorherbestimmung verhalten sollte, wurde nicht theoretisch geklärt. Man beließ es bei der paradoxen Feststellung des Rabbi Akiba: »Alles ist vorgesehen, aber die Wahl ist gelassen.«[42] In diesem Zusammenhang ist auch der oft zitierte jüdische Spruch zu verstehen: »Der Mensch wird des Weges geführt, den er wählt.«[43]

In alledem wird deutlich, daß das Judentum der Sünde gegenüber eine andere Haltung vertritt als der christliche Glaube. Die Sünde ist zwar unvermeidlich, aber »keine metaphysische Größe, die den Menschen zu Boden drückt«.[44] Der Mensch »ist nicht dazu verurteilt, mit ständigen Schuldgefühlen umherzugehen«.[45] Viele jüdische Autoren weisen in diesem Zusammenhang darauf hin, daß das Judentum keine »Erbsünde« kennt. Natürlich kennt man die Genesis-Erzählung vom »Sündenfall«, die von den Rabbinen auch phantasiereich ausgeschmückt wurde, doch wird sie nicht im Sinne einer Urschuld des Menschen interpretiert. Die Verantwortung für die Wahl des Guten bleibt beim Menschen, aber ebenso steht ihm, wenn er denn das Böse gewählt hat, die Möglichkeit offen, Buße zu tun und zu Gott zurückzukehren *(teschuba)*.

(d) Die Rolle der Geschlechter

Erst in der Neuzeit wird das Judentum auf die Stellung hin befragt, die es der Frau zuweist. Ausgehend vom Schöpfungsbericht wird beiden Geschlechtern prinzipiell gleiche Würde zugeschrieben. In der Hebräischen Bibel haben sich durchaus Spuren eines Matriarchats erhalten (vgl. Gen 21,12: Gott gebietet Abraham, auf Sarah zu hören). Eindrucksvoll begegnen Frauen als Richterinnen und Prophetinnen. Vom Kult jedoch sind Frauen als Amtsträgerinnen ausgeschlossen – wohl in Abgrenzung gegen heidnische Fruchtbarkeitsriten. Sie sind auch befreit von religiösen Pflichten, die von bestimmten Zeiten abhängen, müssen also nicht am Gebet der Gemeinde teilnehmen. Versteht man das Judentum als eine Religion, die sich wesentlich im Kontext der Familie realisiert (Speisegebote!), so erscheint die Frau als »Priesterin des Hauses«.[46] Das Tora-Studium ist jedoch in erster Linie Sache der Männer. Noch immer dankt der orthodoxe Jude im täglichen Morgengebet Gott dafür, daß Gott ihn nicht als

---

41. Ebd. 243. Er weist darauf hin, daß nach jüdischer Auffassung aber ausgerechnet bei der Gattenwahl der Wille eher eingeschränkt sei, weil die Ehen im Himmel geschlossen würden! Ebd. 243 f.
42. Sch. Ben Chorin 1975, 241.
43. Z. B. Pn. Navè Levinson [3]1993, 60.
44. Pn. Navè Levinson [3]1993, 61.
45. Ebd. [3]1993, 62.
46. LJCB 120.

Frau erschaffen hat.[47] Die Emanzipation jüdischer Frauen ist auch im Bereich des Kults inzwischen vorangeschritten; seit Jahrzehnten gibt es Rabbinerinnen und Kantorinnen. Die mindere Stellung der Frau war im Judentum, soweit überhaupt gegeben, wohl nicht, wie im Islam, religiös, sondern eher gesellschaftlich begründet.

(2) Islam

(a) Die Erschaffung des Menschen

Im Blick auf das Verständnis des Menschen weist auch der Islam zahlreiche Parallelen zu Judentum und Christentum auf. Das beginnt mit der Erschaffung des Menschen, über die mehrmals im Koran berichtet wird. Nach Sure 2,30-39 hält Allah Rat im Himmel und setzt seine Absicht, Menschen zu erschaffen, gegen den Einspruch der Engel durch; er gebietet den Engeln, sich vor Adam niederzuwerfen – Iblis verweigert dies; Adam und Eva leben im Paradies, werden vom Teufel versucht und schließlich vertrieben.[48] Der Mensch ist aus Lehm bzw. aus Ton oder Staub geschaffen; Allah hat ihm seinen Geist eingehaucht, und »Er machte euch Gehör, Augenlicht und Herz. Ihr aber seid wenig dankbar« (Sure 32,9). Die Legende von der Weigerung des Teufels, sich vor dem Menschen niederzuwerfen, die aus jüdisch-christlicher Tradition stammt, soll die überragende Stellung des Menschen – sogar den Engeln gegenüber! – zum Ausdruck bringen. Die Würde des Menschen wird jedoch nicht durch den Gedanken der Gottebenbildlichkeit verdeutlicht, denn – nichts ist Gott gleich![49] Nach islamischer Auffassung wird aber jeder Mensch schon mit einer gewissen Ausrichtung auf den einen Gott geboren; das gehört zu seiner natürlichen Ausstattung: »... richte dein Gesicht auf die wahre Religion als Anhänger des reinen Glaubens« (Sure 30,30). Jedes Kind kommt also gewissermaßen schon als Muslim zur Welt. Wenn es dann doch (zunächst) nicht zu einem Bekenner des Islam wird, kann das daran liegen, daß es in einem anderen Kulturkreis oder einer anderen Religion aufwächst.

---

47. Was man bei positiver Auslegung auf die Einschränkung religiöser Verpflichtungen für Frauen beziehen kann, so LJCB 120.
48. H. Busse ²1991, 68 ff.
49. A. Schimmel verweist jedoch auf einen Hadith, das sich in diesem Sinne interpretieren ließe; insbesondere die Sufis neigten dazu, eine Entsprechung zwischen Gott und dem Menschen anzunehmen: »Wer sich selbst kennt, kennt seinen Herrn«; A. Schimmel ²1995, 224.

(b) Die Würde des Menschen

Die Würde des Menschen, die freilich nur der Muslim recht erkennt, besteht darin, daß er »abd«, Diener, Sklave Gottes, und »khalifa«, Nachfolger und Statthalter Gottes (Sure 2,30) sein darf. Dieser anthropologische Ansatz wurde unterschiedlich gedeutet. Entweder sah man in ihm das völlige Aufgehen und Verschwinden der individuellen Persönlichkeit oder aber auch deren reichste und höchste Entfaltung (mit der Gefahr eines absoluten Subjektivismus). Beide Ansätze konnten insbesondere von den Sufis vertreten werden, die darüber hinaus eine eigene Lehre vom »vollkommenen Menschen« entwickelten.[50]

Von den im Westen als selbstverständlich anerkannten Menschenrechten bestreitet der Islam die Gleichberechtigung von Mann und Frau, das Recht, zu einer anderen Religion überzutreten (nur die Konversion *zum* Islam ist erlaubt) und die Gleichberechtigung nichtmuslimischer Staatsangehöriger in islamischen Staaten. Darüber hinaus kann man sich im Islam nicht legitimerweise gegen die Todesstrafe und die Sklaverei einsetzen; letzteres Problem hat sich glücklicherweise weitgehend von selbst erledigt. Höchst merkwürdig ist es allerdings, wenn Murad Hofmann, ein zum Islam übergetretener Konvertit, nach Aufzählung dieser Punkte feststellt: »Nach allem gibt es zwischen Islam und Menschenrechtsdoktrin keine wesentlichen Widersprüche. Im Gegenteil: Der Islam *ist* ein (komplementäres) Menschenrechtssystem.«[51]

(c) Die Freiheit des Menschen

Obwohl der Islam den Mythos vom Sündenfall kennt, versteht er den Menschen doch nicht als mit einer Urschuld oder »Erbsünde« belastet. Gewiß, der Mensch ist ein zwiespältiges Wesen: »Ein Engelsflügel wurde gebracht und an einen Eselsschwanz gebunden, damit der Esel vielleicht dank der Leuchtkraft der Gesellschaft des Engels auch ein Engel würde.«[52] Er verfällt immer wieder dem Ungehorsam, der schon Iblis als den Ursünder gekennzeichnet hatte. Er ist schwach, wankelmütig, unwissend und unterwirft sich nicht gern dem Willen Gottes. Doch nur Iblis ist »jeder Hoffnung beraubt«.[53] Gott selbst vermag die Sünde ohnehin nichts anzuhaben. Allah weiß, wie es um den Menschen steht: »Wir haben doch den Menschen erschaffen und wissen, was ihm seine Seele einflüstert. Und Wir sind ihm näher als die Halsschlagader« (Sure 50,16). Grundsätzlich aber hat der Mensch die freie Wahl, er kann sie regelrecht »ge-

---

50. A. Schimmel ²1992, 268 ff., 398 ff.
51. Murad Hofmann 1992, 161. Kritisch wird das Problem der Menschenrechte im Islam diskutiert von M. Arkoun 1999, 206-223.
52. So Maulana Rumi nach A. Schimmel ²1995, 224.
53. Der Name »Iblis« wird auf »balasa«, »jeder Hoffnung beraubt sein«, zurückgeführt – gegen die Ableitung aus »diabolos«; M. S. Abdullah 1992, 74.

nießen«.[54] Überläßt er sich der Rechtleitung Allahs, vermag er zum »Heiligen« oder zum »Freund Gottes« zu werden. Trotzdem, so meint Annemarie Schimmel, dürfe man nicht behaupten, »der Islam nehme das Problem des Bösen nicht ernst genug.« Auch ohne den Begriff der »Erbsünde« sei »der Koran durchdrungen von der Vorstellung der Schwäche und Sündhaftigkeit des Menschen«.[55]

(d) Die Rolle der Geschlechter

Ein besonderes Problem der islamischen Anthropologie stellt die oft verhandelte Frage nach der Stellung der Frau im Islam dar. Auch hier spielen gewiß soziologische Einflüsse eine wichtige Rolle; doch ist nicht zu verkennen, daß die nachgeordnete Stellung der Frau im Islam religiös begründet wird. Muslimische Autoren beeilen sich zwar festzustellen, daß Muhammad, gemessen an der Situation, die er antraf, einen wichtigen Beitrag zur »Befreiung der Frau« geleistet habe. Im Sinne einer positiven Würdigung der Frau im Islam wird gelegentlich darauf hingewiesen, daß im koranischen Sündenfallbericht nicht Eva als die Verführerin erscheint; oft werde in diesem Zusammenhang gar nicht zwischen den Geschlechtern unterschieden, gelegentlich auch Adam als der Verantwortliche dargestellt: »Sie aßen beide davon, da wurde ihnen ihre Blöße offenbar, und sie begannen, Blätter des Paradieses über sich zusammenzuheften. Adam war gegen seinen Herrn ungehorsam, und so irrte er ab« (Sure 20,121).

Auch gibt es Stimmen, die auf die prinzipielle religiöse Gleichwertigkeit von Mann und Frau hinweisen: »Diejenigen, die etwas von den guten Werken tun, ob Mann oder Weib, und gläubig sind, werden ins Paradies eingehen ...« (Sure 4,124).[56] Die im Blick auf die Frauen unerfreulichste Stelle des Koran ist Sure 4,34: »Die Männer haben Vollmacht und Verantwortung gegenüber den Frauen, weil Gott die einen vor den anderen bevorzugt hat und weil sie von ihrem Vermögen (für die Frauen) ausgeben ... Ermahnt diejenigen, von denen ihr Widerspenstigkeit befürchtet, und entfernt euch von ihnen in den Schlafgemächern und schlagt sie. Wenn sie euch gehorchen, dann wendet nichts Weiteres gegen sie an.« In der Übersetzung von Khoury und Abdullah heißt es in Erläu-

---

54. A. Schimmel ²1992, 269.
55. A. Schimmel ²1995, 288.
56. Vgl. auch A. Schimmel ²1995, 248: »Auch eine Frau kann ›Gottesmann‹ sein, denn ›wenn eine Frau auf dem Pfade Gottes wandelt, kann sie nicht als Frau bezeichnet werden‹«, so ein überliefertes Urteil über die heilige Rabia von Basra; vgl. 248-254; dort auch Hinweis auf die zivilrechtlich festgelegte Unterordnung der Frau, auf ihre vermögensrechtliche Selbständigkeit, auf die Polygamie, die aber gerade unter Berufung auf Sure 4,3f. neuerdings gelegentlich als verboten interpretiert wird, auf die Scheidungspraxis und den – möglicherweise vorislamischen – Schleierzwang, der ja nicht eigentlich im Koran festgelegt ist; die Bestimmungen in Sure 33,59 und Sure 24,31 sind sehr allgemein formuliert.

terung zu »Schlagt sie«: »leicht, als Zurechtweisungsmittel.« Auch die Tatsache, daß bei Rechtsverfahren das Zeugnis zweier Frauen nötig ist, wo das Zeugnis nur eines Mannes ausreichen würde (vgl. z. B. Sure 2,282), gilt als klassischer Beleg für die Benachteiligung der Frau im Islam.[57] Es wäre jedoch verfehlt, die Anthropologie des Islam vorrangig unter dieser Perspektive zu betrachten.

(3) Hinduistische Traditionen

Völlig andere Selbstverständnisse des Menschen begegnen in den hinduistischen Traditionen. Sie sind äußerst vielfältig und unübersichtlich, zumal sich in der dreieinhalbtausendjährigen Geschichte des Hinduismus eine Vielzahl von Einflüssen und zum Teil auch einander widersprechenden Auslegungen Geltung verschafft hat. Doch dürfen wohl die folgenden drei Elemente als weithin anerkannt gelten:

(a) Atman

In spätvedischer Zeit beginnen die Upanishaden nach dem Selbst des Menschen, seinem Woher und Wohin, zu fragen. Das Grundschema der Antwort lautet: *atman = brahman*, womit die Upanishaden »die tiefste Schicht des subjektiven ›Ichs‹ mit dem Fundament‹ des objektiven Universums gleichsetzen«.[58] Damit ergibt sich eine gewisse Parallelität zwischen Mikrokosmos und Makrokosmos; Jan Gonda spricht von einem »kosmisch-physiologischen Parallelismus«.[59] Zum Verständnis von *atman* führt er aus: »Aus Mangel an besseren Worten durch ›Selbst‹ oder ›Seele‹ übersetzt, steht es für das ›Selbst‹ im körperlichen und psychischen Sinne, für das die Individualität bestimmende Zentrum der Persönlichkeit ... und begegnet daneben als eine Größe, die wie Atem, Augen usw. dem Menschen von Natur eigen ist, als ein Lebenselement mit bestimmter Funktion der psychisch-physischen Persönlichkeit.«[60] *Atman* kann damit verstanden werden als »dasjenige, was sich im schlafenden und träumenden Menschen noch rührt.« Der »traumlose Tiefschlaf« konnte als »›Aufenthaltsort‹ des *Atman*« verstanden werden, »frei von dieser Welt, ohne Ich-Bewußtsein, Subjekt ohne Objekte, reines Bewußtsein, aber auch dem reinen *Atman* aller anderen Geschöpfe gleich geworden«, die »subtile Essenz von allem

57. Weitere Literatur siehe IL 253; bes. W. Walther, Die Frau im Islam, in: A. Schimmel 1990, 388-414.
58. R. C. Zaehner 1964, 55.
59. J. Gonda ²1978, 200.
60. Ebd. 202.

Existierenden.«[61] Der »Seelengrund« gilt als identisch mit dem »Weltgrund«.[62] Die Frage nach dem eigenen Ich ist zu beantworten mit der Gegenfrage: »Wer bist du, der du diese Frage stellst? Entdecke denjenigen, das Ich, das diese Frage stellt, das ist die Antwort auf deine Frage.«[63] Das Selbst darf dabei nicht verwechselt werden mit dem empirischen Ich *(jiva):* »Das Selbst ist wahrhaft unvergänglich und von unzerstörbarer Natur ... Dieser *Atman* ist nicht so, nicht so, *neti neti* ...«[64] Dieses Selbst gilt es zu entdecken, so daß ein Mensch, in transempirischem Sinn zu sagen lernt: »Ich bin«.

»Was die feinste Wirklichkeit ist,
das Selbst von allem, was ist,
das ist die Wahrheit, das ist das Selbst,
das *bist* du! *(tat tvam asi)*«.[65]

Wenn daher der Seele des Verstorbenen die Frage gestellt wird »Wer bist du?«, besteht er die Prüfung »nur dann, wenn er die Frage nicht individualistisch beantwortet, mit Namen, Familie« usw., sondern wenn er, von *Brahman* gefragt, antwortet: »Was du bist, bin auch ich, was ich bin, bist auch du!«[66]

»Wenn einer den *Atman* erkennt
und weiß: ›Ich bin ER!‹
Welcher Wunsch, welches Begehren
könnte ihn noch an diesen kranken Leib binden?
Wer den *Atman* findet und zu ihm erwacht,
der in den Abgrund dieses Leibes eingedrungen ist,
er wird allmächtig, der Schöpfer des Alls.
Sein ist die (unendliche) Welt, er selbst ist die Welt!«[67]

Die Frage, wie man zu dieser Erkenntnis und somit zur Befreiung gelangt, ist im nächsten Kapitel zu besprechen (siehe unten 8.1 A,C). Auf dem Weg zu Erkenntnis und Befreiung gibt es ja erhebliche Hindernisse.

(b) Karma

Karma meint »Tat, Handlung«, und ist ursprünglich auf das rituelle, den Veden entsprechende Handeln bezogen. Mit den Upanishaden vollzieht sich eine Universalisierung dieses Begriffs: Man geht von dem Gedanken aus, daß es eine Kausalität gibt, die nicht auf die Existenz des einzelnen Menschen begrenzt

61. Ebd.
62. Vgl. J. Gonda ²1978, 204.
63. H. Le Saux ²1994, 61.
64. Brhadaranyaka Up. 4,5,13 ff.; nach H. Le Saux ²1994, 64.
65. Chandogya Up. 6,8,7; nach H. Le Saux ²1994, 65.
66. Kaushitaki Up. I,6; nach B. Bäumer (Hg.), Befreiung zum Sein. Auswahl aus den Upanishaden, M 1986, 137.
67. Brhadaranyaka Up. IV,412 f.; nach B. Bäumer ebd. 145.

bleibt und daß sich diese Kausalität sowohl in guten als auch in schlechten Handlungen auswirken kann. »Der Karma-Gedanke versucht, die jetzigen Lebensumstände mit Bezug auf die früheren Handlungen (einschließlich derjenigen vor der Geburt) zu erklären, bietet für die gegenwärtigen Aktionen eine Orientierung auf die künftigen Ziele hin (einschließlich derjenigen nach dem Tod) und schafft schließlich eine moralische Grundlage für die Prädizierung der vergangenen und gegenwärtigen Handlungen.«[68] Das *Karma* »wird als eine fein-materielle Potenz gedacht, die sich an eine Person, an ihren *Atman*, heftet« und über den Tod hinaus bestehen bleibt[69] und weiterwirkt. Auf diese Weise kommt es zur Wiederverkörperung, die einen Menschen im Wesenskreislauf festhält. Durch diesen »Bewußtseinsstoff« werden für ein künftiges Leben festgelegt: die Art des Körpers (Tier oder Mensch usw.), die Lebensdauer und die generelle Gemütsstimmung (angenehm/schmerzhaft). Bei der Geburt ist der Mensch mit »drei Arten von *Karma* ausgestattet«: mit dem, was sich unmittelbar auswirken wird (Schicksal), mit dem, was sich entfalten wird, in diesem Leben oder später, und schließlich mit dem, was nur in einem späteren Leben ausreifen kann.[70] Diese Konzeption konnte sich – im Blick auf Lohn und Strafe – mit einem extrem moralisierenden Denken verbinden. Die Gesamtentwicklung zielte jedoch in eine andere Richtung: Auch gutes *Karma* holte einen wieder in den Kreislauf der Wiedergeburten zurück. Es kam also darauf an, weder schlechtes noch gutes *Karma* anzuhäufen. Dies schien grundsätzlich auf zwei unterschiedlichen Wegen möglich: Entweder man zieht sich gänzlich aus dem irdischen Leben zurück; dies war das Ideal der Jaina-Asketen (von einem Asketen wird berichtet, er habe sich in Kontemplation von Ameisen »zubauen« lassen)[71]; es wurde als *nivritti* (Nichttätigkeit) praktiziert, die zu einem »auf Wunschlosigkeit und Werklosigkeit« beruhenden Gleichmut führen sollte.[72] Oder – diesen Weg schlägt die Bhagavadgita vor: Nicht im Nichthandeln, sondern im absichtslosen und auf Resultate verzichtenden Handeln liege die Lösung:

> »Wer das Anhaften an den Früchten des Handelns losgelassen hat,
> immer genügsam und also nicht abhängig ist,
> der handelt in Wahrheit gar nicht,
> auch wenn er in Tätigkeit zu sein scheint …
> Zufrieden mit dem, was ihm zufällt,
> die Gegensätze hinter sich lassend, neidlos,
> gleichmütig bei Erfolg und Versagen,
> wird er nicht karmisch gebunden,
> selbst wenn er handelt.«[73]

68. LR 337.
69. J. Gonda ²1978, 207.
70. LR 338.
71. Nach BG 75.
72. J. Gonda ²1978, 281.
73. BG 4,20-22.

(c) Die Kastenordnung

Als unmittelbare Konsequenz des Wiederverkörperungsdenkens läßt sich die Kastenordnung verstehen, auch wenn sie primär durch nichtreligiöse Faktoren entstanden sein mag. Seit Urzeiten wird sie ohne Begründung als sozusagen zur Weltordnung gehörig vorausgesetzt. Soziologisch gesehen, gab sie den hinduistischen Religionen die Möglichkeit, fremde Gruppen – bis hin zu Muslimen und Christen! – zu integrieren oder doch zuzuordnen. Schon in den Veden werden die vier Stände genannt, die dann die Basis für eine weitere Ausdifferenzierung ergaben: Brahmanen, die den Veda studieren und für das Religiöse zuständig sein sollen, Kshatriyas, die durch ihre Wehrhaftigkeit Schutz bieten sollen, Vaishyas, die durch Ackerbau und Handel die ökonomische Basis bilden; unterhalb dieser drei Stände, denen die Veden und Sakralhandlungen offenstehen, die Shudras, die die niedrigsten »unreinen« Arbeiten zu verrichten haben. Kontakt mit einem Menschen, der einer niedrigeren Kaste angehört, verunreinigt denjenigen, der Mitglied einer höheren Kaste ist. Außerhalb des Kastensystems stehen die »Kastenlosen«, »Unberührbaren«, die in manchen Gegenden am Rand der jeweiligen Siedlung leben müssen.[74] Brahmanen dürfen sich in Anwesenheit eines Unberührbaren nicht mit den Veden beschäftigen; nicht einmal der Schatten eines Unberührbaren, wird kolportiert, darf auf einen Brahmanen fallen. Gandhi nannte die Unberührbaren Harijans – »Kinder Gottes«. Obwohl das Kastenwesen im modernen Indien durch Gesetz verboten ist, scheint es nach wie vor das religiöse Grundgefühl des praktizierenden Hindu-Gläubigen zu bestimmen: Er weiß um seinen Ort in einem großen kosmischen Zusammenhang, in den er hineingebunden ist, der ihm aber auch Halt gibt und aus dem er nicht herausfallen kann. Verantwortung hat er nicht so sehr für seine Mitmenschen als für sein eigenes Geschick zu übernehmen.

(d) Die Stellung der Frau

Während die Frau in vedischer Zeit offenbar eine dem Mann überlegene religiöse Bedeutung hatte, galt sie seit den zwischen dem 2. vor- und dem 2. nachchristlichen Jahrhundert entstandenen »Gesetzestexten« (Dharmashastras) als den niedrigsten Kasten gleichgestellt. Sie hatte nicht das Recht, Sanskrit zu lernen oder die Veden zu studieren; auch die rituellen Übungen von Askese waren ihr versagt. Es gab keine religiös ausgerichteten Gemeinschaften von Frauen. Die Witwenverbrennung, seit 1829 gesetzlich verboten, doch gelegentlich noch

---

74. Ausführlich setzt sich A. Michaels 1998, 176 ff., mit dem Phänomen der »Kasten« auseinander, die er nicht auf das Varna-Schema zurückführt. In gewisser Weise sei »das Kastensystem tatsächlich ein westliches Konstrukt« (189). Wichtig sei u. a. die Erkenntnis: »Kasten sind nicht feste soziale Gruppen, sondern kognitive Konzepte sozialer Organisation und Hierarchie« (183). Vgl. unten S. 693 ff.

ausgeübt, sollte vor dem rituell und sozial erniedrigenden Stand der Witwe bewahren; gleichzeitig konnte sie als deifizierender Akt verstanden werden. Das Schicksal der Devadasis, der »gottergebenen« Prostituierten, wurde besonders von Mahatma Gandhi beklagt. Der faktisch entwürdigenden Situation der Frau, die in ihrer Religion keine emanzipatorischen Vorbilder findet, steht die überreiche Symbolik des Weiblichen in der hinduistischen Mythologie gegenüber. Reformbewegungen wie auch beispielsweise die Ramakrishna-Mission bemühen sich um eine Verbesserung der Stellung der Frau, ohne dabei allerdings wesentlich an nachvedischen Traditionen anknüpfen zu können.[75]

(4) Buddhismus

Der Mensch wird im Buddhismus wesentlich bestimmt als ein Bündel von Faktoren, welche die Illusion eines »Ich« ergeben, durch seine Stellung im Wesenskreislauf und schließlich – im Mahayana – durch seine Buddhanatur.

(a) Die »fünf Gruppen des Ergreifens«

Im Gegensatz zu den hinduistischen Traditionen, aus denen er sich entwickelt und von denen er sich gelöst hat, rechnet der Buddhismus nicht mit der Existenz einer »Seele«, eines *Atman*. »Alle Dinge sind nicht-Ich *(anatta)*«.[76] Was für alle Wesen gilt, trifft auch für den Menschen zu: Alles ist aus verschiedenen Teilen zusammengesetzt und wird nur aus Konvention nach übergeordneten Gesichtspunkten zusammengefaßt. Ein Wagen beispielsweise besteht aus Deichsel, Rädern, Achsen usw.; nur in der Konstellation, in der alle diese Teile zusammentreten, erscheinen sie als »Wagen«. Es handelt sich um verschiedene »Seinsgruppen« (Sanskrit: *skandha*, Pali: *khanda*), die das ausmachen, was wir als Individuum oder Persönlichkeit bezeichnen. Im eigentlichen Sinne geht es um »Gruppen des Ergreifens« (Hans-Jürgen Greschat) oder »Aneignungsgruppen« (Hans Wolfgang Schumann), nämlich diejenigen – in sich wiederum vielfach differenzierten – Elemente, deren Tätigkeit die Welt dahingehend zu ergreifen bzw. anzueignen ermöglichen, daß die Illusion eines leidenden bzw. handelnden Subjekts entstehen kann. Diese Elemente sind der Körper, die Empfindung, die Wahrnehmung, die Geistesregungen (Begierden, Absichten) und das Bewußtsein; sie bauen gleichsam aufeinander auf, indem das jeweils

---

75. Literatur in: E. Gössmann u. a. (Hg.), Wörterbuch der feministischen Theologie, Gü 1991, 114; M. Klöcker, M. Tworuschka, Die Frau in den Religionen, 1995. Zur religiösen Begründung der Witwenverbrennung vgl. A. Michaels 1998, 165-169.
76. Dhammapada 279 (nach LR 409).

Höhere das jeweils Niedrigere integriert. Alle diese Aneignungsgruppen sind gekennzeichnet durch Vergänglichkeit, Leidhaftigkeit und Nichtseelenhaftigkeit – die »drei Kennzeichen *(tilakkhana)* des Individuums und der Welt.«[77] Edward Conze interpretiert: »Es ergibt sich ein bloßes Konglomerat aus Teilen mit einem Namensschild, eine aus fünf verschiedenen Konstituenten bestehende Masse. Wie die Sterne eines Sternbildes nicht wirklich zusammengehören, sondern von uns in eine willkürliche Einheit gruppiert werden, so stellt auch unsere ›Persönlichkeit‹ eine bloße, willkürlich festgesetzte Anordnung isolierter Elemente dar, welche allesamt zu einer der fünf als *skandhas* bekannten Gruppen gehören.«[78] Die Rede von »Ich« und »Du« ebenso wie die Verwendung der Possessivpronomina »mein« und »dein« ist eine reine Angelegenheit der Konvention und dient der Verständigung. Es existiert in Wirklichkeit »allein der Strom der bedingten fünf Gruppen. Man nennt sie ›Mensch‹ und ›Ich‹ und ›mein‹, ganz so wie beim Personennamen, der eine Person nur bezeichnet und nicht diese Person ist.«[79] »Unser sogenanntes individuelles Dasein ist in Wirklichkeit nichts weiter als ein Prozeß dieser körperlichen und geistigen Phänomene, ein Prozeß, der seit undenkbaren Zeiten schon vor unserer Geburt im Gange war und der auch nach dem Tode sich noch für undenkbar lange Zeitperioden fortsetzen wird«, weswegen »der Glaube an eine im höchsten Sinne wirkliche Ichheit, Persönlichkeit usw. eine bloße Illusion ist.«[80] Schön beschreibt diese Sichtweise der folgende Meditationstext:

> »Die Weisen unterscheiden bei einer Handlung des Bewußtseins
> Den Ursprung, die Beendung, die Erzeugung und das Verschwinden.
> Die Yogis sehen, daß sie von nirgendwo kommt, nirgendwohin geht,
> Daß sie leer ist und wie ein Zauberkunststück.
> Bedingt durch das Zusammenkommen dreier Faktoren –
> Den Zunder, den Brennstoff, die Anwendung der Hand –,
> Entsteht Feuer; es verrichtet sein Werk,
> Und dann hört es schnell wieder auf zu sein.
> Dann sucht ein Weiser überall im Kreise,
> Woher's gekommen und wohin es geht.
> Er forscht in allen Gegenden, in jeder Richtung.
> Er kann's nicht finden, wie es war,
> Bevor es kam oder ging.
> *Skandhas*, Sinnesfelder, Elemente, Begehren und Unwissenheit,
> dies sind die Bedingungen, die unsere Taten hervorbringen.
> Wo sie alle vorhanden sind, da denkt man an ein Wesen.
> Im letzten Grunde kann so ein Wesen nie gefunden werden …«[81]

77. H. W. Schumann ²1994, 69.
78. E. Conze 1988, 147.
79. H.-J. Greschat 1980, 59.
80. Nyanatiloka nach LÖW 357.
81. E. Conze 1957, 130.

(b) Der Kreislauf der Wiedergeburten *(samsara)*

Wenn es keine Seele, kein Selbst, kein *Atman* gab, andererseits aber doch der Gedanke des Kreislaufs der Wiedergeburten festgehalten werden sollte, mußte diese aus der hinduistischen Gedankenwelt übernommene Vorstellung entscheidend verändert werden. Wie sollte man sich einen solchen Kreislauf dann vorstellen? Angestoßen wird er immer neu durch eine »Gier nach Werden«.[82] Wann und wie dieser Kreislauf begonnen haben mag, bleibt im Dunkeln und ist auch unerheblich. Wichtig ist, wie man ihn denn verlassen könnte. In der Gier nach Werden kommt es zur Ausbildung von *Karma*, nämlich guten und bösen Taten, die im Sinne einer automatisch sich auswirkenden Kausalität zu immer neuen Wiedergeburten führen – in die Höllen, das Tierreich, das Geisterreich, die Menschenwelt oder das Götterreich. Auch im Götterreich ist man noch nicht aus dem Wesenskreislauf befreit; dort zu verweilen, kann gerade besonders gefährlich und für ein Verlassen des Wesenskreislaufs ungünstig sein. Es gibt somit im Buddhismus keine »Sünde«, kein Vergehen gegen irgendeine Gottheit, das bestraft oder gerächt werden müßte, sondern allein die fortwirkende Tat.

Dieser fortgehende Prozeß, der jeweils aus der einen Situation des Leidens in eine andere führt, vollzieht sich sozusagen mechanisch, ohne daß ein eigentliches Subjekt des Leidens gedacht werden muß. Hans Wolfgang Schumann veranschaulicht diesen Prozeß folgendermaßen: »Die Kontinuität der Wiedergeburtenkette wird nicht hergestellt durch ein beharrendes Etwas (das sich durch die Existenzen zieht, wie der Seidenfaden durch ein Perlenhalsband), sondern liegt im Konditionismus der Daseinsformen: Jede Wiedergeburt bedingt eine weitere. Obwohl das Beispiel hinkt, läßt sich der Vorgang an Billardkugeln veranschaulichen. Das Anstoßen einer Kugel genügt, um sie ein Stück rollen und die nächste Kugel in Bewegung setzen zu lassen. Materiell geht nichts von Kugel zu Kugel über, aber jede bedingt durch ihren Anstoß das Rollen der folgenden und gibt dieser eine bestimmte, keineswegs zufällige Richtung.«[83] Man nennt den ganzen Prozeß »Bedingte Entstehung«: »Die Dinge be-*ding*-en sich gegenseitig, es gibt kein ›Ding an sich‹.«[84] Die solchermaßen beschriebene Kette der Wiedergeburten ist für Buddhisten der Inbegriff des Unheils. Alles kommt darauf an, sie zu verlassen.

(c) Die Buddhanatur

Die rein negativen Bestimmungen des Hinayana wurden im Mahayana positiv gefüllt. Aus dem Nicht-Selbst wurde die »Leerheit« – *(»shunyata«)*, die dann

---

82. H. W. Schumann ²1994, 83.
83. H. W. Schumann ²1994, 87.
84. V. Reichle, Die Grundgedanken des Buddhismus, F 1994, 45.

ihrerseits als ein Absolutes begriffen werden konnte. Alles Seiende war nur Erscheinung der »absoluten Leere«.[85] Wenn die »Leere« allem Seienden zugrunde lag, so konnte auch alles Seiende als essentiell erlöst gelten. Alle Wesen waren dann ausgezeichnet durch ihre »Buddhanatur«, zu der sie die Befreiung aus dem Wesenskreislauf zurückführen würde. Für den Menschen kam es somit darauf an, sich seiner wahren Natur bewußt zu werden und entsprechend zu handeln. In diesem Sinn gibt es dann durchaus z. B. die »Zen-Persönlichkeit«, ein Individuum, das sich jedoch nicht nur als Individuum begreift, sondern von dem absoluten Sein her, auf das es auch als Individuum bezogen ist. Es handelt sich also um eine »Selbst-Identität des Widerspruchs«.[86]

Die Zen-Literatur ist voll von anekdotenhaften Beispielen, die dieses Verständnis verdeutlichen sollen. So rief sich der Zen-Meister Zuigan Shigen (ca. 900) täglich »selbst zu: ›He, Meister!‹ und er antwortete sich selbst: ›Ja.‹ Dann fragte er sich wieder: ›Bist du erwacht?‹, und gab sich die Antwort: ›Ja, das bin ich.‹ Dann fuhr er fort: ›Sei nicht unvorsichtig und lasse dich nicht von anderen betrügen.‹ – ›Nein, das will ich nicht‹, gab er sich selbst wieder zur Antwort ...«[87] »Ein anderer Mönch, mit Namen E-Cho, fragte den Meister Hogen Buneki: ›Was ist Buddha?‹ Der Meister antwortete: ›Du bist E-Cho.‹«[88]

Die Buddhanatur, mit der ein Mensch geboren wird, vergleicht man im Buddhismus einem Spiegel – »ganz ohne Ich und Bewußtsein ... Wenn etwas kommt, wird es einfach widergespiegelt. Wenn es schwindet, läßt der Spiegel es wieder gehen. Gleichgültig ob er etwas mag oder nicht – keine Spuren bleiben zurück. Dieses Nicht-Haften, dieser Zustand des Nicht-Bewußtseins oder die wahrhaft freie Haltung eines Spiegels wird hier mit der reinen, klaren Weisheit des Buddha verglichen.«[89] Der Autor der zitierten Einführung ins Zen, Zenkey Shibayama, schreibt von sich selbst: »Jetzt habe ich den Federhalter in meiner Hand. Wenn wir erfassen können, daß diese anscheinend unbedeutende Handlung im selben Augenblick zugleich das absolute Tun ist, das das ganze Weltall durchdringt und unmittelbar mit der in den tiefsten Tiefen liegenden Quelle des Lebens zusammenhängt, dann sind wir fähig, das Geheimnis der Schöpfung zu erkennen. Ist das nicht wunderbar?«[90]

85. Vgl. LÖW 352 ff.
86. D. T. Suzuki nach Z. Shibayama, Zen. Eine Blume spricht ohne Worte. Eine Einführung durch Gleichnis und Bild, F 1995, 51. Vgl. das Kapitel »Das Personale und das Impersonale in der Religion«, in: K. Nishitani, Was ist Religion?, F ²1986, 99-141.
87. Z. Shibayama, Zen, F 1995, 47.
88. Ebd. 73
89. Ebd. 75.
90. Ebd. 108.

(d) Die Stellung der Frau

Der historische Buddha stand der religiösen Kompetenz von Frauen offenbar skeptisch gegenüber. Möglicherweise galt ihm die Frau als Reproduzentin jenes Lebensdurstes, um dessen Überwindung es ihm ja ging. Erst in einem zweiten Schritt gestattete er Frauen, Nonnen zu werden. Wollte eine Frau zum Erwachen finden, so mußte sie gleichsam vorher zum Mann werden. Als Ausdruck der schließlichen Gleichstellung wird aus dem Agama-Sutra (22) zitiert: »Wer dieses Fahrzeug nimmt, sei es ein Mann oder eine Frau, gelangt zum Heil, zum Nirvana.« Im Mahayana-Buddhismus, dem alles, also auch der Mann ebenso wie die Frau, »leer« war, verwischte sich der Geschlechter-Unterschied. Frauen wurde nicht anders als Männern die Buddhanatur attestiert.[91]

C Integrale Anthropologie?

Während sich in der Gotteslehre und in der Christologie, schließlich auch in der Lehre von der Schöpfung von der christlichen Theologie aus gesehen immer wieder Möglichkeiten anboten, alternative Konzeptionen als konvergierend oder komplementär zu erkennen und auf diese Weise zu integrieren, scheint dies im Blick auf die Lehre vom Menschen kaum möglich. In allen Religionen entsprechen einander das Selbstverständnis des Menschen und die jeweilige Vorstellung von »Erlösung«. Hier – und nicht in der Lehre von der Offenbarung, der Kosmologie oder auch der Lehre von Gott bzw. dem Göttlichen – scheint der Nerv der Religionen zu liegen. Ist die Beziehung des Menschen zum Göttlichen nur gestört, so daß er sie mehr oder weniger durch eigene Anstrengung bereinigen kann, oder bedarf es dazu des rettenden und erlösenden Eingreifens einer göttlichen Macht? Vom Urteil darüber wird dann aber auch abhängen, wie anderwärts beobachtete Konvergenzen und Komplementaritäten zu bewerten sind. Hinsichtlich der Rolle der Geschlechter und insbesondere der Würde der Frau besitzt der christliche Glaube eine größere emanzipatorische Kraft als viele nichtchristliche Religionen. Sie wurde freilich erst sehr spät und oft nur unzureichend zur Geltung gebracht. Unter dem Eindruck von Aufklärung und Globalisierung verändern sich aber inzwischen auch außerhalb des Christentums traditionelle religiöse Einstellungen und Verhaltensweisen, die bislang die Würde von Frauen beeinträchtigen konnten.

Im Blick auf das spirituelle Selbstverständnis des Menschen liegen die Unterschiede zwischen dem christlichen Glauben und den nichtchristlichen Religio-

91. Literatur in: E. Gössmann u. a. (Hg.), Wörterbuch der feministischen Theologie, Gü 1991, 118.

nen vor allem in zwei Bereichen, nämlich erstens in der Frage nach dem Verständnis von »Sünde« und »Schuld«, und zweitens in dem Problem der »Personalität« des Menschen und damit zugleich nach seiner Stellung gegenüber der Schöpfung und seiner Verantwortung für die ihn umgebende Welt. Schließlich ist zu prüfen, inwieweit eine trinitarisch ausgerichtete christliche Theologie auch hinsichtlich der Anthropologie zu einer Integration der verschiedenen außerchristlichen Ansätze fähig sein kann.

(1) Die Ebenbürtigkeit von Mann und Frau

Das Christentum hat aufgrund seiner Geschichte und nach seiner gegenwärtigen Praxis keinen Anlaß, sich im Blick auf die Gleichstellung von Mann und Frau als Lehrmeister anderer Religionen hervorzutun. Die biblischen Zeugnisse ermangeln einer klaren und eindeutigen Option. Es hat Jahrhunderte gedauert, bis sich die Einsicht durchgesetzt hat: »Hier ist ... nicht Mann noch Frau; denn ihr seid allesamt einer in Christus Jesus« (Gal 3,28). Im Blick auf die Zulassung von Frauen zu den kirchlichen Ämtern wird von den christlichen Konfessionen noch immer unterschiedlich geurteilt. Gleichwohl wird ein trinitarisch orientierter Glaube die Ebenbürtigkeit von Frau und Mann im Blick auf den Willen des Schöpfers, des Erlösers und Vollenders mit Nachdruck vertreten und auch gegen anderweitige Auffassungen in nichtchristlichen Religionen zur Geltung bringen. Kann er seinerseits von diesen auch lernen? Im Blick auf Judentum und Islam kann er sich fragen, ob den beiden Geschlechtern von der Schöpfung her, im Blick auf die Wahrnehmung der Erlösung und auf das Wirken des Heiligen Geistes nicht auch spezifische Aufgaben zugedacht sein könnten, ohne daß dies natürlich mit einer Wertung verbunden sein dürfte. Der Hinduismus könnte den christlichen Kirchen und Theologien ein Ansporn sein, Symbolen des Weiblichen künftig mehr Aufmerksamkeit zu schenken und sie im Sinne eines ganzheitlichen Menschenbildes zum Zuge zu bringen. Buddhistische Stimmen, die das Moment des spirituellen Erwachens bei Frauen wie Männern betonen, könnten die weibliche Seite charismatischen Christentums stützen. Dies alles wird aber nicht im mindesten das christliche Engagement gegen alle Formen religiöser Unterdrückung von Frauen beeinträchtigen, wo sie in Gestalt z. B. von Frauenbeschneidung, religiös verbrämter Prostitution, gesellschaftlicher Herabwürdigung und wirtschaftlicher Ausbeutung begegnet. Gerade religiös ausgerichteten Frauen könnte die Botschaft von dem in Schöpfung, Erlösung und Vollendung ihnen guten Gott eine Motivation erbringen, die mehr emanzipatorische Schubkraft verleiht, als säkulare feministische Theorien dies vermögen.

(2) Die Frage nach der »Sünde«

(a) Das Wesen der »Sünde«

Es ist in einem interreligiösen Zusammenhang schwierig, mit dem Begriff »Sünde« umzugehen, da dieser streng genommen, nur im Christentum, im Judentum und im Islam zu Hause ist – verstanden als konkretes Vergehen gegenüber Gott und als Schuld gegenüber den Mitmenschen (und der Umwelt). Aber auch hier zeigen sich bereits erhebliche Unterschiede. Das jüdische Verständnis von Sünde ist wesentlich am »Gebot« orientiert. Das Leben des orthodoxen Frommen ist bis ins Kleinste hinein geregelt; er kennt – entsprechend der Anzahl der Tage innerhalb eines Jahrs – 365 Verbote und – entsprechend der Anzahl der Knochen seines Körpers – 248 Gebote. Dadurch ergibt sich ein kasuistisches Denken, über das sich Christen in der Regel erhaben fühlen. Doch könnte man darin im Blick auf den christlichen Glauben durchaus die Aufforderung erkennen, sorgfältiger an der Gestaltung des Lebens zu arbeiten und nach dem Willen Gottes auch im Detail zu fragen. Umgekehrt ist an das Judentum die Frage zu richten, ob ein nicht-kasuistisches Verständnis von Sünde die Wirklichkeit des Menschen nicht doch tiefer erfaßt, wenn etwa Paulus formulieren kann: »Was aber nicht aus dem Glauben kommt, das ist Sünde« (Röm 14,23). In der Hebräischen Bibel selbst gibt es ja durchaus Aussagen, die in dieselbe Richtung weisen (vgl. Ps 51,6.12).

Für Muslime ist Sünde eine Verletzung der göttlichen Norm, des Rechts oder der im Islam gebotenen Sittlichkeit. Das schwerste Vergehen gegenüber Allah besteht in der »Beigesellung«, also der Infragestellung bzw. Bestreitung der Einzigkeit Gottes, wie sie der Islam im Polytheismus und auch im Christentum wahrzunehmen meint. Sünde entsteht vorrangig im Gegenüber zu Gott und nicht auf der Ebene schuldhaften Vergehens gegenüber den Menschen. Dieser Ansatz könnte im Kontext des christlichen Glaubens durchaus als eine Erinnerung an das eigentliche Gewicht der Übertretung des I. Dekalog-Gebots verstanden werden, wie sie in allzu bedürfnisorientierten menschlichen Vorstellungen von Gott, in einer unkeuschen Theologie oder in mißbräuchlichen kultischen Praktiken (Marien- und Heiligenverehrung!) zum Ausdruck kommen kann. Andererseits ist der Islam auch zu fragen, ob sein Sündenverständnis sich nicht stärker vom Gedanken der Übertretung ritueller oder fundamentalistisch geboten erscheinender Vorschriften lösen und sich statt dessen auf die konkreten Nöte von Menschen (inklusive Frauen und Andersgläubige) beziehen sollte.

Einem ganz anderen Verständnis von Sünde begegnet man in den hinduistischen Traditionen. Auch hier gibt es natürlich kultische Übertretungen und Verunreinigung. Aber das Grundübel besteht doch im Nicht-Wissen, in der falschen Einschätzung der Wirklichkeit, im Fehlen der Erkenntnis, daß *brahman* gleich *atman* ist. Daraus mögen sich dann weitere Fehlhaltungen ergeben. Die grundsätzliche Bestimmung der Sünde als verfehlter Sicht der Wirklichkeit kommt dem christlichen Verständnis durchaus nahe und könnte von diesem übernommen und ausgebaut werden. Es berührt sich mit dem alttestamentlichen Verständnis von »Torheit«. Andererseits aber fehlt dem hinduistischen Verständnis von Sünde weitgehend das Moment der Verantwortlichkeit gegenüber den Mitmenschen. Der Karma-Gedanke und die damit verbundene Reinkarnationsvorstellung scheinen dies geradezu zu verhindern. Unerträglich ist für das christliche Verständnis die Deutung des Schicksals aufgrund von karmischen Zusammenhängen und das damit sich nahelegende Rückschlußverfahren aus dem Ergehen eines Menschen auf das übernommene oder selbst realisierte schlechte Karma.

Auch im Buddhismus ist das Nicht-Wissen *(avidya)* Wurzel und Ausdruck des Grundübels. Es führt in die Verstrickungen des Wesenskreislaufs. Dabei wird die Unwissenheit als überindividuell verstanden, wenn sie auch im Individuum durch die von diesem zu beobachtende Gier, durch den »Durst« *(trishna)* bedingt ist. Diese Gier wird aber nicht im christlichen Sinne als »Sünde« oder persönliche Schuld interpretiert; ein derartiges Schuldempfinden gibt es im Buddhismus nicht. Das Christentum könnte mit seiner Auffassung vom transmoralischen Charakter der Sünde hier durchaus anknüpfen, wenngleich der Lebenswille nach christlicher Auffassung natürlich auch der Intention der Schöpfung entspricht. Umgekehrt wäre an das buddhistische Denken die Frage zu stellen, ob es nicht eine stärkere Sensibilität dafür gewinnen könnte, was im christlichen Glauben persönliche Schuld meint: Der Mahayana-Buddhist mag immerhin darunter leiden, daß er kein Bodhisattva ist und daß er den ihn umgebenden Menschen und der ganzen Kreatur die angemessene Güte schuldig bleibt. Auch im Leben der Zen-Persönlichkeit gibt es wohl Erschütterungen, die dem christlichen Schuldverständnis nahekommen.

(b) Der religiöse Stellenwert der Sünde

Während man hinsichtlich der Charakterisierung von Sünde zwischen dem christlichen Glauben und nichtchristlichen Religionen noch in gewisser Weise Komplementaritäten feststellen oder herstellen kann, scheint dies im Blick auf den religiösen Stellenwert der Sünde kaum mehr möglich.

Das Judentum spricht zwar von Sünde und kennt auch den »Sündenfallsbericht«, aber es lehnt die Vorstellung einer »Erbsünde« schlichtweg ab. Dabei liegt das Problem nicht darin, daß die Möglichkeit einer etwa biologisch vermittelten »Erbschaft« abgewiesen wird, sondern daß auch der Gedanke, der Mensch befinde sich in einem grundsätzlich gestörten Verhältnis zu Gott, für den Juden überhaupt nicht in Frage kommt. Er hält daran fest, daß Gottes Gebote prinzipiell erfüllbar sind, und sieht sich gerade deswegen mit dem radikalen Ernst ethischer Forderung konfrontiert. Der Christ wird daraus lernen können, daß ihn sein Verständnis von »Ursünde« keineswegs davon entbindet, die ethische Forderung ebenfalls radikal ernst zu nehmen. Er sollte durchaus seine moralischen Möglichkeiten erst einmal entdecken und sie nicht immer von vorneherein durch die Vorstellung einer »Ursünde« sabotieren. Andererseits aber könnte das Judentum die sündige Verfaßtheit des Menschen selbst ohne ein »Erbsünden-Dogma« durchaus bejahen (Psalm 51!) und auf diese Weise auch des Erbarmens Gottes noch tiefer innewerden.

Auch der Islam kennt die Vorstellung von einer Erbsünde nicht. Der Sündenfall erscheint als relativ harmlos: Satan vertrieb das Menschenpaar aus dem Paradies, aber: »Da nahm Adam von seinem Herrn Worte (der Umkehr) entgegen, so wandte Er sich ihm gnädig zu. Er ist der, der sich gnädig zuwendet, der Barmherzige. Wir sprachen: ›Geht von ihm (sc. dem Paradies) alle hinunter. Wenn dann von Mir eine Rechtleitung zu euch kommt, dann haben diejenigen, die meiner Rechtleitung folgen, nichts zu befürchten, und sie werden nicht traurig sein« (Sure 2,37 f.). Es ist dem Menschen also auch nach dem »Fall« im Prinzip möglich, sich der Rechtleitung Allahs anzuvertrauen und ihr zu entsprechen. Damit ist von vorneherein ein Freiraum des Handelns und der Lebensfreude gegeben, den der Christ erst unter dem Zuspruch der Vergebung betritt. Hier zeigt sich eine grundsätzliche Grenze, die sich in der unterschiedlichen Auffassung von Erlösung reproduziert und die seitens des Christentums nicht aufgelöst werden kann. Die Schwierigkeiten, denen sich der Muslim konfrontiert sieht, bestehen bei diesem Ansatz jedoch darin, daß er nie wirklich genau weiß, ob Allah nun vergeben wird oder nicht. Eine Wahrnehmung von Gottes umfassender Bereitschaft zu vergeben, könnte Muslimen auch ein neues Selbstverständnis vermitteln und ihnen das Zwanghafte religiöser Bemühungen *(djihad)* nehmen.

Am hinduistischen Selbstverständnis des Menschen besticht die Einbettung in kosmische Prozesse. Götter können an der Entstehung des Bösen mitschuldig sein, gehören aber selbst in diese Prozesse hinein. Daß es überhaupt Böses gibt, wird auf die Entstehung der Zeit zurückgeführt, die aber auch ihrerseits vergöttlicht werden kann. Die Zeit wiederum ist zyklisch gedacht, sie kehrt nach einer fast unendlichen Dauer wieder an ihren guten Ursprung zurück. Innerhalb dieses Zyklus vollzieht sich der Kreislauf der Wiedergeburten, in denen sich Gutes und Böses von selbst und ohne das Zutun von Göttern und Dämonen reproduzieren kann. Der christliche Glaube hat ein solches Verwobensein individueller Schuld in die Kette der Generationen und in kosmische Vorgänge nur unzureichend reflektiert. Immerhin gibt es im Alten Testament die Vorstellung von der »Heimsuchung« der Sünde durch Gott »bis ins dritte und vierte Glied« (Ex 20,5) und des Wohltuns Gottes »an vielen Tausenden« (sc. von Generationen), und Paulus verweist wenigstens in allgemeiner Form auf das »Seufzen der Kreatur« (vgl. Röm 8,22). Hier gibt es jedenfalls einige Brücken der Verständigung. Eine großartige und dem Christentum ebenfalls nicht fremde Einsicht hinduistischen Denkens besteht darin, daß auch das Tun des Guten für die Gewinnung des Heils nicht ausreicht, sondern daß dazu eine Ebene jenseits von gutem und bösem Handeln erreicht werden muß. Andererseits bleibt die Frage persönlicher Verantwortlichkeit: Während der christliche Glaube im Dialog mit dem Judentum und dem Islam seine Einsichten in das Wesen der »Ursünde« zur Geltung zu bringen hat, muß er im Gespräch mit hinduistischem (und buddhistischem) Denken auf die Relevanz der einzelnen Tat, und zwar in der Konkretion mitmenschlichen und mitgeschöpflichen Handelns, hinweisen.

Zum Buddhismus scheint es für den christlichen Glauben insofern eine große Nähe zu geben, als hier der enge Zusammenhang von – freilich nicht selbst verschuldeter – Schuld und Leid auf eine radikale Weise zum Ausdruck gebracht wird. Das ganze Menschengeschlecht ist erfaßt von einer Gier nach Leben, von einem unauslöschlichen Durst, dem sinnlichen Verlangen, dem Daseins- und dem Selbstvernichtungsbegehren. Kein Mensch hat sich diesen Status ausgesucht, jeder Mensch ist in ihm gefangen. Freilich wird dabei der einzelne Mensch nicht im Sinne einer »selbstverantwortlichen Persönlichkeit«, sondern als »Durchgangsphänomen« überindividueller Prozesse verstanden. Christliche Theologie könnte sich diesen Ansatz zur Erläuterung dessen, was sie unter »Erbsünde« versteht, durchaus zu eigen machen. Sie wird freilich darauf bestehen, daß über den Menschen damit nicht alles gesagt ist, und fragen, inwiefern trotz transpersonaler Elemente auch eine personale Bejahung dieses Status gedacht werden kann und muß.

(3) Das Problem der Personalität

Zu den wichtigsten Differenzen zwischen den Auffassungen insbesondere der Religionen des (Fernen) Ostens und des Westens gehört das Problem der Personalität. Man muß sich allerdings klar machen, daß es auch im Westen selbst eine lange Geschichte hat.[92] Die Frage nach dem »Selbst« hatte insbesondere in der deutschen Mystik, im deutschen Idealismus und dann wieder in der Interpretation von C. G. Jung Konjunktur. C. G. Jung differenziert zwischen Ich und Selbst, »insofern das Ich nur das Subjekt meines Bewußtseins, das Selbst aber das Subjekt meiner gesamten, also auch der unbewußten Psyche ist. In diesem Sinn wäre das Selbst eine (ideelle) Größe, die das Ich in sich begreift«.[93] Damit scheint sich eine Brücke zwischen westlichem und östlichem Denken anzubieten, die aber von der christlichen Anthropologie noch kaum betreten worden ist.

92. Vgl. HWP 7, 269-338; auf asiatische Ansätze wird dabei charakteristischerweise nicht eingegangen; vgl. jedoch HWP 9, 310 f.
93. C. G. Jung, Werke VI, 471, zitiert nach LR 603. Vgl. A. M. Seelig, Das Selbst als Ort der Gotteserfahrung. Ein Vergleich zwischen Carl Gustav Jung und Paul Tillich, F 1995.

(a) Judentum und Christentum

Für alttestamentliches und rabbinisches Denken stellt die Frage nach Personalität kein eigenes Problem dar. Der Mensch wird zur Person durch den Anruf Gottes; er nimmt sich wahr in dem »Siehe, hier bin ich«, mit dem er auf Gottes Anruf antwortet. Dem entspricht das dialogische Moment von Personalität dann auch im Miteinander der Menschen. Der Schöpfer fragt nach dem Menschen und nach dessen Mitmenschen: Adam! »Wo bist du?« (Gen 3,9) – Kain! »Wo ist dein Bruder Abel?« (Gen 4,9). Das auf den einzelnen bezogene Verständnis des Menschen wird im Neuen Testament aufgenommen und durch die Rede von Sünde und Vergebung profiliert: »Deine Sünden sind dir vergeben« – »geh hin und sündige hinfort nicht mehr!« (Mk 2,5/Joh 8,11). Der Glaubende erfaßt sich als »sündiger Mensch«, dem die Sünde vergeben ist, in dessen Herz Gottes Geist ausgegossen ist und der von sich sagen kann: »Ich lebe, doch nun nicht ich, sondern Christus lebt in mir« (Gal 2,20). Insofern bringt das Christentum gegenüber dem Judentum eine Verschärfung und zugleich Transzendierung des personalen Denkens. Andererseits verstehen sich Juden als Glieder ihres, des erwählten Volkes und gewinnen von hierher ihre Identität. Im Prinzip gilt dies für das Selbstverständnis der Christen im Kontext der eschatologischen Gemeinde nicht anders, wird aber nicht in derselben Intensität nachvollzogen, wie dies wohl bei praktizierenden Juden der Fall ist. Hier steht – zumal im Protestantismus – der Einzelne im Vordergrund. Die Rückbindung des Individuums in die Gemeinschaft könnten Christen gerade vom jüdischen Selbstverständnis lernen.

(b) Islam und Christentum

Für den Islam stellt die Personalität des Menschen bislang kein essentielles Problem dar. Seine jüdischen, christlichen und wohl auch antiken Wurzeln mögen dabei zur Auswirkung kommen. Die Seele gilt als Lebensprinzip des Menschen, wird zusammen mit dem Körper geschaffen, trennt sich im Tod von diesem und wird bei der Auferstehung wieder mit ihm vereinigt. Seine »Personalität« erfährt der Muslim, indem er sich der Rechtleitung Allahs anvertraut und sich in die religiösen Pflichten und Bräuche der Umma, der islamischen Gemeinde, einbinden läßt.

Dem christlichen Selbstverständnis des Menschen ist dieser Ansatz in gewisser Weise nicht fremd; doch ergeben sich Unterschiede im Blick auf die Gottesbeziehung: Der betende Mensch sieht sich wohl stärker als Person wahrgenommen, wenn er sich Gott als dem »Vater« gegenüber weiß, als wenn Gott in unnahbarer Distanz verbleibt. Die Beziehung zu Jesus Christus als seinem Bruder und Herrn unterstreicht dies für Christen und Christinnen noch einmal auf eigene Weise. Das Wirken des Geistes im Glaubenden selbst stellt eine Intensität der Beziehung zwischen Gott und Mensch her, die den Muslimen, soweit sie nicht mystisch orientiert sind, fremd sein muß.

(c) Hinduistisches und christliches Selbstverständnis des Menschen

Einen auf das Individuum bezogenen Begriff von Personalität gibt es im hinduistischen Denken nicht. Das Individuum entsteht infolge des Geburtenkreislaufs aufgrund des jeweils vorgegebenen guten oder bösen Karmas. Aus diesem ergeben sich »Eindrücke, Neigungen und Möglichkeiten im Bewußtsein, die durch Handlungen und Gedanken, auch in früheren Geburten, entstanden sind.« Diese werden *samskara* genannt und bilden zusammen den Charakter eines Menschen.[94] Sie verdecken den dem äußeren Erscheinungsbild des Menschen zugrundeliegenden überpersönlichen Atman, der dem Menschen durchaus die Möglichkeit zur Schaffung von positivem Karma gibt. Das verkörperte, mit dem Körper und dem Denken irrtümlicherweise sich identifizierende Ich *(jiva)* bedarf der Befreiung von Unwissenheit, um des wahren Selbst, des *atman*, bewußt zu werden. Im Gegensatz zur christlichen Anthropologie wird hier ein ewiges, nicht auf ein Individuum begrenztes Selbst angenommen, das letztlich mit dem Urprinzip alles Seins, nämlich *brahman*, identisch ist. Die äußere Lebensgestalt und das Geschick eines Menschen erscheinen als nur vordergründig, durch eine Kette von äußeren Umständen bedingt.

Der christliche Glaube sieht sich von daher zu der Überlegung herausgefordert, wie das innerste Lebensprinzip eines Menschen, das sich in Atem und Bewußtheit zeigen mag, mit dem Urprinzip alles Lebendigen, nämlich der Schöpfung, ja dem schöpferischen Wirken Gottes selbst, verbunden ist. Darin könnte sich eine durchaus legitime Vertiefung des christlichen Schöpfungsglaubens im Blick auf die Anthropologie anbieten: Mein Atem ist Gottes erste Botschaft an mich.

Schwieriger ist die Frage nach dem Woher und Wohin des »Selbst«. Auch die christliche Tradition war nicht blind gegenüber der Tatsache, daß auf das Leben eines Menschen Faktoren aus den Vorgänger-Generationen einwirken. Die Theorie des sogenannten »Traduzianismus« ging davon aus, daß auch die »Seele« eines Menschen mit der »Seele« der Eltern oder vorhergehender Generationen in genetischem Zusammenhang steht. Die Pointe dabei lag freilich nie in einem biologistischen oder ontologischen Erklärungsmodell, sondern in der Behauptung, daß eine solche – wie auch immer entstandene – Seele bzw. der gesamte solchermaßen beseelte Mensch durch den Anruf Gottes zu dem wird, was er ist. Dieser Anruf Gottes könnte freilich unter Aufnahme entsprechender Impulse aus dem Hinduismus auch auf die biologische Entstehungsgeschichte des einzelnen Menschen bezogen und somit auch transpersonal verstanden

---

94. LÖW 317.

werden. Er bezieht sich ja nicht nur auf das Bewußtsein, sondern auf den gesamten Menschen mit allen seinen physischen und psychischen Konstituentien (vgl. I Thess 5,23).

Damit würde sich keinesfalls die Gegenfrage an die hinduistische Tradition erübrigen, wie denn dort trotz aller Einbettung in kosmische Prozesse das Individuum stärker als solches wahrgenommen und gewürdigt werden könnte. Dies hätte ja auch unmittelbare Konsequenzen für die Ethik. Christen und Christinnen könnten sich durch Hindus zum Nachdenken darüber herausgefordert sehen, wie »mein Atem« mit der Entstehungsgeschichte des Universums, mit dem Prinzip alles Lebendigen zusammenhängt. Umgekehrt hätten Hindus zu prüfen, wie sich nach ihrer Sicht verhindern läßt, daß sich der einzelne Mensch im kosmologischen Prozeß verliert, von ihm verschlungen wird und in ihm untergeht, wie also die Dialektik zwischen »einem« und »allem« durchgehalten werden kann.

Eine weitere Frage, die zwischen hinduistischem und christlichem Denken zu klären wäre, ist die, inwiefern das Ergehen eines Menschen durch vorausliegende Prozesse oder auch das Verhalten vorangegangener Generationen bedingt sein könnte. Die biblische Tradition kennt hier zwei Optionen. Das oben bereits angesprochene Wissen um die Heimsuchung der Missetaten der Väter »bis ins dritte und vierte Glied an den Kindern derer, die mich hassen« (Dtn 5,9) spricht zwar solche Zusammenhänge an, sieht sie aber unendlich überragt von der Barmherzigkeit Gottes, die sich über Tausende von Generationen erstreckt. Die zweite Option, die des Neuen Testaments, bestreitet hier überhaupt einen Zusammenhang; das Ergehen im Guten oder Bösen steht von Gott her unter anderen Gesichtspunkten: An einem Blindgeborenen »sollen die Werke Gottes offenbar werden« (Joh 9,3). Ein Rückschlußverfahren von leidvollem Geschick auf eigene Schuld oder die Schuld vergangener Generationen wird damit grundsätzlich unmöglich; denn nicht ein automatisch sich vollziehender Prozeß, sondern Gott bestimmt den Verlauf der Dinge. Daß Gott dabei auch natürliche Vorgegebenheiten berücksichtigen oder sich auswirken lassen kann, ist eine andere Frage. Auch das hinduistische Denken hat hier seine Pointe natürlich nicht in der Möglichkeit des Rückschlusses auf irgendwelche Vergehen in Gegenwart oder Vergangenheit, sondern in der Hoffnung, die Welt des Karmischen schließlich zu überwinden. Hier stellt sich jedoch seitens des Christentums wieder die Frage, ob und wie der Hindu-Gläubige sich selbst innerhalb des kosmischen Prozesses, in den er sich eingebunden weiß, profilierter und stärker in eigener Verantwortung stehend wahrnehmen kann.

(d) Buddhistisches und christliches Selbstverständnis des Menschen

Der Buddhismus kennt kein »Selbst« im Sinne des hinduistischen Denkens. Ohne daß es einen eigentlichen Personkern gibt, wird die Person konstituiert durch eine Reihe von Konstituenten. Wahres Identitätsbewußtsein eines Menschen erwächst somit aus der Wahrnehmung der radikalen Abhängigkeit seiner Identität von denjenigen Faktoren, durch die sie – sozusagen als fließendes Bündel von Beziehungen – je und je zustande kommt, und durch das dabei sich einstellende Bewußtsein der »Nichtidentität« mit allem, was ihn äußerlich und auch bewußtseinsmäßig als Individuum ausmachen mag. Damit ergibt sich eine radikale Distanzierungsfähigkeit meiner selbst von mir; denn ich bin nicht ich. Im Gewahrwerden dessen, daß ich nicht ich bin, daß es »mich nicht gibt«, vergegenwärtigt sich das »Nichts« im Sinne des Hinayana, die »Leere« im Sinne des Mahayana, in jedem Fall das Absolute.

Eine vergleichbare Distanzierungsmöglichkeit des Menschen von sich selbst kennt auch das Christentum: Ich brauche mich nicht zu identifizieren mit dem Menschen, als den ich mich kenne; ich »gehe mich nichts an«. Dies ist freilich eine Einsicht, die ich nicht durch Meditation gewinne, sondern dadurch, daß ich meine eigentliche Identität als von Gott mir zugesprochen erfasse. Bedenkenswert an dem buddhistischen Ansatz scheint mir das Moment der Transpersonalität und die Demut der Einsicht, daß ich nichts habe, das ich nicht empfangen hätte (vgl. I Kor 4,7).

Seitens des Christentums stellt sich im Blick auf den buddhistischen Ansatz jedoch die Frage, ob das durch welche Faktoren auch immer entstandene Beziehungsbündel nicht als solches stärker gewürdigt werden kann und muß. Ich mag aus dem Zusammentreten von tausend Faktoren entstehen und entstanden sein; trotzdem bin »ich« es, der nun zu einem gegebenen Zeitpunkt dieses Ensemble von Faktoren darstellt und lebt.[95]

(4) Trinitarisch ausgerichtete Anthropologie

Aus der Sicht des christlichen Glaubens mag man den Eindruck gewinnen, daß sich die nichtchristlichen anthropologischen Ansätze leichter in die christliche Perspektive integrieren lassen (wobei diese allerdings eine wichtige Erweiterung und Vertiefung erfahren würden), als dies umgekehrt der Fall ist. Das kann nun abschließend im Blick auf die beiden Problemkreise »Sünde« und »Personalität« bedacht werden.[96]

95. H. Waldenfels sieht im Gespräch mit K. Nishitani in der Selbstentäußerung Gottes (vgl. Phil 2,7) einen wichtigen Berührungspunkt zwischen buddhistischem und christlichem Denken: Das »Selbst« Gottes vollziehe sich in seiner »Selbstentäußerung« bzw. Zunichtewerdung; H. Waldenfels, Absolutes Nichts, Fr 1976; ders., Faszination des Buddhismus, Mz 1982; K. Nishitani, Was ist Religion?, F 1982; M. Shimizu, Das »Selbst« im Mahayana-Buddhismus in japanischer Sicht und die »Person« im Christentum im Licht des Neuen Testaments, Leiden 1981.
96. Immerhin gibt es eine bereits weit zurückreichende Tradition, die den Menschen als Eben-

(a) Der Glaubende als Sünder im Licht des trinitarischen Bekenntnisses

Geht man vom trinitarischen Bekenntnis und nicht von einem heilsgeschichtlichen Schema aus, dann verbietet es sich, den Glaubenden erstens als Sünder
und zweitens – unter bestimmten Bedingungen – als Gerechtfertigten zu verstehen. Der Glaubende ist dann vielmehr von vornherein aufzufassen als »ge-
rechtfertigter Sünder«; das Phänomen der Sünde kommt sozusagen nur im
Rückspiegel, im Status seiner Überwindung zur Sprache. Vom Menschen ist
dann ein Dreifaches zu sagen:

Der Mensch steht auch als Sünder unter der Schöpfungsintention, daß er
nämlich in einer ungestörten Gottesbeziehung ein freies, für sich und für seine
Mitgeschöpfe verantwortliches Leben führen soll.[97] Unter dieser Schöpfungsintention verwirklichen sich seine Kreativität und Rationalität und damit seine
eigenen, freien Entscheidungen in den Bereichen, die ihm anvertraut sind. Auf
die Rückbindung des Einzelnen in die Gemeinschaft verweist in besonderer
Weise das Judentum, auf die Notwendigkeit des Gehorsams gegenüber dem
Schöpfer der Islam. Daß die Menschen, wie wir sie kennen, dieser Schöpfungsintention widersprechen und ihr von sich aus gar nicht entsprechen können,
ändert nach christlicher Auffassung nichts an der Intention des Schöpfers
selbst. Judentum und auch Islam haben in je besonderer, wenn auch einseitiger
Weise an dieser Einsicht festgehalten. Allerdings stellt das jüdische und muslimische Sündenverständnis für Christen insofern ein Problem dar, als es ihnen
nicht radikal genug erscheint. Muslime und Juden kennen, wie oben ausgeführt, die Vorstellung einer »Erb«- oder Ur-Sünde nicht.

Sodann: Der Mensch ist zweifellos durch seine psychosomatische Konstitution, die ihn in die gesamte Schöpfung einbindet, wie auch durch konkrete Vorgegebenheiten durch vorangegangene Generationen oder strukturelle Bedingt-
heiten einerseits begabt, andererseits belastet. Er muß sich mit diesen Gaben
und Lasten auseinandersetzen, kann ihnen auf positive oder negative Weise entsprechen. Er macht ein Teilmoment dieses strukturellen Gesamtzusammen-
hangs aus und gibt seinerseits an die nachfolgende Generation Lebensförderli-
ches und Destruktives weiter. Diese Tatsache hält der hinduistische (und
buddhistische) Karma-Gedanke fest. Der christliche Glaube schließt derartige
Bezüge nicht aus, besteht jedoch darauf, daß ein »Karma«-Zusammenhang von
Gott her kein Recht hat, sich automatisch auszuwirken, sondern daß Gott in
Jesus Christus einen Prozeß ausgelöst hat, der verhindert, daß ein konkreter
Mensch karmischen Faktoren, seien sie positiv oder negativ, ausgeliefert bleibt;
vielmehr wird der Glaubende über diese Gegebenheiten als »neue Schöpfung«

---

bild des dreieinen Gottes verstehen möchte und die Trias von Leib, Geist und Seele entsprechend interpretiert. Vgl. Thomas, S.th. III q.63 a.3; H. Hislop, Man, the Image von the
Trinity according to St. Thomas, ThZ 6 (1950) 116-137; LThK² 4, 1091 f.
97. Vgl. W. Pannenberg, ST 2, 250 ff.: »Gottebenbildlichkeit als Bestimmung des Menschen«.

(II Kor 5,17) hinausgeführt. In dem historischen Menschen Jesus von Nazareth vergegenwärtigt sich Gott als der Erlösende, der er immer schon ist und durch den sich der Mensch qualifiziert sehen darf.

Der Mensch ist schließlich gekennzeichnet durch den Trieb, sich selber zu erhalten und das eigene Wohlergehen zu fördern. In ihm lebt das, was Buddhisten als »Gier« und »Durst« bezeichnen (wobei aus buddhistischer Sicht auch die Sehnsucht nach einer besseren Welt und damit die Transzendierensfähigkeit des Menschen aus diesem Zusammenhang heraus interpretiert werden muß). Andererseits entspricht der Durst, leben zu wollen, dem Gebot des Schöpfers, leben zu sollen. Schöpfungsbedingter Lebenswille und schöpfungswidrige Lebensgier treten im Menschen nur gemeinsam in Erscheinung und können doch voneinander unterschieden werden. Der christliche Glaube geht davon aus, daß es tatsächlich ein »Erwachen« gibt, das die Vergeblichkeit dieses Durstes erkennt und unter dem Wirken des heiligen Geistes ein neues Leben eröffnet, das diesseits der Todesgrenze beginnt und mit dieser nicht endet, das also in Lebensbejahung und nicht in Lebensverneinung mündet.

(b) Trinitarisch bestimmte Personalität

Wenn die Personalität des Menschen nach christlichem Verständnis wesentlich durch den Anruf Gottes konstituiert wird, so ist auch dieser Anruf im Sinne des trinitarischen Bekenntnisses dreifach zu interpretieren.

Der Mensch ist in seiner Geschöpflichkeit von Gott angerufen, d. h. keineswegs nur im Blick auf Rationalität oder Selbstbewußtsein, sondern als der, der er in seiner gesamten psychosomatischen Wirklichkeit ist. Dazu gehört seine Körperlichkeit und sein Eingebundensein in die Vorgänge vegetativen Lebens. Animalisches ist ihm zuzurechnen, selbst Mineralisches muß einbezogen werden. Der von Gott angerufene Mensch gehört hinein in die gesamte Geschichte der Natur, und natürlich muß sich der einzelne im Zusammenhang der Generationenfolge begreifen, der er entstammt. Psychosomatische Zusammenhänge, wie sie heute von den Humanwissenschaften beobachtet werden, lassen es nicht zu, den Menschen und damit seine Personalität einseitig oder gar ausschließlich von seiner Rationalität her zu definieren.[98]

In die Bestimmung von Personalität müssen auch Momente aufgenommen werden, die nach abendländischer Vorstellung als a- oder transpersonal gelten. Insofern sind Elemente der hinduistischen bzw. buddhistischen Anthropologie für das Christentum rezipierbar. M. von Brück möchte im Gespräch mit dem Vedanta die Person als »das Zentrum der Integration von Wirklichkeit« verstehen. Er gewinnt daraus vier Einsichten: Person ist aufgrund der strukturierenden Kraft des Personalen »eine Wirklichkeit eigener Art«. Person ist »ein Ge-

---

98. Vgl. die Definition der Person nach Boethius: »persona est naturae rationalis individua substantia«, TRE 22, 498.

schehen«, denn sie erwächst im »Prozeß ihres Sich-Bildens«. Sie bestimmt sich daher aus der »Erfahrung ihres Werdens« sowie aus ihren künftigen und gegenwärtigen Möglichkeiten des Strukturierens und Integrierens. Dies bedeutet für sie Kreativität und zugleich Selbstveränderung.[99]

Nach christlicher Wahrnehmung ist der Mensch tatsächlich besonders durch das Medium seines Bewußtseins in die Lage versetzt, Gottes Anruf in Gesetz und Evangelium zu vernehmen. Bewußtsein und Rationalität ermöglichen ihm, über sein Dasein und dessen Grenzen zu reflektieren, Fragen zu stellen und Antworten zu artikulieren, Entscheidungen zu treffen und Verantwortung zu übernehmen. In der Perspektive des trinitarischen Glaubens erfaßt er sich jedoch in seiner Geschöpflichkeit dergestalt, daß er auch die a-personalen Konstituenten menschlichen Daseins in ihrer Relevanz erkennt und sich in seiner Gesamtheit – sozusagen »mit Haut und Haaren« – dem Wirken des Heiligen Geistes anvertraut. Der traditionelle christliche Personbegriff kann daher, durchaus in Aufnahme von Impulsen aus Hinduismus und Buddhismus, um a-personale Elemente erweitert werden. Meine Personalität gibt es nur unter Einbeziehung von A-personalem, das aber nicht anders als mein Mensch-Sein als Ganzes unter der Regie des dreieinen Gottes steht.

Der trinitarische Ansatz erweist sich auch im Blick auf das Verständnis der Sünde als hilfreich, das ja, wie wir gesehen haben, einen weiteren zentralen Kontroverspunkt zwischen den Religionen darstellt. Unter dem Anruf Gottes, wie er in der biblischen Tradition verstanden wird und vornehmlich in der Gestalt Jesu begegnet, erfaßt sich der Glaubende als schuldig und doch als inmitten dieser Schuld angenommen. Er erfährt den Anruf des ihn erlösenden Gottes in Gesetz und Evangelium, und er antwortet seinerseits im Bekenntnis der Schuld und in der Dankbarkeit für die Vergebung. Hinduistische Wahrnehmung übergreifender Zusammenhänge und buddhistische Einsichten in das Wesen der Lebensgier können ihm helfen, transpersonale Implikationen seiner Schuld zu erkennen und seine Dankbarkeit gegenüber dem sich ihm zuwendenden Gott zu erhöhen. Er weiß: Aus hinduistischer oder buddhistischer Sicht als »karmisch« zu bezeichnende Zusammenhänge mögen weiterbestehen, sich verändern und das äußere Geschick des Glaubenden mitbestimmen oder auch nicht: Seinem ewigen Heil können sie nichts anhaben.

Schließlich sieht er sich angerührt durch das Wirken des Heiligen Geistes, das seinem Lebensdurst eine sachgemäße Richtung gibt und die Verbindung herstellt zu allen Menschen, in denen der Geist wirkt – zur »Gemeinschaft der Heiligen«, zur Menschheit und zur gesamten mitgeschöpflichen Welt. Er weiß sich damit einbezogen in jenes »alles in allem«, als das sich Gott erweisen wird (I Kor 15,28). In alledem erkennt er die ihm aufgetragene, zugesprochene und verheißene Gottebenbildlichkeit, die seine Menschenwürde begründet und ausmacht.

---

99. M. von Brück [2]1987, 287-294 (Zitate: 288).

D Thesen

1. Die Würde des Menschen besteht nach christlicher Auffassung in seiner »Gottebenbildlichkeit«, die jedoch trinitarisch, also nicht einseitig unter der Perspektive der Schöpfung, sondern ebenso von der Erlösung und der dem Menschen verheißenen Vollendung her zu interpretieren ist.

2. Die Begegnung mit dem Willen Gottes, wie er in Gesetz und Evangelium zum Ausdruck kommt, macht dem Menschen seine durch die Sünde geprägte Situation bewußt.

3. Durch den Begriff Sünde bezeichnet die christliche Tradition den Sachverhalt, daß der Mensch dem Willen Gottes von sich aus zu entsprechen weder in der Lage noch willens ist.

4. Der Mythos vom Sündenfall kennzeichnet die Sünde als transmoralische Wirklichkeit, die den Tod zur Konsequenz hat und allein durch Gott als den Schöpfer, Erlöser und Vollender alles Lebendigen bewältigt werden kann.

5. Die Sündhaftigkeit des Menschen darf nicht isoliert, sondern nur im Kontext von Erlösung und Verheißung, von Vergebung und Erneuerung thematisiert werden.

6. Das – gemessen an der christlichen Theologie – weniger radikale Verständnis von Sünde in Judentum und Islam kann dazu einladen, der Oberflächenstruktur der Sünde ebenso wie der konkreten einzelnen Sünde stärkere Aufmerksamkeit zu schenken.

7. Hinduistische und buddhistische Auffassungen von Verblendung und Verfehlung verweisen auf Generationen übergreifende, ja kosmische Zusammenhänge, deren Wahrnehmung das christliche Verständnis von Sünde zu veranschaulichen und zu vertiefen vermag.

8. Der trinitarische Glaube spricht dem Menschen eine Würde zu, die – angesichts von Sünde und Tod – allein in Gottes schöpferischem, erlösendem und vollendendem Handeln begründet ist; er geht insofern über jüdische und islamische Anthropologie hinaus.

9. Der Glaube an den dreieinen Gott begreift die Personalität des Menschen, die er im Anruf Gottes begründet sieht, unter Einbeziehung überindividueller und apersonaler Elemente; er integriert und vertieft damit Aspekte der hinduistischen und der buddhistischen Anthropologie.

10. Der Glaube an den Schöpfer, Erlöser und Vollender der Menschen fordert dazu auf, eine aufgrund ihres Geschlechts oder sonstiger Merkmale erfolgende spirituelle oder anderweitige Diskriminierung von Menschen zu bekämpfen.

8 Erlösung

Alle nachaxialen Religionen rechnen mit einer fundamentalen Entfremdung des Menschen und benennen Wege zu deren Überwindung. Sie gewichten diese Entfremdung zwar, wie wir gesehen haben, unterschiedlich, aber in irgendeiner Weise setzen sie sich alle – christlich gesprochen – mit »Sünde« und »Tod« auseinander; alle sprechen sie von »Erlösung« oder »Befreiung« des Menschen (und letztendlich auch der ihn umgebenden Welt). Erlösung und Befreiung verstehen sie in irgendeiner Weise als »Transformation«, in der sich »Heil« manifestiert.[1] Dabei geht es um drei Problemkreise, nämlich
– den Grund der Erlösung und die Zueignung des Heils,
– die Medien, durch die sich die Möglichkeit der Transformation eröffnet und das Heil vermittelt wird, sowie um die
– Gemeinschaft des Heils.
In der traditionellen christlichen Dogmatik entspricht dies der Lehre
– von Gnade und Rechtfertigung um Christi willen (7.1),
– von den »Heilsmitteln«, nämlich von Wort und Sakrament (7.2) sowie
– von der Kirche (7.3).
Gerade in diesem Zusammenhang entstanden aber auch die großen Kontroversen innerhalb der Christenheit. Am Kampf um ein sachgemäßes Verständnis der Gnade zerbrach die abendländische Kirche; die morgenländischen Kirchen waren mit ihren Vorstellungen von der »Vergottung« des Menschen ohnehin einen eigenen Weg gegangen.

1.   Vgl. J. Hick, M 1996, Teil 1.

8.1 Der Grund der Erlösung und die Zueignung des Heils

A Gnade und Rechtfertigung nach christlichem Verständnis

(1) Der Problemhorizont

In den Kirchen der Reformation, denen die vorliegende Darstellung in besonderer Weise verpflichtet ist, gilt die Lehre von der Rechtfertigung als der »Artikel, mit dem die Kirche steht oder fällt« (»articulus stantis et cadentis ecclesiae«).[1] »Von diesem Artikel kann man in nichts weichen oder nachgeben, mag Himmel und Erde oder was nicht bleiben will, einfallen … Und auf diesem Artikel steht alles, was wir wider den Papst, Teufel und Welt lehren und leben«.[2] Trotzdem hat sich lutherische Theologie immer wieder schwer damit getan zu erläutern, worin eigentlich das Befreiende der Rechtfertigungsbotschaft bestehe.[3] Gerade zur Rechtfertigungsproblematik haben viele und intensive ökumenische Dialoge stattgefunden;[4] hier geht es um den Nerv des christlichen Glaubens.

---

1. Vgl. zum Ganzen H.-M. Barth, Rechtfertigung und Identität, in: PTh 86 (1997) 88-102; ders., Die Rechtfertigungsbotschaft zwischen religiösem Desinteresse und esoterischem Überangebot, in: ders., Begegnung wagen – Gemeinschaft suchen, Gö 2000, 375-393; M. Beintker, Rechtfertigung in der neuzeitlichen Lebenswelt, Tü 1998; E. Herms, W. Härle, Rechtfertigung, Gö 1979; E. Jüngel, Das Evangelium von der Rechtfertigung des Gottlosen als Zentrum des christlichen Glaubens, Tü 1998; G. Müller, Die Rechtfertigungslehre. Geschichte und Probleme, Gü 1977; O. H. Pesch, A. Peters, Einführung in die Lehre von Gnade und Rechtfertigung, Da 1981; A. Peters, Rechtfertigung, Gü 1984 (= HST 12); V. Subilia, Die Rechtfertigung aus Glauben. Gestalt und Wirkung vom Neuen Testament bis heute, Gö 1981.
2. UG 451 (Nr. 372; Schmalkaldische Artikel II/1).
3. Vgl. die Bemühungen der IV. Vollversammlung des Lutherischen Weltbundes 1963, Helsinki; dazu J. Rothermundt, Rechtfertigung heute. Studien und Berichte, Beiheft zu LR 1965, 19-74, sowie A. Peters, Systematische Besinnung zu einer Neuinterpretation der reformatorischen Rechtfertigungslehre, in: W. Lohff, Chr. Walther (Hg.), Rechtfertigung im neuzeitlichen Lebenszusammenhang. Studien zur Neuinterpretation der Rechtfertigungslehre, Gü 1974, 107-125.
4. Die Dialoge bis 1998 werden dargestellt und kritisch gewürdigt von E. Maurer, Rechtfertigung. Konfessionstrennend oder konfessionsverbindend? Gö 1998, 70-149. Zu Entstehung und Diskussion der »Gemeinsamen Erklärung zur Rechtfertigungslehre« (Texte aus der VELKD 87/1999) vgl. Kirchliches Jahrbuch der EKD 1998, 55-160 (Lit.!).

(a) Der Reflexionszusammenhang

Die Reformation verstand die Rechtfertigung als unmittelbaren Ertrag des »Werks« Jesu Christi. Wer die Rechtfertigung um Christi willen nicht lehrt, bestreitet die universale Heilsrelevanz Jesu Christi; er versucht – so die Sprache der Bekenntnisschriften –, den Auferstandenen und Erhöhten wieder ins Grab zu schieben! Christologie und Rechtfertigungslehre gehören also unmittelbar zusammen. Dementsprechend läßt die Confessio Augustana den Rechtfertigungsartikel (IV) direkt auf den christologischen Artikel (III) folgen. Die Schmalkaldischen Artikel stellen die Rechtfertigungsbotschaft unter die Überschrift »Von Christus« und verweisen gleich zu Anfang auf zahlreiche Bibelstellen, die diesen Ansatz belegen: Christus ist »um unser Sünde willen dahingegeben und um unser Rechtfertigung willen auferweckt« (Röm 4,25); er ist »Gottes Lamm, das der Welt Sünde trägt« (Joh 1,29). Wir halten dafür, »daß der Mensch gerecht wird ohne des Gesetzes Werke, allein durch den Glauben« – an Christus (Röm 3,28); denn es »ist kein andrer Name unter dem Himmel den Menschen gegeben, durch den wir sollen selig werden« (Act 4,12). Es werden noch weitere Stellen genannt, die sich ihrerseits mühelos ergänzen ließen, vor allem durch die einschlägigen Aussagen aus dem Galaterbrief, der Luther gerade aus diesem Grund besonders wichtig war. Aber es ging auch gar nicht um eine detaillierte biblische oder gar biblizistische Begründung, sondern um die reformatorische Grundeinsicht: Allein in Jesus Christus liegt das Heil der Menschen. Sie ist daher nur exklusiv zu formulieren – im Blick auf andere Auffassungen, sowohl innerhalb als auch außerhalb der Christenheit. Die Rechtfertigungslehre wird so zum Zentrum christlicher Theologie. Aber schon in der Alten Kirche hatte ja die Soteriologie im Zentrum gestanden. Irenaeus von Lyon formuliert: »Die Ehre Gottes ist der lebendige Mensch.«[5] Luther präzisiert: Die Ehre Gottes ist des Menschen Heil. Für ihn ist hier das Grundthema aller Theologie gegeben, nämlich die Beziehung zwischen Gott und dem Menschen, bzw. präziser: zwischen dem sündigen Menschen und dem rechtfertigenden Gott.[6]

(b) Zur Terminologie

Im Deutschen ist der Begriff »Rechtfertigung« mißverständlich – er löst eher juristische als theologische oder gar spirituelle Assoziationen aus. Im Mittelalter meinte »Rechtfertigung« Wiederherstellung des Rechts; das konnte ggf. die Hinrichtung einschließen! Heute begegnet der Begriff in neuen Kontexten, die aber für das Verständnis durchaus von Belang sind, wie z. B. im Zusammenhang

---

5. »gloria dei vivens homo; vita autem hominis visio Dei.« Irenaeus, adv. Haereses IV,7 (PG 7, 1037b). Die Grundtendenz ist offensichtlich dieselbe wie bei Luther.
6. »… homo reus et perditus et Deus justificans vel salvator«; WA 40/2, 327.

der Nötigung zu Selbstrechtfertigung (»bin ich okay?«) oder gesellschaftlicher Legitimation (»welche Investitionen sind zu rechtfertigen?«).

In biblischer, vor allem in paulinischer Perspektive wird die Rechtfertigungsbotschaft vor einem forensischen Hintergrund artikuliert. Sie behaftet den Menschen in seiner Gottesrelation (»coram deo«). Gott ist es, der sein Recht bekommen muß (vgl. Ps 51,6), und der allein den sündigen Menschen gerecht sprechen und machen kann.[7] Die Implikationen eines am Begriff des »Rechtfertigens« orientierten Denkens lauten: Rechtfertigung wessen / vor wem / wodurch?

Die Rechtfertigungslehre ist nicht zu verwechseln mit der kerygmatischen Gestalt der Rechtfertigungsbotschaft: Der Terminus »Rechtfertigung« gehört weder auf die Kanzel noch in die Seelsorge. In Luthers Kleinem Katechismus taucht er nicht auf! Der Inhalt der Rechtfertigungsbotschaft läßt sich auch anders sagen. Luther selbst umschreibt ihn durch »Vergebung der Sünde, Leben und Seligkeit«. Paulus spricht vom Leben in Christus[8], das Johannes-Evangelium vom Geboren-Werden aus Wasser und Geist (Joh 3,5).

Es ist theologisch wichtig, an der Fremdheit des Begriffs nicht solange herumzumanipulieren, bis er vertraut erscheint, sondern gerade diese Fremdheit zu nutzen. Die Paraphrase kann zum Verständnis beitragen, wird aber den Begriff selbst nicht überflüssig machen. Dies zeigt eine sorgfältige Analyse der biblischen Voraussetzungen. Die Rechtfertigunglehre hat als solche eine kritische Funktion und will ihrerseits der Ehre Gottes und dem Heil der Menschen dienen. Akzentverschiebungen in der Rechtfertigungslehre können das Evangelium geradezu in sein Gegenteil verkehren. Das erklärt die Leidenschaft der Reformation an dieser Stelle.

(c) Zur Geschichte des Lehrstücks

Das Interesse an der Rechtfertigungslehre hat, je nach Situation und polemischer Notwendigkeit, im Lauf der Kirchengeschichte gewechselt. Paulus hat mit seinen Aussagen zur Rechtfertigung das Evangelium gegen judaisierende Tendenzen verteidigt, Augustin wandte sich mit seiner Gnadenlehre gegen Pelagius, Luther mit seiner Rechtfertigungstheologie gegen spätmittelalterliche Werkgerechtigkeit.[9] Ihre kritische Funktion war nicht zu jeder Zeit in gleicher Weise einsichtig, erwies sich jedoch innerhalb bestimmter Konstellationen immer wieder als hilfreich und notwendig.

Diese Einschätzung ist jedoch unter den christlichen Konfessionen strittig. So wird seitens der römisch-katholischen Theologie gefragt, ob die lutherische

---

7. Vgl. K. Kertelge, Art. dikaioo, in: EWNT 1, 798-807.
8. Gal 2,20: »Ich lebe, doch nun nicht ich, sondern Christus lebt in mir«; II Kor 5,17: »Ist jemand in Christus, so ist er eine neue Kreatur ...«
9. G. Müller, Die Rechtfertigungslehre. Geschichte und Probleme, Gü 1977.

Rechtfertigungslehre etwa auf einem Mißverständnis der spätmittelalterlichen Tradition beruhen könnte. Wäre sie tatsächlich entwickelt worden, wenn Luther Thomas von Aquin besser gekannt und stärker gewürdigt hätte? War Luthers Problem (»Wie kriege ich einen gnädigen Gott?«) die Frage eines einzelnen, vielleicht unter sehr spezifischen psychosomatischen Konditionen lebenden Menschen? Oder muß man jedenfalls heute sagen, daß die reformatorische Rechtfertigungsproblematik durch die weitere Entwicklung des römischen Katholizismus überholt ist? »Verdienst« – ein Gegenbegriff zur Rechtfertigung allein aus Gnade um Christi willen – scheint in der römisch-katholischen Frömmigkeit weithin kein Thema mehr zu sein. Die Rückbesinnung auf Thomas von Aquin und seine Lehre von der zuvorkommenden Gnade (»gratia praeveniens«) hat tatsächlich eine stark vermittelnde Kraft. Die Gemeinsame Erklärung zur Rechtfertigungslehre, die vom Lutherischen Weltbund und dem Vatikan erarbeitet wurde, hat inzwischen zu einem – differenzierten – Konsens geführt, wenn auch auf beiden Seiten erhebliche Bedenken geltend gemacht wurden.[10]

Aus ostkirchlicher Sicht wirkt die Rechtfertigungsproblematik unverständlich – als Ausgeburt westlichen juridischen Denkens. Bei dem Versuch, die Confessio Augustana ins Griechische zu übersetzen, zeigte sich, daß dort kein Terminus für das präzise reformatorische Verständnis von »Rechtfertigung« zur Verfügung stand; man bildete einen eigenen Kunstbegriff (»dikaiopoiia«). Hat die einseitige Betonung der Rechtfertigungslehre im Westen bzw. im Protestantismus mit westlicher Trinitätsvergessenheit zu tun?

Zudem werden im Blick auf die Wirkungsgeschichte der Rechtfertigungslehre immer wieder Fehlentwicklungen namhaft gemacht. Macht sie die Gnade nicht »billig«? Führt sie nicht zur Unterbewertung eines neuen, durch die Gnade geprägten Lebens?

Verengt sie nicht den Blick auf das Individuum hin, indem sie einem höchst subjektiven Heilsegoismus Tür und Tor öffnet? Bleiben in ihr nicht sowohl die Gemeinschaft der Kirche als auch die Gesellschaft außer Betracht? Lauert in ihr nicht die Gefahr einer Spiritualisierung des christlichen Glaubens, die Reduktion auf »Innerlichkeit«? Wie könnte eine Rechtfertigungslehre aussehen, die all diese Bedenken ausschließt?

Die klassische Formulierung reformatorischer Rechtfertigungslehre findet sich im Artikel IV der Confessio Augustana. Nicht aufgrund seiner eigenen Möglichkeiten kann der Mensch »vor Gott« (»coram Deo«) Vergebung der Sünden und Gerechtigkeit erlangen, sondern »aus Gnade« (»gratis«) »um Christi willen« (»propter Christum«) »durch den Glauben« (»per fidem«), nämlich

---

10. Die Gemeinsame Erklärung zur Rechtfertigungslehre. Alle offiziellen Dokumente von Lutherischem Weltbund und Vatikan, Texte aus der VELKD 87/1999; vgl. oben Anm. 5 sowie St. Drobny, Sakramentale Rechtfertigung, F 1998; H. Küng, Rechtfertigung. Die Lehre Karl Barths und eine katholische Besinnung, Einsiedeln 1957; K. Lehmann, W. Pannenberg (Hg.), Lehrverurteilungen – kirchentrennend? I, Fr/Gö 1986, 35-75; J. Baur, Einig in Sachen Rechtfertigung?, Tü 1989.

im gläubigen Aufblick zu dem, was Jesus Christus durch seinen Tod für ihn erreicht hat. Diesen Glauben will Gott als Gerechtigkeit, die vor ihm gilt, »ansehen und zurechnen« (»imputat Deus pro iustitia coram ipso«).[11]

An den genannten Stichworten kann man sich das reformatorische Verständnis der Rechtfertigung im einzelnen klar machen. Es geht um den rechtfertigenden Gott und den gerechtfertigten bzw. zu rechtfertigenden Menschen, um das angemessene und darum allein das Heil vermittelnde und darstellende Verhältnis zwischen Mensch und Gott. Die Gestalt, in der die Rechtfertigungsbotschaft hier zur Sprache gebracht wird, zeigt deutlich die Spuren und damit auch die Begrenzungen einer bestimmten kirchen- und theologiegeschichtlichen Situation. Darum muß an einer Reformulierung der Rechtfertigungslehre gearbeitet werden.

Das gegenwärtige Desinteresse an der Rechtfertigungsbotschaft mag durch ihre historisch bedingte Fassung mitbedingt sein. Es wäre jedoch verfehlt, daraus auf ihre Irrelevanz zu schließen. Rechtfertigung ist inzwischen im Grunde von einem konfessionellen zu einem existentiellen Problem geworden. Der neuzeitliche Mensch hat das Bedürfnis, sich selbst zu rechtfertigen, und ahnt doch, daß das Gelingen seines Lebens nicht von ihm selbst zu leisten ist. Er muß mit seinen Grenzen leben und – entsprechend der Rechtfertigungsbotschaft – darf er das, ohne daß sein Leben darüber zugrundegeht.

Um den Gehalt der Rechtfertigungsbotschaft zu erfassen, empfiehlt es sich, zunächst den für sie konstitutiven Elementen – nämlich der Frage nach dem rechtfertigenden Gott (2) und dem zu rechtfertigenden Menschen (3) – nachzugehen und dann (4) nach einer zeitgemäßen Aussageform zu suchen.

(2) Der rechtfertigende Gott

(a) Der Mensch vor Gott

Der Ausgangspunkt der Rechtfertigungslehre liegt – entgegen einem verbreiteten Vorurteil – nicht einfach, anthropozentrisch fixiert, in der Frage »Wie bekomme ich einen gnädigen Gott?« Vielmehr geht es der Reformation um einen theozentrischen Ansatz: Wie kommt Gott zu seinem Recht? Wie verwirklicht Gott – angesichts des tragischen und bewußten Widerspruchs des sündigen

---

11. »Item docent, quod homines non possint iustificari coram Deo propriis viribus, meritis aut operibus, sed gratis iustificentur propter Christum per fidem, cum credunt se in gratiam recipi et peccata remitti propter Christum, qui sua morte pro nostris peccatis satisfecit. Hanc fidem imputat Deus pro iustitia coram ipso, Rom 3 et 4.« In der deutschen Fassung kommt dadurch, daß nicht abstrakt von »den Menschen«, sondern von »uns« gesprochen wird, deutlich der Sprachgestus der Verkündigung – und nicht der Belehrung!- zur Geltung. BSLK 55,1 ff.

Menschen gegen seinen Schöpfer – seine Ehre, sich selbst? Voraussetzung für diese Wahrnehmung der Problemkonstellation ist die Grundüberzeugung, daß der Mensch, ob er es wahrhaben will oder nicht, in eine unaufhebbare Relation zu Gott gestellt ist: Er befindet sich unweigerlich »vor Gott«, »coram Deo«. Mit seiner Existenz bleibt er in einer unauflöslichen Beziehung zum Grund seines und allen Daseins. Als Geschöpf kann er seinem Schöpfer nicht entkommen, weder im Leben noch im Sterben. Mit jedem Herzschlag und mit jedem Atemzug empfängt er von ihm seine Lebenskraft; ihm gegenüber bleibt er aber auch verantwortlich bis zum letzten Augenblick seines Lebens. Dieses Stehen vor Gott ist aber offensichtlich nicht geprägt durch eine liebevolle und gehorsame Hinwendung zum Schöpfer, sondern durch eine ständige Tendenz zu Abwehr und Flucht. Die Tradition, in der die Rechtfertigungslehre formuliert wurde, benennt diese Situation und ihre Implikationen durch die Begriffe »Sünde«, »Zorn Gottes« und »Gericht«.

1. Der sündige Mensch lebt in einer vielfachen Entfremdung: sich selbst gegenüber – er merkt nicht, was ihm gut tut bzw. schadet; den Mitmenschen gegenüber – sie werden ihm zur Bedrohung statt zu Hilfe und Entlastung; der Mitwelt gegenüber – er ignoriert den Lebenszusammenhang, in dem er steht. Er vermag ihn nicht durch Dankbarkeit, Aufmerksamkeit und Pflege zu würdigen, sondern beutet ihn aus. In alledem reproduziert sich die Entfremdung des Menschen gegenüber dem Grund und Ziel seines Daseins. Das Augsburger Bekenntnis beschreibt diese Situation dahingehend, daß die Menschen »alle von Mutterleib an voll böser Lust und Neigung sind und von Natur keine wahre Gottesfurcht, keinen wahren Glauben an Gott haben können«.[12]

Um eine zeitgemäße Paraphrase dieses Sachverhalts hat sich Paul Tillich bemüht, indem er die Entfremdung durch die Begriffe »Hybris«, »Konkupiszenz« und »Unglaube« charakterisierte: In seiner »Hybris« ist der Mensch »das Zentrum seiner selbst und seiner Welt geworden«; er findet sich nicht bereit, seine Endlichkeit anzuerkennen. Er hat statt dessen die »unbegrenzte Sehnsucht, das Ganze der Wirklichkeit dem eigenen Selbst einzuverleiben«; das macht seine »Konkupiszenz« aus. In alledem realisiert sich »Unglaube«, nämlich die Tatsache, daß der Mensch »sich in seiner Ganzheit von Gott abwendet.«[13]

2. Wichtig ist bei derartigen notwendigen Paraphrasierungsversuchen, daß sie nicht einer allgemeinen negativen Anthropologie Vorschub leisten, sondern die Störung der Gottesbeziehung als fundamental zu erkennen geben. Denn gerade die Beziehung zu Gott ist durch die Sünde des Menschen verändert: Das will die Rede vom »Zorn Gottes« zum Ausdruck bringen (vgl. Ps 90,7; Röm 1,18 ff.; 5,9; I Thess 1,10; CA III). Diese mythologische Wendung entstammt der vorchristlichen Religionsgeschichte, ist in höchstem Maße anthropomorph und daher übersetzungsbedürftig. Geht man von dem in ihr enthal-

---

12. UG 60 (lateinische Fassung: »… sine metu Dei, sine fiducia erga Deum et cum concupiscentia …«, CA II; BSLK 52,1 f.).
13. Vgl. P. Tillich, ST II, 52-87; Zitate: 57, 60, 55. Vgl. oben S. 494!

tenen Bild aus, so läßt sie sich als Hinweis auf die Intensität der Zuwendung Gottes zum Menschen auffassen: Woran einem nicht liegt, darüber wird man nicht zornig! Gottes Zorn wäre dann als Komplementärerscheinung zur Aggressivität seiner Liebe zu verstehen, zugleich als Inbegriff der bleibenden Identität seiner Heiligkeit und Gottheit auch angesichts der Sünde. Vom Menschen aus gesehen würde »Zorn Gottes« dann die Tatsache bezeichnen, daß er sich mit Gott nicht »im reinen« weiß. Bei derartigen Interpretationsversuchen läßt sich allerdings das Mißverständnis kaum vermeiden, bei Gottes Zorn handle es sich um einen dem menschlichen Gefühlsleben vergleichbaren Affekt. Weiter führt es daher, die Rede von »Gottes Zorn« als Ausdruck existentieller Selbstzerstörung des Menschen aufzunehmen: Schon vordergründig gesehen, gibt es menschliches Verhalten (wie z. B. Drogenmißbrauch), das sich selbst die Lebensgrundlage entzieht. Die Sünde verkehrt die elementar positive Beziehung Gottes zum Menschen in ihr Gegenteil: Das Licht, das dem Menschen leuchten könnte, blendet ihn; das Feuer, das ihn wärmen könnte, verbrennt ihn.

3. Der Sünde und dem Zorn Gottes entspricht das Gericht; in ihm kommt die Störung der Gottesbeziehung zum Austrag und zur Überwindung. Die Situation zwischen Gott und den Menschen bleibt nicht offen, in der Schwebe. Gott schafft Recht. »Vor Gott« stehen heißt für den sündigen Menschen daher immer zugleich: »vor Gottes Gericht stehen«. Sein Leben wird im Ganzen wie im Detail ernst genommen, gelangt in den Horizont letzter Relevanz. Dies betrifft sein Verhältnis zu sich selbst, zum Mitmenschen und zu seiner Mitwelt und natürlich vor allem zum letzten Grund und Ziel seines Daseins. Er ist Antwort schuldig, im eigentlichen Sinn des Wortes »ver-antwortlich«. Die verschiedenen Relationen, in denen er steht, lassen ihn etwas ahnen von dieser Verantwortlichkeit, und davon, daß es über alle irdischen Instanzen hinaus eine letzte Instanz geben könnte, die ihn zur Verantwortung zieht. Die christliche Predigt des »Gesetzes« (siehe S. 490 ff.) konfrontiert ihn auf eine direkte Weise mit dieser Perspektive.

4. Der rechtfertigende Gott darf nicht – im Anschluß an ein verbreitetes Mißverständnis von Anselms Satisfaktionslehre, die freilich auch in der Argumentation der Reformatoren eine Rolle gespielt hat – als ein beleidigtes und nun wieder zu besänftigendes Wesen gedacht werden. Der rechtfertigende Gott ist vielmehr der Gott, der der Sünde und dem in jedweder Form auftretenden Bösen Widerstand leistet – in Zorn und Liebe, durch Gesetz und Evangelium. Den »zornigen Gott« als solchen gibt es nicht; denn Gott ist der dreieine, und vom Zorn des dreieinen Gottes zu sprechen, macht keinen Sinn. Der dreieine Gott kann als der »zornige« und der »liebende« zwar empfunden werden. Aber als der dreieine ist er derjenige, in dem nicht etwa Zorn und Liebe unberechenbar einander gegenüber stehen, sondern der, in dem alles, was Menschen je als sein Zorn erscheinen mag, durch die Liebe überwunden ist.

(b) Um Christi willen

1. Gott rechtfertigt den Menschen »um Christi willen«. Dies erschließt sich durch den Blick auf Jesu Botschaft und Geschick, durch das »Wort vom Kreuz« (vgl. I Kor 1,18 ff.), durch die Predigt von Jesus als dem Christus. Gott selbst übernimmt die Sache des Menschen, die durch Sünde, Selbstzerstörung und Tod gekennzeichnet ist, auf der Ebene und unter den Bedingungen eines konkreten Menschenlebens.[14] Diese Aussage resultiert aus der Begegnung mit der Botschaft und dem Geschick Jesu, mit dem lebendigen Jesus Christus; sie ist nicht spekulativ ableitbar. Es macht keinen Sinn zu fragen, wieso Gott diesen und keinen anderen Weg gewählt hat, um die Versöhnung zu verwirklichen. Denn es ist dieser und kein anderer Weg, auf dem das Angebot der Versöhnung, ja letztlich die Notwendigkeit von Versöhnung und Erlösung, den Menschen – den Glaubenden – allererst bewußt wurde. Gott, dessen Aktivität und Aktion der Mensch nicht akzeptieren möchte, wählt den Weg der Passion. In Jesus Christus tauscht er mit dem Menschen. Er übernimmt die das Menschsein prägende Selbstzerstörung, aber indem er sie übernimmt, verliert sie ihre zerstörerische Kraft. Luther nennt das den »fröhlichen Wechsel«- einen wunderbaren Austausch: »Er wird ein Knecht und ich ein Herr; das mag ein Wechsel sein ...« (Nikolaus Herman; EG 27,5). »Um Christi willen« heißt: Gott rechtfertigt den Menschen um seiner selbst willen, um seines »Namens«, um seiner Identität willen.

2. Die neutestamentlichen Zeugnisse bemühen sich, im Blick auf das Verhältnis zwischen Gott und Jesus Christus sowohl Differenz als auch Identität zu benennen, wobei sie natürlich nicht über einen modernen Begriff von ontologischer Identität verfügen. Es ist ihnen genug, einerseits zu sagen: Gott hat ihn »dahingegeben« (vgl. Joh 3,16), und andererseits: »... in ihm wohnt die ganze Fülle der Gottheit leibhaftig« (Kol 2,9). Das betroffene Bekenntnis des Hauptmanns unter dem Kreuz, dieser Gekreuzigte sei wahrlich »Gottes Sohn«/»ein frommer Mensch« gewesen (Mk 15,39/Lk 23,47), ist das Bekenntnis der Gemeinde, die im Rückblick erfaßt, wer da in Wahrheit für sie gestorben ist, ohne es doch recht oder gar zutreffend zum Ausdruck bringen zu können. Wie hätte dies auch möglich sein sollen, wenn hier wirklich in einem historischen Geschehen Gott »leibhaftig« beteiligt war! Sie suchte dabei keineswegs nur den Bezug zu einem fernen historischen Ereignis. Christus »ist um unsrer Sünden willen dahingegeben und um unsrer Rechtfertigung willen auferweckt« (Röm 4,25). Es ging den ersten Glaubenden um den auferweckten, erhöhten, lebendig gegenwärtigen Jesus Christus. Um seinetwillen rechtfertigt Gott den sündigen Menschen.

3. Das Kreuz Jesu Christi ist in seiner Bedeutung alles andere als plausibel; die Jünger von Emmaus wußten es sich nicht zu erklären (Lk 24,13 ff.), und Paulus fand, daß es den Griechen als Torheit und den Juden als Skandal erscheinen mußte (I Kor 1,23). Dies gilt entsprechend für die gesamte Rechtferti-

---

14. Vgl. oben S. 364-370.

gungsbotschaft. Sie kann nur gepredigt und geglaubt werden. Nur im Glauben erschließt sich die innere Konsistenz der Rede vom Versöhnungshandeln Gottes. Dies bedeutet aber keine Einschränkung oder gar die Aufforderung, sich eben zu überwinden und eine auch wenig einleuchtende Information zu akzeptieren. Zu glauben und zu predigen ist vielmehr die einzig sachgemäße Weise, unter irdischen Bedingungen mit einem Geschehen umzugehen, das sich in diesen nicht erschöpft, sondern sie ihrerseits neu konstituiert.

(c) Durch den Glauben

Woher kommt der Glaube, durch den der Mensch seine Rechtfertigung um Christi willen erfaßt? Trinitarisch gedacht, müßte hier vom Heiligen Geist die Rede sein.[15] In der reformatorischen Rechtfertigungslehre ist bei näherem Durchdenken tatsächlich eine trinitarische Grundstruktur zu erkennen. Der Schöpfer greift durch den Versöhner im Heiligen Geist nach dem sich selbst und seinem Seinsgrund entfremdeten Sünder. Der Mensch findet damit wieder in das heilvolle Beziehungsgefüge hinein, das seinem Leben Gelingen bedeutet: Die Rechtfertigung stellt den Menschen in den guten Zusammenhang, in den er hineingehört. Er kann sich selbst wieder gut sein, mit Partnern und seiner Mitwelt lebensförderliche Beziehungen eingehen und sich vom Grund und Ziel seines Lebens her angenommen wissen (»recipi in gratiam«). Der Glaube ist dabei (so sehr er sich auch auf Intellekt und Psyche bezieht) nicht etwa als intellektuelles oder psychisches Medium zu verstehen, das eben seitens des Menschen bereitgestellt werden muß, wenn die Rechtfertigungsbotschaft erfaßt werden soll, sondern er ist selbst die Gegenwart der heilvollen Gottesbeziehung, ja der »Ort Gottes im Menschen«.[16] Er ist selbst die Anwesenheit der rechtfertigenden Gnade.

(d) Aus Gnade

Daß ein Mensch gerechtfertigt wird und in eine heilvolle Gottesbeziehung hineinfindet, geschieht nicht aufgrund seiner eigenen Einsichten und Bemühungen, sondern »aus Gnade«. Das meint mehr als: Er bekommt dies »umsonst« (»gratis«, CA IV). Widerfährt es ihm unverfügbar, so entsteht die Frage, wieso es offenbar nicht allen Menschen widerfährt, wieso die einen zum Glauben an Jesus Christus als ihren Erlöser kommen und andere nicht. Kann man der Gna-

---

15. Dies wird in CA IV nicht ausgeführt, freilich in CA V ergänzt: Damit wir diesen Glauben erlangen, ist eingesetzt das »ministerium docendi evangelii et porrigendi sacramenta«; denn durch Wort und Sakramente wird der Heilige Geist geschenkt (BSLK 57,1 ff.; UG 63).
16. Sergio Rostagno, Fides. Da un punto di vista teologico, in: Filosofia e Teologia 1997, 461-475 (Zitat: 469). Vgl. M. Luther: »... in ipsa fide Christus adest« (WA 40/2, 228, 34 f.), sowie dazu T. Mannermaa, Der im Glauben gegenwärtige Christus, Hannover 1989.

de Widerstand leisten und sich auf diese Weise ihr entziehen – oder ist sie am Ende gar nicht für alle Menschen gedacht? Dann könnte man sagen, die Gnade wirkt in der Tat unwiderstehlich (als »gratia irresistibilis« im Sinne der vom Jansenismus ausgelösten Diskussion), aber eben nur bei den »Erwählten«. In der Tat führt die Rede von der Gnade, insbesondere von der Rechtfertigung aus »Gnade allein«, zur Prädestinationsproblematik. Welche Ausprägungen hat sie im Lauf der Geschichte erfahren, welche Lösungsrichtung ist denkbar?

1. Die Prädestinationsproblematik

Die Beschäftigung mit ihr ist aus mehreren Gründen unumgänglich:

a. Zum einen ist zu klären, wie mit den in dieser Hinsicht einander widersprechenden biblischen Aussagen umzugehen ist. Einerseits wird im Neuen Testament betont, daß Gottes Heilswille universal ist: Gott will, »daß allen Menschen geholfen werde und sie zur Erkenntnis der Wahrheit kommen« (I Tim 2,4). Er hat »die Welt« geliebt und seinen Sohn dahingegeben, damit »alle (die Motette von Heinrich Schütz interpretiert: »alle – alle, alle, alle ...«), die an ihn glauben, nicht verloren werden, sondern das ewige Leben haben« (Joh 3,16). Dem stehen aber, von alttestamentlichem Denken herkommend, Aussagen über eine partikulare Erwählung gegenüber: Gott hat Israel erwählt (vgl. Röm 9-11); denn: »wem ich gnädig bin, dem bin ich gnädig ...« (Röm 9,15 / Ex 33,19); »Jakob habe ich geliebt, aber Esau habe ich gehaßt« (Röm 9,13 / Mal 1,2 f.). Wie sind die Hinweise auf Pharaos Verstockung zu interpretieren (vgl. Ex 4,21 und öfter), wie die Ankündigungen eines letzten Gerichts mit einem für die Betroffenen möglicherweise negativen Ausgang?[17] Bei genauerer exegetischer Analyse ließe sich zeigen, daß sie nicht alle im strengen Sinn auf das Prädestinationsproblem zu beziehen sind, aber die Spannung bleibt: »Viele sind berufen, aber wenige sind auserwählt« (Mt 22,14). Wiederum wird als Zielperspektive benannt: »Gott hat alle eingeschlossen in den Ungehorsam, damit er sich aller erbarme« (Röm 11,32). Zu seinem Ratschluß gehört, »daß alles zusammengefaßt würde in Christus, was im Himmel und auf Erden ist« (Eph 1,9 f.; vgl. auch Act 3,21).[18] Insgesamt ergibt sich ein diffuses Bild; die Lösung ist durch Bibelzitate nicht zu erbringen!

b. Hinzu kommt die Erfahrung, daß das Evangelium keineswegs bei allen Menschen, sondern im Grunde bei sehr wenigen Aufnahme im Glauben findet. Wie sollte sich dies anders erklären als – letztlich – durch den Willen Gottes? Dabei geht es natürlich nicht um diejenigen Menschen, die nie etwas vom christlichen Glauben gehört haben, weil sie von der christlichen Mission nicht rechtzeitig erreicht wurden oder bereits vor der Zeitenwende gestorben sind. Vielmehr ist zu fragen, ob jemand, dem die Botschaft des Evangeliums klar geworden ist, nach Gottes Ratschluß sie nicht annehmen oder trotz besserer

---

17. Vgl. unten S. 783 ff.
18. Vgl. unten S. 797 f.

Einsicht an seinem ewigen Heil vorbeigehen kann. Schließlich, wenn alles an Gottes frei und souverän getroffener Entscheidung liegt, wie kann ein Mensch dann seines Heils gewiß und seines Glaubens froh werden?

c. Die Souveränität Gottes darf auf keinen Fall beeinträchtigt werden; was aber der Fall wäre, wenn man nicht von Allmacht, Allwissenheit usw. Gottes reden könnte. Dies zu betonen, war das Anliegen wohl aller, die die eine Lehre von der doppelten Prädestination – nämlich zu Heil oder Unheil – vertreten haben! Bei solcher Argumentation wird allerdings nicht vom trinitarischen Glauben ausgegangen, sondern an eine abstrakte Souveränität Gottes gedacht.

2. Gestalten der Prädestinationslehre

Die geschilderte Problemlage hat im Lauf der Geschichte christlichen Nachdenkens zu mehreren Gestalten der Prädestinationslehre geführt.

a. Die Lehre von der »doppelten Prädestination« (»gemina praedestinatio«) wurde in paradigmatischer Weise von Johannes Calvin vertreten: Er versteht unter »Prädestination« »Gottes ewige Anordnung, vermöge deren er bei sich selbst beschloß, was nach seinem Willen aus jedem einzelnen Menschen werden sollte! Denn die Menschen werden nicht alle mit der gleichen Bestimmung erschaffen, sondern den einen wird das ewige Leben, den anderen die ewige Verdammnis vorher zugeordnet« (Institutio III,21,5). »Gott hat in seinem ewigen und unwandelbaren Ratschluß *einmal* festgestellt, welche er einst zum Heil annehmen und welche er andererseits dem Verderben anheimgeben will« (Institutio III,21,7). Damit wird eine radikale Lösung des Problems vorgeschlagen, die von einem unbedingten Respekt gegenüber der absoluten Souveränität Gottes, aber nicht vom Grundton des Evangeliums geprägt ist und die zu weiteren Problemen geführt hat. Nun mußte ja geklärt werden, wie ein Mensch gleichwohl sich als zu den Erwählten gehörig erkennen konnte. Neben einer starken Betonung der Heiligung erwuchs die Vorstellung vom »syllogismus practicus«: Irgendwie mußte daran, wie ein Mensch lebte und wie es ihm im irdischen Leben erging, abzulesen sein, ob er zum ewigen Heil erwählt war.

Auch Luther scheute vor der radikalen Lösung nicht zurück, wenn sie bei ihm auch einen anderen Stellenwert hatte und andere Konsequenzen nach sich zog. Ihm geht es in »De servo arbitrio« darum, daß Gottes Gottheit nicht im geringsten beeinträchtigt wird: Gott ist frei zu entscheiden, wie er will, auch wenn wir ihn als den uns verborgenen (»deus absconditus«) nicht verstehen. Aber der Glaubende erkennt, daß für ihn in Jesus Christus auf ewig zum Heil entschieden ist; so verkündigt es ihm das Evangelium, und dieser Verkündigung, dem »verkündigten Gott« (»deus praedicatus«), darf er glauben. Zu ihm darf er in jedweder Anfechtung fliehen: dann wird er vom Licht der Gnade erfaßt. Was er auf Erden nicht versteht, wird sich ihm im Licht der ewigen Herrlichkeit Gottes erschließen.[19]

---

19. WA 18, 785.

b. Relativierende Theorien suchten die Lösung z. B. in der Unterscheidung zwischen Gottes Vorherwissen im Blick auf das Verhalten eines Menschen und Gottes – diesem Verhalten somit gleichsam folgender – Vorherbestimmung. Oder man operierte mit der Vorstellung, daß eine ewige und umfassende Liebe zugleich die Eliminierung all dessen erfordere, was nicht der Liebe entspricht. Schließlich ließ sich erwägen, ob Gottes Erwählung nicht tatsächlich allen Menschen gelte, ohne aber von allen wahrgenommen und erfaßt zu werden. Derartige Überlegungen treffen aber oft das gestellte Problem nicht präzis; sie gehen zudem eher von abstrakten Spekulationen über das Wesen von »Vorherbestimmung«, »Liebe« oder »Erwählung« aus als von der konkreten christlichen Botschaft.

c. Um einen – in gewisser Weise schon bei Luther vorgegebenen – kerygmatischen Ansatz bemühen sich die lutherischen Bekenntnisschriften. Sie sprechen allein von einer Vorherbestimmung zum Heil; wenn ein Mensch sich ihr willentlich versage, sei dies seine und nicht Gottes Sache. Es gelte, nicht einen heimlichen Ratschluß Gottes zu erforschen, sondern dem das Heil verkündigenden Wort Gottes zu glauben. Gottes Wort verweist auf Christus – durch ihn sind wir erwählt. Die Prädestination zum Heil – eine andere kennt die Konkordienformel nicht – ist »in dem Wort (sc. Gottes) zu suchen, wo sie auch geoffenbart worden ist« (UG, Nr. 912). Diese Lösung ist freilich rational ebenfalls nicht befriedigend, aber sie empfiehlt sich dadurch, daß sie in Aufnahme der Grundaussage des Neuen Testaments die Frage auf eine andere Ebene hebt, nämlich die der Verkündigung. Die Theorie schlägt um in Verkündigung bzw. Bekenntnis. Die Frage, wer aufgrund welcher Bedingungen erwählt sei, wird beantwortet mit der Botschaft: Du bist erwählt – in Jesus Christus!

d. Für Karl Barth ist die Erwählungslehre die Summe des Evangeliums. Er lehrt in gewisser Weise eine »doppelte« Prädestination, die für ihn freilich in Jesus Christus zum Austrag kommt: In Jesus Christus hat Gott für sich selbst Verwerfung und Tod gewählt, für den Menschen aber das Leben. An den einzelnen ergeht nunmehr die Botschaft, daß seine eigene Wahl, gottlos zu sein, nichtig ist, und daß er zum Heil ersehen ist. Wenn Karl Barth trotzdem keine Allversöhnung lehrt, so liegt das daran, daß er an der Freiheit der Gnade Gottes festhalten will. Gottes Gnadenhandeln darf nicht als selbständig ablaufender Mechanismus verstanden werden. Auch bei Karl Barth springt das Genus der Darstellung von der Reflexion auf die Verkündigung um.[20]

3. Lösungsrichtung

Versucht man die Botschaft der Bibel als ganze zu erfassen, so erscheint es abwegig, daß Gottes allumfassende Gnade, wie sie in Jesus Christus bezeugt ist und als durch den Heiligen Geist wirksam erlebt wird, überhaupt je als begrenzt gedacht werden könnte.

20. K. Barth, KD II/2, §§ 32-35.

Für den Umgang mit der Prädestinationsproblematik sind daher folgende Gesichtspunkte wichtig:

a. Die theistische Vorstellung eines Willkürgottes, der nur die Wahl hätte, anzunehmen oder zu verwerfen, ist aufzulösen. Der theistisch gedachte Gott ist ein Götze! Nach der in der Heiligen Schrift begründeten Grundüberzeugung der Christenheit wendet sich der dreieine Gott aufgrund seiner eigenen, von Ewigkeit her gültigen Selbstbestimmung den Menschen zu. Als ihr Schöpfer schenkt und erhält er ihnen ein Leben, das in eine letzte Erfüllung münden soll. In Jesus Christus wirkt er unter ihnen als ihr Erlöser und Versöhner. Im Heiligen Geist wirbt er durch das Zeugnis von Wort und Sakrament darum, daß sie sich für den Glauben öffnen und sich von seiner Gnade gewinnen lassen. Auch wenn sie nicht (oder noch nicht oder nicht mehr) glauben, stehen sie als lebendige Menschen unter der Macht und Gnade des Schöpfers, wenngleich sie dann nicht begriffen haben, daß der Schöpfer ihr Erlöser und Vollender sein will und, wie der Glaube erhofft, sein wird.

b. Prädestination wurde als »Dekret« verstanden, das ein für allemal festliegt. Begreift man Prädestination jedoch als die Bestimmung, mit der Gott sich selbst zur Rettung der Menschen bestimmt (Karl Barth), so kann Prädestination zugleich als ein auf das Heil gerichteter, noch nicht abgeschlossener Prozeß verstanden werden. Gott allein gehört die Entscheidung! Es kann hier keinen Automatismus und folglich auch kein Einfordern des Heils geben. Gleichwohl darf von einem ewigen Ratschluß gesprochen werden, wenn dieser als das ewige Ziel, das Gott mit den Menschen hat, zu verstehen und zu bekennen ist. Daraus folgt: Man kann *nicht sagen*, daß *alle* Menschen selig werden, aber man kann *allen* Menschen *sagen*, daß sie selig werden – nämlich für die Seligkeit prädestiniert sind!

c. Einzelne biblische Aussagen scheinen das Heil an den Glauben zu binden (vgl. Mk 16,16). Es kann sich dabei aber nicht um die Markierung einer Bedingung, sondern nur um den Versuch handeln, paränetisch darauf hinzuweisen, daß das Heil in der Tat nicht anders als im Glauben empfangen wird. Als Bedingung kann es nicht gemeint sein, wenn klar ist, daß auch der Glaube sich nicht menschlicher Anstrengung, sondern dem Wirken Gottes verdankt: Nur durch den Heiligen Geist kann man »Jesus den Herrn« nennen (I Kor 12,3); Jesus selbst ist der »Anfänger und Vollender des Glaubens« (Hebr 12,2). Glaube ist als solcher phänomenologisch nicht zu identifizieren, sofern er mehr ist als eine anthropologisch aufweisbare Haltung, und er ist auf Erden immer dem Unglauben nahe und bedarf des Gebets: »Ich glaube; hilf meinem Unglauben!« (Mk 9,24). Gerade der Glaubende wird im übrigen Gott nicht für eigene Ziele – und ginge es um ein egozentrisch verstandenes Heil – mißbrauchen wollen. Er gibt Gott frei, »läßt« Gott »los«. Die spätmittelalterliche Theologie kannte den Gedanken der Einwilligung selbst in das Geschick der ewigen Verdammnis (»resignatio ad infernum«), wenn dies dem Willen Gottes entsprechen sollte. Im Blick auf Gott ist dies ein absurder Gedanke, denn Gott will nicht den Tod des Sünders, sondern daß der Sünder sich bekehre und lebe (vgl. Ez 18,23).

Aber vom Menschen aus gesehen ist es nicht abwegig, daß er im Glauben sich bis zur Möglichkeit der eigenen ewigen Verdammnis hin Gott ausliefert und überläßt, wenn nur Gottes Gottheit und Ehre in allem zur Geltung kommt. Nicht der Glaube begründet also das Heil, sondern die Gnade Gottes, die auch den Glauben begründet. Damit werden Glaubende ihres Heils froher und gewisser, als wenn sie selbst dafür geradestehen müßten. Darum werden sie sich immer wieder von der Reflexionsebene weg unter die Verkündigung rufen lassen, unter deren Vollmacht dem Glauben Wachstum und Vertiefung verheißen ist.

(3) Der gerechtfertigte Mensch

(a) Mitwirkung des Menschen?

Wenn die Rechtfertigung des Sünders vor Gott allein durch den Glauben aus Gnade um Christi willen erfolgt, dann bedeutet dies den Ausschluß aller dem Menschen von sich aus zur Verfügung stehenden Kräfte (CA IV). Es fordert zugleich zu der Frage heraus, in welcher Weise dann aber der Mensch an seiner Rechtfertigung beteiligt ist. Wie steht es schließlich mit der Freiheit seines Willens?

1. Mitwirkung und Verdienste?

Die Tradition kannte – durchaus im Anschluß an gewisse biblische Aussagen – mehrere Möglichkeiten, den Menschen am Geschehen seiner Rechtfertigung beteiligt zu sehen. Die Reformation hat sie samt und sonders abgelehnt.

a. Der Verweis auf »Verdienste«, noch dazu differenziert in solche, die aufgrund eines Anspruchs, und solche, die aufgrund göttlichen Ermessens Belohnung verdienten[21], widersprach nach Auffassung der Reformatoren schlichtweg dem Zeugnis des Neuen Testaments von der umfassenden Wirkung der Heilstat Jesu Christi. Zwar ist von »Lohn« und einem »Gericht nach den Werken« in der Heiligen Schrift durchaus die Rede. Niemals jedoch kommt menschliches Verhalten als eine Vorleistung zu stehen, aufgrund derer Gott dem Menschen etwas schuldig wäre. Wie Glaubende sich verhalten, ist gleichwohl keineswegs irrelevant: Es kann dem nahen Reich Gottes entsprechen; es mag sich darin bereits etwas von Gottes Zielperspektive realisieren. Man könnte in diesem Sinn den Diakonissenspruch Wilhelm Löhes aufnehmen: Mein Lohn ist, daß ich – im Sinne des Reiches Gottes – dienen darf. Aber auch alles Dienen wird für den sündigen Menschen immer mit einer Tendenz zur Selbstrechtfertigung ver-

---

21. Siehe dazu L. Ott, Grundriß der Dogmatik, Fr ^{8}1970, 320 ff.

mengt sein. Eine an Augustin und Thomas orientierte katholische Theologie hat ihrerseits darauf hingewiesen, daß Gott in den Verdiensten der Heiligen sein eigenes Handeln kröne. Dann macht freilich der Begriff »Verdienst« keinen Sinn mehr. Dies gilt auch für die in der neueren Diskussion auftretende Beteuerung, »Verdienst« sei ein (allerdings wenig geeigneter) Ausdruck dafür, daß das konkrete, auf einzelne Situationen bezogene Handeln des Menschen seinen Stellenwert habe und von Gott gewürdigt werde. Die unter Papst Paul VI. revidierte Ablaßordnung hat im übrigen die Rede von dem aus den Verdiensten Marias und der Heiligen bestehenden »Schatz« der Kirche wieder aufgenommen.[22]

b. Das Handeln und Verhalten des Menschen kam für Luther als Voraussetzung für die Rechtfertigung nicht in Frage, denn eben dieses Handeln und Verhalten – samt dem ihm zugrundeliegenden Sein des Menschen – bedurfte ja gerade selbst der Rechtfertigung durch Gott. Luthers Polemik gegen die »Werke« darf aber nicht mißverstanden werden. Er hatte unendlich viel über »gute Werke« zu sagen. Möglicherweise ist der Reformator als Ethiker noch gar nicht zureichend entdeckt. Aber die Werke können für ihn im Rechtfertigungszusammenhang selbst keine Rolle spielen, weder als Vorbedingung noch im Sinne einer nachträglichen Konditionierung. Sowohl Thomas als auch das Tridentinum schildern die Rechtfertigung als einen Prozeß, in dem Gott und Mensch – jeder auf seine Weise – zusammenwirken. Das Tridentinum entfaltet das in Schritten geordnete Ineinandergreifen von Gottes »gratia praeveniens«, »praeparatio« auf seiten des Menschen, und »iustificatio« durch Gott (allerdings ohne eine damit verbundene Heilsgewißheit); so kommt es schließlich zu »incrementum«, »meritum bonorum operum« und schließlich zur »vita aeterna«.[23] Göttliches und menschliches Handeln werden hier organisch mit einander verbunden bzw. auf einander abgestimmt. Zwar geht die göttliche Gnade voraus, aber dann haben in einer Art Zug-um-Zug-Verfahren Gott und Mensch jeweils das Ihre beizutragen. Die Gemeinsame Erklärung zur Rechtfertigungslehre korrigiert diese Auffassung (GE [15] f., [19] f., [25]), ist freilich in ihren Implikationen umstritten.

Man kann fragen, ob die Abgrenzung gegen das ja psychologisch irgendwie sogar einleuchtende tridentinische Modell heute von Belang ist. Der reformatorische Protest will ja nicht einer Abwertung menschlicher Möglichkeiten in bezug auf Selbstverwirklichung und das schöpferische Tun das Wort reden. Er behält aber im Sinne des Evangeliums darin seine Aufgabe, daß er zeigt, wodurch letztlich menschliches Leben gelingen kann und wodurch nicht: nicht durch Leistungen, die einem von außen aufgetragen werden, und nicht durch Erfüllung eigener Standards, nicht durch »gesammelte Werke«, wie auch immer

---

22. Vgl. G. Voss, Ablaß als Mittel zur Heiligung? Zur Verkündigung des Jubiläumsablasses durch Papst Johannes Paul II., in: US 54 (1999) 322-331.
23. DH 1520 ff.; eine gute Übersicht über den Aufbau des Dekrets gibt G. L. Müller ³1998, 800-805.

sie aussehen mögen, sondern allein durch Gnade. Damit wird zugleich deutlich, was ein Leben definitiv nicht zerstören kann – nicht Schuld und Versagen, nicht mangelnde Ausschöpfung der eigenen Möglichkeiten oder unzureichende Selbstverwirklichung. Durch die Verkündigung des Evangeliums drängt Gott darauf, daß ein Mensch dies zu erfassen lerne.

2. Freier Wille?

Die Rechtfertigung des Sünders allein aus Gnade um Christi willen schließt jedes Mitwirken auf seiten des Menschen aus. Wie ist in diesem Zusammenhang aber die Rolle des menschlichen Willens einzuschätzen? Luthers Rede vom »geknechteten Willen« hat viele Aversionen und Mißverständnisse ausgelöst. Der neuzeitliche Mensch ist stolz auf seine Entscheidungs-, Willens- und Wahlfreiheit; er fordert Informations-, Meinungs- und Gewissensfreiheit. Schon nach der Bill of Rights (1776) sind alle Menschen »von Natur aus in gleicher Weise frei«. Seit die psychologischen Erkenntnisse über die verschiedenen Triebkräfte und Konditionierungen des Menschen wachsen und die soziologische Wahrnehmung gesellschaftlicher Interdependenzen sich schärft, hat die Rede von der Freiheit des Willens freilich viel von ihrem Pathos eingebüßt. Aber auch damit ist die Ebene, auf der Luther vom geknechteten Willen sprach, noch keineswegs getroffen. Ihm ging es dabei nicht um die innerweltlichen Möglichkeiten und Kapazitäten des Menschen, sondern um seine Möglichkeiten vor Gott. Immerhin stellt sich dem Zeitgenossen auch heute die Frage, ob er wohl wirklich entscheiden und wesentlich dazu beitragen kann, daß und inwieweit sein Leben gelingen wird. Schon die Kriterien dafür, was ein »gelingendes Leben« wäre, fehlen ihm!

a. Die Geschichte des Freiheitsbegriffs macht deutlich, daß Freiheit keine Eigenschaft des Menschen darstellt (wie z. B. Gesundheit oder Sprachfähigkeit), sondern eine Relation. Erst Humanismus und Aufklärung haben – teilweise im Rückgriff auf antike Motive – das Phantombild eines für sich existierenden autonomen, zu freier Entscheidung fähigen Individuums kreiert. Das Alte Testament kennt keinen eigenen Begriff für »Freiheit«; hier geht es um die Befreiung aus der Sklaverei und den befreienden Gott, der Israel aus dem Sklavenhaus befreit hat (vgl. Ex 20,2). Im Neuen Testament wird Freiheit – insbesondere bei Paulus – als Ergebnis des Befreiungshandelns Gottes verstanden (vgl. Röm 7 und 8; Gal 5,1). In Auseinandersetzung mit anthropologischen Anschauungen des späten Hellenismus stellte sich die Frage nach der Reichweite der Freiheit des Menschen im Blick auf seine Stellung vor Gott. In eine die ganze bisherige Geschichte der Christenheit begleitende Fassung wurde sie im Streit zwischen Augustin und Pelagius gebracht: Pelagius verteidigt die sittliche Entscheidungsfreiheit des Menschen und meint damit, den Schöpfer zu ehren, dem sie sich verdanke. Augustin dagegen behauptet, dem Menschen sei, nachdem Adam die Willensfreiheit mißbraucht habe, die Wahl zwischen Niederem und Höherem nicht mehr freigestellt; in seiner Entscheidung zum Guten sei er – wie in allem – von Gottes Gnade abhängig: »Was hast du, das du nicht empfangen hast?« (I Kor 4,7). Einzig die Gnade bringe im Menschen einen guten, nämlich zum Tun des Guten motivierten und insofern freien Willen hervor.

Thomas führt die Bewegung des freien Willens (»motus liberi arbitrii«), wenn dieser zur Entscheidung für Gott findet, letztlich auf Gott zurück. Wilhelm von Ockham dagegen kann den Beitrag des menschlichen Handelns betonen (»facere quod in se est«). Einen Höhepunkt erlebt das Ringen um das sachgemäße Verständnis der Willensfreiheit im Streit zwischen Luther und Erasmus: Erasmus votiert entschieden für das »liberum arbitrium« als die Fähigkeit des menschlichen Willens, sich zu dem hin – bzw. von dem abzuwenden, was zum ewigen Heil führt. Die Gebote setzen seiner Meinung nach die Freiheit voraus, sie auch zu halten. Dem Philosophen liegt an den pädagogischen Implikationen seiner Anthropologie. Luther dagegen differenziert: Im Bereich des Vordergründigen (dessen, was »unterhalb« des Menschen liegt) existiert natürlich ein Spielraum für freie Entscheidungen; Luther redet keineswegs einem allgemeinen Determinismus das Wort! Aber im Blick auf das ewige Heil verfügt der Mensch nicht über eigene Entscheidungsmöglichkeiten, denn ihn verlangt ja gar nicht nach der ewigen Nähe Gottes; im Gegenteil, er scheut sie. Sein Wille ist keineswegs frei, sondern erfüllt von Bedürfnissen zu Selbstdarstellung und Selbstrechtfertigung. Er ist vorgeprägt und besetzt, er konditioniert den Menschen zum Desinteresse an seinem Heil und zur Ablehnung Gottes. Er ist insofern unfrei und unfrei machend, »geknechtet« und »knechtend«. Wenn sich ein Mensch der Botschaft von der gleichwohl ihm angebotenen Rechtfertigung um Christi willen öffnet, kann das nur der Gnade Gottes zu danken sein.[24]

b. Eine Hierarchie von Entscheidungsebenen muß offensichtlich auch heute bedacht werden. Tatsächlich gibt es im Alltäglichen, aber auch in den immanenten Verantwortungsbereichen des Menschen, Entscheidungsspielräume, die nach bestem Wissen und Gewissen genutzt werden können und müssen. Bei näherem Zusehen – und gerade bei existentiell gewichtigen Entscheidungen – zeigen sich jedoch z. B. psychische oder soziale Faktoren, die eine Entscheidung mitbestimmen. Darüber hinaus gibt es Zwänge, die im Sinne einer Überlebensstrategie oder infolge von Schicksalsschlägen unumgehbar sind. Freiheit des Willens und der Wahl ist nur innerhalb bestimmter Grenzen und unter bestimmten Bedingungen möglich. Ob ein menschliches Leben gelingt oder wie sich ein Mensch mit Mißlingen auseinandersetzt, liegt letztlich nicht mehr im Bereich frei zu bestimmenden Entscheidens. Das von Gott verheißene ewige Heil ist zudem noch einmal etwas anderes als menschliches Gelingen. Daß

---

24. Die »Freiheit eines Christenmenschen« folgt daraus; vgl. H.-M. Barth, Luthers Ethos der Freiheit, in: ders., H. Leipold (Hg.), Martin Luther – der Streit um sein Erbe, Kassel 1984, 9-20. Zur Auseinandersetzung zwischen Luther und Erasmus vgl. B. Lohse, Luthers Theologie in ihrer historischen Entwicklung und in ihrem systematischen Zusammenhang, Gö 1995, 178-187 (Lit.!).

Menschen sich nicht einfach dazu entschließen können zu glauben, hat seine Parallele in der Unverfügbarkeit von Liebe und Hoffnung.

Nicht die freie Entscheidung des Menschen ermöglicht die Rechtfertigung, sondern die existentielle Annahme der Botschaft von der Rechtfertigung führt den Menschen in die Freiheit, ggf. gegen seine bisherigen Interessen zu entscheiden! Der Mensch ist eingeladen nachzuvollziehen, daß für ihn zum Heil entschieden ist. Gerade der Glaubende wird die »Entscheidung« des Glaubens immer als geschenkte und nicht als eine in Eigeninitiative herbeigeführte verstehen. Insofern ist der »Ruf in die Entscheidung«, wie er im Pietismus zuhause ist, aber – unter anderen Vorzeichen – auch in der Theologie Rudolf Bultmanns begegnet, äußerst problematisch. Es geht im Glauben nicht um eigene Entscheidung, sondern darum, sich in die Entscheidung Gottes für den Menschen hineinnehmen zu lassen. Dies kann dann im Nachhinein durchaus als eine bewußt vollzogene Entscheidung erscheinen. Oft wird nicht einmal dies der Fall sein.

3. Der Mensch wirkt weder durch sein Handeln und Verhalten noch durch seine freie Willensentscheidung an der Rechtfertigung mit; er ist aber an ihr beteiligt. Die Rechtfertigung vollzieht sich nicht »hinter seinem Rücken«. Das Bindeglied zwischen Gottes rettendem Handeln und dessen Auswirkung auf den Menschen ist der Glaube. Im Anschluß an Luther (»glaubst du, so hast du!«) hat die altprotestantische Orthodoxie den Glauben als »Greiforgan« (»organon läptikon«) beschrieben. Der Glaube bringt dem Glaubenden das »extra nos« als »pro nobis« ins Herz. Die ostkirchliche orthodoxe Theologie gebraucht in diesem Zusammenhang den für protestantische Ohren mißverständlichen Begriff der »synérgeia«, der aber nicht »Mitwirkung« (»cooperatio«) meint, sondern auf »Beteiligung«, »Mittun« und »Teilhabe« (»metochí«) abhebt.[25] Glaube ist ein ganzheitlicher Lebensbezug zu Gott. Gerade in dem, worin er in Gott gründet und die Gegenwart Gottes selbst darstellt, ist er unanschaulich wie Gott selbst. Gleichwohl realisiert er sich in konkreten Menschen. Er wird sichtbar an seinen Folgen. Doch der Glaube selbst ist weder ein Verhalten noch eine Haltung, so sehr er sich dann in Verhalten und Haltung zeigen wird. Er ist kein »Werk«. Er ist, so hat Karl Barth den Unterschied begrifflich zu fassen versucht, eine »Tat«, die zu vollbringen Gott selbst einem Menschen gewährt.[26] Mißverständlich bleibt auch dies. Glauben zu können, ist Gnade.

---

25. Vgl. dazu K. Chr. Felmy, Orthodoxe Theologie, Da 1990, 133 ff., sowie das Dokument der Neunten Gemeinsamen lutherisch-orthodoxen Kommission, 31.7.-8.8.1998 (Sigtuna, Schweden): Autorität der Kirche und in der Kirche im Licht der Ökumenischen Konzile, C. Heil: Gnade, Rechtfertigung und Synergie.
26. Vgl. KD IV/1, § 63.

(b) Die Wirkung der Rechtfertigung

1. Wie unanschaulich die Rechtfertigung auch sein mag – ihre Auswirkungen sind nicht zu übersehen. Allerdings werden sie in den verschiedenen Konfessionen unterschiedlich wahrgenommen. Die römisch-katholische Theologie baut die Rechtfertigung ohnehin in einen Prozeß des Heil-Werdens ein; die orthodoxe Theologie hat an einer Differenzierung zwischen Ursache und Wirkung von vornherein kaum Interesse. In der reformatorischen Tradition hat sich folgende Terminologie eingebürgert: Die Rechtfertigung ist ein »forensischer« Akt; sie vollzieht sich vor dem (Gerichts-)Forum Gottes. Was vor diesem Forum gilt, darf allein letzte Geltung beanspruchen; es geht ums Ganze, um die letzte Instanz. Die Rechtfertigung erfolgt »imputativ«: Was Gott »zurechnet«, zählt mehr als ein empirischer Eindruck bzw. Ist-Zustand. Erst aufgrund dieser Zurechnung kommt es zu schöpferischer Umwandlung; »Zurechnung« ist also keineswegs mit einem Blick durch eine rosarote Brille zu verwechseln, während faktisch alles beim Alten bleibt. Gottes Urteil konstituiert die allein gültige Ontologie; es kann nicht eine vom Menschen angenommene oder postulierte, etwa gar am Empirischen ausgerichtete Ontologie das Urteil Gottes bestimmen. In der älteren Literatur begegnet die Distinktion zwischen »analytischer« und »synthetischer« Rechtfertigung: Als analytisch wird Rechtfertigung verstanden, wenn sie aufgrund einer Analyse der menschlichen Leistung, als synthetisch, wenn sie aufgrund einer thetischen Setzung Gottes erfolgt. Durch diese – eher unglücklich gewählte – Terminologie soll festgehalten werden, daß das rechtfertigende Urteil Gottes nach Auffassung der Reformation nicht eine vom Menschen vorgegebene Wirklichkeit »analytisch« aufnimmt, sondern seinerseits – »thetisch« – Wirklichkeit setzt. Die Rechtfertigung erweist sich in einem umgreifenden Sinn als »effektiv«: Sie macht den Menschen gerecht im Sinne von Gottes gleichsam eigener Ontologie; nun ist die Entfremdung zwischen Gott und dem Menschen aufgehoben. Sie wird wirksam aber auch im Blick auf die empirische Situation des Gerechtfertigten: Er darf sich vor Gott in Ordnung finden und von daher seine Beziehungen ordnen – zu seinen Mitmenschen, zu seiner Mitwelt und zu sich selbst. Rechtfertigung eröffnet einen Prozeß, der auf das Eschaton zielt, ist also »effektiv« in einem empirischen und in einem transempirischen Sinn. Daß der Glaubende, solange er auf Erden lebt, noch Sünder ist, gefährdet ihn vor Gott nicht. Es braucht nicht verdrängt zu werden, sondern verweist den Sünder immer wieder an den ihn rechtfertigenden Gott. Das meint die Formel, der Gerechtfertigte sei »gerecht und Sünder zugleich« (»simul iustus et peccator«). Sie hält fest, daß Glaubende zeitlebens auf Gottes Vergebung angewiesen bleiben. Sie können die Bitte des Vaterunsers nicht überspringen: »Vergib uns unsere Schuld ...« Mißverständlich an dieser Formel ist das scheinbare Gleichgewicht von »Gerechtigkeit« und »Sünde«. Denn die Rechtfertigung befreit den Glaubenden ja gerade dazu, sich sachlich mit den Implikationen seines Entfremdet-Seins und seines destruktiven Verhaltens auseinanderzusetzen und sich einem Prozeß der Erneuerung anzuvertrauen.

2. Die Rechtfertigungslehre ist, was ihre empirische Seite angeht, bei Zuhilfenahme psychologischer Verstehensmuster selbst in ihrer klassischen Gestalt nicht schlechthin unverständlich oder unnachvollziehbar. Der Mensch, der die Rechtfertigung vor Gott für überflüssig hält, gerät unter den Legitimationsdruck anderer Instanzen. Für eine Neuinterpretation müssen jedoch folgende Kriterien berücksichtigt werden:

- Die Doktrinalisierung der Rechtfertigungsbotschaft ist zu minimieren; die »Lehre« dient der »Botschaft«, die ihrerseits auf die Subtilitäten der Reflexion und selbst auf die gewohnte Terminologie verzichten muß (wie denn Luther in seinen Katechismen auf den Begriff der »Rechtfertigung« verzichten konnte).
- Tendenzen zu Mechanisierung und Fixierung (wie z. B. die allsonntägliche allgemeine Beichte mit anschließender allgemeiner Absolutionsformel) sind zu vermeiden. Statt dessen gilt es, die Rechtfertigungsbotschaft zu situieren und zu dynamisieren, d. h. sie als Basis für Lebensvorgänge zu entdecken und fruchtbar zu machen.
- Sie ist dem Gesamtzusammenhang christlicher Existenz einzuordnen; Rechtfertigung begründet Erneuerung des Lebens inmitten der christlichen Gemeinde und zum Wohl der Gesellschaft und der Mitwelt.[27]

(4) Moderne Fassungen der Rechtfertigungslehre

In ihrer klassischen Fassung überzeugte die reformatorische Rechtfertigungslehre unter der Voraussetzung, daß die Menschen nach dem Heil fragten, sich durch das Gesetz beunruhigen ließen und das Jüngste Gericht vor Augen hatten. Zusätzliche Durchschlagskraft verschaffte ihr das Bedürfnis, sich von dem spätmittelalterlichen kirchlichen System zu emanzipieren, das sich diese Situation zunutze machte, um seine eigene Unersetzlichkeit nachzuweisen und Menschen in Abhängigkeit zu halten. Viele der damals gegebenen Voraussetzungen gelten jedoch für den neuzeitlichen Menschen nicht mehr. Wie läßt sich die Rechtfertigungsbotschaft unter heutigen Bedingungen als ein froh und frei machendes Angebot Gottes artikulieren?

1. Man kann versuchen, der Rechtfertigungslehre eine andere Zuspitzung zu geben. Man interpretiert sie beispielsweise als Paradigma, an dem deutlich wird, wie Gott überhaupt mit Wirklichkeit umgeht. In Analogie zur Schöpfung

---

27. Die altprotestantische Orthodoxie versucht etwas davon auszudrücken durch ihre Rede »De gratia Spiritus sancti applicatrice« (nämlich »fides, iustificatio, vocatio, illuminatio, regeneratio et conversio, unio mystica, renovatio«); vgl. H. Schmid, Die Dogmatik der evangelisch-lutherischen Kirche dargestellt und aus den Quellen belegt. Neu hg. und durchgesehen von H. G. Pöhlmann, Gü ⁹1979, 261 ff.

aus dem Nichts konstituiert Gott die Wirklichkeit des neuen Menschen. Die theologisch in Geltung stehende Ontologie ist begründet durch Gottes schöpferisches Konstituieren. Was vor ihm »gilt«, hat die eigentliche ontologische Dignität – nicht das, was nach dem Urteil des Menschen »ist«. Rechtfertigung ist damit nicht mehr nur eine theologische Spezialtheorie; sie kann nicht auf Anthropologie oder Soteriologie begrenzt werden, sondern gehört, so gesehen, in den Bereich der Prolegomena. Gott konstituiert Wirklichkeit – ein Spezialfall solchen göttlichen gnadenhaften Konstituierens ist die Wirklichkeit des gerechtfertigten Menschen.[28] Die hier gesehenen Zusammenhänge bleiben wichtig. Doch droht die Rechtfertigungslehre bei diesem Verständnis zu einer philosophischen Theorie zu werden. Ihre Pointe läuft Gefahr, von der im Evangelium begründeten Soteriologie auf eine allgemeine philosophische Ontologie hin verschoben zu werden.

2. Man kann versuchen, der Rechtfertigungslehre ein anderes Bezugsfeld zu geben. Diesen Versuch hat beispielsweise Paul Tillich unternommen, indem er sie nicht mehr auf die Sünde ganz allgemein, sondern auf den Zweifel bezog und auch diesen nicht als Sünde interpretierte.[29] Der Zweifel selbst wird vielmehr als Ausdruck des Glaubens verstanden; er entspringt ja der Suche nach der Wahrheit und ist insofern als solcher gerechtfertigt. Nun gehört der Zweifel auch für Luther zu dem, was dem rechtfertigenden Gott anvertraut werden darf. Aber bei Tillichs Ansatz droht sich doch die Rechtfertigung zu einem abstrakten philosophischen Prinzip zu verselbständigen und ihre Begründung in Christus zu verlieren.

3. Eine dritte Möglichkeit besteht darin, nach dem Selbstverständnis des Menschen zu fragen, dem die Rechtfertigung gilt: Es ist der Mensch, der einerseits zu Selbstüberhebung, andererseits zu Niedergeschlagenheit und Verzweiflung tendiert. Er sorgt sich um sich selbst; er möchte – auch moralisch – etwas leisten, fühlt und weiß sich aber zugleich unfrei. Die Rechtfertigung eröffnet ihm ein neues Selbst- und Weltverhältnis; nun findet er eine neue Lebensorientierung. Er ist nicht mehr darauf angewiesen, sich zu profilieren und in Szene zu setzen; nun steht er den Gütern der Welt, ihren Leiden und selbst dem Tod frei und unabhängig gegenüber, weil er in Christus zu einer neuen Kreatur geworden ist.[30] Diese Interpretation befindet sich gewiß in der Fluchtlinie der reformatorischen Auffassung. Allerdings bleibt zu fragen, ob auf diese Weise die sozialen und politischen Implikationen der Rechtfertigungslehre angemessen erfaßt werden können. Worin ginge dieses Rechtfertigungsverständnis über die Haltung der Stoa bzw. des Idealismus hinaus?

4. In gewisser Weise läßt sich die Rechtfertigungslehre nicht nur von ihrer

---

28. Vgl. W. Härle/E. Herms, Rechtfertigung. Das Wirklichkeitsverständnis des christlichen Glaubens, Gö 1979.
29. P. Tillich, GW VIII, 85 ff.
30. Vgl R. Bultmann, Gnade und Freiheit, in: GV II, 149-161; ders., Christus des Gesetzes Ende, in: GV II, 32-58; ders., Theologie des Neuen Testaments, Tü 1958, 271-353.

Begründung, sondern auch von ihrer Wirkung her plausibel machen. Sie macht den Menschen frei zum Handeln! Nun kann er guten Gewissens Verantwortung übernehmen und angstfrei seine Entscheidungen treffen. Nach Friedrich Gogarten wird der Glaubende zum »Sohn« eingesetzt und damit ermächtigt, seine »Sohnschaft« wahrzunehmen und auszuüben. Er bejaht den sachlichen säkularen Umgang mit der Welt, denn er verfügt über die ihm von Gott zugesprochene Freiheit, Leben zu gestalten. Sobald er die Begründung seiner Freiheit jedoch vergißt, verfällt er einem destruktiven Säkularismus.[31] Die Folgen einer so verstandenen Rechtfertigung sind feilich heute angesichts z. B. der ökologischen Krise umstritten; im übrigen macht der Verweis auf möglicherweise positive Auswirkungen die Begründung nicht überflüssig – sie ist aber auch bei dem hier vorgetragenen Ansatz für den neuzeitlichen Menschen nicht leichter nachvollziehbar als in ihrer klassischen Fassung.

5. Die vielfältigen Auslegungs- und Anwendungsmöglichkeiten der Rechtfertigungsbotschaft müssen nicht als Verlegenheit begriffen werden. Sie zeigen vielmehr an, daß die Botschaft von der Rechtfertigung immer neu situiert und akzentuiert werden kann und muß. Sie leidet in ihrer klassischen Fassung an einer doppelten Engführung. Theologisch enggeführt ist sie, sofern sie in einer isolierten Weise christologisch zugespitzt und nicht trinitarisch entfaltet wurde. Auf diese Weise legten sich auch immer wieder unsachgemäße einseitige theistische Denkmodelle nahe: Es rechtfertigt der zornige, aber dann auch wieder gnädige, der zu versöhnende, aber dann letztendlich doch in eigener Initiative versöhnende Gott. Das Rechtfertigungsgeschehen muß als trinitarisches Geschehen begriffen werden. Der Schöpfer wirkt im Versöhner durch den Heiligen Geist – der eine dreieine Gott wendet sich in der ganzen Fülle seiner Gottheit dem Sünder zu.

Eine anthropologische Engführung liegt insofern vor, als sich alles auf die Bewältigung der Sünde des Menschen konzentriert. Es geht aber um den ganzen Menschen in seiner gesamten psychosomatischen Konstitution und in allen seinen Beziehungen. Man kann das unter dem Begriff der Sünde subsumieren, muß es dann aber bei der Rede von der Vergebung wieder in die volle Breite menschlicher Wirklichkeit überführen, damit wirklich deutlich wird, daß Rechtfertigung die umfassende Erlösung des Menschen impliziert. In gewisser Weise versucht dies Paul Tillich, indem er von der Partizipation am Neuen Sein spricht. Ihm geht es um das Erfaßtwerden von der Macht der Erlösung. Erlösung versteht er als Teilnahme am Neuen Sein (Wiedergeburt), Annahme des Neuen Seins (Rechtfertigung) und Umwandlung durch das Neue Sein (Heiligung). Er beschreibt die Erlösung somit als einen therapeutischen Prozeß, der in dem Mut kulminiert, sich selbst zu bejahen, auch ohne einer bejahenden Instanz gewahr zu werden.[32]

31. Fr. Gogarten, Der Mensch zwischen Gott und Welt, St [4]1967, 134-216; ders., Verhängnis und Hoffnung der Neuzeit, St 1953.
32. Vgl. P. Tillich, ST II, 189-194; III, 254-279; aus reformatorischer Sicht ist kritisch anzumer-

6. Die Rechtfertigungsbotschaft läßt sich nicht funktionalisieren; trotzdem darf angemerkt werden, welche Funktion sie tatsächlich haben kann und was sie leistet.

a. Sie ermutigt zur Emanzipation gegenüber falschen Autoritäten, mögen diese in gesellschaftlichem oder religiösem Gewand erscheinen oder psychisch internalisiert sein: Es rechtfertigt den Menschen niemand und nichts als Gott allein!

b. Sie ermöglicht Realitätsgewinn: Die Rechtfertigungsbotschaft befähigt dazu, Wirklichkeit auszuhalten, nichts zu verdrängen oder zu beschönigen, nicht in eine »heile Welt« zu flüchten, sondern Anfechtung und Zweifel, Versagen und Schuld zu akzeptieren.

c. Sie schafft Entlastung: Der psychische Druck, den die Sorge um das eigene Wohl und Heil (oder um die Zukunft der Kirche und der Welt) auslöst und der sogar auch somatische Auswirkungen haben kann, vermindert sich. Der Mensch geht sozusagen »sich selbst nichts« mehr »an«.

d. Sie führt zu Authentizität: Die Rechtfertigung ermutigt den Menschen, lebendig zu sein, wie Gott ihn geschaffen hat und zur Entfaltung führen will. Sie stellt insofern die Basis aller sachgemäßen, gottgewollten Selbstverwirklichung dar.[33]

e. Sie macht den Menschen durch Emanzipation, Realitätsgewinn, Entlastung und Vermittlung von Authentizität handlungsfähig. Er braucht sich vor Fehlentscheidungen und Fehlverhalten nicht mehr zu fürchten. Ihre Quintessenz bringt Luther in seinem Brief an Melanchthon vom 1.8.1521 zum Ausdruck: »Sündige tapfer, aber noch tapferer vertraue und freue dich in Christus, der über Sünde, Tod und Teufel Sieger ist!«[34]

---

ken, daß es sich hier eher um eine analytische als um eine synthetische Konzeption handelt.

33. H.-M. Barth, Wie ein Segel sich entfalten. Selbstverwirklichung und christliche Existenz, M 1979.

34. »Esto peccator et pecca fortiter, sed fortius fide et gaude in Christo, qui victor est peccati, mortis et mundi«; WABr 2, 370-373; vgl. dazu H.-M. Barth, »Pecca fortiter, sed fortius fide ...« Martin Luther als Seelsorger, in: EvTh 44 (1984), 12-25.

B Erlösung und Heil im Verständnis nichtchristlicher Religionen

(1) Der Weg zum Heil nach jüdischem Verständnis

(a) Die Diesseitigkeit des Heils

Dem jüdischen Denken ist der Begriff »Erlösung« von der Hebräischen Bibel (Deuterojesaja!) her vertraut; er nimmt dort jedoch eine spezifische Färbung an. Was man im Judentum über Erlösung denkt, hat seine Wurzeln in der Erfahrung Israels von der Befreiung aus der Knechtschaft in Ägypten. »Heil« – ›shalom‹ – bezeichnet vorrangig einen irdischen Zustand. Es geht also zunächst einmal um konkrete irdische, diesseitige Befreiung, die erfahren wurde und dadurch Erwartungen für die Zukunft freisetzte. »Unser Leben hat sein Diesseits, seinen bindenden Erdenplatz, und es hat sein Jenseits, einen erlösenden Zug zum Ewigen (sc. zu Gott) hin.«[35] Erlösungs-Hoffnung richtet sich vorrangig auf die Geschichte, später auch auf deren Ende. Deswegen hat sie im Judentum immer wieder eine apokalyptische Gestalt angenommen. Nicht die Hoffnung des einzelnen auf Erlösung stand im Mittelpunkt, sondern die Erlösung Israels. Von hier aus kann dann der einzelne seine Hoffnung gewinnen: Er wird fortleben »in der Gesamtheit Israels.« Das Volk Israel »wird als unsterblich angesehen und der Einzelne, dessen Seele eingebunden sein soll in den Bund des Lebens, wie die liturgische Formel hier lautet, ist als Teil des Volksganzen mit in solche Unsterblichkeit einbezogen, wobei allerdings die Frage des individuellen Bewußtseins ausgeklammert bleibt.«[36] Diese höchst irdische Hoffnung auf Erlösung hat im Zionismus neue Nahrung gefunden und in gewisser Weise im Marxismus sich säkular artikuliert. Von hier aus wird auch der im Judentum oft begegnende Einwand gegen die christliche Erlösungshoffnung verständlich: »Nach dem Opfergang von Golgatha haben sich die Strukturen der Welt nicht verändert.«[37] Gerade angesichts der schrecklichen Leiden, welche den Juden durch – jedenfalls formal – dem Christentum angehörige Menschen zugefügt wurden, wird die Feststellung Martin Bubers verständlich: »Der Jude spürt die Unerlöstheit an seiner Haut, schmeckt sie mit seiner Zunge, die Last der unerlösten Welt liegt auf ihm«.[38]

---

35. L. Baeck ³1985, 165.
36. Sch. Ben-Chorin 1975, 309.
37. Ebd. 1975, 285.
38. Der Jude und sein Judentum, Köln 1963, 206 – zitiert nach LR 252.

(b) Der Weg der Gebote

Für den praktizierenden Juden geht es in allererster Linie um »die Heiligung des ganzen Daseins dadurch, daß Gott im menschlichen Tun sichtbar wird in der Welt«.[39] »Ihr sollt heilig werden, denn heilig bin Ich, euer Gott« (Lev 19,2). »Ihm Eurem Gott gehet nach« (Dtn 13,5) – das »schließt den Menschen an Gott an«.[40] Die gute Tat wird zum Zeugnis für Gott in der Welt; deswegen soll auf sittlichem Gebiet »jeder ein Genie sein«.[41] Gute Taten sind wichtiger als jedes Wissen und jede Lehre. »Wer Gott durch die nie beendete gute Tat erkennt und anerkennt, der hat den Weg zum Reich Gottes«.[42] Daß Gott Israel seine Gebote wissen läßt, ist selbst schon ein Moment der Erlösung: »Gesegnet seist du, Ewiger, unser Gott, König der Welt, der uns geheiligt hat durch seine Gebote und uns geboten hat …«[43] Die Gebote dienen dem Menschen zur Läuterung und zur Vertiefung seines Gottesverhältnisses. Es geht also gerade nicht, wie es die christliche antijüdische Polemik immer wieder behauptet hat, um ein »pharisäisches« Verdienstdenken oder um »Werkgerechtigkeit«. Manche entsprechende Wendungen klingen in diesem Sinne freilich höchst mißverständlich. So wird von Rabbi Chanina der Satz überliefert: »Wenn ihr die Gebote Gottes beobachtet und vollbringt, so ist es, als vollbringet ihr euch selbst, als schaffet ihr euch selber«.[44] In der sittlichen Tat wirkt der Mensch ein Ewiges, unternimmt er einen ersten Schritt auf dem Weg, der über die Grenzen seines Erdendaseins hinausführt: »Der Mensch schafft ewiges Leben … Vor dem ewigen Leben steht das Wort: Ich bin der Ewige, dein Gott, du sollst – Geheimnis und Gebot in einem.«[45] Ein Mensch kann auf diese Weise zum Mitschöpfer am Leben seines Mitmenschen werden »und damit wie ein Erlöser«.[46] Im »Knecht des Ewigen«, der für andere Menschen leidet (Jes 53), erkennt Israel sich selbst.[47] Aus dieser Perspektive erscheint die christliche Erlösungshoffnung als egoistischer Glaube: »Wo ›Gott und die Seele, und nichts weiter‹, um mit Augustin zu sprechen, den ganzen und eigentlichen Inhalt der Religion bedeuten soll, dort ist die Religion bloße Erlösungsreligion, nur diese in ihrem Grunde selbstische Religion dessen, der allein sein Ich und seinen Erlöser kennt, nur mit der Sorge für seine Seele und ihre Rettung befaßt ist.«[48] Das Judentum hat »die Fülle der Gebote gesucht,

---

39. LRG 889.
40. Ebd.
41. L. Baeck, ³1985, 169.
42. Ebd. 272.
43. Zitiert nach LRG 889.
44. Zitiert nach L. Baeck ³1985, 187.
45. L. Baeck, ³1985, 205.
46. Ebd. 244.
47. Ebd. 277.
48. Ebd. 214. Man hat freilich zu bedenken, daß L. Baeck in Reaktion auf A. von Harnacks »Wesen des Christentums« urteilt.

aber die Sakramente und ihre Mysterien abgelehnt«.[49] Ein »reiner Glaubensakt, der das Tor zur Erlösung öffnet«, ist dem Judentum »fremd«.[50]

(c) Die Gnade der Umkehr

Neben der Tora wird die Möglichkeit der Umkehr *(teschuba)* als die große Gabe Gottes an das Judentum empfunden. »Kehre um einen Tag vor deinem Tod!«[51] Auf die Frage, ob denn der Mensch wissen könne, an welchem Tag er sterben werde, antwortet Rabbi Elieser: »Um so mehr muß er heute umkehren, vielleicht stirbt er morgen; es ergibt sich also, daß er alle seine Tage in Umkehr verbringt«.[52] Die Möglichkeit der *teschuba* schenkt dem Menschen jeden Tag die Gnade eines neuen Anfangs, der Rückkehr zum Ursprung, »zum Reinen, zum Schöpferischen, zu sich selbst«.[53] Rabbi Jakob befand: »Mehr ist eine Stunde in Umkehr und guten Taten in dieser Welt als alles Leben der kommenden Welt«.[54] Ohne auf einen Mittler oder ein anderwärts vollzogenes Heil zurückgreifen zu können, kehrt der fromme Jude immer wieder zum Anfang seiner Möglichkeiten, zu Gott, zurück. Mag das Opfer, solange der Tempel bestand, sühnende Wirkung gehabt haben – schon an der Opferkritik, wie sie von den Propheten immer wieder ausgesprochen wurde, wird deutlich, daß Umkehr mehr wiegt als alles Opfer. Juden wissen: »Der Weg bleibt immer, der, der dem Menschen gegeben, und der, der von ihm gefordert ist«, ebenso, wie der »Bund« ewig bestehen bleibt.[55] Das Paradox der Situation wurde von einem mittelalterlichen jüdischen Dichter in die Wendung gekleidet: »Ich fliehe vor dir zu dir«.[56]

(d) Versöhnung mit Gott und Versöhnung mit den Menschen

Das Judentum legt stärksten Wert darauf, daß sich die Versöhnung mit Gott nicht allein im Bewußtsein des Menschen vollziehen kann, ohne daß es zugleich zu einer Versöhnung mit den Mitmenschen kommt. Nur auf diese Weise wird Versöhnung wirklich erlebbar. Die Vorschriften zur Feier des Versöhnungstags beschreiben die Versöhnung mit dem Nächsten als konstitutiv für die Versöhnung mit Gott. Es wird nicht als problematisch empfunden, daß dabei in der Schwebe bleibt, wo das Versöhnungsgeschehen seinen Ausgang nimmt, bei Gott

---

49. L. Baeck ³1985, 5.
50. LRG 195.
51. Mischna Avot II, 10.
52. Zitiert nach LRG 115.
53. L. Baeck ³1985, 257.
54. Zitiert nach L. Baeck ³1985, 206.
55. L. Baeck ³1985, 179.
56. Ebd. ³1985, 181.

oder bei den Menschen. Einerseits gilt: Die Sünde ist »unsere Sünde, wir haben sie begangen, und wir können umkehren«.[57] Andererseits ist trotz der Verantwortung des Menschen für seine Umkehr weiterhin die Bitte notwendig, wie sie im Achtzehn-Bitten-Gebet von frommen Juden dreimal täglich ausgesprochen wird: »Regiere über uns du, Ewiger, allein in Gnade und Erbarmen und rechtfertige uns im Gericht«.[58] Nach einer Formulierung im Midrasch sagen die Frommen zu Gott: »Herr der Welt! deine Sache ist es, daß du uns zurückführst. Nein, sprach Gott zu ihnen, eure Sache ist's, den Anfang zu machen ...«.[59] Die Chassidim fragten: »Auf wen wartet der Messias?« Antwort: »Auf dich!«[60] Das Judentum versteht sich als eine Religion aktiver Versöhnung – in klarer Ablehnung der im Christentum begegnenden Erlösungsvorstellungen, die als unzureichend beurteilt werden.

(2) Der Heilsweg nach islamischem Verständnis

Im Blick auf den Islam ist bereits der Begriff »Heil« mißverständlich, da er in bewußter Abgrenzung gegen das Christentum gewöhnlich vermieden wird. Auch der Begriff »Erlösung« ist Muslimen, weil christlich geprägt, verdächtig, sofern man nicht »Islam« selbst als »Heil, Errettung und Frieden« interpretiert.[61] Dialektisch formuliert, kann man sagen: »Gott schreibt sich selbst die Gnade vor, und jeder Mensch ist für sich selbst verantwortlich.«[62]

(a) Die Eigenverantwortlichkeit des Menschen

Der Islam lehnt die christliche Vorstellung von der »Erbsünde« ab und hält den Menschen grundsätzlich für fähig, ohne fremde Hilfe das Ziel seines Lebens zu erreichen. Muslimische Autoren sprechen denn auch unbefangen von »Selbsterlösung«.[63] Der Muslim weiß, was Allah von ihm fordert. »Und dies ist mein Weg, er ist gerade. Folgt ihm. Und folgt nicht den verschiedenen Wegen, daß sie euch nicht in verschiedene Richtungen von seinem Weg wegführen. Dies hat Er euch aufgetragen, auf daß ihr gottesfürchtig werdet« (Sure 6,153). Insofern läßt sich sagen: »Dieser Gehorsam ist der Heilsweg der Muslime.«[64] Er realisiert sich

---

57. L. Baeck [3]1985, 179.
58. XI. Benediktion; zitiert nach LRG 891.
59. Zitiert nach LRG 118.
60. Sch. Ben-Chorin, 1975, 297.
61. Vgl. LRG 467.
62. So S. Balić in LRG 204.
63. Vgl. LRG 467.
64. A. Th. Khoury in: ders./Hünermann 1985, 98.

zunächst in der Erfüllung der klassischen religiösen Pflichten des Muslim, im Glaubensbekenntnis, dem rituellen Gebet, dem Fasten, den Almosen bzw. der Sozialabgabe und der Wallfahrt nach Mekka. Aber auch die Gestaltung des Alltags und des Familienlebens gehört natürlich hierher, so z. B. die Pflicht zur Heirat (Sure 24,32). Die ernsthafte Bemühung um Gehorsam nimmt die Form des »heiligen Kriegs« *(djihad)* an, der sowohl als innerer Vorgang wie auch als äußerer Kampf verstanden werden und dann bis zum Martyrium führen kann. Insgesamt gilt es für den Muslim, sich der Rechtleitung Allahs anzuvertrauen. Deswegen betet er täglich mehrmals in der Fatiha: »Führe uns den geraden Weg, den Weg derer, die Du begnadet hast, die nicht dem Zorn verfallen und nicht irregehen« (Sure 1,6 f.). Die von Allah ausgehende Ermahnung ist zugleich »eine Heilung für euer Inneres, eine Rechtleitung und Barmherzigkeit für die Gläubigen« (Sure 10,57). Der arabische Begriff für »Gesetz« (Sharia) bedeutet einerseits »Weisung«, andererseits »Weg zur Tränke«![65]

(b) Die Vergebungsbereitschaft Gottes

Immer wieder wird im Koran darauf hingewiesen: »Gott ist voller Vergebung und barmherzig« (z. B. Sure 3,31). Nach dem Sündenfall kehrt nicht etwa der Mensch zu Gott, sondern Gott zum Menschen um: »Er wandte sich ihm zu und leitete (ihn) recht« (Sure 20,122).[66] Vertrauensvoll kann der Muslim bitten: »Unser Herr, vergib uns unsere Sünden und sühne uns unsere Missetaten!« (Sure 3,193). Hans Zirker macht darauf aufmerksam, daß der Wortlaut »Vergib uns unsere Sünden« »völlig identisch« ist mit der arabischen Übersetzung von Mt 6,12.[67] Trotzdem hat der Gläubige keinen Anspruch auf die Vergebung, denn Gott vergibt, wem er will (Sure 2,284; 3,129). Er fühlt sich »vor der göttlichen Strafe recht sicher«[68], obwohl eine völlige Heilsgewißheit nicht zu erreichen ist. Es gibt eine Reihe von Sünden, die, je nach ihrer Schwere, gesühnt werden müssen und für die auch spezielle Bußleistungen vorgesehen sind: Eidbruch, Diskriminierung der Ehefrau, Fastenbrechen, Tötungsdelikte. Die Sühnegabe heißt »*kaffara*« – das die Sünde »Bedeckende« (derselbe Wortstamm wie »*kippur*«). Einige Sünden schließlich sind unvergebbar: der Abfall vom Glauben[69], Heuchelei und vor allem die »Beigesellung«, die Verehrung anderer Gottheiten neben Allah. Grundsätzlich jedoch erwartet der Muslim, daß Allah seine Reue annehmen wird. Auch Krankheit kann als Läuterungsprozeß verstanden werden. Insgesamt gilt: »Die guten Taten vertreiben die Missetaten … Gott läßt den Lohn der Rechtschaffenen nicht verlorengehen« (Sure 11,114 f.).

---

65. H. Zirker, 1993, 103.
66. Beobachtung von H. Zirker, 1993, 100.
67. H. Zirker 1993, 99, Anmerkung 27.
68. LRG 204.
69. Anweisung Muhammads: »Wer seine Religion wechselt, den tötet.« (nach A. Th. Khoury in: ders., Hünermann 1985, 101).

(c) Der Heilsweg der Sufis

Von den Orthodoxen beargwöhnt, haben die Sufis eigene Vorstellungen vom Heil und vom Weg dahin entwickelt. Zwar ist die Nähe zu Allah, die sie suchen, auch für sie zunächst »eine ethische Nähe, die durch die Erfüllung von Gottes Geboten zustandekommt«.[70] Der Wille des Geliebten will im Gehorsam angenommen werden; das geht bis zum mystischen Verzicht, der »resignatio«:

> »Ich wünscht' Vereinigung mit Ihm,
> und Er wünscht sich die Trennung –
> So geb ich auf, was ich gewünscht,
> daß Sein Wunsch sich erfülle.«[71]

Die Grundstimmung ist jedoch die Liebe, die zum »Entwerden« *(fana)* und zum »Bleiben in Gott« *(baqa)* führt. In dieser Liebe wirken Allah und der Gläubige zusammen; denn »vier Zweige« hat die Liebe: »... einen von Ihm, das ist Seine Gnade, einen von dir, das ist, Ihm zu gehorchen, einen für Ihn, das ist dein Seingedenken und einen zwischen beiden, und das ist die Liebe«.[72] Diese Stimmen dürfen jedoch nicht als für den gesamten Islam repräsentativ gelten.

(d) Die Ablehnung vermittelter Erlösung

Hans Zirker stellt seine einschlägigen Beobachtungen unter die Überschrift »Wegleitung Gottes – keine ›Erlösung‹« und beginnt seine Erörterungen mit der Unterüberschrift »Die globale Abwehr einer ›Erlösungs‹theologie«.[73] Er weist darauf hin, daß der Islam sich nicht nur formal gegen das christliche Verständnis Jesu Christi als »Gottes Sohn« und trinitarische Person richte, sondern zugleich und vor allem inhaltlich »gegen das Verständnis der Offenbarung Gottes als Erlösung«.[74] Da die Sünde im Islam anders eingeschätzt wird, »fehlt die Idee der Erlösung davon gänzlich«.[75] Zugleich wird der Gedanke der Stellvertretung abgelehnt: »Und keine Last tragende (Seele) trägt die Last einer anderen« (Sure 39,7) – ein Satz, der in der modernen islamischen Literatur explizit gegen den christlichen Erlösungsglauben zur Geltung gebracht wird.[76] »O ihr Menschen, fürchtet euren Herrn und habt Angst vor einem Tag, an dem weder der Vater etwas für sein Kind begleichen kann, noch das Kind für seinen Vater etwas begleichen kann.«[77] Die im Volksglauben verankerte Vorstellung einer

---

70. A. Schimmel [2]1992, 194.
71. Al-Ghazzali nach A. Schimmel [2]1992, 197.
72. Bayezid nach A. Schimmel [2]1992, 193.
73. H. Zirker, 1993, 92.
74. Ebd.
75. A. Falaturi, zitiert nach H. Zirker 1993, 93.
76. H. Zirker 1993, 97.
77. Sure 31,33.

Erlösung

möglichen Fürbitte Muhammads beim Gericht oder der in der Schia vertretene Gedanke, die Märtyrer und insbesondere Husain, der im Jahr 680 getötete Enkel Muhammads, kämen als Fürbitter infrage, fällt demgegenüber nicht ins Gewicht. Die biblischen Aussagen zu einer stellvertretenden Erlösung werden als Fälschung – vor allem des Paulus – interpretiert. Die christliche Rede vom Leiden Gottes in Jesus Christus kommt als Diskriminierung Gottes zu stehen: »Die Vorstellung der Christen, daß sich Gott so tief erniedrige, daß er sich von seinen Feinden, vom gemeinsten Pöbel verhöhnen, verspotten und mißhandeln lasse wie ein Schwachsinniger oder wie ein Narr, und daß er schließlich den schandvollsten und qualvollsten Tod erleidet wie ein Verbrecher zwischen zwei richtigen Verbrechern, ist eine unerhörte Schmach, die man der göttlichen Majestät antut ...«[78]

(3) Hinduistische Heilswege

Die hinduistischen Heilsvorstellungen haben sich im Lauf der Geschichte erheblich gewandelt und ausdifferenziert. Zur Zeit der Veden wurden irdisches Wohlergehen und eine von den irdischen Einschränkungen befreite Existenz im »Himmel« unter der Herrschaft des Gottes Indra als erstrebenswerte Heilsgüter betrachtet. Mit den Upanishaden meldet sich dann die für die weitere Entwicklung im Hinduismus charakteristische Tendenz, das Eine hinter dessen vielfältigen Ausprägungen zu suchen und auf diese Weise dem Kreislauf der Geburten zu entkommen. In der Bhagavadgita sammeln sich verschiedene in den hinduistischen Traditionen genannte Heilswege *(Karma-, Bhakti-, Jnanamarga)*. Dem Vedanta geht es dann im wesentlichen um die Überwindung der Dualität.

(a) Befreiung aus dem Kreislauf der Geburten

Das Stichwort für die hinduistischen Erlösungsvorstellungen heißt »*moksha*«, abgeleitet von dem entsprechenden Begriff für »befreien«. Wichtig ist es, sich klarzumachen, daß hier nicht eine individuelle »Seele« von irdischen Übeln befreit werden und schließlich in himmlischer Seligkeit fortleben soll. Das zentrale Anliegen besteht vielmehr darin, wie der empirische Mensch gleichsam »sich selber los« wird und auf diese Weise dem andernfalls nicht endenden Kreislauf der Geburten entkommt.

Der Hinduismus bietet dazu drei Yoga-Wege an. Yoga, verwandt mit dem

---

78. So ein muslimischer Theologe des 13. Jh.s nach H. Zirker 1993, 112 /H. Stieglecker, ²1983, 315.

deutschen Wort »Joch«, meint dabei das »Anschirren an Gott«.[79] Die Verbindung mit dem Einen kann gewonnen werden durch Erkenntnis *(jnana)*, Handeln *(karma)* oder liebende Hingabe *(bhakti)*. Bei der Erkenntnis geht es darum, die Wahrheit im eigenen Selbst zu erkennen. Das Handeln findet sein Ziel, wenn es nicht mehr nach Frucht und Ergebnis fragt; nur so bleibt es »ohne Schatten«[80] und bindet den Menschen nicht erneut in den Geburtenkreislauf hinein. Die Liebe besteht in der völligen Hingabe des Gläubigen an die Gottheit, die ihn auffordert: »Laß mich dein Denken sein! Laß mich dein Lieben sein! Laß mich dein Opfern sein! Huldige mir! Dann – so wisse – wirst du zu mir gelangen, weil du mir teuer bist …«.[81] Die Befreiung kann sowohl theistisch als auch nicht-theistisch gedacht werden. Im Vaishnavismus wendet sich der Gläubige an Vishnu, der von Zeit zu Zeit sich in Menschen und Tieren gleichsam inkarniert, um hilfreich tätig zu werden. Er überläßt sich dem Wirken der Gottheit, wie sich das Katzenjunge vom Maul des Muttertiers tragen läßt – so die »Katzenschule« – oder er klammert sich an die Gottheit, wie sich ein Äffchen an den Hals der Mutter klammert – so die »Affenschule«. Selbst- und Fremderlösung werden nicht als Gegensätze empfunden. Die Vielfalt der angebotenen Heilswege entspricht der Unterschiedlichkeit der Menschen. Alle genannte Wege führen zum Ziel, ja gelten als im Grunde eins.

(b) Die Überwindung der Dualität

Die entscheidende Erkenntnis, die zur Befreiung aus dem Kreislauf der Geburten führt, besteht darin, daß das letzte und innerste Prinzip, das das Leben eines Menschen trägt, eins ist mit dem letzten und innersten Prinzip aller Wirklichkeit überhaupt. Atman, das »Selbst«, erweist sich einem Menschen in visionärer Schau als identisch mit Brahman. Das »Selbst« wird dabei natürlich nicht als identisch mit dem empirischen Ich aufgefaßt, doch von diesem auch nicht getrennt gesehen: Auch der Körper ist »Atman und ebenso das Denken, und diese Mitte meiner selbst, wo ich mich als Ich ausspreche, ist Atman.«[82] Atman ist »gleichsam die transzendente Dimension, die in, mit und unter dem Empirischen erfahren wird als dessen Grund.«[83] Die gesamte Wirklichkeit hat Brahman als ihr innerstes Prinzip. Dem Erkennenden geht auf: »Das bist du« – »*tat tvam asi*«.[84]

»Ihn erkenne ich als meinen Atman,
das unsterbliche Brahman, und werde selbst unsterblich.

79. R. A. Mall 1997, 51.
80. Ebd. 54.
81. Zitiert nach R. A. Mall 1997, 141. Vgl. zum Ganzen ebd. 51-61, 135-143.
82. H. Le Saux ²1994, 128.
83. M. von Brück ²1987, 108.
84. Vgl. Chandogya Up. VI; Upanishaden (B. Bäumer M 1994) 184.

Die ihn als den Atem des Atems, als Auge des Auges,
als Gehör des Ohres, als Denken des Denkens kennen,
sie haben das Brahman, das Alte, Ursprüngliche erfahren.«[85]

Der Mensch hat dabei nichts verloren »außer einem Schein-Ich, das er ablegt wie die Schlange ihre alte Haut.«[86] Dies ist jedoch nicht ein Zustand, der erst nach dem Tode einsetzt. Es geht »nicht um die Erwartung eines anderen Lebens nach unserer zeitlichen Existenz, sondern um ein Eintauchen in das wahre, volle, unsterbliche Leben hier und jetzt.«[87] Der solchermaßen Erlöste verbleibt »noch bis zur Erschöpfung seines in Realisation begriffenen Karma dem irdischen Dasein verhaftet«; sein irdisches Leben schwingt aus wie ein Töpferrad, das keine neuen Anstöße mehr erhält.[88] »Solange Zweiheit besteht, sieht einer den anderen, riecht einer den anderen, ... hört einer den anderen, erkennt einer den anderen. Wenn aber alles sein eigenes Selbst geworden ist, wodurch und wen würde er dann sehen ..., riechen ..., hören, erkennen? ... Dieser Atman ist nicht so, nicht so, neti neti ...«[89] Die Spaltung von Subjekt und Objekt ist überwunden. Im Honig können sich die einzelnen »Säfte« nicht mehr voneinander unterscheiden: »›Ich bin der Saft von diesem Baum, ich bin der Saft von jenem Baum‹, ebenso, mein Lieber, wenn alle Lebewesen (im Schlaf, im Tod, in der Versenkung) ins Sein eingegangen sind, so wissen sie nicht mehr, daß sie ins Sein eingegangen sind.« Nicht anders als die Flüsse, wenn sie im Ozean angekommen sind, »nicht mehr wissen: ›ich bin dieser Fluß‹, ›ich bin jener Fluß‹«![90] Die Erlösung besteht somit in der Wahrnehmung der einen Wirklichkeit und ist, so gesehen, »ein Prozeß der Vereinfachung«[91].

Die solchermaßen erfahrene eine Wahrheit und Wirklichkeit kann auch in theistischem Kontext artikuliert und beispielsweise mit Shiva identifiziert werden. Im Yoga wird diese Erfahrung auf psychosomatischem Wege angestrebt und erlebt. Nach dem System des Samkhya, einer philosophischen Richtung des sechsten nachchristlichen Jahrhunderts, entdeckt die Seele ihr eigenes ewiges Wesen gerade in der Isolation gegenüber dem Materiellen, die in einer komplizierten Theorie beschrieben wird.[92] Doch bei allen Unterschieden ist die generelle gemeinsame Linie klar: Die Schau des Einen und die Überwindung jeglicher Dualität löst die Bindungen des karmischen Zusammenhangs auf und ermöglicht auf diese Weise »moksha« als die »Rückkehr des absoluten Geistes zu sich selbst«.[93]

85. Brhadaranyaka Upanishad IV; Upanishaden (B. Bäumer M 1994) 181.
86. B. Bäumer, in: Upanishaden (B. Bäumer M 1994) 172; vgl. 180.
87. B. Bäumer, in: Upanishaden (B. Bäumer M 1994), 171.
88. A. Th. Khoury in: ders./Hünermann 1985, 31.
89. Br.Up. 4,5,13 ff.; H. Le Saux ²1994, 64.
90. Ch. Up. VI; Upanishaden (B. Bäumer M 1994) 184 f.
91. B. Bäumer, in: Upanishaden (B. Bäumer M 1994) 172.
92. R. G. Zaehner 1964, 76.
93. H. Nakamura, bezogen auf die Philosophie Shankaras, zitiert nach M. v. Brück ²1987, 108.

(4) Erlösungswege im Buddhismus

Erlösung ist der zentrale Inhalt des Buddhismus. Nach der Überlieferung lauten die letzten Worte des Buddha: »Wirke mit Sorgfalt auf deine Erlösung hin.«[94] Spekulationen, wie es wohl zu der Misere des Menschen gekommen sein mag, erscheinen als uninteressant; wer von einem giftigen Pfeil getroffen ist, fragt nicht lang, woher der Pfeil kam, sondern sucht ihn zu entfernen. Der Buddha lehrt die Vier Edlen Wahrheiten, die Wahrheit vom Leiden, von der Entstehung des Leidens, von der Aufhebung des Leidens und von dem Weg zur Aufhebung des Leidens. Daß alles auf Erden Leiden ist, ist für Menschen nur schwer zu erfassen: »Es ist schwierig, aus großer Entfernung einen Pfeil nach dem anderen durch ein enges Schlüsselloch zu schießen, ohne ein einziges Mal zu fehlen. Es ist schwieriger, mit der Spitze eines hundertfach gespaltenen Haares ein ebensooft gespaltenes Haar zu treffen und es zu durchbohren. Es ist noch schwieriger, zur Erkenntnis der Tatsache durchzudringen, daß alles hier Leiden ist.«[95] Auch hinter jeder Freude lauert das Leiden, da sie den Verlust ihres Objekts impliziert. Erlösung ist ganz und gar auf das Leiden und seine Ursachen bezogen: den Durst, die Gier, das Anhaften an den Dingen. Unter dieser Voraussetzung haben sich zwei Grundkonzeptionen von Erlösung, nämlich die des Hinayana- und die des Mahayana-Buddhismus herausgebildet.

(a) Wege zu Erlösung im Hinayana-Buddhismus

»Nirvana« bedeutet »Verwehen«, »Verlöschen«. Die ausgeblasene Flamme mag ursprünglich nicht als »ausgegangen«, sondern als »verwandelt« gegolten haben.[96] Nur in dichterischer und erbaulicher Sprache wird Nirvana positiv beschrieben als »Glück, Friede, Stille, Stätte, Sicherheit, Zuflucht, Reinheit, Wahrheit, Gesundheit, das Höchste, Ewige, Ungeschaffene, Unendliche, Gute und Beständige.«[97] Die philosophische Sprache zieht die negative Beschreibung vor, sofern man hier von »Beschreibung« überhaupt sprechen kann: Nirvana ist »Zerstörung der zur Wiedergeburt treibenden Gier«, »Erlöstheit von den Drei Grundübeln, Begehren, Haß und Verblendung«, »Zurruhekommen der Tatabsichten«.[98] Nur absichtslos kann das Nirvana erreicht werden. Der Erlöste verzichtet auf das Streben nach Nirvana und klammert sich auch nicht an die Lehre Buddhas. Das »sehnsüchtige Denken an die Erlösung« kommt »als Erlö-

---

94. Nach R. Panikkar 1992, 56.
95. Zitiert nach E. Conze [9]1990, 42 (ohne Nachweis; Hervorhebung getilgt).
96. H.-J. Greschat 1980, 76.
97. Nach H. W. Schumann [2]1994, 112.
98. Nach H. W. Schumann [2]1994, 113.

sungshindernis« zu stehen.[99] Im Theravada kennt man ein vortodliches Nirvana, das durch Gleichmut gekennzeichnet ist, wenn der betreffende Mensch auch sein irdisches Leben, soweit Karma besteht, noch ausklingen lassen muß, und ein nachtodliches Nirvana, das sich dann einstellt, wenn die sog. Fünf Gruppen des Ergreifens[100], die die Illusion einer irdischen Person ergeben, zerfallen. Nach einem Wort des Buddha ist Nirvana »der Bereich, wo weder Erde noch Wasser, nicht Feuer noch Luft ist; nicht der Bereich der Unendlichkeit des Raums, nicht der Bereich der Unendlichkeit des Bewußtseins, nicht der Bereich der Nichtsheit noch der Bereich der Nichtwahrnehmung oder Wahrnehmung; nicht diese Welt noch eine jenseitige Welt ... Dies, Mönche, nenne ich nicht Kommen und Gehen, nicht Zustand noch Verfall oder Entstehung; ohne Grundlage, Fortentwicklung und Bedingung ist es: Eben dies ist das Ende des Leidens.«[101] Ein Feuer erlischt, und man weiß nicht, wohin es sich aufgelöst hat:

>»Wie eine Flamme, ausgeweht vom Winde,
> verweht ist und Begriffe nicht mehr passen,
> so der von Geist und Leib befreite Weise:
> Er ist nicht mehr begrifflich zu erfassen.«[102]

Das Nirvana ist keineswegs nichts, aber auch nicht etwas; jenseits aller Dualität entzieht es sich jeder Beschreibung.

(b) Erlösungs- und Heilswege des Mahayana-Buddhismus

Dem Erlösten steht vor Augen, daß er kein Ich hat, daß nichts ein Ich besitzt, daß alles »leer« ist. Auf diese Weise verschwindet die Subjekt-Objekt-Spaltung, und die Wirklichkeit wird in ihrer »Soheit« (tathata) wahrgenommen. Selbst Nirvana und samsara, der Kreislauf der Wesen, werden als identisch erkannt, werden im Mahayana-Buddhismus als das eine Absolute erlebt. Nirvana kann deswegen in gewisser Weise als positiv beschrieben werden, im Sinne eines »Paradieses«. Es gilt als eine »dauerhafte, seit je vorhandene Entität«.[103] Damit wird das Numinose erfahrbar. »Das Absolute = Leerheit ist die in allem vorhandene, alles-umgreifende Gegebenheit, die durch Weisheit und Meditation ganzheitlich erlebt werden muß.«[104] Das Absolute muß nur entdeckt werden, es ist die Buddhanatur, die jedem Wesen und natürlich auch jedem Menschen innewohnt. Der Mahayana-Buddhismus kennt ein sozusagen Aktives Nirvana, nämlich den Zustand des Bodhisattva, der anderen Wesen zur Erlöstheit ver-

---

99. H. W. Schumann ²1994, 113.
100. Siehe oben S. 507 ff.!
101. Zitiert nach H. W. Schumann ²1994, 115 f.
102. Zitiert nach ebd. ²1994, 116.
103. H. W. Schumann ²1994, 190. Die verschiedenen buddhistischen Auffassungen von Nirvana werden skizziert in LÖW 265-267.
104. H. W. Schumann ²1994, 146.

helfen möchte, und das fixierte Statische Nirvana, das dem nachtodlichen Nirvana im Hinayana entspricht. Aufgrund der Tatsache, daß vom Nirvana trotz der genannten Vorbehalte überhaupt positiv gesprochen werden kann, wird es nun verschiedenen buddhistischen Schulen möglich, »Zwischenziele« für den Menschen zu denken: als Bodhisattva kann der Mahayana-Gläubige für alle Wesen hilfreich werden. Das Gelübde Amida Buddhas kann dazu verhelfen, ins Reine Land *(jodo-shin)* einzugehen, das für die Beendigung des Wesenskreislaufs beste Voraussetzungen bietet. Nach der Lehre Honens wird es erreicht durch das Zusammenwirken der »eigenen« *(»jiriki«)* mit der »anderen Kraft« *(»tariki«)*. Sein Schüler Shinran bestand darauf, daß ausschließlich die »andere Kraft« aus dem Status der Sündigkeit retten könne und geriet damit formal in große Nähe zur reformatorischen Theologie. Ziel des Zen-Weges ist die Erfahrung von *satori* (oder *kensho*), die Erfahrung des Erwachens, in der die Differenz zwischen Erkennen und Erkannt-Werden verschwindet und eine Selbstgewahr-Werdung einsetzt, in der zwischen Schauen und Geschautem nicht mehr unterschieden werden kann. Ansatzweise wird so erfahren, »daß die Welt der Unterscheidungen zuletzt in die Welt der Erleuchtung zurückkehrt.«[105] Für den Zen-Buddhisten verbindet sich diese Einsicht mit einer radikalen Zugewandtheit zu dem, was ist, wie es ist, und zum jeweiligen Augenblick. »Einst wurde Bai-Dschang gefragt: ›Was ist das wunderbarste Ereignis auf der Welt?‹ Er sprach: ›Hier sitze ich ganz für mich selbst.‹«[106]

C Erlösungsvorstellungen als Schibboleth? Das Verständnis von Heil und Erlösung als Grunddifferenz zwischen dem christlichen Glauben und nichtchristlichen Religionen

Während sich Schöpfungsmythologien und selbst Gottesvorstellungen bzw. Ideen eines Absoluten in den Religionen noch irgendwie sinnvoll aufeinander beziehen lassen, scheint im Blick auf die Erlösung eine unüberschreitbare Grenze erreicht zu sein. Bedarf es überhaupt einer Erlösung? Ist der Mensch nicht eigenverantwortlich und auch eigenmächtig genug, das Gelingen seines Lebens

---

105. Z. Shibayama, Zen, F 1995, 107.
106. Zen. Sprüche und Leitsätze der Zen-Meister. Gesammelt von P. Weber-Schäfer, F 1995, 42. In seiner anregende Studie »Identität und Befreiung in Gestalttherapie, Zen und christlicher Spiritualität« (Petersberg 1994) skizziert L. Frambach den »Befreiungsprozeß der Identität« als einen Weg von der »Identitäts-Fixierung« über »Identitäts-Differenzierung«, »Identitäts-Diffusion« und »Identitäts-Vakuum« zu »Grund-Identität und Identitäts-Integration«; ebd. 275 ff.; vgl. auch das vergleichende Schema ebd. 282.

zu bewirken? Wenn denn Erlösung nötig sein sollte, muß es dann um mehr gehen als um die Befreiung von Leid und Schmerz, nämlich um die Erlösung von »Sünde«? Wie muß, wenn überhaupt, Erlösung gedacht werden – als Reinigungsprozeß im einzelnen Menschen, als kosmischer Vorgang? Welchen Sinn macht inmitten all dieser Fragen die christliche Vorstellung von einer Erlösung durch den stellvertretenden Versöhnungstod Jesu Christi?

(1) Christliches und jüdisches Verständnis von Erlösung

(a) Das Verhältnis von Sein und Handeln

Vom Judentum wird sich das Christentum gewiß fragen lassen müssen, ob es die Erlösung nicht allzu oft nur als einen innerlichen, spirituellen Vorgang interpretiert hat, ohne darauf zu achten, was sich nun auch im Bereich des diesseitigen Lebens geändert hat oder ändern muß. Die quietistische Versuchung, mit Gott und sich selbst zufrieden zu sein, ohne auf eine Veränderung der unerlösten Welt zu drängen, hat Christen immer wieder nahegelegen. Andererseits weiß man auch im Judentum, daß es eine Motivation zur Veränderung äußerer Zustände gibt, die im Bewußtsein liegt und die deswegen keineswegs minimalisiert oder gar diskriminiert werden darf. Eine Schubkraft zur Veränderung liegt in der Erkenntnis dessen, was verändert werden muß und weswegen es verändert werden kann. In diesem Zusammenhang weist der christliche Glaube auf die grundsätzliche Veränderung der Welt, die sich durch die Gestalt, das Leben, Sterben und Auferstehen Jesu Christi vollzogen hat und nur ernstgenommen und zu konkreter Veränderung genutzt werden muß. Der Voraussetzung »Gott war in Christus und versöhnte die Welt mit sich selber« entspricht die Konsequenz: »Laßt euch versöhnen mit Gott!« (II Kor 5,19 f.). Das Judentum verweist auf den Weg der Gebote, und das Christentum muß sich durchaus darauf aufmerksam machen lassen, daß ein erlöstes Leben mit Veränderung im Lebensstil und mit konkreter Moral zu tun hat. Das Christentum war allerdings auch oft in Versuchung, den Glauben mit Moral zu verwechseln. War die Reduktion auf die Innerlichkeit die Versuchung des Protestantismus, so bestand in der Reduktion auf die Moral die Versuchung des Katholizismus. Im Gefolge davon wurde Moral leicht als Moralin abqualifiziert und diskreditiert. Daß dies nicht sein darf, ist vom Judentum zu lernen.

Andererseits gibt es auch im Judentum eine Ahnung davon, daß der Mensch nicht in seinem Tun aufgeht. »Sein« ist nicht nur mehr als »Haben«, sondern auch mehr als »Handeln«! Im Blick auf Jesus Christus geht es Christen nicht nur um ein neues Handeln, sondern um ein neues Sein.

(b) Das Verhältnis von Umkehr und Buße

Durch das Ethos der Umkehr, wie es im Judentum präsent ist, müßten sich Christen an ihre eigene Tradition von Beichte und Buße erinnern lassen. Die erste von Luthers 95 Thesen lautet: »Da unser Herr und Meister Jesus Christus spricht: ›Tut Buße‹ usw. (Mt 4,17), hat er gewollt, daß das ganze Leben der Gläubigen Buße sei.«[107] Im Kleinen Katechismus weist Luther darauf hin, »daß der alte Adam in uns durch tägliche Reue und Buße soll ersäuft werden und sterben mit allen Sünden und bösen Lüsten; und wiederum täglich herauskommen und auferstehen ein neuer Mensch, der in Gerechtigkeit und Reinheit vor Gott ewiglich lebe.«[108] Die Schritte der Umkehr und der Erneuerung müssen konkret vollzogen werden; dies ist vom Judentum zu lernen. Andererseits wird das Christentum darauf hinweisen, daß es bei der Umkehr um mehr geht als um die Rückkehr zu einem Nullpunkt, an dem man wieder von neuem beginnen kann. Buße heißt nach christlichem Verständnis, umzukehren zu dem Gott, der darauf wartet, daß der Mensch sich zu seiner Sünde bekennt und sich um Jesu Christi willen die Vergebung zusprechen läßt. In dem lebenslangen Prozeß der Umkehr kommt es auf diese Weise zu einer Vertiefung des Verhältnisses zwischen Gott und Mensch; die Schuld, die den Menschen immer wieder in die Arme des ihm vergebenden Gottes treibt, erweist sich so zuletzt als »felix culpa«.

(c) Das Verhältnis zwischen Versöhnung mit Gott und zwischenmenschlicher Versöhnung

Daß die Versöhnung mit Gott Hand in Hand gehen muß mit der Versöhnung unter den Menschen, fordert das Judentum zu recht. Die Versöhnung mit Gott darf kein Alibi für das Ausbleiben der Versöhnung zwischen den Menschen werden. Versöhnung würde auch für Christen und Christinnen wieder in höherem Maße erlebbar, wenn sie der Versöhnung mit Gott, die sie sich zusprechen lassen, konkrete Schritte der Versöhnung untereinander und mit den jeweiligen Gegnern folgen ließen.[109]

Andererseits werden Christen immer davon ausgehen, daß nicht die Versöhnung zwischen den Menschen die Versöhnung mit Gott herstellt, sondern daß Gottes Versöhnung mit den Menschen alle zwischenmenschliche Versöhnung, soweit sie denn möglich ist, begründet und auch transzendiert. Erst aus der Erlösung durch Gott in Jesus Christus ergibt sich dann die Möglichkeit, soweit sie von Gott gewährt wird, verquere Verhältnisse zu lösen und zu heilen im Sinne dessen, wie Jesus Christus lösend und heilend gewirkt hat.

107. Insel-Ausgabe I, 28.
108. EG 806.4.
109. Vgl. Chr. Gestrich, Die Wiederkehr des Glanzes in der Welt, Tü 1989, 301-375.

(2) Die Ablehnung des christlichen Erlösungsverständnisses im Islam

(a) Die moralische Kapazität des Menschen

Der Islam ist von der moralischen Eigenverantwortlichkeit des Menschen überzeugt, während Christen sehr schnell auf ihre Begrenztheit durch Sünde und Erbsünde hinweisen. Sie könnten sich durch den Islam durchaus an ihre eigene moralische Kapazität erinnern lassen. Daß der Mensch »Sünder« ist, bedeutet ja nicht, daß er nicht in der Lage wäre, durchaus Gutes zu tun und Böses zu meiden. Luthers Unterscheidung zwischen der »iustitia aliena«, der »fremden Gerechtigkeit«, die dem Menschen nur um Christi willen zugesprochen werden kann und die er sich nicht selbst zu besorgen vermag, und der »bürgerlichen Gerechtigkeit«, der »iustitia civilis«, die er durchaus erreichen und realisieren kann, wurde insbesondere im Protestantismus nicht zureichend berücksichtigt. Der »usus elenchticus legis« darf nicht dazu mißbraucht werden, die »iustitia civilis« zu sabotieren.[110] Der Mensch wäre trotz seiner konstitutionellen Ego-Bezogenheit in der Lage, auf eigene Bedürfnisse zu verzichten und anderen Menschen zu helfen und sich überhaupt verantwortlich zu verhalten!

Andererseits wird der Christ nicht umhin können, von der transmoralischen Qualität der Sünde zu sprechen. Es geht ja nicht nur um moralisches oder unmoralisches Verhalten, sondern darum, daß der Mensch in allem, was er unternimmt, auf sich selbst und nicht auf Gott bezogen ist. Dies ist offenbar eine übergreifende anthropologische Wirklichkeit, die sich sowohl in der Geschichte der Menschheit von Kain und Abel an (daher der mißverständliche Ausdruck »Erbsünde«) als auch in strukturellen Verflechtungen zeigen kann, wie sie sich zum Beispiel in Ausbeutungs- und Machtmechanismen reproduziert, denen der einzelne nicht zu entkommen vermag.[111] Erlösung aus diesen übergreifenden Zusammenhängen bzw. Ermöglichung von Erlösung inmitten dieser Zusammenhänge ist nach christlicher Überzeugung durch die Eigenaktivität des Menschen nicht zu leisten. Der christliche Glaube behauptet freilich nicht besserwisserisch, daß dies der Grund sei, weswegen Gott durch die Sendung Jesu Christi gleichsam habe eingreifen müssen, sondern er ist sich darüber im klaren, daß durch diesen Eingriff die wahre moralische und transmoralische Situation des Menschen erst deutlich werden konnte.

---

110. Vgl. oben S. 490!
111. Eine »soziale, gar menschheitlich universale Dimension« der Sünde mag im Islam ansatzweise deutlich werden, wird in ihrer theologischen Bedeutung m. E. jedoch von H. Zirker 1993, 106 f. überschätzt.

(b) Die Frage der Heilsgewißheit

In die muslimische Rede von der Vergebungsbereitschaft Gottes mischt sich natürlich auch das Wissen darum, daß Gott auf das Verhalten des Menschen reagiert; von daher erklären sich im Koran die zahlreichen Warnungen und die Hinweise auf Gericht und Hölle. In der biblischen Tradition gibt es ähnliche Aussagen, durch die sich Christen aber im Blick auf die in Christus geschehene Versöhnung in der Regel nicht beunruhigen lassen. Sie sollten durchaus dessen gewahr bleiben, daß das Verhalten von Glaubenden – bildlich gesprochen – Gott provozieren und den Heiligen Geist »betrüben« kann (vgl. Eph 4,30). Christen leben jedoch in der Überzeugung, daß nicht nur mit einer allgemeinen Vergebungsbereitschaft Gottes zu rechnen ist, die ihn letztlich dann doch nicht daran hindert zu vergeben, »wem er will« (Sure 2,284). Sondern sie gehen davon aus, daß ihnen in Jesus Christus das Heil geschenkt und damit gewiß ist. Das Leben eines Christenmenschen ist daher keine Zitterpartie, sondern es kann sich aus der Gewißheit des Gelingens und des Erlöstseins entfalten.

(c) Der Grund der Erlösung

Die Nähe zu Gott, die in der islamischen Mystik unvermittelt gesucht, von der islamischen Orthodoxie aber doch abgelehnt wird, gilt dem Christen als unverdientes Geschenk. Von der Glut muslimischer Mystiker kann er lernen, daß Glaube, der der Nähe Gottes gewiß wird, wahrlich nicht allein in der kognitiven Übernahme einer Information bestehen kann.

Andererseits wird er davon ausgehen, daß die heilvolle Gemeinschaft mit Gott, die er – im Gegensatz zum orthodoxen Muslim – tatsächlich suchen und erfahren darf, ihm nicht von Natur aus zusteht, sondern um Jesu Christi willen eröffnet ist. An Jesus Christus ersieht er, wer der Gott ist, mit dem er Gemeinschaft haben darf: der Gott, der sich in seiner Liebe um der Menschen willen in Jesus Christus seiner selbst entäußert, die Hingabe lebt und damit möglich macht.

Dies genau lehnt der Islam dezidiert ab. Christen können sich durch diese Ablehnung »vermittelter Erlösung« daran erinnern lassen, daß die Erlösung durch Jesus Christus wahrlich nicht dahingehend mißverstanden werden darf, als ob der Mensch damit um seine Eigenverantwortlichkeit gebracht wäre. Die Erlösung durch Jesus Christus macht ja die Eigenverantwortlichkeit des Menschen nicht überflüssig und ersetzt nicht seine moralische Anstrengung. Sie befreit ihn vielmehr dazu, nun auch selbst heilend und in gewisser Weise erlösend zu wirken. Doch wird der Christ in diesem Zusammenhang nicht anders können, als sein dankbares Bekenntnis zu dem Gott Jesu Christi auszusprechen und zu leben. Im Sinne eines interreligiösen Dialogs scheint es hier keine Verständigung zu geben; Hans Zirker spricht zu recht von der »ausgeschlossene(n) Harmonisierung«.[112]

(3) Hinduistische Heilsvorstellungen und das Christentum

(a) Individuum und Kosmos

Im Hinduismus wird Erlösung als Befreiung aus dem Geburtenkreislauf verstanden. Auch wenn er die entsprechenden Reinkarnationstheorien nicht teilt, wird dem Christen dieser Ansatz zu denken geben, denn zweierlei besticht daran: die Ahnung der Existenz eines ewigen zeitlosen »Selbst« und die Vorstellung, daß dieses Selbst einerseits in übergreifende kosmische Zusammenhänge verflochten, andererseits aus diesen nicht abgeleitet werden und deswegen letztlich von ihnen nicht abhängig sein kann.

Der an den dreieinen Gott Glaubende wird die Frage nach seiner Identität ähnlich differenziert beantworten. In seiner psychosomatischen Konstitution trägt er die Prägemerkmale vergangener Generationen, wie sich denn letztlich Spuren der gesamten Evolution im biologischen Erbe des Menschen erkennen lassen. Er bejaht dies als einen den Menschen in spezifischer Weise betreffenden Teil der Schöpfungswirklichkeit, aber er weiß zugleich, daß er in seinem psychosomatischen Bestand nicht aufgeht. Er weiß sich von seinem Schöpfer ins Leben gerufen, aber er erfährt seinen psychosomatischen Bestand als ambivalent – als das Medium, in dem er vom Schöpfer ins Leben gerufen wird und in dem er zugleich diesem Ruf widerspricht. Vom hinduistischen Denken wird er sich dazu anregen lassen, die übergreifenden Zusammenhänge zu bejahen und sich bewußt in sie zu integrieren, was für sein Weltverhältnis und z. B. für eine ökologische Ethik enorme Konsequenzen haben dürfte, auch für den Umgang mit »Vergangenheit« (und »Zukunft«).

Der Hindu kann durch entsprechendes Verhalten sein Karma verbessern, was freilich noch nicht zu einer Erlösung aus dem Geburten-Kreislauf führt, sondern nur zur Erreichung oder Beibehaltung einer Wiedergeburtsebene beitragen kann, auf der dann eine gnadenhafte Befreiung möglich wird. Der Christ wird sich zu den von ihm erkannten Zusammenhängen bekennen, sich in ihnen und auf sie hin vom Schöpfer und Erlöser angerufen fühlen. Er sieht seine Identität in diesem Anruf, der in natürliche, ja kosmische Prozesse hineingreift, begründet, und von daher sich zu einem überzeitlichen Selbst konstituiert, das sich aber von seinen zeitlichen Bedingungen nicht separieren läßt und daher auf die Vollendung im Eschaton angewiesen bleibt.

---

112. H. Zirker 1993, 113.

(b) Überwindung der Dualität

Ein zweites Moment, das für die hinduistische Erlösungsvorstellung wichtig ist, besteht in der Überwindung der Dualität. Was kann Christen daran wichtig sein? Die widersprüchlichen Erscheinungen und Erfahrungen des Lebens können auf das Eine bezogen und damit relativiert und entmachtet werden. Insofern entspricht dem hinduistischen Wissen um das Eine im christlichen Glauben das Eine, das nottut (vgl. Lk 10,42). Der Christ geht freilich nicht von einem abstrakten Begriff von Dualität aus, sondern ihm wird unter der Botschaft von dem in Christus ihn erlösenden Gott allererst klar, worin die eigentlich zu überwindenden Dualitäten bestehen: Tod und Leben, Sünde und Sündlosigkeit, »Hölle« und »Himmel«. Hinduistisches Denken kann Christen und Christinnen darauf aufmerksam machen, daß das Leben, das den Tod überwindet, tatsächlich nicht nur die »Abschaffung« des Todes bedeutet, sondern eine neue Wirklichkeit jenseits von Tod und Leben – »darum: wir leben oder sterben, so sind wir des Herrn« (Röm 14,8); die Dualität von Leben und Sterben hat keine Bedeutung mehr. Luthers umstrittener Rat, »tapfer zu sündigen«, lebt von der Ahnung, daß es eine Wirklichkeit jenseits von »Sünde« und »Sündlosigkeit« gibt – nämlich das Vertrauen auf Christus und die Freude in ihm. Die Erwartung der Allversöhnung[113] aktiviert die Hoffnung auf Überwindung der Dualität auf ihre Weise. Das große Symbol der Überwindung der Dualität ist die Zwei-Naturen-Christologie: »Gottheit und Menschheit vereinen sich beide.«[114] In der Partizipation an Christus widerfährt dem Glaubenden Überwindung von Dualität, ohne daß er seine Identität darüber verlöre. Denn der christliche Glaube geht noch einen Schritt weiter: Er transzendiert auch die Dualität von Dualität und Nicht-Dualität. Die Trinitätslehre versucht dies zum Ausdruck zu bringen, indem sie auf paradoxe Weise die Einheit von bleibend Verschiedenem artikuliert. Erlösung heißt, von hier aus verstanden, in die übergreifende Einheit von Einheit und Differenziertheit aufgenommen zu werden und in diesem Sinne »Meta-Identität« zugesprochen zu bekommen. Das bedeutet zugleich, daß die empirische Wirklichkeit einschließlich des empirischen »Ich« nicht einfach als Unheilsstatus begriffen werden kann, aus dem ein überzeitliches »Selbst« herausgelöst und auf diese Weise erlöst werden müßte.[115] Gerade wenn die übergreifenden Zusammenhänge ernstgenommen werden als Medium, in dem sich vom Schöpfer gewollte Identität formiert, muß es um eine ganzheitliche, das empirische Ich ein- und nicht ausschließende Erlösung gehen. Deswegen bleibt der erlösende Gott nach christlicher Überzeugung nicht in unüberbrückbarer Distanz zur Materie, sondern er »ist für uns Menschen

---

113. Siehe unten S. 782 f.
114. EG 66,1. Vgl. oben S. 349-352.
115. M. v. Brück ²1987, 178: »Das Argument ist in beiden Fällen (sc. Christentum und advaita), daß die Illusion eines unabhängigen Zentrums der Subjektivität im Menschen überwunden werden muß«.

und um unseres Heiles willen vom Himmel herabgestiegen. Und er wurde Fleisch ...« (Nizänisches Glaubensbekenntnis).

(4) Nähe und Distanz zwischen christlichen und buddhistischen Heilsvorstellungen

Zunächst gibt es ja offenbar eine große Gemeinsamkeit zwischen Buddhisten und Christen, sofern beide von einem radikalen Unheilszustand der empirischen Welt auszugehen scheinen. Doch der buddhistischen Vorstellung, daß alles Leben Leiden ist, entspricht auf Seiten des Christentums keineswegs die Überzeugung, daß »alles Sünde« ist: Der Mensch und die gesamte Schöpfung sind zwar von der Sünde, von der Distanz zu Gott geprägt, aber gerade in dieser Situation sind sie von Gott als dem Schöpfer, Erlöser und Vollender keineswegs aufgegeben, sondern »geliebt«. Zudem wird der Unheilszustand unterschiedlich definiert: Gilt er im Buddhismus als durch Durst und Lebensgier bedingt, so entspricht dies nur vordergründig dem christlichen Verdikt des Egoismus; denn nicht die Ego-Zentriertheit als solche macht nach christlicher Überzeugung die Sünde aus, sondern die Tatsache, daß die Ego-Bezogenheit des Menschen in Wahrheit fehlende Bezogenheit des Menschen auf seinen Lebensgrund und seine Lebensquelle ist, somit Abwendung von Gott und aktiver Widerspruch gegen ihn.

Wenn der Hinayana-Gläubige die Nicht-Existenz seines Ichs erkennt, so berührt sich das mit dem Wissen des Christen, daß auch er sein Ich loslassen, Gott überlassen und damit sozusagen los werden darf. Dieses Loslassen und Loswerden des Ich ist für ihn freilich zugleich der Gewinn seiner selbst. »Wer sein Leben zu erhalten sucht, der wird es verlieren; und wer es verlieren wird, der wird es gewinnen« (Lk 17,33).

Wenn der Christ also im Blick auf das Ziel der Erlösung dem Buddhisten widersprechen wird, so kann er doch im Blick auf den Weg von ihm lernen. Das mag merkwürdig erscheinen, da man gerade dem Hinayana-Buddhismus immer die für die Christen radikal abzulehnende »Selbsterlösung« vorgeworfen hat. Dazu ist zweierlei zu sagen.

Buddhisten verfügen über eine reiche Erfahrung spirituellen Trainings, die psychische und psychosomatische Möglichkeiten erschließt, welche der Christ als in der Geschöpflichkeit des Menschen liegende Gaben dankbar annehmen und nutzen kann. Es ist dem Menschen als einem Geschöpf Gottes gegeben, nicht nur das Vorfindliche zu transzendieren, sondern dieses Transzendieren durch Askese, Übung, Reflexion und Meditation zu kultivieren.

Sodann: Auch Buddhisten erleben das von ihnen erstrebte *satori* nicht als Resultat eigener Anstrengung, sondern als unverfügbares und gnadenhaftes Geschenk. Gerade durch die strenge Praxis des Transzendierens, wie sie im

Hinayana-Buddhismus oder auch im Zen-Buddhismus geübt wird, können Christen sich dazu anspornen lassen, die von der Schöpfung her in ihnen liegenden religiösen Möglichkeiten zu entdecken und zu gebrauchen. Daß damit noch keine Heilsrelevanz gegeben ist, setzen sie voraus.

Im Gegensatz zum Hinayana, der die Erlösung im Verlöschen des subjektiven Ich-Bewußtseins, der Fünf Gruppen des Ergreifens, zu erfahren meint, erlebt der Mahayana-Buddhist die Leere als das Absolute und somit als positive Kraft der Erlösung. Für Christen ist dabei von Interesse, daß hier offenbar eine Entsprechung zum »ad nihil redigi« vorliegt, von dem die christlichen Mystiker – und auch Luther – sprachen. Für Buddhisten ist die Leere selbst das Absolute, während sie dem Christen als Voraussetzung der »Fülle« dient. Aber als Voraussetzung will sie immerhin ernstgenommen sein; insofern können und sollen sich auch Christen der Leere öffnen – freilich in dem Wissen, daß die Leere die Fülle nicht automatisch nach sich zieht, daß Gottes Gegenwart unverfügbar bleibt.

Dem Mahayana-Gläubigen gilt es als Ziel, Bodhisattva zu werden und als solcher zur Erlösung aller Wesen beitragen zu können. Der Christ könnte daraus die Frage ableiten, inwiefern er als Erlöster selbst erlösend wirken darf und soll, ohne daß damit ein Konkurrenzverhältnis zu dem Erlöser Jesus Christus entsteht – eine Angst, die insbesondere den Protestanten immer wieder davon abhält, seinem Erlösungsauftrag zu entsprechen. Umgekehrt ist der Mahayana-Buddhist daraufhin anzusprechen, daß er doch nicht nur den Erlösungsbedarf sieht, sondern offensichtlich auch die Möglichkeit oder gar Notwendigkeit der Hilfe durch erlösende Mächte oder Gestalten ahnt. Der Christ wird ihm gegenüber bezeugen, daß er in Jesus Christus nicht nur eine unter vielen zufälligen Erlösergestalten (Bodhisattvas) erkennt, sondern denjenigen, der sich, ohne daß dies sein Schicksal gewesen wäre, in den Status der Erlösungsbedürftigkeit hineinbegeben hat, und somit als den Erlöser schlechthin. Nicht ein Mensch, der durch die Erfahrung der Leerheit den Status des Erlösten gewonnen hat, sondern Jesus Christus, in dem das Absolute sich inmitten des Status der Unerlöstheit erlösend vergegenwärtigt, bringt das Heil, so daß jeder Unerlöste durch Partizipation an ihm Erlösung finden und daß schließlich alles Unerlöste von ihm erfaßt und durch ihn erlöst werden wird.

(5) Rechtfertigung im Kontext nichtchristlicher Religionen?

Der Gegensatz zwischen der Rechtfertigungsbotschaft des Christentums speziell reformatorischer Prägung und den Erlösungsverständnissen nichtchristlicher Religionen ist nicht zu übersehen und, wie es scheint, nicht zu überbrücken. Karl Rahner hat mit seiner Idee vom »anonymen« Christsein versucht, die nichtchristlichen Religionen nicht nur für den Zeitraum vor dem Kommen Jesu Christi als legitime Heilswege zu verstehen. Für ihn ist es »auch heute nach Christus durchaus denkbar, daß eine nichtchristliche Religion noch eine positive Heilsfunktion für einen Menschen ausübt.«[116] Seine Begründung: »Jeder Weg, auf dem ein Mensch seinem Gewissen getreu wandert, ist ein Weg in die Unendlichkeit Gottes.«[117] Zwar bleiben die Religionen »eine im Tiefsten nicht analysierbare Mischung der Erscheinung der Gnade, der natürlichen religiösen Veranlagung des Menschen und seiner das Religiöse verzerrenden und verfälschenden Schuld. Aber in ihnen ist die Gnade Gottes doch immer auch am Werk« und eröffnet dem Menschen so die Möglichkeit, in irgendeiner Weise »seine gnadenhaft gestiftete Hinordnung auf den unbegreiflichen Gott zu realisieren.«[118] Schließlich formuliert auch das II. Vatikanum (LG 16): »Wer nämlich das Evangelium Christi und die Kirche ohne seine Schuld nicht kennt, Gott aber aus ehrlichem Herzen sucht, seinen im Anruf des Gewissens erkannten Willen unter dem Einfluß der Gnade in der Tat zu erfüllen trachtet, kann das ewige Heil erlangen.« Generalpardon für nichtchristliche Religionen?

Selbstverständlich hält Rahner mit dem II. Vatikanum daran fest, daß spätestens im Eschaton alles auf die in Jesus Christus und der (römisch-katholischen) Kirche begegnende Wahrheit hinauslaufe. In seinen Ausführungen kommt ein hoher Respekt vor der Gewissensentscheidung des einzelnen zum Ausdruck, aber der Akzent liegt dann doch auf dem Tun und Verhalten des Menschen, wobei der »Gnade« eine nur undeutliche Funktion zugewiesen wird. Der Einwand der reformatorischen Rechtfertigungslehre ist damit nicht entkräftet.

Karl Barth versucht in einem strengeren Sinn, theologisch zu urteilen, und gewinnt dabei einen Ansatz, den er leider selber nicht auskauft. Er spricht nämlich von »Schöpfung als Rechtfertigung«[119]. Er geht dabei aus von dem »Bund der Gnade«, dem »Werk Jesu Christi«, »um deswillen und in dessen Vollzug die Geschöpfwelt ist, was sie ist und wie sie ist.«[120] Um der in Jesus Christus vollzogenen »göttlichen Bestreitung und Überwindung« der Unvollkommenheit willen darf das Geschöpf »unvollkommen sein, nimmt es auch in seiner Unvollkommenheit schon teil an Gottes eigener Vollkommenheit.«[121] Schöpfung und Bund, »Schöpfungsoffenbarung und Heilsoffenbarung« dürfen nicht im Sinn einer doppelten Buchführung auseinandergerissen werden.[122] Karl Barth hat diesen Ansatz nicht auf die nichtchristlichen Religionen angewandt; sie waren für ihn selbstmächtige Schöpfungen des Menschen. Aber auch sie gehören doch, wenngleich das Moment der Verfehlung nicht verkannt werden darf,

---

116. K. Rahner, Schriften zur Theologie 8, Einsiedeln 1967, 372.
117. Ebd. 373.
118. Ebd. 370 f.
119. K. Barth, KD III/1, 418-476.
120. Ebd. 423.
121. Ebd. 441.
122. Vgl. ebd. 475.

zum Bereich des Geschöpflichen, zu dem, »was ist und wie es ist.« Indem alles auf Jesus Christus hin geschaffen ist, steht es von vornherein unter einer doppelten Perspektive: »es ist nicht Nichts, sondern Etwas, aber Etwas am Rande des Nichts, ein dem Nichts benachbartes und von ihm bedrohtes und aus und durch sich selbst dieser Bedrohung nicht gewachsenes Etwas.«[123] In Jesus Christus aber ist Gott dieser Bedrohung seiner Schöpfung gewachsen! Nichtchristliche Religionen sind damit nicht als solche »gerechtfertigt«; ebenso erfolgt die Rechtfertigung ihrer einzelnen Anhänger und Anhängerinnen aus keinem anderen Grund als »aus Gnade um Christi willen durch den Glauben« (CA IV). Aber ihr Leben, Verhalten und Hoffen steht auch, wenn sie nicht zum Glauben an Jesus Christus finden können, unter der Verheißung der Erlösung durch den Gott, der »alles in allem« sein wird (I Kor 15,28). Im Wissen darum haben Christen und Christinnen den Angehörigen anderer Religionen zu begegnen und ihnen zu bezeugen, was eben auch für sie gilt: daß ihr Leben auf Erlösung und Vollendung durch Gott um Jesu Christi willen hin angelegt ist.

(6) Die Alternative des trinitarischen Glaubens

Soweit nichtchristliche Religionen die radikale Erlösungsbedürftigkeit des Menschen und das Erlösungsgeschehen in Jesus Christus ablehnen, scheinen sie alle vom christlichen Glauben gleich weit entfernt zu sein. Es macht dann keinen grundsätzlichen Unterschied, ob sie Jesus Christus als herausragenden Rabbi, als besonderen Boten Allahs, als Avatar, also eine von vielen Herabkünften des Göttlichen, oder als spirituellen Lehrer verstehen, der sich in gewisser Weise mit Buddha vergleichen läßt. Aus der Sicht des christlichen Glaubens ist die heilsentscheidende Bedeutung Jesu als des Christus damit nicht erfaßt, ja abgewiesen.

Doch die Gewißheit der Rechtfertigung ist nicht allein christologisch zu begründen; ohne ihre geschöpflichen Voraussetzungen und ihre pneumatologische Aktualisierung ist sie gar nicht zu denken. Damit sind wir erneut auf das trinitarische Denken verwiesen. So sehr im Blick auf die Christologie die Distanz zwischen dem christlichen Glauben und allen anderen Anschauungen aufgerissen scheint, so sehr vermag doch der trinitarische Glaube das gleichwohl Gemeinsame in den Blick zu nehmen. Das Integrationspotential, das er bietet, scheint sich besonders in der Begegnung mit hinduistischen Vorstellungen nahezulegen. So findet Michael von Brück, die Trinitätstheologie berühre sich »funktional« mit der Philosophie des Advaita Vedanta[124], sofern es beiden um die Überwindung von Dualität gehe.[125] Hier wie dort komme es zu einer

---

123. Ebd. 430 f.
124. M. von Brück ²1987, 122.
125. Ebd. 122.

Erlösung

Einheitserfahrung von Schöpfung und Erlösung; der Unterschied bestehe einzig »in der Art der Vermittlung«.[126] Doch führt die Identifikation von dualitätsfreiem Denken in Hinduismus und christlicher Trinitätslehre nicht wirklich weiter, weil wesentliche Implikationen der Trinitätslehre – insbesondere ihr Bezug zum historischen Jesus – dabei übergangen werden. Die Frage ist nicht die einer Identifikation, sondern die Möglichkeit einer Integration. Hinduistisches Denken kann die Erlösung, sofern sie an den historischen Jesus von Nazareth gebunden ist, nicht integrieren, ohne den in diesem Mensch gewordenen Logos irgendwie – etwa im Sinn des Avatara-Gedankens – zu depotenzieren, was aus der Sicht des christlichen Glaubens unannehmbar ist. Es stellt sich aber umgekehrt die Frage, ob das trinitarische Denken hinduistische Erlösungsvorstellungen integrieren kann – im Sinne von schöpfungsmäßigen Voraussetzungen und pneumatischen Auswirkungen der in Jesus Christus geschehenen Erlösung.

Das trinitarische Strukturmodell läßt sich nun natürlich nicht schematisch im Blick auf alle Religionen durchziehen. Erlösung heißt für buddhistisches Denken Befreiung durch das Erwachen der Erkenntnis, daß alles Leiden aus dem Lebensdurst erwächst und mit dessen Enden auch seinerseits verschwinden wird. Diese Erkenntnis entspricht – christlich verstanden – dem Glauben an den Gekreuzigten. Der Hohe Achtfache Pfad, durch dessen Begehen sich die Wahrheit der Vier Edlen Wahrheiten durchsetzt, läßt sich mit dem Wirken des Heiligen Geistes in Verbindung bringen. Der Bezug zur Schöpfung oder zu einem Schöpfer freilich fehlt. Es geht bei der Frage, inwieweit das trinitarische Modell integrationsfähig ist, aber um etwas anderes als nur den Aufweis von Struktur-Analogien. In ein trinitarisches Konzept von Erlösung können jedenfalls zwei dem Buddhismus wesentliche Elemente eingebracht werden, nämlich das Wissen um den elementaren Zusammenhang von »Anhaften« und Leid sowie um die heilsrelevante Bedeutung von »Erwachen« und »Erkenntnis«.

Im Blick auf Judentum und Islam erweist sich der Versuch, Konvergenzen zu einer trinitarisch angelegten Erlösungslehre ausfindig zu machen, als am schwierigsten. Radikaler Monotheismus im Sinn von Judentum und Islam scheint sich dem trinitarischen Denken radikal zu verweigern. Doch bei näherem Zusehen zeigt sich, daß das Judentum – nicht nur in Gestalt der Kabbala – zu Differenzierungen gezwungen war: Gott sendet seinen Boten, der geradezu mit ihm identifiziert werden kann, und schließlich den Messias. Er vermittelt sich durch sein Wort, durch das Gesetz, durch Propheten. Auch der Islam geriet mit dem für ihn charakteristischen monotheistischen Ansatz in Denkschwierigkeiten, sofern das Verhältnis zwischen Allah und der präexistenten ewigen Urschrift des Korans (und der Offenbarung an Muhammad) zu klären war. Selbst die islamische Theologie sieht sich, wenn sie die Relation Allahs zu seinem Wort, zu den Menschen, zur Wirklichkeit überhaupt ansprechen will, genötigt, Gott in Relationen zu denken. Die Rechtleitung durch Allah muß vermittelt werden. Christliche trinitarische Theologie begreift Gott als den, der sich selbst

---

126. Ebd. 239.

vergegenwärtigt, indem er sich selbst zum Medium seiner Selbstvergegenwärtigung macht und zugleich zum Ermöglichungsgrund der Rezeption seiner Selbstvergegenwärtigung.

Trinitarisch orientiertes Verständnis der Rechtfertigung seinerseits kann sich durch das Judentum darauf hinweisen lassen, daß die Erwartung des kommenden Messias, erneut in das christliche Denken eingebracht, die eschatologische Bedeutung der Rechtfertigung durchaus zu dynamisieren vermag. Es kann Muslimen gegenüber zur Geltung bringen, daß mit der Rechtfertigung um Jesu Christi willen die Radikalität des heiligen Gotteswillens ja gerade nicht hinfällig wird, sondern im Gegenteil sich noch deutlicher zeigt. Es liegen also hier durchaus nicht nur einander ausschließende Gegensätze vor. Jedenfalls strukturell läßt sich eine »trinitarische Intuition« auch in nichtchristlichen Religionen beobachten. Raimon Panikkar hat sie, von seinem teils hinduistischen, teils römisch-katholischen Hintergrund ausgehend, zu würdigen versucht.[127] Er macht am Vergleich von Pantheismus und Monotheismus deutlich, daß keine von beiden Optionen genügen kann: »Das Problem des Pantheismus liegt nicht in dem, was er bejaht, sondern in dem, was er verneint. Der Pantheismus ist ein Irrtum, weil er zu wenig, nicht weil er zu viel behauptet …«, er identifiziert das Göttliche mit dem Seienden und ist nicht in der Lage, die Überlegenheit Gottes gegenüber dem Materiellen zum Ausdruck zu bringen, wie dies der Monotheismus vermag. Andererseits: »Ein monotheistischer Gott, der alles wäre, würde aber dem Geschöpf keinen ontologischen Raum zugestehen.« Panikkar kommt zu dem – freilich nicht im Sinn christlicher Theologie formulierten – Ergebnis: »Ein nicht-dreifacher Gott kann sich mit dem Menschen nicht ›vermischen‹, noch weniger sich mit ihm vereinigen, ohne sich selbst zu zerstören.«[128] In der Tat ist zu fragen: Kann Erlösung des Menschen überhaupt anders als trinitarisch gedacht werden?

Wie kommt schließlich die Diastase von Selbst- und Fremderlösung unter der Perspektive trinitarischen Denkens zu stehen? Im hinduistischen Denken, so Michael von Brück, gehe es »keinesfalls« um »Selbsterlösung«, sondern um »Erlösung des Selbst durch das Selbst *(atman)*«.[129] Auch für buddhistisches Denken trifft der Vorwurf der »Selbsterlösung«, wie wir gesehen haben, nicht zu. Ebenso würden Judentum und Islam bei aller Betonung der Eigenverantwortlichkeit des Menschen den Begriff »Selbsterlösung« für ihren Ansatz nicht als in vollem Sinne zutreffend bezeichnen. Immer geht es – christlich formuliert – um das Einbringen schöpfungsmäßig gegebener Möglichkeiten des Menschen. Von daher legt sich die Frage nahe, ob das trinitarische Denken auch die nicht endenden Kontroversen um die Relevanz menschlichen Handelns für die Erlösung auf eine neue Ebene hebt. Das Wirken des Schöpfers, des Erlösers und des Vollenders kann nicht auseinandergerissen und dann addiert, gegen-

---

127. R. Panikkar, Trinität. Über das Zentrum menschlicher Erfahrung, M 1993, 7 ff.
128. Ebd. 20
129. M. von Brück ²1987, 356.

einander zuerst abgegrenzt und dann verrechnet werden. Der leidige Streit zwischen den christlichen Konfessionen um ein rechtes Verständnis der Rechtfertigungslehre ist trinitarisch aufzulösen. Das schließt durchaus ein, daß unter bestimmten kirchen- und kulturgeschichtlichen Bedingungen einzelne Elemente klar herausgearbeitet und ggf. engagiert zur Geltung gebracht werden müssen. Die Reformation hat mit Recht die Bedeutung des Kreuzesgeschehens für die Rechtfertigung hervorgehoben. Die Rechtfertigung des Gottlosen geschieht um Christi willen, in dem Gott die Welt mit sich selbst versöhnte (II Kor 5,19). Unzureichend wäre es aus christlicher Warte jedoch, wenn das Wirken des Schöpfers isoliert und nicht in seiner Bezogenheit auf das in Jesus Christus erlösende und durch den Heiligen Geist vollendende Wirken Gottes verstanden würde. Das Wirken des dreieinen Gottes läßt sich nicht auseinanderdividieren. Positiv gewendet, bedeutet das für die nichtchristlichen Religionen, die Gottes erlösendes Handeln in Jesus Christus und dessen Vollendung im Geist nicht akzeptieren: Sie stehen zum christlichen Glauben nicht im Verhältnis polemischer Antithese, sondern in der Situation unerfüllter Offenheit.

Schließlich sei ein Gedanke angefügt, der dem reformatorischen »solus Christus« diametral zu widersprechen scheint und unter trinitarischer Perspektive dennoch gewagt werden darf. Das hinduistische Konzept einer Mehrzahl von Heilswegen – dem der Erkenntnis für eher intellektuell orientierte Menschen, dem der Tat für die von Natur aus Aktiven und dem der liebevollen Hingabe für die meditativ Gestimmten – legt die Frage nahe, ob nicht eine vergleichbare Pluralität auch im christlichen Glauben denkbar wäre: Rechtfertigung um Jesu Christi willen kann für die primär von ihrer Geschöpflichkeit her empfindenden Menschen einen anderen Zuschnitt haben als für charismatisch oder gar esoterisch Orientierte. Sogar im Lauf eines Lebens mag sich das ändern. Das »propter Christum – um Christi willen« (CA IV) wird ja weder aus dem Handeln des Schöpfers noch aus dem Wirken des Geistes wegzudenken sein, wenn denn der trinitarische Glaube gilt.

D Thesen

1. Die Frage nach Erlösung und Heil wird vom christlichen Glauben – insbesondere in dessen reformatorischer Ausprägung – beantwortet durch das Zeugnis von der Rechtfertigung des Sünders aus Gnade allein um Christi willen.

2. Die Botschaft von der Rechtfertigung geht davon aus, daß Gott selbst das Heil der Menschen sucht, es in Jesus Christus realisiert und durch den Heiligen Geist ihnen zueignen will.

3. Dem sich selbst, seinen Mitmenschen und seiner Mitwelt entfremdeten Menschen, der nicht aus der Quelle seines Lebens lebt und sich daher selbst zu zerstören im Begriff ist, leistet Gott durch seine Liebe Widerstand.

4. Gottes Liebe äußert sich ereignishaft und auf spezifische Weise in der Gestalt, in der Botschaft und im Geschick Jesu Christi.

5. Sie wird erkannt, erfaßt und in Anspruch genommen durch den Glauben an den dreifaltig wirkenden Gott.

6. Glaube erwacht unter der Verkündigung, die, ohne sich durch die scheinbare Begrenztheit ihrer Wirkungsmöglichkeiten irritieren zu lassen, jeden Menschen dazu einlädt, sich der Gnade Gottes zu öffnen und unter Gottes Vergebung ein von Heil und Erlösung geprägtes Leben zu beginnen.

7. Bedingungen, welche von den Glaubenden vor oder nach der Rechtfertigung zu erbringen wären, sind ausgeschlossen, ohne daß die in ihren Grenzen durchaus vorhandenen moralischen Kapazitäten oder der in seinem Bereich zu sinnvollen Entscheidungen freie Wille damit desavouiert würden.

8. Moderne Fassungen der Rechtfertigungslehre beziehen das Rechtfertigungsgeschehen beispielsweise auf den Zweifel, auf die Begründung von Identität oder die Befähigung, Verantwortung zu übernehmen und gegen ungerechte Strukturen vorzugehen. Sie bringen so, ohne deren Gehalt voll auszuschöpfen, in jeweiligen Kontexten immer neue Implikationen der Rechtfertigungsbotschaft zur Geltung.

9. Nichtchristliche Religionen widersprechen dem christlichen Verständnis von Rechtfertigung, sofern sie die Situation des Menschen nicht radikal durch die Sünde geprägt sehen, eine Mitwirkung des Menschen bei seiner Erlösung nicht für grundsätzlich ausgeschlossen halten oder die Erlösung anderen Umständen oder Kräften als dem Heilsgeschehen in Jesus Christus zuschreiben.

10. Das Judentum kennt die Gnade der Umkehr und fordert empirisch erkennbare Konsequenzen von Erlösung ein.

11. Der Islam rechnet mit der Vergebungsbereitschaft Allahs und lehnt die Vorstellung einer vermittelten Erlösung kategorisch ab.

12. Hindus erwarten Erlösung aus dem Geburtenkreislauf und aus der Welt der Dualität unter der Bedingung, daß sowohl negative als auch positive karmische Gegebenheiten aufgebraucht sind.

13. Buddhisten finden Erlösung im Erwachen zu den Vier Wahrheiten und im Begehen des Hohen Achtfachen Pfads; Anhänger des Mahayana geloben, als Bodhisattvas zur Erlösung aller Wesen beizutragen.

14. Während Nichtchristen sich nicht in der Lage sehen, Jesus Christus ausschließlich und als in einem letzten Sinn heilsrelevant anzuerkennen, hat umge-

kehrt der trinitarische Glaube Möglichkeiten, Anregungen aus den nichtchristlichen Religionen aufzunehmen.

15. Christlicher Glaube läßt sich vom Judentum davor warnen, das Heil zu spiritualisieren, und durch hinduistische Vorstellungen davon abhalten, das Heil nur auf das menschliche Individuum zu beziehen.

16. Vom Islam läßt sich der christliche Glaube daran erinnern, wie hoch die moralische Kapazität des Menschen einzuschätzen ist, ohne daß sie freilich als Voraussetzung für die Rechtfertigung in Frage kommt.

17. Durch die hinduistische und buddhistische Erfahrung mit spirituellem Training können Christen auf geschöpfliche Möglichkeiten aufmerksam werden, den rechtfertigenden Glauben tiefer zu erfassen und konsequenter zu leben.

18. Erlösung wird in den ostasiatischen Religionen primär als Befreiung von allem Unheil aufgefaßt, in dem abrahamitischen dagegen als Wiederherstellung des göttlichen Rechts. Während der Islam diese vom bevorstehenden Gericht erwartet und das Judentum sie dem Verfügen Gottes anvertraut, wissen Christen sie vollzogen durch Gottes versöhnendes Heilshandeln in Jesus Christus, durch das der Glaubende Rechtfertigung erfährt und Gottes Recht erneut in Kraft gesetzt ist.

19. Da das Wirken des dreieinen Gottes nicht auseinanderdividiert werden kann, Erlösung also nicht von Gottes schöpferischem und vollendendem Handeln getrennt werden darf, befinden sich nichtchristliche Religionen im Verhältnis zum christlichen Glauben nicht im Zustand ausschließender Gegensätzlichkeit, sondern in der Situation unerfüllter Offenheit.

8.2 Die Vermittlung des Heils

8.2.1 Problemhorizont

(1) Die Fragestellung

Alle Religionen benennen Wege zu Erlösung und Heil oder verstehen sich selbst als solche »Wege«. Mit besonderer Schärfe aber unterscheidet der christliche Glaube reformatorischer Prägung zwischen einerseits dem Grund und andererseits der Vermittlung des Heils. Woran liegt dies? Es lassen sich dafür mindestens zwei Gründe geltend machen:

Zum einen ist das Heil nach christlichem Verständnis nicht in einem Weg beschlossen, den man – und sei es mit göttlicher Hilfe – gehen kann. Der Weg hat einen Ausgangspunkt, den man nicht selbst wählen und auf den man sich nicht in Eigeninitiative beziehen kann. Das Heil wird zuteil, gewährt, geschenkt – und damit stellt sich die Frage der Vermittlung.

Sodann ist der Weg nicht zu identifizieren mit dem Ziel. Der Weg ist gewiß Teil des Ziels, aber nicht das Ziel selbst. Die kategoriale Differenz zwischen Weg und Ziel muß erkennbar bleiben. Das dem sündigen und sterblichen Menschen schlechthin nicht Verfügbare, von ihm auch nie voll zu Fassende wird ihm vermittelt – auf eine Weise, die er sich nicht selbst ausdenken kann, sondern sich gefallen lassen muß.

In der Sprache der Reformation heißt das: Die Rechtfertigung des gottlosen Menschen konstituiert – gegen allen Augenschein – seine Würde. Sie verschafft ihm damit zugleich Entlastung sowie Freiheit zur Selbstentfaltung und zur Wahrnehmung von Verantwortung. Wie aber vollzieht sich das? Auf welche Weise wird dem Menschen das ihm zugesprochene Heil vermittelt?

Eine Antwort könnte lauten: durch die Kirche. Es ist die Antwort der römisch-katholischen und in gewisser Weise der orthodoxen Theologie. Dann aber stellt sich die Frage: Woher kommt die Kirche, wie kommt sie zustande, wodurch wird sie konstituiert und zu solchem Tun legitimiert und befähigt? Eine entsprechende Ekklesiologie[1] läßt sich dadurch nicht in Verlegenheit bringen und verweist auf die sakramentale Vollmacht der Kirche und deren Begründung in Gottes Willen und Handeln.

Eine andere Antwort lautet: durch den Heiligen Geist. Es ist die Antwort der »Schwärmer« der Reformationszeit und vieler charismatischer Bewegungen.

---

1. Siehe S. 667!

Erlösung

Dann aber ist zu klären: Wie wirkt der Heilige Geist? Wie ist er als solcher zu erkennen und von anderen Kräften und »Geistern« zu unterscheiden?

Die Antwort der Reformation lautet: Der Heilige Geist wird geschenkt durch Wort und Sakrament.[2] Die evangelische Gemeinde singt: »In dieser schwern betrübten Zeit / verleih uns, Herr, Beständigkeit, / daß wir dein Wort und Sakrament / behalten rein bis an das End!«[3]

Wie soll man sich die Vermittlung des Glaubens und damit des Heils durch Wort, Taufe und Abendmahl näherhin vorstellen? Wort und Sakrament dienen nach Auffassung der altprotestantischen Orthodoxie als »media salutis«, als »Heilsmittel«, Mittel des Heils, die durchaus in einem therapeutischen Zusammenhang verstanden wurden und nicht ohne Grund die Assoziation »Heilmittel« nahelegen. Es geht, weil es sich um das von Gott vermittelte Heil handelt, zugleich um das, was dem Menschen guttut, um das »gute Wort« und das »gute, ermutigende Zeichen«. Aber nicht, was man gemeinhin unter »Wort« und »Zeichen« versteht, vermag zureichend zu beschreiben, was durch sie auf welche Weise vermittelt wird. Vielmehr definiert sich am Heil selbst, wie »Wort« und »Zeichen« verstanden sein wollen, die es vermitteln.

(2) Anthropologische Implikationen

Bei dem Heil, von dem der christliche Glaube spricht, geht es um die den Menschen in seiner psychosomatischen Gesamtheit betreffende und erneuernde Begegnung mit dem dreieinen Gott. Das Heil, das damit vermittelt wird, sprengt die Kategorien des Personalen wie des Apersonal-Sachlichen. Es hat eschatologische, Zeit und Raum in Anspruch nehmende und zugleich transzendierende Qualität. Für den Vermittlungsvorgang heißt das, daß er nicht eindimensional erfolgen kann. Als Medium kann weder die verbale noch die nonverbale Kommunikation allein genügen. Es erscheint von daher sachgemäß, wenn das Bekenntnis von »Wort« *und* »Sakrament« spricht.

Man hat im Lauf der Geschichte unterschiedliche Modelle dafür vorgeschlagen, wie »Wort« und »Sakrament« unter anthropologischen Gesichtspunkten einander zuzuordnen sind. Auf Augustin geht die Unterscheidung zwischen »verbum audibile« und »verbum visibile« zurück.[4] Dabei steht das Übergreifende – nämlich das »Wort« als Botschaft – im Vordergrund, während hinsichtlich des Adressaten differenziert wird im Blick auf dessen Hör- und Sehvermögen. Auch die Unterscheidung zwischen der geistigen Seite des Menschen, an die sich das Wort wendet, und dem Leib, dem das Sakrament zugedacht ist, hat

2. CA V; UG 63 (Nr. 11).
3. EG 246,2; vgl. EG 250,5; EG 320,5.
4. Vgl. In Joh. Ev. Tract. 80,3 (MPL 35, Sp 1840).

Erlösung   579

sich nahegelegt. Schließlich machte man geltend, das Wort bleibe eher allgemein, während das Sakrament zum Leib des Empfängers eine direkte und konkrete Verbindung herstelle; solche Überlegungen tauchen gelegentlich bei Luther auf. Das Wort wendet sich an eine – möglicherweise unübersehbare – Vielzahl von Menschen, während das Sakrament notwendig auf das einzelne Individuum bezogen sei. Alle diese Gegenüberstellungen können nur bis zu einem gewissen Grad überzeugen, da sie nicht zum Ausdruck zu bringen vermögen, inwiefern die hier zu unterscheidenden Elemente auch wiederum untrennbar zusammengehören. Man mag Wort und Sakrament gegeneinander zu profilieren versuchen – im Blick auf die Differenz zwischen Bewußtsein und Gefühl, zwischen Rationalität und Emotionalität, zwischen linker und rechter Gehirnhälfte. Gerade wenn man sich auf gehirnphysiologische Grundgegebenheiten bezieht, wird deutlich, daß es hier letztlich um Ganzheitlichkeit geht: Als Empfänger von Wort und Sakrament darf der Mensch in seiner psychosomatischen Gesamtverfaßtheit dem dreieinen Gott begegnen.

Im Vergleich mit nichtchristlichen Religionen fällt auf, daß der christliche Glaube diese ganzheitliche Begegnung nicht im Bereich der Sexualität sucht. Im sexuellen Vollzug, wie in aller Ekstase überhaupt, kommt es vorrangig nicht zu Begegnung, sondern zu Verschmelzung. Hier wird nichts »gehört«, sondern gerade nicht mehr gehört und vernommen. Das rationale Vermögen des Menschen tritt zurück oder geht unter; insofern kommt es damit nicht zu einer ganzheitlichen, auch die Rationalität zum Zuge bringenden Begegnung. Erst auf der Basis der Vermittlung des Heils durch Wort und Sakrament kann dann auch die Sexualität Symbole und Kapazitäten für das Erleben des Gottesverhältnisses bereitstellen, wie dies in den mittelalterlichen Auslegungen des Hohenlieds, beispielsweise bei Bernhard von Clairvaux, zum Ausdruck kommt.

Die durch das Gegenüber von Wort und Sakrament intendierte Ganzheitlichkeit verzichtet nicht auf Konkretion. Es geht um die Identität des einzelnen Menschen; sie wird nach christlicher Auffassung in einem eschatologisch erneuernden Sinn durch die Taufe konstituiert. Es geht ferner um die Sozialität des Menschen; sie wird nach christlicher Auffassung durch die Teilnahme am Heiligen Abendmahl eschatologisch begründet und damit auch empirisch erneuert. Taufe und Abendmahl verweisen dabei aufeinander. Von daher ist es auch anthropologisch plausibel, daß Taufe und Abendmahl in allen christlichen Kirchen die zentralen Sakramente darstellen: Taufe als das Sakrament der Identität, Abendmahl als Sakrament der Sozialität, der Realisation von Gemeinschaft, wobei Identität und Sozialität aufeinander bezogen bleiben. Weder Taufe noch Abendmahl können als Sakramente auf das Wort verzichten.

(3) Theologische Probleme

(a) Das Verhältnis von Wort und Sakrament

Die Frage nach dem Verhältnis von Wort und Sakrament ist bisher weniger in anthropologischer als in theologischer Perspektive gestellt worden. Muß, theologisch gesehen, nicht doch das Schwergewicht entweder auf dem Wort oder auf dem Sakrament liegen? Der Protestantismus – nach der Aufklärung zumal – hat eine Tendenz, das Sakrament für minderen Ranges oder gar entbehrlich zu halten, während der Katholizismus jedenfalls geneigt war, dem Sakrament die Dominanz einzuräumen, und erst seit dem II. Vatikanum die Gleichrangigkeit zwischen beiden behauptet. Von Hause aus ist der Protestantismus eher am Empfang des Heils, an der Gewinnung der neuen Gottesbeziehung und damit an der Wirkung des Wortes interessiert, der Katholizismus dagegen an der Spendung der Gnade und damit an der sakramentalen Vermittlung durch die Kirche. Die Orthodoxie hat sich auf ein klares Gegenüber von Wort und Sakrament ohnehin nicht eingelassen; für sie gilt die Göttliche Liturgie insgesamt – allerdings unter Vernachlässigung der Predigt – als sakramentale Handlung.

Eine Prävalenz des Wortes scheint sich allein dadurch zu ergeben, daß das Sakrament nicht ohne das Wort auskommt, während das Wort durchaus für sich zu stehen und zu wirken vermag. Andererseits läßt sich die Sendung Jesu nicht auf seine Verkündigung reduzieren; seinen Worten entsprechen Taten. Das Evangelium ist keine Ideologie, die man nur intellektuell nachzuvollziehen bräuchte. Nicht von ungefähr konnte sich in keiner Konfession die in ihr zu beobachtende Tendenz zur Einseitigkeit voll durchsetzen. Wort und Sakrament dürfen nicht alternativ zueinander verstanden werden. Das Sakrament vermittelt nichts *anderes* als das Wort, sondern dasselbe *anders*. Dieses »selbe« läßt sich aber in seiner Fülle weder durch das Wort noch durch das Sakrament allein erfassen. Die Reichweite des Bewußtseins deckt sich nicht mit dem, was somatische Wirklichkeit ausmacht. Umgekehrt dringt somatische Wirklichkeit nicht voll ins Bewußtsein vor. Die Selbstvergegenwärtigung des dreieinen Gottes transzendiert ohnehin alles, was die somatische Wirklichkeit oder das Bewußtsein zu rezipieren vermögen. Wort und Sakrament ergänzen und transzendieren einander; sie gehen nicht ineinander auf. Nur anthropologisch gesehen bestimmt sich das Sakrament durch das Wort und nicht das Wort durch das Sakrament, wenngleich auch dem Wort sakramentaler Charakter zugesprochen werden muß. Jesus Christus ist »das eine Wort Gottes« (vgl. Barmen I), und sein Lebenswerk, seine Geschichte kann zugleich als »Sakrament« bezeichnet werden.[5]

---

5. Vgl. K. Barth, KD IV/4, 112.

(b) Die Gefahr der Instrumentalisierung

Formal läßt sich das Sakrament leichter instrumentalisieren als das Wort, weil es mit konkreten Handlungen und Zeichen verbunden ist. Auf römisch-katholischer Seite, der ohnehin tendenziell am Sakrament mehr lag als am Wort, legte sich daher die Gefahr eines magischen Mißverständnisses nahe, gegen das die Reformation heftig protestierte. Wenn das Sakrament »ex opere operato«, also allein aufgrund seines Vollzugs, wirkte, reduzierte dies die Relevanz des Glaubens. Obwohl dieser in Trient stark betonte Aspekt[6] in der neueren römisch-katholischen Sakramententheologie eher zurücktritt, verschärft doch andererseits die betonte Bindung des Vollzugs – vornehmlich der Eucharistie – an das von der Kirche autorisierte Amt den ökumenischen Konflikt. Die Gefahr der Instrumentalisierung hat sich damit von der allgemeinen Theologie der Sakramente zur speziellen Theologie des Amtes verschoben. Das Amt in seiner an die apostolische Sukzession gebundenen Ausprägung übernimmt die Schlüsselfunktion gegenüber den anderen Sakramenten[7], womit sich eine neue Gestalt der »Instrumentalisierung« der Heilsmittel – in römisch-katholischer Terminologie: der Gnadenmittel – verbindet.

Die Reformation hat einer solchen Instrumentalisierung vorgebeugt, indem sie auf die grundsätzliche Freiheit des göttlichen Heilshandelns verwies. Durch Wort und Sakrament wirkt der Heilige Geist, »wo und wann er will«.[8] Dieser Ansatz konnte jedoch nicht verhindern, daß im Protestantismus zuweilen das »Wort« in quasi-magischer Weise verstanden und nahezu zum Fetisch erhoben wurde.

Im Blick sowohl auf das Wort als auch auf das Sakrament bleibt Gottes Handeln ein Geheimnis und unverfügbar. Gott selbst verwendet sie gleichsam als »Instrumente«[9] und wirkt durch sie, nicht der Amtsträger oder eine Amtskirche. An ihm versündigt sich, wer hier durch psychologische Tricks oder durch bloße Machtmittel Ziele durchsetzen will – und seien es die »frömmsten«.

(c) Ökumenische Fragen zu Wort und Sakrament

Weil sich die Frage nach den Medien des Heils eng mit dem Selbstverständnis der Kirche berührt, kam es gerade in dieser Frage immer wieder zu ökumenischen Konflikten. Sie konzentrierten sich auf drei Punkte:

---

6. DH 1608.
7. Wenn auch in unterschiedlicher juristischer Abstufung, vgl. die Legitimität der Nottaufe durch Laien, sowie speziell die Problematik von Trauung und Ehe.
8. »… ubi et quando visum est Deo«; CA V.
9. »… tamquam per instrumenta«; CA V.

Erlösung

– Was ist unter einem Sakrament zu verstehen?
– Welche Handlung der Kirche darf daher als Sakrament gelten?
– In welcher Relation stehen die Medien des Heils zur Kirche?

1. Die erste Frage hat die Reformation damit beantwortet, daß sie die Sakramente als »Riten« bezeichnet, »die den Befehl Gottes (mandatum Dei) haben und denen die Verheißung der Gnade (promissio gratiae) beigefügt ist«.[10] Dies scheint klar anwendbare Kriterien bereitzustellen: Der äußere Vollzug muß gegeben sein, sich auf eine göttliche Anordnung berufen können und auf Gottes Gnadenhandeln Bezug nehmen. Worin aber läge die innere Verbindung dieser drei Kriterien? Formal könnte man sagen, es handle sich um den Zusammenklang von Argumenten, von denen eines sich auf die Autorität Gottes (necessitas praecepti) und ein zweites sich auf die Heilsfunktion (necessitas salutis) bezieht, wobei diese beiden Argumente sich drittens mit einer äußeren Handlung verbinden müssen. Doch schon bei der Frage, ob dann neben Taufe und Heiligem Abendmahl nicht auch die Beichte als Sakrament zu bezeichnen sei, ergaben sich Unschärfen: Konnte die Beichte im Sinne der genannten Kriterienliste als »Ritus« gelten? Die Reformatoren haben die Kriterien für die Bestimmung des Sakraments jedoch nicht vorweg festgelegt, sondern sie an den zentralen Handlungen der Kirche, nämlich der Taufe und dem Heiligen Abendmahl, abgelesen. Daß die Confessio Augustana den allgemeinen Sakramentsbegriff erst nach der Darstellung von Taufe, Abendmahl, Beichte und Buße thematisiert, zeigt klar, worauf es ihr ankommt: nicht auf eine abstrakte Definition, sondern auf die konkreten Vollzüge, wie auch immer diese nun zu benennen sein mochten. Luther war es in seiner Polemik gegen die Siebenzahl der Sakramente[11] darum gegangen, daß im Handeln der Kirche wirklich das Evangelium und nicht etwa eine das Evangelium verzerrende kirchliche Eigenmächtigkeit zum Zuge kam; der Sakramentsbegriff als solcher konnte dabei relativ offen bleiben.

2. Welche »Riten« und »Zeremonien« dürfen als »Sakramente« gelten? Die Reformation anerkennt aufgrund der genannten Kriterien als Sakramente nur die Taufe und das Heilige Abendmahl. Doch auch andere Vollzüge kirchlichen Handelns stehen in einer gewissen, wenn auch unterschiedlichen Nähe zu dem in Confessio Augustana und Apologie formulierten Sakramentsbegriff. Am nächsten kommt ihm, wie schon aus dem bisher Gesagten ersichtlich, die Beichte. Sie ist formal durch das Binde- und Lösegebot legitimiert, wie es die Evangelien bezeugen (Joh 20,19-23; Mt 16,19b; 18,18). Sie ist sachlich begründet, sofern in ihr die Predigt von Gesetz und Evangelium zur Auswirkung gelangt und die Rechtfertigung dem sündigen Menschen auf eine direkte und individuelle Weise zugesprochen werden kann. Es fehlt allein der »Ritus«; die im Johannes-Evangelium bezeugte Geste des »Anhauchens« wurde von der Kirche nicht als äußeres, sakramentales »elementum« empfunden.

---

10. Apol XIII, 3; UG 316.
11. De captivitate Babylonica ecclesiae praeludium, WA 6, 497-573.

Die Berufung in das Amt der Verkündigung, der Sakramentsverwaltung und der Gemeindeleitung hat eine wichtige Funktion für die Kirche; es verbindet sich mit ihr aber keine besondere Gnadenverheißung, keine spezifische »promissio gratiae«. In der Krankensalbung geht es nicht ausschließlich um die äußere, leibliche Genesung; aber ein Gebot Gottes oder eine Stiftung durch Christus aus Jak 5,14 abzuleiten, dürfte sich als schwierig erweisen; die Salbung von Kranken steht im Blick auf das Gesamtzeugnis des Neuen Testaments doch eher am Rande.[12] Die Ehe schließlich kann sich wohl auf Gottes »Mandat« berufen, doch bezieht sich dieses auf irdische Verhältnisse: Im Himmel wird man weder »heiraten noch sich heiraten lassen« (Mt 22,30). Gleichwohl haben Ehepartner im Sinn des allgemeinen, gegenseitigen Priestertums auch nach evangelischer Auffassung Aufgaben aneinander. Sie können einander sehr wohl »in den Himmel helfen«.

Auch die evangelische Kirche hat also durchaus die Möglichkeit, in einem ihrem Verständnis entsprechenden Sinn »sakramental« zu handeln und auf diese Weise die Ganzheitlichkeit zum Ausdruck zu bringen, auf die das Evangelium zielt. Zunächst aus einer berechtigten Angst vor Mißverständnissen und Aberglauben heraus, später im Zuge von Aufklärung und allgemeiner Rationalisierung haben sich hilfreiche Gesten und Symbole verflüchtigt; in den reformierten Gemeinden wird weithin sogar das Kreuzzeichen abgelehnt. Inzwischen aber hat sich die religiöse und weltanschauliche Situation geändert. Der Ruf nach Ganzheitlichkeit ist gerade auch außerhalb der Kirche zu hören. Der Versuch, die Salbung wiederzugewinnen, mag etwas Esoterisches oder Restauratives an sich haben. Aber die Gesten der Handauflegung, des Friedensgrußes durch Handschlag oder Umarmung, ja selbst der Verabschiedung der einzelnen Gemeindeglieder nach dem Gottesdienst durch Pfarrer oder Pfarrerin können den Sinn des Vollzogenen und mit dem Wort Gemeinten verdeutlichen. Auch die Akte der Segnung oder der Selbstbekreuzigung ließen sich in diesem Zusammenhang wiederentdecken. Es handelt sich dabei freilich um anthropologisch verstandene, psychologisch hilfreiche Verhaltensweisen und nicht um Handlungen, die, durch die Autorität einer Kirche legitimiert, Gottes Gnade in einer spezifischen Weise vermitteln. Das macht ihren Unterschied zu den im Katholizismus vollzogenen »Sakramentalien« aus.

3. In welchem Verhältnis stehen aber nun Wort und Sakrament zu der Kirche, die sie vollzieht? Nach römisch-katholischem Verständnis gewinnen jedenfalls die Sakramente erst durch ihren Vollzug innerhalb der römisch-katholischen Kirche ihre Legitimität und Gültigkeit.[13] Die Kirche selbst kann als »Ursakrament« bezeichnet werden, aus dem sich alles sakramentale Handeln ableitet.[14] Nach evangelischer Auffassung ist die Kirche nicht selbst Subjekt des

---

12. Vgl. H.-M. Barth, Heilende Seelsorge. Wort und Sakrament als Heilsmittel im therapeutischen Zusammenhang, in: US 42 (1987) 213-222.
13. CIC can. 840f.
14. K. Rahner, Kirche und Sakramente, Fr 1960.

sakramentalen Handelns, sondern nur der Raum, in dem sich dieses zusammen mit der Wortverkündigung vollzieht. Die Kirche wird als Ergebnis dessen begriffen, was der Heilige Geist durch Wort und Sakrament unter den Menschen ausrichtet und vollbringt.[15] Andererseits muß aber auch im Protestantismus zugegeben werden, daß – institutionell gesehen – natürlich die Kirche es ist, die Wort und Sakrament ausrichtet. Geht die Kirche den Mitteln des Heils voraus, die sie verantwortlich zu verwalten hat, oder geht die Kirche aus dem Vollzug der Heilsmittel hervor, so daß sie von ihnen abhängig wäre? Diese alte Streitfrage zwischen den Konfessionen ist im Sinne einer Zirkularität zu entscheiden. Der hier sich zeigende scheinbare Widerspruch löst sich auf, wenn man sich klar macht, daß weder die Kirche ihrem Auftrag noch auch ihr Auftrag der Kirche vorausgeht: Wort und Sakrament sind ebenso wie die Gemeinde selbst begründet in Jesus Christus, der mit seiner Lebens- und Leidensgeschichte und mit seiner Erhöhung zu Gott in einem unüberbietbar ursprünglichen Sinne sowohl das »Wort« als auch das »Sakrament« darstellt – und damit zugleich die Existenz der Gemeinde, seines »Leibes«, konstituiert.[16]

B   Das Verhältnis von heiligem Wort und heiliger Handlung in nichtchristlichen Religionen

In den meisten nichtchristlichen Religionen geht es nicht um Mittel, durch die Heil zugeeignet wird, sondern um Wege zum Heil, die – oft rituell oder in Askese – zu gehen sind. Daß der Weg gesucht und gefunden werden kann, wird mitunter als Gnade erlebt, nicht selten aber auch mit eigener Bemühung in Zusammenhang gebracht. Heiliges Wort und heilige Handlung begleiten den Weg, vermitteln aber als solche nicht das Heil. Verbale und nonverbale Elemente wirken dabei zusammen, ohne daß sie einander klar zugeordnet werden müßten. In den traditionalen Religionen steht die heilige Handlung im Mittelpunkt, zu der freilich das sachgemäß und rituell richtig gebrauchte Wort konstitutiv hinzugehört.

In Judentum und Islam dominiert das Wort. Zwar kennt das Judentum Riten, die man als heilige Handlungen bezeichnen könnte: die Sitte der Beschneidung als Bundeszeichen oder die Feier des Pesach als Akt religiöser Selbstvergewisserung. Doch insbesondere seit der Zerstörung des Tempels gewann das

---

15. »Ecclesia ... creatura est Euangelii ...«; M. Luther, WA 2, 430, 6f.
16. Vgl. zum Ganzen: W. Härle 1995, 532-547, H. G. Pöhlmann ⁵1990, 293-304; ferner U. Kühn, Sakramente, Gü 1985; H.-M. Barth, Spiritualität, Gö 1993, 112-136; K. Lehmann, W. Pannenberg (Hg.), Lehrverurteilungen – kirchentrennend? I Rechtfertigung, Sakramente und Amt im Zeitalter der Reformation und heute, Fr/Gö 1986, 77-156.

Wort verstärkt das Übergewicht gegenüber rituellen Handlungen, die ihrerseits hinter der Bedeutung der Tora und des ihr entsprechenden Ethos prinzipiell zurücktraten. Der Islam kennt – von bestimmten Riten der Schia abgesehen – kaum kultische Handlungen; rituelles Gebet und Pilgerfahrt verbinden sich mit bestimmten Gebärden und Verhaltensweisen, die aber nur vom begleitenden Wort her verständlich werden.

Anders ist es in den hinduistischen und auch in den mahayana-buddhistischen Traditionen: Hindus kennen einerseits tägliche, andererseits am Lebenszyklus orientierte heilige Handlungen, die zwar von heiligen Worten begleitet werden, aber ihren Sinn und ihre Funktion in sich selbst haben. Sie als »Sakramente« *(samskara)* zu bezeichnen, ist jedoch irreführend, da durch sie nicht Heil vermittelt, sondern die Vorbereitung für den Heilsempfang gewährleistet werden soll.[17] Das Wort muß dem Ritus entsprechend verwendet werden; es konstituiert nicht so sehr durch seinen Inhalt wie durch seine sachgemäße Anwendung das Geschehen. Dies gilt insbesondere bei den nicht im Haus stattfindenden öffentlichen Opfern, die von Brahmanen durchzuführen sind.

Der Buddhismus hat die kultkritische Haltung seiner Anfänge nicht bewahrt. Die im Mahayana blühende Verehrung von Reliquien in den Stupas und Pagoden oder die den Buddha-Statuen erwiesene Huldigung in den Tempeln und bei der häuslichen Andacht weist als »sakramental« zu bezeichnende Züge auf.[18] Doch vermengen sich auch hier verbale und nonverbale Elemente auf eine rational nicht gegeneinander abzuhebende Weise. Die Bodhisattvas verfügen über »geschickte Mittel« *(upaya)*[19], die aber von den christlich verstandenen Heilsmitteln klar zu unterscheiden sind: Sie dienen dazu, die Menschen allererst auf den Weg zum Heil zu bringen. Diese Mittel können in allen möglichen Phänomenen bestehen, in der Begegnung mit einem Mönch oder dem Geschick einer Krankheit oder sogar in erotischer Anziehung. Eine Einteilung der »Mittel« in verbale und nonverbale macht keinen Sinn, zumal die drei großen »Fahrzeuge« des Buddhismus – Hinayana, Mahajana und Vajrajana – selbst als »geschickte Mittel« bezeichnet werden können. Eine Dominanz des Wortes ist nur im ursprünglichen Buddhismus wie auch in manchen Sonderformen festzustellen. Beispielsweise im Zen, in dem das Wort eine relativ hohe Bedeutung hat, freilich nicht in dem uns geläufigen Sinn: Es kommt gerade darauf an, auch das Wort in der Meditation spirituell zu durchstoßen. Mehr als einzelne auf heilige Worte oder Handlungen bezogene »Mittel« zählt in den östlichen Religionen die Askese, in die sie eingebettet sind und durch die sie fruchtbar gemacht, aber auch transzendiert werden sollen.

17. Vgl. A. Michaels 1998, 88 f.
18. Vgl. H. Dumoulin 1995, 108 ff.
19. Vgl. dazu Michael Pye, Skilful Means. A concept in Mahayana Buddhism, London 1978.

C Wort und Sakrament im Kontext nichtchristlicher Religionen

Eine direkte Entsprechung zum Gegenüber von Wort und Sakrament, wie es, wenn auch mit unterschiedlichen Akzentuierungen, im Christentum verstanden wird, gibt es in den nichtchristlichen Religionen nicht. Trotzdem können sie der christlichen Theologie Fragen stellen:

Zunächst: Wie sind Wort und Sakrament einander so zuzuordnen, daß nicht das eine auf Kosten des anderen Gewicht erhält? Nach evangelischer Auffassung konstituiert das Wort das Sakrament, das Verhältnis zwischen beiden ist in der Tat asymmetrisch. Doch dies darf nicht zu einer Geringschätzung des Sakraments führen! Sodann: Wie sind nonverbale Weisen, den Glauben auszudrücken oder einzuüben, als Hilfestellungen zu entdecken, die dazu beitragen, das Wort aufzunehmen, zu verstehen und sich anzueignen? Schließlich: Wie steht es mit der Abgrenzung zwischen Sakrament und anderen nonverbalen Äußerungen und Vollzügen des Glaubens? Können nicht auch sie in der Vermittlung von Heil eine spezifische Funktion gewinnen? Dabei ist nicht nur an die klassischen und innerhalb der Christenheit umstrittenen Beispiele zu denken: an die Beichte, die sich ja leicht mit einem Gestus, etwa der Handauflegung oder der Bekreuzigung, verbinden ließe, an die durch die Trauung begründete spirituelle Rolle der Ehepartner füreinander oder an die Ordination für bestimmte Aufgaben und Ämter. Wie steht es mit Segnung und Salbung, mit den säkularen Formen der Kommunikation wie Handschlag oder Umarmung, die ja auch in den religiösen Bereich Eingang gefunden haben? Brauchen wir neue Sakramente, muß der Sakramentsbegriff überhaupt erweitert werden, wie es beispielsweise Leonardo Boff in seiner »Kleinen Sakramentenlehre«[20] versucht hat? Inwiefern können feministische Ansätze zu einer Erneuerung sakramentalen Denkens führen?[21] Evangelische Theologie könnte, ohne die reformatorische Kritik am spätmittelalterlichen Sakramentsverständnis zu vergessen, im Licht eines klar auf Taufe und Abendmahl bezogenen Sakramentsbegriffs den ganzen Reichtum nonverbaler indirekter, aber eben hilfreicher Glaubensvollzüge entdecken.

Das im Christentum begegnende reflektierte Verhältnis von Wort und Sakrament seinerseits stellt für die nichtchristlichen Religionen eine Herausforderung dar. Juden und Muslime können sich durch den christlichen Sakramentsbegriff inspiriert sehen, nonverbale Elemente ihrer religiösen Vollzüge stärker zu gewichten und zu nutzen. Hindu-Gläubige können entdecken, daß das Wort die heilige Handlung nicht nur rituell begleitet, sondern sie auch in ihrer Be-

---

20. Für L. Boff, Kleine Sakramentenlehre, Dü 1976, konnte auch ein Gebirgszug oder ein Zigarettenstummel zum Sakrament werden.
21. Vgl. Chr. Mulack, Art. Rituale/ Magie, in: WFT 351-354; leider gibt es in diesem Nachschlagewerk keinen Artikel zum Stichwort »Sakrament«.

deutung neu zu erschließen und zu vertiefen vermag. Nicht mehr verstandene Riten werden sich zwar innerhalb eines bestimmten kulturellen Milieus eine Weile lang halten können. Sobald derartige Milieus aber abbröckeln oder von übergreifenden Entwicklungen aufgesogen werden, wächst die Gefahr, daß unverstandene Riten allmählich absterben und schließlich ganz verschwinden. Buddhisten wiederum, die dem Mahayana anhängen, werden sich vielleicht fragen lassen, ob die von ihnen angenommenen »geschickten Mittel« nicht in bestimmten Relationen zueinander stehen und ob insbesondere zwischen der Lehre und den in anderen Phänomenen begegnenden Mitteln ein klarerer Bezug hergestellt werden könnte.

Daß sich gerade zwischen der evangelischen Auffassung von Wort und Sakrament und den entsprechenden nichtchristlichen Vorstellungen so schwer Brücken schlagen lassen, liegt daran, daß es hier nicht nur um formale oder strukturelle Ähnlichkeiten geht. Der evangelische Sakramentsbegriff lebt nicht von formal gewonnenen Definitionen, sondern von seiner inhaltlichen Füllung: In den Heilsmitteln Wort und Sakrament vergegenwärtigt und vermittelt sich der dreieine Gott, indem er unter Inanspruchnahme schöpfungsmäßiger Voraussetzungen unter dem Wirken des Heiligen Geistes in Jesus Christus sich mit Menschen verbindet. Dabei ist der Rekurs auf den historischen Jesus ebenso konstitutiv wie die Gewahrwerdung des erhöhten Christus. Im Blick auf das Verhältnis von Wort und Sakrament bewährt sich erneut die spezifisch dem Christentum eignende Fähigkeit, theologisch zu unterscheiden, ohne zu trennen. Sie hat ihren Grund in dem christologischen Urgeschehen, das Wort wie Sakrament begründet: »Das Wort ward Fleisch« (Joh 1,14). Nur durch das Wort ist das Fleisch gewordene Wort zu erkennen. Nur im Fleisch – von Wort und Sakrament – kann es das Heil vermitteln.

D Thesen

1. Als »Heilsmittel« versteht evangelische Theologie das Wort Gottes und die Sakramente, durch deren Wirksam-Werden der dreieine Gott sich selbst vergegenwärtigt und vermittelt.

2. Der sie empfangende Mensch wird dabei nach Leib, Geist und Seele angerührt und somit als psychosomatische Ganzheit angesprochen und ernstgenommen.

3. Wort und Sakrament vermitteln nicht Unterschiedliches, sondern dasselbe – nämlich Gottes heilvolle Gegenwart – auf unterschiedliche Weisen, die sich gegenseitig interpretieren und transzendieren.

Erlösung

4. Wort und Sakrament werden vermittelt durch das vielfältige Handeln von Glaubenden inmitten der Gemeinschaft der Kirche, die sich ihrerseits durch Wort und Sakrament begründet weiß.

5. Nichtchristliche Religionen reflektieren das Verhältnis von heiligem Wort und heiliger Handlung kaum. Sie können jedoch darauf aufmerksam machen, daß hinsichtlich der Vorbereitung auf die Rezeption wie auch hinsichtlich der Aneignung des Wortes der heiligen Handlung und der ethischen Konsequenz eine eigene Dignität zukommt.

6. Christliches Verständnis des Verhältnisses von Wort und Sakrament kann darauf aufmerksam machen, daß das Wort die Bedeutung der heiligen Handlung immer neu zu erschließen und zu vertiefen vermag. Unverstandene Riten dagegen stehen in der Gefahr, Fehlurteile auszulösen und schließlich von selbst zu verschwinden.

7. Im Verständnis von Wort und Sakrament wie auch im Verständnis der Zuordnung beider zueinander bewährt sich erneut die Fähigkeit christlicher Theologie zu unterscheiden, ohne zu trennen. Sie wurzelt in der Menschwerdung des Wortes, die einerseits die kategoriale Differenz zwischen Gott und Mensch aufzeigt und andererseits die heilvolle Selbstidentifikation Gottes mit dem Geschick der Menschen zum Ausdruck bringt.

8.2.2 Die therapeutische Kraft des Wortes Gottes

A Wort Gottes nach christlichem Verständnis

Die Frage nach dem Wort Gottes[22] hat in der klassischen altprotestantischen Dogmatik einen doppelten Ort: einerseits im Zusammenhang der Prolegomena, andererseits bei der Erläuterung der Heilsmittel. In den Prolegomena geht es um die normative Gültigkeit der Heiligen Schrift; im Kapitel über die Heilsmittel um ihre Kraft, im Menschen Glauben zu erwecken. Die Trennung der – im Blick auf das Verständnis von »Wort Gottes« notwendigen – Fragehinsichten hat sich als problematisch erwiesen. Auf diese Weise drohte die Heilige Schrift primär als Legitimationsinstrument für theologische Aussagen und nur nachgeordnet als Medium der Vermittlung des Heils verstanden zu werden. Es ist dieselbe Kraft Gottes, die die Heilige Schrift sowohl normativ als auch therapeutisch wirksam macht. Beide Fragehinsichten gehören zusammen, wenngleich es sich aus systematisch-theologischen Gründen empfiehlt, sie im Rahmen einer Gesamtdarstellung der christlichen Lehre an zwei verschiedenen Stellen genauer anzusprechen.

Die therapeutische – Heilung und Heil einschließende – Kraft des Wortes Gottes wird in manchen Kirchenliedern paradigmatisch zum Ausdruck gebracht: »Dein Wort bewegt des Herzens Grund, / dein Wort macht Leib und Seel gesund, / dein Wort ist's, das mein Herz erfreut, / dein Wort gibt Trost und Seligkeit.«[23] Johann Olearius, der Dichter dieser Zeilen, hält in der Gestalt eines Gebets fest, daß Gottes Wort nicht fixiert, sondern »bewegt«, daß es sich nicht in erster Linie an den Intellekt wendet, sondern an »des Herzensgrund«; es vermittelt vorrangig nicht Information, sondern »Trost und Seligkeit«.

Es ist daher zu fragen, wie in diesem Zusammenhang das Verhältnis von Gottes- und Menschenwort zu denken ist, worin die Macht, und schließlich, worin die Wirkung des Gotteswortes nach christlichem Verständnis besteht.

---

22. Vgl. zum Ganzen P. Althaus 1962, 42-47, 71-83; H.-M. Barth, »Wenn Gottes Wort blüht ...«, in: DtPfrBl 86 (1986) 218-222; G. Ebeling 1979, III, 251-294; ders., Gott und Wort, Tü 1966; W. Führer, Das Wort Gottes in Luthers Theologie, Gö 1984; B. Lohse 1995, 204 ff.; M. Nicol, Meditation bei Luther, Gö 1984; siehe auch oben 3.4!
23. EG 197,2.

Erlösung

(1) Das Verhältnis von Gottes Wort und Menschenwort

Wie kann Menschenwort als Medium des Gotteswortes gedacht werden? Diese Frage läßt sich anthropologisch und theologisch angehen.

Aus anthropologischer Perspektive ist festzustellen, daß das Wort jedenfalls in der Lage ist, Vorfindliches zu transzendieren. Es holt Abwesendes in den Denk- und Gefühlshorizont des sprechenden bzw. hörenden Menschen hinein, es greift in die Vergangenheit zurück oder in die Zukunft aus, stellt Vorurteile über Gegebenheiten infrage, vermag folglich auch Konstellationen zu verändern. Dies kann durch Reflexion, Information oder auch aufgrund der performativen Wirkung des Wortes geschehen.[24] Das Wort trifft den Menschen in seiner Mitte. Was er erlebt, erfaßt er dadurch, daß er es in Worte kleidet. Mit Hilfe des Wortes ordnet er Erlebnisse, fixiert er Erfahrungen. Mit Hilfe des Wortes fragt er nach seinem Leben als ganzem, gewinnt aber auch Distanz zu sich selbst. Im Blick sowohl auf seine Selbsterfahrung als auch auf seine Sozialität bildet sich mit Hilfe des Wortes ein Bewußtsein seiner Identität. Das Wort ist Medium gelingender bzw. mißlingender Selbst- und Fremdwahrnehmung.[25] Es birgt somit zugleich unabschätzbare Möglichkeiten wie auch schwer kalkulierbare Gefahren. Seine Fähigkeit, die Wirklichkeit zu transzendieren, ist einerseits Voraussetzung dafür, daß es als Gotteswort vernommen werden kann, andererseits aber noch keineswegs die Gewähr dafür, daß es als Gotteswort gelten darf.

Theologisch gesehen, läßt sich daher zwar nachvollziehen, daß Gottes Wort durch Menschenworte vermittelt wird. Gottes Wort wird »gesprochen« und »gehört«, »Offenbarung« wird »empfangen« in Audition, gedeuteter Vision und Inspiration. Der Hörende wird zum Boten als Prophet, Apostel oder Prediger. Er wird zum Zeugen; die Information einschließlich ihres performativen Gehalts wird zum Zeugnis: »So spricht der Herr ...«! Woran aber wird Information bzw. Zeugnis als Gottes Wort erkannt?

Empirische oder phänomenologische Kriterien, die von außen an eine bestimmte Botschaft herangebracht werden, kann es dafür nicht geben, da ansonsten ja vorweg bekannt sein müßte, was das »Gotteswort« ist: Gottes Wort kann per definitionem nicht durch Menschenworte geprüft, abgesichert oder ausgewiesen werden. Es müssen daher interne, dem begegnenden Gotteswort selbst entsprechende Kriterien gesucht werden. Drei solcher Kriterien kommen in Frage:

1. Gott identifiziert sich mit der Botschaft. Dies ist als solches aber an der Botschaft allein nicht abzulesen. Zu einer Überprüfung fehlen die dazu notwendigen Voraussetzungen. Kriterien, die der Mensch von sich aus anlegen möchte,

---

24. Vgl. O. Bayer, Was ist das: Theologie?, St 1973 (bes. 24-39).
25. Zu sprachanalytischen, psychologischen und kommunikationstheoretischen Implikationen vgl. H. Fischer, Glaubensaussage und Sprachstruktur, H 1972.

Erlösung

können gerade in die falsche Richtung weisen; sie wären mit Sicherheit eher an dem von Feuerbach beschriebenen Projektonsbedürfnis als an einer Theologie des Kreuzes orientiert.

2. Gott identifiziert sich mit dem Boten: »Den sollt ihr hören ...« (vgl. Mk 9,7). Aber auch diese Identifikation ist anfechtbar, ja widerlegbar, keineswegs eindeutig. Der Prophet Hananja beruft sich auf Gott: »So spricht der Herr Zebaoth ...« und zerbricht das hölzerne Joch Jeremias (Jer 28). Aber es hatte sich, wie sich alsbald herausstellte, gerade nicht um ein Wort Jahwes gehandelt! In Jesus Christus kommt es nach christlicher Überzeugung zur Identifikation Gottes mit dem Boten und der Botschaft Gottes: »Das Wort ward Fleisch« (Joh 1,14). Damit wird gewiß die bloße Information transzendiert; im Wort begegnet nicht nur Information, sondern der, der spricht: Gott selbst. Deutlich wird dies aber nur demjenigen, dem Gott tatsächlich im Wort begegnet!

3. Gott identifiziert sich mit den Rezipienten der Botschaft. Gott selbst ist es, der die Voraussetzungen für die Aufnahme seines Wortes schafft. Er tut dies in einem dreifachen Sinne: durch sein Wirken als Schöpfer, dem sich die schöpfungsmäßigen Voraussetzungen wie Hörfähigkeit, Bewußtsein usw. verdanken, durch sein Geistwirken als Überzeugungskraft eines in sich widersprüchlichen und empirisch wenig plausiblen Wortes und schließlich durch die konkrete Botschaft selbst.

Keines dieser drei Kriterien kann als einzelnes ausreichen: Indem Botschaft, Bote und Rezipient des Gotteswortes zueinanderfinden, wird es als solches erkannt. Es begegnet dann als Zeugnis, das in seinem Woher begründet ist, als Kerygma, das Menschen zu gewinnen und zu verändern vermag, und als Lobpreis, mit dem Menschen die Rezeption vollziehen. Hier stellt sich – aus anthropologischer wie aus theologischer Sicht – noch einmal die Frage nach dem Verhältnis von Wort Gottes und Heiliger Schrift.[26]

In der Bibel zu lesen, hat, sofern man es unter rein literarischen Gesichtspunkten versucht, nur eine begrenzte Reichweite. Dies ändert sich freilich in dem Moment, in dem sich eine Haltung echter Erwartung einstellt – einer Erwartung, daß durch die Lektüre etwas in mir passieren könnte. Die Heilige Schrift ist nicht Wort Gottes, sondern wird je und je zu Wort Gottes. Sie entfaltet ihre therapeutische, heiligende Kraft nicht aufgrund der Verbalinspiriertheit eines Textes, sondern in dem Inspirationsvorgang am Hörer und Leser selbst. Dies ist der Sinn der Rede der alten Dogmatiker vom »inneren Zeugnis des Heiligen Geistes« (»testimonium spiritus sancti internum«).[27] Wort Gottes wird dann wahrgenommen als Gottes Stimme, als das lebendige Reden des lebendigen Gottes.[28]

---

26. Vgl. oben 3.4 A, 3.4 C!
27. Vgl. H. Schmid, Die Dogmatik der evangelisch-lutherischen Kirche. Dargestellt und aus den Quellen belegt. Neu hg. und durchgesehen von H. G. Pöhlmann, Gü ⁹1979, § 8, § 51.
28. Karl Barth stellt, ohne im engeren Sinn pneumatologisch zu argumentieren, lapidar fest: »Es will die Bibel als *Gottes Wort* erkannt sein, um als Gottes Wort *erkannt* zu werden« (KD

(2) Die Macht des Wortes Gottes

Es scheint heute näher zu liegen, von der Ohnmacht des Wortes Gottes zu reden als von seiner Macht. Vielleicht sind aber auch einfach die Situationen seltener geworden, in denen es zu einer echten Begegnung mit dem Wort Gottes kommt. Wie sollte man überhaupt Erfahrungen mit Macht oder Ohnmacht des Wortes Gottes machen, wenn man es gar nicht erst hört? Niemand wird von Gottes Wort enttäuscht, der auf die Macht dieses Wortes setzt!

Die Reformation artikuliert ihr Verständnis des Wortes Gottes aufgrund von Erfahrungen, die unter der Verkündigung dieses Wortes erwachsen sind. Die Mächtigkeit des Wortes Gottes erscheint ihr so selbstverständlich und selbstevident, daß die Confessio Augustana auf einen eigenen Artikel über das Wort Gottes verzichten kann. Die Reformatoren sehen ihre Erfahrung zugleich bestätigt durch das Selbstverständnis dieses Wortes, wie es in der Heiligen Schrift begegnet: Für Gott fallen Wort und Tat nicht auseinander. Das Wort wird »nicht leer« zu Gott »zurückkommen«, es wird gelingen, wozu er es sendet (Jes 55,10 f.). »Wenn er spricht, so geschieht's; wenn er gebietet, so steht's da« (Ps 33,9). Der hebräische Begriff »*dabar*« faßt dementsprechend »Wort« und »Sache« zusammen.

Die schöpferische Macht des Wortes steht am Anfang der Schöpfung – so nach dem priesterschriftlichen Verständnis in Gen 1 und im Sinne des Johannes-Prologs. Die Weltüberlegenheit des Wortes steht aber auch am Ende: »Himmel und Erde werden vergehen; meine Worte aber werden nicht vergehen« (Mk 13,31). Auf vielen Kanzelbrüstungen und Schalldeckeln der Reformationszeit wird Jes 40,8 zitiert: »Verbum Domini manet in aeternum« – »das Wort Gottes bleibt ewiglich«.

Gott identifiziert sich mit seinem Wort. Gott vermittelt sich, indem er spricht. Heilung und Heil kommen da auf, wo Menschen sich von seinem Wort berühren, von diesem schöpferischen Wortgeschehen erfassen lassen. Unter der Macht des Wortes Gottes entsteht der Glaube. Er kommt »aus der Predigt, das Predigen durch das Wort Christi« (Röm 10,17). Luther schließt daraus: Das beste Werk auf Erden ist Predigthören!

Erfahrung unter dem Wort Gottes stellt sich freilich nur ein, wenn man sich diesem »Medium« aussetzt, durch das Gott in seiner unverfügbaren Freiheit begegnen kann und will. Schon der Begriff »Wort Gottes« mag sich dabei als problematisch erweisen. Versperrt etwa »heute das Wort ›Gott‹ dem Worte Gottes die Welt?«[29] Die gottesdienstliche Predigt stellt dabei sicher nur eine reduzierte oder gelegentlich vielleicht sogar abschreckende Gestalt dieses Angebots dar. Um der Kraft des Wortes Gottes zu begegnen, muß man unter Um-

---

I/2, 595). »Die Schrift wird als Gottes Wort daran *erkannt*, daß sie Gottes Wort *ist*.« (KD I/2, 597).

29. G. Ebeling, Gott und Wort, Tü 1966, 86 f.

ständen seine Phantasie und einige Willenskraft aufbieten: Es bedarf einer Bemühung um den Zugang zur biblischen Botschaft im Kontext der Gemeinde, die aus dieser Botschaft lebt und sich selbst um deren immer tieferes Verständnis bemüht. Die Praktische Theologie bietet dazu allenfalls im Zusammenhang ihrer Reflexionen zur Seelsorge gewisse Hilfestellungen an; Spiritualität ist – jedenfalls im evangelischen Raum – als theologische Disziplin noch kaum entdeckt.

Neben bewährte Formen wie die tägliche Lektüre eines Schriftabschnitts oder der Herrnhuter Losungen treten neue Wahrnehmungen im Zusammenhang des Bibliodramas oder des aus Lateinamerika übernommenen »Bibel-Teilens«.[30] Während in der evangelischen Frömmigkeit die Bemühung des einzelnen, mit dem Wort Gottes zu leben, im Vordergrund steht, erfolgt die Begegnung katholischer oder orthodoxer Christen und Christinnen von vornherein stärker im Kontext des gemeinsamen Gottesdienstes und der Gemeinschaft. Beide Ansätze haben ihr Recht, sollten aber sinnvollerweise zueinander finden. Immer kommt es darauf an, daß biblische Botschaft und aktuelle Situation in eine intensive Verbindung zueinander treten. Über allen Bemühungen, mit dem Wort Gottes in Kontakt zu kommen oder zu bleiben, steht aber als Memento an die unverfügbare Freiheit der Gnade Gottes: »wo und wann er will« – »ubi et quando visum est Deo« (CA V).

(3) Wirkungen des Wortes Gottes

Nach christlicher Überzeugung wirkt Gott durch sein Wort auf eine spezifische Weise und erzielt dabei spezifische Wirkungen.

a. Gott vergegenwärtigt sich durch Gesetz und Evangelium. Im Ergehen des Wortes Gottes ist Gott selbst gegenwärtig; er erweist sich als lebendig, als »wirklich«, indem er spricht. Gott vergegenwärtigt sich jedoch dem sündigen Menschen, und das heißt, daß das Wort Gottes in einer doppelten Weise wirkt:

Es erschreckt, verweist auf den das ganze Leben umfassenden Anspruch des heiligen Gottes, entlarvt den Widerspruch des Hörers, widerspricht dem Menschen, der selbst große Worte machen will – und keine Taten folgen läßt. Insofern wirkt das Wort als »Gesetz« und macht dem Menschen, der es zu hören vermag, deutlich, daß er nicht aus seiner Quelle lebt: Er ist im Unfrieden mit sich und seinen Mitmenschen, mit der Welt und mit Gott; sein Leben ist daher

---

30. Vgl. H.-M. Barth, Spiritualität, Gö 1993, bes. 112 ff.; H. Barth, T. Schramm, Selbsterfahrung mit der Bibel, M/Gö 1977; G. M. Martin, Sachbuch Bibliodrama, Praxis und Theorie, St 1995; ferner: Das Buch Gottes. Elf Zugänge zur Bibel. Ein Votum des Theologischen Ausschusses der Arnoldshainer Konferenz, N-V 1992.

von einem letzten Scheitern bedroht. Die dogmatische Tradition nennt dies die »überführende« Funktion des Gesetzes (»usus elenchticus legis«).

Gottes Wort tröstet aber auch den solchermaßen erschreckten Menschen, verweist auf Gottes Zuwendung, erweist sich selbst als Gottes Zuwendung zu ihm, als das gute, heilvolle Wort, das er braucht, das ihm Zukunft und ewiges Gelingen ansagt, als »Evangelium«. Der Zuspruch der Vergebung ist, so gesehen, als exemplarischer Fall von Verkündigung zu verstehen.

b. Gott ruft die Antwort auf sein Wort hervor, nämlich Glauben, Hoffnung und Liebe (I Kor 13, 13). Das Wort weckt Glauben als zunächst vielleicht nur hypothetische Anerkennung eines Wegs, den ich zwar noch nicht überschaue, aber ausprobiere, und zugleich als keimendes Vertrauen, das seine Bewährung erwartet. Es dient dabei als schöpferische Ankündigung: »So wird es sein!« Die Verkündigung des Engels an Maria und Jesu Wort an den Schächer sind Beispiele solchen wirkmächtigen Kerygmas: »Du wirst …!« (vgl. Lk 1,31; 23,43). Das Wort ruft nach dem »Amen«, das es bestätigt: »So soll es sein, so muß es sein, so wird es sein!« (Wolf Biermann). Dieses glaubensvolle Amen schließt zugleich die Hoffnung auf Erfüllung ein, in der das Wort auch jenseits der Todesgrenze sich voll durchsetzen wird. Es ist durchdrungen von Liebe zu Gott und den Menschen und der Schöpfung, und es umfaßt die Fähigkeit, sowohl loszulassen als auch, sich in Hingabe zu engagieren. In Luthers Glaubensbegriff waren Hoffnung und Liebe mitenthalten. »Glaube« war für ihn die elementare Bestimmung einer gelingenden, lebendigen Gottesbeziehung, aus der Hoffnung und Liebe sich ganz von selbst ergeben würden. Die anthropologisch nachvollziehbare, aber doch auch problematische Differenzierung zwischen den sogen. »theologischen Tugenden« war damit aufgehoben, der Tugendbegriff selbst verlassen: Gott wirkt durch sein Wort zwar auch »Tugenden«, aber die durch das Wort geschaffene und sich verwirklichende Gottesbeziehung transzendiert doch zugleich alles, was als »Tugend« oder als »Haltung« bezeichnet werden könnte. Indem das Wort ebendies leistet, wird es selbst zum eschatischen Ereignis und damit zum Heilsmittel schlechthin.

c. Beichte und Absolution können als Inbegriff dessen verstanden werden, was unter der Wirkung des Wortes geschieht. Ein Mensch läßt sich durch das Gesetz treffen und aufklären über sich selbst und seine Lage im Angesicht Gottes; er steht zu ihr und sucht zugleich den Ausweg aus ihr. In der Absolution läßt er sich durch das Evangelium aufrichten und Vergebung und neue Lebenskraft zusprechen. Damit vollzieht sich für ihn Heilung inmitten einer ihn knechtenden und entfremdenden Situation, eine Heilung, die ein Wachstum an Glauben, Hoffnung und Liebe einleitet und in der sich das ewige Heil ungebrochener Gottesnähe abzeichnet. Die therapeutische Kraft des Wortes Gottes – einschließlich ihrer diagnostischen Implikationen – wird damit in ihrer eschatologischen Relevanz erkennbar.

B Außerchristliche Vorstellungen von der Bedeutung des Wortes als Heilsmittel

In allen Religionen hat das Wort eine mehr oder weniger belangvolle Bedeutung. In Ergänzung zu dem, was oben[31] dazu bereits gesagt wurde, soll im folgenden skizziert werden, wie in nichtchristlichen Religionen die Funktion des Wortes als Heilsmittel verstanden wird. Grundsätzlich ist zu beobachten, daß das Wort oft in einer doppelten Relation auftritt – einmal in Verbindung mit einem bestimmten rituellen Tun, zum andern im Wissen um das, was durch Worte nicht ausgedrückt werden kann. Im Gegensatz zum christlichen Verständnis fällt auf, daß oftmals weniger der Aussagegehalt eines Wortes als seine Klanggestalt Bedeutung gewinnt. Das Wort wird nicht in erster Linie intellektuell zur Kenntnis genommen oder eingesetzt, sondern es bekommt seine Funktion in dem jeweiligen Kontext, in dem es zur Anwendung gelangt. Es verbindet sich mit Sprechgesang oder Gesang; seine Wirkung steigert sich durch Wiederholung und in der rituellen Rezitation. Es wird durch Bild und Spiel vergegenwärtigt. Es dient als Machtwort und hat dabei im Zusammenhang von Schwören und Beschwören eine besondere Bedeutung. Es kann als Amulett getragen werden. Mitunter genügt eine einzige Silbe. Rudolf Otto beobachtet: »Das numinose Gefühl fand, als es erstmals durchbrach, auch Laute und zunächst nur Laute, nicht Worte.« Er illustriert dies besonders an der heiligen Silbe »om«: Sie »ist eigentlich nichts als eine Art Raunen, das reflexartig in gewissen Zuständen von numinoser Ergriffenheit aus dem Innern hervorströmt als eine Selbstentladung des Gefühls von fast physikalischer Nötigung.«[32] Auch das Lallen muß daher in diesem Zusammenhang genannt werden, ebenso daneben das heilige Schweigen. Wird das Wort im Sinne eines Bekenntnisses verwendet, so dient es einer Selbstidentifikation mit dem göttlichen Bereich und damit zugleich der Selbstvergewisserung.[33]

Der Mythos, verstanden als »die wiederholende Aussage eines mächtigen Geschehens«[34], stellt die allgemeinen Rahmenbedingungen für den zu begehenden Heilsweg dar. Die Anrufung der Gottheit durch das Wort und die Machtworte von Segen und Fluch sind spezifische Weisen des religiösen Einsatzes von Worten. Eine mittelbare Verbindung zur Frage nach dem Heil ist zwar in all den genannten Fällen gegeben. Doch tritt die Bedeutung des Wortes gegenüber anderen Faktoren zurück; in der Regel kann es nur im Kontext weiterer Vollzüge als Heilsmittel wirken. Wie sieht dies nun in Judentum und Islam, in den hinduistischen Traditionen und im Buddhismus näherhin aus?

---

31. Vgl. 3.4 B!
32. R. Otto, Urlaute und Urtermini des sensus numinis, in: ders., Das Gefühl des Überweltlichen, M 1932, 203 ff.; zitiert nach Fr. Heiler, EWR 307 f.
33. Vgl. Fr. Heiler, EWR, 266-339; G. van der Leeuw ³1970, §§ 58-64; ders. ²1961, 155-165.
34. G. van der Leeuw ³1970, 469.

(1) Judentum

Für den praktizierenden Juden kann Wort Gottes in mehrfacher Hinsicht als Heilsmittel gelten. In allererster Linie ist ihm die Tora Mittel zum Heil insofern, als sie ihm den geoffenbarten Gotteswillen anzeigt und ihm damit den Weg zum Heil weist. Im Wort begegnet ihm der »gebietende Gott«: Das Nachdenken über Gott wird hier zum Wort, das Gott an die Menschen richtet, zum Ausdruck heilvoller Verpflichtung. Daher ist es gut, sich mit dem Wort – dem Gesetz! – zu beschäftigen Tag und Nacht (Ps 1,2) und sich darum zu mühen: »Wende die Tora hin und wende die Tora her, denn alles ist in ihr«.[35]

Daneben hält die Hebräische Bibel dem Juden im Bewußtsein, wer er ist und wohin er gehört. In der Mischna heißt es: »Von Geschlecht zu Geschlecht ist jedermann verpflichtet, sich so anzusehen, als ob er selbst aus Ägypten gezogen wäre; denn es heißt (Ex 13,8): Erzähle deinem Sohn an jenem Tag (an dem du die Erinnerung an den Auszug feierst) also: Deswegen ist der Herr *für mich* eingetreten, als ich aus Ägypten zog. Darum schulden *wir* Dank, Lob, Preis, Verherrlichung, Huldigung, Verehrung und Anbetung Ihm, der für unsere Väter und für uns ... all diese Wunder getan hat«.[36] Die Schrift fordert, so interpretiert Martin Buber, »von der menschlichen Person, in diese wahre Geschichte das eigene Leben einzubetten, so daß ich im Ursprung der Welt meinen Ursprung und in ihrem Ziel mein Ziel finde; als die Mitte aber zwischen Ursprung und Ziel setzt die Schrift nicht etwas an, was sich einmal ereignet hat, sondern ... den Augenblick, in dem ich, ich, der Leser, der Hörer, der Mensch, durch sie die Stimme vernehme, die vom Ursprung her auf das Ziel hin redet: diesen meinen sterblichen ewigen Augenblick«.[37] Dies geschieht wesentlich durch Rezitation der Schrift und durch ihre Verkündigung. Leo Baeck urteilt: »Auch diese Sitte, die der Verkündigung und Erklärung des Gottesgebotes, seiner geistigen Erneuung in dem Redenden wie in dem Hörenden, ist eine jener Gaben, mit denen Israel die Menschheit beschenkt hat.«[38] Versuche, auf nonverbale Weise die Nähe des Gotteswortes zu sichern, bestehen in dem Brauch, an Türpfosten Kapseln *(Mesusa)* anzubringen, die u.a. das Sch^ema (Dtn 6,4) enthalten, oder die Gebetsriemen mit ihren Spruchkapseln *(Tefillin)* anzulegen.

35. Zitiert nach LR 268.
36. Zitiert nach LRG 1142.
37. M. Buber, Der Mensch von heute und die jüdische Bibel, 1926, in: M. Buber/F. Rosenzweig, Die Schrift und ihre Verdeutschung, 1936, 13-45; Zitat: LRG 1143.
38. L. Baeck ³1985, 159.

(2) Islam

Muslimen gilt der Koran als unmittelbares Wort Gottes, obgleich Gott vor dessen Offenbarung auch durch andere Propheten geredet hat und durch die ganze Schöpfungswirklichkeit spricht. Der Koran »ist das Buch, an ihm ist kein Zweifel möglich, es ist eine Rechtleitung für die Gottesfürchtigen, die an das Unsichtbare glauben und das Gebet verrichten und von dem, was Wir ihnen beschert haben, spenden, und die an das glauben, was zu dir herabgesandt und was vor dir herabgesandt wurde, und die über das Jenseits Gewißheit hegen. Diese folgen einer Rechtleitung von ihrem Herrn, und das sind die, denen es wohl ergeht« (Sure 2,2-5). Als Mittel zum Heil dient der Koran also insofern, als er die für den Menschen notwendige Orientierung gibt, Warnungen vor Fehlverhalten bereithält und das Paradies denjenigen vor Augen stellt, die der Rechtleitung durch Gott folgen. Da die Identifikation von Koran und Gotteswort radikal gedacht wird, gilt höchster Respekt bereits seiner äußeren Gestalt. Schon die Übersetzung aus dem Arabischen in eine andere Sprache ist letztlich nicht statthaft. Ja, bereits dem einzelnen Buchstaben gilt höchste Ehrerbietung; schon wer die »*basmala*«, also die Wendung »im Namen Gottes, des Erbarmers, des Barmherzigen«, »schön schreibt, wird ins Paradies kommen«.[39] Den Koran zu rezitieren oder der Rezitation zuzuhören, wird als heilsrelevanter Gottesdienst aufgefaßt. »Dem Koran zu lauschen bedeutet, Gott zu lauschen; Hören wird zum Sehen, Sehen wird zum Hören, Wissen wird zum Handeln, Handeln wird zum Wissen – das ist das ›schöne Hören‹!«[40] Letztlich aber wird der Koran als Heilsmittel nur dadurch im vollen Sinne wirksam, daß seine Forderungen, insbesondere die fünf Grundpfeiler des Islam, erfüllt werden.

(3) Hinduistische Traditionen

Die hinduistischen Traditionen sind außerordentlich schwer zu überschauen; im Lauf ihrer vielfältigen Entwicklungen und Differenzierungen hat das Wort höchst unterschiedliche Beziehungen zu dem jeweils erstrebten Heil gefunden.

In vedischer Zeit dient das Wort dem Lob der Götter *(Rigveda)*, der Opfertechnik *(Samaveda)* oder der Begleitung einzelner Vorgänge bei der Verrichtung des Opfers *(Yajurveda)*. Die Brahmanas, die Veden ergänzende Texte, zeigen den Zusammenhang zwischen kosmischem Geschehen und Opfervollzug auf, wobei auch das notwendige ethische Verhalten in den Blick kommt. Das Wort hat hier eine eher instrumentelle als eine kreative Funktion.

39. Zitiert nach A. Schimmel ²1995, 162.
40. Zitiert nach A. Schimmel ²1995, 204; Nachweis ebd.

Texte, die die Verehrung Krishnas (Bhagavadgita) oder Ramas (Ramayana) wecken wollen, zielen auf Hingabe im Sinne der Bhakti-Frömmigkeit. Die Verehrung der Göttin Shakti kennt sogar einen Text, dessen bloße Rezitation als heilsvermittelnd angesehen wird. Im Umfeld der Shakti-Verehrung ist eine große Zahl von tantrischen, also mystisch-magischen Sprüchen entstanden, die jedenfalls teilweise Auskunft darüber geben, wie der einzelne Gläubige sein Heil zu erlangen vermag.

Eine eigenständige Bedeutung für die Gewinnung des Heils erlangt das Wort in den hinduistischen Traditionen also nur in begrenztem Maße, nämlich in der Gestalt von Mantras, heiligen Worten, die das Opfer wirkmächtig machen oder als Meditationsformeln dienen, und als Tantras, die als esoterische Sprüche oft nur bestimmten Kreisen zugänglich waren. Im hinduistisch-shivaitisch geprägten Tantrismus muß das Mantra, dessen Klang und richtige Rezitation wichtiger sein kann als sein Gehalt, unterstützt werden u. a. durch Visualisierungen, Gesten (mudra) und Meditation. Der Übungsweg kann zudem nicht eingeschlagen werden ohne die Initiation durch einen von der göttlichen Kraft erfüllten Guru. Hier gibt es allerdings vielerlei Überschneidungen mit dem buddhistisch geprägten Tantrismus.

(4) Buddhismus

Im Theravada-Buddhismus dient das Wort ebenso wie im Mahayana in erster Linie der Überlieferung der Lehre. Eigenständige Bedeutung gewinnt das Wort in zwei Sonderformen des Buddhismus, nämlich im japanischen Amidismus und im tibetischen Tantrismus.

Amida (Amitabha) wird vor allem in der »Schule des Reinen Landes« als Buddha des Erbarmens und der Weisheit angerufen. Die Verehrungsformel »Namu Amida Butsu« (japanisch für »Verehrung dem Buddha Amitabha«) wird unentwegt wiederholt und soll sich vor allem in der Todesstunde auf den Lippen des Sterbenden finden. Allein dieses Anrufen des heiligen Namens gilt als heilswirksam, unabhängig von irgendwelchen ethischen oder kultischen Leistungen. Der Amidismus ist deswegen oft mit dem sola fide-Prinzip des Protestantismus verglichen worden.[41]

Auch in dem vornehmlich in Tibet gepflegten Buddhismus des Vajrayana (»Diamant-Fahrzeug«) hat das Wort eine eigenständige Funktion bekommen. Er kennt eine Vielzahl von Tantras: Diese Sprüche sind mit Hilfe von Kürzeln und offenbar bewußt unklar gehaltenen Formulierungen so angelegt, daß nur Eingeweihte sie nachvollziehen können. Sie werden nach entsprechender Vor-

---

41. Vgl. z. B. K. Barth, KD I/2, 372 ff., sowie H.-M. Barth, E. Minoura, M. Pye (Hg.), Buddhismus und Christentum. Jodo Shinshu und Evangelische Theologie, H 2000.

bereitungszeit dem Gläubigen anvertraut, der sie in Verbindung mit Meditation und Askese zur Auswirkung gelangen lassen soll. Er kann ihre Kraft durch entsprechende Gesten verstärken. Das Mantra wird in bestimmten Schulen als »Keim-« oder »Samensilbe« verstanden, die der transzendenten Entsprechung eines Individuums gleicht. Der Lautbestand eines Wortes oder einer Silbe hat sich hier also weitgehend von einem mit ihm zu verbindenen Inhalt gelöst. Es ist insofern gar nicht das aussagekräftige Wort, das heilsrelevant wird, sondern eine bestimmte Silbenfolge.[42]

C Heilendes Wort – integriert und profiliert

Konfrontiert man das christliche Verständnis von »Wort Gottes« mit außerchristlichen Auffassungen von heiligen Worten, so ergibt sich, daß wohl beide Seiten voneinander lernen sollten. Das Christentum hätte sensibel zu sein für das, was nichtchristliche Religionen über die notwendige Integration des Wortes in anderweitige Vollzüge zu sagen haben, während sich nichtchristliche Religionen vom christlichen Glauben auf die inhaltlich profilierende Kraft des Wortes aufmerksam machen lassen könnten. Beides ist notwendig, wenn das Wort seine heilsame Energie voll entfalten soll.

(1) Sensibilität für die Situierung des Wortes

In eigentlich allen Religionen wird das ergehende Wort von den Situationen her verstanden, innerhalb derer es ergeht. Das bezieht sich einmal auf den situativen Kontext allgemein, zum anderen auf die Spannung von verbaler Artikulation und nonverbalem Ausdruck, schließlich auf das Verhältnis von Reden und Schweigen.

a. Der situative Kontext ist immer ein bestimmter Handlungszusammenhang: Das »Gesprochene« wird begleitet vom »Verrichteten«, das »Verrichtete« vom »Gesprochenen«. Dies berührt sich mit dem christlichen Verständnis von Wort und Sakrament, geht aber nicht darin auf. Die »Verrichtung« kann dabei unterschiedlichste Formen haben. Während sie im synagogalen Gottesdienst auf den rituellen Vollzug der Tora-Aushebung und -Lesung und im islamischen Gebet auf die umrahmenden Gesten und den liturgischen Koran-Vortrag redu-

---

42. Vgl. E. Conze, [9]1990, 166 ff.; H. W. Schumann [2]1994, 219 ff.

ziert erscheint, macht sie in Hinduismus und Buddhismus einen integrierenden Bestandteil des Umgangs mit dem Wort aus, das die Opfer begleitet oder die Gläubigen mit Weihrauch und Verneigung in das Geschehen einbezieht. Niemals wird das Wort unabhängig von denen gesehen, die es sagen oder singen, es hören und ihm Respekt bezeugen. Die »Gemeinde« in Gestalt der den Kult Leitenden wie der Gläubigen gehört konstitutiv zum Wortgeschehen selbst. Schließlich ist es selbstverständlich, daß das Wort nicht von dem Ethos getrennt gesehen werden darf, das es auslöst, bestehe dies nun in besonderen asketischen oder esoterischen Praktiken oder in sozialen Taten. Diese Beobachtungen sind insbesondere für den Protestantismus beachtenswert, der oft in der Gefahr stand, »das Wort« zu isolieren oder gar zum Fetisch zu machen. Die Begegnung mit nichtchristlichen Religionen könnte ihn dazu inspirieren, die sakramentale Zusammengehörigkeit von Wort und Handlung verstärkt wahrzunehmen, vergessene Formen wiederzuentdecken oder neue zu entwickeln. Die einsame Bibellektüre, die in bestimmten christlichen Kreisen zuhause ist, kann auf Abwege oder zu Frustration führen, wenn sie nicht im Kontext einer lebendigen Gemeinde und in lebendigem Austausch erfolgt. Daß das Wort unausgeschöpft bleibt, solange es nicht zu ihm entsprechenden konkreten Reaktionen führt, ist auch für Christen und Christinnen eine Selbstverständlichkeit – freilich oft eher theoretisch.

b. Die Spannung zwischen ausdrücklichem Gebrauch des Wortes und nonverbalen Ausdrucksweisen erweist sich in vielen Religionen als fruchtbar. Dies führt zu theologischer Selbstbescheidung und zu einem tiefen Respekt vor dem, was nicht gesagt werden kann, weil es für menschliche Worte zu groß ist. Auch protestantische Theologen und Theologinnen wissen, daß wir von Gott reden – einerseits müssen, andererseits letztlich nicht können; aber auch dies bleibt eine weithin theoretische Einsicht. Im evangelischen Gottesdienst scheinen die letzten Gesten, etwa das Aufstehen zu Lesung und Gebet, allmählich zu verschwinden, wenn es auch hier und da Versuche gibt, etwa den Orante-Gestus oder die Selbstbekreuzigung wiederzubeleben. Im Buddhismus hat man eine lange Erfahrung hinsichtlich der Zusammengehörigkeit von Wort und nonverbaler Handlung. Das Christentum sollte sich solche Erfahrungen zunutze machen. Liturgischer Gesang und selbst Altarschmuck sind – auch dogmatisch gesehen – keine Belanglosigkeiten! Der Blick in einen Hindu-Tempel könnte dies lehren. Es geht bei all diesen nonverbalen Ausdrucksformen um mehr als Ästhetik. Das Wort – der Lesung wie der Predigt – kann verdorren und veröden, wenn es von seiner lebendigen Umgebung abgeschnitten und dann noch einmal intellektualistisch verkürzt wird.

c. In vielen Religionen spielt neben dem Reden das Schweigen eine gewisse Rolle, während insbesondere der protestantische Gottesdienst oft in atemloser Geschwindigkeit von Wort zu Wort eilt. Auch die Orgel ersetzt das Schweigen nicht! Das sog. »stille Gebet« ist ohnehin oft nur eine Farce. Die »Pause« bei der Austeilung des Heiligen Abendmahls löst eher Verlegenheit oder Ratlosigkeit aus als kreative Versenkung. Gerade im Schweigen aber würde das Wort »des

Herzens Grund« suchen, finden und heilen. Rudolf Otto wollte im evangelischen Gottesdienst ein »Sakrament des Schweigens« einführen![43] Zweifellos ist hier von hinduistischen und buddhistischen Einsichten und Praktiken zu lernen – um des Wortes Gottes und seiner therapeutischen Kraft willen! In manchen buddhistischen Traditionen wird der Umgang mit bestimmten Keim- oder Samensilben gepflegt, die dem einzelnen Praktizierenden zur Entfaltung seines Wesens von einem Meister anvertraut werden. In der protestantischen Frömmigkeit hat sich etwas vielleicht Vergleichbares erhalten: Der Tauf- oder Konfirmandenspruch kann ein Leben begleiten, orientieren und zu seinem Gelingen beitragen. Sollten sich diese beiden Ansätze nicht fruchtbar verbinden lassen?

(2) Engagement für die Klarheit des Wortes

So sehr das Christentum im Blick auf die Situierung des Wortes von nichtchristlichen Religionen lernen kann, so sehr sind doch auch diese eingeladen, die christlichen Erfahrungen mit dem Wort zu achten und für sich zu nutzen. Dabei geht es um die Vermeidung von Mißbrauch des Wortes, um Bewußtheit und Eindeutigkeit und schließlich auch um den konkreten Gehalt der christlichen Botschaft.

a. In nichtchristlichen Religionen legt sich gelegentlich die Gefahr nahe, daß sich die Konditionen gegenüber dem Wort verselbständigen, so daß nach dem Gehalt gar nicht mehr gefragt werden muß. Dies schafft aber den Freiraum für Phantasien und Projektionen, die nicht im Interesse der betreffenden Religion liegen können. Am ehesten sind Judentum und Islam vor dieser Gefahr gefeit, obwohl sich auch dort ein magischer Gebrauch von in Amuletten untergebrachten Bibel- bzw. Koran-Sprüchen einschleichen konnte. Das Mantra gilt in den asiatischen Religionen als ein zu meditierendes Wort, das »befreit oder schützt«, womit sich natürlich ebenfalls leicht magische Vorstellungen verbinden können. Im hinduistischen Shaktismus wird, wie wir gesehen haben, schon die Rezitation heiliger Texte, unabhängig vom Verständnis des Inhalts, als heilbringend betrachtet.[44] Im chinesischen Buddhismus gab es einen in aller Form dem Toten ausgestellten und datierten Paß für seine Reise zum »Ort der Seligen«.[45] Zauberspruch und Beschwörung führen ihr eigenes Dasein. Doch haben vergleichbare Bräuche und Praktiken trotz aller Betonung des Wortes Gottes auch ins Christentum eindringen können; dieses besaß zwar ein klares Instrumentarium zu ihrer Abwehr, das aber leider oft nicht sachgemäß eingesetzt

43. Fr. Heiler, ERW 336.
44. LR 262.
45. G. van der Leeuw ³1970, § 64,1.

wurde. Eine Gefahr bei der Entwertung des kognitiven Gehalts eines Wortes besteht schließlich nicht nur in der Magie, sondern schlicht auch im Nonsens. Worte, die nicht verstanden werden, verlieren in einer aufgeklärten Gesellschaft ihre Funktion. Da sich auch nichtchristliche Religionen auf die Dauer dem Prozeß von Aufklärung und Säkularisation nicht werden entziehen können, empfiehlt es sich für sie, den christlichen Umgang mit dem Wort zu studieren.

b. Christlicher Theologie geht es um die Klarheit einer Glaubensaussage. Aus diesem Grunde wurde ein ganzes Arsenal hermeneutischer Verfahren entwickkelt, die es erlauben, die sprachliche Ebene, den konkreten Gehalt und Stellenwert einer Aussage zu ermitteln. Der denkerische, analytische wie konstruktive Umgang mit dem Wort Gottes ist für den christlichen Glauben selbst ein Akt der Frömmigkeit. Jüdische und letztlich sogar islamische Theologen sind eher bereit, sich einem solchen Zugang zum Wort zu öffnen als Angehörige (ost)-asiatischer Religionen, die dies weithin als überflüssig oder sogar störend empfinden. Muslime interpretieren freilich die Exegese vor allem des Protestantismus gern als Verfallserscheinung. Ihnen gegenüber wäre die Dialektik geltend zu machen, in der Christen das Verhältnis von Wort Gottes und Heiliger Schrift wahrnehmen: Die Bibel ist Gottes Wort nur insofern, als sie Gottes Wirken bezeugt, aber gerade darin wiederum ist sie – und wird sie je und je neu – für den gläubig mit ihr Umgehenden unüberbietbar Gottes Wort. Gerade diese Dialektik ist es, die die christliche Leidenschaft für Hören und Verstehen, Analysieren und Extrapolieren ausgelöst hat.

c. Schließlich ist beim Umgang mit dem Wort natürlich auf den konkreten Gehalt zu achten. Dies erscheint als Selbstverständlichkeit, ist es aber im Blick auf nichtchristliche Religionen keineswegs. Relativ einig mit den Christen sind sich in diesem Zusammenhang die Juden: Auch für sie ist die Hebräische Bibel ein Buch des Zeugnisses von Gottes Geschichte mit seinem Volk, die durch Erinnerung je und je aktualisiert und in ihrer heilsrelevanten Bedeutung erfaßt sein will. Das Christentum befindet sich im Blick auf die Wertung des Wortes in einer merkwürdigen Zwischenstellung zwischen Islam und den (ost)asiatischen Religionen: Während der Islam in einem fundamentalistischen Sinn das Wort des Koran Silbe für Silbe mit dem Wort Allahs identifiziert, kann der Buddhist das Wort so hoch nicht schätzen: Es ist ihm nur Vehikel, das er letztlich fahren lassen darf und irgendwann fahren lassen muß. Der Dalai Lama konnte seine Reden gelegentlich schließen und sich lachend vom Rednerpult zurückziehen mit dem Hinweis, man dürfe alles wieder vergessen, was er gesagt habe. Beide Wege sind den Christen verwehrt. Das in der Heiligen Schrift ihnen begegnende Zeugnis von Gottes Wirken in Vergangenheit, Gegenwart und Zukunft ist ihnen zugleich Erinnerung und Verheißung, die sie dankbar und erwartungsvoll entgegennehmen. Es bietet weder eine bloße Diagnose des Welt- und Menschheitszustandes samt Anweisung zur Therapie, wie man die buddhistischen heiligen Schriften verstehen kann, noch die mythologische Beschreibung eines umfassenden Weltprozesses, wie sich hinduistische heilige Texte interpretieren lassen, noch auch eine ihn fixierende und damit auch bedrohende Information über Gottes künftiges Handeln. Die Bibel ist dem Glaubenden vielmehr ein Medium, über das ihn die Stimme der Liebe Gottes in Jesus Christus erreicht, von der ihn weder Tod noch Leben scheiden kann und die ihn motiviert und befähigt, sich nun selbst in den Dienst dieser Liebe zu stellen.

(3) Das Wort als Medium der Heilung durch den dreieinen Gott

Das in seinen Kontext integrierte und dabei doch profilierte Wort wird zum Medium heilender Kraft für den ganzheitlich verstandenen Menschen.

a. Gottes Wort wendet sich an den Menschen in dessen gesamter psychosomatischer Konstitution. Nur so macht es »Leib und Seele« – und auch den Geist – gesund. Es wirkt als Gottes Gesetz, das nicht nur zu denken gibt, sondern Mark und Bein zu durchdringen und den Menschen in seinem Innersten zu erschüttern vermag. Es begegnet als Evangelium, das nicht nur seine »Seele« anspricht, sondern ihn zu einem handlungsfähigen und fröhlichen Menschen machen will. Gesetz wie Evangelium sind in ihren psychosomatischen Auswirkungen zu erfassen. Es ist zu wünschen, daß dies über den derzeit in Mitteleuropa üblichen protestantischen Gottesdienst-Stil mit schüchternem Gesang und Monolog-Predigt hinausführen wird. Die Verkündigung des Wortes Gottes verbindet sich nicht notwendig mit ekstatischem Überschwang, muß aber in irgendeiner Weise wenigstens dann und wann tatsächlich die Magengrube – und das Sonnengeflecht – erreichen.

b. Es ist Heilung des sündigen Menschen durch den dreieinen Gott, was sich auf diese Weise vollzieht. Ein Mensch wird durch das Wort angerührt vom Heiligen Geist, der den Glauben an Jesus als den Christus weckt auf der Basis der Geschöpflichkeit und im Widerstand gegen deren Korrumpiertheit. Rede- und Hörvermögen, Reiz und Reaktionsvermögen sind Voraussetzungen für die Wirkung des ganzheitlich verstandenen Wortes, die dem Schöpfer zu danken sind und die zugleich die Menschen aller Religionen und Weltanschauungen miteinander verbinden. Die kontingente Verkündigung, die Botschaft, die im Zeugnis von dem gekreuzigten und auferstandenen Jesus Christus ihr schärfstes Profil erhält, wirkt auf dem Boden dieser geschöpflichen Vorgaben – gegen den Widerstand falscher Vorurteile und Selbsteinschätzungen. Sie tut dies nicht durch rationale Überzeugungskraft oder psychologische Plausibilität, sondern in der Kraft des unverfügbaren Heiligen Geistes. Indem das Wort einen Menschen anklagt und gerecht spricht, schenkt es ein letztes Gelingen des Lebens, das durch den damit in Gang gesetzten Heilungsprozeß empirisch wenigstens teilweise wahrgenommen, wenn auch nie eingeholt werden kann. Der dreieine Gott rührt Menschen an, um sie in die eschatische ungebrochene Gottesnähe zu führen, die schon unter irdischen Bedingungen einen Prozeß der Heilung auslöst. Insofern weist das Wort in seiner therapeutischen Kraft über die vordergründige leibliche und seelische Heilung weit hinaus – auf ewiges Heil. Von daher hat das Wort ja in der klassischen Dogmatik die Bezeichnung »Heilsmittel« erhalten. Der im ewigen Heil zum Ziel gelangende Heilungsprozeß erfaßt durch das ganzheitlich ausgerichtete Wort die gesamte menschliche Existenz mit allen ihren Beschädigungen und Defiziten.

c. In diesem Zusammenhang sind der Segenswunsch und der Akt des Segnens neu zu entdecken.[46] Hier treffen sich Wort und Geste im Kontext einer bestimmten Gemeinde – und mag diese nur aus zwei Menschen bestehen. Nicht von ungefähr hat die altkirchliche Form des Segens eine trinitarische Struktur. Es geht nicht um den billigen Wunsch, den wir normalerweise mit der Formel »viel Glück und viel Segen« verbinden. Es geht um den Segen des Schöpfers, der allererst die Voraussetzungen dafür geschaffen hat, daß Menschen Segen empfangen können. Es geht um den Segen des Gekreuzigten, in dem zugleich deutlich wird, daß »Segen« und menschlich erwartetes Glück nicht miteinander zu identifizieren sind. Schließlich ruft und bittet der Segen im Namen des dreieinen Gottes einen Menschen in die Gemeinschaft der Kirche und damit in die Nähe des dreieinen Gottes selbst hinein – den ganzen Menschen, mit Haut und Haaren und in allen seinen Beziehungen. Im Segen weist das Wort über die Geste hinaus auf das Sakrament.

D Thesen

1. Die therapeutische Kraft des Wortes Gottes erweist sich darin, daß es – vermittelt durch die Kirche oder einzelne ihrer Gläubigen – Erwartungen auf sich zu ziehen, zu modifizieren und zu erfüllen vermag.

2. Das in der Heiligen Schrift bezeugte Wort Gottes erweist – gehört, gelesen oder in anderer Weise wahrgenommen – seine therapeutische Kraft darin, daß es zum Glauben erweckt.

3. Wort Gottes wird als solches daran erkannt, daß Gott sich selbst in ihm vermittelt, indem er sich mit dem darin Bezeugten identifiziert und zugleich die Voraussetzungen für dessen Annahme im Glauben schafft.

4. Nach jüdischer und islamischer Auffassung gewinnt das Wort, das als von Gott ergangen gilt, darin seine heilvolle Funktion, daß es gehört und daß ihm Folge geleistet wird.

---

46. Vgl. H.-M. Barth, Kriterien christlichen Redens von Gott, in: NZSTh 17 (1975) 9-21, bes.: 19-21, sowie neuerdings M. L. Frettlöh, Theologie des Segens, Gü 1998, und vor allem D. Greiner, Segen und Segnen, St ²1999.

5. Nach hinduistischem Verständnis kann heiliges Wort sich als heilsam auswirken, indem es zur Erlangung und Vertiefung von Erkenntnis dient oder als schützendes Mantra in Anspruch genommen wird.

6. Buddhisten lassen sich – je nach Tradition und Richtung – durch den Gehalt der Lehre oder auch durch den Lautbestand heiliger Silben über den Bereich des Vorfindlichen hinausweisen.

7. Die Begegnung mit nichtchristlichen Auffassungen von heiligem Wort führt die Kirche und ihre Mitglieder zu verstärkter Sensibilität für immanente Situierungen des Wortes Gottes, wie sie sich in sozialen Handlungs- und liturgischen Gestaltungszusammenhängen sowie im Bezug zu bestimmten Orten, Zeiten und zur Gemeinschaft der Glaubenden anbieten.

8. Nichtchristliche Religionen können durch die Begegnung mit dem christlichen Verständnis von Wort Gottes verstärkt auf Gefahren aufmerksam werden, die in einem magischen, manipulativen oder auch nur unklaren Umgang mit dem Wort liegen.

9. Das Wort des dreieinen Gottes wirkt schöpferisch, erlösend und vollendend; es bezieht sich auf den Menschen in dessen psychosomatischer Gesamtverfaßtheit; deswegen kann sich das Christentum durch entsprechende Impulse aus nichtchristlichen Religionen vor einer Intellektualisierung und Spiritualisierung seines Wortverständnisses wie auch vor einer inflationären Verwendung des Wortes warnen lassen.

10. Indem sich im Wort Gottes die Stimme der göttlichen Liebe vernehmbar macht, wird es zum Medium ganzheitlicher Heilung, die über die Grenze des Todes hinausweist und auf eschatische Erfüllung zielt.

8.2.3 Spirituelle Identität

A Die christliche Lehre von der Taufe[47]

Als Medien des Heils versteht der christliche Glaube reformatorischer Prägung neben dem Wort die Sakramente: Taufe und Abendmahl. Getauft und damit in den Bereich von Erlösung und Heil in Jesus Christus ausdrücklich einbezogen zu sein, ist für denjenigen, der sich immer neu innerlich darauf zu berufen weiß, unerschütterlicher Grund der eigenen Existenz. Zugleich ist die Taufe ein Band, das Christen und Christinnen aller Regionen und aller Zeiten miteinander verbindet. Trotzdem hat sie sich ökumenisch in stärkerem Maße als problematisch erwiesen, als man dies erwarten würde. Im Umbruch der Volkskirche wird darüber hinaus insbesondere die Kindertaufe in Frage gestellt. Wie ist die Taufe zu begründen und welche Bedeutung hat sie? Wie schließlich ist die Taufe von Säuglingen und Unmündigen zu rechtfertigen?

(1) Die Begründung der Taufe

(a) Die systematisch-theologische Unableitbarkeit der Taufe

Die Taufe ist nicht systematisch-theologisch ableitbar – sie ist da. Offenbar hat die christliche Gemeinde, wie es die Apostelgeschichte bezeugt, von Anfang an getauft. Die innere Begründung der Taufe ergibt sich – im nachhinein – nur aus ihrer Funktion. Gleichwohl läßt sich erklären, wie sie entstanden ist.

Das Neue Testament berichtet ausdrücklich von der Johannestaufe »zur Vergebung der Sünden« (Mk 1,4 par.). Die Taufe wird als Akt der Buße, der Umkehr und des Neuanfangs verstanden; Johannes der Täufer selbst sieht sein Tun offenbar in einem eschatologisch-apokalyptischen Kontext. Im Hintergrund der christlichen Taufe dürften aber auch die jüdische Proselytentaufe und verwandte Riten in Qumran stehen: Damit meldet sich das Motiv des Zugangs zur Heilsgemeinschaft. Die Beschneidungspraxis des Judentums als Initiationsritus wird von einem ähnlichen Bündel von Motivationen her zu verstehen sein: Initiation und Markierung von Zugehörigkeit. In einem weiteren Sinn spielen

---

47. Vgl. zum Ganzen K. Barth, KD IV/4; E. Geldbach, Taufe, Gö 1996; U. Kühn, Sakramente, Gü 1985, bes. 232-258; C. H. Ratschow, Die eine christliche Taufe, Gü ³1983; E. Schlink, Die Lehre von der Taufe, Kassel 1969; Taufe, Eucharistie und Amt. Konvergenzerklärungen der Kommission für Glauben und Kirchenverfassung des Ökumenischen Rates der Kirchen, in: DwÜ 1, 545-585.

auch religionsphänomenologische Parallelen eine Rolle: Reinigungsriten begegnen auch in der minoischen Kultur, in hinduistischen Traditionen und im Islam. Das Wasser wird als Symbol verstanden für Reinigung, Klarheit, Lebendigkeit, aber auch für die Abtötung dessen, was nicht dem Leben dient. Das natürliche Bedürfnis des Menschen, sich zu reinigen, wird auf die Grundbefindlichkeit des Menschen vor Gott übertragen.

(b) Einsetzung durch einen Taufbefehl Jesu?

Der sogenannte Taufbefehl – besser Tauf-Auftrag – (Mt 28,19 f.) wird vom erhöhten Christus gesprochen. Als »historische« Begründung der Taufe kommt er somit von vornherein nicht in Frage. Er zeigt allerdings, daß sich die früheste Gemeinde durch Jesus Christus selbst zum Taufen ermächtigt und beauftragt sah. Er ist deutlich liturgisch überformt. Die triadische Formel läßt auf den Taufritus der ersten Gemeinden schließen, sofern nicht zunächst »auf den Namen Jesu Christi« getauft worden sein sollte (vgl. z. B. Act 2,38). Andererseits ließ sich offenbar der historische Jesus selbst zur Vergebung der Sünden taufen und wurde sich gerade dabei seiner Sendung bewußt (Mk 1,9-11). Die Taufe der Glaubenden im Nachgang zur Taufe Jesu konnte dann als Akt der Identifikation mit ihm aufgefaßt werden. Schließlich wurden Jesu Tod und Auferstehung geradezu als Modell des Taufgeschehens verstanden. Durch die Taufe kommt es zu einem Nachvollzug von Tod und Auferstehung Jesu: Alle, die wir »auf Christus Jesus getauft sind«, die sind »in seinen Tod« getauft. »So sind wir ja mit ihm begraben durch die Taufe in den Tod, damit, wie Christus auferweckt ist von den Toten durch die Herrlichkeit des Vaters, auch wir in einem neuen Leben wandeln« (Röm 6,3 f.).

Es gibt also durchaus eine intensive Verbindung zwischen der Taufe und dem Geschick Jesu. Von einem eigentlichen »Stiftungsakt« und einer Einsetzung des Taufritus in historischem Sinne kann jedoch nicht geredet werden. Ulrich Kühn[48] empfiehlt, statt dessen von einem »Stiftungszusammenhang« zu sprechen.

(c) Das trinitarische Bekenntnis als Interpretationsrahmen für das Taufgeschehen

Die Taufe auf den Namen Jesu stellt die Verbindung zu Jesus, dem Gekreuzigten und Auferstandenen, her. Damit geht es zugleich um den Vater, der ihn gesandt hat, und um den Geist, den der Vater senden wird (vgl. Joh 14-17). Das ganze Geheimnis des Lebens und seiner eschatologischen Vollendung ist damit angesprochen. Daher legt es sich nahe, die Taufe nicht nur christozentrisch, sondern

---

48. U. Kühn, Sakramente, Gü 1985, 237.

trinitarisch zu interpretieren. In den entsprechenden ökumenischen Dialogen wurde dieser Ansatz mit Gewinn aufgenommen.

(2) Die Bedeutung der Taufe

Die Erwägung dessen, was die Taufe »gibt«, ist besser als die, was sie »nützt«. Es geht nicht um einen »Zweck«; die Taufe läßt sich nicht zweckrational begründen. Begründungsversuche der Taufe, die im Sinne einer archaisch-magischen Vergewisserung allein auf Glück, Segen oder Bewahrung – auf »Schutz und Schirm vor allem Argen« – abheben, reichen daher keinesfalls aus. Will man die Bedeutung der Taufe erfassen, muß man von ihren beiden Konstitutionselementen, nämlich Wasser und Wort, ausgehen und diese aufeinander beziehen. Nach Luther ist die Taufe »Wasser in Gottes Gebot gefaßt und mit Gottes Wort verbunden«.[49] Wort und Handlung erschließen sich gegenseitig, doch so, daß nicht eines der beiden Momente das andere überflüssig machen kann. Weder kann die Taufhandlung ohne das Wort verstanden werden noch kann das Wort die Taufhandlung ersetzen. Das heißt, die Taufe verdeutlicht zeichenhaft und vermittelt auf eine das Wort transzendierende Weise, was das Wort auf eine das Zeichen transzendierende Weise verdeutlichen und vermitteln will. Luther hat die Gabe der Taufe ganz von der Rechtfertigungsbotschaft her verstanden: »Was gibt oder nützt die Taufe? Sie wirkt Vergebung der Sünden, erlöst von Tod und Teufel und gibt die ewige Seligkeit allen, die es glauben, wie die Worte und Verheißung Gottes lauten.«[50] Dies bezieht sich auf Mk 16,16: »Wer da glaubt und getauft wird, der wird selig werden; wer aber nicht glaubt, der wird verdammt werden.« Damit ist zwar die Mitte des Taufgeschehens getroffen, die aber selbst entfaltungsbedürftig bleibt. Es lassen sich vier Funktionen der Taufe unterscheiden, die alle eines zum Ziel haben: die Begründung der spirituellen Identität des Christenmenschen.

(a) Vergebung der Sünde

Schon die Johannestaufe (Mk 1,4), auf die die christliche Taufe bezogen ist, wird als Taufe »der Buße zur Vergebung der Sünden« verstanden. Im Anschluß an seine »Pfingstpredigt« (Act 2,38) empfiehlt Petrus seinen Zuhörern: »Tut Buße, und jeder von euch lasse sich taufen auf den Namen Jesu Christi zur Vergebung eurer Sünden.« Was die Beziehung zwischen Gott und den Menschen belastet und stört, ja aufzuheben droht, was am Sosein das Gelingen des

---

49. UG 551 (Nr. 515).
50. Ebd.

Lebens vereiteln könnte, wird beseitigt. Daß Jesus die – für ihn sozusagen unnötige – Johannestaufe auf sich nimmt, ist als ein Akt der Identifikation mit den sündigen Menschen zu verstehen, der dann seinerseits die Identifikation der Glaubenden mit Jesus Christus nach sich zieht. Dabei geht es keineswegs in einem nur oberflächlichen Sinn um eine Waschung mit symbolischer Bedeutung. Das Untergetauchtwerden im Wasser symbolisiert Tod und Wiedergeburt. Damit vollzieht sich das »Bad der Wiedergeburt und Erneuerung im heiligen Geist« (Tit 3,5), so daß sich der Getaufte nicht nur »wie neu geboren fühlen«, sondern als »wiedergeboren« verstehen darf (vgl. I Petr 1,3; Joh 3,5-8). Auf diese Weise ist der Getaufte als »neuer Mensch« konstituiert – befreit von den Mächten des Bösen und einbezogen in die Wirklichkeit eschatischer Existenz.

(b) Emanzipation von den Mächten des Bösen

In Luthers Sprache formuliert, geht es in der Taufe um Erlösung von »Tod und Teufel«. Taufe meint Emanzipation aus bisherigen Abhängigkeiten, wobei Sünde und Tod als die Primärabhängigkeiten des natürlichen Menschen verstanden werden. Ein »neuer« Mensch kann nur erstehen unter Voraussetzung des Todes des »alten« Menschen. In der Taufe wird der Tod antizipiert. Der physische Tod selbst ist damit nicht mehr letzter Horizont des Getauften. Der Taufritus der Alten Kirche, der sich noch in den Tauf-Agenden der Gegenwart spiegelt, läßt sich als Paradigma eines Herrschaftswechsels verstehen: In der »abrenuntiatio«, der großen Absage und Verweigerung, bricht der zu Taufende mit all den negativen Einflüssen und Mächten, die ihn bislang bestimmt haben. Der »Exorzismus« grenzt diese Mächte – so auch die ursprüngliche Bedeutung des Begriffs – prinzipiell aus seinem weiteren Leben aus. Der Getaufte wird freilich sein Leben lang in Auseinandersetzung mit den ihn bedrängenden Mächten des Bösen stehen. Dies bedeutet für ihn einen Prozeß der »mortificatio«, der »Ertötung« und des »Ersterbens« der durch seine Taufe eingeleitet wird und erst mit seinem Tod zum Ziel kommt. Tod und Auferweckung werden die große Ratifikation der Taufe sein. Zuvor kommt es gleichwohl immer wieder zu »Teilratifikationen«: Die prinzipielle Unabhängigkeit von den Mächten des Bösen reproduziert sich in der – wenn auch vorläufig noch begrenzten – Freiheit gegenüber psychischer Verführbarkeit und physischer Bedrohung, gegenüber sozial oder sogar erbbiologisch bedingten Belastungen und gegenüber scheinbaren Autoritäten aller Art. Im Aufblick zu dem »Herrn« Jesus Christus verlieren für die Getauften alle anderen denkbaren »Herren« ihre Macht. Die Taufe wird damit als eschatologisches Geschehen erfaßt, als vorweggenommener Tod und vorweg eröffnetes Leben.

(c) Integration in das dreifaltige Heilshandeln Gottes

Der Emanzipation des Getauften von den Mächten des Bösen entspricht seine Integration in das Heilshandeln Gottes. Dies bedeutet einerseits seine Einbeziehung in das Heilswerk Jesu Christi, andererseits seine Eingliederung in die Gemeinde, in den »Leib Christi«. Mit dem »Bad der Wiedergeburt« verbindet sich die »Erneuerung im heiligen Geist, den er über uns reichlich ausgegossen hat durch Jesus Christus, unsern Heiland, damit wir, durch dessen Gnade gerecht geworden, Erben des ewigen Lebens würden nach unsrer Hoffnung« (Tit 3,5 ff.). Luther verleiht dem Ausdruck, indem er, wie bereits zitiert, ausführt: Die Taufe »gibt die ewige Seligkeit allen, die es glauben, wie die Worte und Verheißung Gottes lauten«[51], ohne dabei die ekklesiologischen Implikationen eigens zu thematisieren.

1. Integration in das Heilswerk Christi: Die im Neuen Testament gebrauchte Wendung »taufen ›auf den Namen ...‹« stammt möglicherweise aus der Terminologie des antiken Bankwesens und meint die »Überweisung«: Durch die Taufe »auf den Namen Jesu« geht der Getaufte gleichsam an einen neuen »Eigentümer« über. Die trinitarische Taufformel besagt: Getaufte werden in das dreifaltige Heilshandeln Gottes einbezogen; der Schöpfer wirkt an seinen Geschöpfen durch Jesus Christus im Heiligen Geist. Die evangelische Theologie hat den christologischen Bezug der Taufe stark, den pneumatologischen jedoch nur schwach entwickelt. Die ökumenische Diskussion macht auf dieses Defizit aufmerksam: »Der Heilige Geist ist am Werk im Leben der Menschen vor, bei und nach ihrer Taufe«.[52]

2. Integration in den »Leib Christi«: Zugleich bezieht die Taufe den Getauften in die Gemeinde ein und weist ihm innerhalb der Gemeinde seinen Ort zu. Taufe bedeutet somit Befähigung, Auftrag und Sendung. Als Glieder am Leibe Christi dürfen Getaufte auf eine durch die Charismen ihnen vermittelte Weise mit einander zusammenwirken (vgl. I Kor 12,12 ff.; I Petr 2,1 ff.). Sie sind dazu berufen, im Sinne des allgemeinen, gegenseitigen und gemeinsamen Priestertums der Gläubigen aktiv zu werden.[53] Damit kommen zugleich ethische Implikationen in den Blick. »Ihr alle, die ihr auf Christus getauft seid, habt Christus angezogen. Hier ist nicht Jude noch Grieche, hier ist nicht Sklave noch Freier, hier ist nicht Mann noch Frau; denn ihr seid allesamt einer in Christus Jesus« (Gal 3,27 f.). Während evangelische Theologie die ekklesiologische Bedeutung der Taufe oft vernachlässigt hat, tritt sie im Rahmen der ökumenischen Diskussionen deutlich ins Bewußtsein.[54] Dabei zeigt sich freilich ein Problem: Der »Leib Christi« ist nicht einfach mit der Institution einer der vielen real existierenden Kirchen zu identifizieren.

---

51. UG 551.
52. DwÜ 1,551.
53. Vgl. dazu H.-M. Barth, Einander Priester sein. Allgemeines Priestertum in ökumenischer Perspektive, Gö 1990.
54. DwÜ 1,551 f.

3. Taufe und Kirchenmitgliedschaft: Einerseits gehört der Getaufte zum neuen Äon, ist Glied am Leib Christi, andererseits ist die Institution Kirche nicht identisch mit dem Leib Christi. Die Zugehörigkeit zu ihr impliziert nicht automatisch ein Getragen- und Geprägt-Sein vom neuen Äon. Man muß also differenzieren zwischen Gliedschaft am Leib Christi und Mitgliedschaft in einer verfaßten Kirche. Daraus ergeben sich zwei Fragen.

Zunächst: Kann man Glied am Leib Christi auch ohne die Taufe in einer verfaßten Kirche werden? Das japanische »no church-movement« praktiziert Christentum ohne Sakramente! Die Urchristenheit hätte dies entschieden abgelehnt. Für sie war die Gemeinde/Kirche eine eschatische Größe und der Zugang zu ihr in der Taufe ein eschatologischer Akt.[55] Heute wird man die Frage differenziert beantworten: Konstitutiv für die Beziehung des Menschen zu Gott ist allein der Glaube. Der Glaube aber will ganzheitlich gelebt werden; Seele und Leib sollen in das Gottesverhältnis und auch in die Gottesgemeinde einbezogen sein. Der Glaube ruft nach dem formalen Akt der Taufe, durch den die Aufnahme in einer institutionellen Kirche vollzogen wird.

Sodann aber: Kann man durch die Taufe – etwa die Kindertaufe! – Mitglied der Institution Kirche werden? Es scheint allen soziologischen Gepflogenheiten von Institutionen zu widersprechen. Für Institutionen gelten andere Gesichtspunkte, etwa die Anerkennung der entsprechenden Satzung, finanzielle Implikationen oder Ähnliches. Dies ist auch für die Institution Kirche in Anschlag zu bringen. Wenn sie den Zugang zu sich entsprechend ordnet und wenn die auf diese Weise gewonnenen Mitglieder dies gut heißen, ist gegen den Vorgang nichts einzuwenden. Daraus folgt jedoch nicht, daß die Institution Kirche das Recht hätte, Mitgliedsleistungen zu fordern. Sie kann nur darum bitten, daß entsprechende Vereinbarungen eingegangen und dann auch eingehalten werden. Insgesamt dürfte die Taufe umso mehr an spiritueller und sozialer Bedeutung gewinnen, je stärker sie ihre kirchliche und bürgerliche Selbverständlichkeit verliert.[56]

(d) Spirituelle Identität

Die Taufe ist das Sakrament christlicher Identität. Die Identität des Getauften ergibt sich nicht aus seiner natürlichen, durch die Sünde mitgeprägten Verfaßtheit. Sie begründet sich dreifaltig. Gottes schöpferisches, erlösendes und vollendendes Handeln bestimmt und leitet den Getauften in einer von ihm selbst bejahten und immer tiefer zu erfassenden Weise. Er lebt nicht mehr primär aus seinem empirischen Woher, sondern aus seinem transempirischen Wohin,

---

55. Allerdings ist nach Mk 16,16 unabdingbar allein der Glaube, nicht die Taufe; auch an die Zurückhaltung des Paulus gegenüber der Taufe ist in diesem Zusammenhang zu denken; vgl. I Kor 1,17.
56. Vgl. Christine Lienemann-Perrin (Hg.), Taufe und Kirchenzugehörigkeit, M 1983.

Erlösung

nicht aus seiner Vergangenheit, sondern aus der ihm verheißenen Zukunft, in der auch seine Vergangenheit aufgehoben sein wird. Einem getauften Menschen wird deutlich: Du darfst heute schon derjenige/diejenige sein, der du/die du in Ewigkeit sein wirst. Taufe ist eschatologische Identitätsbegründung. Dies möchte im übrigen auch ihre Verbindung mit der Namensgebung zum Ausdruck bringen. In der Taufe erhalte ich den Namen, der mir bleiben wird. Als ein Akt der Begründung letztgültiger, im Eschaton einzulösender und zur Erfüllung kommender Identität kann sie nicht wiederholt werden. Der Getaufte kann sich auf sie berufen: »Baptizatus sum!« – »ich bin getauft« schrieb Luther, so wird berichtet, mit Kreide auf seine Tischplatte. Die Taufe wird dem Getauften unerschütterliches Fundament seines Seins und Handelns. Sie isoliert ihn nicht, sondern stellt ihn hinein in die Solidarität der Getauften miteinander. Als Sakrament christlicher Identität gehört die Taufe zusammen mit dem Heiligen Abendmahl als dem Sakrament christlicher Sozialität und Solidarität.

(3) Das Problem der Taufe von Säuglingen und Unmündigen

Da Säuglinge in aller Regel in die Fähigkeit zu eigener Entscheidung hineinwachsen, dies aber bei entsprechend Behinderten jedoch nicht der Fall ist, muß hier noch einmal differenziert werden. Zunächst soll es um die »klassische« Frage der Säuglingstaufe gehen. Seit vielen Jahrhunderten werden in den christlichen Kirchen Säuglinge getauft. Es sind höchst unterschiedliche Gründe, die heute dagegen geltend gemacht werden. Während innerhalb der Kirchen theologische Gesichtspunkte zu Protest geführt haben, werden psychologische und soziologische Einwände vor allem außerhalb der Kirchen zur Sprache gebracht.

(a) Soziologische und psychologische Einwände

Spätestens seit der Aufklärung ist es dem abendländisch geprägten Menschen wichtig, Entscheidungen selbst zu fällen und zu verantworten. Diese Möglichkeit ist jedoch bei der Säuglingstaufe zunächst nicht gegeben. Darf über unmündige Kinder, insbesondere über Säuglinge, verfügt werden, daß sie zu taufen sind? Wird hier das Recht zur Selbstbestimmung nicht grob mißachtet? Dazu ist zu bedenken: Ein »Verfügen« über das selbst noch nicht entscheidungsfähige Kind ist im medizinischen, psychologischen oder bildungspolitischen Bereich offensichtlich nicht zu umgehen. Wieso sollte gerade der religiöse Bereich hier ausgeschlossen bleiben? Auch der Verzicht auf die Taufe und die daraus sich ergebende formale Mitgliedschaft in einer christlichen Kirche stellt im übrigen einen Verfügungsakt dar. Autonomie meint zudem nie etwas anderes als die nur begrenzte Möglichkeit, mit bereits gefallenen Entscheidungen umzugehen. Die Taufe, ob am Säugling oder am Erwachsenen vollzogen, macht auf ihre Weise bewußt, daß der Mensch in einem letzten Sinne tatsächlich nicht frei, nicht autonom ist: Er kann nicht darüber verfügen, ob sein Leben gelingen wird.

Mit dem psychologischen Argument gegen die Säuglingstaufe verbinden sich oft soziologische Einwände, wie sie im Zusammenhang der Frage nach dem Verhältnis von Taufe und Kirchenzugehörigkeit bereits besprochen worden sind.[57] Schwerer wiegen für Christen und Christinnen die theologischen Einwände, nämlich der neutestamentliche Befund und die hier sich einstellenden systematisch-theologischen Fragen.

(b) Exegetische Aspekte

Das Neue Testament kennt – jedenfalls explizit – keine Säuglingstaufe. Angesichts der Entstehungssituation der ersten christlichen Gemeinden wäre dies auch merkwürdig. Die Taufe war – als Erwachsenentaufe – »Missionstaufe«.[58] Das »Kinderevangelium« (Mk 10,13 ff.) hat vermutlich überhaupt nichts mit der Taufe zu tun. Die »oikos-Formeln«, denenzufolge sich ganze Familien – einschließlich der Kinder – hätten taufen lassen, sind umstritten.[59] Die Frage nach der Säuglingstaufe ist aufgrund exegetischer Einsichten nicht zu entscheiden.[60] Freilich implizieren die neutestamentlichen Aussagen zur Taufe insbesondere zwei Fragen: Setzt die Taufe nicht den Glauben voraus? Sodann: Ist die Taufe ein nur nachvollziehendes Handeln der Gemeinde?

(c) Systematisch-theologische Gesichtspunkte

1. Das Verhältnis von Taufe und Glaube: Einerseits ist nach dem Neuen Testament deutlich, daß der Taufe Glaube und Buße vorauszugehen haben (vgl. Act 2,38). So betrachtet, kommt nur die Erwachsenentaufe in Frage. Der Taufakt darf nicht als ein magisches Unternehmen verstanden werden, das sich notfalls unter Absehung von dem Betroffenen vollziehen kann. Das war auch Luthers Überzeugung, weswegen er zu seiner heute grotesk wirkenden Auffassung vom »Kinderglauben« gelangte.[61] Bedenkenswert ist jedoch der theologische Hintergrund dieser Argumentation: Gottes Wort hat es bei Erwachsenen keineswegs

57. Siehe oben S. 612!
58. C. H. Ratschow, Die eine christliche Taufe, Gü ³1983, 221 ff.
59. Vgl. z. B. Act 16,15.
60. Vgl. die jahrelange literarische Fehde zwischen Kurt Aland und Joachim Jeremias.
61. Von Luther biblisch belegt durch die Reaktion des noch ungeborenen Johannes des Täufers im Leib der Elisabeth bei der Begegnung mit Maria, Lk 1,44.

leichter, Glauben hervorzurufen, als bei entscheidungsunfähigen Kindern! Das Argument bleibt im Blick auf den neutestamentlichen Befund gleichwohl unbrauchbar.

Andererseits hat das Neue Testament viel über den Zusammenhang zwischen dem Glauben und der vorausgegangenen Taufe zu sagen. Es ist ihm selbstverständlich, daß der Glaube sich immer neu auf die Taufe bezieht und sie sozusagen bestätigt. Der dem Taufakt folgende Glaube ist für die Inanspruchnahme der Taufe nicht weniger konstitutiv als der etwa ihr vorausgehende. In jedem Fall »realisiert« der Glaube die Taufe, indem er sie empfängt und sich auf sie bezieht. Der ihr folgende Glaube scheint, so betrachtet, wichtiger als der ihr vorausgehende, weil dieser, bliebe er auf die Zeit vor der Taufe beschränkt, ja den Segen der vollzogenen Taufe nicht mehr nutzen könnte. Der Getaufte aber weiß im Glauben, daß er immer wieder auf die Verheißung der Taufe sich zurückbeziehen muß und kann, daß er immer neu gleichsam zu seiner Taufe zurückzukehren hat.[62] Diese Argumentation legitimiert freilich, wenn überhaupt, nur die Taufe von Kindern, die auch die Chance haben, von ihrer Taufe etwas zu erfahren und zu erfassen. Hier wäre unter den gegenwärtigen Bedingungen die Diskussion über Konfirmations- und Religionsunterricht aufzunehmen.

Im übrigen ist die Taufe für Luther Inbegriff für Gottes Handeln ohne alles menschliche Zutun; mein Heil hängt nicht vom Stand meiner Bekehrung ab. Die Taufe ist für ihn Paradigma der »gratia praeveniens«, der jeglichem menschlichem Tun und Verhalten zuvorkommenden Gnade, der Rechtfertigung.

2. Die Taufe als kognitiver oder kausativer Akt: Bewirkt die Taufe etwas oder macht sie nur etwas sichtbar? Ist sie »Heilsmittel« oder bloßes Zeichen? Der Streit darum hat sich besonders angesichts der Tauflehre Karl Barths entsponnen.[63]

Schon 1943 findet Karl Barth: Die Taufe ist als Abbild eine Kundgabe der in der Teilnahme an Christi Tod und Auferstehung erfolgten Erneuerung des Glaubenden, und dies eben nur in einem kognitiven, nicht in einem kausativen Sinn. Als bloßes Zeichen dient sie vielmehr der Vergewisserung. Da bei Kindern eine solche im Glauben vollzogene Wahrnehmung nicht vorliegen könne, werde die Kindertaufe unter diesem Gesichtspunkt problematisch. 1967 entwickelt Karl Barth dann seine Tauflehre als ein Kapitel der Ethik im Rahmen der »Begründung des christlichen Lebens«.[64] Als entscheidend sieht er die Taufe durch den Heiligen Geist an: Sie sei es, die die Wendung eines Menschen zu Gott hervorrufe. Die Auferstehung Christi – ein für alle Menschen offenbartes Heilsgeschehen – werde nun »einem bestimmten Menschen als seine eigene Heils-

---

62. »Semel es baptisatus sacramentaliter, sed semper baptisandus fide.« M. Luther, WA 6, 535,10.
63. K. Barth, Die kirchliche Lehre von der Taufe, (1943), 1947; ders., KD IV/4; ferner E. Jüngel, Karl Barths Lehre von der Taufe. Ein Hinweis auf ihre Probleme, Z 1968; U. Kühn, Sakramente, Gü 1985, 166-169, 178-182.
64. K. Barth, KD IV/4.

geschichte offenbar und gegenwärtig«.[65] Die Wassertaufe dagegen sei kein Werk Gottes, sondern menschliche »Tat« als erster Schritt des neuen Lebens, als Bekenntnis des Gehorsams und als Antwort (denn die Geisttaufe rufe die Wassertaufe). Sie sei Zuordnung zur Gemeinde (die Taufhandlung »der gemeinsam gesprochene Schwur«) und damit zugleich Sendung. Es ist hier nicht zu diskutieren, ob eine Trennung von Geist- und Wassertaufe exegetisch haltbar ist[66] und inwiefern hinter Karl Barths Ansatz der alte reformierte Protest gegen eine Materialisierung des Spirituellen stehen könnte. Jedenfalls möchte Karl Barth das Handeln auf seiten des einzelnen Menschen und der Gemeinde ernst nehmen. Dies könne aber in geistlichen Dingen nie kausativ sein, sondern lediglich eine kognitive Bedeutung haben.

Damit wird freilich eine unsachgemäße Alternative aufgestellt: Eine als kausativ verstandene Taufe wird kognitive, und eine als kognitiv verstandene Taufe wird kausative Implikationen haben. Wenn die Taufe kausativ zu verstehen ist, hat sie auch eine kognitive Funktion; wenn sie in einem durchschlagenden Sinne kognitiv erfaßt wird, entläßt sie auch kausativ Wirkungen. Sie stellt einen Akt dar, der lebenslang erschlossen und in seinen Auswirkungen genutzt sein will. Sowohl die »cognitio« als auch die »causa« finden im Eschaton Ziel und Erfüllung: »Wir sind schon Gottes Kinder; es ist aber noch nicht offenbar geworden, was wir sein werden. Wir wissen aber: wenn es offenbar wird, werden wir ihm gleich sein; denn wir werden ihn sehen, wie er ist« (I Joh 3,2).

Ebenso verfehlt ist die Alternative zwischen göttlichem und menschlichem Handeln bei der Taufe: Die menschliche Entscheidung ist nicht als selbständige und eigenmächtige Ratifikation dessen zu verstehen, was Gott am Menschen tut; auch sie hat ihren Anfang und ihren Bestand nirgends anders als in Gott selbst.

Das unbedingte »prae« des Handelns Gottes, das Luther im Zusammenhang seiner Theologie der Taufe hervorgehoben hatte und für das ihm die Taufe nicht nur Paradigma, sondern Inbegriff war, wird bei Karl Barth vor den Taufakt verlegt, der damit seine spirituelle Relevanz einbüßt. Die Aussagekraft der Taufe im Blick auf die schlechthin zuvorkommende Gnade Gottes geht verloren. Der Sinn des Protestes Karl Barths liegt jedoch in seinem Hinweis auf die »tief unordentliche Taufpraxis« der evangelischen Kirche. Die Unordnung besteht nicht nur im bedingungslosen Gewähren der Taufe, sondern vor allem in mangelnden Konsequenzen auf seiten der taufenden Gemeinde!

(d) Lösungsrichtung

Wenn die Taufe als Sakrament christlicher Identität in einem letztgültigen eschatologischen Sinne den neuen Menschen konstituiert, ist sie nicht durch

---

65. Ebd. 30.
66. Vgl. Act 19,1-7.

Erlösung

eine »Segnung« zu ersetzen.[67] Wenn sie nur im Glauben erfaßt und »realisiert« werden kann, gilt dies unabhängig davon, ob ihr bereits Glaube vorausgeht oder nicht. Entscheidend ist dann, daß der Glaube sich auf die erfolgte Taufe bezieht. Wenn kausatives und kognitives Moment aufeinander bezogen sind, dann dürfen sie nicht alternativ einander gegenübergestellt werden. Unter diesen drei Voraussetzungen gibt es keinen Grund, die Kindertaufe abzulehnen. Vielmehr ist nun für sie geltend zu machen: Sie verdeutlicht für den, der sie im nachfolgenden Glauben aufnimmt, das »Extra nos«, die völlige Unabhängigkeit des Handelns Gottes von allen menschlichen Voraussetzungen stärker als die Entscheidungstaufe. Dies hat zur Folge, daß der Glaubende sich nicht auf seinen Glauben, sondern auf seine Taufe verlassen kann – nicht auf seine eigene Entscheidung, die er immer wieder problematisieren müßte, sondern auf Gottes Tat. Trotzdem besteht theologisch keine Notwendigkeit, Kinder zu taufen[68], wenngleich die Taufe eines schwerkranken Säuglings – als Nottaufe vollzogen – Eltern in einer verzweifelten Situation zu trösten vermag. Die Praxis der Nottaufe setzt freilich die grundsätzliche Bedingung für eine Säuglingstaufe nicht außer Kraft, daß der zu Taufende Gelegenheit erhalten muß, von der Tatsache seines Getauft-Seins hören und ihre Tragweite erfassen zu können. Dies wird möglich, indem er in eine Gemeinschaft gerät, in der die Taufe gelebt wird. Ist dies auszuschließen, gilt es, mit der Taufe zu warten, bis diese Bedingung gegeben erscheint, und eine entsprechende Begleitung vorzusehen. In der Praxis der Kirchen ist ein plurales Angebot für den Vollzug der Taufe einzuführen.

Anders als im Blick auf Säuglinge, die ihrer vollen Mündigkeit entgegenwachsen, scheint sich das Problem der Taufe hinsichtlich geistig Behinderter darzustellen, die so stark beeinträchtigt sind, daß sie nach menschlichem Ermessen nie in der Lage sein werden, die Gabe und den Auftrag der Taufe zu erfassen. Hat die Kirche ein Recht, sie zu taufen? Geht man davon aus, daß auch als Säuglinge getaufte Kinder vor Erreichung ihrer Mündigkeit sterben können, relativiert sich die hier vorgenommene Differenzierung. Zudem ist im einzelnen nicht zu klären, was am Taufgeschehen und an der Taufverheißung geistig behinderte Menschen auf einer nonverbalen, möglicherweise tieferen Verstehensebene erfassen. Schließlich sind dem Menschen beim Verständnis geistlicher Dinge ohnehin enge Grenzen gesetzt.

Dazu kommt ein seelsorgliches Moment, das auch im Blick auf die Nottaufe geltend zu machen war: Für christliche Eltern und Verwandte ist die Taufe ein sichtbares Zeichen, daß ihr Kind oder Angehöriger trotz einer vielleicht schweren Behinderung in die Heilsgemeinschaft hineingehört, von der sie selbst sich getragen wissen. Die oben genannten ›oikos‹-Formeln der Apostelgeschichte (vgl. Act 16,15) können hier neue Bedeutung gewinnen. Die Taufe wird dann zum Zeugnis, daß vor Gott und der christlichen Gemeinde die Unterschiede

---

67. Vgl. E. Geldbach, Taufe, Gö 1996, 187-189 und passim.
68. Mit z. B. Mk 16,16 gegen CA IX (UG 66, Nr. 15).

keine Gültigkeit haben, die in einer säkularen Gesellschaft eine so große Rolle spielen können.

(4) Leben aus der Taufe

Die durch die Taufe begründete eschatologische Identität des Getauften zielt auf verbindliche Übernahme christlicher Existenz. Aus diesem Grund sind die Taufparänesen im Neuen Testament gut greifbar. Es gilt, die Würde der neuen Existenz zu erkennen und ihre Potenzen zu nutzen. Dafür gibt es allerdings eine Reihe von Voraussetzungen.

Zunächst ist die katechetische Information unerläßlich, die nicht auf den kognitiven Bereich beschränkt bleiben darf. Die vielgescholtenen Katechismen der Vergangenheit waren wesentlich auch als Gebetshilfen und Meditationsbücher gemeint. Ziel der Vermittlung christlichen Glaubensgutes ist das eigene Ja der Getauften zu ihrer Taufe: Die Unmündigentaufe ruft nach Bestätigung durch den mündig gewordenen Glaubenden. Die Konfirmation wäre von daher zu entdecken als das »Sakrament der Mündigkeit des Christenmenschen« und als »Laienordination«! Sie bietet Möglichkeiten, die beispielsweise in der orthodoxen Tradition, in der die Myron-Salbung bereits zum Taufakt selbst gehört, so nicht gegeben sind. Schließlich ist die Gemeinde als Raum des gegenseitigen Zeugnisses zu nutzen: Formen der Tauferinnerung müssen gefunden und eingeübt werden. Die Taufverheißung selbst muß entfaltet werden: Das natürliche Leben ist der Weg von der Geburt zum Tod; die Taufverheißung sagt umgekehrt: Du bist auf dem Weg vom Tod zum Leben! Von dieser Umkehrung wird auch das aus der Taufe erwachsende Ethos Zeugnis geben – ein Gesichtspunkt, den die Konvergenzerklärungen von Lima erneut ins Bewußtsein gerufen haben.[69] Mündig gewordene Getaufte bekennen sich zu ihrer Verantwortung nicht zuletzt auch im Blick darauf, daß die Verheißung der Taufe innerhalb der Gemeinde immer neu zur Sprache kommt und in einem entsprechenden Engagement für die Welt Ausdruck findet.

---

69. DwÜ 1,552.

B Vergleichbare Riten in nichtchristlichen Religionen

(1) Das Problem der Vergleichbarkeit

Gerade die Praxis der christlichen Taufe hat immer wieder dazu herausgefordert, nach verwandten Phänomenen in der Religionsgeschichte zu fragen. Im Vordergrund stand dabei das Problem, ob sich die christliche Taufe aus vorchristlichen Riten ableiten läßt. Man hat vor allem an die für die neutestamentliche Zeit höchst umstrittene Praxis der jüdischen Proselytentaufe, an bestimmte hellenistische Praktiken und an die Mandäer-Taufe erinnert.[70] Man ist sich heute weitgehend darin einig, daß als religionsgeschichtlicher Hintergrund für die christliche Taufe nur das Judentum infrage kommt. Im Blick auf die Sakramente allgemein machen vor allem jüdische Forscher geltend, daß sie »nicht heidnischen, sondern jüdischen Ursprungs sind« (David Flusser). In talmudischer Zeit seien mündliche Tora, Beschneidung und Pesach-Opfer als ›mysterion‹ bezeichnet worden. Martin Buber behauptete, daß »es kaum ein christliches Sakrament gibt, das nicht eine sakramentale oder halb-sakramentale jüdische Vorgestalt hatte«. Er schlägt eine bedenkenswerte Definition von Sakrament vor: Im Sakrament ereigne sich »der Bund des Absoluten mit dem Konkreten«.[71]

Es geht im folgenden nicht darum, die religionsgeschichtliche Abhängigkeit der christlichen Lehre und Praxis der Taufe zu diskutieren. Auch wenn keine religionsgeschichtliche Abhängigkeit vorliegen sollte, steht die christliche Taufe im Kontext vergleichbarer Riten und Deutungen. Etwa von den in der Welt der Religionen häufig bezeugten Waschungen her »ist der Schritt zu allen Taufriten unmittelbar gegeben, die vor allem in Waschungen bestehen und an den Waschungen ihre ›Symbolkraft‹ haben«.[72] Friedrich Heiler weist darauf hin, daß die Germanen die Neugeborenen in eiskaltes Flußwasser tauchten und daß dieser Vorgang bei den Südgermanen als »daupjan« bezeichnet wurde.[73]

Religionsphänomenologisch gesehen, steht die Taufe jedenfalls im Kontext von Initiationsriten, wie sie auch außerhalb des Christentums geübt wurden. Wichtig ist dabei ein Doppeltes: Durch den Initiationsritus wird einerseits ein prinzipiell neuer Anfang gesetzt, andererseits der Zugang zu einer bestimmten Gemeinschaft und einem entsprechenden Lebensstil ermöglicht. Will man den

---

70. Es ist jedoch zu bedenken, daß der Begriff »baptisma« in der profanen Graecität nicht vorkommt und daß das Wort »baptismos« einzig bei Josephus, und zwar im Zusammenhang der Johannes-Taufe, auftaucht. Vgl. U. Wilckens, Der Brief an die Römer, 2. Teilband, Röm 6-11, Z/N-V 1980, Exkurs: Der traditions- und religionsgeschichtliche Hintergrund von Röm 6; ebd. 42-62.
71. Alle Angaben ausgewiesen in LJCB 347.
72. C. H. Ratschow, in: RGG³ VI, 1549.
73. Fr. Heiler, EWR 188.

religionsphänomenologischen Kontext erfassen, in dem die christliche Taufe steht, muß man sowohl nach entsprechenden Reinigungs- und Waschungsriten suchen als auch nach kultischen Handlungen fragen, die als solche das »initium« im doppelten Sinn von »Anfang« und »Eintritt« setzen.

(2) Mit der Taufe vergleichbare Riten in Judentum, Islam und in den hinduistischen Traditionen

(a) Judentum

Im Judentum finden sich die deutlichsten Parallelen, freilich zugleich mit wichtigen Unterschieden. Das Neue Testament selbst verweist auf die Johannes-Taufe. Sie ist ihrerseits trotz aller charakteristischen Unterschiede im Zusammenhang der Reinigungsriten zu sehen, die in der Gemeinschaft von Qumran vollzogen wurden. Dort durfte der Novize nach einem Probejahr tägliche Tauchbäder vornehmen, als deren Wirkung Reinigung und Heiligung durch den Geist Gottes erwartet wurde. Die Proselytentaufe ist erst für die spätneutestamentliche Zeit nachweisbar.

Trotz der formalen Analogie, wie sie sich im rituellen Gebrauch des Wassers nahelegt, dürfte die gewichtigere Entsprechung zur christlichen Taufe hinsichtlich des Judentums in der Beschneidung zu suchen sein. Das Neue Testament weist in überbietender Antithese selbst wiederholt auf diese Parallele hin. Die Beschneidung war als religiöse Praxis im gesamten Orient und weit darüber hinaus verbreitet, oft jedoch als Pubertätsritus. Die Beschneidung der männlichen Kinder am achten Tag nach der Geburt wurde insbesondere seit dem babylonischen Exil neben dem Sabbat als wesentliches Kennzeichen des Volkes Israel verstanden. Es brachte zum Ausdruck, daß ein Mensch dem Bund angehörte, den Gott mit seinem Volk geschlossen hatte, und bereit war, alle Verpflichtungen auf sich zu nehmen, die sich aus der Zugehörigkeit zu diesem Bund ergaben. Gleichwohl keimt bereits innerhalb der Hebräischen Bibel das Wissen darum auf, daß eine Beschneidung als formaler äußerer Akt geistlich nicht ausreichen kann: Letztlich geht es um die »Beschneidung des Herzens« (vgl. Jer 4,4). Auf dieser Linie liegt die Bestimmung der Halacha, daß ein Mann seinen Sohn »in die Gebote einweiht« und daß Eltern ihre Kinder auf den Versöhnungstag vorbereiten sollen. Erreicht der Sohn mit dreizehn Jahren die Volljährigkeit, so wird er nach einer entsprechenden Vorbereitungszeit in einem feierlichen liturgischen Akt »Bar Mizwa«, »Sohn der Pflicht«. Die eigentliche Initiation ist also die Beschneidung, wenn sie im Blick auf die Gemeinschaft auch erst mit der Volljährigkeit rechtlich gültig wird. Daß Frauen jedenfalls im orthodoxen Judentum kultisch eine andere Stellung haben als die Männer, stellt ein eigenes Problem dar.

(b) Islam

Der Islam hat im Blick auf Initiation und Reinigung manches aus dem Judentum bzw. Christentum, aber auch von vorislamischen Bräuchen übernommen. Deutlich treten jedoch Initiation und Reinigung auseinander. Die Initiation zum Muslim beginnt im Grunde mit der Geburt. Nach islamischer Vorstellung wird ja jeder Mensch eigentlich als Muslim geboren. Erblickt er im Rahmen einer praktizierenden muslimischen Familie das Licht der Welt, so wird ihm als erstes, was er zu hören bekommt, das islamische Glaubensbekenntnis vorgetragen: »Ich bezeuge, daß keine Gottheit ist außer Gott; ich bezeuge, daß Muhammad Gottes Diener und Gesandter ist.« Wichtiges Element der Initiation ist dann aber, obgleich nicht im Koran geboten, die Beschneidung. Sie war im Umfeld Muhammads offensichtlich schon in vorislamischer Zeit Brauch. Sie wird bei Jungen zwischen dem siebten Tag nach der Geburt und dem 15. Lebensjahr vollzogen, in manchen Regionen – vor Eintritt der Pubertät – auch bei Mädchen. Die Beschneidung wird von Annemarie Schimmel als Pars-pro-toto-Opfer der Via purgativa zugeordnet.[74] In der heutigen Praxis ist die Beschneidung häufig mit einem einführenden Unterricht in die Lehren des Islam verbunden.

In einen ganz anderen Bereich führt der Brauch der Waschungen, der vornehmlich mit dem Ritualgebet (und der Totenbestattung) verbunden ist. Vor Beginn des Gebets vollzieht der Muslim eine Teilwaschung, zu der nicht nur das Waschen der Hände, des Gesichts und der Füße, sondern auch die Reinigung der Zähne sowie die Spülung von Mund und Nase gehören. Nach sexueller Aktivität, die rituelle Unreinheit zur Folge hat, ist eine Ganzwaschung geboten. Während er die Waschung vornimmt, erinnert sich der fromme Muslim selbstkritisch an die Unterlassungen und Vergehen, die er seit dem letzten Gebet sich hat zuschulden kommen lassen. Er löst sich dabei von seinen Emotionen, insbesondere von seiner Aggressivität, und empfindet sich nach der Waschung als von seiner Schuld gereinigt. Daß es dabei nicht um den Symbolgehalt oder gar eine magische Kraft des Wassers geht, zeigt sich daran, daß beim Fehlen von Wasser auch eine Ersatzreinigung erlaubt ist, die im Vollzug der entsprechenden Gesten eben ohne Wasser besteht. Der Vollzug der Waschung verheißt Reinigung von den Sünden: »Das Wasser der Gnade erwartet den Sünder.«[75] Gott selbst wird begriffen als Meer, in dem der Mystiker versinken kann. »Manche Mystiker sollen bereits in Ekstase geraten sein, wenn das Wasser für die Ablution ihnen über die Hände gegossen wurde«.[76] Andererseits weiß man, daß es natürlich nicht eigentlich das Wasser ist, das die Reinigung bringt:

---

74. A. Schimmel ²1995, 137.
75. Frei nach Rumi: A. Schimmel ²1995, 30.
76. Ebd. 131.

»Man muß die Rebellion von der Seele abwaschen
mit (dem Wasser von) Wissen und Gehorsam.«[77]

Wasser allein kann die Reinigung von Sünden nicht bringen:

»Obgleich der Mollah 60 Liter Wasser verwendet, um seine Gebetswaschung
durchzuführen,
ist doch sein Kopf hohler als ein Kürbis, wenn es zur Meditation des Korans
kommt.«[78]

Daß gerade der Orientale um die lebenspendende Kraft des Wasser weiß, ist
eine Selbstverständlichkeit. Quellen werden als segenspendend angesehen;
zum Heiligtum der Kaaba gehört ein heiliger Brunnen, dem man Heilwasser
für die Kranken entnimmt.

(c) Hinduistische Traditionen

Auch in den hinduistischen Traditionen besitzt das Wasser eine spezifische religiöse Bedeutung. Im Rigveda wird eine Formel überliefert, die wohl ein Rei-
nigungsbad von Sühnebedürftigen begleitete: »Ihr Gewässer, führt all das fort,
was von Fehle an mir ist, sei es, daß ich treulos war, oder daß ich geflucht und
wider das Rita gehandelt habe.«[79] Wasserriten standen dabei freilich neben vielerlei anderen Entsühnungsbräuchen. Flüssen wurde heilsame, von den Sünden
reinigende Kraft zugesprochen. Insbesondere galt und gilt dies für die heilige
Ganga. Sterbenden reicht man Gangeswasser, das auch bei der Puja, der kultischen Verrichtung, verwendet wird. In der Erwartung innerer Reinigung und
äußerer Genesung steigen fromme Hindus in Benares täglich beim Morgen-
grauen in die Fluten des heiligen Flusses. Auch die Sitte der Kumbha-Melas,
religiöser Badefeste, gehört in diesen Zusammenhang.

Der rituelle Gebrauch von Wasser kann aber nicht nur der sittlichen Reinigung, sondern auch einer spezifischen Initiation dienen. Erst die Weihe ermächtigt den Brahmanen zum Vollzug ritueller religiöser Verehrung, der Puja.
In einem Brahmana, einer religiösen Anleitung, wird beschrieben, wie der
»zweimal Geborene« (»dvija«) die »diksha«, die Einweihung in seinen spezifischen religiösen Status, empfangen hat: Die »Priester verwandeln denjenigen
in einen Embryo, dem sie die *diksha* erteilen. Sie besprengen ihn mit Wasser;
das Wasser ist der männliche Samen ... Sie führen ihn in einen besonderen
Schuppen: der besondere Schuppen ist der Schoß dessen, der die *diksha* vornimmt. (...) Er hält die Fäuste geballt; denn auch der Embryo hat die Fäuste

---

77. Nasir-i Khusrau (gest. nach 1072), der auch von der »Seife der Religion« oder der »Seife
des Intellekts« sprechen kann; A. Schimmel [2]1995, 131.
78. Schabistari nach A. Schimmel, ebd. 131.
79. Zitiert nach J. Gonda I, [2]1978, 40.

geballt, solange er sich im Schoß befindet ...«[80] Diesen Initiationsritus mit Hilfe von Wasser deutet Mircea Eliade als »symbolischen regressus ad uterum«.[81] Henri Le Saux versteht das auch im gegenwärtigen Hinduismus geübte »Eintauchen des Sannyasi in den Ganges« im Lauf der *diksha* als »außergewöhnliche Entsprechung« zum Eintauchen Jesu in den Jordan bei seiner Taufe: Der göttlichen Stimme »Du bist mein Sohn« entspreche das »*tat tvam asi – aham brahmasmi*, das der Geist selbst im Moment der *diksha* sowohl durch den Mund und im Herzen des Guru wie auch durch den Mund und im Herzen des Schülers aussprechen wird, jenseits aller Dualität.«[82] Wichtiger als Wasserriten ist für die hinduistische Initiation freilich das Anlegen der »Heiligen Schnur«, die die Nabelschnur symbolisieren mag und den Initianden gleichsam mit dem Veda verbindet. Nicht das Bewußtsein personaler Identität ist damit für ihn begründet, sondern ein Wissen um sein wahres, transpersonales Selbst.

(d) Buddhismus

Der Buddhismus entzieht sich der Faszination durch das Symbol »Wasser«: Nach der Überlieferung hat Siddhartha auf der Suche nach innerem Frieden durchaus seine religiösen Pflichten erfüllt und im heiligen Ganges gebadet. Er erkannte jedoch, daß äußere Waschungen hier nicht weiterführen können: »Warum baden sich immer diese Brahmanen und zittern im Bad? Glauben sie, so Reinigung von ihren Sünden zu erlangen? Dann müßten ja Frösche und Schildkröten in den Himmel eingehen, und alle Wasserschlangen wären zur Seligkeit bestimmt.« »Nicht durch Wasser wird der Mensch rein, mag er auch noch so oft baden; der, in dem Wahrheit und Tugend wohnt, der ist rein.«[83] Für buddhistisches Verständnis fällt die eigentliche Initiation mit dem »Erwachen« zusammen.

80. M. Eliade ²1994, Bd. 1, 207. Zur Initiation vgl. besonders A. Michaels 1998, 85-114.
81. Ebd. 206.
82. H. Le Saux, ²1994, 194 f. In diesen Zusammenhang gehört religionsphänomenologisch vermutlich auch die »Salbung«, vgl. M. Eliade ²1994, Bd. 1, 208 f.; vgl. G. Widengren 1969, 232, 385, ohne daß man deswegen sogleich von einer »demokratisierten Königsweihe« sprechen müßte; vgl. C.-M. Edsman, Art. Taufe I. religionsgeschichtlich, in: RGG³ VI, 626 f.
83. Zitiert nach Fr. Heiler, EWR 188.

(3) Reinigung und Initiation durch Wasser- und Beschneidungsriten

Religionsphänomenologisch gesehen, fällt es auf, daß sich gerade im Blick auf den konkreten rituellen Umgang mit Wasser bzw. den Vorgang von Initiation die Religionen weniger gegeneinander profilieren lassen, als dies etwa im Blick auf abstrakte Vorstellungen wie das Verständnis von Gott und Mensch, von Schöpfung und Erlösung, der Fall war. Einzig der Buddhismus mit seiner ursprünglichen Ablehnung äußerer Riten fällt hier aus dem Rahmen. Allenthalben begegnet das Wasser als reinigende und belebende Kraft, ob man an die bei den Babyloniern begegnende Bezeichnung »Wasser des Lebens« oder an die auch religiöse Hochschätzung des Wassers in Ägypten oder an das Daudedsching (Tao-te ching) denkt; dort heißt es:

> »höchste güte ist wie das wasser
> gut tut es den dingen und streitet mit keinem
> das niedrige, das alle verachten, füllt es
> so gleicht es dem Dau«.[84]

Beim zeremoniellen Bad eines Neugeborenen bei den Azteken bittet der Priester für den zu Reinigenden die Gottheit: »... Wasche ihn und befreie ihn nach deinem Wissen von Unreinheit ... Laß das Wasser Schmutz und Makel hinwegnehmen, und laß ihn befreit sein von aller Befleckung ... Möge dieses Wasser alle Übel hinwegnehmen ...«[85] Das Christentum selbst, insbesondere die reiche liturgische Praxis der Alten Kirche, würde umfängliches zusätzliches Material bieten können.

Um zu erklären, wie der Mensch dazu kam, das Wasser als heilig zu empfinden, erläutert van der Leeuw: »Der Mensch fühlt, daß sein Leben von der Macht der Umwelt bedingt, getragen ist.«[86] Dazu gehört insbesondere die Wahrnehmung der reinigenden und belebenden Kraft des Wassers. Durch Besprengung konnte man seine segensreichen Wirkungen applizieren, durch den Vorgang des Abwaschens seine reinigende Kraft bewähren. Trotzdem darf man seine Anwendung nicht nur auf die »Metaphorik des Waschens« bezogen sehen.[87] Seine eigentliche und tiefste Bedeutung kommt im Ritus des Untertauchens zum Tragen: Er ermöglicht, zugleich verbunden mit der Symbolik von Tod und Auferstehung, den »Regressus in den urtümlichen Grund, sei es, kosmisch, des

---

84. Laudse, Daudedsching. Aus dem Chinesischen übersetzt und herausgegeben von E. Schwarz, L 1978, 58.
85. Zitiert nach M. Eliade, ²1994, Bd. 4, 204; weitere religionsphänomenologische Parallelen z. B. bei C. H. Ratschow, Die eine christliche Taufe, Gü 1972, 120 f., sowie Fr. Heiler, EWR, 39-42.
86. G. van der Leeuw ³1970, 47.
87. C. H. Ratschow, Die eine christliche Taufe, Gü 1972, 118.

Chaos, sei es, individuell, des Mutterschoßes.«[88] Für Carl Heinz Ratschow ist das Wasser »Inbegriff der Verwandlung und der Möglichkeit.«[89] Dabei vermittelt das Wasser »nicht nur die Erfahrung des Möglichen als des Keimhaften. Das Wasser löst das Gewordene auf. Es zerstört die Gestalt. Es löst auf und tötet.«[90] In der Symbolik von Tod und Auferstehung kann es sowohl der Initiation selbst als auch der Revitalisierung einer schon erfolgten Initiation dienen.

Ausschließlich auf die Initiation bezogen ist dagegen der Vorgang der Beschneidung. Friedrich Heiler deutet sie als »Geschlechts- und Keuschheitsopfer«.[91] Sie stellt darüber hinaus »eine echte Weihe zum Leben dar. Der Ritus um lebenspendende Organe will die jungen Menschen Gott als Quelle und den Ahnen als Vermittlern des Lebens weihen.«[92] Das Judentum hat der Beschneidung durch deren Bezugnahme auf den Bund eine eigene Bedeutung verliehen.

In den Wasser- und Beschneidungsriten der Religionen geht es immer, wenn auch mit unterschiedlicher Akzentuierung, einerseits um den Gegensatz von »rein« und »unrein«, offenbar eine religiöse Grunderfahrung der Menschheit, andererseits um die Notwendigkeit der Individuation und der mit ihr verbundenen Sozialisation in eine bestimmte religiöse Gemeinschaft hinein. Es handelt sich dabei nicht primär um symbolisch aufgefaßte Anschauungen oder gar komplizierte Theorien, sondern um rituelle Vollzüge, also um Handlungen, »die der Mensch in dem Bewußtsein verrichtet, daß er damit etwas in einer anderen Sphäre bewirkt«.[93] Mit Verweis auf Konrad Lorenz, der bei manchen Tieren ritualisierte Verhaltensweisen feststellte, behauptet Carl Heinz Ratschow, daß folglich »die Fähigkeit der Ritualisierung in die Bereiche der vor- und unterbewußten Verhaltensmuster hinabreicht.«[94] Wichtig bleibt immerhin, daß die Begegnung mit dem Gegensatz von »rein« und »unrein« und die ihr entsprechende Erfahrung beim Umgang mit Wasser sowie darüber hinaus die innere Notwendigkeit von Individuation und Sozialisation zu den frühesten religiösen Erfahrungen der Menschheit gehören. Dies dürfte einer der Gründe dafür sein, daß sich die Initiationsriten der Religionen in ihrer Bedeutung kaum grundsätzlich voneinander unterscheiden. Das besondere Verhältnis des Buddhismus zu den »Heilsmitteln« ist wohl dahingehend zu bestimmen, daß er mit Hilfe von bestimmten »Mitteln« – Askese oder gegenstandslose Meditation – versucht, von aller Vermittlung zum Absoluten frei zu werden.

88. G. van der Leeuw ³1970, 390.
89. C. H. Ratschow, Die eine christliche Taufe, Gü 1972, 123.
90. Ebd. 117.
91. Fr. Heiler, EWR 216.
92. B. Bujo, in: LR 306.
93. G. van der Leeuw, zitiert nach C. H. Ratschow, Die eine christliche Taufe, Gü 1972, 115.
94. Ebd. 116.

C Die Taufe im Kontext vergleichbarer nichtchristlicher Riten

Wie sind Nähe und Distanz zwischen Taufe und vergleichbaren nichtchristlichen Riten zu beurteilen? C.-M. Edsman stellt fest, je nachdem, wie man »das eine oder andere Moment der Taufhandlung« herausgreife, ließen sich »natürlich irgendwelche Parallelen oder Analogien aufweisen«, hält aber insgesamt größte Vorsicht für geboten.[95] Carl Heinz Ratschow dagegen findet, von den in den nichtchristlichen Religionen begegnenden Waschungen sei der Weg zu den Taufriten keineswegs weit.[96] Beide Ansätze lassen sich vertreten und unter trinitarischer Perspektive einander zuordnen.

(1) Die schöpfungstheologisch zu begründende Gemeinsamkeit von Taufe und vergleichbaren nichtchristlichen Riten

Der christlichen Taufe wie auch den entsprechenden nichtchristlichen Riten dürfte eine gemeinsame religiöse Urerfahrung der Menschheit zugrunde liegen. Es geht dabei offenbar einmal um das Bewußtsein des Gegensatzes von Reinheit und Unreinheit, sodann um die Erfahrung der Schwierigkeiten bei Selbstwerdung und gleichzeitiger Integration in die Gemeinschaft und schließlich drittens um die Zuordnung von beidem.

(a) Reinheit und Unreinheit

Das religiöse Bewußtsein des Gegensatzes von Reinheit und Unreinheit findet seine naheliegende und natürliche Entsprechung in der Erfahrung des Abwaschens von Schmutz mit Hilfe von Wasser. Mit dem Vorgang des Sich-Waschens bzw. Gewaschen-Werdens verbindet sich eine Erfahrung von Erfrischung, Belebung und Wohlbefinden, die auch für frühe Stadien der Menschheit angenommen werden darf. Reinigungsbedürfnis und Reinigungsverhalten sind ja bereits im Tierreich zu beobachten. Es entspricht wohl dem für den Menschen charakteristischen Transzendierensvermögen, daß er den Gegensatz von Reinheit und Unreinheit nicht auf das Physiologische begrenzt zu denken vermag. Auf einer bestimmten Bewußtseinsstufe wird ihm klar, daß er sich seiner Umwelt, sich

---

95. RGG³ VI, 626.
96. RGG³ VI, 1549.

Erlösung

selbst und schließlich dem Leben als ganzem gegenüber nicht sachgemäß und damit nicht lebensförderlich verhält, ja verhalten kann. Dieses unsachgemäße und nicht lebensförderliche Verhalten aktualisiert sich nicht nur je und je neu, sondern akkumuliert sich zugleich. Damit entsteht das Bedürfnis nach Entlastung, Sühne, Reinigung. Zwei Momente treten dabei besonders hervor: Das selbstverständliche Wissen darum, daß es um eine ganzheitliche, das Physische mit einbeziehende Reinigung gehen muß, und die Suche nach einem Medium, in dem sich eigene Aktivität und die Erfahrung unverdienter Gnade miteinander verbinden. Diese beiden Gesichtspunkte lassen sich unschwer auch an der christlichen Taufe beobachten. Die Taufe bezieht sich nicht nur auf den inneren Menschen oder das Bewußtsein, sondern sie zielt auch auf die körperliche Existenz; der Mensch wird dabei einerseits als Handelnder begriffen, der »sich taufen läßt«, andererseits als Empfangender, der »getauft wird«. Es erscheint von daher keineswegs nötig, die Taufe auf einen isolierten Stiftungsakt zurückzuführen. Sie gehört in einen umfassenden »Stiftungszusammenhang« hinein, der letztlich durch die Schöpfung begründet ist und daher wesentlich auch schöpfungstheologisch gewürdigt werden muß.

(b) Initiation und Gemeinschaft

Eine weitere, möglicherweise erst später in Erscheinung getretene gemeinsame Erfahrung der Menschheit besteht darin, daß jeder Mensch einerseits er selbst werden, andererseits als er selbst sich in die Gemeinschaft einordnen muß. Somatische und psychische Vorgänge beim Einzelnen treten in Spannung zu soziokulturellen Kontexten. Initiation erweist sich als notwendig, die als einmaliger Akt oder auch als mittelfristiger Prozeß realisiert werden kann. Im Ritus äußert sich das Bewußtsein des Menschen, daß er mit der Geburt noch nicht zu dem geworden ist und nicht aufgrund der Geburt allein zu dem werden kann, der er werden soll. Van der Leeuw stellt aus der Sicht der Religionsphänomenologie fest: »›Geboren‹ ist man erst, wenn die Riten alle vollzogen sind«; die Riten »machen das Leben erst zum ›wahren‹ Leben«[97]. Sie können als Opfer oder Weihe an das Leben bzw. die das Leben tragenden und bestimmenden Kräfte verstanden werden, wie dies ursprünglich wohl bei der Beschneidung der Fall war. Sie implizieren in vielen Fällen, insbesondere wenn es um die Integration des Initianden in eine Gemeinschaft geht, radikale Trennung, die mit einem psychosomatischen Schock verbunden sein kann, und die daraufhin erfolgende vollgültige Aufnahme in den neuen Lebenszusammenhang. Dieser Doppelschritt kann in den Symbolen von Tod und Auferstehung zum Ausdruck

---

97. G. van der Leeuw [3]1970, 211, 212. Besonders augenfällig zeigt sich das an der hinduistischen Vorstellung des »dvija«: »Zwar ist man Hindu schon von Geburt, aber nicht nur durch die natürliche Geburt. Die zweite, ›wahr-hafte‹ Geburt ist für Männer die Geburt in den Veda und aus dem Veda, dem heiligen Wissen.« A. Michaels 1998, 85.

gebracht werden. Auch hier liegt die Beziehung zur christlichen Taufe auf der Hand. Sie stellt die Zueignung des zu Taufenden zu einem neuen Herrschaftsbereich dar, und sie vollzieht sich als »Begraben-« und »Auferweckt-werden« (vgl. Röm 6,3 f.).

(c) Identität

Die Zuordnung von Reinigungs- und Initiationsriten ist unschwer zu erkennen. Die Entdeckung des Gegensatzes von Reinheit und Unreinheit macht ein wesentliches Element menschlicher Selbstwerdung aus. Der Selbstwerdung und der Entwicklung der Gemeinschaftsfähigkeit entspricht das Bedürfnis nach Entlastung von allem, was als Unreinheit zu stehen kommen könnte. Dabei mag es sich um die Befreiung von einzelnen Elementen der Unreinheit handeln; die Unreinheit kann aber auch als elementares, das menschliche Leben bestimmendes Gesetz erfaßt werden. Letzteres ist bei der christlichen Taufe der Fall. In ihr finden Aspekte der Initiation und der Reinigung, die in den Religionen oft getrennt voneinander gesehen werden, zusammen. Die Taufe dient einerseits der Vergebung der Sünden. Andererseits wird sie als Inkorporation in einen neuen Lebenszusammenhang, nämlich in den »Leib Christi«, und damit in die eschatologische Gemeinde verstanden.

(2) Die christologisch begründete Differenz zwischen Taufe und vergleichbaren nichtchristlichen Riten

Geht man nun der Frage nach, wie sich die Taufe zu vergleichbaren Riten in den von uns angeführten Religionen Judentum, Islam und Hinduismus verhält und wie in ganz anderer Weise der Buddhismus dazu zu stehen kommt, so ergibt sich folgendes Bild:

(a) Beschneidung im Judentum

Die Konkurrenz zwischen christlicher Taufe und alttestamentlich-jüdischer Beschneidung wird bereits im Neuen Testament selbst angesprochen. Die Beschneidung gilt als durch die christliche Taufe überholt.[98] Beschneidung hat nun für den Christen keine sinnvolle Funktion mehr (vgl. Gal 6,12-16); sie würde in der Situation des frühen Christentums vielmehr, so Paulus, dem Eigenruhm dienen (vgl. Gal 6,14). Viel wichtiger als die Beschneidung ist es dem

---

98. Kol 2,11 f. Vgl. jedoch die Interpretation bei K. Barth, KD IV/4, 131.

Apostel, die »Male Christi« an seinem Leibe zu tragen (Gal 6,17).[99] Worin geht die christliche Taufe über die jüdische Beschneidung hinaus? Die Beschneidung wird als Zeichen der Zugehörigkeit zum Bund Gottes mit seinem Volk verstanden; sie bezieht sich damit wesentlich, obgleich der Zutritt zu diesem Bund von außerhalb Israels nicht prinzipiell unmöglich war, doch eben auf dieses eine Volk. Die Taufe dagegen, ohne ihren Charakter als Bundeszeichen zu verlieren, eröffnet Menschen aus allen Völkern den Zugang zu diesem Bund und konstituiert damit das die Grenzen Israels sprengende neue Gottesvolk. Die Beschneidung vermittelt den Anschluß an die äußere und innere Geschichte Gottes mit dem Volk Israel; die Taufe, ohne diese Verbindung aufzugeben, integriert in die Geschichte des neuen Gottesvolkes, die wesentlich durch das Leben, Sterben und Auferstehen Jesu Christi ausgelöst und bestimmt ist und die dem mit der Wiederkunft Christi erwarteten Eschaton entgegengeht. Die Beschneidung gehört dem Bereich des göttlichen Gesetzes an, der durch das Evangelium, wie es in der Gabe der Taufe zum Ausdruck kommt, überholt und aufgehoben ist. Während es bei der alttestamentlich-jüdischen Beschneidung vornehmlich um die irdische Identität des Mitglieds des Gottesvolkes geht, steht bei der Taufe, ohne daß die irdische Identität damit vernachlässigt würde, die von Gott geschenkte, ewige Identität im Vordergrund.

(b) Beschneidung und Wasserriten im Islam

Im Islam besitzt die Beschneidung weithin kein eigentlich religiöses Gewicht. Viel wesentlicher ist hier der immer wieder neu zu vollziehende Ritus der Waschung. Damit fällt ein wesentlicher Unterschied zwischen islamischen Reinigungsriten und christlicher Taufe von vornherein ins Auge: Die Taufe schafft ein für allemal den neuen Lebenszusammenhang, wobei der Gläubige in diesen Quellgrund seiner Existenz freilich immer wieder gleichsam zurücktauchen muß und kann; der Muslim dagegen soll immer wieder durch den wiederholten rituellen Reinigungsvorgang die Vorbereitung für seine Begegnung mit Gott leisten. Während die Taufe als »Bad der Wiedergeburt« (vgl. Tit 3,5) die neue Existenz des Christenmenschen begründet, ist im Islam – freilich aufgrund der Barmherzigkeit Allahs – die Vorbedingung für die Gottesbegegnung immer neu zu erbringen. Die rein islamischen Reinigungsriten fallen damit natürlicherweise in den Bereich des Gesetzes, während die Taufe als Gabe wahrgenommen wird, die freilich genutzt sein will. Die islamischen Reinigungsriten im Zusammenhang mit dem Ritualgebet stellen die Gemeinschaft mit der Umma her und halten den einzelnen Gläubigen in dieser fest. Die Taufe dagegen begründet die Zugehörigkeit zur »ekklesia«, die sich selbst nicht nur als gesellschaftliche oder

---

99. Vgl. O. Betz, Art. Beschneidung II. Altes Testament, Frühjudentum und Neues Testament, in: TRE 5, 716-722.

auch religiöse Größe, sondern als Verwirklichung des Leibes Christi im eschatologischen Horizont versteht.

(c) Hinduistische Reinigungsriten und Taufe

Die hinduistischen Reinigungsriten sind, wie beschrieben, wohl am besten unter der Vorstellung eines »regressus in uterum« zu erfassen. Der hinduistische Gläubige kehrt in das Gesamt des Weltzusammenhangs und aller seiner Kräfte zurück, um sich auf diese Weise zu regenerieren. Dieser Gedanke ist dem christlichen Taufgeschehen nicht gänzlich fremd, wird aber dahin präzisiert, daß es sich hierbei keinesfalls um das Eintauchen in das Kräftepotential des Kosmos handeln kann und daß der zu Taufende in der Taufe nicht nur unpersönlichen Mächten begegnet. Der hinduistische Reinigungsritus kann mit Gottheiten in Zusammenhang gebracht werden, die personal gedacht sind, zielt aber immer darauf ab, den Menschen über die Beziehung zu diesen Gottheiten hinauszuführen, die ja in den karmischen Zusammenhang hineingehören; ihm soll die Partizipation an der letzten ungeteilten Wirklichkeit vermittelt werden. In der Taufe hingegen begegnet dem Christen der Gott Jesu Christi, der zwar auch nicht einfach anthropomorph als »Person« vorgestellt werden darf, dessen liebende Zuwendung aber doch eher personal als apersonal erfahren wird. Dies hat wiederum damit zu tun, daß göttliches Wirken im Hinduismus nicht als in die Geschichte eingreifender Vorgang aufgefaßt wird. Geschichtliche Wirklichkeit im christlichen und in dem davon abgeleiteten modern-säkularen Sinne erscheint hinduistischer Religiosität als letztlich belanglos. Christlicher Glaube dagegen vergewissert sich an der historischen Gestalt Jesu Christi, wenngleich auch Jesus Christus als »Sohn Gottes« die geschichtliche Wirklichkeit transzendiert und allein mit historischen Kategorien nicht zureichend erfaßt werden kann. Aus diesem Gegensatz ergeben sich nun auch unterschiedliche Resultate hinsichtlich der verwendeten Riten: Hinduistische Reinigungsriten integrieren ins Ganze und führen letztlich zur Einschmelzung oder Auflösung menschlicher Identität, während die christliche Taufe menschliche Identität begründet, für die irdische, historische Gemeinschaft fruchtbar macht und zugleich über die engen Grenzen individueller Selbstverwirklichung hinausführt.

(d) Buddhistischer Verzicht auf Heilsmittel

Zwischen Buddhismus und Christentum gibt es im Blick auf Reinigungs- oder Initiationsriten nicht eigentlich einen Vergleichspunkt. Der Buddhist sucht letztlich die Unmittelbarkeit des Nirvana, in dem freilich der Gegensatz von Mittelbarkeit und Unmittelbarkeit aufgehoben ist. »Mittel« im eigentlichen Sinn muß er daher ablehnen. Zugleich mit den »Mitteln«, die die als Schein zu entlarvende Wirklichkeit anzubieten hätte, erweist sich alles materiell Konkrete und damit zugleich das spezifische Profil eines innerhalb dieser Materialität liegenden Menschen als irrelevant, ja als Trug. Die ersehnte Unmittelbarkeit stellt sich gerade dann ein, wenn auf alle Mittel verzichtet wird und wenn es nichts mehr gibt, zwischen dem vermittelt werden könnte. Christen dagegen bringen durch die Taufe zum Ausdruck, daß sie der Vermittlung zur Quelle des Lebens bedürfen. Die Taufe kann von daher als ein den Menschen demütigender Akt verstanden werden, den der Glaubende freilich bußfertig und dankbar auf sich nimmt. Er weiß sich dabei sowohl hinsichtlich seiner Schuld als auch im Blick auf seine neue Existenz als ein anderen Geschöpfen gegenüber profiliertes Geschöpf vor Gott, der seine Identität begründet, rettet und zur Erfüllung bringt.

(e) Die christliche Taufe im interreligiösen Kontext

Sucht man, von allen Details abgesehen, nach dem entscheidenden Unterschied zwischen christlicher Taufe und vergleichbaren nichtchristlichen Riten, so trifft man unweigerlich auf das Christus-Bekenntnis. Die Taufe bezieht den zu Taufenden bzw. Getauften mit seiner gesamten psychosomatischen Existenz auf eine unwiederholbare und unüberbietbare Weise in die Christuswirklichkeit ein, die sich in dem Geschick des historischen Jesus von Nazareth manifestiert hat, in der Geschichte und Gegenwart ihrer Auswirkungen sich vergegenwärtigt und zur Hoffnung auf ihre universale Durchsetzung inspiriert. Ernst Käsemann formuliert dies in Kommentierung von Röm 6,3 f. so: Die von Christus »heraufgeführte neue Welt ergreift in der Taufe derart Besitz auch vom Leben des einzelnen Christen, daß der irdische Weg des erhöhten Herrn darin nachzuvollziehen ist und Christus so zum Schicksal unserer Existenz wird. Die Taufe ist Projektion der Äonenwende in unser persönliches Dasein hinein, das seinerseits zum ständigen reditus ad baptismum wird, sofern hier das Sterben mit Christus das Leben mit ihm begründet und die Dialektik von beidem die Signatur des Seins ›in Christus‹ ausmacht«.[100] Weil es in der Taufe um die existentielle und personale Beziehung zwischen Gott, der sich in Jesus Christus vergegenwärtigt hat, und dem Menschen geht, ist die Taufe auch nicht als bloßes »opus operatum« zu verstehen, das allein aufgrund seines Vollzugs seine – dann als magisch zu bezeichnende – Wirkung tut. Vielmehr stiftet die Taufe eine lebendige Beziehung zwischen dem zu Taufenden bzw. Getauften und dem sich mit ihm verbündenden Gott. Die spezifische Bezeichnung für diese Leib, Geist und Seele umgreifende personale und doch im Personalen nicht aufgehende Beziehung

---

100. E. Käsemann, An die Römer, Tübingen ³1974, 155; einzig der Begriff »Projektion« ist hier problematisch. Vgl. C. H. Ratschow, Die eine christliche Taufe, Gü 1972, 136, der in der »Verklammerung des göttlichen Grundereignisses mit vitalen Zyklen«, wie sie in nichtchristlichen Religionen vorliege, einen gravierenden »Unterschied zwischen den Religionen und dem Christentum« wahrnimmt: »Dieser Unterschied ist hervorgerufen durch die unvergleichliche Eigenart dieses Gottes bzw. seiner Präsenz als Jesus von Nazareth.«

heißt im Christentum »Glaube«. Einzig das alttestamentlich-jüdische Verständnis des Gottesverhältnisses kommt dem nahe, was Christen mit dem Begriff »Glaube« meinen. Schon das muslimische Verständnis des Verhältnisses zwischen Gott und Mensch bleibt dahinter zurück[101], während sich die asiatischen Religionen ohnehin in anderen Vorstellungszusammenhängen bewegen.

Der christlichen Glaubenseinsicht entspricht ein spezifisches Verständnis von Identität. Menschliche Existenz wird sich, wenn sie sich im Gegenüber zu einem auch personal zu denkenden Gott begreift, anders wahrnehmen, als wenn sie sich im Kontext einer nur als Schein zu interpretierenden Welt und im Zusammenhang apersonal zu denkender Kräfte und Mächte interpretiert. Sie wird sich aber auch nicht auf das anthropomorphe personale Denken reduzieren lassen, wie dies dem klassischen, nicht-mystischen Islam oder dem Judentum naheliegt.

Auch der Gemeinschaftsaspekt verändert sich unter dieser Perspektive: Während im Hinduismus Gemeinschaft immer nur im Kontext jeweils noch umfassenderer Gemeinschaften gedacht werden kann und im Buddhismus sich nicht nur die Gemeinschaft, sondern auch die Identität des einzelnen angesichts des Nirvana tendenziell auflöst, begreifen sich die Getauften von der sie gemeinsam begründenden Lebenswirklichkeit in Jesus Christus her als eine spezifische Gemeinschaft, als den »Leib Christi«, als die »Kirche«. Sowohl der einzelne Getaufte als auch die Gemeinschaft der Getauften kann nun der von anderen Kräften beherrschten Welt entgegentreten, das schlechthin Lebensfördernde bezeugen und so zur Befreiung von lebensfeindlichen Mächten beitragen.

Damit wird schließlich ein letzter wichtiger Differenzpunkt sichtbar: die Eschatologie. Es ist ja keineswegs so, daß jede religiöse Sicht als solche auch die Zukunft in den Blick nimmt und somit Hoffnung impliziert. Die asiatischen Religionen haben ein ganz eigenes Verständnis von Zeit und damit auch von »Zukunft«; es wäre unsachgemäß, in ihrem Zusammenhang von »Eschatologie« zu sprechen. Die selbstverständliche Annahme des Hindu, daß nach unendlichen Zeiträumen die karmische Existenz erlöschen kann, mag noch mit den apophatischen Elementen christlicher Hoffnung in Zusammenhang gebracht werden. Die Erwartung des Buddhisten, im Nirvana aufzugehen, läßt sich jedoch, streng genommen, weder negativ noch positiv als »Hoffnung« beschreiben.[102] Stärkere Berührung mit der christlichen Eschatologie haben natürlich Judentum und Islam. Doch bleiben auch hier die Unterschiede deutlich: Weder der Jude noch der Muslim kennt eine eschatologische, bereits die Gegenwart bestimmende, die Grenze von Tod und Leben transzendierende eschatische Existenz, wie sie Christen in der Taufe begründet sehen. Auch die Gemeinschaft der Getauften in diesem auf Gegenwart und Zukunft bezogenen eschatologischen Sinn zu verstehen, ist Juden wie Muslimen fremd.

---

101. Vgl. oben S. 107.

102. Nikos Kazantzakis, der stark vom Buddhismus beeinflußt war, hat für sein Grab in Heraklion die Inschrift gewählt: »Ich fürchte nichts – ich hoffe nichts – ich bin frei.«

Erlösung

(3) Theologie der Taufe unter trinitarischer Perspektive

So sehr die Taufe aufgrund ihres Zusammenhangs mit vergleichbaren nicht-christlichen Riten schöpfungstheologisch bedacht sein will, so tief treten doch andererseits im Blick auf die Christologie die Unterschiede hervor. Christliche Theologie hat aber immer versucht, den Gott der Schöpfung und den in Jesus Christus sich vergegenwärtigenden Gott zusammenzudenken. Der »vom Vater« und »vom Sohn« ausgehende Heilige Geist wurde insbesondere in der westlichen Tradition als Bindeglied zwischen beiden verstanden. Charakteristischerweise erfolgte die christliche Taufe, auch wenn sie ganz im Anfang nur »auf den Namen Jesu« vollzogen worden sein mag, schon in urchristlicher Zeit »im Namen des Vaters, des Sohnes und des heiligen Geistes« (Mt 28,19).

Was bedeutet es nun, wenn die Reinigungs- und Initiationsriten nichtchristlicher Religionen aufgrund schöpfungstheologischer Einsicht ernstgenommen werden müssen und andererseits doch ihre Distanz zur christlichen Taufe aufgrund christologischer Erwägungen festzuhalten ist? Jedenfalls erweist sich als notwendig, daß beide Gesichtspunkte je für sich beachtet werden müssen. Der Blick auf die nichtchristlichen Reinigungs- und Initiationsriten verhindert gewisse verfehlte Fragestellungen, wie sie aufgrund rein binnenchristlicher Diskussionen entstanden sind. Carl Heinz Ratschow nennt drei: die Scheidung von »Geist« und »Wasser«, von »kognitivem« und »kausativem« Verständnis der Taufe, sowie die von »signum« und »signatum«. Geht man von den schöpfungstheologisch gedeuteten Erfahrungen mit den Wasser- und Initiationsriten in den nichtchristlichen Religionen aus, so erweist sich die gedankliche Trennung von »Geist« und »Wasser« als unsinnig, da dabei sowohl das Element als auch das Wort rationalistisch verflacht und unterbestimmt erscheinen. Auch die Differenzierung zwischen »kognitivem« und »kausativem« Verständnis der Taufe entspricht einer nachträglichen Rationalisierung, die auf Kosten entweder des kausativen oder des kognitiven Moments erfolgt. Dem entspricht die Differenzierung zwischen Zeichen und Bezeichnetem, die in den nichtchristlichen Religionen mindestens ursprünglich nicht gemacht wird, weil in ihnen das Bezeichnete von vornherein nicht ohne das Zeichen gedacht werden kann.[103] Der Blick in die Religionsgeschichte macht dem Christen deutlich, daß es bei der Sündenvergebung und der Begründung christlicher Identität, wie sie in der Taufe erfolgt, nur um ein ganzheitliches, den Menschen in seiner psychosomatischen Gesamtheit erfassendes Geschehen gehen kann.

Aber auch die christologisch bedingte Distanz der Taufe zu den nichtchristlichen Riten will eigens bedacht sein. Nur auf diese Weise kann der spezifische Charakter des Taufgeschehens mit all seinen Konsequenzen hinsichtlich der Konstitution christlicher Identität, des Glaubensverständnisses, der Ekklesiologie und der Eschatologie zutreffend zum Ausdruck gebracht werden. Hier hat

---

103. Vgl. C. H. Ratschow, Die eine christliche Taufe, Gü 1972, 128-135.

sich die klassische Theologie allerdings weniger Versäumnisse zuschulden kommen lassen als hinsichtlich der schöpfungstheologischen Implikationen der Taufe.

Sind schöpfungstheologische und christologische Gesichtspunkte als solche hinreichend gewürdigt, so gilt es nunmehr, ihre Zusammengehörigkeit zu erfassen. Wenn Taufe und vergleichbare nichtchristliche Riten aufeinander bezogen werden dürfen, dann ist davon auszugehen, daß sie einander gegenseitig interpretieren. Dabei kommen zwei Interpretationsrichtungen infrage. Die nichtchristlichen Riten sind – erstens – in ihrer schöpfungstheologisch begründeten Hinsicht auf die Taufe hin ernstzunehmen und für das Verständnis der christlichen Taufe fruchtbar zu machen. Diese Blickrichtung entspricht, aufs Ganze gesehen, eher der römisch-katholischen Theologie. Umgekehrt aber kann – zweitens – aus christlicher Sicht das, was sich in der Taufe vollzieht, als die eigentliche Zielrichtung der nichtchristlichen Riten betrachtet werden. Sie kommen unter dieser Perspektive nicht nur in der Taufe zu ihrer eigentlichen Erfüllung, sondern sie finden in der christologisch begründeten Taufe auch Klärung und Korrektiv. Dieser ritenkritische Ansatz entspricht eher der evangelischen Theologie.

Wie ist, wenn die Taufe trinitarisch verstanden werden soll, die Pneumatologie einzubringen? Das Wirken des Heiligen Geistes wird nicht nur als Ermöglichung des Glaubens an Jesus Christus und so einseitig mit der Taufe verbunden aufgefaßt werden dürfen. Es ist das Anliegen insbesondere der ostkirchlichen Theologie, das Geistwirken auch in der Schöpfung zu erkennen. Der Heilige Geist wirkt auf den Menschen von beiden Seiten her ein, einerseits von der geschöpflichen Wirklichkeit her und damit auch durch die Sehnsucht, die sich in nichtchristlichen Reinigungs- und Initiationsriten ausspricht, auf der anderen Seite durch das Zeugnis von Jesus als dem Christus. Indem Schöpfungshandeln und Erlösungshandeln Gottes in einem Menschen einander begegnen, kommt es zum Glauben und in dessen Gefolge zur christlichen Taufe oder, wenn sie bereits erfolgt ist, zum existentiellen Rückbezug auf sie.

Trägt dieser trinitarische Ansatz etwas zur Klärung der Frage nach der Legitimität der Taufe von Unmündigen bei? Aus christologischer Perspektive wird man urteilen müssen: Eine Taufe, die auf den historischen Jesus bezogen sein soll, die in eine historische Gemeinschaft hineinführen soll und die zugleich ein Bewußtsein schaffen soll, das die Grenzen des Historischen transzendiert, ist nur sinnvoll, wenn der zu Taufende versteht, worum es geht und er selbst bewußt dazu Stellung nehmen kann. Aus schöpfungstheologischer Perspektive wird man dagegenhalten: Wenn es in der Taufe um ein ganzheitliches, den Menschen in seiner Gesamtheit umgreifendes Geschehen gehen soll, das unabhängig von allem Zutun des Menschen sich verwirklicht, ggf. sogar ohne sein rationales Verstehen, so ist gerade die Taufe von Unmündigen angebracht. Diese Gegenüberstellung macht deutlich, daß es sich hier um eine falsche Alternative handeln muß. Gott will sich dem Menschen als Schöpfer und Erlöser vergegenwärtigen. Es bleibt Gott überlassen, in welcher Weise sich dies vollzieht an

Kindern, die im Säuglingsalter sterben oder nie zu unbeeinträchtigter Mündigkeit gelangen. Es ist seine Sache, wie er sich durch die Taufe mündigen Menschen vermitteln will. Der Taufakt, ob er nun im Baby- oder im Erwachsenenalter vollzogen wird, darf jedenfalls nicht zu einem für sich stehenden Moment isoliert werden. Wird die christliche Initiation aber als ein Prozeß verstanden, der mit Geburt und Taufe erst beginnt und ein Leben lang andauert, ja erst mit dem Tod ins Ziel findet, dann darf die Taufe auch an den Anfang eines Menschenlebens gelegt werden. Die Taufe »auf den Namen des Vaters, des Sohnes und des Heiligen Geistes« setzt einen Menschen auf eine spezifische Weise ausdrücklich und lebenslang dem dreifaltigen Wirken Gottes aus. Gott, der einen Menschen bei dessen Sterben zu sich heimholt, ist derselbe Gott, der ihn in der Geburt gerufen und in der Taufe nach ihm gegriffen hat. Was auch immer dieser Mensch im Lauf eines langen oder sehr kurzen, eines behinderten oder mündigen Lebens erlebt haben mag, wird der Glaubende mit dem heilvollen Wirken Gottes in Zusammenhang bringen. Die Taufe ist ihm dafür ausdrucksvolles Zeugnis. Aber er weiß Gottes Heilshandeln keineswegs auf Getaufte begrenzt.

D Thesen

1. Die Taufe, gründend im dreifaltigen Heilshandeln Gottes, konstituiert die spirituelle Identität der Christenmenschen, die ihre spirituelle Sozialität einschließt.

2. Die Taufe von Säuglingen und Unmündigen ist zu verantworten im Blick auf Gottes schlechthin zuvorkommende Gnade. Die taufende Kirche weiß sich dabei jedoch verpflichtet, dem Täufling, soweit es an ihr liegt, die Bedeutung des Geschenks der Taufe zu vermitteln.

3. Die Begegnung mit vergleichbaren Riten in nichtchristlichen Religionen verweist auf ein gemeinsames Anliegen, nämlich auf das Bedürfnis nach Läuterung und Initiation.

4. Die dabei zutage tretenden Gemeinsamkeiten sind schöpfungstheologisch zu würdigen.

5. Die offenkundigen Differenzen sind christologisch bedingt und machen auf die ekklesiologischen und eschatologischen Konsequenzen der Taufe aufmerksam.

6. Ein trinitarisches Verständnis der Taufe vermag aus nichtchristlichen Religionen schöpfungstheologisch relevante Impulse zu einem vertieften Verständ-

nis von Initiation und Läuterung aufzunehmen, wobei sich traditionelle Fragestellungen (Geist-/Wassertaufe, kognitives effektives Verständnis) relativieren.

7. Die trinitarisch erfaßte Taufe inspiriert und befähigt Christenmenschen zu einem Leben, das sich in der Gemeinschaft der Glaubenden entfaltet, in der Wahrnehmung umfassender Verantwortlichkeit verwirklicht und dem die Vollendung im Eschaton verheißen ist.

8.2.4 Spirituelle Sozialität

A Das christliche Verständnis des Herrenmahls[104]

Taufe und Abendmahl sind aufeinander bezogen – Identität und Sozialität gehören zusammen und entsprechen einander. Die Taufe begründet die spirituelle Identität von Christenmenschen, die damit zugleich in ein besonderes spirituelles Verhältnis zueinander gesetzt werden. Das Abendmahl als das Sakrament der spirituellen Sozialität stärkt wiederum zugleich die spirituelle Identität der einzelnen Glaubenden.

Schon die Wahl des Begriffs hat ökumenische Implikationen: Evangelische Theologie spricht in der Regel vom »Heiligen Abendmahl« und bezieht sich dabei auf die neutestamentlichen Einsetzungsberichte und somit auf die historische Verankerung des Abendmahls in der Geschichte des Leidens Jesu; Subjekt der Handlung ist Jesus Christus, Interpretationsrahmen das Neue Testament. Die römisch-katholische Tradition zieht den Begriff »Eucharistie« vor; Subjekt ist die dankende Gemeinde, Interpretationsrahmen die (römisch-katholische) Kirche. In der ostkirchlichen Orthodoxie, die ebenfalls mit dem Begriff »Eucharistie« arbeitet, kommt insofern ein neuer Gesichtspunkt hinzu, als sie sich auf das »historische« Abendmahlsgeschehen als das »mystikon deipnon«, das »mystische Mahl« bezieht; als Subjekt erscheint damit der letztlich unfaßbare dreieine Gott, als Interpretationsrahmen das Geheimnis des Lebens.

Ein Begriff, der wesentlich in der ökumenischen Diskussion gewonnen wurde, ist der des »Herrenmahls« (vgl. I Kor 11,20); er führt über die herkömmliche Kontroverse zwischen römisch-katholischer und evangelischer Auffassung hinaus und rückt die Christologie in den Mittelpunkt.

---

104. Zum Ganzen vgl. H.-M. Barth, Die therapeutische Funktion des heiligen Abendmahls, in: PTh 73 (1984) 512-525; J. Jeremias, Die Abendmahlsworte Jesu, Gö 1967⁴; K.-H. Kandler, Christi Leib und Blut. Studien zur gegenwärtigen lutherischen Abendmahlslehre, Hannover 1982; U. Kühn, Sakramente, Gü 1985, 259-304; E. Lessing, Abendmahl, Gö 1993; J. Rehm, Das Abendmahl. Römisch-Katholische und Evangelisch-Lutherische Kirche im Dialog. Mit einer Einführung von H. Küng, Gü 1993. Zum röm.-katholischen Eucharistieverständnis vgl. bes. Th. Schneider, Zeichen der Nähe Gottes. Grundriß der Sakramententheologie, Mz 1979, 128-186; zum orthodoxen Verständnis K. Chr. Felmy, Orthodoxe Theologie. Eine Einführung, Da 1990, 188-218. – Zu den ökumenischen Bemühungen um das Herrenmahl: 1529: Marburger Religionsgespräch, vgl. G. May (Hg.), Gü 1970; 1957: Arnoldshainer Abendmahlsthesen; 1973: Leuenberger Konkordie; 1979: Das Herrenmahl, in: DwÜ 1, 271 ff.; 1982: Taufe, Eucharistie und Amt. Konvergenzerklärungen der Kommission für Glauben und Kirchenverfassung des ÖRK, in: DwÜ 1, bes. 557 ff.; 1986: K. Lehmann, W. Pannenberg (Hg.), Lehrverurteilungen – kirchentrennend?, Gö 1986, 89-124.

(1) Die Begründung des Herrenmahls

Der Verweis auf die »Einsetzungsberichte« des Neuen Testaments ist nicht mehr zureichend. Vielmehr sind auch diese selbst aus einem größeren Zusammenhang heraus zu würdigen.

(a) Der religionsgeschichtliche Hintergrund

1. Das Verhältnis zum Passamahl ist unklar; bei den Synoptikern wird das letzte Abendmahl Jesu als Passamahl gedacht, während bei Johannes eine Abendmahlsszene überhaupt fehlt. Ein allgemeiner Zusammenhang mit dem jüdischen Passa dürfte sich nahegelegt haben; von daher ist eine nachträgliche Stilisierung der Berichte in Richtung auf das Passamahl verständlich. Das Stichwort »Bund« könnte Abendmahls- und Passatradition miteinander verbunden haben. Das Abendmahl selbst ließe sich dann als Befreiungs- bzw. Exodusgeschehen verstehen. Doch kann das jüdische Passa nur in einem sehr allgemeinen Sinn als Wurzelboden für die spätere Abendmahlspraxis aufgefaßt werden; denn schon die »Deuteworte« Jesu weisen in eine andere Richtung. Über mögliche Wurzeln in der jüdischen Tradition hinaus muß der allgemeine religionsgeschichtliche Hintergrund bedacht werden.

2. Auch gewisse außerjüdische religionsgeschichtliche Parallelen legen sich nahe. Religionsphänomenologisch gesehen, ist Essen und Trinken immer mehr als Nahrungsaufnahme, nämlich Kraftempfang, Lebens-Mittel in einem umfassenden Sinn, Bezug zum Woher und Woraufhin des Daseins, zum Ursprung der Gaben und des Lebens überhaupt. Es ist zudem ein elementares Medium zwischenmenschlicher Kommunikation; in vielen Religionen gibt es daher kultische Mahlzeiten.[105]

3. Ebenso erweisen sich psychologische Gesichtspunkte als relevant: Im Blick auf die Abendmahlspraxis sind psychosomatische Zusammenhänge geltend zu machen. Das Sprichwort sagt: »Essen und Trinken hält Leib und Seele zusammen.« Magersucht und Fettsucht haben psychische Implikationen. Dem Säugling vermitteln sich über die Nahrungsaufnahme Urvertrauen, Geborgenheit und Gemeinschaftsfähigkeit. Das kultische Mahl kann daher als »Ritual der Oralität« bezeichnet werden, sofern man in ihm den Zusammenhang von Mahlgeschehen mit den Grundgegebenheiten und Grundbedürfnissen des menschlichen Lebens sieht. Es verbindet die daran Teilnehmenden mit der Macht des Lebens und erfüllt ihr Bedürfnis nach Gemeinschaft. Es realisiert einen elementaren Vollzug menschlicher Existenz. Jede Abendmahlsfeier widerspricht auf eine elementare Weise dem Tod und dient damit, ohne daß dies explizit werden muß, der Hoffnung auf seine Überwindung.

105. Vgl. M. Josuttis, G. M. Martin, Das heilige Essen, St 1980.

(b) Einsetzung durch Jesus?

Schon Rudolf Bultmann hat den Einsetzungsbericht des Abendmahls (in seinen verschiedenen Varianten) als eine spätere Kultlegende bezeichnet, die die Praxis der frühen Christenheit begründen sollte. Zur Skepsis gegenüber der Historizität der Einsetzung des Abendmahls durch Jesus hat immer wieder der formgeschichtliche Befund herausgefordert: die starke liturgische Überformung der Einsetzungsworte, die Aufforderung »Nehmt, eßt«, der Wiederholungsbefehl, die erkennbare Tendenz zur Parallelisierung von Brot und Wein sowie schließlich ihre unterschiedliche, insbesondere zwischen Markus und Paulus nicht voll harmonisierbare Überlieferung. Die heutige exegetische Fragestellung geht dahin, ob es überhaupt denkbar ist, daß der historische Jesus für die Zeit nach seinem Tod Anweisungen gegeben hat. Läßt sich unterstellen, daß Jesus seinen gewaltsamen Tod vorausgesehen und im Sinn einer Heilsbedeutung verstanden hat? Die Diskussion ist noch nicht abgeschlossen, die Urteile gehen auseinander: Hans Conzelmann fand, der historische Jesus habe das Abendmahl nicht in einer anderen Weise gestiftet als die Kirche, nämlich allenfalls implizit. Klaus Berger dagegen hält es durchaus für wahrscheinlich, daß Jesus ein letztes Mahl gefeiert habe, das dann für die Gemeinde »enormes Gewicht« gewonnen habe.[106] Zusammenfassend läßt sich wohl mit Ulrich Kühn sagen: Es wird heute kaum bestritten, daß »Jesus am Abend vor seinem Tod mit seinen Jüngern ein Mahl gehalten hat, dessen Sinn ganz ohne Zweifel von dem bevorstehenden Sterben Jesu mitbestimmt war.«[107]

An den Deuteworten hat die urchristliche Gemeinde gelernt und erfaßt, was der Tod Jesu für sie bedeutete. Im Sinne einer Zeichenhandlung konnte das Brotbrechen zum Ausdruck bringen, was Jesus widerfuhr und daß die Glaubenden eben davon gemeinsam würden leben können. Die Austeilung des Kelchs bezeichnete Jesu Lebenshingabe für sie und die »vielen« (vgl. Mk 14,24; Jes 53,11). Man hat das Wort »mein Leib« auf die personale, leibliche Existenz, »mein Blut« auf das Leben Jesu gedeutet. Brot und Wein, Leib und Blut mögen aber auch im Sinn des dem hebräischen Denken vertrauten »parallelismus membrorum« einander entsprechen; sie zielen auf dieselbe Grundaussage: Jesu irdisches Leben und Sterben hat für die Glaubenden Heil und ewiges Leben schaffende Funktion.

Wie auch immer man in der Frage der Historizität der Einsetzung des Abendmahls entscheidet: Jedenfalls stehen die Einsetzungsberichte in einem doppelten deutlichen Zusammenhang: Sie können nicht ohne die Erinnerung an die Mahlgemeinschaften des irdischen Jesus interpretiert werden. Jesus ißt mit den Sündern und solidarisiert sich auf diese Weise mit ihnen. Sodann: In seinen Gleichnissen wird oft das eschatologische Mahl genannt (vgl. Lk

---

106. Theologiegeschichte des Urchristentums. Theologie des Neuen Testaments, Tü 1994, 290.
107. U. Kühn, Sakramente, Gü 1985, 267; vgl. G. Delling, Art. Abendmahl II. Urchristliches Mahl-Verständnis, in: TRE 1, 47-58.

14,16 ff.); es symbolisiert das ewige Zusammengehören der Glaubenden mit Gott, das ewige Zusammensein Gottes mit den Seinen. Man wird also möglicherweise nicht von einer »Stiftung« durch den irdischen Jesus sprechen können, was aber nicht auf einen bloßen »Selbstvollzug der Kirche« (Rahner) hinausläuft. Denn deutlich bleibt der durch Jesu Verhalten und Verkündigung gegebene »Stiftungszusammenhang«.

(c) Trinitarischer Interpretationsrahmen?

Sucht man über den geschichtlichen und religionsgeschichtlichen Zusammenhang hinaus den theologischen Kontext des Abendmahlsverständnisses, so gerät man unweigerlich an das trinitarische Bekenntnis der Christenheit. Die von Jesus als dem Christus her erfolgende Interpretation des Abendmahlsgeschehens verweist auf Gott den Vater als das Woher Jesu und auf den Heiligen Geist als die Macht der Vermittlung der Gegenwart Jesu auch nach seinem Tod. Schöpfungstheologische und pneumatologische Implikationen können auf diese Weise mit der Selbsterfahrung der Gemeinde zusammengesehen werden. »Wo zwei oder drei versammelt sind« in seinem »Namen« (Mt 18,20), wo sie zusammenbleiben im »Brotbrechen« (Act 2,42), da erfahren sie die Kraft des Heiligen Geistes und werden der Versöhnung mit Gott gewiß. Die Gaben der Schöpfung[108] werden zusammengesehen mit dem Ertrag des Lebens und Sterbens Jesu für die Begründung einer Gemeinschaft der Liebe und des neuen Äons. Diese Implikationen werden zwar in den neutestamentlichen Zeugnissen allenfalls angedeutet, ergeben sich aus der theologischen Reflexion jedoch mit Notwendigkeit. Der trinitarische Zugang ist zudem geeignet, traditionelle konfessionelle Kontroversen zu relativieren; nicht von ungefähr hat er sich in den ökumenischen Dialogen mehrfach bewährt.[109]

(2) Das Ringen um das Verständnis des Herrenmahls

Die Abhängigkeit unterschiedlicher Verständnisse des Herrenmahls von jeweiligen weltanschaulichen Vorverständnissen ist überdeutlich. Von daher stellt sich die Frage, ob Abendmahlstheorien die Wirklichkeit des Abendmahls oftmals eher verdunkelt als erschlossen haben. Es sind vornehmlich drei Problembereiche, die hier zu klären sind:

---

108. Schön spricht das katholische Meßformular vom »Brot«, der »Frucht der Erde und der menschlichen Arbeit« und vom »Wein«, der »Frucht des Weinstocks und der menschlichen Arbeit«; GL 359,3.
109. Vgl. DwÜ 1, 274-283; 559-562.

Erlösung

- die Frage nach der Gegenwart Christi;
- die Opferproblematik;
- die ekklesiologischen Implikationen.

Schließlich ist zu bedenken, wieso gerade das Ringen um das Verständnis des Herrenmahls – das Mahl intimer Gemeinschaft! – so viel Streit und Spaltung innerhalb der Christenheit hervorrufen konnte.

(a) Die Frage nach der Gegenwart Christi

Sie ist nach einer doppelten Hinsicht zu stellen: Wodurch vollzieht sich die Vergegenwärtigung Christi im Herrenmahl, und wie ist schließlich seine Gegenwart zu denken?

1. Wodurch vergegenwärtigt sich Christus im Herrenmahl? Vier Antwortmodelle haben sich in der Christenheit herausgebildet.

a. Anamnese: Ginge es nur darum, die Vergegenwärtigung eines abwesenden oder verstorbenen Menschen zu bedenken, so wäre als erstes Medium wahrscheinlich die Erinnerung zu nennen. In der Tat taucht ja die Wendung »zu meinem Gedächtnis« in den Einsetzungsworten selbst auf. Dieses »Gedächtnis« könnte unterstützt werden durch die Erinnerung an die Worte, das Verhalten oder das »Bild« des zu Vergegenwärtigenden. Es wäre zu vertiefen durch die Bezugnahme auf sein Testament und vor allem durch ein Handeln in seinem Sinn und Auftrag. Die »Anamnese« spielt daher in den Liturgien und in der Verkündigung des Herrenmahls von jeher eine wichtige Rolle, deren man sich in der jüngsten ökumenischen Diskussion wieder verstärkt bewußt wurde.[110] Zugleich verbieten es die »verba testamenti«, es bei diesem Verständnis von Vergegenwärtigung Jesu zu belassen. Sie haben selbst ein derartiges Eigengewicht erhalten, daß sich andere Denkmodelle nahelegten.

b. Konsekration: Nach dieser Vorstellung, die vor allem in der Entwicklung seit dem IV. Lateranense an Bedeutung gewann, vergegenwärtigt sich Christus dadurch, daß über den Elementen die Einsetzungsworte gesprochen werden. Die römisch-katholische Tradition vermag dies augenfällig zu machen durch die Anwendung des Meßglöckchens und den Einsatz von Weihrauch während der feierlichen Rezitation der Einsetzungsworte durch den oder die zelebrierenden Priester. Die lutherischen Agenden sehen immerhin noch den Gestus der Bekreuzigung der Elemente vor; Brot und Wein sollen durch das über ihnen gesprochene Wort in Anspruch genommen und ihrer neuen Bestimmung im Mahlgeschehen zugeführt werden. Dagegen ist geltend zu machen, daß in der Urgemeinde vermutlich die Einsetzungsworte keineswegs rezitiert wurden; nicht auf die Einsetzungsworte, sondern auf die Mahlfeier kam es an. Ferner kann der Konsekration selbst in der lutherischen Liturgie ein Hauch magischen Mißverständnisses anhaften.

110. Vgl. DwÜ 1, 559 f.

c. Epiklese: Die Ostkirchen gingen insofern einen eigenen Weg, als sie auf die Bedeutung des Heiligen Geistes für die Vergegenwärtigung Christi in der Eucharistie aufmerksam machten: Der Heilige Geist wird auf die Gaben herabgerufen, die Epiklese verbindet sich problemlos mit der Anamnese.

d. Das Mahlgeschehen in seiner Gesamtheit: Der neueren evangelischen Abendmahlstheologie, wie sie vor allem in der Leuenberger Konkordie 1973 ihren Niederschlag gefunden hat, geht es um das Mahlgeschehen als ganzes: »Im Abendmahl schenkt sich der auferstandene Christus in seinem für alle dahingegebenen Leib und Blut durch sein verheißendes Wort mit Brot und Wein« (LK 15). Die Verkündigung des Todes Jesu und die Bitte um den Heiligen Geist, der Jesus als den Herrn zu bekennen lehrt (vgl. I Kor 12,3), gehören zusammen. Das anamnetisch-kerygmatische, das epikletische Moment und die Inanspruchnahme der Elemente durch das Wort entsprechen einander, indem sie einander vor isolierendem Mißverständnis schützen und ergänzen. Die Fixierung auf die Elemente ist damit aufgehoben; sie sollte nicht repristiniert werden: Nicht Brot oder Wein ist das sakramentale Zeichen, sondern der anamnetisch verantwortete, kerygmatisch genutzte und epikletisch erbetene Umgang mit ihnen.

Ein derartiges integratives Abendmahlsverständnis ist dann auch trinitarisch zu entfalten: Die geschöpfliche Wirklichkeit wird einbezogen und zugleich in die Perspektive eschatologischer Erfüllung gestellt. Die Frage, wie denn nun aber die im Mahlgeschehen sich verwirklichende Gegenwart näherhin zu denken wäre, ist damit keineswegs erledigt.

2. Wie ist die Gegenwart Christi zu denken? Auch zu dieser Frage gibt es innerhalb der Christenheit mehrere Antworten.

a. Transsubstantiation: Die römisch-katholische Theologie bestimmt die Gegenwart Christi im Herrenmahl substanzontologisch. Die Substanzproblematik ergibt sich aus den Voraussetzungen der aristotelischen Philosophie. Die Transsubstantiationslehre wurde auf dem IV. Lateranense 1215 dogmatisiert und durch das Konzil von Trient bestätigt.[111] Sie besagt: Die Substanz von Brot und Wein wird gewandelt, wobei vorausgesetzt ist, daß die Akzidentien, also beispielsweise Aussehen und Geschmack, erhalten bleiben. Diese Differenzierung wurde oft nicht beachtet. Zahlreiche Berichte über blutende Hostien gerade nach 1215 sind Ausdruck einer im Sinne des IV. Lateranense inkorrekten Dogmatik.[112]

Die neuere katholische Theologie spricht gelegentlich von »Transsignifikation« oder »Transfinalisation«: Gewissermaßen durch eine Umfunktionierung der ursprünglichen Bestimmung der Materie wird erreicht, daß das Element auch substantiell zum Träger der Präsenz Christi werden kann.[113] Bislang konnte sich dieser Gedanke jedoch nicht durchsetzen, zumal sich auch das Lehramt

---

111. Vgl. DH 802 / 1642.
112. »Hokuspokus« gilt als Verballhornung von »hoc est enim corpus meum«. Vgl. oben S. 456.
113. Vgl. N. Slenczka, Realpräsenz und Ontologie. Untersuchung der ontologischen Grundlagen der Transsignifikationslehre, Gö 1992.

Erlösung

kritisch dazu geäußert hat.[114] Die orthodoxe Theologie hat zwar den Gedanken der »Wandlung« übernommen, versucht bei seiner Interpretation aber die Mitte zwischen dem Mißverständnis einer physikalisch-chemischen Transformation und dem einer jeglicher ontischen Objektivität entbehrenden spiritualisierten Deutung zu halten. In diesem Sinne kann sie im Blick auf die eucharistischen Elemente den Begriff »metakosmisch« verwenden.[115]

b. Konsubstantiation: Die lutherische Abendmahlslehre hält die Transsubstantiations-Vorstellung für eine unsachgemäße philosophische Festlegung. Ohne an der Frage nach dem »Wie« der Selbstvergegenwärtigung Christi sonderlich interessiert zu sein, tendiert sie zur Theorie der Konsubstantiation: Inmitten – »in, mit und unter« – der irdischen Substanz ist die Substanz des gegenwärtigen Christus real präsent. Als brauchbarer Hilfsgedanke erschien Luther die dem Nominalismus entstammende Denkfigur der sog. »Synekdoche«. Er versucht sie zu verdeutlichen durch das anschauliche Beispiel von der mit Geld gefüllten Börse, die ich jemandem gebe mit dem Hinweis: »Das sind hundert Gulden«[116]; ich brauche dabei sprachlich nicht zwischen der Börse und ihrem Inhalt zu unterscheiden. Auch Luther konnte sich von dem ihm vorgegebenen Substanzdenken nicht lösen, machte es aber seinem soteriologischen Anliegen dienstbar. Neben seiner in diesem Zusammenhang philosophischen Arglosigkeit ist die Bemühung um Treue zum biblischen Bericht unverkennbar.

Luther hatte das Konsubstantiationsmodell von seinem Kondeszendenz-Denken her gefunden: Gottes Ehre besteht darin, daß er sich auf die materielle Welt, auf die »Substanz«, einläßt. Dabei stellte sich unter den gegebenen Voraussetzungen aber die Frage, wo denn nun der Leib des nach seiner Gottheit wie auch nach seiner Menschheit erhöhten Christus zu denken sei. Luther antwortete mit seiner Lehre von der »Ubiquität« (Christus ist »überall« gegenwärtig), Martin Chemnitz mit dem Gedanken der »Multivolipräsenz« (Christus vermag gegenwärtig zu sein, wo er will).[117]

c. Spirituelle Präsenz: Die Schweizer Reformation war demgegenüber bemüht, Geist und Materie auseinanderzuhalten. Deswegen propagierte Zwingli den Vorschlag, das »est« in den Einsetzungsworten als »significat« zu verstehen: Das Abendmahl sei analog zu anderen Gleichnissen als »Tropus«, als eine bestimmte Ausdrucksweise für das Gemeinte, zu begreifen. Hier spielt der neuplatonische Hintergrund mit seiner Unterscheidung von Geist und Materie eine Rolle.

Calvin (Institutio IV,17) nahm diese Linie auf, führte sie aber doch entscheidend über ein rein symbolisches Abendmahlsverständnis hinaus: Die Identifikation eines materiellen Elements mit dem erhöhten Christus hält er für Gotteslästerung; Christi Leib darf nach seiner Meinung auch als Leib des erhöhten

---

114. DH 4413.
115. S. Bulgakow nach TRE 1, 185.
116. StA 4, 185.
117. Vgl. U. Kühn, Sakramente, Gü 1985, 45-67.

Christus nicht im Sinne einer Ubiquitäts- oder Multivolipräsenz-Lehre entgrenzt gedacht werden; er bleibt vielmehr bis zur Wiederkunft Christi »vom Himmel umschlossen« (Institutio IV,17,26). Christus weilt als der Erhöhte außerhalb der irdischen Sphäre (»Extra Calvinisticum«). Trotzdem wird Christus den Seinen gegenwärtig – durch das Wirken des Geistes. »Was räumlich getrennt ist, das wird vom Heiligen Geist in Wahrheit geeint« (Inst IV,17,10). Gleichzeitig mit dem Mahlgeschehen auf Erden vollzieht sich die Speisung der zum Himmel erhobenen Seelen. Das alte liturgische »Sursum corda« – »die Herzen in die Höhe!« – gewinnt einen neuen, vertieften Sinn. Für Calvin tritt, wenn man es formalisiert benennen möchte, an die Stelle der lutherischen Konsubstantiation in gewisser Weise die »Kontemporalisation«.[118]

d. Personalpräsenz: Sowohl exegetische Einsichten als auch philosophische Reflexion haben deutlich gemacht, daß Realpräsenz nicht notwendig als substantielle Präsenz gedacht werden muß, ja als solche eigentlich gar nicht gedacht werden kann. Das Neue Testament bewegt sich ohnehin nicht in substanzontologischen Kategorien. »Leib« meint im Zusammenhang des Herrenmahls die Person Jesu, »Blut« sein Leben. Der Substanzbegriff selbst hat im übrigen eine bewegte Geschichte; in der modernen, analytisch orientierten Philosophie wird weitgehend auf ihn verzichtet. In den Naturwissenschaften ist das Substanzdenken durch Energiekonzepte abgelöst. »Masse« ist dann von der ihr innewohnenden »Energie« her zu verstehen; doch auch Energie im physikalischen Sinne ist natürlich ein theologisch unangemessener Begriff.

Die Leuenberger Konkordie, die aufgrund des veränderten Erkenntnisstandes den Gegensatz zwischen lutherischer und reformierter Abendmahlsauffassung überwunden hat, arbeitet mit dem Konzept einer Personalpräsenz: Christus selbst wird als Subjekt des Geschehens erfaßt: »Im Abendmahl schenkt sich der auferstandene Jesus Christus … So gibt er sich vorbehaltlos …« (LK 18, vgl. LK 15). Die Präsenz Christi im Abendmahl ist in Analogie zu seiner Präsenz im Wort zu verstehen. Die Jünger der Emmaus-Geschichte fragen: »Brannte nicht unser Herz in uns, da er mit uns redete …«? Im Brotbrechen erkennen sie ihn (Lk 24,13 ff.); sowohl im Wort als auch im Sakrament ist er ihnen gegenwärtig. Christus ist real präsent inmitten der Seinen, auch ohne daß dabei an eine substantielle Präsenz gedacht werden müßte. Das Anliegen des Substanzdenkens war insofern berechtigt, als es verhindern sollte, die Personalpräsenz Jesu Christi zu spiritualisieren. Seine Gegenwart im Herrenmahl ist nicht nur eine Sache des Bewußtseins oder der psychischen Befindlichkeit!

e. Heilvolle Gegenwart Christi im Herrenmahl: Auch der Gedanke der Personalpräsenz, der gewiß im Sinne des Neuen Testaments das Substanzdenken überwunden hat, muß indes hinterfragt werden. Im Blick auf die neutestamentlichen Berichte scheint er für sich zu sprechen, doch legt er zu sehr auf eine anthropomorphe Perspektive fest. Wenn der Begriff »Person« die Wirklichkeit Gottes – und also auch des erhöhten Christus – nur unzureichend

118. Vgl. ebd. 115–129.

zum Ausdruck bringt, muß auch die Vorstellung einer »Personalpräsenz« noch einmal transzendiert werden. Der im Herrenmahl sich den Seinen schenkende Herr vergegenwärtigt sich in einer Weise, die jenseits der Alternative von personalem und apersonalem Denken liegt. Es handelt sich um eine Vergegenwärtigung eigener Art und eigenen Rechts, die sich in den Kategorien menschlichen Denkens nur hilfsweise darstellen läßt. Sie zielt nicht auf kognitive Durchdringung, sondern auf existentielle Annahme, in der Gottes Solidarität mit den Menschen und die intendierte Solidarität der Menschen untereinander erfaßt wird.

(b) Die Opferproblematik

Nach neutestamentlicher Überlieferung ging es beim letzten Mahl Jesu vor seinem Tod um das Kreuzesgeschehen, das ihm bevorstand – »... mein Leib, der für euch gegeben wird ... der neue Bund in meinem Blut, das für euch vergossen wird« (Lk 22,19 f. par.). Interpretiert man Jesu Leiden und Sterben im Sinne der Tradition als »Opfer«, so handelt es sich jedenfalls um einen einmaligen Vorgang (vgl. Hebr 9,26). Daß der Wiederholungsauftrag eine Wiederholung des Opfers implizieren könnte, ist aus neutestamentlicher Sicht ein abwegiger Gedanke. Trotzdem taucht die Opferterminologie schon früh auf (z. B. Did 14; I Clem 44,4). Damit wurde eine höchst problematische Entwicklung eingeleitet, die heute eine der schwierigsten interkonfessionellen Kontroversen darstellt.

1. Die Entwicklung zum Meßopfer

Mit Gregor dem Großen verbindet sich die landläufige, das ganze Mittelalter bestimmende und in gewisser Weise auch von der Orthodoxie geteilte Vorstellung von der »unblutigen Wiederholung« des Opfers Jesu Christi im Vollzug der Eucharistie, die dann den leidenschaftlichen Protest der Reformatoren hervorrufen sollte. Die spätmittelalterliche Theorie und Praxis war darauf hinausgelaufen: Der Priester bringt das Opfer für Lebende und Tote dar, je öfter, desto besser. Er bzw. die Kirche war zum Subjekt des Abendmahlsgeschehens geworden. Da es nun auch um das Quantum der vollzogenen Opfer ging, empfahlen sich eigene Meßpriester, sogen. »Winkelmessen« und zu deren Durchführung eine Vielzahl von Altären. Die Privatmessen dienten der Erlösung von Angehörigen aus dem Fegefeuer; für skrupulöse Menschen erwies sich dies als Faß ohne Boden und für die Kirche als eine unerschöpfliche Geldquelle.

Aufgrund des Einspruchs der Reformation hat das Konzil von Trient klargestellt: Einerseits sei das Opfer Christi in der Tat ein einmaliges auf Golgatha gewesen, andererseits aber sei doch die Messe ein eigener Opferakt, der Christi Opfer repräsentiert.[119] Hier hat das II. Vatikanum angeknüpft: Durch den Prie-

---

119. DH 1739-1743.

ster bzw. die Kirche werde das Opfer Christi »gegenwärtig gesetzt«; man dürfe Kirche und Priester nicht gegen das Handeln Christi ausspielen.[120] Der Gedanke der »Repräsentation« eröffnet dabei einen weiten Interpretationsspielraum. Er ermöglicht es, die Einmaligkeit des Kreuzesopfers und die oftmalige Vergegenwärtigung so zusammenzudenken, daß die Exklusivität des Kreuzes auf Golgatha nicht gefährdet und doch ein Mitwirken der Kirche gewährleistet erscheint.[121] Die römisch-katholische Option entspricht dabei möglicherweise durchaus dem Bedürfnis des religösen Menschen: Er opfert lieber selbst, als daß er ein fremdes Opfer annimmt; er hat das Bedürfnis, sich hinzugeben. Statt dessen soll er – nach reformatorischem Verständnis – auf alle eigenmächtige Aktivität verzichten und Gottes Gabe annehmen! Sein »Opfer« besteht dann darin, auf Opfer – auf sein religiöses Selbstverwirklichungsbedürfnis – zu verzichten. Auch die Hingabe hat ihren Ort im Glauben, aber allein aufgrund der Hingabe Gottes – als Hingabe für andere.

2. Der reformatorische Protest

Nach Auffassung der Reformation kommt es darauf an, das auf Golgatha geleistete Opfer Jesu Christi in Anspruch zu nehmen; die Kirche selbst hat das Opfer nicht zu vollziehen, sondern nur zu »verwalten«, es »darzureichen« (administrare, porrigere). Keinesfalls darf hier das Subjekt des Handelns vertauscht werden. Wird aber die Kirche bzw. der Priester als Subjekt des Opfers verstanden, so liegt darin eine exakte Umkehrung des Evangeliums in sein Gegenteil: Nicht Gott gibt dann, sondern der Mensch hat zu geben, zu »opfern«. Deswegen reagieren die Reformatoren an dieser Stelle so leidenschaftlich.[122] Denn nicht der Mensch leistet Gott das Opfer, sondern in Jesus Christus opfert sich Gott für die Menschen. Auf Seiten des Menschen kommt nur ein Lob- und Dankopfer in Frage. Die Aufnahme dieser Begriffe in der lutherischen Tradition hat freilich in ökumenischem Kontext eher Konfusion gestiftet. Das reformatorisch verstandene Lob-»Opfer« hat mit dem römisch-katholisch verstandenen Meß-»Opfer« nicht mehr als den Namen gemein.

Der Einspruch der Reformation ist mit den Formeln des II. Vatikanums nicht wirklich aufgenommen. Die eucharistischen Hochgebete, die heute im Gebrauch sind, formulieren nach wie vor unklar: »Nimm diese heiligen makellosen Opfergaben an ...«; so »bringen wir ... dir ... die reine, heilige und makellose Opfergabe dar ...«.[123] Noch in der Antwort der Glaubenskongregation

---

120. Vgl. PO 2; SC 2; 47; LG 28.
121. »... es sind der Zahl nach zwei Akte, die aber ihrem Wesensgehalte nach übereinstimmen«. G. Söhngen; zitiert nach TRE 1, 168.
122. »... der größte und schrecklichste Greuel im Papsttum«, ASm 2; vgl. HeidKat Fr. 80: »vermaledeite Abgötterei« (vgl. aber die vom Moderamen des Reformierten Bundes 1977 beschlossene und 1994 modifizierte Erklärung zu Fr. 80).
123. Vgl. Gemeinsame Römisch-katholische/Evangelisch-lutherische Kommission, Das Herrenmahl, P/F ⁷1979, 52, 54.

auf den Anglikanisch-Römisch-katholischen Dialog wird die Messe als Opfer Christi bezeichnet, »das für die Lebenden und Toten, einschließlich einer bestimmten Person, dargebracht wird«.[124]

3. Die ökumenische Sicht

Die Konvergenzerklärungen von Lima betonen die Einmaligkeit des Opfers Christi auf Golgatha, gestehen dem Tun der Kirche jedoch auf dem Weg über die Fürbitte eine wichtige Funktion zu: Die Kirche bringt im Gedächtnis der Eucharistie »ihre Fürbitte in Gemeinschaft mit Christus, unserem großen Hohenpriester, dar«[125]. Der »ökumenische Arbeitskreis evangelischer und katholischer Theologen« behauptet gar, falls die Trennung von »sacrificium« und »sacramentum« als überwunden gelten könne, »besteht für die reformatorischen Kirchen kein Anlaß mehr, Kreuzesopfer und Lob- bzw. Dankopfer grundsätzlich zu trennen«[126]. Mit dieser Formulierung wird freilich das Problem eher benannt als gelöst. Wenn evangelische Christen in der römisch-katholischen Messe und ebenso in der orthodoxen Eucharistiefeier trotz der ihnen unsachgeäß erscheinenden Momente das Herrenmahl erkennen, dann liegt das an dem auch dort deutlichen Bezug auf das einmalige und ohne alle Abstriche gültige Kreuzesgeschehen und an der Verheißung Jesu, im Mahl von Brot und Wein unter seinem Wort heilvoll gegenwärtig zu sein.

(c) Ekklesiologische Implikationen

Die Feier des Herrenmahls erfolgt inmitten der Gemeinde. Daraus ergeben sich die beiden Fragen: Wer ist autorisiert, die Feier zu leiten, und welche Bedingungen gibt es für die Teilnahme?

1. Die Leitung der Feier des Herrenmahls

Während das Neue Testament selbst hier offenbar noch gar kein Problem sah und später beispielsweise unter dem Einfluß des Montanismus auch Frauen das Eucharistiegebet sprechen konnten, werden gegen Ende des 2. Jahrhunderts klare Verhältnisse geschaffen. Je stärker sich mit dem Herrenmahl der Opfergedanke verbindet, desto selbstverständlicher wird der Bischof zum Leiter der Eucharistiefeier. Hier wurzeln die römisch-katholische und die orthodoxe Auffassung, derzufolge allein der geweihte Priester den Gottesdienst und insbesondere dessen eucharistischen Teil leiten darf. Die Dogmatisierung der Transsubstantiationslehre tat ein Übriges, die Rolle des Priesters zu stärken. Ohne seine

---

124. epd 43a, 1992, 21.
125. DwÜ 1, 560 (Nr. 8; vgl. den dies entfaltenden Kommentar).
126. LV I,93.

Weihegewalt konnte das Herrenmahl ja nicht gefeiert werden. In seiner Person vollzieht die Kirche, die wiederum mit Christus selbst gleichzusetzen ist, das Opfer. Insofern haben die Kirchen der Reformation nach dem Urteil des II. Vatikanums die »volle und ursprüngliche Wirklichkeit des eucharistischen Mysteriums nicht bewahrt« (UR 22).

Nach evangelischer Auffassung dagegen ist es eine Frage kirchlicher Ordnung, wer die Abendmahlsfeier zu leiten hat. Das Amt der Verkündigung und der Sakramentsverwaltung als solches ist von Gott gestiftet; wie es im einzelnen zu ordnen ist, bleibt Sache der Gemeinde. Das allgemeine, gegenseitige und gemeinsame Priestertum gibt allen Gemeindegliedern prinzipiell die Legitimation zur Verkündigung und zur Darreichung der Sakramente. Christus ist der eigentliche Autor des Geschehens, seine Gemeinde vollzieht es. Sie tut dies, indem sie eines ihrer Mitglieder dazu beruft. Niemand soll »ohne ordentliche Berufung«[127] die Sakramente feiern und die öffentliche Verkündigung vornehmen. Es geht dabei um ein Ordnungsproblem der Kirche nach innen und um ihre Verantwortung nach außen; dies sollte gerade in ökumenischer Rücksicht durchaus ernst genommen werden. Nicht in Frage jedoch steht die »Gültigkeit« des Sakramentsvollzugs. Denn grundsätzlich gilt: Wo eine Gemeinde – unter wessen Leitung auch immer – unter Berufung auf den Auftrag Christi, im Gebet und im Glauben an den Auferstandenen das Herrenmahl feiert, da ist er »mitten unter ihnen« (Mt 18,20) – auch in der spezifischen Weise seiner heilvollen sakramentalen Gegenwart.

2. Zulassung zum Herrenmahl

Wer ist berechtigt, am Herrenmahl teilzunehmen? Es mag innere und äußere Gründe geben, die eine Teilnahme in Frage stellen. Verschiedene Bedingungen wurden genannt und diskutiert.

a. Würdigkeit? Paulus beobachtet in Korinth eine Praxis des Herrenmahls, die er für unangemessen, ja gefährlich hält: Sie ist dadurch gekennzeichnet, daß das Herrenmahl von einer normalen Mahlzeit nicht mehr unterscheidbar ist; zudem sehen die Teilnehmenden nur darauf, daß sie nicht zu kurz kommen. Wer am Herrenmahl teilnimmt, soll wissen, was er tut, und er soll sich seinen Mitfeiernden gegenüber entsprechend verhalten. In diesem Sinn ist die Wendung zu verstehen, daß derjenige Leib und Blut Christi sich selbst zum Gericht genieße, der dies »unwürdig« tue (I Kor 11,27 ff.). Das Anliegen des Paulus ist nachvollziehbar, die von ihm gewählte Formulierung aber unglücklich; sie hat eine schlimme und der Verheißung des Abendmahls stracks zuwiderlaufende Wirkungsgeschichte ausgelöst: Das Altarsakrament ist ja gerade für diejenigen eingerichtet, die angesichts ihrer mangelnden »Würde«, angesichts ihrer Sünde und ihres Versagens des Trostes der Vergebung bedürfen. Der in ihm aktualisierte Zuspruch »für euch« ist an keine andere Voraussetzung gebunden als

---

127. »… nisi rite vocatus«, CA XIV.

daran, daß ich vertrauensvoll auf ihn warte und ihn mir gelten lasse; er »fordert nichts als gläubige Herzen«.[128]

b. Taufe (und Konfirmation) als Vorbedingung? Die Taufe gilt als grundsätzliche Übernahme der durch sie vermittelten neuen Identität, das Abendmahl als deren Inanspruchnahme. Die ostkirchliche Tradition sieht keine Hinderungsgründe für eine Teilnahme von getauften Kindern an der Eucharistie. Auch in den evangelischen Kirchen hat es mit gutem Grund eine intensive Diskussion des »Kinderabendmahls« gegeben. Die bisherige Praxis, die Zulassung von der Konfirmation abhängig zu machen, scheint gleichwohl bedenkenswert: Eine Teilnahme am Herrenmahl, bei der das dort Geschehende auch bewußtseinsmäßig erfaßt wird, setzt Information und Verstehen voraus. Hier liegt allerdings eine Inkongruenz mit der Tauf-Argumentation vor. Auch die Nahrungsaufnahme beginnt früher als das Verstehen; unter der Voraussetzung, daß die Vergewisserung im Bereich des Bewußtseins wirklich folgt, könnte analog zur Kindertaufe auch die Zulassung von Kindern zum Abendmahl gestattet werden.

Ist aber – unabhängig von ihrem Zeitpunkt – die Taufe überhaupt als Vorbedingung der Teilnahme am Herrenmahl zu verstehen? In der Alten Kirche war das so – im Sinne einer theologisch nicht näher zu begründenden Selbstverständlichkeit. Trotzdem wird man nicht sagen können, daß der (noch) nicht getaufte Glaubende, wenn er am Herrenmahl teilnimmt, nicht der heilvollen Gegenwart Christi begegnet. Allerdings rufen Herrenmahl und Taufe nacheinander: Sozialität und Identität gehören zusammen.

c. Konfessionelle Zugehörigkeit als Vorbedingung? Der Skandal der Spaltung der Christenheit wird groteskerweise gerade bei der Feier des Herrenmahls offensichtlich.[129] Andererseits wäre es unsinnig, das gemeinsame Essen von Familien-Mitgliedern, die einander nicht verstehen, zu erzwingen. Gegebenenfalls müssen andere und angemessenere Formen der Kommunikation gesucht werden. Die römisch-katholische Kirche läßt Kommunikanden aus anderen Konfessionen unter besonderen Bedingungen zu, erlaubt aber ihren eigenen Mitgliedern nicht, bei nichtkatholischen Eucharistiefeiern zu kommunizieren. Die evangelischen Kirchen stellen beides frei, da nicht ein Priester oder eine Kirchenordnung über das Geschehen verfügt, sondern Christus, der alle Glaubenden dazu einlädt.[130] Die römisch-katholische Kirche hat sich um die Gemeinschaft im Herrenmahl mit den Ostkirchen bemüht, die ihrerseits diese Einladung bislang nicht annehmen und auch keine Einladung an Mitglieder anderer Kirchen aussprechen. Trotz der hier offenkundigen Probleme kam es in den vergangenen Jahrzehnten zur Gemeinschaft im Herrenmahl u. a. von Lutheranern mit Reformierten, Methodisten und Anglikanern, Methodisten und Waldensern, Anglikanern und Altkatholiken.

---

128. So die verbesserte Formulierung der zuvor mißverständlichen Wendung in Luthers Kleinem Katechismus, EG 806.5.

129. Vgl. Th. Berger, Gottesdienst: Ort der Spaltung – Ort der Einheit, in: US 42 (1987) 74-88.

130. Handreichung der VELKD 1975.

d. Der Skandal der Spaltung der Christenheit angesichts des Sakraments der spirituellen Sozialität: Nach Durchsicht der wichtigsten Probleme beim Ringen um ein sachgemäßes Verständnis des Herrenmahls kann man fragen, wieso gerade in diesem Zusammenhang so viel Streit entstanden ist. Es dürften mindestens die folgenden drei Gründe dafür namhaft zu machen sein:

Zum einen steht mit dem Verständnis des Herrenmahls immer zugleich das Verständnis Jesu Christi und der Inkarnation auf dem Spiel. Es galt, Bestrebungen zur Spiritualisierung zu wehren und Tendenzen zu einer bloßen Reduktion auf Ethik ebenso wie magisch-abergläubische Mißverständnisse abzuweisen. Sodann hing von einem entsprechenden Verständnis des Herrenmahls bzw. der Inkarnation ab, wie die Welt des Materiellen theologisch zu würdigen war: Hatte man von einer scharfen Antithese zwischen Geist und Materie auszugehen – so die Option der reformierten Theologie – oder von dem heilvollen Eingehen des Geistes bzw. des Logos in die Materie – so die orthodoxe, die römisch-katholische und die lutherische Option? Schließlich aber stand gerade beim Sakrament spiritueller Sozialität das Selbstverständnis der jeweiligen Kirche auf dem Spiel. Dabei ist allerdings festzuhalten: Kirchen, die den Mitgliedern anderer Kirchen die Zulassung zum Heiligen Abendmahl verwehren, verhalten sich zweifellos nicht mit diesen solidarisch. Statt sich von der Solidarität Jesu Christi mit den sündigen Menschen leiten zu lassen, entsprechen sie der aus der Sünde geborenen Tendenz, Gemeinschaft zu verweigern.

(3) Der Sinn des Herrenmahls

Während bei der Taufe der Akzent auf der Begründung christlicher Identität liegt, geht es beim Herrenmahl primär um Gemeinschaft mit Christus und die Gemeinschaft der Getauften untereinander, formal gesehen also um den Aspekt der Sozialität. Dies ist in einer dreifachen Hinsicht zu entfalten:

(a) Gemeinschaft mit Christus

Sie steht für das reformatorische Verständnis im Vordergrund: »Für euch gegeben und vergossen zur Vergebung der Sünden«. Luther hat die Gemeinschaft zwischen Christus und den Glaubenden zu verdeutlichen versucht mit Hilfe des Bildes von einem »Gütertausch« zwischen Christus und den Glaubenden: Er wählt für sich den Tod und schenkt ihnen das Leben. »Mein Leib«: Er selbst für die Menschen, mit seiner ganzen Geschichte, seinem ganzen Sein; »mein Blut«: sein Leben, sein Sterben für sie, die Sünder.

Bei der von den neutestamentlichen Berichten her sich nahelegenden Gemeinschaft mit Jesus Christus geht es natürlich zugleich um die Gemeinschaft mit dem dreieinen Gott, die sich auch auf die geschöpfliche Wirklichkeit des Menschen bezieht. Durch die Gemeinschaft mit Gott in Christus wird die geschöpfliche Wirklichkeit der Glaubenden neu qualifiziert und vom Eschaton angerührt. Neben der Vergebung der Sünde gehört daher auch die Überwindung des Todes zur Gabe des Herrenmahls. Die von Ignatius von Antiochien gebrauchte Wendung, das Herrenmahl sei »pharmakon athanasias« – »Medizin der Unsterblichkeit« – ist zwar mißverständlich formuliert, spricht aber einen bedeutsamen Sachverhalt an. Nicht von ungefähr hat das Herrenmahl in der Sterbebegleitung einen wichtigen Ort. In seiner Beziehung auf die gesamte psychosomatische Wirklichkeit des Glaubenden gewinnt es seine spezifische therapeutische Kraft auch jeweils innerhalb der betreffenden Situation, in der es gefeiert wird. Eine verfolgte Gemeinde in Asien oder Afrika wird die Gemeinschaft mit ihrem Herrn anders wahrnehmen als eine äußerlich unangefochtene Konfirmandengruppe in Mitteleuropa.

(b) Gemeinschaft der Glaubenden untereinander

Indem sich Jesus Christus in Brot und Wein den Glaubenden vergegenwärtigt, schafft er auch unter diesen selbst eine neue Beziehung. Sie wird durch seine heilvolle Gegenwart konstituiert, nicht etwa durch gruppendynamische Prozesse, obgleich sie Auswirkungen gruppendynamischer Natur durchaus hat. Luther hat den sozialen Aspekt des Herrenmahls in der Auslegung des Kleinen Katechismus vernachlässigt, aber in anderen Zusammenhängen sehr wohl zur Geltung gebracht. Besonders eindrücklich ist ihm dies in seinem Abendmahlssermon von 1519 gelungen, wo er in Aufnahme von aus der Didache stammenden Bildern schildert, wie die Glaubenden zu einem Brot zusammengebacken und aus vielen Trauben zu einem Trank zusammengekeltert werden.[131] Die Liturgie macht diesen Aspekt durch den Ritus des Friedensgrußes deutlich.

Es geht dabei aber um die Gemeinschaft nicht nur der aktuell Kommunizierenden, sondern um die spirituelle Verbindung mit der weltweiten Christenheit, die sich auch in konkreten Partnerschaften und gegenseitigen Hilfsaktionen reproduzieren wird. Liturgie und Diakonie finden so ihre direkte Entsprechung. Christen und Christinnen in aller Welt können und sollen sich gegenseitig in Anspruch nehmen – auf materieller, geistiger und spiritueller Ebene.

Die Nähe zum auferstandenen, im Mahl sich vergegenwärtigenden Herrn bewirkt eine innere Verbindung zu allen, denen er nahe ist – der Tod kann dabei keine entscheidende Grenze darstellen. Wer am Herrenmahl teilnimmt, weiß sich zusammengehörig mit allen, die je im Lauf der Geschichte den Weg des Glaubens gegangen sind. In der Gemeinschaft, die durch das Herrenmahl konstituiert wird, verbinden sich die Lebenden mit den Vollendeten, vereinigt sich die irdische Gemeinde mit allem, was Gott preist durch Christus, »durch wel-

---

131. Insel-Ausgabe II, 54 ff.

chen deine Majestät loben die Engel, anbeten die Herrschaften, fürchten die Mächte; durch welchen die Himmel und aller Himmel Kräfte samt den seligen Seraphim mit einhelligem Jubel dich preisen ...«.[132]

(c) Gemeinschaft des neuen Äons

Im Herrenmahl ereignet sich wenigstens ansatzweise der Anbruch der neuen Welt. Was die Gemeinschaft mit Gott und die Gemeinschaft zwischen den Menschen stört, hat keine Zukunft. In Christus beginnt die neue Wirklichkeit. Die um den Tisch des Herrn versammelte Gemeinde ist, so armselig sie aussehen mag, im Kern die neue Menschheit. Damit verbindet sich die Absage an die Gesetze des alten Äons; das Herrenmahl ist ein »Mahl wider alle Apartheid«. Seine therapeutische Kraft wirkt sich aus auf den einzelnen, auf die Gemeinde und von da auf die säkulare Gesellschaft und den gesamten Oikos. Die Materie ist gewürdigt, der heilvollen Vergegenwärtigung Jesu Christi zu dienen: Eine umfassende, über die Grenzen der Christenheit, ja des Menschlichen hinausgreifende Sozialität alles Seienden kommt in den Blick. Auch die außermenschliche Kreatur wird in die Gemeinschaft des neuen Äons einbezogen. Das Herrenmahl ist, so gesehen, ein kosmisches Geschehen, Anbruch der Integration von allem Erlösungsbedürftigen in Christi Leib, in Gottes Reich.

B Dem Abendmahl vergleichbare nichtchristliche Riten

(1) Das Problem der Vergleichbarkeit

Sucht man auf dem weiten Feld der Religionsgeschichte nach nichtchristlichen Riten, die dem Abendmahl vergleichbar wären, so gerät man in eine doppelte Verlegenheit. Auf der einen Seite gibt es unendlich viel Material, das sich mit der Praxis und mit dem inneren Gehalt des christlichen Abendmahls in irgendeine Beziehung setzen läßt.[133] Auf der anderen Seite lassen sich gerade in den klassischen nachaxialen Religionen, die bisher jeweils von uns zum Vergleich herangezogen worden sind, keine wirklichen Parallelen auffinden.

---

132. Wendung aus der lutherischen Agende (Feier des heiligen Abendmahls, Präfation).
133. Vgl. Fr. Bammel, Das heilige Mahl im Glauben der Völker. Eine religionsphänomenologische Untersuchung, Gü 1950.

Erlösung

Es ist zudem vorweg zu klären, in welchen Hinsichten es überhaupt sinnvoll ist, nach Parallelen Ausschau zu halten. Åke V. Ström weist darauf hin, daß es beim heiligen Mahl immer um zweierlei geht; einerseits um die Gemeinschaft derer, die es feiern, andererseits um die Vereinigung der Teilnehmenden mit dem Göttlichen. Er schlägt daher vor, zwischen »Konvivium« und »Kommunio« zu unterscheiden.[134] Die Kommunio gerät dabei oft in den Zusammenhang des Opfers. Zum konvivialen Aspekt stellt G. van der Leeuw mit Recht fest: »Das Sakrament der Mahlzeit ist so alt wie die Menschheit selbst.«[135] Verschiedentlich wird auf den Zusammenhang zwischen dem in Indien zu vedischer Zeit verwendeten Opfertrank, dem »*soma*«, dem in Iran als »*haoma*« und dem aus Griechenland bekannten »ambrosia« verwiesen.[136] Konzentriert man sich auf den Raum, in dem das junge Christentum seine Gestalt gewonnen hat, so trifft man, vom jüdischen Hintergrund abgesehen, natürlich auf den Kontext der hellenistischen Mysterienreligionen, des Mithras- oder auch des Dionysos-Kults. Daß in der Alten Kirche dieser Zusammenhang gesehen wurde, erhellt aus der Tatsache, daß beispielsweise Justin (Apol. I,66,4) vergleichbare außerchristliche Mahlriten als »Nachäffung« des Herrenmahls durch die Dämonen bezeichnen konnte.[137]

Im Blick auf die Opferproblematik zeigen sich Zusammenhänge, die zwar bis in archaische Zeiten zurückreichen, gerade deswegen aber auch nicht mehr geltend gemacht werden können. Hinter der Vorstellung, daß ein Mensch sich opfert und daß andere Menschen aus diesem Opfer Gewinn haben, steht religionsgeschichtlich das Menschenopfer, das ursprünglich nicht nur im Mittelmeerraum, sondern auch im Vorderen Orient und beispielsweise in Japan verbreitet war. Seinen schrecklichsten Ausdruck fand es im Alten Mexiko, wo noch im Jahr 1487 bei der Weihe des Haupttempels innerhalb weniger Tage Tausende von Menschen hingeschlachtet wurden. Das Menschenopfer konnte als Hingabe an Gottheiten oder göttliche Kräfte verstanden werden. Wenn es sich mit Kannibalismus verband, sollte es der Übertragung der Kraft – eines besiegten Feindes oder eines als höheres Wesen verehrten Menschen – dienen. So kannten die Azteken ein rituelles »Gottessen«.[138] Daß man in der Antike mit Abscheu derartige Zusammenhänge des christlichen Abendmahls witterte, zeigt sich an der Tatsache, daß man den Christen vorwarf, sie würden Kinder opfern: »Das Blut dieses Kindes – welche Schändlichkeit! – schlürfen sie durstig, streiten miteinander um die Verteilung seiner Glieder; durch ein solches Opfer schließen sie gegenseitige Bündnisse ...«[139] So abwegig die Herstellung derartiger Zusammenhänge vom christlichen Verständnis des Abendmahls her erscheint, so auf-

134. TRE 1, 44.
135. G. van der Leeuw, Sakramentales Denken. Erscheinungsformen und Wesen der außerchristlichen und christlichen Sakramente, Kassel 1959, 115.
136. TRE 1, 43; Nachweise dort.
137. TRE 1, 46.
138. RGG ³III, 1116.
139. Minucius Felix, Octavius IX 5; zitiert nach G. Widengren 1969, 310.

fällig ist es doch, daß das Christentum als Religion der Liebe nun gerade ein derart – von seinen religionsgeschichtlichen Hintergründen her verstanden – blutrünstiges und brutales Symbol anbietet. Psychologisch gesehen, kann man verweisen auf die für das »Tabu symptomatische feierlich-zeremonielle Ausübung des eigentlich Tabuierten als sakramentalen Akt des Kollektivs.« Hier zeige sich das Doppelgesicht dessen, was mit dem lateinischen Wort »sacer« bezeichnet werde: »Bis zum Ekel reichende Berührungsangst als alltägliche Dauereinstellung und dann gerade Einverleibung des alltäglich Ungenießbaren als außeralltägliche, religiös gesteigerte, gemeinschaftliche Kulthandlung ...«[140].

Merkwürdig ist nun, daß es trotz der weiten Verbreitung und der tiefen religionsgeschichtlichen Verankerung sowohl des Konviviums als auch der durch das Opfer gewonnenen Kommunio in den großen nachaxialen Religionen keinen entsprechenden sakramentalen Ritus gibt.

(2) Das weitgehende Fehlen von vergleichbaren Riten in Judentum, Islam, Hinduismus und Buddhismus

Am nächsten liegt es natürlich, eine Beziehung zwischen dem christlichen Abendmahl und der jüdischen Passafeier herzustellen. Diese Beziehung ist exegetisch immer wieder untersucht, aber unterschiedlich beurteilt worden. Für einen engen Zusammenhang hat sich insbesondere Joachim Jeremias[141] ausgesprochen. Schon im Neuen Testament selbst gibt es dazu, wie oben bereits erwähnt, zwei verschiedene Versionen: Nach Auffassung der Synoptiker hätte das letzte Mahl Jesu tatsächlich im Rahmen einer Passafeier stattgefunden, während sich diese Auffassung in die johanneische Darstellung nicht einfügt. Sollte der historische Jesus tatsächlich ein dezidiertes und gegenüber seinem sonstigen Mahlverhalten herausgehobenes Abschiedsmahl gefeiert haben, so liegt es nahe, der synoptischen Darstellung recht zu geben. Doch auch in diesem Fall bleibt die Verknüpfung lose. Der spezifische Gehalt des jüdischen Passamahls tritt gerade nicht in Erscheinung. Ursprünglich ein Frühlingsfest, bei dem man für den neuen Wurf an Lämmern dankte (›p-s-ch‹ wird mit »hüpfen« in Zusammenhang gebracht), wurde »Pesach« noch in der Frühzeit der Hebräischen Bibel historisiert und als »Passa« (›pasah‹ meint »vorübergehen«, »verschonen«; vgl. Ex 12,13) auf das Exodusgeschehen bezogen. Seither ist Pesach das zentrale Fest der Erinnerung an die Befreiung Israels aus der Knechtschaft in Ägypten

---

140. K. Messelken, Vergemeinschaftung durch Essen. Religionssoziologische Überlegungen zum Abendmahl, in: M. Josuttis, G. M. Martin (Hg.), Das heilige Essen. Kulturwissenschaftliche Beiträge zum Verständnis des Abendmahls, St/B 1980, 41-57; hier: 42.

141. Vgl. J. Jeremias, Neutestamentliche Theologie, I. Teil, Gü ²1973, 276f., sowie ders., Die Abendmahlsworte Jesu, Gö (1935) ⁴1967.

und von daher symbolische Vergegenwärtigung des Befreiungshandelns seines Gottes. Das Mazzotfest, ursprünglich ein Fest kanaanäischer Ackerbauern, konnte in diese Tradition integriert werden. Im Judentum wird Pesach also nicht als sakramentales Mahl gefeiert, das den Teilnehmenden als »Heilsmittel« dienen könnte, sondern als Fest der Erinnerung. Das konviviale, gemeinschaftsbildende Element spielt dabei gleichwohl eine wichtige Rolle, wobei sich die hier erlebte Gemeinschaft von der Familie her aufbaut. Pesach wird ja bekanntlich trotz all seiner liturgischen Elemente im häuslichen Rahmen gefeiert.[142]

Der Islam kennt nur ein nebengeordnetes Opfermahl, das im Zusammenhang der Pilgerfahrt nach Mekka begangen wird. Es geht vermutlich auf eine vorislamische Sitte zurück. Sein Vollzug soll an den Gehorsam Abrahams erinnern, der nach islamischer Tradition bereit war, seinen Sohn Ismail zu opfern. An dem Tag, an dem in der Nähe von Mekka ein Tier von den Pilgern rituell geschlachtet wird, wird in der gesamten islamischen Welt das »Opferfest« begangen: Nach genauen Regeln, zu denen der Kehlenschnitt und das Verbot einer Betäubung des Tiers gehört, wird die Opferung vorgenommen. Ein Teil des Opfertiers dient dann dem Verzehr der am Opfer Teilnehmenden, während ein anderer Teil an Bedürftige abgegeben wird. Das konviviale Element steht also auch hier im Vordergrund.[143] Angesichts der Tatsache, daß das gemeinsame Essen und Trinken im Islam aber doch eine deutlich nachgeordnete Bedeutung hat, ist zu fragen, ob dort nicht die Enthaltsamkeit von berauschenden Getränken und Schweinefleisch gerade das entscheidende, die Gemeinschaft verbindende Element darstellt. Das gemeinsame Fasten im Monat Ramadan hat zweifellos eine hohe gemeinschaftsbildende Kraft und dürfte dem sakramentalen Denken und Empfinden im Christentum insofern nahe kommen. Auch das festliche und freudige gemeinsame Fastenbrechen muß in diesem Zusammenhang bedacht werden.

Der Hinduismus kannte in seiner vedischen Zeit das rituelle Trinken des aus der Somapflanze gepreßten Saftes. »Wir haben den Soma getrunken, wir sind unsterblich geworden, wir sind zum Licht gekommen, wir sind zu den Göttern gelangt. Was kann das Üble uns nun tun, wie kann die Feindschaft eines Sterblichen uns, die Unsterblichen, bekümmern ...«[144] In der späteren Entwicklung spielt der sakramentale Trank jedoch kaum mehr eine Rolle. Es gibt durchaus noch blutige Opfer für die Göttin Kali, wobei das geopferte Fleisch allerdings nicht von den Opfernden rituell verzehrt wird. Man übt darüber hinaus den Brauch, in den Tempeln die Gottheiten mit Speise und Trank regelmäßig zu versorgen. Doch geht es dabei weder um Konvivium noch um Kommunio. Die Voraussetzungen dafür sind im hinduistischen Denken einfach nicht gegeben. Materielles als solches kann nicht zum »Heilsmittel« werden, da es der

142. H.-J. Kraus, Gottesdienst in Israel, M 1954, ²1962; G. Fohrer, Glaube und Leben im Judentum, Wi ²1985, 90-104.
143. IL 715f.
144. Rv. 8,48,3; zitiert nach Fr. Heiler, EWR 250.

Erlösung

Welt des Scheins angehört. Von daher lag es nahe, den Gedanken des Opfers zu spiritualisieren. In der Bhagavadgita heißt es:

>»Brahman ist die Opferhandlung,
Brahman ist die Opfergabe,
die durch Brahman ins Brahmanfeuer gegossen wird –
wer sich so in das Wirken des Brahman versenkt hat,
erlangt das Brahman.«[145]

Dieser Vers wird oft vor den Mahlzeiten rezitiert, die damit einen gewissen auf Kommunio zielenden sakramentalen Touch erhalten. Nachgeordnete Mahlriten begegnen in einzelnen hinduistischen Gruppen, so in der Ramanuja-Gemeinde, in der der Verzehr geweihter Gaben der Aufhebung der Kastenschranken dient.[146] Wenn man im Bereich des Hinduismus nach communio-stiftenden Riten sucht, wird man eher an bestimmte sexuelle Praktiken des Shaktismus denken, wie sie im Kama-Sutra beschrieben werden.[147] Im Blick auf das konviviale Element ist an den Verzicht auf bestimmte Speisen zu erinnern, der durch die Wiederverkörperungslehre bedingt ist und – besonders in Abgrenzung zum Christentum – durchaus ein gewisses Gemeinschaftsgefühl hervorrufen kann.

Der Buddhismus kennt, von gewissen Sonderformen in Tibet abgesehen, kein sakramentales Mahl. Aufgrund ihrer ontologischen Grundüberzeugungen werden Buddhisten alles Materielle als »leer« durchschauen und zugleich in seinem Sosein akzeptieren. Auf diese Weise wird einerseits nichts als sakramental aufgefaßt – oder alles! Es ist jedenfalls nicht möglich, bestimmte Elemente aus dem Bereich des Materiellen herauszuheben und von ihnen eine besondere spirituelle Kraft zu erwarten. Das Heil liegt ohnehin jenseits dessen, was der Mensch auf Erden als Heil oder Unheil auffassen könnte. Kommunio mit einer Gottheit wird nicht angestrebt. Das konviviale Element aber kommt in Gestalt der Mönchsgemeinde, die sich demselben Geist und denselben asketischen Regeln verschrieben hat, ausreichend zum Ausdruck. Ein Ritus wie der des christlichen Abendmahls kann unter diesen Umständen nur Kopfschütteln auslösen. D. T. Suzuki kritisiert »die Symbolik des Abendmahls, das Essen des Fleisches und das Trinken des Blutes« mit der lapidaren Feststellung: »Nicht-Christen ist der Gedanke des Blut-Trinkens widerwärtig.« Wenn es schon um das Einssein mit Christus gehe, so legt sich ihm die Frage nahe: »Könnte diese Idee des Einsseins nicht anders bewußt gemacht werden, will sagen: Friedvoller, weniger irrational, menschlicher und menschenfreundlicher, weniger militant und gewaltsam?«[148] Sucht man im Bereich des Buddhismus nach einem Medium, das in gewisser Weise in seiner Funktion als »Heilsmittel« mit dem christlichen

---

145. BG 4,24; B. Griffiths sieht hier eine gewisse Nähe zum katholischen Eucharistie-Verständnis; ebd. 109.
146. TRE 1, 45.
147. LÖW 333.
148. D. T. Suzuki 1988, 127 f.

Erlösung

Abendmahl verglichen werden könnte, so wäre hier wohl der Atem zu nennen. Wie im Christentum Essen und Trinken als elementare Lebensfunktion gesehen und transzendiert werden, so mag Buddhisten die Konzentration auf den Atem zur Quelle der Erleuchtung werden.

C Die religionsgeschichtliche Sonderstellung des christlichen Abendmahls

Das christliche Abendmahl läßt sich religionsgeschichtlich schwer einordnen, viel schwerer als beispielsweise die christliche Taufe. Natürlich gibt es zahlreiche Berührungspunkte mit außerchristlichen Riten und Vorstellungen, doch tritt das Trennende schärfer zutage als die Gemeinsamkeiten.

(1) Die Nähe zwischen christlichem Abendmahl und vergleichbaren außerchristlichen Riten

In vielen nichtchristlichen Religionen gibt es ein Bewußtsein dafür, daß die elementaren Lebensfunktionen des Menschen religiös gedeutet bzw. erschlossen werden können. Dazu gehört neben dem Atmen, auf das insbesondere im Buddhismus verwiesen wird, und der Sexualität, die in bestimmten hinduistischen Strömungen eine besondere Rolle spielt, der Umgang mit Nahrung. Berauschende Getränke oder Drogen können dabei eine besondere Funktion erhalten. Aufs Ganze gesehen, geht es jedoch meistens um die Aufnahme bestimmter Lebensmittel bzw. die Enthaltsamkeit von ihnen. In den archaischen Religionen steht die Zufuhr von Lebenskraft im Mittelpunkt – oder auch der Verzicht auf sie. Das Judentum verbindet dann mit dem Mahl den Gedanken einer heilsgeschichtlichen Erinnerung. Der Islam versteht das Opfermahl als Hinweis auf eine bestimmte Glaubenshaltung, während das weitgehende Fehlen eines entsprechenden Ritus in den hinduistischen und buddhistischen Traditionen als ein Memento aufgefaßt werden kann, das Materielle zu transzendieren und nicht etwa einem magischen Verständnis zu verfallen.

Der christlichen Theologie des Abendmahls liegt der Gedanke der »Erinnerung«, der ja auch in den Einsetzungsworten explizit angesprochen wird, am nächsten. Der alttestamentlich-jüdische Hintergrund legt es nahe, bei der Feier des Herrenmahls an die Exodus-Tradition zu denken und sich der Befreiungs-Erfahrungen Israels zu erinnern. Die Abendmahlsfeier macht auf ihre Weise bewußt, daß die christliche Gemeinde in eine Heilsgeschichte hineingehört, die längst vor ihrer Gründung begonnen hat und die auf die Erlösung der Menschheit zielt. Darüber hinaus könnte sich die Theologie des Abendmahls angesichts des interreligiösen Kontextes, in dem sie sich vorfindet, veranlaßt sehen, ihre schöpfungstheologischen Implikationen stärker zu bedenken und auch in die Abendmahlspraxis einzubringen. Nicht nur psychologische oder psychosomatische Einsichten legen es nahe, das Abendmahl als ganzheitliches Geschehen wiederzuentdecken. Daß dabei auch die konvivialen Elemente, die in den nichtchristlichen Religionen hin und wieder begegnen, eine stärkere Rolle spielen müßten, versteht sich von selbst. Von Anfang an wurden ja auch innerhalb der Christenheit die Verbindungslinien zwischen Abendmahls- und Liebesgemeinschaft gesehen. Die neuere Abendmahlsdiskussion hat die Konsequenzen einer eucharistischen Ethik deutlich thematisiert. So heißt es etwa in den Konvergenzerklärungen von Lima, die Eucharistie sei »eine ständige Herausforderung bei der Suche nach angemessenen Beziehungen im sozialen, wirtschaftlichen und politischen Leben ... Alle Arten von Ungerechtigkeit, Rassismus, Trennung und Mangel an Freiheit werden radikal herausgefordert, wenn wir miteinander an Leib und Blut Christi teilhaben ... Als Teilnehmer an der Eucharistie erweisen wir uns daher als unwürdig, wenn wir uns nicht aktiv an der ständigen Wiederherstellung der Situation der Welt und der menschlichen Lebensbedingungen beteiligen.«[149] Damit werden freilich Töne angeschlagen, die im Zusammenhang nichtchristlicher Mahlriten nicht in derselben Deutlichkeit zu hören sind.

(2) Die Distanz zwischen christlichem Abendmahl und außerchristlichen Mahlriten

Ein unverwechselbares Profil erhält das christliche Abendmahlsverständnis natürlich durch seinen Bezug zur Christologie. Insofern ist es mit außerchristlichen Riten ohnehin schlechterdings nicht vergleichbar. Dies zeigt sich in einer vierfachen Hinsicht:

Der Bezug zum archaischen Menschenopfer, der zunächst erschrecken mag, ist durchaus geltend zu machen: Aufgrund des Todes Jesu, sofern man ihn überhaupt als Opfer verstehen will, soll es mit Opfern nun ein für allemal ein Ende haben. Menschen sollen nicht andere Menschen opfern, sie sollen auch sich selbst nicht opfern. Wenn Gott – mythologisch gesprochen – in Jesus Christus sich selbst opfert, dann ist jedes darüber hinaus erbrachte Opfer nicht nur überflüssig, sondern ein Sakrileg. Allerdings werden in Konsequenz dieses Opfers Menschen in die Lage versetzt, abzugeben, zu verzichten und in diesem Sinne sich »aufzuopfern«. Beinahe wäre es der archaischen Gewalt religiöser

---

149. DwÜ I, 563 (Nr. 20).

Opfervorstellungen gelungen, sich des christlichen Abendmahls zu bemächtigen – nämlich in Gestalt der vulgären spätmittelalterlichen Auffassung, das Abendmahl bestehe in einer unblutigen Wiederholung des Opfers Christi durch den Priester. Auch die Meßliturgie nach dem II. Vatikanum hat hier die möglichen Mißverständnisse noch nicht eindeutig beseitigt. Im eucharistischen Teil der ostkirchlichen Göttlichen Liturgie wird die Opferung des Lammes sogar symbolisch nachgestaltet, ohne daß sich jedoch eine klare Opferungstheorie damit verbände. Die reformatorische Theologie hat immer ihren Protest dagegen erhoben, aus dem Opfer Christi schließlich ein Opfer der Menschen werden zu lassen und das Evangelium auf diese Weise in sein Gegenteil zu verkehren.

Mit der Christologie hängt die spezifische Auffassung des Kommunio-Gedankens in der christlichen Abendmahlslehre zusammen. Die Verbindung mit dem erhöhten Herrn realisiert sich nicht nur geistig bzw. spirituell; sie ist nicht allein eine Sache des Bewußtseins, sondern sie bezieht den gesamten Menschen »mit Leib und Seele« ein, indem sie sich auf dem Weg über die materiellen Gaben von Brot und Wein realisiert. Der Bereich des Materiellen wird auf diese Weise enorm aufgewertet und religiös ernst genommen – in direktem Gegensatz zu hinduistischen oder buddhistischen Vorstellungen. Diese Linie wird in der römisch-katholischen Transsubstantationslehre und in der lutherischen Lehre von der Realpräsenz Christi im Abendmahl unterstrichen. Daneben steht freilich das Wissen darum, daß im Abendmahl das Materielle zugleich transzendiert wird, – ein Anliegen, das besonders der reformierten Tradition wichtig war und ist. Die Alternative zwischen materiellem und immateriellem Sein, wie sie das östliche Denken (teilweise bei gleichzeitiger Diskriminierung des Materiellen) nahelegt, wird durch das christliche Inkarnationsverständnis und die diesem folgende Abendmahlsauffassung überwunden.

Auf die besonderen ethischen Implikationen des christlichen Abendmahlsverständnisses wurde bereits hingewiesen. Doch verbindet sich damit ein weiterer Punkt, der so in den nichtchristlichen Religionen ebenfalls nicht gegeben ist, nämlich das Selbstverständnis derer, die als Gemeinde das Abendmahl Christi feiern: Sie erkennen sich aufgrund dessen, was ihnen im Abendmahl zuteil wird, als »Leib Christi«. Sie sind nicht nur dazu aufgefordert, einander beizustehen und gemeinsam zu helfen, wo Not ist. Sie bilden zusammen eine neue ontische Größe, die »Kirche«, nicht unbedingt in einem institutionellen, aber in einem grundsätzlichen, eschatologischen Sinn. Der Christologie, die das Abendmahlsverständnis bestimmt, entspricht eine profilierte Ekklesiologie.

Damit ist zugleich ein letzter Aspekt angesprochen, der das christliche Abendmahlsverständnis von allen außerchristlichen Mahlriten abhebt: die Eschatologie. Was sich im Abendmahl vollzieht, wird als Vorwegnahme des Eschatons verstanden. Die Abendmahlsgemeinde gehört, so bescheiden sie sich auch immer ausnehmen mag, zur Vorhut der in Christus erneuerten Menschheit. In ihr verwirklicht sich vorweg Gottes Herrschaft, die am Ende der Tage alles erfassen und erfüllen wird. Die Konvergenzerklärungen von Lima formulieren: »Die Eucharistie eröffnet die Schau der göttlichen Herrschaft, die als

Erlösung   659

letztgültige Erneuerung der Schöpfung verheißen wurde, und ist deren Vorgeschmack.«[150]

In den ökumenischen Dialogen um ein sachgemäßes christliches Abendmahlsverständnis hat sich der trinitarische Ansatz bewährt, der auch für das eucharistische Geschehen das Wirken des Schöpfers, des Versöhners und des Heiligen Geistes geltend macht.[151] In der Besinnung auf die trinitarische Perspektive kann die christliche Theologie einerseits manche Anregungen aus der Welt der Religionen aufnehmen, vor allem sofern es um schöpfungstheologisch relevante Impulse wie die Zufuhr von Lebenskraft oder den Gemeinschaftscharakter von Essen und Trinken geht. Sie wird aber gerade bei der Erläuterung des Abendmahlsgeschehens im Gegenüber zu den nichtchristlichen Religionen dartun können und müssen, worin das Spezifikum des christlichen Glaubens besteht: im Bezug zum heilschaffenden Sterben und Auferstehen Jesu Christi.

D Thesen

1. Im gemeinsam gefeierten Herrenmahl manifestiert und festigt sich die spirituelle Sozialität der Glaubenden, die in ihrer durch die Taufe konstituierten Identität gründet.

2. Der Sinn des Herrenmahls besteht in der Feier der Gegenwart Jesu Christi und somit des dreieinen Gottes, der sich mit sündigen Menschen solidarisiert, sie zur Solidarität miteinander sowie darüber hinaus mit den Menschen außerhalb der Kirche, ja mit der außermenschlichen Kreatur führt und unter der Verheißung eines neuen Himmels und einer neuen Erde zur Vorhut der eschatisch erneuerten Menschheit macht.

3. Das Herrenmahl entspricht einem Stiftungszusammenhang, der im Mahlverhalten Jesu begründet und trinitarisch zu entfalten ist: Im eucharistischen Geschehen verbinden sich christologische, schöpfungstheologische und pneumatologische Momente.

4. Die Fixierung auf die in den Einsetzungsworten genannten Elemente ist unsachgemäß. Nicht Brot und Wein als solche konstituieren das sakramentale Zeichen, sondern der anamnetisch und kerygmatisch verantwortete und der in epikletischer liturgischer Gemeinschaft vollzogene Umgang mit ihnen.

5. Der alttestamentlich-jüdische Hintergrund legt es nahe, bei der Feier des Herrenmahls an das Passamahl zu denken und dabei die Heilsgeschichte zu

150. DwÜ 1,564 (Nr. 22).
151. E. Lessing, Abendmahl, Gö 1993, passim (s. Register).

Erlösung

erinnern, die sich in der Befreiung Israels gezeigt hat und auf die Erlösung der Menschheit zielt.

6. Außerchristliche Riten, die mit dem christlichen Herrenmahl vergleichbar sind, sich allerdings weniger in Judentum, Islam, Hinduismus oder Buddhismus finden, betonen schöpfungstheologisch zu würdigende Einsichten: das Wissen um die Lebenskraft beschaffende und Gemeinschaft stiftende Wirkung von Essen und Trinken. Sie werden jedoch transzendiert durch die christologischen, ekklesiologischen und eschatologischen Implikationen des christlichen Abendmahlsverständnisses.

7. Traditionelle Kontroversen zwischen den Konfessionen in der Abendmahlsfrage relativieren sich, wenn die Einsetzungsworte nicht isoliert betrachtet, sondern auf das gesamte Mahlgeschehen bezogen und in ihrer soteriologischen und eschatologischen Grundaussage ernst genommen werden.

8. Kirchen, die bei der Feier des Herrenmahls den Mitgliedern anderer Kirchen die Teilnahme verwehren, entsprechen damit der aus der Sünde geborenen Tendenz, Gemeinschaft zu verweigern.

8.3 Heilsgemeinschaft

A Das Selbstverständnis der Kirche

1. Von der »Kirche« spreche ich immer als Angehöriger meiner Konfession und unter der spirituellen Prägung, die sie mir in Liturgie, Unterricht und ihrer gesamten Lebensform und Erscheinungsweise vermittelt hat. Damit zeigt sich eine fundamentale Schwierigkeit des Versuchs, das »christliche« Verständnis von Kirche[1] darzustellen: Es gibt nur konfessionell geprägte Verständnisse von »Kirche«. Indem eine Kirche nach ihrem Verständnis von »Kirche« fragt, redet sie von sich selbst. Kirche wird damit zum Subjekt der Rede von Kirche als Objekt. Das II. Vatikanum stellt kategorisch fest: »… die einzige Kirche Christi, die wir im Glaubensbekenntnis als die eine, heilige, katholische und apostolische bekennen … ist verwirklicht in der katholischen Kirche, die vom Nachfolger Petri und von den Bischöfen in Gemeinschaft mit ihm geleitet wird«.[2] Die orthodoxen Kirchen gehen, ohne dies dogmatisch fixieren zu müssen, von einer selbstverständlichen Identität zwischen sich selbst und »der« Kirche aus; das liturgische Fürbittengebet gilt »allen orthodoxen Christen«. Die Confessio Augustana, obgleich auch sie voraussetzt, daß ihre Aussagen der Heiligen Schrift und insofern dem Willen Christi entsprechen, differenziert: »Ecclesiae magno consensu apud nos« (CA I) – also die der Reformation anhängenden Gemeinden – lehren, »daß alle Zeit eine heilige, christliche Kirche sein und bleiben muß …« (CA VII); die lateinische Fassung macht diese Differenzierung deutlicher als die deutsche.

Das gesamtchristliche Verständnis von Kirche gibt es (noch) nicht, so sehr auch in der ökumenischen Bewegung daran gearbeitet wird. An keiner Stelle des Systems zeigt sich daher die konfessionelle Prägung einer Dogmatik so klar wie in der Ekklesiologie (und den mit ihr korrelierenden Themen). Dies gilt auch für die vorliegende Darstellung, die sich der reformatorischen Perspektive verpflichtet weiß und diese zu erläutern und zu begründen versucht.

---

1. Vgl. L. Boff, Die Neuentdeckung der Kirche. Basisgemeinden in Lateinamerika, Mz ³1983; ders. Kirche, Charisma und Macht, D ²1985; W. Huber, Kirche, St/B ²1988; M. Josuttis, »Unsere Volkskirche« und die Gemeinde der Heiligen. Erinnerungen an die Zukunft der Kirche, Gü 1997; U. Kühn, Kirche, Gü ²1990 (HST 10); H. Küng, Die Kirche, M ²1980; J. Moltmann, Kirche in der Kraft des Geistes, M 1975; R. Preul, Kirchentheorie. Wesen, Gestalt und Funktionen der Evangelischen Kirche, B/NY 1997.
2. LG 8; der Begriff »subsistit«, der ursprünglich eine Abschwächung von »est« signalisieren sollte, wird inzwischen von konservativen Kreisen als dessen Verstärkung interpretiert. Vgl. Kongregation für die Glaubenslehre, Erklärung Dominus Iesus. Über die Einigkeit und Heilsuniversalität Jesu Christi und der Kirche, Vatikanstadt 2000, Nr. 16 f.

2. Mit dem Begriff »Kirche« verbinden sich erhebliche terminologische Probleme. Soll er einfach als Bezeichnung von »religiöser Gemeinschaft« dienen, wie es die Wendungen »budddhistische Kirche« oder »Scientology-Kirche« zum Ausdruck bringen?[3] Dies würde in gewisser Weise dem säkularen Bedeutungsgehalt entsprechen, der dem griechischen und dem hebräischen Äquivalent für »Kirche« ursprünglich eignet[4], der spezifischen theologischen Füllung des Begriffs aber nicht gerecht werden. Daß er im Deutschen als Lehnwort aus dem Griechischen die »zum Herrn gehörige«[5] Gemeinschaft bezeichnen könnte, ist ohnehin nicht mehr im allgemeinen Bewußtsein.

Nach heutigem Sprachgebrauch unterscheidet man zudem zwischen Volkskirche, Staatskirche und Freikirche, zwischen Amtskirche und Beteiligungskirche, zwischen Kirchen und Sekten – alle diese Differenzierungen weisen auf unterschiedliche Erscheinungsformen, Verständnisse und Selbstverständnisse von Kirchen hin, die sich mehr oder weniger stringent dogmatisch begründen lassen, oft aber eher auf soziologische Implikationen verweisen.

Luther hat den Begriff »Kirche« zu vermeiden versucht, weil er ihm durch die hierarchische Institution der spätmittelalterlichen römischen Kirche besetzt und damit mißverständlich geworden schien. Er spricht lieber von der »Gemeinde«, dem »Haufen« (oder »Häuflein«) oder von der ganzen »Christenheit auf Erden«.[6] Luthers Anliegen hat noch immer eine gewisse Berechtigung. Die von ihm vorgeschlagenen Begriffe haben freilich, wenn sie nicht präzisiert werden, den Nachteil, daß sie den Akzent einseitig auf die irdische Seite der »Gemeinschaft der Heiligen« legen.

Das Neue Testament spricht lieber in Bildern als in Begriffen von der »Gemeinde« bzw. der »Kirche«: im Bild von Hirt und Herde (Joh 10), von Weinstock und Reben (Joh 15), vom Leib und dem Haupt (I Kor 12 par.), vom Tempel (I Petr 2), von der Braut (Apk) und vom Volk Gottes (Hebr). Die meisten dieser Bilder zeichnen sich dadurch aus, daß sie nicht den Verdacht aufkommen lassen können, bei der Kirche handle es sich um eine selbständige, für sich stehende Größe: Kirche kann niemals durch sich selbst konstituiert sein. Sie hat ihre Existenzgrundlage außerhalb ihrer selbst, nämlich in einer Beziehung – in der Beziehung zu Christus, zum dreieinen Gott.

3. Je nach Ansatz gibt es unterschiedliche Optionen dafür, an welcher Stelle der Dogmatik über die Kirche zu handeln sei. Ist sie einfach ein Thema unter anderen oder geht sie nicht erfahrungsgemäß und auch logisch allem theologischen Nachdenken über sie voraus? Die Tendenz, sie bereits in der Fundamentaltheologie bzw. in den Prolegomena anzusprechen, ist in der Orthodoxie und im römischen Katholizismus offensichtlich. Am Verständnis der Kirche – und

3. Karl Barth konnte die Jodo-Shin-Shu als (staatsfreie) »Kirche« bezeichnen! KD I/2, 374.
4. »qahal« meint »Versammlung«, »ekklesia« »Volksversammlung«.
5. »kyriake«; die Ableitung ist jedoch umstritten.
6. Vgl. B. Lohse, Luthers Theologie in ihrer historischen Entwicklung und in ihrem systematischen Zusammenhang, Gö 1995, 297-299.

speziell ihres Lehramts – entscheidet sich alles Weitere.[7] Aber auch Schleiermacher war der Meinung, daß Dogmatik nur erklärt werden könne, »wenn man sich über den Begriff der christlichen Kirche verständigt hat.«[8] Dies galt für ihn jedoch insofern, als »Kirche« nach seiner Auffassung durch »frommes Selbstbewußtsein« zustande kommt und somit eine einerseits offene, andererseits begrenzte Gemeinschaft darstellt.[9] Daß zwischen dem Selbstverständnis einer Kirche und ihren dogmatischen Aussagen eine Interdependenz vorliegt, ist nicht zu bestreiten. Aber es macht einen Unterschied, ob das Verständnis der Kirche als Maßstab der weiteren Aussagen oder aber als Derivat dieser dann anderweitig begründeten Aussagen zu stehen kommt.

Eine Tendenz, die Ekklesiologie unterzubetonen und sie ggf. erst in den Epilegomena zu verhandeln, ist gelegentlich im Protestantismus zu beobachten. Dann argumentiert man: Sie sei kein unmittelbares Thema der Dogmatik, sei kein Selbstzweck und habe keinerlei Eigengewicht; der Kirche komme ja nur die Funktion zu, die Verkündigung Jesu weiterzutragen. Im Grund gehöre sie daher nicht in die Systematische, sondern in die Praktische Theologie.[10] Diese Sicht wird freilich weder dem Neuen Testament noch den Glaubensbekenntnissen gerecht.

Als geeigneter Ort für die Ekklesiologie erweist sich, wie die Bekenntnisse der Alten Kirche es vorschlagen, die Lehre vom Wirken des Heiligen Geistes. Doch selbst wenn man sich darauf verständigt, erhebt sich noch einmal die Frage nach der genaueren Plazierung: Vermittelt die Kirche den Heiligen Geist, dann ist sie vor den Heilsmitteln, die sie gebraucht, zu verhandeln. Entsteht sie jedoch ihrerseits durch die Wirksamkeit dieser Heilsmittel, so muß vorweg von diesen die Rede sein. Die letztere Überzeugung entspricht dem Ansatz evangelischer Theologie, die auf diese Weise einer Selbstüberschätzung der – sichtbaren – Kirche wehren möchte.[11] Wenn sie die Interdependenz von Heilsmitteln und Heilsgemeinschaft deswegen auch gelegentlich unterbestimmt und einseitig interpretiert hat, gelang es ihr auf diese Weise doch, die den Heilsmitteln nachgeordnete Stellung der Kirche deutlich herauszuarbeiten. Sie fragt zuerst (1) nach dem, was die Kirche zur Kirche macht, bestimmt von daher (2) das Wesen der Kirche, aus dem sich (3) ergibt, was über ihren Auftrag und ihre Gestalt zu sagen ist.

---

7. Vgl. H. Fries, Fundamentaltheologie, Graz 1985, 321 ff.; G. L. Müller [3]1998, 65 ff.
8. GL § 2.
9. GL § 6.
10. So W. Trillhaas, Dogmatik, B [2]1967, 502 ff., und G. Keil, Glaubenslehre, St 1986, 161-163.
11. Sie hat dem allerdings systematisch keineswegs immer Rechnung getragen; vgl. den Aufbau der CA, der die Kirche vor den Sakramenten behandelt.

Erlösung

(1) Die Konstitutiva der Kirche

Die Kirche kann sich nicht selbst konstituieren – weder als Aktions- noch als Traditionsgemeinschaft. Sie kann sich – nebenbei bemerkt – auch nicht selbst abschaffen. Was aber macht sie zur Kirche? Einig sind sich die verschiedenen Kirchen darüber, daß es das Wirken des Heiligen Geistes ist, das die Kirche begründet. Aber wie dieses Wirken aussieht und sich realisiert, darüber gehen die konfessionellen Antworten auseinander. Es geht dabei vornehmlich um drei Fragen: um die Wirkungsweise von Wort und Sakrament, um die Relevanz von Kirchenzucht und Lebensstil sowie um den Stellenwert der äußeren Verfaßtheit der Kirche.

(a) Wort und Sakrament

Nach Auffassung der lutherischen Reformation gibt es letztlich nur zwei Konstitutiva der Kirche, die daher auch als deren Kennzeichen (»notae«) gelten können, nämlich die Verkündigung des Evangeliums und die dem Evangelium entsprechende Feier der Sakramente. Die christliche Kirche ist »die Versammlung aller Gläubigen«, bei denen »das Evangelium rein gepredigt und die heiligen Sakramente laut dem Evangelium gereicht werden« (CA VII).[12] Die Kirche erwächst aus der Verkündigung und deren Wirkung, wobei das Verhältnis zwischen Wortverkündigung und Feier der Sakramente zunächst nicht näher geklärt zu werden braucht. Beide sind sie »Werkzeuge«, durch die »Gott Herzen zum Glauben bewegt« (Apol VII, 36). Die Sakramente wirken dabei nicht automatisch (»ex opere operato«), sondern durch das zum Glauben erweckende Wort, das ihren Vollzug begleitet (Apol VII, 22/28). Insgesamt läßt sich daher sagen: Die Kirche ist Resultat der Verkündigung, Geschöpf des Evangeliums, wodurch zugleich die kategoriale Differenz zwischen Evangelium und Kirche zum Ausdruck kommt. Evangelium und Kirche verhalten sich zueinander wie Schöpfer und Geschöpf, sind letztlich nicht mit einander zu vergleichen.[13] Wo es um die Verkündigung gut steht, da blüht die Kirche.[14] Sie erwächst aus der jeweils aktuell vollzogenen Verkündigung; sie kann daher auch nicht als eine ein für allemal konstituierte »Gemeinschaft der Glaubenden« beschrieben werden: Sie ist die jeweils um Wort und Sakrament sich scharende »Versammlung« (»congregatio«) der Heiligen. Sie wird nicht an der Beschaffenheit dieser »Ge-

---

12. »... congregatio sanctorum, in qua evangelium pure docetur et recte administrantur sacramenta« (BSLK 60,1 f.); UG 64; Nr. 13.
13. »Ecclesia ... creatura est Euangelii, incomparabiliter minor ipso«; WA 2, 430,6 f. Die von Luther selbst gebrauchte Formulierung ist weit aussagekräftiger als die üblich gewordene Abbreviatur, die Kirche sei »creatura verbi«.
14. »... florente verbo omnia florent in Ecclesia«: Vgl. H.-M. Barth, »Wenn Gottes Wort blüht ...« Wahre Kirche – wie, wann, wo?, in: DtPfrBl 86 (1986) 218-222.

meinschaft« oder einzelner ihrer Mitglieder erkannt, sondern an Wort und Sakrament, die das Miteinander von Glaubenden je und je konstituieren und zugleich dessen konkreten Bestand immer wieder kritisch in Frage stellen. Wort und Sakrament fordern immer neu zu Kritik und Reform der Kirche heraus: »ecclesia semper reformanda«![15] »Apostolizität« ist unter diesen Umständen nicht ein konservatives Anliegen, nämlich am Althergebrachten festzuhalten, sondern ein revolutionäres, kirchenkritisches Postulat: Als »apostolisch« kann nicht gelten, was irgendwelche kirchlichen Autoritäten irgendwann einmal, und sei es in »apostolischer« Zeit, fixiert haben, sondern allein, was dem Evangelium entspricht.[16]

(b) Kirchenzucht und Lebensstil

Von frühchristlichen Zeiten an gibt es die Sehnsucht nach der Kirche als einer vollkommenen Gemeinschaft, nach einer in diesem Sinn »heiligen« Kirche. Jeder ernsthafte Christ und jede engagierte Christin wird sie in irgendeiner Weise verspüren. Immer wieder haben sich einzelne oder Gruppen verselbständigt, um dieses Ideal zu verwirklichen oder ihm doch näher zu kommen. Die Anhänger der montanistischen Bewegung huldigten in Erwartung des nahen Weltendes einem ethischen Rigorismus; die Donatisten forderten wenigstens für die Amtsträger der Kirche einen unanstößigen Lebenswandel. Die Entstehung des Mönchtums erklärt sich mindestens zum Teil aus dem Protest gegen eine verweltlichte Kirche. Die Genfer Reformation hat zwar nie in Abrede gestellt, daß allein Wort und Sakrament die Kirche konstituieren, aber der Kirchenzucht doch eine gewisse Bedeutung verliehen. Das reformierte schottische Bekenntnis rechnet die Kirchenzucht geradezu zu den Kennzeichen der Kirche. Aber auch viele nachreformatorische Bewegungen entsprangen diesem Ideal: Die Pilgerväter des 17. Jahrhunderts hofften, auf ihre Weise das Reich Gottes zu verwirklichen. Viele Heiligungsbewegungen folgten nach. Schließlich wird auch in der Gegenwart viel von Orthopraxie im Gegensatz zu Orthodoxie gesprochen.

Geht man von dem durch Wort und Sakrament gewirkten Glauben aus, so wird man auf die Ambivalenz von Kirchenzucht und Lebensstil aufmerksam. Auf der einen Seite wirkt der Glaube gute Früchte und wird sich also im Lebensstil niederschlagen. Auf der anderen Seite aber ist es gerade der Glaube, der über

---

15. Diese zum Schlagwort gewordene Formel entspricht dem lutherischen Ansatz bei Wort und Sakrament, ist aber eher im reformierten Raum zuhause und dort auch stärker umgesetzt.

16. Martin Luther: »Was Christum nicht lehrt, das ist nicht apostolisch, wenn's gleich Petrus oder Paulus lehrte. Wiederum, was Christum predigt, das wäre apostolisch, wenn's gleich Judas, Hannas, Pilatus oder Herodes tät'.« WA.DB 7, 384, 29-32 (geglättet). Vgl. H.-M. Barth, »Apostolizität« und »Sukzession« in den Konvergenz-Erklärungen von Lima, in: ÖR 33 (1984) 339-356.

alle Gesetzlichkeit erhaben ist und zugleich das Bewußtsein dafür schafft, daß Christen und Christinnen auf Erden immer auch Sünder und damit auf die Vergebung angewiesen bleiben. Die »Heiligkeit« der Kirche kann daher nie in ihrer moralischen Untadeligkeit bestehen, sondern nur darin, daß sie sich immer neu unter das Wort der Vergebung rufen und dadurch erneuern läßt.

(c) Die äußere Verfaßtheit der Kirche

Keine Kirche kommt ohne eine bestimmte Verfaßtheit aus; gewisse Strukturelemente zeichnen sich bereits im Neuen Testament ab. Es ist jedoch die Frage, welcher Stellenwert der Verfaßtheit der Kirche zukommt. Dazu haben sich im Lauf der Geschichte der Kirche mehrere Modelle entwickelt.

1. Die klarste Antwort gibt die römisch-katholische Theologie. Die dogmatische Konstitution des II. Vatikanums über die Kirche kennt ein eigenes Kapitel über die »hierarchische Verfassung der Kirche« (LG 18 ff.). Dort heißt es gleich zu Beginn: »Um Gottes Volk zu weiden und immerfort zu mehren, hat Christus der Herr in seiner Kirche verschiedene Dienstämter eingesetzt, die auf das Wohl des ganzen Leibes ausgerichtet sind.« Worin sie bestehen und in welchem Verhältnis zueinander sie sich finden, wird ausführlich dargestellt. Dafür, daß die somit beschriebene hierarchische Struktur ein Konstituens der Kirche ist, werden von römisch-katholischer Theologie sowohl historische als auch Sach-Argumente geltend gemacht. Schon der Apostelkreis zeige Anzeichen von Verfaßtheit; das Felsenwort an Petrus (Mt 16,18) spreche eine deutliche Sprache; die apostolische Sukzession, in der Apostelgeschichte und in den Pastoralbriefen immerhin angedeutet, lasse sich schon im I. Clemensbrief klar greifen. Kein Wunder, denn schließlich bedürfe eine Gemeinschaft auch tatsächlich einer jurisdiktionellen Ordnung und Leitung. Die Auslegung der Heiligen Schrift sei strittig; auch die Tradition könne nicht beliebig interpretiert oder fortgeführt werden.

2. Eine zwar nicht hierarchische, aber doch aristokratische Verfaßtheit der Kirche hat Calvin zu verwirklichen versucht. Seiner Auffassung des neutestamentlichen Vorbilds gemäß wollte er vier Ämter institutionalisieren – das der Pastoren und Doktoren, der Ältesten und der Diakone (Institutio IV, 3,1-9). Demokratische Tendenzen haben sich in den der Schweizer Reformation verpflichteten Kirchen erst später durchgesetzt.

3. Ein Gegenmodell dazu bilden liberale oder charismatisch orientierte Gruppen, für die eine rechtliche Verfaßtheit von Gemeinde oder Kirche einen Störfaktor darstellt: Jurisdiktion widerspreche dem Wesen der Kirche, wenn es in ihr vorrangig um Liebe oder um das Wirken des Heiligen Geistes gehe. Hier läßt sich mit den der Gemeinde frei gewährten und auszuübenden Charismen argumentieren: Liebe vertrage sich nicht mit Institution; eine rechtlich geordnete Amtskirche stehe dem Walten des Geistes im Wege.

4. Die Reformation Wittenberger Prägung hat einen Mittelweg gesucht. Für sie ist die Verfaßtheit der Kirche nicht eine vorgegebene und darum zu akzep-

tierende Struktur, sondern eine zu gestaltende Aufgabe. Wenn Wort und Sakrament die Konstitutiva der Kirche ausmachen, kann es ja nur darum gehen, daß diese beiden »Instrumente« in geeigneter Weise zum Zug kommen. Dazu bedarf es des »Amts«. Als der grundsätzliche Auftrag zu Verkündigung und Sakramentsfeier ist es mit diesen Aufgaben zugleich »gesetzt« und insofern von Gott »gestiftet« (vgl. CA V). Es muß in einer sachdienlichen Weise ausgeübt werden. Worin diese besteht, wird sich an der Situation bzw. an den jeweiligen gesellschaftlichen Gegebenheiten entscheiden; deswegen hat der Protestantismus höchst unterschiedliche Modelle entwickelt – vom landesherrlichen Kirchenregiment bis hin zum Kongregationalismus. Daß den verschiedenen soziologischen Modellen, die in Frage kamen, oft nicht genügend Wachsamkeit entgegengebracht wurde, steht auf einem anderen Blatt. Jedenfalls sollte durch eine klare Struktur der Illusion gewehrt werden, die Kirche könne sich durch »Liebe« oder ein eigenmächtig interpretiertes »Geistwirken« selbst konstituieren. Die gegenwärtig in den evangelischen Kirchen weithin zu beobachtende Struktur- und Institutionsverdrossenheit ist nicht im Sinn der Reformatoren. Wenigstens haben die Erfahrungen des deutschen Kirchenkampfs dazu geführt, daß die Fragen des Kirchenrechts auch im Protestantismus wieder neu Beachtung fanden.

(2) Das Wesen der Kirche

Wenn Wort und Sakrament die Kirche konstituieren, weil Gott durch sie »als durch Mittel den Heiligen Geist gibt« (CA V), muß sie (a) als pneumatische Wirklichkeit und (b) als soziale Größe verstanden werden. Damit ergibt sich (c) ein doppelter Kirchenbegriff, der das empirische wie auch das transempirische Wesen der Kirche zu erfassen sucht. Letztlich stellt sich damit (d) die Frage nach dem Verhältnis von Kirche und Reich Gottes.

(a) Die Kirche als pneumatische Wirklichkeit

Aus den Konstitutionsbedingungen der Kirche ergibt sich, was über ihr Wesen als pneumatische, transempirische Wirklichkeit zu sagen ist.

Die Kirche versteht sich nicht als eine Vereinigung, der man nach Belieben beitreten oder in die man durch menschliche Instanzen berufen werden könnte. Es ist der Heilige Geist, der – entsprechend zu seinem Wirken am einzelnen Menschen – »die ganze Christenheit auf Erden beruft, sammelt, erleuchtet, heiligt und bei Jesus Christus erhält im rechten, einigen Glauben« (Martin Luther).[17]

---

17. UG 545.

Die empirisch zwar beobachtbare, aber nicht funktionalisierbare Ausstrahlung von Verkündigung und Zeugnis sowie von Taufe und Abendmahl macht die Kirche zu einem Geschehenszusammenhang, der empirisch sich selbst entzogen ist. Die Kirche versteht diesen Geschehenszusammenhang als Ergebnis des Wirkens des Geistes Gottes, der weht, »wo er will« (vgl. Joh 3,5-8). Sie ist durch soziologische Daten nie zureichend zu erfassen, und sie wird auch spirituell nicht zu einer in sich ruhenden hypostatischen Größe.

1. Daß die Kirche eine abgeleitete, vom Wirken des Geistes abhängige Größe ist, macht zugleich ihre Dynamik aus. Insofern ist sie nicht bloße »Gemeinschaft« (communio), sondern je und je unter Wort und Sakrament sich konstituierende »Versammlung« (congregatio).[18] Sie ist in Bewegung, angestoßen durch Wort und Sakrament und ausgerichtet auf den Gott, der sich in Wort und Sakrament ihr vergegenwärtigt.

2. Sie ist bestimmt von den durch den Heiligen Geist in ihr verwirklichten Gaben, den Charismen (vgl. I Kor 12,1 ff.; Röm 12,3 ff.). Jedes Mitglied der Gemeinde ist aufgerufen und befähigt, dem anderen zu dienen »mit der Gabe, die er« oder sie »empfangen hat« (I Petr 4,10). Gerade so wird die Gemeinde »erbaut«. In den traditionellen Kirchen wurde diese Einsicht vernachlässigt bzw. umgepolt: Im römischen Katholizismus und weitgehend auch in der Orthodoxie sind die Charismen vom »Amt« aufgesogen, das in diesem Zusammenhang dann aber als ausdifferenziert gedacht werden kann.[19] Die reformatorischen Kirchen blieben aufgrund von Erfahrungen mit Schwärmern des 16. Jahrhunderts gegenüber der Berufung auf Charismen zurückhaltend, ja abweisend. Immerhin haben sie in der Erinnerung an das »allgemeine Priestertum der Glaubenden«[20] einen charismatischen Ansatz beibehalten, allerdings weithin nur als antiklerikalen, antiinstitutionellen Protest verstanden. Seine Pointe liegt jedoch nicht hier, sondern im Moment der Gegenseitigkeit des Zeugnisses, aus der sich die Gemeinde auferbaut, und in der Gemeinsamkeit spirituellen Handelns: Ein Christ wird dem anderen zum Priester dadurch, daß er für ihn einsteht in Fürbitte, mit geistlichem Rat und hilfreicher Tat. Er darf dem Bruder und der Schwester in gewisser Weise »zu Christus« werden und ihnen Vergebung der Sünden und Ermutigung zusprechen. Nach Luthers Verständnis galt dies prinzipiell für beide Geschlechter. Aber erst die charisma-

---

18. Dieser Begriff wurde in CA VII offensichtlich mit Bedacht und in Abgrenzung gegen den Begriff »communio« gewählt. Evangelische Ekklesiologie ist »congregatio-Ekklesiologie«!
19. Vgl. die Lehre von den Weihestufen z. B. L. Ott, Grundriß der Dogmatik, Fr [8]1970, 539 ff.; G. L. Müller [2]1998, 741 ff.
20. Vgl. dazu H.-M. Barth, Einander Priester sein. Allgemeines Priestertum in ökumenischer Perspektive, Gö 1990, sowie H. Goertz, Allgemeines Priestertum und ordiniertes Amt bei Luther, Marburg 1997; hier wird das Gewicht des allgemeinen Priestertums in der Theologie Luthers allerdings minimalisiert. Ferner Kl. P. Voß, Der Gedanke des allgemeinen Priester- und Prophetentums. Seine gemeindetheologische Aktualisierung in der Reformationszeit, Wu 1990.

tischen Bewegungen der Neuzeit haben die ekklesiologische Bedeutung der Charismen wieder verstärkt zu Bewußtsein gebracht.

3. Sämtliche für das pneumatische Wesen der Kirche geltend zu machenden Elemente haben trinitarische Implikationen. Das Wirken des Geistes vergegenwärtigt Jesus Christus und erfüllt den Leib Christi. Die Intention des Schöpfers mit seinen Geschöpfen geht damit ihrer Verwirklichung entgegen.[21] Die Kirche wird so zu einer eschatischen Wirklichkeit, die mitten in der Zeit über die Grenzen der Zeit hinaus verweist und zugleich durch ihre Präsenz die Grenzen von Raum und Zeit transzendiert. In ihr sind alle Menschen miteinander verbunden, die je von Gottes Geist angerührt wurden, in Jesus Christus das Heil gefunden haben und so zu dem dreieinen Gott in eine lebendige Beziehung gelangt sind – diesseits und jenseits der Grenze des Todes.

(b) Die Kirche als soziale Größe

Es geht nicht an, die pneumatische gegen die soziale Wirklichkeit der Kirche auszuspielen. Was die Kirche ausmacht, vollzieht sich nicht außerhalb der menschlichen Gesellschaft, sondern es hat unmittelbare soziale Implikationen und Auswirkungen. Dies läßt sich in mehreren Hinsichten zeigen.

1. Der doxologische Aspekt: Die Kirche versucht, durch ihr Zeugnis, ihr Handeln und ihre äußeren Vollzüge auf die dreifaltige Zuwendung Gottes zu den Menschen zu reagieren. Als Antwortgemeinschaft registriert sie dankbar durch Feier und Lobpreis die »großen Taten Gottes« (vgl. Act 2,11). Das Kirchenjahr mit seinen spezifischen Prägungen und Festen ist eine sichtbare, soziologisch greifbare Form der Rekapitulation des göttlichen Handelns. Ebenso ist die Institution des Sonntags und seiner Heiligung Ausdruck für die empirische Präsenz einer transempirischen Wirklichkeit.

2. Der kerygmatische Aspekt: Die Kirche wird soziologisch greifbar durch alle Formen ihrer Verkündigung und der Sakramentsfeier. Als Lehr- und Lerngemeinschaft sucht sie, das Geheimnis der Zuwendung Gottes zu den Menschen immer tiefer zu erfassen und immer klarer zu vermitteln. Nicht nur der Gottesdienst, sondern ebenso ihre Präsenz in den Medien, im Bereich von Bildung und Kultur, nicht zuletzt auch die im Rahmen der jeweiligen gesellschaftlichen und wissenschaftlichen Möglichkeiten betriebene theologische Reflexion unterstreicht die soziale Seite des Phänomens »Kirche«. Sie gerät dabei möglicherweise in Konflikt mit anderen sozialen Institutionen oder Interessen. Bereitschaft zum Widerstand und zur Übernahme von Verantwortung gehört zu ihrem Profil.

3. Der kommunikative Aspekt: Die Gemeinschaft der Heiligen verwirklicht sich insbesondere nach reformatorischer Auffassung als allgemeines, gegensei-

---

21. Vgl. Br. Forte, La chiesa icona della Trinità, Brescia 1984, sowie ders., La Chiesa della Trinità, Cinisello Balsamo (Milano) 1995.

tiges und gemeinsames Priestertum ihrer Mitglieder. Christenmenschen sind für einander da, haben für einander ein offenes Ohr und ein offenes Wort, sind bereit zu geschwisterlicher gegenseitiger Korrektur (»correctio fraterna«) und zu gegenseitiger Ermutigung. Sie teilen miteinander ihre inneren Nöte und ihre geistlichen Einsichten (»mutuum colloquium et consolatio fratrum«); sie beten mit einander und für einander.

4. Der diakonische Aspekt: Auch an ihrem Dienst für andere Menschen wird die Kirche als soziale Größe erkennbar. Sie ist »Kirche für andere« (Dietrich Bonhoeffer). Die tätige und schon in ihren Anfängen ansatzweise institutionalisierte Nächstenliebe gehört grundsätzlich zu ihrem Erscheinungsbild.

5. Alle die genannten Aspekte, die selbstverständlich in vielfacher Hinsicht weiter ausdifferenziert werden können, werden noch einmal in besonderer Weise greifbar in den verschiedenen Funktionen und Ämtern, in denen die Kirche ihrem Auftrag nachzukommen versucht, und in der Gestalt, die sie sich gibt. Ämter und Funktionen lassen die Kirche einerseits als eine geschichtliche Größe erkennen, machen sie aber andererseits auch verwechselbar mit anderen sozialen Gruppen und Bewegungen. Sie sind ständig an Wort und Sakramentsverständnis darauf hin zu überprüfen, ob und wo sich die Kirche in ihren sozialen Verwirklichungsformen gegen ihren inneren Ansatz etwa vergeht. Auch die Kreuzzüge und die Judenverfolgung, auch korrupte Päpste und machthungrige Fürsten, Bauernkrieg und Hexenwahn gehören ja leider zum Erscheinungsbild der Kirche als einer sozialen Größe. Wie läßt sie sich gleichwohl als transempirische, eschatische Größe verstehen?

(c) Der doppelte Kirchenbegriff: Sichtbare und verborgene Kirche

Die Kirche ist mehr, als man ihr ansieht. Sie ist einerseits eine soziologisch greifbare und analysierbare Institution, andererseits – nach ihrem Selbstverständnis – eine Gemeinschaft, die sich durch den Verweis auf soziologische Entstehungsbedingungen und Zielsetzungen nicht zureichend beschreiben läßt. Triumphalistisches Gehabe paßt weder zu ihrem Wesen noch zu ihrem Auftrag. Sie mag als Institution kümmerlich erscheinen oder auch gravierende Fehler machen; die Glaubenden schmerzt das, aber sie wissen, daß sich dennoch in der Kirche und durch sie ein Geschehen von letzter Relevanz vollzieht. Sie ist institutionelles Instrument und zugleich Resultat von Gottes Heilshandeln und ebendarin transempirisches, transzendentales, eschatisches Ereignis. Die Frage, wie sich diese beiden Bestimmungen zueinander verhalten, ist so alt wie die Kirche selbst.

1. Schon die Jünger Jesu waren um klare Verhältnisse bemüht und fragten nach dem Unkraut unter dem Weizen (vgl. Mt 13,24-30). Auf Augustin geht die Rede von der Kirche als einem »corpus permixtum« zurück, und auch den Reformatoren war es selbstverständlich, daß »unter den Frommen viele falsche Christen und Heuchler« (CA VIII) zu finden sind. Von daher mochte es sich

nahelegen, zwischen »sichtbarer« und »unsichtbarer« Kirche (Zwingli) oder zwischen einer Kirche im »eigentlichen« und einer Kirche im »weiteren« Sinn zu unterscheiden.[22] Das dabei aus der Alten Kirche ererbte Problem bestand darin, ob der »sichtbare« Vollzug von Wort und Sakrament dadurch beeinträchtigt werden konnte, daß er von »Christen« geleistet wurde, die gar nicht zur Kirche im »eigentlichen Sinne« gehörten. Die lutherische Reformation hat sich durchaus aufgrund eigener Einsichten über die Konstitutionsbedingungen der Kirche dem Urteil Augustins angeschlossen, wonach die Wirkung des Sakraments nicht von der Dignität des Spenders abhängen kann. Dies gilt analog für die Wirkung der Predigt.

»Sichtbarkeit« der Kirche konnte also einerseits die offensichtliche Unvollkommenheit der Mitglieder (und der Institution), andererseits die sinnlich wahrnehmbare Präsenz von Wort und Sakrament meinen. Die »Unsichtbarkeit« dagegen konnte sich darauf beziehen, daß Gottes Geist äußerlich nicht wahrnehmbar durch Wort und Sakrament wirkte, daß die dadurch gewonnenen Menschen als die wahren Glaubenden nicht identifizierbar waren und daß schließlich auch die Vollendeten zur Kirche gehörten.

Wie sind nun die verschiedenen Bestimmungen von Kirche aufeinander zu beziehen? Im Lauf der Geschichte haben sich unterschiedliche Antworten dazu herausgebildet, die sich in den jeweiligen konfessionellen Selbstverständnissen niedergeschlagen haben.

2. Römisch-katholische Theologie hat keine Schwierigkeiten, die empirische römisch-katholische Kirche mit der Kirche als dem Leib Christi zu identifizieren.[23] Dies gilt – unter freilich anderen Voraussetzungen und mit anderen Akzenten – im Prinzip auch für orthodoxe Ekklesiologien. Die direkte Identifikation von »wahrer« und »empirischer« Kirche macht einen doppelten Kirchenbegriff überflüssig. Die römisch-katholische Kirche begreift sich als Fortsetzung der Inkarnation des Gottessohnes; sie kann daher sich selbst als Sakrament verstehen und entsprechend tätig werden. Daß selbstverständlich auch die Vollendeten zur Kirche gehören, wird unter dem Begriff nicht der »unsichtbaren«, sondern der »triumphierenden« Kirche bedacht.

3. Die Schweizer Reformation dagegen hatte ein starkes Bedürfnis, zwischen dem äußeren Erscheinungsbild der Kirche und den »Erwählten« zu differenzieren. Zwingli schlägt vor, zwischen »sichtbarer« und »unsichtbarer« Kirche zu unterscheiden.[24] Calvin weist darauf hin, daß die Schar der Erwählten einerseits über die jeweils vorfindliche Kirche weit hinausgehe, weil sie die Vollendeten umfasse, andererseits kleiner als die vorfindliche Kirche sei, sofern zu dieser auch die nicht Erwählten gehörten.[25] Die »Heiligen« freilich haben die

---

22. Vgl. H. Schmid, Die Dogmatik der evangelisch-lutherischen Kirche. Dargestellt und aus den Quellen belegt. Neu hg. und durchgesehen von H. G. Pöhlmann, Gü ⁹1979, 368 ff.
23. LG 8; s. oben Anm. 2 dieses Kapitels.
24. H. Zwingli, Expositio christianae fidei (1531), in: ders., Auswahl seiner Schriften, Z/St 1962, 304 f.
25. Vgl. U. Kühn, Kirche, Gü 1980, 58 ff.

Erlösung

Aufgabe, »daß sie all die Wohltaten, die ihnen Gott gewährt, gegenseitig miteinander teilen«.[26] Dies wiederum mache das Wesentliche der sichtbaren Kirche aus.

4. Die Gegenüberstellung von sichtbarer und unsichtbarer Kirche ist unzureichend; zu sehr ist das »Sichtbare« mit dem »Unsichtbaren« verschränkt. Die Apologie des Augsburger Bekenntnisses formuliert sachgemäß: Die Kirche ist »in erster Linie ein Bund des Glaubens und des Hl. Geistes in den Herzen, der dennoch äußere Kennzeichen hat, um erkannt zu werden, nämlich die reine Lehre des Evangeliums und die mit dem Evangelium Christi übereinstimmende Verwaltung der Sakramente«.[27] Sie ist somit einerseits sichtbar aufgrund ihrer äußeren Kennzeichen (notae externae) und andererseits »verborgen«[28], weil es Gottes Geist vorbehalten ist, wann und wo er mit deren Hilfe wirken will.

5. Wort und Sakrament machen die Kirche zu dem, was sie ist: zur »einen, heiligen, katholischen und apostolischen Kirche«, wie sie im Nizänum bekannt wird. Es ist nicht zureichend, Wort und Sakrament als Kennzeichen der institutionellen Kirche, dagegen Einheit, Heiligkeit, Apostolizität und Katholizität als Eigenschaften der »verborgenen« Kirche zu verstehen.[29] Denn gerade sofern in einer institutionellen Kirche das Evangelium verkündigt und die Sakramente dementsprechend gefeiert werden, ist sie Teil der einen, heiligen, katholischen und apostolischen Kirche. Wort und Sakrament konstituieren ihre Einheit, Heiligkeit, Apostolizität und Katholizität. Worin sollten diese »Eigenschaften« ihre Substanz haben, wenn nicht in dem Vollzug von Wort und Sakrament? Was durch die »Kennzeichen« (»notae externae«) geschieht, dient der Konstitution der »Eigenschaften« (»attributa«), die von daher für eine konkrete Kirche auch eine – von Wort und Sakrament abgeleitete – orientierende Funktion gewinnen.

(d) Kirche und Reich Gottes

Nach einem bekannt gewordenen Ausspruch von Alfred Loisy predigte Jesus das Reich Gottes, aber es kam »die Kirche«. In welchem Verhältnis zueinander stehen Kirche und Reich Gottes?

Die erkennbare Diastase von Kirche und Reich Gottes läßt sich vielfach belegen. Anspruch und Wirklichkeit der Kirche fallen auseinander oder gehen Fehlverbindungen miteinander ein. Neben einem Hang zu politischer Abstinenz ist immer wieder auch eine Tendenz zu unangemessener Politisierung zu beobachten, die zu einer Ideologisierung des Evangeliums führt. Die Kirche wird dem, was sie sagt, nicht gerecht. Andererseits aber lebt sie davon, daß sie mehr ist, als

---

26. Institutio IV, 1,3.
27. Apol VII,5 (UG 246; Nr. 183).
28. WA 18,652,23.
29. Gegen W. Härle 1995, 574 ff.

sie politisch oder sozial zur Darstellung bringen kann. Die verborgene Identität von Kirche und Reich Gottes wird für Glaubende dort sichtbar, wo es im Namen Christi zu Entlastung und Ermutigung kommt, wo Dämonen ausgetrieben und Heilungsprozesse in Gang gesetzt werden. Somit ergibt sich: Die empirische Kirche ist offensichtlich nicht das Reich Gottes, aber durch sie und in ihrer Mitte kommt es immer wieder zur Herrschaft Gottes, zu Anbrüchen des Reiches Gottes – in Anfechtbarkeit und Unscheinbarkeit, aber in der Kraft des Heiligen Geistes (vgl. Lk 17,20; I Kor 2,4).

(3) Gestalt und Auftrag der Kirche

Aus den Konstitutionsbedingungen der Kirche ergeben sich Gesichtspunkte dafür, welchen Auftrag die Kirche hat und welche Gestalt sie sich geben kann oder muß, um ihm gerecht werden zu können. Ihr unmittelbarer Auftrag ist klar: Die Kirche hat das Evangelium zu verkündigen und die Sakramente in einer dem Evangelium entsprechenden Weise zu feiern. Dies schließt das Zeugnis in jeder möglichen verbalen oder nonverbalen Form ein. Dabei stellt sich das Problem, (a) mithilfe welcher Funktionen und Ämter sie diesem Auftrag nachzukommen hat, und (b), wie die Einheit der Kirche angesichts verschiedenster konfessioneller Partikularkirchen verstanden, gewahrt oder gegebenenfalls hergestellt werden kann.

(a) Das eine Amt und die vielen Ämter

Die Antwort auf die Frage nach dem Amt bzw. den Ämtern wird davon abhängen, in welcher Weise eine Kirche ihre strukturelle Verfaßtheit als für sie konstitutiv ansieht. Im Neuen Testament erscheint eine Vielfalt von Ämtern, wobei der dort verwendete Begriff »Dienst« deutlicher macht, worum es geht, als die deutsche – und zumal im modernen Sprachgebrauch noch zusätzlich mißverständliche – Bezeichnung »Amt«. Allerdings treten schon in frühester Zeit zwei Strukturtypen einander gegenüber, die sich dann im Lauf der Kirchengeschichte in gewisser Weise konfessionell reproduzieren sollten: ein geordnetes Zusammenspiel geistlicher Funktionen, die durch Charismen begründet sind, und ein bestimmtes Profil eher statisch verstandener geistlicher Ämter, die freilich noch miteinander austauschbar erscheinen.[30] Deutlich ist jedoch, daß die verschiedenen Dienste – auch bei unterschiedlicher Zuordnung – einer gemeinsamen Aufgabe dienen, nämlich der Erbauung der Gemeinde.

30. Vgl. J. Roloff, Die Kirche im Neuen Testament, Gö 1993, 132-143 (Paulus), 246-248 (Kolosser- und Epheserbrief), 261-266 (Pastoralbriefe).

1. Das heute in der römisch-katholischen Ekklesiologie vertretene Modell knüpft an frühe Entwicklungen der Alten Kirche an, an den sogen. Monepiskopat, der sich unter den damaligen gesellschaftlichen Bedingungen offenbar als effizient erwiesen hatte. Aus dem Bischofsamt gliederte sich das Priesteramt (Presbyteramt) aus, das aber durch das vom Bischof zu erteilende Weihesakrament fest mit diesem verbunden blieb. Die Weihe verleiht dem Priester nach römisch-katholischer Auffassung heiligmachende Gnade, prägt ihm einen besonderen und unverlierbaren Charakter (»character indelebilis«) ein und verleiht ihm die Konsekrations- und Absolutionsgewalt. Die Ordinationsgewalt ihrerseits wird durch die Weihe zum Bischof verliehen. Die Bischöfe und indirekt auch die Priester stehen zusammen mit dem Papst durch die apostolische Sukzession mit den Aposteln in organischer Verbindung. Zu Aposteln aber hat Christus nur Männer eingesetzt; für Frauen kommt das Weihesakrament nicht infrage. In einer gewissen natürlichen Ähnlichkeit zu Christus vertritt diesen der (männliche) Priester, indem er »in persona Christi capitis« handelt.

Das II. Vatikanum hat zwar einerseits noch einmal unterstrichen, daß an dem ontologischen Unterschied zwischen dem Status der Laien und dem der Priester (»essentia et non gradu tantum«, LG 10) festzuhalten sei. Andererseits hat es durch die Einbindung der verschiedenen Ämter in einen Gesamtvollzug klar gemacht, daß es auch nach seiner Auffassung um das eine gemeinsame Amt der Kirche geht. Die orthodoxe Ekklesiologie bewegt sich in ähnlichen Bahnen, ohne jedoch eine ontologische Differenz zwischen Priestern und Laien zu akzeptieren und die Jurisdiktionsgewalt des Papstes und das Unfehlbarkeitsdogma anzuerkennen.

2. Die reformatorischen Ekklesiologien gehen von dem gemeinsamen Amt und Auftrag für die gesamte Kirche aus. Die Confessio Augustana formuliert mißverständlich, Gott habe »das Predigtamt« eingesetzt, »das Evangelium und die Sakramente gegeben«, wobei die lateinische Fassung[31] deutlich macht, daß es hier nicht um das spätere evangelische »Pfarramt«, sondern um das Amt der Kirche schlechthin geht. Das Amt entspricht dem Willen des dreieinen Gottes, daß das Evangelium verkündigt und daß Taufe und Abendmahl vollzogen und gefeiert werden. Wer in dieses Amt berufen wird und wie diese Berufung näherhin zu vollziehen ist, kann, wie oben bereits festgestellt, offen bleiben. Alle Christenmenschen sind durch die Taufe berufen und befähigt, jedes besondere Amt der Kirche auszuüben. Es ist der Gesichtspunkt der Ordnung und der Praktikabilität, der über die Details entscheidet. Von daher kann in der Gegenwart nichts gegen die Ordination von Frauen sprechen, obwohl Paulus, in Abhängigkeit von den gesellschaftlichen Gegebenheiten seiner Zeit, hier anderer Meinung war (I Kor 14,34; vgl. I Tim 2,11 f.). Die evangelischen Kirchen kennen nebeneinander bischöfliche und kongregationalistische Verfassungen. Neben

---

31. »... institutum est ministerium docendi evangelii et porrigendi sacramenta«, CA V (BSLK 57,1 ff.); vgl. CA XIV (BSLK 66,9 ff.) als gesonderte Weisung für das Predigtamt im eigentlichen Sinne.

dem Kriterium, daß nur jeweils die Verkündigung des Evangeliums und die entsprechende Feier der Sakramente gewährleistet sein muß, macht die Confessio Augustana allerdings das Moment der Öffentlichkeit geltend: Wo die Kirche der Öffentlichkeit gegenübertritt, da soll sie sich auf diejenigen geeinigt und sie nach Möglichkeit auch zugerüstet haben, die Gottes Sache vertreten (CA XIV). Dem Ziel, daß dieser Dienst fruchtbar und ohne Mißverständnisse und Störfaktoren geschehen kann, dient auch das Aufsichtsamt der Bischöfe, das aber sich nicht grundsätzlich von dem der Pfarrer unterscheidet und in jedem Fall an den beiden Grundkriterien – Verkündigung des Evangeliums und entsprechende Feier der Sakramente – zu messen ist (CA XXVIII).

3. Stellt man diese beiden Grundtypen des Amtsverständnisses einander gegenüber[32], so wird man jedenfalls nicht sagen können, die römisch-katholische und die orthodoxe Option plädierten für eine Begründung des Amtes »von oben«, von Gott und seinem Willen her, während der reformatorische Ansatz einer Begründung des Amtes »von unten«, also von der Gemeinde her, entspreche. Auch aus reformatorischer Sicht ist das Amt als solches von Gott eingesetzt und gestiftet, wenngleich seine konkrete Ausgestaltung durchaus durch Delegation »von unten« her, also demokratisch, erfolgen kann, ja sich sogar nahelegt. Eine weitere Gemeinsamkeit besteht darin, daß in beiden Perspektiven der eine Auftrag jedenfalls als Grundkriterium über den einzelnen Ämtern steht. Das Amt ist verankert in der »Berufung des ganzen Volkes Gottes«.[33] Die evangelische Ekklesiologie hat von ihrem Ansatz her auch keine grundsätzliche Schwierigkeit, sich im Sinne der Konvergenz-Erklärungen von Lima das Amt in den Funktionen von Bischofsamt, Priesteramt und Diakonat zu organisieren oder auch sonst ökumenische Zeichen zu setzen. Sie wird aber darauf achten, daß solche Zeichen nicht zu Signalen für den Einzug falscher Kriterien werden. Von daher kommen bestimmte Dinge nicht infrage, wie etwa die Rücknahme der Frauenordination oder die Anerkennung des Papstamts in seiner jetzigen Gestalt. Damit erhebt sich allerdings mit einiger Dringlichkeit die Frage nach der Einheit der Kirche angesichts von offenbar unaufhebbaren Gegensätzen.

4. Eine ökumenische Asymmetrie zeigt sich insofern, als die evangelische Seite keine Mühe hat, die Ämter der römisch-katholischen Kirche anzuerkennen, soweit sie dem Auftrag der Verkündigung des Evangeliums und der evangeliumsgemäßen Feier der Sakramente entsprechen, während das II. Vatikanum ja den »getrennten Kirchen und Kirchlichen Gemeinschaften im Abendland« wegen des »Fehlens des Weihesakraments« die volle Gültigkeit des in ihnen vollzogenen Altarsakraments abspricht (UR 22) und sie nicht im Vollsinn der Kirche Jesu Christi zurechnet.

---

32. Vgl. Das geistliche Amt in der Kirche. Bericht der Gemeinsamen Römisch-katholischen/ Evangelisch-lutherischen Kommission 1981, in: DwÜ I, 329 ff., sowie den Teil »Amt« des Lima-Dokuments, ebd. 567 ff.
33. DwÜ I, 567 f. (Lima-Dokument).

(b) Die eine Kirche und die vielen Kirchen[34]

Wenn die Kirche als Resultat des Heilshandelns Gottes verstanden wird, kann sie nur eine sein. Man muß dann nicht immer die Bitte aus dem Hohepriesterlichen Gebet aufbieten: »... damit sie alle eins seien ..., damit die Welt glaube, daß du mich gesandt hast« (Joh 17,20 f.), die leicht im Sinne eines strategischmissionarischen Arguments mißverstanden werden kann. Wenn Jesus Christus der Weinstock ist, dem die Seinen als die Reben zugehören (Joh 15,1 ff.), wenn die Kirche der Leib Christi mit vielen Gliedern ist (I Kor 12,12 ff.), dann kann sie tatsächlich nur eine sein. Angesichts der Vielzahl von Kirchen, Konfessionen und Denominationen stellt sich freilich die Frage, wie denn diese grundsätzlich vorauszusetzende Einheit der Kirche gedacht werden und welche Folgen sie für das konkrete Miteinander der verschiedenen Kirchen haben soll. Die Antwort auf diese Frage hängt davon ab, was jeweils als konstitutiv für die Kirche angenommen wird. Dabei treten grundsätzlich zwei sich gegenseitig zunächst ausschließende, aber im Rahmen der Ökumenischen Bewegung auch miteinander ringende Konzeptionen einander gegenüber: Für die Einheit der Kirche ist entweder eine bestimmte Verfaßtheit oder die ausschließliche Begründung durch Wort und Sakrament entscheidend.

1. Nach dem Selbstverständnis der römisch-katholischen Kirche, die sich ja mit der Kirche Jesu Christi identisch sieht (LG 8), ist die Einheit in ihr selbst verwirklicht. Gaben des Heiligen Geistes, die auch außerhalb von ihr zu beobachten sind, gehören ohnehin »rechtens zu der einzigen Kirche Jesu Christi« (UR 3). Der Weg zur Einheit kann daher auch nur darin bestehen, daß »alle Christen zu derselben Eucharistiefeier, zur Einheit der einen und einzigen Kirche versammelt werden, die ... nach unserem Glauben unverlierbar in der katholischen Kirche besteht ...« (UR 4). Dies läuft tendenziell auf eine »Rückkehr-Ökumene« hinaus. Die orthodoxe Option stellt eine Variante dieses Ansatzes dar: Die orthodoxe Kirche geht aus von der »Identität ihrer inneren Struktur und ihrer Lehre mit der Apostolischen Botschaft« und »mit der Tradition der alten ungeteilten Kirche«. Für sie »sind die apostolische Sukzession des Episkopates und das sakramentale Priestertum tatsächlich ein wesentliches und konstitutives und darum obligatorisches Element der eigentlichen Existenz der Kirche.« Der daraus resultierende Appell für alle, die die verlorene Einheit wiedergewinnen wollen, lautet daher: »Rückkehr« zur »gemeinsamen Vergangenheit«.[35]

2. Für die reformatorische Position dagegen, derzufolge ausschließlich Wort und Sakrament die Kirche konstituieren, ergibt sich stringent: Es »genügt zur wahren Einheit der christlichen Kirche, daß das Evangelium einträchtig im rei-

34. Vgl. die von H. H. Harms u. a. hg. Reihe: Die Kirchen der Welt, sowie Fr. Heyer (Hg.), Konfessionskunde, B 1977.

35. Orthodoxe Erklärung auf der Vollversammlung des ÖRK in Neu Delhi 1961, zitiert nach H. Meyer, Ökumenische Zielvorstellungen, Gö 1996, 39 f.

nen Verständnis gepredigt und die Sakramente dem göttlichen Wort gemäß gereicht werden. Und es ist nicht zur wahren Einheit der christlichen Kirche nötig, daß überall die gleichen, von den Menschen eingesetzten Zeremonien eingehalten werden ...« (CA VII). Daraus folgt als Modell für die Wiedergewinnung der Einheit der Kirchen das der »versöhnten Verschiedenheit«, das etwa in Form einer Gemeinschaft von Kirchen konkret umgesetzt werden kann. Die Leuenberger Gemeinschaft ist ein Beispiel dafür. Varianten dieser Auffassung finden sich – gelegentlich unter Hinweis auf Elemente von »Orthopraxie« – in der reformierten Tradition und in den evangelischen Freikirchen. Eine bei diesem Ansatz zu beobachtende Tendenz zeigt sich freilich darin, daß bestehende Differenzen hingenommen werden und daß die Motivation, auf eine »sichtbare« Einheit der Kirche hinzuwirken, erlahmen kann.

3. Wenngleich die bisherige ökumenische Debatte über diese beiden Grundpositionen nicht hinausgeführt hat[36], so ist doch aus evangelischer Sicht für die künftige Entwicklung folgendes festzuhalten. Der konziliare Prozeß »Gerechtigkeit, Friede und Bewahrung der Schöpfung« hat deutlich gemacht, daß Einheit der Kirche kein statisch gedachtes Endziel ökumenischer Bemühungen sein kann; Einheit läßt sich überhaupt nur dynamisch und prozessual denken. Sodann: Der Prozeß, in dem sich die Einheit der Kirche je und je realisiert und auch manifestiert, besteht in einem Geben und Nehmen, im Vollzug von Gegenseitigkeit. Auf der Ebene der Kirchen kommt damit zum Austrag, was auf der Ebene der einzelnen Gemeinde im Rahmen des allgemeinen, gegenseitigen und gemeinsamen Priestertums der Glaubenden geschieht: Austausch geistlicher Einsichten und Erfahrungen, geschwisterliche Infragestellung und Korrektur, gegenseitige Ermutigung und Inspiration. Eine Kirche und Konfession darf der anderen zur Priesterin und Prophetin werden.[37] Schließlich: Die Einheit der Kirche kann nicht als Selbstzweck verstanden werden, sondern sie steht im Dienst von Menschen, die des Zeugnisses, aber auch der konkreten Hilfe bedürfen. Es kann in bestimmten Situationen der Gerechtigkeit, dem Frieden und der Bewahrung der Schöpfung dienen, wenn die Kirche mit einer Stimme spricht; es mag in anderen Situationen geraten sein, daß sie sich differenziert und in vielfältigen Stimmen äußert. Jedenfalls stellt sich im Zuge der Globalisierung von Wirtschaft und Politik und angesichts der eklatanten Verletzungen von Menschenwürde und Menschenrechten noch einmal neu die Frage, wie die Kirche durch ihre Verkündigung des Evangeliums und durch die Feier ihrer Sakramente der Menschheit dienen und auf diese Weise deren eigene Zerrissenheit zu überwinden helfen kann.

---

36. Vgl. die übersichtliche Darstellung von H. Meyer, Ökumenische Zielvorstellungen, Gö 1996.
37. In eine ähnliche Richtung hatte wohl bereits Zinzendorf mit seiner »Tropenlehre« gedacht. Vgl. Th. Wettach, Kirche bei Zinzendorf, Wu 1971.

B Vergleichbare Selbstverständnisse außerchristlicher religiöser Gemeinschaften

(1) Judentum

Obwohl sich die christliche Kirche in ihrem Selbstverständnis auf das alttestamentliche Gottesvolk bezieht, kennt das Judentum keinen Begriff, der dem Verständnis von »Kirche« direkt entspräche. Die Hebräische Bibel gebraucht, um die Israeliten zu bezeichnen, häufig die Wendung »Söhne Israels«. Da zwischen der religiösen und der ethnischen Gemeinschaft nicht prinzipiell unterschieden wird, sprechen die Rabbinen von »Ganz-Israel« oder der »Gesamtheit Israels«. Auch die Bezeichnung »Judentum« ist in diesem Sinne übergreifend, wird im Deutschen aber ebenso als kulturelle Selbstbezeichnung verwendet. Will man die religiöse Gemeinschaft und deren Selbstverständnis hervorheben, so läßt sich an die rabbinische Rede von der »Gemeinde Israels« anknüpfen. Sie reproduziert sich im Deutschen in der Bezeichnung »israelitische Kultusgemeinde«. Im christlich-jüdischen Dialog wird oft der Begriff »Israel« verwendet, der jedoch hinsichtlich des jeweiligen Zusammenhangs geklärt und gegen die politische Selbstbezeichnung des Staates »Israel« abgehoben werden muß. In diesen terminologischen Schwierigkeiten zeigt sich ein Sachproblem, nämlich daß es nach dem jüdischen Selbstverständnis kaum möglich ist, den religiösen Charakter der Gemeinschaft unabhängig von seinem ethnischen oder politischen Hintergrund zu thematisieren. Innerhalb der religiös orientierten Judenschaft ist dann wiederum – nach einer allgemein üblich gewordenen Differenzierung – zwischen liberalem, orthodoxem und reformiertem Judentum zu unterscheiden. Eine einheitliche Linie und eine klare Begrifflichkeit ist hier also nicht zu gewinnen. Das jüdische Volk »war und ist lebendiger als ein für alle Zeit festliegendes und historisch oder theologisch definierbares Phänomen«.[38]

Im Blick auf das Selbstverständnis des religiös orientierten Judentums treten drei Aspekte in den Vordergrund, nämlich seine Begründung durch den Bund Gottes mit Israel, seine Lebensformen als Gemeinschaft und sein Sendungsbewußtsein.

(a) Der Bund

Das religiös orientierte Judentum versteht sich selbst und die gesamte Geschichte des jüdischen Volkes als Ergebnis des Bundes Gottes mit Israel. Er gründet darin, daß Gott dieses Volk erwählt hat, ihm sein Gebot geoffenbart und das Land verheißen und gegeben hat.

38. D. Vetter, in: LRG 551.

1. Die Erwählung durch Jahwe verleiht dem Volk Israel inmitten der Menschheit eine schlechthin einzigartige Stellung. Fromme Juden preisen Gott in ihrem Morgengebet mit den Worten:

>»... Denn du bist Gott, der Heil schafft,
du hast uns erwählt aus allen Völkern und Zungen,
du hast uns deinem großen Namen nahegebracht in Wahrheit,
dich zu loben und in Liebe einig zu preisen.
Gepriesen seist du, Ewiger, der sein Volk Israel erwählt hat in Liebe!«[39]

Diese Erwählung beruht freilich nicht auf irgendwelchen besonderen Vorleistungen oder Verdiensten Israels: »Nicht hat euch der HERR angenommen und euch erwählt, weil ihr größer wäret als alle Völker – denn du bist das kleinste unter allen Völkern –, sondern weil er euch geliebt hat ...« (Dtn 7,7 f.). Daß Israel Gottes »Eigentum« sein soll »vor allen Völkern«, ein »Königreich von Priestern und ein heiliges Volk« (Ex 19,5 f.), bedeutet »Aussonderung« und Distanz zu allen anderen Völkern. Gott hat sein Volk in besonderer Weise »berufen«; es ist sein »Knecht« (Jes 41,9). Dies kann das Selbstbewußtsein von Juden auch im 20. Jahrhundert bestimmen: »Wir sind nicht nur anders als andere Völker ..., sondern überragen in der Tat die anderen Nationen geistlich ... Kennen wir unsere Größe, dann kennen wir uns, vergessen wir sie, dann vergessen wir unsere eigene Identität ...«[40] Nach Jehuda Halevi (gest. 1141) ist das Judentum das Herz der Völker. Hier ist jedoch ein Mißverständnis auszuschließen, das die antisemitische und antijüdische Propaganda vielfach genährt hat. Der Gedanke der Erwählung »geht nicht aus von einem Sich-mit-andern-Vergleichen, sondern von der nicht seitwärts schielenden Hingebung an die Aufgabe ...«; er »meint kein Überlegenheitsgefühl, sondern ein Bestimmungsgefühl«.[41] Am stärksten und für Nichtjuden anstößigsten kommt der Erwählungsgedanke in dem sogenannten Alejnu-Gebet zum Ausdruck, das in vielfältigen liturgischen Zusammenhängen einen festen Platz hat: »Unsere Pflicht ist es, zu preisen den Herrn des Weltalls, um die Größe des Schöpfers zu verkünden, der uns nicht wie die Völker der Erde gemacht, wie die Sippen der Welt. Sie beten Nichtiges und Leeres an, einen Gott, der nicht zu helfen vermag.«[42] Sehr plausibel führt Schalom Ben-Chorin aus, der Gedanke der Erwählung Israels stehe »gleichsam zwischen Skylla und Charybdis. Die Skylla ist der ausgesprochene – oder meist unausgesprochene – Wunsch, allen Völkern gleich zu werden, die lästige Erwählung ad acta zu legen. Die Charyb-

39. Zitiert nach G. Fohrer ²1985, 67.
40. Rab Abraham Isaak Hakohen Kook (1865-1935), Oberrabbiner Palästinas, zitiert nach G. Mayer u. a., 1994, 307 f.
41. Martin Buber, zitiert nach LRG 1034.
42. Zitiert nach Sch. Ben-Chorin 1993, 27. Um dieses Gebet hat es in Ländern, in denen Juden lebten, verschiedene politische Auseinandersetzungen gegeben; vgl. Ismar Elbogen, Jüdischer Gottesdienst in seiner geschichtlichen Entwicklung, Hildesheim 1967, 80 f.

Erlösung

dis ist eine national-religiöse Hybris ...«[43] Für einen geschichtlichen Beweis seiner Auserwählung hält er mit Max Bodenheimer »die Dauerkraft des jüdischen Volkes«, das doch erstaunlicherweise viele einst mächtige Reiche der Welt überlebt habe.[44] So gelte für »dieses mit Ewigkeit imprägnierte Volk der Begegnung mit dem Ewigen« das in der Liturgie des Versöhnungstages gebrauchte Bekenntnis: »Wir sind dein Volk, und du bist unser Los.«[45]

2. Zu den Gaben, derer Gott sein Volk in besonderer Weise gewürdigt hat, gehört die Offenbarung des Gesetzes. Die Sonderstellung Israels ergibt sich deshalb auch dadurch, daß es die Tora kennt und ihr entsprechend zu leben versucht. Im Dekalog ist zusammengefaßt, was seine Gemeinschaft begründet. Die Beschäftigung mit der Tora gehört daher auch zu den vornehmsten Aufgaben des Juden. »Ihr sollt für mich Erworbene sein und solche, die sich mit der Tora beschäftigen, und nicht sollt ihr euch mit anderen Dingen beschäftigen ...«[46].

Das Studium der Tora ist für religiös orientierte Juden eine lebenslange Aufgabe. Von Rabbi Hillel wird der Spruch überliefert: »Ein Unwissender ist nicht fromm« – wer die Tora nicht kennt, ist auch nicht in der Lage, sie zu befolgen. Jeder Jude ist daher verpflichtet, die Tora zu studieren und dafür zu sorgen, daß das Tora-Studium auch anderen ermöglicht wird. Neben dem Synagogen-Gottesdienst gab es daher schon bald von den Gemeinden unterhaltene Schulen; nach Möglichkeit unterhielt eine Gemeinde neben der Synagoge auch ein Lehrhaus, in dem die jüdische Tradition analysiert, diskutiert und fortgeschrieben werden konnte. Wer selbst Wissen erlangt hatte, war seinerseits gehalten, andere zu lehren: »Jeder Weise in Israel ist verpflichtet, Jünger zu unterrichten, auch solche, die nicht seine Kinder sind ...«[47] Die stete Beschäftigung mit der Tora macht dem jüdischen Menschen – als Lernendem wie als Lehrendem – seine Zugehörigkeit zum Bund bewußt.

3. Für jüdisches Bewußtsein gehören zum Bund nicht nur die Erwählung des Volkes und die Offenbarung der Tora, sondern auch das von Gott seinem Volk verheißene Land. Die Gotteserfahrungen Israels stellen keine abstrakten Gedankengebilde dar, sondern sind in vielfacher Hinsicht mit spezifischen geografischen Orten verbunden. Gott selbst hat seinem Volk das Land versprochen, in dem »Milch und Honig fließt« (Dtn 6,3); »... das Land ist mein, und ihr seid Fremdlinge und Beisassen bei mir« (Lev 25,23). Es existiert daher eine »Urverbundenheit«[48] zwischen den Juden und ihrem Land. Ansprüche auf das Land gelten daher als Selbstverständlichkeit. Das ganze Mittelalter über gab es immer wieder einzelne Rückkehrer in das Heilige Land, und wenn sie nur in ihm begraben sein wollten. Der Zionismus konnte hier ohne weiteres anknüpfen, obwohl er sich dann in weiten Teilen politisch verselbständigt hat. Für Abraham

---

43. Sch. Ben-Chorin, 1993, 37.
44. Sch. Ben-Chorin, 1993, 83.
45. Sch. Ben-Chorin, 1993, 24, 149.
46. Mechilta zu Ex 19,5; zitiert nach LRG 1104.
47. Maimonides, zitiert nach LRG 641.
48. Martin Buber, zitiert nach LRG 631.

Joshua Heschel (1907-1972) gewann die Gründung des Staates Israel 1948 geradezu kosmische Bedeutung.[49]

(b) Die Gemeinschaft

Im Blick auf die Gemeinschaft stellt sich zunächst die Frage, wer eigentlich zu ihr gehört. Ursprünglich gilt als Jude, wer von einer jüdischen Mutter geboren ist; aber schon in der Antike eröffnete der Proselytismus die Möglichkeit, ins Judentum aufgenommen zu werden. Religiös orientierte Juden wissen sich bezogen auf die Berufung Abrahams und Gottes ewigen Bund mit ihm und seinen Nachkommen, auf die Tora und auf das Land; hierin sehen sie die Grundelemente ihrer religiösen Identität und Zusammengehörigkeit. Das gemeinsame Erinnern der Geschichte Israels verbindet sie miteinander: »In jeder Generation muß jeder Jude sich so ansehen, als sei er selbst aus Ägypten gezogen« (Passa-Haggada). Der Zerstörung des Tempels gedenken Juden alljährlich durch einen Fasttag. Auch Leid und Trauer verbinden die jüdischen Menschen miteinander: »Wenn die Gemeinde sich in Schmerz befindet, so darf man nicht sagen: Ich will nach Hause gehen, essen und trinken, und Friede über dich, meine Seele. … Vielmehr muß der Mensch sich am Schmerz der Gemeinde beteiligen …«[50] Die Frage nach der jüdischen Identität hat sich in der Neuzeit noch einmal erheblich verschärft. Es reicht nicht mehr aus, die Befolgung der Halacha zum Maßstab zu nehmen. Das gemeinsame Schicksal und die gemeinsame Not schaffen ein neues Zusammengehörigkeitsgefühl. So wird das Judentum »als eine Gemeinschaft von Geschichte und Schicksal jener definiert, die Zugehörigkeit zu dieser Gemeinschaft verspüren oder bei denen andere stark empfinden, daß diese Menschen zum Judentum gehören«.[51] Die Grenzen sind fließend, und doch läßt sich immer wieder eine durchfahrende gemeinsame Linie erkennen. Ein Autor, der seinem Enkel erklären will, wieso er Jude ist, schreibt am Ende einer ganzen Liste von Argumenten: »Und ich sage zu mir selbst: Von diesem fernen Vater (Abraham) bis zu meinem eigenen Vater haben mir alle diese Väter eine Wahrheit übermittelt, die in ihrem Blute strömte, die in meinem Blute strömt; und soll ich sie denn nicht weitergeben, mit meinem Blute, jenen meines Blutes?«[52] Ein eigenes Problem besteht schließlich in der Frage, ob man durch entsprechendes Verhalten das Jude-Sein ablegen und die Gemeinschaft des Judentums verlassen kann. Obwohl es auch immer wieder Juden gibt, die anderen Juden ihr Jude-Sein bestreiten, gilt doch die allgemeine Auffassung, daß auch der nicht-religiöse Jude Jude bleibt. Nach einem schönen Bild des Midrasch stellt Israel einen Strauß unterschiedlicher Zweige dar, von denen

---

49. G. Mayer u. a. 1994, 389 f.
50. Zitiert nach LRG 548.
51. Arthur Hertzberg in der Encyclopaedia Judaica, zitiert nach: A. Hertzberg 1996, 65.
52. A. Hertzberg 1996, 70 f.

manche Früchte tragen, andere einen Wohlgeruch ausströmen und wieder andere weder das eine noch das andere aufzuweisen haben. Was wird Gott tun? Er spricht:»Knüpfet alle in ein Bündel zusammen, so werden die einen die andern sühnen (eins wird das andere ausgleichen). Wenn ihr das tut, so lasse ich es euch zu Gute kommen.«[53] Die religiös nicht gebundenen Israelis wirken nach religiöser Interpretation am Aufbau Israels positiv mit, obwohl sie sich möglicherweise nicht dessen bewußt sind, was sie tun. Als erschütterndstes Symbol der Zusammengehörigkeit aller jüdischen Menschen kann schließlich der Holocaust gewertet werden.[54] Aus der Zusammenschau von Erwählung und Geschick Israels erwuchs der Gedanke, die Geschichte des Judentums gleichsam als Kommentar zur Hebräischen Bibel zu verstehen.[55]

2. Dem tiefen Wissen um die Zusammengehörigkeit entspricht im Judentum nicht nur ein ausgeprägtes Gemeinschaftsgefühl, sondern ebenso ein daraus abgeleitetes Verhalten. Bereits die alten Rabbinen formulierten:»Ganz Israel haftet für einander, einer für den andern« (Siphra zu Lev 26,37).[56] Diese Solidarbürgschaft bezog sich sowohl auf Verfehlungen im geistlichen Bereich als auch auf soziales Engagement. Juden sollen Juden helfen! Sich für das Wohl der kultischen Gemeinde, aber auch der säkularen Kommune einzusetzen, ist eine selbstverständliche Konsequenz dieses Ansatzes.

3. Um sich zu verwirklichen, hat sich auch das Judentum bestimmte Ämter und Strukturen geschaffen. Nachdem mit der Zerstörung des Tempels die Funktionen der Priester und Leviten erloschen waren, traten – in Kontinuität zu den Schriftgelehrten – die Rabbinen in Erscheinung, deren Aufgaben sich jedoch im Lauf der Zeit stark veränderten. Zunächst hatten sie primär rechtliche Funktionen auszuüben, die für den Bestand der Gemeinde von Belang waren, wie z. B. die Klärung ritueller oder eherechtlicher Fragen. Derartige Aufgaben haben sie noch heute in den orthodoxen Gemeinden inne. In den liberalen und reformierten Gemeinden dagegen gilt der Rabbiner oft als Prediger und Seelsorger, der kompetent über Geschichte und Gegenwart des Judentums Auskunft zu geben weiß. Die Ordination, die zeitweise sogar unter Handauflegung geübt wurde, ist keineswegs zu verwechseln mit einer»Weihe«; sie gilt schlicht als Akt einer offiziellen Beauftragung. Jeder Rabbiner urteilt im Prinzip selbständig. Die Institution des Oberrabbinats entspricht nicht dem Ansatz jüdischen Gemeinde-Verständnisses; seine Entstehung verdankt es nichtjüdischen Behörden, die sich auf diese Weise einen legitimen Ansprechpartner zu schaffen versuchten. Vom Staat Israel wurde diese Institution übernommen. Der einzelne Rabbiner weiß sich einerseits im Gegenüber zu seiner Gemeinde, andererseits im losen Verband mit seinen Kollegen; ggf. kann eine Rabbiner-Konferenz einberufen werden. Es gibt keine formelle Lehrautorität, die sich auf das gesam-

---

53. Zitiert nach LRG 547.
54. Vgl. Emil L. Fackenheim, nach G. Mayer 1994, 327 f.
55. Vgl. B. Uffenheimer/G. Biemer nach LRG 554.
56. Zitiert nach Sch. Ben-Chorin 1993, 106.

Erlösung

te Judentum beziehen würde oder vielleicht sogar rechtlich abgesichert wäre: »Die den jüdischen Lebensweg prägende Tradition wurde dem einzelnen Lehrer zur Wahrung und Mitteilung anvertraut.«[57] Dies konnte um so leichter geschehen, als das Judentum kein dogmatisches oder gar juristisch abgesichertes Glaubenssystem kennt. Juden haben »nie im Frieden des Dogmas ausruhen können noch wollen«.[58]

Probleme brachte freilich auch dies mit sich. Vor allem im osteuropäischen Chassidismus entstanden neue geistliche Rollen, der »Zaddik«, der »Rebbe« (der nicht mit dem Rabbiner verwechselt werden darf) oder der Wunderrabbi; der »Maggid« war wegen seiner volkstümlichen Predigten beliebt. Insgesamt aber verhielt sich das Judentum den charismatischen Gestalten gegenüber spröde, da man eine Infragestellung des Gesetzes durch eine wild wuchernde Spiritualität befürchtete und überhaupt einer Spiritualisierung der Religion nicht das Wort reden wollte. Um so erstaunlicher ist es, daß der synagogale Gottesdienst ganz den Laien überlassen werden konnte. Der Rabbiner ist ja kein Priester; seine Präsenz im Gottesdienst ist erwünscht, aber keineswegs notwendig. Zur Vorlesung der Tora werden zwar immer noch diejenigen zunächst aufgerufen, die sich auf priesterliche oder levitische Abstammung berufen können und deren priesterlicher Segen in bestimmten Zusammenhängen erbeten wird. Im Prinzip ist aber jeder männliche erwachsene Jude legitimiert, aus der heiligen Schrift vorzulesen und sie zu erklären. »... Eine Abgrenzung von Besitzenden und Unmündigen, von Schauenden und Zuschauenden, eine Annahme ganzer Priesterfrömmigkeit und ausreichender Volksfrömmigkeit blieb dem Judentum fern ... Daß die Religion ganz die Habe aller sein soll, und daß alle unvertretbar zu ihr berufen sind, ist hier ein grundlegender Satz geblieben.«[59] Es gibt keine Trennung zwischen Klerus und Laien, sondern nur Lehrende und Lernende, und jeder fromme Jude ist Lehrender und Lernender zugleich.[60]

(c) Der Auftrag

1. Das Judentum ist geprägt von einer merkwürdigen Spannung zwischen Exklusivität und Universalismus. Bereits die Stelle in der Hebräischen Bibel, auf die es sich zur Begründung seines Erwählungsbewußtseins oftmals beruft, umfaßt beide Pole: Ihr sollt »mein Eigentum sein vor allen Völkern; denn die ganze Erde ist mein« (Ex 19,5). Der Glaube an die Erwählung durch den einen Gott fordert beides: ein exklusives Selbstbewußtsein und universale Offenheit. Hermann Cohen hat das so formuliert: »Gott liebt in Israel nichts anderes als das

---

57. D. Vetter, in: LRG 643.
58. L. Baeck [3]1985, 8.
59. L. Baeck ebd., 45.
60. Eine Einschränkung bedeutet allerdings die »maskuline Konzeption«: »Nur eine Zehn-Männer-Gemeinschaft bildet eine vollwertige Gemeinde, die einen öffentlichen Gottesdienst feiern darf.« Sch. Ben-Chorin 1993, 21.

Erlösung

Menschengeschlecht. Israel ist sein Eigentum … nur als Vorbild, als Symbol der Menschheit, eine Auszeichnung innerhalb ihrer, denn nur der Monotheismus vermag die Menschheit zu konstituieren.«[61] Nach Leo Baeck wurde der religiöse Begriff »alle Völker«, also die Voraussetzung für den späteren Begriff von »Menschheit«, durch das prophetische Denken geschaffen.[62] Damit erklärt sich zugleich die singuläre Stellung Israels in der Völkerwelt: Ihm »wurde befohlen, sein Leben abseits der Nationen der Welt zu leben. Gott erwählte es, um die ganze Welt von aller Unreinheit und Finsternis zu reinigen …«[63] Der Jude wird damit »der große Nonkonformist in der Geschichte, ihr großer Dissenter«.[64]

Israel ist zum Zeugen berufen; es hat nicht nur eine Offenbarung, sondern wird selbst zur Offenbarung. Es darf sich als Priester und Propheten für die Menschheit verstehen. In alledem verwirklicht sich freilich zugleich seine Berufung zum Leiden. Leo Baeck hält es für einen »Stolz des Judentums, daß Idee und Forderung des Märtyrertums von ihm geschaffen worden sind«[65]. Von daher ist es verständlich, daß sich das Judentum immer wieder zum »leidenden Gottesknecht«, wie ihn Deuterojesaja beschreibt, in Beziehung gesetzt oder geradezu mit ihm identifiziert hat.[66] Der Holocaust verlieh diesem Gedanken eine schreckliche Plausibilität.

2. Die Sendung des Judentums konnte auch durchaus als Missionsauftrag an der Welt verstanden werden. Es war berufen »zum Licht der Heiden« (Jes 42,6). Schon die Rabbinen haben das Schicksal der Juden, verstreut in der Diaspora zu leben, mit dem Missionsauftrag in Verbindung gebracht, und Josephus stellte zufrieden fest, daß sich der Brauch, am siebten Tag der Woche nicht zu arbeiten, in vielen Städten seines Kulturkreises durchzusetzen beginne. Man darf einem Heiden die Hand reichen, »um ihn unter die Fittiche der Schechina zu bringen«[67], denn »für jeden sind die Tore geöffnet zu jeder Stunde, wer hineingehen will, kann hineingehen«.[68] Die Frage, ob das Judentum tatsächlich einen Auftrag zur Mission hat, wird in seinen verschiedenen Gruppierungen unterschiedlich beantwortet. Dezidiert bejaht wurde sie von Leo Baeck. Er wirbt dafür, daß Juden an ihre »Bestimmung« glauben, »nicht bekehrt zu werden, sondern zu bekehren«.[69] Jedem einzelnen Juden sei »die ganze Fülle der Missionsverpflichtung anvertraut; er hält das Ansehen der Gesamtheit in seiner Hand; ihm gilt das Wort, das Hillel sprach: ›Bin ich da, so ist alles da‹.«[70] Das

---

61. H. Cohen ³1995, 173.
62. L. Baeck ³1985, 75.
63. A. I. Kook, zitiert nach A. Hertzberg 1996, 72.
64. L. Baeck ³1985, 292.
65. L. Baeck ebd. 192.
66. Vgl. H. Cohen ³1995, 328 ff.; L. Baeck, ³1985, 276 ff.; Sch. Ben-Chorin, 1993, 168 ff.; Hermann Cohen hat aus diesem Grunde den Zionismus abgelehnt: »Die Kerle wollen glücklich sein.« (zitiert nach G. Mayer 1994, 238).
67. Wajikra Rabba II, 1,2. Zitiert nach LRG 704.
68. Schemot Rabba XIX, 12,43. Zitiert nach LRG 705.
69. L. Baeck ³1985, 309.
70. L. Baeck ebd. 305.

Erlösung   685

Schicksal Israels, sein Leiden und seine religiöse und auch politische Erneuerung kann als Ruf zur Hoffnung begriffen werden. Abraham Josua Heschel versteht es als Einladung an die Völker der Dritten Welt, daß »auch sie die Wüste erblühen lassen können«.[71]

Dem frommen Juden ist bewußt, daß ihn die Erwählung Israels dazu auffordert, ihr nach seinen eigenen Kräften und Möglichkeiten zu entsprechen, daß aber das Judentum immer auch hinter seiner Sendung zurückbleibt. Jüdisches Denken und Handeln lebt daher in der ständigen Spannung zwischen dem Endlichen und dem Ewigen, der Erwählung und der noch uneingelösten Verheißung.

(2) Islam

Fragt man nach dem Selbstverständnis des Islam als Heilsgemeinschaft, so stößt man auf die Begriffe »umma« (Gemeinschaft der Muslime), »ulama« (Gemeinschaft der Gelehrten) und »djihad« (üblicherweise übersetzt als: heiliger Krieg).

(a) Umma

1. Einen Begriff, der dem christlichen Verständnis von »Kirche« entspricht, gibt es im Islam nicht. Der Ausdruck, der – unabhängig von Rasse, Sprache, ethnischer Zugehörigkeit oder Nationalität – die Gesamtheit der Muslime, die »Weltgemeinschaft der Glaubensgenossen« bezeichnet, lautet »Umma«.[72] Da nach muslimischem Verständnis Religion immer in gewisser Weise bestimmte gesellschaftliche und politische Verhältnisse impliziert, schwingen in diesem Begriff auch Elemente mit, die über das Religiöse hinausgehen. Will man die religiöse Seite des Islam hervorheben, so spricht man von »djama'a«, der Gemeinschaft derer, die sich durch ihren Glauben und ihre Treue zur Tradition miteinander verbunden wissen. Ist eine Staatsverfassung islamisch ausgerichtet, so daß die in ihrem Bereich lebenden Muslime ihrem Glauben entsprechend leben können, so handelt es sich um ein Territorium, das als »Gebiet des Islam« bezeichnet wird. Wo jedoch Muslime leben, ohne durch die Verfassung Rückendeckung zu erhalten, handelt es sich um das »Gebiet des Krieges«. Die konkrete Zuordnung einzelner Staaten ist umstritten.[73]

2. Strukturen, die an diejenigen christlicher Kirchen erinnern könnten, fin-

---

71. Leo Trepp in G. Mayer 1994, 390.
72. S. Balić in LRG 327.
73. Nach M. S. Abdullah 1992, 128 ff., gilt die Bundesrepublik Deutschland nicht als »Gebiet des Krieges«. Vgl. U. Spuler-Stegemann 1998, 213-233.

Erlösung

den sich nur in der Schia (und bei den zahlenmäßig unbedeutenden Kharidjiten). Zwar kennt auch die Sunna den »Imam« als Vorbeter oder Gemeindeleiter. Für die Schiiten ist aber der Imam ein mit besonderen Gaben ausgestatteter geistlicher Führer, dem, als einem jeweiligen Nachfolger Alis, des Neffen und Schwiegersohns Muhammads, Unfehlbarkeit (und gelegentlich sogar Sündlosigkeit) zugesprochen wird. Eine entsprechend hervorgehobene Stellung haben die Mudjtahids als Rechtsgelehrte und die Ayatollahs, die aufgrund ihrer Frömmigkeit und Ausstrahlung Verehrung genießen. Obwohl die Sunna keinerlei Ansätze zu einer ähnlichen Hierarchisierung der Gemeinschaft zeigt, gibt es auch dort ein klares Zusammengehörigkeitsbewußtsein aufgrund des gemeinsamen Bekenntnisses und der gemeinsam befolgten Riten: »Ihr seid die beste Gemeinschaft, die je unter den Menschen hervorgebracht worden ist. Ihr gebietet das Rechte und verbietet das Verwerfliche und glaubt an Gott ...« (Sure 3,110). Welche politische Gestalt sich die Gemeinschaft geben will, wird nicht festgelegt. So gibt es auf dem Balkan Ortsausschüsse für die Verwaltung frommer Stiftungen und die geistliche Leitung der Gemeinden, im Iran dagegen den »Wächterrat«, der die vom Parlament verabschiedeten die Religion betreffenden Gesetze zu überprüfen hat. Im Zuge der Globalisierung entstehen überregionale und internationale Organisationen.

3. Auch der Islam zerfällt in verschiedene Gruppen und Richtungen. Das Bekenntnis zur Einheit Gottes hat gleichwohl ein starkes Einheitsbewußtsein wachgehalten. »... wenn zwei Gruppen von den Gläubigen einander bekämpfen, so stiftet Frieden zwischen ihnen ... Die Gläubigen sind ja Brüder ...« (Sura 49,9 f.). Der moderne Dichter und Philosoph Muhammad Iqbal vergleicht die Umma einer Rose, die viele Blütenblätter, aber nur einen einzigen Duft besitzt.[74] Allah selbst leitet die muslimische Gemeinschaft und bewahrt sie vor Irrtum. Der einzelne fühlt sich ihr zugehörig dadurch, daß er seine religiösen Pflichten erfüllt und in den von der Scharia vorgesehenen Bahnen lebt. Die Entrichtung der alljährlich fällig werdenden Sozialsteuer trägt dazu bei, daß zwischen den Muslimen ein gewisser sozialer Ausgleich geschaffen und das Gemeinschaftsbewußtsein gestärkt wird. Die muslimische Gemeinde empfiehlt sich als »Gemeinschaft der Mitte«, weitab von allen Extremen.[75]

(b) Ulama

1. Obwohl der Islam insgesamt keinen eigenen geistlichen Stand kennt, kommt doch den Gelehrten (»Ulama«) eine hervorgehobene Bedeutung zu. Sie haben in der Regel nicht nur den Koran selbst, sondern auch Koran-Kommentare, die

---

74. A. Schimmel ²1995, 255.
75. H. A. R. Gibb behauptet: »Keine große religiöse Gemeinschaft hat je den ›katholischen‹ Geist in vollerem Maße besessen oder war bereiter, ihren Mitgliedern die weitestmögliche Freiheit zu gestatten, vorausgesetzt nur, daß sie – zumindest äußerlich – die Mindestverpflichtungen des Glaubens akzeptieren.« Zitiert nach A. Schimmel, ebd. 256.

Hadithe und deren Kommentierungen, das islamische Recht und seine Auslegung sowie natürlich die arabische Sprache studiert. Nach einem Ausspruch
Muhammads wird am Tag des Gerichts »die verbrauchte Tinte der Gelehrten
gleich wiegen wie das verflossene Blut der Märtyrer«.[76] In der Schia ist das religiöse Wissen der Mudjtahids durch Abstammung und Charisma abgesichert,
wodurch sich eine »Art Priestertum« ergibt, zu dem auch Frauen zugelassen
werden können.[77] Bei den Sunniten wird religiöse Kompetenz durch Studium
und Praxis erlangt. Die Gelehrten verstehen die Tradition und insbesondere die
Scharia sachgemäß zu interpretieren. Sie vermitteln dem einzelnen Gläubigen,
wie er sein Leben in den Dienst für Gott stellen soll, und der gesamten Gemeinde, wie sie ihren Weg zwischen Tradition und einer aufgrund soziokultureller
Veränderungen notwendig werdenden Assimilation gehen kann. Nach einem
Hadith sind sie »die Erben der Propheten«.[78]

2. Die Gelehrten wirken in unterschiedlichen Ämtern und Funktionen: Der
Mufti, der Rechtsgelehrte, berät in Fragen der Rechtsauslegung; er ist zuständig
für die Erstellung von Rechtsgutachten *(fatwa)*. Ihm gebührt die höchste Autorität. Der Qadi übt die konkrete Rechtsprechung aus, wobei er sich an die Vorgaben der Rechtsgelehrten zu halten hat. Aufgrund der besonderen Stellung des
Gesetzes im Islam hat die Rechtswissenschaft ein weit höheres Ansehen als die
Theologie. Der Kalif wurde in der Regel nicht als religiöser Führer betrachtet,
sondern hatte sich seinerseits den Entscheidungen der Gelehrten unterzuordnen. Auch der (sunnitische) Imam muß nicht zu den Gelehrten gehören. Seine
Funktion als Vorbeter und Leiter der Gemeinschaft kann jeder Laie übernehmen, der über persönliche Frömmigkeit, religiöse Grundkenntnisse und nach
Möglichkeit eine angenehme Stimme für die Koran-Rezitation verfügt. Obwohl
es in der Sunna keinen eigentlichen geistlichen Stand gibt, kennt man üblich
gewordene Bezeichnungen für geistliche Funktionsträger (»Chodscha«, »Mollah«). Die Gesamtheit der Gelehrten stellt gleichsam das rechtliche und theologische Rückgrat des Islam dar. Trotz unterschiedlicher Rechtsauffassungen in
den verschiedenen Rechtsschulen[79] empfindet sich muslimische Gelehrten-
schaft als Einheit, die den Islam in seiner göttlichen Sendung zur Geltung bringen soll.

(c) Djihad

1. »Djihad« wird üblicherweise mit »heiliger Krieg« übersetzt. Sprachlich gesehen ist diese Übersetzung falsch, da *»djihad«* ursprünglich nur die »Anstrengung« meint. Sachlich jedoch ist sie nicht völlig unzutreffend, da kriegerische

---

76. Nach LRG 25.
77. A. Schimmel ²1995, 235.
78. A. Schimmel ebd., 234.
79. Vgl. W.-M. Watt, A. T. Welch 1980, I, 246 ff.; A. Schimmel 1990, 60 ff.

Auseinandersetzungen impliziert waren und sind. Man unterscheidet[80] zwischen der »äußersten« Anstrengung, bei der es um den Kampf gegen Leidenschaften und böse Triebe geht, der »großen« Anstrengung, zu der die Verkündigung des Islam und auch der Dialog mit anderen Religionen gehört, und der »kleinen« Anstrengung, die sich auf »die Verteidigung der Glaubensfreiheit und das Eintreten für Verfolgte und Unterdrückte mit Waffengewalt« bezieht. Alle drei Formen von »djihad« dienen der Ausbreitung des Islam. Diese allerdings ist nötig: »Die Religion bei Gott ist der Islam« (Sure 3,19). Gott selbst ist es, »der seinen Gesandten mit der Rechtleitung und der Religion der Wahrheit gesandt hat, um ihr die Oberhand zu verleihen über alle Religion« (Sure 9,33). Die Gläubigen werden aufgefordert, sich den Einsatz für ihre Religion etwas kosten zu lassen; Lohn bei Gott ist ihnen gewiß: »Ihr sollt an Gott und seinen Gesandten glauben, euch auf dem Weg Gottes mit eurem Vermögen und mit eigener Person einsetzen …, dann wird Er euch eure Sünden vergeben und euch eingehen lassen in Gärten, unter denen Bäche fließen, und in angenehme Wohnungen in den Gärten von Eden« (Sure 61,11 f.). Von vielen Muslimen wird heute beteuert, daß dieser Einsatz auch in sozialer Aktivität oder in allgemeiner Missionstätigkeit für den Islam bestehen könne.

2. Ein Missionsbefehl im eigentlichen Sinne findet sich im Koran nicht. Jedoch gibt es durchaus Koranstellen, auf die sich Gruppen berufen können, die heute eine gezielte Missionstätigkeit betreiben: Muslime sollen »Zeugen« gegenüber den Mitgliedern anderer Religionen sein (vgl. Sure 2,143). »Aus euch soll eine Gemeinschaft (von Gläubigen) entstehen, die zum Guten aufrufen, das Rechte gebieten und das Verwerfliche verbieten« (Sure 3,104). Der hier für »Aufrufen« stehende arabische Begriff *da'wa* ist zugleich der heutige islamische Fachbegriff für »Mission«: »Aufforderung« oder »Einladung«, den Islam anzunehmen. Im Prinzip gilt jeder praktizierende Muslim aufgrund seines Lebenszeugnisses als Missionar. Doch sind, wohl primär in Auseinandersetzung mit den missionarischen Aktivitäten christlicher Kirchen, eigene Missionsbewegungen entstanden, die für die Ausbildung und den Einsatz von Missionaren sorgen. Die in vielen Teilen der Welt besonders rührige Ahmadiyya-Mission gilt allerdings als heterodox.

3. Geschichtlich betrachtet, hat auch der bewaffnete Einsatz erheblich zur Verbreitung des Islam beigetragen. »Die islamische Gemeinschaft muß sich ständig für die Sache des Islams gegen die Nicht-Muslime einsetzen, um den universalen Anspruch des Islams als Religion und als sozial-politischer Machtträger durchzusetzen.« Daraus ergibt sich, »daß der Heilige Krieg ein Dauerzustand ist, und zwar ein solcher, der sich entweder durch militärische Aktionen oder wenigstens durch politische Vorstöße oder auf irgendeine andere Weise äußern muß.«[81] Diese grundsätzlich aufrecht erhaltene Theorie ließ sich freilich oft nicht in die Wirklichkeit umsetzen und wich dann friedlicheren Vorstellungen.

80. Nach M. S. Abdullah, 1992, 125.
81. A. Th. Khoury, in: IL 353.

4. Ein Absolutheitsanspruch – und zwar nicht nur in religiöser, sondern auch in sozialer und politischer Hinsicht – ist, wie oben bereits angesprochen[82], im Islam also grundsätzlich gegeben. Doch von der Phase seiner Entstehung an wurde differenziert zwischen den »Leuten der Schrift« und den »Polytheisten«. Zu den »Leuten der Schrift« gehören in erster Linie die Juden und die Christen, über die sich der Koran durchaus positiv äußern kann: »Wir haben die Tora hinabgesandt, in der Rechtleitung und Licht enthalten sind, damit die Propheten, die gottergeben waren für die, die Juden sind, (danach) urteilen, und so auch die Rabbiner und die Gelehrten, aufgrund dessen, was ihnen vom Buche Gottes anvertraut wurde und worüber sie Zeugen waren … Und Wir ließen nach ihnen Jesus, den Sohn Marias, folgen, damit er bestätige, was von der Tora vor ihm vorhanden war. Und Wir ließen ihm das Evangelium zukommen, das Rechtleitung und Licht enthält …« (Sure 5,44.46). Offenbar war Muhammad vom christlichen Mönchtum durchaus beeindruckt. Doch sind die Urteile des Koran über Juden und Christen oft auch schwer deutbar und widersprüchlich (vgl. z. B. Sure 5,82-86). Als Ausdruck der den Muslimen gebotenen Toleranz gegenüber Juden und Christen gilt, daß der Koran feststellt: »… wenn Gott gewollt hätte, hätte Er euch zu einer einzigen Gemeinschaft gemacht. Doch will Er euch prüfen, in dem, was Er euch hat zukommen lassen. So eilt zu den guten Dingen um die Wette. Zu Gott werdet ihr allesamt zurückkehren, dann wird Er euch das kundtun, worüber ihr uneins waret« (Sure 5,48).[83] Ob man infolgedessen von Juden, Christen und Muslimen als einer »Heilsfamilie«[84] sprechen kann, erscheint aus christlicher Sicht als fraglich. Tora und Neues Testament gelten dem Islam jedenfalls in ihrer vorliegenden Fassung als verfälscht. Der Missionsauftrag bezieht sich auf Juden und Christen nicht anders als auf Angehörige anderer Religionen. Konvertiert ein Muslim zu Judentum oder Christentum, so treffen ihn dieselben Konsequenzen wie andere Apostaten, nämlich gegebenenfalls Zwangsscheidung der Ehe oder sogar Freigabe zur Ermordung.[85]

Gegenüber den Anhängern von Religionen, die nicht zu den »Schriftbesitzern« gehören, werden ohnehin keine Einschränkungen des missionarischen Eifers gemacht – abgesehen von der Grundregel: »Es gibt keinen Zwang in der Religion« (Sure 2,256). Sie ist freilich nicht dahingehend verstanden worden, daß die Herrschaft islamischer Staaten nicht durch Gewalt ausgeweitet werden dürfte. Schließlich gilt: »Der Islam herrscht, er wird nicht beherrscht.«[86] Innerhalb dieser Herrschaft konnten dann jedoch Strukturen gefunden werden, die es Juden oder Christen ermöglichten, unter gewissen Bedingungen wenigstens zu überleben. Zutreffend spricht M. S. Abdullah von einem »eher differenzierten Absolutheitsanspruch« des Islam.[87] Diese Differenzierung ändert jedoch

82. Siehe S. 165!
83. Dieser Koranabschnitt gilt als Hintergrund für Lessings Ring-Parabel.
84. Vgl. M. S. Abdullah 1992, 137 ff.
85. Vgl. U. Spuler-Stegemann, 1998, 285 f.
86. So nach IL 349.
87. M. S. Abdullah 1992, 137.

Erlösung

nichts daran, daß der Islam sich selbst als auf die gesamte Menschheit bezogen versteht und daran arbeitet, sie für sich zu gewinnen. Jeder Mensch wird nach seiner Auffassung als Muslim geboren, wenn er dann auch aufgrund seiner soziokulturellen Umwelt den Islam gar nicht kennenlernen kann. Bereits Adam war Monotheist, mithin der erste Muslim.[88]

(3) Hinduistische Traditionen

Während Judentum und Islam ein Gemeinschaftsbewußtsein und Gemeinschaftsformen kennen, die sich zum Selbstverständnis der christlichen Kirche wenigstens in Beziehung setzen lassen, gibt es in den hinduistischen Traditionen etwas Vergleichbares nicht. Dies hängt damit zusammen, daß sich der Hinduismus als »*sanatana dharma*«, als »ewige Religion«, versteht, die sich in den unterschiedlichsten Formen verwirklichen kann. Diesem universalistischen Ansatz steht merkwürdigerweise das Kastensystem gegenüber, dessen Bedeutung für die Religion von Hindus selbst unterschiedlich eingeschätzt wird. Obwohl es weder eine »Kirche« noch eine verbindliche Lehre gibt, kennt der Hinduismus eine Vielzahl von spirituellen Funktionen.

(a) Sanatana Dharma

Der Hinduismus stellt ein Konglomerat von verschiedensten, im Lauf der Jahrtausende zusammengewachsenen religiösen Strömungen dar. Es gibt Religionswissenschaftler, die deswegen den übergreifenden Begriff »Hinduismus« konsequent vermeiden. Es handelt sich um ein »Kollektiv von Religionen«[89], für das sich der »Vergleich mit dem Dschungel« nahelegt.[90] Mit Befriedigung stellt ein Hindu-Autor fest: »Unter den Weltreligionen ist der Hinduismus fast die einzige Religion, die sämtliche Ausdrucksformen des Religiösen kennt: vom Polytheismus über den Monotheismus bis zum Monismus.« Nicht zu Unrecht sehe man im Hinduismus »eine Enzyklopädie aller Religionen.«[91] Er hält den pluralen Ansatz des Hinduismus für einerseits »im großen Haushalt der kosmischen Natur« gegeben, andererseits durch die Vielzahl der Religionen bestätigt. Das Christentum erscheint zusammen mit Judentum und Islam dann als eine Variante des Monotheismus, der aber seinerseits ja neben den alternativen Möglichkeiten von Polytheismus, Pantheismus und Monismus gesehen werden

88. S. H. Nasr, 1993, 37 f.
89. H. v. Stietencron in: H. Küng 1984, 218. Vgl. A. Michaels 1998, 27-47.
90. R. A. Mall 1997, 2.
91. R. A. Mall 1997, 123.

müsse. Der Hinduismus umfaßt dies alles![92] Immer wieder wird der Satz aus dem Rigveda zitiert: »Es ist das eine Wahre, die Weisen benennen es verschieden.«[93] Die Bhagavadgita läßt Krishna sagen:

> »Auch jene, die andere Götter anbeten,
> opfern doch mit gläubigem Vertrauen
> und damit eigentlich ja mir ...,
> obgleich sie nicht der Regel gemäß opfern.«[94]

1. Natürlich ist dabei zunächst nur an die hinduistische Götterwelt gedacht. So ist es denn auch unter Hindus heute umstritten, ob der Hinduismus mit der »ewigen Religion« zu identifizieren ist oder ob diese nur hinter den verschiedenen hinduistischen (und nicht-hinduistischen) Religionen gleichsam als Urreligion gedacht werden muß. Tatsächlich ergab sich auch für Hindus immer wieder die Aufgabe, sich gegen andere Religionen – wie insbesondere gegen den Islam und den Buddhismus – abzugrenzen. Gleichwohl führte dies nicht zu einem Gemeinschaftsbewußtsein und zu Organisationsformen, die mit christlichen Vorstellungen von »Kirche« in Beziehung gesetzt werden könnten.

2. Die hinduistische Welt ist durch eine merkwürdige Ambivalenz geprägt. Auf der einen Seite scheint die Offenheit keine Grenzen zu kennen; R. A. Mall weist auf die »gewissermaßen überkonfessionelle Glaubensbereitschaft der Hindus« hin, die »für die meisten Christen und Muslime unverständlich« sei.[95] Auf der anderen Seite gibt es doch klar unterschiedene Gruppierungen und sogar radikale Ausgrenzungen – nur an einer ganz anderen Stelle, als Muslime und Christen sie erwarten. Shaivismus, Vaishnavismus und Shaktismus leben im allgemeinen friedlich nebeneinander, gehen in ihren religiösen Vorstellungen jedoch ganz unterschiedliche Wege. Dies wird von ihren Anhängern nicht als prinzipiell widersprüchlich erlebt, so daß aus ihrer Sicht auch die Differenzen zwischen Judentum, Christentum und Islam nur als minimal erscheinen können.[96] Andererseits bleiben die entsprechenden einzelnen Kulte einander gegenüber klar unterschieden. Tieropfer, die den Shaivas und den Shaktas durchaus vertraut sind, werden von den Vaishnavas radikal abgelehnt, weswegen sie Shiva- oder Shakta-Tempel nicht betreten.[97]

Völlig zurecht aber schreibt Radhakrishnan: »Eine Jagd auf Irrlehren, beliebt in vielen Religionen, ist dem Hinduismus ganz fremd.«[98] R. A. Mall sekundiert: Die Frage, »ob eine bestimmte Richtung innerhalb des Hinduismus noch hin-

---

92. Vgl. die »schematische Darstellung des Hinduismus im interreligiösen Weltkontext« ebd. 145 f.
93. Rigveda I, 164,46.
94. 9,23; BG 223.
95. R. A. Mall 1997, 131.
96. Vgl. H. v. Stietencron in H. Küng 1984, 219.
97. Vgl. H. v. Stietencron ebd. 367.
98. S. Radhakrishnan, Weltanschauung der Hindu, Baden-Baden 1961, 35; zitiert nach R. A. Mall 1997, 143.

duistisch genannt werden kann oder nicht«, komme gar nicht erst auf.[99] Dies trifft jedoch insofern nicht zu, als beispielsweise durchaus diskutiert werden müßte, ob Kastenlose im Vollsinn zu den Hindus gehören; Zugang zum hinduistischen religiösen Wissen und Zutritt zu den Tempeln ist ihnen ja – trotz gegenteiliger staatlicher Bestimmungen – noch immer weithin verwehrt.

3. Wenn den hinduistischen Traditionen im allgemeinen das Bedürfnis nach religiöser oder gar konfessioneller Profilierung fehlt, so hängt dies zum einen damit zusammen, daß sich der Hindu nicht über eine schriftlich fixierte oder intellektuell nachvollzogene Lehre definiert. Einzig ein kurzes, dem Rigveda entnommenes Gebet, das bei Sonnenaufgang gesprochen wird, die *Gayatri*, scheint die Hindus wenigstens der oberen drei Kasten miteinander zu verbinden. Trotz mancher verbreiteter religiöser Sitten und Gebräuche und eines liturgischen Grundrasters[100] wird Religiosität primär nicht von einer »Gemeinde«, sondern von einzelnen, von der Familie oder der Dorfgemeinschaft ausgeübt. Jeder einzelne befindet sich ja an einem spezifischen Punkt auf seinem Weg zur Erlösung. Er hat sein je eigenes Verhältnis zum Göttlichen und zu den Gottheiten. Bei den großen Wallfahrten oder Tempelfesten fließt die Religiosität der vielen einzelnen zu einem großen Strom zusammen, in dem es aber eher zu einem ozeanischen Erleben als zur Wahrnehmung einer qualifizierten Gemeinschaft kommen dürfte. Viel stärker wirken sich wohl die noch zu besprechenden »vier Lebensstadien« aus, denen jeweilige Lebensziele zugeordnet sind, und die Kasten, die eine Binnengliederung des Hinduismus erkennen lassen.

(b) Die Kasten

1. Die Entstehung des hinduistischen Kastenwesens ist noch immer ungeklärt. Der Sanskritbegriff für das, was die portugiesischen Eroberer als »casta« bezeichnet haben, nämlich »varna«, bedeutet »Farbe« und wurde mit der Unterschiedlichkeit von Hautfarben bzw. Rassen in Verbindung gebracht. Mit einer Aufteilung in Rassen hat das religiöse Verständnis von Kaste allerdings vermutlich nichts zu tun. Eine andere Theorie will das Kastenwesen von der Arbeitsteilung in verschiedene Berufe her verstehen; doch auch dafür lassen sich nur begrenzt Argumente finden. Jedenfalls erfaßt sich die hinduistische Gesellschaft, indem sie sich als System von unterschiedlichen Kasten darstellt, als lebendigen Organismus, dessen verschiedene Glieder aufeinander und auf das Gesamte abgestimmt sind. Dies kommt augenfällig in dem Mythos vom »Ur-Purusha« zum Ausdruck: Aus dem Mund dieses Urwesens seien die Brahmanen, aus seinen Armen die Krieger (»Kshatriya«), aus seinen Schenkeln die Akkerbauer und Handelsleute (»Vaishya«) und schließlich aus seinen Füßen die

---

99. R. A. Mall 1997, 62.
100. H. G. Pöhlmann 1995, 86 f.

Arbeiter und Diener (»Shudra«) hervorgegangen.[101] Laut Gesetz ist das Kastenwesen abgeschafft. Im Neo-Hinduismus wird es als religiös belanglos dargestellt. Faktisch spielt es jedoch eine erhebliche Rolle. Obwohl man sich unter
neohinduistischer Perspektive einen Hinduismus ohne Kasten durchaus vorstellen kann, läßt sich andererseits das Kastenwesen mit den hinduistischen
Grundgedanken von Karma und Wiedergeburt gut verbinden: Jeder Mensch
wird in dem Status geboren, der seinem Karma entspricht, und gehört daher
einer bestimmten Kaste an. Im klassischen Schrifttum der Hindus gibt es wider-
sprüchliche Aussagen. So formuliert die Bhagavadgita, offenbar um Gesetzlo-
sigkeit und Chaos zu verhindern:

> »Vermischung der Kasten führt geradewegs zur Hölle –
> für die Familienzerstörer wie für die Familie selbst ...
> Den Menschen, welche die Familienordnungen
> abgeschafft haben, Bedränger der Menschen,
> ist ein Platz in der Hölle gewiß,
> so ist es uns überliefert.«[102]

Andererseits heißt es im Mahabharata auch, die Zugehörigkeit zu den drei oberen Kasten entscheide sich nicht an der Geburt, sondern am Lebenswandel.[103]
Zudem haben die Bhakti-Kulte die strenge Trennung in Kasten infrage gestellt.

2. Die vier genannten Kasten bilden angesichts der Tausende von Unterka-
sten (»jatis«), die es in der hinduistischen Gesellschaft gibt, nur ein Grund-
raster.[104] In diesem werden freilich klare Wertungen erkennbar: Daß die Brahmanen die führende Kaste darstellen, ist zugleich Ausdruck der besonderen
Hochschätzung von Weisheit und asketischem Lebenswandel gegenüber kriegerischer Tüchtigkeit, wirtschaftlichem Erfolg oder körperlicher Kraft. Auch die
»Zweimalgeborenen«, die Angehörigen der obersten drei Kasten, werden noch
einmal gegenüber der vierten Kaste, den abhängig und in dienenden Funktionen Arbeitenden, abgehoben. Die Shudras dürfen keine religiöse Unterweisung
erhalten; auch der Zugang zum Opfer ist ihnen verwehrt, da sie nicht zu den
»Zweimalgeborenen« gehören.

3. Ein wesentliches Problem der Kastenordnung besteht jedoch darin, daß sie
nicht nur zwischen verschiedenen Kasten differenziert, sondern auch »Kastenlose« (»Chandalas«) (»Geringste unter den Geringen«) kennt. R. C. Zaehner
spricht von dem »Fluch der Unberührbarkeit, welcher einen großen Teil der
Bevölkerung zum Stande fortwährender ritueller Unreinheit herabwürdigte,
die sie mit Hunden und anderen unreinen Tieren auf eine Stufe stellte.«[105] Ob-

---

101. Rigveda X,90,12, nach LR 339.
102. 1,42 ff. – zitiert nach BG 32.
103. 13.131,49; zitiert nach LR 340.
104. Vgl. Louis Dumont, Gesellschaft in Indien – Die Soziologie des Kastenwesens (1966),
1976.
105. R. C. Zaehner 1964, 115. Zum Ganzen vgl. die sehr differenzierte Darstellung von A. Michaels 1998, 176-221, sowie oben S. 506!

wohl das Gesetz den »Unberührbaren« die Gleichheit mit allen Bürgern und Bürgerinnen einräumt, kann sich ein Kastenangehöriger durch die Nähe eines solchen Menschen rituell verunreinigt fühlen; auf einen Brahmanen soll nicht einmal sein Schatten fallen! Gandhi hat sich für die Unberührbaren eingesetzt und, um hier einen Bewußtseinswandel herbeizuführen, sie als »Kinder Gottes« (»Harijans«) bezeichnet. Inzwischen nennen sie sich selbst »Zerbrochene« (»Dalit«); einige von ihnen sind Muslime oder Christen geworden.

(c) Spirituelle Funktionen

1. In den Brahmanen verbindet sich das Ideal des Weisen, des Philosophen, mit dem des Priesters. Er ist der »Dharma-Kenner«[106]; seine Aufgabe besteht darin, den Veda und die heiligen Texte zu studieren, die Traditionen zu bewahren und Opfer darzubringen. Er hat das heilige Wissen an die Angehörigen der oberen Kasten weiterzugeben, und er vollzieht die Initiation der »Zweimalgeborenen«. In ihm lebt das »brahman«, das den ganzen Kosmos durchwaltet. Nach den sogen. »Gesetzen des Manu«, einer sehr frühen Sammlung hinduistischer Texte, ist schon die Geburt eines Brahmanen »eine ewige Gestaltwerdung des dharma; um des dharma willen geboren, ist er dazu bestimmt, Brahman zu werden. Wenn ein Brahmane geboren wird, wird er als ein über die ganze Welt Erhabener geboren, er ist der Herr aller Geschöpfe und er hat die Schatzkammer des dharma zu hüten ... Durch den hohen Vorzug seiner Geburt hat er auf alles Anspruch ...«[107]

2. Als Guru (Sanskrit: der »Ehrwürdige«) gilt der spirituelle Meister. Er ist gleichsam in dem Gebiet der Spiritualität zuhause und hilft demjenigen, der sich ihm anvertraut, viele Irrwege zu vermeiden. Er steht in der Regel in einer bestimmten Traditionskette, kann aber auch ganz auf eigene Verantwortung und ohne weitere Kontrollinstanz seine Tätigkeit ausüben. Gegebenenfalls sammelt er eine Gemeinschaft um sich, deren Mitgliedern er eine Initiation zu vermitteln weiß. Er kann allein oder in einem geistlichen Zentrum (»Ashram«) leben. Menschen, die sich ihm verpflichtet wissen, gedenken seiner bei der Ausübung bestimmter Riten.

3. In eigenartiger und charakteristischer Weise quer zu sonstigen Vorstellungen von religiösem Amt und spiritueller Funktion liegt die hinduistische Auffassung von den »vier Lebensstadien«. Nach einem ersten Stadium, das dem Kennenlernen der religiösen Tradition und ihrer Pflichten dient, verwirklicht sich ein Mensch im zweiten Stadium inmitten seiner Familie und seiner beruflichen Aufgaben. Dann aber – das dritte Stadium – wird er Einsiedler und zieht sich »aus dem aktiven Leben« zurück, »um ohne Groll das Sterben zu erler-

---

106. H. v. Stietencron in Küng 1984, 217.
107. Manu, 1.96-101, zitiert nach R. C. Zaehner 1964, 116.

nen.«[108] Schließlich bemüht er sich im vierten Stadium um die radikale Form von Askese: Er wird »Sannyasin«, »Entsagender«. Ein letztes Mal betet er den heiligen Gayatri-Vers: »Mögen wir über das leuchtende Licht dessen meditieren, der anbetungswürdig ist und alle Welten geschaffen hat! Möge er unsere Intelligenz auf die Wahrheit lenken!«[109] Nun hat er keine sozialen und auch keine religiösen Pflichten mehr. Er ißt und trinkt nur noch das Nötigste, um sich notdürftig am Leben zu erhalten. Er liest allenfalls spirituell Wichtiges, niemals nur aus Neugier, und wandert von Ort zu Ort. Er ist »für die Gesellschaft so tot wie der Leichnam, den man zur Verbrennungsstätte trägt.«[110] Er verrichtet kein Gebet mehr; seine einzige Aufgabe ist es, »sich im Innern aufzuhalten, im Namen der ganzen Menschheit ...«[111]. Gerade so wird er zum Zeugen für das große Mysterium des Seins. Der Benediktiner-Pater Henri Le Saux, der selbst nach diesem Ideal zu leben und auf diese Weise eine Verbindung zwischen katholischem und hinduistischem Mönchtum zu schaffen versuchte, findet es »wunderbar, daß die ganze Tradition Indiens dem Mann empfiehlt, die letzte Phase seines Lebens einzig der Suche nach dem Selbst zu widmen, in einer vollkommenen Entblößung, die den Tod vorwegnimmt.«[112] Der hiermit idealtypisch beschriebene Ansatz ist freilich so sehr auf das einzelne Individuum zugeschnitten, daß man ihn zwar mit den Anachoreten der Alten Kirche, aber kaum mit dem christlichen Konzept von »Mönchtum« insgesamt in Verbindung bringen kann. Zur Gründung eines Ordens im eher klassischen Sinne kam es durch Ramakrishna, der kurz vor seinem Tod (1986) – sicher nicht unbeeinflußt durch das Christentum – mehrere Schüler zu Mönchen ordinierte.

(4) Buddhismus

Im Blick auf den ursprünglichen Buddhismus kann man kaum von einer »Heilsgemeinschaft« sprechen. In ihm geht es um die Erlösung des einzelnen. Nach einem der einschlägigen Texte sagt sich ein Hausvater: »›Voller Hindernisse ist das häusliche Leben, eine Stätte der Unreinheit. Wie der freie Himmel aber ist die Hauslosigkeit ... Wie wenn ich mir nun Haar und Bart scherte, das gelbe Gewand anlegte und fortzöge in die Hauslosigkeit?‹«[113] Doch Gautama Buddha selbst hat seine ersten Jünger zu Mönchen ordiniert und auf diese Weise den Samgha (Sanskrit: »Schar«) geschaffen. »Der *samgha* ist weder Kirche noch eine Gemeinschaft weltflüchtiger Menschen, die ein überweltliches Heils-

108. R. A. Mall 1997, 96.
109. Zitiert nach LÖW 120. Andere Übersetzungen s. oben S. 194, Anm. 53.
110. H. Le Saux ²1994, 155.
111. H. Le Saux ebd. 150.
112. Ebd. 153.
113. Nach Majjhimanikaya I, 179 f.; zitiert nach H. Bechert in H. Küng 1984, 465.

ziel verwirklichen wollen. Er ist eine Institution sozialen Zusammenlebens zum Zweck der Vervollkommnung des Menschen im Sinne der Entwicklung seiner inhärenten Buddhaschaft. Zwar liegt das Hauptinteresse auf der Bewußtseinsschulung des Individuums und nicht bei der Gemeinschaft, aber der buddhistische Weg ist – von Ausnahmen abgesehen – nur in der Lebens- und Lerngemeinschaft mit anderen denkbar gewesen und vollzogen worden, und zwar nicht nur im Lehrer-Schüler-Verhältnis, sondern auch in der Gemeinschaft der Übenden, die sich gegenseitig stützen.«[114] Nach dem Tode Buddhas wird der Samgha Voraussetzung für die Weitergabe der Tradition; er macht Basis und Rückgrat des Buddhismus aus, der ohne seine Mönche (und Nonnen) nicht denkbar wäre. Nicht nur seine Hochschätzung, sondern auch seine Heilsrelevanz kommt schließlich zum Ausdruck in den drei Zufluchtsformeln, die ihn zugleich als einen der drei »Schätze« oder »Juwelen« kennzeichnen:

> »Ich nehme meine Zuflucht zum Buddha;
> ich nehme meine Zuflucht zum Dharma;
> ich nehme meine Zuflucht zum Samgha.«

Da der Mönchsorden aber auch nicht ohne das ihm entsprechende Laientum gedacht werden kann, durchzieht den Buddhismus von Anfang an eine »immanente Spannung zwischen mönchischer und laikaler Existenz«.[115] Das Verhältnis zwischen Mönchen und Laien gestaltet sich im ursprünglichen und im Theravada-Buddhismus anders als im späteren Mahayana oder im Vajrayana Tibets. Trotz der nicht unerheblichen Unterschiede zwischen den verschiedenen buddhistischen Auffassungen und Gruppierungen kann man in der Neuzeit von einer Art buddhistischer Ökumene sprechen, die sich freilich vom Selbstverständnis christlicher Ökumene erheblich unterscheidet.

(a) Mönche und Laien im ursprünglichen Buddhismus

1. Die Mönche (und Nonnen) des Buddhismus lassen sich durch die überlieferten Regeln bestimmen, die sie »hinwegführen (vom Übel) zur Disziplin«.[116] Sie erfüllen ihre Gelübde und leben in Armut, Ehelosigkeit und »Friedfertigkeit«.[117] Man unterscheidet zwischen den Novizen und den Vollmönchen, deren Rang sich aus dem jeweiligen Ordinationsalter ergibt. Ihr Ansehen resultiert auch daraus, ob es sich um Dorf-, Wald- oder Stadtmönche handelt.[118] Im »eigentlichen Sinne des Wortes« sind nur die Mönche »wahre Buddhisten«;[119] Hans Küng kommentiert: »... der für die gesamte Laienschaft vorbild-

---

114. M. v. Brück, Wh. Lai 1997, 479.
115. H. Küng in H. Küng 1984, 502 u. ö.
116. So die Übersetzung des einschlägigen Begriffs bei E. Conze ⁹1990, 50.
117. E. Conze ebd. 50 ff.
118. M. v. Brück 1998, 166.
119. E. Conze ⁹1990, 49.

hafte *ideale* Buddhist ist der Mönch!«[120] Neben den Mönchsorden stehen die Nonnenorden, zu deren Errichtung der Buddha – wenn auch zögernd – seine Einwilligung gegeben hatte.

2. Die Laien dagegen sorgen für den Lebensunterhalt der Mönche und sammeln sich – freilich nicht nur dadurch – Verdienste. Sie lernen von den Mönchen als die »Dabeisitzenden«.[121] Sie sind als Gemeinschaft nicht eigens organisiert. Besondere Bedeutung erlangten allerdings buddhistische Herrscher, denen der Schutz der Mönchsgemeinschaft oder später buddhistischer Institutionen überhaupt übertragen wurde. Ursprünglich konnte man, wie dies in Thailand und Birma noch heute der Fall ist, sich einer Mönchsgemeinschaft auf Zeit anschließen.

(b) Mönche und Laien im Mahayana

1. Zur komplizierten Entstehungsgeschichte des Mahayana gehört sicherlich auch das Bedürfnis der Laienschaft nach größeren Möglichkeiten religiöser Beteiligung und Verwirklichung. Das neue Verständnis »tendierte zu einem Universalismus, bei dem alle Wesen in die kosmische Matrix des Buddha wie in einen Mutterschoß eingehüllt waren«.[122] Wenn die Buddha-Natur allen Wesen eingestiftet ist und die Buddhaschaft daher von ihnen erlangt werden kann, ist der Unterschied zwischen Mönchen und Laien nicht mehr heilsrelevant:

> »Alle Lebewesen sind von Natur Buddha,
> so wie Eis von Natur Wasser ist …«[123]

Auch der Laie kann und soll nun zum Bodhisattva, zum »Erleuchtungswesen« werden.

2. Zur Relativierung des Abstands zwischen Mönchen und Laien mag auch die freilich erst im 4. Jh. n. Chr. systematisch ausgebildete Lehre von den »drei Körpern des Buddha« (*»trikaya«*) beigetragen haben. Sie versucht nicht nur die historische Gestalt Buddhas ernstzunehmen, sondern rechnet ferner mit überirdischen Buddhas und Boddhisattvas und darüber hinaus mit einer universalen »Buddha-Natur«, die allen Wesen gemeinsam ist und die es zu erkennen gilt (*»dharmakaya«*). Auch Mönche und Laien wissen sich in diesem Status und in dieser Aufgabe miteinander verbunden.

---

120. H. Küng in H. Küng, 1984, 481.
121. H.-J. Greschat 1980, 36.
122. M. v. Brück 1998, 205.
123. Hakuins »Lied des Zazen«, zitiert nach M. v. Brück 1998, 264.

Erlösung

(c) Mönche und Laien im tibetischen Buddhismus

Eine gegenläufige Entwicklung ist im tibetischen Buddhismus zu beobachten, in dem sich der Samgha in gewisser Weise auflöst bzw. neu formiert. Aufgrund unterschiedlicher vorbuddhistischer Einflüsse kommt es zur Ausbildung hierarchischer Stufen. Der Lama (»Höherstehender«), der als Verkörperung des Buddha gilt, ist zuständig für die Lehre und die Durchführung von Ritualen. Er kann mit der Leitung eines oder mehrerer Klöster betraut sein. Seine Schüler richten sich in ihren meditativen Übungen an ihm aus. Der Dalai Lama (»Lehrer, dessen Weisheit so groß wie der Ozean ist«), zugleich politisches Oberhaupt der Bevölkerung Tibets, wird als Inkarnation des Avalokiteshvara, eines besonders bedeutenden Bodhisattva, verehrt. Im tibetischen Buddhismus können sich aber auch kleinere Kultgemeinschaften bilden. Ein tibetisches Sprichwort behauptet, »jeder Lama habe seine eigene Religion, und es gebe so viele Formen des Buddhismus wie Lamas.« [124] Durch die Institution der Lamas, die nicht notwendig Mönche sein müssen und deren Autorität nicht nur im Wissen um die Lehre, sondern vornehmlich in ihrer Ausstattung mit spiritueller Kraft liegt, ist das traditionelle buddhistische Gegenüber von Samgha und Laienschaft auf eine spezifische Weise neu gestaltet. Noch immer gilt es, Zuflucht zu nehmen zum Buddha, zum Dharma und zum Samgha. Der tibetische Buddhist nimmt jedoch Zuflucht auch zum Lama, der als Verkörperung der Buddhaschaft, ja der drei Juwelen Buddha, Dharma und Samgha angesehen wird.

(d) Buddhistische »Ökumene«

1. Der ursprüngliche Buddhismus verheißt die Erlösung nur einzelnen, die sich in die Hauslosigkeit begeben oder mit diesem Ziel einen Samgha bilden. Er faßt die Gemeinschaft der »wahren« Buddhisten damit sehr eng. Das Mahayana dagegen meint, die Buddhanatur in allen Wesen zu erkennen, und kann daher für die Heilsgemeinschaft allenfalls fließende Grenzen und Übergänge angeben. Der tibetische Buddhismus ist im Grunde nur an der kleinen esoterischen Gemeinschaft interessiert. Die buddhistische Gemeinschaft kann also nur entweder als sehr eng (Mönchsorden oder esoterische Gemeinschaft) oder als unendlich weit – prinzipiell so weit, wie die Menschheit – aufgefaßt werden. Dies macht es schwierig, den Buddhismus als »Religionsgemeinschaft« zu charakterisieren. Es mag kennzeichnend sein, daß sich die 1985 als Körperschaft öffentlichen Rechts konstituierte »Buddhistische Religionsgemeinschaft in Deutschland« nicht Bestand hatte, da die damit zum Ausdruck gebrachte Gemeinschaftsform dem Buddhismus einfach nicht entspricht.[125] Auch für Buddhisten selbst ist »der Buddhismus« nicht als Weltgemeinschaft in den Blick zu

---

124. E. Conze [9]1990, 60.
125. Vgl. M. v. Brück 1998, 326.

bekommen (wie dies für Christen in Hinsicht auf die »Christenheit« oder die »Kirche« ja durchaus möglich ist). Damit entsteht die Frage, unter welchem Begriff die Gemeinschaft der Buddhisten thematisiert werden kann. Soll man trotz der genannten Probleme von »Gemeinde« (Hans-Jürgen Greschat) oder gar von »Kirche« (Edward Conze)[126] oder einfach von »den Buddhisten« (ebenfalls Hans-Jürgen Greschat) sprechen? Auch der Begriff »Union« (»Deutsche Buddhistische Union«) stellt eine Verlegenheitslösung dar. Im übrigen konnte der Begriff »Kirche« sogar als buddhistische Selbstbezeichnung dienen: Im Widerstand gegen den Vietnamkrieg erfolgte die Gründung einer »Unified Buddhist Church of Vietnam«.[127]

2. Obwohl dem Buddhismus eine übergreifende Selbstbezeichnung fehlt, kam es in der Neuzeit, vor allem in Auseinandersetzung mit dem Christentum, immer wieder zu partiellen Zusammenschlüssen, so 1898 in Analogie zum »YMCA« zur »Young Men's Buddhist Association« (»YMBA«). Die 1987 gegründete Sakyadhita-Bewegung (»Töchter des Buddha«) stellt einen internationalen Zusammenschluß buddhistischer Frauen dar. In den USA hat sich 1978 eine Buddhist Peace Fellowship konstituiert. 1989 kam es zur Gründung des International Network of Engaged Buddhists (INEB). Am 25. Mai 1950 erfolgte die Gründung der »World Fellowship of Buddhists«. Der »engagierte Buddhismus«, wie er insbesondere von dem vietnamesischen Mönch Thich Nhat Hanh vertreten wird, hat zahlreiche internationale und darüber hinaus interreligiöse Aktivitäten gestartet. Michael von Brück und Whalen Lai sehen den »engagierten Buddhismus« auf dem Weg »zu interreligiöser Ökumene«.[128]

C Die Kirche, die Religionsgemeinschaften und die Menschheit

Die christliche Kirche stellt sowohl hinsichtlich ihres Selbstverständnisses als auch weitgehend hinsichtlich ihrer Gestalt, religionsphänomenologisch gesehen, ein Unikum dar. In allen Religionen spielt der Gemeinschaftsaspekt eine gewisse Rolle, doch ist dies nirgends so deutlich und so sehr theologisch reflektiert wie im Christentum. Damit muß sich keine Wertung verbinden, wie sie etwa Friedrich Heiler vornimmt, der behauptet, das Christentum habe »die tiefste und umfassendste Gemeinschaftsidee«.[129] Es bedeutet auch nicht, daß die Kirche von den Selbstverständnissen und Gestaltwerdungen anderer Reli-

---

126. E. Conze ⁵1990, 65.
127. M. v. Brück 1998, 332.
128. M. v. Brück, Wh. Lai 1997, 556 ff.
129. Fr. Heiler, EWR 442; vgl. aber zum Ganzen EWR 433-454.

gionen nicht lernen könnte. Ihr Ausgangspunkt dabei wird jedoch in dreifacher Hinsicht zu bestimmen sein: (1) in ihrem Wesen als Leib Christi, (2) in ihrer Gestalt als Gemeinschaft von Diensten und (3) in ihrem trinitarisch begründeten Selbstverständnis, von dem her dann (4) Licht auch auf ihr Verhältnis zu den anderen Religionen, ja zur gesamten Menschheit fällt.

(1) Das Wesen der Kirche als Leib Christi

(a) Die Implikationen der Metapher »Leib Christi«

1. Was wird durch die Metapher vom »Leib Christi« (vgl. I Kor 12,27; Eph 4,12; Kol 1,24) über das Verständnis der Kirche gesagt? Soweit es nicht von vornherein um die innere Gliederung der Gemeinde geht, kommt darin zum Ausdruck, daß die Kirche nicht sich selbst gehört, sich nicht selbst genug sein kann und daß sie durch den Verweis auf ihre eigene Gestalt unterbestimmt bleibt. In ihr manifestiert sich die Präsenz Christi. Sie hat ihre Existenz aus der Tatsache, daß sich Christus in ihr verleiblicht, eine leibliche Gestalt gibt. Er tut dies durch Wort und Sakrament, durch die immer neue Verkündigung und durch die immer wieder nachvollzogenen und gefeierten Sakramente.

Die Kirche besteht, so betrachtet, nicht aus sich selbst, aus ihren Institutionen und Funktionen, sondern sie kommt dadurch zur Existenz, daß sich in Wort und Sakrament Jesus Christus immer neu in ihr vergegenwärtigt. Die Kirche »ergibt« sich nicht schlicht dadurch, daß hier eine Gemeinschaft, die irgendwann einmal gegründet wurde, sich durch krampfhaftes Festhalten an Traditionen vor dem Untergang bewahren würde. Sie lebt nicht einfach davon, daß einer Gemeinschaft ein Gesetz offenbart wurde, das nun eben eingehalten werden muß, wie das bei Judentum und Islam den Anschein hat. Ein derartiges Gesetz mag sich als durchaus lebensförderlich erweisen und als gemeinschaftsbildend herausstellen, aber in der Kirche vergegenwärtigt sich mehr als eine Gemeinschaft, die sich um ein bestimmtes Ethos sammelt oder nach bestimmten Regeln und Maximen lebt. Ebensowenig versteht sich die Kirche als das Ergebnis eines übergreifenden, weder von außen noch von innen zu steuernden Prozesses, der seit ewigen Zeiten ur- und wildwüchsig sich selbst vollzieht, wie dies die hinduistische Vorstellung von der »ewigen Religion« nahelegt. Die Kirche sieht sich auch nicht zureichend verstanden, wenn man sie als Vereinigung von Einsichtigen und Wissenden interpretiert, die nun als einzelne oder in gegenseitiger Übereinkunft die Konsequenzen aus ihren Einsichten zu leben versuchen, wie dies dem Ideal von Buddhisten und Buddhistinnen entspricht.

In der Kirche verwirklicht sich vielmehr Jesus Christus selbst – er, der seiner Gemeinde als der predigende, helfende, leidende und gekreuzigte Mann aus Nazareth vor Augen steht und dessen heilvolle, alle Vorstellung transzendierende Macht sie ansatzweise in ihrer Mitte erfährt und in voller Entfaltung für das Ende der Zeiten erwartet.

2. Dies heißt freilich zugleich, daß die Kirche sich als Leib Christi nicht selbst präsentieren und ausweisen kann. Wie der irdische Jesus als der Christus nur geglaubt werden konnte und kann, so kann auch die Kirche als der Leib Christi nur geglaubt und weder rational einsichtig noch psychologisch oder soziologisch plausibel gemacht werden. Es würde dem Wesen der Kirche als Leib Christi widersprechen, wollte sie sich als gesellschaftlich durchsetzungsfähige Weltgemeinschaft darstellen, die der Menschheit im Auftrag des Höchsten Recht und Ordnung zu vermitteln und beizubringen hätte, wie dies zu den Zielen des Islam gehört. Tatsächlich ist die Kirche im Lauf ihrer Geschichte durch Anspruchsdenken, Gewaltbereitschaft und Machtausübung immer wieder in Widerspruch zu ihrem Wesen geraten. Sie kann sich ebensowenig als die Gemeinschaft derer bezeichnen, die aus einem letzten Wissen um den Willen Gottes heraus im Detail zu sagen vermögen, was in einer konkreten Situation zu tun ist, wie dies einem kasuistischen Bedürfnis des Judentums entspräche, oder die aufgrund von Einsichten in das Mysterium des Seins ihr Verhalten gegenüber dem Seienden zu bestimmen wissen, wie dies dem hinduistischen oder buddhistischen Denken wünschenswert erscheint. Das Wesen der Kirche als Leib Christi ist verborgen – unter Ohnmacht und Desorientierung, unter Leiden und unter konkreter Schuld.

3. Im Verständnis der Kirche als Leib Christi schwingen die Worte aus den Einsetzungsberichten des Heiligen Abendmahls mit: »mein Leib« – »für euch«. Wenn die Kirche sich als Leib Christi versteht, weiß sie zugleich, daß sie sich nicht als Selbstzweck begreifen darf. Kirche Jesu Christi ist immer »Kirche für andere« (Dietrich Bonhoeffer). Nun würden andere Religionsgemeinschaften wohl Analoges für sich geltend machen. Es kommt freilich darauf an, in welcher Weise dieses Dasein für andere aufgefaßt und praktiziert wird. Die mittelalterliche Kirche hat raffinierte Argumentationsfiguren dafür gefunden, wieso sie, um für andere da sein zu können, wieder andere beseitigen mußte. Kirche als Leib Christi kann aber nur für andere da sein, indem sie sich selbst hingibt – als Salz und Licht, als Speise und Trank. Sie wird sich dabei nicht darum sorgen, wo sie selber »bleibt«. Sie hat zu leiden und in ihren jeweiligen Gestalten und Ausdrucksformen immer wieder zu sterben. Ihr Dasein für andere wird sich darin realisieren, daß sie ihr Sein als Leib Christi lebt in Wort und Sakrament, in hilfreichem evangeliumsgemäßem Zeugnis und in diakonischer Tat. Sie wird den anderen nicht durch falsche Zurückhaltung schuldig bleiben, was sie ihnen zu geben hätte, aber sie wird es ihnen auch nicht aufdrängen. Sie wird für die anderen da sein, indem sie anders ist als die anderen, sofern diese auf Selbstbehauptung und Machterweiterung aus sind. Sie weiß, daß sie keineswegs die »beste Gemeinschaft unter den Menschen« ist, wie dies der Islam von sich behauptet (Sure 3,110). Aber sie läßt sich immer wieder an ihr Wesen als Leib Christi erinnern und ist daher – als »ecclesia semper reformanda« – ständig um ihre Verbesserung und Erneuerung bemüht.

(b) Die Metapher »Leib Christi« unter außerchristlicher Perspektive

1. Der Vergleich der Kirche mit einem menschlichen »Leib«, den Paulus vorgenommen hat, geht auf griechische philosophisch-religiöse Vorstellungen zurück. Die Metapher hat schon als solche religionsgeschichtliche Wurzeln, die außerhalb des Judentums liegen. Das Alte Testament kennt nicht einmal einen Begriff für »Leib« (im Sinne von »Organismus«). Paulus setzt die Metapher ein, um einerseits sein Verständnis von der inneren Gliederung und Zusammengehörigkeit der Gemeinde darzulegen und andererseits die leibhafte Präsenz Jesu Christi in seiner Gemeinde zu unterstreichen. Seine Schüler dagegen führen über ihn hinaus, indem sie wenigstens andeutungsweise auf die – durch das hellenistische Denken vorgegebene – kosmische Bedeutung der Kirche als »Leib Christi« hinweisen (vgl. besonders Kol 1,18, Urform; Eph 1,22 f.; 4,12 ff.). Der Gebrauch des Bildes bleibt dabei insgesamt unscharf. In der heutigen Begegnung mit außerchristlichen Religionen kann er möglicherweise einerseits amplifiziert, andererseits profiliert werden.

2. Vergleichsweise eng erscheint die Vorstellung der Kirche als Leib Christi, wenn man sie zur hinduistischen Gedankenwelt in Bezug setzt. Die »ewige Religion«, die sich in unendlich vielen Spielarten und Stufen zur Erscheinung bringt, umfaßt nicht nur hinduistische Gläubige, sondern letztlich die ganze Menschheit, ja in gewisser Weise den Kosmos. Purusha, der »ewige« und ursprüngliche Mensch, wird nach dem Rigveda als Opfer dargebracht, so daß aus seinen Gliedern die Welt ersteht. Er kann später zusammen mit der Materie (»prakriti«) als Verursacher des Universums und seiner Wandlungen verstanden werden. Im Vedanta ist er das Absolute, identisch zugleich mit Atman und Brahman. Obgleich im Christentum derartige Spekulationen natürlich fernliegen, können sie doch den Anstoß dazu geben, verstärkt darüber nachzudenken, was es für die Kirche bedeutet, wenn sie sich als Leib Christi versteht, der seinerseits bereits im Neuen Testament als kosmische Größe bezeichnet wird. Ähnliches ergibt sich beim Vergleich mit der buddhistischen Trikaya-Lehre.

Das Christentum hat die Heilsgemeinschaft bislang anthropozentrisch gedacht und sogar dabei Einschränkungen gemacht. Es sind Menschen, denen das Heil gilt. Aber diese Menschen bestehen aus Fleisch und Blut, aus Stoffen, die sich auch in außermenschlichen Lebewesen, selbst in anorganischer Materie finden. Die Menschen sind eingebunden in den großen Haushalt der Natur, verwoben mit Kräften und Substanzen, die es auch außerhalb des Menschen gibt. Will man das den Menschen zugesprochene Heil ganzheitlich verstehen, bezieht es sich ausdrücklich auch auf den Leib, das »Fleisch« (»Auferstehung des Fleisches«!), dann muß die Materie hier mitgedacht werden. In letzter Konsequenz gilt es dann, nicht nur die Gemeinde der Glaubenden, sondern auch das sie umgebende Feld von Beziehungen und Bedingungen als in die Heilsgemeinschaft einbezogen zu erkennen. Die Menschheit, die Pflanzen und Tiere, die Erde und alles, was sie trägt, und der gesamte Kosmos bilden unter diesem

Aspekt eine einzige große Heilsgemeinschaft aller Wesen (vgl. auch Röm 8,19-22). Wählt man diesen Ansatz, so läßt sich unschwer zeigen, wie die Intentionen des Schöpfers, des Erlösers und Versöhners und des Vollenders zu einander finden. Die Gemeinde der Glaubenden kann dabei durchaus ihr Profil behalten. Als die Kirche Jesu Christi lebt sie inmitten einer Menschheit, die ihrerseits inmitten der Schöpfung lebt. Heilsgemeinschaft der Glaubenden existiert inmitten der weiten Heilsgemeinschaft der Menschheit, auch soweit diese ihrem Heil gegenüber blind oder gestört ist, die aber ihrerseits wiederum inmitten einer noch viel weiteren Heilsgemeinschaft steht, nämlich der Heilsgemeinschaft aller Wesen, die Gott zur Erfüllung seines Schöpfungs- und Erlösungshandelns führen wird.

Geht man von der buddhistischen Trikaya-Lehre aus, so kann man, ebenfalls etwas gewagt, folgende Überlegungen anstellen. Wenn der Dharmakaya, der »Leib der Großen Ordnung«, die Einheit des Buddha mit allen Wesen bezeichnet, entspricht dies in gewisser Weise dem, was in der Urchristenheit durch die Gleichsetzung Jesu Christi mit dem Logos gesagt werden sollte: Was die Welt im Innersten zusammenhält, ist in Jesus Christus erschienen – in der Realität eines historischen Menschen.[130] Für die Ekklesiologie bedeutet dies: Jesus Christus, der von seiner Gemeinde gepriesen wird und als dessen »Leib« sie sich versteht, ist zugleich derjenige, der den ganzen Kosmos durchwaltet. Zwischen dem Sein Jesu Christi als sein Leib in Gestalt der Kirche und seinem Walten im Kosmos besteht eine ontologische Relation, die auch das Verhältnis zwischen Kirche und Kosmos bestimmen (und z. B. konkrete ökologische Konsequenzen haben) muß. Damit wird zugleich plausibel, wieso die Christenheit den Gedanken der »ecclesia triumphans«, der seinerseits in gewisser Weise mit dem »Buddha-Leib der Wonne« (Sambhogakaya) verglichen werden könnte, eher zurückstellt und stärker die im Diesseits unterwegs seiende und kämpfende Kirche als den Leib Christi hervorhebt.

3. Gegenüber diesen Erweiterungen des herkömmlichen Begriffs von Kirche, die aber in den späten Schriften des Neuen Testaments durchaus angelegt sind, zeigt sich seine Profilierung, wenn man ihn mit dem jüdischen Denken konfrontiert. Dem Judentum ist der Begriff »Leib« zur Kennzeichnung seiner Gemeinschaft fremd, ja anstößig. Er könnte die Gefahr in sich bergen, die kategoriale Differenz zwischen Gott, dem Ewigen, und der sterblichen Kreatur, zwischen Schöpfer und Geschöpf zu verwischen. Auch eine Tendenz zur Selbstvergötzung der Gemeinschaft wäre dabei nicht auszuschließen. Das Neue Testament wehrt dieser Gefahr immerhin dadurch, daß es Jesus Christus nicht nur als »Leib«, sondern zugleich als »Haupt des Leibes« (vgl. Kol 1,18) versteht und die damit gewählte Metaphorik ohnehin in den Zusammenhang auch ganz anderer Bilder stellt (Volk, Haus, Weinstock, Herde). Das Judentum kennt aber als Selbstbezeichnung den aus Deuterojesaja gewonnenen Begriff »Knecht Gottes«, den wiederum die Kirche nicht auf sich anwendet. Sie tut dies nicht, weil sie im

---

130. Vgl. H. Küng in H. Küng 1984, 602.

Erlösung

Blick auf das Heilswirken des Gottesknechts Jesus Christus keine Unklarheiten aufkommen lassen will: Er ist der Knecht Gottes, der »unsre Krankheit« trug und »unsre Schmerzen« auf sich lud (vgl. Jes 53,4) – nicht die Kirche. Das Volk Israel mußte in seiner Funktion als »Knecht Gottes« schon vor der Geburt Jesu Christi ganz spezifische Erfahrungen machen; die Shoah hat die Gestalt des leidenden Gottesknechts noch einmal auf eine schreckliche Weise hervortreten lassen. Wenn sich die Kirche als »Leib Christi« versteht, dann wird sie sich auch als Leib des leidenden Gottesknechts entdecken und bejahen müssen. Nicht triumphale Machtansprüche, wie es sie im Kontext des Konstantinischen Zeitalters durchaus gegeben hat, sind ihr dann angemessen, sondern das Zeugnis des Leidens in Verzicht, in Selbstverleugnung und im selbstlosen Einsatz für andere Menschen und für die Mitwelt. Die »Zerstörung des Tempels« und die Zerstreuung in die »Diaspora« sind dann ein Geschick, dem sich die Kirche nicht entziehen darf. Sie könnte von Israel als dem Gottesknecht aber auch noch anderes lernen, nämlich das gegen alle Widerstände durchgehaltene Dennoch des Glaubens. Unbeeindruckt durch rückläufige Mitgliederstatistiken und missionarische oder gesellschaftliche Mißerfolge würde sie unbeirrbar an ihrem Auftrag festhalten, Zeugin des dreieinen Gottes zu sein.

Auch der Islam kennt das Symbol des Leibes als Selbstbezeichnung seiner Gemeinschaft nicht. Er zieht das Bild des »Hauses« vor; er sieht die Welt eingeteilt in ein »Haus des Friedens« (»Haus des Islam«) und ein »Haus des Krieges«. Das Bild vom Haus hat Anklänge im Neuen Testament; die Gemeinde versteht sich als »Haus« oder als »Tempel« Gottes (vgl. I Tim 3,15, I Kor 3,16 f. und öfter). Die Glaubenden sollen sich als »lebendige Steine« erbauen zum »geistlichen Hause« (I Petr 2,5), wobei allerdings eher das lebendige Gefüge im Vordergrund steht als die Atmosphäre, die im Hause herrscht. Die muslimische Sicht zweier »Häuser«, zweier klar voneinander getrennter Bereiche, die sich dann ja mit der Rede vom »Heiligen Krieg« verbinden kann, wird für Christen nicht nachvollziehbar sein. Sie macht jedoch, wenn man sie trotz aller Begrenztheit auf die Kirche zu übertragen versucht, gleichwohl deutlich, daß zwischen der Kirche im eigentlichen Sinne und der übrigen Menschheit – bei aller inneren Verbundenheit – auch ein grundsätzlicher Unterschied besteht. Die Gemeinde weiß um den »Frieden Gottes, der höher ist als alle Vernunft« (Phil 4,7), und versucht, ihn inmitten einer Welt des Unfriedens zu bezeugen und wenigstens ansatzweise zu verwirklichen.

(2) Die Gestalt der Kirche als Dienstgemeinschaft

Im Blick auf ihre soziale Gestalt hat die Kirche in der Phase ihrer Entstehung bei der Synagoge und wohl auch bei hellenistischen Mysterienreligionen Anleihen gemacht. Dies bedeutet, daß einerseits bestimmte, für sie spezifische Einsichten nur unzureichend oder gar nicht umgesetzt wurden und daß andererseits verbreitete außerchristliche, psychologisch oder soziologisch naheliegende Tendenzen sich immer wieder melden oder zeitweise sogar durchsetzen konnten. Die Erkenntnis des Paulus, daß es in der christlichen Gemeinde keinen prinzipiellen Unterschied zwischen Sklaven und Freien sowie zwischen Frauen und Männern geben könne (vgl. Gal 3,28), benötigte Jahrhunderte, bis sie sich Bahn zu brechen vermochte. Umgekehrt hielt das religionspsychologisch plausible Gesetz, daß eine religiöse Gruppe hierarchisch gegliedert sein will und nach priesterlicher Leitung verlangt, schon bald in der frühen Kirche Einzug. Umso aufschlußreicher ist es, die Gestalt der Kirche mit möglichen außerchristlichen Analogien theologisch zu konfrontieren.[131] Dabei ergibt sich einerseits, welche Gestalt von Gemeinschaft die Kirche Jesu Christi, wenn sie sich auf das Neue Testament bezieht, ablehnen muß und in welchen Hinsichten sie sich andererseits als durchaus flexibel erweisen sollte.

(a) Die Kirche als Herausforderung außerchristlicher religiöser Gemeinschaftsgestalten

1. Häufig gibt es in den Religionen eine Tendenz, die »Vollkommenen« oder die »Heiligen« von anderen Mitgliedern der Gemeinschaft abzuheben, die es in ihrem religiösen Wissen, in ihrer Hingabe oder ihrer religiösen Praxis noch nicht so weit wie diese gebracht haben. So ist wahrer Buddhist eigentlich der Mönch bzw. die Nonne. Das Neue Testament widerspricht dieser Tendenz, indem es einerseits alle Glaubenden als »Heilige« bezeichnet und andererseits ebenso alle zur Heiligung auffordern kann. Die Gottesnähe ist nicht teilbar, wenn sie auch in unterschiedlicher Weise wahrgenommen werden und zur Auswirkung gelangen mag. Sie ist zudem nicht beliebig herstellbar und verfügbar; kein Glaubender kann seinen Glauben anders bekennen als mit dem Schrei jenes Vaters, von dem das Markus-Evangelium berichtet: »Ich glaube; hilf meinem Unglauben!« (Mk 9,24). Mit diesen Einsichten ist der Gedanke völlig unvereinbar, daß es in der Kirche einen eigenen religiösen Stand gibt, der sich von den übrigen Mitgliedern der Gemeinde abheben darf, wie dies beim Mönchsstand des Mittelalters der Fall war oder etwa bei den hinduistischen Brahmanen noch heute der Fall ist. Eine Differenzierung der Heilsgemeinschaft, wie sie im Kastenwesen zum Ausdruck kommt, widerspricht dem Selbstverständnis der Kirche radikal. Indem das Christentum hier klare Maßgaben kennt, denen es freilich oft genug selbst nicht gefolgt ist, hat es mindestens unterschwellig einen wichtigen Beitrag zur Entdeckung der Menschenrechte geleistet. Es knüpft an das Modell der autarken mündigen Gemeinde an, wie es in

---

131. Zum soziologischen Vergleich siehe Max Weber, Grundriss der Sozialökonomik. II. Abt. Wirtschaft und Gesellschaft. 1. Halbband, Tü ³1947, 227-296; 2. Halbband ⁴1956, 662-734.

der Synagoge ausgebildet wurde: Die Vollzahl zehn mündiger Männer legitimiert auch ohne Anwesenheit eines Rabbiners den synagogalen Gottesdienst; nicht berücksichtigt werden hier allerdings die Frauen. Den an Jesus Christus Glaubenden ist verheißen:»Wo zwei oder drei versammelt sind in meinem Namen, da bin ich mitten unter ihnen« (Mt 18,20).[132] Der Islam postuliert die religiöse Gleichstellung der Frauen, der er aber in manchen praktischen Hinsichten widerspricht. Auch in buddhistischen Traditionen kann die spirituelle Kapazität von Frauen als begrenzt angesehen und den Männern daher ein höherer geistiger Rang eingeräumt werden, während in den hinduistischen Traditionen die Kastentrennung die Geschlechterdifferenz oft übergreift. Wie sehr auch immer die Kirche hier ihren eigenen Prinzipien widersprochen haben oder noch immer widersprechen mag: Von ihrem Ansatz her hat sie innerhalb und außerhalb ihrer eigenen Reihen klar Position zu beziehen und sich gegen jede spirituelle Diskriminierung von einzelnen oder Gruppen zu wenden.

2. Mit spiritueller Differenzierung verbindet sich oft ein hierarchisches Denken: Die Heilsgemeinschaft verteilt sich auf einen Laien- und einen Priesterstand, der noch einmal in sich gegliedert sein kann. Judentum und (sunnitischer) Islam haben sich dieser religionsgeschichtlich mächtigen Tendenz am weitesten entziehen können. In den hinduistischen Traditionen reproduziert sie sich in gewisser Weise im Kastenwesen; im Buddhismus ist sie vor allem in dessen tibetischer Variante ausgeprägt. Innerhalb des Christentums liegt bekanntlich in diesem Bereich eine der stärksten Trennungslinien zwischen den großen Konfessionsfamilien.

Im Neuen Testament stehen zwei Gemeindekonzeptionen einander gegenüber, die aber fast in einem Atemzug genannt werden können: die Gemeinschaft charismatischer Dienste und die durch Ämter verfaßte Gemeinde. Diese beiden Konzeptionen widersprechen einander dann nicht, wenn sie als prinzipiell gleichwertig und nur aus pragmatischen Gründen unterschiedlich angelegt aufgefaßt werden. Auch charismatische Dienste bedürfen der Ordnung und einer funktionalen Abgestimmtheit auf einander; damit kann aber keine ontologische Differenz markiert sein, wie dies etwa das II. Vatikanum behauptet (LG 10:»essentia et non gradu tantum«), zumal sich diese bei Ausschluß der Frauen vom Priesteramt noch einmal geschlechtsspezifisch auswirken würde. Die ontologische Differenz, wenn man diese Terminologie wählen will, besteht zwischen Gott und den Menschen, nicht aber zwischen den Menschen untereinander. Auch hier hat die Kirche innerhalb und außerhalb ihrer Mauern klar für das Evangelium Stellung zu beziehen.

132. Eine Einschränkung auf Männer erscheint hier widersinnig; vgl. allerdings die nur auf Männer zu beziehende jüdische Parallele:»Wenn zwei zusammensitzen und sich mit Toraworten beschäftigen, so ist Gott unter ihnen« (zitiert nach: Stuttgarter Erklärungsbibel ²1992 zur Stelle).

(b) Die Kirche als Modell einer Gemeinschaft von Diensten

1. Der christliche Glaube führt weder zu einer Gemeinschaft, deren hierarchischen Stufen und Zwängen sich die einzelnen Glaubenden unterordnen müßten, noch zu einer Vereinzelung, die keine Gemeinschaft mehr kennt. Sein Ideal ist nicht der hinduistische Sannyasin, der in weitestgehender Besitz- und Beziehungslosigkeit nur auf die spirituelle Befreiung seiner selbst ausgerichtet ist, und auch nicht der (hinayana-) buddhistische Arhat, für den alles Anhaften erloschen ist und der spirituell nichts mehr zu lernen hat. Eher schon wäre an den Bodhisattva zu denken, der sich den Mitmenschen und der Mitwelt zuwendet, nur daß nach christlicher Auffassung diese Funktion allen Glaubenden zukäme und von diesen auch aneinander geübt werden müßte. Am klarsten ist diese Sicht in der lutherischen Tradition ausgeprägt: Christenmenschen sind einander Priesterinnen und Priester; sie haben geistliche Aufgaben aneinander, nämlich einander das Heil zu bezeugen und zur Partizipation daran zu verhelfen. Sie vertreten einander Jesus Christus selbst, sie entlasten einander im Namen Jesu und eröffnen einander eine Zukunft in Liebe und Vertrauen. Indem sie so aneinander handeln, vollführen sie zugleich ihren gemeinsamen Auftrag: das allgemeine, gegenseitige und gemeinsame Priestertum der Glaubenden. Diese Konzeption von Heilsgemeinschaft, so unzureichend auch immer sie bislang verwirklicht wurde und wird, dürfte, religionsphänomenologisch gesehen, ihresgleichen suchen. Sie ist eine Gabe der protestantischen Christenheit an die Ökumene und an die Welt der Religionen, ja in gewisser Weise an die Menschheit, denn auch die säkularen Ideale von Freiheit, Gleichheit, Brüderlichkeit und Demokratie hängen eng mit ihr zusammen. Der Blick auf außerchristliche Religionen kann diese Sicht von Heilsgemeinschaft jedoch durchaus bereichern. Das jüdische Anliegen, eine Solidargemeinschaft zu entwickeln, in der jeder für jeden bürgt und – in einem auch materiellen Sinn – einsteht, würde ihr durchaus nahekommen. Der hinduistische Gedanke, daß jeder Lebensstufe bestimmte Lebensziele entsprechen und daß auch das spirituelle Profil einer Lebensgeschichte sich damit verändert, kann das Konzept des gegenseitigen Priestertums insofern vertiefen, als dadurch lebensgeschichtliche spirituelle Differenzierungen ihre eigene Würde und Funktion erhalten. Gegenwärtige Untersuchungen zum Verhältnis von Glaube und Biographie nähern sich diesem Ansatz aus psychologischer Perspektive. Ebenso ist das Kloster »auf Zeit«, wie es in manchen buddhistisch geprägten Regionen angeboten wird, bereits dabei, wieder ein Modell auch für christliche Existenz zu werden.

(3) Die Kirche, Israel und die Menschheit

Bei vielen der großen Themen des Glaubens wird sich christliche Theologie gegenüber alttestamentlichen und jüdischen Aussagen im Modus einerseits der Aufnahme, andererseits der Abgrenzung befinden. Ganz besonders deutlich wird dies, wenn es um das Selbstverständnis der Kirche geht, zu dem ja gehört, daß sie aus dem alttestamentlichen Gottesvolk hervorgegangen ist. Die schreckliche Leidensgeschichte, die das Christentum dem Judentum bereitet hat, wirkt sich auch im Bereich theologischer Reflexion als belastend aus. Zudem ist schon die Terminologie schwierig: Hat man von »Israel« oder vom »Judentum« zu sprechen, und was ist damit jeweils gemeint? Nach dem üblichen Sprachgebrauch christlicher Theologie meint »Israel« das alttestamentliche Gottesvolk, aus dem einerseits das Christentum, andererseits das Judentum hervorgegangen ist; kultursoziologische, ethnologische oder politische Gesichtspunkte bleiben dabei unberücksichtigt. Damit sind aber nur schwerpunktmäßig jeweilige Perspektiven genannt, da sich eine klare terminologische Differenzierung angesichts der Vielzahl der hier sich einstellenden Assoziationen schwerlich wird herstellen lassen. Wie also ist das Verhältnis zwischen Kirche und Israel/Judentum theologisch zu verstehen? Wie steht es, aus der Warte christlicher und jüdischer Theologie gesehen, um das Verhältnis zwischen Israel/dem Judentum und der Menschheit? Was könnte daraus für das Verhältnis zwischen der Kirche und der Menschheit folgen?

(a) Israel und die Kirche

1. Man wird nach dem Verhältnis von Israel und Kirche aus der Sicht beider Partner zu fragen haben. In beiden Hinsichten hat gerade das 20. Jahrhundert zu neuen Überlegungen geführt. Im Bereich des Judentums waren es vor allem Franz Rosenzweig und Martin Buber, die hier neue Wege gewiesen haben. Sie halten selbstverständlich am jüdischen Erwählungsbewußtsein fest, ohne jedoch dem Christentum seinen weltgeschichtlichen Auftrag abzusprechen. Niemand komme »zum Vater« denn durch Jesus Christus (Joh 14,6); Israel aber ist bereits beim Vater![133] Christentum und Judentum müssen nicht als zwei Konkurrenten erscheinen, von denen jeder den anderen zu überzeugen und zu übertrumpfen versucht, sondern als zwei Partner, die auf getrennten Wegen zum selben Ziel gelangen werden. »Der Christ braucht nicht durchs Judentum, der Jude nicht durchs Christentum zu gehen, um zu Gott zu kommen«.[134] Das Judentum sei dem Feuer zu vergleichen, das Christentum den Strahlen, die davon ausgehen – leider aber seien die Christen oft blind für das Feuer und die Juden für die Strahlen.[135] Beide haben sie ihre Aufgabe an der Welt; man könne geradezu von einer »heilsgeschichtlichen Arbeitsteilung« (Hermann Levin Goldschmidt) sprechen.

2. Sucht christliche Theologie das Verhältnis zwischen Israel und der Kirche zu bestimmen, so hat sie sich besonders mit dem auseinanderzusetzen, was

---

133. Franz Rosenzweig 1913 an Rudolf Ehrenberg; vgl. Sch. Ben-Chorin 1993, 70 f.
134. M. Buber, Nachweis in LRG 793.
135. Vgl. G. Mayer 1994, 254.

Paulus dazu zu sagen weiß: Den Israeliten gehören die »Kindschaft«, »die Herrlichkeit und der Bund und das Gesetz und der Gottesdienst und die Verheißungen«, »die Väter«, »aus denen Christus herkommt nach dem Fleisch« (Röm 9,4 f.). Wenn sie sich auch dem Christuszeugnis (noch) verschließen – die christliche Gemeinde muß wissen, »daß nicht du die Wurzel trägst, sondern die Wurzel trägt dich« (Röm 11,18).[136] Die intensive exegetische und theologische Beschäftigung mit diesen Grundaussagen hat zu einer Auffassung geführt, wie sie im Synodalbeschluß der Rheinischen Synode 1980 formuliert wurde: »… Wir glauben die bleibende Erwählung des jüdischen Volkes als Gottes Volk und erkennen, daß die Kirche durch Jesus Christus in den Bund Gottes mit seinem Volk hineingenommen ist … Wir glauben, daß Juden und Christen je in ihrer Berufung Zeugen Gottes vor der Welt und voreinander sind …«.[137] Judenmission im klassischen Sinne ist damit ausgeschlossen. Schon Leonhard Ragaz hatte dafür plädiert, Christentum und Judentum zusammen als das größere »Israel« zu verstehen.[138] Die EKD-Studie »Christen und Juden II« (1991) sekundiert: »Die Kirche ist das durch den Glauben an Jesus erneuerte, durch die hinzukommenden Heiden erweiterte Volk Gottes.« Israel lebe »nach wie vor im Bereich des Bundeshandelns jenes Gottes …, den auch die Kirche als ihren Gott bekennt.«[139] Diese Feststellung ändert freilich nichts an der Tatsache, daß sich das Judentum dem Christuszeugnis verschließt und darum aus christlicher Sicht als nichtchristliche Religion erscheint.[140]

(b) Israel und die Menschheit

1. Das Judentum weiß, auch wenn es sich im Verhältnis zum Christentum neu zu orten versucht, prinzipiell um seine weltgeschichtliche Sendung: »Alle Voraussetzungen und alle Ziele des Judentums führten dazu, daß es die Welt zu sich zu bekehren sucht – oder genauer noch: nicht sowohl sie zu bekehren als vielmehr sie zu belehren sucht. Sein Glaube an Gott wie sein Glaube an den Menschen fordert es.«[141] Die Vision der Völkerwallfahrt zum Zion bezieht die gesamte Menschheit ein. Der Tempel wird ein »Bethaus heißen für alle Völker« (Jes 56,7; vgl. Jes 66,18). Schon mit der Verheißung an Abraham verbindet sich die Erwartung, daß in ihm »alle Geschlechter auf Erden« gesegnet werden sollen (Gen 12,3). Der Bund Gottes mit Abraham wird durch genealogische Spekulationen mit dem Noah-Bund in Beziehung gebracht, und Noah wiederum

---

136. Vgl. Fr.-W. Marquardt, Das christliche Bekenntnis zu Jesus, dem Juden. Eine Christologie, Bd. 1, M 1990, 180-297; bes. 278-296.
137. Zitiert nach TRE 17,397.
138. L. Ragaz, Israel – Judentum – Christentum, Z ²1943.
139. Christen und Juden II. Zur theologischen Neuorientierung im Verhältnis zum Judentum. Eine Studie der EKD, Gü 1991, 50,55. Zum Ganzen vgl. Christen und Juden III, epd-Dokumentation Nr. 37/00, bes. 7 ff.
140. Vgl. ebd.
141. L. Baeck ³1985, 287.

wird als Nachkomme Adams begriffen: Diese heilsgeschichtliche Konstruktion, auch wenn sie einer bestimmten Zeit angehört und sich aus bestimmten politischen und gesellschaftlichen Bedingungen erklären mag, bringt das durch Gott konstituierte konstruktive Verhältnis zwischen Israel und der gesamten Menschheit zum Ausdruck. Die Kirche, die sich ihrerseits in historischer und heilsgeschichtlicher Abhängigkeit von Israel sieht, wird diesen Referenzrahmen auch für sich selbst zu bedenken haben.

An die Seite theologisch begründeter Selbstinterpretationen treten religionsgeschichtliche Fakten. Es ist ja nicht so, daß Israel seinen Glauben durch einen religionsgeschichtlich unnachvollziehbaren Offenbarungsvorgang gewonnen oder aufgrund von schöpferischen religiösen Kräften aus sich selbst heraus entwickelt hätte. Der Glaube Israels ist vielmehr in einem komplizierten Rezeptions- und Assimilationsprozeß entstanden, der sich z. T. bis ins Einzelne nachzeichnen läßt. Hinter den Schöpfungsberichten des Alten Testament stehen babylonische Vorstellungen, hinter seiner Königstheologie ägyptische Anschauungen, in den Psalmen ist ein Sammelsurium außerisraelitischer Motive nachzuweisen, das Trishagion stammt vermutlich aus dem kanaanäischen Kult, in der Weisheitsliteratur gibt es zahlreiche Überschneidungen mit verwandter außerisraelitischer Literatur. Israels Glaube ist verwoben mit der gesamten Religionsgeschichte des Vorderen Orients und damit natürlich mit der Entstehungsgeschichte menschlicher Religion überhaupt. Die Kirche, die sich auf ihre Zusammengehörigkeit mit Israel beruft, wird dies nicht ignorieren können.

(c) Die Kirche und die Menschheit

Frühere Generationen sind über dieses Verwobensein Israels und damit auch der Kirche mit der Welt der Religionen erschrocken. Heute tun sich gerade aus diesem Zusammenhang heraus neue Wege auf. An der Geschichte des Bundesvolkes Israel mit seinem Gott kann etwas davon deutlich werden, wie dieser Gott mit allen Völkern umgeht, in welcher Beziehung er zu ihnen gesehen werden muß. Wenn sich behaupten läßt, daß Israel trotz seiner Ablehnung Jesu Christi »im Bereich des Bundeshandelns« Gottes steht[142], dann wird sich dies ja wohl auch für alle anderen Völker und Religionen geltend machen lassen, die den christlichen Glauben von sich weisen. Der Noah-Bund, nach der Sintflut geschlossen, ist schließlich als Bund mit der gesamten Menschheit, ja in gewisser Weise mit der ganzen Schöpfung verstanden. Die Geschichte Israels gewinnt damit »paradigmatische Transparenz« für Gottes Ziele mit der ganzen Menschheit und dafür, wie Gott sich aufgrund der Zurückweisung durch Menschen von seinen heilvollen Zielen nicht abbringen läßt. Das II. Vatikanum formuliert,

142. Siehe oben Anm. 139. Zum Ganzen vgl. den für die Vollversammlung der LKG in Belfast 2001 erarbeiteten Entwurf: »Kirche und Israel. Ein Beitrag der reformatorischen Kirchen Europas zum Verhältnis von Christen und Juden«. Der endgültige Text voraussichtlich in: epd August 2001.

Gott, der Urheber des Alten und des Neuen Bundes, habe in seiner Weisheit gewollt, daß »der Neue im Alten verborgen und der Alte im Neuen erschlossen sei« (DV 16). Nimmt man die theologischen und religionsgeschichtlichen Voraussetzungen ernst, denen zufolge Israel mit den Religionen seiner Umwelt verbunden ist, dann darf dieser Ansatz im Blick auf die gesamte Menschheit erweitert werden. Dann gilt, daß, was der christliche Glaube zu sagen hat, in außerchristlichen Religionen verborgen ist, und daß, was in den außerchristlichen Religionen sich verbirgt, im christlichen Glauben erschlossen ist: nämlich die Treue Gottes gegenüber der Menschheit und der gesamten Schöpfung.

(4) Trinitarisch orientierte Ekklesiologie

Die Kirche lebt ganz und gar von Vorgaben, die der dreieine Gott gewährt, und sie dient ganz und gar den Zielen des dreieinen Gottes. Sie ist wohl Geschöpf des Wortes von Jesus Christus (»creatura verbi«)[143], aber dieses Wort läßt sich nicht isolieren gegenüber seinen schöpfungsmäßigen Voraussetzungen und gegenüber den pneumatologischen Bedingungen, unter denen es wirksam wird. Es ist der Schöpfer, dem die Menschen ihre Sprach- und Hörfähigkeit und ihr Transzendierensvermögen verdanken. Es ist der Erlöser, der sich ihnen in Jesus Christus, in seiner Botschaft und in dem Zeugnis von seinem Sterben und Auferstehen, vergegenwärtigt. Es ist der Vollender, der die Bereitschaft zur Annahme der erlösenden Botschaft und zur Partizipation an der Macht der Erlösung bewirkt. Die Kirche hat ihren Ursprung im dreifaltigen Wirken des dreieinen Gottes – wie die gesamte Menschheit, wie der ganze Kosmos.[144] Das Erstehen der Kirche kann daher nicht in einem kontradiktorischen Gegensatz zur Welt der Religionen gesehen werden. Auch in den nichtchristlichen Religionen spricht sich Gottes schöpferisches, erlösendes und vollendendes Wirken aus. Es reicht nicht, hier nur vom »Welthandeln« Gottes zu reden, das den Menschen im Blick auf ihr Zusammenleben und die Bewältigung ihres irdischen Lebens zugute käme.[145] Des dreieinen Gottes dreifaltiges Wirken läßt sich nicht aufteilen; seine drei Grundintentionen lassen sich unterscheiden, aber nicht

143. Siehe S. 594f., 665f.
144. Vgl. trotz anderer Zielsetzung Bruno Forte, La Chiesa della Trinità. Saggio sul mistero della Chiesa, comunione e missione, Cinisello Balsamo (Milano) 1995. Er gibt den ersten Teil seiner Darlegungen die Überschrift: »De Trinitate Ecclesia‹ (sic!). L'origine trinitaria della Chiesa«; im zweiten Teil geht es um »›Sanctorum communio.‹ La forma trinitaria della Chiesa«. Vgl. auch G. Greshake, der den ekklesiologisch gewonnenen communio-Gedanken in einer »kommunialen« Trinitätslehre begründet sieht. G. Greshake, Der dreieine Gott, Fr 1997, 377 ff.
145. Gegen: Religionen, Religiosität und christlicher Glaube. Eine Studie. Hg.: Geschäftsstelle der Arnoldshainer Konferenz / Lutherisches Kirchenamt Hannover, Gü 1991, 125 f.

voneinander trennen (»opera trinitatis ad extra sunt indivisa«). Die Kirche muß trotz ihrer spezifischen Konstitutionsbedingungen ihre Entstehung auf denselben Prozeß zurückführen, aus dem auch die nichtchristlichen Religionen hervorgegangen sind.

Diese Einsicht kann sie zugleich erschrecken und befreien. Das Moment der Befreiung liegt darin, daß die christliche Kirche sich dadurch in die Lage versetzt sieht, ihr Verhältnis zu nichtchristlichen Religionen neu zu bestimmen: In der Tat spricht und wirkt Gott auch in ihnen. Auch mit den Menschen, die ihnen anhängen, besteht ein »Bund« Gottes. Auch von ihnen kann die Kirche – ebenso wie der einzelne Christ, die einzelne Christin – lernen. Ein Moment des Erschreckens aber stellt sich ein, wenn die Erkenntnis aufbricht, daß auch die Kirche – wie sie dies an anderen Religionen zu beobachten meint – dem Wirken Gottes in Lehre und Leben widersprechen kann. Sie kann »falsche Kirche« sein; in ihr kann Antichristliches, kann der »Antichrist« sich zeigen. Die reformatorische Tradition kennt die explizite Rede von der »falschen Kirche«, von der die »wahre Kirche« immer bedroht ist und die sich keineswegs mit konfessionellen Grenzen deckt. Die Einsicht in diese grundsätzliche Gefährdung verbindet die christliche Kirche freilich abermals mit den nichtchristlichen Religionen: Jegliches Überheblichkeitsgefühl ist ihr damit verwehrt. Sie weiß sich aufgefordert, sich so aufmerksam wie möglich an ihren Quellen zu orientieren, und sie weiß sich jederzeit angewiesen auf die gnädige Zuwendung des dreieinen Gottes, dessen Geist unverfügbar wirkt. Die wahre Kirche ist demütig und lernbereit. Sie pocht nicht auf ihre Erkenntnisse und Erfahrungen, und schon gar nicht auf ihre Leistungen und ihre Macht. Sie vertraut allein auf den dreieinen Gott, dem sie sich verdankt. Von daher ergibt sich, was sie unter »Mission« versteht: freimütige Bezeugung dessen, was sich ihr in der Begegnung mit Jesus Christus erschließt – in der Gewißheit, daß der dreieine Gott innerhalb und außerhalb ihrer selbst am Werk ist.

D Thesen

1. Die eine, heilige, katholische und apostolische Kirche begegnet nicht anders als in einer Vielzahl christlicher Kirchen und Denominationen.

2. Ekklesiologie muß daher aus der Perspektive jeweils einer bestimmten Kirche sowie in ökumenischer Offenheit und Verantwortlichkeit für die gesamte Christenheit betrieben werden.

3. Die Einheit der Kirche vollzieht sich im ökumenischen Prozeß ekklesiologischer und ekklesialer Bemühungen aller beteiligten Kirchen.

4. Die Heilsgemeinschaft, welche die Kirche darstellt, ist durch das Heil konstituiert, das sich in den Kirchen durch Wort und Sakrament vermittelt.

5. Das in der Kirche sich vermittelnde Heil hat Konsequenzen im Blick auf den Lebensstil der Glaubenden, die ihr angehören, und auf die Verfaßtheit, nach der diese ihre Gemeinschaft ordnen, ohne daß eine bestimmte Gestalt der Kirchenzucht oder der äußeren Organisationsstruktur damit ein für allemal festgelegt wäre.

6. Die Kirche ist als verborgene pneumatische Wirklichkeit zugleich eine sichtbare, an ihren spirituellen und diakonischen Diensten erkennbare soziologische Größe.

7. Um ihrem Auftrag zu entsprechen, nimmt die Kirche das eine Amt der Verkündigung und der Feier der Sakramente wahr, das sich – je nach Situation – in einer Vielzahl unterschiedlicher Ämter verwirklicht.

8. Der Vergleich mit den Gemeinschaftskonzepten nichtchristlicher Religionen zeigt, daß die Kirche – religionsphänomenologisch gesehen – insofern eine Besonderheit darstellt, als sie Elemente, die in anderen religiösen Gemeinschaften isoliert auftreten, in sich vereint und zugleich gewisse dort begegnende Einseitigkeiten ausgleicht.

9. Das Judentum kennt die Gemeinschaft des Bundes, der primär an einer ethnischen Größe orientiert ist, in dieser freilich nicht aufgeht.

10. Die Gemeinschaft aller Muslime wird als »Umma« bezeichnet, ohne daß diese im Sinne des Christentums als transzendentale Größe verstanden würde.

11. Hindus haben von Hause aus kein Bedürfnis, Grenzen der »ewigen Religion« zu markieren. Zwischen den zahllosen Kulten und Traditionen innerhalb des Hinduismus gibt es fließende Übergänge. Andererseits können Familie, Clan oder Kaste als Kultgemeinschaft aufgefaßt werden, die strenge Ausschlußkriterien kennt. Der einzelne Gläubige sieht sich allein auf seinem Weg zur Erlösung und zugleich hineinverwoben in die karmisch bestimmte Gemeinschaft der Menschheit, ja in kosmische Prozesse.

12. Buddhisten verstehen sich als Befolger des von Buddha gewiesenen Wegs; es geht ihnen um die Befreiung des Einzelnen. Die auf dem Weg des Buddha Vereinten bilden die Gemeinschaft der Mönche, Nonnen und Laien, wobei sich die Laien an der Gemeinschaft der Mönche und Nonnen orientieren.

13. Die theologisch gravierendste Differenz zwischen dem Selbstverständnis der Kirche und dem nichtchristlicher Religionen zeigt sich an der Metapher »Leib Christi«. Christen wissen, daß sie in Jesus Christus zusammengehören, für einander verantwortlich und gemeinsam dazu berufen sind, das Heil zu bezeugen. Sie gehen davon aus, daß in ihnen – sowohl in den einzelnen wie in der Gemeinschaft – Jesus Christus selbst sich vergegenwärtigt.

14. Als »Leib Christi« hat die Kirche in Aufnahme des alttestamentlich-jüdischen Gottesknechts-Gedankens dem Weg und dem Leiden des irdischen Jesus zu entsprechen – in der Gewißheit, daß ihre Berufung sie über die Grenzen des Irdischen hinausführen wird.

15. Eine prinzipielle Unterscheidung zwischen Mönchen / Priestern und Laien (wie im Buddhismus) oder zwischen Kasten (wie im Hinduismus) widerspricht nach evangelischer Auffassung dem christlichen Glauben ebenso wie eine spirituelle Herabstufung von Frauen (wie tendenziell in Islam oder Judentum). Die Kirche begreift sich vielmehr prinzipiell als eine Gemeinschaft von einander Dienenden.

16. In alledem weiß sich die Kirche einerseits von den nichtchristlichen Religionen unterschieden, andererseits auf sie bezogen. Wie sie auf Gottes Bund mit Israel beruht, so beruht sie zusammen mit Israel auf Gottes Bund mit der Menschheit. Als Heilsgemeinschaft erwächst sie aus der bisher ergangenen Heilsgeschichte und weiß sich zugleich bezogen auf die künftige Heilsgeschichte, die für Israel und die Menschheit unabgeschlossen ist und darauf zielt, daß schließlich der dreieine Gott, der Inbegriff allen Heils, »alles in allem« sein wird (I Kor 15,28).

9 Hoffnung über den Tod hinaus

9.1 Grundprobleme eschatologischen Denkens

A Christliche Eschatologie[1]

(1) Grundprobleme

Die christliche Eschatologie kennt eine Reihe von Grundproblemen, die vor allem im Lauf des 19. und 20. Jahrhunderts zutage getreten sind. Sie haben teils mit weltanschaulichen Wandlungen, teils mit Erkenntnissen der historisch-kritischen Exegese zu tun.

(a) Die Plazierung des Lehrstücks

Handelt es sich bei der »Lehre von den letzten Dingen« um ein Einzelthema der Dogmatik oder um ihren prinzipiellen Ansatz? In einer heilsgeschichtlich orientierten Dogmatik galt die Eschatologie als der letzte Akt; die Dogmatik begann mit der Schöpfung und endete mit dem Weltende. Protologie und Eschatologie konnten sich so in gewisser Weise entsprechen. Im übrigen sind die altkirchlichen Bekenntnisse in diesem Sinne aufgebaut. Die merkwürdige Bezeichnung »De novissimis« in der altprotestantischen Orthodoxie ist sozusagen von »hinten« her gedacht: Es geht um das Neueste, das nicht mehr von weiterem Neuem überboten werden kann.

Gegen diese Auffassung wurden vom Ende des 19. Jahrhunderts an vor allem exegetische Einsichten geltend gemacht (Johannes Weiß): Man stellte fest, daß in Jesu Verkündigung die Botschaft vom nahen Reich Gottes zentral ist; mit dem Auftreten Jesu war also eine implizite Eschatologie gegeben. Aufgrund dieser Einsicht bildete sich die Überlegung heraus, daß es sich bei der Eschatologie

---

1. Fr. Beißer, Hoffnung und Vollendung, Gü 1993 (= HST 15); E. Fahlbusch u. a., Art. Eschatologie, in: EKL³ 1, 1107-1125; S. Hjelde, Das Eschaton und die Eschata, M 1987; H. Küng, Ewiges Leben? M 1982; Fr.-W. Marquardt, Was dürfen wir hoffen, wenn wir hoffen dürften? Eine Eschatologie, 3 Bde., Gü 1993-1996; G. M. Martin, Weltuntergang. Gefahr und Sinn apokalyptischer Visionen, St 1984; J. Moltmann, Theologie der Hoffnung, M 1964; ders., Trinität und Reich Gottes, M 1980; ders., Das Kommen Gottes, Gü 1995; W. Pannenberg, Theologie und Reich Gottes, Gö 1979; C. H. Ratschow, Art. Eschatologie VIII, in: TRE 10, 334-363; J. Ratzinger, Eschatologie, Rb 1977; G. Sauter, Einführung in die Eschatologie, Da 1995; W. H. Schmidt, J. Becker, Zukunft und Hoffnung, St 1981; H. Vorgrimler, Hoffnung auf Vollendung, Fr 1980.

nicht um ein Schlußkapitel der Dogmatik, sondern um deren Gesamtansatz und Gesamtprägung handeln muß (Jürgen Moltmann). Durch die Erwartung des Eschaton werden auch Geschichte und Gegenwart qualifiziert. Die Auseinandersetzung mit dem in gewisser Weise »eschatologisch« orientierten Marxismus führte dann dazu, daß der futurische Aspekt der Eschatologie in den Vordergrund geriet (Ernst Bloch).

(b) Verführerische Esoterik?

An den Grenzen des Lebens – individuell und universal – entzündet sich die Phantasie; es zeigt sich eine »Faszination des Niemandslands«. Besonders seit es der Medizin möglich ist, Menschen aus dem Koma zurückzuholen, tut sich im Blick auf eine individuelle Hoffnung über den Tod hinaus ein weites Feld für esoterische Spekulationen auf. Die Jahrtausendwende hat apokalyptische Ängste und Hoffnungen hinsichtlich eines universalen Geschicks der Menschheit, ja des Kosmos ausgelöst. Nicht um eine echte Öffnung gegenüber der Transzendenz geht es oftmals hierbei, sondern um die radikale Auslotung und Ausbeutung der Immanenz. Vor diesem Hintergrund kam und kommt es immer wieder zur Versuchung, sich das Eschaton als Prolongation von irdischen Zuständen oder als Extrapolation von geheimen Idealen zu denken. Der Glaube hat es schwer, sich solchen Spekulationen gegenüber begründet zu profilieren. Nicht ohne Grund meldet sich hier die klassische Religionskritik; Feuerbach hielt das Grab für die Geburtsstätte der Götter. Auch die biblische Apokalyptik ist nicht frei von einem Zug zur Neugierde; die biblische Bilderwelt ist daher kritisch zu prüfen. Andererseits aber ist deutlich, daß die Frage nach einem letzten Sinn, der nicht aus dem Vorfindlichen einfach abzulesen ist, sich ohne Bilder, die das Vorfindliche transzendieren, nicht beantworten läßt.

(c) Verführerische Futurologie?

Das Planungs- und Handlungsvermögen des Menschen fordert dazu heraus, die Zukunft in den Blick zu nehmen und über vorfindliche Gegebenheiten und Bedingungen hinaus zu bedenken. So kam es beispielsweise immer wieder zu Utopien der bestmöglichen Gesellschaft (Thomas Morus, Campanella); hier haben auch die Realutopien des Marxismus oder der Frankfurter Schule ihre Funktion. Dem utopischen steht das futurologische Denken gegenüber.[2] Man entwickelt Szenarios: Es geht darum, den Herausforderungen der Zukunft gerecht zu werden und Verantwortung wahrzunehmen. An die Stelle eines optimistischen Zukunftsglaubens ist dabei in den letzten Jahrzehnten, wie allgemein bekannt, der

---

2. Der Begriff »Futurologie« stammt von Ossip K. Flechtheim (1943).

Gestus der Warnung getreten.[3] Der Gedanke der Verantwortung für die eigene Zukunft ist dem biblischen Denken nicht fremd, freilich anders zugespitzt: Die Zukunft liegt in Gottes Hand; von den ersten Christen wird sie unter dem Gesichtspunkt der Erwartung einer baldigen Wiederkunft Jesu Christi verstanden. In der verbleibenden Zeit kam es darauf an, im zwischenmenschlichen Bereich verantwortlich zu handeln und zu leben. Im übrigen galt: Was der Mensch sät, das wird er ernten (Gal 6,7). Die Parusieverzögerung hat das Bewußtsein der innerweltlichen Verantwortung der Christenheit zunehmend verstärkt. Der konziliare Prozeß »Gerechtigkeit, Friede und Bewahrung der Schöpfung« ist dafür in der Gegenwart ein eindrucksvolles Beispiel.

(d) Die Frage nach dem Eschaton als anthropologische Notwendigkeit

Die Frage nach einer »Zukunft« jenseits der Todesgrenze begegnet in allen Religionen und von den ersten Zeugnissen menschlichen Lebens an; früheste rituell vollzogene Schädelsetzungen und prähistorische Grabfunde belegen das. Religion »beginnt dort, wo Menschen sich mehr mit einem Leichnam beschäftigen, als zu seiner bloßen Beseitigung notwendig ist.«[4] Offenbar gehört zwar nicht die Antwort, aber doch die Frage nach dem, was mit dem Toten »ist« und was nach dem Tode »kommt«, zu den spezifischen Möglichkeiten und Aufgaben des Menschen. Das Tier wittert das ihm Drohende; der Mensch aber kann die Zukunft in den Blick nehmen; er kommt gar nicht umhin, dies zu tun. Das Wissen darum hat sich wohl im Lauf der Menschheitsgeschichte erst entwickelt (wie dies ähnlich im Lauf des Lebens des einzelnen Menschen der Fall sein kann); es begegnet auch in höchst unterschiedlichen Gestalten. Grundsätzlich aber gilt: Der Mensch ist dazu herausgefordert, sich dem Drohenden gegenüber zu verhalten. Er hat dazu eine Palette von Möglichkeiten entwickelt: Er kann sich die Zukunft phantasievoll ausmalen und damit Ängste und Hoffnungen antizipieren (Science fiction), er kann den Kopf in den Sand stecken und fliehen (Regression üben) oder er kann Widerstand leisten, indem er plant und gestaltet, projiziert und projektiert. Die Apokalyptik aller Zeiten scheint mit dem zu tun zu haben, was heute als Science fiction begegnet. Regression kann sich religiös äußern und auf Zeit als durchaus hilfreich erweisen. Widerstand kann sich als prophetischer Protest gerieren. Alle drei Möglichkeiten sind in der biblischen Tradition vertreten. Der Mensch hat darüber hinaus aber offenbar auch bis zu einem gewissen Grade die Möglichkeilt, das Bewußtsein der Grenze zu verdrängen oder sie zu überspielen. Schließlich gibt es auch den Versuch, die

---

3. Vgl. die Veröffentlichungen des Club of Rome sowie H. Jonas, Das Prinzip Verantwortung, F 1979.
4. Zwi Werblowsky in: C. v. Barloewen (Hg.), Der Tod in den Weltkulturen und Weltreligionen, M 1996, 162.

Grenze bewußt zu integrieren und auf diese Weise unschädlich zu machen. Dagegen erhebt die biblische Tradition Einspruch mit ihrem Insistieren auf Wachsamkeit und mit der Bitte: »Lehre uns bedenken, daß wir sterben müssen, auf daß wir klug werden« (Ps 90,12; Einheitsübersetzung: »Unsere Tage zu zählen lehre uns! Dann gewinnen wir ein weises Herz«).

(e) Die hermeneutische Problematik

Die christliche Eschatologie kann sich also weder von der esoterischen noch von der futurologischen noch auch von der grundsätzlichen anthropologischen Perspektive der Frage nach der Hoffnung über den Tod hinaus unabhängig machen. Sie bleibt ihrerseits verwiesen auf die biblischen Aussagen und Bilder, die im Blick auf ihren jeweiligen Geltungsbereich sorgsam geprüft werden müssen. Da sich die Bibel selbst in ihren eschatologischen Aussagen nicht einfach in Spekulation ergeht, sondern auf die vorfindliche Geschichte bezieht oder sogar bei ihr einsetzt, hat die christliche Theologie hier möglicherweise mehr Schwierigkeiten als nichtchristliche Religionen.

1. Allgemeine hermeneutische Probleme eschatologischer Rede

Das Wort – als das Medium der Antizipation – eröffnet zugleich mit der Möglichkeit, vorzugreifen, einen Spielraum, sich zu vergreifen. Es kann dann zu einem Medium der Fehlorientierung werden, wie dies gerade im Bereich der Eschatologie offensichtlich nicht selten der Fall war – man denke an Phantasien über Fegefeuer und Hölle, aber ebenso über den »Himmel«. Auch im Bild ereignet sich einerseits Vergegenwärtigung, andererseits tobt sich in ihm Phantasie aus. Das Bild im konkreten wie im übertragenen Sinne ist abhängig von der jeweiligen Bildwelt dessen, der es erschafft bzw. sich aneignet. Wort und Bild sind zudem abhängig von einem jeweiligen »Weltbild«, innerhalb dessen sie erstellt oder benutzt werden. Es erhebt sich die Frage, welchen Wirklichkeitsbezug Wort und Bild beanspruchen können. Dies gilt natürlich auch für biblische Aussagen und Bildwelten.

Man hat versucht, in diesem Zusammenhang zwischen Apokalyptik und Eschatologie zu unterscheiden. Die Apokalyptik unternimmt es, das Bild der Zukunft zu enthüllen, Mitteilungen von der Zukunft her zu gewinnen und zu geben. Der die Zukunft verhüllende Vorhang wird für einen Moment beiseite geschoben; Abläufe und Datierungen scheinen erkennbar zu werden; Zeichen, die das Gesehene bestätigen, werden gesucht und gefunden. Dies führt zu einem ganz bestimmten literarischen Genus und einem entsprechenden Denken.

Die Eschatologie behandelt zum Teil ähnliche Themen wie die Apokalyptik, aber sie tut dies, ohne auf das apokalyptische Bildmaterial angewiesen zu sein. Sie formuliert die im Blick auf die Zukunft gegebene Verheißung und prüft deren entsprechende Rückwirkungen und Konsequenzen für die jeweilige Gegenwart. Eschatologie kann sich in apokalyptischen Bildern äußern, apokalyptische Bilder können aber auch bar aller christlichen Eschatologie sein. Dieser Befund veranlaßt dazu, auch gegenüber apokalyptischen Bildern und Aussagen, wie sie in der Bibel auftauchen, kritisch zu sein.

2. Besondere hermeneutische Probleme angesichts biblischer Aussagen

In der biblischen Tradition begegnen
– Bilder, die sich als solche zu erkennen geben (Mt 25,1: »Dann wird das Himmelreich gleichen ...«; Jes 9,2: »... wird man sich freuen, wie man sich freut in der Ernte, wie man fröhlich ist, wenn man Beute austeilt«; Apk 21,1: »Ich sah einen neuen Himmel und eine neue Erde ...«).
– Bilder, die künftige Wirklichkeit (zu) beschreiben (scheinen): (vgl. I Thess 4,16 ff.: »Er selbst, der Herr, wird, wenn der Befehl ertönt, wenn die Stimme des Erzengels und die Posaune Gottes erschallen, herabkommen vom Himmel ...«; Ziel dabei ist aber offensichtlich nicht die Beschreibung des Vorgangs, sondern Zuspruch: »So tröstet euch mit diesen Worten untereinander«).
– Bilder, die sich nicht systematisieren oder nicht in eine systematisch-theologische Aussage transformieren lassen (vgl. die Bilder der Apokalypse).
– Worte, die auf einen Bildgehalt weitgehend verzichten (vgl. I Kor 15,28: »... Gott alles in allem«).
Die ungeklärte Hermeneutik eschatologischer Aussagen in der biblischen Tradition eröffnet biblizistisch orientierten Bibellesern, Sekten und esoterischen Gruppen ein weites Betätigungsfeld. Es erstaunt, daß die meisten ausgearbeiteten Eschatologien sich um dieses Problem nicht kümmern. Immerhin hat Paul Althaus den Versuch gemacht, die eschatologischen Einzelaussagen der Bibel an die grundsätzliche »Verheißung« zu binden, die Jesus Christus, der Gekreuzigte und Auferstandene, selber ist: Althaus »will sich auf die Verheißung nicht abseits der Verheißungs- und Hoffnungsworte, sondern über ihnen« besinnen und so auch dem Anliegen des Biblizismus gerecht werden.[5] Die Erarbeitung einer Hermeneutik eschatologischer Aussagen bleibt ein dringendes Desiderat!

5. P. Althaus, Die letzten Dinge, Gü ⁴1933, 64, vgl. ebd. 60-70.

(2) Neuere Grundkonzeptionen der Eschatologie[6]

In Auseinandersetzung einerseits mit exegetischen Einsichten, andererseits mit den weltanschaulichen Voraussetzungen des 20. Jahrhunderts, wurde eine Reihe von neuen Konzeptionen der Eschatologie entwickelt, die im folgenden kurz skizziert werden sollen.

(a) Konsequente Eschatologie

Ihre Vertreter gehen davon aus, daß die Parusieerwartung als historisches Faktum ernstzunehmen ist. Diese Erwartung sei aber enttäuscht worden – der historische Jesus müsse als Mensch seiner Zeit gesehen werden. Unter historischer Betrachtung lasse sich seine Gestalt – im Gegensatz zu dem Anliegen der Leben Jesu-Forschung des 19. Jahrhunderts – gerade nicht aktualisieren. Jesus kehrt, als historische Gestalt ernst genommen, gleichsam in seine Zeit zurück (Albert Schweitzer). Es kommt da nichts mehr – deswegen gilt es zu handeln! Aus der Enttäuschung der Parusieerwartung erwachsen Ethik und ethische Verpflichtung. Die Parusieerwartung könnte freilich auch auf eine andere Weise sublimiert worden sein – nämlich durch die Erstellung einer gewaltigen Dogmatik mit entsprechenden dogmengeschichtlichen Ausfaltungen (so Martin Werner). Die Urgemeinde erwartete die Wiederkunft Christi, aber es kam die Dogmatik!

Es geht bei dieser Betrachtungsweise im Gegensatz zu ihrer Selbstbezeichnung – nicht um »konsequente Eschatologie«, sondern um Konsequenzen einer als nicht haltbar angesehenen Eschatologie. Es geht auch nicht eigentlich um »Eschatologie«, sondern um einen Glauben bzw. eine Haltung, die gerade ohne Eschatologie auskommen muß. Freilich zeigt sich hier ein Bestreben, das in den Eschatologien des frühen 20. Jahrhunderts häufiger anzutreffen ist: Die Relevanz des Glaubens für die Gegenwart soll herausgearbeitet werden. Bei vielen dieser Vorschläge wird das futurische Moment entweder ausgeschieden oder offen gelassen – gegen die biblische Tradition und gegen elementare anthropologische Bedürfnisse.

(b) Transzendentale Eschatologie

Ein eigener Typ von Eschatologie ergibt sich, wenn man davon ausgeht, daß Geschichte ihren Sinn nicht durch ihr Ende, sondern durch den jeweiligen Augenblick bekommt. Jeder Augenblick ist unmittelbar zu Gott und von letzter Relevanz; von daher ist dann auch der letzte Augenblick eines Menschenlebens zu verstehen. Es geht nicht um das Ende, sondern um das Jenseits der Geschich-

---

6. H. Schwarz, Jenseits von Utopie und Resignation, Wu / Z 1991, bes. 78-178.

te. Unter diesem Gesichtspunkt entfaltet Paul Althaus – im Gegensatz zur »teleologischen« – eine »axiologische« Eschatologie.[7] Auch für Karl Barth ist das Reich Gottes viel zu sehr eine gegenwärtige Selbstverständlichkeit, als daß er eine dramatische futurische Eschatologie entwickeln könnte. Offen bleibt hier die Frage nach übergreifenden geschichtlichen Bewegungen und konkreter Zukunft. Die Problemstellungen der klassischen Eschatologie erscheinen als irrelevant.

(c) Existentiale Eschatologie

Nach Rudolf Bultmann sind die eschatologischen Vorstellungen des Neuen Testaments mythologischer Art. Entmythologisiert und existential interpretiert verweisen sie den Menschen auf den kommenden Gott und damit auf eine Zukunft, aus der er sein geschichtliches Sein empfangen und verstehen darf. »Das Jetzt erhält eschatologischen Charakter durch die Begegnung mit Christus oder mit dem Wort, das ihn verkündigt, weil in der Begegnung mit ihm die Welt und ihre Geschichte zu ihrem Ende kommen und der Glaubende als neues Geschöpf ›entweltlicht‹ ist«[8]: Die Gegenwart des Glaubenden ist durch das Kerygma eschatologisch qualifiziert; die entscheidende Geschichte findet nicht am Ende der Tage, sondern in meiner Begegnung mit dem Entscheidungsruf Jesu heute statt. Auf Bilder kann verzichtet werden. Trotz dieser radikalen Konzentration auf die jeweilige Gegenwart unter dem Kerygma kennt Bultmann eine Hoffnung über den Tod hinaus, die er insbesondere in seinen Traueransprachen zaghaft andeutet.[9]

R. Bultmann ist es damit gelungen, den für Menschen des 20. Jahrhunderts weithin kaum nachvollziehbaren eschatologischen Bildern des Neuen Testaments ihre Anstößigkeit zu nehmen und sie gleichwohl fruchtbar zu machen. Der Akzent rückt ganz auf ihre präsentische Bedeutung für den einzelnen Glaubenden. Damit wird aber zugleich die Problematik des Bultmannschen Ansatzes deutlich: Gott wird auf eine jeweilige Gegenwart und auf seine Relevanz für das Individuum reduziert; es droht eine Selbstverstümmelung der Eschatologie.

(d) Eschatologien der Verantwortung

Wenn die Verheißung einer neuen Welt auf diese Erde zu beziehen ist, muß daraus notwendig das Engagement für die Beseitigung von Mißständen aller Art folgen. Revolution und Befreiung sind angesagt. Dieser Ansatz läßt sich

---

7. P. Althaus, Die letzten Dinge, Erstauflage 1922; in späteren Auflagen revidiert.
8. GuV III, 105; vgl. ders., Die christliche Hoffnung und das Problem der Entmythologisierung, in: GuV III, 81-90.
9. M. Dorhs, Über den Tod hinaus. Grundzüge einer Individualeschatologie in der Theologie Rudolf Bultmanns, F 1999.

kombinieren mit Kategorien marxistischer Geschichtsdeutung. Die Zukunft gehört den Armen und Entrechteten, Gott »stößt die Gewaltigen vom Thron« (Lk 1,52 ff.; Magnificat). Der Sinn des Lebens und Sterbens liegt nicht jenseits der Todesgrenze, sondern in der Teilnahme am Kampf und in der Übernahme von Verantwortung für bessere bzw. gerechtere Verhältnisse. Politische und ökologische Gesichtspunkte lassen sich hier integrieren.

Damit wird das Erbe alttestamentlichen eschatologischen Denkens ernst genommen; aber zugleich entsteht das Problem, ob hier nicht eine Materialisierung der Eschatologie vorliegt, die ähnlich einseitig ist wie die etwa bei Bultmann – und nicht nur bei ihm – vorliegende Spiritualisierung.

(e) Kosmologische Eschatologie

Teilhard de Chardin versucht, die Grundanliegen des Evolutionsdenkens aufzunehmen und von daher auch eine eschatologische Perspektive formulierbar zu machen. Als Kosmogenese versteht er die Schritte von der Geo- über Bio- und Noo- zur Theosphäre. Ziel der Evolution ist dann: Gott alles in allem! Christus als der Evolutor führt die Evolution ins Omega.

Gegen seinen Ansatz gibt es erhebliche naturwissenschaftliche Vorbehalte: Darf man wirklich eine Zielgerichtetheit der Entwicklung annehmen oder muß man nicht eher an den Zufall (J. Monod) oder auch an eine allgemeine Interdependenz denken (J. Rifkin, New Age)? Theologisch stellt sich die Frage, ob hier eine selbständig sich vollziehende Entwicklung nur nachträglich christlich etikettiert – »getauft« – wird. Die klassischen Probleme der christlichen Eschatologie – die Bewältigung von Sünde und Tod – bleiben offen; die Funktion der Christologie ist unklar.

Einen weiteren Versuch, Evolutionsdenken und Eschatologie zusammenzubekommen, unternimmt die Prozeß-Theologie. Sie arbeitet – im Anschluß an Alfred N. Whitehead – mit einem erheblichen Theorie-Aufwand und einem hohen Abstraktionsgrad. Gott gerät ins Schlepptau der Entwicklung (»consequent nature«) und ist doch andererseits ihr Auslöser (»primordial nature«). Man muß erst viele philosophische Vorentscheidungen verstehen und teilen, bevor man hier zu eschatologischen Aussagen kommt, die sich zudem mit deren klassischen Fragestellungen kaum verbinden lassen.[10]

(f) Aporien

Die vorgestellten Konzeptionen versuchen, jeweils von einem spezifischen Ansatzpunkt aus Eschatologie zu artikulieren. Sie stellen sich nicht alle den beiden

10. Vgl. M. Welker, Universalität Gottes und Relativität der Welt, N-V 1981; John B. Cobb, D. Griffin, Prozeßtheologie, Gö 1979.

Grundproblemen, um die es hier immer wieder geht, nämlich der Integration von individueller und universaler Eschatologie und der Integration von futurischen und präsentischen Elementen. Es fehlt eine übergeordnete Perspektive, wie sie – nach meiner Erwartung – das trinitarische Bekenntnis bieten kann.

B Außerchristliche Eschatologie?

Versteht man unter Eschatologie, wie es der Begriff nahelegt, die Lehre von den letzten Dingen, nämlich vom Tod und seiner Überwindung und von einem Ende und Ziel eines Geschehens, dann gibt es Eschatologie natürlich auch außerhalb des Christentums. Die Frage nach dem Tod legt sich allen Menschen in irgendeiner Weise nahe. Voraussetzung für Eschatologie ist jedoch ein Doppeltes. Zunächst muß der Mensch in der Lage sein, Distanz zu seiner unmittelbaren Gegenwart zu gewinnen und Zukünftiges überhaupt zu denken; der Begriff des »morgen« muß gegeben, der Zeitmodus des Futurum muß bekannt sein. Sodann ist die Frage, ob der Mensch nicht nur Weiteres, sondern auch ein »Letztes« zu denken vermag. Offenbar hat es in der Geschichte der Menschheit einer gewissen Entwicklung bedurft, bis diese beiden Voraussetzungen gegeben waren. Wie steht es um die grundsätzlichen Möglichkeiten eschatologischen Denkens in den nichtchristlichen Religionen?

(a) Judentum

Der christliche Glaube hat seine Eschatologie formal aus dem Judentum bzw. aus dem Alten Testament ererbt. Dabei ist es eine Frage der Definition, ob man bereits im Blick auf das Alte Testament von »Eschatologie« sprechen kann. Es fällt jedoch auf, daß das hebräische Denken schon von seiner grammatischen Struktur her über Möglichkeiten verfügte, Jahwe als in der Zukunft, ja von der Zukunft her handelnden Gott zu begreifen (vgl. Ex 3,14). Prophetische Rede von Unheil und Heil wurde damit möglich. Die Argumentationsfigur von Verheißung und Erfüllung, zunächst immanent eingesetzt, konnte ins Transzendente erweitert werden. Jeder »Erfüllung« mußte dann etwas Unabgedecktes, Überschießendes anhaften, das nach einer weiteren, ja schließlich einer endgültigen Einlösung verlangte. Zugleich wurde Antizipation denkbar; das dialektische Verhältnis von futurischer und präsentischer Eschatologie wurde als denkmöglich entdeckt. Die Zeit wurde damit nicht nur in ihrer linearen Struktur, sondern zugleich in ihrer Konstitution durch Zukunft erfaßt.

(b) Islam

Der Islam hat durch sein eschatologisches Denken sowohl Judentum als auch Christentum beerbt, freilich mit charakteristischen Modifikationen. Auch der Islam weiß um ein sowohl individuell als auch universal gedachtes Eschaton. Er kennt zwar formal den biblischen ähnliche »Eschata«, aber ihm ist die eschatologische Dynamik fremd, die im Judentum durch die Erwartung des Messias und im Christentum durch die Hoffnung auf den wiederkommenden Herrn gegeben ist. Die Eschata stellen für Muslime einfach die Endstationen dar, bei denen der einzelne und die ganze Welt schließlich ankommen werden. Sie sind ernst zu nehmen und dienen in höchstem Maße der ethischen Motivation. Gott kommt nicht in sozusagen eschatologischem Sturmschritt auf den Menschen zu, sondern der Mensch und die Welt gehen ihm durch den – freilich von ihm geleiteten – natürlichen Lauf der Dinge entgegen.

(c) Hinduistische Traditionen

In ganz anderen Bahnen bewegt sich das Denken des Hindu. Er vermag sich durchaus Weiteres, nicht eigentlich jedoch ein »Letztes« vorzustellen. Sein Denken ist nicht linear, sondern eher zyklisch ausgerichtet. Auch er muß sich dem Phänomen des Todes stellen, aber der Tod ist für ihn von vornherein nicht Abschluß, sondern Durchgangstor zu einem weiteren Abschnitt der Reise seiner Seele. Das Letzte steht nicht am Ende – ein wirkliches Ende gibt es nicht –, sondern das Letzte ist sozusagen das Laufende, das Ganze, der Prozeß, der weder Anfang noch Ende besitzt. Auch wenn es dahin kommt, daß *atman* und *brahman* sich in ihrer Identität erfassen und der Wesenskreislauf damit verlassen werden kann, stehen neue Weltzeiten bevor, in denen neue Prozesse in Gang gesetzt werden.

(d) Buddhismus

Noch radikaler lautet die Antwort des Buddhismus. Natürlich gibt es auch hier – abgewandelt je nach Tradition und Rezeption in der »Volksreligiosität« – Stationen, nämlich z. B. das Reine Land als Vorstufe des Nirvana oder das Nirvana selbst. Der im Sinn des Mahayana Erleuchtete erfaßt das Samsara wie das Nirvana als »leer« *(shunya)*; das Letzte liegt nicht in einem fernen Jenseits, sondern in einem radikal aufgefaßten Diesseits, im Heute, im gegenwärtigen Augenblick, den ich zugleich wahrnehme als etwas, das nicht wirklich »ich« wahrnehme, da auch mein Ich ja nur ein mentales Konstrukt darstellt, das als solches durchschaut sein will. Im Tod zerfalle ich in meine verschiedenen Daseinselemente und -faktoren. Ich tue gut daran, mir diese Situation bewußt zu machen. Ich meditiere beispielsweise über meinen Leichnam, wie er im Zustand der Verwesung sich auflöst, und willige ein. Ich bejahe den Prozeß des Blühens und Verblühens, des Lebens und Sterbens als das, was es ist: *samsara*, dem Wesenskreislauf zugehörig und somit *shunya*, leer, wie auch *nirvana* leer ist. In ihrem Leer-Sein sind *samsara* und *nirvana* identisch.

C Trinitarische Eschatologie als Integrationsmodell?

Es wird zu prüfen sein, ob und worin sich diese verschiedenen Modelle mit der christlichen Hoffnung über den Tod hinaus berühren, ergänzen oder ob sie sich gegenseitig ausschließen. Es ist merkwürdig genug, daß das trinitarische Bekenntnis für die christliche Eschatologie bislang kaum fruchtbar gemacht wurde. Die klassische Dogmatik beginnt zwar mit der Trinitätslehre, scheint diese aber an ihrem Ende fast vergessen zu haben.

Eschatologie und Trinitätslehre verhalten sich einander gegenüber spröde, sofern das Trinitätsdogma als Inbegriff des ewig Gültigen, die Eschatologie als Musterfall des Dynamischen verstanden wird. Wie läßt sich die Eschatologie so in die Trinitätslehre einzeichnen, daß deren eigene Dynamik dadurch zum Ausdruck kommt, und wie kann die Trinitätslehre in der Weise auf die Eschatologie bezogen werden, daß diese dabei in ihrer prinzipiellen Bedeutung erkennbar wird?

Auszugehen ist dabei von einer heilsökonomischen Konzeption: Als Schöpfer ist Gott jenseits aller Zeit und doch als aller Zeit gegenwärtig zu denken; er ist die Quelle und das Ziel aller Zeit. Die Zeit alles Geschaffenen, somit auch »meine« Zeit »steht in deinen Händen« (vgl. Ps 31,16). Der Hebräer hat keinen abstrakten Zeitbegriff; er denkt an die konkreten Zeiten, die ihm bevorstehen, an sein künftiges Geschick. Er vertraut es Gott an. Als Erlöser begibt sich Gott in Jesus Christus unter die Bedingungen der Zeit, erfüllt die Zeit und bringt sie zur Erfüllung. Eine historische Gestalt, Jesus von Nazareth, sagt Ziel und Ende der Zeit an, nimmt es damit vorweg und eröffnet zugleich die Möglichkeit, mitten in der Zeit dankbar für die gegebene Zeit und in Verantwortung vor dem Ende der Zeit zu leben: »Die Zeit ist erfüllt, und das Reich Gottes ist herbeigekommen. Tut Buße und glaubt an das Evangelium!« (Mk 1,15). Gottes Geist, der die Dynamik des natürlichen Lebens schenkt und erhält (vgl. Ps 104,29 f.) und der in jeder Hinsicht »lebendig macht«, bewegt die Glaubenden dahingehend, daß sie »im Geist leben« und »im Geist wandeln« (vgl. Gal 5,25), wie es der durch das Kommen und das erwartete Wiederkommen Jesu Christi geprägten Zeit entspricht. Der dreieine Gott begleitet die Zeit alles Geschaffenen und somit auch »meine« Zeit sozusagen »von außen« und »von innen«, indem er ihr Anfang, Bestand und Ziel schenkt. Die christliche Hoffnung über den Tod hinaus ist getragen von der trinitarischen Dynamik, die in der zu einem guten Ziel führenden Liebe des dreieinen Gottes zu seinen Geschöpfen besteht. Diese wiederum wird erkennbar in Jesu eschatologischer Botschaft, in die er als der erwartete Wiederkommende selbst hineingeriet.

Für die Begegnung mit den außerchristlichen Hoffnungsmodellen bedeutet dies: Die alttestamentlich-jüdische Erwartung eines konkreten Eingreifens Gottes in den Lauf der Dinge – konkret wie spirituell – gehört ebenso in eine trinitarisch verstandene Eschatologie wie das daraus sich ergebende Element der ethischen Konsequenz, wie sie im Islam besonders betont wird. Die hinduistische Auffassung von der religiösen Qualität der Zeit und die buddhistische Sicht der transzendentalen Relevanz des Augenblicks sind, wenngleich anders begründet, auch nach christlicher Auffassung wesentlich. Der christliche Glaube legt sich jedoch nicht auf eines der außerchristlichen Hoffnungsmodelle fest, sondern umgreift sie und führt sie damit über sich selbst hinaus. Dies gilt es im Blick auf die individuelle und die universale Hoffnung über den Tod hinaus zu erörtern.

An dieser Stelle legt sich auch noch einmal der Blick auf die verschiedenen innerchristlichen eschatologischen Entwürfe nahe. Aus einer trinitarischen Perspektive kommen sie alle als Konzeptionen zu stehen, die ein berechtigtes Anliegen einseitig isolieren. Die Eschatologien der Verantwortung ebenso wie die »konsequente Eschatologie« (sofern man diese überhaupt als »Eschatologie« bezeichnen will) integrieren sich nicht in einen Glauben, der von Gott, dem Schöpfer, und dessen Geist Wesentliches zu erwarten vermag, betonen aber zurecht die ethische Konsequenz ihres Ansatzes. Transzendentale und existentiale Eschatologie bringen die Relevanz der jeweiligen Gegenwart gut zum Ausdruck, leben aber von einem einseitigen Geist- bzw. Kerygma-Verständnis. Die kosmologische Eschatologie schließlich verwendet zwar bis zu einem gewissen Grade trinitarische Formeln, füllt diese aber in einem eher spekulativen Sinn, so daß der christologische Ansatz aller christlichen Eschatologie dabei verlorenzugehen droht.

D Thesen

1. Christliche Eschatologie versucht, die im dreieinen Gott begründete Hoffnung über den Tod hinaus darzustellen, und erweist sich damit zugleich als prinzipieller Ansatz christlicher Theologie.

2. Die biblischen eschatologischen Aussagen, die aufgrund ihrer sprachlichen Gestalt mißverständlich sein können und auch oft mißverstanden wurden, bedürfen einer sorgsamen hermeneutischen Reflexion.

3. Sie muß sich einerseits gegen Esoterik und Futurologie abgrenzen, andererseits aber sich mit den vielfältigen Antworten auseinandersetzen, die der Mensch auf die Frage nach dem Tod zu geben versucht.

4. Trinitarische Theologie ist geeignet, unterschiedliche Ansätze, wie sie in neueren eschatologischen Entwürfen zutage treten, zu integrieren und Impulse aus außerchristlichen Hoffnungsmodellen aufzunehmen.

5. Eschatologie des Judentums ist bestimmt durch den Glauben an den Gott, der von einer jeweiligen Zukunft her begegnet. Der Islam nutzt seine eschatologische Botschaft zur ethischen Motivation. Hinduismus und Buddhismus verstehen auf je eigene Weise das in unendlichen Zeiträumen zyklisch sich realisierende Eschaton als Einladung zu radikaler Gegenwärtigkeit.

6. Der trinitarische Glaube bekennt, daß der dreieine Gott jenseits und inmitten aller Zeit wirkt und damit den jeweiligen Augenblick ebenso wie alle begrenzte Zeit und die Gesamtheit aller Zeit dem guten Ziel zuordnet, das in der Unendlichkeit seiner Liebe liegt.

9.2 Individuelle Hoffnung über den Tod hinaus

A Christliche Hoffnung über den Tod hinaus

(1) Tod und Auferstehung

Christlicher Glaube kann den Tod nicht isoliert »betrachten«. Was im Alten Testament jedenfalls noch möglich war, ist im Neuen Testament nicht mehr denkbar: Der Tod hat aufgehört, ein eigenes Thema zu sein. Wenn vom Tod gesprochen wird, ist für den christlichen Glauben immer auch von der Auferstehung die Rede. Dies gilt im Blick nicht nur auf dogmatische, sondern auch auf pastoraltheologische Bemühungen einschließlich der hier zu verhandelnden ethischen Fragen – im Gegensatz zu dem, was in Medizin, Psychologie und Soziologie unter dem Stichwort »Thanatologie« verhandelt wird. Tod und Auferstehung bilden ein gemeinsames Thema, das nur aus methodischen Gründen in verschiedenen Schritten bedacht sein will.

(a) Tod[1]

Der Tod, sofern man ihn nicht in unmittelbarem Zusammenhang mit der Auferstehung reflektiert, wird in der christlichen Tradition unter mindestens drei Gesichtspunkten bedacht, nämlich als das natürliche Ende des Lebens, als »der Sünde Sold« (Röm 6,23) und schließlich als radikaler Gottesdienst.

1. Natürliches Lebensende

Was heute als »natürlich« bezeichnet wird, erscheint dem alttestamentlichen Menschen als der von Jahwe gesetzten Ordnung entsprechend. Der Tod wird in diesem Sinn nicht als widernatürlich empfunden; nur gegen den frühen Tod begehrt man auf. »Alt und lebenssatt« (Hi 42,17) kann ein Mensch sterben und »in die Grube fahren«. Im Totenreich lobt man freilich Gott nicht (Ps 6,6;

---

1. G. Altner, Tod, Ewigkeit und Überleben. Todeserfahrung und Todesbewältigung im nachmetaphysischen Zeitalter, H 1981; W. Breuning (Hg.), Seele – Problembegriff christlicher Eschatologie, Fr 1986 (= QD 106); G. Greshake / G. Lohfink, Naherwartung – Auferstehung – Unsterblichkeit, Fr ⁵1986; J. Chr. Hampe, Sterben ist doch ganz anders, St 1975; J. B. Lotz, Tod als Vollendung, F 1976; K. Rahner, Zur Theologie des Todes, Fr 1958; E. Jüngel, Tod, St 1971; U. Wilckens, Auferstehung, St 1971.

Jes 38,18). Erst allmählich wird sich der alttestamentliche Glaube dessen bewußt, daß sich Macht und Herrschaft Jahwes auch auf den Bereich des Todes beziehen. Dies relativiert die Hochschätzung des irdischen Lebens und seiner Glücksangebote und zugleich alle Bedrohung durch irdisches Unheil: Gottes Gnade »währt ewig« (Ps 100,5); sie ist »besser als Leben« (Ps 63,4). Hier knüpft dann das Judentum an, das den Tod eines Menschen in erster Linie als natürliches Lebensende ansieht.[2] Für die frühen, an der Naherwartung orientierten Christen dagegen war der Tod offensichtlich ein Problem (vgl. I Thess 4,13 ff.). Erst allmählich konnte die alttestamentliche Sicht integriert werden.

2. »Der Sünde Sold«

Auch im Alten Testament weiß man etwas davon, daß der Tod in besonderer Weise mit dem spezifischen Status des Menschen zu tun hat. Das Buch Kohelet klagt, daß es dem Menschen wie dem Vieh ergehe (Koh 3,18 ff.). Der Mensch ist sich dessen bewußt, daß er sterben muß wie das Vieh – und gerade das setzt ihn in ein besonderes Verhältnis zu seinem Sterben. Man ahnt, daß es einen Zusammenhang gibt zwischen Verhalten und Ergehen und damit auch zwischen Schuld und Tod. Die Sündenfallsgeschichte (vgl. Gen 2,17) deutet dies wenigstens an, obwohl sie den Tod dann doch nicht rundweg als Resultat der Verfehlung Adams interpretiert. Trotzdem weiß der Psalmbeter: »Das macht dein Zorn, daß wir so vergehen, und dein Grimm, daß wir so plötzlich dahin müssen« (Ps 90,7). Diese Einsicht wird im Neuen Testament aufgegriffen. Wenn Paulus behauptet, wie Sünde und Tod durch *einen* Menschen in die Welt gekommen seien, so seien sie auch durch einen, nämlich durch Jesus Christus, bewältigt worden, dann geht es ihm nicht um eine kosmologische, sondern um eine christologische Aussage (Röm 5,12-21). Nicht die Entstehungsgeschichte von Sünde und Tod, sondern deren Bewältigungsgeschichte sind für ihn interessant und von Belang. Der Tod wird damit freilich nicht mehr nur als »natürliches« Phänomen wahrgenommen, sondern als ein Ereignis, das den Menschen mit seiner eigenen Schuld und mit dem Angebot der Rechtfertigung um Christi willen konfrontiert.

3. Radikaler Gottesdienst

Schon der alttestamentliche Beter weiß um die Sündhaftigkeit, die sich mit seinem irdischen Leben untrennbar verbindet (vgl. Ps 51). Paulus vertieft dieses Wissen (vgl. Röm 3,10 ff. – mit den entsprechenden alttestamentlichen Bezügen). Dies kann den Gedanken nahelegen, daß erst der Tod aus der Situation der Sündhaftigkeit befreit: Im Tod wird der Mensch Gott nicht mehr widersprechen, dem Willen Gottes nicht mehr im Weg stehen (müssen). Vor allem in der römisch-katholischen Theologie wird dieser Gesichtspunkt ausgebaut:

---

2. Nachweise: LRG 1048.

Der Tod erscheint dann als »Vollendung«; Karl Rahner entwarf eine »Theologie des Todes«. Der Tod wird zur letzten Tat der Freiheit des Menschen als »die Tat der willigen *Annahme oder des letzten Protestes* gegenüber seiner absoluten Ohnmacht, in der ein unsagbares Geheimnis – das, was wir Gott nennen – über ihn absolut verfügt«.[3] Für den Glaubenden kann der Tod damit die Möglichkeit der völligen Hingabe eröffnen, den radikalen, nicht mehr durch die Sünde beeinträchtigten Gottesdienst. Evangelische Theologie sieht hier eine gewisse Selbstmächtigkeit des Menschen überbetont, die ja auch empirisch durch den Vorgang des Sterbens nur in den seltensten Fällen gedeckt erscheint. Eberhard Jüngel stellt die Gegenüberlegung auf: Für ihn erreicht die Sünde, die sich in der Rebellion gegen die Beziehung zu Gott realisieren möchte, im Tod, was sie will: »Der Tod ist nun das Fazit dieses Dranges in die Verhältnislosigkeit.«[4] Im Tod käme somit die Beziehungslosigkeit zu Gott, die der Mensch in seiner Sündhaftigkeit sein Leben lang sucht, tatsächlich zum Ziel. Doch ist der Begriff der »Verhältnislosigkeit« problematisch: Wie kann einem Subjekt, das als nicht existierend gedacht wird, »Verhältnislosigkeit« zugesprochen werden? Vor allem aber, wie kann im Blick auf Gottes Freiheit, Beziehung herzustellen oder aufrechtzuerhalten, »Verhältnislosigkeit« dekretiert werden? Für den Glaubenden gilt ja immerhin auch, daß er – trotz seiner Sündhaftigkeit – in einer gelingenden Gottesbeziehung stehen darf. Für ihn bedeutet dann aber die mit der Geschöpflichkeit gegebene »Sterblichkeit die Berufung zum höchsten Akt des vertrauenden Gehorsams«[5]. Das Sterben »ermöglicht den vollkommenen Gottesdienst. Auch insofern gehört es in das ursprüngliche Verhältnis zwischen Gott und Mensch hinein. Gott will ursprünglich des Menschen völlige Hingabe an ihn.«[6] Sterben heißt, so gesehen, ein Dreifaches: Einwilligen in die durch den Schöpfer gegebene Ordnung, Vertrauen auf die in Jesus Christus geschehene Erlösung, sich Überlassen dem Wirken des Leben schaffenden Geistes.

(b) Auferstehungshoffnung

Die christliche Auferstehungshoffnung hat sich im Lauf der Geschichte in unterschiedlichen Gestalten artikuliert. Der alttestamentliche Gedanke eines immanenten Fortlebens in den Nachkommen bzw. im Volk Gottes wurde als unzureichend empfunden. Die aus dem Platonismus ererbte Vorstellung von der Unsterblichkeit der Seele steht in Spannung zu dem neutestamentlichen Auferstehungszeugnis. Die Vertreter der sogenannten »Ganztod«-These schließlich bemühen sich, »Auferweckung« so radikal wie möglich zu interpretieren.

3. K. Rahner, Schriften zur Theologie 7, Einsiedeln ²1971, 277.
4. E. Jüngel, Tod, St 1971, 99.
5. P. Althaus ⁸1969, 413.
6. Ebd.

1. Immanentes Fortleben

Die alttestamentliche Auffassung, daß der Tod einer durch Jahwe gesetzten Ordnung entspreche, gab in gewisser Weise der Vorstellung Raum, daß das Leben des Einzelnen sich fortsetze in der Kette der Generationen und im Fortleben des Volkes. Sie wurde von der christlichen Auferstehungshoffnung aus oft als unsachgemäß und defizitär gebrandmarkt. Damit brachte man sich um die Wahrheit, die tatsächlich in ihr steckt: In der Tat gibt es ein »Fortleben« des Menschen in den Auswirkungen seines Lebens und Schaffens und im Gedächtnis der Hinterbliebenen und Nachfahren. Die lateinamerikanischen Basisgemeinden haben dies in eindrucksvoller Weise bezeugt, wenn sie in ihren Gottesdiensten im Blick auf ihre Märtyrer in einem liturgisch ritualisierten Sinn ausrufen konnten: »presente – er/sie ist gegenwärtig«! Man hat diesen Gedanken auch abstrakt philosophisch zu fassen versucht: Mit dem Tod kommt ein Leben zum Abschluß, das jedenfalls als gewesenes nicht mehr ungeschehen gemacht werden kann, ereignet sich also die »Verewigung gelebten Lebens«[7]. Doch ist schon der Begriff der »Verewigung« hier völlig unbrauchbar, da es ja nur um eine Feststellung innerhalb der Kategorien von Raum und Zeit gehen kann. Im übrigen bringt ein im Blick auf die Immanenz gewählter Ansatz nur eine die Mitwelt des Verstorbenen betreffende Seite zur Sprache, nicht jedoch, was diese Art von »Fortleben« bzw. »Verewigung« für Verstorbene selbst bedeuten könnte. Gleichwohl scheint es mir auch für ein Verstehen des christlichen Auferstehungsglaubens wichtig, diese immanente Seite mit einzubeziehen (vgl. oben S. 360).

2. Unsterblichkeit der Seele

In einer gewissen Gegenläufigkeit zum Gedanken eines immanenten Fortlebens nach dem Tod steht die Auffassung, im Tode trenne sich die unsterbliche Seele vom sterblichen Leib. Sie hat im platonischen Denken ihren klassischen Ausdruck gefunden (Phaidon 64c, 106e). Sie entspricht der Erfahrung, daß aus einem menschlichen Körper das Leben entweicht; es ist Menschen offenbar kaum vorstellbar, daß dieses eben noch zu beobachtende Leben sich in Nichts auflösen soll. Unter dieser Voraussetzung kann man den Tod als Moment der Befreiung feiern, muß dann aber zugleich den Körper als Gefängnis und das Leben in ihm als Gefangenschaft interpretieren. In der christlichen Anthropologie konnte sich dieser Gedanke mit der Lehre von der Sündhaftigkeit des Menschen verbinden – mit der Konsequenz einer Vernachlässigung und Herabwürdigung des Leibes und des Leiblichen. Gegen gewisse atheistische Tendenzen, wie sie in der Philosophie der Renaissance erkennbar wurden, kanonisierte man auf dem V. Lateranense die Feststellung, die Seele sei »nicht nur wahrhaft durch sich selbst und wesenhaft die Form des menschlichen Leibes (humani

---

7. E. Jüngel, Tod, St 1971, 145.

corporis forma), sondern auch unsterblich ...« (DH 1440). An diese Sicht haben sich viele Mißverständnisse und mancher Aberglaube angeschlossen.

Das erste Problem, das sich hier stellt, ist natürlich, was denn eigentlich unter »Seele« zu verstehen sei. Sicherlich nicht gedacht ist an das, was man heute unter »Psyche« versteht. Wenn das V. Lateranense die Seele mit der scholastischen Tradition als »forma corporis« bestimmt, dann ist damit das »formgebende Prinzip des Leibes« gemeint, also nicht ein dem Leib analog zu denkendes substanzhaftes Element. Noch deutlicher wird dies durch den hebräischen Begriff für »Seele« zu Ausdruck gebracht, der schlicht das Lebensprinzip des Menschen bezeichnet. Der Schöpfer blies Adam »den Odem des Lebens in seine Nase. Und so ward der Mensch ein lebendiges Wesen« – wörtlich: »eine lebendige Seele« (Gen 2,7). Der Mensch hat nicht eine Seele, sondern er ist Seele, wie er auch einen Leib nicht hat, sondern Leib ist. Gerade diese Sicht verbietet aber die platonische Vorstellung von Unsterblichkeit. Der Mensch stirbt mit Leib und Seele, als Leib und Seele. Für den Glaubenden bedeutet dies aber gerade nicht restlose Vernichtung, sondern radikale Verwandlung.

3. Die »Ganztod«-These

Wie aber wäre radikale Verwandlung zu denken? Impliziert sie nicht, daß Gott bei diesem Akt der Verwandlung auf etwas am Menschen zurückgreift, das er verwandeln kann?

Evangelische Theologie war immer bemüht, die Vorstellung abzuwehren, Gott gegenüber könne sich auf Seiten des Menschen durch den Tod hindurch von sich aus etwas durchhalten, an das Gott bei der Auferweckung anzuknüpfen hätte. Deswegen meinte sie, die Idee einer unsterblichen Seele von vornherein ablehnen zu müssen. Die sogen. »Ganztod-These« – eine schreckliche Begriffsbildung! – sollte dieses Anliegen noch unterstreichen. Die Macht, neues Leben buchstäblich aus dem Nichts zu erwecken, wird ganz und ausschließlich dem Schöpfer vorbehalten. Damit stellt sich natürlich das Problem, wie denn das Verhältnis zwischen dem Glaubenden in seiner irdischen Existenz und seiner Neuschöpfung durch Gott zu denken sei. Eine Kontinuität ist dann ja nicht gegeben; die Identität zwischen dem verstorbenen Glaubenden und seiner postmortalen Existenz muß anderweitig gewährleistet sein. Man kann sie nun einfach dem Geheimnis der Schöpfermacht Gottes anvertraut sehen. Dieser Schöpfermacht weiß sich der Glaubende aber auch inmitten seines irdischen Lebens ausgeliefert und anvertraut. Warum sollte man hier nun eine radikale Zäsur annehmen? Luther formuliert das so: »Wo also und mit wem Gott redet, es sei im Zorn oder in Gnaden, der ist gewißlich unsterblich. Die Person Gottes, der da redet, und das Wort zeigen an, daß wir solche Kreaturen sind, mit denen Gott bis in Ewigkeit und unsterblicher Weise reden will.«[8] Präsen-

---

8. WA 43, 481,32 (Übersetzung P. Althaus).

tische und futurische Eschatologie finden hier mühelos zueinander. Identität des Menschen über den Tod hinaus ist nicht durch eine unsterbliche Seele, sondern allein durch das schöpferische Wort Gottes gewährleistet.

4. Auferstehung

Im Gegensatz zu einer weit verbreiteten Meinung ist der Auferstehungsglaube keineswegs das entscheidende Charakteristikum des christlichen Glaubens. Bereits die Pharisäer – um nur an den jüdischen Hintergrund zu erinnern – haben bekanntlich mit einer Auferstehung der Toten gerechnet. Eine – wenn auch nachträglich korrigierte – Notiz des Matthäus-Evangeliums (Mt 27,52 f.) berichtet, in unmittelbarem Anschluß an den Tod Jesu hätten sich die Gräber aufgetan, »und viele Leiber der entschlafenen Heiligen standen auf«. Wenn unabhängig von der Auferstehung Jesu mit einer Totenauferstehung gerechnet werden konnte, dann muß die Pointe der Botschaft von seiner Auferweckung und ihrer Bedeutung für die Glaubenden an einer anderen Stelle liegen. In der Auferstehungshoffnung der Christen geht es gar nicht in erster Linie um postmortale Existenz, sondern um die Beziehung zu dem lebendigen Herrn, von der allerdings als selbstverständlich galt, daß sie über die Todesgrenze hinausreichen werde. Die große, kategoriale Differenz lag nun nicht mehr zwischen Leben und Tod, sondern zwischen vorhandener und fehlender Christusbeziehung. »Leben wir, so leben wir dem Herrn; sterben wir, so sterben wir dem Herrn. Darum: wir leben oder sterben, so sind wir des Herrn« (Röm 14,8). Christen interessieren sich nicht in erster Linie für ein postmortales Geschick, sondern sie gehen davon aus, daß sie in Christus nichts scheiden kann von der Liebe Gottes (Röm 18,38 f.); sie wollen – wie Paulus – »bei dem Herrn sein allezeit« (I Thess 4,17). Es geht also von vornherein nicht einfach um ein »Weiterleben« nach dem Tod, sondern um eine qualifizierte, nämlich durch die Nähe des Herrn und die Beseitigung der von ihm trennenden Sünde qualifizierte »postmortale Existenz«. Die Osterlieder und -liturgien der Christenheit, so sehr sie die Überwindung des Todes in der Auferstehung Jesu preisen, bringen fast immer zum Ausdruck, daß nun nicht nur der leibhafte Tod, sondern zugleich mit dem Tod auch die Sünde endgültig überwunden ist: »Die alte Schlange, Sünd und Tod, die Höll, all Jammer, Angst und Not hat überwunden Jesus Christ, der heut vom Tod erstanden ist. Halleluja!« (EG 106,2). Der Vorgang der Auferstehung, der zu dieser durch nichts zu überbietenden Gemeinschaft mit dem Herrn führt, wird in Bildern gedacht und angesprochen – oftmals im Bild der Verwandlung. Der erhöhte Herr wird »unsern nichtigen Leib verwandeln«, daß er »gleich werde seinem verherrlichten Leibe« (Phil 3,21). Am Bild vom Samen (I Kor 15,35-49) oder am Vorgang des Sich-Kleidens oder Bekleidet-Werdens (II Kor 5,2-4) konnte man sich das klar machen.

Daß die Pointe der christlichen Auferstehungshoffnung eine christologische und damit eine soteriologische ist, zeigt sich daran, daß die Auferstehung im Neuen Testament fast ausschließlich als die definitive Errettung aus der Welt der Sünde und des Todes – und nicht als »quasi-neutrale Vorbedingung für das Gericht (mit doppeltem Ausgang)«[9] – aufgefaßt wird. Eine gewisse Ausnahme bildet die Rede von einer Auferstehung zum Gericht (vgl. Joh 5,29), die zu der Vorstellung einer allgemeinen Totenauferstehung vor dem Jüngsten Gericht geführt hat, wie sie z. B. an den Portalen mittelalterlicher Dome dargestellt wird. Diese Inkongruenz der biblischen Aussagen löst Schwierigkeiten für den Aufbau der Eschatologie aus: Ist das Gericht im Blick auf die individuelle oder die universale Hoffnung über den Tod hinaus zu bedenken? Die christologische Pointe der christlichen Auferstehungshoffnung zeigt sich schließlich an der Erwartung der Wiederkunft Christi und des gerade mit ihr verbundenen Gerichts.

(2) Wiederkunft Christi und Jüngstes Gericht[10]

Für die Urchristenheit verband sich mit der Erwartung der Wiederkunft Christi der Gedanke des Gerichts. Er hat viele Mißverständnisse ausgelöst, sofern er nicht mit dem Kreuzesgeschehen in Verbindung gebracht und als Heilsperspektive aufgefaßt werden konnte.

(a) Gericht

1. Psychologische Implikationen

Zur Vorstellung von einem Endgericht führt offenbar das Wissen des Menschen um Gut und Böse, um Schuld und Sühne, und die Hoffnung, daß das Böse nicht ungesühnt bleiben werde. Auch ohne Erwartung eines jenseitigen Gerichts kennt der Mensch ein »Forum des Gewissens«. Schon im Begriff der »Ver-antwortung« spricht sich das Wissen darum aus, daß der Mensch Antwort zu leisten hat; offen bleibt dabei, welcher Instanz gegenüber er sich verantworten muß. Psychologisch gesehen, hat die Erwartung eines Gerichts mit der Über-Ich-Problematik zu tun. Einer säkularen Gesellschaft mag es dann naheliegen, die Gerichtsfunktion dem Über-Ich bzw. der Gesellschaft selbst zuzusprechen.

---

9. W. Härle 1995, 639.
10. G. Greshake / G. Lohfink, Naherwartung – Auferstehung – Unsterblichkeit. Untersuchungen zur christlichen Eschatologie, Fr ⁵1986; E. Lohse, Christus als Weltenrichter, in: Jesus Christus in Historie und Theologie, FS H. Conzelmann, Tü 1975, 475-486; R. Rittner (Hg.), Eschatologie und Jüngstes Gericht, Hannover 1991; P. Schütz u. a., Was heißt Wiederkunft des Herrn?, Fr 1972.

2. Religionsgeschichtlicher Kontext

Von einem »Gericht« ist in vielen Religionen die Rede. Für die Ausbildung des Gerichtsgedankens in der biblischen Tradition werden dualistische parsistische Einflüsse geltend gemacht. Die formal wohl deutlichste Parallele zu christlichen Gerichtsvorstellungen findet sich im Totengericht des Osiris, bei dem die Seele Rede und Antwort zu stehen hat; die Gestalt des Seelenwägers Michael wurde direkt aus der ägyptischen Mythologie übernommen. In einem weiteren Sinn gehören auch die sog. Uschebtis, Dienerfiguren, die anstelle des Verstorbenen antworten sollen, wenn er im Jenseits aufgerufen wird, in diesen Zusammenhang. Der Gerichtsgedanke spielt nicht nur in theistisch, sondern – modifiziert – auch in nicht-theistisch orientierten Religionen eine Rolle (vgl. unten S. 758, 762).

3. Biblische Hinweise

In der Bibel begegnen ähnliche Bilder wie in außerbiblischen Religionen, wenn auch mit charakteristischen Unterschieden: Im Hintergrund des christlichen Gerichtsverständnisses steht die Erwartung des »Tages Jahwes«, wie er Am 5,18ff., Zeph 1,14-18 oder Joel 2 geschildert wird. Bestimmender aber sind apokalyptische Motive, die in der Spätzeit Israels zum Tragen kommen: Nach Dan 7,13f. wird die Weltherrschaft dem Menschensohn übertragen; sie impliziert – so das Äthiopische Henochbuch – das Gericht über alle Menschen. Es ist exegetisch umstritten, inwieweit sich der historische Jesus mit dem »Menschensohn« identifziert hat. Die frühe Christenheit hat jedenfalls in ihm den künftigen Weltenrichter erkannt und erwartet. Das Gleichnis vom Weltgericht (Mt 25,31-46) wurde unmittelbar mit ihm in Zusammenhang gebracht. Nach der Überzeugung des Paulus müssen wir alle »offenbar werden vor dem Richterstuhl Christi« (II Kor 5,10). In der Offenbarung des Johannes (20,11 ff.) wird das Gericht dessen beschrieben, vor dem »die Erde und der Himmel« fliehen werden. Die Rede vom Gericht steht oft in einem paränetischen Zusammenhang; sie ruft zu Buße und Umkehr auf. Ihr eigentlicher Akzent liegt nicht auf dem Vorgang des Gerichts, sondern auf dem Subjekt des Geschehens. Der Glaubende weiß, wer da richtet und zu welchem Ziel er richtet. Es ist der Menschensohn, dem das Gericht anvertraut ist. Im Gericht kommt Gott zu seinem Recht, der Gott Jesu Christi, der Gott, der »auch seinen eigenen Sohn nicht verschont hat, sondern hat ihn für uns alle dahingegeben« (Röm 8,32). Im Gericht setzt sich das Gute, dessen Inbegriff der Gott Jesu Christi ist, allumfassend und endgültig durch.

(b) Die Wiederkunft Christi als Gericht und Rettung

1. Das Gericht durch den Menschensohn

Aufgrund der Begegnung mit dem Auferstandenen und des Zeugnisses von der Auferstehung hat sich den ersten Christen nahegelegt, Jesus Christus als den wiederkommenden Menschensohn zu erwarten. Dabei sind drei Implikationen erkennbar.

Zunächst: Der Glaube an Jesus Christus bezieht sich nicht nur auf etwas Vergangenes oder auch nur auf Gegenwärtiges. Das Kommen Jesu Christi – in einem freilich ganz neuen, unausdenkbaren Sinn – steht erst noch bevor. Es genügt nicht, sich zu dem gekreuzigten und auferstandenen Herrn zu bekennen. Es ist von ihm etwas zu erwarten, er selbst ist zu erwarten und mit ihm alles, wofür er steht. Die messianische Dimension, die der christliche Glaube zunächst aus dem Judentum übernommen hat, ist keineswegs erledigt. Die Wirklichkeit Jesu Christi ist mit den Quellen, die über den historischen Jesus berichten, und mit der Erfahrung der Gegenwart Christi in Wort und Sakrament keineswegs erschöpfend wahrgenommen. Jesus Christus will als der den Glaubenden Bevorstehende und der ihren Glauben Ratifizierende erfaßt werden. Die altprotestantische Orthodoxie hat dies in ihrer Lehre vom »dreifachen Advent« – in der Krippe, in Wort und Sakrament, am Jüngsten Tag – zum Ausdruck gebracht. In jüngster Zeit hat Jürgen Moltmann versucht, die messianische Dimension der Christologie wiederzugewinnen.[11]

Sodann: Wenn tatsächlich dem Menschensohn – ihm, der die Bestimmung des Menschen wie kein anderer aufgezeigt, gelebt und erfüllt hat, – das Gericht anvertraut ist, dann heißt das: Am Maßstab des wahrhaft Menschlichen wird der Mensch gemessen (vgl. Mt 25,31 ff.). Das Gericht über alles Unmenschliche und Widermenschliche wird vollzogen von dem, der das wahre Menschsein verwirklicht hat.

Schließlich: Der Menschensohn hat seine wahre Menschlichkeit dadurch verwirklicht, daß er für andere Menschen gelebt hat und gestorben ist, daß er sich in Konsequenz seines Lebens für andere hinrichten ließ. Der Hingerichtete richtet: Das Gericht des Menschensohns ist damit ein Gericht zum Heil. Auf den Gerichtsdarstellungen mittelalterlicher Portale verweist der richtende Christus auf seine Wundmale; Engel bringen die Leidenswerkzeuge herbei. Der endzeitliche Richter ist kein Fremder, sondern der, der selbst das Gericht auf sich genommen hat. In diesem Sinne urteilt Joh 3,18: »Wer an ihn glaubt, wird nicht gerichtet«; er »hat das ewige Leben. Wer aber nicht glaubt, der ist schon gerichtet ... « (Joh 5,24).

---

11. J. Moltmann, Der Weg Jesu Christi. Christologie in messianischen Dimensionen, M 1989, vgl. bes. 337 ff.

2. Die universale Relevanz des Menschensohns

Der Mensch, wie ihn der Schöpfer meint, nämlich Jesus Christus, setzt sich universal durch. Nun wird das Heil, das im Kontext von Sünde und Tod mehrdeutig und vage erscheinen konnte, eindeutig. Der verborgene Gott wird offenbar! Innerchristliche apokalyptische Bewegungen wie der Adventismus versuchen, den zu erwartenden Durchbruch dieser universalen Relevanz Christi auf eine radikale Weise ernstzunehmen. Wenn Jesus als der Christus universale Relevanz beanspruchen darf, dann gilt seine Relevanz einerseits für alle Zukunft und über die Grenze der Zeit hinaus, andererseits aber für jede Gegenwart: Futurische und präsentische Eschatologie entsprechen und bedingen einander.

3. Das Gericht als Hoffnungsperspektive

Die biblischen Gerichtsaussagen sind oft so formuliert, daß sie als Drohung verstanden werden müssen. Doch hat diese Drohung im Gesamt der biblischen Botschaft einen positiven Sinn: Sie insistiert darauf, daß die Glaubenden ihre Berufung wirklich ernst nehmen. Darüber hinaus bringt die Ansage eines Gerichts zum Ausdruck: Die Destruktivität wird nicht das letzte Wort behalten! Sie wird als solche erfaßt und endgültig entmachtet.

Im Blick auf das Individuum heißt das: Die Erwartung eines Gerichts verspricht den endgültigen Abschied von der eigenen Destruktivität. Ich stehe nicht mehr zerstörerisch mir selbst, der Gemeinschaft mit anderen und der Gemeinschaft mit Gott im Weg.

Dieser Abschied von den eigenen destruktiven Zügen wird im Tod als beschämend erfahren. Hier liegt wohl das Wahrheitsmoment der römisch-katholischen Vorstellung eines »Fegefeuers«: Es gilt als Symbol der Reinigung. Es will nicht als Strafe, sondern als Läuterung verstanden werden. Was die Lehre vom Purgatorium ohne nennenswerten Anhalt an der Heiligen Schrift zum Ausdruck bringen will, läßt sich für das Verständnis des Jüngsten Gerichts selbst geltend machen. Das Feuer des Gerichts erweist, was Bestand hat: »Wird aber jemandes Werk verbrennen, so wird er Schaden leiden; er selbst aber wird gerettet werden, doch so wie durchs Feuer hindurch« (I Kor 3,15). Ich darf mich im Glauben schon heute distanzieren von dem, was im Gericht keinen Bestand haben wird. Ich entdecke und bejahe dann, daß es in der siebten Vaterunser-Bitte auch um die Erlösung von dem »Bösen« geht, das in mir steckt. Noch nicht erledigt ist allerdings bei dieser Sicht des Gerichts die Frage nach der Möglichkeit einer ewigen Verdammnis (siehe unten S. 783-785, 797 f.).

(3) Individuelle Hoffnung – ewiges Leben[12]

Worauf hoffen wir als Christenmenschen? Wie denken wir uns das postmortale Geschick der Glaubenden? Hier gilt es sicher zunächst, einige Mißverständnisse zu beseitigen. Christen hoffen nicht auf etwas, sondern auf Gott.

(a) Mißverständnisse

»Auferstehung des Fleisches?« Die – seit einigen Jahren durch »Auferstehung der Toten« ersetzte – Wendung des Apostolikums hat vielerlei Mißverständnisse ausgelöst. Nicht nur angesichts des durch die moderne Medizin bedingten Umgangs mit dem menschlichen Körper wirkt sie grotesk. Gleichwohl hat sie Anhalt am biblischen Zeugnis. Der antike Jude konnte sich eine Auferstehung, die nicht auch den Leib beträfe, gar nicht vorstellen. Wenn nun das »Fleisch« noch einmal eigens betont wurde, so galt dies der Abwehr dualistischer, den Leib entwertender Aussagen, wie sie in Gnosis und Doketismus aufgetaucht waren. Es geht um die Auferstehung des ganzen Menschen und damit zugleich um die durch den Glauben zu gewinnende Würdigung der leiblichen Existenz: Der Leib ist »Tempel« des Heiligen Geistes (I Kor 3,16 ff.). Wie aber soll man sich eine solche ganzheitliche Auferstehung vorstellen? Das Neue Testament warnt ohnehin im Bereich der Eschatologie vor Vorstellungen: Es ist »noch nicht offenbar geworden, was wir sein werden« (I Joh 3,2). Mißverstanden wäre die Auferstehung des Fleisches, wenn man aus ihr auf die Entstehung einer eigenen, selbständigen transzendenten Wesenheit schließen wollte. Ein von Gottes Fülle unabhängiger Selbststand des zum ewigen Leben auferstandenen Menschen kommt aus biblischer Sicht nicht in Frage. Von der eigentlichen Pointe der christlichen Auferstehungshoffnung führen daher alle Versuche ab, die sich um die Charakterisierung eines solchen Selbststands bemühen. Karl Heim hat einen solchen Versuch unternommen auf dem Weg über den Gedanken, daß die im Eschaton gegebene Leiblichkeit erst deutlich machen werde, was »Leib« und was »Leben« heißt: »Gott, der eine solche Fülle von Möglichkeiten hat, sich zu materialisieren, kann nicht bloß die Stofflichkeit hervorbringen, deren körnige Struktur unsere Atomphysik untersucht ... Gott kann eine Leiblichkeit schaffen, die dem Todesgesetz der gegenseitigen Verdrängung nicht mehr unterliegt«, wie dies an der Darstellung der »Leiblichkeit« des Auferstandenen im Neuen Testament bis zu einem gewissen Grade ablesbar sei.[13] Auch abstrakt philosophische Versuche, das ewige Leben im Blick auf den einzelnen Glauben-

12. H. Küng, Ewiges Leben?, M 1982; W. Beinert, Der Himmel ist das Ende aller Theologie, in: ThPQ 134 (1986) 117-127; R. Seeberg, Ewiges Leben, L ²1915.
13. K. Heim, Jesus der Weltvollender, H ³1952, 182 f.

den zu charakterisieren, können hier auf eine falsche Fährte führen. Karl Rahner erwägt, ob es sich nicht so verhalten könnte, daß »das Werden aufhört, wenn das Sein beginnt, und wir davon nichts merken, weil wir selber noch am Werden sind?«[14] Auch Joseph Ratzinger bemüht sich um abstrakte Bestimmungen des ewigen Lebens: Es sei »jene neue Qualität von Existenz, in der alles in das Jetzt der Liebe zusammenfließt«, in der »die Dauer als endloses Nacheinander von Augenblicken verschwindet«.[15] R. Seeberg sah die Möglichkeit, daß »die Seligkeit in einer Vielheit von Lustgefühlen besteht, die sich voneinander unterscheiden und daher immer neu als Lust gefühlt werden können«.[16] Alle die genannten Autoren wissen natürlich, daß die Seligkeit letztlich nur in der Gottesbeziehung bestehen kann; trotzdem verleiten sie mit ihren Denkvorschlägen die Phantasie auf falsche Geleise. Nur soweit sie streng als Ausdruck der Gottesnähe verstanden werden, haben eschatologische Bilder ihr relatives Recht. Das ewige Leben muß streng theologisch, streng von dem her verstanden werden, was der Glaube von dem Gott Jesu Christi bekennt.

(b) Ewiges Leben als unüberbietbare Gottesbeziehung

1. Gemeinschaft mit dem Gott Jesu Christi

Das Neue Testament interpretiert das ewige Leben als die Gemeinschaft mit Christus. Der johanneische Jesus geht hin, den Seinen »die Stätte zu bereiten«; sie sollen sein, wo er ist (Joh 14,2 f.). Paulus hat »Lust, aus der Welt zu scheiden und bei Christus zu sein« (Phil 1,23). Den Thessalonichern verheißt er: Wir werden »bei dem Herrn sein allezeit« (I Thess 4,17). Bündig faßt das Kirchenlied zusammen: »Christus, der ist mein Leben, Sterben ist mein Gewinn ... Mit Freud fahr ich von dannen zu Christ, dem Bruder mein, auf daß ich zu ihm komme und ewig bei ihm sei« (EG 516, 1.2).

Dann werden wir »ihn sehen, wie er ist« (I Joh 3,2); jetzt sehen wir nur undeutlich wie in einem antiken Spiegel, »dann aber von Angesicht zu Angesicht« (I Kor 13,12). Von daher legte sich den Christen nahe, an eine »visio beatifica«, eine beseligende Gottesschau zu denken. In ihr verwirkliche sich zugleich die »ewige Ruhe« des göttlichen Sabbats und der himmlische Lobpreis, wie ihn die Offenbarung schildert – Bilder für die unüberbietbare Gottesbeziehung der Seligen. In diesem Zusammenhang unterschied man nicht mehr zwischen Christus- und Gottesbeziehung. Es wurde deutlich: Die Seligkeit ist nicht etwas für

---

14. K. Rahner, Grundkurs des Glaubens. Einführung in den Begriff des Christentums, Fr 1976, 267.
15. J. Ratzinger, Damit Gott alles in allem sei und alles Leiden ein Ende habe. »... die Auferstehung der Toten und das Leben der kommenden Welt«, in: N. Kutschki / J. Hoeren (Hg.), Kleines Credo für Verunsicherte, Fr ²1993, 128, 127.
16. R. Seeberg, Ewiges Leben, L ²1915, 95.

sich Bestimmbares, sondern Gott selbst ist die verheißene Seligkeit: »Gott ist unser Jenseits«.[17]

2. Die Gemeinschaft der Heiligen

Die eschatologischen Bilder des Neuen und schon des Alten Testaments sind oft nicht auf den einzelnen Menschen bezogen. Die Gottesruhe, von der der Hebräerbrief spricht (Hebr 4,1 ff.), ist dem Volk Gottes verheißen. Der Seher Johannes sieht »die heilige Stadt« und die »Hütte Gottes bei den Menschen« – Gott »wird bei ihnen wohnen, und sie werden sein Volk sein, und er selbst, Gott mit ihnen, wird ihr Gott sein« (Apk 21,2 f.). Die Seligkeit wird als ein »soziales Phänomen« erwartet; die großen eschatologischen Bilder von Ernte und Festmahl unterstreichen das. Gott wendet sich allen Einzelnen zu, die damit auch untereinander Gemeinschaft finden. Das Bild vom »Leib Christi« drängt darauf, auch eschatologisch verstanden zu werden.

Die Rede von den »Heiligen« hat sich ähnlich verselbständigt wie die Vorstellung individueller Seligkeit. Daraus ist allerlei Aberglaube und viel Polemik entstanden. In der Volksfrömmigkeit meldete sich die Frage nach einem »Wiedersehen« nach dem Tode, die besonders von evangelischen Theologen oft leidenschaftlich verneint wurde. Wenn das ewige Leben, auf Gott bezogen und von Gottes gnädiger Gegenwart erfüllt, notwendig eine »soziale« Seite hat, muß man hier wohl differenziert antworten. In Gott wird es eine neue und ebenfalls unüberbietbare Nähe all derer zueinander geben, die zu ihm gehören. Dies ist nicht gleichbedeutend mit einem analog zu unseren irdischen Verhältnissen gedachten »Wiedersehen«, aber es impliziert die Erwartung einer Gemeinschaft der Glaubenden auf einer neuen – wenngleich nicht vorstellbaren – Ebene.[18]

3. Gemeinschaft mit der erlösten Schöpfung

Nach der Überzeugung des Paulus werden aber im Eschaton nicht nur Menschen in einer neuen, erlösten Beziehung zu Gott stehen, sondern die gesamte Schöpfung: »… auch die Schöpfung wird frei werden von der Knechtschaft der Vergänglichkeit zu der herrlichen Freiheit der Kinder Gottes« (Röm 8,21). Dies impliziert ein – in Gottes befreiendem Handeln begründetes – neues Verhältnis der erlösten Menschen auch zur erlösten Schöpfung. Dieser Gedanke ist in der traditionellen Eschatologie kaum entfaltet. Er weist schon hinüber zu der Frage nach einer universalen Hoffnung über den Tod hinaus.

---

17. J. Lochman, Das Glaubensbekenntnis. Grundriß der Dogmatik im Anschluß an das Credo, Gü 1982, 204.
18. Vgl. H.-M. Barth, Sehnsucht nach den Heiligen?, St 1992, 112 ff.

B Außerchristliche Hoffnung über den Tod hinaus

(1) Judentum

Nicht der Tod des einzelnen Menschen steht zunächst im Interesse des Judentums, sondern die Hoffnung für die Gemeinschaft, die weiterleben und dem Ziel Gottes entgegengehen würde, auch wenn der einzelne längst gestorben ist. Die Erwartung des Messias und der kommenden Gottesherrschaft bilden so für den Frommen ein transsubjektives Hoffnungspotential.

(a) Messias und Gottesherrschaft

»Ich bekenne mich fest zu dem Glauben, daß der Messias kommt, und möge er auch säumen, so warte ich doch täglich auf ihn.«[19] So lautet der 12. Glaubensartikel des Maimonides. Schalom Ben-Chorin weist darauf hin, daß dieser Glaubensartikel in der Urfassung gesungen wird – »und unter den Klängen dieser messianischen Glaubensgewißheit zogen Hunderttausende in die Gaszellen der Vernichtungslager«.[20] So tief die messianische Erwartung im Herzen des frommen Juden auch verankert ist, so unklar bleibt doch, worin sie eigentlich besteht. Dies liegt einerseits an ihrer Genese und gewissen Entstellungen, die sie gelegentlich erfahren hat, andererseits an der Grundüberzeugung des Judentums, daß es letztendlich nur um Gottesherrschaft allein gehen kann. So wurde der Messias insbesondere in der Sicht des aufgeklärten westlichen Judentums zu einer »Chiffre für die Hoffnung«[21].

1. Schon in der Genese messianischer Vorstellungen zeigen sich Spannungen: Neben dem Messias, dem »Sohn Josephs«, der als Gestalt des Leidens gedacht wird, steht ein zweiter Messias, der »Sohn Davids«, von dem die Niederwerfung der gegen Israel gerichteten widergöttlichen Mächte erwartet wird. In den Qumran-Texten taucht schließlich eine Priester-Gestalt auf, deren messianische Züge unverkennbar sind. Mit der Spannung zwischen einem »leidenden« und einem »siegreichen« Messias verbindet sich die Frage nach seiner Funktion: Sie bezieht sich entweder auf den kommenden Äon oder auf die diesseitige Welt, wobei sie auch in diesem Fall eher restaurative oder aber utopische Tendenzen freisetzen kann. Bei Maimonides liegt der Akzent stärker auf einer diesseitsorientierten Interpretation: »Denkt nicht in euren Herzen, daß in den Tagen des Gesalbten etwas am Lauf der Welt geändert werden wird, oder daß im Schöpfungswerk etwas Neues auftauchen wird. Nein. Die Welt wird den glei-

19. A. Hertzberg 1996, 372.
20. Sch. Ben-Chorin 1975, 277.
21. Sch. Ben-Chorin ebd. 287.

chen Gang wie zuvor nehmen«; die Verheißung von Jes 11,6, daß »die Wölfe bei den Lämmern wohnen« werden, sei »nichts als ein Gleichnis«, das freilich für Israel endgültige Sicherheit und angstfreie Existenz beinhalte.[22] Von daher konnte auch die Gründung des Staates Israel in gewissen Kreisen mit der messianischen Erwartung in Verbindung gebracht werden. Schließlich geht es dem jüdischen Glauben nie um »jene Zukunft, die nur Zukunft ist«.[23]

2. Ähnliche Schwierigkeiten, wie sie die christliche Hoffnung auf die Wiederkunft Christi bereitet hat, begegnen auch im Judentum. Auch dort muß man sich mit dem Problem der »Parusie-Verzögerung« auseinandersetzen; der bereits zitierte 12. Glaubensartikel des Maimonides deutet das an. In den entsprechenden Gebeten wie etwa der 15. Bitte des Achtzehngebets oder im Kaddisch reproduziert es sich.[24] Darüber hinaus gab es auch immer wieder die Versuchung, den Zeitpunkt des Kommens des Messias zu berechnen, obwohl bereits die Rabbinen des Altertums und auch Maimonides davor gewarnt haben. So wurde die Erwartung des Messias oft mit besonderen Leidenssituationen des Judentums verbunden – mit der Kreuzzugszeit (1096), der Vertreibung der Juden aus Spanien (1492) oder der Verfolgung in der Ukraine (1666). Gelegentlich tauchten auch »falsche Messiasse« auf; die Anhänger des Schabbetai Zevi (1626-1676) beten – in einer gewissen Analogie zur christlichen Wiederkunftshoffnung – noch immer um die Wiederkunft ihres besonderen Messias.[25]

3. Der radikale jüdische Monotheismus mußte es ohnehin verhindern, daß dem Messias eine Stellung eingeräumt wurde, die auch nur von fern eine Konkurrenz zur Gottesherrschaft hätte bedeuten können. Der Messias wird als Instrument des erlösenden Handelns Gottes verstanden; er ist es nicht selbst, der die Erlösung bringt. Im Morgengebet heißt es explizit: »Nichts ist neben Dir, unser Erlöser, in den Tagen des Gesalbten, und keiner ist Dir ähnlich, unser Befreier, wenn Du die Toten belebst«.[26] Von daher konnte man geradezu sagen: »Israel hat keinen Messias.«[27] Die personale Vorstellung eines Messias konnte daher verzichtbar werden, worauf insbesondere das Reformjudentum hinwies.[28]

4. Eine Tendenz zur Entmythologisierung der Messiasvorstellung läßt sich bereits bei den alten Rabbinen beobachten. Rabbi Josua ben Levi, so heißt es, traf den Propheten Elia und fragte ihn: »Wann wird der Messias kommen?« Elia antwortete: »Geh und frage ihn das selbst.« »Wo ist er?« »Er sitzt an den Toren der Stadt ... zwischen den Armen, die mit Wunden bedeckt sind ...«[29] Martin

22. A. Hertzberg 1996, 367.
23. L. Baeck ³1985, 272 – dort allerdings bezogen auf »die Zukunft des Gebotes, die immer ihre Gegenwart hat, immer den Anfang, die Entschließung des Menschen fordert – die Zukunft des Lebens, das immer wieder beginnt.«
24. Pn. Navè Levinson ³1993, 84.
25. Hinweis bei Sch. Ben-Chorin 1975, 287.
26. Zitiert bei Pn. Navè Levinson ³1993, 84.
27. Midrasch Mechilta de Rabbi Ismael, Pischa XIV,51; zit.: LRG 696.
28. Pittsburgh Platform 1885, 5; Hinweis: LRG 697.
29. Nach A. Hertzberg 1996, 365; die Szene endet mit dem Hinweis, daß es darauf ankomme, »heute« auf seine Stimme zu hören.

Buber überliefert ein chassidisches Wort, demzufolge gefragt wird: »Auf wen wartet der Messias?« Antwort: »Auf Dich!«[30] Leo Baeck weist darauf hin, daß es ohnehin jüdischem Denken widerspreche, einem einzelnen Menschen eine überragende und für alle anderen Menschen konstitutive Bedeutung zuzumessen.[31] Der Messias bleibt aber wichtig als »Symbolgestalt«[32]. Das Reformjudentum interpretiert den Messianismus anthropologisch: Der Messias »ist der kommende Mensch, er bietet für das Zukunftsideal die Persönlichkeit von Fleisch und Blut, die es den Menschen lebendig dartun kann, was sein soll und sein wird.«[33] In der Messiashoffnung reproduziert sich ein Wissen darum, daß die Welt erlösungsbedürftig ist und daß der Mensch dazu berufen ist, durch sein sittliches Verhalten die Erlösung, das Kommen des Messias, vorzubereiten.[34] Schließlich kann der Messianismus zum Symbol dafür werden, daß das Böse nie endgültig über das Gute triumphieren wird und daß das Gute bereits hier auf Erden eine Zukunft hat. Zionismus und jüdischer Sozialismus wurden in diesem Sinne als säkularisierte Formen messianischer Hoffnung interpretiert.

(b) Tod und postmortale Existenz

Die Einstellungen zum Tod und die Vorstellungen von einer postmortalen Existenz haben in Israel auf seinem Weg von der Hebräischen Bibel zum modernen Reformjudentum eine große Variationsbreite erreicht. Zwar tauchen die wichtigsten Themen, die auch aus der christlichen Eschatologie bekannt sind, auf – Auferstehung, Gericht, ewiges Leben –, darüber hinaus das Problem der Unsterblichkeit und sogar der Gedanke der »Seelenwanderung«. Doch in welchem Verhältnis zueinander diese verschiedenen Erwartungen zu denken sind, bleibt weithin offen. Sie treten auch keineswegs alle gemeinsam in Erscheinung.

1. Der Tod hat im frühen Israel – wie bereits angesprochen – offenbar kaum eine eigene religiöse Bedeutung besessen. Der fromme Israelit starb »alt und lebenssatt« (vgl. Gen 25,8; Hi 42,17). Probleme löste allerdings der vorzeitige Tod aus. Der Tod wird als natürliches Phänomen angesehen. Die Grundhaltung gegenüber dem Tod drückt sich offenbar aus in dem Satz des Hiob-Buches: »Der Herr hat's gegeben, der Herr hat's genommen; der Name des Herrn sei gelobt!« (Hi 1,21). Erst mit Dan 12,2 kommt eine eindeutige eschatologische Vorstellung in den Blick: »... viele, die unter der Erde schlafen liegen, werden aufwachen, die einen zum ewigen Leben, die andern zu ewiger Schmach und Schande.«[35] In den Versionen des Kaddisch »für die Trauernden« bzw. »für die

---

30. Sch. Ben-Chorin 1975, 297.
31. L. Baeck ³1985, Wesen des Judentums, 271.
32. Sch. Ben-Chorin 1975, 288.
33. L. Baeck ³1985, 270.
34. Abraham Joshua Heschel nach G. Mayer u. a. 1994, 386.
35. Vgl. E. Segal, Das Judentum, in: H. Coward (Hg.), Das Leben nach dem Tod in den Weltreligionen, Fr 1998, 21-41, sowie TRE 4, 443 ff.

Toten« wird nicht des einzelnen Verstorbenen gedacht. Der Lobpreis Gottes steht im Vordergrund:

> »Erhoben und geheiligt
> werde sein großer Name
> in der Welt,
> die er nach seinem Willen geschaffen.
> Er lasse sein Reich kommen ...«[36]

In dem »Kaddisch der Erneuerung«, wie es bei der Bestattung gebraucht wird, heißt es:

> »Erhoben und geheiligt
> werde sein großer Name
> in der Welt,
> die er einst erneuern wird,
> wenn er die Toten belebt
> und sie zum ewigen Leben emporführt ...«[37]

Es gilt als frommer Brauch, auf dem Friedhof ein Büschel Gras auszureißen und sich dabei der Vergänglichkeit aller Geschöpfe zu erinnern. Leo Hirsch interpretiert: »Für den Juden ist der Tod ein Stück Leben wie die Nacht ein Teil des Tages und wie das Glück eine Schickung Gottes. Gegen den Tod anzutoben, ist nicht jüdisch; jüdisch ist, Kaddisch zu sagen, Gott zu preisen, seines Schmerzes Herr zu werden. Wir bitten nicht um Glück, nur um Trost, um Frieden. Wir beten zu Gott und sprechen im Angesichte unserer Not: Sein Wille geschehe!«[38] Der Jude weiß: »... der Staub muß wieder zur Erde kommen, wie er gewesen ist, und der Geist wieder zu Gott, der ihn gegeben hat« (Koh 12,7). Der Tod ist die Voraussetzung dafür, daß immer neues Leben entstehen kann. Er wird aber zugleich als die große Rückkehr zu Gott begriffen, als Eingang »in die Hut, die ewig behütet – Verborgenheit und Geborgenheit in einem«.[39] Schon im 2. Jahrhundert taucht zu Gen 1,31 »... es war sehr gut« die Randglosse auf: »Gut ist der Tod«. Die Begründung dafür lautet: »... er scheidet von dieser vergänglichen Welt und führt zur ewigen Welt, wo es keine Sünde mehr gibt«.[40] Tod und Buße geraten damit in eine große Nähe zueinander. Der Tod wird zum letzten Akt der als Rückkehr zu Gott verstandenen Buße: »Mit dem Tode kommt der entscheidende, der beschließende Beginn, die letzte Wiedergeburt, die Neuschöpfung, die alles befaßt«, der »große Sabbat«; »der Tod wird zur großen Offenbarung«[41]. Insbesondere im Blick auf die jüdischen Märtyrer stell-

---

36. G. Mayer 1994, 441.
37. Ebd. 443.
38. L. Hirsch, Jüdische Glaubenswelt, Gü 1962, 27.
39. L. Baeck ³1985, 202.
40. Bereschit Rabba IX,5; zit. nach LRG 1048.
41. L. Baeck ³1985, 202 f.

te sich dann aber doch die Frage nach dem postmortalen Geschick des Menschen deutlicher.

2. Die Auferstehungshoffnung war, wie aus den Evangelien bekannt, in neutestamentlicher Zeit umstritten: Die Sadduzäer lehnten sie ab, während die Pharisäer sie bejahten und in die liturgischen Formulare aufnahmen. So wird Gott in der zweiten Benediktion des Achtzehngebets gepriesen als der, der die Toten belebt und die Lebenden in seiner Gnade erhält. Schalom Ben-Chorin findet daher, daß »das Christentum in diesem Punkte zu einem Super-Pharisäismus« wurde.[42] Während man die Entstehung eines expliziten Auferstehungsglaubens in Israel früher auf parsistische Einflüsse zurückführte, denkt man inzwischen eher an späte Auswirkungen des kanaanäischen Vegetationsglaubens. So wird im rabbinischen Schrifttum gelegentlich auch die Analogie zum sterbenden und wieder keimenden Weizenkorn genannt; gelegentlich begegnet die Wendung vom »Hervorblühen« der Toten aus dem Erdreich, weswegen möglicherweise die Rosette auf jüdischen Sarkophagen als Dekoration auftritt.[43] Für Gott, der die Welt aus dem Nichts geschaffen hatte, konnte die Wiederbelebung von Toten keine Schwierigkeit darstellen.[44] Zur Fülle der messianischen Zeit mußte ohnehin die Auferstehung der Toten gehören. Daß sie auf irgendeine, wenngleich minimale Weise an die irdische Existenz des Verstorbenen anknüpfen sollte, machte die Vorstellung von einem »Unsterblichkeitsknochen«, dem angeblich nicht verwesenden untersten Wirbel der Wirbelsäule, deutlich.[45] Viele dieser Anschauungen standen und stehen jedoch unverbunden nebeneinander. Explizit erscheint der Auferstehungsglaube dann im 13. Glaubensartikel des Maimonides: »Ich glaube mit vollkommenem Glauben an die Auferstehung der Toten zu der Zeit, da es der Wille des Schöpfers ist, sein Name sei gelobt und erhoben und sein Gedenken von Ewigkeit zu Ewigkeit«.[46] Gerade bei Maimonides zeigt sich allerdings eine grundsätzliche Unklarheit darüber, wie »Auferstehung der Toten« verstanden werden soll: Als jüdischer Philosoph versucht er, sie zugleich im Sinne einer Unsterblichkeit des Menschen zu interpretieren.

Auch der Gedanke der Unsterblichkeit seinerseits war allerdings interpretationsbedürftig. So gibt es die Vorstellung, ein Weiser lebe darin fort, daß seine Worte zitiert werden, daß also »durch die Fortführung des ewigen Gesprächs um das Ewige auch die Ewigkeit der Seelen derer, die in dieses Gespräch einbezogen sind, gewährleistet wird«.[47] Der Mensch lebt in gewisser Weise in seinen Werken fort, wobei man weniger an das Individuum als an die Gemeinschaft des Volkes denkt: »Die Unsterblichkeit gewinnt die Bedeutung des geschichtlichen Fortlebens des Individuums im geschichtlichen Fortbestande

---

42. Sch. Ben-Chorin 1975, 303.
43. Vgl. TRE 4, 447.
44. A. Hertzberg 1996, 359.
45. TRE 4, 447; Pn. Navè Levinson ³1993, 78.
46. Zitiert nach Sch. Ben-Chorin 1975, 299.
47. Sch. Ben-Chorin 1975, 314.

seines Volkes«.[48] In diesem Sinn kann auch der säkulare Jude das Kaddisch sprechen, wobei dann »Pietät gegenüber den Vorfahren« an die Stelle »lebendigen Glaubens« tritt.[49] Das Reformjudentum hat die Vorstellung einer leiblichen Auferstehung explizit verworfen und in der Pittsburgh Platform von 1885 formuliert: »We reject as ideas not rooted in Judaism the believes both in bodily resurrection and in Gehenna and Eden«; jüdisch sei vielmehr die Lehre, »that the soul of man is immortal«, was sich aus der göttlichen Natur des menschlichen Geistes ergebe.[50] Leo Baeck erläutert in seiner feinsinnigen Art: »Der Ursprung aus dem Ewigen ist ihm (dem Menschen) gegeben, dieser Ursprung entschwindet nie, auch im Tode nicht, hört nie auf, sein Ursprung zu sein. Der Weg zum Ewigen ist ihm gewiesen, und dieser Weg verliert sich nie, auch im Tode nicht, hört niemals auf, sein Weg zu sein. Die Richtung des Lebens wie seine Tiefe streckt sich über die Grenze des Erdendaseins hinaus. Über Anfang und Ende hin bleibt die Nähe Gottes, bleibt der ewige Grund und das ewige Ziel …«[51]. Doch allein die Tatsache, daß die überkommenen Wendungen, die sich auf die Auferstehung beziehen, in den liturgischen Formulierungen vielfach erhalten geblieben sind, zeigt, daß das Judentum hier nicht zu einer eindeutigen Antwort gefunden hat.

Die Unklarheit im Blick auf Auferstehung und Unsterblichkeit hat im Judentum wohl die Voraussetzung dafür geschaffen, daß – bereits vom 10. Jahrhundert an – auch der Gedanke einer »Seelenwanderung« Eingang finden konnte. Die hier auftretenden Vorstellungen sind kraus und mannigfach modifiziert.[52] Der Anstoß zu Spekulationen über den »*gilgul ha-nefesch*« ergab sich wohl vorrangig aus dem Theodizeeproblem: Die Wiedergeburt schuf die Möglichkeit eines Ausgleichs für die auf Erden erlittenen Leiden einerseits, einer Läuterung für diejenigen, die es trotz eines wenig frommen Lebenswandels auf Erden gut gehabt hatten, andererseits. In der Kabbala wurde der Gedanke der Seelenwanderung, der auf Menschen begrenzt oder ins Kosmische ausgeweitet gedacht werden konnte, »zum Schlüssel des Verständnisses der heiligen Geschichte und ihrer verborgenen Zusammenhänge«[53].

3. Die Auffassung von Gericht und ewigem Leben ist abhängig von den jeweiligen Erwartungen im Blick auf Tod und Auferstehung bzw. Unsterblichkeit oder Seelenwanderung. Natürlich gibt es die Vorstellung von Paradies und Hölle; doch fällt auf, daß die jenseitigen Strafen oft als zeitlich begrenzt – z. B. auf 12 Monate – gedacht werden. Nach Maimonides allerdings ist jeder, der das Leben in der künftigen Welt nicht verdient, »ein Toter, der niemals leben wird, sondern durch seine Schlechtigkeit abgeschnitten wird und gleich einem Tier

---

48. H. Cohen ³1995, 350.
49. Sch. Ben-Chorin 1975, 313.
50. Zit. nach TRE 4, 449.
51. L. Baeck ³1985, 200.
52. Vgl. R. Schmitz, Jenseitsvorstellungen im Judentum, in: H. Kochanek (Hg.), Reinkarnation oder Auferstehung. Konsequenzen für das Leben, Fr 1992, bes. 73-79 (Lit.!)
53. Ebd. 76.

zugrunde geht ...«[54]. Nicht ewige Qual, sondern das Abgeschnitten-Sein vom Leben, die Nichtexistenz steht ihm bevor. Die Gerechten dagegen sitzen »mit ihren Kronen auf ihren Häuptern und weiden sich an dem Glanz der Shekina, denn es heißt: Sie schauten Gott, und aßen und tranken«[55]. In der »Himmlischen Akademie« studieren die Gerechten die Tora, ohne bei deren Verstehen noch die geringsten Schwierigkeiten zu haben. Obwohl der Volksglaube sich nach seinen eigenen Gesetzen ein ewiges Leben ausmalte, überwiegt doch die Überzeugung, daß man sich von der kommenden Welt kein wirkliches Bild machen kann. Das Bilderverbot wurde bewußt auch im Blick auf die jenseitige Welt angewandt. Es herrscht in diesem Zusammenhang ein »beredtes Stillschweigen«[56]. Frei nach Jes 64,3 gilt von der zukünftigen Welt, daß »kein Auge sie je gesehen« hat »außer Dir, o Gott«.[57] Ewiges Leben meint letztlich nichts anderes als bleibende Gottverbundenheit. Mit der Auferstehungshoffnung wird eine »Absage an die Totalität des Todes« erteilt, »ohne daß über Zeitpunkt und Form solchen Geschehens leichtfertig spekuliert würde. Vor dem Geheimnis ziemt es uns zu schweigen, aber Schweigen bedeutet nicht Antwortlosigkeit, sondern ein Sichbeugen unter die Antwort, die uns gegeben wird, die wir aber nicht zu geben vermögen.«[58]

4. Zusammenfassend läßt sich sagen, daß die Frage nach Tod und postmortaler Existenz im Judentum kein Eigengewicht besitzt und daher Antworten in einer großen Variationsbreite auszulösen vermag. Sie ist eingebettet in eine Fragestellung, die den frommen Juden viel stärker zu beschäftigen vermag, nämlich in die Problemkreise von Theodizee und Vergeltung sowie – soweit diese geteilt wird – in die Messias-Erwartung. Im übrigen steht nicht ein spekulatives Interesse im Blick auf die jenseitige Welt im Vordergrund, sondern die Frage nach der Verantwortung im Diesseits. Leo Baeck begründet dies so: »Dem Menschen ist sein Weg gewiesen, den er gehen soll, und die Unsterblichkeit läßt diesen seinen Weg über sein Erdendasein hinausgehen. Der Mensch schafft ewiges Leben. Auch die Unsterblichkeit wird im Judentum zum Gebote ...«[59]. Pnina Navè Levinson formuliert: »Die Ewigkeit ist kein Ort, sondern ein Zustand, unabhängig von Zeit und Ort; der gute Mensch kommt nicht in den Himmel, er wird Himmel, indem er nach Gottes Willen lebt.«[60]

54. Zitiert nach A. Hertzberg 1996, 360.
55. Zitiert nach R. Schmitz, in: H. Kochanek (Hg.), Reinkarnation oder Auferstehung, Fr 1992, 69. Mit ›Shekina‹ ist im hypostasierten Bild der ›Einwohnung‹ die Gegenwart Gottes gemeint.
56. L. Baeck ³1985, 203.
57. Vgl. A. Hertzberg 1996, 358.
58. Sch. Ben-Chorin 1975, 320.
59. L. Baeck ³1985, 205.
60. LRG 75.

(2) Islam

Tod und Auferstehung, Gericht und ewige Vergeltung in der Hölle bzw. im Paradies stehen für Muslime in einem unauflösbaren Erwartungszusammenhang. Den Schwerpunkt bildet dabei das drohende Gericht, das aber – bei positivem Ausgang – zugleich den Weg zu den ewigen Wonnen öffnet. Der fünfte Grundartikel des islamischen Glaubensbekenntnisses beinhaltet den Glauben an die Wiederauferstehung nach dem Tod und an den Jüngsten Tag, wobei man sich besonders an zwei Suren orientiert: »Frömmigkeit besteht darin, daß man an Gott, den Jüngsten Tag, die Engel, das Buch und die Propheten glaubt ...« und sich ethisch entsprechend verhält (Sure 2,177); Gott kann wahrlich »die Toten wieder lebendig machen. Und Er hat Macht zu allen Dingen« (Sure 30,50). Gott ist dem Menschen »näher als die Halsschlagader«, aber es ist der Rechenschaft fordernde Gott, der weiß, was dem Menschen »seine Seele einflüstert« (Sure 50,16).

(a) Tod und Auferstehung

Das Wissen um die Unausweichlichkeit des Todes ist dem frommen Muslim unaufhörliche Mahnung. Fünfmal am Tag spricht er im Rahmen des Pflichtgebets: »Bei der flüchtigen Zeit! Wahrlich, der Mensch ist verloren, außer jenen, die glauben und Gutes tun und sich gegenseitig zur Wahrheitsliebe anspornen und einander zum Ausharren mahnen«.[61]

1. Der Muslim hat klare Vorstellungen davon, was ihn im Tod erwarten wird. Der Todesengel wird seine Seele vom Körper trennen und in den Himmel bringen. Wenn er zu den Gerechten gehört, wird er darüber aufgeklärt; die Seele kehrt anschließend wieder in den Körper zurück. Ist das Ergebnis negativ, so beginnen unmittelbar nach der Rückkehr auf die Erde die Qualen an einem vorläufigen Sammelpunkt der Verdammten. Auf dieses sogenannte Zwischengericht im Himmel folgt eine Befragung im Grab:

– Wer ist dein Gott?
– Wer ist dein Prophet?
– Was ist deine Religion?
– Wohin zeigt deine Gebetsrichtung?

Kann der Verstorbene im Sinne des Islam richtig antworten, so erfährt er, vermittelt durch zwei Engel, Trost und Verheißung. Kennt er die richtigen Antworten nicht, so wird er von zwei anderen Engeln geschlagen und gepeinigt. Bis

---

61. Zitiert nach M. S. Abdullah 1992, 83 f. Vgl. zum folgenden H. Kassis, Der Islam, in: H. Coward (Hg.), Das Leben nach dem Tod in den Weltreligionen, Fr 1998, 62-77.

zum Jüngsten Tag gilt es sodann – in einer Art Tiefschlaf – zu warten; dann erst erfolgt das endgültige Urteil.[62]

2. Emotional gänzlich anders besetzt ist der Tod für die muslimischen Mystiker. Das von ihnen so heiß erstrebte »Entwerden« vollendet sich im Tod. Der Tod verliert damit seinen Schrecken. Ein Hadith rät: »Sterbet, noch bevor der Tod euch ereilt!«[63] Al-Halladsch dichtet:

»Tötet mich, o meine Freunde!
Denn im Tod nur ist mein Leben.
Ja, im Leben ist mir Tod nur,
Und im Sterben liegt mein Leben!
Wahrlich, höchste Gnade ist es,
Selbstverlöschend zu entschweben ...«[64]

Als man – so will es die Tradition – »Halladsch brachte, um ihn zu kreuzigen, sah er das Holz und die Nägel. Da lachte er so sehr, daß seine Augen tränten ...«[65]

(b) Jüngstes Gericht, Himmel und Hölle

1. Am »Tag der Abrechnung« (Sure 38,53) kommt es im Zusammenhang mehrerer apokalyptischer »Posaunenstöße« zur allgemeinen Toten-Auferstehung. Ihr folgt das Gericht, vor dem der Koran in unendlich vielen Variationen warnt. Allahs Diener brauchen sich vor dem Tag des Gerichts nicht zu ängstigen; denn in ihm wird »jeder Seele voll zurückerstattet, was sie erworben hat« (Sure 2,281). Dies ist freilich ein ambivalentes Gesetz; unerbittlich gilt, daß jeder für sich und sein Handeln allein verantwortlich ist. Es wird Zeugen für sein Verhalten auf Erden geben; nach bestimmten Traditionen wird jedes Glied des menschlichen Körpers »für oder gegen seinen Besitzer Zeugnis ablegen«.[66] Aber auch ganze Völker werden unter die Anklage geraten, die verschiedene Propheten gegen sie vorbringen. Als Zeuge gegen Juden und Christen wird nach Sure 4,159 Jesus auftreten. Den Belastungszeugen stehen, wenn Allah es erlaubt, Engel oder Muhammad als Fürsprecher gegenüber. Alte apokalyptische Bilder, wie sie der Religion der Ägypter, dem Glauben des Judentums oder auch dem Parsismus entstammen mögen, veranschaulichen, was beim Gericht geschieht: Auf einer himmlischen Waage werden die Taten der Menschen gewogen, die Bücher werden aufgetan, der Weg über eine enge Brücke, dünner als ein Haar und

---

62. Vgl. die Darstellung von L. Hagemann, Eschatologie im Islam, in: A. Th. Khoury und P. Hünermann 1985, 103-120; hier: 105 f.
63. Zitiert nach LRG 1053.
64. Zitiert nach: Al-Halladsch, »O Leute, rettet mich vor Gott«. Worte verzehrender Gottessehnsucht. Ausgewählt, übersetzt und eingeleitet von A. Schimmel, Fr 1985, 105.
65. Ebd. 103; vgl. A. Schimmel ²1992, 191-214 sowie 252-455.
66. A. Schimmel ²1995, 292.

schärfer als ein Schwert, muß bestanden werden. Aufgrund dieser Verfahren wird Allah sein endgültiges Urteil sprechen, wobei das Grundgesetz der Vergeltung durch Allahs Barmherzigkeit abgemildert werden kann.

2. Wenn sich bei einem Menschen gute und böse Taten die Waage halten, hat er eine gewisse Zeit in einer Art Purgatorium zu verbringen. Überwiegen die bösen Taten, dann stehen dem Menschen in der Hölle die schlimmsten Qualen bevor, die in drastischen Bildern ausgemalt werden. Die Bösen werden »Brennstoff des Feuers« sein (Sure 3,10). Sie bekommen Speisen, die ihr Inneres versengen; wenn sie Durst haben, reicht man ihnen kochend heißes Wasser; ihre Gewänder bestehen aus flüssigem Kupfer und siedendheißem Teer usw. Die Ungläubigen sind zu ewigen Höllenqualen verdammt, während jedoch die durch das Böse belasteten Muslime die Hölle nach Verbüßung ihrer Strafe wieder verlassen dürfen.

3. Das Paradies wird in nicht minder drastischen Farben geschildert. In den Gärten der Wonne gibt es, »was die Seele begehrt und für die Augen eine Wonne ist« (Sure 43,71). Dies bezieht sich auf Essen und Trinken – im Paradies ist sogar das auf Erden verbotene Trinken von Wein erlaubt; die Auserwählten werden mit kostbarer Kleidung geschmückt; Paradiesjungfrauen und Paradiesknaben stehen ihnen zur Verfügung. Märtyrer haben unmittelbaren Zugang zu bestimmten jenseitigen Plätzen, an denen sie die allgemeine Auferstehung und die endgültige Einweisung in die ewigen Wonnen erwartet. Je nach Tradition und Bildungsstand wird der fromme Muslim die drastischen Bilder, in denen Himmel und Hölle geschildert werden, wörtlich oder im übertragenen Sinn verstehen. Im modernen Islam gibt es durchaus entmythologisierende Tendenzen. So verweist Muhammad S. Abdullah auf den Reformtheologen Mohammad Iqbal, der folgendermaßen interpretiert:»Himmel und Hölle sind keine Lokalitäten. Die Beschreibungen im Koran sind vielmehr visuelle Darstellungen eines inneren Faktums. Die Hölle ist in den Worten des Korans demnach ›Gottes entzündetes Feuer, das über die Herzen steigt‹, – die qualvolle Verwirklichung der Tatsache, daß man als Mensch ein Fehlschlag war. Himmel dagegen ist die Freude des Triumphs über die Kräfte des Verfalls«[67].

4. Zusammenfassend läßt sich sagen, daß der Islam wohl nicht eigentlich ein spekulatives Interesse am Jenseits entwickelt hat, sondern daß die drastischen Schilderungen sowohl der Hölle als auch des Himmels als Mahnung für einen entsprechenden Wandel der Muslime auf Erden verstanden sein wollen:

»… Möge Gott niemandem übles Wesen geben in der Welt,
Denn das wird für ihn nach dem Tode zu ernten sein,
Was er auf dem Felde dieser Welt gesät hat.«[68]

Noch wichtiger als das, was der Mensch »sät«, ist jedoch sein Glaube an Allah und dessen Propheten. Selbst bei einem üblen Lebenswandel darf er erwarten,

---

67. Zitiert nach M. S. Abdullah 1992, 90.
68. Zitiert nach A. Schimmel [2]1992, 566.

nach Abbüßung seiner Strafen ins Paradies aufgenommen zu werden. Nach muslimischer Auffassung gilt, daß »der Tod für den gläubigen, nach Vollkommenheit strebenden Menschen nur ein Tor zu neuen Möglichkeiten der Höherentwicklung in einem geistigen Raum ist«.[69] M. S. Abdullah, der sich bei dieser Interpretation auf Mohammed Iqbal beruft, führt damit einen Gedanken fort, den die Tradition so formuliert: »... wenn die Reise *zu* Gott beendet ist, beginnt die unendliche Reise *in* Gott«.[70]

(3) Hinduistische Traditionen

(a) Tod und Wiedergeburt

1. Zur Genese der Wiedergeburtsvorstellungen

Die Geschichte hinduistischer Wiedergeburts-Vorstellungen erstreckt sich über drei Jahrtausende und ist somit äußerst facettenreich und damit zugleich unübersichtlich. Es lassen sich in gebotener Kürze nur einige Grundlinien nachzeichnen[71]. In der vedischen Zeit scheint man für das Jenseits vergleichsweise wenig Interesse entwickelt zu haben. Immerhin läßt sich feststellen, daß das Totenreich als etwas Lichtvolles gedacht wurde und daß man den Tod selbst als Geburtsvorgang betrachtete: Die Toten wurden festlich gekleidet und geschmückt, bevor man sie dem Scheiterhaufen übergab. Im Zusammenhang des damals in Indien noch herrschenden linearen Zeitverständnisses ergab sich dann ein Weg über eine Zwischenwelt in den Bereich der »seligen Väter« *(pitr)*, sofern das Ahnenopfer durch die Nachkommen gewährleistet war. Man bat die Gottheit: »Wo die Wünsche und Neigungen erfüllt werden ... Wo Wonnen, Freuden, Lüste und Belustigungen wohnen, wo die Wünsche des Wunsches erlangt werden, dort mache mich unsterblich!«[72] Übeltäter – so erwartete man – werden in den Abgrund gestürzt, wobei allerdings Höllenstrafen im eigentlichen Sinne im Rigveda nicht genannt werden, sondern erst später in die hinduistische Religiosität Einzug halten. Das hier auftretende Grundschema eschatologischer Erwartungen scheint bestimmten Vorstellungen jedenfalls

---

69. M. S. Abdullah 1992, 84.
70. Formulierung von A. Schimmel ²1995, 296.
71. Vgl. A. Rambachan, Hinduismus, in: H. Coward (Hg.), Das Leben nach dem Tod in den Weltreligionen, Fr 1998, 78-99, sowie K. Meisig, Hinduistische Vorstellungen vom Leben nach dem Tode, in: A. Th. Khoury, P. Hünermann 1985, 10-60 (Lit.). Nach A. Michaels 1998, 171, »mischen sich in Indien verschiedene Nachtodkonzeptionen, bei denen zwei grundlegende Zeitvorstellungen zum Tragen kommen: die lineare Zeit (erfahrbar im Prozeß des Alterns) und die zyklische Zeit (erfahrbar in regenerativen Prozessen der Natur).« Vgl. ebd. 171-175 sowie 163 (Tab. 13)!
72. Rigveda 9,113,7-11; Zitat: ebd. 22.

prinzipiell vergleichbar, die auch in Judentum und Islam begegnen; sogar die Bilder von Feuer, Gerichts-Waage und einer messerscharfen Brücke ins Jenseits tauchen alsbald auf. Die Situation ändert sich jedoch, sobald sich auf dem indischen Subkontinent eine Verschiebung vom linearen zum zyklischen Zeitbewußtsein vollzieht. Noch im Rahmen linearen Denkens konnte man sich vorstellen, daß der Verstorbene nach seiner Wiedergeburt im Jenseits dort auch einen »Wiedertod« erlebte. Auf den Wiedertod im Jenseits konnte aber, wenn die Zeit nicht linear, sondern zyklisch gedacht wurde, eine Wiedergeburt im Diesseits folgen. Bald mochte sich dann der Gedanke nahelegen, daß die Wiedergeburt im Diesseits auf einen nur kurzen Zwischenhalt im Jenseits oder direkt auf den Tod im Diesseits folgte. Zugleich mit der Verschiebung des Zeitbewußtseins hatte sich jedoch eine Verschärfung des ethischen Bewußtseins vollzogen. Wiedergeburtsvorstellung und der Grundgedanke der Tatvergeltung verbanden sich miteinander; die näheren Konditionen einer Wiedergeburt erschienen als abhängig vom ethischen Verhalten des Verstorbenen. Damit hatte man eine Möglichkeit gefunden, die Unterschiede menschlicher Schicksale zu erklären, ohne damit eine Gottheit belasten zu müssen. Eine Krise des Kultischen und Zweifel an dem inzwischen ritualisierten Opferbetrieb mögen damit Hand in Hand gegangen sein. Möglicherweise haben auch bestimmte Meditationserfahrungen die neue Sicht begünstigt.

2. Anthropologische Voraussetzungen der Wiedergeburtsvorstellungen

Die Implikationen hinduistischer Wiedergeburtsvorstellungen sind in erster Linie anthropologischer Natur. Es galt ja nun näherhin zu klären, wie das Subjekt der Wiedergeburt zu bestimmen war und wie sich der Lebenswandel eines konkreten Menschen dazu verhielt. Der sterbliche Leib eines Menschen durfte jedenfalls nicht mit dem Subjekt der Wiedergeburt identifiziert werden. Um die damit notwendige Differenzierung vornehmen zu können, bot sich die Vorstellung von ›atman‹, dem Lebensprinzip eines jeden einzelnen Menschen, an, das zugleich mit dem Lebensprinzip des ganzen Kosmos, dem ›brahman‹, identisch gedacht wurde: »Er, der in allen Dingen wohnt, und doch anders als alle Dinge ist, den alle Dinge nicht kennen, dessen Leib alle Dinge sind, der alle Dinge von innen leitet ... Er ist dein Selbst ... Er ist der ungesehene Seher, der ungehörte Hörer ... Es gibt keinen anderen Seher als ihn. Es gibt keinen anderen Hörer als ihn ... Er ist dein Selbst, der innere Lenker, der Unsterbliche«.[73] Das Subjekt der Wiedergeburt konnte zunächst mit ›atman‹ identifiziert werden. Man hatte dann aber doch das Bedürfnis zu ergründen, in welcher Weise sich ›atman‹ mit einem Sterblichen verbindet. Dies führte zur Vorstellung des ›jiva‹, des verkörperten Selbst, das am Kreislauf von Geburt und Tod teilnimmt. Seine Bezie-

---

73. Brihadaranyaka Upanishad 3,7,23. Zitiert nach O. Gächter in: H. Kochanek (Hg.), Reinkarnation oder Auferstehung. Konsequenzen für das Leben, Fr ²1994, 14.

hung zu diesem Kreislauf ist dadurch gegeben, daß es aufgrund bestimmter Bedingungen das individuelle Ich eines Menschen konstituiert, indem es die Trennung von Subjekt und Objekt, die Vorstellung von Kausalität und Zeit und schließlich emotionale Reaktionen ermöglicht. Damit sind die Faktoren beschrieben, die den Menschen davon abhalten, den ›atman‹ zu erkennen; sie werden oft unter dem Begriff »ahamkara«, »der Ich-Macher« erfaßt.[74]

Nun regte sich aber auch das Bedürfnis, die körperliche Seite des Wiedergeburts-Vorgangs genauer zu bestimmen. Dem diente der Versuch, zwischen mehreren »Körpern« zu unterscheiden. Geht man von drei Körpern aus, so denkt man (1) an den grobstofflichen Körper, dessen sich der Mensch im Wachzustand bewußt ist, (2) den »feinen Körper«, der sich in Träumen bemerkbar macht, und (3) den »kausalen Körper«, der die ontische Grundlage für die beiden anderen Körper bildet und seine Anwesenheit im raumlosen Tiefschlaf bezeugt. Man kann sich diese drei Körper in Gestalt von Schalen denken, von denen der erstgenannte »Körper« die äußerste und der letztgenannte die innerste darstellt. Alle verdecken sie jedoch den ›atman‹. Nach einem eindrücklichen modernen Vergleich ist der ›atman‹ »wie eine Hand, über die man zuerst einen Glacéhandschuh gezogen hat (das wäre der Kausalkörper), dann einen feinen Wollhandschuh (den feinstofflichen Körper) und darüber noch einen großen Fäustling (den Leib). Im Sterben wird der Fäustling abgestreift, die anderen beiden Handschuhe umkleiden weiter die Hand, und in der Wiedergeburt wird ein neuer Fäustling angezogen.«[75] Das Bild hinkt freilich insofern, als es nicht zum Ausdruck bringt, daß der ›atman‹ alle Schichten durchdringt. Die Lehre von den Körperhüllen wurde noch verschiedentlich ausdifferenziert.

Die zweite anthropologische Voraussetzung der hinduistischen Wiedergeburtsvorstellungen besteht in der Lehre vom ›karma‹. Zugrunde liegt der Gedanke, daß alles, was geschieht, eine Auswirkung hat. Jeder Ursache entspricht eine bestimmte Wirkung, und dies gilt auch im ethischen Bereich. Da man den Zusammenhang zwischen Verhalten und Ergehen am Schicksal der Lebenden nicht einfach ablesen kann, legt es sich nahe, die Auswirkungen von gutem oder bösem Handeln auch jenseits der Todesgrenze zu vermuten. Jedenfalls gilt: »Wie man handelt, wie man wandelt, so wird man. Handelt man gut, so wird man gut, tut man Schlechtes, so wird man schlecht«.[76] Die modernen westlichen Begriffe, die das Karma-Gesetz umschreiben – wie »Tatvergeltung«, »Vergeltungskausalität der Taten« (Helmuth von Glasenapp) – sind freilich kaum geeignet, die komplizierte hinduistische Vorstellungswelt, die hier zu beschreiben wäre, auch nur annähernd zu erfassen. Wohl meint ›karma‹ zunächst nur »Tun«, insbesondere (das Opfer) »verrichten«. Das Karma-Gesetz »besagt,

---

74. H. v. Stietencron in: H. Küng 1984, 315.
75. R. Hummel, Reinkarnation, St / Mz 1989, 40.
76. Brihadaranyaka Upanishad 4,5-7. Zitiert nach O. Gächter in: H. Kochanek (Hg.), Reinkarnation oder Auferstehung, Fr ²1994, 20.

daß jede Tat und jede Unterlassung – sofern sie auf Unwissenheit, auf Ichbezogenheit, Begierde oder Trägheit beruht – neben ihrer äußeren Wirkung auch eine innere Wirkung hat. Sie hinterläßt eine psychische Veränderung bzw. einen Eindruck, der künftiges Erleben programmiert.«[77] Der feinstoffliche Körper, der ja beim physischen Tod eines Menschen keineswegs zugrundegeht, »speichert nämlich wie in einem Code alles Karma. Darin ist das ganze Leben mit all seiner Erfahrung, seinen Leidenschaften, seinen positiven und negativen Eigenschaften registriert. Der ewige, geistige Atman bleibt mit dem jeweiligen feinstofflichen Körper während des ganzen Prozesses der Wiedergeburten verbunden.«[78] Natürlich werden diese komplizierten Zusammenhänge nicht von allen Hindus reflektiert. Es gibt daneben die sehr schlichte Vorstellung von zwei Wegen, dem Weg der Götter zu ›brahman‹, und dem Weg der Ahnen, auf dem man wieder zur Erde zurückgeschickt wird bzw. etwaige Strafen abzubüßen hat.

3. Die Grundaussagen der Lehre von der Wiedergeburt

Die Wiedergeburt konstituiert sich streng entsprechend den Konditionen, die durch das angesammelte Karma gegeben sind. Dem guten Menschen steht eine gute, dem bösen eine böse Wiedergeburt bevor. Es bedarf keiner ordnenden oder richtenden Instanz; kein Gott muß hier belohnen oder strafen. Der Prozeß der Wiedergeburten läuft in sich selbst – über Jahrmillionen hin. Das Karma, sowohl das positive als auch das negative, muß sich aufbrauchen. Es wird »dadurch gelöscht, daß man seine Wirkung erlebt.«[79] Ein positiver Lebenswandel reproduziert sich in der Wiedergeburt als Brahmane oder in einer der oberen Kasten; ein böser Lebenswandel führt zur Wiedergeburt z. B. als Kastenloser, als Hund oder als Schwein. Gelegentlich werden sogar präzise Entsprechungen genannt: »Wenn man Korn stiehlt, wird man eine Ratte«.[80] In der Philosophie des Sankhya, eines der großen hinduistischen philosophischen Systeme, wird eher abstrakt schematisiert: Man geht davon aus, daß im Menschen drei Basis-Eigenschaften, nämlich Güte, Aktivität und Finsternis, in einem jeweiligen Verhältnis zueinander stehen. Überwiegt das Gute, dann folgt eine Wiedergeburt als Gott, überwiegt die Aktivität, führt dies zum Dasein als Mensch, setzt sich die Finsternis durch, so kommt es zur Wiedergeburt als Tier.[81] Auch als Gott hat man aber die höchste Stufe keineswegs erreicht. In der Sphäre der Götter braucht sich das Karma ebenfalls auf: »Höllenbewohner sind zu verworfen, Götter zu selig, um die Notwendigkeit der Erlösung einzusehen.«[82] Der ›atman‹ wandert, bis er zur Erlösung gelangt: »Wie eine Raupe, nachdem sie ans Ende

---

77. H. v. Stietencron in: H. Küng 1984, 313.
78. O. Gächter in: H. Kochanek (Hg.), Reinkarnation oder Auferstehung, Fr ²1994, 20.
79. H. v. Stietencron in H. Küng 1984, 317.
80. Gesetzbuch des Manu zitiert nach R. Hummel, Reinkarnation St / Mz 1989, 42.
81. K. Meisig in: A. Th. Khoury, R. Hünermann 1985, 42.
82. K. Meisig in: A. Th. Khoury, P. Hünermann 1985, 41.

eines Grashalms gelangt ist, einen andern Weg beginnt und sich selbst dazu hinüberzieht, so macht es auch das Selbst. Nachdem es den Leib abgeschüttelt und das Nichtwissen losgelassen hat, ergreift es einen andern Anfang und zieht sich selbst dazu hinüber«.[83] Ein anderes Bild ist das von der Schlangenhaut: »Wie eine Schlangenhaut abgestorben, abgestreift auf einem Ameisenhaufen liegt, ebenso liegt dieser Körper da; aber dieses unkörperliche, unsterbliche Leben ist lauter Brahman, ist lauter Licht«.[84] Oder man findet: »Wie ein Mensch in dieser Welt die abgetragenen Kleider wegwirft und sich neue Kleider anzieht, so bekleidet sich das Selbst mit neuen Körpern, die seinem Handeln im früheren Leben entsprechen«.[85] Die Aussicht auf eine Wiedergeburt wird also keineswegs als Hoffnung, sondern als Last und Bedrohung empfunden. Ersehnt wird gerade nicht die Wiedergeburt, sondern die Befreiung aus dem unerbittlichen Kreislauf der Geburten.

(b) Moksha

Zur Befreiung aus dem Samsara, dem Kreislauf der Wiedergeburten, gelangt man nicht dadurch, daß man positives Karma ansammelt, sondern daß überhaupt kein Karma mehr produziert wird. Nun erst kommt der ›atman‹ zu sich selbst, ohne jegliche Beimischung oder Verfremdung. Die Identifikation von ›atman‹ und ›brahman‹, von Einzel- und Allseele ist vollzogen, jegliche Differenzierung und insbesondere jegliche Spur einer Subjekt-Objekt-Spaltung ist ausgeschlossen: »Wo eine Zweiheit vorhanden ist, da hört einer den andern, da riecht einer den anderen … Wenn aber alles zum Atman geworden ist, wie sollte er da irgendjemand sehen, wie sollte er da irgendjemand riechen … Wie sollte er den Erkenner erkennen?«[86] Letztlich läßt es sich daher gar nicht in Worte fassen, was mit ›moksha‹ den Erlösten bevorsteht. Mit der Aussicht auf die endgültige Befreiung erweist sich der Geburtenkreislauf als ein Läuterungsweg. Mag es auch unendlich lange dauern – irgendwann einmal kommt jeder zum Ziel. Sollte er zwischendurch Höllen und Himmel zu bewohnen haben, keiner dieser Aufenthalte währt ewig.

1. Wege zur Befreiung

Die Wege, die zur Befreiung führen oder die Strecke jedenfalls abkürzen können, werden unterschiedlich beschrieben. Alles kommt ja darauf an, vom Karma frei zu werden, wie es insbesondere die Bhagavadgita nahelegt:

---

83. Brihadaranyaka Upanishad 4,3,3. Zitiert nach O. Gächter in: H. Kochanek, Reinkarnation oder Auferstehung, Fr ²1994, 18 f.
84. Brihadaranyaka Upanishad 4,4,7. Zitiert ebd. 19.
85. Vishnu Smriti 20,50; vgl. Bhagavadgita 2,22. Zitiert ebd. 19.
86. Brihadaranyaka Upanishad 2,4,5 ff. Zitiert bei R. Hummel, Reinkarnation, St / Mz 1989, 37.

»Du bist zuständig allein für das Tun,
niemals aber für die Früchte des Handelns.
Dein Motiv soll nie die Frucht des Handelns sein,
hafte aber auch nicht an der Vorstellung vom Nicht-Handeln an!«[87]

»Wessen Aktivitäten völlig
ohne Begierde und ich-hafte Absicht sind,
weil er sein Karma im Feuer der Erkenntnis verbrannt hat,
den nennen die Einsichtsvollen einen Gelehrten.«[88]

Wie aber gelangt man zu dieser idealen Haltung? Ganz gewiß nicht durch eigene Bemühung im Sinne einer reinen Selbsterlösung. So haben vor allem die theistisch orientierten hinduistischen Systeme auch die Hilfe von Gottheiten angeboten: Durch verehrungsvolle Hingabe (›bhakti‹) z.B. an Krishna kommt man der Erlösung näher:

»Wessen Bewußtsein niemals abschweift,
wer über mich beständig meditiert,
für ihn, den Yogi mit ständig geeintem Bewußtsein,
bin ich leicht zu erlangen,
Pritha-Sohn.
Wenn die großen Seelen, die zu mir gelangt sind,
höchste Vollendung erreicht haben,
widerfährt ihnen keine Wiedergeburt,
die vergänglich und Ort des Leidens ist.«[89]

Die Suche nach göttlicher Hilfe kann auf meditativem Wege erfolgen. Es wird die Anwendung bestimmter Formeln, das sogenannte ›japa‹, empfohlen, die man möglichst häufig wiederholt. Dabei kann es sich um Mantras oder um die Namen von Gottheiten handeln. Auch im Westen bekannt geworden ist das ›japa‹ der Krishna-Verehrer: »Hare Ram Hare Ram Ram Hare Hare Hare Krishna Hare Krishna Krishna Krishna Hare Hare«.[90] Aber auch Wallfahrten zu heiligen Flüssen und »Furten«, etwa nach Benares, dienen diesem Zweck.

2. Ethische Implikationen

In der neohinduistischen Literatur wird die Vorstellung von Wiedergeburten, die dem ›karma‹ entsprechen, teilweise kritisiert und teilweise modifiziert. So möchte Sarvapalli Radhakrishnan das Karma-Gesetz keinesfalls als Alibi für Fatalismus verstanden wissen: »Das menschliche Individuum ist nicht ein bloßes Objekt unter Objekten, ein Ding unter Dingen, ohne Bedeutung in sich

---

87. BG 2,47.
88. BG 4,19.
89. BG 8,14f. »Pritha-Sohn« ist der hier angeredete Arjuna.
90. Vgl. O. Gächter in H. Kochanek (Hg.), Reinkarnation oder Auferstehung, Fr ²1994, 28.

selbst. Der Mensch ist nicht ein psychologischer Prozeß, dessen Gesetzmäßigkeit festliegt. Er wird indessen zum Opfer des Karma oder der Zwangsläufigkeit, wenn er objektiviert und seiner Subjektivität beraubt wird.« Statt dessen gelte: »Das Karma kann durch Freiheit besiegt werden.«[91] Wiedergeburt kann dann als geistiger oder auch ethisch verstandener Prozeß begriffen werden und gerät damit in die Nähe dessen, was das Neue Testament über Erneuerung zu sagen hat.[92] Swami Vivekananda hat den Kreislauf der Wiedergeburten interpretiert als »das große Bemühen des Lebens ... Alles was wir im Universum an Bewegung, an Bemühungen in Steinen, Pflanzen oder Tieren sehen, ist eine Anstrengung, um zur ›Mitte‹ zurückzukommen und Ruhe zu finden ...«[93] Wiedergeburtsvorstellungen werden hier mit dem westlichen Evolutionsdenken in Verbindung gebracht. In diesem Sinne hat auch Shri Aurobindo sich ausgesprochen.[94] »Aus der Synthese des östlichen Kreises und des westlichen Pfeils entsteht das Modell der Spirale. Befreiung, Moksha, wird zum Ziel der gesamten Schöpfung, und die Wiedergeburt wird zum Mittel des evolutionären Aufstiegs vom pflanzlichen über den tierischen und menschlichen Bereich hin zur Vergöttlichung.«[95] Schon in bestimmten Gruppen des Vishnuismus war die Wiedergeburt positiv verstanden worden, weil sie nämlich immer erneut die Gelegenheit zur Verehrung Vishnus biete. In einer gewissen Analogie dazu kann die Wiedergeburt im Neohinduismus als Chance und erneute Möglichkeit, anderen Menschen zu dienen, verstanden werden.

(c) Der Stellenwert des hinduistischen Wiedergeburtsgedankens

Eine Würdigung des hinduistischen Wiedergeburts-Gedankens wird zu berücksichtigen haben, daß die Karma-Vorstellung innerhalb der Alltagsreligiosität der Hindus offenbar eine nicht so bedeutende Rolle spielt, wie man dies im Westen erwartet. Mag er faktisch zu Fatalismus geführt haben, gemeint ist er sicherlich im Sinne eines ethischen Ansporns. Die aus ihm zu gewinnende Ethik hat freilich darin ihre Grenze, daß sie den – durch den Kreislauf der Wiedergeburten bedingten und legitimierten – Status von Menschen und Dingen nicht anrührt. Dies könnte ökologisch positive Folgen haben, wirkt sich im Blick auf das Problem der Bewältigung von sozialen Unterschieden oder menschlichen Katastrophen jedoch negativ aus. Hinsichtlich des Umgangs mit dem Tod ergibt sich freilich eine gewisse Relativierung und damit zugleich eine Minderung der Todesangst; denn für den Hindu »heißt das entscheidende Gegensatzpaar nicht mehr Diesseits und Jenseits, sondern Samsara und Erlösung, also Wieder-

---

91. S. Radhakrishnan 1959, 15. Statt »psychologischer« lies »psychischer«!
92. S. Radhakrishnan ebd. 132 ff.
93. Zitiert nach R. Hummel, Reinkarnation, St / Mz 1989, 51.
94. Vgl. O. Wolff, Das Problem der Wiedergeburt nach Shri Aurobindo, in: ZRGG 9 (1957) 116-129.
95. R. Hummel, Reinkarnation, St / Mz 1989, 52.

geboren-Werden und Nicht-mehr-Wiedergeboren-Werden.«[96] Das Leben vor
dem Tod erhält sein spezifisches Profil nicht dadurch, daß es durch den Tod
bedroht würde, sondern damit, daß es als ein Stadium von Nicht-Erlöst-Sein
begriffen wird, das auch durch den Tod möglicherweise kein Ende findet. Die
Erlösungsbedürftigkeit des Menschen wird damit noch einmal auf eindrucksvolle Weise unterstrichen.

(4) Buddhismus

(a) Tod und Wiedergeburt

Der Buddhismus hat von seinen hinduistischen Wurzeln her Wiedergeburtsvorstellungen übernommen und diese dann freilich völlig anders interpretiert.
Buddhisten kennen das karmische Gesetz, das sie jedoch sich auswirken sehen
in einer Wiedergeburt ohne Subjekt.

1. Auch Buddhisten wissen um die Zusammenhänge zwischen dem Leiden,
dem sie im Blick auf die Welt der Menschen Universalität zusprechen, und dessen karmischer Bedingtheit. Gier, Haß und Verblendung charakterisieren das
Phänomen des Anhaftens, durch das das gesamte Elend ausgelöst wird. Es führt
zu immer neuen Wiedergeburten, die sich auf der Ebene eines Gottes, des Menschen, des Tiers oder der Geister vollziehen kann. Buddha selbst, so wird erzählt, konnte sich an seine vielfältigen Vorexistenzen erinnern. Das Karma ist
einerseits keine individuelle Angelegenheit, da der Buddhismus die Vorstellung
eines Individuums im westlichen Sinn als haltloses Konstrukt brandmarkt; andererseits kennt etwa der tibetische Buddhismus sogen. »Wiedergeburtslinien«:
Der jeweilige Dalai Lama wird als Reinkarnation eines verstorbenen Lamas dadurch identifiziert, daß er als Kind ein dem Verstorbenen ähnliches Verhalten
zeigt und z. B. nach Requisiten des Verstorbenen greift. Die Dalai Lamas gelten
freilich letztlich als Emanationen des Avalokiteshvara, der Verkörperung all-
umfassenden Mitleids. Das Karma kann – dies wird vereinzelt in den jüngsten
Diskussionen erwogen – auch ganze Gemeinschaften bestimmen und ins Unglück stürzen. So hat der chinesische Buddhist Garma C. C. Chang Kriege auf
eine Art kollektives Karma zurückgeführt oder auch den Holocaust in diesem
Sinne erklärt: »Juden, die im Europa der Jahre 1930 bis 1945 gelebt haben,
konnten, egal welche Verdienste sie aufzuweisen hatten, dem kollektiven
Schicksal der jüdischen Rasse nur sehr schwer entkommen.«[97] Auch das ent-
setzlichste Leiden hat im Buddhismus einen anderen Stellenwert als im Westen,
da es sich ja nur in einem vordergründigen und uneigentlichen Sinn auf Indi-

---

96. K. Meisig in A. Th. Khoury, P. Hünermann 1985, 59.
97. Zitiert bei R. Hummel, Reinkarnation, St / Mz 1989, 70.

viduen bezieht, sofern der Mensch, der es erduldet, sich nicht als Individuum im westlichen Sinn begreift, sondern sich selbst und das, was ihm widerfährt, als »leer« durchschaut.

2. Karmische Gesetze wirken sich aus in einer Wiedergeburt ohne Selbst (Sanskr.: *anatman*, Pali: *anatta*). Buddhisten kennen ja nicht die Vorstellung eines individuellen Ichs, das als solches wiedergeboren werden könnte, einer Seele oder eines ›atman‹, der zu wandern und schließlich Freiheit zu erlangen vermöchte. Hier geht es vielmehr – so formuliert Reinhart Hummel – um eine »Seelenwanderung ohne Seele«[98]. Thich Nhat Hanh schlägt daher vor, im Blick auf den Buddhismus nicht von »Wiedergeburt«, sondern von »Manifestation« und »Neumanifestation« zu sprechen.[99] Nach den Gesetzen des bedingten Entstehens kommt es im Leben eines Menschen lediglich auf Zeit zu einem Zusammenwirken von fünf Daseinselementen – Körper, Empfinden, Wahrnehmung, Willensregung und Bewußtsein. Im Tod treten diese Elemente *(›skandhas‹)* wieder auseinander. Es bleibt nur ein Bewußtseinskeim, der sich, je nach den vorliegenden karmischen Bedingungen, mit einem ihm entsprechenden Zeugungsvorgang verbindet. Weil das Bewußtsein »ein neues Wesen begründen muß«, wird es sich die Existenzform aussuchen, die am besten zu ihm paßt.«[100] Im Milindapanha, einem wichtigen außerkanonischen Text des Theravada-Buddhismus, wird erwogen:»Ist wohl derjenige, der wiedergeboren wird, derselbe wie der Abscheidende, oder ist es ein anderer?« Die Antwort lautet:»Weder derselbe noch ein anderer … Eine Erscheinung entsteht, eine andere schwindet, doch reihen sich alle ohne Unterbrechung aneinander. Auf diese Weise langt man weder als dieselbe Person noch als eine andere bei der letzten Bewußtseinsverfassung an.«[101] Buddha hatte sich geweigert, die Frage zu beantworten,»ob der Vollendete nach dem Tod fortlebt oder nicht oder ob er weder fortlebt noch nicht fortlebt«.[102]

(b) Wege zur Befreiung

Obgleich es für Buddhisten darauf ankommt, die richtige Sicht der Dinge selbst zu gewinnen und auf diese Weise dem Rad der Wiedergeburten zu entkommen, kennen verschiedene Ausprägungen des Buddhismus auch unterschiedliche Hilfestellungen in diesem Prozeß: die Anweisungen des »Tibetischen Totenbuchs«, die Erwartung des gütigen Buddha Maitreya oder das Bodhisattva-Ideal.

1. Das »Tibetische Totenbuch« *(›bardo thödrol‹)* gibt konkrete Anweisungen dafür, wie ein Sterbender aus dem Diesseits hinauszugeleiten ist. Nicht erst

98. R. Hummel ebd. 56.
99. Thich Nhat Hanh 1996, 158.
100. H.-J. Greschat 1980, 65.
101. Zitiert nach R. Hummel, Reinkarnation St / Mz 1989, 57.
102. Majjhimanikaya I,426. Zitiert nach H. Bechert in H. Küng 1984, 430.

beim nahenden Tod sollte man sich aus derartigen Totenbüchern belehren lassen, wenngleich der Rezitation am Sterbebett eine besondere soteriologische Funktion zugesprochen wurde. Der ›bardo thödrol‹ verheißt – so die wörtliche Übersetzung – »Befreiung durch das Hören im Zwischenzustand«. Durch das Hören, das man auch noch dem Verstorbenen zutraut, soll dieser dazu befähigt und ermuntert werden, sich nicht durch Phantasien von Schrecklichem – etwa zorniger Schreckgespenster oder des Totenrichters – blenden zu lassen; nie handle es sich ja um Wirklichkeit, sondern immer nur um Truggebilde der eigenen Einbildungskraft. Gewinnt ein Sterbender diese Erkenntnis des wahrhaft Unwirklichen noch vor dem Eintritt seines Todes, so besteht große Aussicht auf Vermeidung der zu befürchtenden Wiedergeburt. Gewinnt er sie nicht, so stehen ihm – je nach Erkenntnisstand – Wiedergeburten in unterschiedlicher Abstufung bevor. Was ihm jedoch angeboten wird, ist »Erlösung durch Hören«.[103]

2. Einzelne Buddha-Konfigurationen können sich als hilfreich erweisen, so der Buddha Amitabha, der einen aufgrund verehrungsvoller Anrufung in das »Reine Land« zu versetzen vermag. Dabei handelt es sich um eine Art Paradies, das günstige Konditionen für die nächste Wiedergeburt bietet, ohne jedoch selbst bereits letztes Heilsziel zu sein. Andere Buddhisten setzen auf den Buddha Maitreya, der über das Elixier der Todlosigkeit verfügt, aber in seiner himmlischen Sphäre noch abwartet, bis seine Zeit gekommen ist. Als der »Gütige« wird er in einer fernen Zukunft auftreten, für eine Periode von 60 000 Jahren die buddhistische Lehre festigen und auf diese Weise zahlreichen Menschen zum Nirvana verhelfen.

3. Viele Buddhisten erwarten sich Hilfe wohl von einem Bodhisattva, also einem Erleuchtungswesen, das, obwohl dem Gesetz des Samsara nicht mehr unterworfen, sich durch Verzicht auf den sofortigen Eintritt ins Nirvana den noch nicht Erlösten zur Verfügung stellt. Auch Buddha Amitabha und Buddha Maitreya werden als derartige Boddhisattvas verstanden. Das Bodhisattva-Ideal kann so große Attraktivität ausüben, daß es das Nirvana als Heilsziel relativiert.

(c) Nirvana

Im volkstümlichen Buddhismus gilt Nirvana als der erstrebenswerte Zustand nach dem Tod. Einem Verstorbenen wünscht man: Möge er Nirvana erreichen. Doch nach klassischem Verständnis ist das Nirvana nicht vorrangig auf den Tod oder eine nachtodliche Erwartung bezogen. Es ist »weder ein Kommen noch ein Gehen, noch ein Stillestehen, weder ein Geborenwerden noch ein Sterben. Es ist ohne jede Grundlage, ohne Entwicklung, ohne Stützpunkt: das eben ist das Ende des Leidens«.[104] Es geht also nicht um etwas, das erst nach dem Tod er-

---

103. Vgl. R. Hummel, Reinkarnation, St / Mz 1989, 60-67; E. Meier, Die Nachtod- und Wiedergeburtsvorstellungen im Buddhismus, in: A. Th. Khoury / P. Hünermann 1985, 61-84.
104. Udana VIII,3; zitiert nach H. Bechert in H. Küng 1984, 428.

fahren werden könnte, wenn man auch zwischen vortodlichem und nachtodlichem Nirvana (»rundum« – Nibbana)[105] unterschieden hat. Es geht auch nicht um die Hoffnung auf ein Paradies, die man unter buddhistischen Vorzeichen ja als »Gier« interpretieren müßte. Es wird nicht das Herannahen unendlicher Seligkeit erwartet, sondern das Abklingen und letztendliche Verschwinden allen Leidens.[106] Im Mahayana kann das Nirvana zwar noch als Glückszustand beschrieben werden, der darin besteht, daß man die Leerheit als das Absolute entdeckt, während es im Hinayana nur um die Befreiung aus dem karmischen Zwang geht. Doch ist man sich unter Buddhisten darin einig, daß dem Nirvana Sein oder Nichtsein weder zu- noch abgesprochen werden darf. Nagarjuna formuliert in seinem »Lehrbuch der Mittleren Lehre«: »Nicht aufgegeben und nicht erlangt, nicht vergangen und nicht ewig, nicht vernichtet und nicht entstanden, das wird als Nirvana bezeichnet«. »Zurruhekommen aller Wahrnehmungen, Zurruhekommen der Vielheitswelt, Heil (das ist Nirvana). Nirgendwo hat der Buddha irgendwem irgendein Etwas (als Nirvana) aufgezeigt«. Es ist folglich »nicht zu erschließen, ob der Erhabene jenseits des Todes existiert. Es ist nicht zu erschließen, ob er nicht existiert, (oder) ob beides oder keines von beiden (zutrifft)«.[107] Die Frage nach dem Tod steht hier aber überhaupt nicht im Mittelpunkt. Es geht vielmehr um die Erlösung, die letztlich darin besteht, daß man die Identität von Samsara und Nirvana erkennt, die in der »Leerheit« von beidem besteht: Nur die Projektionen des Nichterleuchteten lassen ja das Nirvana als Samsara erscheinen! Wer diese Projektionen zurücknehmen könnte, wäre bereits zu Lebzeiten erlöst. Der vietnamesische Mönch Thich Nhat Hanh formuliert: »... in Wahrheit kommen wir von nirgendwoher und gehen nirgendwohin«.[108] Dies gelte es zu erkennen! Im Diamant-Sutra wird von einem Gespräch zwischen Buddha und einem Schüler berichtet: »Subhuti fragte den Buddha: ›Weltverehrter, ist der höchste, vollkommen erwachte Geist, den der Buddha erlangt hat, das Nicht-Erlangbare?‹ Der Buddha sagte: ›Das ist richtig, Subhuti. Bezüglich des höchsten, vollkommen erwachten Geistes habe ich überhaupt nichts erlangt. Und darum wird er der höchste, vollkommen erwachte Geist genannt.‹«[109] Das Nirvana ist nicht »etwas«, das man »erlangen« könnte. Eben darauf jedoch soll man sich besinnen. Thich Nhat Hanh empfiehlt z. B., das eigene Skelett zu meditieren: »Stell dir vor, daß alles, was von deinem Körper übrig geblieben ist, ein weißes Skelett ist, das auf der Erde liegt ... Erkenne, daß du nicht das Skelett bist. Du bist nicht deine körperliche Form. Sei eins mit dem Leben. Lebe ewig in den Bäumen und dem Gras, in

---

105. H. W. Schumann 1993, 114.
106. Vgl. den oben bereits zitierten Spruch auf dem Grab des griechischen Dichters Nikos Kazantzakis: »Ich fürchte nichts, ich hoffe nichts, ich bin frei.«
107. 25,3; 25,24; 25,17. Zitiert nach H. W. Schumann 1993, 211.
108. Thich Nhat Hanh, Lächle deinem eigenen Herzen zu. Wege zu einem achtsamen Leben. Hg. von J. Bossert und A. Meutes-Wilsing, Fr 1995, 142.
109. Ebd. 147.

anderen Menschen, in den Vögeln und anderen Tieren, im Himmel und in den Wellen des Meeres ...«[110] Im Sinn des eben zitierten Sutras müßte er freilich ebenso vorschlagen, zu erkennen, »daß du das Skelett und zugleich nicht das Skelett bist« (was er andernorts vielleicht tut). Wichtig ist für Thich Nhat Hanh jedoch weniger der Inhalt der Erkenntnis als die Tatsache, daß solches Erkennen nur in einer jeweiligen Gegenwart sich realisiert: »Buddha schafft Befreiung, Erwachung; Freiheit, Friede und Glück können nur im gegenwärtigen Augenblick verwirklicht werden. Unsere Verabredung mit dem Leben findet immer im gegenwärtigen Augenblick statt. Und der Treffpunkt unserer Verabredung ist genau da, wo wir uns gerade befinden ...«[111]

C Integrale individuelle Eschatologie

Spannungen zwischen christlicher und außerchristlicher Eschatologie ergeben sich vor allem in den folgenden drei Fragehinsichten:
– Wer oder was ist eigentlich das Objekt einer Hoffnung über den Tod hinaus – ist es personal oder apersonal zu denken?
– Wie ist postmortale Existenz vorgestellt oder gedacht?
– Wie steht es um den Zusammenhang von prämortaler und postmortaler Existenz, zwischen Lebensführung und transzendentem Lebensziel, christlich gesprochen: mit dem Verhältnis von Sünde, Tod und Gericht?[112]

(1) Das Objekt individueller Hoffnung über den Tod hinaus

(a) Im Dialog mit Judentum und Islam

Im Islam wird das Objekt individueller eschatologischer Hoffnung ähnlich bestimmt wie im Christentum: Es ist die postmortale Zukunft des einzelnen Menschen, näherhin des einzelnen gläubigen Muslim. Die Umma, die Gemeinschaft der Muslime, hat keine ausgeprägte eschatologische Qualität. Für alttestamentliches und jüdisches Verständnis jedoch geht es primär um die Zukunft nicht des einzelnen Glaubenden, sondern um die der Gemeinschaft. Dies hat geistes-

---

110. Ebd. 52.
111. Ebd. 29.
112. Zur Frage, mit welchen Implikationen sich die individuelle Hoffnung über den Tod hinaus auseinanderzusetzen hat, siehe oben S. 489 ff., S. 532 ff.

geschichtlich mit der Entwicklung der Menschheit zu tun, in deren Verlauf – aufgrund mannigfacher Faktoren – das Individuum, die Person im modernen Verständnis, erst entdeckt werden mußte. Trotzdem stellt sich heute natürlich die Frage, ob diese Entwicklung, an der neben dem Christentum auch westlicher Humanismus und Aufklärung maßgeblich beteiligt waren, zu einer unsachgemäßen Isolierung des Individuums geführt hat. Von Psychologen und Soziologen werden Individualiät und Sozialität heute als gleich ursprüngliche Grundkomponenten des Menschseins verstanden. Auf die Eschatologie bezogen heißt das: In die Frage nach der Zukunft des einzelnen muß auch die nach der Gemeinschaft, innerhalb der der Einzelne seine Gegenwart hat, einbezogen werden.

In Israel war diese Frage auf das Diesseits bezogen: Der Einzelne lebt in gewisser Weise fort in seinen Kindern, in seiner Sippe, in seinem Volk. Von der Situation diesseits der Todesgrenze aus interpretiert, erscheint dieser Ansatz plausibel. Was heutige Gen-Forschung auf eine subtile Weise darstellt und bestätigt, ist auch für den Augenschein und das eigene Erleben ohne weiteres naheliegend. Die Frage ist nur, ob diese Beobachtung auch für das Jenseits der Todesgrenze irgendeine Gültigkeit beanspruchen kann. Der Verstorbene selbst »hat« ja sozusagen nichts von seinem Fortleben in seinen Nachkommen und in seinem Volk; nur den Sterbenden mag dieser Gedanke vielleicht bis zu einem gewissen Grade trösten.

Trinitarischer Glaube kann diesen Gedanken aufnehmen, indem er sich klar macht: Auch was ein Mensch an individueller Prägung an seine Nachkommen weitergibt und ihn mit seiner Sippe verbindet, ist einerseits Gabe des Schöpfers – und ist andererseits erlösungsbedürftig. Es ist nicht ein immanenter ontischer Zusammenhang, der die Beziehung auch für die Transzendenz sichert, sondern es ist der Schöpfer und der Erlöser, der diesen Zusammenhang schafft, reinigt und segnet. In der Sprache des Alten Testaments tritt das Wissen darum in Erscheinung unter der Erwartung, daß Gott »die Missetat der Väter heimsucht bis ins dritte und vierte Glied«, aber »Barmherzigkeit erweist an vielen Tausenden« (Ex 20,5 f.). Im Neuen Testament ist die biologische, verwandtschaftliche Beziehung abgelöst durch die pneumatische (vgl. Mk 3,33 ff.). Trinitarisch gedacht gehört aber beides zusammen: Das Wirken des Geistes arbeitet darauf hin, daß beides zusammenfindet und zusammenbleibt, Schöpfung und Erlösung, Geschaffenes und Erlöstes. Zur Hoffnung des Einzelnen darf es dann aber gehören, daß auch das, was er an Leben und Prägung an seine Nachkommen weitergibt, in die verheißene Erlösung einbezogen ist.

(b) Im Dialog mit hinduistischen Traditionen

Im Blick auf den Hinduismus ist die Frage nach dem Objekt individueller eschatologischer Hoffnung nicht leicht zu beantworten. Einerseits kann man sagen: Es ist *jiva*, der im Körper lebende Mensch, das von einem menschlichen

Leib umgebene Selbst. Andererseits aber gehört der Körper als solcher nicht zu dem, worauf sich die Hoffnung bezieht: Im Gegenteil soll ja die Befreiung vom Körper und seinen Fesseln erlangt werden. Der *jivanmukta* ist der zu Lebzeiten seines Körpers von der Selbstidentifizierung mit seiner Körperlichkeit befreite Mensch, *jivatman* der ›atman‹, der sich mit einem Körper umgeben hat, ohne sich durch diesen binden zu lassen. Jivanmukta und Jivatman haben also das Ziel der Hoffnung bereits erreicht, sind Ausdruck dieses Ziels und seiner Erreichbarkeit. Gegenstand der Hoffnung für den unerlösten Menschen ist daher der ›atman‹, der in seiner Identität mit ›brahman‹ erkannt sein will: Unwissenheit und Verblendung, wie sie sich mit der körperlichen Existenz des Menschen verbinden, wird es dann nicht mehr geben, weil die körperliche Existenz mit der von ihr geschaffenen Pseudo-Identität nicht mehr vorhanden sein wird.

Diese der christlichen Anthropologie fremde Konzeption kann immerhin den Anstoß geben, auch im Blick auf die eschatologische Hoffnung stärker zu differenzieren: Was wird aus dem Leib, was aus dem Geist, was aus der Psyche eines Menschen? Oder – in Aufnahme der von C. G. Jung bereitgestellten Kategorien: Was wird aus dem »Ich«, was aus dem »Selbst«? Christliche Hoffnung wird die irdische Seite menschlicher Existenz gerade nicht ignorieren – es geht ihr um die Auferstehung des ganzen Menschen, einschließlich des »Fleisches«. Aber sie könnte die verschiedenen Aspekte des »Fleisches« durchaus stärker berücksichtigen. Sie unterscheidet bislang meist nur zwischen der durch die Schöpfung gegebenen und der durch die Erlösung im Glauben geschenkten Identität. Auch das Fühlen und das Denken des Menschen, auch all sein Erinnern, Hoffen und Bangen, seine Lebensfreude und seine Lebensangst, sein Tun und sein Lassen, seine Ich-Bezogenheit und das ihn bestimmt habende Selbst werden – geläutert und geklärt – aufgenommen in die Fülle des Lebens, die die eschatische Nähe Gottes verheißt.

(c) Im Dialog mit dem Buddhismus

Der Buddhismus kann von einem Objekt individueller eschatologischer Hoffnung letztlich überhaupt nicht sprechen, da er »Objekte« nicht kennt. Was als Objekt erscheinen mag, und wäre es die menschliche Existenz, die als Objekt verstanden werden soll, ist in Wahrheit flüchtiges Zusammen- und Wieder-Auseinandertreten von Daseinsfaktoren im Kreislauf der Manifestationen. Will man in diesem Zusammenhang von »Hoffnung« sprechen, dann könnte man allenfalls die Erkenntnis dieses Sachverhalts als solche, das Wahrnehmen dieser Wahrheit, als ein zu erhoffendes, mehr noch: zu erarbeitendes Ziel bezeichnen.

Der Christ, der im Aufblick zum dreifaltigen Handeln Gottes am Gedanken seiner einmaligen und besonderen Identität festzuhalten wagt, könnte immerhin darauf aufmerksam werden, daß zu seiner Identität Daseinsfaktoren gehören, die seine Identität zwar mitbestimmen, die sich aber seinem Identitätsbewußtsein auch entziehen. Vieles, was sich im Haushalt der Zellen, im

Dahingleiten der Hirnströme tut, läßt sich durch Identitätsbewußtsein nicht einholen, weil es Voraussetzung für die Bildung von Identitätsbewußtseins ist. Individuelle eschatologische Hoffnung ist daher nicht denkbar ohne Hoffnung auch im Blick auf transpersonale Konstitutionsvoraussetzungen des Individuums. Eine individuelle eschatologische Hoffnung ist auch für den christlichen Glauben nur als eine universale nachvollziehbar. Wer an die Auferstehung des einzelnen Menschen glaubt, muß auch an die »Auferstehung« von allem glauben, was ist. Auferstehung »des Fleisches« macht keinen Sinn ohne die Erneuerung alles Irdischen, ohne einen »neuen Himmel und eine neue Erde« (Apk 21,1).

(2) Lebensführung und eschatische Erfüllung

(a) Jüdische und christliche Sicht

Im alttestamentlichen Denken ist der Zusammenhang zwischen Tun und Ergehen ursprünglich sehr intensiv wahrgenommen. Umso bemerkenswerter ist es, daß der Tod nicht einfach als Strafe zu stehen kommt, sondern als selbstverständliches Ende des Lebens aufgefaßt wird. Der Tun-Ergehens-Zusammenhang wird später ohnehin transzendiert. Der prophetische Aufruf zu einer Jahwe und seinem Handeln entsprechenden Lebensführung zielt nicht auf eine jenseitige Abrechnung. Erst mit dem Einströmen apokalyptischer Bilder verbindet sich der Gedanke eines eschatischen Gerichts nach den Werken. Er wird aber für die individuelle eschatologische Hoffnung nicht prägend. Zu sehr hat das jüdische Ethos sein Pathos in sich selbst. Nicht um eines irgendwie zu erringenden eschatischen Gelingens willen ist das Gesetz zu halten, sondern schlicht, weil es sich um das Gesetz Jahwes handelt.

Christliche Eschatologie kann sich durch das Judentum an die Selbstverständlichkeit des Todes erinnern lassen, der sozusagen nicht theologisch oder mythologisch dramatisiert zu werden braucht. Die Lebensführung des Glaubenden wird sich nicht durch den Gedanken an Lohn oder Strafe bestimmen lassen. Die Verantwortung, unter der der Mensch steht – nach rabbinischer Auffassung soll er »täglich«, ja »jeden Augenblick gerichtet« werden[113] –, ist in der jeweiligen Gegenwart zu realisieren.

---

113. LRG 335.

(b) Islamische und christliche Sicht

Gläubige Muslime leben mit einem starken Bewußtsein des bevorstehenden Gerichts. Der Koran ist voller Mahnungen und voll plastischer Darstellungen der Schrecken des Gerichts und der Höllenstrafen, aber auch der Paradieseswonnen. Die Lebensführung unter der Rechtleitung Allahs ist unbedingte Voraussetzung für das Erreichen des letzten Ziels. Der Einsatz für die Sache des Islam im Heiligen Krieg, besonders wenn er zum Martyrium führt, wird durch den unmittelbaren Zugang zum Paradies belohnt. Zu einer recht verstandenen muslimischen Lebensführung gehört in erster Linie die Beachtung der für die Umma gültigen Vorschriften. Wird gegen sie verstoßen, so kann ggf. die Vergebung Allahs retten. Ohne ihrer wirklich sicher sein zu können, soll der Muslim auf sie vertrauen.

Die Differenz zur christlichen Auffassung ist hier offensichtlich. Trotzdem kann der Ernst, mit dem Muslime sich für ihre Religion einzusetzen und deren Vorschriften in allen Einzelheiten zu beachten versuchen, auch Christen zu denken geben – nicht im Sinn einer Vorbedingung für das eschatische Heil, aber doch im Sinn einer Konsequenz der eschatologischen Heilszusage, die ihm im Evangelium begegnet.

(c) Hinduistische und christliche Sicht

Da in den meisten hinduistischen Traditionen nicht mit einer theistisch gedachten Richtergottheit gerechnet wird, stellt sich auch die Frage nach dem Zusammenhang von Lebensführung und dem letzten Heilsziel völlig anders dar als in theistisch orientierten Religionen. Der Tod kommt nicht als »der Sünde Sold« zu stehen, sondern als Durchgangstor zu weiterem Leben – freilich einem Leben, dessen Bedingungen sich mit der zu erwartenden Wiedergeburt erst zeigen werden. Die Notwendigkeit der Wiedergeburt bringt das Hineinverwobensein in einen Zusammenhang zum Ausdruck, den christliche Theologie durch den Begriff »Erbsünde« kennzeichnen würde. Freilich vollzieht sich zugleich das »Gericht« als Abfolge der Wiedergeburten in höher- oder geringerwertigen Lebenskontexten entsprechend dem Maß des abzuarbeitenden Karma. »Sünde« und »Gericht« stehen nicht einander gegenüber, sondern gehen prozeßhaft ineinander über. Dabei werden Gottheiten nicht richtend, sondern allenfalls prüfend tätig, können aber im Erlösungsprozeß unterstützend wirken; dies wiederum gilt besonders für die Bhakti-Frömmigkeit.

Obwohl die hinduistischen Konzeptionen von Wiedergeburt, sofern sie nicht durch die Erwartung von gnadenhafter Unterbrechung oder Erlösung abgemildert werden, auf Christen den Eindruck unerbittlicher Determination machen, sind auch sie als Frage an christliche Theologie ernstzunehmen. Sie verweisen nämlich auf die Tatsache der immanenten Kausalität alles Handelns und Verhaltens des Menschen, die in der Regel weit über die Grenzen des einzelnen

Menschenlebens hinausreicht – mitunter über Generationen hinweg. Auch angesichts dessen, was das Evangelium im Blick auf das eschatische Heil zusagt, gilt es, mit dieser immanenten Kausalität zu rechnen und Konsequenzen aus dem eigenen oder aus fremdem Leben zu bearbeiten – im Guten wie im Bösen. Das Evangelium kann geradezu als Quelle der Kraft entdeckt werden, sich mit solchen Konsequenzen kreativ und befreiend auseinanderzusetzen.

(d) Buddhistische und christliche Sicht

Für den Buddhisten hängen – so merkwürdig das für den Christen auf den ersten Blick klingt – nicht Sünde und Tod, sondern »Sünde« und »Leben« zusammen. Aus dem Durst, aus der Gier erwächst das Leiden und damit zugleich das Geschick, aus dem Wesenskreislauf nicht ausbrechen zu können. Die Lebensgier verdammt zum Leben-Müssen; der Tod, auf den keine neue Manifestation von neuem Leben folgen würde, brächte die Erlösung. Ein »Gericht« kann es folglich hier ebensowenig geben wie in den hinduistischen Wiedergeburtskonzeptionen. »Gericht« vollzieht sich im immer neuen Entstehen von Leben und Lebensgier. Eschatisches Heil dagegen, wenn man es denn so bezeichnen wollte, bestünde im Aufhören des »Durstes«. Mit dem Subjekt von Leiden verschwindet das Leiden selbst und es tritt das Nirvana ein, das – jenseits der Alternative von Leben und Tod – letztlich nicht beschrieben werden kann. Als Abwesenheit von Leiden löst es freilich – zumal in der Volksfrömmigkeit – doch eher positive Assoziationen aus. Auch im Buddhismus gibt es Angebote transzendenter Hilfe, nicht aber ein in der Transzendenz vorgestelltes Gericht.

Mit seiner radikalen Betonung des Augenblicks, in dem Verblendung oder Erleuchtung, Heil oder Unheil sich vollziehen, erinnert der Buddhismus – trotz aller unübersehbaren Differenzen – an die christliche Konzeption präsentischer Eschatologie. Christlicher Glaube kann sich durch ihn an die eschatologische Relevanz des Augenblicks gemahnen lassen und ihr in Gebet und Meditation, in Wachsamkeit und Achtsamkeit, aber auch in entschlossenem Engagement zu entsprechen versuchen.

(3) Postmortale Existenz

(a) Im Gespräch mit Judentum und Islam

Das Judentum ist in seiner Gesamtheit an postmortaler Existenz kaum interessiert. Wenn es die Erwartung einer Totenauferstehung auch gibt, so liegt der eigentliche Akzent jüdischen Glaubens doch nicht auf einem Leben jenseits der Todesgrenze, sondern auf dem »Leben vor dem Tode«. Anders der Islam: Hier wird die Möglichkeit einer postmortalen Existenz sowohl im Paradies als auch in der Hölle ausführlich reflektiert. Während sich der nicht-mystisch orientierte Muslim an den Bildern von sehr irdisch gedachten Paradiesesfreuden berauschen kann, erwartet der Mystiker die Nähe Allahs, ja die unendliche Reise in Allah selbst. Ob der Mensch nach dem Tod Gott schauen wird, ist umstritten (vgl. Sure 75,22 f.); Mystiker bejahen es, während andere Gruppen es bestreiten. Wichtig ist aber in jedem Fall das erwartete Wohlgefallen Allahs an den in das Paradies eingegangenen Menschen. Christen werden sich über die plastisch geschilderten Zustände der jenseitigen Welt nicht zu erheben haben, da sie ebenso mit Bildern umgehen, die zum Teil massiv mißverstanden wurden. Sowohl Judentum als auch Islam unterstreichen Gesichtspunkte, die auch dem christlichen Glauben wichtig sind, nämlich das Judentum die Relevanz des irdischen Lebens und der Islam die ganzheitliche Fülle der erwarteten postmortalen Existenz.

(b) Im Gespräch mit hinduistischen Traditionen

Der Begriff »postmortale Existenz« ist im Blick auf die hinduistischen Traditionen mindestens mißverständlich: Es geht in ihnen ja um die Aneinanderreihung einer unübersehbar langen Kette von »postmortalen Existenzen«. Der ›atman‹ kleidet sich, je nach den Bedingungen des aufzuarbeitenden Karma, in immer neue menschliche, unter- oder auch übermenschliche Verwirklichungen. Der Tod findet sein Ende darin, daß kein Karma mehr entsteht und es somit nicht mehr zu Verleiblichung kommt.

Besonders seit sich Reinkarnationsvorstellungen, wenngleich oft mißverstanden, im Westen wachsender Beliebtheit erfreuen, wird die Frage diskutiert, wie Reinkarnation und christlich verstandene postmortale Existenz sich zueinander verhalten.[114] Man verweist auf verwandte Gedanken bereits bei Origenes, der sich den Menschen als eine inkarnierte (aber nicht: reinkarnierte!) Geistseele vorstellte, oder auf moderne Interpretationsversuche, wie sie in der Anthroposophie begegnen.

Die Widersprüche zwischen christlicher und hinduistischer Reinkarnationsauffassung fallen sofort ins Auge: Der Christ vermag nicht Leib und Seele zu trennen, so daß sich eine Abwertung des Leiblichen, Stofflichen mit einer Höherbewertung des Geistigen, Feinstofflichen verbinden könnte. Er versteht sich ganzheitlich und weiß seine Identität nicht im Zusammenwirken von immanenten Faktoren, sondern im Handeln Gottes begründet. Es ist ihm unvorstellbar, mit sich und irgendwelchen Prozessen allein zu sein und es nicht mit dem an ihm handelnden Gott zu tun zu haben. Er kann schließlich Jesus Chri-

---

114. R. Hummel, Reinkarnation, St / Mz 1988; H. Kochanek (Hg.), Reinkarnation oder Auferstehung. Konsequenzen für das Leben, Fr ²1994; P. Schmidt-Leukel (Hg.), Die Idee der Reinkarnation in Ost und West, M 1996. Vgl. ferner H. Zander, Geschichte der Seelenwanderung in Europa, Da 1999.

stus nicht als eine »Reinkarnation« auffassen, die aus einer Kette von »Leben« entstanden wäre, so daß auch Jesu Leben, Lehren, Sterben und Auferstehen keine einmalige, ein für allemal gültige Relevanz haben würde. Schließlich kennt er einen Begriff von Wiedergeburt, der für ihn in einem ganz anderen Sinn bedeutsam ist als für den Hindu: Der Glaubende ist wiedergeboren durch das »Bad der Wiedergeburt« (Tit 3,5); nur wer »von neuem geboren« wird aus Wasser und Geist (Joh 3,3 ff.), kann in das Reich Gottes gelangen.[115] Auch für den Christen gibt es eine »Wiedergeburt« – zu Lebzeiten und im Glauben.

Trotz dieser Grunddaten des christlichen Glaubens gilt es, die Gegenüberlegung zu prüfen, worin der Wahrheitskern des hinduistischen Ansatzes liegen könnte. Ein vor allem in der römisch-katholischen Theologie begangener Weg besteht darin, den Reinkarnationsgedanken mit der Fegefeuerlehre zusammenzubringen: In beiden Fällen handele es sich ja um einen Prozeß der Läuterung.[116] Warum soll der Läuterungsprozeß mit dem Tod abgeschlossen sein? Freilich läßt sich schwer vorstellen, daß es bei einem solchen Läuterungsprozeß, wie es die Reinkarnationslehre durchaus vorsieht, zu Rückfällen kommen kann. Evangelische Theologie wird ohnehin darauf insistieren, daß eine solche Läuterung nicht durch eine Abfolge von Reinkarnationen, sondern nur im Gericht durch Gottes Gnade sich vollzieht (vgl. I Kor 3,11-15).

Doch gibt es eine zweite, möglicherweise stärker zu bedenkende Nähe zwischen christlichem Glauben und dem hinduistischen Ansatz. Indem dieser auf die Abhängigkeit alles Lebendigen von anderem Lebendigen verweist, bringt er die innere Verwandtschaft alles Beseelten, die Zusammengehörigkeit alles Lebendigen zum Ausdruck. Es ist zunächst die Verwandtschaft mit allen menschlichen Wesen, mit den Verstorbenen und den kommenden Generationen, die auf diese Weise anschaulich und einfühlbar wird. Alle gemeinsam sind sie erfüllt und abhängig von dem »Odem«, den der Schöpfer ihnen gibt. Es wäre von hier aus zu überlegen, inwieweit die alte christliche Idee des Traduzianismus eine neue Reflexion verdiente. Unter Aufnahme stoischer Ansätze hatte Tertullian vermutet, die Seele eines Menschen verdanke sich der Seele seiner Eltern – eine Vorstellung, die von der Kirche abgelehnt wurde.[117] Man kann jedoch noch einen Schritt weiter gehen. Je mehr der Mensch seine somatische Seite bejaht, desto deutlicher wird ihm zudem, wie sehr er der Species der Säuger zugehört, deren Herz klopft und deren Atem schneller geht, wenn sie sich ängstigen. Alles, was Odem hat, soll den Herrn loben (Ps 150,6)! Diese innere Verwandtschaft des Menschen mit allem Lebendigen anzuerkennen, widerspricht dem Glauben an den Schöpfer nicht; sie bestätigt sich vielmehr im Wirken des Geistes, der die Menschheit und schließlich die gesamte Schöpfung zu-

---

115. Mt 19,28 ist ›palingenesia‹ wohl mit »Welterneuerung« zu übersetzen.
116. Andeutung bei K. Rahner, Das christliche Verständnis der Erlösung, in: A. Bsteh (Hg.), Erlösung in Christentum und Buddhismus, Mödling 1982, 126 f.; ders., Schriften zur Theologie 12, 252; ders., Grundkurs des Glaubens, Fr 1976, 424 f.; vgl. aber auch P. Tillich, ST III, 471!
117. Vgl. RGG³ I, 415-418; LThK³ 10, 302.

sammenfaßt zum Lob Gottes, wie es denn dem erlösenden Wirken Jesu Christi entspricht, in dem, durch den und zu dem alles geschaffen ist (Kol 1,16 ff.).[118]

(c) Im Gespräch mit dem Buddhismus

Da der ursprüngliche Buddhismus das Selbstverständnis des Menschen als Person (im westlichen Sinne) für ein mentales Konstrukt hält, das auf Unwissenheit und Verblendung zurückzuführen ist, kennt er natürlich auch keine postmortale Existenz des einzelnen Menschen. Solange Unwissenheit und Verblendung anhalten und Lebensdurst bedingen, kommt es mit jedem Tod zu neuen Manifestationen. Erst das »Erwachen« ermöglicht ja das Auslaufen und Verschwinden der Lebensenergie und damit das Erscheinen des Nirvana; nun vollzieht sich eine Befreiung ins Offene, Unbeschreibliche. Man rechnet allerdings, wie bereits angesprochen, mit einem über die Todesgrenze hinausreichenden »Bewußtseinskontinuum«, das sich mit den physiologischen Voraussetzungen einer menschlichen Geburt verbindet und so zur Entstehung eines neuen Menschen führt.[119]

Für christliche Wahrnehmung steht hier der Begriff einer personalen Identität auf dem Spiel, die durch den Tod nicht zerstört werden kann oder durch die Auferstehung restituiert wird. P. Schmidt-Leukel macht darauf aufmerksam, daß sich die christliche Sicht – logisch gesehen – hier einer ähnlichen Schwierigkeit gegenübersieht wie die buddhistische[120], wobei das Problem einer sich durchhaltenden Kontinuität für den Buddhisten bereits im Blick auf die Lebensdauer eines Menschen gegeben ist. Die klassische christliche Theologie hat die mit dem Tod entstehende Lücke zwischen irdischer und transzendenter personaler Identität durch die Lehre vom »Zwischenzustand« zu füllen versucht.[121] Dies muß aus vielerlei Gründen als eine Verlegenheitslösung betrachtet werden. Aus der Konfrontation mit buddhistischer Reflexion könnte sich ergeben, daß der christliche Begriff personaler Identität zu entgrenzen ist: Postmortale Existenz könnte eine Existenzweise implizieren, die sowohl Identität als auch Nicht-Identität transzendiert und zugleich umgreift. So wenig sich der psychologische Begriff personaler Identität unbesehen auf den Gottesbegriff übertragen läßt, so wenig kann er die postmortale Existenz des Menschen zutreffend beschreiben.

---

118. Siehe unten S. 783-785, 797 f.
119. M. v. Brück, Wh. Lai 1997, 475 ff.
120. P. Schmidt-Leukel, Der Reinkarnationsgedanke – Eine Herausforderung an die christliche Theologie, in: ders. (Hg.), Die Idee der Reinkarnation in Ost und West, M 1996, 177-204, 230-237.
121. Vgl. P. Althaus ⁸1969, 685 ff.

(4) Trinitarisches Bekenntnis und individuelle eschatologische Hoffnung

Das trinitarische Bekenntnis ist in der Lage, sowohl die Distanz als auch die Nähe zwischen christlicher und außerchristlicher religiöser Hoffnung über den Tod hinaus zu verdeutlichen.

Das Objekt individueller eschatologischer Hoffnung muß unter trinitarischer Perspektive neu bestimmt werden. Wenn der Mensch sich vom Schöpfer, Erlöser und Vollender her begreift, dann darf er sich von seiner besonderen Beziehung zu ihm her verstehen; das ist der christlichen Tradition eine Selbstverständlichkeit. Er muß sich aber auch im Kontext des gesamten Wirkens Gottes zu erfassen versuchen. Die Frage nach Tod und Auferstehung wird damit ihre ausschließlich individualistische (oder allenfalls ekklesiologische) Prägung verlieren. Es geht ja nicht um die Einlösung eines privaten Glücksanspruchs oder eines persönlichen und exklusiv intimen Gottesverhältnisses. Der Mensch ist so sehr in die gesamte Schöpfung eingebunden, daß eine separate »Auferstehung des Menschen« nur die halbe Wahrheit darstellen kann; dies ist bereits angesichts der psychosomatischen Verankerung des Menschen im Bereich der außermenschlichen Kreatur offensichtlich. Personale Identität und metapersonale Erfüllung müssen zusammen gedacht werden. Die christliche Auferstehungshoffnung bedarf der Befreiung aus der Umklammerung individuell enggeführter und anthropozentrisch, ja egozentrisch geprägter Erwartungen.

Das trinitarische Bekenntnis unterstreicht und vertieft aber auch ein Wissen, das in vielen außerchristlichen Religionen wenigstens ahnungsweise vorhanden ist: die Verstrickung des Menschen in übergreifende Zusammenhänge von Ungenügen, Versagen und Schuld. Es schärft dem Menschen ein, daß er nicht nur dem Leiden gebärenden Lebensdurst und dem Böses hervorbringenden Hang zum Bösen ausgeliefert ist, sondern daß er sich wissentlich und willentlich seinem Geschick, gierig zu sein und Böses zu tun, unterwirft. Es macht ihn auf seine Unfreiheit und die im Kontext dieser Unfreiheit gleichwohl ihm aufgetragene Verantwortlichkeit aufmerksam. Dem Menschen kann dabei deutlich werden, daß sein Verhalten und sein Ergehen, das letztlich in den Tod mündet, in einem Zusammenhang miteinander stehen. Das trinitarische Bekenntnis konfrontiert ihn mit dem Schöpfer, dessen Auftrag er nicht erfüllt, mit dem Erlöser, auf den er angewiesen ist, und mit dem Heiligen Geist, der ihn auf beides aufmerksam macht. Auch das Wissen um die Erlösungsbedürftigkeit des Menschen ist in den außerchristlichen Religionen ahnungsweise, wenngleich unterschiedlich ausgeprägt, vorhanden. Die Behauptung, Judentum und Islam stellten Gesetzesreligionen dar, in denen man sich durch ethisches Verhalten selbst erlösen könne, läßt sich so nicht halten. Den hinduistischen Traditionen einen Erlösungsmechanismus zu unterstellen, ist ebenso einseitig wie der Versuch, den Buddhisten der Selbsterlösung zu zeihen. Abgesehen von den konkreten Hilfen und Helfergestalten, die in den Religionen genannt werden, werden Befreiung und Erleuchtung wohl immer als gnadenhafte Ereignisse erlebt. Der christliche Glaube kann sich hier nicht einfach als das bessere oder effektivere Angebot präsentieren, aber er sollte deutlich machen, worin er das in außerchristlichen Religionen anzutreffende Bewußtsein zu schärfen und zu vertiefen vermag. Er tut dies in seiner Predigt von Gesetz und Evangelium, mit dem Aufweis von Sünde und Vergebung. Sünde und Vergebung sieht er bezogen auf das dreifaltige Handeln des dreieinen Gottes – des Schöpfers, der sein Geschöpf trotz dessen Widersetzlichkeit nicht dem Tod überläßt, des Erlösers, der zusammen mit dieser Widersetzlichkeit den Tod überwindet, und des Heiligen Geistes, der inmitten dieser Widersetzlichkeit und schließlich durch den Tod hindurch über sie hinausführend gelingendes Leben verwirklicht.

Damit kommt ein letzter entscheidender Differenzpunkt zwischen christlicher und außerchristlicher individueller Eschatologie ins Spiel. In den außerchristlichen Religionen wird das eschatische Heil entweder positiv als Fülle des Glücks oder negativ als Befreiung von allem Unglück beschrieben, die auch jenseits der Polarität von Glück und Unglück liegen kann. Auch das Christentum kennt phantasievolle Schilderungen des Paradieses oder abstrakte Verheißungen von Freiheit. Aber die eigentliche Hoffnung der Christen und Christinnen ist damit nicht getroffen. Sie besteht nicht in einem wie auch immer gestalteten »Fortleben«, sondern in der durch nichts beeinträchtigten Nähe zu Jesus Christus, dem Bürgen und Inbegriff unüberbietbarer Liebe. »Nicht nach Welt, nach Himmel nicht / meine Seel sich wünscht und sehnet, / Jesus wünscht sie und sein Licht, der mich hat mit Gott versöhnet ...«[122] Nicht der »Himmel« ist das Ziel indivueller christlicher eschatologischer Hoffnung, sondern der Gott Jesu Christi. Der dreieine Gott verheißt nicht ein »Auferstehungsleben« oder »himmlische Seligkeit«, überhaupt nicht »etwas«, sondern sich selbst. Aber er verheißt sich mir, der ich mich inmitten aller Begrenztheit und Schuldverhaftetheit seinem schaffenden, erlösenden und vollendenden Wirken anvertraut weiß. Ich mit meiner ganz spezifischen Biografie, mit meinen Ängsten und Hoffnungen, darf nicht nur der sein, sondern auch bleiben, der ich bin – jedoch verwandelt zu einem neuen »Sein«, in dem Gottes unendliche Liebe sich erfüllt und widerklingt.[123]

Diesseits der Todesgrenze mag man sich das personal als ein Sein bei Christus (vgl. Phil 1, 23) oder apersonal denken: Gott wird sein »alles in allem« (I Kor 15,28). In beiden Fällen handelt es sich um Vorstellungen, die aus dem irdischen Erfahrungsbereich gewonnen sind und die Gott unendlich überbieten wird. Die christliche Eschatologie ist ganz und gar christologisch geprägt – so der neutestamentliche Befund, der theologisch noch seiner trinitarischen Entfaltung harrt. Wenn sich der dreieine Gott über den Tod hinaus den Seinen verheißt, dann beinhaltet dies eine über den Tod hinausreichende Zukunft in

---

122. EG 402,5; Christian Keimann 1658.
123. »Wir werden die sein, die wir waren, wenn auch in verwandelter Gestalt.« J. Zink, Auferstehung, St 2005, 59.

Liebe, und zwar in einer Liebe, wie sie nur dem dreieinen Gott eignet und in ihm und durch ihn sich verwirklicht. Von Liebe ist in den eschatologischen Vorstellungen der außerchristlichen Religionen vergleichsweise wenig die Rede. Die Liebe aber, so lautet eine Grundüberzeugung des christlichen Glaubens, »hört niemals auf« (I Kor 13,8).

D Thesen

1. Tod und Auferstehung sind in der christlichen Eschatologie nicht isoliert voneinander zu bedenken.

2. Der Tod steht, verstanden als natürliches Lebensende, als Konsequenz der Sünde oder als radikaler Gottesdienst, im Licht der Auferstehung.

3. Die Auferstehungsbotschaft wird, verstanden im Rahmen von immanenten Erwartungen und von Unsterblichkeitsspekulationen oder als Neuschöpfung nach einem »Ganz-Tod«, nicht in ihrem christologischen Gehalt erfaßt: Sie verheißt dem Glaubenden nicht ein wie auch immer vorzustellendes Fortleben nach dem Tod, sondern das Sein »bei dem Herrn ... allezeit« (I Thes 4,17).

4. Als »Wiederkunft Chisti« erwartet christlicher Glaube die endgültige Durchsetzung der universalen Relevanz Jesu Christi, die Gericht und Rettung impliziert.

5. In der mit dem Eschaton erhofften unüberbietbaren Gottesbeziehung ist die Beziehung zu allem Erlösten mitgesetzt.

6. Die christologisch formulierte Hoffnung über den Tod hinaus ist in eine am trinitarischen Bekenntnis gewonnene Eschatologie zu integrieren.

7. Trinitarisch angelegte individuelle Eschatologie kann aus Judentum und Islam den Gesichtspunkt schöpfungsmäßiger Prägungen, aus dem Hinduismus die differenzierte Frage nach dem postmortalen Geschick von somatischer, psychischer und spiritueller Existenz, und schließlich aus dem Buddhismus das Problem einer nicht auf das Individuum zu begrenzenden Identität aufnehmen.

8. Sie wird den Tun-Ergehens-Zusammenhang, den alle Religionen angesichts des Todes zu thematisieren scheinen, einerseits transzendieren, andererseits aber in seinem relativen Recht anerkennen und zu seiner Bearbeitung einladen.

9. Der Gedanke der Wiedergeburt in seiner hinduistischen Fassung macht auf die Einbettung des einzelnen Menschen in den Strom alles Lebendigen und damit auf seine Zusammengehörigkeit mit der ganzen Schöpfung aufmerksam:

Auch die christliche Auferstehungshoffnung darf nicht auf vereinzelte menschliche Individuen begrenzt gedacht werden.

10. In seiner buddhistischen Fassung transzendiert und entgrenzt der Gedanke der Wiedergeburt die traditionelle christliche Vorstellung von personaler Identität.

11. Trinitarisch begründete Hoffnung über den Tod hinaus befreit von der Fixierung auf individuell enggeführte und anthropozentrisch, ja egozentrisch geprägte Erwartungen.

12. Sie verweist – in einer so bei nichtchristlichen Religionen nicht begegnenden Eindeutigkeit – auf die allen Tod transzendierende und umgreifende Zukunft der Liebe, in der der dreieine Gott sich verwirklicht.

9.3 Universale Hoffnung

A Die universale Hoffnung des christlichen Glaubens

(1) Der Zusammenhang zwischen individueller und universaler Eschatologie

Der Zusammenhang zwischen individueller und universaler Eschatologie legt sich von beiden Seiten her nahe: Individuelle Hoffnung über den Tod hinaus veranlaßt dazu, nach der Zukunft nicht nur einzelner Menschen, sondern der ganzen Menschheit, ja der Schöpfung zu fragen; umgekehrt schließt universale Hoffnung die Frage nach dem künftigen Geschick der einzelnen Menschen ein. Trotzdem ist es gerade der christlichen Dogmatik bislang nicht gelungen, ein einheitliches Bild zu entwerfen, das sowohl die individuelle als auch die universale Hoffnung umfaßt. Formal zeigt sich dies daran, daß sich keine plausible Abfolge der eschatologischen Ereignisse denken läßt und daß bei der Konzeption ihrer Darstellung die Frage entsteht, an welcher Stelle das Gericht zu behandeln ist – im Zusammenhang individuell oder universal orientierter eschatologischer Reflexion. Die hier auftauchende Schwierigkeit entsteht dadurch, daß im Blick auf das Eschaton die Kategorien von Raum und Zeit verfehlt sind, die innerhalb eines von Raum und Zeit geprägten Denkens aber unumgänglich scheinen. Dies hat zu Mißverständnissen geführt.

(a) Das lokale Mißverständnis

Paulus erwartet die Wiederkunft des Herrn »vom Himmel« (I Thess 4,16). In der Apostelgeschichte heißt es, Jesus werde »so wiederkommen«, wie ihn die Jünger zum Himmel haben auffahren sehen (Act 1,11). Einzelne apokalyptisch gestimmte Christen haben seine Wiederkunft daher auch an der Stelle vermutet, die als Ort der Himmelfahrt Christi galt; sie wollten in der Nähe dieses Ortes sterben und begraben sein. Daß es sich dabei um ein lokales Mißverständnis handelt, läßt sich rasch zeigen, wenn man davon ausgeht, daß mit der Wiederkunft im Sinne der Apokalypse ein neuer Himmel und eine neue Erde angesagt sind.

(b) Das temporale Mißverständnis

Das temporale Mißverständnis hielt sich hartnäckiger. Es war bereits im Neuen Testament aufgetaucht, und zwar in Gestalt der Frage nach dem Geschick derer, die vor der Parusie Christi gestorben waren bzw. sterben würden (vgl. I Thess 4,13 ff.). Verfällt man tatsächlich dem temporalen Mißverständnis, so ergibt sich das Problem, wie sich denn der Zeitpunkt des Todes zu dem Zeitpunkt des Jüngsten Gerichts verhalte. Die klassische Dogmatik hat sich in dieser Frage um Ausgleichsversuche bemüht und von einem »Zwischenzustand« gesprochen.[1] Mit der Annahme eines solchen Zwischenzustandes arbeitete auch der vorreformatorische Gedanke einer »Vorhölle« (limbus patrum / infantium), der an vorchristliche Vorstellungen eines Aufenthaltsortes für die Toten (Scheol/Hades) anschloß. Die römisch-katholische Fegefeuerlehre hatte hier einen ihrer Ansatzpunkte. Das Mißverständnis bestand darin, jenseits der Todesgrenze mit einem »früher« oder »später«, mit »Zeit«, zu rechnen.

(c) Das Problem der kategorialen Differenz

Eschatisches Geschehen, wie auch immer man es verstehen mag, läßt sich nicht in Raum und Zeit einordnen, so sehr es sich auf Ereignisse beziehen kann, deren irdische Seite innerhalb von Raum und Zeit wahrzunehmen ist, wie dies beim Tod eines Menschen der Fall ist. Innerhalb des Eschaton, das Raum und Zeit umgreift und aufhebt, gibt es keine räumliche oder zeitliche Ordnung. Raum und Zeit gehören zur Schöpfung und sind daher nicht über diese hinaus zu prolongieren. Ewigkeit ist nicht im Sinne einer ins Unendliche verlängerten Zeit oder eines ins Unendliche erweiterten Raums zu verstehen. Es ist daher müßig zu fragen, was mit dem Verstorbenen zwischen seinem Tod und dem Weltende »ist«. Der Verstorbene berührt vielmehr das Eschaton mit dessen ganzer raum-/zeitlosen Fülle, zu welchem Zeitpunkt auch immer er stirbt. Die Ewigkeit trägt und umgibt Raum und Zeit, steht sozusagen kategorial quer zu jedem Zeitpunkt und jedem Ort. Luther hat dies intuitiv erfaßt, indem er behauptet: Wenn ein Mensch stirbt, habe er alsbald seinen Jüngsten Tag.[2] Damit wird zugleich deutlich, daß es hier nicht um eine philosophisch zu bestimmende Differenz zwischen Diesseits und Jenseits, zwischen Immanenz und Transzendenz geht, sondern um die kategoriale Differenz zwischen der Welt des Menschen und dem Bereich Gottes, der freilich auch die Welt des Menschen umfaßt. Diese kategoriale Differenz macht es nötig, die symbolische Sprachebene zu wählen, wenn denn hier überhaupt etwas gesprochen werden soll. Die Sprache in Bildern ist gerade in diesem Zusammenhang angebracht, wenn

---

1. Vgl. EG 397,3: »Der Leib in seim Schlafkämmerlein / gar sanft ohn alle Qual und Pein / ruh bis zum Jüngsten Tage ...«; Martin Schalling.
2. Vgl. P. Althaus, Die Theologie Martin Luthers, Gü 1962, 347 f.

Hoffnung über den Tod hinaus

man sich dessen bewußt bleibt, daß man mit Bildern umgeht. Diese Bilder dürfen dann aber auch ohne eine logisch befriedigende Ordnung nebeneinander stehen oder ineinander übergehen. Noch einmal Luther: »So wenig die Kinder im Mutterleib von ihrer Anfahrt wissen, so wenig wissen wir vom ewigen Leben«.[3] Mindestens zwei Fragen legen sich jedoch nahe, nämlich nach der eschatischen Zukunft der Schöpfung sowie nach der Universalität des Heils.

(2) Ende der Welt – Vollendung der Schöpfung

(a) Weltanschauliche Implikationen

In der Antike rechnete man mit der Ewigkeit der Materie; unter dieser Voraussetzung war ein Ende der Welt nicht zu denken. In außerchristlichen Religionen begegnen ähnliche Schwierigkeiten. Moderne physikalische Theorien dagegen versuchen, das Alter des Kosmos zu berechnen; mit einem möglichen Anfang kommt zugleich ein mögliches Ende in den Blick. Hinsichtlich des Lebens auf der Erde wird physikalisch von Kältetod oder von Wärmetod gesprochen. Abgesehen davon lassen atomare und ökologische Bedrohung ein »Ende der Welt« als durchaus möglich erscheinen, wobei dann allerdings an das Ende oder die partielle Vernichtung der Menschheit und nicht an eine Vernichtung des Kosmos gedacht wird. Der christliche Glaube hat seine Vision vom Eschaton zwar mit Hilfe vorgefundenen Bildmaterials, aber doch letztlich unabhängig von weltanschaulichen Voraussetzungen formuliert. Es kam ihm dabei auch nicht auf ontologische Aussagen an, sondern auf das Bekenntnis, daß die Zukunft der Welt – der Menschenwelt wie des ganzen Kosmos – in der Hand des dreieinen Gottes liegt.

(b) Die Perspektive der Apokalyptik

Die Apokalyptik, auch soweit sie sich innerhalb des Neuen Testaments artikuliert, geht mit einer großen Selbstverständlichkeit von einem Ende der Welt aus: »Himmel und Erde werden vergehen, aber meine Worte werden nicht vergehen« (vgl. Mk 13, Mt 24, Apk). Selbst die Verheißung »... siehe, ich bin bei euch alle Tage ...« rechnet mit »der Welt Ende« (Mt 28,20). Das Ende stand für den Glauben jedoch von vornherein im Zusammenhang eines neuen Anfangs. Es war gesetzt von dem, der Ende und Anfang in seinen Händen hat, ja selber ist (vgl. Apk 1,8; 21,6; 22,13). Für urchristliches Denken war offensichtlich das Vergehen dieser Welt die Voraussetzung für den radikalen Durchbruch der Got-

---

3. WA.TR Nr. 3339 (Text geglättet).

tesherrschaft. Wenn die Gottesherrschaft sich voll durchsetzen soll, dann müssen die Verhältnisse, wie sie dem Menschen vertraut sind, gesprengt werden. Die Didache formuliert: »Es komme die Gnade und es vergehe diese Welt!«[4]

(c) Consummatio saeculi – Vernichtung und Vollendung

Die altprotestantische Orthodoxie hat diese Sicht geteilt. Ihr Grundgedanke besteht darin, daß nach dem Gericht und mit Beginn des ewigen Lebens, mit dem Heraufkommen des neuen Himmels und der neuen Erde, das alte »saeculum« unbrauchbar geworden ist. Die Vernichtung kommt dabei als notwendiger »Entsorgungsvorgang« angesichts der Neuschöpfung zu stehen. Im Blick auf die sündige Verfaßtheit allen irdischen Seins ist der Gedanke an eine Vernichtung nachvollziehbar: Das Gottesreich kann nicht innerhalb der durch Schuld und Leid gekennzeichneten Strukturen dieser Welt bestehen; es sprengt und »vernichtet« sie. Andererseits begreift der Glaube die Welt auch als Gottes Schöpfung. Insofern ist der Vernichtungsgedanke der altprotestantischen Orthodoxie ergänzugsbedürftig: Es geht nicht nur um Vernichtung des tatsächlich Vernichtenswerten, der Sünde und des Bösen, sondern auch um Verwandlung der durch die Sünde sich selbst entfremdeten Schöpfung. Jede Erneuerung (oder Verwandlung) hat destruktive Momente in sich. Sie erscheinen allerdings nur aus der Perspektive des zuvor Bestehenden als negativ, als »Krise«. Vernichtung kann in Erwartung des Handelns Gottes durchaus als Akt der Transformation und der Integration erhofft und »gedacht« werden. Für Gott spielen die aus menschlicher Perspektive wahrgenommenen Unterschiede zwischen definitiver und transformierender Vernichtung keine Rolle. Gott ist derjenige, der aus dem »Nichts« schafft –, derjenige, der mit dem »Nichts« umzugehen weiß. Dies gilt im Blick sowohl auf das Individuum als auch auf die gesamte Schöpfung. Johann Gerhard sieht die zu erwartende »annihilatio mundi« in dem von Gott verheißenen Heil begründet: »Gott selbst wird, indem er die Welt vernichtet, die Welt des Menschen. Er wird, indem er den Raum und die Zeit des Menschen aufhebt, selbst der Raum und die Zeit menschlichen Seins«.[5] Was bedeutet dies aber für die Frage nach einem möglichen »doppelten« Ausgang der Geschichte, nämlich in Richtung auf ewige Verdammnis oder ewige Seligkeit?

---

4. Didache 10,6. Diesen Gedanken hat die Dogmatik der altprotestantischen Orthodoxie aufgenommen, indem sie von der »annihilatio mundi« sprach. Vgl. K. Stock, annihilatio mundi. Johann Gerhards Eschatologie der Welt, M 1971.
5. So interpretiert K. Stock ebd. 123; Unterstreichung getilgt.

(3) Partikulares und universales Heil

(a) »Hölle«?

Religionsgeschichtlich gesehen begegnet die Vorstellung von Feuer, Strafe oder Pein in einer postmortalen »Hölle« häufig. Vielleicht schlägt sich in ihr eine Ahnung vom Ungenügen und von schuldhafter Verstrickung des Menschen nieder. Das Alte Testament allerdings meint, wo es den in Luthers ursprünglicher Übersetzung mit »Hölle« wiedergegebenen Begriff (Scheol) verwendet, den Ort der Toten, der mit Strafe oder Qual überhaupt nichts zu tun hat. Ähnlich wird bei den Griechen der »Hades« verstanden.

An einigen wenigen Stellen des Neuen Testaments jedoch kommt die »Hölle« als Symbol der Verdammnis des Verdammenswerten zu stehen. Dabei geht es nicht so sehr um Strafe, als um die Folgen, die sich aus dem Unglauben, aus Lieblosigkeit und Destruktivität ergeben; man denke etwa an die Geschichte vom reichen Mann und dem armen Lazarus (vgl. Lk 16,19-31). Erschreckende Gerichts- und Verdammungsszenen tauchen jedoch gerade auch in Gleichnissen auf, die mit großer Wahrscheinlichkeit auf den historischen Jesus zurückgehen.

Vom Gesamtduktus des Evangeliums her ist »Hölle« aber christologisch zu definieren: »Hölle« ist dann derjenige Bereich, in den Christus niedergefahren ist (wie die unrevidierte Fassung des Apostolikums zum Ausdruck gebracht hat). »Hölle« ist dasjenige, was Christus selbst auf sich genommen hat. Im Kampf in Gethsemane, in der Kreuzigung und der damit für Jesus verbundenen Anfechtung, von Gott möglicherweise auf ewig verworfen zu sein, bestand nach Luther die »Höllenfahrt« Jesu. In diesem Sinne übersetzte er, der ihm vorliegenden Textvariante folgend: »Hölle, wo ist dein Sieg?« (I Kor 15,55). Der Erhöhte ist es, der »die Schlüssel des Todes und der Hölle« hat (Apk 1,18). Auch hier ist ursprünglich das Totenreich gemeint. Aber wie sollte der, der über die Schlüssel des Totenreichs verfügt, nicht auch Herr über die Hölle sein, wenn es denn eine gäbe oder gegeben haben sollte?

(b) »Wiederbringung aller«!

Die Frage nach einer Apokatastasis, einer vollkommenen Wiederherstellung alles Geschaffenen unter Einschluß der Erlösung aller Menschen, wird in der christlichen Dogmatik meist zusammen mit der nach dem Jüngsten Gericht verhandelt. Es scheint sich dann die Alternative »Apokatastasis« oder »doppelter Ausgang« aufzutun, demzufolge sich die Menschheit aufteilen würde in diejenigen, die gerettet, und diejenigen, die verdammt werden. Diese Koppelung wird jedoch dann nicht notwendig, wenn man davon ausgeht, daß das Gericht durch die Annahme einer Wiederbringung aller keineswegs sinnlos wird.[6] Die Vorstellung von einer »Wiederbringung aller« stützt sich biblizistisch auf Act 3,21 (wobei ein Mißverständnis des Textes vorliegt) und auf Kol 1,19f.: »... es hat Gott wohlgefallen, daß in ihm – Christus – alle Fülle wohnen sollte und er durch ihn alles mit sich versöhnte, es sei auf Erden oder im Himmel, indem er Frieden machte durch sein Blut am Kreuz.« Sie steht im Duktus der Überzeugung, daß Gott »will, daß allen Menschen geholfen werde und sie zur Erkenntnis der Wahrheit kommen« (I Tim 2,4).[7]

Für eine Bejahung der Apokatastasis begegnen verschiedene Argumentationsmodelle:

Ontologisch-pneumatologisch wird sie z. B. bei Origenes begründet: Er geht davon aus, daß der keimhaft in jedem Menschenleben präsente Logos befreit und gereinigt werden muß. Dies geschieht durch ein Feuer der Läuterung, das aber dazu dient, schließlich alle Menschen zum Heil zu führen. Diese Lehre wurde von der Alten Kirche abgelehnt.

Eine christologische Begründung liegt z. B. von Johann Christoph Blumhardt dem Älteren vor, der den Karfreitag als »Generalpardon über die ganze Welt« interpretierte. Christoph Blumhardt der Jüngere fand, es gehe nicht an, eine Hölle zu »statuieren, wo Gott in alle Ewigkeit nichts zu sagen hat«; dies würde bedeuten, das Evangelium aufzulösen. Im Gefolge der beiden Blumhardts hat Karl Barth deutliche Sympathien für den Gedanken einer Apokatastasis geäußert: Christus habe die Verwerfung auf sich genommen, in Christus sei der Mensch erwählt, damit bleibe für eine ewige Verwerfung eigentlich kein Raum. Trotzdem könne die Apokatastasis nicht einfach als Theorie vertreten werden, da niemand der Freiheit Gottes vorgreifen dürfe.

In Wahrnehmung der hier auftretenden Aporie wurde humorvoll behauptet, wer an die Wiederbringung nicht glaube, sei ein Ochse; wer sie aber lehre, ein Esel (Christian Gottlob Barth). Unter der Perspektive des Evangeliums darf man sich dann wohl erlauben, ein Esel zu sein. In Analogie dazu, wie schon im Zusammenhang der Prädestinationsproblematik argumentiert wurde[8], ist festzuhalten: Es mag – im Sinne einer allgemeinen christlichen Theorie – nicht zu lehren sein, daß alle Menschen gerettet sind, aber – im Sinne einer persönlichen Zusage – ist allen Menschen mitzuteilen, anzukündigen und zu predigen, daß sie gerettet sind!

Schöpfungstheologische, soteriologische und pneumatologische Perspektive greifen ineinander und stützen diese Erwartung, die durch den Gedanken an das Gericht nicht verdunkelt werden darf. Das Gericht behält nämlich auch im Blick auf die Apokatastasis eine wichtige Funktion: Es steht im Dienst der All-

---

6. Siehe oben S. 741!
7. Vgl. E. Staehelin, Die Wiederbringung aller Dinge, Basel 1960; J. Chr. Janowski, Eschatologischer Dualismus? Erwägungen zum »doppelten Ausgang« des Jüngsten Gerichts, in: JBTh 9 (1994) 175-218; H. Rosenau, Allversöhnung. Ein transzendentaltheologischer Grundlegungsversuch, B 1993.
8. Siehe oben S. 739f.!

versöhnung, indem es dem Destruktiven und Gottwidrigen in allen Menschen definitiv Einhalt gebietet, es dem Recht Gottes aussetzt und gerade so die Errettung aller Menschen ermöglicht.

(4) Ewiges Leben – der dreieine Gott alles in allem

Bei dem Versuch, das letzte Ziel des Menschenlebens, ja alles Seienden zu beschreiben, wird die prinzipielle Begrenztheit eschatologischer Aussagen noch einmal unübersehbar deutlich. Der Mensch kann sich, auch wenn er weiß, daß es sich nur um eine Analogie handelt, Leben jenseits der Todesgrenze nur vorstellen in Analogie zu dem, was er als Leben »erlebt«. Nur von dieser Basis aus kann er versuchen, ewiges Leben zu »denken«. Das Neue Testament unterscheidet terminologisch klar zwischen biologischem (›bios‹) und geistlichem, ewigem Leben (›zoé‹). Trotzdem versagen an dieser Stelle Vorstellungs- und Denkvermögen auch der Glaubenden. Es ist ein zusätzliches Zeichen menschlicher Begrenztheit, daß auch Glaubende die Lücke immer wieder durch vielfältige und ich-bezogene Phantasien auszufüllen versucht haben und sich dann doch das Leben in der Nähe Gottes nur als eher langweilig vorstellen konnten! Fülle des Lebens in Gott läßt sich nicht von irdischen Leitvorstellungen her interpretieren. Diese würden dazu einladen, ein »Paradies«, sozusagen abgesehen von Gott, zu erdenken. Aber auch abstrakte Formulierungen bleiben unzureichend. Es ist zu wenig, schließlich darauf hinzuweisen, daß Gott »alles in allem« sein werde (I Kor 15,28), solange nicht deutlicher zum Ausdruck kommt, daß es sich um den dreieinen Gott handelt. Wer an den dreieinen Gott glaubt, vermag durchaus zu benennen, was er als »ewiges Leben« erwartet: Gottes Geist, der Geist der Gemeinschaft und des Lebens, wird »alles« erfüllen. Die »Hütte Gottes bei den Menschen« (Apk 21,3) ist Symbol gelingender Kommunikation. Die Erlösung kommt zum Ziel: Es gibt keine Tränen mehr, keine Beeinträchtigung durch Sünde oder Tod. Die Schöpfung gelangt zur Vollendung; der zum Ebenbild Gottes geschaffene Mensch erlangt seine wahre Identität; die Schöpfung wird befreit zur »Freiheit der Kinder Gottes« (Röm 8,21). Wenn Paulus als universale Zielperspektive formuliert, daß Gott »alles in allem« (I Kor 15,28) sein wird, dann ist zwar alles in einem positivistischen Sinn Seiende davon betroffen. Aber das ist sicherlich nicht als mystisch-pantheistische Grenzaussage zu verstehen, sondern als Symbol für den Triumph der Liebe und der gelingenden Beziehung, wie sie nur in Gott selbst sich verwirklichen kann. Der dreieine Gott verwirklicht sich, indem er sich seiner Schöpfung zuwendet, erlösend ihr gegenwärtig wird und sie in die ewige Freiheit und Fülle beruft, die mit seiner Gegenwart gegeben ist.

B Universale Hoffnung in außerchristlicher Perspektive

(1) Judentum

(a) Innergeschichtliche Endzeiterwartungen

Universale eschatologische Hoffnung hat sich in Israel erst im Lauf seiner Geschichte entwickelt. Zunächst hatte man nur die irdische Zukunft des Volkes im Blick. Durch den Verlauf der Geschichte enttäuscht, hoffte man, daß wenigstens ein »Rest« den Bestand Israels gewährleisten werde. Nach dem Exil verband sich mit endzeitlichen Hoffnungen die Vorstellung von der Rückkehr der Verbannten und in aller Welt Zerstreuten, vom Wiederaufbau des Tempels und des Landes sowie schließlich von der Rehabilitation Israels vor allen Völkern. In diesem Zusammenhang wurde die Idee eines politischen Messias geboren, mit dessen Eintreffen sich die Verhältnisse radikal zum Guten wenden würden. Hieran konnte der Zionismus, soweit er sich religiös verstand, anknüpfen. Das Wiedererstehen des Staates Israel 1948 wurde von manchen Juden (wie auch von manchen Christen) unter messianischer Perspektive gesehen. Selbst der Sechstage-Krieg 1967, bei dem Israel den Ostteil Jerusalems einschließlich des Tempelbergs und der gesamten Region bis zum Jordan einnehmen konnte, wurde von manchen messianisch orientierten Israelis entsprechend interpretiert.[9] Schon in alttestamentlicher Zeit freilich hatte die endzeitliche Hoffnung begonnen, den Bereich des Irdischen und damit auch die Grenzen des Nationalen zu transzendieren.

(b) Jenseitsbezogene Endzeiterwartungen

In großartigen Bildern wird zum Ausdruck gebracht, daß es in der messianischen Zeit nicht nur um die Wiederherstellung Israels, sondern auch um den Beginn eines umfassenden Friedens gehen werde: Kein Volk wird gegen das andere das Schwert erheben; man wird die Schwerter zu Pflugscharen umschmieden (Jes 2,4). Ja, es wird sich eine umfassende Harmonie mit der Natur einstellen: »Da werden die Wölfe bei den Lämmern wohnen und die Panther bei den Böcken lagern ... Kühe und Bären werden zusammen weiden ... Und ein Säugling wird spielen am Loch der Otter, und ein entwöhntes Kind wird seine Hand stecken in die Höhle der Natter ...« (Jes 11,6ff.). Obwohl sich das Bildmaterial immer noch auf irdische Verhältnisse bezieht, sind deren Grund-

---

9. Vgl. A. Hertzberg, 1996, 298 f.

Hoffnung über den Tod hinaus

bedingungen offensichtlich bereits gesprengt. In der »kommenden Welt« ('ha-'olam hab-ba') herrschen andere Gesetze. Die irdische Geschichte wird zum Vorraum des Künftigen. Totenauferstehung und Gericht werden denkbar und mit Hilfe eines reichen apokalyptischen Bildmaterials beschrieben. In der kommenden Welt »sitzen die Gerechten mit ihren Kronen da und erfreuen sich am Glanz der Schekhina«.[10] Der bei Hesekiel (Ez 38 f.) geschilderte Kampf zwischen Gog und Magog zeigt, daß Israel durchaus nicht nur an das jenseitige Schicksal einzelner Frommer gedacht hat. Es gibt Andeutungen für die Erwartung einer Apokatastasis wenigstens aller Juden: Spätestens nach einem Jahr der Abbüßung der Sünden in der Hölle werden »alle Kinder Israels des Paradieses teilhaftig werden«.[11] Kabbala und Mystik fanden hier natürlich ein reiches Entfaltungsgebiet.[12] Innergeschichtliche und übergeschichtliche Zukunftshoffnung erscheinen im Judentum kaum je klar gegeneinander abgegrenzt. In der ursprünglichen und klassischen Form des Kaddisch wird Gott angerufen:

> »Er lasse sein Reich kommen
> in eurem Leben und in euren Tagen
> und in dem Leben des ganzen Hauses Israel,
> bald und in naher Zeit ...«

Im 19. Jahrhundert wurde eingefügt:

> »Über Israel,
> und über die Frommen,
> und über alle,
> die nach Gottes Ratschluß
> aus diesem Leben geschieden sind,
> komme des Friedens Fülle
> und ein guter Anteil
> am Leben der kommenden Welt ...«[13]

Was mit der derzeitigen irdischen Welt passiert, wenn die »kommende Welt« kommt, wird kaum reflektiert.

---

10. bBer 17a, in: LJCB 115.
11. Ohne Nachweis zitiert in LR 724.
12. Vgl. Fr. Weinreb, Leben im Diesseits und Jenseits, Z 1974.
13. Zitiert nach G. Mayer 1994, 441; 444 f.

(2) Islam

(a) Allgemeine Endzeiterwartung

Der Islam teilt mit Judentum und Christentum den eschatologischen Ansatz. Man nimmt an, daß Muhammad seine eschatologischen Vorstellungen aufgrund seiner Begegnung mit syrisch-nestorianischen Christen entwickelt haben könnte. Der vorislamischen arabischen Welt verkündet er Gericht und Weltende, wodurch sich ein universalisierender und ethisierender Grundzug ergibt. »Wißt, daß das diesseitige Leben nur Spiel und Zerstreuung ist, Schmuck und Prahlerei unter euch und Wetteifern nach mehr Vermögen und Kindern. Es ist wie mit einem Regen, der durch die (von ihm hervorgebrachten) Pflanzen den Säern gefällt. Dann aber verdorren sie, und du siehst, wie sie gelb werden. Dann wird alles zu zermalmtem Zeug. Im Jenseits gibt es eine harte Pein, und auch Vergebung von Gott und Wohlgefallen. Und das diesseitige Leben ist nur betörende Nutznießung. Eilt zu einer Vergebung von eurem Herrn um die Wette ...« (Sure 57,20 f.). Der Koran kennt als die drei Stationen der endzeitlichen Katastrophe die Vernichtung der Welt, die Auferstehung der Toten und das Gericht. »Nein, wenn die Erde ganz zu Staub gemacht wird und dein Herr kommt, und die Engel in Reihen, die eine hinter der anderen, und die Hölle an jenem Tag herbeigebracht wird, an jenem Tag wird der Mensch es bedenken. Was soll ihm aber dann das Bedenken? Er sagt: ›O hätte ich doch für mein Leben (hier) etwas vorausgeschickt!‹ Niemand kann an jenem Tag peinigen, so wie Er peinigt, und niemand kann fesseln, so wie Er fesselt. – O du Seele, die du Ruhe gefunden hast, kehre zu deinem Herrn zufrieden und von seinem Wohlgefallen begleitet zurück. Tritt in die Reihen meiner Diener ein, und tritt ein in mein Paradies« (Sure 89,21-30).[14] Der Glaube an den Jüngsten Tag ist für den frommen Muslim fundamental (Sure 2,177). Alle Menschen, die je auf Erden gelebt haben, werden auferweckt und dem Gericht Allahs zugeführt: »... wenn der Himmel (wie ein Fell) abgezogen wird, und wenn die Hölle angefacht wird, und wenn das Paradies herangebracht wird, dann wird jeder erfahren, was er hervorgebracht hat« (Sure 81,11-14). Während al-Ghazali (gest. 1111 nach christlicher Zeitrechnung), eine der großen Autoritäten des Islam, sich ausdrücklich gegen eine Spiritualisierung der Höllenstrafen und der himmlischen Freuden gewandt hat, machen sich in unserem Jahrhundert hier und da entmythologisierende Tendenzen bemerkbar: »Himmel« und »Hölle« seien nicht Orte, sondern Umschreibungen innerer Vorgänge und Resultate.[15] Solche Stimmen begegnen jedoch selten. Die allgemeine Auffassung ist: Die Hölle als Ort der Strafe wird kein Ende haben; dies betrifft allerdings nur die Ungläubigen; Muslime werden, wenn sie ihre Strafen verbüßt haben, wieder aus der Hölle

---

14. Vgl. Sure 69,14.
15. Vgl. oben S. 753 f.

befreit. Vereinzelt finden sich in der islamischen Theologie Andeutungen, daß eine solche Befreiung für alle Verdammten in Frage kommen könnte: »Über die Hölle wird ein Tag kommen, an dem ihre Tore gegeneinander (im Wind) klappern werden und es wird niemand mehr in ihr sein«.[16]

(b) Spezifische Endzeitvorstellungen

Mit der jüdischen und christlichen Apokalyptik erwartet Muhammad, daß unmittelbar vor Eintritt der Endereignisse die Verhältnisse auf Erden sich dramatisch verschlechtern werden. Der historische Muhammad hat wohl mit einem nahen Weltende gerechnet. Trotzdem legte ihm die Tradition die Prophezeiung in den Mund, Allah werde bis zum Eintritt der Endzeit für jedes Jahrhundert einen Erneuerer des Islam senden. Wenn die Entwicklung ihren Tiefpunkt erreicht hat, wird der *Dadjdjal*, eine Art »Antichrist«, auftreten und die Menschen verführen. Ihm steht vor allem in der Erwartung des charismatischen Schiismus als Retter al-Mahdi, der »Rechtgeleitete«, gegenüber. Die Schia, enttäuscht über das Verschwinden des zwölften Imam, erwartet den Mahdi als eine Gestalt, die durch den Einsatz politischer und auch militärischer Mittel gerechte Verhältnisse durchsetzen werde. Die modernen Verfassungen des Iran enthalten einen Passus, demzufolge »sie als aufgehoben zu betrachten sind, wenn der Mahdi erscheint«.[17] Der Volksglaube bringt auch die Gestalt des 'Isa – Jesu – ins Spiel: Jesus werde ins heilige Land zurückkommen, Dadjdjal, den Antichrist, umbringen, sich als wahrer Muslim erweisen, die Schweine töten, die Kreuze zerbrechen, Kirchen und Synagogen zerstören und im Sinn des Islam ungläubige Christen niedermachen, weil sie ihn selbst und seine Mutter als Götzen angebetet haben.[18] Die meisten dieser spezifischen Endzeiterwartungen haben keinen Anhalt am Koran.

(3) Hinduistische Traditionen

(a) Die Abfolge der Weltperioden

Während Judentum, Christentum und Islam durch ein eher lineares Zeitverständnis geprägt sind und von daher ein Ende der Zeit postulieren können, verstehen die hinduistischen Traditionen die Zeit stärker zyklisch im Sinne eines universalen kosmischen Rhythmus, der sich ewig erneuert und dessen

---

16. Ohne Nachweis zitiert bei M. S. Abdullah 1992, 93.
17. IL 489.
18. Ohne Nachweis LRG 728.

Ende undenkbar erscheint. Man rechnet mit vier sich wiederholenden Weltzeitaltern, in deren Verlauf sich die Verhältnisse ständig verschlechtern. Am jeweiligen Tiefpunkt einer solchen Entwicklung kommt es – nach Auffassung der Vishnuiten – zu göttlichen »Herabkünften«, die sich in historischen Gestalten wie z. B. Krishna zeigen können.[19] Es ist eindrucksvoll, sich die konkreten Zahlen vor Augen zu führen, mit denen in hinduistischen Traditionen gearbeitet wird. Heinrich von Stietencron resümiert in seiner 1984 erschienenen Darstellung: »Neunmal hat sich Vishnu in den 3.893.086 Jahren, die seit Beginn der gegenwärtigen Weltperiode bis zum Jahr 1984 bereits vergangen sind, in der Welt verkörpert … Heute befinden wir uns im 6. Jahrtausend des Kali-Yuga, des letzten Zeitalters. Noch immer gibt es Kalender in Indien, die das Datum in Jahren des Kali-Yuga angeben. Es wird aber (ab 1984) noch 426.914 Jahre dauern, bis die gegenwärtige Weltperiode endgültig ein Ende nimmt und die Erde mit Feuer, Wind und Wasser wieder gereinigt wird …«.[20] Ein Brahma-Tag umfaßt tausend Zyklen von Weltzeitaltern; geht er zu Ende, wird die Welt aufgelöst und am nächsten Morgen neu geschaffen. Dem Gott Brahma wird eine Lebenszeit von 120 Jahren zugeschrieben; ist sie abgelaufen, so beginnt ein neuer Kreislauf von Geburten. »Nach unserer Zeitrechnung sind dann mehr als 795 Billionen Jahre vergangen. Und es gibt Texte, die sagen, das sei nur ein Augenzwinkern des ewigen Vishnu«.[21]

(b) Die religiöse Bedeutung der Weltperioden

Für den einzelnen Hindu haben die vorgetragenen Berechnungen offenbar kaum Relevanz. Sie geben eher den kosmologischen Rahmen dafür ab, wie er die minimale Spanne des Menschenlebens einzuschätzen hat. Er hat das Gefühl, aus unendlichen Zeiträumen herzukommen und in unendliche Zeiträume hineinzugehen, bis er das höchste Ziel seines Wesens erreicht. Seine Individualität wird in der göttlichen Unendlichkeit aufgehen wie Salz im Wasser. Er weiß sich von der Fülle der Zeit umgeben, freilich auch verschlungen; ›kala‹, das Sanskrit-Wort für »Zeit«, ist zugleich der Name des Gottes des Todes. »Er ist es, der die Welten entstehen ließ und sie umspannt. Er ist der Vater aller Dinge. Es gibt keine höhere Kraft als ihn«, heißt es im Atharvaveda.[22] Von der Zeit verschlungen zu werden, erscheint keineswegs bedrohlich; es impliziert ja die erhoffte Auflösung des Individuums. Zudem werden selbst kosmische Katastrophen dadurch relativiert, daß ihnen jeweils ein schöpferischer Neuanfang folgt. Der Advaita-Vedanta bietet die Möglichkeit an, durch Erkenntnis das auf das Individuum bezogene Aufhören von »Zeit« zu erreichen. Der Neohinduismus ver-

19. Vgl. oben S. 380 f.
20. H. v. Stietencron in: H. Küng 1984, 276, 277.
21. H. von Stietencron ebd. 278. Vgl. A. Michaels 1998, 330-339.
22. LÖW 178.

sucht, hinduistische Vorstellungen von Zeit mit modernen naturwissenschaftlichen Erkenntnissen zu verbinden. Als Beispiel sei Shri Aurobindo genannt, der den Menschen unter dem Wirken einer umfassend gedachten Macht des Seins und der Wahrheit von Transformation zu Transformation sich entwickeln sieht: Auf die »psychische« folgt die »spirituelle«, auf die »spirituelle« die »supramentale Transformation« – eine Entwicklung, die weniger dem einzelnen Menschen als der gesamten Menschheit zuzuschreiben ist.[23] In der »Stadt des Zukunftsmenschen«, dem 1968 gegründeten Auroville, soll durch Meditation und Bewußtseinserweiterung der Entwicklung Raum gegeben werden. Diese Sicht kann dann durchaus auch soziales Engagement einschließen.

(4) Buddhismus

(a) Buddhistische Kosmologie

Die buddhistische Kosmologie denkt in ähnlich weiten Zeiträumen wie die hinduistische: Ein Kalpa, nach hinduistischem Verständnis ein Brahma-Tag (inklusive der Nacht), läßt sich in seiner Dauer nach buddhistischer Auffassung am besten durch einen Vergleich veranschaulichen: Ein Kalpa vergeht in dem Zeitraum, den ein Seidenschal benötigte, um einen Felsblock von 1 Kubikmeile abzutragen, wenn er einmal alle hundert Jahre über diesen dahinstreicht.[24] Innerhalb eines Kalpa kommt es zur Entstehung der Welt, zu ihrer Fortdauer, zu ihrem Untergang und zu einer Phase des Chaos. Wichtiger als dieser allgemeine kosmologische Rahmen ist für Buddhisten jedoch die Abfolge von Perioden des Buddhismus selbst, deren im allgemeinen drei, oft aber auch fünf genannt werden. Nach dem Dreier-Schema werden in den ersten fünf Jahrhunderten nach Buddha seine Lehre und Praxis in Vollkommenheit wahrgenommen und umgesetzt. Darauf folgt eine zweite, tausendjährige Periode, in der buddhistische Lehre und Praxis noch beachtet werden, ohne allerdings an ihr Ziel zu gelangen, während mit der dritten Periode eine Endzeit beginnt, in der man nur noch die äußeren Überlieferungen des Buddhismus kennt, die nun kein Erwachen mehr auszulösen vermögen. Im 13. Jh. (unserer Zeitrechnung) entstehen unter dem Einfluß Shinrans und Nichirens in Japan weitere Konzeptionen: Gelübde für den Buddha Amida eröffnen den Zugang zum Reinen Land, eine Vorstufe des Nirvana; die Verehrung des Lotos-Sutra dient in ähnlicher Weise als Heilsweg. Buddhistische Erwartungen konzentrieren sich, indem sie einer Sehnsucht nach den reinen Anfängen Ausdruck geben, auf die Erscheinung des Buddha Maitreya. Ein Volksglaube, der sich noch in den letzten zwei Jahrhunderten an

---

23. Sri Aurobindo, Der integrale Yoga, H 1957.
24. LÖW 179.

konkreten historischen Gestalten entzünden konnte, rechnet mit dem Auftreten eines gerechten Regenten.

(b) Nirvana

Die zuletzt genannten Spekulationen haben für Buddhisten außerhalb des Amida-Buddhismus kaum soteriologische Relevanz. Der Buddhismus ist nicht an einer Evolution der Welt, sondern am Erwachen des einzelnen Menschen interessiert. Eine universale Hoffnung über den Tod erschiene ihm widersinnig. Allein das Erlöschen und Abklingen aller denkbaren Wesensvollzüge zählt. Das »vollkommene Nirvana«, in dem Körperlichkeit und Restbestände des Karma verschwunden sind, läßt sich in zeitlichen oder räumlichen Kategorien nicht beschreiben. »Die Frage, ob der ins vollkommene Nirvana Eingegangene weiter existiere oder nicht existiere, ließ Buddha unbeantwortet«[25] – offenbar in der Überzeugung, daß jede hier gegebene Antwort zu kurz greifen muß.

C Dein Reich komme

Friedrich Heiler hat aus religionsgeschichtlicher bzw. religionsphänomenologischer Sicht das Christentum als »*Jenseitsreligion* im überragenden Sinn« bezeichnet.[26] Ob man diesem Urteil zustimmt, hängt natürlich davon ab, was man unter »Jenseitsreligion« versteht. Sicherlich ist das Christentum eschatologisch ausgerichtet. Ob dies in einem »überragenden Sinn« der Fall ist, bleibe dahingestellt. Die stärkste eschatologische Ausrichtung in futurischer Hinsicht hat wohl doch das messianisch orientierte orthodoxe Judentum. Jedenfalls aber läßt sich die These vertreten, daß der christliche Glaube mit allen seinen Einzelaussagen in einem schlechthin umfassenden Sinn eschatologisch ausgerichtet ist. Von seinem trinitarischen Verständnis her vermag er viele eschatologische Erwartungen, die in den Religionen begegnen, zu integrieren und zu transzendieren.

In jedem Vaterunser bitten Christen und Christinnen um das Kommen des Reiches Gottes. Der jüdische Hintergrund dieser Bitte ist deutlich: Es ist die alttestamentlich-jüdische Erwartung der ›*malkut*‹, der Königsherrschaft Gottes. Von daher haftet der Interpretation dieser Vaterunser-Bitte ein theistisches Moment an, das aber im Sinne des christlichen Glaubens nicht notwendig impliziert ist. Durch die Erhöhung Jesu und das Kommen des Geistes ist das »histo-

25. Fr. Heiler, EWR 529.
26. Fr. Heiler, EWR 531.

rische Vaterunser« in gewisser Weise überholt. Völlig zurecht fügt die ostkirchlich-orthodoxe Liturgie in die Schluß-Doxologie die trinitarische Formel ein: »Denn dein – des Vaters, des Sohnes und des Heiligen Geistes – ist das Reich …« Geht es um einen Herrschaftsbereich oder um die Durchsetzung der Herrschaft selbst? Dies kann keine Alternative darstellen, zumal letztlich Gottes Herrschaftsbereich wie auch Gottes Herrschaft mit Gott selbst identifiziert werden muß.[27] Die Bitte um das Kommen des Reiches Gottes, trinitarisch interpretiert, umgreift sowohl formale als auch materiale in den Religionen begegnende Aspekte der Eschatologie. Aus der Sicht universaler Hoffnung kommen dabei auch Elemente der individuellen Heilshoffnung noch einmal in den Blick.

(1) Formale Aspekte der Eschatologie

(a) Präsentische und futurische Eschatologie

Die neutestamentliche Eschatologie scheint zunächst – im Gefolge der jüdischen Apokalyptik – futurisch geprägt zu sein. Andererseits ist mit Jesu Reich-Gottes-Verkündigung (vgl. Mk 1,15) der Akzent deutlich auf die Gegenwart gelegt: Mit Jesu Erscheinen und Wirken ist das Reich Gottes nahe herbeigekommen. Das Johannes-Evangelium hat das Moment des Präsentischen dann auf eine ganz eigene Weise zu artikulieren vermocht. Die innere Konsistenz dieser formal einander widersprechenden Aussagen ist ohne Weiteres plausibel: Was heute letzte Relevanz beansprucht, muß diese auch für alle Zukunft zur Geltung bringen, und was künftige letzte Relevanz beansprucht, muß jedenfalls prinzipiell schon heute in Geltung stehen. Dieser Zusammenhang läßt sich auch im Blick auf nichtchristliche Religionen verdeutlichen. Das Judentum betont in seinen orthodoxen Vertretern das Moment des Zukünftigen, ohne das Walten der Gottesherrschaft auch für die Gegenwart und für den einzelnen Gläubigen ausschließen zu wollen. In seinen modern-liberalen Interpretationen faßt es die Gottesherrschaft vor allem ethisch; Leo Baeck hat wie kein anderer das Pathos eines Lebens unter dem Gebot zum Ausdruck zu bringen vermocht, während Hermann Cohen die Verbindung mit den Idealen Kants herausstellte und aufzuzeigen versuchte, daß »der kategorische Imperativ sozusagen dem Juden im Blut« liegt.[28] Auch er wußte, daß Ethos immer auf Zukunft bezogen ist. Martin Buber schließlich hat die Verschränkung von feuriger Jenseitserwartung und glühender Diesseitserfahrung des Chassidismus in Erinnerung gerufen.

---

27. Origenes hat Jesus Christus als »autobasileia« bezeichnet. Vgl. zum Ganzen H.-J. Kraus, Reich Gottes: Reich der Freiheit. Grundriß Systematischer Theologie, N-V 1975, Abschnitt I.1.
28. So formuliert Leo Trepp in: G. Mayer 1994, 228.

Was hier auf verschiedene Momente der Zeitschiene auseinandergelegt erscheint, kommt im christlichen Glauben zusammen im Blick auf die in Jesus Christus erfolgte Wende der Geschichte, die im Eschaton sich als umfassend erweisen wird und, vermittelt durch die Präsenz des Heiligen Geistes, schon heute in Anspruch genommen werden kann. Durch die Begegnung mit dem Judentum sollte sich der christliche Glaube jedoch verstärkt auf das in ihm oft vernachlässigte Moment des Zukünftigen, in Jesus Christus erst noch zu Erwartenden aufmerksam machen lassen.

Der orthodoxe Islam sieht die Verbindung von Gegenwart und Zukunft eher konditional: Das Verhalten im Diesseits hat ein bestimmtes Geschick im Jenseits zur Folge. Die Jenseitserwartung – insbesondere des Gerichts – hat motivierende Kraft für den Lebenswandel auf Erden; insofern wirkt das erwartete Eschaton deutlich auf die Gegenwart ein. Die Geschichte der Kirche ist nicht frei von diesem Argumentationsstil, der dann allerdings nicht auf das Gericht, sondern auf die Hölle bezogen war und viel Unheil angerichtet hat. Der christliche Glaube im Sinne des Evangeliums argumentiert umgekehrt: Das schon präsentisch in Anspruch zu nehmende Eschaton befreit zum Handeln aus dem Geist Gottes heraus. Die Kondition für das Handeln auf Erden ist sozusagen im Himmel geschaffen. Islamische Mystik vermag künftige und gegenwärtige Gottesnähe letztlich nicht zu unterscheiden – was vom christlichen Glauben aus kritisch zu vermerken wäre, denn beides hat seine spezifische Relevanz. Die Hoffnung der Schia auf die Wiederkehr des zwölften Imam berührt sich mit der jüdischen Messiashoffnung und ist daher strukturell mit der futurischen Eschatologie des Christentums und deren präsentischer Entsprechung verwandt. Die Begegnung mit dem Islam kann den Christen zur Überprüfung dessen herausfordern, was in seiner irdischen Existenz gefordert und in Jesus Christus ermöglicht ist.

(b) Innergeschichtlich und transzendental orientierte Eschatologie

Das Judentum hat seine Hoffnung zunächst auf seine eigene geschichtliche Zukunft und – phasenweise – sein eigenes Land konzentriert. Christen können sich dadurch ermuntert fühlen zu fragen, welche konkreten innerweltlichen Erwartungen und Aufgaben sie aufgrund ihres Glaubens haben. Aber noch in spät-alttestamentlicher Zeit ließ sich die Hoffnung nicht mehr auf die vorfindlichen Verhältnisse begrenzen. Die Apokalyptik richtete den Blick auf ein Ende mit Gericht und Schrecken. Der Islam hat von hier manche Anregung aufgenommen. Muslime versuchen, ihre religiösen, sozialen und politischen Überzeugungen unter der Erwartung des künftigen Gerichts zu verbreiten; die Geschichte steht für sie in einem deutlichen Zusammenhang mit dem Endgericht. In der Begegnung mit dem Islam werden sich Christen zu fragen haben, wo die Grenzen innerweltlicher religiöser Engagements zu liegen haben; durch den

Glauben motivierte politische Ideale stehen für sie jedenfalls unter dem eschatologischen Vorbehalt.

Die östlichen Religionen unterscheiden nicht im westlichen Sinne zwischen Gegenwart und Zukunft, obgleich man das dort anzutreffende zyklische Denken nicht schematisch einem linearen Denken im Westen gegenüberstellen sollte. Inwieweit der Westen heute überhaupt noch konsequent linear denkt, bleibe dahingestellt; jedenfalls läßt sich auch im Osten ein – wenngleich anders strukturiertes – Geschichtsdenken nachweisen.[29] Man rechnet nicht mit einem eindeutigen, chronologisch aufgefaßten Abschluß der Geschichte, kennt aber sehr wohl einen prinzipiell verstandenen Ertrag, kein Ende, aber sehr wohl ein Ziel. Jeder Moment des eigenen Lebens kann zum »eschatischen Augenblick« werden – eine Auffassung, die dem christlichen Verständnis durchaus naheliegt, freilich nicht gegen eine eschatologisch verstandene Zukunft ausgespielt werden darf. An die hinduistische Lehre von den Weltzeitaltern, die in unendlichen Zeiträumen abrollen, gibt es innerhalb der christlichen Tradition Anklänge in Gestalt der freilich fast vergessenen Vorstellung einer Vielzahl von Äonen: Dem dreieinen Gott gebührt Ehre »jetzt und immerdar und von Ewigkeit zu Ewigkeit – ›eis tous aionas ton aionon‹«. Wenn sich im neohinduistischen Denken Tendenzen zeigen, die naturwissenschaftlich verstandene Evolution spirituell zu deuten, so liegt für die christliche Theologie darin ein Impuls, nicht nur die Geschichte, sondern auch die Entwicklung des Kosmos und einzelne ihrer Erscheinungen in ihr trinitarisches Bekenntnis einzubeziehen.

(c) Personal und überpersonal ausgerichtete Eschatologie

Nach einem gängigen Schema weist man den westlichen Religionen personales und den östlichen Religionen apersonales Denken zu. In der Tat hat sich im Westen nicht zuletzt unter dem Einfluß von Judentum, Christentum und in gewisser Weise Islam ein Konzept entwickelt, das den Menschen in seiner Einmaligkeit und Unvertretbarkeit kennzeichnet. Der Mensch hat bestimmte unveräußerliche Rechte, er ist für sein Handeln verantwortlich und kann konkrete Schuld auf sich laden. Es ist aber auch nur dieser einzelne konkrete Mensch, dem Vergebung zugesprochen und in dem Hoffnung geweckt werden kann. Während im Katholizismus und noch einmal verschärft im Protestantismus dieser einzelne Mensch mit seiner Gewissensbindung im Mittelpunkt des Denkens steht, haben die Ostkirchen stärker das Beziehungsgefüge betont, innerhalb dessen ein Mensch seine Personalität lebt und entfaltet. Sie nehmen damit ein Anliegen auf, das dem Judentum und dem Islam ohnehin vertraut ist. Je stärker man jedoch aufgrund psychologischer, psychosomatischer und medizinischer Einsichten auf die apersonalen Momente aufmerksam wird, die an der Konstitution dessen, was man herkömmlicherweise als »Person« bezeichnet

---

29. Für den Buddhismus vgl. z. B. M. von Brück / Wh. Lai 1997, 326-348.

hat, mindestens beteiligt sind, desto offener wird man auch hinsichtlich des apersonalen Ansatzes in den östlichen Religionen werden müssen. Die Basis dafür ist ohnehin auch im christlichen Glauben selbst vorhanden. Der dreieine Gott, der sich als Schöpfer, Erlöser und Vollender verwirklicht, ist unter einem westlich anthropomorph gedachten Personbegriff nicht zu erfassen: Im Blick auf ihn transzendieren sich Personalität und Apersonalität gegenseitig. Daher kann auch individuelle Hoffnung über den Tod hinaus nicht einseitig personal gedacht werden, von der universalen Hoffnung ganz zu schweigen, die sich aber – aus demselben Grund – auch nicht auf »Apersonalität« fixieren lassen muß. Der Begriff der Apersonalität selbst muß angesichts der ›atman‹-Vorstellung in den hinduistischen Traditionen[30] und der ›anatman‹-Lehre im Buddhismus[31] differenziert werden. Aus der Sicht des christlichen Glaubens kann Personalität des Menschen durchaus ohne die hinduistische Annahme einer »Seele« gedacht werden, wie auch umgekehrt die Bestreitung des Vorhandenseins einer »Seele« durch den Buddhismus die Personalität des Menschen nicht ausschließt. Die Person des Menschen ist nach christlicher Überzeugung konstituiert durch den Anruf des dreieinen Gottes. Ohne dies ontologisch zuordnen zu können, wissen sich Christen und Christinnen eschatologisch geborgen in dem Gott, der sie geschaffen, erlöst und zur Vollendung bestimmt hat. Dieses Verständnis von »Person« macht frei von phänomenologischen oder philosophischen ontologischen Festlegungen. Es ordnet sich der universalen christlichen Hoffnung zu, die sich nicht allein auf alle Menschen, sondern den gesamten Kosmos bezieht.

(2) Materiale Aspekte der Eschatologie

(a) Menschliche Initiative oder göttliche Verfügung

Auf die Frage, inwiefern der Mensch an der Heraufführung des Eschaton im Blick auf das Individuum oder sogar auf das Universum beteiligt sein kann, geben die Religionen höchst unterschiedliche Antworten. Das Judentum schätzt die moralische Kapazität des Menschen hoch ein; Menschen können sehr wohl sich sittlich verhalten und ein Reich des Sittlichen verwirklichen. »Die Erlösung ist mit dieser Welt, mit der strengen Forderung, welche sie stellt, verbunden und diese Welt, die bestimmte Aufgabe in ihr, mit der großen Versöhnung in der Ewigkeit ... Wie wir Gott durch unsere Entscheidung und in unserem Erlebnis zu unserem Gott machen, so die Ewigkeit zu unserer Ewigkeit«.[32] Nach rabbinischer Auffassung gilt dies auch in einem universalen Sinn: Würden

---

30. Siehe oben S. 503 f.!
31. Siehe oben S. 507 f.!
32. L. Baeck [3]1985, 207.

die Juden nur ein einziges Mal den Sabbat wirklich halten, dann käme der Messias, und die messianische Zeit wäre angebrochen. Gleichwohl weiß man in Israel: Gott »will einen neuen Himmel und eine neue Erde schaffen ... Man soll in ihm nicht mehr hören die Stimme des Weinens noch die Stimme des Klagens ...« (Jes 65,17 ff.). Es ist Gottes Sache, wann und wie er seine Herrschaft heraufführen wird.

Auch der Islam hält viel von den Möglichkeiten des Menschen; beim Gericht wird Allah bestätigen, was in den Büchern, die dann aufgetan werden, über die guten und schlechten Taten des Menschen enthalten ist. Aber wann Allah das Gericht und das Ende der Welt herbeiführt, ist davon völlig unabhängig; es bleibt seine Entscheidung allein.

In den hinduistischen Traditionen ist der Mensch durchaus dafür verantwortlich, ob er böses oder gutes Karma ansammelt. Aber daß seine Seele überhaupt sich auf einer Reise befindet, die – wenn auch nach zahllosen Wiedergeburten – ein Ende haben und in die Freiheit führen wird, versteht er nicht als sein Verdienst. Auf dem Weg des liebenden Vertrauens (›bhakti‹) wird er ohnehin nicht sein Handeln geltend machen. Der universale Erlösungsprozeß selbst wird als Gnade erlebt.

Der Buddhist mag sich wohl üben in einem achtsamen Leben, aber die Erleuchtung kommt, wenn sie kommt, unverfügbar und unverdient. Gehört er der Jodo Shinshu an, spricht er von »Gnade allein«.[33] Darin begegnet er, ohne es natürlich so zu benennen, dem universalen Eschaton.

Der Blick auf die Religionen zeigt, daß das universale Eschaton, wie auch immer es interpretiert wird, als vom menschlichen Verhalten zwar nicht gänzlich unabhängig, aber doch als grundsätzlich unverfügbar erscheint. Der christliche Glaube betont zwar ebenfalls die Unverfügbarkeit des Eschatons, transzendiert aber insofern die in den Religionen latent vorhandene Auffassung menschlicher und göttlicher/übermenschlicher Initiative, als er den Menschen des ihm ohne alle Bedingungen zugesprochenen Heils gewiß macht. Gottes Reich kommt – ohne Zutun des Menschen – und doch darf der Glaubende mit seinem Tun und Lassen sich in dieses Kommen einbezogen wissen.

(b) Partikulare oder universale Gnade

Während die nichtchristlichen Religionen – in theistischem oder auch in nichttheistischem Gewande – den Gedanken einer eschatologischen »Abrechnung« kennen, urteilen sie durchaus unterschiedlich im Blick auf deren Ergebnis: Für Hindus und Buddhisten gibt es eine Erlösung für jeden Menschen, auch wenn sich der Weg bis zu ihrer Verwirklichung über unendliche Zeiträume hinziehen

---

33. Vgl. Y. Kigoshi, ›Sola fide‹ und das *nembutsu*. Die Begegnung von Jodo Shinshu mit dem Christentum, in: H.-M. Barth u.a. (Hg.), Buddhismus und Christentum. Jodo Shinshu und Evangelische Theologie, H 2000, 39-51.

mag. Muslime hoffen auf das eschatische Heil wenigstens für ihre eigenen Glaubensgenossinnen und -genossen, wenn vielleicht auch vorher noch eine Läuterungsphase nötig wird. Muslime rechnen aber mit einer ewigen Verdammnis für die Ungläubigen. Auch das traditionelle Christentum wird in diesem Sinne verstanden.

Das trinitarische Bekenntnis eröffnet und fordert hier jedoch andere Wege. Wenn der dreieine Gott als der, der Schöpfer, Erlöser und Vollender in einem ist, die Existenz eines Menschen begründet und erhält, dann läßt sich nicht denken, daß diese Beziehung aufgekündigt werden kann. Traditionell formuliert: Wie sollte Gott einen Menschen, den er liebend und mit dem Ziel der Vollendung zu seinem Ebenbild geschaffen und zu dessen Erlösung er seinen Sohn in den Tod gegeben hat, schließlich ewiger Verdammnis oder Vernichtung überlassen? Das Gericht wird gewiß über den Menschen ergehen, aber das Urteil kann sich nur auf dasjenige am Menschen beziehen, was Gott Widerstand leistet, auf seine »Sünde«. Hier liegt das Wahrheitsmoment jener Theorien, die mit dem Gedanken eines eschatologischen Läuterungsprozesses arbeiten. Nun kann man zwischen dem, was ein Mensch ist, und dem, was er tut, zwar unterscheiden, aber nicht trennen. Deswegen hat die Reformation deutlich zu machen versucht, daß der Glaubende nicht ein »Gerechter« mit einigen etwa noch vorhandenen »Sünden« ist, sondern »Gerechter und Sünder zugleich«. Läuterung wird das Gericht dann in dem Sinne sein, daß im Angesicht des schaffenden, erlösenden und vollendenden dreieinen Gottes die geschehene Sünde einerseits erkannt und bereut wird und andererseits sich nicht mehr fortsetzen kann. Dies ist im Blick auf den Glaubenden formuliert. Der Christ wird es für den Nichtchristen nicht anders erwarten, auch wenn er nicht weiß, auf welche Weise Gott dies bewerkstelligen wird.[34]

(c) Ethos der Weltverneinung oder der Weltverantwortung

Selbstverständlich impliziert die jeweilige Eschatologie auch ein bestimmtes Ethos. Im Alten Testament und dem anschließenden Judentum erscheint diese Linie eher ins Prinzipielle gewendet; Ethos wird vornehmlich als in der Tora und in der Halacha begründet gesehen. »Wisse, woher du gekommen bist, wohin du gehst und vor wem du einst Rechenschaft und Rechnung abzulegen haben wirst«.[35] Der Koran stellt dem Gläubigen das Gericht als Motivation und Horizont menschlichen Handelns deutlich vor Augen: »O ihr Menschen, fürchtet euren Herrn und habt Angst vor einem Tag, an dem weder der Vater etwas für sein Kind begleichen kann, noch das Kind für seinen Vater etwas begleichen kann. Das Versprechen Gottes ist wahr. So soll euch das diesseitige

---

34. Vgl. die »Offenbarung« an Juliana von Norwich, derzufolge Gott »auf Wegen, die der Mensch nicht kenne, alles gutmachen werde«; Fr. Heiler, EWR 534.
35. M. Abot III, 1; nach LRG 335.

Leben nicht betören ...« (Sure 31,33). Der Sufi entspricht der Gottesnähe durch umfassende Abstinenz, im radikalsten Fall durch ein »Fasten des Herzens«, das »den Verzicht auf alles, was nicht Gott ist, einschließt«.[36] In den hinduistischen Traditionen entfaltet sich das Ethos im Rahmen des Kreislaufs der Wiedergeburten. Schlechtes wie gutes Karma hat seine Konsquenzen; allein das »Wissen« führt über die Gesetze des ›samsara‹ und damit über die Polarität von »gut« und »böse« hinaus. Dies widerfährt schon zu Lebzeiten dem Sannyasin, der radikal der Welt entsagt und sich damit zu einer »metaethischen« Existenz befreit sieht. Der Buddhismus, der kein Selbst des Menschen und damit kein Subjekt des ethischen Handelns im westlichen Sinne kennt, verwirklicht ein Ethos des Nicht-Selbst, der Güte, des Mitleids und der Mitfreude, die nicht auf ein Selbst konzentriert ist, sondern als »Seinsverbundenheit« (»interbeing«)[37] erfaßt und gelebt wird. Der Bodhisattva verwirklicht – zum Wohl seiner Umwelt – dieses Ideal.

Christinnen und Christen rechnen damit, daß das Eschaton einerseits schon Gegenwart geworden ist und andererseits doch auch noch aussteht. Ihr Ethos ergibt sich aus beidem. Sie lassen sich bestimmen von der Zukunft, die sie bereits erreicht hat und sie dazu befähigt, im Sinne der noch ausstehenden Zukunft zu wirken. Sie ziehen sich nicht zurück, sondern übernehmen Verantwortung für die Welt. Während außerchristliches Ethos oft darauf ausgerichtet ist, sich einer vorgegebenen größeren Ordnung anzupassen und auszuliefern, kennt die christliche Ethik in besonderem Maße auch den Widerstand, das subversive Moment der Hoffnung, die antizipatorisch und darin emanzipatorisch auf Veränderung auch jeweils bestehender ungerechter Verhältnisse drängt. Sie geht davon aus, daß Gottes Reich ohne das Zutun des Menschen kommt, ja in verborgener Weise bereits gekommen ist, und daß gerade deswegen Menschen dazu berufen sind, im Sinne des kommenden Reiches Gottes tätig zu werden.

(3) Das Reich des dreieinen Gottes

Der prophetische calabresische Mönch Joachim von Fiore hat in der zweiten Hälfte des 12. Jahrhunderts eine trinitarisch orientierte Geschichtsschau entworfen.[38] Er unterscheidet zwischen dem Reich Gottes des Vaters, des Sohnes und des Heiligen Geistes. Das Reich des Geistes, das seiner Meinung nach bereits begonnen hat und in dem sich die spirituellen Kräfte zunehmend verstärken würden, sollte als Periode der Versöhnung die Weltgeschichte abschließen

---

36. P. Gerlitz, in: TRE 10, 405.
37. Vgl. z. B. Thich Nhat Hanh, Lebendiger Buddha, lebendiger Christus. Verbindende Elemente der christlichen und buddhistischen Lehren, Augsburg 1996, 34 ff.
38. Vgl. H. Grundmann, Studien über Joachim von Fiore, Da 2. Aufl 1966.

und zur Erfüllung bringen. Joachim sah die drei Zeitalter sich überlappen, aber doch in einer klaren Abfolge auf einander. Er verstand sie einerseits diachron, andererseits partiell synchron.

Ich schlage vor, seinen Ansatz zu modifizieren und das Verhältnis von Diachronizität und Synchronizität anders zum Ausgleich zu bringen, als Joachim sich das vorgestellt hat. Das Reich des dreieinen Gottes verwirklicht sich ungleichzeitig – vergleichbar der ungleichzeitigen Entfaltung von Kultur und Zivilisation in den verschiedenen Regionen der Welt, ja sogar innerhalb derselben Region. Entsprechendes gilt im übrigen in gewissem Sinn ähnlich hinsichtlich der Entwicklung des einzelnen Menschen. Das Wirken des Schöpfers, das von dem des Erlösers und des Vollenders nicht getrennt gedacht werden darf, ist – auch in der Sicht von Glaubenden – an einem Neugeborenen deutlicher erkennbar als die Präsenz Jesu Christi und des Heiligen Geistes. Die Kindertaufe versinnbildlicht, daß gleichwohl alle Wirkensweisen des dreieinen Gottes auf das zu taufende Baby bezogen werden dürfen. Die Erwachsenentaufe dagegen bringt im Blick auf den zu Taufenden zum Ausdruck, daß das Zeugnis von Jesus Christus und die Kraft des Heiligen Geistes nunmehr in diesem Menschen zur Auswirkung gekommen ist. Dasselbe wiederholt sich auch innerhalb einer explizit christlich geführten Existenz immer dann und dort, wenn und wo ein Christenmensch nicht nur unter dem latenten Wirken des Heiligen Geistes sein geschöpfliches Dasein lebt, sondern sich bewußt und vertrauend durch das Zeugnis von Jesus Christus begründen und orientieren läßt. Dann kommt das zuvor latente Wirken des Geistes zu seinem Ziel.

In Analogie dazu läßt sich behaupten: Das Reich des dreieinen Gottes ist, bezogen auf die gesamte Geschichte des Kosmos und der Menschheit, einerseits jederzeit allgegenwärtig. Die Herrschaft des Vaters, des Sohnes und des Geistes ist aber andererseits, bezogen auf die unterschiedlichen Stadien der Heilsgeschichte in den verschiedenen Regionen der Welt unter den Menschen (und ihren Religionen) unterschiedlich stark erkennbar. Die Herrschaft des Vaters bestimmt den Kosmos einschließlich der gesamten Menschheit, die des Sohnes ist in Aktion, wo immer die Botschaft von Jesus Christus verkündigt wird – für Glaubende und Nichtglaubende, für Menschen, die das Christentum im Rahmen traditioneller Kirchlichkeit leben oder die ihm noch nie begegnet sind. Das Wirken des Heiligen Geistes bricht sich Bahn überall da, wo es unter Menschen zum Glauben kommt. Damit zeigt sich eine der künftigen Aufgaben christlicher Theologie: Die klassische lutherische Zweireichelehre ist zu überführen in eine als dynamisch konzipierte Lehre vom Reich des dreieinen Gottes, das sich an den Menschen und der Schöpfung zu unterschiedlichen Zeiten auf unterschiedliche Weise verwirklicht. Für alle und alles jedoch ist relevant der ewige Heilswille des in seiner Liebe sich verwirklichenden dreieinen Gottes.

Im Eschaton verschwindet der Gegensatz zwischen synchroner Allgegenwart und diachronen heilsökonomischen Wirkensweisen Gottes. Daß er in einer letzten Zukunft, die nicht in zeitlichen Kategorien zu denken ist, keine Gültigkeit mehr haben wird, erahnen und erhoffen Glaubende schon in der Gegenwart: Für sie sind im Licht des Glaubens an den Schöpfer alle Menschen einander nahe; auch die Nähe der Menschen zur außermenschlichen Schöpfung kündigt ihnen sich an. Im Licht der Gnade, die in der durch Wort und Sakrament vermittelten Präsenz Jesu Christi aufscheint, zeigen sich Schöpfung und Geschichte neu, selbst sofern sie noch nicht von der Gnade erfaßt und verwandelt sind. Zugleich öffnet sich der Ausblick auf das Licht der Vollendung, in der die auf Erden sichtbaren und schmerzlichen heilsökonomischen Differenzen irrelevant geworden und zur Erfüllung gebracht sein werden.[39] Gott in seiner Einheit und in seiner Unterschiedenheit von sich selbst, der Schöpfer, der Erlöser und der Vollender, wird im Eschaton – dies erwartet der christliche Glaube – sich verwirklichen in einer Weise, in der die Polaritäten von Zeit und Ewigkeit, von Immanenz und Transzendenz, von Personalität und Apersonalität, von Gericht und Gnade, von Alpha- und Omega-Glauben ausgedient haben und aufgehoben sein werden. Die in den nichtchristlichen Religionen begegnenden Hoffnungen sind von dem solchermaßen erwarteten Eschaton einerseits transzendiert, andererseits umgriffen.

Das Denken gelangt angesichts des Eschatons an seine Grenzen, nicht aber das Hoffen, das sich immerhin in Bildern und Begriffen des Alpha-Glaubens zu artikulieren vermag. Christliche Hoffnung erwartet im Reich des dreieinen Gottes, daß Schöpfer und Geschöpf in einer neuen und auf Erden unvorstellbaren Weise einander finden werden. Die in der Schöpfung intendierte Gottebenbildlichkeit des Menschen wird eingelöst; Christus wird »unseren nichtigen Leib verwandeln ..., daß er gleich werde seinem verherrlichten Leibe« (Phil 3,21). Das Antlitz der Erde wird erneuert (Ps 104,31). Die Geschöpfe finden zum Frieden miteinander: Wölfe werden bei den Lämmern wohnen, der Säugling spielt am Loch der Otter (Jes 11,6ff.). Das Seufzen der geknechteten Kreatur wird erhört, die Schöpfung »zu der herrlichen Freiheit der Kinder Gottes« befreit (Röm 8,19-22). Zwischen Erlöser und Erlösten besteht keine Beeinträchtigung mehr: Wir werden »ihn sehen, wie er ist« (I Joh 3,2), ihn »nichts fragen« (Joh 16,23) und »bei dem Herrn sein allezeit« (I Thess 4,17). Die Kommunikation zwischen dem Vollender und den Vollendeten wird vollendet sein. Dann wird sich die Erwartung auf »einen neuen Himmel und eine neue Erde« (II Petr 3,13) erfüllen, »in denen Gerechtigkeit wohnt« und alles vor Gott »recht« ist und seinem Willen entspricht.

---

39. Vgl. Luthers Lehre von den drei »Lichtern« am Ende von »De servo arbitrio« (StA 3, 354).

D Thesen

1. Die Vollendung der Schöpfung kann als Transformation aufgefaßt werden, die sich entweder als Erneuerung oder als Vernichtung der bestehenden Welt denken läßt.

2. Die Tradition, von »Hölle« zu reden, die aufgrund von psychologischen oder seelsorglichen Motiven in die christliche Theologie eingedrungen sein mag, hat durch die »Höllenfahrt Christi« einen positiven Stellenwert erhalten: »Hölle« ist das, was durch Jesus Christus überwunden ist und bleibt.

3. Die Erwartung der »Wiederbringung« aller Menschen und der gesamten Schöpfung liegt in der Konsequenz des Glaubens an den dreieinen Gott.

4. »Ewiges Leben« ist streng theologisch zu verstehen: Der dreieine Gott selbst ist das ewige Leben der Menschen und die Zukunft der Schöpfung.

5. Das Judentum erinnert den christlichen Glauben im Blick sowohl auf Vergangenes als auch auf Zukünftiges an die Relevanz des Geschichtlichen; der Islam stellt die Bedeutung des in der jeweiligen Gegenwart gelebten Ethos für die Zukunft heraus. Präsentische und futurische sowie innergeschichtliche und jenseitsbezogene Eschatologie dürfen jedoch einander gegenüber nicht isoliert werden, wenn Schöpfung, Erlösung und Vollendung zusammengehören.

6. Die östlichen Religionen weisen mit Recht über die Welt des Materiellen hinaus. Trinitarischer Glaube würdigt das Materielle wie das Spirituelle und verbietet die Würdigung des einen auf Kosten des anderen.

7. Asiatische Religionen betonen die Relevanz des jeweiligen Augenblicks, den der Buddhist in Achtsamkeit wahrnehmen will und den der Hindu in unabsehbare kosmologische Prozesse eingebettet sieht. Beides gilt es im Sinne je und je aktueller Heilsgeschichte auch im Christentum zu entdecken und zur Geltung zu bringen.

8. Die in den östlichen Religionen apersonal aufgefaßte Zukunftsperspektive macht die christliche Theologie darauf aufmerksam, daß sie sich nicht auf personales Denken fixieren zu lassen braucht, sondern von ihrem trinitarischen Denken her die Alternative zwischen personalem und apersonalem Denken überwinden kann.

9. Die universale christliche Hoffnung über den Tod hinaus begründet ein Ethos, das nicht nach dem Modell jüdischer oder muslimischer Vorstellungen heilsrelevante Bedeutung hat, sondern im Sinne mancher östlicher Traditionen im Rahmen eines metaethischen Ethos zur Entfaltung gelangt.

10. Das Gericht steht als Läuterungsprozeß im Dienst universalen eschatischen Heils.

11. Das Reich des dreieinen Gottes ist synchron und diachron aufzufassen: Es ist zugleich gegenwärtig und im Kommen, ist Voraussetzung allen Geschehens und befindet sich – angesichts seiner heilsgeschichtlich unterschiedlichen Realisation – zugleich im Prozeß der Vollendung.

12. Die Diastase zwischen Schöpfungs- und Erlösungshandeln Gottes wird sich im Eschaton als Medium trinitarisch vollzogener Vollendung erweisen: »Die Liebe hört niemals auf …« (I Kor 13,8).

Epilog

Die Religionen und die »Areligiösen«

Der vorliegende Entwurf hat sich intensiv mit dem Verhältnis zwischen dem christlichen Glauben und den nichtchristlichen Religionen beschäftigt. Aber es gehören ja bei weitem nicht alle Menschen einer Religion an; das macht gerade die Situation in Europa deutlich. Der Anteil der »Areligiösen« beträgt nach den Berechnungen von Religionsstatistiken zur Zeit – am Anfang des dritten Jahrtausends – mit etwa 760 Millionen ca. 13 Prozent der Weltbevölkerung. Das heißt, sie bilden nach Christentum und Islam die drittgrößte Gruppe, sofern man in diesem Zusammenhang von »Gruppe« sprechen kann. Mindestens in den westlichen Industrienationen dürfte ihr Anteil noch wachsen. Aber ebenso hört man von Ostasien, daß dort traditionelle religiöse Riten und Haltungen zusammenbrechen, sobald TV und PC erscheinen. Auch areligiöse Bewegungen sind theologisch zu würdigen, gehören zum Kontext des christlichen Glaubens und stehen ihrerseits vor dessen Herausforderung. Das Evangelium vom universalen Heilswillen des dreieinen Gottes gilt areligiösen wie religiösen Menschen. Wie konstellieren sich areligiöse Kreise und Bewegungen? Wie kommt christlicher Glaube in ihrem Kontext zu stehen? Wie kann er sie zu einer fruchtbaren Auseinandersetzung mit dem Evangelium vom universalen Heilswillen Gottes herausfordern?

(1) Areligiöse Bewegungen

Wenn der christliche Glaube hinter nichtchristlichen Religionen das Walten des dreieinen Gottes vermuten darf, wird er nicht bestreiten, daß auch Atheismus, Agnostizismus und Materialismus in irgendeiner Weise mit Gottes Wirken zu tun haben. Auch durch sie fordert Gott den christlichen Glauben heraus, sich klarer zu artikulieren und sich selbst noch tiefer zu erfassen. Mitunter wurde und wird die Meinung vertreten, die Religionen der Welt sollten sich gegen die um sich greifende Säkularisation zusammenschließen. Christen werden diese Option kaum teilen können, wenn sie bedenken, wie starke Impulse zur Aufklärung und Säkularität in der jüdisch-christlichen Tradition selbst enthalten sind – von den ersten Zeilen der Bibel an. Vor allem aber würden sie nicht erfassen, daß sie das Erstehen einer neuen Religion oder die Ablösung von Religion überhaupt nicht von Gottes Walten und Wirken ausklammern können. Es erscheint mir inkonsequent, Gott als den Schöpfer des Himmels und der Erde, als Erlöser und Vollender der Menschen zu bekennen und übergreifende Entwicklungen in der Geschichte der Menschheit nicht mit ihm in Zusammenhang bringen zu wollen. Das Christentum soll sich durchaus – in kritischer Solidarität, wie wir gesehen haben – mit nichtchristlichen Religionen verbünden, aber es soll gewiß auch das Bündnis mit Aufklärung und Säkularität suchen, Atheismus, Agnostizismus und Materialismus als ernstzunehmende Partner würdigen und schließlich über sie hinausführen, in der Erwartung, dabei selbst über seinen eigenen derzeitigen Erkenntnis- und Leistungsstand hinausgeführt zu werden. Die Religionsgeschichte geht weiter, wie auch die Geschichte der Menschheit und schließlich die Evolution selbst sich fortsetzt. Denkt man sich die Zukunft nicht nach dem Schema eines »clash of civilizations« (S. P. Huntington), sondern (frei nach Teilhard de Chardin) nach dem Modell zunehmender Konvergenz, mit der selbstverständlich Kollusions- und Verschmelzungsprozesse einhergehen, so wird sie weder »religiös« noch »religionslos« sein: Ein dritter Weg ist gefragt, und es wird sich zeigen, ob das Christentum, das einmal als »tertium genus«, als »drittes Geschlecht« zwischen Juden und Heiden angetreten war, diesen dritten Weg gehen und damit auch anbieten kann. Der Protestantismus hat in gewisser Weise bereits Erfahrungen mit dem dritten Weg zwischen Religiosität und Säkularität, wenn auch einzelne seiner Gruppierungen immer wieder nach der einen oder anderen Richtung einseitig Partei ergriffen haben. Wie nichtchristliche Religionen daraufhin abzuhorchen sind, was sie zu einem tieferen Selbstverständnis des christlichen Glaubens beitragen können, so gilt es, auch a- und antireligiösen Haltungen und Bewegungen gegenüber aufmerksam zu sein. Der explizite Atheismus scheint dabei die geringste Rolle zu spielen, weil er offenbar weithin abgelöst ist durch einen allgemeinen Agnostizismus und einen diesem entsprechenden Materialismus. Aber auch durch Atheismus, Agnostizismus und Materialismus kann Gott zu Christen sprechen, ihr Denken präzisieren und ihr Fühlen intensivieren.

(2) Christlicher Glaube im Kontext von Atheismus, Agnostizismus und Materialismus

Der christliche Glaube muß sich im Gegenüber zu Atheismus, Agnostizismus und Materialismus keineswegs von vornherein in die Defensive drängen lassen. Ohne sich etwas zu vergeben, wird er prüfen, was er etwa von ihnen lernen kann – im Blick auf alle seine Hauptaussagen, von der Gotteslehre bis zur Eschatologie.

(a) Gotteslehre

Wenn das Aufkommen und Erstarken von Atheismus, Agnostizismus und theoretischem wie praktischem Materialismus mit dem Walten und Wirken Gottes zu tun hat, was bedeutet dies dann für die gegenwärtige und künftige Entfaltung christlicher Gotteslehre? Jedenfalls nicht ihr Ende! Es darf nicht als Bedrohung oder Gefährdung Gottes verstanden werden, es muß als eine Herausforderung der Verkündigung begriffen werden. Der Atheismus könnte darauf hinweisen, daß Gott jedenfalls nicht einfach theistisch gedacht werden darf. Atheismus ist immer bezogen auf das Gottesbild, gegen das er sich wendet. Gott, in radikaler Bildlosigkeit verstanden, entzieht ihm die Grundlage. Ein Gottesbegriff, der Gott jenseits allen Begreifens erkennt, ist auch für Atheisten nicht zu greifen. Gott steht jenseits von Bejahung und Ablehnung – Bejahung oder Ablehnung können ihn nicht berühren. Gefährlicher für den christlichen Glauben erscheint daher der Agnostizismus, die Selbstbegrenzung menschlichen Denkens und Fragens. Auch sie drückt eine Wahrheit aus; Agnostizismus unterstreicht die Sachgemäßheit apophatischer, negativer Theologie. Auf das Materielle konzentriertes Verhalten und Forschen nimmt die Erde ernst, bleibt ihr treu, verflüchtigt sich nicht in Spekulation. Man könnte es interpretieren als die unbewußte Suche nach dem »Herzen der Materie« (Teilhard de Chardin), wenngleich Materialisten selbst sich gegen diese Interpretation verwahren würden. Der nur der Materie zugewandte Materialismus, auch in seiner den Geist einbeziehenden und in seiner kapitalistischen Form, verweist die christliche Gotteslehre in Bereiche, in denen sie sich nicht zu Hause fühlt, die sie aber entdecken muß, wenn sie wirklich von Gott sprechen will. Atheismus, Agnostizismus und Materialismus, so sehr sie sich auch voneinander unterscheiden, sind zugleich drei Seiten der selben Sache. Sie entsprechen und sie widersprechen sich. Einerseits scheint die logische Folge von Atheismus und Agnostizismus der pure Materialismus zu sein, andererseits – wie kann der Materialismus nun die Rolle einnehmen, die vorher der Gottesglaube innehatte, und dies noch dazu unangefochten von jeglichem Agnostizismus? Auch Agnostizismus und dezidierter Atheismus widersprechen einander! Bilden Atheismus, Agnostizismus und Materialismus formal eine Art Triade – aufeinander bezogen und doch gegeneinander profiliert? Verweist der Materialismus auf den Ausgangspunkt allen Denkens und Seins, der Agnostizismus auf eine Quelle allen Fragens, der Atheismus auf eine Leerstelle zwischen Sein und Fragen, in der der Glaube Offenbarung aufkommen sieht? Trinitarischer Glaube könnte sich so durch Atheismus, Agnostizismus und Materialismus »e contrario« bestätigt sehen und damit auch das »contrarium« umgreifen, unterstützt von denjenigen Elementen nichtchristlicher Religionen, die sich dem Glauben an den dreieinen Gott zuordnen lassen. Was wäre damit gewonnen? Ein Glaube, der – bei aller notwendig bleibenden Kritik – bejahend sein kann, in der Bejahung des Gottes, der jenseits von Bejahung und Verneinung Bejahung und Verneinung liebend umfaßt, ermöglicht und erlöst.

(b) Christologie

Was könnte die Christologie in der Begegnung von einem in Gottes Walten und Wirken begründeten Atheismus, Agnostizismus und Materialismus zu lernen haben? Atheismus reduziert die Gestalt Jesu auf ihre menschliche Seite, Agnostizismus stellt ihre Bedeutung, in Extremfällen sogar ihre Historizität infrage, Materialismus empfindet sie als störend und sucht sie auszuschließen. Wenn Gott auch hinter dem Atheismus steht, heißt das, daß wir uns in der Tat zunächst an den Menschen Jesus von Nazareth zu halten haben, an sein Geschick, seine Botschaft, seine Wirkungsgeschichte. Auch seine Wirkungsgeschichte ist dann erst einmal unter irdischen Maßstäben ernstzunehmen und zu würdigen. Es genügt nicht festzustellen, daß Jesus schon im Johannesevangelium als »mein Herr und mein Gott« (vgl. Joh. 20,28) angesprochen und schließlich als Pantokrator verehrt wurde. Vielmehr ist nach den irdischen – psychologisch greifbaren, sozialen und politischen – Implikationen solcher Prädikationen zu fragen, ohne alle Ausflucht ins Metaphysische. Dies ist eine christologisch durchaus fruchtbare Fragestellung. Wenn auch der Agnostizismus mit dem Walten und Wirken Gottes zu tun hat, verwehrt dies allen Versuchen, eine endgültige, orthodoxe Christologie zu formulieren, das Lebensrecht. Prinzipieller Agnostizismus hält auch Christologie prinzipiell offen. Der Agnostiker weiß, daß die Frage, wer Jesus Christus sei, rational überzeugend weder geklärt noch abgewiesen werden kann. Darin hat er Recht. Nicht Recht hat er, wenn er sich die Frage nach dem, was er nicht erkennen kann, verbieten läßt. Aber er tut gut und recht daran, jede mögliche Antwort zu hinterfragen und infrage zu stellen.

Der Materialist schließlich will von Namen wie Jesus Christus, Buddha oder Muhammad nichts wissen. Sie stören seine Konzentration auf das Materielle, muten ihm Grenzen oder Regeln für seinen Umgang mit der Materie zu. Wenn Gott hinter dem neuzeitlichen Materialismus steht, heißt das, daß der Mensch das Materielle ernstnehmen darf und soll. Heißt es auch, daß er sich dabei von Jesus oder Buddha nicht stören lassen soll? Worin aber könnte ihn Jesus stören? Ein Glaube, der auf der Basis einer Entwürdigung des Materiellen sich in den Geist oder in ein Jenseits flüchtete, wäre nicht im Sinne Jesu. Der Materialismus geht freilich weiter: Er spricht Jesus jegliche Bedeutung für die Materie ab. Christologie, die darauf reagieren will, wird nicht von ihren traditionellen Formeln her die Materie interpretieren, sondern von einer ernsthaften Wahrnehmung der Materie her die Bedeutung Jesu Christi erfragen. Wie kann Jesus Christus verstanden werden, wenn sich Menschsein doch auflösen sollte in Reiz und Reaktion, in »Klonbarkeit« – und wenn eben dahinter Gottes Walten und Wirken stünde? Wäre er nicht gerade dann als Inbegriff der Möglichkeit sinnhaften Lebens neu zu erfassen – eines Lebens, das sein und sich seiner Geschöpflichkeit freuen darf, wie es eben konstituiert ist? Würde nicht eine atheistische, agnostische, materialistische Christologie die Gestalt Jesu Christi aus den Fesseln unverständlich gewordener Formeln und Behauptungen lösen, befreien und damit neu vergegenwärtigen? Und würde dabei nicht deutlich werden, wie Jesus

Christus die Funktion anderer Mittlergestalten, die die Religionen kennen, aufnimmt und zugleich überbietet?

(c) Soteriologie

Atheisten, Agnostiker und Materialisten fragen nicht nach Erlösung. Atheisten wissen, daß sie »kein Gott« erlösen wird und daß sie es »selber tun« müssen. Agnostiker stellen Erlösungsangebote in Frage, die ihnen begegnen mögen, und zwar hinsichtlich eines möglichen Erlösungsziels wie eines sinnvollen Lösungswegs, ganz abgesehen von den ungeklärten Voraussetzungen. Materialisten finden sich nicht erlösungsbedürftig, oder, wenn doch, »erlöst« sie ein noch engerer Kontakt mit Materiellem, und handle es sich nur um finanzielles Kapital. Gott, hinter dem Atheismus stehend, macht darauf aufmerksam, daß es keine Erlösung »ex machina« gibt und daß auch das Kreuz Christi nicht in diesem Sinn verstanden werden darf. Erlösung läßt sich nicht instrumentalisieren und schon gar nicht als Alibi für fehlende Eigeninitiative einsetzen. Gott, hinter dem Agnostizismus stehend, macht deutlich, daß nicht ohne weiteres klar ist, wovon Menschen erlöst werden müssen und woraufhin. Ist es Leid und der es bedingende Lebensdurst, wie die Buddhisten meinen? Ist es der Kreislauf der Wiedergeburten im Sinn der hinduistischen Tradition, die Sünde im Sinne von Judentum, Christentum oder Islam? Ist es die Sehnsucht nach Erlösung selbst? Der durch Gottes Wirken und Walten legitimierte Agnostizismus löst Fixierungen auf ganz bestimmte Vorstellungen von Sünde und Erlösung auf. Was will Gott über Sünde und Erlösung auf dem Weg über den Materialismus sagen? Das Materielle ist unterbestimmt, wenn es nur unter dem Blickwinkel von Erlösungsbedürftigkeit gesehen wird. Es funktioniert – Gottes schöpferisches »sehr gut« ist nicht einfach zurückgenommen. Das Materielle ist gesegnet durch Gottes Gegenwart. Es kann nicht um Erlösung vom Materiellen gehen – vielmehr um Erlösung durch Materielles, nämlich durch die Funktionen der Schöpfung, durch die eucharistischen Gaben, durch den liebevollen Einsatz materieller Güter, ja durch Geld. Mit dem traditionellen christlichen Verständnis von Erlösung scheint all das nicht viel zu tun zu haben, aber tatsächlich gehört es zur Erlösung, zu ihren Voraussetzungen und in einem engeren oder weiteren Sinn zu ihren Medien. Es muß in den christlichen Erlösungsbegriff aufgenommen werden.

(d) Anthropologie

Atheismus verweist den Menschen auf sich selbst, Agnostizismus stellt ihn in Frage, Materialismus sieht ihn in die Materie hineingebunden und versteht ihn aus dieser Verbindung heraus. Atheismus verwehrt ihm die Ausflucht ins Träumen oder in den Aberglauben; der atheistische Mensch steht zu sich selbst, nimmt sein Leben in die Hand, und wenn es im Suizid endete. Atheismus will dem Menschen unerbittlich klarmachen, daß er nur sich selbst und seinesgleichen hat, daß er selbst sich Regel und Ziel geben muß und darf; die ihn umgebende Welt wird er nach eigenem Urteil nutzen und gestalten. Atheismus lehrt den Menschen, in eigener Verantwortung er selbst zu sein – was ein als autoritär und heteronom verstandener »Schöpfungsauftrag« manchmal verschleiert oder sogar hintertrieben hat. Agnostizismus verwehrt es dem Menschen, sich mit vorgegebenen Antworten zufriedenzugeben, sich mit Formeln, Riten und Traditionen zu beruhigen. Agnostizismus hält den Menschen wach, macht ihn kritisch, verhindert, daß er stumpf wird. Der Mensch bleibt sich Frage, allenfalls vorläufige Antwort, Unruhelement für sich selbst, seine Mitmenschen und die ihn umgebende Natur. Der Materialismus schließlich bindet ihn in diese Natur hinein, verurteilt ihn dazu, sich mit ihr auseinander- und ggf. gegen sie durchzusetzen. Er verhindert, daß der Mensch sich grundsätzlich über sie erhebt, ja sogar, daß er sie als seine eigene Überlebensbasis zerstört. Er mißversteht den Menschen nicht als »Krone der Schöpfung«, zu deren Ausbeutung bestimmt. In alledem zeigen sich, wenn auch in oft verkürzter oder kontraproduktiver Gestalt, genuin christliche Anliegen.

(e) Ekklesiologie

Atheistische Menschen können sich durchaus darauf verständigen, zu bestimmten Zielen und bestimmten Regeln eine Gemeinschaft zu bilden. In bewußter Übernahme ihrer von ihnen erkannten Verantwortlichkeit schließen sie sich zusammen und entwickeln dabei unter Umständen ein gerade in den Augen religiöser Menschen erstaunliches Ethos. Agnostiker sind demgegenüber oft skeptisch, favorisieren eher den Einzelnen mit den Fragen, die er stellt oder von denen er sich umstellt sieht. Aber auch Agnostiker werden in einer Gemeinschaft gebraucht, wenn diese nicht zur totalitär geführten Truppe werden soll. Materialistisch gestimmte Menschen, wenn sie wirklich auf die Materie konzentriert sind in Forschung und Gestaltung, wissen sich der Basis eines einzelnen und gemeinschaftlichen Lebens verpflichtet. Einen schwachen Widerschein findet dies selbst in der Tatsache, daß auch der hartgesottene Kapitalist weiß, durch welches Verhalten er das kapitalistische System zerstören würde: Er braucht Mitspieler. Die Lehre von der Kirche kann atheistische, agnostische und materialistische Elemente in sich aufnehmen: Kirche ist Gemeinschaft der Entschlossenen, der Kritischen und der um ihre materielle Basis Wissenden; sie sollte sich das zunächst auch ohne alle transzendentale Überhöhung klarmachen.

(f) Eschatologie

Wie steht es schließlich mit dem Verständnis des ewigen Heils? Der Atheist verzichtet auf ewiges Heil; er ist zufrieden, wenn er zum irdischen Wohl – seiner selbst oder anderer – beigetragen hat. Der Agnostiker läßt die Frage offen. Er glaubt nicht an ein ewiges Heil; die Heilsvorstellungen der Religionen relativieren sich für ihn gegenseitig. Aber es ist nicht ausgeschlossen, daß er wenigstens zeitweise doch bestimmte Präferenzen hat – großzügig im Blick auf das, was vermutlich jedenfalls nicht schaden wird. Der Materialist sieht sein Geschick in den Wandlungen der Materie, was ihn mit Naturfrömmigkeit oder nihilistischen Gefühlen erfüllen kann – im Blick auf die Blumen, die aus seinem Grab wachsen werden, oder die Asche, die auf einem Friedhofs-Rasen ausgestreut oder in den Weltraum katapultiert wird. Christliche Hoffnung über den Tod hinaus nimmt die Sicht des Materialismus ernst; sie widerspricht ihm nicht etwa durch eigene naturwissenschaftliche Thesen. Sie gibt auch dem Agnostiker recht; sie identifiziert sich nicht mit einem der agnostisch relativierten eschatologischen Szenarien. Es liegt ihr fern, dem Atheisten das madig zu machen, was er im Lauf seines Lebens für sich oder andere erreicht hat. Freilich – der Gegensatz zwischen Atheismus, Agnostizismus und Materialismus auf der einen und dem christlichen Glauben auf der anderen Seite ist damit keineswegs aufgehoben!

(g) Ja und Nein als theologische Aufgabe

Wie die Erfahrung lehrt, gibt es nicht nur sanfte Atheisten, nüchterne Materialisten und gesprächsbereite Agnostiker. Atheismus, Agnostizismus und Materialismus, radikal verstanden und durchgesetzt, würden das Zeugnis vom Walten und Wirken des dreieinen Gottes auszuschließen, zum Erlöschen zu bringen versuchen. Christlicher Glaube, der sich klar machen will, was er gleichwohl von ihnen lernen kann, setzt voraus, daß auch hinter diesen, dem christlichen Glauben das Lebensrecht absprechenden Haltungen und Bewegungen das Wirken und Walten des dreieinen Gottes steht – wie sollte es anders sein! Nun wüßten Glaubende gern, wie das zugehen soll, daß Gott sich durch Haltungen und Bewegungen (und Weltreligionen) äußert, die sich ihm widersetzen! Sollte es sich bei den Fehleinschätzungen nichtchristlicher Weltanschauungen und Religionen um nachträgliche Perversionen einer ursprünglichen Offenbarung Gottes handeln? So hat – jedenfalls im Blick auf die »Heiden« – die traditionelle Lehre von einer »allgemeinen« Offenbarung vermutet. Sollte hier der selbstmächtige Griff des Menschen nach dem Absoluten, somit der Inbegriff aller Sünde, sich zeigen? Dann wäre nur sorgsam und vorsichtig allenfalls nach »Lichtern« zu suchen, die das wahre Licht widerspiegeln. Verzichtet man auf hypothetische Ableitungen, so kann man als Glaubender immerhin sagen: Es macht offensichtlich die Tragik der Situation des Menschen aus – im Sinne von Leibnizens Verständnis des »malum metaphysicum« oder von Tillichs Existenz-Auffassung –, daß Menschen die Stimme Gottes nicht ungebrochen vernehmen können. Zu dieser Tragik gehört gewiß auch, daß sie selektiv hören, das Gehörte funktionalisieren, nach eigenen Vorstellungen und Bedürfnissen sich adaptieren – also das, was der christliche Glaube »Sünde« nennt. Unter dieser Voraussetzung darf als das große Wunder göttlicher Liebe begriffen werden, daß Gott gleichwohl nicht schweigt. Eben darin liegen die Erlaubnis und die Verpflichtung, achtsam darauf zu hören, wo und wie Gottes Stimme begegnet, dies durch Wort und Tat zu bezeugen und allen unreinen und falschen Tönen, die sich menschlichem Reden beimischen, klar und entschieden zu widersprechen. Je nach Gesprächspartner ist beides, Ja und Nein, »sic et non«, gestattet und gefordert!

(3) Atheismus, Agnostizismus, Materialismus vor der Herausforderung des christlichen Glaubens

Worin liegen nun für Atheismus, Agnostizismus und Materialismus die spezifischen Herausforderungen eines trinitarisch sich bekennenden Christentums? Sie lassen sich durchaus an den großen Fragen aufzeigen, wie sie die Religionsgeschichte stellt. Die christliche Antwort kommt dabei trotz aller Offenheit – ja gerade in aller Offenheit – als die große Störung zu stehen, als Provokation, die dazu einlädt, den Glauben zu riskieren. Die christliche Verkündigung kann nichts anderes leisten, als diese Provokation immer wieder neu an möglichst viele Menschen heranzutragen.

(a) Ewiges Leben als Stör-Versprechen

Im Blick auf Sinn und Gelingen des Lebens konfrontiert die christliche Hoffnung über den Tod hinaus den Materialisten mit der Frage, ob er es sich mit äußerem oder auch psychischem Wohlsein wirklich genug sein lassen will, ob er Menschen, die im Sinne Jesu zu leben und zu handeln versuchen, nicht zu seinem Schaden bewußt ignoriert, ob ihm nicht im Innersten seines Herzens eine Stimme sagt, daß es das Ziel des Lebens sein könnte, eine ewige Erfüllung zu finden und von daher auch den Alltag zu gestalten. Der Agnostiker wird sich fragen lassen müssen, ob er seinem Agnostizismus wirklich gerecht wird, wenn er davon ausgeht, daß nicht sein darf, was aufgrund seiner Einstellung nicht sein soll. Er müßte kritisch prüfen, was die Hypothese einer möglichen ewigen Erfüllung denen, die sie teilen, an Lebenspotential zuführt oder vorenthält. Der Atheist schließlich müßte erwägen, ob er sich nicht ein allzu enges und naives Bild von dem macht, was Christen und Christinnen jenseits des Todes erwarten. Dies wäre die Voraussetzung dafür, daß er sich einer nicht fixierten, offenen Erwartung anvertrauen könnte. Die Verheißung ewigen Lebens begegnet als ein Versprechen, das Atheisten in ihren Fixierungen, Agnostiker in ihren Relativierungen und Materialisten in ihren Selbstbegrenzungen stören, ja aufstören kann.

(b) Kirche als Stör-Ideal

Atheisten, Agnostiker und Materialisten fühlen sich oft über die Kirche erhaben, und das äußere Bild der Institution mag ihnen nicht selten recht geben. Aber sie könnten sich doch inspirieren lassen von dem Gedanken, daß mindestens partiell und für bestimmte Phasen Gemeinschaft möglich werden kann, die nicht funktional begründet und auf Effekt ausgerichtet ist: In ihr werden die Ideen von Freundschaft und Geschwisterlichkeit in einer Weise praktiziert, die über sonstige Kommunikationserfahrungen hinausweist. Je schärfer Materialismus, Agnostizismus und Atheismus menschliche »Liebe« in ihrer psychosozialen Bedingtheit und Ambivalenz erfassen, desto deutlicher dürfte sich die Frage stellen, ob es eine Liebe gibt, die »bleibt«, die in bestimmten Menschen und Ausprägungen eine exemplarische und inspirierende Gestalt gewonnen hat und immer wieder gewinnt.

(c) Erlösung als Stör-Vision

Erlösung erscheint dem Materialisten als unnötig, dem Agnostiker als dubios und dem Atheisten als eine Aufgabe, die er selbst leisten muß. Der christliche Glaube schockiert den Materialisten durch das Bild des Gekreuzigten, um ihm vor Augen zu führen, welcher Erlösung auch er bedarf. Er weist ihm damit einen Weg, die materielle Seite des Lebens nicht zu vernachlässigen, aber doch zu transzendieren und in der Liebe fruchtbar werden zu lassen. Dem Agnostiker wird der Gekreuzigte zusammen mit allen Menschen, die je auf ihre Weise »gekreuzigt« leben müssen, zum Appell, sich nicht ewig in die distanzierte Fragehaltung zu flüchten, sondern angesichts des unendlichen Leides endlich Stellung zu beziehen, zu handeln und an sich handeln zu lassen. Der Atheist wird sich fragen lassen müssen, inwieweit er mit eigenen Projektionen arbeitet, wenn doch der christliche Glaube die Erlösung nicht als einen Vorgang »ex machina«, sondern als emanzipatorisches Geschehen begreift, das ihm ein schöpferisches, auf Gelingen bezogenes Leben vermitteln will.

(d) Würde des Menschen als Stör-Option

Nach atheistischer Auffassung muß der Mensch, falls überhaupt, die Würde sich selbst zusprechen; Agnostiker werden ohnehin verschiedene Konzeptionen von Menschenwürde gegeneinander abwägen und nebeneinander gelten lassen; Materialisten könnten ggf. darauf verzichten, eine spezifische Menschenwürde zu postulieren. Der christliche Glaube macht ihnen allen das Angebot, mit einer Würde des Menschen zu rechnen, die im Ganzen des Weltlaufs verankert ist, dem Menschen seinen Ort inmitten und zugleich zugunsten der ihn umgebenden Natur zuteilt und die in der Liebe ihren vollkommensten Ausdruck findet. Für die Weltverantwortung des Menschen ergibt sich damit ein Denkmodell, das nicht mit natur- oder humanwissenschaftlichen Theorien konkurriert, aber eine Sinn- und Handlungsperspektive darstellt. Diese muß sich keineswegs in überkommenen Mythologien äußern; es ist überhaupt nicht einzusehen, wieso sie nicht von einem säkularen, modernen Menschen als vernünftige, orientierende Überzeugung sollte übernommen werden können: Die Würde des Menschen, letztlich nicht anders als durch Liebe begründet, verwirklicht sich in Liebe.

(e) Jesus Christus als Störfaktor

Offen bleibt dabei zunächst die Frage, wie sich eine an der Liebe gewonnene Sinn- und Handlungsperspektive argumentativ vertreten läßt. Christlicher Glaube muß hier keineswegs mit einem theistischen Gottesbegriff arbeiten, kann es gar nicht, weil eben dies ihm nicht entspräche. Botschaft und Gestalt Jesu Christi fordern den Atheisten dazu heraus, menschliche Liebe nicht nur als zur »condition humaine« gehörig und folglich ambivalent zu verstehen, sondern damit zu rechnen, daß menschliche Liebe in all ihrem Glanz und Elend getragen, gereinigt, gestärkt, erneuert werden kann und muß. Dem Agnostiker mutet der christliche Glaube keineswegs zu, eine ausgereifte, etwa trinitarisch angelegte Dogmatik zu übernehmen, legt ihm aber nahe, sich auf die Botschaft und Gestalt Jesu einzulassen und die Fragen, die ihm dabei kommen werden, nicht mit der abgegriffenen Ausflucht abzutun, daß man eben Sicheres nicht wissen könne. Der Materialist wird Gestalt und Botschaft Jesu für hoffnungslos idealistisch halten und doch nicht umhin können, orientierende Gestalten und Botschaften in sein Weltbild aufzunehmen. Wie erklären sie sich »materialistisch«? Inwieweit kann eine materialistische Interpretation der Welt auf die Fragen antworten, die Jesu Botschaft, Verhalten, Leiden und Sterben auslöst?

(f) Liebe als umgreifende Antwort

Der christliche Gottesglaube wird nicht isoliert zur Provokation von Atheismus, Agnostizismus und Materialismus führen, da er isoliert nur mißverstanden werden kann. Christlicher Gottesglaube impliziert das gesamte christliche Glaubensbekenntnis – an den dreieinen Gott in dessen schöpferischem, erlösendem und vollendendem Wirken, an seine Liebe.

Damit wird zugleich klar, daß der Glaube nicht eine Konkurrenz-Ideologie zu Atheismus, Agnostizismus oder Materialismus darstellt, sondern eine existentielle Haltung, die mit Hoffnung und Liebe zu tun hat. Religiösen wie areligiösen Menschen – Christen und Christinnen eingeschlossen – begegnet Gott inmitten einer rätselhaften, lieblosen, an der Liebe oftmals scheiternden oder sie mißbrauchenden Welt als das große, rational nicht auflösbare und doch erfahrbare Geheimnis der Liebe.

(4) Das Evangelium vom universalen Heilswillen des dreieinen Gottes

Christen und Christinnen, umgeben von Gläubigen nichtchristlicher Religionen, von Atheisten, Agnostikern und Materialisten, sind in der Regel zurückhaltend. Sie wollen nicht elitär sein und als Besserwisser auftreten. Wenn sie ihren Glauben ernst nehmen, werden sie aber den Mut gewinnen, in echter Demut vor dem dreieinen Gott das Wort zu ergreifen.

Was haben Christen und Christinnen – unter der in diesem Buch vorgetragenen Perspektive – der Menschheit zu sagen? Es hängt davon ab, mit wem sie sprechen. Zunächst haben sie einander etwas zu sagen. Sie haben einander die Weite und Tiefe ihres Glaubens an den dreieinen Gott zu bezeugen, der sich in Jesus Christus den Menschen und der ganzen Schöpfung vergegenwärtigt hat und vergegenwärtigt, der als der Schöpfer und Erhalter die Menschen und alle seine Geschöpfe in ihrer Funktion für einander trägt und bedingt und der durch das Wirken seines Geistes die Vollendung alles Seienden auf eine Weise heraufführt, die ihm entspricht. In sein Heilshandeln wissen sie alle Menschen einbezogen, welchen Weltanschauungen und Religionen diese auch zugehören oder zuneigen. Deswegen begegnen sie auch den ihnen fremden Auffassungen mit Neugier, um zu erfahren, wo überall Gottes Stimme vernehmbar sein könnte, und in der Freiheit, alles zu prüfen und das Gute zu behalten.

Sodann haben sie denjenigen Menschen etwas zu sagen, die sich für areligiös, für Atheisten oder Materialisten halten. Sie haben daran zu erinnern, daß ein Leben, das die Religion ausklammert, sich selbst reduziert und um wichtige Entfaltungsmöglichkeiten bringt. In den Traditionen der Weltreligionen liegen – freilich oft versteckt unter Vorstellungen, die dem säkularen Menschen fremd sind oder gar ihn abstoßen – Erfahrungsschätze verborgen, deren die auf Technik und Konsum konzentrierte Menschheit dringend bedarf, wenn sie sich nicht selbst sterilisieren oder gar zerstören will. Christen und Christinnen haben dazu beizutragen, daß auch nichtchristliche Religionen oder Meinungen nicht mißverstanden werden. Vielleicht können sie dazu helfen, bewußt zu machen, daß es für das Verstehen religiöser Botschaften einer eigenen Hermeneutik bedarf und daß man sich dabei nicht durch seltsame Formulierungen und Bräuche schrecken lassen darf. Gerade aufgeklärte, sich als autonom verstehende Menschen könnten so auf ihre innere Unabhängigkeit verwiesen und dafür gewonnen werden, eigene Fragen nicht zu verdrängen und die Sinnangebote, die sich in den Religionen präsentieren, unvoreingenommen zu prüfen und mit ihnen zu experimentieren. Auch das Christentum lädt dazu ein!

Schließlich haben Christen und Christinnen denjenigen Menschen etwas zu sagen, die anderen Religionen angehören. Sie haben dankbar zu würdigen, daß sie ihre religiösen Traditionen nicht haben verwahrlosen lassen, daß sie sie gepflegt und weiterentwickelt haben. Sie sind dafür dankbar, daß Buddha in Asien nicht vergessen wurde, daß das hinduistische religiöse Denken sich zu einer Höhe und Abstraktheit entwickelt, das auch christliche Theologie inspirieren kann, daß der Islam zahllosen Menschen eine klare und für sie hilfreiche Lebensorientierung gegeben hat und daß das Judentum trotz unendlicher Verfolgungen und Belastungen – gerade auch durch das Christentum – nicht verstummt ist.

Christen fordern die sie umgebenden Religionen aber zugleich dazu auf, sich ebenfalls zu öffnen, nicht nur innerhalb der eigenen Denk- und Vorstellungskategorien zu verbleiben, die Reflexionen über die eigene Position zu verstärken und sich mit anderen Positionen in Relation zu setzen. Die nichtchristlichen Religionen könnten untereinander – wie ebenso im Gespräch mit dem Christentum – eigene Erfahrungen vertiefen und neue Einsichten gewinnen. Gegenseitiger Inklusivismus würde nicht nur die religionstheologische Diskussion auf eine neue Ebene heben, sondern auch enorme ethische Konsequenzen frei setzen.[1] Alle Religionen könnten damit Verantwortung für einander entdecken und entwickeln. Daß die Bemühung um ein gemeinsames, dem Überleben nicht nur der Menschheit, sondern auch des einzelnen Menschen dienendes Ethos dabei eine wichtige Rolle spielt, ist ohnehin klar.

Christen und Christinnen haben im Gespräch mit Angehörigen anderer Religionen zu bekennen, daß sie auch hinter deren Sein, Denken und Verhalten und damit auch hinter den von ihnen vertretenen religiösen Konzeptionen das verborgene Walten und Wirken des dreieinen Gottes wissen. Dies gebietet Achtung und Aufmerksamkeit und führt zu dem Versuch vorurteilsfreien, ja liebenden Verstehens. Auch das Sein, Denken und Verhalten von Anders- und Nichtglaubenden ist umschlossen von dem Heilswillen Gottes, wie er in Jesus Christus zum Ausdruck kam und in der Kraft des Heiligen Geistes sich verwirklicht. Jesus Christus ist »der Weg, die Wahrheit und das Leben«; niemand kommt zum Vater denn durch ihn (Joh 14,6), wenn sich auch unserer Kenntnis entzieht, auf welche Weise Gott diese Verheißung einlösen wird. Auch areligiöse Menschen und Anhänger nichtchristlicher Religionen stehen nicht außerhalb des Einflußbereichs des Heiligen Geistes. Es ist daher davon auszugehen, daß

---

1. Vgl. H.-M. Barth, Friede zwischen Religionen, in: H.-M. Barth, Chr. Elsas (Hg.), Religiöse Minderheiten. Potentiale für Konflikt und Frieden, H 2004, 21-31.

Epilog: Die Religionen und die »Areligiösen«

sie der Heilige Geist dazu bringen kann, ihre eigene Sicht zu klären und weiterzuentwickeln oder sich dem Zeugnis von Jesus Christus zu öffnen. Dem dient christliche Mission, ob sie sich im privaten Gespräch oder in kirchlich organisierter Aktion realisiert. Ohne das Wirken des Heiligen Geistes kann christlicher Glaube nicht erwachen, riskiert werden und sich riskieren. Der Glaube an den dreieinen Gott stellt für alle Religionen (einschließlich des Christentums) wie auch für Atheisten, Agnostiker und Materialisten eine Herausforderung dar – jeweils freilich auf eine besondere Weise. Im interreligiösen Dialog kann er in einer doppelten Funktion erkennbar werden: Aus christlicher Sicht trennt er nicht nur die Christenheit von nichtchristlichen Religionen und areligiösen Bewegungen, sondern verbindet sie auch miteinander. Denn Christen und Christinnen sehen den dreieinen Gott in allen Menschen am Werk, wobei das, was diese religiös oder areligiös denken und empfinden, ja nicht ausgeklammert werden kann. Das Trennende braucht unter dieser Voraussetzung keineswegs verschwiegen zu werden: Gerade auf dieser Basis kann es so zur Geltung gebracht werden, daß es nichtchristliche Gesprächspartner nachdenklich macht und zur Modifikation oder Korrektur ihrer Sicht ermutigt und dazu einlädt, sich der lebensfördernden Perspektive zu öffnen, die der christliche Glaube anbietet.

Freilich läßt sich durch Worte allein nicht zum Ausdruck bringen, was Christen und Christinnen zu »sagen« haben. Es will vermittelt sein wie die Liebe, die es bei bloßen Worten nicht belassen kann. Zu bezeugen ist ja die Liebe selbst, in der der dreieine Gott sich den Menschen und seiner ganzen Schöpfung vermittelt. Er tut dies in einer rätselhaften Weise, deren Inbegriff der Gekreuzigte ist, und mit einer Überzeugungskraft, die unversehens Menschen zu ergreifen und zu begeistern vermag. Daß Gott »alles in allem« sein wird (I Kor 15,28), heißt, recht verstanden: »Alles« in »allem« wird der dreieine Gott sein, der »die Liebe« ist; »und wer in der Liebe bleibt, der bleibt in Gott und Gott in ihm« (I Joh 4,16). Darauf zu vertrauen, ist das Risiko, zu dem der christliche Glaube einlädt.

Anhang

Vorwort zur ersten und zweiten Auflage

Theologen früherer Generationen mögen ihre Erzeugnisse mit dem Bewußtsein zum Druck gebracht haben, »die christliche Wahrheit« zu präsentieren, oder sie nannten ihre Opera, ohne weiteren Erklärungsbedarf zu vermuten, schlicht »Dogmatik«. Daß christlicher Glaube immer in Frage gestellter, »angefochtener« Glaube ist, kam dabei meist nur unzureichend zum Ausdruck. Inzwischen spricht sich – bei Christinnen wie Nichtchristen – herum, daß Glaube riskiert sein will. Es bedeutet ein Risiko, sich auf die Tradition des Christentums einzulassen und sich der Kirche anzuschließen oder bei ihr zu bleiben: das Risiko, auf die falsche Karte zu setzen, sich damit zu exponieren und am Ende etwa selbst enttäuscht zu sein. Es gilt, sich bewußt dazu zu entscheiden, so denken und leben zu wollen, als ob die Versprechen des Evangeliums wahr wären. Denn anders läßt sich die Wahrheit und Tragfähigkeit des christlichen Glaubens nicht erfahren.

Es gilt aber auch, den Glauben bewußt dem Risiko auszusetzen: dem Risiko seiner Widerlegbarkeit durch Religionskritik und durch den Konkurrenzdruck anderer religiöser und nichtreligiöser Optionen. Heute und in nächster Zukunft ist es die Konkurrenz nichtchristlicher Religionen, in der sich der christliche Glaube bewähren muß – und kann. Riskierter Glaube kann es sozusagen riskieren, sich zu riskieren; er wird sich dabei immer tiefer gewinnen.

Seit ich vor Jahrzehnten – auf der Rückreise von einem Studienjahr an der Harvard Divinity School in Cambridge, Mass. – zum ersten Mal in Japan ein buddhistisches Kloster besucht und dann in Indien einen hinduistischen Tempel betreten habe, begleitet mich die Frage nach dem Verhältnis von christlichem Glauben und nichtchristlichen Religionen. Inzwischen bedarf es auch in Europa keiner Anstrengungen mehr, wenn man als Christ oder Christin mit anderen Religionen in Kontakt kommen möchte. Die multikulturelle und multireligiöse Situation fordert zur Reflexion des eigenen Standorts und zum Versuch einer Verhältnisbestimmung heraus. Die Öffnung zur innerchristlichen Ökumene reicht allein nicht mehr aus.

Die Dogmatik hat sich dieser Herausforderung allenfalls in Einzelfragen gestellt. Bislang gibt es kein dogmatisches Lehrbuch, das die Hauptthemen des christlichen Glaubens zu den wichtigsten religiösen Traditionen der Menschheit in Beziehung setzt. Das Unternehmen mag gewagt erscheinen. Ich war mitunter versucht, es abzubrechen: Zu groß erschien die Fülle des zu bearbeitenden Materials, zu schwierig die methodologische Problematik. Andererseits hat mich die Arbeit immer wieder fasziniert, zu neuen theologischen Fragestellungen geführt und mein Verständnis des christlichen Glaubens vertieft. Leitperspektive war mir dabei die Überzeugung, daß hinter den zu untersuchenden Traditionen – in einer wie verborgenen Weise auch immer – der dreieine Gott am Werk ist. Was sonst sollte sich ergeben aus dem Glauben an den »allmächtigen Schöpfer Himmels und der Erden«, an Jesus Christus als den Fleisch gewordenen Logos, an den Heiligen Geist, dessen Wirken sich nicht eingrenzen läßt!

So habe ich das vorliegende Buch zunächst vielleicht in erster Linie für mich selbst geschrieben. Aber ich bin sicher, daß gerade im Blick auf das Verhältnis zwischen Christentum und den nichtchristlichen Religionen ein erheblicher Informationsbedarf besteht. In besonderer Weise dürften mit dem hier angesprochenen Problem alle konfrontiert sein, die sich im Bereich von Kirche, Schule oder Erwachsenenbildung um die Weitergabe des christlichen Glaubens bemühen. Zur Kompetenz gerade von Pfarrern und Pfarrerinnen wird es künftig gehören, daß sie die wichtigsten Aussagen nichtchristlicher Religionen kennen und aus ihrer eigenen Sicht dazu Stellung zu nehmen vermögen. Dies setzt voraus, daß sie sich darüber im klaren sind, wie sie selbst den christlichen Glauben verstehen. Schließlich scheint mir offensichtlich, daß auch die traditionelle, in sich geschlossene und in ihre eigenen Fragen verstrickte christliche Dogmatik ihre große Zeit gehabt hat, wenn sie nicht bereit ist, sich interreligiösen Perspektiven zu öffnen und Transformationen zu riskieren.

Entsprechend diesem Anliegen habe ich mein Vorgehen strukturiert. Zunächst will ich klären, was denn zu einem jeweiligen Themenbereich ich selbst denke bzw. wie ich mich die jeweils zu erhebende traditionelle Auffassung zu vertreten getraue. Sodann konfrontiere ich dies der Vierfach-Perspektive entsprechender Aussagen in Judentum, Islam, Hinduismus und Buddhismus. Schließlich frage ich danach, wie der christliche – insbesondere der trinitarisch orientierte – Glaube mit dieser Perspektive umgehen kann und was gegebenenfalls beide Seiten dabei zu gewinnen vermögen. Hier sind Leser und Leserin eingeladen, weitere eigene Entdeckungen zu machen! Abschließende Thesen, die nicht als Zusammenfassung, aber doch als aus dem Vorausgegangenen erwachsene Impulse zu weiterer Diskussion einladen, schließen das jeweilige Kapitel ab.

Dieser Konzeption zufolge kann das vorliegende Buch einen fünffachen Dienst leisten:
- als *Repetitorium der evangelischen Dogmatik* (in den Eingangsteilen der einzelnen Kapitel, die jeweils die wichtigsten Elemente des traditionellen Verständnisses benennen),
- als *Nachschlagewerk* (bei der Suche nach den wichtigsten außerchristlichen Entsprechungen zu den Hauptaussagen des christlichen Glaubens),
- als *Diskussionsimpuls* (vorrangig in den Thesen, die sich auch für das Gespräch in Gruppen eignen),
- als Beitrag zu einer *vertieften Wahrnehmung des christlichen Glaubens* im Kontext nichtchristlicher Religionen und damit zugleich
- als Anregung zum *interreligiösen Dialog*.

Die bei einem derartigen Vorhaben zu konsultierende Literatur ist unermeßlich. Im Blick auf die nichtchristlichen Religionen habe ich relativ leicht erreichbare, meist deutschsprachige Literatur gewählt, im Blick auf die christliche dogmatische Literatur mich im Weglassen geübt. Wo es mir angebracht scheint, scheue ich mich nicht, auch sehr persönlich zu formulieren. Schließlich zum Problem einer inklusiven Sprache: Ich habe es nicht gelöst. Wo sich Feminin- und Maskulin-Formen problemlos nebeneinander aufführen ließen, habe ich dies versucht; auch der inklusive Plural erwies sich gelegentlich als hilfreich. Wo es aber die Formulierung unnötig belastet oder gar das Verständnis eines Satzes erschwert hätte, habe ich es vorgezogen, auf die inklusive Sprache zu verzichten.

In die Bemühungen um das vorliegende Buch ist eine Reihe von Vorarbeiten eingeflossen. An erster Stelle zu nennen sind in diesem Zusammenhang drei internationale Rudolf-Otto-Symposien zum interreligiösen Dialog, die ich von 1993 bis 1999 unter Mitarbeit von Kollegen am Marburger Fachbereich Evangelische Theologie durchführen konnte.[1] Zudem hielt ich Seminare über das Verhältnis von Islam und Christentum gemeinsam mit Christoph Elsas, über das Verhältnis von Buddhismus und Christentum gemeinsam mit Michael Pye. Wichtig waren für mich in diesem Zusammenhang mehrere Arbeitseinheiten an der Missionsakademie in Mödling St. Gabriel und die einschlägigen Tagungen der Académie internationale des Sciences religieuses, Bruxelles. Erfahrungen ganz besonderer Art, erschlossen vornehmlich von den Professoren Ryogi Okochi, Kobe, und Eryo Minoura, Kuwana / Nagoya, erbrachten mir meine Vorlesungen und Kolloquien an der buddhistischen Otani-Universität, Kyoto / Japan im März 2001. Mein Marburger Kollege Hans-Jürgen Greschat hat freundlicherweise die auf Hinduismus und Buddhismus bezogenen Passagen kritisch durchgesehen. Die Thesen wurden in einem Oberseminar diskutiert, woran sich u. a. Dr. Jörg Garscha, Dr. Thomas Gerlach, Pfr. i. R. Wolfgang Köster, Achim Meyer, Friederike Schönemann, stud. theol. Jens Trusheim, die Religionswissenschaftlerin Dr. Adelheid Herrmann-Pfandt und – als korrespondierendes Mitglied – Pastor i. R. Claus Heitmann, Bremen, beteiligten. Die Moderation lag in den Händen von Peter Gemeinhardt.

Großen Dank schulde ich meinen Helferinnen und Helfern, die sich an den im Lauf der Jahre anfallenden Korrekturvorgängen beteiligt haben: Frau stud. theol. Hanna Dallmeier, Frau stud. theol. Ulrike Dorka, meinen Wissenschaftlichen Mitarbeiterinnen und Mitarbeitern, Herrn Peter Gemeinhardt, Frau Birgit Niehaus, Frau Friederike Schönemann und Herrn Pfarrer Thorsten Waap. Ein besonderer Dank gilt Frau Inge Radparvar, die mit größter Aufmerksamkeit unermüdlich und unverdrossen die einschlägigen Manuskripte getippt und bei Bedarf Korrektur um Korrektur eingearbeitet hat.

---

1. Bild und Bildlosigkeit, I. Rudolf-Otto-Symposion 20. bis 23. 5. 1993; Hermeneutik in Islam und Christentum. II. Rudolf-Otto-Symposion 16. bis 19. 5. 1996; Buddhismus und Christentum. Jodo Shinshu und Evangelische Theologie, III. Rudolf-Otto-Symposion in Zusammenarbeit mit der Otani-Universität, Kyoto, 5. bis 10. 5. 1999.

Dem Lektor des Gütersloher Verlagshauses, Herrn Diedrich Steen, habe ich für die einfühlsame und kompetente Betreuung des Manuskripts zu danken.

Dankbar denke ich heute auch an meine bereits verstorbenen geistlichen Lehrer, den Dekan in Thalmässing/Mfr., Friedrich Graf, die Diakonisse Kuni Gloßner, Neuendettelsau, an meinen Vater Paul Barth, langjährigen Pfarrer an der Nürnberger Sebalduskirche, an die Waldenser-Professoren Giovanni Miegge, Vittorio Subilia und Valdo Vinay, an den Schweizer Pfarrer und Kämpfer für das Gute Peter Walss, sowie an die orthodoxen Professoren Joannis Panagopoulos, Athen, und Joannis Kalogirou, Thessaloniki. Ich habe mich bei meiner Arbeit an diesem Buch von ihnen – kritisch! – begleitet gewußt.

Meine Frau hat mich, auch in den Jahren, in denen sie als Kurseelsorgerin tätig war, in vielfältiger Hinsicht entlastet und mir Aufgaben abgenommen, die mich andernfalls viel Zeit gekostet hätten. Sie hat sich maßgeblich an den Korrekturarbeiten beteiligt und – als Germanistin – zur Lösung mancher Formulierungsprobleme beigetragen. Ihre kritischen Rückfragen haben mich immer wieder herausgefordert. Unmöglich vermag ich mit wenigen Worten zum Ausdruck zu bringen, was mir ihre tägliche Begleitung und Ermunterung für die Erstellung des vorliegenden Buches bedeutet hat. Meine liebe Rosemarie, ich danke Dir!

Ich widme das Buch unseren – erwachsenen – Kindern Irene, Clara und Andreas.

So wage ich, ermutigt von Freunden, Kollegen und Studierenden, diesen ersten Versuch einer christlichen Dogmatik im Kontext nichtchristlicher Religionen der Öffentlichkeit zu übergeben – in der Hoffnung, daß er zum Frieden unter den Religionen und vor allem zu einem vertieften Verständnis des christlichen Glaubens beitragen darf, das der veränderten religiösen Situation des eben begonnenen neuen Jahrhunderts entspricht. Quod Deus bene vertat!

Marburg, Trinitatis 2001 *Hans-Martin Barth*

1 Technische Hinweise

Aus nichtchristlichen Religionen übernommene Begriffe wurden, sofern sie nicht bereits eine gewisse Eindeutschung erfahren haben, kursiv gesetzt. Die Schreibweise orientiert sich an: A. Th. Khoury (Hg.), Lexikon religiöser Grundbegriffe. Judentum, Islam, Christentum (Graz, Wien, Köln 1987), bzw. an: Lexikon der östlichen Weisheitslehren. Buddhismus. Hinduismus. Taoismus. Zen (Bern, München, Wien 2. Aufl. der Sonderausgabe 1994). Auf diakritische Zeichen wurde verzichtet. In Zitaten wurden offensichtliche Druckfehler stillschweigend korrigiert.

Die Bezeichnung »Hinayana« habe ich trotz ihrer Anfechtbarkeit bisweilen beibehalten. Gelegentlich stelle ich den abrahamitischen Religionen – Judentum, Christentum und Islam – Hinduismus und Buddhismus, zusammengefaßt unter dem geographisch nicht exakten Begriff »(ost)asiatische« oder »(fern)östliche« Religionen einander gegenüber. Die schon durch Helmuth von Glasenapp wahrgenommene Plausibilität des Gegensatzes möge die geographische Ungenauigkeit entschuldigen.

Aus Gründen der Raumersparnis wird bei der in den Anmerkungen zitierten Literatur der Untertitel, wenn entbehrlich, weggelassen, bei mehreren Verfassern bzw. Herausgebern in der Regel nur der erstgenannte aufgeführt und grundsätzlich nur ein einziger Verlagsort angegeben. Ein Verzeichnis der verwendeten Siglen und Abkürzungen befindet sich auf den Seiten 823 f. Sonstige Abkürzungen und Siglen sind nach S. M. Schwertner, Abkürzungsverzeichnis, [2]1984, aufzulösen.

In den Registern werden Vorwort, Inhaltsverzeichnis, Thesen und Auswahlbibliographie nicht erfaßt. Autoren häufig zitierter Werke (in der Auswahlbibliographie kursiv gesetzt) werden nur aufgeführt, wenn im Text bzw. in den Anmerkungen besonders auf sie eingegangen wird. Die im Begriffsregister sich gelegentlich ergebenden Äquivokationen können unerwartete Denkanstöße bieten!

3   Abkürzungen und Siglen

(1) Biblische Bücher

1.   Altes Testament

Gen	Genesis (1. Buch Mose)
Ex	Exodus (2. Buch Mose)
Lev	Leviticus (3. Buch Mose)
Num	Numeri (4. Buch Mose)
Dtn	Deuteronomium (5. Buch Mose)
Jos	Josua
Jdc	Judicum (Richter)
I-II Sam	1. und 2. Samuelbuch
I-II Reg	1. und 2. Regum (Königsbücher)
Jes (Dtjes, Trjes)	Jesaja (Deuterojesaja, Tritojesaja)
Jer	Jeremia
Ez	Ezechiel
Hos	Hosea
Joel	Joel
Am	Amos
Ob	Obadja
Jon	Jona
Mi	Micha
Nah	Nahum
Hab	Habakuk
Zeph	Zephanja
Hag	Haggai
Sach	Sacharja
Mal	Maleachi
Ps	Psalm(en)
Hi	Hiob
Prov	Proverbia (Sprüche)
Ruth	Ruth
Cant	Canticum (Hoheslied)
Koh	Kohelet (Prediger)
Thr	Threni (Klagelieder)
Est	Esther
Dan	Daniel
Esr	Esra
Neh	Nehemia
I-II Chr	1. und 2. Chronikbuch
Weish	Weisheit
I-IV Makk	1.-4. Makkabäerbuch

2. Neues Testament

Mt	Matthäus(evangelium)
Mk	Markus(evangelium)
Lk	Lukas(evangelium)
Joh	Johannes(evangelium)
Act	Acta Apostolorum (Apostelgeschichte)
Röm	Römerbrief
I-II Kor	1. und 2. Korintherbrief
Gal	Galaterbrief
Eph	Epheserbrief
Phil	Philipperbrief
Kol	Kolosserbrief
I-II Thess	1. und 2. Thessalonicherbrief
I-II Tim	1. und 2. Timotheusbrief
Tit	Titusbrief
Phlm	Philemonbrief
Hebr	Hebräerbrief
Jak	Jakobusbrief
I-II Petr	1. und 2. Petrusbrief
I-III Joh	1., 2. und 3. Johannesbrief
Apk	Johannes-Apokalypse

(2) Siglen

Ab	Auswahlbibliographie
Apol	Apologie der CA, in: BSLK bzw. UG
Asm	Schmalkaldische Artikel, in: BSLK bzw. UG
BG	Bhagavad Gita; siehe Ab (2) (e)!
BSLK	Die Bekenntnisschriften der evangelisch-lutherischen Kirche; siehe Ab (2) (b)!
CA	Confessio Augustana, in: BSLK bzw. UG
CIC	Codex des Kanonischen Rechtes; siehe Ab (2) (b)!
DH	H. Denzinger, Kompendium der Glaubensbekenntnisse und kirchlichen Lehrentscheidungen; siehe Ab (2) (b)!
DHum	Die Erklärung über die Religionsfreiheit »Dignitatis humanae«, in: K. Rahner, H. Vorgrimler, Kleines Konzilskompendium, Fr 1966, 661 ff.
DV	Die dogmatische Konstitution über die göttliche Offenbarung »Dei Verbum«, in: K. Rahner, H. Vorgrimler (Hg.), Kleines Konzilskompendium, Fr 1966, 367 ff.
DwÜ	Dokumente wachsender Übereinstimmung; siehe Ab (2) (b)
EG	Evangelisches Gesangbuch. Ausgabe für die Evangelische Kirche von Kurhessen-Waldeck, Kassel 1994

EKL	Evangelisches Kirchenlexikon, Gö ³1986 ff.
epd	Evangelischer Pressedienst
EWR	Fr. Heiler, Erscheinungsformen und Wesen der Religion; siehe Ab (3)!
GL	Fr. Schleiermacher, Der christliche Glaube; siehe Ab (4) (a) 1.!
GW	Gesammelte Werke
HeidKat	Der Heidelberger Katechismus. Hg. von O. Weber, Gü ⁴1990
HST	C. H. Ratschow (Hg.), Handbuch Systematischer Theologie; siehe Ab (4) (a) 1.!
HWP	Historisches Wörterbuch der Philosophie, Basel 1971 ff.
IL	A. Th. Khoury, L. Hagemann, P. Heine, Islam-Lexikon (3 Bde.), Fr 1991
KD	K. Barth, Die kirchliche Dogmatik; siehe Ab (4) (a).
LB	Das Lexikon des Buddhismus. Grundbegriffe, Traditionen, Praxis. Hg. v. Kl.-J. Notz (2 Bde.), Fr 1998
LJCB	J. J. Petuchowski, Cl. Thoma, Lexikon der jüdisch-christlichen Begegnung, Fr 1989
LK	Leuenberger Konkordie; siehe Ab (2) (b)
LKG	Leuenberger Kirchengemeinschaft
LÖW	Lexikon der östlichen Weisheitslehren. Buddhismus. Hinduismus. Taoismus. Zen, Bern, M, Wien (1986) ²1994
LR	Lexikon der Religionen. Begründet v. Franz König, unter Mitwirkung zahlreicher Fachgelehrter hg. v. H. Waldenfels, Fr 1987
LRG	Lexikon religiöser Grundbegriffe. Judentum. Christentum. Islam. Hg. v. A. Th. Khoury, Graz 1987
LThK	Lexikon für Theologie und Kirche, Fr ²1957 ff.
LV	K. Lehmann (Hg.), Lehrverurteilungen - kirchentrennend? II. Materialien zu den Lehrverurteilungen und zur Theologie der Rechtfertigung, Fr 1989
NA	Die Erklärung über das Verhältnis der Kirche zu den nichtchristlichen Religionen »Nostra aetate«, in: K. Rahner, H. Vorgrimler (Hg.) Kleines Konzilskompendium Fr 1966, 355 ff.
OXFORD	J. Bowker (Hg.), Das Oxford-Lexikon der Weltreligionen. Für die deutschsprachige Ausgabe übersetzt und bearbeitet von K.-H. Golzio, Da 1999
RdM	Fr. Heiler, Die Religionen der Menschheit; siehe Ab (3)!
RGG³	Die Religion in Geschichte und Gegenwart, Tü 1956 ff.
RGG⁴	Die Religion in Geschichte und Gegenwart, Tü 1998 ff.
RV	Gedichte aus dem Rig-Veda; siehe Ab (2) (e)!
Schriften	K. Rahner, Schriften zur Theologie; siehe Ab (4) (a) 1.!
ST	Systematische Theologie
StA	M. Luther, Studienausgabe; siehe Ab (4) (a) 1.!
THAT	Theologisches Handwörterbuch zum Alten Testament. Hg. von E. Jenni, Cl. Westermann, M 1971 ff.
TRE	Theologische Realenzyklopädie, B 1976 ff.
UG	Unser Glaube; siehe Ab (2) (b)!
UP	Upanishaden; siehe Ab (2) (e)!
WA	M. Luther, Werke; siehe Ab (4) (a) 1.!
WFT	Wörterbuch der Feministischen Theologie; siehe Ab (1).

(3) Verlagsorte

B	Berlin
Ba	Basel
Da	Darmstadt
Dü	Düsseldorf
Er	Erlangen
F	Frankfurt a. M.
Fr	Freiburg i. Br.
Fri	Fribourg /Schweiz
G	Genf
Gi	Gießen
Gö	Göttingen
Gü	Gütersloh
H	Hamburg
Hd	Heidelberg
I	Innsbruck
K	Köln
L	Leipzig
Lo	London
M	München
Ms	Münster
Mz	Mainz
N-V	Neukirchen-Vluyn
NY	New York
P	Paris
Pb	Paderborn
Rb	Regensburg
RH	Reinbeck bei Hamburg
Ro	Rom
S	Salzburg
St	Stuttgart
Tü	Tübingen
Wi	Wiesbaden
Wu	Wuppertal
Wü	Würzburg
Z	Zürich

4 Auswahlbibliographie

(1) Nachschlagewerke

EKL	Evangelisches Kirchenlexikon, Gö ³1986 ff.
IL	A. Th. Khoury, L. Hagemann, P. Heine, Islam-Lexikon (3 Bde.), Fr 1991
HWP	Historisches Wörterbuch der Philosophie, Basel 1971 ff.
LJCB	J. J. Petuchowski, Cl. Thoma, Lexikon der jüdisch-christlichen Begegnung, Fr 1989
LB	Das Lexikon des Buddhismus. Grundbegriffe, Traditionen, Praxis. Hg. v. Kl.-J. Notz (2 Bde.), Fr 1998
LÖW	Lexikon der östlichen Weisheitslehren. Buddhismus. Hinduismus. Taoismus. Zen, Bern, M, Wien (1986) ²1994
LR	Lexikon der Religionen. Begründet v. Franz König, unter Mitwirkung zahlreicher Fachgelehrter hg. v. H. Waldenfels, Fr 1987
LRG	Lexikon religiöser Grundbegriffe. Judentum. Christentum. Islam. Hg. v. A. Th. Khoury, Graz 1987
LThK	Lexikon für Theologie und Kirche, Fr ²1957 ff.
OXFORD	J. Bowker (Hg.), Das Oxford-Lexikon der Weltreligionen. Für die deutschsprachige Ausgabe übersetzt und bearbeitet von K.-H. Golzio, Ba 1999
RGG³	Die Religion in Geschichte und Gegenwart, Tü 1956 ff.
RGG⁴	Die Religion in Geschichte und Gegenwart, Tü 1998 ff.
THAT	Theologisches Handwörterbuch zum Alten Testament. Hg. von E. Jenni, Cl. Westermann, M 1971 ff.
TRE	Theologische Realenzyklopädie, B 1976 ff.
WFT	Wörterbuch der Feministischen Theologie, hg. von E. Gössmann u. a., Gü 1991

Wörterbuch der Religionen. Begründet v. A. Bertholet in Verbindung mit H. Fr. v. Campenhausen. 4. Auflage neu bearbeitet, ergänzt und hg. v. K. Goldammer unter Mitwirkung von J. Laube und U. Tworuschka, St 1985

(2) Quellen und Quellensammlungen

(a) Übergreifende Text- und Quellensammlungen

M. Eliade, Geschichte der religiösen Ideen. Quellentexte. Übersetzt und hg. von
G. Lanczkowski, Fr [2]1994 (= ders., Geschichte der religiösen Ideen. Bd. 4)
V. Möller, Die Wasser des Lebens. Die heiligen Schriften der Menschheit. Was uns trennt.
Was uns verbindet, M 2000
W. Strolz, Heilswege der Religionen. Bd. 3. Quellentexte zu Judentum, Christentum, Is-
lam, Hinduismus, Buddhismus, Taoismus, Fr 1987
R. Walter (Hg.), Leben ist mehr. Das Lebenswissen der Religionen und die Frage nach
dem Sinn des Lebens. Einführungen von A. Nayak, D. Kantowksy(!), A. H. Friedlan-
der, D. Mieth, U. Spuler-Stegemann. Vorwort v. C. Fr. v. Weizsäcker. Mit einem Nachwort hg. v. R. Walter, Fr 1995

(b) Christentum

Die Bibel. Altes und Neues Testament. Einheitsübersetzung, St 1980
Stuttgarter Erklärungsbibel. Die Heilige Schrift nach der Übersetzung Martin Luthers.
Bibeltext in der revidierten Fassung von 1984, St [2]1992
Die Bekenntnisschriften der evangelisch-lutherischen Kirche. Hg. v. Deutschen Evangeli-
schen Kirchenausschuß, Gö [11]1992 (BSLK)
Unser Glaube. Die Bekenntnisschriften der evangelisch-lutherischen Kirche. Ausgabe für
die Gemeinde. Bearbeitet von H. G. Pöhlmann, Gü [3]1991 (UG)
Konkordie reformatorischer Kirchen in Europa. Leuenberger Konkordie. Deutsch, Eng-
lisch, Französisch. Hg.: Sekretariat für die Leuenberger Lehrgespräche, F 1993
H. Denzinger, Kompendium der Glaubensbekenntnisse und kirchlichen Lehrentschei-
dungen. Verbessert, erweitert, ins Deutsche übertragen und unter Mitarbeit von
H. Hoping hg. v. P. Hünermann, Fr [37]1991 (DH)
Katechismus der Katholischen Kirche, M 1993
Codex des Kanonischen Rechtes. Lateinisch-deutsche Ausgabe, Kevelaer 1983 (CIC)
Dokumente wachsender Übereinstimmung. Sämtliche Berichte und Konsenstexte inter-
konfessioneller Gespräche auf Weltebene 1931-1982. Hg. und eingeleitet von H. Mey-
er, H. J. Urban, L. Vischer, Pb 1983; Bd. 2 1982-1990, Pb 1992

(c) Judentum

Der Babylonische Talmud. Ausgewählt, übersetzt und erklärt von R. Mayer, M 1963
Jüdischer Glaube. Eine Auswahl aus 2 Jahrtausenden. Hg. v. K. Wilhelm, L 1992
(= K 1998)
Die Lehren des Judentums nach den Quellen. Neu hg. von W. Homolka, 3 Bde., neue
und erweiterte Ausgabe, M 1999

(d) Islam

Der Koran. Aus dem Arabischen übersetzt von M. Henning. Einleitung von E. Werner und K. Rudolph. Textdurchsicht, Anmerkungen, Register von K. Rudolph, Wi o. J.
Der Koran. Übersetzung von A. Th. Khoury. Unter Mitwirkung von M. S. Abdullah. Mit einem Geleitwort von I. Khan, Gü ²1992
Der Koran. Übersetzung von R. Paret, St ⁵1989
Der Koran. Kommentar und Konkordanz von R. Paret. Mit einem Nachtrag zur Taschenbuchausgabe, St ⁴1989
Der Koran. In der Übersetzung von Fr. Rückert, hg. v. H. Bobzin mit erklärenden Anmerkungen von W. Fischer, Wü 1995

(e) Hinduistische Traditionen

Die Bhagavadgita. In der Übertragung von Sri Aurobindo mit einer Einführung von A. Najak, Fr 1992
Bhagavad Gita. Mit einem spirituellen Kommentar von B. Griffiths. Aus dem Sanskrit übersetzt, eingeleitet und erläutert von M. v. Brück, M 1993 (BG)
Upanishaden. Ausgewählte Stücke. UNESCO-Sammlung repräsentativer Werke. Asiatische Reihe. Aus dem Sanskrit übertragen und erläutert von P. Thieme, St (1966) 1994 (UP)
Upanishaden – Befreiung zum Sein. Innere Weite und Freiheit aus den indischen Weisheitslehren. Eingeleitet von R. Panikkar. Ausgewählt und übersetzt v. Bettina Bäumer (Z 1986), M 1994
Gedichte aus dem Rig-Veda. UNESCO-Sammlung repräsentativer Werke. Asiatische Reihe. Aus dem Sanskrit übertragen und erläutert v. P. Thieme, St (1964) 1993 (RV)

(f) Buddhismus

Reden des Buddha. Aus dem Pali-Kanon übersetzt v. I.-L. Gunsser. Mit einer Einleitung von H. v. Glasenapp, St (1957) 1996
Die Reden des Buddha. Lehre, Verse, Erzählungen. Übersetzt und eingeleitet v. H. Oldenberg. Mit einer Einführung hg. v. H. Bechert, Fr 1993
E. Conze (Hg.), Im Zeichen Buddhas. Buddhistische Texte, F 1957
Th. Nhat Hanh, Über die Worte Buddhas. Kommentare zu sechs wesentlichen Sutras. Mit einem Vorwort v. T. N. Hanh zu dieser Ausgabe, B 1995
Das dreifache Lotos Sutra. Das Sutra von den unzähligen Bedeutungen. Das Sutra der Lotosblume vom wunderbaren Gesetz. Das Sutra der Meditation über den Bodhisattva »universelle Tugend«, Wien 1989
Z. Shibayama, Zu den Quellen des Zen. Das Standardwerk der Zen-Literatur, M 1988
Dhammapadam. Der Wahrheitspfad. Ein buddhistisches Denkmal. Aus dem Pali von K. E. Neumann. Mit einer Einführung v. Fr. Griese, M (1918) 1984

(3) Übergreifende Darstellungen und Sammelbände

P. Antes (Hg.), Die Religionen der Gegenwart. Geschichte und Glauben, M 1996

H.-M. Barth, E. Minoura, M. Pye (Hg.), Buddhismus und Christentum. Jodo Shinshu und Evangelische Theologie, H 2000 (japanisch: Bukkyô to kirisutokyô no taiwa. Jôdo Shinshû to fukuinshugishingaku, Kyoto 2000)

H.-M. Barth, Chr. Elsas (Hg.), Bild und Bildlosigkeit, H 1994

C. v. Barlowen (Hg.), Der Tod in den Weltkulturen und Weltreligionen, M 1996

H. Cox, Göttliche Spiele. Meine Erfahrungen mit den Religionen, Fr 1989

M. Eliade, Geschichte der religiösen Ideen (5 in 4 Bden.), Fr (1978) ²1994

H.-W. Gensichen, Weltreligionen und Weltfriede, Gö 1985

H. v. Glasenapp, Die fünf Weltreligionen. Brahmanismus. Buddhismus. Chinesischer Universismus. Christentum. Islam, M (1963) ⁴1994

Fr. Heiler, Erscheinungsformen und Wesen der Religion (= Die Religionen der Menschheit Bd. 1) St (1961) ²1979 (EWR)

Fr. Heiler, Die Religionen der Menschheit. Hg. v. K. Goldammer, St (1959) ⁵1980 (RdM)

M. Kämpchen, G. Sartory (Hg.), Nahe der Nabe des Rades. Die Heiligen in den Weltreligionen, Fr 1985

A. Th. Khoury, P. Hünermann (Hg.), Was ist Erlösung? Die Antwort der Weltreligionen, Fr 1985

A. Th. Khoury, P. Hünermann (Hg.), Weiterleben – nach dem Tode? Die Antwort der Weltreligionen, Fr 1985

A. Th. Khoury, P. Hünermann (Hg.), Wer ist Gott? Die Antwort der Weltreligionen, *Fr 1983*

A. Th. Khoury, P. Hünermann (Hg.), Wie sollen wir mit der Schöpfung umgehen? Die Antwort der Weltreligionen, Fr *1987*

M. Klöcker, U. Tworuschka (Hg.), Ethik der Religionen – Lehre und Leben. Bd. 3: Gesundheit, M/Gö 1985

H. Küng, J. van Ess, H. v. Stietencron, H. Bechert, Christentum und Weltreligionen. Hinführung zum Dialog mit Islam, Hinduismus und Buddhismus, M *1984*

G. van der Leeuw, Einführung in die Phänomenologie der Religion, Da ²1961

G. van der Leeuw, Phänomenologie der Religion, Tü (1933) ³1970, ⁴1977

R. Leuze, Christentum und Islam, Tü 1994

H.-J. Loth, M. Mildenberger, U. Tworuschka (Hg.), Christentum im Spiegel der Weltreligionen. Kritische Texte und Kommentare, St ³1986

G. und Th. Sartory (Hg.), Die Meister des Weges in den großen Weltreligionen, Fr 1981

A. Sharma (Hg.), Innenansichten der großen Religionen. Buddhismus – Christentum – Taoismus – Hinduismus – Islam – Judentum – Konfuzianismus, F 1997

U. Tworuschka, Methodische Zugänge zu den Weltreligionen. Einführung für Unterricht und Studium unter Mitarbeit von M. Tworuschka, F/M 1982

St. Wehowsky (Hg.), Die Welt der Religionen. Ein Lesebuch, M 1991

G. Widengren, Religionsphänomenologie, B *1969*

(4) Einzelne Religionen

(a) Christentum

1. Allgemein

P. Althaus, Die christliche Wahrheit. Lehrbuch der Dogmatik, Gü (1947/48) ^{8}*1969*
P. Althaus, Die Theologie Martin Luthers, Gü *1962*
K. Barth, Die kirchliche Dogmatik, Bd. I/1-IV/4, Z 1932-1967 (NA 1993) (KD)
G. Ebeling, Dogmatik des christlichen Glaubens, Bd. 1-3, Tü *1979*
W. Härle, Dogmatik, B/N-Y 1995 (2. überarbeitete Auflage 2000)
D. Korsch, Dogmatik im Grundriß. Eine Einführung in die christliche Deutung menschlichen Lebens mit Gott, Tü 2000
D. Lange, Glaubenslehre, Bd. I-II, Tü 2001
R. Leonhardt, Grundinformation Dogmatik. Ein Lehr- und Arbeitsbuch für das Studium der Theologie, Gö 2001
B. Lohse, Luthers Theologie in ihrer historischen Entwicklung und in ihrem systematischen Zusammenhang, Gö 1995
M. Luther, Werke. Kritische Gesamtausgabe (›Weimarer Ausgabe‹), Weimar 1883 ff. (WA)
M. Luther, Studienausgabe (6 Bde.). In Zusammenarbeit mit H. Junghans, R. Pietz, J. Rogge und G. Wartenberg hg. von H.-U. Delius, B 1979 ff. (StA)
G. L. Müller, Katholische Dogmatik für Studium und Praxis der Theologie, Fr (1995) ^{3}1998
W. Pannenberg, Systematische Theologie, Bd. 1-3, Gö *1988-93* (ST)
H. G. Pöhlmann, Abriß der Dogmatik. Ein Kompendium, Gü ^{5}1990
K. Rahner, Grundkurs des Glaubens, Fr 1976
K. Rahner, Schriften zur Theologie I.-XVI., Einsiedeln/Fr 1954 ff.
K. Rahner, H. Vorgrimler, Kleines Konzilskompendium. Sämtliche Texte des II. Vatikanums, Fr 1966
C. H. Ratschow (Hg.), Handbuch Systematischer Theologie, Gü 1979 ff. (HST)
Fr. Schleiermacher, Der christliche Glaube. Nach den Grundsätzen der Evangelischen Kirche im Zusammenhange dargestellt, siebente Auflage ... neu hg. ... von M. Redeker, 2 Bde., B 1960 (GL)
G. Siegwalt, Dogmatique pour la Catholicité evangelique. Système mystagogique de la foi chrétienne. 1. Les fondaments de la foi; 2. Realité et révélation, Paris 1987
P. Tillich, Systematische Theologie, Bd. 1-3, St 1951-63 (B/NY $^{8 u. 4}$1987) (ST)
P. Tillich, Gesammelte Werke, hg. von R. Albrecht, St ^{2}1959 (GW)

2. Zur Theologie der Religionen

U. Baumann, B. Jaspert (Hg.), Glaubenswelten. Zugänge zu einem Christentum in multireligiöser Gesellschaft, F 1998
Kl. Berger, Ist Christsein der einzige Weg? Gü 2000
R. Bernhardt, Der Absolutheitsanspruch des Christentums. Von der Aufklärung bis zur Pluralistischen Religionstheologie, Gü *1990*

R. Bernhardt, Zwischen Größenwahn, Fanatismus und Bekennermut. Für ein Christentum ohne Absolutheitsanspruch, St 1994

G. D'Costa, Christian Uniqueness Reconsidered. The Myth of a Plurastic Theology of Religions, NY 1990

J. Doré (Hg.), Le christianisme vis-à-vis des religions, Namur 1997

P. Gerlitz, Kommt die Welteinheitsreligion? Das Christentum und die anderen Weltreligionen zwischen gestern und morgen, H 1969

W. Greive (Hg.), Der Absolutheitsanspruch des Christentums (= Loccumer Protokolle 7/1991), Loccum 1991

W. Greive, R. Niemann (Hg.), Neu glauben? Religionsvielfalt und neue religiöse Strömungen als Herausforderung an das Christentum, Gü 1990

J. Hick, Religion. Die menschlichen Antworten auf die Frage nach Leben und Tod, M 1996

K. Hilpert, J. Werbick (Hg.), Mit den Anderen leben. Wege zur Toleranz, Dü 1995

R. Hummel, Religiöser Pluralismus oder christliches Abendland. Herausforderung an Kirche und Gesellschaft, Da 1994

H. Küng, Projekt Weltethos, M 1992

H. Küng (Hg.), Ja zum Weltethos. Perspektiven für die Suche nach Orientierung, M 1995

H. Küng, K.-J. Kuschel (Hg.), Weltfrieden durch Religionsfrieden. Antworten aus den Weltreligionen, M 1993

K.-J. Kuschel (Hg.), Christentum und nichtchristliche Religionen. Theologische Modelle im 20. Jahrhundert, Da 1994

P. F. Knitter, Ein Gott – viele Religionen. Gegen den Absolutheitsanspruch des Christentums, M 1988

P. F. Knitter, Horizonte der Befreiung. Auf dem Weg zu einer pluralistischen Theologie der Religionen. Hg. v. B. Jaspert, F/Pb 1997

U. Mann, Das Christentum als absolute Religion, Da 1970

R. Panikkar, Der neue Weg. Im Dialog der Religionen leben, M 1990

C. H. Ratschow, Die Religionen, Gü 1979 (= HST 16)

A. Rössler, Steht Gottes Himmel allen offen? Zum Symbol des kosmischen Christus, St 1990

G. Rosenstein (Hg.), Die Stunde des Dialogs. Die Begegnung der Religionen heute, H 1991

R. Schwager (Hg.), Der einzige Weg zum Heil?, Fr 1993 (= QD 143)

H.-G. Schwandt (Hg.), Pluralistische Theologie der Religionen. Eine kritische Sichtung, F 1998

P. Schwarzenau, Das nachchristliche Zeitalter. Elemente einer planetarischen Religion, Z 1993

Th. Sundermeier, Den Fremden verstehen. Eine praktische Hermeneutik, Gö 1996

G. F. Vicedom, Jesus Christus und die Religionen der Welt. Die Botschaft des Neuen Testaments in der Auseinandersetzung mit den Fragen der Religionen nach Wahrheit, Offenbarung und Erlösung, Wu 1966

H. Waldenfels, Phänomen Christentum. Eine Weltreligion in der Welt der Religionen, Fr 1994

Christen und Juden II. Zur theologischen Neuorientierung im Verhältnis zum Judentum. Eine Studie der Evangelischen Kirche in Deutschland, Gü 1991

Christen und Juden III. Schritte der Erneuerung im Verhältnis zum Judentum. Eine Studie der Evangelischen Kirche in Deutschland, Gü 2000

Enzyklika »Redemptoris Missio« Seiner Heiligkeit Papst Johannes Paul II. über die fortdauernde Gültigkeit des missionarischen Auftrages, 7. Dezember 1990, Hg.: Sekretariat der Deutschen Bischofskonferenz, Bonn (= Verlautbarungen des Apostolischen
Stuhls 100)

Die Friedensgebete von Assisi. Einleitung von Franz Kardinal König. Kommentar v.
H. Waldenfels, Fr 1987

Internationale Theologenkommission, Das Christentum und die Religionen, 30. September 1996, Hg.: Sekretariat der Deutschen Bischofskonferenz, Bonn (= Arbeitshilfen 136)

Leuenberger Kirchengemeinschaft (LKG), Kirche und Israel. Ein Beitrag der reformatorischen Kirchen Europas zum Verhältnis von Christen und Juden. Ergebnis der Bera-
tungen der Leuenberger Lehrgespräche »Kirche und Israel« 1996-1999. Endgültiger
Text voraussichtlich in: epd August 2001

Päpstlicher Rat für den Interreligiösen Dialog. Kongregation für die Evangelisierung der
Völker, Dialog und Verkündigung. Überlegungen und Orientierungen zum Interreligiösen Dialog und zur Verkündigung des Evangeliums Jesu Christi, 19. Mai 1991, Hg.:
Sekretariat der Deutschen Bischofskonferenz, Bonn (Verlautbarungen des Apostolischen Stuhls 102)

Religionen, Religiosität und christlicher Glaube. Eine Studie. Hg. im Auftrag des Vorstan-
des der Arnoldshainer Konferenz (AKf) und der Kirchenleitung der Vereinigten Evan-
gelisch Lutherischen Kirche Deutschlands (VELKD) von der Geschäftsstelle der Arnoldshainer Konferenz und dem Lutherischen Kirchenamt Hannover, Gü *1991*

(b) Judentum

L. *Baeck*, Das Wesen des Judentums, Wi [3]1985

Sch. *Ben-Chorin*, Die Erwählung Israels. Ein theologisch-politischer Traktat, M *1993*

Sch. *Ben-Chorin*, Jüdischer Glaube. Strukturen einer Theologie des Judentums anhand
des Maimonidischen Credo. Tübinger Vorlesungen, Tü *1975*

M. Buber, Die Erzählungen der Chassidim, Z 1949

M. Buber, Zwei Glaubensweisen, Hd [2]1993

H. *Cohen*, Religion der Vernunft aus den Quellen des Judentums. Nach dem Manuskript
des Verfassers neu durchgearbeitet und mit einem Nachwort versehen v. Bruno Strauß,
Wi [3]*1995*

E. L. *Ehrlich*, Reden über das Judentum, St 2001

G. Fohrer, Glaube und Leben im Judentum, Hd [2]1985

A. *Hertzberg*, Judaismus. Die Grundlagen der jüdischen Religion, RH *1996*

J. Maier, Geschichte der jüdischen Religion. Von der Zeit Alexanders des Grossen bis zur
Aufklärung mit einem Ausblick auf das 19./20. Jahrhundert, B/N-Y 1972

G. *Mayer* (Hg.), Das Judentum (= Die Religionen der Menschheit Bd. 27), St *1994*

Pn. *Navè Levinson*, Einführung in die rabbinische Theologie, Da [3]*1993*

G. *Scholem*, Die jüdische Mystik in ihren Hauptströmungen (1957), F [6]*1996*

G. Stemberger, Jüdische Religion, M 1995

(c) Islam

M. S. Abdullah, Islam für das Gespräch mit Christen, Gü 1992

T. Andrae, Islamische Mystik, St (1960) ²1980

M. Arkoun, Der Islam. Annäherung an eine Religion (1989), Hd 1999

H.-M. Barth, Chr. Elsas (Hg.), Hermeneutik in Islam und Christentum, H 1997

J. Bouman, Das Wort vom Kreuz und das Bekenntnis zu Allah. Die Grundlehren des Korans als nachbiblische Religion, F 1980

A. Bsteh (Hg.), Christlicher Glaube in der Begegnung mit dem Islam (= Studien zur Religionstheologie 2), Mödling 1996

H. Busse, Die theologischen Beziehungen des Islams zu Judentum und Christentum. Grundlagen des Dialogs im Koran und die gegenwärtige Situation, Da ²1991

M. Hofmann, Der Islam als Alternative, mit einem Vorwort von A. Schimmel, M 1992

A.-Th. Khoury, Gebete des Islams, Mz 1981

A. Th. Khoury, Wer war Muhammad? Lebensgeschichte und prophetischer Anspruch, Fr 1990

R. Leuze, Christentum und Islam, Tü 1994

T. Nagel, Geschichte der islamischen Theologie. Mohammed bis zur Gegenwart, M 1994

T. Nagel, Der Koran. Einführung. Texte. Erläuterungen, M ²1991

S. H. Nasr, Ideal und Wirklichkeit des Islam, M 1993

R. Paret, Mohammed und der Koran. Geschichte und Verkündigung des arabischen Propheten, St (1957) ⁷1991

A. Schimmel u. a., Der Islam III (= Die Religionen der Menschheit Bd. 25,3), St 1990

A. Schimmel, Die Zeichen Gottes. Die religiöse Welt des Islam, M ²1995

A. Schimmel, Mystische Dimensionen des Islam. Die Geschichte des Sufismus, M ²1992

U. Spuler-Stegemann, Muslime in Deutschland. Nebeneinander oder Miteinander?, Fr 1998

H. Stieglecker, Die Glaubenslehren des Islam, Pb ²1983

W. M. Watt, A. T. Welch, Der Islam I (= Die Religionen der Menschheit Bd. 25,1), St 1980

W. M. Watt, M. Marmura, Der Islam II (= Die Religionen der Menschheit Bd. 25,2), St 1985

Y. Yücelen (Hg.), Was sagt der Koran dazu? Die Lehren und Gebote des Heiligen Buches, nach Themen geordnet, M 1986

H. Zirker, Der Koran. Zugänge und Lesarten, Da 1999

H. Zirker, Islam. Theologische und gesellschaftliche Herausforderungen, Dü 1993

(d) Hinduistische Traditionen

Sri Aurobindo, Der integrale Yoga, H 1957

M. v. Brück, Einheit der Wirklichkeit. Gott, Gotteserfahrung und Meditation im hinduistisch-christlichen Dialog, M ²1987

A. Bsteh (Hg.), Der Hinduismus als Anfrage an christliche Theologie und Philosophie (= Studien zur Religionstheologie 3), Mödling 1997

H. v. Glasenapp, Die Philosophie der Inder. Eine Einführung in ihre Geschichte und ihre Lehren, St ³1974

J. Gonda, Die Religionen Indiens I (= Religionen der Menschheit Bd. 11), St ²1978

H. Le Saux, Sw. Abhishiktananda, Die Spiritualität der Upanishaden, M ²1994

R. A. Mall, Der Hinduismus. Seine Stellung in der Vielfalt der Religionen, Da 1997

A. Michaels, Der Hinduismus. Geschichte und Gegenwart, M 1998

H. G. Pöhlmann, Begegnungen mit dem Hinduismus. Dialoge, Beobachtungen, Umfragen und Grundsatzüberlegungen nach zwei Indienaufenthalten. Ein Beitrag zum interreligiösen Gespräch, F 1995

S. Radhakrishnan, Erneuerung des Glaubens aus dem Geist, B 1959

R. C. Zaehner, Der Hinduismus. Seine Geschichte und seine Lehre, M 1964

(e) Buddhismus

H. Bechert, R. Gomrich (Hg.), Der Buddhismus, Geschichte und Gegenwart, (Beck'sche Reihe; 1338) M 2000

M. v. Brück, Buddhismus. Grundlagen – Geschichte – Praxis, Gü 1998

M. v. Brück, Wh. Lai, Buddhismus und Christentum. Geschichte, Konfrontation, Dialog. Mit einem Vorwort von H. Küng, M 1997

E. Conze, Der Buddhismus. Wesen und Entwicklung, St (1953) ⁹1990

E. Conze, Buddhistisches Denken. Drei Phasen buddhistischer Philosophie in Indien, F (1988) 1990.

H. Dumoulin, Begegnung mit dem Buddhismus, Fr (1978) NA 1982

H. Dumoulin, Spiritualität des Buddhismus. Einheit in lebendiger Vielfalt, Mz 1995

H.-J. Greschat, Die Religion der Buddhisten, M/Ba 1980

Dalai Lama, Einführung in den Buddhismus. Die Harvard-Vorlesungen, Fr ⁶1993

K. Graf Dürckheim, Zen und wir, F 1974

Th. N. Hanh, Die fünf Pfeiler der Weisheit. Liebe, Achtsamkeit und Einsicht – Der buddhistische Weg für den westlichen Menschen, M 1995

Th. N. Hanh, Lebendiger Buddha, lebendiger Christus. Verbindende Elemente der christlichen und buddhistischen Lehren, 1996

E. Herrigel, Der Zen-Weg. Aufzeichnungen aus dem Nachlaß in Verbindung mit G. L. Herrigel, hg. v. H. Tausend, M ¹³1994

K. Nishitani, Was ist Religion?, F (1982) ²1986

R. Panikkar, Gottes Schweigen. Die Antwort des Buddha für unsere Zeit, M 1992

H. G. Pöhlmann, Begegnungen mit dem Buddhismus. Dialoge, Erfahrungen und Grundsatzüberlegungen. Ein Beitrag zum interreligiösen Gespräch, F 1998

P. Schmidt-Leukel, »Den Löwen brüllen hören«. Zur Hermeneutik eines christlichen Verständnisses der buddhistischen Heilsbotschaft, Pb 1992

U. Schneider, Einführung in den Buddhismus, Da 1980

H. W. Schumann, Buddhismus. Stifter, Schulen und Systeme, M ²1994

H. W. Schumann, Buddhismus. Philosophie zur Erlösung. Die großen Denksysteme des Hinayana und Mahayana, Bern 1963

D. T. Suzuki, Die Kraft des inneren Glaubens. Zen-Buddhismus und Christentum (1974), F 1990

D. T. Suzuki, Der westliche und der östliche Weg. Essays über christliche und buddhistische Mystik. Weltperspektiven, B 1988

Sh. Suzuki, Zen-Geist Anfänger-Geist, Z/M/B (1975) ⁷1996

H. Waldenfels, Faszination Buddhismus. Zum christlich – buddhistischen Dialog, Mz 1982

Anhang

5   Nachtrag zur Auswahlbibliographie

(1)   Nachschlagewerke

Auffarth Chr., Kippenberg H. G., Michaels A. (Hg.), Wörterbuch der Religionen, Da 2006
Bowker J. (Hg.), Das Oxford-Lexikon der Weltreligionen. Für die deutschsprachige Ausgabe übersetzt und bearbeitet von K.-H. Golzio, Dü 1999 (Lizenz-Ausgabe für die Wissenschaftliche Buchgesellschaft)

(2)   Quellen und Quellensammlungen

Der Koran. Arabisch-Deutsch. Übersetzt und kommentiert von A. Th. Khoury, Gü 2004
Der Koran. Übersetzt und eingeleitet von Hans Zirker, Da 2003
Bhagavadgita. Das Lied der Gottheit. Übersetzt von R. Boxberger. Hg. von H. von Glasenapp (1955), 2005, Reclam UB 7874.
Die Bhagavadgita. Des Erhabenen Gesang. Aus dem Sanskrit übersetzt und hg. von K. Mylius, M 1997
Upanischaden. Ausgewählte Stücke. Übersetzt und hg. von P. Thieme (1966, 2005), Reclam UB 8723
Das Lotos-Sutra. Übersetzt von M. Deeg, Da 2007
Die Lehre Buddhas. Hg. von Bukkyo Dendo Kyokai (Gesellschaft zur Förderung des Buddhismus), Tokyo [24]2001
Die vier edlen Wahrheiten. Texte des ursprünglichen Buddhismus. Hg. von K. Mylius, Reclam UB 3420
Reden des Buddha. Aus dem Pali-Kanon übersetzt von I.-L. Gunsser. Einleitung: H. von Glasenapp (1957), 2006, Reclam UB 6245

(3)   Übergreifende Darstellungen und Sammelbände

Baier K. (Hg.), Handbuch Spiritualität. Zugänge, Traditionen, interreligiöse Prozesse, Da 2006
Barth H.-M., K. Kadowaki, E. Minoura, M. Pye (Hg.), Buddhismus und Christentum vor der Herausforderung der Säkularisation, H 2004
Ders., Elsas Chr. (Hg.), Religiöse Minderheiten. Potentiale für Konflikt und Frieden, H 2004

Ders., Elsas Chr. (Hg.), Innerer Friede und die Überwindung von Gewalt. Religiöse Traditionen auf dem Prüfstand, H 2007

Berner U., Bochinger Chr., Hock Kl. (Hg.), Das Christentum aus der Sicht der Anderen. Religionswissenschaftliche und missionswissenschaftliche Beiträge, F 2005

Figl J. (Hg.), Religionswissenschaft. Religionen und ihre zentralen Themen, I 2003

Fisher M. P., Religion im 21. Jahrhundert, Fr 2007

Franke E., Pye M. (Hg.), Religionen Nebeneinander. Modelle religiöser Vielfalt in Ost- und Südostasien, B 2006

Grabner-Haider A. (Hg.), Ethos der Weltkulturen. Religion und Ethik, Gö 2006

Joas H., Wiegandt Kl. (Hg.), Säkularisierung und die Weltreligionen, F 2007

Kleine Chr. u. a. (Hg.), Unterwegs. Neue Pfade in der Religionswissenschaft. New Paths in the Study of Religions. Festschrift für Michael Pye zum 65. Geburtstag, M 2004

Kuschel K.-J., Streit um Abraham. Was Juden, Christen und Muslime trennt – und was sie eint, Dü 2001

Schönemann Fr., Maaßen Th. (Hg.), Prüft alles, und das Gute behaltet! Zum Wechselspiel von Kirchen, Religionen und säkularer Welt. Festschrift für Hans-Martin Barth zum 65. Geburtstag, F 2004

Taylor C., Die Formen des Religiösen in der Gegenwart, F 2002

Tworuschka U. (Hg.), Heilige Schriften. Eine Einführung, Da 2000

(4) Einzelne Religionen

(a) Christentum

1. Allgemein / Dogmatiken

Jörns Kl.-P., Notwendige Abschiede. Auf dem Weg zu einem glaubwürdigen Christentum, Gü 2004

Kroeger M., Im religiösen Umbruch der Welt: Der fällige Ruck in den Köpfen der Kirche, St 2004

Lange D., Glaubenslehre, 2 Bde, St 2001

Leonhardt R., Grundinformation Dogmatik. Ein Lehr- und Arbeitsbuch für das Studium der Theologie, Gö 2001

Müller N., Der christliche Weg, L 2005

Ritschl D., Hailer M., Diesseits und jenseits der Worte. Grundkurs christliche Theologie, N-V 2006

Schneider-Flume G., Grundkurs Dogmatik. Nachdenken über Gottes Geschichte, Gö 2004

Schwöbel Chr., Gott in Beziehung. Studien zur Dogmatik, Tü 2002

Wagner H., Dogmatik, St 2003

Welker M., Volf M. (Hg.), Der lebendige Gott als Trinität. Jürgen Moltmann zum 80. Geburtstag, Gü 2006

Wendte N. (Hg.), Entzogenheit in Gott. Beiträge zur Rede von der Verborgenheit der Trinität, Utrecht 2005, 45-61

Wenz G., Religion. Studium Systematische Theologie Bd. 1, Gö 2005

Weth R. (Hg.), Der lebendige Gott. Auf den Spuren trinitarischen Denkens, N-V 2005

Zink J., Auferstehung. Am Ende ein Gehen ins Licht, St 2005

2. Zur Theologie der Religionen

Barth H.-M., »Das Herz ist nicht einsam«. Die Bedeutung der Spiritualität für den interreligiösen Dialog, in: C. Thierfelder, D. H. Eibach (Hg.), Resonanzen. Schwingungsräume Praktischer Theologie, St 2002, 225-239

Ders., Christlicher Glaube und nichtchristliche Religionen. Stellungnahme zu einem Beitrag der Kammer für Theologie der Evangelischen Kirche in Deutschland, in: Materialdienst der EZW 66 (2003), 411-416

Ders., Terrorismus als Herausforderung der monotheistischen Religionen, in: US 59 (2004), 58-61

Ders., Friede zwischen den Religionen. Die Verantwortung der Religionen füreinander und für die Zukunft der Menschheit, in: Ders. u. a. (Hg.), Buddhismus und Christentum vor der Herausforderung der Säkularisierung, H 2004, 21-31

Ders., Nichtchristliche Religionen im Kontext christlicher Dogmatik?, in: ThZ 63 (2007), 79-96

Ders., Trinität und interreligiöser Dialog, in: Welker M., Volf M., Der lebendige Gott als Trinität. Jürgen Moltmann zum 80. Geburtstag, Gü 2006, 283-298

Bernhardt R., Ende des Dialogs? Die Begegnung der Religionen und ihre theologische Reflexion, Z 2005

Ders., Literaturbericht »Theologie der Religionen« (I), in: ThR 72 (2007), 1-35

Ders., Literaturbericht »Theologie der Religionen« (II), in: ThR 72 (2007), 127-149

Ders., Schmidt-Leukel P., Kriterien interreligiöser Urteilsbildung, Z 2005

Danz Chr., Moderne Dogmatik und religiöse Vielfalt. Überlegungen zu einer Theologie der Religionen, in: ThZ 58 (2002), 140-159

Ders., Körtner U. H. J. (Hg.), Theologie der Religionen. Positionen und Perspektiven evangelischer Theologie, N-V 2005

Dupuis J., Christianity and the Religions. From Confrontation to Dialogue, Maryknoll, N.Y. 2002

Elsas Chr., Symbolische Repräsentation und religiöse Identität in Traditionsabbruch und Religionsbegegnung, in: Schönemann Fr., Maaßen Th. (Hg.), wie oben (3), 359-384

Graf F. W., Die Wiederkehr der Götter. Religion in der modernen Kultur, M 2004

Hüttenhoff M., Der religiöse Pluralismus als Orientierungsproblem. Religionstheologische Studien, L 2001

Ipgrave M., Trinity and Inter Faith Dialogue. Plenitude and Plurality, Oxford 2003

Korsch D., Religion als Lebensdeutung. Ein Beitrag zur interreligiösen Hermeneutik, in: Schönemann Fr., Maaßen Th. (Hg.), wie oben (3), 385-404

Körtner U. H. J. (Hg.), Gott und die Götter. Die Gottesfrage in Theologie und Religionswissenschaft, N-V 2005

Leuze R., Religion und Religionen. Auf der Suche nach dem Heiligen, Ms 2004

Lipner J., Art. Theologie II/5.4. Theologie der Religionen, in: TRE 33, 317-323 (2002)

Martin G. M., »Schamanismus« im Dialog des Christentums mit den Weltreligionen?, in: Schönemann Fr., Maaßen Th. (Hg.), wie oben (3), 336-350

Mortensen V., Theology and the Religions. A Dialogue, Grand Rapids, Michigan / Cambridge, U.K., 2003

Nitsche B. (Hg.), Gottesdenken in interreligiöser Perspektive. Raimon Panikkars Trinitätstheologie in der Diskussion, F / Pb 2005

Park Y.-S., Konvivenz der Religionen, F u. a. 2006

Rostagno S., I predestinati. Religioni e religione nel protestantesimo, Torino 2006

Ders., Universalismus und Partikularismus in den Religionen, in: Schönemann Fr., Maaßen Th. (Hg.), wie oben (3), 405-414

Rührup C., Christologische Konzeptionen der Pluralistischen Religionstheologie, F 2005

Schmidt-Leukel P., Gott ohne Grenzen. Eine christliche und pluralistische Theologie der Religionen, Gü 2005

Sinner R. von, Reden vom dreieinigen Gott in Brasilien und Indien. Grundzüge einer ökumenischen Hermeneutik im Dialog mit Leonardo Boff und Raimon Panikkar, Tü 2003

Smart N., Konstantine St., Christian Systematic Theology in a World Context, London 1991

Sundermeier Th., Grundlagen und Voraussetzungen für das interreligiöse Gespräch, in: ÖR 49 (2000), 318-331

Wohlleben E., Die Kirchen und die Religionen. Perspektiven einer ökumenischen Religionstheologie, Gö 2004

Wrogemann H., Mission und Religion in der Systematischen Theologie der Gegenwart. Das Missionsverständnis deutschsprachiger protestantischer Dogmatiker im 20. Jahrhundert, Gö 1997

Zager W. (Hg.), Jesus in den Weltreligionen. Judentum – Christentum – Islam – Buddhismus – Hinduismus, N-V 2004

Christlicher Glaube und nichtchristliche Religionen. Theologische Leitlinien. Ein Beitrag der Kammer für Theologie der Evangelischen Kirche in Deutschland, EKD Texte 77. Hg. vom Kirchenamt der EKD, Hannover 2003

Kongregation für die Glaubenslehre: Erklärung DOMINUS IESUS – Über die Einzigkeit und die Heilsuniversalität Jesu Christi und der Kirche, in: Rainer M. J. (Hg.), »Dominus Iesus«. Anstößige Wahrheit oder anstößige Kirche? Dokumente, Hintergründe, Standpunkte und Folgerungen, Ms u. a. 2001

(b) Judentum

Ehrlich E. L., Reden über das Judentum, St u. a. 2001

Grözinger K. E., Jüdisches Denken. Theologie. Philosophie. Mystik. Bd. 1, Vom Gott Abrahams zum Gott des Aristoteles, F, NY 2004; Bd. 2, Von der mittelalterlichen Kabbala zum Hasidismus, F, NY 2005

Maier J., Judentum. Studium der Religionen, Gö 2007

Ders., Die Kabbalah. Einführung – Klassische Texte – Erläuterungen, M 1995

Magonet J., Einführung ins Judentum, B 2003

(c) Islam

Abu-Rabi' Ibrahim M., The Blackwell Companion to Contemporary Islamic Thought, Oxford 2006

Bauschke M., Jesus, Stein des Anstoßes. Die Christologie des Korans und die deutschsprachige Theologie, K, Weimar, Wien 2000

Ders., Jesus im Koran, K, Weimar, Wien 2001

Braun R., Mohammed und die Christen im Islambild zeitgenössischer christlicher und muslimischer Apologeten, Er 2004

Gnilka J., Bibel und Koran. Was sie verbindet, was sie trennt, Fr 2004

Maier B., Koran-Lexikon, St 2001

Schmid H., Renz A., Sperber J. (Hg.), Heil in Christentum und Islam. Erlösung ohne Rechtleitung?, St 2004

Dies. (Hg.), Herausforderung Islam. Anfragen an das christliche Selbstverständnis, St 2003

Dies. (Hg.), »Im Namen Gottes ...«. Theologie und Praxis des Gebets in Christentum und Islam, Rb 2006

Troll Chr. W., Muslime fragen, Christen antworten, Kevelaer 2003

Wrogemann H., Missionarischer Islam und gesellschaftlicher Dialog. Eine Studie zur Begründung und Praxis des Aufrufs zum Islam (da'wa) im internationalen sunnitischen Diskurs, F 2006

Zirker H., Der Koran. Zugänge und Lesarten, Da 1999

EKD-Texte 86: Klarheit und gute Nachbarschaft. Christen und Muslime in Deutschland. Eine Handreichung des Rates der EKD, o. O., o. J. (2006)

(d) Hinduistische Traditionen

Huber Fr., Die Bhagavadgita in der neueren indischen Auslegung und in der Begegnung mit dem christlichen Glauben, Er 1991

Schlensog St., Der Hinduismus. Glaube. Geschichte. Ethos, M 2006

(e) Buddhismus

Barth H.-M., Luther und Shinran – Wegbereiter von »Säkularisation«? In: H.-M. Barth, K. Kadowaki, E. Minoura, M. Pye (Hg.), Buddhismus und Christentum vor der Herausforderung der Säkularisation, H 2004, 50-65

Ders., »Ich lebe, aber nicht mehr ich ...«. Christlicher Glaube und personale Identität, in: NZSTh 44 (2002), 174-188

Ders., Shin-Buddhismus und evangelischer Glaube. Eine Auseinandersetzung mit Daisetz T. Suzuki, in: Materialdienst der EZW 65 (2002), 99-106

Ders., Spirituelle Autorität und individuelle Verantwortung – nach evangelischem Verständnis, in: Buddhas Weg nach Westen, Akademie der Diözese Rottenburg-Stuttgart, Materialien 1/2004, 75-84

Ders., Alpha- und Omega-Glaube: Glaubensbewußtheit. Ein Beitrag zum christlich-buddhistischen Dialog, in: P. Neuner, P. Lüning (Hg.), Theologie im Dialog. Festschrift für Harald Wagner, Ms 2004, 7-19

Dehn U., Buddhismus verstehen. Versuche eines Christen, F 2004

Frambach L., Identität und Befreiung in Gestalttherapie, Zen und christlicher Spiritualität, Petersberg 1993

Geisser M., Die Buddhas der Zukunft. Ein authentischer Buddhismus für den Christen – Wege zu unserer Befreiung. Mit einem Vorwort von F. Nakagawa Roshi, M 2003

Han B.-Ch., Philosophie des Zen-Buddhismus, St 2002

Luz U., Michaels A., Jesus oder Buddha. Leben und Lehre im Vergleich, M 2002

Nhat Hanh Th., Jesus und Buddha – Ein Dialog der Liebe, Fr u. a. 2000

Okochi R., »Ein Name, aber nicht nur ein bloßer Name«, in: Schönemann Fr., Maaßen Th. (Hg.), wie oben (3), 299-308

Pye M., Shinran als mystischer religiöser Denker, in: Schönemann Fr., Maaßen Th. (Hg.), wie oben (3), 309-335

Zotz V., Auf den glückseligen Inseln. Buddhismus in der deutschen Kultur, B 2000

(5) Zur Geschichte der Religionen

Antes P., Grundriss der Religionsgeschichte. Von der Prähistorie bis zur Gegenwart, St 2006

Armstrong K., Die Achsenzeit. Vom Ursprung der Weltreligionen, M 2006

Elsas Chr., Religionsgeschichte Europas. Religiöses Leben von der Vorgeschichte bis zur Gegenwart, Da 2002

Ohlig K.-H., Religion in der Geschichte der Menschheit. Die Entwicklung des religiösen Bewußtseins, Da 2002

Smart N., Weltgeschichte des Denkens. Die geistigen Traditionen der Menschheit, Da 2002

6 Register

(1) Bibelstellen

1. Altes Testament

2. Neues Testament

(2) Namen

(ohne: biblische Namen, Buddha, Muhammad)

(3) Begriffe